4., vollständig überarbeitete Auflage

Frank Herrmann

PERU
Westbolivien

PERU Westbolivien

1 Lima

Exzellente Küche, reges Nachtleben und eine attraktive koloniale Altstadt. S. 150

Die Highlights

2 Zugfahrt Lima – Huancayo

Spektakuläre Reise auf Schienen von der Küste in die Anden. S. 183

3 Cusco

Touristenmekka mit reizvoller Altstadt, erbaut auf Inkamauern. S. 220

4 Urubamba-Tal

Salzterrassen sind nur eines von vielen Highlights, die es im Heiligen Tal der Inkas zu entdecken gibt. S. 252

5 Inkatrail nach Machu Picchu

Zu Fuß zur meistbesuchten Ruinenstätte der Inkas. S. 265

6 Parque Nacional Manu

Expedition in eines der artenreichsten Naturschutzgebiete der Welt. S. 289

7 **Colca-Canyon**

Tiefe Schlucht, in der man Kondore beobachten und wandern kann. S. 353

8 **Nazca-Linien**

Gigantische Wüstenzeichnungen – am besten aus der zu Luft zu sehen. S. 379

9 Oase Huacachina

Tolle Sanddünen um eine stimmungsvolle Lagune. S. 390

10 **Chaparrí**

Privates Naturschutzgebiet mit abwechslungsreicher Tierwelt. S. 486

11 Strände Nordperus

Im Norden des Landes findet jeder „seinen" Strand. S. 496

12 Cordillera Blanca

Vielseitige Berglandschaften laden zum Wandern, Klettern und Bergsteigen ein. S. 509

13 Kuélap

Eindrucksvolle Felsenfestung der Chachapoya mit viel Atmosphäre. S. 556

14 Bootsfahrt Yurimaguas – Iquitos

Entspannender Trip auf den Zuflüssen des Amazonas. S. 578

15 Isla del Sol, Titicaca-See

Stress ist auf der mystischen Sonneninsel ein Fremdwort. S. 607

16 La Paz

Sehr charmante, quirlige Großstadt zu Füßen der Cordillera Real. S. 612

17 La Paz – Coroico

Unvergessliches Mountainbike-Abenteuer auf der „Todesstraße“. S. 650

Inhalt

Südperu 195

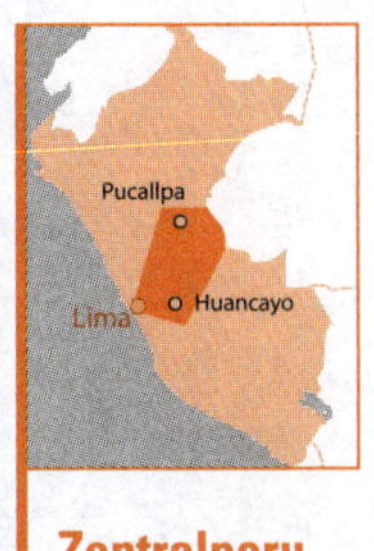
Pucallpa
Lima
Huancayo

Máncora
Iquitos
Chachapoyas
Trujillo
Lima

Lima
La Paz

Anhang 665

Reiseatlas 697

Themen

Reiseziele und Routen

Reiseziele

Peru und Westbolivien sind traditionell für ihre **kulturellen Schätze** und **Traditionen** bekannt, entwickeln sich aber in den letzten Jahren aufgrund ihrer enormen landschaftlichen und biologischen Vielfalt immer mehr zum Paradies für **Naturliebhaber** und **Abenteuersportler**. Die weitläufigen Bergketten der Anden sind das ideale Betätigungsfeld für Wanderer und Bergsteiger. In den **Regenwäldern** des Amazonasgebiets lassen sich viele exotische Tierarten beobachten. Und an den weiten **Stränden** des Pazifiks findet sich immer ein Plätzchen zum Entspannen, Baden oder Surfen (s. Kasten „Urlaub aktiv", S. 25).

Der nachfolgende Überblick soll helfen, Entscheidungen bezüglich der Reiseroute zu erleichtern. Es empfiehlt sich angesichts der beträchtlichen Entfernungen in Peru und Bolivien, eine Vorauswahl der Reiseziele zu treffen. „Alles geht nicht" und „weniger ist mehr", sollten die beiden Devisen lauten, denn es geht ja beim Reisen nicht um stupides Abhaken von Sehenswürdigkeiten, sondern um das Sehen, Erleben, Probieren und Spüren der Gastländer.

Archäologische Fundstätten

Peru ist das Kernland der Inka-Welt, und so gut wie jeder Besucher kommt auf seiner Reise nach **Cusco**, der ehemaligen Hauptstadt der Inkas im Südwesten Perus. In und um Cusco bekommt man viele interessante archäologische Überreste zu sehen, doch zieht es die meisten Besucher nach **Machu Picchu** (S. 265), der berühmtesten Ruinenstätte des Landes und einer der Hauptsehenswürdigkeiten Perus.

Mitten in der Küstenwüste Südperus liegen die **Nazca-Linien** (S. 379), weltberühmte, großflächige Scharrbilder, die vor rund 2000 Jahren entstanden. Ein Besuch lohnt besonders, wenn man die Linien während eines Rundflugs von oben betrachtet.

Der seltener besuchte Norden Perus wartet mit jeder Menge lohnenswerter Kulturstätten auf. So kann sich das spektakuläre **Kuélap** (S. 556), eine hoch auf einem Berg liegende Festung der Chachapoyas-Kultur, durchaus mit Machu Picchu messen.

Rund 200 km nördlich von Lima lohnt ein Abstecher nach **Caral** (S. 459), einer der ältesten Städte Amerikas und unlängst von der Unesco zum Weltkulturerbe erklärt.

Bei Trujillo beeindruckt **Chan Chan** (S. 468), die größte Lehmziegelstadt der Welt, ihre Besucher mit filigranen Verzierungen. Hier befinden sich auch die faszinierenden Monumente der Moche- und Chimú-Kulturen, darunter die spektakulären Lehmziegelpyramiden **Huaca de la Luna** (S. 471) und **Huaca Cao Viejo** (S. 473).

Noch etwas weiter nördlich kann man in der Nähe von Chiclayo die Nachbildung des edel ausgestatteten Fürstengrabes von **Sipán** (S. 482) bewundern.

Etwas schwieriger zu erreichen, aber nicht minder sehenswert, sind die in der Cordillera Blanca gelegenen Ruinen **Chavín de Huántar** (S. 533), das erste panperuanische Kultzentrum, und die wenig besuchten, aber gut erhaltenen Inkaruinen von **Huánuco Viejo** (S. 541), direkt auf der einstigen Hauptstraße der Inkas, dem Capac Ñan, bei La Unión gelegen.

Unbedingt probieren

Ceviche: marinierter roher Fisch
Chupe de camarones: Garneleneintopf
Papa a la huancaina: kaltes Kartoffelgericht der Anden
Pisco Sour: der beliebteste Cocktail Perus
Salteñas: gefüllte Teigtaschen aus Bolivien

Tiwanaku (S. 636), die herausragende präkolumbische Ausgrabungsstätte Westboliviens, liegt südöstlich des Titicaca-Sees auf rund 4000 m Höhe im kalten bolivianischen Hochland.

Kirchen und Kolonialbauten

Lima wartet als ehemaliges Zentrum der Neuen Welt mit der landesweit größten Anzahl an Kirchen und Klöstern auf. Darüber hinaus hat die **Altstadt von Lima** 600 denkmalgeschützte Gebäude und rund 300 Balkone – darunter viele aus Holz – zu bieten (S. 157). Aber auch in Boliviens Metropole **La Paz** (S. 612) befindet sich das eine oder andere interessante Gottes- oder Kolonialhaus. Mit einer einmaligen Mischung aus alten Kolonialgebäuden, Kirchen und Überresten der Inkakultur ist **Cusco** (S. 220) ausgestattet.

Ein Muss für Kulturfreunde ist **Arequipa** (S. 334) im Süden Perus. Neben einer wunderschönen Plaza lohnt sich der Besuch der vielen Kirchen und Konvente, unter denen die ausgedehnte Anlage des Klosters Santa Catalina herausragt. In Nordperu ist die weitläufige Plaza von **Trujillo** (S. 462) von ockerfarben und blau getünchten Kolonialgebauten eingerahmt. Aber auch in den Nebenstraßen lassen sich einige koloniale Schätze entdecken.

Nordöstlich von Trujillo liegt im Anden-Hochland das geschichtsträchtige **Cajamarca** (S. 543), dessen weitläufige Plaza und zahlreiche gut erhaltene Kolonialbauten ebenfalls einen Abstecher lohnen. Und auch das bolivianische **La Paz** (S. 612) kann mit einer sehenswerten Altstadt aufwarten.

Märkte und Kunsthandwerk

Traditionell kauft der Großteil der Bevölkerung trotz immer höherer Supermarktdichte die Dinge des täglichen Bedarfs auf dem Markt ein. Daher verfügt jede Stadt und jedes Dorf über mindestens einen Markt. Einen Besuch lohnen die „Hexenmärkte" von **Chiclayo** (S. 478) und **La Paz** (S. 619) mit ihren Wundermedizinen, der lebhaft-chaotische Markt im Belén-Viertel von **Iquitos**

Die beindruckendsten Naturschutzgebiete

Parque Nacional Manu: Eines der artenreichsten Naturschutzgebiete der Erde mit dichtem Regenwald und verspielten Flussottern (S. 286).
Reserva Nacional Salinas-Aguada Blanca: Lamas, Alpakas und Vicuñas in freier Wildbahn beobachten (S. 354/355).
Colca-Canyon: Den majestätischen Kondor aus nächster Nähe in einer tiefen Schlucht fliegen sehen (S. 353)
Reserva Nacional de Paracas und Islas Ballestas: Inmitten einer tollen Wüstenlandschaft bekommt man einmalige Einblicke in die maritime Tierwelt der Pazifikküste (S. 396).
Santuario Nacional de Pampa Hermosa: Hier lässt sich der Felsenhahn, Perus Nationalvogel, regelmäßig blicken (S. 432).
Área de Conservación Privada Chaparrí: In Perus erstem privaten Schutzgebiet Perus werden Brillenbären ausgewildert (S. 486).
Parque Nacional Huascarán: Das Unesco-Biosphärenreservat schützt die einmalige Flora und Fauna der Cordillera Blanca. Rund ein Fünftel der Berglandschaft ist von Gletschern bedeckt (S. 510).
Reserva Natural Pacaya-Samiria: Perus größtes Naturreservat bietet gute Gelegenheiten, Flussdelphine zu Gesicht zu bekommen (S. 591).
Parque Nacional Sajama: Noch auf 5000 m Höhe trotzen zähe Queñua-Bäume Wind und Wetter und bilden den höchsten Wald der Erde. Hauptattraktion ist der Sajama, mit 6542 m Boliviens höchster Berg (S. 663).

Urlaub aktiv

Highlights

- **Wandern** auf dem Inkatrail nach Machu Picchu (S. 265), rund um den Ausangate (S. 249) oder nach Choquequirao (S. 214)
- **Sandboarding** in der Umgebung der Oase Huacachina bei Ica (S. 390)
- **Bergsteigen** in der Cordillera Blanca (S. 511) und der Cordillera Real (S. 641)
- **Schnorcheln** mit Robben vor Lima (S. 188)
- **Rafting** auf dem Río Apurímac (S. 239) und dem Río Cañete (S. 192)
- **Surfen** an Perus Nordküste (S. 175, S. 474, 478, 496, 498)
- **Paragliden** an der Costa Verde in Lima (S. 164)
- **Mountainbiken** auf der Todesstraße von La Paz nach Coroico (S. 650)

Wann ist die beste Zeit für ...?

- **Wandertouren**: April–Oktober
- **Bergsteigen** in der Cordillera Blanca: Mai–August
- **Inkatrail** nach Machu Picchu: April, Mai, September
- Besuch im **Regenwald**: April–Oktober
- **Surfen** in Nordperu: Januar, Februar, September–Dezember
- **Surfen** in Südperu: März–Dezember
- **Strand** in der Region Piura bis Tumbes: ganzjährig
- **Strand** in den restlichen Gebieten: Dezember–April
- **Vogelbeobachtung**: September–Dezember
- **Mountainbiken** auf der Todesstraße in Bolivien: April–Dezember

(S. 577) sowie die Sonntagsmärkte von **Huancayo** (S. 413), **Pisac** (S. 253) und **Chincheros** (S. 261). Spaß macht es auch, über die Bioferia in **Lima** (S. 173) zu schlendern. Der Ökomarkt findet immer samstags statt. Seit Jahrzehnten nahezu unverändert findet zweimal wöchentlich der Tiermarkt des Andenstädtchens **Juli** (S. 333) am Titicaca-See statt.

Kunsthandwerk wird in einer unglaublichen Vielfalt angeboten (s. auch S. 39). Auf den Märkten in **Lima** (S. 173), **Cusco** (S. 238) und **La Paz** (S. 619 und S. 627) findet sich alles, was in beiden Ländern von Hand hergestellt wird. Wichtige Produktionsstätten sind in **Cusco** (S. 220), **Puno** (S. 319), bei **Huancayo** (S. 410), **Chiclayo** (S. 478) und bei **Piura** (S. 488).

Museen

Auch hier sind wieder die Metropolen **Lima** (S. 162) und **La Paz** (S. 612) die wichtigsten Anlaufstellen. Die Vielfalt der Museen Limas ist in ganz Lateinamerika unübertroffen. Ganz so viel Auswahl bietet La Paz nicht, dennoch ist die Auswahl ebenfalls enorm und umfasst so ungewöhnliche Angebote wie etwa das Koka-Museum.

Fast alle großen Ausgrabungsstätten besitzen eigene Museen, und darüber hinaus finden sich auch in entlegenen Regionen manchmal wahre Schmuckstücke – so zum Beispiel das modern und übersichtlich gestaltete **Museo Leymebamba** (S. 554) beim gleichnamigen Ort in Nordperu, in dem Fundstücke der Chachapoyas-Kultur zu bewundern sind.

Auch das **Museo Tumbas Reales de Sipán** in **Lambayeque** (S. 484), in der Umgebung von Chiclayo, in dem das Grab des Herrschers von Sipán untergebracht wurde, ist absolut sehenswert.

Die schönsten Feste

Virgen de la Candelaria mit über 200 Folkloregruppen in Puno Anfang Februar (S. 324).
Osterfeierlichkeiten in Ayacucho mit nächtlichen Prozessionen (S. 197).
Q'oyllur rit'i, farbenfrohe Prozession zu den Gletschern des Schneebergs Ausangate in der ersten Juniwoche (S. 252).
Inti Raymi in Cusco am 24. Juni (S. 237).
Während der Feiern zu Ehren der **Virgen de Copacabana** (Bolivien) verwandelt sich Copacabana am Titicaca-See Anfang August in ein Tollhaus (S. 601).

Reiserouten

Die hier vorgestellten **Hauptrouten** führen zu den beliebtesten Zielen in Peru und Westbolivien und passieren dabei auch gelegentlich entlegene Gebiete auf nicht asphaltierten Straßen.

Die **Nebenrouten** führen überwiegend durch abgelegene Regionen, die absolut sehenswert, aber nicht frei von Risiken sind. Wer sich (besonders allein!) für eine Reise durch diese Gegenden entschließt, sollte sich darüber im Klaren sein, dass er im Zweifelsfall auf sich alleine gestellt ist. Die touristische Infrastruktur ist bescheiden bzw. inexistent und die medizinische Versorgung ist auf ein Minimum beschränkt. Gute Spanischkenntnisse sind für ein Bereisen dieser Gebiete unerlässlich.

Für Haupt- wie Nebenrouten gilt: Sich vor Aufbruch bei den Einheimischen über die aktuelle Sicherheitslage informieren und möglichst mindestens zu zweit reisen.

Die angegebenen Zeiten sind als **Mindestreisedauer** (mit öffentlichen Verkehrsmitteln inklusive Besichtigung der aufgeführten Orte) zu verstehen.

Hauptrouten in Nord- und Zentralperu

Von Lima nach Ecuador

■ 12–14 Tage

Diese ungemein abwechslungsreiche Route vereint Kultur, Bergsport und Baden. Von Lima geht es per Bus in die **Cordillera Blanca** (S. 509), eines der spektakulärsten Wander- und Klettergebiete Südamerikas. Eine wenig befahrene Route durch den eindrucksvollen „Gänsecanyon" (Cañon del Pato) führt in die größte Stadt Nordperus: **Trujillo** (S. 462). In der Umgebung liegen riesige Lehmziegelstädte mit reich verzierten Pyramiden.

Von **Chiclayo** (S. 478) aus gelangt man zum lohnenswerten **privaten Naturschutzgebiet Chaparrí** (S. 486) und zum exzellenten Goldmuseum des Herrschers von Sipán. **Piura** (S. 488) ist das Eingangstor für die schönen Strände Nordperus, die sich von hier bis **Tumbes** (S. 504) an der Grenze zu Ecuador erstrecken. An ihnen wird das ganze Jahr über gebadet und gesurft. Jugendlich-quirlig geht es in **Máncora** (S. 498) zu, die umliegenden Strände sind ruhiger. Von

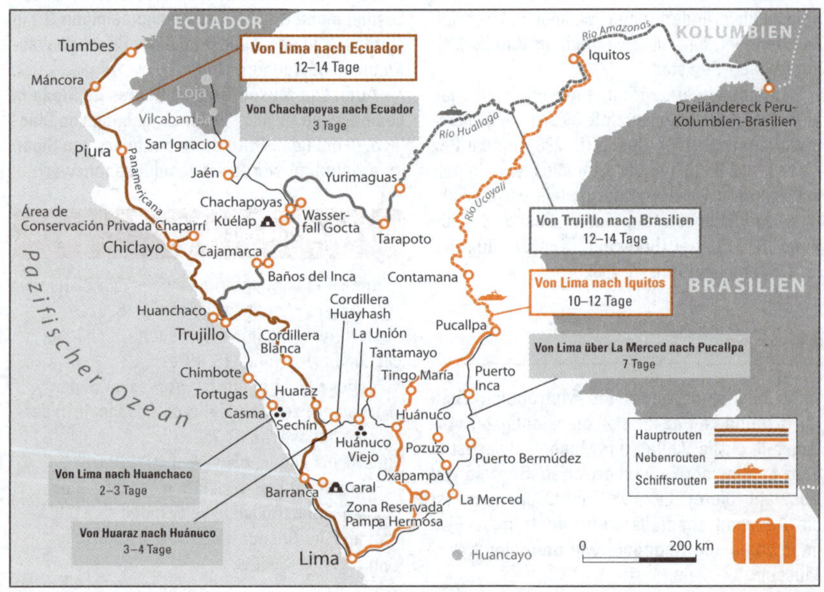

Spektakuläre Berglandschaften finden sich in Peru und Westbolivien zuhauf.

Tumbes aus lassen sich unterschiedliche Naturschutzgebiete mit Mangroven- und tropischen Trockenwäldern besuchen, und man gelangt in kurzer Zeit zur Grenze nach Ecuador und weiter nach Guayaquil oder Loja.

Von Lima nach Iquitos

■ 10–12 Tage

Von Lima aus gelangt man über einen 4800 m hohen Pass nach **Huánuco** (S. 541), das mit einem milden Klima gesegnet ist und die sehenswerten Ruinen von Kotosh samt gutem Museum bietet. Immer tropischer wird die Landschaft Richtung **Tingo María** (S. 424), dem nächsten lohnenswerten Stopp. In der Umgebung befinden sich zahlreiche Höhlen und schöne Wasserfälle. Nach einigen Stunden Busfahrt erreicht man die schnell wachsende Urwaldmetropole **Pucallpa** (S. 446), Ausgangspunkt für Regenwaldtouren und die mehrtägige Bootsfahrt auf dem Río Ucayali Richtung Iquitos. Eine Unterbrechung der Reise mit Besichtigung des Regenwalds lohnt in **Contamana** (S. 454), das auch mit dem Buschflieger zu erreichen ist.

Von Trujillo nach Brasilien

■ 12–14 Tage

Von Trujillo am Pazifik geht es serpentinenreich bergauf nach **Cajamarca** (S. 543), der geschichtsträchtigen Goldstadt in den nördlichen Anden. Nahebei liegen die bekannten Thermalquellen **Baños del Inca**. Über mehrere Bergpässe und durch den grandiosen Canyon des Río Marañon wird das Bergstädtchen **Chachapoyas** (S. 558) erreicht, Ausgangspunkt für Touren nach **Kuélap**, S. 556. Die (noch) wenig besuchte Felsenfestung der Chachapoya-Indianer steht Machu Picchu in nichts nach. In der Umgebung von Chachapoyas locken weitere Ruinen und mit **Gocta**, S. 563 einer der weltweit höchsten Wasserfälle.

Immer grüner wird die Landschaft, je mehr man sich **Tarapoto** (S. 571) nähert. Das quirlige Tropenstädtchen liegt bereits im Amazonasgebiet Perus. Über eine neue Asphaltstraße gelangt man nach **Yurimaguas** (S. 576), einer kleinen Hafenstadt am Río Huallaga. Von hier aus reist man gemütlich im Boot in zwei bis drei Tagen in die am Río Amazonas liegende Dschungelmetropole **Iquitos** (S. 577), die nur auf dem Wasser- oder Luftweg erreichbar ist. Dort sind immer noch die architektonischen Spuren des Kautschukbooms sichtbar. Dem Río Amazonas flussabwärts folgend wird das informelle Dreiländereck **Peru-Kolumbien-Brasilien** (S. 597) erreicht. Von hier aus ist die Weiterreise den brasilianischen Teil des Río Amazonas hinab oder per Flugzeug nach Kolumbien oder Brasilien möglich.

Nebenrouten in Nord- und Zentralperu

Von Lima nach Huanchaco

■ 2–3 Tage

Diese Route folgt der Panamericana Norte entlang der Pazifikküste nach Trujillo und ist vor allem für Kulturinteressierte und Liebhaber von Meeresfrüchten interessant. Südlich von **Barranca** (S. 457) zweigt bei Supe eine Nebenstraße zu den restaurierten Überresten von **Caral** (S. 457) ab, einer der ältesten Städte Amerikas. Weiter nördlich kann man bei Casma die **Ruinen von Sechín** (S. 460) bewundern. An den Stränden von **Tortugas** (S. 461) ist nur in den Sommermonaten zwischen Dezember und April etwas los. Vorbei an der Industrie- und Hafenstadt **Chimbote** (S. 461) wird das Fischerdorf **Huanchaco** (S. 473) mit seinen sehenswerten Schilfbooten und leckeren Fischgerichten erreicht.

Von Lima über La Merced nach Pucallpa

■ 7 Tage

Von Lima aus überquert man die Anden und gelangt ins grüne **La Merced** (S. 435), ein Obst-, Kaffee- und Kokaanbauzentrum. Von hier aus lassen sich Abstecher zu einigen Asháninka-Gemeinden oder in das Naturschutzgebiet **Pampa Hermosa** (S. 432) unternehmen. Oder man begibt sich auf die Spuren deutscher Aussiedler, die zurückgezogen in **Oxapampa** (S. 438) und **Pozuzo** (S. 440) leben. Von Pozuzo aus gelangt man inzwischen – zumindest in der Trockenzeit – auf einer rauen Urwaldpiste bis **Puerto Inca** (S. 446). Oder man nimmt die gut befahrbare Strecke über **Puerto Bermúdez** (S. 443) zur schnell wachsenden Urwaldmetropole **Pucallpa** (S. 446), Ausgangspunkt für Regenwaldtouren und die mehrtägige Bootsfahrt auf dem Río Ucayali über Contamana (S. 454) nach Iquitos.

Von Chachapoyas nach Ecuador

■ 3 Tage

Wer von Chachapoyas aus (oder aus Richtung Tarapoto) nach Ecuador weiterreisen möchte, kann mit der Route über Jaén nicht nur Zeit sparen, sondern bekommt auf der wenig befahrenen Strecke auch tolle Landschaften zu sehen. Vom Kaffeezentrum **Jaén** (S. 568) führt eine hügelige Straße nach **San Ignacio** (S. 569) und weiter zur peruanisch-ecuadorianischen Grenze. Dort geht es auf der ecuadorianischen Seite weiter mit *Rancheras* (an der Seite offenen Lastwagen mit Holzpritschen) nach Vilcabamba und Loja.

Von Huaraz nach Huánuco

■ 3–4 Tage (ohne Trekking)

Auf der Fahrt Richtung **La Unión** (S. 569) kann man einen Abstecher zur **Cordillera Huayhuash** (S. 537), einem tollen Trekkinggebiet, machen. Oberhalb von La Unión liegen die gut erhaltenen Inkaruinen von Huánuco Viejo und der Wandereinstieg in die Königsstraße der Inkas, den Capac Ñan, entweder Richtung Süden oder Norden. Auf der Fahrtstrecke zwischen La Unión und **Huánuco** (S. 541) zweigt eine Piste nach Norden Richtung **Tantamayo** (S. 424) ab. Dort finden Kulturinteressierte sehenswerte Überreste der Yarowilca-Kultur vor.

Hauptrouten in Südperu und Westbolivien

Von Lima über Cusco in das Amazonasbecken

■ 10–12 Tage (ohne Ausflüge ab Cusco)

Entlang der Panamericana Richtung Süden lohnt ein erster Stopp im Gebiet **Ica / Paracas** (S. 386, S. 396). Hier stehen Sandboarding, Wüstentouren, Meeresfauna beobachten und eine Weinprobe auf dem Programm. In **Nazca** (S. 373) ist ein Flug über die berühmten Nasca-Linien angesagt. Von der Kolonialstadt **Arequipa** (S. 334) aus lassen sich die eindrucksvollen Canyonlandschaften des **Colca**-Tals (S. 353) besuchen.

Bergsteiger zieht es auf den **Misti** (S. 350), den Hausvulkan Arequipas, oder den **Chachani** (S. 351), einen Sechstausender. An den Ufern des **Titicaca-Sees** (S. 317) liegt **Puno** (S. 319), Ausgangspunkt für den Besuch zahlreicher Inseln, auf denen die Bauern trotz zunehmendem Tourismus weitestgehend ursprünglich leben.

Von Puno aus kann man mit dem Bus oder dem Zug nach **Cusco** (S. 220) gelangen. Die einstige Hauptstadt des Inka-Imperiums ist das peruanische Touristenzentrum schlechthin und

Ausgangspunkt für Ausflüge in das **Urubamba-Tal** (Valle Sagrado, S. 252), zu versteckt gelegenen Ruinenstätten, aber auch für mehrtägige Touren in den **Parque Nacional Manu** (S. 286) oder das **Zona Reservada Tambopata-Candamo** (S. 304) bei **Puerto Maldonado** (S. 296). Von dort gelangt man inzwischen auf asphaltierter Straße nach Brasilien.

Ein absolutes Highlight ist die entlegene Inkastadt **Machu Picchu** (S. 265), die von Cusco aus mit dem Zug oder zu Fuß über den weltberühmten Inkatrail oder andere Wanderrouten erreicht werden kann.

Von Cusco nach La Paz (Bolivien)

■ 6 Tage

Diese Route verläuft immer auf Höhen von 3500 m oder mehr. Auf dem Weg **von Cusco nach Puno** (S. 309) lohnen sich Abstecher zu den Inkaruinen Raqchi (S. 309), dem Tinajani-Canyon bei Ayaviri (S. 313) und den Grabtürmen von Sillustani (S. 328). Von **Juliaca** (S. 313) aus gelangt man auf die Nordostseite des **Titicaca-Sees** (S. 317) und zur Halbinsel **Capachica** (S. 332).

Von Puno führt eine landschaftlich reizvolle Strecke entlang des Ufers des Titicaca-Sees bis zum bereits auf bolivianischer Seite liegenden Wallfahrtsort **Copacabana** (S. 601). Von hier lohnt ein Besuch der **Isla del Sol** (S. 607), der Sage nach der Ursprungsort der Inkas. Nachdem die See-Enge von Tiquina mit der Auto- bzw. Busfähre überwunden worden ist, sind es nur noch wenige Stunden bis nach **La Paz** (S. 612), der aufregenden heimlichen Hauptstadt Boliviens.

Nebenrouten in Südperu und Westbolivien

Von Lima über Ayacucho nach Cusco

■ 7–8 Tage

Diese Route ist vor allem für Fans toller Berglandschaften zu empfehlen. Mit dem Zug oder Bus geht es von Lima nach **Huancayo** (S. 410), im breiten Tal des Río Mantaro gelegen. Hier lässt es sich prima wandern, biken oder Kunsthandwerk einkaufen. Mit dem Zug – aber auch mit dem Bus – gelangt man zur Minenstadt **Huancavelica** (S. 416) und von dort durch spektakuläre Andenlandschaften nach **Ayacucho** (S. 197) mit lohnenswerten Ausflugszielen in der Umgebung. Über die Kleinstädte **Andahuaylas** (S. 207) und **Abancay** (S. 211), Ausgangspunkte für schöne Wanderungen, wird die Inkastadt

Cusco erreicht. Die beschriebene Route sollte vorzugsweise **außerhalb der Regenmonate** Januar bis März genommen werden. In dieser Zeit machen starke Regenfälle und Erdrutsche die inzwischen überwiegend asphaltierten Straßen oftmals unpassierbar.

Von Cusco nach Brasilien

■ 3 Tage (ohne Besuch einer Dschungellodge)

Diese Strecke ist Teil der *Interoceánica*, einer inzwischen fertiggestellten geteerten Straßenverbindung vom Atlantik (Brasilien) zum Pazifik (Peru).

Zunächst führt die Route über **Urcos** (S. 249) in das kleine Dorf **Tinqui** (S.250), dem Ausgangspunkt der mehrtägigen Rundwanderung um den Nevado Ausangate.

Nach dem Überqueren der letzten Andenkämme geht es hinab ins Tiefland des Amazonas bis zur Dschungelstadt **Puerto Maldonado** (S. 296), die man wahlweise auch mit dem Flugzeug von Cusco aus ansteuern kann.

Die Stadt ist das Tor zum Naturschutzgebiet **Tambopata-Candamo** (S. 304) mit seinen zahlreichen Dschungellodges. Auf der anderen Seite des Río Madre de Dios führt eine gute Straße zum peruanischen Grenzort **Iñapari** (S. 301). Auf brasilianischer Seite gelangt man über Asis Brasil und Brasiléia nach Rio Branco, von wo aus gute Fluganbindungen ins restliche Brasilien bestehen.

Von La Paz nach Tacna

■ 5–6 Tage (mit je einem Tag in den beiden Nationalparks)

Die Dreiländertour führt durch atemberaubende Landschaften. Von La Paz geht es mit optionalen Stopps vorbei an den Nationalparks **Sajama** (S. 663) und **Lauca** (S. 664) mit ihren spektakulären Vulkangipfeln bis in die chilenische Pazifik-Stadt **Arica**. Wahlweise kann man nun nach Süden Richtung Santiago de Chile oder Richtung Norden in das peruanische **Tacna** (S. 366) reisen. Von dort geht es problemlos weiter nach **Arequipa** (S. 334) oder entlang der Pazifikküste in die Landeshauptstadt **Lima** (S. 150).

In die Yungas ab / bis La Paz

■ 3–4 Tage (ohne Wanderungen)

In die feuchten Andenabhänge östlich von **La Paz** (S. 612) gelangt man zu Fuß über traditionelle Wanderrouten (Choro Trail S. 652, Takesi-Trail S. 645), mit dem Mountainbike über die „Todesstraße“ (S. 650) oder mit dem Bus. Übernachtet wird meist im pittoresk gelegenen **Coroico** (S. 648), das über eine gute touristische Infrastruktur verfügt und Ausgangspunkt für Ausflüge und Wanderungen in der Umgebung ist.

Abenteuer auf der Fahrt mit dem Mountainbike in die Yungas (Bolivien)

Klima und Reisezeit

In Peru und Bolivien unterscheidet man zwei Jahreszeiten, die sich in den Landesteilen Pazifikküste, Hochland und Amazonasbecken unterschiedlich auswirken. Im Bergland der Anden, zu dem auch Westbolivien gehört, beginnt die kalte **Trockenzeit** im Mai und dauert bis September/Oktober. Sie heißt *Invierno* (spanisch: Winter). Entsprechend wird die **Regenzeit** von Oktober bis April *Verano* (Sommer) genannt. An der Pazifikküste ist es von Dezember bis April warm und sonnig bei hoher Luftfeuchtigkeit. In der übrigen Zeit bildet sich entlang der Pazifikküste (Ausnahme der Norden ab Piura) ein dichter Nebel *(Garúa)*, der gelegentlichen Nieselregen mit sich bringt. Dieses Wetterphänomen, verursacht durch die kalte Humboldtströmung, ist in Lima besonders stark ausgeprägt.

Die Regenzeit im Amazonasbecken dauert von Dezember bis Mai. In den übrigen Monaten ist es bei gleichbleibend hohen Temperaturen trockener, man sollte sich jedoch auf gelegentliche Regengüsse einstellen.

Wegen vieler unterschiedlicher Klimazonen und Höhenlagen lassen sich Peru und Bolivien das ganze Jahr bereisen. Es folgt ein Überblick über die Vor- und Nachteile jeder Jahreszeit. Für Westbolivien siehe die unten stehenden Einträge unter dem Stichwort „Hochland".

Januar–März/April

Hochland: Die regenreichste Zeit des Jahres, die zum Wandern nicht empfehlenswert ist.
Küste: Badesaison an der Pazifikküste. Das Klima ist heiß und sonnig, bei hoher Luftfeuchtigkeit.
Amazonas: Regenreichste Zeit des Jahres. Erhöhte Niederschlagsmengen lassen die Flüsse steigen.

Aktuelles Wetter

Allgemein: www.wetteronline.de, www.wetter.com, www.wetter.info
Peru: www.senamhi.gob.pe
Bolivien: www.senamhi.gov.bo

März/April–Juni

Hochland: Die Regenfälle lassen nach, ab April/Mai beginnt die Wandersaison.
Küste: Die Badesaison nähert sich ihrem Ende. Im Mai/Juni Küstennebel *(Garúa)* – Ausnahme: nördlich von Piura.
Amazonas: Der Regen lässt nach, die Flüsse erreichen ihren Höchststand.

Juli–September

Hochland: In der trockensten Zeit des Jahres sind die Nächte kalt und klar. Beste Wanderzeit und touristische Hochsaison.
Küste: Besonders im Juli/August kalt und grau, mit gelegentlichem Nieselregen – Ausnahme: nördlich von Piura. Im Hinterland der Küste bleibt es warm und sonnig.
Amazonas: Die trockenste Zeit des Jahres, nur noch gelegentliche Schauer, die Flusspegel sinken deutlich.

Oktober–Dezember

Hochland: In der Übergangsphase muss man mit den ersten Regenfällen rechnen. Das Wandern ist immer noch möglich, weniger Tourismus.
Küste: Es ist weiterhin neblig und diesig, Im Dezember zeigt sich die Sonne wieder öfter.
Amazonas: Steigende Temperaturen und steigende Niederschlagsmengen.

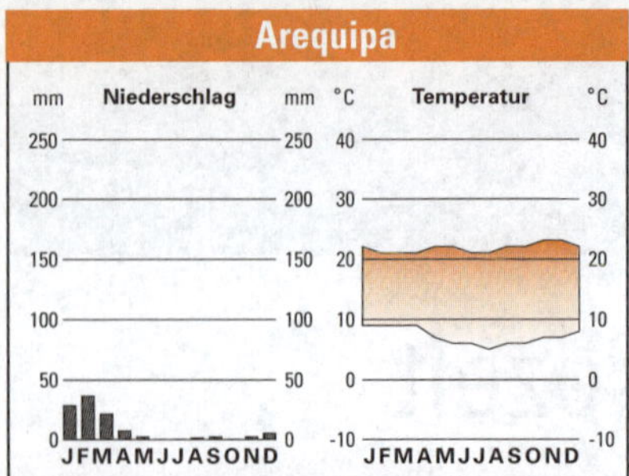
Arequipa
mm Niederschlag mm
°C Temperatur °C
250 200 150 100 50 0
40 30 20 10 0 -10
JFMAMJJASOND

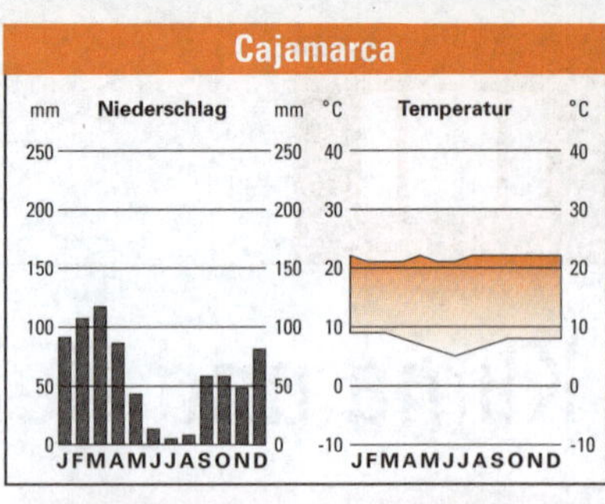
Cajamarca
mm Niederschlag mm
°C Temperatur °C
250 200 150 100 50 0
40 30 20 10 0 -10
JFMAMJJASOND

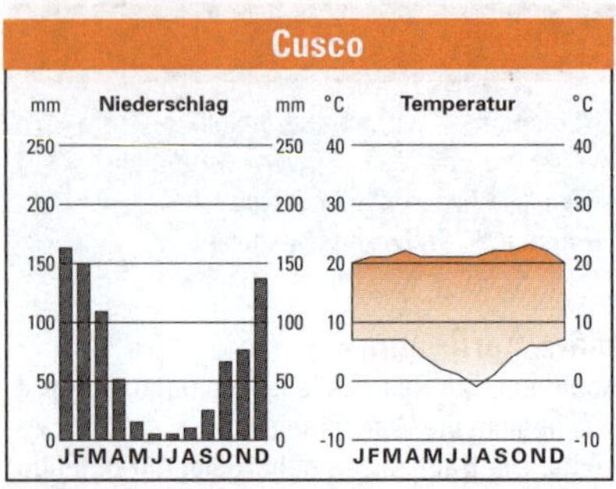
Cusco
mm Niederschlag mm
°C Temperatur °C
250 200 150 100 50 0
40 30 20 10 0 -10
JFMAMJJASOND

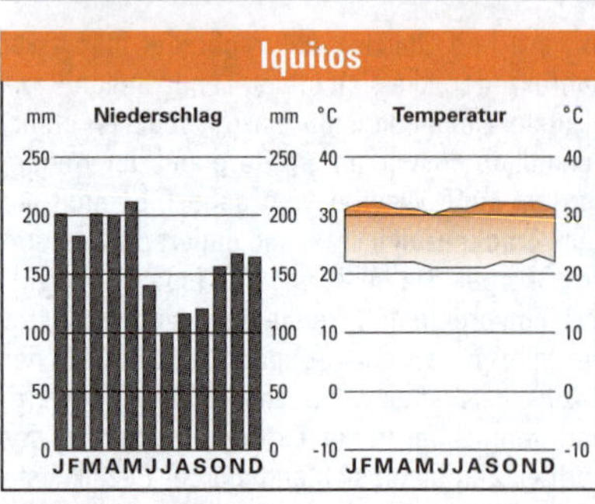
Iquitos
mm Niederschlag mm
°C Temperatur °C
250 200 150 100 50 0
40 30 20 10 0 -10
JFMAMJJASOND

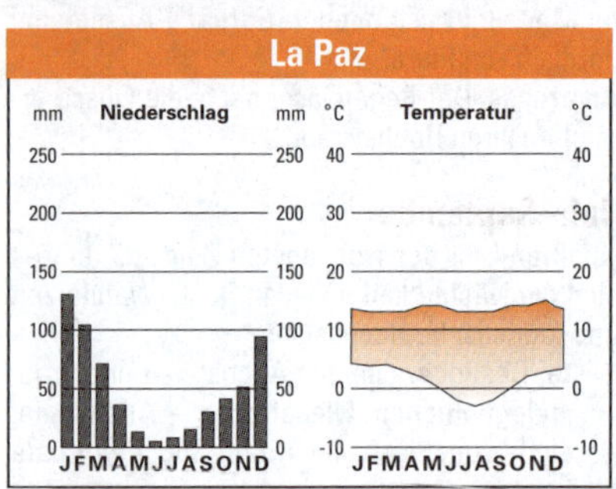
La Paz
mm Niederschlag mm
°C Temperatur °C
250 200 150 100 50 0
40 30 20 10 0 -10
JFMAMJJASOND

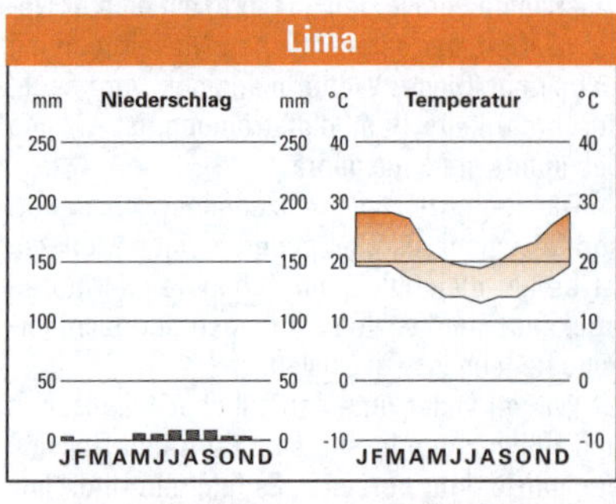
Lima
mm Niederschlag mm
°C Temperatur °C
250 200 150 100 50 0
40 30 20 10 0 -10
JFMAMJJASOND

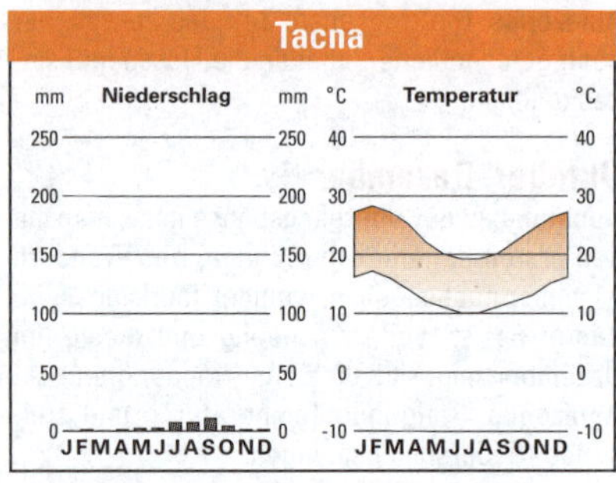
Tacna
mm Niederschlag mm
°C Temperatur °C
250 200 150 100 50 0
40 30 20 10 0 -10
JFMAMJJASOND

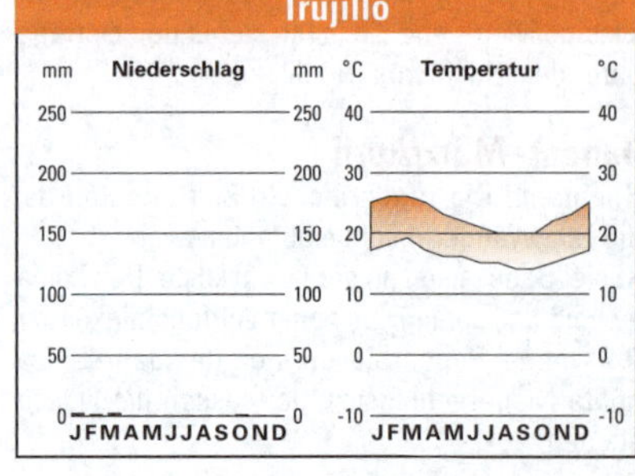
Trujillo
mm Niederschlag mm
°C Temperatur °C
250 200 150 100 50 0
40 30 20 10 0 -10
JFMAMJJASOND

Reisekosten

In Peru und vor allem in Bolivien lässt es sich noch immer preiswert reisen. Je nach Region können die Reisekosten allerdings deutlich schwanken. So liegt das Preisniveau in den Hauptstädten und den Touristenzentren z. T. deutlich höher als in ländlichen Gebieten. Allgemein ist Peru ca. 20–30 % teurer als Bolivien. Als absolute **Untergrenze** für Übernachtung und Mahlzeiten sollten pro Tag rund 15 € eingeplant werden. Hinzu kommen die Ausgaben für Transport, Aktivitäten, Eintritte und Einkäufe. Wer sich auf das Wesentliche beschränkt, kann mit rund 650–700 € ganz gut einen Monat lang in Peru und Bolivien reisen.

Die Preise für **Unterkünfte** (s. Tabelle S. 81) schwanken je nach Saison oder Ferienzeit (z. B. Ostern), und können selbst an Wochenenden ansteigen (z. B. an der Pazifikküste während der Sommermonate). Die Reise zu zweit ist günstiger, da Einzelzimmer oftmals nur unwesentlich billiger sind als Doppelzimmer.

In Peru und Bolivien kann man preiswert **essen**: Während das Frühstück mit 1,50–3 € noch vergleichsweise teuer ist, bekommt man in vielen Restaurants für den gleichen Betrag ein sättigendes Mittagsmenü. Gute Adressen für billiges Essen sind vegetarische Restaurants und *Chifas* (chinesische Esslokale). In einigen einfachen Restaurants wird auch abends ein billiges Menü für ca. 2–3 € serviert. In guten Restaurants muss abends mit 5–15 € gerechnet werden. Erheblich günstiger isst man dagegen auf lokalen Märkten, wo bereits für 1–1,50 € eine komplette Mahlzeit serviert wird.

Auch das **Busfahren** ist günstig. Linienbusse zwischen den großen Städten kosten durchschnittlich etwa 1,50–2 € pro 100 km Fahrtstrecke (abhängig von der Qualität des Busses). Hingegen muss man für Luxusbusse (u. a. Cruz del Sur, Oltursa) mit 4–5 € pro 100 km schon etwas tiefer in die Tasche greifen. Für kürzere Entfernungen stehen in den meisten Orten Sammeltaxis bereit, die teurer, aber auch deutlich schneller als Busse oder Kleinbusse sind.

Inlandflüge haben sich in Peru und Bolivien in den vergangenen Jahren kontinuierlich ver-

Was kostet wie viel?

Die angegebenen Preise gelten für Peru, das Preisniveau in Bolivien liegt etwa 20 % darunter.

Getränke	
1,5 Liter-Flasche Wasser im Laden	ca. 2,50–3,50 S/. (0,70–1 €)
1 kleine Flasche Bier im Restaurant	5–7 S/. (1,50–2,50 €)
Tasse Kaffee aus der Espressomaschine	4–7 S/. (1,20–2 €)
Mahlzeiten	
Frühstück	5–10 S/. (1,50–3 €)
Mittagessen (Menü)	5–10 S/. (1,50–3 €)
Abendessen à la carte	15–50 S/. (4,20–14,30 €)
Unterkunft	
Billigunterkunft (DZ mit Gemeinschaftsbad)	35 S/. (10 €) und darunter
Mittelklassehotel (DZ mit Bad)	36–105 S/. (10–30 €)
Gehobener Standard (DZ mit Bad)	106–245 S/. (30–70 €)
Unterwegs	
Lima–Arequipa (1000 km, Luxusbus)	ab 150 S/. (43 €)
Hin- und Rückflug Lima–Cusco	315–1575 S/. (90–450 €)
Boot Yurimaguas–Iquitos (2–3 Tage)	
mit Kabine	ab 180 S/. (52 €)
mit Hängematte	80 S/. (23 €)
Eintrittsgebühren	
Parque Nacional Manu	150 S/. (43 €)
Machu Picchu	128 S/. (38 €)
Tiwanaku (Bolivien)	80 Bs. (9 €)
Kommunikation	
1 Std. Internet	1,50–3 S/. (0,50–0,85 €)
Ferngespräch nach Deutschland pro Min.	0,80 S/. (0,23 €)

teuert. Billigfluglinien gibt es bislang keine. Die Preise liegen in beiden Ländern zwischen ungefähr 50–100 € für einen einfachen Flug.

Besuche archäologischer **Sehenswürdigkeiten** und **Nationalparks** sind nicht immer billig. So verlangt man zum Beispiel in Machu Picchu ca. 38 €, für einen Besuch des Nationalparks Manu sind rund 43 € fällig. Da deutschsprachige **Fremdenführer** rar und teuer sind, kann es günstiger sein, an einer englischsprachigen Führung teilzunehmen.

Wer einen internationalen **Studentenausweis** besitzt, bekommt in Peru und Bolivien in einigen archäologischen Stätten (z. B. Machu Picchu), bei Veranstaltungen und eventuell bei Flügen finanzielle Vergünstigungen.

Die Löhne in Serviceberufen und besonders im Tourismusgewerbe sind sehr niedrig. Dementsprechend ist für die meisten Angestellten das **Trinkgeld** ein wichtiges Zubrot. Auch wenn Einheimische meist kein oder nur wenig Trinkgeld geben, sollte man bis zu 10 % des Rechnungsbetrags als Trinkgeld liegen lassen. Auch in einfachen Unterkünften und Restaurants freuen sich die Mitarbeiter über eine kleine Aufmerksamkeit.

Traveltipps von A bis Z

Adressen

Folgende Abkürzungen tauchen oft bei peruanischen und bolivianischen Adressen auf:

Av.	Avenida (Allee)
C.	Calle (Straße)
Cdr.	Cuadra (Straßenblock)
Dpto.	Departamento (Wohnung)
Edif.	Edificio (Gebäude)
Jr.	Jirón (nur in Peru, Bezeichnung für Straße)
Loc.	Local (Geschäft, z. B. in einem Einkaufszentrum)
Lt.	Lote (Grundstück)
Mz.	Manzana (Grundstücksblock)
Of.	Oficina (Büro)
Piso	Stockwerk
Planta baja	Untergeschoss
Primer piso	Erdgeschoss
Psj.	Pasaje (Passage, kleine Nebenstraße)
Urb.	Urbanización (Wohnsiedlung)

Anreise

Von Europa

Die meisten Europäer reisen per Flugzeug an. Zurzeit bietet nur Condor Direktflüge von Frankfurt nach Lima an, allerdings nur von März bis September. Nach Bolivien gibt es keine Direktflüge ab Deutschland. Die **Flugdauer** von Frankfurt nach Lima beträgt mindestens 14 Std. und von Frankfurt nach La Paz mindestens 16 Std. Die Lufthansa plant, 2012/2013 erneut Direktflüge nach Lima anzubieten.

Interessant können auch **Gabelflüge** sein, die beispielsweise von Iberia und Lan ab Madrid in der Kombination Hinflug Lima/Rückflug Santiago de Chile oder aber Hinflug Lima/Rückflug Rio de Janeiro angeboten werden.

Nach Lima, Peru

Folgende Airlines (Adressen stehen im Kapitel „Lima", S. 184) fliegen mit Zwischenstopps bzw. Umsteigen von Deutschland in die peruanische Hauptstadt:

Air Europa (ab Frankfurt über Madrid), 💻 www.air-europa.com
Air France (über Paris), 💻 www.airfrance.com
Avianca (ab Frankfurt via Madrid, Bogota und Quito), 💻 www.avianca.com
Continental Airlines und **United Airlines** (ab Frankfurt, Berlin, Hamburg und Köln über New York oder Houston), 💻 www.continental.com und 💻 www.unitedairlines.de
Delta Airlines (ab Frankfurt, München und Stuttgart über Atlanta), 💻 www.delta.com
Iberia (ab Frankfurt über Madrid), 💻 www.iberia.com
KLM (über Amsterdam und die Niederländischen Antillen), 💻 www.klm.com
Lan (ab Frankfurt über Madrid), 💻 www.lan.com
Lufthansa (nach Caracas, danach weiter mit Taca), 💻 www.lufthansa.com
Tam (ab Frankfurt über Sao Paulo), 💻 www.tam.com.br

Airpässe

Airpässe eignen sich, wenn man mehrere Flüge innerhalb Perus und Boliviens plant und diese mit anderen Zielen in Südamerika verbinden möchte. Allerdings legt man sich mit dem Kauf verbindlich auf eine Route fest. Die Preise für Teilstrecken sind nicht zwingend günstiger, als wenn man die Flüge bei unterschiedlichen Airlines kauft. Folgende Unternehmen bieten Airpässe an:

Lan: South America Airpass, 💻 www.lan.com, bietet die Möglichkeit, rund 50 Ziele in Südamerika zu kombinieren. Einzelstrecken müssen im Voraus festgelegt werden.
Saspo: All American Airpass, 💻 www.saspo.de. Individuelle Routengestaltung, auch unterschiedliche Airlines. Komplettservice inklusive Reservierung.

Weniger fliegen – länger bleiben! Reisen und Klimawandel

Der Klimawandel ist vielleicht das dringlichste Thema, mit dem wir uns in Zukunft befassen müssen. Wer reist, erzeugt auch CO_2: Der Flugverkehr trägt mit einem Anteil von bis zu 10 % zur globalen Erwärmung bei. Wir sehen das Reisen dennoch als Bereicherung: Es verbindet Menschen und Kulturen und kann einen wichtigen Beitrag für die wirtschaftliche Entwicklung eines Landes leisten. Reisen bringt aber auch eine Verantwortung mit sich. Dazu gehört darüber nachzudenken, wie oft wir fliegen und was wir tun können, um die Umweltschäden auszugleichen, die wir mit unseren Reisen verursachen.

Wir können insgesamt weniger reisen – oder weniger fliegen und länger bleiben, den Zug nehmen (wenn es einen gibt), Nachtflüge meiden (da sie mehr Schaden verursachen). Und wir können einen Beitrag an ein Ausgleichsprogramm wie **www.atmosfair.de** leisten. Dabei ermittelt ein Emissionsrechner, wie viel CO_2 der Flug produziert und was es kostet, eine vergleichbare Menge Klimagase einzusparen. Mit dem Betrag werden Projekte in Entwicklungsländern unterstützt, die den Ausstoß von Klimagasen verringern helfen.

Nach La Paz, Bolivien

Aerosur (ab Madrid über Santa Cruz), www.aerosur.com. Kurz vor Redaktionsschluss stand nicht fest, ob Aerosur weiter von Madrid nach Santa Cruz fliegen würde.

Iberia (ab Madrid über Sao Paulo oder Buenos Aires), www.iberia.com

Von Lateinamerika

Nach Lima, Peru

Airlines, die innerhalb Lateinamerikas nach Peru fliegen, finden sich im Kapitel „Lima", S. 184.

Nach La Paz, Bolivien

Nur wenige Airlines landen in der bolivianischen Metropole, da der Flughafen El Alto aufgrund seiner Höhenlage (4000 m) besondere Auflagen stellt. Wegen der dünnen Luft benötigen Piloten eine Zusatzausbildung und Flugzeuge eine längere Anlaufstrecke, bis sie abheben können. Adressen stehen im Kapitel „La Paz" (S. 632).

Flugpreise

Wer Wert auf Sicherheit und Service legt, bekommt bei frühzeitiger Buchung ein Graumarkt-Ticket einer renommierten Gesellschaft ohne Sicherheits- und Flughafengebühren ab 750–800 €. Während der Hochsaison (Juni bis Oktober) wird ein beachtlicher Aufschlag erhoben. Zudem sollte man für die Flugtermine in den Hauptreisemonaten Juli und August sowie über Weihnachten/Neujahr so früh wie möglich buchen. In-

Nach Peru mit dem Schiff

Eine Reise mit dem Schiff nach Lima (Puerto Callao) empfiehlt sich nur denjenigen, die viel Zeit mitbringen und bereit sind, für die Bootsfahrt mehr Geld als für einen Flug zu bezahlen. Wer Peru, Bolivien oder ganz Südamerika mit dem Auto, Motorrad oder Wohnmobil erkunden möchte, kann sein Fahrzeug mit spezialisierten Reedereien verschiffen.

Infos unter:

Frachtschiff-Touristik, www.zylmann.de

Hamburg-Südamerikanische Dampfschifffahrts-Gesellschaft, www.hamburg-sued.com

Navis Schifffahrts- und Speditions-Aktiengesellschaft, www.navis-ag.com

Spedition Schenker International Deutschland, www.schenker.de

Spedition Carl Hartmann, www.carl-hartmann.de

Flughafensteuer

Während die peruanische Flughafensteuer von US$30 für internationale Flüge im Ticketpreis enthalten ist, müssen die in Bolivien fälligen US$25 zusätzlich zum Ticket bezahlt werden.

landflüge (s. S. 70) können unter Umständen als günstige Anschlussflüge gebucht werden.

Normalerweise ist die Geltungsdauer von Billigtickets auf 1 bis 6 Monate begrenzt (Ausnahme: Lan, Gültigkeit 1 Jahr). Zudem kann man mit ihnen nicht die Fluggesellschaft wechseln und bekommt kein Geld zurückerstattet, wenn der Flug nicht angetreten wird. Bei weniger strikter Handhabung ist zumindest eine Stornierungsgebühr fällig. Für die Umbuchung des Rückflugs müssen etwa 100 € bezahlt werden.

Flüge online buchen

Die Zahl der Fluganbieter im Netz ist kaum noch zu überschauen. In Tests 2011 gut abgeschnitten haben:

- www.expedia.de
- www.opodo.de
- www.weg.de
- www.sonnenklar.tv
- www.holidaycheck.de

Wer flexibel ist oder schon bald losfahren möchte, findet auch Last-Minute-Angebote oder Sondertarife für Flüge, Hotelzimmer oder Tickets, die teils nur im Netz von Veranstaltern, Hotels oder Airlines offeriert werden.

Botschaften und Konsulate

Vertretungen Perus im Ausland

Deutschland

Botschaft der Republik Peru
Mohrenstr. 42, 5. Etage, 10117 Berlin
Tel. 030-2064103, Fax 20641077

Konsularabteilung:
Tel. 030-2291455
www.botschaft-peru.de
Konsulat Mo–Fr 9–13 Uhr (nach vorheriger Vereinbarung)

Zudem unterhält Peru **Generalkonsulate** in München, Offenbach und Hamburg sowie **Honorarkonsulate** in Bremen, Hannover und Düsseldorf.

Österreich

Botschaft der Republik Peru
Mahlerstr. 7/22, 1010 Wien
Tel. 431-7134377, Fax 7127704
Mo–Fr 9–17 Uhr

Schweiz

Botschaft der Republik Peru
Thunstr. 36, 3005 Bern
Tel. 4131-3518555, Fax 3518570
www.embaperu.ch
Mo–Fr 9–12, 14–17 Uhr

Vertretungen Boliviens im Ausland

Deutschland

Botschaft des plurinationalen Staates Bolivien
Wichmannstr. 6, 10787 Berlin
Tel. 030-2639150, Fax 26391515
www.bolivia.de
Mo–Do 9–17, Fr 9–14 Uhr

Österreich

Konsulat des plurinationalen Staates Bolivien
Waaggasse 10-4A, 1040 Wien
Tel. 411-5874675, Fax 5866880
www.bolivia.at
Mo–Fr 9–17 Uhr

Schweiz

Konsulat des plurinationalen Staates Bolivien
Sevogelplatz 2, 4052 Basel
Tel. 4161-3124445, Fax 3125031
ccblattmann@hotmail.com
Mo–Sa 8–12 Uhr

Ausländische Vertretungen in Peru

Deutsche Botschaft in Lima
(Embajada de la República Federal de Alemania)
Arequipa 4210, Miraflores, Lima 18
📞 511-2125016, 📠 4226475,
Konsulat: 4404048
Notfalltelefon 📞 0051-997576200
💻 www.lima.diplo.de
🕓 Mo–Fr 8.30–11.30 Uhr

Deutsche Honorarkonsulate in Peru
Arequipa, s. S. 345
Chiclayo, s. S. 481
Cusco, s. S. 241
Iquitos, s. S. 586
Piura, s. S. 491

Österreichische Botschaft in Lima
(Embajada de Austria)
Av. República de Colombia 643, Piso 5,
San Isidro, Lima 27
📞 511-4420503, 📠 4428851
💻 www.bmeia.gv.at/botschaft/lima.html
🕓 Mo–Fr 9–12 Uhr

Schweizer Botschaft in Lima
(Embajada de Suiza)
Salaverry 3240, San Isidro, Lima 27
📞 511-2640305, 📠 2641319
💻 www.eda.admin.ch/lima
🕓 Mo–Fr 9–12 Uhr

Ausländische Vertretungen in Bolivien

Deutsche Botschaft
(Embajada de la República Federal de Alemania)
Av. Arce 2395, La Paz
📞 5912-2440066, 📠 2441441
💻 www.la-paz.diplo.de
🕓 Mo–Fr 9–12 Uhr

Österreichisches Honorargeneralkonsulat
Calle Montevideo 130, Piso 6, La Paz
📞 5912-2442075, 📠 2442035
✉ austroko@acelerate.com

Schweizer Botschaft
Calle 13, Esquina 14 de Septiembre,
Obrajes. La Paz
📞 5912-2751225, 📠 2140885
💻 www.eda.admin.ch/lapaz

Einkaufen

Weiche Alpaka-Pullover, grobe Wollteppiche, traditionelle Holzmasken – die vielen bunten Märkte laden geradezu zum Kaufen ein. Handeln ist hier Pflicht, aber bevor man sich in den Trubel stürzt, sind ein paar Dinge zu berücksichtigen. Wer sich bereits ein paar Wochen im Land aufhält, kennt sich besser mit der Preisstruktur aus und weiß, was wo für wie viel Geld zu haben ist. Dem Rucksackreisenden erspart das späte Kaufen Platz- und Gewichtsprobleme bzw. unnötige Ausgaben, denn Pakete zu verschicken ist kostspielig.

Zwischenhändler verteuern das Produkt, das sie vorher in großen Mengen günstig erworben haben, oftmals unnötig. Daher sollte man versu-

Die wichtigsten Kunsthandwerkszentren	
Catacaos (Provinz Piura)	Gold- und Silberarbeiten
Chulucanas (Provinz Piura)	erdfarbene Glasurkeramik
Cusco (Provinz Cusco)	religiöse Figuren, Keramik, Textilien
Huamanga (Provinz Ayacucho)	Steinfiguren
Huanchaco (Provinz La Libertad	Schilfboote, -hüte, -körbe
Monsefú (Provinz Lambayeque)	Flecht- und Holzarbeiten
Mórrope (Provinz Lambayeque)	Tonarbeiten
Pucallpa (Provinz Ucayali)	Keramik, Textilien
Puno (Provinz Puno)	Holzmasken, Ton- und Glaskeramik, traditionelle Textilien
Valle del Mantaro (Provinz Junín)	Silberarbeiten, bemalte Kalebassen

Kultur, Kunsthandwerk und Feste

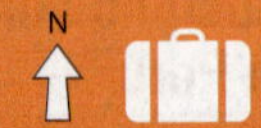

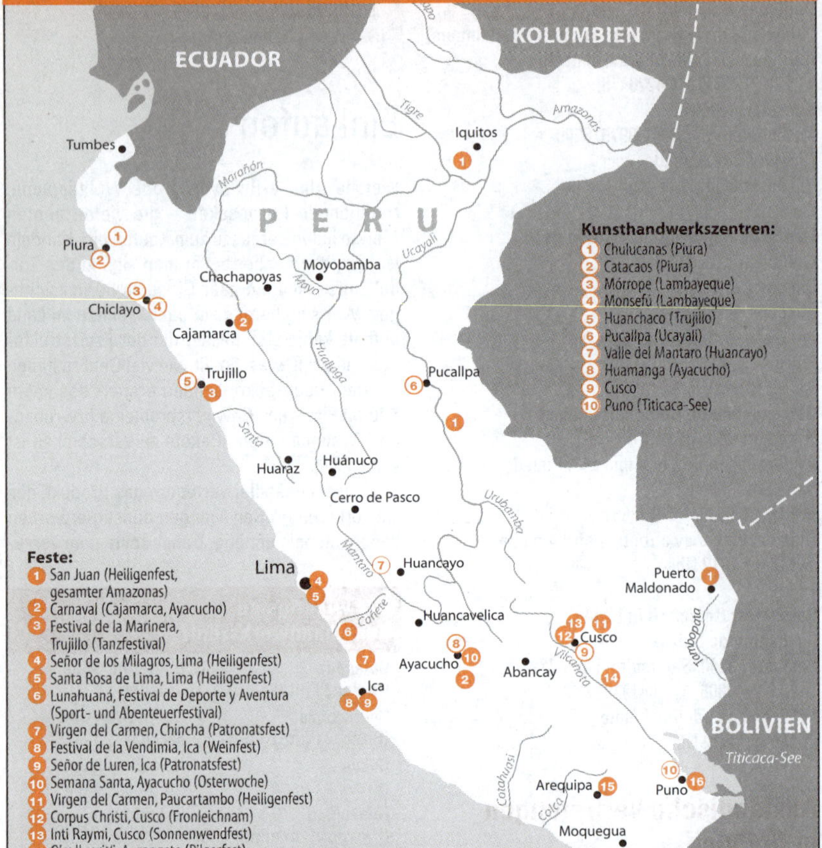
N
ECUADOR
KOLUMBIEN
PERU
BOLIVIEN
CHILE
Titicaca-See
Tumbes
Piura
Chiclayo
Chachapoyas
Moyobamba
Cajamarca
Trujillo
Iquitos
Pucallpa
Huaraz
Huánuco
Cerro de Pasco
Lima
Huancayo
Huancavelica
Ayacucho
Ica
Abancay
Cusco
Puerto Maldonado
Arequipa
Puno
Moquegua
Tacna
Marañón
Tigre
Amazonas
Ucayali
Mayo
Huallaga
Santa
Urubamba
Mantaro
Cañete
Vilcanota
Tambopata
Cotahuasi
Colca
Kunsthandwerkszentren:
1 Chulucanas (Piura)
2 Catacaos (Piura)
3 Mórrope (Lambayeque)
4 Monsefú (Lambayeque)
5 Huanchaco (Trujillo)
6 Pucallpa (Ucayali)
7 Valle del Mantaro (Huancayo)
8 Huamanga (Ayacucho)
9 Cusco
10 Puno (Titicaca-See)
Feste:
1 San Juan (Heiligenfest, gesamter Amazonas)
2 Carnaval (Cajamarca, Ayacucho)
3 Festival de la Marinera, Trujillo (Tanzfestival)
4 Señor de los Milagros, Lima (Heiligenfest)
5 Santa Rosa de Lima, Lima (Heiligenfest)
6 Lunahuaná, Festival de Deporte y Aventura (Sport- und Abenteuerfestival)
7 Virgen del Carmen, Chincha (Patronatsfest)
8 Festival de la Vendimia, Ica (Weinfest)
9 Señor de Luren, Ica (Patronatsfest)
10 Semana Santa, Ayacucho (Osterwoche)
11 Virgen del Carmen, Paucartambo (Heiligenfest)
12 Corpus Christi, Cusco (Fronleichnam)
13 Inti Raymi, Cusco (Sonnenwendfest)
14 Q'oyllur rit'i, Auzangate (Pilgerfest)
15 Virgen de Chapi, Arequipa (Pilgerfest)
16 Virgen de la Candelaria und Diablada, Puno (Tanzfest)

chen, **direkt beim Erzeuger** zu kaufen. Dies bedeutet allerdings, sich abseits der touristischen Trampelpfade umzuschauen und Werk- und Produktionsstätten aufzusuchen, wobei sich Vorteile für Produzent und Käufer ergeben.

Zum einen erfährt man etwas über die Herstellung des Produkts und das Kunsthandwerk an sich. Zum anderen hat man, selbst wenn der Kaufpreis ebenso hoch sein sollte wie der beim Händler, immerhin die Gewissheit, dass der Produzent einen deutlich höheren Gewinn erzielt. **Produktionskooperativen** mit Direktverkauf gibt es in vielen Dörfern des Hochlands. Und in den meisten Fällen freuen sich die Menschen sehr, wenn man Interesse an ihrer Arbeit bekundet und sie vor Ort besucht.

Über den **Preis** wird auf peruanischen und bolivianischen Märkten bei allen Waren verhandelt – Lebensmittel machen da keine Ausnahme. Aber wie kommt man zu einem Preis, mit dem beide Parteien leben können? Man möchte ja schließlich nicht übers Ohr gehauen werden, aber dennoch einen fairen Preis zahlen, der dem Wert der Ware auch entspricht. Leider ist das nicht einfach, denn immer wieder nutzen Touristen die starke Konkurrenz der Händler untereinander schamlos aus und drücken die Preise bis unter die Schmerzgrenze. Tatsache ist, dass viele Indígenas ihre Arbeiten zu einem viel zu niedrigen Preis anbieten müssen. Lohnkosten werden dabei völlig unzureichend oder überhaupt nicht berücksichtigt.

Das soll nun nicht heißen, sofort den erstbesten geforderten Geldbetrag auf den Tisch zu legen. Aber man sollte bei einem wirklich günstigen Preis nicht auch noch übermäßig feilschen. Ratsam ist es, sich zunächst bei verschiedenen Händlern nach dem Preis für das gewünschte Objekt zu erkundigen. Den vom Anbieter genannten Preis gilt es dann um ca. 20–40 % zu unterbieten, um sich so dem für beide Parteien akzeptablen Endpreis anzunähern. Einfühlungsvermögen und eine Prise Humor können hierbei sicher nicht schaden. Hat man die Ware langwierig auf einen günstigen Preis heruntergehandelt, dann sollte man sie auch nehmen. Anderenfalls wird der Verkäufer – nicht zu Unrecht – verärgert sein.

Original oder Fälschung?

Vorsicht beim Kauf von **Antiquitäten**: Ist das erworbene Stück entgegen aller Wahrscheinlichkeit doch echt, ist die Ausfuhr illegal. Weitere Informationen s. „Zoll", S.88.

Essen und Trinken

In Peru und Bolivien kann man überall billig und gut essen. An jeder Straßenecke wird gekocht und gebrutzelt. In ländlichen Gegenden ist die Speisenvielfalt allerdings oft auf einige wenige Gerichte beschränkt. Besonders preiswerte Mahlzeiten bieten Garküchen und Essenstände in oder bei Markthallen an.

Viele Hotels, aber nicht alle Restaurants und Cafés, servieren **Frühstück** *(Desayuno)*. Dieses besteht in Großstädten und touristischen Gegenden entweder aus Brot, Butter, Marmelade, Kaffee oder Tee und manchmal einem Saft *(Desayuno continental)* oder aus dem bereits Erwähnten plus Eiern in beliebiger Zubereitungsart *(Desayuno americano)*. In besseren Hotels gibt es meist Frühstücksbuffets *(Desayuno buffet)*. Müsli und Joghurt erhält man nur in den Hauptstädten und großen touristischen Zentren. Auf dem Land wird traditionell deftig und warm gefrühstückt.

Das **Mittagessen** *(Almuerzo)* wird in vielen Restaurants als billiges Menü *(Menu)* serviert. Dazu gehört eine Suppe und ein Hauptgericht plus ein alkoholfreies Getränk. Teurere Menüs enthalten zusätzlich ein Dessert und Kaffee/Tee. Kleine Essenstände und Imbissbuden beleben zur Mittagszeit und am frühen Abend das Bild der größeren Städte. Wer sparen möchte, kann sich dort an Snacks billig satt essen.

Das **Abendessen** *(Cena)* ist teurer als das Mittagessen, und nur wenige Restaurants tischen auch abends ein Menü auf. Nur in größeren Städten finden sich die bekannten Fastfood-Ketten, die sich auch in Peru und Bolivien krebsgeschwürartig (bis auf McDonald's in Bolivien, s. S. 625, Kasten) ausbreiten.

In beiden Andenländern gehören Kartoffeln, Mais und Reis zu den **Grundnahrungsmitteln**. Hinzu kommen nur im Andenraum kultivierte Getreidesorten, die schon den Inkas bekannt waren. Zu diesen Amaranth-Gewächsen zählen u. a. Quinoa und Kiwicha. Aus ihnen werden Brot, Müsli und Müsliriegel hergestellt; außerdem ist das auch „Inkaweizen" genannte Getreide eine sättigende Suppeneinlage. Im Amazonasbecken ist Maniok *(Yuca)* wichtiger Bestandteil der täglichen Ernährung.

Typische Gerichte

Peru

Wie das Klima, so unterscheidet sich auch die Küche nach der jeweiligen geografischen Region. An der Pazifikküste sind Fisch und Meeresfrüchte ständig auf dem Speisezettel anzutreffen. Den Stellenwert eines **Nationalgerichts** hat *Ceviche:* in Zwiebeln und Limettensaft marinierter roher Fisch (oder Meeresfrüchte), der ganz frisch zubereitet gegessen werden sollte. Besonders die Hauptstadt Lima hat erstklassige Meeresfrüchte-Restaurants zu bieten.

Im Hochland überwiegen fleischlastige Gerichte wie **Meerschweinchen** *(Cuy),* **Alpakasteaks** *(Lomo de alpaca)* oder gegrillte **Rinderherzstücke am Spieß** *(Anticuchos).* Eine beliebte Vorspeise sind gekochte **Kartoffeln** mit einer würzigen Soße *(Papa a la huancaina).* Bei der Zubereitungsart ***Pachamanca*** werden die Fleischstücke zusammen mit Gemüse in einem Erdofen aus Lehm zwischen heißen Steinen gegart. Sehr gut sind auch die **Regenbogenforellen** *(Truchas),* die im gesamten Hochland serviert werden.

Das Amazonasbecken mit seiner fantastischen Artenvielfalt wartet mit einer ebenso großen Speisenvielfalt auf. Beliebt sind in dieser Region Gerichte wie **Kochbananenknödel mit Speck** *(Tacacho)* oder **Reis mit Hühnchenfleisch**, in grünen Bijau-Blättern gekocht *(Juanes*). Daneben stehen zahlreiche Fisch- und Wildsorten auf der Speisekarte.

Zum Dessert gibt es neben **Obstsalat** *(Ensalada de frutas)* und süßen **Kuchen** *(Pastel)* auch **Pudding** *(Flan)* und *Manjar blanco* (Süßspeise aus Kondensmilch). In Großstädten bekommt man außerdem ausgezeichnete **Eis**sorten, die zum Teil aus (für europäische Gaumen) exotischen Fruchtarten *(Chirimoya, Lúcuma* etc.) hergestellt werden.

Bolivien

Die bolivianische Küche unterscheidet sich nicht allzu sehr von der peruanischen, ist aber nicht ganz so variantenreich. Durch den fehlenden Direktzugang zum Meer findet man naturgemäß nicht die gleiche Vielfalt an Fisch und Meeresfrüchten wie in Peru. Aber auch Bolivien wartet mit einigen Spezialitäten auf. Überall werden *Salteñas* verkauft: knusprige **Teigtaschen**, gefüllt mit einer Fleisch-Gemüse-Ei-Mischung. Beliebt sind auch **Hähnchen mit Mais** *(Chocko),* **Fleischbrühe mit gefriergetrockneten Kartoffeln** *(Chairo)* oder **Schweinefleisch in einer Pfefferminz- und Chilisoße** *(Fritanga).* Das Gegenstück zur peruanischen Pachamanca heißt ***Huatia***.

Getränke

Warme Getränke

In beiden Ländern wird **Kaffee** *(Café)* angebaut und auch gern getrunken. Die Qualität lässt allerdings manchmal zu wünschen übrig. Schwarzer Kaffee *(Café negro)* und Milchkaffee *(Café con leche)* wird in vielen Restaurants als kalter Kaffeeextrakt *(Esencia)* auf den Tisch gestellt, den man je nach Gusto mit heißem Wasser

Ernährungsbewusste und Vegetarier

Wer Fruchtsäfte bestellt, sollte daran denken, dass sie oftmals mit viel Zucker zubereitet werden. Obstsalate werden meist mit Joghurt, Müsli und Honig serviert. Wer das nicht möchte, sollte beim Bestellen einen entsprechenden Hinweis geben. Vegetarier sind in Peru und Bolivien trotz fleisch- und fischlastiger Küche recht gut aufgehoben. In so gut wie allen größeren Städten finden sich vegetarische Restaurants, die preiswerte Menüs und Tellergerichte anbieten. Sie sind im Reiseteil aufgeführt. Eine Empfehlung ist das Restaurant **AlmaZen** in Lima (s. S. 169), das seine ständig wechselnden Menüs aus 100 Prozent Biozutaten zubereitet. Auf dem Land lässt man einfach das Fleisch weg und bittet um etwas mehr Beilagen. Die meisten Restaurants sind flexibel, was die Zubereitung der Speisen angeht. Veganer haben es ungleich schwerer, können aber für die eigene Speisenzubereitung auf den Märkten auf ein großes Angebot an Obst und Gemüse zurückgreifen. In Supermärkten sind zudem Sojaprodukte erhältlich. Rein veganes Essen bereiten der Hare Krishna Ashram **Eco Truly** in der Umgebung von Lima (S. 457) und der Ashram **Eco Bambu Mandal** in der Umgebung von Coroico (S. 651) zu. Vegetarische Restaurants in Peru und Westbolivien lassen sich über die Webseite 💻 www.happycow.net finden.

Emoliente

Der heiße Tee wird besonders gerne in den Bergregionen Perus getrunken und für wenig Geld am Straßenrand angeboten. Die Mischung aus unterschiedlichen Kräuter- und Fruchtextrakten kann individuell zusammengestellt werden.

und/oder heißer Milch auffüllt. Gute Cafés und Restaurants in Großstädten und Touristenorten haben sich inzwischen Kaffee-Maschinen angeschafft und servieren ausgezeichneten Espresso und Cappuccino. Ein *Café cortado* ist ein Espresso mit Milchschaum.

Schwarzen **Tee** *(Té negro)* bekommt man überall in Teebeuteln (wer in entlegene Gebiete reist, sollte vorsichtshalber ein paar mitnehmen). Weit verbreitet sind außerdem Kokatee (*Mate de coca;* gut zur Höhenanpassung), Zimt- *(Té de canela)* und Kamillentee *(Té/Infusion de manzanilla)*. Probieren sollte man einheimische Kräutertees wie *Muña* oder *Cedrón*.

Kalte Getränke

Wasser sollte weder in Peru noch in Bolivien aus der Leitung oder aus Flüssen getrunken werden. Wasser aus höher gelegenen Gebirgsbächen sollte man sicherheitshalber mit den in deutschen Apotheken erhältlichen Entkeimungsmitteln *Micropur* oder *Certisil* desinfizieren. Die auf Touristen eingestellten Restaurants und Kneipen benutzen zur Herstellung ihrer Getränke versiegeltes Wasser. Man bekommt es abgefüllt in Plastikflaschen *(Agua pura)* oder als Mineralwasser *(Agua mineral)*. Wer keine Eiswürfel *(hielo)* möchte, bestellt Getränke *sin hielo*.

Reine **Fruchtsäfte** nennen sich *Jugo*, mit Wasser oder Milch *(Leche)* vermischt werden sie *Batidos* genannt. Sie werden überall frisch zubereitet. Wer den Zuckergehalt senken möchte, bestellt *sin azúcar* (ohne Zucker) oder *con poco azúcar* (mit wenig Zucker). Ein aus kaltem Tee oder Fruchtsirup hergestelltes Getränk heißt *Refresco*. **Softdrinks** haben in Peru und Bolivien auch den allerletzten Winkel des Landes erobert. Ganz Peru scheint *Inka Cola*, einer zuckerhaltigen, nach Bonbons schmeckenden Limonade, verfallen zu sein. Sie hat in beiden Ländern von grellbunten, sehr süßen und nach purer Chemie schmeckenden Softdrinks Konkurrenz bekommen. **Milch** erhält man in beiden Andenländern mit wenigen Ausnahmen als H-Milch. Ein weiteres beliebtes Getränk ist die violette *Chicha morada*, die aus dunklem Mais hergestellt wird.

Alkoholische Getränke

In Peru und Bolivien kann man ausgezeichnetes **Bier** trinken. Die bekanntesten heimischen Biermarken Perus sind Arequipeña aus Arequipa, Cristal aus Lima, Pilsen aus Callao und Cusqueña aus Cusco. Von der peruanischen Filiale der brasilianischen AmBev-Brauerei stammt die Billigbiermarke Brahma. In Trujillo wird ebenfalls Pilsen gebraut, das dort auch als Schwarzbier erhältlich ist. In Bolivien trinkt man unter anderem Paceña. Fassbier *(Chopp)* ist nicht sehr verbreitet und wird nur in wenigen Kneipen ausgeschenkt. In Touristenorten sind auch ausländische Biersorten auf der Getränkekarte zu finden.

Liebhaber stärkerer Alkoholika sind in Peru und Bolivien gut aufgehoben. Der bekannteste peruanische Schnaps – ein Traubenweinbrand – heißt **Pisco**. Er ist der Hauptbestandteil des peruanischen Nationalgetränks **Pisco Sour**, das aus Limettensaft, geschlagenem Eiweiß, Zuckermelasse und einer Prise Zimt besteht (Rezept S. 394). In Bolivien wird **Singani**, ein klarer Traubenschnaps, destilliert. Man kann ihn auch gut mit Sprite oder Sevenup trinken.

Der peruanische **Wein** kann durchaus mit der benachbarten Konkurrenz aus Chile mithalten. Der recht hohe Preis für einen guten Tropfen, der auf der geringen Produktionsmenge beruht, schreckt allerdings etwas ab. Die Preise für Wein sind in peruanischen Supermärkten sehr oft in US-Dollar angegeben. Die bekanntesten Weingüter sind Ocucaje, Vista Alegre und Tacama im Departamento Ica (S. 389).

Vergorenes Maisbier nennt sich **Chicha de Jora** und wird in beiden Andenstaaten während der zahlreichen Fiestas in rauen Mengen getrunken. Traditionell wird die säuerlich schmeckende Chicha selbst gebraut, wobei der von Frauen zerkaute Mais in ein Gefäß gespuckt wird und dann fermentiert.

Fair Reisen

Reisen wirkt sich auf die Umwelt und die besuchten Menschen aus. Das fängt beim Flug an und hört bei der Nutzung lokaler Ressourcen auf. Es ist beklemmend zu sehen, wenn in Peru und Bolivien riesige Wassermengen für die Bewässerung von Golfplätzen oder die Gartenanlagen von Luxushotels verschwendet, gleichzeitig aber Familien aus armen Stadtvierteln für teures Geld mit brackigem Wasser aus Tanklastwagen versorgt werden. Touristen verbrauchen durchschnittlich mehr Strom und produzieren mehr CO2 und Müll als die Einheimischen. Viele Lebensmittel, die Touristen im Ausland verzehren, müssen aufwendig und umweltschädlich importiert werden. Auch werden Beschäftigte im Tourismus beider Andennationen sehr schlecht bezahlt, arbeiten weit mehr als acht Stunden täglich und erhalten meist keine Sozialleistungen.

Natürlich hat der Tourismus auch gute Seiten. Er hat vielen Menschen einen Weg aus der Armut gezeigt, ihnen ermöglicht, einen Beruf zu ergreifen, sich weiterzubilden. Er stimuliert lokale Investitionen, verbindet Kulturen und trägt zur Gleichberechtigung der Geschlechter bei. Außerdem hat er vielerorts Naturreservate geschützt, die ohne Touristen den Kettensägen zum Opfer gefallen wären.

Als bewusst reisender Tourist kann man heute Vieles bewirken. Wer die Atmosphäre schonen möchte, kann z. B. für seinen Flug eine freiwillige CO_2-Klimasteuer bezahlen (S. 37). Wer wissen möchte, wie er vor Ort umweltfreundlich und sozial verantwortlich reisen kann, findet im Kapitel Umwelt (S. 102), bei den Literaturempfehlungen im Anhang (S. 685) und unter folgenden Adressen zahlreiche Anregungen:

Fair und bio schnell erkannt

Einrichtungen, die sich durch besonderes Umweltmanagement oder sozial verträgliches Verhalten auszeichnen, sind in diesem Buch mit einem Baum gekennzeichnet. Sie verwenden zum Beispiel Solarenergie, nutzen Trockentoiletten, um Kompost herzustellen, zahlen faire Löhne, investieren ihre Gewinne in soziale Projekte, propagieren einen nachhaltigen Tourismus oder stellen Besuchern Informationen für umweltverträgliches Verhalten bereit.

Forum anders reisen
Wippertstr. 2, 79100 Freiburg
✆ 0761-40126990, 💻 www.forumandersreisen.de
Im Forum anders reisen haben sich rund 130 kleine und mittlere Reiseveranstalter zusammengeschlossen. Sie streben eine nachhaltige Tourismusform an, die laut eigenen Angaben „langfristig ökologisch tragbar, wirtschaftlich machbar sowie ethisch und sozial gerecht für ortsansässige Gemeinschaften sein soll". Auf der Webseite des Forums können Verbraucher über eine Suchmaschine Reisen in Peru und/oder Bolivien finden und mit den Anbietern direkt in Kontakt treten.

Studienkreis für Tourismus und Entwicklung e. V.
Bahnhofstraße 8, 82229 Seefeld-Hechendorf
✆ 08152-999010, 💻 www.studienkreis.org
Der Verein beschäftigt sich mit entwicklungsbezogener Informations- und Bildungsarbeit im Tourismus. In diesem Zusammenhang gibt er die *Sympathie-Magazine*. Der vom Studienkreis veranstaltete „To-Do-Wettbewerb" (💻 www.todo-contest.org) zeichnet jährlich sozial verantwortliche Tourismusprojekte aus, darunter bereits drei peruanische Projekte.

Traverdo
💻 www.traverdo.de
Internetplattform, die touristischen Projekte präsentiert, die auf kreative Weise Bildung und Einkommen für lokale Gemeinschaften gewährleisten und zum Erhalt ihrer Umwelt beitragen. Eine Suchmaschine ermöglicht die Eingrenzung nach Ländern, Reisekategorien oder Reiseterminen.

Tourism Watch
💻 www.tourism-watch.de
Auf der Webseite sind Hintergrundberichte zu den Themen Tourismuspolitik, Umwelt, Menschenrechte und Wirtschaft in Englisch und Deutsch verfügbar. Darüber hinaus finden man dort Links, Literaturkritiken, aktuelle Veranstaltungshinweise und Publikationen.

Feste und Feiertage

Eine der vielen Fiestas mitzuerleben ist ein besonderes Erlebnis, das zu einer Peru-/Bolivien-Reise ebenso gehört wie das Probieren des Nationalgetränks Pisco Sour. Die meisten Feierlichkeiten haben einen religiösen Hintergrund. Das mehrtägige **Heiligen- oder Patronatsfest** *(Fiesta patronal)* einer Stadt oder eines Dorfes wird mit einer Prozession, bei der die Abbildung des Schutzpatrons durch die Straßen getragen wird, der Aufführung traditioneller Maskentänze, viel Feuerwerk und Weihrauch gefeiert.

Christliche Feste werden in Peru und Bolivien mit großem religiösem Eifer begangen, wobei die **Osterfeierlichkeiten** *(Semana Santa)* besonders herausragen. Ausschweifend wird auch der **Karneval** vor allem im Andenhochland gefeiert. Außerdem bespritzt man sich ausgiebig mit Wasser (Touristen inklusive). Karnevalshochburgen sind Cajamarca und Puno in Peru sowie Oruro in Bolivien. Mit steifen Paraden, an denen auch Kinder aktiv teilnehmen, werden die Feierlichkeiten zum **Unabhängigkeitstag** – dem 28. Juli in Peru und dem 6. August in Bolivien – begangen.

Zu **Allerheiligen** *(Todos los Santos)* ziehen die Bewohner beider Länder in großen Scharen auf die bunt geschmückten Friedhöfe. Ganze Großfamilien gedenken ihrer Toten, indem sie ihnen Geschenke und Essen darbringen. Die Stimmung ist fast immer heiter und ausgelassen. **Weihnachtszeit** *(Navidad)* ist in Peru und Bolivien inzwischen in weiten Teilen des Landes wie auch bei uns zu einer kommerziellen Großveranstaltung verkommen. S. a. Übersichtskarte S. 40.

Gesetzliche Feiertage

Peru

1. Jan	**Año Nuevo**, Neujahr
März /April	**Jueves Santo**, Gründonnerstag
	Viernes Santo, Karfreitag
1. Mai	**Día del Trabajo**, Tag der Arbeit
29. Juni	**Día de San Pedro y San Pablo**, Peter und Paul
28. Juli	**Fiestas Patrias**, Unabhängigkeitstag
30. Aug	**Santa Rosa de Lima**, Tag der Stadtheiligen von Lima
8. Okt	**Batalla de Angamos**, Gedenktag der Schlacht von Angamos
1. Nov	**Día de Todos los Santos**, Allerheiligen
8. Dez	**Día de la Inmaculada Concepción**, Tag der unbefleckten Empfängnis
25. Dez	**Navidad**, Weihnachten

Bolivien

1. Jan	**Año Nuevo**, Neujahr
22. Jan	**Nacimiento del Nuevo Estado Plurinacional de Bolivia**, Gründungstag des Neuen Vielvölkerstaats Bolivien
März	**Carnaval**, Karneval
März /April	**Viernes Santo**, Karfreitag
1. Mai	**Día del Trabajo**, Tag der Arbeit
Mai /Juni	**Corpus Cristi**, Fronleichnam
6. Aug	**Día de la Independencia**, Unabhängigkeitstag
2. Nov	**Día de Todos los Difuntos**, Allerseelen
25. Dez	**Navidad**, Weihnachten

Erlebenswerte Feste in Peru

Januar

1.1. – **Entrega de Varas** (Cusco). Zepterübergabe der lokalen Autoritäten an ihre Nachfolger

2.1. – **Festival de la Marinera** (Trujillo). Tanzfestival, in dessen Mittelpunkt die Marinera, ein Paartanz, steht

Februar

02.02. – **Virgen de la Candelaria** (Puno). Zweiwöchiges Spektakel mit über 200 Folkloregruppen

Februar / März / April

Variabel – **Karneval** (Cajamarca, Ayacucho, Puno)
1. Märzwoche – **Abenteuersportwoche** (Lunahuaná). Mit Rafting, Mountainbiking, Trekking und anderen Sportarten

2. Märzwoche – **Festival de la Vendimia** (Ica). Weinfest mit Prozessionen, Musik und Tanz

Osterfeierlichkeiten (Ayacucho)

Mai

Festival de la Cruz, Festival des Kreuzes in den Departamentos Lima, Apurímac, Ayacucho, Junín, Ica und Cusco mit Prozessionen

Juni

1. Woche (manchmal Ende Mai) – **Qoyllur Rit'i** (Quispicanchis, Cusco). Tausende von Indígenas steigen begleitet von Tänzern zur Schneegrenze des Nevado Ausangate, um den Apus (Berggeistern) zu huldigen

24.6. – **Inti Raymi** (Cusco). Inka-Sonnenwendfeier in der Festung Sacsahuyamán mit Tausenden Zuschauern

Juli

28.7. – **Día de la Independencia** (landesweit). Unabhängigkeitstag mit Paraden und anderen Aktivitäten

August

30.8. – **Santa Rosa de Lima** (Lima). Fest zu Ehren der Schutzpatronin der Hauptstadt

September

Letzte Woche – **Festival Internacional de Primavera** (Trujillo). Internationales Frühlingsfestival mit Tänzen (Marinera), Konzerten, Paraden und der Wahl einer Schönheitskönigin

Oktober

Señor de los Milagros (Lima). Die größte Prozession Südamerikas zu Ehren des „Herrn der Wunder"

November

1.–2.11. – **Todos los Santos** (landesweit). An Allerheiligen und Allerseelen werden traditionell Blumen und Essen auf die Friedhöfe gebracht

Dezember

24.–25.12. – **Navidad** (landesweit). Weihnachten

Feste in Westbolivien s. S. 628 La Paz.

Maskentänze dürfen bei andinen Fiestas nicht fehlen.

Frauen unterwegs

Von Gleichberechtigung sind die Gesellschaften Perus und Boliviens noch weit entfernt, und auch Ansätze feministischer Bewegungen – vornehmlich in den Hauptstädten – haben daran bislang nicht viel ändern können. Dennoch können Frauen in Peru und Bolivien im Großen und Ganzen stressfrei reisen. Von gelegentlichen Zurufen und Pfiffen sollten sie sich nicht aus der Ruhe bringen lassen; die einheimischen Frauen ignorieren dies schlichtweg. Indessen spielt die Kleidung eine nicht unerhebliche Rolle, wenn es darum geht, sich Männer „vom Leib" zu halten. Aufreizende Kleidung wird leicht als Aufforderung zum Flirt interpretiert. Weibliche Reisende, die die Knie bedeckt halten und einen BH tragen, vermeiden viele unangenehme Situationen.

Mit Spanischkenntnissen lassen sich potenziell unangenehme Begegnungen weiter entschärfen, da ein Hinweis auf den Freund, Ehemann oder Bruder aufdringliche Männer zum Rückzug veranlasst. Auch ein paar klare Worte in der Landessprache, die deutlich machen, dass man in Ruhe gelassen werden möchte, verfehlen selten ihre Wirkung. So kann sich Frau verbal wehren: *Déjeme en paz!* (Lassen Sie mich in Frieden!), *Vayase!* (Hauen Sie ab!), *No me moleste!* (Belästigen Sie mich nicht!), *No me toque!* (Fassen Sie mich nicht an!).

Geld

Währungen

Peru: 1991 löste der **Nuevo Sol** den **Inti** ab und ist bis heute die peruanische Landeswährung geblieben. Im Umlauf sind Banknoten im Wert von 10, 20, 50, 100 und 200 Nuevo Soles sowie Münzen zu 1, 2, 5 NS und Münzen zu 50, 20, 10 und 5 Centavos.

Bolivien: Die bolivianische Landeswährung **Boliviano** löste 1986 den inflationsgepeinigten Peso ab. Erhältlich sind Geldscheine im Wert von 200, 100, 50, 20, 10 und 5 Bolivianos sowie Münzen zu 1 und 2 Bolivianos. Darüber hinaus sind 50, 20, 10 und 5-Centavo-Münzen im Umlauf.

Bargeld

Trotz des höheren Risikos (Diebstahl, Verlust) sollte man immer einen kleinen Bargeldbetrag *(Dinero en efectivo)* bei sich haben. In beiden Ländern wird der US-Dollar neben den jeweiligen Landeswährungen akzeptiert, weshalb man für eine Reise nach Peru und Bolivien **unterschiedliche Zahlungsmittel** (auch US-Dollar und Euro) mitnehmen sollte. Von Vorteil ist es, auch kleinere Stückelungen (Ein- und Fünf-Dollar Noten) in der Geldbörse zu haben, mit denen man auch mal bezahlen kann, wenn die einheimische Währung ausgeht. Abgegriffene, bekritzelte oder eingerissene Geldscheine (besonders US-Dollar) werden oft nicht akzeptiert, aber auch ganz und gar „fabrikneue" erregen Misstrauen. Der Euro kann inzwischen in den Hauptstädten und größeren Touristenzentren getauscht werden. Der Kurs ist allerdings in der Regel ein wenig schlechter als der des US-Dollars. Kleine Scheine in der Landeswährung sind vor allem auf dem Land sehr hilfreich, da fast niemand über ausreichend Wechselgeld verfügt.

Geldwechsel

Bargeld kann in beiden Ländern bei Banken, Wechselstuben, in einigen Geschäften und bei autorisierten Geldtauschern gewechselt werden *(Cambio de dinero)*. Vor den Banken bilden sich besonders zur Monatsmitte und an Monatsenden lange Schlangen, da viele Arbeiter und Angestellte dann ihre Lohnschecks einlösen. Am schnellsten und sichersten tauscht man sein

Wechselkurse

1 €	3,30 S/.	1 S/.	0,30 €
1 sFr	2,75 S/.	1 S/.	0,35 sFr
1 US$	2,65 S/.	1 S/.	0,35 US$
1 €	8,60 Bs.	1 Bs	0,10 €
1 sFr	7,20 Bs.	1 Bs	0,15 sFr
1 US$	6,90 Bs.	1 Bs	0,15 US$

Aktuelle Wechselkurse unter www.oanda.com/lang/de/currency/converter/

Eine Nummer für alle Karten

EC-Karte, Mastercard, Visa und American-Express-Karte lassen sich aus dem Ausland beim **Sperrnotruf**, 💻 www.sperr-notruf.de, unter der gebührenpflichtigen Nummer ✆ +49-30-40504050 oder ✆ +49-116116 sperren (Kontonummer, Kartennummer und Bankleitzahl bereithalten).
Die Postbank, die nicht am Notrufsystem teilnimmt, hat folgende Sperrnummer: ✆ +49-69-66571333.

Geld in Wechselstuben, die meist bessere Kurse als die Banken anbieten. Auf jeden Fall sollte man aber den Zustand der Geldscheine überprüfen und sich gegebenenfalls besser erhaltene Banknoten geben lassen.

Die Banken in **Peru** haben in der Regel Mo–Fr von 9–18 und Sa von 9–13 Uhr geöffnet. In **Bolivien** sind die Geldinstitute meist Mo–Fr von 8.30–12 und 14.30–17 Uhr sowie am Samstagvormittag geöffnet. Einige Banken haben auch durchgehend geöffnet. Die Wechselstuben haben ähnliche Öffnungszeiten. Vor vielen Banken bieten autorisierte Geldwechsler ihre Dienste an. Die meisten von ihnen operieren seriös, aber natürlich finden sich auch schwarze Schafe unter ihnen. Da ihr Kurs nur unwesentlich höher liegt als der Kurs der Banken und Wechselstuben, sollte man nur im Notfall auf die Straßenhändler zurückgreifen. Wer dennoch das Geldwechseln auf der Straße und den damit möglicherweise günstigeren Wechselkurs vorzieht, sollte die Operation langsam durchführen, die Scheine kontrollieren und das Geld gut nachzählen!

Reiseschecks

Immer weniger Touristen reisen mit Travellerschecks und immer weniger Stellen akzeptieren sie. Doch die fällige 1%-Provision beim Kauf von Reiseschecks *(Cheques de viaje)* und der geringfügig schlechtere Wechselkurs in Vergleich zu Bargeld sind gut angelegt, weil die Schecks bei Verlust und gegen Vorlage der Verkaufsquittung erstattet werden. Wer Schecks tauscht, sollte den Reisepass griffbereit haben. Außerdem empfiehlt es sich, Kaufquittung und Schecks getrennt voneinander aufzubewahren.

In Peru und Bolivien sind Reiseschecks von **American Express** in US$ an bestimmten Stellen einlösbar. Sie werden in Peru in Filialen von Scotiabank und Interbank angenommen, in Westbolivien nur in La Paz in Filialen der Banco Bisa und der Wechselstube Sudameris. Die jeweiligen Adressen und eine Karte finden sich unter 💻 www.aetclocator.com.

Bei **Verlust** von American Express Reiseschecks kann man sich an die auf S. 49 aufgeführten Stellen wenden. Eine Alternative zu Reiseschecks sind Prepaid-Kreditkarten (s. u.)

Kreditkarten

Kreditkarten *(Tarjetas de crédito)* sind in Peru und Bolivien weit verbreitet. Ebenso wächst das Netz der Bankautomaten, an denen man mit ihnen Geld abheben kann. Dennoch sollte man sich nicht ausschließlich auf seine Plastikkarte verlassen, denn kleine Geschäfte oder Pensionen akzeptieren sie oft gar nicht oder nur gegen einen kräftigen Aufschlag. Bankautomaten können defekt oder leer sein, und wenn der Magnetstreifen der Karte beschädigt ist, geht nichts mehr. Dennoch ist eine Kreditkarte überaus hilfreich. Alle Autovermietungen fordern sie als Sicherheit, und auch Privatkliniken nehmen Patienten oftmals nur gegen Vorlage einer Kreditkarte auf. Wer seine Rechnungen mit Kreditkarte begleicht, zahlt zusätzlich 1,75 %

Aufpassen beim Bezahlen mit Kreditkarte

Die Kreditkarte sollte beim Bezahlen möglichst nicht aus den Augen gelassen werden, damit kein zweiter Kaufbeleg erstellt werden kann, auf dem später die Unterschrift gefälscht wird! Sie darf auch niemals in einem Safe, der auch anderen zugänglich ist, verwahrt werden. Schon viele Reisende mussten zu Hause den Kontoauszügen entnehmen, dass während ihrer Abwesenheit hemmungslos „eingekauft" worden war.

des Rechnungsbetrags an den Kreditkartenaussteller. Bei jedem Abheben von Bargeld am Bankautomaten mit Kreditkarte sind rund 5 Euro fällig. Vermeiden sollte man in Peru Geldautomaten von **Interbank**, die als einzige Bank pro Abhebevorgang zusätzlich einen Betrag von 10 S/. (ca. 3 Euro) berechnen!

Oftmals werden beim Bezahlen mit Kreditkarte vom Verkäufer willkürlich mehrere Prozent auf den Kaufpreis hinzugerechnet (vor allem in kleineren Reiseagenturen und Geschäften), sodass es billiger sein kann, Geld mit der Kreditkarte abzuheben und dann bar zu bezahlen.

Die gängigsten Karten in Peru und Bolivien sind **Visa** und **Master-/Eurocard**. American Express und Diners Club werden deutlich seltener akzeptiert.

Repräsentanzen

Lima, Peru

Mastercard, Av. Camino Real 456, Torre Real, Piso 16, Of. 1603, San Isidro, ✆ 01-4421661.
Visa unterhält kein eigenes Büro in Peru. Vertreter sind die Geldinstitute Banco de Crédito (💻 www.viabcp.com) und Interbank (💻 www.interbank.com.pe).
American Express, Av. Santa Cruz 873-875, Miraflores, ✆ 01-6309800, ✉ amexcard@travex.com.pe.
Diners, Av. Canaval y Moreyra 535, San Isidro, ✆ 01-615-1111, ✉ contacta@dinersclub.com.pe.

La Paz, Bolivien

Mastercard/Visa, Camacho 1448, Edif. Banco de St. Cruz, Piso 11, ✆ 800-103060. Anlaufstelle für Kreditkartenprobleme aller Art.
American Express, Repräsentant: Magriturismo, Capitán Ravelo 2101, Edificio Ravelo, ✆ 5912-2442727, 📠 244-3060, ✉ info@magri-amexpress.com.bo.

Prepaid-Kreditkarten

Noch recht neu sind aufladbare Kreditkarten, mit denen man weltweit Geld abheben kann. Sie werden inzwischen von einer Reihe Banken und Kreditkarteninstituten angeboten. Man kann die Karten ohne Bonitätsprüfung erwerben, und ohne ein Konto bei der entsprechenden Bank zu besitzen. Für das Ausstellen der Karte und das Abheben an Geldautomaten werden Gebühren erhoben, die sehr unterschiedlich sein können (Preis- und Leistungsvergleiche unter 💻 www.kostenlose-kreditkarten.net/prepaid-kreditkarten.html).

Sicheres Abheben

Da es vorgekommen ist, dass Geldautomaten Geldbeträge abrechnen aber nicht auszahlen, sollte man Abhebungen an Geldautomaten vorzugsweise während der Öffnungszeiten der Bank vornehmen. So kann man direkt in der Bank Bescheid geben, die man am besten um eine schriftliche Bestätigung des Vorfalls bittet. Zudem sollte man sich die Uhrzeit, das Datum und den Betrag der misslungenen Transaktion notieren und umgehend seine Bank in Deutschland von dem Vorfall unterrichten. In der Regel wird das Geld recht schnell und unbürokratisch wieder dem Konto in Deutschland gutgeschrieben. Aus Sicherheitsgründen sollten Geldautomaten im Inneren einer Bank für das Abheben von Bargeld bevorzugt werden.

Geldautomaten

Heutzutage gehört das Abheben von Bargeld vom Geldautomaten *(Caja automática oder Cajero automático)* mit **Kreditkarte, EC-Karte** und/oder **Postbankkarte** praktisch in aller Welt zum Alltag. Die Automatendichte ist stark gestiegen und inzwischen kann man damit rechnen, neben den Hauptstädten auch in den meisten Provinzhauptstädten Kreditkartenautomaten vorzufinden. Allerdings ist das Abheben nicht ganz billig.

Gratis Geld abheben in Peru und Bolivien

Das Abheben mit der Visakarte der Deutschen Kreditbank (DKB) ist im Ausland gebührenfrei. Mit der Sparkarte der Postbank kann man zehn Mal jährlich an allen Visa-Geldautomaten kostenlos Bares abheben.

Es kostet für Kreditkarten rund vier Prozent und ist bei der EC-Karte abhängig von den Konditionen der Bank, bei der abgehoben wird, liegt aber etwa bei 5–6 €. Auf den Automaten sind die Logos der Kreditkarten angebracht, die akzeptiert werden. An Geldautomaten mit dem Maestro-Zeichen kann mit EC-Karte abgehoben werden.

Überweisungen

Bei Überweisungen aus Europa schickt die Bank aus Peru oder Bolivien eine E-Mail oder ein Fax (die Mailadresse bzw. Fax-Nummer notieren) an die Heimatbank und fordert den entsprechenden Betrag (nur bei entsprechendem Guthaben) an. Der überwiesene Betrag wird nach Erhalt wahlweise in US$ oder Nuevos Soles umgerechnet und bar gegen eine Gebühr ausgezahlt.

Etwas weniger kompliziert und vor allem schneller erfolgt der Geldtransfer über **Moneygram** (✆ 069-6897010, 💻 www.moneygram.com) oder **Western Union** (✆ 0180-3030330, 💻 www.westernunion.com), da bei diesem Vorgang nicht zwei Unternehmen kooperieren müssen. Unmittelbar nach Einzahlung bei einer heimatlichen Zweigstelle kann der Begünstigte das Geld in Peru bzw. Bolivien in Empfang nehmen. Die Gebühren richten sich nach der überwiesenen Summe: Für 500 € fallen zum Beispiel bei Moneygram 10 € Gebühren an.

Wertsachen sichern

Den **Reisepass**, das **Flugticket** und andere wichtige Dokumente zu Hause einscannen und die Datei an die eigene E-Mail Adresse schicken – so hat man immer Zugriff auf die Kopie, falls ein Dokument abhanden kommt.

Wertsachen wie Geld, Pässe, Schecks und Flugtickets immer dicht am Körper aufbewahren. Ideal hierfür ist ein Geldgürtel, eine eingenähte Hosentasche mit Reißverschluss oder ein Hüftgurt aus Baumwolle, den man unauffällig unter Hosen und Kleidern tragen kann. Wichtig: Wertsachen zusätzlich durch eine Plastikhülle gegen Feuchtigkeit schützen!

Gepäck

Wer überwiegend mit öffentlichen Verkehrsmitteln unterwegs ist und längere Strecken zu Fuß zurücklegen will, reist am besten mit **Rucksack**. Einen Kompromiss zwischen Koffer und Rucksack stellen die **Koffer-Rucksäcke** dar, die von der Vorderseite bepackt werden und bei denen das Tragegestell eingepackt werden kann. Ein zusätzlicher **Tages-Rucksack** oder eine Falttasche kann bei Kurztrips das Gepäck aufnehmen und auf dem Heimflug für weiteren Stauraum sorgen. Kameras können in Fototaschen verstaut werden, die möglichst nicht schon von außen auf den wertvollen Inhalt schließen lassen. Sie sollten aus festem Material bestehen (nicht aufschlitzbar), gut verschließbar sein und Platz für weiteres Handgepäck haben.

Bei vielen Busfahrten liegt das Gepäck oben auf dem Bus und ist Wind, Wetter und dem rauen Umgang durch das Buspersonal ausgesetzt. Empfehlenswert ist daher ein **Rucksackschutz** in Form eines Seesacks oder einer stabilen Plastikhülle. Manche dieser Schutzhüllen sind zudem abschließbar, was zusätzlich vor Diebstahl schützt. Zunehmender Beliebtheit erfreuen sich abschließbare Drahtnetze, die über den Rucksack gezogen werden.

Gesundheit

Obwohl Peru und Bolivien zu den sogenannten Entwicklungsländern zählen, sind die Standards im Bereich Hygiene und Gesundheit vor allem in Lima und La Paz und in touristischen Gebieten relativ hoch. Ratsam ist, gesundheitliche Risiken zu minimieren, das heißt: nur versiegeltes oder lang genug abgekochtes Wasser trinken, Obst schälen, auf rohe bzw. nicht ausreichend gekochte oder gebratene Speisen verzichten und sich vor Mückenstichen schützen. Zudem sollte man den gesunden Menschenverstand walten lassen und angetaute Eiscreme, Pommes im Uraltfett und übel riechende Speisen liegen lassen.

Ein Restrisiko bleibt. Wer jedoch ständig darüber grübelt, was man sich alles einfangen kann, vermiest sich den Urlaub. Schließlich lernt man ein neues Land und dessen Kultur auch über die Geschmacksnerven kennen. Siehe auch „Reisemedizin zum Nachschlagen", S. 678.

Gesundheitsvorsorge

Es ist ratsam, sich rechtzeitig im Voraus um einen ausreichenden **Impfschutz** zu kümmern, vor allem den Basisimpfschutz aufzufrischen, wenn seit der letzten Impfung mehr als 10 Jahre vergangen sind. Da die Impfungen bis zu acht Wochen vor Abflug erfolgen müssen, empfiehlt es sich, frühzeitig den Hausarzt oder ein tropenmedizinisches Institut (s. u.) zu konsultieren. Medizinischen Rat für Reisen in die Tropen bietet auch das Internet, z. B. die Websites 💻 www.crm.de und 💻 www.die-reisemedizin.de.

Sehr zu empfehlen sind die üblichen Schutzimpfungen gegen Tetanus (Wundstarrkrampf), Diphtherie, Polio, Typhus und Hepatitis A, bei Aufenthalt von mehr als drei Monaten auch gegen Hepatitis B. Manche Ärzte raten zum Impfschutz gegen **Tollwut** (S. 683).

Die Prophylaxe gegen Malaria (S. 681) beginnt bereits vor der Einreise in gefährdete Gebiete. Alle Impfungen werden in einen **Internationalen Impfausweis** eingetragen, der zu den Reiseunterlagen gehört und bei der Einreise auf dem Landweg vorzulegen ist.

Obwohl Peru und Bolivien momentan keine Impfungen bei der Einreise verlangen, ist es sinnvoll, sich gegen **Gelbfieber** (S. 679) immunisieren zu lassen. Falls man aus einem gefährdeten Gebiet (z. B. Brasilien) einreist und/oder zwischen dem peruanischen und bolivianischen Amazonasgebiet hin- und her reist, können die Behörden den Nachweis einer Gelbfieberimpfung verlangen und gegebenenfalls vor Ort anordnen. Unabhängig davon sollte sich jeder vor einem Besuch der Amazonasregion schon in Europa gegen Gelbfieber lassen. Die Impfung wird von den meisten Tropeninstituten durchgeführt und im gelben, internationalen Impfpass vermerkt. Diesen (und eine Kopie) sollte man auf jeden Fall auf die Reise mitnehmen. Der Impfschutz hält rund 10 Jahre an.

Tropeninstitute

Deutschland

Berlin, Institut für Tropenmedizin, Spandauer Damm 130, Haus 10, 14050, 📞 030-301166, 💻 www.charite.de/tropenmedizin

Dresden, Institut für Reisemedizin und Gelbfieberimpfung, Friedrichstr. 41, 01067, 📞 0351-4803801, 💻 www.khdf.de

Düsseldorf, Tropenmedizinische Ambulanz, Heinrich-Heine-Universität, Moorenstr. 5, Gebäude 11.31, 40225, 📞 0211-8117031, 💻 www.uniklinik- duesseldorf.de/gastroenterologie

Hamburg, Bernhard Nocht Institut, Bernhard-Nocht-Str. 74, 20359, 📞 040-428180, 💻 www.bni.uni-hamburg.de

Heidelberg, Inst. für Tropenhygiene, Im Neuenheimer Feld 324, 69120, 📞 06221-562999, 💻 www.tropenmedizin-heidelberg.de

München, Abt. für Infektion und Tropenmedizin, Leopoldstr. 5, 80802, 📞 089-2180-13500, 💻 www.tropinst.med.uni-muenchen.de

Rostock, Abt. für Tropenmedizin und Infektionskrankheiten, Ernst-Heydemann-Str. 6, 18057, 📞 0381-4947511, 💻 www.tropen.med.uni-rostock.de

Tübingen, Institut für Tropenmedizin, Kepplerstr. 15, 72074, 📞 07071-2982365, 💻 www.medizin.uni-tuebingen.de/tropenmedizin

Österreich

Wien, Zentrum für Reisemedizin, 1090, Alserstrasse 48/2, 1090, 📞 01-4038343, 💻 www.reisemed.at

Schweiz

Basel, Schweizerisches Tropeninstitut (STI), Socinstr. 57, 4051, 📞 061-2848111, 💻 www.swisstph.ch.

Medizinische Versorgung

Apotheken *(farmacias* oder *bóticas)* gibt es in Peru und Bolivien wie Sand am Meer. In entlegenen Gegenden ist die Auswahl an Medikamenten allerdings begrenzt. In den Großstädten Lima und La Paz haben einige Apotheken 24 Stunden geöffnet und bieten einen Lieferdienst frei Haus. Bei leichteren Gesundheitsproblemen sind sie die erste Anlaufstelle. Man sollte sich möglichst vom Besitzer oder Geschäftsführer bedienen lassen, da diese über

☒ Vorschlag für eine Reiseapotheke

Basisausstattung

- ☐ **Verbandzeug** (Heftpflaster, Leukoplast, Blasenpflaster, Mullbinden, elastische Binde, sterile Kompressen, Verbandpäckchen, Dreiecktuch, Pinzette)
- ☐ **sterile Einmalspritzen und -kanülen** in verschiedenen Größen (mit ärztlicher Bestätigung, dass sie medizinisch notwendig sind, damit man nicht für einen Fixer gehalten wird)
- ☐ **Fieberthermometer**
- ☐ **Kondome** (gibt es in jeder Apotheke vor Ort)
- ☐ **Ohropax** (gegen Lärmbelästigung)

Malaria-Prophylaxe

- ☐ **Lariam*** oder **Malarone*** oder **Riamet*** zur Standby-Therapie
- ☐ **Mückenschutz**

Schmerzen und Fieber

- ☐ keine acetylsalicylsäurehaltigen Medikamente, **Benuron, Dolormin**
- ☐ **Buscopan** (gegen krampfartige Schmerzen)
- ☐ **Antibiotika*** gegen bakterielle Infektionen (in Absprache mit dem Arzt)

Magen- und Darmerkrankungen

- ☐ **Imodium akut** gegen Durchfall (v. a. vor längeren Fahrten)
- ☐ **Elotrans** (zur Rückführung von Mineralien; Kinder: Oralpädon Pulver)
- ☐ **Dulcolax Dragees, Laxoberal Tropfen** (gegen Verstopfung)
- ☐ **Talcid, Riopan** (gegen Sodbrennen)

Erkrankungen der Haut

- ☐ **Desinfektionsmittel** (Betaisodona Lösung, Hansamed Spray, Kodan Tinktur)
- ☐ **Tyrosur Gel, Nebacetin Salbe RP** (bei infizierten oder infektionsgefährdeten Wunden)
- ☐ **Soventol Gel, Azaron Stift, Fenistil Tropfen** (bei Juckreiz nach Insektenstichen oder allergischen Erkrankungen)
- ☐ **Soventol Hydrocortison Creme, Ebenol Creme** (bei starkem Juckreiz oder stärkerer Entzündung)
- ☐ **Cortison- und antibiotikahaltige Salbe** gegen Bläschenbildung nach Quallenkontakt
- ☐ **Wund- & Heilsalbe** (Bepanthen)
- ☐ **Fungizid ratio, Canesten** (bei Pilzinfektionen)
- ☐ **Berberil, Yxin** (Augentropfen bei Bindehautentzündungen)

Erkältungskrankheiten

- ☐ **Olynth Nasenspray, Nasivin**
- ☐ **Dorithricin, Dolo Dobendan** (bei Halsschmerzen)
- ☐ **Silomat** (Hustenstiller)
- ☐ **Acc akut, Mucosolvan, Gelomyrtol** (zum Schleimlösen)

Reisekrankheit und Seekrankheit

- ☐ **Superpep Kaugummis, Vomex**

Sonnenschutz mit UVA- und UVB-Filter

- ☐ **Ladival Milch bzw. Gel, Ilrido ultra Milch**
- ☐ **Sonnenschutzstift** für die Lippen

Bei allen Medikamenten Gegenanzeigen und Wechselwirkungen beachten und sich vom Arzt oder Apotheker beraten lassen.

(rezeptpflichtig in Deutschland).*

besseres Fachwissen als manche Angestellte verfügen. Die Chance, dass sie ein paar Brocken Englisch sprechen oder einen guten Arzt empfehlen können, ist ebenfalls deutlich höher.

Im Allgemeinen sind gängige **Arzneimittel** wie Schmerztabletten billiger als in Deutschland, wogegen selten verkaufte Mittel und auch Antibiotika recht teuer sein können. Beim Kauf von Medikamenten auf das Verfallsdatum und die Unversehrtheit der Packung achten und den Inhalt auf Vollständigkeit prüfen. Gute Apotheken machen dies allerdings von sich aus. In vielen Apotheken erhält man nur die benötigte Anzahl Tabletten ohne die Verpackung. In diesem Fall sollte man sich den Beipackzettel in der Apotheke zeigen lassen.

Wer spezielle Medikamente benötigt, sollte diese in ausreichender Menge von zu Hause mitbringen.

Ärzte und Krankenhäuser

Wenn möglich, sollte man sich bei einem Notfall in den Hauptstädten behandeln lassen. Hier gibt es ausgezeichnete **Privatkliniken** und viele in den USA ausgebildete Ärzte. Der Standard ist im privaten Bereich durchaus auf deutschem Niveau. Die deutsche Botschaft in Lima bzw. La Paz verfügt über eine **Ärzteliste**. Auch in den Touristenzentren und in größeren Städten ist die medizinische Versorgungslage noch zufrieden stellend. Für einen Krankenhausaufenthalt in einer Privatklinik empfiehlt sich eine Kreditkarte, ohne die man möglicherweise nicht aufgenommen wird. Adressen von Ärzten und Kliniken finden sich im Reiseteil des jeweiligen Ortes.

In entlegeneren Gebieten täuschen **Provinzkrankenhäuser** und Gesundheitsstationen *(puesto de salud)* über die prekäre Situation des Gesundheitswesens auf dem Lande hinweg. Oftmals fehlt es hier sogar an Verbandszeug oder Spritzen.

Privatpraxen werden hier von teils dubiosen Quacksalbern geführt, denen der eigene Geldbeutel wichtiger als die Gesundheit ihrer Patienten ist. Zahnärzte auf dem Land sollten nur in absoluten Notfällen aufgesucht werden. Bezahlt wird sofort und in bar. Es ist ratsam, sich eine Bestätigung mit genauer Auflistung der Leistungen geben zu lassen.

South American Rescue Association Peru (SARA)

SARA, ein 2009 in Peru gestarteter professioneller Rettungsdienst unter Zusammenarbeit der Gesellschaft für Internationale Zusammenarbeit GIZ und der gemeinnützigen, deutschen Rettungsdienstgesellschaft incentiveMED, verfügt über Rettungsfahrzeuge und Rettungshubschrauber in Cusco und Lima. Weitere Hubschrauber sind für Arequipa, Huaraz, Piura und später für Ayacucho und La Merced vorgesehen. Mitglieder können über eine Rettungsleitstelle jederzeit Hilfe anfordern. Info über die Leistungen von SARA und wie man Mitglied wird unter 💻 www.saraperu.com. SARA in Lima: Jr. de la Unión 1040, ✆ 01-4335842 (Büro), ✆ 974796354 (24-Std.-Notrufnummer, Mobil).

Homosexualität

Viele Peruaner und Bolivianer hegen noch immer Vorurteile gegen gleichgeschlechtliche Beziehungen, denn sie passen einfach nicht in die sexuelle Vorstellungswelt der Machos. Homosexualität ist aber nicht verboten. Wer keinen Anstoß erregen möchte, sollte sich diskret verhalten.

Informationen

Botschaften

Da weder Peru noch Bolivien Fremdenverkehrsämter in Europa unterhalten, haben die jeweiligen Botschaften (S. 38) diese Aufgaben mit übernommen. Das von dort aus versendete Infomaterial (gegen frankierten DIN-A4-Umschlag) ist allerdings recht dürftig.

Fremdenverkehrsämter

Das peruanische Tourismusministerium (Ministerio de Turismo) betreut Besucher über seinen Ableger **PromPerú** (Kommission der Förderung Perus). PromPerú unterhält mit qualifiziertem

Aktuelle Sicherheitslage

Die **Außenministerien** bieten unter folgenden Webseiten Sicherheitshinweise, Reiseinformationen und Auskunft über Krisengebiete:

Deutschland 💻 www.auswaertiges-amt.de
Österreich 💻 www.bmeia.gv.at
Schweiz 💻 www.eda.admin.ch

Personal ausgestattete Informationsstellen mit Namen **I-Perú** in Arequipa, Ayacucho, Chachapoyas, Chiclayo, Cusco, Huaraz, Iquitos, Lima, Piura, Puno, Tacna, Trujillo und Tumbes. Die Adressen finden sich bei den jeweiligen Städten unter „Sonstiges/Informationen" oder im Internet unter 💻 www.peru.travel/al/iperu-buros-fur-information-und-hilfe-fur-touristische-ip4-4-mapaazul.

Lateinamerika

Arbeitsgemeinschaft Lateinamerika e.V. (ARGE)
An der Ruhbank 26, 61138 Niederdorfelden
📞 06101-987712, 💻 www.lateinamerika.org
Der Verein setzt sich seit über 20 Jahren für die Förderung des Tourismus in den Ländern Lateinamerikas ein. Auf der Mitgliederliste sind zahlreiche Reiseveranstalter aufgeführt.

Informationsgruppe Lateinamerika (IGLA)
Währingerstr. 59, 1090 Wien
📞/📠 01-4034755
💻 www.lateinamerika-anders.org
Herausgeber der einzigen österreichischen Zeitschrift, die exklusiv über Lateinamerika und die Karibik berichtet.

Informationsstelle Lateinamerika
Heerstraße 205, 53111 Bonn
📞 0228-658613, 📠 631226, 💻 www.ila-bonn.de
Herausgeber der Zeitschrift *ila*, die zehnmal jährlich Berichte aus ganz Lateinamerika enthält.

GIGA Institut für Lateinamerika-Studien
Neuer Jungfernstieg 21, 20354 Hamburg
📞 040-42825561, 💻 www.giga-hamburg.de/ilas
1962 als Institut für Iberoamerika-Kunde gegründet, verfügt GIGA über eine der größten Fachbibliotheken und Datenbanken zu Lateinamerika in Deutschland. Regelmäßig werden Analysen, Daten und Dokumentationen zu Lateinamerika bereitstellt. Regelmäßig erscheint der kostenlose E-Newsletter *Focus Lateinamerika.*

Nachrichtenpool Lateinamerika e.V.
Köpenicker Str. 187/188, 10997 Berlin
📞 030-78991361, 💻 www.npla.de/poonal
Poonal (Pool de Nuevas Agencias de América Latina) ist ein wöchentlicher Pressedienst lateinamerikanischer Presseagenturen. Jeden Dienstag veröffentlichen sie aktuelle Nachrichten und Hintergrundberichte aus Lateinamerika in deutscher Sprache.

Österreichisches Lateinamerika-Institut
Schlickgasse 1, 1090 Wien
📞 01-3107465, 💻 www.lai.at
Veröffentlicht Publikationen zu Lateinamerika und besitzt die einzige Dokumentationsstelle in Österreich, die auf Lateinamerika spezialisiert ist.

Sonstige Institutionen und Organisationen

Länderinformationsportal der Gesellschaft für Internationale Zusammenarbeit GIZ
Friedrich-Ebert-Allee 40, 53113 Bonn
📞 0228-44600, 💻 liportal.inwent.org/peru.html und 💻 liportal.inwent.org/bolivien.html
Informationsstelle für deutsche und ausländische Literatur über Entwicklungsländer und Herausgeber der Zeitschrift *Entwicklung und Zusammenarbeit (E+Z).*

Informationsstelle Peru
Postfach 1014, 79010 Freiburg
📞 0761-7070840, 💻 www.infostelle-peru.de
Der Verein wurde 1989 von einem Großteil der Peru-Solidaritätsgruppen gegründet. Er bietet Hintergrundberichte sowie Themen der Solidaritätsarbeit und unterstützt Menschenrechtsgruppen.

Im Internet

Neue Medien und soziale Netzwerke

www.couchsurfing.org
Kostenloses Netzwerk, dessen Mitglieder entweder eine kostenlose Unterkunft auf Reisen finden möchten oder selbst eine Unterkunft anbieten. Mehr Informationen auch unter de.wikipedia.org/wiki/CouchSurfing.

www.stefan-loose.de
Im Globetrotter-Forum und bei den Updates der orangefarbenen Reise-Handbücher finden sich aktuelle Reisetipps zu Peru und Westbolivien.

www.tripadvisor.com
Internetreiseführer mit Bewertung von Hotels, Restaurants und Touristenattraktionen. Sollte nur zur generellen Auswahl und Information benutzt werden, denn es ist nicht ersichtlich, ob die Bewertungen und Kritiken auch echt sind.

Peru

www.andeantravelweb.com/peru/
Englischsprachige Webseite, die viele gute Infos zum Reisen in Peru bietet u. a. Informationen zu Reiseveranstaltern, Trekking, digitale Karten.

www.peruline.de
Deutschsprachiger Informationsservice zu Peru mit Buchungsmöglichkeiten und Linkliste zu Peru.

www.perulinks.com/pages/german/
Vielseitiges Portal zum Land inkl. Tourismusinfo, auch auf Deutsch.

www.peru.travel
Offizielle Webseite von PromPeru, dem peruanischen Fremdenverkehrsbüro, auch auf Deutsch.

www.peru-spiegel.de
Vielfältige Länderinfos und monatlicher Newsletter des Peru-Webrings.

Bolivien

www.bolivia.com
Umfangreiches Infoportal in spanischer Sprache mit Tourismuslink (Turismo).

www.boliviacontact.com
Englischsprachiger Tourismusführer und Hotelbuchungsmaschine für Bolivien.

www.bolivia-info.de
Die Homepage der deutschsprachigen – inzwischen leider eingestellten – Zeitschrift *Bolivia* verfügt über eine sehr ausführliche Linkliste zu bolivianischen Medien, Universitäten, Ministerien und deutschen Institutionen.

www.bolivialine.de
Deutschsprachiger Reiseinformationsservice zu Bolivien mit Buchungsmöglichkeiten und monatlichem Newsletter.

www.boliviaweb.com
Vielseitiges Portal zum Land inkl. Tourismusinfo in englischer Sprache.

Internet und WLAN

Internetcafés sind in Peru und Bolivien weit verbreitet und auch in entlegenen Gegenden anzutreffen – dort ist die Datenübertragung allerdings oft sehr langsam. Die Preise sind überaus günstig (1–3 S/. pro Std., in Bolivien noch billiger), allerdings sind die Kabinen oft sehr eng, die Tastaturen abgegriffen und der Lärmpegel hoch. Wer einen USB-Stick nutzt, sollte auf Viren achten! In vielen Internetcafés kann man seine Digitalfotos herunterladen und günstig auf CD brennen lassen. Man sollte nachprüfen, ob die Bilder wirklich auf der CD sind und die CD auf einem anderen Computer testen. So gut wie alle Backpacker-Hostels und Hotels verfügen über Internet, das den Gästen meist kostenlos angeboten wird.

Wer mit Laptop, Netbook oder iPad unterwegs ist, kommt in den meisten Hotels kabellos per **WLAN** *(Internet inalámbrico)* ins Internet.

Zahlreiche Restaurants und Cafés – vorwiegend in touristischen Gegenden und/oder Großstädten – verfügen ebenfalls über WLAN.

Jobben und Freiwilligenarbeit

Wer nicht von einer deutschen Firma oder Organisation mit einem Arbeitsvertrag nach Peru oder Bolivien geschickt wird, darf offiziell ohne Arbeitserlaubnis *(permiso de trabajo)* nicht arbeiten. Ohnehin darf man aufgrund des niedrigen Lohnniveaus an die Vergütung keine hohen Erwartungen stellen. Am ehesten bekommt man noch einen Job als Bedienung in einem Restaurant oder einer Kneipe, die von Ausländern frequentiert wird. Deutschunterricht zu geben, lohnt sich nur bei guten Kontakten. Die Chance, bei einer Entwicklungshilfeorganisation vor Ort arbeiten zu können, ist relativ gering. Am einfachsten findet man eine Stelle in der ehrenamtlichen **Freiwilligenarbeit**, im Ausland auch „Volontourism" genannt. Während bei einigen Projekten Unterkunft und Verpflegung gestellt wird, muss sie bei vielen Angeboten selbst übernommen werden. Infos findet man im Internet unter:

- www.freiwilligenarbeit.de/volunteer-peru.html
- www.freiwilligenarbeit.de/freiwilligenarbeit-bolivien.html
- www.weltwaerts.de/
- www.wwoof-peru.com
- www.fairunterwegs.org/fileadmin/Content Global/PDF/Article11Voluntourism.pdf
- www.trouble-in-paradise.de/04service/text0402.html
- www.ejf2011.de

Kinder

Eine Reise nach Peru und Bolivien mit Kindern kann zu einem sehr schönen Erlebnis werden, sofern man sich entsprechend vorbereitet und einige Einschränkungen in Kauf nimmt. Beide Länder haben eine hohe Geburtenrate aufzuweisen, und Kinder sind immer und überall zu sehen. Die Einheimischen sind Kindern gegenüber sehr tolerant; sie werden so gut wie nie als störend empfunden. Oftmals kommt man durch die eigenen Kinder mit einheimischen Eltern ins Gespräch, und auch die Kinder selbst finden leicht Kontakt.

Gepäck

Wer mit Kindern reist, hat beim Gepäck oft die Qual der Wahl. Flasche, Milchpulver, Windeln und Wäsche brauchen viel Platz. Eine solide Kindertrage mit Hüftgurt, die auf den Rücken geschnallt wird, ist einem Kinderwagen vorzuziehen. Babyflaschen und Milchpulver gibt es vor Ort, Babynahrung aus Gläsern und Wegwerfwindeln bekommt man dagegen nur in den großen Städten und Tourismuszentren. Kinderkleidung

☒ Nicht vergessen

- ☐ **Kinderreisepass**
- ☐ **Impfpass**
- ☐ **SOS-Anhänger** mit allen wichtigen Daten
- ☐ **Kleidung** – möglichst strapazierfähige, leichte Sachen
- ☐ **Wegwerfwindeln**
- ☐ **Babynahrung**
- ☐ **Fläschchen für Säuglinge**
- ☐ **MP3-Player**
- ☐ **Spiele und Bücher**
- ☐ **Fotos** von wichtigen Daheimgebliebenen gegen Heimweh
- ☐ **Kuscheltier** (muss gehütet werden wie ein Augapfel, denn ein verloren gegangener Liebling kann allen den Rest der Reise verderben – reiseerprobte Kinder beugen vor, indem sie nur das zweitliebste Kuscheltier mitnehmen)
- ☐ **Sonnencreme** mit hohem Lichtschutzfaktor
- ☐ **Kopfbedeckung**

Sicher im Flugzeug

Für Kinder über zwei Jahren muss ein eigener Sitzplatz gebucht werden, der etwas günstiger ist als der für Erwachsene. Doch die Sitze sind nicht für Kinder gemacht – auch nicht der Sicherheitsgurt. Vermehrt ist es jetzt endlich möglich, einen Autokindersitz mit in den Flieger zu nehmen und die Kleinen kindgerecht anzuschnallen. Geeignete Kindersitze (z. B. von den Herstellern Maxi Cosi, Römer oder Kiddy) sind am TÜV Rheinland-Zeichen mit dem Hinweis „For use in aircraft" erkennbar. Auch für Babys unter zwei Jahren lohnt die Überlegung, einen Platz zu buchen: Im eigenen Sitz angeschnallt, erhöht sich ihre Sicherheit um ein Vielfaches. Vor Ort bietet der **Kindersitz** zudem Schutz bei Autofahrten. Man kann ihn aber auch im Flughafen für die Dauer des Urlaubs in Verwahrung geben.

Leider lassen bisher noch nicht alle Gesellschaften einen solchen Sitz zu und die, die es tun, verlangen eine Voranmeldung (eine Bestätigung sollte man sich schriftlich geben lassen). Alle anderen Systeme, etwa das Festschnallen des Kindes auf dem Schoß der Eltern, sind nachweislich untauglich. Weitere Infos finden sich unter 🖳 www.tuv.com/de/deutschland/home.jsp (in der Suchmaske „Kindersitze" eingeben).

kann auch unterwegs gekauft werden (auf reine Baumwolle achten!). Eine gute Idee ist ein eigener kleiner Spielzeugrucksack, den die Kinder selbst packen und tragen können. Weitere essentielle Sachen für Kinder auf Reisen finden sich im Kasten auf S. 56.

Anreise mit dem Flugzeug

Der lange Flug und die Zeitverschiebung kann für die Familie zur ersten Belastungsprobe der Reise werden. Wer aber Wartezeiten auf den Flughäfen geschickt nutzt, kann sich während des Fluges eine Menge Stress sparen. In den Wasch- bzw. Mutter/Kind-Ruheräumen können die Kinder gewaschen und umgezogen werden und ihre Zähne putzen. Kinder sind froh, wenn sie unter Aufsicht auf dem Flughafen herumrennen und sich austoben dürfen. Renommierte Fluggesellschaften (im Gegensatz zu Billiganbietern) behandeln Reisende mit Kleinkindern bevorzugt. Sie lassen sie vor den übrigen Passagieren ein- und aussteigen, verteilen Kinderbettchen für Säuglinge und servieren Kinder-Menüs, bevor die übrigen Passagiere bedient werden. Auch mit Spielen und Bastelmaterial wird den Kleinen der lange Flug verkürzt. Eine möglichst frühzeitige Kontaktaufnahme mit dem Flugpersonal ist empfehlenswert. Für den Fall einer Verspätung oder eines verpassten Anschlussflugs sollte man eine „Notausrüstung" mit Windeln, Babynahrung und Wäsche zum Wechseln mit sich führen.

Im Land

Nach der Ankunft benötigen Kinder genügend Zeit, um sich an die neue Umgebung zu gewöhnen. Wenn sie nicht hitzeempfindlich sind, können sie alle Gegenden Perus und Boliviens besuchen. Gut geeignete Orte für Familien mit Kindern sind naturgemäß die Touristenzentren, in denen es **Hotels** gibt, die auf Eltern mit Kindern eingestellt sind.

Wichtig ist, die Kinder vor Mückenstichen zu bewahren, nach dem Baden im Meer oder im Swimmingpool ausgiebig zu duschen und eventuelle Wunden (auch kleine) sorgfältig zu desinfizieren.

Wer mit Kindern reist, muss nicht unbedingt in teuren Nobelherbergen absteigen. Viele Mittelklassehotels sind sauber, gepflegt und haben ausreichend große Zimmer. Gegen einen geringen Aufpreis wird ein zusätzliches Bett im Zimmer aufgestellt. Ein Zimmer im Erdgeschoss mit Zugang zum Innenhof ist sicherlich angenehmer als eines im zweiten Stock.

Kinder bekommen in Peru und Westbolivien bei allen Sehenswürdigkeiten **ermäßigten Eintritt**. Das gilt auch für Busfahrten. Bezüglich des Alters gibt es jedoch keine allgemeine Regelung.

Peruanisches und bolivianisches **Essen** ist normalerweise nicht scharf und die Auswahl ist zumindest in den Touristenzentren ausreichend. Obst und Fruchtsäfte gibt es reichlich, und viele Restaurants bereiten den Kleinen auch gern etwas außerhalb der Speisekarte zu. Sorgen wegen der Tischmanieren sind unbegründet, denn selbst Tischnachbarn ohne Kinder zeigen sehr viel Nachsicht. Wer nicht ständig im Restaurant essen gehen möchte, kann die Kleinen mit einem Picknick begeistern. Natürlich sollten sie auch zum Einkaufen mitgenommen werden. Bei Feierlichkeiten in größeren Städten gehen viele Peruaner und Bolivianer mit ihren Kindern am frühen Abend auf die Straße und vergnügen sich an Imbissbuden und Fahrgeräten. Der Kontakt ist garantiert. Größere Kneipen- oder Discotouren bleiben den Eltern allerdings verwehrt – es sei denn, sie finden einen vertrauenswürdigen Babysitter. Ideal wäre eine befreundete Familie mit Kindern. Selbstverständlich sollte sein, die Kinder so weit wie möglich in das Urlaubsgeschehen mit einzubeziehen. Das beginnt bei der Reiseplanung zu Hause und endet mit der Ausflugsplanung vor Ort.

Maße und Elektrizität

Maße und Gewichte

In Peru und Bolivien wird das metrische System verwendet. Einige spanische und nordamerikanische Maße sind aber weiterhin gebräuchlich. Tankstellen verwenden US-Gallonen als Maßeinheit (1 Galón = 3,785 Liter). Ein Pfund *(Libra)* entspricht 453,6 Gramm.

Elektrizität

In **Peru** und In **Bolivien** beträgt die Stromspannung 220 Volt Wechselstrom (60 hz). Die Steckdosen sind in vielen besseren Hotels mit europäischen Steckern kompatibel, dennoch empfiehlt sich die Mitnahme eines zweipoligen Flachsteckeraufsatzes bzw. eines Adapters. Auf dem Land kann es gelegentlich zu Stromausfällen kommen. Außerdem sind viele Städte abends schlecht beleuchtet. Man sollte daher immer eine kleine Taschenlampe bei sich haben.

Medien

Von Martina Hahn

Während der Ära Fujimori (1990–2000) waren die Medien alles andere als unabhängig – mit der fatalen Folge, dass die Radio- und TV-Kanäle und die meisten Zeitungen des Landes bis heute mit einem großen **Glaubwürdigkeitsdefizit** zu kämpfen haben. Bei den Tageszeitungen gelten lediglich *El Comercio* und *La República* (wird eher links von der Mitte eingeordnet und bezog als einziges Medium klar Opposition zu Fujimori) als seriös. Die restlichen Sender und Blätter leben gut von staatlicher Propaganda und seichten Unterhaltungsprogrammen. Zu den positiven Ausnahmen zählen außerdem die politische Wochenzeitschrift *Caretas* und der Fernsehkanal *N (Canal 8)*. Dieser Sender hatte am 14. September 2000 als einziger das erste „Vladivideo" ausgestrahlt, das den Niedergang des Fujimori-Regimes einleitete. Es zeigte, wie der Fujimori-Berater Vladimiro Montesinos einen Kongressabgeordneten schmierte.

In Peru werden zehn Fernsehkanäle privat und ein weiterer – *Canal 7* – staatlich geleitet. In Lima erscheinen 26 Tageszeitungen; zu den auflagenstärksten gehören der bürgerliche *El Comercio*, das konservative Blatt *El Correo*, *La República* und *Perú 21*. Doch führend in der Lesergunst sind, rein zahlenmäßig, die Schundblätter, die hier in Peru *Diarios amarillos* oder *Prensa chicha* genannt werden, und die mit nackten Fotomodellen und ihrer *Crónica roja* – Blut und Gewalt – Auflage machen. Unter den zahlreichen Rundfunkstationen des Landes gelten *Radio Programas de Peru* und *CPN* als seriös. Die übrigen berieseln ihre Zuhörer mit Musik und quälen sie mit Dauer-Monologen der Moderatoren.

Deutsche Sender

Fernsehen

Die **Deutsche Welle**, 💻 www.dw-world.de, strahlt ihr 24-stündiges Fernsehprogramm **DW-World** in Deutsch, Englisch und Spanisch über verschiedene Satelliten aus. Einige Hotels speisen das Programm in das hoteleigene Netz ein. Zu jeder vollen Stunde wird ein halbstündiges Nachrichtenjournal à la CNN ausgestrahlt, zur geraden Weltzeit-Stunde in Englisch, zur ungeraden in Deutsch, außer um 21 und 2 Uhr, wo es in Spanisch läuft.

Es folgen halbstündige Features zu deutschlandbezogenen Themen in der jeweiligen Sprache.

Internet, Neue Medien, Apps

DW-World ist auch als Livestream über das Internet zu sehen. Fußballfans können die Bundesliga-Konferenz am Samstagnachmittag im Livestream über die Sportseite von DW-TV verfolgen. Die Nachrichten von DW-World gibt es auch auf Facebook, Twitter, Google+ und Xing. Die App „DW News Portal" ist kostenlos über den iTunes-Store oder den Android Market verfügbar.

Öffnungszeiten

In **Peru** öffnen die meisten **Geschäfte** Mo–Sa 9–18 Uhr, einige auch sonntags (zum Beispiel Supermärkte bis 22 Uhr). Besonders an der Pazifikküste und auf der Andenostseite schließen die Geschäfte über Mittag und öffnen erst gegen 16 Uhr wieder (**Bolivien**: Mo–Fr 8.30–12.30 und 14.30–18.30 Uhr oder länger, Sa 9–12 Uhr).

Banken in **Peru**: Mo–Fr 9–18 Uhr (mittags gelegentlich von 13–16 Uhr geschlossen), Sa 9–12 Uhr (**Bolivien**: Mo–Fr 9–12 und 14–16, Sa 9–12 Uhr).

Post in **Peru**: Mo–Sa 8–20 Uhr (**Bolivien**, Correo Central in La Paz: Mo–Fr 8–20, Sa 8–18, So 9–12 Uhr).

Behördengänge sollten so früh am Tag wie möglich erledigt werden. Beamte trifft man in **Peru** Mo–Fr 9–17 Uhr an (**Bolivien**: Mo–Fr 9–12 und 14–18 Uhr).

Viele **Museen** haben montags geschlossen.

Post

Briefe und Postkarten aus Peru und Bolivien nach Europa brauchen durchschnittlich 7–10 Tage und kosten zurzeit in **Peru** (Serpost, 💻 www.serpost.com.pe, Filialnetz im Untermenü *Red de Oficinas*) 6,50 S/. (bis 20 g), 17,30 S/. (bis 100 g), 92,90 S/. (bis 1000 g).

Die entsprechenden Tarife in **Bolivien** (Empresa de Correos Bolivia, 💻 www.correosbolivia.com, Filialnetz im Untermenü *Cobertura*) liegen bei 9 Bs. (bis 20 g) und 159 Bs. (bis 1000 g).

Da man in beiden Ländern kaum Briefkästen (z. B. in Flughäfen, Geschäften) vorfindet, sollten Briefe und Postkarten immer auf der Post eingeworfen werden – möglichst in Filialen größerer Städte, da sie sonst deutlich länger brauchen. In vielen Hotels nimmt die Rezeption Post an.

Auf keinen Fall sollte man Bargeld, Schecks oder Dokumente per Post schicken oder sich

Poste restante

Briefe von zu Hause kann man sich nicht nur an ein Postamt, sondern auch an folgende Einrichtungen schicken lassen:

- **Botschaften** und **Konsulate** – ein sehr zuverlässiger Weg. Die Postsendungen werden bis zu drei Monate aufbewahrt und sollten den Zusatz c/o Embajada de Alemania (bzw. Embajada de Austria oder Suiza) und „wird abgeholt" tragen.
- **American Express** – (nur für Amex-Kreditkarteninhaber), S. 49. Die Post wird rund 1–2 Monate aufbewahrt. Die Rücksendung im Falle der Nichtabholung ist gebührenpflichtig!
- **South American Explorers Club** (nur für Mitglieder; Adresse siehe Serviceteil Lima S. 178)

schicken lassen. **Wertvolle Güter** sendet man besser mit einem privaten Kurierdienst oder zumindest als Einschreiben *(certificado)*.

Post nach Peru und Bolivien kann an das Postamt einer größeren Stadt geschickt werden. Dazu muss sie neben dem Namen des Adressaten den Vermerk *Poste restante* oder *Lista de correos* tragen. An den Umgang mit postlagernden Sendungen ist man in touristischen Orten gewöhnt. In der Regel wird die Post zum jeweiligen Hauptpostamt geschickt. Dort kann man eine täglich erneuerte Liste einsehen. Da beim Sortieren der Post Fehler unterlaufen können, sollte man unter dem Anfangsbuchstaben des Vor- und Nachnamens nachschauen. In der Regel wird die Post maximal drei Monate aufbewahrt.

Wer viel eingekauft hat, kann einiges per **Päckchen** oder **Paket** nach Europa vorausschicken. Obwohl die **privaten Kurierdienste** etwas teurer sind als die Post, ist die Abwicklung bei ihnen schneller und weniger kompliziert. Da bei der Post der Inhalt jedes Pakets überprüft und das Paket dann erst geschlossen und versiegelt wird, sollte man Pakete offen mit zur Poststelle nehmen. Die Preise für Luftfracht sind höher als der Versand auf dem Seeweg.

Reisende mit Behinderungen

Peru und Bolivien sind als Reiseziel für Behinderte (vor allem Rollstuhlfahrer) derzeit nur bedingt zu empfehlen, obwohl das soziale Bewusstsein gegenüber behinderten Menschen wächst. Aufgrund von Geldmangel können aber viele praktische Hilfsmaßnahmen nicht realisiert werden. Zwar sind die Bewohner beider Länder sehr hilfsbereit, doch darf man sich nicht darauf verlassen, jederzeit Unterstützung zu finden. Unbedingt anzuraten ist die Begleitung durch einen Nichtbehinderten.

Die **Nationale Koordinationsstelle Tourismus für Alle** (NatKo), Kötherhofstr. 4, 55116 Mainz, ✆ 06131-250410, 💻 www.natko.de, der acht deutsche Behindertenverbände angehören, berät Anbieter bei der Verwirklichung behindertengerechter Unterkünfte, Programme usw. und nennt Behinderten nützliche Adressen für die Reiseplanung, die sich auch in einer von der NatKo herausgegebenen Broschüre finden.

Sicherheit

Wie vergleichbare Länder der sogenannten „Dritten Welt" haben auch Peru und Bolivien eine wachsende Kriminalitätsrate zu verzeichnen. Die Ursachen hierfür sind u. a. die personell unterbesetzte, oftmals korrupte Polizei und das schlecht funktionierende Justizsystem. Wer jedoch einige grundlegende Sicherheitsregeln beachtet und wachsam durch das Land reist, wird kaum Probleme bekommen. 99 % aller Touristen reisen sicher und unbehelligt durch beide Länder.

Ratsam ist, möglichst nicht nachts zu reisen, entlegene Gebiete zu meiden und sich vor Ort über die aktuellen Gegebenheiten zu informieren. Wer sich länger im Land aufhält, sollte sich bei seiner Botschaft registrieren lassen.

Diebstahl und Überfälle

Echten Schmuck und ähnlich wertvolle Dinge lässt man am besten zu Hause. Auf Geld, Reisepass und Flugticket ist ein besonderes Augenmerk zu richten. Sie lassen sich in einem Bauchgurt oder Gürtel mit Innenreißverschluss verstauen, der unter der Kleidung getragen wird (Kopien getrennt aufbewahren!). Bei den meisten Delikten handelt es sich um Diebstähle, die vorwiegend in den Hauptstädten, während Busfahrten und in touristischen Zentren begangen werden. Gefahrenzonen sind Bus- und Zugbahnhöfe, Märkte, Fiestas und andere Orte bzw. Gelegenheiten, bei denen Gedränge herrscht. Oft sind es mehrere Täter, die ihr Opfer geschickt mit einfallsreichen Tricks ablenken (beliebt ist das vermeintlich unbeabsichtigte Bekleckern mit Ketchup/Senf, das Fallenlassen von Geldmünzen oder das Anspucken des Opfers).

In Stadtbussen sollte man besonders während der Rushhour seinen Tagesrucksack nach vorne nehmen. Dies gilt ebenso für Menschenansammlungen und Märkte. Ohne einheimische Begleitpersonen sollte man den Besuch von Slums vermeiden. Flug-, Bus- oder Eintrittstickets niemals auf der Straße bei dubiosen Händlern kaufen, und Geld nur in Banken und Wechselstuben wechseln. Wertsachen liegen am sichersten im Hotelsafe (Bargeld zählen und sich den Betrag quittieren lassen!). Gepäck wird in den Überlandbussen meist in abgeschlossenen Fächern befördert, wo es ziemlich sicher ist. Ein abschließbarer Übersack oder ein Drahtgitter um den Rucksack erhöhen die Sicherheit. In einfachen Unterkünften machen sich kleine Vorhängeschlösser für Gepäck und Zimmertür bezahlt.

Bewaffnete Überfälle auf Touristen sind sehr selten, können aber nicht ausgeschlossen werden. Auf keinen Fall versuchen, den Helden zu spielen, sondern den Forderungen der Täter nachkommen. So wird Schlimmeres vermieden. Bestohlene oder Überfallene sollten sich bei der Polizei melden, da viele Versicherungen u. a. einen Polizeibericht fordern, bevor sie den Schaden ersetzen. Dies kann ein zeitraubender Prozess sein, besonders bei sprachlichen Verständigungsschwierigkeiten. Erste Kontaktstelle nach Diebstahl oder Überfall ist die Touristenpolizei (Adressen im jeweiligen Serviceteil). In Peru helfen auch die Informationsbüros von I-Perú weiter, s. S. 53. Für Sicherheitshinweise des deutschen, schweizerischen und österreichischen Außenministeriums zu Peru und Bolivien siehe S. 54.

Drogen

Bei Drogen verstehen Polizei und Behörden keinen Spaß. Selbst wer kleine Mengen vergleichsweise harmloser Substanzen bei sich hat, läuft Gefahr, mit peruanischen oder bolivianischen Gefängnissen Bekanntschaft zu schließen. Peru und Bolivien sind Erzeugerländer von Kokablättern (s. S. 654), die hier auch zunehmend zu Kokapaste verarbeitet werden. Obwohl die Anbauflächen vor allem in Peru in den letzten Jahren aufgrund von Drogenbekämpfungsaktionen zurückgegangen sind, bleiben die Gesetze unverändert hart. Wer in solchen Fällen auf die Hilfe seiner Botschaft setzt, hofft vergebens. In der Regel vermittelt sie allenfalls einen deutschsprachigen Anwalt.

Auf keinen Fall sollte man Fremden einen Gefallen tun und für sie Umschläge oder kleine Päckchen über die Grenze mitnehmen. Enthalten sie Drogen, kann dies das rasche Ende des Urlaubs bedeuten. Die Drogenanbaugebiete Perus und Boliviens liegen an den Ostabhängen der Anden. Wer sich in diesen Gebieten über einen längeren Zeitraum aufhält oder beabsichtigt, entlegene Regionen aufzusuchen, sollte sich vor Ort über die aktuelle Situation informieren.

Terrorismus

Seit die Anführer der beiden wichtigsten Guerillagruppen Perus (Leuchtender Pfad und MRTA) 1992 gefasst und verurteilt wurden, hat sich die Reisesicherheit stark verbessert. Von beiden Gruppen existieren nur noch versprengte Zellen, die sich in unzugängliche Dschungelgebiete des Apurímac- und Huallaga-Tals zurückgezogen haben. Anfang 2012 gelang es der peruanischen Polizei, auch deren Anführer gefangen zu nehmen. In Bolivien besteht momentan keine Gefahr durch terroristische Gruppierungen.

Umgang mit der Polizei

Jeder noch so einfache Landpolizist ist stolz auf seine Uniform und erwartet Respekt. Diesen sollte man ihm daher auch unbedingt erweisen und stets höflich bleiben, auch wenn er seinen Dienst gelegentlich mit Übereifer versehen sollte. Ärger erspart sich, wer stets den Reisepass oder eine Kopie bei sich trägt, um sich jederzeit ausweisen zu können.

Vorsicht, wenn „angebliche Polizisten" (auch in Zivilkleidung) eine Kontrolle der Ausweispapiere oder gar des Gepäcks vornehmen. In den meisten Fällen wird der falsche Polizist vorgeben, eine genauere Untersuchung im Revier vornehmen zu müssen. Um dorthin zu gelangen, wird er eine Taxifahrt vorschlagen. **Niemals** in das Taxi einsteigen (das ist eine Falle), sondern die Identifikation des Polizisten erbitten und notieren. Notfalls zu Fuß zum Revier mitgehen oder vorher in einer Polizeistelle anrufen (Notruf ✆ 105 in Peru und ✆ 110 in Bolivien, s. auch Kasten „Wichtige Telefonnummern“, S. 68).

Sport und Aktivitäten

Baden

Viele schöne Strände, heiße Quellen, zahlreiche Seen und Flüsse laden in Peru und Bolivien zum Baden ein.

Je weiter **südlich** man der peruanischen Pazifikküste folgt, desto niedriger werden die von Haus aus nicht gerade hohen Meerestemperaturen. Die **Badesaison** beschränkt sich daher auf die Monate Dezember bis April, wenn auf der Südhalbkugel Sommer ist. In den übrigen Monaten liegen die Strände wie ausgestorben da. Weiter im **Norden**, ungefähr in Höhe der Provinz Piura, schwächt sich der Einfluss der kalten Humboldtströmung ab und wird von der wärmeren El-Niño-Strömung ersetzt. Bis zur ecuadorianischen Grenze findet man an diesem Küstenabschnitt das ganze Jahr über **angenehme Badetemperaturen** und viel **Sonne** vor. Dementsprechend befinden sich hier auch die schönsten Meeresstrände Perus. Beliebte Badeorte sind **Máncora, Punta Sal** und die Region um **Tumbes**.

Die Badestrände der **Hauptstadt** liegen alle südlich von Lima. Außer an Wochenenden hat man dort aber genug Platz. Wie auch in Lima beschränkt sich die Badesaison der Strandorte des südlichen Küstenabschnitts auf wenige Monate (Dez–April), da die Küste in den übrigen Monaten von einer trostlosen grauen Nebeldecke überzogen ist.

Südperu verfügt über jede Menge Strände, die teilweise aber schwierig zu erreichen sind. Einen langen Sandstrand findet man in der Bucht von **Chala**, auf halber Strecke zwischen Lima und Arequipa. Die kleine Bucht von **Puerto Inca**, wenige Kilometer weiter nördlich, hat zusätzlich Inkaruinen zu bieten. Ein beliebtes Ausflugsziel der Einwohner Arequipas sind die Badestrände von **Mollendo** in Südperu. Die Flüsse und Seen des Andenhochlands eignen sich aufgrund der niedrigen Temperaturen nur für hart gesottene Traveller zum Baden. Auf der **Andenostseite** und dem Tiefland des **Amazonas** kommen Badefreunde aufgrund der hohen Niederschlagsmengen der Gegend voll auf ihre Kosten. Jede Menge Wasserfälle, kleine Flüsse und Seen laden zum erfrischenden Bad ein. Die Einheimischen kennen die besten Bademöglichkeiten vor Ort.

Thermalbäder

Unter den Bergen arbeiten vulkanische Kräfte, die sich vielerorts durch heiße Quellen zeigen. Große Ansprüche an die Hygiene sollte man allerdings nicht stellen. Beliebte **Thermalquellen** gibt es in folgenden Orten (in Klammern die Provinz) oder in ihrer unmittelbaren Umgebung: Baños del Inca (Cajamarca), Monterrey (Huaraz), Churín (Lima), Aguas Calientes (Cusco), Yura (Arequipa) oder Chivay (Arequipa, Colca-Canyon).

Bergsteigen und Felsklettern

Bergsteiger und Kletterer kommen in Peru und Westbolivien voll auf ihre Kosten. Dutzende **Fünf- und Sechstausender** mit unterschiedlichstem Schwierigkeitsgrad genügen auch den ausgefallensten Ansprüchen.

Einige deutsche Veranstalter (z. B. Deutscher Alpenverein oder Hauser) bieten Bergtouren auf die höchsten Andengipfel an, doch deren sehr teure Touren kann man vor Ort wesentlich günstiger buchen. **Spezialagenturen** vermieten die komplette Bergausrüstung. Wer eine Bergbesteigung mit einer Agentur unternimmt, sollte sich im Vorfeld genügend Zeit nehmen, um die Preise zu vergleichen und die Konditionen genauestens schriftlich abzuklären. Ein scheinbar günstiges Angebot kann teuer zu stehen kommen. Um Geld zu sparen, verwenden manche Veranstalter alte Ausrüstung, unerfahrene Guides und klapprige Transportmittel.

Ganz entscheidend für eine erfolgreiche Bergbesteigung ist eine ausreichende **Höhenanpassung**, die bereits mehrere Tage vor der

Sportliche Aktivitäten und Wandern

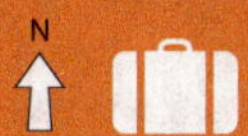

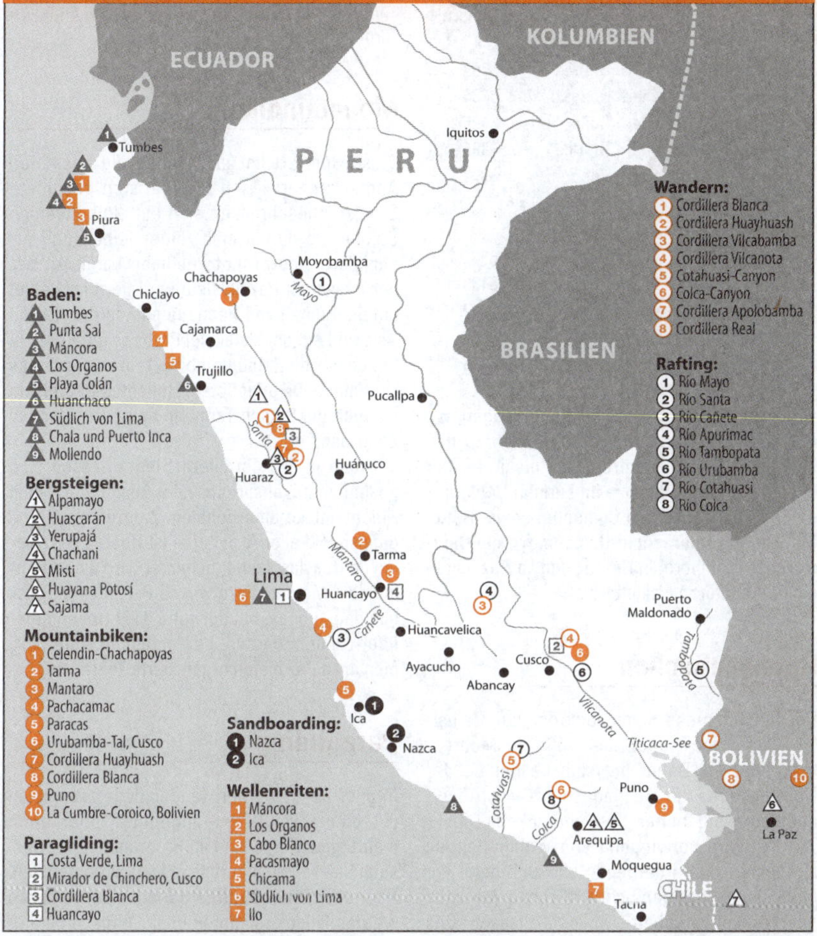
N
ECUADOR
KOLUMBIEN
BRASILIEN
BOLIVIEN
CHILE
PERU
Tumbes
Piura
Chiclayo
Chachapoyas
Moyobamba
Mayo
Cajamarca
Trujillo
Iquitos
Pucallpa
Huaraz
Santa
Huánuco
Mantaro
Tarma
Lima
Huancayo
Cañete
Huancavelica
Ayacucho
Abancay
Cusco
Puerto Maldonado
Tambopata
Vilcanota
Ica
Nazca
Cotahuasi
Colca
Arequipa
Titicaca-See
Puno
La Paz
Moquegua
Tacna
Baden:
1 Tumbes
2 Punta Sal
3 Máncora
4 Los Organos
5 Playa Colán
6 Huanchaco
7 Südlich von Lima
8 Chala und Puerto Inca
9 Mollendo
Bergsteigen:
1 Alpamayo
2 Huascarán
3 Yerupajá
4 Chachani
5 Misti
6 Huayana Potosí
7 Sajama
Mountainbiken:
1 Celendin-Chachapoyas
2 Tarma
3 Mantaro
4 Pachacamac
5 Paracas
6 Urubamba-Tal, Cusco
7 Cordillera Huayhuash
8 Cordillera Blanca
9 Puno
10 La Cumbre-Coroico, Bolivien
Paragliding:
1 Costa Verde, Lima
2 Mirador de Chinchero, Cusco
3 Cordillera Blanca
4 Huancayo
Sandboarding:
1 Nazca
2 Ica
Wellenreiten:
1 Máncora
2 Los Organos
3 Cabo Blanco
4 Pacasmayo
5 Chicama
6 Südlich von Lima
7 Ilo
Wandern:
1 Cordillera Blanca
2 Cordillera Huayhuash
3 Cordillera Vilcabamba
4 Cordillera Vilcanota
5 Cotahuasi-Canyon
6 Colca-Canyon
7 Cordillera Apolobamba
8 Cordillera Real
Rafting:
1 Río Mayo
2 Río Santa
3 Río Cañete
4 Río Apurímac
5 Río Tambopata
6 Río Urubamba
7 Río Cotahuasi
8 Río Colca

eigentlichen Bergtour beginnen sollte (s. S. 680, „Reisemedizin zum Nachschlagen“) und ein Mindestmaß an bergsteigerischer Erfahrung. Zu den beliebtesten Regionen fürs Bergsteigen in Peru und Westbolivien zählen:

Peru: Cordillera Blanca mit dem Huascarán, dem Alpamayo und dem Pisco; Cordillera Huayhuash mit dem Yerupajá; Cordillera Vilcanota mit dem Ausangate sowie der Vulkan Misti und der Nevado Chachani bei Arequipa.

Westbolivien: Cordillera Real mit dem Illimani, Illampu und Huayna Potosí sowie dem Vulkan Sajama.

Felsklettern ist in Peru noch nicht so stark verbreitet wie in Europa, doch das Land verfügt aber über ausgezeichnete Kletterreviere,

Die fünf höchsten Berge in Peru und Bolivien		
Name	**Region**	**Höhe in Metern**
Peru		
Huascarán	Cordillera Blanca	6768
Yerupajá	Cordillera Huayhuash	6634
Coropuna	Cordillera Chila	6425
Huandoy	Cordillera Blanca	6395
Ausangate	Cordillera Vilcanota	6372
Bolivien		
Sajama	Cordillera Occidental	6542
Illimani	Cordillera Real	6439
Janq'uma	Cordillera Real	6427
Illampu	Cordillera Real	6368
Parinacota	Laguna Chungará	6348

die in tieferen, wärmeren Regionen liegen, wo man selten auf andere Kletterer trifft. Zu den beliebten Stellen gehören die felsigen Täler unweit von **Lima** (Vichuya im Lurín-Tal, Quebrada de Canchacalla und Camacho) sowie Hatun Machay bei **Huaraz** und Cumbemayo bei **Cajamarca** in Nordperu. In **Huaraz** und **La Paz** bieten einige Agenturen Eisklettern an.

Hochseefischen

Der Reichtum des Humboldtstroms an Kleinstlebewesen lockt auch die größeren Meeresbewohner an. Daher hat sich besonders der Norden Perus zur Ausgangsbasis von Angelausflügen auf hoher See entwickelt. Dieser „Sport" wird vorwiegend von wohlhabenden Nordamerikanern betrieben, die sich dann vor ihrer Beute – riesigen Schwertfischen, Marlinen oder Zackenbarschen – ablichten lassen. Das Zentrum der Sportfischer liegt in **Cabo Blanco**, unweit von Talara.

Höhlenbesichtigungen

Auf der Andenostseite kann man auf Entdeckungstour in einigen Höhlen gehen. Die leicht zugängliche und wegen ihrer Lage und Tierwelt sehr attraktive Tropfsteinhöhle **Cueva de las Lechuzas** liegt in der Nähe von Tingo María in Zentralperu. Ein Besuch der tiefsten Höhle Südamerikas, der **Gruta de Guagapo**, lässt sich von Tarma aus organisieren.

Mountainbiken

Diese Sportart hat inzwischen die gesamten Anden erobert, doch für Touristen geeignete Strecken beschränken sich auf einige wenige Stellen, an denen man Räder leihen und organisierte Touren unternehmen kann. An der peruanischen Pazifikküste wird gern im Gebiet um die Ruinen von Pachacámac, in der Region Asia und auf der Halbinsel Paracas gefahren. In Cusco werden Mountainbike-Touren durch das Urubamba-Tal angeboten. Beliebtes Radterrain ist auch die Region Tarma in den peruanischen Zentralanden.

Auch in der Cordillera Blanca lassen sich ausgedehnte, anspruchsvolle Ausflüge mit dem Mountainbike unternehmen. Zentrum und Ausgangspunkt aller Aktivitäten ist Huaraz im Callejón de Huaylas. Immer beliebter wird die Abfahrt mit dem Mountainbike von La Paz in die bolivianischen Yungas, bei der rund 3000 Höhenmeter überwunden werden. Verschiedene Unternehmen in La Paz bieten organisierte Touren an.

Paragliding

In aller Regel werden Tandemflüge zusammen mit einem Fluglehrer angeboten aber auch mehrtägige Kurse sind im Programm. Erste Versuche lassen sich bereits in **Lima** unternehmen. Aber auch in der **Cordillera Blanca** und in **Cusco** werden Flüge angeboten (mehr Infos in den jeweiligen Reiseteilen).

Rafting

Die vielen Flüsse des Landes bieten ideale Voraussetzungen für diesen Wassersport. Rafting-Touren finden außer in den Monaten Januar bis März (Regenzeit!) das ganze Jahr über statt.

Der Schwierigkeitsgrad ist abhängig vom jeweiligen Wasserstand. Die beliebtesten **Flüsse** zum Raften sind: Río Cañete, Lunahuaná/Lima; Río Colca im Colca-Canyon/Arequipa; Río Cotahuasi im Canyon de Cotahuasi/Arequipa; Río Apurímac, bei Cusco.

Reiten

Reiten ist als Sport in Peru und Bolivien nur den Allerreichsten vorbehalten. Einige Anbieter haben sich auf die Interessen ausländischer Besucher eingestellt und bieten Ausritte in den Touristenzentren **Arequipa** und **Cusco** sowie in der Umgebung von **Chiclayo** an.

Sandboarding

Bei dieser immer beliebter werdenden Trendsportart fährt man ähnlich wie beim Snowboarding auf einem Brett stehend die peruanischen Sanddünen herunter – entweder individuell oder im Rahmen einer Sandbuggy-Tour. Optimale Bedingungen für das Surfen auf Sand bietet die Oase **Huacachina** bei Ica. Aber auch von Pisco oder Nazca aus lassen sich Touren organisieren, beispielsweise zum **Cerro Blanco**, der höchsten Düne der Welt.

Spanischkurse

Wer seine Reise dazu nutzen möchte, um Spanisch zu lernen oder sein Spanisch aufzupolieren, hat dazu in Peru und Bolivien Gelegenheit. **Intensivkurse** werden allerdings nur in den Touristenzentren angeboten. Die Spanischkurse, die viele Universitäten anbieten, dauern meist mehrere Wochen und Monate. **Privatlehrer** werden fast überall vermittelt. Auch hier helfen die Touristeninformationen mit konkreten Kontakten weiter. Einige Schulen bieten ihren Schülern ein kostenloses Rahmenprogramm wie Ausflüge, sportliche und soziale Aktivitäten, Filmabende oder Tanzkurse. Viele Lehrinstitute bieten auch Spezialvokabular für einzelne Berufsgruppen.

In einigen Orten besteht die Möglichkeit, bei **Gastfamilien** zu wohnen. Hinweise zu den einzelnen Schulen und Adressen finden sich in den jeweiligen Ortskapiteln. Orte mit regelmäßigen Kursen und/oder erfahrenen Lehrern sind Arequipa, Cusco, La Paz und Lima.

Rafting ist in Peru und Bolivien im Kommen.

Lohnenswerte Wanderrouten in Peru und Bolivien

Die nachfolgend aufgeführten Trekkingrouten sind vom Autor selber gewandert worden und werden im Länderteil detailliert beschrieben. Die bei einigen Treks beigefügten Wanderskizzen dienen ausschließlich der Groborientierung und können kein genaues Kartenmaterial oder einen einheimischen Führer ersetzen! In den jeweiligen Kapiteln werden weitere Wanderungen, darunter auch Tagestouren, beschrieben.

Wanderstrecke	Region	Start in	Schwierigkeit	Dauer/Tage	Seite
Peru					
Alpamayo-Umrundung	Cord. Blanca	Hualcayán	schwer	8–10	S. 530
Ampay	Abancay	Kerapata	mittel	3–4	S. 212
Auzangate	Cord. Vilcanota	Tinqui	schwer	4–6	S. 249
Chacas/Vicos	Cord. Blanca	Chacas	einfach	2–3	S. 536
Choquequirao	Cord. Vilcabamba	Huanipaca	schwer	4–5	S. 215
Huari/Chacas	Cord. Blanca	Huari	einfach	2–3	S. 535
Huayhuash	Cord. Huayhuash	Llamac	mittel	3	S. 539
Huayhuash	Cord. Huayhuash	Matacancha	mittel	8–10	S. 540
Inkatrail	Machu Picchu	KM 82	mittel	4	S. 265
Lares-Tal	Cord. Urubamba	Urubamba	mittel	4	S. 256
Salkantay	Cord. Vilcabamba	Mollepata	mittel	3–4	S. 218
Sta. Cruz/Llanganuco	Cord. Blanca	Cashapampa	mittel	3–5	S. 527
Westbolivien					
Illampu	Cord. Real/Sorata	Sorata	schwer	5–6	S. 657
La Cumbre/Coroico	Cord. Real/Yungas	La Cumbre	mittel	3–4	S. 642
Pelechuco/Curva	Cord. Apolobamba	Pelechuco	mittel	4–5	S. 660
Takesi	Cord. Real/Yungas	Ventilla	einfach	2–3	S. 645

Auf einigen Wanderstrecken ist es zu Diebstählen und Überfällen auf Touristen gekommen. Solche Ereignisse bilden die ganz große Ausnahme, dennoch sollte man sich möglicher Gefahren bewusst sein und Vorsichtsmaßnahmen treffen:

- Immer mit einem einheimischen Führer oder Maultiertreiber bzw. in Gruppen in die Berge gehen
- Sich vor der Wanderung nach der aktuellen Sicherheitslage in der betreffenden Region erkundigen
- Den Angestellten des Hotels, in das man nach der Wanderung zurückkehrt, das geplante Rückkehrdatum mitteilen
- Keine Wertsachen mit in die Berge nehmen
- Nicht zu dicht am Wegesrand zelten
- Nicht in der Nähe größerer Ortschaften zelten
- Nachts alle Sachen mit ins Zeltinnere nehmen

Surfen

Mit über dreißig fürs Surfen bestens geeigneten Stränden gehört Peru zu den beliebtesten Surfrevieren weltweit. Im Einzugsbereich des kalten Humboldtstroms (südlich von Piura) wird ein Wetsuit zum Surfen benötigt. Diesen kann man – ebenso wie die Surfbretter – an den entsprechenden Stränden mieten. Bis zu sechs Meter hohe Wellen locken die Surffans von überallher an. Die besten Surfmonate für die Nordküste sind von September bis Februar, im Süden wird von März bis Dezember gesurft. Zu den besten Stränden im Norden gehören Chicama, Pacasmayo, Cabo Blanco, Los Organos und Máncora. Die besten Strände südlich von Lima sind Punta Hermosa, Punta Rocas und Pico Alto.

Tauchen und Schnorcheln

Tauchgebiete vor der peruanischen Pazifikküste sind die Halbinsel **Paracas** und die Bucht von **Pucusana** (beide südlich von Lima gelegen) sowie das Gebiet um **Tumbes**, das mit wärmeren Gewässern als der Süden aufwarten kann. Die Sicht ist außerhalb der Regenzeit in den Monaten April bis November am besten. Tauchtouren und -kurse können von Lima aus unternommen werden (s. S. 179).

Mit Robben schnorcheln

Auf einigen Lima vorgelagerten Inseln leben große Robbenkolonien. Diese kann man auf organisierten Bootstouren aufsuchen und dabei mit den flinken Schwimmern schnorcheln. Die besten Monate sind Januar bis April. Mehr dazu auf S. 150.

Trekking

Peru und Bolivien eignen sich in einzigartiger Weise zum Wandern und Trekken. Im **Andenhochland** laden zahlreiche Wege zu ausgedehnten Wanderungen ein, vorbei an entlegenen Bergdörfern, durch idyllische Täler oder karges, von Gletschern gesäumtes Hochland.

Da Wanderer sich bei den interessantesten Routen auf Höhen zwischen 3000–5000 m bewegen, sollten sie nicht einfach drauflos stiefeln, sondern sich gründlich vorbereiten. Viele Wanderpfade durchqueren menschenleeres Gebiet abseits aller Zivilisation. Wer in eine Notsituation gerät, muss sich selber zu helfen wissen. Obwohl es inzwischen Rettungshubschrauber in Cusco und Lima gibt (s. S. 53 und S. 641), Mitgliedschaft erforderlich), darf man kein flächendeckendes Rettungssystem wie in den Alpen erwarten. Daher sind drei **Grundregeln** zu beachten, die überlebenswichtig sein können: Ausreichende Höhenanpassung, optimale Ausrüstung und wo immer möglich einheimische Begleitung.

Nicht zu unterschätzen sind die einzelnen Tagesetappen (besonders wenn man einen schweren Rucksack trägt), bei denen zum Teil erhebliche Höhendifferenzen zu überwinden sind. In aller Regel bieten die Wege keine schwierigen Stellen, an denen geklettert werden müsste, aber einige Passagen können Leuten, die nicht schwindelfrei sind, Probleme bereiten. Nicht alle Flüsse verfügen über Brücken.

Wer noch nie im **Hochgebirge** gewandert ist, sollte sich zunächst auf kurze Wanderungen beschränken, bevor er zu großen Touren in entlegene Regionen der Anden aufbricht.

Die beste **Jahreszeit** für Trekkingtouren in den Anden sind die überwiegend trockenen Monate Juni bis Oktober. Dies sind allerdings auch die kältesten Monate, in denen ab Höhen von 3500 m mit Nachtfrost und weiter oben mit Temperaturen weit unter dem Gefrierpunkt gerechnet werden muss. Mai und November sind

Inkatrail nach Machu Picchu

Für den berühmtesten Wanderweg Südamerikas gelten inzwischen besondere Bestimmungen, die eine rechtzeitige Planung besonders während der Hauptsaison (Juli–Sep) erforderlich machen (s. S. 265). Im Monat Februar ist der Inkatrail nach Machu Picchu jedes Jahr wegen Instandhaltungsarbeiten komplett geschlossen.

Übergangsmonate, in denen es noch oder bereits wieder regnen kann.

Die meisten Niederschläge gibt es in den Monaten Januar bis März; in dieser Zeit sollte man besser nicht wandern. Wer beabsichtigt, eine Wandertour über eine lokale Agentur zu buchen, sollte auch das Kapitel „Bergsteigen" (S. 62) lesen.

Vogelbeobachtung

Vogelliebhaber finden in Peru und Bolivien ein ideales Revier. 1710 Arten sind bisher identifiziert worden (davon rund 300 endemische Arten). An der Biologischen Station Cocha Cashu im Manu-Nationalpark im südlichen Amazonasgebiet Perus wurden an einem einzigen Tag 361 Vogelarten identifiziert. Weltrekord! Mittlerweile sind für einige Regionen sogar Vogellisten von Veranstaltern und Naturschutzorganisationen erhältlich. Lokale Reiseagenturen bieten professionelle Ausflüge mit spezialisierten Guides an. Viele Vogelarten leben im Regen- bzw. Nebelwald und sind daher nur schwer zu beobachten. Ein Fernglas, Geduld und die richtige Uhrzeit sind unerlässlich. Die meisten Vögel sind während des Morgengrauens und der Dämmerung aktiv.

Wichtige Telefonnummern	
Peru	
Telefonauskunft	✆ 103 (Claro)
	✆ 104 (Movistar)
Polizei (Policia Nacional Civil)	✆ 105 (aktiviert auch andere Rettungsdienste)
Feuerwehr und Krankenwagen (Bomberos, Ambulancia)	✆ 116
Bolivien	
Telefonauskunft	✆ 104
Polizei	✆ 110
Feuerwehr (Bomberos)	✆ 119
Krankenwagen (Ambulancia)	✆ 118

Die schönsten Regionen, um Vögel zu beobachten, finden sich auf S. 100.

Wal- und Delfinbeobachtung

Über 30 Wal- und Delfinarten sind in peruanischen Gewässern bislang identifiziert worden. Auf einem 180 km langen Meeresabschnitt zwischen Lima und Paracas trifft man die mit rund 1600 Exemplaren weltweit höchste Dichte an Großen Tümmlern *(Tursiops truncatus)* an. Wale und Delfine können das ganze Jahr über beobachtet werden. Die beste Zeit, Wale zu sehen, ist zwischen August und Oktober. Bislang gibt es nur wenige spezialisierte und umweltbewusste Agenturen, die Ausflüge dieser Art anbieten, darunter Pacifico Adventures in Los Organos (s. S. 496) und Nature Expeditions Peru in Lima (s. S. 174).

Telefon

Inlandsgespräche

Der Kommunikationssektor hat sich in beiden Ländern in den letzten Jahren sprunghaft entwickelt. Dies garantiert allerdings noch lange nicht, dass man im ganzen Land Zugang zum Telefon hat oder dass die Übertragung qualitativ gut ist. **Öffentliche Telefone** *(Teléfono público)* stehen inzwischen in größeren Städten sogar in Apotheken und vielen Geschäften. Wie Pilze aus dem Boden geschossen sind auch **Telefonkabinen** *(Locutorios)*, von denen aus man günstig in alle Welt telefonieren kann. Auf dem Land ist die Telefondichte naturgemäß etwas geringer, was gelegentliches Suchen erforderlich macht.

Telefonkarten, die man günstig in zahlreichen Geschäften und Kiosken bekommt, sind weit verbreitet in Peru und Bolivien und die einfachste Form des Telefonierens im Inland. Überall erhältlich sind die Karten von Telefónica del Perú, der größten Telefongesellschaft Perus. Das bolivianische Pendant nennt sich Entel. In La Paz kann man zudem lokale Gespräche besonders

Vorwahlnummern Peru

Nach Peru von

Deutschland/Österreich/Schweiz: ✆ 0051;
anschließend die Vorwahl des Departamentos (0 weglassen, s. u.) und die bis zu siebenstellige Nummer des Teilnehmers (Mobilnummern werden nach der Ländervorwahl direkt eingegeben).

Von Peru nach

Deutschland: ✆ 0049, **Österreich:** ✆ 0043, **Schweiz:** ✆ 0041.
Bei Anrufen mit dem Mobiltelefon von Peru ins Ausland muss der 00 die 19xx vorangesetzt werden. XX steht für den jeweiligen Anbieter (unter anderem Claro 19**09**, Movistar 19**11**, IDT Perú 19**14** oder Americatel 19**77**).

Vorwahlnummern der peruanischen Departamentos

Amazonas	✆ 041	z. B. Chachapoyas, Bagua Grande, Leymebamba
Ancash	✆ 043	z. B. Chimbote, Huaraz, Caraz, Casma, Chiquian
Apurímac	✆ 083	z. B. Abancay, Andahuaylas
Arequipa	✆ 054	z. B. Chivay, Mollendo, Camaná, Cotahuasi
Ayacucho	✆ 066	z. B. Huanta, Puquio
Cajamarca	✆ 076	z. B. Celendín, Cajabamba, Bambamarca, Jaen
Cusco	✆ 084	z. B. Machu Picchu, Urubamba, Urcos, Paucartambo
Huancavelica	✆ 067	z. B. Castrovirreyna, Pampas, Acobamba
Huánuco	✆ 062	z. B. Tingo María, La Unión
Ica	✆ 056	z. B. Pisco, Nazca, Paracas
Junín	✆ 064	z. B. Huancayo, La Oroya, Jauja, La Merced, Satipo
La Libertad	✆ 044	z. B. Trujillo, Huanchaco, Huamachuco, Otuzco
Lambayeque	✆ 074	z. B. Chiclayo, Ferreñafe
Lima	✆ 01	z. B. Chosica, Canta, Matucana, Lunahuaná, San Vincente
Loreto	✆ 065	z. B. Iquitos, Yurimaguas
Madre de Dios	✆ 082	z. B. Puerto Maldonado, Boca Manu
Moquegua	✆ 053	z. B. Ilo, Omate
Pasco	✆ 063	z. B. Cerro de Pasco, Yanahuanca, Oxapampa, Pozuzo
Piura	✆ 073	z. B. Talara, Máncora, Sechura, Huancabamba
Puno	✆ 051	z. B. Juliaca, Jui, Yunguyo
San Martín	✆ 042	z. B. Tarapoto, Moyobamba, Tocache
Tacna	✆ 052	z. B. Locuma, Tarata
Tumbes	✆ 072	z. B. Zarumilla, Punta Sal, Zorritos
Ucayali	✆ 061	z. B. Pucallpa, Aguaytia

einfach führen. An jeder Straßenecke im Zentrum stehen Personen, die ihr Mobiltelefon, das mit einer Kette gegen Diebstahl gesichert ist, für Ortsgespräche anbieten. Das geht schnell, ist zuverlässig und günstig. Münzfernsprecher sind in beiden Ländern nur noch selten anzutreffen.

Auslandsgespräche

Mit den oben beschriebenen Telefonkarten lassen sich auch problemlos internationale Gespräche führen. Günstiger sind jedoch meist die vielen privaten Anbieter, die man vor allem in

Traveltipps von A bis Z

Vorwahlnummern Bolivien

Nach Bolivien von Deutschland/Österreich/Schweiz: ✆ 00591, anschließend die Vorwahl des Departamentos (s. u.) ohne 0, die zweistellige Vorwahl des Telefonanbieters (s. u.) und die bis zu siebenstellige Nummer des Teilnehmers wählen.

Von Bolivien nach Deutschland: Zunächst muss man die Nummer einer bolivianischen Telefongesellschaft eingeben: 0010 (Entel), 0011 (AXS), 0013 (Boliviatel), 0014 (Nuevatel), 0016 (Cotel) oder 0017 (Tigo). Dann wählt man die ✆ 49 (Deutschland), 43 (Österreich) oder 41 (Schweiz) und zum Schluss die Nummer des Anschlusses im jeweiligen Land. R-Gespräch nach Deutschland: ✆ 800100049.

Es gibt drei verschiedene **Regionalvorwahlen**, gefolgt von siebenstelligen Rufnummern (02 für La Paz, Oruro, Potosí, Copacabana, Sorata, Coroico; 03 für Santa Cruz, Trinidad, Cobija; 04 für Cochabamba, Sucre, Tarija).

touristischen Orten antrifft (siehe jeweils dort). Günstigere Nacht- und Wochenendtarife gibt es über das Festnetz. Die Telefon- und Faxtarife von Hotels sind meist sehr hoch.

Das **Telefonieren mit dem Computer** (z. B. 💻 www.skype.com) findet auch in Peru und Bolivien immer mehr Anhänger. Viele Internetcafés in touristischen Gegenden haben Skype auf ihren Computern installiert.

R-Gespräche nach Deutschland, bei denen der Angerufene die Kosten übernimmt, waren zum Zeitpunkt der Recherche weder von Peru noch von Bolivien aus möglich (aktuelle Infos bietet die Länderliste der Telekom unter 💻 http://mwl.telekom.de/mwl/r-gespraech#tab_reiter1).

Mobiltelefon *(Celular)*

In Peru und in Bolivien kann mit Dreiband-Handys und Smartphones aus Deutschland telefoniert werden. Die dabei anfallenden Roaminggebühren sind allerdings sehr hoch. Die beiden größten Mobiltelefon-Unternehmen in Peru, **Claro**, 💻 www.claro.com.pe, und **Movistar**, 💻 www.movistar.com.pe, bieten günstige Prepaidchips an, die mit Telefonkarten oder in zahlreichen Geschäften aufgeladen werden können. Wer sich längere Zeit in Peru aufhält und/oder ständig aus Deutschland erreichbar sein muss bzw. sein möchte, für den kann sich der Kauf eines Prepaid-Handys *(móvil/prepago)* lohnen. Diese werden überall für wenig Geld angeboten.

Alle Handynummern in Peru beginnen mit einer 9 und werden im ganzen Land ohne Vorwahl direkt gewählt. In Bolivien beginnen sie mit der Ziffer 7 und sind achtstellig.

Fax

Das Fax gerät zunehmend aus der Mode. Dennoch verfügen das eine oder andere Internetcafé sowie viele Hotels über Faxservice.

Transport

Die wichtigsten Verkehrsmittel Perus und Boliviens sind der Bus und das Flugzeug. Im Amazonasbecken mit seiner begrenzten Infrastruktur spielt zudem der Bootsverkehr auf größeren Flüssen eine wichtige Rolle. Der Schienenverkehr verliert zunehmend an Bedeutung und Passagiere werden nur noch auf wenigen Strecken befördert. Ohne den Tourismus gäbe es wahrscheinlich schon heute keine Personenzüge mehr.

Das Straßennetz Boliviens ist um einiges grobmaschiger und in schlechterem Zustand als das Perus.

Flugzeug

Der peruanische Inlandflugmarkt wird von Lan Perú, einer Tochter der chilenischen Fluggesellschaft Lan dominiert. Lokale Bedeutung haben Taca Perú, LC Perú, Peruvian Airlines und Star Perú. Die neue Airline Aeroperú plant, Ende 2012 den Flugbetrieb aufzunehmen

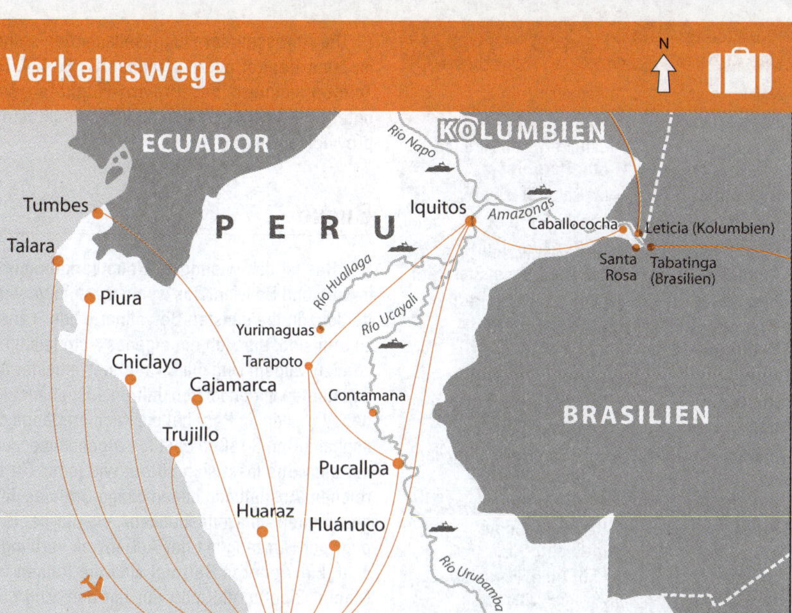

Lima ist weiterhin die wichtigste Drehscheibe und der einzige internationale Flughafen von Bedeutung. Außerhalb von Cusco soll bei Chinchero in den kommenden Jahren ein neuer internationaler Flughafen entstehen. Von Cusco und Arequipa besteht eine internationale Verbindung nach La Paz (Bolivien), von Cusco über Puerto Maldonado nach Rio Branco (Brasilien) und von Piura nach Santa Rosa in Ecuador. Leider gibt es nur wenige Querverbindungen, die Touristen die Routenplanung erleichtern und ihnen weniger besuchte Regionen erschließen könnten.

Flugverbindungen

Von Lima nach ...	Fluggesellschaft
Andahuaylas	LC Perú, Star Perú
Arequipa	Lan, Peruvian Airlines, Star Perú, Taca
Ayacucho	LC Perú, Star Perú
Cajamarca	Lan, LC Perú
Chachapoyas	LC Perú (geplant)
Chiclayo	Lan Perú, Taca, Star Perú
Cusco	Lan, Taca, Star Perú, Peruvian Airlines
Huancayo/Jauja	LC Perú
Huánuco	LC Perú, Star Perú
Huaraz	LC Perú
Ilo	Peruvian Airlines
Iquitos	Lan, Star Perú, Peruvian Airlines
Juliaca	Lan, Star Perú, Taca
Pisco	Peruvian Airline (geplant)
Piura	Lan, Taca, Peruvian Airlines, Star Perú
Pucallpa	Lan, Star Perú
Puerto Maldonado	Lan, Star Perú, Taca
Tacna	Lan, Peruvian Airlines, Star Perú
Talara	Star Perú
Tarapoto	Lan, Star Perú, Taca
Trujillo	Lan, Star Perú, Taca
Tumbes	Lan, Peruvian Airlines, Star Perú
Weitere Strecken	
Arequipa–Juliaca	Lan, Taca
Arequipa–Tacna	Peruvian Airlines
Arequipa–Cusco	Star Perú, Lan
Arequipa–Juliaca	Star Perú, Lan
Cusco–Puerto Maldonado	Lan, Star Perú, Taca
Cusco–Pisco	LC Perú (geplant)
Iquitos–Pucallpa	Star Perú
Iquitos–Tarapoto	Star Perú
Talara–Tumbes	Star Perú
Bolivien	
Adressen und Flugverbindungen unter „La Paz, Transport", S. 632.	

Die Adressen der Fluggesellschaften stehen im Lima-Kapitel unter „Transport", S. 184. Die Telefonnummern der Provinz-Flughäfen sind unter 💻 www.corpac.gob.pe/vuelos/contactos_provincias.asp gelistet.

Busse

Der Bus ist das wichtigste **Hauptverkehrsmittel** in Peru und Bolivien. Das ist nicht weiter verwunderlich, da die meisten Bewohner beider Länder zu arm sind, um sich ein eigenes Auto leisten zu können. Zudem sind die Straßennetze beider Andenstaaten in den letzten Jahren ausgebaut worden. Vor allem in Peru hat die Kilometerlänge der asphaltierten Straßen deutlich zugenommen, und mit dem Bus lässt sich so gut wie jeder Ort erreichen. Ausnahmen bilden einige Orte des dünn besiedelten Amazonasbeckens, die nur per Boot oder per Flugzeug mit der Außenwelt verbunden sind. Ein weiteres Beispiel sind die Ruinen von Machu Picchu, die man nur mit dem Zug oder aber zu Fuß erreichen kann.

In vielen Städten gibt es einen zentralen Busbahnhof *(Terminal de Buses, Terminal Terrestre)* oder eine Konzentration von Busunternehmen in einem bestimmten Stadtbezirk. Die beiden komfortabelsten **Busunternehmen** Perus, deren Busse vorwiegend die Hauptrouten bedienen, sind Cruz del Sur und Oltursa. Die Großunternehmen MóvilTours, Flores, Cial, Civa und Tepsa decken ebenfalls einen Großteil der Hauptstrecken ab. Für internationale Busfahrten (z. B. Lima–La Paz) bietet sich ebenfalls Cruz del Sur an. Die Busse von Ormeño sollten vermieden werden – sie befinden sich in einem jämmerlichen Zustand.

Die Qualität der Busse und damit auch die Fahrpreise schwanken beträchtlich. Die Hauptstrecken werden von supermodernen **Doppeldecker-Luxusbussen** bedient, die über Liegesitze, AC, Chemieklo, Bordverpflegung, Hilfspersonal, Mahlzeiten und Video verfügen und nicht nur eigene Terminals und Gepäckservice haben, sondern auch ein Höchstmaß an Sicherheit bieten. Sie sind erwartungsgemäß aber auch am teuersten. Busse dieser Kategorie empfehlen sich besonders für Nachtfahrten auf der eher langweiligen Panamericana durch die

Empfehlungen für stressfreies Reisen mit dem Bus

- Das Ticket immer so früh wie möglich, spätestens aber einen Tag vor Abfahrt kaufen. Dies gilt besonders für die langen Hauptstrecken, in Ferienzeiten und in der touristischen Hochsaison von Juli bis September. Preise vergleichen!
- Sitzplätze im vorderen Teil des Busses wählen, da man hinten mehr durchgeschüttelt wird und sich die Bordtoilette ebenfalls hinten befindet. Allerdings sollte man auch die Sitze direkt hinter dem Fahrer und hinter der Eingangstür meiden. Diese sind zugig und bieten oft weniger Beinfreiheit, ebenso wie die Sitzplätze über der Hinterachse.
- Immer nach dem genauen Abfahrtsort des Busses fragen. Dieser ist nicht notwendigerweise identisch mit der Verkaufsstelle.
- Im Busterminal **immer** sehr gut auf sein Gepäck aufpassen. Nicht ablenken lassen; Diebe arbeiten oft in Teams. Vorsicht auch beim Aus- und Einsteigen, bzw. beim Auf- und Abladen des Gepäcks. Besonders auf den stark von Touristen frequentierten Strecken wird viel geklaut.
- Mindestens 15 Minuten vor der Abfahrt am Bus sein. So kann man in Ruhe seinen Sitz suchen und das Verladen des Gepäcks beobachten.
- Teurere Busgesellschaften verstauen das Gepäck in seitlichen Gepäckabteilen, die verschlossen werden. Wie beim Fliegen erhält man einen Gepäckschein, den man gut aufheben sollte, denn ohne ihn bekommt man sein Gepäck nur schwer zurück. Kameras und Wertsachen nicht offen herumtragen.
- In der Regenzeit können sich die Fahrzeiten der Busse aufgrund von Erdrutschen und heftigen Regenfällen erheblich verlängern.
- Obwohl bei längeren Busfahrten Pausen eingelegt werden, in denen man sich verpflegen kann, sollte man immer etwas Notproviant und Wasser bei sich haben.
- Abwägen, ob man tagsüber oder nachts fährt. Nachtfahrten auf kurvigen Pisten können recht lang und anstrengend werden. Außerdem verpasst man die tolle Landschaft. Bequem sind Nachtfahrten auf allen asphaltierten Hauptrouten, auf denen Luxusbusse mit Liegesesseln eingesetzt werden. Da es besonders bei Nachtfahrten im Hochland sehr kalt werden kann, sollte man warme Sachen mit in den Bus nehmen.

peruanische Küstenwüste. So gelangt man zum Beispiel von Lima in rund 12–14 Std. nach Arequipa und spart sich obendrein die Übernachtungskosten.

Im Kontrast zu den Luxusbussen stehen die **Busse 2. Klasse,** die eng bestuhlt und mit erheblichem Geräuschpegel verbunden ihren Dienst auf kurvigen, staubigen Hochlandpisten absolvieren. Sie sind in aller Regel brechend voll, technisch nicht immer auf der Höhe und halten unterwegs oft an. Obwohl die Fahrt neben tollen Landschaftsimpressionen interessante Einblicke in den Reisealltag sowie Kontakte mit der Bevölkerung ermöglichen, sollte man sich der bevorstehenden Strapazen, insbesondere bei Nachtfahrten, bewusst sein. Um bei den niedrigen Fahrpreisen überhaupt etwas Gewinn zu erwirtschaften, fahren viele dieser Busse erst dann los, wenn das Dach mit Waren aller Art beladen und der Innenraum mit Menschen und Kleingetier voll gepfercht ist. Langweilig wird es mit Sicherheit nicht. Dafür sorgt schon der Busfahrer mit seiner rasant-gefährlichen Fahrweise –

Busticket gratis ins Hotel

Nur in Lima liefert das Transportunternehmen **Cruz del Sur** www.cruzdelsur.com.pe, seine Bustickets nach telefonischer Bestellung unter 01-3115050 ohne Aufpreis an die gewünschte Adresse, auch sonntags. Meist bekommt man seinen Fahrschein am nächsten Tag von einem Boten gebracht. **Oltursa** liefert Bustickets in Lima, 01-7085000, aber auch in Arequipa, Chiclayo, Trujillo und Tumbes aus. Die jeweiligen Telefonnummern finden sich unter www.oltursa.pe.

die Kreuze am Wegesrand sprechen für sich. Doch wer die beiden Andenstaaten wirklich kennen lernen möchte, hat keine großen Alternativen zu diesen Rußwolken ausstoßenden Ungetümen, in denen die Luft stickig ist und ununterbrochen laute Musik dröhnt.

Die einfachen Busse fahren meist von größeren Terminals los, die sich oftmals in Marktnähe befinden, und halten für jeden, der am Wegesrand steht. Um nicht beim Fahrpreis übers Ohr gehauen zu werden, sollte man schauen, was die Einheimischen bezahlen oder sich direkt bei ihnen erkundigen. Das Fahrtziel steht meist oberhalb der Windschutzscheibe angeschrieben.

Sehr aufmerksam sollte man das **Auf- und Abladen des Gepäcks** beobachten: Große Rucksäcke dürfen normalerweise nicht mit in den Bus genommen werden. Sie werden ins Gepäckfach oder gelegentlich auch aufs Dach gelegt und sind somit Staub und Regen ausgesetzt (die meisten Busse haben aber eine große Plastikplane auf dem Dach). Für Vielfahrer ist daher ein abschließbarer Packsack oder ein stabiler Plastiksack, *Costal* genannt, ratsam. Letzteren gibt es spottbillig auf allen Märkten (beim Kauf darauf achten, dass er innen sauber ist).

Bei mehrstündigen Fahrten hält der Fahrer unterwegs an einem Straßenrestaurant, um einen Essens- und Toilettenstopp einzulegen. Diese Restaurants sind auf schnellen Durchgangsverkehr eingestellt und servieren meist rasch eine Mahlzeit, deren Qualität allerdings stark variiert. Wer nicht viel essen möchte, ist mit einer Suppe gut bedient. Die hygienischen Verhältnisse der Toiletten lassen oft zu wünschen übrig.

Fahrtziele, Fahrzeiten, Entfernungen und Busunternehmen finden sich in den Transportabschnitten der Kapitel „Lima" (S. 181) und La Paz (S. 630).

Lkw und Pickups

In sehr entlegenen Gegenden und auf schwierigem Gelände sind Lastwagen *(Camiones)* und Pickups *(Camionetas)* oft das einzige motorisierte Fortbewegungsmittel. Pickups haben eine Fahrerkabine und eine hinten offene Ladefläche, wo die Passagiere auf harten Holzbänken sitzen oder, in Ermangelung einer Sitzgelegenheit bzw. genügend freier Fläche, stehen müssen. Der Fahrpreis für den regengeschützten Innenraum ist höher als der für ein Plätzchen hinten im Frei-

Solche altmodischen Busse sind im Andenhochland immer noch im Einsatz.

en. Normalerweise wird einfach eine Schicht Bretter über die Transportware gelegt (das können auch volle Benzintanks sein!), und auf diesen kauern dann die Fahrgäste.

Die Fahrt auf einem dieser Fahrzeuge hat sicher ihre Reize – wegen der frischen Luft und des ungehinderten Ausblickes auf die Landschaft. Doch wer mehrere Tage auf einem Lkw von Cusco nach Puerto Maldonado verbracht hat, ist geschafft und verzichtet dankend auf eine Wiederholung. Auf besagter Strecke gibt es allerdings außer dem Flugzeug keine Alternativen. Zudem ist diese Art der Fortbewegung nicht ungefährlich. Es hat schon viele Tote und Verletzte bei Unfällen mit Pickups und Lkw gegeben, da die Passagiere sich nirgendwo festhalten und schon bei einer kleinen, abrupten Bremsaktion vom Wagen fallen können. Auf asphaltieren Straßen sollte man diese Fahrzeuge ohnehin meiden. **Empfehlung**: Pickups und Lkw nur dann nehmen, wenn sich absolut keine Alternative bietet.

Sammeltaxis

In vielen Gegenden verkehren Sammeltaxis *(Taxis colectivos)*. Meist handelt es sich um Pkw, die fahren, wenn sie voll sind. „Voll" kann vier Passagiere, aber auch sechs Mitfahrer und ein mit Menschen voll gestopfter Kofferraum heißen! Die Preise sind fest und die Zeitersparnis kann – wenn man nicht zu lange auf die Abfahrt warten muss – gegenüber Bussen beträchtlich sein.

Autofahren

Straßennetz und Tankstellen

Insgesamt verfügt Peru zurzeit über ein **Straßennetz** von ca. 127 000 km, von denen aber nur rund 11 % asphaltiert sind. In Bolivien sind es rund 75 000 km, davon ca. 7 % asphaltiert. Der überwiegende Teil des Straßennetzes beider Länder besteht demnach aus befestigten und unbefestigten Erdstraßen, die in einem mehr oder weniger guten Zustand sind. Asphaltstraßen sind in beiden Ländern in der Regel mautpflichtig *(peaje)*.

Benzin ist in Peru und Bolivien aufgrund einiger drastischer Preiserhöhungen mit ca. 1 € pro Liter Super (Diesel ca. 25–30 % billiger) nicht mehr so günstig wie in früheren Jahren. Der Preis wird in US-Gallonen angezeigt (1 US-Gallone = 3,78 Liter). Modernste Tankstellen schießen im ganzen Land wie Pilze aus dem Boden – selbst in entlegenen Gebieten. Besonders außerhalb der Städte ist es dennoch ratsam, den Tank aufzufüllen, wann immer das möglich ist. In peruanischen Großstädten haben viele Autofahrer – vor allem Taxis – inzwischen auf das wesentlich billigere Autogas umgerüstet.

Verkehrsregeln und -kontrollen

Autofahren in Peru und Bolivien folgt eigenen Regeln und Gesetzen und könnte als anarchisch-chaotisch bezeichnet werden. Wagenlenker müssen auf Überraschungen jeglicher Art gefasst sein: Kühe auf der Straße, ein Laster mit Tempo 25 auf der eigenen Spur, tiefste Schlaglöcher und betrunkene Fahrer gehören zum Verkehrsalltag. Gefahren wird dort, wo Platz ist; überholt wird nach Lust und Laune, und nur wer ständig hupt, wird als Verkehrsteilnehmer betrachtet. Ein Großteil der Fahrzeuge befindet sich in einem jämmerlichen Zustand, da es keine Pflichtinspektionen gibt. Licht- und Signalanlagen funktionieren bei vielen Fahrzeugen daher nur unzureichend oder gar nicht. Seinen ernsthaften Willen abzubiegen, untermauert ein Autofahrer, indem er den Arm aus dem Fenster hält.

Wer eine **Panne** hat, legt ein paar Zweige auf die Straße; Warndreiecke sind selten, obwohl sie vorgeschrieben sind. Besonders schnell wird allerdings mit wenigen Ausnahmen nicht gefahren, was auch in Anbetracht der Straßenverhältnisse kaum möglich wäre. In den Großstädten wälzt sich von morgens bis abends eine Blechlawine durch die Straßen. Mit größter Vorsicht sind die rücksichtslos fahrenden Busse zu genießen, denen man besser die Vorfahrt lässt. Je weiter man sich von der Hauptstadt und den Hauptrouten entfernt, desto entspannter ist die Verkehrslage, da die Zahl der Fahrzeuge abnimmt. Dieser Vorteil wird aber durch den schlechten Straßenzustand wieder ausgeglichen.

In größeren Städten sollte man seinen Wagen aus Sicherheitsgründen immer auf einem der zahlreichen bewachten **Parkplätze** abstellen

Entfernungen in km

	Arequipa	Ayacucho	Cajamarca	Cusco	Chachapoyas	Chiclayo	Huancayo	Huánuco	Huaraz	Ica	Juliaca	La Oroya	Lima	Moyobamba	Nazca	Pisco	Piura	Pto. Maldonado	Pucallpa	Puno	Tacna	Trujillo
Ayacucho	1134																					
Cajamarca	1871	1459																				
Cusco	830	593	1968																			
Chachapoyas	2207	1795	336	2304																		
Chiclayo	1778	1366	263	1875	466																	
Huancayo	1201	296	1160	889	1496	1067																
Huánuco	1421	661	1274	1254	1610	1181	365															
Huaraz	1417	1005	636	1514	972	543	706	348														
Ica	706	438	1165	803	1501	1072	495	715	711													
Juliaca	277	946	2148	353	2484	2055	1242	1607	1694	983												
La Oroya	1183	423	1036	1016	1372	943	127	238	582	477	1460											
Lima	1009	597	862	1106	1198	769	298	412	408	303	1286	174										
Moyobamba	2394	1982	594	2491	268	616	1683	1797	1159	1688	2671	1559	1385									
Nazca	566	578	1305	663	1641	1212	635	855	851	140	843	617	443	1828								
Pisco	782	374	1104	879	1440	1011	431	654	650	76	1059	416	242	1627	216							
Piura	2047	1635	532	2144	535	269	1336	1450	812	1341	2324	1212	1038	685	1481	1280						
Pto. Maldonado	1068	1125	2500	532	2836	2407	1421	1786	2046	1335	791	1548	1638	3025	1195	1411	2676					
Pucallpa	1791	1031	1644	1624	1980	1551	735	370	718	1085	1977	608	782	2167	1225	1024	1820	2156				
Puno	294	987	2065	394	2501	2072	1283	1648	1711	1000	41	1410	1303	2688	860	1076	2341	832	2018			
Tacna	366	1428	2155	770	2491	2062	1485	1705	1701	990	417	1467	1293	2678	850	1066	2331	1208	2075	376		
Trujillo	1570	1158	301	1667	1759	208	859	683	335	864	1847	735	561	824	1004	803	477	2199	1053	1864	1854	
Tumbes	2329	1917	814	2426	817	551	1618	1442	1094	1326	2606	1494	1320	967	1763	1562	282	2958	1812	2623	2613	759

und keine Wertsachen sichtbar im Wageninneren liegen lassen.

Verkehrskontrollen der Polizei finden relativ häufig statt, und wer in Peru und Bolivien mit dem Pkw unterwegs ist, sollte stets gültige Fahrzeug- und Ausweispapiere (am besten internationaler Führerschein) mit sich führen. Die Polizei ist in beiden Andenländern überwiegend zuvorkommend und freundlich. Wer an Polizisten gerät, die es offensichtlich darauf abgesehen haben, ihr mageres Gehalt mit einer *Coima* (Schmiergeld, Bestechung) aufzubessern, sollte es – sofern man nicht verkehrswidrig gehandelt hat – auf keinen Fall mit Bestechung versuchen. Besser ist es, darauf zu bestehen, dass man sich nichts zu Schulden hat kommen lassen. Wird die Situation unangenehmer und die Polizei hartnäckiger, sollte man sich ruhig die Fahrzeugnummer der Patrouille und wenn möglich auch die Namen der Beamten notieren. Ganz wichtig: möglichst im Wagen sitzen bleiben und freundlich-sachlich bleiben.

Mit dem Auto vom Atlantik zum Pazifik

2011 war es soweit: Die letzte noch fehlende Brücke bei Puerto Maldonado über den Río Madre de Dios wurde eingeweiht und damit ist es nun möglich, auf einer rund 2600 km langen asphaltierten Landverbindung von der Atlantikküste Brasiliens bis zu den peruanischen Pazifikhäfen in Ilo, Mollendo oder San Juan de Marcona zu gelangen. Eine Karte, die den Verlauf der **Interoceánica** in Peru zeigt, findet sich unter 💻 interoceanica.pe/mapas/General.

Unfälle und Pannen

Wer in einen **Unfall** verwickelt wird, sollte auf jeden Fall die Botschaft seines Heimatlandes einschalten. Ein kleiner Blechschaden lässt sich dagegen meist ohne deren Hilfe und das Einschalten der Polizei regeln.

Ein hilfreicher Mechaniker ist nicht schwer aufzutreiben, aber Ersatzteile sind auf dem Land für manche Automodelle schwierig zu bekommen. Das trifft vor allem auf Autoreifen zu, die wegen der heißen Asphaltstraßen und steinigen Nebenpisten sehr leiden (Reserverad mitnehmen). **Reifenpannen** gehören daher zum Alltag, doch Werkstätten, die man meist an der Aufschrift *Vulcanizadora* und einem aufgestelltem Reifen erkennt, finden sich überall. Sie reparieren den Reifen billig und schnell. Wer auf wenig befahrenen Strecken unterwegs ist, sollte neben Reserverad, Erste-Hilfe-Kasten und etwas

Werkzeug auch Trinkwasser und Notproviant nicht vergessen.

Der Pannendienst des **Touring y Automóvil Club del Peru**, Trinidad Morán 698, Lince, ✆ 01-6149999, 💻 www.touringperu.com.pe, ist nur im 30 km-Radius um Lima sowie in den Städten Arequipa, Chiclayo, Cusco, Huancayo, Ica, Piura, Tacna und Trujillo tätig.

Das Pendant in Bolivien ist der **Automóvil Club Boliviano**, Av. 6 de Agosto 2993, La Paz, ✆ 02-2431132, 💻 acbbolivia.com.bo. Zwischen Peru und Bolivien besteht kein Abkommen über die Ein- und Ausfuhr von Fahrzeugen. Wer die Grenzen zwischen beiden Ländern mit dem eigenen Pkw überqueren will, sollte sich vorher beim zuständigen Automobilclub über die aktuellen Vorschriften informieren.

Mietwagen

Mietautos *(Alquiler de autos)* sind nur dann eine Alternative zu öffentlichen Verkehrsmitteln, wenn man mit mehreren Personen unterwegs ist und/oder unter Zeitdruck steht. Da die Asphaltstraßen oft verlassen werden müssen, um touristische Sehenswürdigkeiten anzufahren, ist es erforderlich, ein recht teures Allradfahrzeug zu mieten. Eine sinnvolle Überlegung ist, ein Fahrzeug mit Fahrer zu mieten, was preislich oftmals auf dasselbe hinausläuft. Zudem braucht man sich nicht um die Orientierung zu kümmern, die wegen fehlender Beschilderung oft mehr als nervig ist.

Mietwagen bekommt man normalerweise nur in einigen wenigen Großstädten wie Lima, La Paz, Arequipa und Trujillo (die Adressen stehen in den jeweiligen Regionalkapiteln unter „Sonstiges"). An den Flughäfen in Lima und La Paz befinden sich mehrere **Mietwagenfirmen**. Hier kann man alle Preise vergleichen. Die bekannteren Firmen wie Hertz, Nacional, Avis, Dollar oder Budget verlangen mehr als die nationalen Anbieter, stellen aber nicht selten auch die besseren Fahrzeuge zur Verfügung.

Preise und Konditionen

Alle Vermieter verlangen vor Vertragsabschluss eine Kreditkarte. Wer ein Auto mieten möchte, muss mindestens 23 Jahre alt sein und benötigt einen gültigen internationalen Führerschein. Ein Mittelklassewagen kostet je nach Mietdauer rund US$50–60 pro Tag inkl. unbegrenzte Kilometer; Geländewagen sind rund 50–100 % teurer. In der Regel beinhaltet der Mietpreis eine Insassen- sowie eine Unfall- und Diebstahlversicherung, die aber oft nur einen geringen Schadensersatz bei einer hohen Selbstbeteiligung umfasst. Vor Abfahrt ist eine gründliche Kontrolle (Ersatzrad, Wagenheber etc.) des Wagens einschließlich Probefahrt ratsam. Selbst kleine Lackschäden sollten auf der Mängelliste erfasst sein. Der Grenzübertritt ist in der Regel mit Mietfahrzeugen nicht gestattet.

Trampen

Angesichts der niedrigen Fahrpreise ist das Trampen in Peru und Bolivien nicht nötig und kann obendrein gefährlich sein. Wir raten davon ab.

Motorrad

Motorrad fahren ist in Peru und Bolivien nicht ungefährlich. Auch wenn atemberaubende Landschaften und stellenweise wohlig warme Temperaturen locken, sollten nur Fahrer mit viel Erfahrung das Land auf diese Art und Weise bereisen. Ähnlich wie Radfahrer werden Motorradfahrer von vielen einheimischen Autofahrern schlichtweg ignoriert. In größeren Städten des Amazonasbeckens kann man Vespas und Kleinmotorräder für wenig Geld stunden- oder tageweise mieten. Eine gründliche Inspektion des zu mietenden Motorrads sowie ein Helm und feste Kleidung helfen, unangenehmen Situationen vorzubeugen. Am stressfreiesten reist, wer sich ein Mototaxi (s. S. 80) mit Fahrer mietet.

Fahrrad

In den letzten Jahren besuchen immer mehr Fahrradtouristen Peru und Bolivien. Sie kämpfen sich auf der Panamericana durch die einsame Küstenwüste, erklimmen die hohen Bergpässe der Sierra und schwitzen an den Ostabhängen der Anden. Sie brauchen sowohl gute Nerven als auch eine gute Kondition. Für den ersten langen Fahrradtrip sind die beiden Andenländer sicherlich nicht zu empfehlen.

Anders sieht es bei Tagestrips aus. Überall werden **Mountainbike-Touren** angeboten, komplett mit Full Suspension Bikes, Helm und Trinkflasche. Beliebte Bikerzentren in Peru sind Cusco und Huaraz, s. „Sport und Aktivitäten", S. 64. Wer ein eigenes Mountainbike mitbringt, findet in Pachacamac (Lima), auf der Halbinsel Paracas, der Gegend um Tarma und am Titicaca-See anspruchsvolle **Radstrecken**. In Bolivien wird die Downhill-Strecke vom Pass La Cumbre nach Coroico in den Yungas immer beliebter. Zahlreiche Unternehmen bieten die landschaftlich reizvolle Tour an, bei der ein Höhenunterschied von über 3000 m bewältigt wird (Infos im Kapitel „La Paz", S. 650/651). Auch in der Region Sorata wird das Radfahren immer beliebter.

Eisenbahn

Das Zeitalter der Eisenbahnen in Peru und Bolivien scheint sich langsam dem Ende entgegen zu neigen. Immer mehr Asphaltstraßen, auf denen immer mehr Busse immer schneller verkehren, stellen eine Konkurrenz dar, mit der die langsamen, veralteten Züge nicht mehr mithalten können. Die Eisenbahn kämpft vor allem in Peru um das Überleben. Auch das Konzept, spezielle Touristenzüge einzurichten, geht nur an wenigen Stellen auf, denn vielen Besuchern ist der Transport auf der Schiene schlichtweg zu teuer. In Bolivien ist die Lage ein bisschen besser: Das Schienennetz ist mit ca. 3700 km mehr als doppelt so groß wie das peruanische Netz mit rund 1700 km.

Peru

Perurail

Perurail, Portal de Carnes 214, Plaza de Armas, Cusco, ✆ 084-581414, 💻 www.perurail.com, hat Verkaufsstellen in Lima (s. S. 184) und Cusco (s. S. 244) und bedient folgende Strecken:

Cusco (3430 m) – **Urubamba** (3650 m) – **Ollantaytambo** (2800 m) – **Machu Picchu** (2500 m).

Da Machu Picchu und der Ausgangspunkt des Inkatrails nur mit dem Zug (oder zu Fuß) erreicht werden können, ist auf dieser Strecke das Passagieraufkommen landesweit am höchsten. Momentan endet die Zugverbindung in Machu Picchu (Abfahrtszeiten und Preise s. S. 244).

Cusco (3430 m) – **La Raya** (4313 m) –
Juliaca (3825 m) – **Puno** (3830 m)

Auf dieser Strecke verkehrt nur noch ein reiner Touristenzug. Das Zusteigen ist offiziell nur in Cusco und Puno möglich. Während der Hauptsaison sollte man sich rechtzeitig Fahrkarten für die Strecke Puno–Cusco besorgen, da die Tickets von Tourveranstaltern aufgekauft werden. Es ist einfacher, in Gegenrichtung (Cusco–Puno) ein Ticket zu bekommen. Abfahrtszeiten und Preise stehen auf S.245.

Inca Rail

Inca Rail, Portal de Panes 105, Plaza de Armas, Cusco, ✆ 084-233030, 💻 www.incarail.com.pe, bedient folgende Strecke: **Ollantaytambo** (2800 m) – **Machu Picchu** (2500 m).

Machu Picchu Train

Machu Picchu Train, Av. El Sol 576, Cusco, ✆ 084-221199, 💻 www.machupicchutrain.com, bedient die Strecke **Ollantaytambo** (2800 m) – **Machu Picchu** (2500 m).

Expreso Ferroviario del Perú

Neues Unternehmen, das Dezember 2011 die Erlaubnis erhielt, die Strecke **Cusco-Machu Picchu** zu bedienen. Weitere Angaben standen zu Redaktionsschluss noch nicht fest (bei den Touristeninfos in Cusco nachfragen).

Ferrocarril Central Andino

Lima (Meeresspiegel) – **Galera** (4781 m) –
La Oroya (3726 m) – **Huancayo** (3271 m)

Die Fahrten finden nur etwa einmal im Monat von April bis November statt. Abfahrtsort für die rund 11-stündige Zugfahrt (332 km) ist die **Estación de Desamparados** in der Calle Javier Ancash, in der Nähe der Plaza Mayor im Zentrum von Lima. Veranstaltet werden die Zugfahrten von Ferrovias Central Andina, Jirón José Gálvez Barrenechea, San Isidro, ✆ 01-2266363,

💻 www.ferrocarrilcentral.com.pe, siehe Highlight 2, S. 183.

Tren Macho

Huancayo (3271 m) – **Huancavelica** (3676 m)
Die 129 km lange, rund fünfeinhalbstündige Fahrt mit dem „Macho-Zug" führt durch eine tolle Berglandschaft. Die Zugfahrten von Huancayo nach Huancavelica wurden allerdings vorübergehend ausgesetzt. Warum der Zug Tren Macho heißt, wann er fährt und was er kostet, steht auf S. 415.

Autoferro

Tacna (562 m) – **Arica** (Chile, Meereshöhe)
Ein Bummelzug, der für die Fahrtstrecke von 62 km rund zwei Stunden benötigt (inklusive Grenzformalitäten, Abfahrtszeiten und Preise s. S. 372).

Westbolivien

Der Bahnhof von La Paz, Av. Manco Capac, ist außer Betrieb. Vom Bahnhof in El Alto fahren Touristenzüge über Tiwanaku nach Guaqui am **Titicaca-See** (s. S. 632. Der nächste größere Bahnhof liegt 230 km südwestlich von La Paz in Oruro. Fahrkarten für die Strecken **Oruro – Uyuni – Atocha – Tupiza – Villazon** und **Potosi – Sucre** sind online und in La Paz zu bekommen (s. S. 632).

Boote

Auf dem **Titicaca-See** werden Bootstouren sowohl auf bolivianischer als auch auf peruanischer Seite zu den vorgelagerten Inseln angeboten. Der länderübergreifende Bootsverkehr wurde allerdings eingestellt. An der Pazifikküste kann man von der **Halbinsel Paracas** aus an Bootsausflügen teilnehmen und so der Tierwelt der Ballestas-Inseln einen Besuch abstatten. Im **Amazonasbecken** ist der Bootsverkehr auf den zahlreichen Flüssen oftmals die einzige Alternative zum Flugzeug. Bevorzugter Bootstyp ist das *Peque-peque,* ein motorisiertes Langboot. Beliebt ist die Fahrt auf großen Handelsschiffen, die zwischen Iquitos und Pucallpa, Iquitos und Yurimaguas sowie zwischen Iquitos und dem Dreiländereck Peru, Kolumbien, Brasilien verkehren. Im südlichen Amazonasgebiet Perus fahren Boote von Puerto Maldonado zur bolivianischen Grenze.

Vogelbeobachtung auf dem Lago Sandoval in Südperu

Nahverkehr

In den Großstädten sind Unmengen öffentlicher Transportmittel unterwegs, die alle sehr preiswert sind. Lima verfügt inzwischen über eine **S-Bahn-Linie** *(Tren eléctrico)*, doch U-Bahnen gibt es weder in Peru noch in Bolivien. An ihre Stelle treten **Busse** und **Kleinbusse** *(Colectivos, Combis* und *Micros)*, die zwar auf festen Routen verkehren, aber meist keine festen Haltestellen haben. Jeder kann zu- oder aussteigen, wann er möchte.

Taxis sind preisgünstig und zahlreich vertreten. Neben den organisierten Fahrzeugen zirkulieren jede Menge privater Taxis. Da Taxis in beiden Ländern keine Taxameter besitzen, sollte man den Fahrpreis immer vor der Fahrt aushandeln (für Strecken innerhalb der Städte zahlt man meist nur 1–3 €) und genug Kleingeld dabei haben. Spät abends und nachts erhöhen sich die Beförderungskosten von Taxis.

Eine Besonderheit in La Paz (Bolivien) sind **Trufis**, Sammeltaxis, die auf festen Routen verkehren. Sie sind schneller als Busse und Colectivos, kosten aber dementsprechend etwas mehr. Immer verbreiteter sind dreirädrige **Motorradtaxis** *(Mototaxi* oder *Motokar)* – und dies nicht nur in wärmeren Gefilden, sondern auch in Städten bis zu 3000 m Höhe wie z. B. Tarma in Peru. Im gesamten Amazonasgebiet sind sie Nahverkehrsmittel Nummer eins. Sie können bis zu drei Personen mit Gepäck transportieren und kosten deutlich weniger als Taxis. Der Fahrpreis sollte ähnlich wie beim Taxi zu Beginn der Fahrt ausgehandelt werden. Eine Besonderheit hat das peruanische Puerto Maldonado zu bieten: Hier fährt man auf dem Rücksitz von Motorrädern mit.

Übernachtung

Hotels

Peru und Bolivien bieten Unterkünfte *(Alojamiento)* für jeden Geschmack und in allen Preisklassen. Man findet *Hoteles* (Hotels), *Pensiones* (Pensionen), *Posadas* (Gasthöfe), *Casas de huéspedes* (Gästehäuser), *Hospedajes* und *Albergues* (Herbergen). Die Vielfalt der Bezeichnungen sagt nicht unbedingt etwas über den Standard der jeweiligen Unterkunft aus. In der Regel sind jedoch Pensiones sowie Hospedajes und Albergues schlichter als die Häuser der drei anderen Kategorien.

Ausstattung

Bei den **unteren Preiskategorien** sollte man auf einfachste Unterkünfte, z. T. mit Gemeinschaftsbad, vorbereitet sein. Oft sind die Räume dunkel und klein und die Betten bisweilen nur Klappliegen mit Strohmatratzen. Besonders in ländlichen, von Touristen wenig besuchten Gegenden, nimmt die Qualität der Zimmer stark ab. Dennoch sind die meisten Zimmer und sanitären Einrichtungen sauber. Billige Übernachtungen beginnen bei 3–5 € p. P. und Nacht. Für diesen Preis findet sich im ganzen Land – ausgenommen in Lima (dort 6–8 € p. P.) – ein sehr einfaches Hotelzimmer mit Gemeinschaftsbad. Zimmer mit Du/WC und Einzelzimmer sind natürlich etwas teurer. Wenn eine im Reiseteil erwähnte Billigunterkunft ausschließlich Zimmer mit Gemeinschaftsbad anbietet, ist dies vermerkt. Wer in einer kleinen Gruppe reist, kann durch das Belegen von Mehrbettzimmern Geld sparen.

Vor allem in der Nebensaison ist es ratsam, über den Zimmerpreis zu verhandeln. Wem das gezeigte Zimmer nicht gefällt, der sollte sich Alternativen zeigen lassen. Immer prüfen, ob im Bad tatsächlich Wasser aus der Leitung kommt! Viele Hotels verfügen über Elektroduschen mit z. T. abenteuerlichem Kabelwirrwarr, bei denen die Wassertemperatur von der durchlaufenden Wassermenge abhängt. Je schwächer der Wasserstrahl, desto heißer das Wasser. In einigen einfacheren Hotels gibt es nur zu bestimmten Zeiten warmes Wasser.

Außer in sehr günstigen Unterkünften sind Handtuch, Toilettenpapier und Seife meist im Preis enthalten, man erhält sie allerdings bisweilen erst auf Nachfrage. Da die Toiletten aufgrund der engen Abflussrohre und des geringen Wasserdrucks recht schnell verstopfen, empfiehlt es sich, Toilettenpapier, Binden oder Tampons etc. immer in die bereitgestellten Eimer zu werfen.

Viele Hotels, vor allem der **Mittel- und Oberklasse**, schließen ein – oftmals spartanisches – Frühstück im Zimmerpreis mit ein. Ventilator oder Klimaanlage sind eigentlich nur in der Amazonasregion nötig. Zimmer mit Klimaanlage sind deutlich teurer. Bessere Hotels und so gut wie alle Dschungel-Herbergen bieten ihren Gästen Moskitonetze an. Die Anschaffung eines eigenen Moskitonetzes lohnt sich nur für diejenigen, die bevorzugt in Billigunterkünften übernachten und mehrtägige Touren im Regenwald unternehmen. Wer sich längere Zeit in der Amazonasregion aufhält und dort eine mehrtägige Bootstour plant, sollte auf jeden Fall neben dem Moskitonetz auch eine Hängematte kaufen (beides ist vor Ort preiswert erhältlich).

Reservierung und Buchung

Schwierigkeiten bei der **Zimmersuche** kann es während der Osterwoche *(Semana Santa)*, der Weihnachtszeit *(Navidad)* sowie an Feiertagen und während Fiestas geben; an der Pazifikküste auch an Wochenenden und besonders in der Zeit von Dezember bis März. Dann verbringen viele Einheimischen ihren Urlaub am Meer. Während der Monate Juni bis August kann es in touristischen Zentren wie Cusco zu Engpässen beim Übernachtungsangebot kommen. Es empfiehlt sich für diese Zeiträume, rechtzeitig ein Zimmer zu reservieren.

Wer sich die Zimmersuche am ersten Abend nach der Ankunft ersparen möchte, sollte ebenfalls reservieren. Die Zimmerreservierung via Internet wird immer beliebter, und die Zahl der Hotels mit E-Mail-Anschluss oder eigener Webseite nimmt ständig zu. Über folgende **Portale** lassen sich Hotels und Hostels in Peru und Westbolivien buchen:

- www.lateinamerika-links.de/hostels_hotels_peru.htm
- www.lateinamerika-links.de/hostels_hotels_bolivien.htm
- www.hostelworld.com/accommodation/Peru
- www.hostelworld.com/accommodation/Bolivia
- www.hostelsclub.com

Preiskategorien

Wir haben die Hotels in sieben Kategorien eingeteilt.

❶	bis 10 € (34,50 S/. oder 90,30 Bs.)
❷	bis 20 € (69,10 S/. oder 180,60 Bs.)
❸	bis 30 € (103,60 S/. oder 270,90 Bs.)
❹	bis 50 € (172,60 S/. oder 451,50 Bs.)
❺	bis 70 € (241,70 S/. oder 632,00 Bs.)
❻	bis 100 € (345,30 S/. oder 902,90 Bs.)
❼	über 100 € (345,30 S/. oder 902,90 Bs.)

Jugendherbergen

Jugendherbergen *(Albergue juvenil)* sind in Peru und Bolivien eher als Hostales bekannt. Sie sind am bekannten Jugendherbergssymbol mit der Aufschrift „Hostelling International" zu erkennen. Inhaber eines Internationalen Jugendherbergsausweises kommen in den Genuss einer Preisermäßigung.

Über die folgenden Jugendherbergswerke bekommt man nicht nur die **JH-Mitgliedschaft**, sondern auch den *International Youth Hostel Guide* mit einer umfassenden Auflistung von Jugendherbergen in aller Welt.

DJH Service GmbH
Bismarckstr. 8, 32756 Detmold
05231-74010
www.jugendherberge.de

Österreichisches Jugendherbergswerk
Helfersdorferstr. 4, 1010 Wien
01-533-1833
www.oejhw.or.at

Schweizer Jugendherbergen
Schaffhauser Str. 14, 8042 Zürich
01-360-1414
www.youthhostel.ch

Wer wissen will, ob es in einem bestimmten Land Jugendherbergen gibt, kann es unter www.hihostels.com herausfinden. Dort gibt es auch eine Übersicht über **Rabatte**, die Besit-

Hostelketten in Peru und Westbolivien

In den letzten Jahren haben viele Backpacker-Hostels Filialen in den wichtigsten Touristenorten eröffnet. In der Regel handelt es sich dabei um teilweise recht große, komplett auf die Bedürfnisse sehr junger Traveller eingestellte Hostals. Alle dieser auch **Partyhostals** (Nomen est omen) genannten Übernachtungsmöglichkeiten verfügen über Bar, Restaurant, Mehrbettzimmer in verschiedenen Größen, einige Doppelzimmer, Internet, WLAN, Rucksack-Schließfächer, Tourservice und in Einzelfällen sogar über einen Pool. Das Frühstück ist meist im Preis inbegriffen. Wer es gerne ruhig und beschaulich mag, sollte diese Hostels meiden. Bekannte Ketten (ab 3 Filialen) sind:

Flying Dog Hostels, 💻 flyingdogperu.com, in Lima, Arequipa, Cusco, Iquitos, Puno (geplant) und La Paz (geplant)
Kokopelli Backpackers, 💻 www.hostelkokopelli.com, in Lima, Cusco und Máncora
Loki Hostels, 💻 www.lokihostel.com, in Lima, Cusco, Máncora und La Paz
Pirwa Hostels, 💻 www.pirwahostelsperu.com, in Lima, Arequipa, Cusco, Nazca, Puno, Aguas Calientes (Machu Picchu) und La Paz
The Point Hostels, 💻 www.thepointhostels.com, in Lima, Arequipa, Cusco, Máncora und Puno
Wild Rover Backpackers, 💻 www.wildroverhostel.com, in Arequipa, Cusco und La Paz

zern eines Jugendherbergsausweises in vielen Ländern gewährt werden (z. B. Ermäßigungen auf Leihwagen, Shopping-Touren, Reisemedikamente u. Ä.).

Zimmer mit Familienanschluss

Überall dort, wo es Sprachschulen für Touristen gibt, besteht die Möglichkeit, für wenig Geld bei einer einheimischen Familie zu übernachten. Allerdings kann von Familienanschluss nicht immer die Rede sein. Besonders in Cusco verdienen zahlreiche Familien sich auf diese Weise ein Zubrot: In vielen Fällen sind mehrere Studenten gleichzeitig bei einer Familie untergebracht und essen auch zusammen. Die Familie lässt sich fast nur noch zum Abkassieren blicken. Als Faustregel gilt: Je entlegener der Sprachschulort, desto enger der Familienanschluss. Informationen über ein Zimmer mit Familienanschluss erteilen die jeweiligen Sprachschulen (s. S. 65).

Apartments

Wer sich für mindestens vier Wochen an einem größeren Ort aufhält, kann dort günstig möblierte Apartments oder Zimmer mieten. Von einem formalen Mietvertrag wird oft abgesehen. Angebote findet man auf Aushängen in Hotels, Touristeninfozentren, Reiseagenturen, Sprachschulen oder den örtlichen Veranstaltungsmagazinen. In Tageszeitungen offerierte Zimmer bzw. Apartments werden meist formaler und langfristiger vermietet.

Camping

Warum sollte man in einem unbequemen Zelt übernachten, wenn es doch in einem Hotelzimmer viel angenehmer ist? Das ist die Einstellung der meisten Peruaner und Bolivianer zum Camping, und bis auf die Badesaison (Dez–April), während der man wilde Camper am Strand beobachten kann, hat Camping in Peru und Bolivien keine Tradition. Entsprechend dünn gesät sind komplett ausgestattete Zeltplätze. Gelegentlich bieten Hotels oder Hostels zusätzlich Campingmöglichkeiten an. Wer mit einem Wohnmobil unterwegs ist, sollte auf Hotels mit geräumigen Parkmöglichkeiten ausweichen. Camping-Ausrüstung lässt sich in den Touristenzentren des peruanischen Hochlands (z. B. Huaraz, Cusco) oder in den Hauptstädten Lima bzw. La Paz kaufen bzw. ausleihen (Adressen in den jeweiligen Regionalkapiteln).

Unterhaltung

Wie in anderen lateinamerikanischen Ländern wird auch in Peru und Bolivien gerne und viel gefeiert. Während die Einheimischen in der Regel nur an Wochenenden und Feiertagen ausgehen, ist in den Touristenzentren wie Cusco auch unter der Woche immer was los. In den Sommermonaten Januar bis April verlagert sich die Party dann an die Strände. Am meisten los ist in den Großstädten, während in vielen Andenstädtchen die Bürgersteige schon recht früh hochgeklappt werden.

Peruaner und Bolivianer lieben es zu tanzen. Auf vielen Familienfeiern spielen Live-Bands und auch in Discos steht man nicht lange rum, bevor getanzt wird. Dabei ist eine Aufforderung zum Tanzen nicht gleich als „Anmache" zu verstehen. Live-Konzerte finden überwiegend in größeren Städten statt. Fußball ist in beiden Ländern Volkssport.

Verhaltenstipps

Andere Länder, andere Sitten: Diese so oft gebrauchte Floskel ist noch immer gültig – trotz internationaler Hotelketten, der Verbreitung von Fastfood und der globalen Vernetzung. Wer in ferne Länder reist, will in der Regel auch fremde Kulturen und die dort lebenden Menschen kennenlernen. Wie es dann allerdings mit der Umsetzung dieser Absicht vor Ort aussieht, ist eine andere Frage: Viele Traveller wollen die Reize des Gastlandes kennenlernen, aber zugleich nicht auf ihren gewohnten Komfort verzichten. So bewegen sie sich stets innerhalb einer austauschbaren touristischen Scheinwelt, ohne das Gastland wirklich zu erleben. Man reist von Ort zu Ort, bleibt unter seinesgleichen und hat immer eine heiße Dusche oder ein kaltes Bier zur Hand.

Die Gespräche von Reisenden, die auf diesem „Gringo-Trail" unterwegs sind, kreisen oft nur um billige Unterkünfte und Szene-Kneipen. Die **Kontakte mit Einheimischen** bleiben im wahrsten Sinne des Wortes auf der Strecke. Dabei sind es gerade diese kleinen Begegnungen, die im Gedächtnis haften bleiben und die den eigentlichen Reiz der Reise ausmachen. Wer sich auf dem Indio-Markt eine ruhige Ecke zum Beobachten sucht, wer als einziger Ausländer einem Heiligenfest in einem Dorf abseits der großen Routen beiwohnt, wer wandert, statt nur im Bus zu sitzen, wird das Land mit anderen Augen sehen. Dies ist gerade in Peru und Bolivien empfehlenswert, da es sich um facettenreiche Länder handelt.

Peruaner und Bolivianer sind meist offene, unkomplizierte und sehr hilfsbereite Menschen. Jeder redet mit jedem, und Kontakte sind schnell geknüpft. Wer als Tourist hilflos mit einem Straßenplan an einer Kreuzung steht, wird schnell angesprochen. Des Öfteren bekommt man dann gute Ratschläge wie *derecho* (geradeaus; *a la derecha* heißt „nach rechts") oder *a la vuelta* („um die Ecke") zu hören, die erfahrungsgemäß jedoch nur bedingt weiterhelfen. Wer nach Entfernungen und zeitlichen Distanzen fragt, wird bei drei Befragten drei verschiedene Antworten erhalten. **Gesicht wahren** heißt die Devise der Einheimischen – und dazu gehören kleine oder größere Notlügen, wenn man die korrekte Antwort nicht weiß. Zurückhaltender sind die Menschen in entlegenen Gebieten, vor allem dort, wo der Terrorismus der 80er-Jahre seine Spuren hinterlassen hat. Aufgrund schlechter Erfahrungen und vieler Entbehrungen sind die **Dorfbewohner** misstrauisch und vorsichtig geworden.

Betteln

Gebettelt wird an Orten, wo Reich und Arm aufeinanderprallen, also verstärkt in der jeweiligen Landeshauptstadt und in allen touristischen Zentren. Überwiegend sind es Kinder, die zum Teil von ihren Eltern zum Betteln angehalten werden. Kindern sollte auf keinen Fall Geld, Süßigkeiten oder Ähnliches gegeben werden. Sie gewöhnen sich sehr schnell an diese Gaben und schwänzen dann die Schule. Wer Kindern wirklich helfen möchte, sollte sich an entsprechende Organisationen wenden (z. B. Unicef, das Kinderhilfswerk der Vereinten Nationen). Aufgrund fehlender sozialer Netze bilden gerade Ältere und Behinderte Randgruppen, denen oft nichts anderes übrig bleibt, als zu betteln. Eine kleine Spende tut in diesen Fällen niemandem weh und hilft diesen Menschen, ein etwas besseres Dasein zu führen.

Ehe und Familie

Nach außen gilt die Familie immer noch unangefochten als wichtigster Sozialverband in der Gesellschaft beider Andenländer. Ein Freundeskreis rangiert in seiner Bedeutung immer unter der Familie. Die **Rollen** sind in allen Gesellschaftsschichten klar verteilt: Der Mann ist Beschützer und Ernährer seiner Familie, während die Frau sich weitestgehend allein um Haushalt und Kinder kümmert. Nachwuchs wird als Gabe Gottes betrachtet; besonders auf dem Land heißt viele Kinder zu haben, sehr fruchtbar zu sein. Dies verschafft Anerkennung (Familien mit fünf Kindern und mehr sind dort keine Seltenheit).

Es ist nicht ungewöhnlich, dass Kinder auch noch nach der **Heirat** bei den Eltern wohnen. Von der Frau wird erwartet, dass sie jungfräulich in die Ehe geht. Besonders die Indígenas heiraten sehr jung. Es kommt nicht selten vor, dass das Brautpaar bei der Hochzeit noch nicht volljährig ist. In vielen indianischen Ehegemeinschaften hat auch der Mann vor der Heirat noch keine sexuelle Erfahrung. Ladino-Männer greifen hierfür eher auf Prostituierte zurück, vor allem in der Hauptstadt. Prostitution ist zwar offiziell verboten, wird aber geduldet. Die Scheidungsrate ist außer bei indianischen Paaren sehr hoch. Viele Frauen sind allein erziehend, werden kaum von den Vätern der Kinder unterstützt und sind oftmals die alleinigen Ernährer der Familie.

Kindesmissbrauch und **Gewalt** in der Ehe sind trauriger Alltag, werden aber von der Gesellschaft weitestgehend tabuisiert.

Fotografieren

Das Fotografieren von Personen ist heikel und ein Thema, über das man sich immer vorher Gedanken machen sollte. Wer wird schon selbst gern ohne Einwilligung von einer fremden Person aus nächster Nähe beim Autowaschen oder Beten in der Kirche abgelichtet? Wegen eines guten Schnappschusses religiöse Zeremonien zu stören oder Menschen aus allernächster Nähe ohne deren Zustimmung zu fotografieren, ist respektlos. Auch ohne Sprachkenntnisse sollte man Blickkontakt mit den Menschen aufnehmen, die man fotografieren möchte, sie immer fragen – und ein Nein akzeptieren.

Jeder Einheimische hat das Recht, für ein Foto Geld zu verlangen. Posieren ist eine Dienstleistung, und mit dem Kauf von ein paar Bananen erwirbt man sich nicht automatisch das Recht, die Verkäuferin abzulichten. Jeder muss dann für sich entscheiden, ob ihm das Foto den geforderten Preis wert ist. Wenn es eine Möglichkeit dazu gibt, sollte man Adressen notieren und den jeweiligen Personen Abzüge der Fotos schicken. Dies ist zwar aufwendig, aber eine nette Geste.

Gäste in einem fremden Land

Wer in Peru und Bolivien reist, sollte versuchen, sich auf die fremde Mentalität einzulassen und nicht nur Vergleiche mit daheim anzustellen. Respekt, Toleranz und Zurückhaltung sind die wichtigsten Tugenden eines Reisenden auf fremdem Terrain. Man kann nicht erwarten, in ein paar Wochen oder Monaten komplexe Verhaltensmuster der Einheimischen zu erfassen und zu verstehen. Viele Dinge heißt es so zu akzeptieren wie sie sind – auch wenn man fest davon überzeugt ist, dass sie nicht sinnvoll sind.

Direkte Kritik ist in beiden Ländern unüblich, selbst wenn sie aus unserer Sicht angebracht wäre. In diesem Punkt reagieren Einheimische sehr sensibel. **Zurückhaltung** ist angebracht, denn wer anfängt, zu brüllen oder beleidigend zu werden, erreicht oft nur das Gegenteil des Beabsichtigten. Dies gilt besonders für Kontakte mit der Staatsgewalt und mit öffentlichen Angestellten. **Höflichkeit**, und sei sie auch nur vorgeschoben, ist ein wichtiger Aspekt menschlichen Zusammenlebens in Peru. Händeschütteln und (luftige) Küsse auf die Wange sind bei Begrüßung und Verabschiedung üblich.

Höhepunkt einer Reise ist sicherlich eine private **Einladung** einer einheimischen Familie. Saubere, ordentliche Kleidung versteht sich bei einem solchen Ereignis von selbst. Wer auf dem Land bei einer indianischen Familie eingeladen ist, sollte den Gastgebern etwas Essbares (keine Grundnahrungsmittel, sondern etwas Besonderes wie Pralinen oder teureres Obst) als **Geschenk** mitbringen. Eine gute Idee sind außerdem ein paar Mitbringsel von zu Hause (Münzen, Postkarten und private Fotos). So etwas lockert die Atmosphäre und bietet eine Menge Gesprächsstoff. Bei einer Ladino-Familie freut sich die Hausherrin über ein paar Blumen. In jedem Fall wird der Gast reichlich mit Essen und Trinken bewirtet.

Gringos

Ursprünglich waren damit die verhassten nordamerikanischen Soldaten gemeint, die im 19. Jh. in ihren grünen Uniformen zu Mexiko gehörende Gebiete annektierten. Aus dem Ausruf „Green go!" der Bewohner dieser Gebiete wurde dann im Laufe der Zeit *Gringo*. Für Peruaner und Bolivianer sind alle hellhäutigen Touristen zunächst einmal Gringos. Dieser nicht unbedingt abwertend gebrauchte Begriff hat eher die allgemeine Bedeutung „Fremder", kann aber bei entsprechender Betonung auch zum Schimpfwort werden. Oft rufen die Kinder fremden Besuchern diesen Begriff hinterher. Es schadet daher nicht, sich als Deutscher zu erkennen zu geben. Wenn sich dann die darauf folgenden Bemerkungen um die nationalsozialistische Vergangenheit, Fußball und die Frage, ob Deutschland wirklich wiedervereinigt sei, drehen sollten, ist Gelassenheit geboten. Es stecken gewöhnlich keine bösen Absichten, sondern echte Neugier dahinter.

Kleidung

In Peru und Bolivien wird sehr auf ein gepflegtes äußeres Erscheinungsbild geachtet. Selbst in den einfacheren Bevölkerungsschichten trägt man ordentliche, saubere Kleidung. Unverständnis bis hin zu Verachtung ernten Reisende, die in abgewetzter, löchriger Kleidung oder gar barfuß umherlaufen. Für die meisten Einheimischen ist es nicht nachvollziehbar, wenn ein ausländischer Besucher, der sich einen teuren Flug leisten konnte, in schäbiger Kleidung auftritt. Richtiggehend lächerlich macht sich, wer indianische Kleidung trägt.

Generell hat sich die **Kleiderordnung** etwas gelockert. Es ist nicht ungewöhnlich, in touristischen Orten oder am Strand in kurzer Hose, Rock oder ärmellosem T-Shirt zu flanieren. Frauen sollten jedoch immer einen BH tragen und sich der Anziehungskraft kurzer Kleidungsstücke auf die einheimische Männerwelt bewusst sein. Außerhalb der Touristenhochburgen und besonders im Hochland gelten strengere Regeln: Die Kleidung ist wesentlich konservativer, hier sind ein langer Rock bzw. lange Hosen angebracht. Nacktbaden ist in Peru unbekannt, und dies sollte auf jeden Fall respektiert werden. Selbst ein Bikini ist bei einheimischen Frauen außerhalb der Hauptstädte selten zu sehen. Einige von ihnen tragen sogar über dem Badeanzug noch ein T-Shirt und Shorts.

Religion

In Peru und Bolivien spielt die Religion (s. S. 139) traditionell eine große Rolle im Leben der Bevölkerung. Wie auch immer man zu den einzelnen Glaubensrichtungen eingestellt sein mag: Das oberste Gebot heißt **Zurückhaltung**. Wer Kirchen betritt, sollte sich dementsprechend kleiden und sich ruhig und unauffällig verhalten. Einem eventuellen Fotografierverbot an heiligen Stätten ist unbedingt Folge zu leisten.

Sprachkenntnisse

Die Sprache ist der Schlüssel zu fremden Kulturen. Je besser man eine fremde Sprache beherrscht, desto intensiver gestaltet sich der Kontakt zur einheimischen Bevölkerung. Während man sich in der Hauptstadt und den Touristenorten, besonders in größeren Hotels und Restaurants, noch mit **Englisch** durchschlagen kann, ist bei Reisen abseits der ausgetretenen Pfade ein kleiner Spanischwortschatz unerlässlich. Ein paar Begrüßungs- und Höflichkeitsfloskeln in **Spanisch** kann sich auch der Unbegabteste aneignen. Dies zeugt von Respekt vor der Bevölkerung des Gastlandes, und der gute Wille allein wird von jedem Einheimischen honoriert werden.

In vielen Gegenden des peruanischen und bolivianischen Hochlands wird vorwiegend eine **indianische Sprache** (Quechua oder Aymara) gebraucht; vor allem die Frauen sprechen dort oft sehr wenig Spanisch. Wer sich zusätzlich ein paar Brocken solch einer Indígena-Sprache aneignet, erleichtert sich den Zugang zur jeweiligen ethnischen Gruppe.

Zeitbegriff

In Peru und Bolivien ticken die Uhren anders als in Europa. Was heute nicht geht, geht vielleicht morgen. **Warten** gehört zum Alltag. Lange Schlangen vor Banken und staatlichen Einrichtungen sind Routine; man erträgt sie stoisch bis gelassen (geschicktes Vordrängeln ist aber beliebt). Da die Stadtbusse keine festen Fahrpläne haben, stellt man sich einfach an die Straße und wartet, bis einer kommt. Am besten passt man sich diesem Rhythmus an. Wer langsam reist, sieht mehr!

Versicherungen

Auslandsreise-Krankenversicherung

Auslandskrankenversicherungen mit Rücktransport werden von fast allen großen Versicherern und einigen Kreditkartenorganisationen angeboten. Für eine Versicherung mit 30-Tage-Schutz zahlt man meist nur 6–10 € jährlich. Bei Langzeitreisen muss ein etwas teurerer Schutz in Anspruch genommen werden.

Versicherungen im Test

www.test.de
Die Stiftung Warentest nimmt Versicherungen unter die Lupe.

www.dooyoo.de/reiseversicherung
Dieses Portal sammelt Erfahrungsberichte zu Reiseversicherungen.

Im Krankheitsfall muss der Behandelte Geld vorstrecken. Die im Ausland anfallenden Behandlungskosten werden von den Versicherungen meist erst später erstattet. Die bei der Versicherung einzureichende **Rechnung** sollte folgende Angaben erhalten:

- Name, Vorname, Geburtsdatum
- Behandlungsort und -datum
- Diagnose
- erbrachte Leistungen in detaillierter Aufstellung (Beratung, Untersuchungen, Behandlungen, Medikamente, Injektionen, Laborkosten, Krankenhausaufenthalt)
- Unterschrift des behandelnden Arztes
- Stempel

Ein Rücktransport wird nur gezahlt, wenn er „medizinisch notwendig" ist. Einigen Versicherern genügt es, wenn der behandelnde Arzt den Transport in die Heimat für sinnvoll hält. Weitere **Einschränkungen** gibt es bei Zahnbehandlungen (nur Notfallbehandlung) und chronischen Krankheiten (Bedingungen durchlesen).

Reisegepäckversicherung

Viele Versicherungen bieten die Absicherung des Gepäckverlusts an, oft als Teil eines Pakets. Allen ist gemein, dass die **Bedingungen**, unter denen die verlorenen Gegenstände ersetzt werden, sehr eng gefasst sind. Gepäck darf z. B. nicht unbewacht in abgestellten Kraftfahrzeugen zurückgelassen und Kameras müssen wegen möglicher Straßenräuber quer über der Brust und nicht nur über der Schulter getragen werden. Ohnehin sind diese Geräte oft nur bis zu einer bestimmten Höhe oder einem bestimmten Prozentsatz des Neuwerts versichert. Auch Schmuck und Bargeld unterliegen Einschränkungen. Für wertvolle Fotoausrüstungen kann eine Zusatzversicherung abgeschlossen werden.

Im Schadensfall muss der Verlust sofort bei der Polizei gemeldet werden. Eine zuvor angefertigte **Checkliste**, auf der alle Gegenstände und ihr Wert eingetragen sind, ist dabei hilfreich. Eine Reisegepäckversicherung mit einer Deckung von 2000 € kostet etwa 30 €.

Reiserücktrittskosten-versicherung

Bei Pauschalreisen ist manchmal eine Reiserücktrittsversicherung im Preis inbegriffen (nachfragen), doch bei individuell geplanten Reisen muss man sich selbst darum kümmern und den Schutz bis zu 14 Tage nach der Buchung der Reise abschließen. Manche Reisebüros vermitteln derartige Versicherungen. Eine Reiseunfähigkeit wegen Krankheit muss ärztlich nachgewiesen werden. Auch bei Krankheit oder Tod eines Familienmitglieds oder Reisepartners ersetzt die Versicherung die Stornokosten der Reise. Die Kosten der Versicherung richten sich nach dem Preis der Reise und der Höhe der Stornogebühren und beinhalten teilweise eine Selbstbeteiligung.

Visa

Bürger aus Mitgliedstaaten der EU sowie der Schweiz können sich **ohne Visum** mit einem mindestens sechs Monate gültigen **Reisepass** maximal 180 Tage in **Peru** oder 90 Tage in **Bolivien** aufhalten. Dieser Zeitraum ist mehrmals um jeweils einen Monat durch die Einwanderungsbehörde (Adresse s. u.) verlängerbar *(Prórroga de permanecencia)*, was momentan US$20 und 26 S/. Verwaltungsgebühr kostet. Wer noch länger bleiben möchte, sollte das Land für 48 Std. verlassen und erneut einreisen. Dabei bekommt man in der Regel erneut drei Monate in den Pass gestempelt.

Empfehlung: Eine Kopie des Reisepasses inkl. des Einreisestempels anfertigen und an einem sicheren Ort aufbewahren.

Einwanderungsbehörde

Dirección General de Migraciones y Naturalización, Prolongación Av. España 730, Breña, Lima, ✆ 01-2001000, 💻 www.digemin.gob.pe/en/index.html (auf Englisch). 🕓 Mo–Fr 8–15.30 Uhr (Pässe), Mo–Fr 8–13.30 Uhr (Visaangelegenheiten).

Das Büro der Einwanderungsbehörde am internationalen Flughafen ist das ganze Jahr über 24 Std. besetzt, ✆ 01-5751550. Die Adressen der Büros im Landesinneren stehen im jeweiligen

Weiterreise

Im Folgenden werden die bekanntesten **Grenzübergänge** mit Seitenverweis gelistet:

Von Peru nach Bolivien

- Von Puno aus über Yunguyo nach Copacabana und La Paz: S. 333
- Von Puno aus über Desaguadero nach La Paz: S. 333
- Von Moquegua aus nach Desaguadero: S. 366
- Von Juliaca am Nordwestufer des Titicaca-Sees entlang nach Puerto Acosta: S. 317
- Von Puerto Maldonado aus flussabwärts nach Puerto Heath: S. 303

Von Peru nach Brasilien

- Von Iquitos flussabwärts nach Tabatinga: S. 597
- Von Puerto Maldonado aus über Iñapari nach Assis de Brasil: S. 301

Von Peru nach Chile

- Von Tacna aus nach Arica: S. 372

Von Westbolivien nach Chile

- Von La Paz aus nach Arica: S. 664

Von Peru nach Ecuador

- Von Tumbes aus nach Machala: S. 508
- Von Piura aus über La Tina nach Loja: S. 494
- Von Piura aus über Ayabaca nach Loja: S. 495
- Von Jaén aus über Balza nach Vilcabamba: S. 568

Von Peru nach Kolumbien

- Von Iquitos aus flussabwärts nach Leticia: S. 597

Serviceteil oder unter 💻 www.digemin.gob.pe/laorganizacion_oficinas.html.

Die **Ausreise** ist auch möglich, wenn man nach Überschreiten der genehmigten Aufenthaltsdauer pro Tag eine Strafgebühr von US$1 und eine einmalige Verwaltungsgebühr von 26 S/. zahlt. Dies lässt sich im Flughafen bei der Passkontrolle oder an den entsprechenden Grenzstellen erledigen.

Bolivien: **Dirección General de Migración**, s. S. 629.

Zeit

Peru liegt 6 Stunden hinter der MEZ zurück (während der deutschen Sommerzeit minus 7 Std.): Ist es also in Deutschland 23 Uhr, zeigt die Uhr in Peru erst 17 bzw. 16 Uhr. **Bolivien** liegt 5 Stunden zurück (während der Sommerzeit minus 6 Std.).

Zoll

Bei der **Einreise** nach Peru per Flugzeug dürfen offiziell persönliche Gegenstände, 3 Liter Alkohol (in Bolivien 1 Liter), 400 Zigaretten oder 50 Zigarren (in Bolivien 200 Zigaretten oder 50 Zigarren) und Geschenke im Warenwert von bis zu US$300 zollfrei eingeführt werden. Des Weiteren dürfen pro Reise Waren in geringen Stückzahlen im Gesamtwert von bis zu US$1000 und US$3000 pro Jahr eingeführt werden. Diese Gegenstände unterliegen einem Zollsatz von 20 %. Am internationalen Flughafen von Lima wird das Gepäck ankommender Reisender per Zufallsgenerator durchsucht.

Die **Ausfuhr** von archäologischen Fundstücken sowie bedrohten Tier- und Pflanzenarten ohne Genehmigung ist streng untersagt. Auf **Drogenschmuggel** (Kokain) stehen in Peru hohe Gefängnisstrafen. Die Einfuhr von Koka-Blättern oder Koka-Teebeuteln nach Europa ist verboten. Weitere Informationen erhält man bei der Zollbehörde:

Aduana Central
Av. Garcilaso de la Vega 1472, Lima,
📞 01-3150730, 💻 www.sunat.gob.pe/customsinformation/index.html, 🕒 Mo–Fr 8–24, Sa 8–14 Uhr. Alle Zweigstellen finden sich unter 💻 www.sunat.gob.pe/institucional/contactenos/presencial.html.

Land und Leute

Geografie

Peru

Fläche: 1 285 216 km²
(Deutschland 357 050 km²)
Größte Städte: Lima (10 Mio. Einw.),
Arequipa (1 Mio. Einw.), Trujillo (800 000 Einw.)
Längste Flüsse: Río Ucayali (2700 km),
Río Marañon (1300 km), beide Flüsse vereinigen sich bei Iquitos zum Río Amazonas
Höchste Berge: Huascarán (6768 m),
Yerupajá (6634 m)

Knochentrockene Wüste und fischreicher Pazifik im Westen, schnee- und eisbedeckte Berggipfel im Hochland der Anden sowie feuchtschwüler tropischer Regenwald im Osten – die landschaftliche Vielfalt Perus ist einmalig. Das drittgrößte Land Südamerikas, das dreieinhalbmal so groß ist wie Deutschland, grenzt im Süden an Chile, im Südosten an Bolivien, im Osten an Brasilien sowie im Norden an Kolumbien und Ecuador und liegt zwischen dem Äquator und dem 18. Grad südlicher Breite. Drei markante Naturräume lassen sich in Peru unterscheiden: die Pazifikküste *(Costa)*, das Bergland der Anden *(Sierra)* und das tropische Tiefland *(Selva)*.

Costa

Von der ecuadorianischen Grenze bis zur chilenischen Grenze verläuft ein 30–150 km breiter Wüstenstreifen. Er ist 2300 km lang und nimmt rund 12 % der Landesfläche ein. Ihre Entstehung verdankt die Küstenwüste dem kalten, aber nährstoffreichen **Humboldtstrom**, der vor der peruanischen Küste verläuft – er verhindert die Erwärmung der Luft über dem Festland und somit Niederschläge. Nur der nördlichste Zipfel der Küste liegt im Einflussbereich der vom Norden kommenden wärmeren **El Niño-Strömung**, was bei Tumbes zur Entstehung von Mangrovenwäldern beigetragen hat.

Über 50 Flüsse strömen von den Anden in den Pazifik und bringen etwas Grün in die vielschichtigen Brauntöne der Küstenwüste. Das Bergwasser ermöglicht in den oasenartigen Tälern mit Hilfe künstlicher Bewässerungssysteme landwirtschaftlichen Anbau – hier wachsen u. a. Weintrauben, Baumwolle, Oliven, Zuckerrohr und Reis.

Entlang der gesamten peruanischen Küste erheben sich eine Reihe niedriger isolierter Hügel, die **Lomas**. Auf ihnen gedeihen aufgrund des mehrmonatigen Küstennebels kleinwüchsige Wüstenpflanzen. Weiter östlich gehen die Lomas in die steilen Westabhänge der Anden über,

Als der Río Amazonas seine Fließrichtung umkehrte

Wie ist es möglich, dass in den Flüssen um Iquitos im peruanischen Teil des Río Amazonas Haie, Rochen, Seezungen und Garnelen gefangen werden, Lebewesen, die sonst nur im Meer vorkommen? Bei ihren Untersuchungen gelangten Forscher zu einem verblüffenden Ergebnis: Der Ursprung des Río Amazonas liegt in Afrika, genauer – in der Zentralsahara, bei den Seen von Ounianga, im heutigen Tschad. Obwohl in dieser Region seit ewigen Zeiten kein Regenwasser mehr gefallen ist, sind die Seen bislang nicht ausgetrocknet. Sie werden von gewaltigen unterirdischen Wasservorkommen gespeist, die aus regenreicheren Zeiten stammen. Anhand von seismischen Untersuchungen konnten die Forscher dem alten Flusslauf folgen, der sich über das Delta des Niger auf dem amerikanischen Kontinent fortsetzt, der vor Jahrmillionen mit dem heutigen Afrika verbunden war.

Als sich die Kontinente vor rund 130 Mio. Jahren teilten, driftete die südamerikanische Kontinentalplatte westwärts und begann sich schließlich über die Pazifikplatte zu schieben. Durch die Wucht des Aufpralls und dabei entstandene vulkanische Aktivitäten erhoben sich die Anden. Diese wiederum versperrten dem Ur-Amazonas den Zugang zum Pazifik, sodass er schließlich seine Fließrichtung umkehrte und in den Atlantik entwässerte. Dabei mussten sich die Meeresbewohner, die sich in der weitläufigen Mündung des Flusses aufhielten, innerhalb kurzer Zeit an das Leben in Süßwasser anpassen – oder sie starben aus.

Höhenprofil

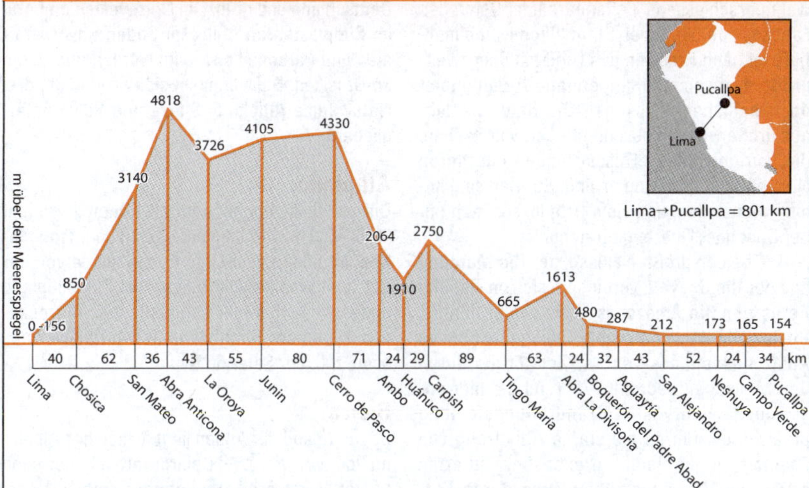

die auch *Vertiente andino* (1000–2000 m) genannt werden.

Die teilweise starken Erdbeben, von denen Peru immer wieder heimgesucht wird, haben ihre Ursache in einer unterirdischen Spalte, die entlang der Küste verläuft. Hier treffen zwei **Kontinentalplatten** aufeinander. Dabei schiebt sich die Nazca-Platte vom Pazifik her unter die Südamerikanische Platte. Die peruanische Costa wird von Nord nach Süd von der durchgehend asphaltierten Panamericana durchzogen. Im Bereich der Provinz Ica kommt es gelegentlich zu starken **Sandstürmen**, die *Paracas* genannt werden.

Sierra

So nennt sich das mineralhaltige Bergland der Anden, das 30 % der Landesfläche einnimmt. Die zweitgrößte Bergkette der Erde, mit 45 Erhebungen über 6000 m, durchzieht Peru von Nordwesten nach Südosten in mehreren, überwiegend parallel zueinander verlaufenden Kordilleren. Im Norden Perus sind dies drei Gebirgszüge: Zum einen die **Westkordillere** *(Cordillera occidental)*, die parallel zur Küste verläuft und die Wasserscheide zwischen Pazifik und Atlantik bildet. Östlich davon liegt die **Zentralkordillere** *(Cordillera central)*, die mit dem Nevado Huascarán (6768 m) den höchsten Gipfel des Landes besitzt. Der bei Bergsteigern beliebte Eisriese liegt mitten in der Cordillera Blanca, dem weltweit größten Gletschergebiet auf tropischen Breitengraden. Die **Ostkordillere** *(Cordillera oriental)* bildet eine natürliche Barriere für die Wolken des Amazonastieflands, was in dieser Region zu sehr hohen Niederschlagsmengen führt.

Die drei Gebirgszüge vereinigen sich in Zentralperu und gabeln sich weiter südlich in die vulkanisch aktive West- und Ostkordillere. Dazwischen liegt der **Altiplano**, eine Hochebene auf rund 3600–3800 m, die nordwestlich des **Titicaca-Sees** beginnt und sich bis zur bolivianischen Grenze erstreckt. In den lang gestreckten Tälern der Sierra betreiben Bauern intensive Landwirtschaft. In Höhen bis zu 3000 m bauen sie Mais an, darüber Weizen, Gerste sowie die einheimischen Getreidesorten Quinoa und Kiwicha. Bis 4000 m werden Kartoffeln angebaut; in noch größerer Höhe ist nur noch Weidewirtschaft (Lamas, Alpakas, Ziegen, Schafe, Kühe) möglich.

Selva

Mit diesem Namen, der übersetzt einfach nur „Wald" bedeutet, bezeichnet man das riesige, wenig erschlossene Tieflandareal im Osten des Landes, das 58 % der Staatsfläche einnimmt. Peru ist nach Brasilien das Land mit dem zweitgrößten zusammenhängenden Urwaldgebiet der westlichen Halbkugel. Die Selva besteht aus großen, geschlossenen Regenwaldflächen, die von gewaltigen Flusssystemen und deren Nebenarmen durchzogen sind. Straßen sind immer noch selten, und viele Orte lassen sich nur per Boot oder Flugzeug erreichen.

Die beiden größten Flüsse, der **Río Marañon** und der **Río Ucayali**, vereinigen sich im Tiefland Perus zum **Río Amazonas**. Trotz seiner dünnen Besiedlung ist das sensible Gleichgewicht des Amazonastieflands von der Zerstörung durch den Menschen bedroht. Während die hier ansässigen Naturvölker Brandrodungsfeldbau praktizieren, führen die starke Abholzung von Edelhölzern, die Jagd auf exotische Tierarten sowie die Umweltverschmutzung durch Erdöl- und Erdgasförderung zu ökologischen Problemen, s. S. 107.

Um von der Sierra in die Selva zu gelangen, muss man die steilen und waldreichen **Andenostabhänge** durchqueren. Der landschaftlich reizvolle Übergang mit seinen dichten Nebel- und Bergwäldern von den kargen Andenplateaus hinunter in das Amazonastiefland wird auch als „Augenbraue des Waldes" *(Ceja de la selva)* bezeichnet. In diesem Naturraum werden überwiegend Kaffee und Koka-Blätter angebaut.

Bolivien

Fläche: 1 098 581 km²
(Deutschland 357 050 km²)
Größte Städte: Santa Cruz (1,5 Mio. Einw.), La Paz (1,8 Mio. Einw.; inkl. El Alto), Cochabamba (850 000 Einw.)
Längste Flüsse: Río Beni (1559 km), Río Grande (1438 km)
Höchste Berge: Sajama (6542 m), Illimani (6439 m)

Neben Paraguay ist Bolivien der einzige Staat Südamerikas, der keinen direkten Zugang zum Meer hat. Das Land ist dreimal so groß wie Deutschland und grenzt im Nordwesten an Peru, im Südwesten an Chile, im Süden an Argentinien und Paraguay sowie im Norden und Osten an Brasilien. Bolivien lässt sich grob in die drei Naturräume Altiplano, Sierra und Selva untergliedern:

Altiplano

Die waldlose Hochebene mit Höhen zwischen 3600–4000 m wird im Nordwesten vom **Titicaca-See**, im Süden vom **Lago Poopó** sowie von der Ost- und Westkordillere begrenzt. Der Altiplano umfasst ca. 15 % der Landesfläche. Im trockenen Süden der Hochfläche liegen riesige Salzseen, z. B. der **Salar de Uyuni**.

Sierra

Das Bergland der Anden liegt östlich des Altiplano und wird von zwei Gebirgsketten beherrscht. In der Westkordillere befindet sich mit dem 6548 m hohen **Nevado Sajama** die höchste Erhebung des Landes. Der höchste Berg der vergletscherten Ostkordillere ist der 6439 m hohe **Nevado Illimani**. Die Ostabhänge der Anden werden in Bolivien **Yungas** genannt. Sie bestehen aus dicht bewachsenen Berg- und Nebelwäldern mit steilen, tief eingeschnittenen Schluchten in Höhen zwischen 1000–3600 m.

Selva

Das riesige Tiefland Boliviens umfasst unterschiedliche Naturräume, die rund zwei Drittel des gesamten Staatsgebiets ausmachen. Der Norden besteht aus **tropischem Regenwald**, durchzogen von großen Flüssen wie dem **Río Mamoré**, dem **Río Beni** und einem seiner Zuflüsse, den aus Peru kommenden **Río Madre de Dios**, die alle in den **Río Amazonas** entwässern. Daran schließen sich südlich die Überschwemmungszonen der **Feuchtsavanne** *(Pampas)* an. Sie stehen in starkem Kontrast zur dornigen Buschsteppe und den Trockenwäldern des **Gran Chaco** im Südosten des Landes, die sich bis nach Paraguay und Argentinien hinein erstrecken.

Flora und Fauna

Die unterschiedlichen Naturräume haben in Peru und Bolivien eine vielfältige Tier- und Pflanzenwelt hervorgebracht. Peru gehört diesbezüglich sogar zu den 10 Ländern mit der **weltweit höchsten Artenvielfalt** (Megadiversität). Bislang haben Wissenschaftler hier rund 35 000 Pflanzenarten identifiziert, von denen ca. 16 % endemisch sind – d. h. sie kommen nur in Peru vor. 19 % aller weltweiten Vogelarten und 18 % aller Schmetterlingsarten existieren in Peru.

Die Ökozonen Perus

Der berühmte Forschungsreisende Alexander von Humboldt benutzte zur Unterscheidung der Vegetationszonen Perus Anfang des 19. Jhs. die grobe höhenthermische Einteilung, die bereits von den Spaniern angewendet worden war. Darin werden fünf Zonen unterschieden: **0–1000 m**: heiße Zone *(Tierra caliente)*; **1000–2000 m**: gemäßigte Zone *(Tierra templada)*; **2000–3500 m**: kalte Zone *(Tierra fría)*; **3500–5000 m**: eisige Zone *(Tierra helada)*; **ab 5000 m**: Schneezone *(Tierra nevada)*.

Natürlich sind die Vegetationsstufen Perus um einiges komplexer, sodass Feinheiten mit der Einteilung Humboldts nur unzureichend erfasst werden. Inzwischen hat man in Peru elf verschiedene Ökoregionen identifiziert. Für **Westbolivien** relevant sind dabei die Puna und die Berg- und Nebelwälder der Ostanden.

Das tropische Meer

Die warme **El Niño-Strömung** erreicht nur den nördlichsten Zipfel Perus. Dort hat sich aufgrund höherer Niederschlagsmengen als an der übrigen Küste eine üppige Vegetation herausgebildet. Von besonderem Interesse sind dabei die Mangrovenwälder des Nordens. **Mangroven** (Familie der *Rhizophoracea*) wachsen außerhalb der Brandungsbereiche an periodisch überfluteten Standorten, an denen sich Salz- mit Süßwasser mischt. Sie sind die Kinderstube für viele Muschel-, Krebs- und Fischarten sowie Brutplatz vieler Vögel, und sie bilden einen natürlichen Schutzwall gegen das Meer.

Leider sind die Mangrovenwälder vom Aussterben bedroht. Das harte Holz ist als Baumaterial und wegen seines hohen Gerbstoffanteils beliebt. In Mangrovengebieten wird bevorzugt Garnelenzucht betrieben, was zur Zerstörung weiterer Waldstücke geführt hat. Davon betroffen sind auch Tierarten wie der seltene **Mangroven-Waschbär** oder der **Amerikanische Alligator**.

Das kalte Meer

Der **Peru-** oder **Humboldt-Strom** – Teil eines südpazifischen Strömungssystems – bringt auf seinem Weg von Süd nach Nord kaltes, nährstoffreiches Wasser aus den Tiefen des Pazifiks an die peruanische Küste. Der Einfluss dieser Strömung ist stark genug, um Wolkenbildung und damit Niederschläge zu verhindern. So steht die trockene Küstenwüste in starkem Kontrast zum Artenreichtum des Meeres. Riesige Mengen Plankton und anderer Kleinstlebewesen dienen den **Anchovis** – einer Sardellenart – als Nahrungsgrundlage.

Diese wiederum sind die Leibspeise größerer Fische wie zum Beispiel dem **Bonito**, einer Thunfischart. Von diesem ernähren sich dann **Robben**, **Delfine**, **Pinguine** und **Pottwale**. Auf Inseln und Felsen, die dem Festland vorgelagert sind, leben große Kolonien von **Seelöwen** und der seltene **Küstenotter**. Vom großen Fischbestand, der allerdings durch Überfischung stark zurückgegangen ist, profitieren auch Tausende von Seevögeln.

Die Küstenwüste

Die monotonen Sand- und Steinebenen des peruanischen Wüstenstreifens werden nur selten von Flussoasen unterbrochen. Daher kommt ein Großteil der Tier- und Pflanzenwelt nur in diesen grünen Streifen oder in den Lomas (s. Costa) vor. Letztere erhalten ihre Feuchtigkeit fast ausschließlich durch Nebel. Typische Baumarten der Küstenregion sind der **Karob**, **Huarango**, **Tillandsien** und verschiedene **Kakteen**arten.

Mit etwas Glück bekommt man auch den grauen **Küstenfuchs** oder ein **Guanaco** – eine der vier Kamelarten Perus – zu sehen. In den Küstenflüssen tummeln sich Unmengen von Garnelen und zahlreiche Fischarten. Viele Wandervogelarten unterbrechen ihre Flüge in den wenigen Grünstreifen der Küstenwüste.

Der äquatoriale Trockenwald

Er erstreckt sich im Norden des Landes zwischen Trujillo und Tumbes von der Pazifikküste bis zu 150 km landeinwärts, wo die weiten Ebenen und sanften Hügel in die Vorgebirge der Anden übergehen. Die Niederschläge der Regenzeit haben eine vielfältige Fauna und Flora in der ansonsten heißen und trockenen Region hervorgebracht. **Ceibo**- und **Karob**-Bäume stellen für die Bewohner dieser Zone eine wichtige Überlebenshilfe dar. Die Bäume sind Quelle für Bau- und Brennmaterial, Viehfutter, alkoholische Getränke sowie medizinische Produkte und Nahrungsmittel. Der äquatoriale Trockenwald ist der Lebensraum des **Weißwedelhirsches**, des **Tamanduas** (Ameisenbär) und von **Eichhörnchen**, die sich die Wälder mit Schwärmen von **Sittichen** und **Zwergpapageien** teilen.

Der pazifische Tropenwald

Ungewöhnlich dicht an der Meeresküste liegt der kleine Fleck pazifischen Tropenwalds im Herzen der Provinz Tumbes im Norden des Landes. Diese ökologische Enklave erhält deutlich mehr Niederschlag als andere Gebiete der nördlichen Küste. Dies hat zur Herausbildung einer artenreichen Tier- und Pflanzenwelt mit vielen endemischen Arten beigetragen. Dazu gehören zum Beispiel der **Coto**, eine Brüllaffenart, oder der **Nordwestliche Flussotter**. Weitere Tierarten, die im pazifischen Regenwald leben, sind **Faultier**, **Rothirsch** und **Jaguar**. Das Gebiet ist bekannt für seinen Orchideenreichtum.

Die westlichen Andenabhänge

Dieses Ökosystem umfasst das Gebiet der Westanden zwischen Trujillo und Tacna, das oberhalb der Nebelbänke der Küste auf einer Höhe zwischen 1000 m und darüber liegt. Je höher man kommt, desto mehr nimmt die Feuchtigkeit zu. Warme, sonnige Tage wechseln sich mit kühlen Nächten ab. In dieser Ökozone gedeihen unterschiedliche Kakteenarten und niedrigwüchsige Büsche mit z. T. spektakulären Blüten, wie die **Cantuta** *(Cantua buxiofolia J. Juss)* – die heilige Blume der Inkas und Nationalblume Perus. Sie wächst in interandinen Becken zwischen 2500–3200 m und bringt röhrenförmige Kelche mit roten, orangefarbenen und violetten Blüten hervor.

Auch für Vogelliebhaber ist die Ökozone interessant: Neben vielen **Kolibri**arten bekommt man auch **Falken**, **Adler**, **Sittiche** und **Zwergpapageien** zu Gesicht. Unter den Säugetieren sind der **Puma**, das **Viscacha** (ein hasenähnliches Nagetier), der **Añás** (ein Vertreter der Stinktierfamilie) und der **Andenfuchs** zu erwähnen.

Die Puna

Die baumlose Höhensteppe oberhalb von 3800–4000 m, flankiert von gletscherbedeckten Eisriesen, wird Puna genannt. Ihre Charakteristika sind extreme Temperaturschwankungen sowie niedrig wachsende Polstergewächse, Büschelgras *(Ichu)* und Flechten. In dieser Höhe ist nur noch Viehwirtschaft möglich. Bei rund 5500 m hat man die permanente Schneegrenze erreicht. In einigen geschützten Regionen der Puna finden sich noch kleine Ansammlungen von **Queñual-Bäumen**. Sie bilden die weltweit am höchsten gelegenen Waldgebiete. In diesen Höhen wächst ebenfalls nur noch an einigen wenigen Stellen die größte Bromelienart der Erde, die **Puya Raimondi**, s. S. 514.

Großen Gehirnen gleich breitet sich die verstreut und nur sehr langsam wachsende **Yareta** in halbwüstenartiger Puna auf Höhen über 4000 m aus. Sie wird von den Hochlandbewohnern als Brennmittel genutzt.

Trotz der harten Lebensbedingungen leben im Hochland der Anden zahlreiche Säugetiere, u. a. der seltene **Puma** und Kleinkamelarten wie **Lamas**, **Alpakas** oder **Vicuñas**, s. S. 354/355. Häufiger trifft man **Tarucas** – eine Hirschart – an. Die Einheimischen jagen **Chinchillas**, kleine Vertreter der Nagetierfamilie, wegen ihres weichen Fells. Über allem zieht der **Andenkondor** wachsam seine Kreise, immer auf der Suche nach Aas. In einigen Hochlandseen, die gelegentlich auch aus Salzwasser bestehen, leben **Flamingos**.

Der Páramo

Diese Landschaftsform, die ab ca. 3000 m in Peru nur im Norden der Provinz Piura und in der Provinz Cajamarca anzutreffen ist, entspricht

Vegetationszonen

- A Kaltes Meer
- B Tropisches Meer
- C Küstenwüste
- D Äquatorialer Trockenwald
- E Pazifischer Tropenwald
- F Hochlandsteppe
- G Puna
- H Páramo
- I Nebel- und Bergwald
- J Tropischer Regenwald
- K Palmsavanne

der einer feuchten Hochlandsteppe. Endlos erscheinende Grasflächen wechseln sich mit moosbedeckten Zwergwäldern ab. Dies ist das Terrain des seltenen **Bergtapirs** und des **Pudus**, einer kleinen Spießhirschart. Der Wissenschaft noch nicht sehr lange bekannt ist der **Ucumari**, ein Steppenhirsch, der sich von Insekten ernährt. Ebenfalls überwiegend von Insekten leben die zahlreichen **Fledermaus**arten des Páramo.

Der Nebel- und Bergwald

Diese Ökoregion liegt auf der Andenostseite zwischen 800–3500 m, an den feuchten Abhängen, die weiter unten in tropischen Regenwald übergehen. An diesen Nebel- und Bergwäldern regnen sich ständig die Wolken des amazonischen Tieflands ab, sodass dieses Gebiet zu den niederschlagreichsten Perus zählt (bis zu 5000 mm pro Jahr). Die Quechua-Indianer nennen diese Region *Yunga*, ein Name, der in Bolivien bis heute Bestand hat.

Unzählige Bromelien- und Orchideenarten sowie Riesenfarne sind typisch für die Wälder der Ostandenabhänge. Hier lebt der orangefarbene **Felsenhahn**, der Nationalvogel Perus. Den scheuen **Brillenbären** – die einzige Bärenart Südamerikas – bekommt man nur mit viel Glück und Ausdauer zu Gesicht. Ebenso selten sind die gelbschwänzigen **Wollaffen**, von denen Forscher eigentlich glaubten, dass sie ausgestorben seien. Über zwanzig **Kolibri**-Arten finden reichlich Nektar in den unzähligen Blüten der dichten Vegetation.

Im Nebelwald gedeiht der **Chinarindenbaum** *(Chinchona)*, der es sogar bis auf das peruanische Wappen geschafft hat und dort Natur und Pflanzenwelt des Landes symbolisiert. Aus der Rinde des Baumes wird Chinin gewonnen, das als Mittel gegen Malaria eingesetzt wird. In Peru heißt der Baum *Quina*.

Der tropische Regenwald

Das gesamte Regenwaldgebiet Perus und auch Boliviens liegt östlich der Anden unter 800 m Höhe. In diesem Naturraum, der zu den vielfältigsten Lebenszonen auf der Erde zählt, existieren unzählige Tier- und Pflanzenarten. Muss man sich in unseren Breitengraden mit wenigen Baumarten pro Hektar zufrieden geben, wachsen auf einem Hektar tropischen Regenwaldes 200–400 Baumarten. Die Urwaldriesen können dabei Höhen von 60 m erreichen. Weit verstreut sind Edelhölzer wie **Mahagoni** und **Zeder** oder **Gummibäume**, aus deren Saft Kautschuk gewonnen wird. Von anderen Baumarten werden die Nüsse (z. B. Paranüsse) oder die Früchte (z. B. *Aguaje*) verwendet. Die Rinde einiger Baumarten kann zu medizinischen Zwecken genutzt werden.

Klammer- und **Brüllaffen** sind nur zwei von 21 Vertretern der Primaten, die hier ideale Lebensbedingungen vorfinden. Die Raubtierfamilie besteht aus sechs Vertretern, deren größter der **Jaguar** ist. Auf dem Speisezettel der Regenwaldindianer ist das **Capybara** sehr beliebt, das größte Nagetier der Welt. In den Flüssen tummeln sich Hunderte von Fischarten – darunter der **Paiche**, der mit bis zu 170 kg schwere, größte Süßwasserfisch der Erde. Die fantastische Unterwasserwelt komplettieren zwei Arten von **Delfinen** sowie **Schildkröten**, **Alligatoren** und **Schlangen** wie die große Würgeschlange **Anaconda**. Ein besonderes Schauspiel bieten Hunderte von **Riesenaras** und andere **Papageienarten** an mineralhaltigen Lehmwänden der Flüsse.

Die Palmsavanne

Sie findet man in Peru nur in der südöstlichen Spitze des Departamentos Madre de Dios. Das feuchtheiße Überschwemmungsgebiet mit dem Namen **Pampas del Heath** liegt am gleichnamigen Grenzfluss von Peru und Bolivien. Teile der Savanne verwandeln sich während der Regenzeit oft in einen riesigen See, aus dem nur noch Palmen und Termitenhügel herausragen. Zu den Tieren, die auch im tropischen Regenwald anzutreffen sind, gesellen sich in der Palmsavanne u. a. eine seltene **Wolf**art, der weiße **Specht** und der **Gelbschnabel-Tukan**.

Säugetiere

In Peru existieren 431 Säugetierarten (Bolivien rund 400). Am häufigsten bekommt man Affen zu sehen, die mit 21 Arten vertreten sind. Der lauteste Vertreter seiner Spezies ist der **Rote Brüllaffe** *(Mono aullador; Alouatta seniculus)*. Sein raubtierähnliches Brüllen ist auch noch in 3 km Entfernung zu hören. Die Männchen der vegetarisch lebenden Kleingruppen nutzen ihre Stimmgewalt zur Kommunikation und um ihr Territorium zu markieren. Dagegen nehmen sich die helleren Schreie der **Klammer-** oder **Spinnenaffen** *(Maquisapa; Ateles spp.)* ziemlich harmlos aus. Sie sind aber dank ihres langen Schwanzes die Klettermeister im Regenwald.

Wollaffen *(Mono barroso; Lagothrix spp.)* beanspruchen Territorien von bis zu 500 ha für ihre Familien. Sie bewegen sich in großen, lärmenden Gruppen durch den Wald und ernähren sich überwiegend von Früchten und Samen. **Kapuzineraffen** *(Capuchinos; Cebus ssp.)* sind Allesfresser, die neben Früchten und Samen auch Eier, Insekten und Reptilien vertilgen. Mit ihrem harten Gebiss können sie sogar harte Palmnüsse knacken.

Die nur ca. 14 cm großen **Zwergseidenaffen** *(Leoncito; Cebuella pygmaea)*, die kleinsten Affen Perus, ernähren sich überwiegend von den Säften bestimmter Urwaldbäume, verschmähen aber auch Insekten nicht.

Obwohl Ameisenbären, Gürteltiere und Faultiere sehr unterschiedlich aussehen, gehören sie doch zur selben Familie der *Edentata*. Alle drei besitzen einen ähnlichen Skelettaufbau, ähnliche Kreislaufsysteme und verwandte Geschlechtsorgane. Der **Ameisenbär** *(Oso hormiguero; Tamandua)* ist ein Einzelgänger, der Termiten und Ameisen bevorzugt und selbst Killerbienen nicht verschmäht. Mit seinen scharfen Klauen klettert er auf Bäume, bricht Nester auf und verteidigt sich.

Der Körper des **Gürteltiers** *(Armadillo; Dasypus novencinetus)* ist mit übereinander liegenden Hornplatten gegen Feinde geschützt. Bei Gefahr rollt sich das nur ca. 40 cm große Tier zusammen oder rennt ins Unterholz. Dank seines ausgezeichneten Geruchssinns kann es Insekten unter der Erde riechen. Dort lebt es auch selbst in einem geräumigen Bau mit mehreren Ausgängen.

Faultiere *(Perezoso)* kommen in Peru mit zwei *(Choloepus didctylus)* oder drei Zehen *(Bradypus variegatus)* vor. An den Zehen besitzen Faultiere Krallen, mit denen sie sich im Geäst festhalten. Sie bewegen sich so aufreizend langsam, dass große Raubvögel und Raubtiere sie oftmals nicht als Beute wahrnehmen.

Zwei Arten von **Pekaris** *(Coche de monte)* durchstreifen die Regenwälder Perus und Boliviens. Während *Tayassu tajacu* einen weißen Halsring besitzt, schmückt *Tayassu pecari* ein heller Fleck an der Unterlippe. Ihre schlechte Sicht und das nur mäßige Gehör gleichen die in großen Gruppen umherstreifenden Tiere durch einen hervorragenden Geruchssinn aus.

Der scheue **Weißwedelhirsch** *(Venado cola blanca; Odocoileus virginianus)* ist eine von sechs Hirscharten, die in Peru leben. Er ernährt sich von Fallobst, Blättern und Rinden, die er wiederkäut. Sein Fleisch ist als Delikatesse sehr geschätzt.

Die Familie der amerikanischen Kleinkamele *(Camelidae)* umfasst vier Vertreter. **Lamas** und **Alpakas** kommen nur noch in domestizierter Form vor. Frei leben die grazilen **Vicuñas** und die etwas größeren **Guanacos**. Mehr zur Familie der Camelidae s. S. 354/355.

Obwohl die Familie der Nagetiere mit 90 Arten in Peru vertreten ist, bekommt man in der Regel nur einige wenige Arten zu Gesicht. Zur Familie der *Agoutidae* gehören das **Schwarze Aguti** *(Dasyprocta fuliginosa)*, das **Paca** *(Agouti paca)* und das **Capybara** *(Hydrochaeris hydrochaeris)*. Charakteristisch sind das braune kurzhaarige Fell und die langen Beine und Köpfe, die denen von Eichhörnchen ähneln. Das schwarze Aguti ist weit verbreitet und wiegt nur 5 kg. Pacas sind mit rund 12 kg deutlich schwerer, sie kommen neben dem Amazonas-Tiefland auch im Nebelwald vor. Mit bis zu 65 kg Körpergewicht ist das Capybara das weltweit schwerste Nagetier.

Der **Tapir** *(Danta; Tapirus terrestris)*, das größte Landsäugetier Perus und Boliviens, steht ganz oben auf der Liste der bedrohten Tierarten. Bis zu 300 kg bringt ein männlicher Tapir auf die Waage. Da Tapire sehr kurzsichtig sind, mähen sie auf der Flucht sogar kleinere Bäume nieder. Ihre natürlichen Feinde sind alle großen Wildkatzen. Ein sehr widerstandsfähiges Gebiss ermöglicht es dem Tapir, Samen und Nüsse mit einem Druck von bis zu 250 kg zu zermalmen. Blätter und junge Zweige ergänzen seine Diät. Während der brasilianische Tapir im tropischen Regenwald beheimatet ist, befindet sich der Lebensraum des kleineren und seltenen Bergtapirs auf der Andenostseite in Höhen zwischen 2500 und 4000 m. Er kommt nur im äußersten Norden Perus vor.

Der **Brillenbär** *(Oso de anteojos; Tremarctos ornatus)* lebt in den Nebelwäldern und der Puna der Anden in Höhen über 1800 m. Mehr zur einzigen Bärenart Lateinamerikas steht im Kasten „Chaparri" auf S. 486.

Aufgrund seines wertvollen Pelzes hat der **Riesenotter** *(Lobo del Río; Pteronura brasiliensis)* in Peru fast nur in den Seen und Flüssen der Nationalparks des Amazonasbeckens überlebt, beispielsweise im Nationalpark Manu oder im Naturreservat Tambopata. Mehr zu diesem eleganten Schwimmer s. S. 292.

Die **Fledermaus** *(Murciélago;* Familie *Chiroptera)* stellt mit fast 170 Arten in Peru die größte Familie unter den Säugetieren dar. Ihr Lebensraum ist auf warme und gemäßigte Klimazonen beschränkt; oberhalb der Baumgrenze existieren keine Fledermäuse mehr. Sie sind nachtaktiv und bevorzugen daher Höhlen oder abgestorbene Baumstämme. Man unterscheidet Fledermäuse anhand ihrer Nahrung, die von Insekten über Pflanzennektar bis Fleisch oder Fisch reicht.

Sechs verschiedene Arten von **Wildkatzen** durchstreifen die schwindenden Wälder der Anden und des Amazonasgebietes.

Der König der Fleischfresser Amerikas ist der **Jaguar** *(Jaguar; Panthera onca)*, von den Einheimischen auch *Otorongo* genannt. Außer dem Krokodil kennt er keine natürlichen Feinde. Während er tagsüber ruht und bestenfalls sein Territorium durch Kratzspuren markiert, geht er nachts auf die Jagd. Seine bevorzugte Beute sind Wildschweine, aber zur Not tun es auch Eidechsen, Fische oder sogar Aas. Nur große, zusammenhängende Naturschutzgebiete können das Überleben dieses wunderschönen Tieres gewährleisten. Ein Jaguarpärchen benötigt einen Lebensraum von ca. 14 000 ha Wald.

Ähnlich stellt sich die Situation des **Pumas** dar, der von den Einheimischen auch Löwe *(León; Puma concolor)* genannt wird. Ebenso ungefleckt wie das Fell des Pumas ist das des **Yaguarundi** *(Herpailurus yaguaroundi)*, einer seltenen Wildkatzenart. Zwei kleinere Wildkatzenarten – das **Ozelot** *(Tigrillo; Leopardus pardalis)* und die **Tigerkatze** *(Margay; Leopardus wiedii)* – werden wegen ihres ähnlichen schwarzgepunkteten, hellen Fells oft verwechselt. Dabei ist die Tigerkatze kleiner als das Ozelot und ähnelt von der Größe her eher einer Hauskatze. Beide leben und jagen überwiegend auf Bäumen. Die kleinste Raubkatze Perus – von der Größe einer Hauskatze – heißt **Oncilla**.

Im Wasser lebende Säugetiere

Vor der peruanischen Küste leben **Seelöwen** *(Lobos marinos; Otaria byronia)* und **Pelzrobben** *(Arctocephalus australis)*. Letztere sind deutlich kleiner, haben eine kleinere Nase, ein dickeres Fell und tiefere, weichere Stimmen als die Seelöwen.

Die seltene **Seekuh** *(Manatí; Trichechus inunguis)* kommt in Peru nur an den Flussläufen des Amazonas und seiner Hauptzuflüsse vor. Die scheuen Kolosse (die Männchen heißen Seebullen) werden bis zu 2,80 m groß und ernähren sich ausschließlich von Unterwasserpflanzen. Diese guten Schwimmer sind überwiegend nachtaktiv, tauchen nur alle 10–20 Minuten zum Luftholen auf und sind entsprechend schwer zu beobachten.

Weitaus häufiger bekommt man hingegen den **Amazonasdelfin** *(Boto; Inia geoffrensis)* zu sehen, der an ruhigen Stellen der Flüsse des Amazonastieflands lebt. Er kann eine Größe von bis zu 3 m erreichen. Kleiner und seltener ist der **Gewöhnliche Delfin** *(Delfín común; delphinus delphis)*, der sich am ehesten in den Flüssen in der Nähe der peruanisch-brasilianischen Grenze aufhält. Unterschiedliche Delfinarten sind vor der Küste Perus zu beobachten.

Der **Buckelwal** *(Ballena jorobada; Megaptera novaeangliae)* ist von allen Walarten diejenige, die an der Pazifikküste Perus am häufigsten zu sehen ist. In Lima bieten Veranstalter ganzjährige Wal- und Delfinbeobachtungstouren an, s. S. 174.

Vögel

Peru und Bolivien sind Vogelparadiese. Weltweit jede fünfte Vogelart hat sich hier niedergelassen. In Peru wurden bislang rund 1700 Arten, in Bolivien etwa 1400 Arten gezählt. Die interessantesten Regionen Perus für Vogelbeobachter stehen im Kasten auf S. 100.

An der peruanischen Pazifikküste leben immer noch große Schwärme Seevögel. Dennoch hat sich ihre Zahl aufgrund von Überfischung im letzten Jahrzehnt stark verringert. Häufig zu sehen sind **Pelikane** *(Pelícano; Pelecanidae)*, von denen es zwei Arten gibt.

Große Kolonien des **Peruanischen Tölpels** *(Piquero peruano; Sula variegata)* produzieren riesige Menge Vogeldungs *(Guano)*, der einst Perus wichtigstes Exportprodukt war. Die am weitesten verbreitete Vogelart der Küste ist der **Kormoran** *(Cormorán; Phalacrocorax spp.)*, der mit drei Arten vertreten ist. Sein größerer Verwandter – der **Anhinga** – *(Anhinga anhin-*

ga) kommt auch in den Mangrovenwäldern des Nordens und im Amazonas vor.

Der **Humboldt-Pinguin** *(Pingüino; Speniscus humboldti)* lebt ausschließlich vor der Westküste Chiles und Perus und ist die einzige dort vorkommende Pinguinart. Er kann bis zu 82 cm groß werden. **Flamingos** *(Flamenco; Phoenicopterus spp.)* sind mit drei Arten in Peru vertreten. Sie halten sich den überwiegenden Teil des Jahres an den Salzseen der Anden in über 4000 m Höhe auf. Zwischen Juni und September wandern einige von ihnen an die Pazifikküste, wo man sie auf der Halbinsel Paracas und im Mejia-Reservat beobachten kann.

Die meisten der 26 peruanischen **Möwenarten** *(Gaviota; Larus spp.)* bevölkern die Küste, wo sie in großen Mengen auftreten. Der Lebensraum der **Andenmöwe** und der Amazonas-Arten ist durch Eingriffe des Menschen gefährdet. Die 17 verschiedenen peruanischen **Reiherarten** *(Garza)* sind leicht zu erkennen. Sie sind meist große, schlanke, aufrecht stehende Vögel, die an Küsten, Flussläufen und Seeufern leben. Nur an einigen Seen und in Sumpfgebieten des Amazonastieflands (Region Río Ucayali und Departamento Madre de Dios) ist der eigentümliche **Hoatzin** *(Opisthocomus hoatzin)* zu sehen. Der truthahngroße Urvogel ähnelt mit seinem struppigen Kopfschmuck einem prähistorischen Saurier mit Federn. Da er nicht fliegen kann, bewegt er sich mit großen Sprüngen durch das Unterholz.

Dank überfahrener Hunde und reichlich vorhandener Müllkippen brauchen sich die **Geier** *(Gallinazo;* Familie *Cathartidae)* in Peru und Bolivien über ihren Fortbestand keine Sorgen zu machen (mit Ausnahme des Kondors). Von den sechs in Peru vorkommenden Arten ist der Andenkondor *(Cóndor; Vultur gryphus)* mit bis zu drei Metern Flügelspannweite die größte Geierart der Welt, s. S. 353. Der farbenprächtige Königsgeier *(Cóndor de la selva; Sarcoramphus papa)* lebt in tropischen Gefilden und ist selten zu sehen. Etwas häufiger ist der Truthahngeier *(Gallinazo de cabeza roja; Cathartes aura)*, während der schwarze Rabengeier *(Gallinazo de cabeza negra; Coragyps atratus)* die zahlenmäßig größte Gruppe der Geierarten stellt.

Nur noch selten zeigt sich der **Nandu** *(Pterocnemia pennata)*, die lateinamerikanische Variante des Vogel Strauß. Der scheue Laufvogel, der in Peru **Suri** genannt wird, lebt in kargen Regionen des Páramo (vorwiegend im Departamento Arequipa) und wird wegen seiner Federn

Flamingos auf 4000 m Höhe – in Peru und Bolivien keine Seltenheit

und Eier gejagt. Sein Restbestand wird auf weniger als 5000 Exemplare geschätzt.

Die **Harpyie** *(Aguila arpía; Harpia harpyja)* ist der König der Raubvögel in den tropischen Wäldern Südamerikas. Das größere Weibchen kann bis zu einen Meter Körperlänge erreichen. Mit weißer Unterseite, schwarzem Federkleid und grauem Schwanz ist der Vogel leicht zu erkennen. Der Kopfkamm mit zwei herausstehenden Federn lässt den Adler noch größer wirken. Er kann mit bis zu 80 km/h auf seine Beute in den Baumwipfeln zurasen. Meist lässt er Affen, Faultieren, Schlangen und Aras keine Chance zu entkommen.

Kolibris *(Colibrí, Chupaflor;* Familie *Trochilidae)* sind eine der Sensationen von Mutter Natur. Ihre 10–80 Flügelschläge pro Sekunde in Form einer Acht ermöglichen ihnen Flugbewegungen in alle Richtungen. Dabei erreichen sie Geschwindigkeiten von bis zu 150 km/h bei bis zu 1000 Pulsschlägen pro Minute. Aufgrund des hohen Energieverbrauchs müssen Kolibris täglich mehr als ihr eigenes Körpergewicht an Nahrung zu sich nehmen. Sie bevorzugen Nektar, den sie mit ihren langen Schnäbeln aus Blüten saugen. Dabei bestäuben sie die Pflanze. Auch Insekten stehen gelegentlich auf ihrem Speiseplan. Wegen ihrer Beweglichkeit und Schnelligkeit haben Kolibris so gut wie keine natürlichen Feinde. Allein in Peru kommen 116 Arten vor.

Eine ungewöhnliche Vogelart ist der **Fettschwalm** *(Guacharo; Steatornis caripensis)*, der auch Ölvogel genannt wird. Mehr dazu s. S. 426.

Der grell-orangefarbene Nationalvogel Perus, der **Felsenhahn** *(Gallo de peña; Rupicola peruviana)*, gehört zur Cotinga-Familie, von der es rund 40 Arten in Peru gibt. Sein Lebensraum sind die Nebelwälder der Andenostabhänge.

Der **Montezuma-Stirnvogel** *(Oropendola; Gymnostinops montezuma)* ist leicht an den Gluckslauten der männlichen Balzgesänge und den gelben äußeren Schwanzfedern zu erkennen. Oropendolas leben in großen Gruppen und bauen ihre hängenden Nester in hohen Bäumen.

Die 17 in Peru vorkommenden **Tukan**arten *(Tucan; Familie Ramphastidae)* gehören zu den auffälligsten Vogelarten Amerikas. Charakteristisch sind ihre bunten Schnäbel, leicht und scharf zugleich, sowie die vielen Farben ihres Federkleids. Oft fliegen sie in kleinen Gruppen umher, begleitet von ihren kleineren Verwandten, den **Arakaris** *(Tucancillo)*. Die Allesfresser ernähren sich von Früchten, Insekten, Schlangen sowie den Eiern anderer Vögel. Man findet Tukane in den Tieflandregionen des Amazonas und in den Nebelwäldern der Ostanden.

Der **Rote Riesenara** *(Guacamaya roja; Ara macao)* bietet besonders dann einen spektakulären Anblick, wenn sich Dutzende von ihnen lärmend an den Wänden einer Minerallecke zu

Die besten Gebiete, um Vögel zu beobachten

Departamento	Ort / Reservat / Naturraum	Höhe	Seite
Ancash	Callejón de Huaylas	3000–4200 m	S. 512
Arequipa	Colca Canyon	3000 m	S. 353
Arequipa	Salinas y Aguada Blanca	3700 m	S. 334
Cajamarca	Tal des Río Marañon	800–1500 m	S. 543
Chiclayo	Chaparrí	500–1350 m	S. 486
Cusco	Machu Picchu	1800 m	S. 271
Huánuco	Tingo María	600 m	S. 426
Ica	Halbinsel Paracas	0–250 m	S. 396
Junín	Pampa Hermosa	1200 m	S. 432
Madre de Dios	Tambopata und Manu	300 m	S. 364, 289
Puno	Titicaca-See	3800 m	S. 317
San Martín	Alto Mayo	800–1600 m	S. 569
Tumbes	Pto. Pizarro und Umgebung	Meereshöhe	S. 504
Tumbes	Zona Reservada de Tumbes	500–900 m	S. 508

schaffen machen. Ara-Paare legen ihre Eier in hohle Baumstämme oder verlassene Termitennester. Riesenaras kann man vor allem in den Nationalparks des südlichen Amazonasgebietes Perus (Manu und Tambopata) beobachten. Insgesamt existieren in Peru 49 Papageienarten.

Reptilien und Amphibien

In Peru leben 364 Arten von Reptilien. Ganz weit oben in der Nahrungskette befinden sich die fünf Krokodilarten Perus. Die meisten stehen auf der Liste der bedrohten Arten. Krokodile sind heutzutage überwiegend an Flüssen und Seen in den Nationalparks der tropischen Landesteile Perus anzutreffen. Am häufigsten bekommt man den bis zu zweieinhalb Meter großen **Brillenkaiman** *(Caimán; Caiman crocodilus)* zu sehen, der zu klein ist, um Menschen gefährlich zu werden. Wesentlich aggressiver verhält sich der **Mohrenkaiman** *(Caimán negro; Melanosuchus niger)*, der bis zu 6 m lang werden kann. Der Lebensraum des **Spitzkrokodils** *(Crocodylus acutus)* liegt im Nordwesten des Landes.

Auf schlammigen Uferpartien und Baumstämmen in Flüssen und Seen des Amazonasbeckens trifft man des Öfteren eine von drei Arten von **Wasserschildkröten** *(Tortuga del rio)* an. Sie können bis zu 25 kg Gewicht erreichen. Die **Landschildkröte** *(Geochelone denticulata)* ist die einzige terrestrisch lebende Schildkröte Perus. Die **Lederrückenschildkröte** *(Dermochelys coriacea)*, weltweit größte Schildkrötenart, und die **Olive Ridley Schildkröte** *(Lepidochelys olivacea)* leben im Meer und besuchen die Strände Perus, um im Sand ihre Eier abzulegen.

Der grüne **Leguan** *(Iguana verde; Iguana iguana)* braucht ein schattiges Versteck und ein Plätzchen zum Sonnen in einem Baum am Ufer eines Flusses. Dieses Territorium verteidigt er gegen seinesgleichen mit aufgeregtem Kopfnicken.

Von den 186 peruanischen Schlangenarten sind lediglich 32 giftig genug, um Menschen gefährlich zu werden. Eine der giftigsten Schlangen ist die schlanke **Lanzenotter** *(Jergón; Bothrops atrox)*, die zur Familie der Vipern gehört. Das nachtaktive Tier, das in Sumpfgebieten des Tieflands und entlang von Flussläufen vorkommt, kann bis zu 2 m lang werden. Größer ist die **Buschmeister** *(Shushupe; Lachesis muta)* – die mit bis zu dreieinhalb Metern größte Vipernart der westlichen Hemisphäre.

Zur Familie der Cobras gehört die giftige **Korallenschlange** *(Coral; Micrurus langsdorffi)*. Ihr bunt geringeltes Kleid ist von vielen nichtgiftigen Schlangen imitiert worden und vom Original nur schwer zu unterscheiden.

Die Würgeschlange **Boa constrictor** *(Boa; Boa constrictor)* kann trotz ihrer Größe von bis zu 4 m einem Menschen nicht viel anhaben. Die **Anaconda** *(Eunectes murinus murinus)*, die bis über 10 m lang werden kann, lebt überwiegend an und im Wasser von Flüssen des Amazonastieflands. Nachdem die Schlange ihr Opfer – Reptilien, Vögel und kleinere Säugetiere – erwürgt hat, schluckt sie ihre Beute komplett.

Rund 300 Frosch- *(Rana)* und Krötenarten *(Sapo)* sind in Peru beheimat. **Giftpfeilfrösche** (Familie *Dendrobatidae*) sind für ihre grelle Färbung bekannt, die Feinde vor ihnen warnen soll. Der überwiegende Teil dieser 25 Arten umfassenden Familie lebt terrestrisch in Nebel- oder tropischen Regenwäldern. Die Indianer des Regenwalds verwenden allerdings nur das Gift von drei Arten für ihre Blasrohrpfeile, die den Fröschen ihren Namen gegeben haben. **Baumfrösche** (Familie *Hylidae*) zeigen sich nur selten, da sie fast ihr ganzes Leben in Trichterbromelien auf den Ästen größerer Bäume verbringen.

Insekten

Die Hälfte der Biomasse aller Insekten besteht aus Ameisen. Von den vielen Arten sind die **Blattschneideameisen** *(Hormiga; Atta sp.)* die auffälligsten. Auf richtigen „Autobahnen" transportieren sie Unmengen von Blättern in ihren Bau, wo diese dann zerkaut werden. Die so gewonnene Substanz dient den Ameisen zum Aufbau von Pilzkulturen, von denen sie sich ernähren.

Termiten *(Termita; Nasutitermes sp.)* leben in kompliziert angelegten Bauten an Baumstämmen oder Ästen und ernähren sich von Holz. Die Wärme liebenden, lichtscheuen Tiere legen Tunnelgänge an, um zu ihren Futterquellen zu gelangen.

Stechmücken *(Zancudos, Mosquitos)* sind nicht so häufig wie vielfach angenommen. Dennoch sollte beim Besuch der Regenwälder ein Mückenschutzmittel, langärmelige Kleidung und ein Moskitonetz nicht fehlen. Gehäuft treten Moskitos besonders in der Dämmerung auf.

Für **Schmetterling**sliebhaber ist Peru das Paradies. Rund 4250 Arten – davon 430 endemisch – warten auf den Besucher. Das sind rund 18 % aller weltweit bekannten Arten. Auf einem 5 km langen Stück im peruanischen Amazonas fanden Schmetterlingssammler fast 1200 Arten! Herausragend ist das schillernde Blau des großen **Morpho-Schmetterlings** *(Morpho menelaus)*.

Die vielen Spinnenarten sind zumeist harmlos. Die haarige **Vogelspinne** *(avicularia sp.)* beißt nur in Notwehr. Ihr Gift ist schmerzhaft, aber nicht lebensbedrohlich. Gleiches gilt für die verschiedenen **Skorpionarten** *(Escorpión)*. **Zikaden** *(Chicharras)* bilden die Hintergrundmusik eines jeden Dschungelbesuchs. Je heißer und trockener es ist, desto lauter ihr Konzert.

Fische

Vor der Küste Perus leben riesige **Sardellen**- und **Sardinen**schwärme, die Peru zum weltweit größten Exporteur von Fischmehl machen. Für Hunderte von Fischarten bietet der kalte nährstoffreiche Humboldtstrom einen idealen Lebensraum. Die Fischbestände der Sierra beschränken sich inzwischen auf **Forellen**zuchtanlagen, denn die Wildbestände sind stark zurückgegangen.

Eine einzigartige Symbiose gehen die vielfältigen Fischbestände des Amazonasbeckens mit ihrer Umwelt ein. Im gesamten Einzugsgebiet des Amazonas vermuten Wissenschaftler rund 3000 Arten. Sie spielen eine wichtige Rolle bei der Verbreitung von Pflanzen, dann nämlich, wenn sie sich während der Überschwemmungsperioden von Früchten und Nüssen der unter Wasser liegenden Baumarten ernähren und die Samen und Fruchtkerne an anderer Stelle wieder ausscheiden.

Inzwischen sind aber viele **Süßwasserfisch**arten durch Wasserverschmutzung und Überfischung bedroht, darunter auch der bis zu 2 m große **Paiche** *(Arapaima gigas)*, der in den großen Flüssen des Amazonasbeckens zu Hause ist. Das wohlschmeckende Fleisch des bis zu 170 kg schweren Fisches hat dazu geführt, dass er inzwischen auf der Liste der bedrohten Tierarten gelandet ist.

Längst nicht so gefährlich wie ihr Ruf sind hingegen **Piranhas**. Rund 25 Arten lassen sich im Amazonasbecken beobachten. Auch wenn Blut sie anzieht und sie unter bestimmten Umständen Menschen in die Füße beißen, ist kein einziger Fall mit tödlichem Ausgang dokumentiert.

Umwelt

Obwohl das Thema **Natur- und Umweltschutz** in Peru und Bolivien seit einigen Jahren auf der politischen Agenda steht, kann die erfolgreiche Umsetzung von Umweltschutzmaßnahmen eher als Ausnahme betrachtet werden. Wie in allen Volkswirtschaften, die sich in ständigen finanziellen Schwierigkeiten befinden und mit einem geringen Steueraufkommen haushalten müssen, ist die oft kostspielige Durchführung von Projekten im Bereich Umwelt- und Naturschutz fast immer von der Beteiligung internationaler Geldgeber abhängig.

Leider folgen den schönen Worten der Politiker, Funktionäre und Wirtschaftsbosse zum Umweltschutz nur selten Taten und die kleine, oft unverstandene Fraktion der Umweltschützer hat einen schweren Stand in Peru und Bolivien. Das verwundert nicht, sind doch ihre **Gegenspieler** mächtige Minen- und Großgrundbesitzer, hochrangige Militärs, Politiker und leider sehr oft auch der kleine Mann von der Straße. Letzterem fehlt neben dem Gesamtverständnis für die Umweltprobleme seines Landes oft einfach die Bildung und die Zeit, um sich mit der Problematik zu beschäftigen.

Naturschutzgebiete in Peru und Westbolivien

Perus 108 Naturschutzgebiete werden von der staatlichen Behörde Sernanp (Servicio Nacional de Áreas Naturales Protegidas por el Estado) in

Nationalparks und Kulturstätten

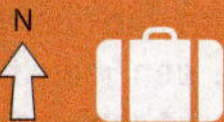

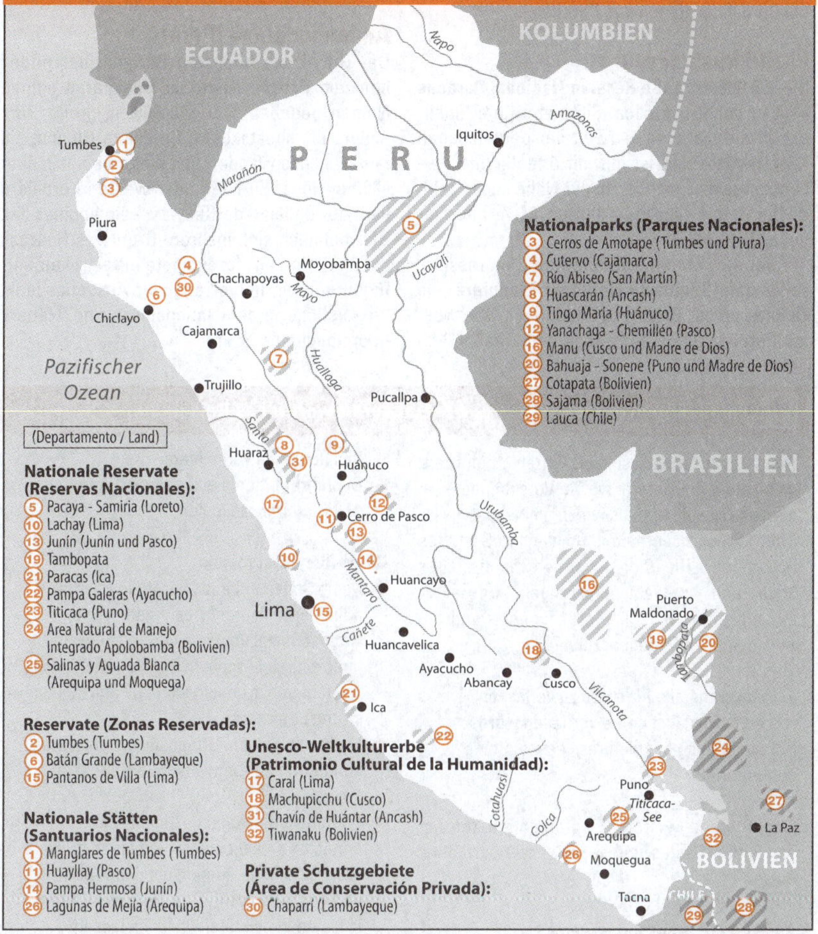
N
ECUADOR
KOLUMBIEN
PERU
BRASILIEN
BOLIVIEN
CHILE
Pazifischer Ozean
Napo
Amazonas
Marañón
Ucayali
Mayo
Huallaga
Santa
Urubamba
Mantaro
Cañete
Vilcanota
Tambopata
Cotahuasi
Colca
Titicaca-See
Tumbes
Piura
Chiclayo
Chachapoyas
Moyobamba
Iquitos
Cajamarca
Trujillo
Pucallpa
Huaraz
Huánuco
Cerro de Pasco
Huancayo
Lima
Huancavelica
Ayacucho
Abancay
Cusco
Puerto Maldonado
Ica
Puno
Arequipa
Moquegua
Tacna
La Paz
(Departamento / Land)
Nationale Reservate (Reservas Nacionales):
5 Pacaya - Samiria (Loreto)
10 Lachay (Lima)
13 Junín (Junín und Pasco)
19 Tambopata
21 Paracas (Ica)
22 Pampa Galeras (Ayacucho)
23 Titicaca (Puno)
24 Area Natural de Manejo Integrado Apolobamba (Bolivien)
25 Salinas y Aguada Blanca (Arequipa und Moquega)
Reservate (Zonas Reservadas):
2 Tumbes (Tumbes)
6 Batán Grande (Lambayeque)
15 Pantanos de Villa (Lima)
Nationale Stätten (Santuarios Nacionales):
1 Manglares de Tumbes (Tumbes)
11 Huayllay (Pasco)
14 Pampa Hermosa (Junín)
26 Lagunas de Mejía (Arequipa)
Nationalparks (Parques Nacionales):
3 Cerros de Amotape (Tumbes und Piura)
4 Cutervo (Cajamarca)
7 Río Abiseo (San Martín)
8 Huascarán (Ancash)
9 Tingo María (Huánuco)
12 Yanachaga - Chemillén (Pasco)
16 Manu (Cusco und Madre de Dios)
20 Bahuaja - Sonene (Puno und Madre de Dios)
27 Cotapata (Bolivien)
28 Sajama (Bolivien)
29 Lauca (Chile)
Unesco-Weltkulturerbe (Patrimonio Cultural de la Humanidad):
17 Caral (Lima)
18 Machupicchu (Cusco)
31 Chavín de Huántar (Ancash)
32 Tiwanaku (Bolivien)
Private Schutzgebiete (Área de Conservación Privada):
30 Chaparrí (Lambayeque)

Lima, Calle Diecisiete 355, Urbanización El Palomar, ✆ 01-7177500, 🖳 www.sernanp.gob.pe, überwacht. Die geschützten Flächen bedecken fast 17 % (rund 22,1 Mio. ha) der Landesfläche. Die wichtigsten Kategorien sind: **Nationalparks** *(Parques Nacionales)*, **Nationale Reservate** *(Reservas Nacionales)*, **Nationale Stätten** *(Santuarios Nacionales)*, **Historische Stätten** *(Santuarios Históricos)*, **Reservate** *(Zonas Reservadas)* und **Waldreservate** *(Reservas Forestales)*, s. Karte.

Ein Großteil der peruanischen Naturschutzgebiete besitzt keine oder nur eine ungenügende touristische Infrastruktur. Viele Gebiete sind zudem schwer zu erreichen, andere Parks für Touristen überhaupt nicht zugänglich. Nachfolgend werden gut erreichbare Schutzgebiete aufgeführt, die über Besuchsmöglichkeiten verfügen. Zu den meistbesuchten Naturschutzgebieten Perus zählen der Titicaca-See, Pacaya-Samiria, die Cordillera Blanca und Paracas.

Pazifikküste (Peru)

Die 335 000 ha große **Reserva Nacional Paracas** liegt in der Provinz Ica. Sie bietet gute Einblicke in die maritime Tierwelt der peruanischen Küstenwüste und ist gut mit öffentlichen Verkehrsmitteln erreichbar. In der Nähe liegen zahlreiche Hotels aller Preisklassen. Mehr Informationen s. S. 386.

Wer sich für Mangrovenwälder interessiert, sollte dem **Santuario Nacional Manglares de Tumbes** an der Grenze zu Ecuador im Nordwesten Perus einen Besuch abstatten. Das 2972 ha große Schutzgebiet ist mit Booten von der Provinzhauptstadt Tumbes aus erreichbar. Weitere Informationen s. S. 508.

Andenhochland (Peru)

Der Gipfel des höchsten Berges des Landes hat dem **Parque Nacional Huascarán** seinen Namen gegeben. Der 340 000 ha große Park umgibt die spektakuläre Cordillera Blanca, ein fantastisches Wander- und Klettergebiet in über 4000 m Höhe. Zu Füßen der weißen Kordillere liegt der Callejón de Huaylas – ein andines Tal. Hier befinden sich mehrere Orte (z. B. Huaraz), die über eine ausgezeichnete Infrastruktur verfügen und ein hervorragender Ausgangspunkt für Ausflüge in den Nationalpark sind. Nähere Informationen s. S. 510.

Tipps für umweltbewusstes und sozial verantwortliches Reisen

Beim Umweltschutz ist jeder Einzelne gefordert, umso mehr in Ländern, wo die Versuchung, sich als Gast wie die oftmals wenig umweltbewusste Bevölkerung zu verhalten, ziemlich groß ist. Das Argument: „Die Einheimischen machen das doch auch", ist wenig überzeugend. Besser ist es, mit gutem Beispiel voranzugehen und die zwei goldenen Regeln anzuwenden:

a) Ideal wäre, alle Plätze so zu verlassen, wie man sie selbst gerne vorfinden würde.
b) Take nothing but pictures, leave nothing but footprints.

Nachfolgend weitere Empfehlungen für ein umweltbewusstes und sozial verantwortliches Reisen:

An-/Abreise, Transport im Land

- Den durch die An- bzw. Abreise verursachten CO_2-Ausstoß mit Hilfe des Kompensationsprogramms einer nachweislich korrekt agierenden Klimaagentur (z. B. 💻 www.atmosfair.org oder 💻 www.myclimate.ch) neutralisieren.
- Kurze Inlandflüge vermeiden und auf andere Verkehrsmittel ausweichen.
- Klimaanlagen vermeiden.
- Busfahrer bitten, bei längeren Aufenthalten den Motor auszustellen.

Umweltbewusst reisen

- Keine Souvenirs aus bedrohten Pflanzen oder Tieren kaufen! Das Washingtoner Artenschutzabkommen verbietet deren Import nach Europa. In Peru/Bolivien ist die Ausfuhr von archäologischen Fundstücken streng untersagt.
- Hotels, Fluglinien, Urlaubsorte, Reiseveranstalter etc. auf Umweltschutzmaßnahmen hinweisen.
- Pfandflaschen kaufen, Trinkflaschen benutzen und mit mehreren Leuten größere Wasserkanister kaufen, um den Plastikverbrauch zu reduzieren; Softdrinks nicht in kleine Plastiktüten umfüllen lassen!
- In vielen Gegenden Perus/Boliviens ist das Wasser knapp. Unnötiger Verbrauch sollte daher vermieden werden.
- Statt mit Batterien mit aufladbaren Akkus reisen, und wenn sich Batterien nicht vermeiden lassen, diese mit nach Hause nehmen – in Peru/Bolivien werden sie garantiert nicht vernünftig entsorgt!

Das 36 180 ha große Naturschutzgebiet **Reserva Nacional del Titicaca** umgibt Teile des höchsten schiffbaren Sees der Welt – den Titicaca-See auf 3800 m Höhe. Von der Provinzhauptstadt Puno aus lassen sich Bootstouren zu den Inseln des Sees unternehmen. Mehr Informationen s. S. 317.

Ostandenabhänge (Peru)

Die weltberühmte Inkaruinenstätte **Machu Picchu** liegt im gleichnamigen, 32 592 ha großen **Santuario Histórico** auf rund 2300 m Höhe und wurde als Unesco-Weltkulturerbe ausgezeichnet. Die abwechslungsreiche Region, die neben einer vielfältigen Fauna und Flora auch sehenswerte archäologische Stätten vorzuweisen hat, ist von Cusco aus nur per Zug erreichbar. Wer mehr Zeit hat, kann alternativ in mehreren Tagen auf dem berühmten Inkatrail nach Machu Picchu wandern. Nähere Informationen hierzu auf S. 265.

Amazonastiefland (Peru)

Die bekanntesten Naturschutzgebiete dieser Region sind der **Parque Nacional Manu** und die **Reserva Nacional Tambopata**. Beide sind von Cusco aus entweder per Flugzeug oder mit dem Auto und dem Boot zu erreichen.

Der 1,7 Mio. ha große Manu-Nationalpark gehört zu den weltweit artenreichsten Regenwaldgebieten. Allerdings ist nur ein kleiner Streifen für den Tourismus zugänglich. Immer beliebter wird ein Besuch in den tropischen Wäldern, Seen und Flüssen des Tambopata-Reservates.

- Toilettenpapier und andere Hygieneartikel nicht in die Toilette, sondern in die daneben stehenden Eimer werfen!

Sozial verantwortlich reisen

- Auf respektvollen Umgang mit der Bevölkerung und den Angestellten der Tourismusbetriebe achten und ggf. auch Mitreisende oder den Touristenführer darauf hinweisen.
- Den persönlichen Wohlstand nicht zur Schau stellen. Bettelnden Kindern kein Geld geben. Wirksamer ist es, einer lokalen Kinderorganisation Geld zu spenden.
- Der informelle Sektor ist für viele Menschen die einzige Möglichkeit, den Lebensunterhalt zu verdienen. Leider ist auch oft eine ganze Familie vom Einkommen ihrer Kinder abhängig. Deshalb ist es in Ordnung, sich auf der Straße die Schuhe putzen zu lassen.
- Kleinen lokalen Hotels, Restaurants, Reiseveranstaltern, Guides etc. großen nationalen und internationalen Ketten gegenüber den Vorzug geben – das erhöht die Chance, zu lokalen Einkommen beizutragen.
- Kunsthandwerk soweit möglich direkt beim Produzenten kaufen und Zwischenhändler umgehen.
- Landwirtschaftlichen Produkten aus der Umgebung den Vorzug vor importierten Waren geben.
- Auf fair gehandelte und biologisch erzeugte Waren zurückgreifen und danach fragen.

Trekking

- Darauf achten, dass der ökologische Fußabdruck minimiert wird: Plastikmüll vermeiden, organischen Müll vergraben, nichtorganischen mit in die nächste Stadt nehmen sowie Flora und Fauna ungestört lassen.
- Ehrgeizige Reisende sammeln den herumliegenden Müll auf einer Trekkingroute auf – eine schöne Art, Mitreisende und die lokale Bevölkerung für das Thema zu sensibilisieren.
- Beim Buchen eines Treks darauf achten, dass die Agentur ihren Mitarbeitern (Guides, Träger, Köche etc.) gesetzliche Arbeitnehmeransprüche wie Mindestlohn, Ausrüstung, Verpflegung etc. garantiert.
- Beim Buchen eines Treks in ländlichen Gebieten nachfragen, ob die lokale Bevölkerung von dem Besuch profitiert. Darauf achten, dass für getane Arbeit ein gerechter Lohn bezahlt wird.

In dem 274 690 ha großen Gebiet haben sich inzwischen zahlreiche Lodges angesiedelt. Einige von ihnen propagieren nachhaltigen Tourismus, der auch benachbarte indianische Gemeinden einbezieht. Mehr Informationen s. S. 289 (Manu) und S. 304 (Tambopata).

Im nördlichen Amazonasgebiet Perus lohnt ein Abstecher in die **Reserva Nacional Pacaya-Samiria**, mit 2 080 000 ha das größte Naturschutzgebiet des Landes. Nähere Informationen s. S. 591.

Naturschutzgebiete in Westbolivien

In Bolivien kümmert sich SERNAP (Servicio Nacional de Áreas Protegidas), Calle Francisco Bedregal 2904 final, Sopocachi, ✆ 02-2426272, 💻 www.sernap.gob.bo, um die Unterhaltung der mehr als 80 bolivianischen Naturschutzgebiete.

Südwestlich von La Paz liegt der 100 223 ha große **Parque Nacional Sajama**, eines der ersten Gebiete, die in Bolivien unter Naturschutz gestellt wurden. Die Hauptattraktion des Parks, der auf Höhen über 4200 m liegt, ist der Vulkan Sajama, mit 6542 m der höchste Berg Boliviens. Der Zugang ist mit öffentlichen Verkehrsmitteln möglich, aber die touristische Infrastruktur ist sehr einfach, s. S. 663.

An den Nationalpark Sajama grenzt direkt im Westen der sehenswerte **Parque Nacional Lauca**, der zu Chile gehört (137 883 ha). Nähere Informationen s. S. 664.

Nördlich des Titicaca-Sees erstreckt sich in der Cordillera Apolobamba das Naturschutzgebiet **Área Natural de Manejo Integrado Nacional Apolobamba**. Das tolle, 483 744 ha große Wandergebiet, das auch bei Bergsteigern beliebt ist, kann mit öffentlichen Verkehrsmitteln nur umständlich erreicht werden. Unterkunft und Verpflegung auf einfachstem Niveau erhält man in größeren Orten der Region, s. S. 659.

Der **Parque Nacional y Área Natural de Manejo Integrado Cotapata** beinhaltet auf Höhen zwischen 1000–6000 m eine erstaunliche Anzahl von Ökosystemen. Das nur rund 400 km² große Naturschutzgebiet liegt 20 km nördlich von La Paz. Der Choro-Trail (S. 642) verläuft größtenteils innerhalb der Parkgrenzen.

Zerstörung der Regenwälder

Peru besitzt – nach Brasilien, der Demokratischen Republik Kongo und Indonesien – den weltweit viertgrößten Bestand an tropischem Regenwald. Doch jedes Jahr fallen in Peru ca. 224 000 ha (in Bolivien rund 160 000 ha) Regenwald den Motorsägen und absichtlichen Waldbränden zum Opfer. Die **Waldfläche** hat sich in

Umweltorganisationen

Peru

Asociación Ecosistemas Andinas (ECOAN), Urbanización La Florida D1-B, Pasaje. Los Pinos, Huanchaq, Cusco, ✆ 084-227988, 💻 www.ecoanperu.org. Landesweit tätige Naturschutzorganisation, die versucht, die einheimische Bevölkerung beim Schutz von Naturgebieten einzubeziehen.

Conservación Internacional Perú, Dos de Mayo 741, Miraflores, ✆ 01-6100300, 💻 dev2.conservation.org/sites/peru. Bemüht sich seit 1987 um den Schutz bedrohter Naturparks unter Einbeziehung der lokalen Bevölkerung und örtlicher Organisationen.

Perú Verde, Manuel Bañon 461, Lima, San Isidro, ✆ 01-2035000, 💻 www.peruverde.org. Eine nichtstaatliche Organisation, die Naturschutz durch Feldforschung, Umwelterziehung, Betreuung von Schutzgebieten und alternativem Tourismus (Inka Natura Travel, 💻 www.inkanatura.com) betreibt.

Bolivien

Liga de Defensa del Medio Ambiente, Cervantes 2607, La Paz, ✆ 02-2419393, 💻 www.lidema.org.bo. Zusammenschluss von 27 Umweltschutzorganisationen.

Conservación International Bolivia, Calle 13 No. 8008, La Paz, Calacoto, ✆ 02-2792770, 💻 www.conservation.org.bo. International tätige Umweltschutzorganisation, die u. a. Regenwaldprojekte fördert.

Peru von rund 65 Mio. ha im Jahr 2000 auf weniger als 63 Mio. ha im Jahr 2012 verringert.

Neben dem Heißhunger der ersten Welt auf Edelholzarten wie Mahagoni und Zedern zwingt die Armut viele Menschen mangels Alternativen zum Abholzen, denn nur so können sie ihren Lebensmittel- und Brennstoffbedarf decken. Viele Bauern verlassen das dicht besiedelte Hochland, um in den endlos erscheinenden Regenwäldern des Amazonasbeckens **Brandrodung** zu betreiben.

An der Pazifikküste fallen die ökologisch besonders wertvollen Mangrovenwälder der **Garnelenzucht** zum Opfer. Gas- und Ölförderung, illegale Jagd und Tierhandel, **unzureichende Wiederaufforstung** und **mangelnde Bewachung** der Naturschutzgebiete tun ihr Übriges. Obwohl die peruanische Regierung die ehrgeizige Strategie einer **Null-Entwaldung bis 2019** verfolgt, wird anderen Prognosen zufolge der tropische Regenwald Perus in 20–30 Jahren auf wenige Prozent der Landesfläche zusammengeschrumpft sein. Bestärkt wird letztere Sichtweise durch fehlende Anreize im peruanischen Bodenrecht, mangelnde Strafverfolgung von **illegaler Abholzung** und **unzureichende Regulierungen** und Umweltverträglichkeits-Prüfungen bei der Vergabe von Bergbau- und Energie-Konzessionen. Ein positives Signal der Regierung Humala ist hingegen die Umsetzung des Konsultationsgesetzes (entsprechend der Konvention Nr. 169 der ILO), das der indigenen Bevölkerung ein präventives **Konsultationsrecht** einräumt, bevor es zu Investitionsentscheidungen für Großprojekte kommt.

Abschmelzen der Gletscher

Von der globalen Erwärmung bleiben auch Peru und Bolivien nicht verschont. Besonders in der Andenregion lassen sich die Folgen des **Klimawandels** mit bloßem Auge erkennen. Allein in Peru liegen 70 % der weltweiten Gletschermassen der Tropengebirge. Sie regulieren das Klima, versorgen die Landwirtschaft sowie die Stadtbevölkerung mit Wasser und sorgen dafür, dass ein Großteil des Strombedarfs mit Wasserenergie gedeckt werden kann.

Co_2-Emissionen pro Einwohner

Während jeder Deutsche jährlich für rund 10 Tonnen Co_2 verantwortlich ist, erzeugen die Einwohner Perus pro Kopf nur rund 1,4 Tonnen, die Bolivianer gar nur 1,2 Tonnen Co_2.

Der Temperaturanstieg der letzten Jahrzehnte hat zu einem beträchtlichen Rückgang der andinen Gletscher in Peru und Bolivien geführt. Gleichzeitig hat die Anzahl von Bergseen zugenommen – von 630 auf 700 in den letzten zwanzig Jahren. Der Rückgang der Eismassen kann in den kommenden Jahrzehnten dramatische Auswirkungen haben. Während Bewohner von Hochlandregionen durch **Überschwemmungen** bedroht wären, würden die Bauern in den Küstentälern unter Wassermangel leiden. Auch die Hauptstädte Lima und La Paz hätten – bei gleichzeitig wachsender Einwohnerzahl – unter immer mehr **Wasser- und Stromknappheit** zu leiden.

Bergbau und Erdölförderung

Peru und Bolivien sitzen auf einer großen Schatztruhe, die mit Gold, Silber, Lithium, Zink, Kupfer, Erdöl und Erdgas gefüllt ist. Die schwierige wirtschaftliche Lage beider Länder verführt die jeweiligen Regierungen dazu, weiter auf die Karte **Bodenschätze** zu setzen. Immer mehr Bohrkerne fressen sich in die Erde, immer mehr Stollen durchlöchern die Berge und inzwischen wetteifern beide Länder um die schnellere Erschließung der Erdgasvorkommen, zum Teil auch in Naturschutzgebieten. Dabei verletzen auch ausländische Unternehmen massiv **Umwelt- und Sozialstandards**. Dies hat in Peru und Bolivien bereits zu zahlreichen Protesten der betroffenen Bevölkerung geführt (s. beispielsweise den Kasten zur Goldmine Yanacocha auf S. 548).

Umweltprobleme von Lima

Auf die ökologischen Probleme der peruanischen Hauptstadt wird im Regionalkapitel auf S. 152 eingegangen.

Bevölkerung

Peru

Einwohner: 30 Mio.
Bevölkerungswachstum: 1,5 %
Bevölkerungsdichte: 23,3 Einwohner/km²
Lebenserwartung: 74 Jahre
Säuglingssterblichkeit: 17 pro Tausend
Offizielle Alphabetisierungsrate: 93 %
Stadtbevölkerung: 72,6 %

Demografische Daten

In den vergangenen Jahrzehnten ist die Bevölkerung Perus ständig gestiegen – von ehemals 3,8 Mio. (1900) über 7,6 Mio. im Jahr 1950 auf rund 30 Mio. im Jahr 2012. Die Alterspyramide bietet das klassische Bild eines Entwicklungslandes: Rund 29 % der Bevölkerung sind 14 Jahre oder jünger, und nur 6 % sind 65 Jahre oder älter.

Die durchschnittliche **Lebenserwartung** liegt bei 74 Jahren, unterliegt aber extremen regionalen Schwankungen. Die **Landflucht** ist ein verbreitetes Phänomen: Immer mehr Menschen ziehen in die Hauptstadt oder andere Großstädte.

Die **Bevölkerungsdichte** variiert extrem: An der trockenen Pazifikküste lebt inzwischen mehr als die Hälfte der peruanischen Bevölkerung und im Hochland etwas mehr als ein Drittel. Mit nur rund 12 % der Gesamtbevölkerung ist das peruanische Amazonastiefland, der größte Landesteil, am dünnsten besiedelt.

Ethnische Zusammensetzung

Die peruanische Bevölkerung ist äußerst heterogen zusammengesetzt. Mit **Mestizen** und **Indígenas** gibt es zwei Gruppen, die sich in vielen Bereichen voneinander abgrenzen. Mestizen oder **Ladinos** – Mischlinge mit spanischem und indianischem Blut – galten noch bis weit in die Zeit nach der Unabhängigkeit von Spanien als Bürger zweiter Klasse. Sie kamen in der Hierarchie erst nach den in Europa und in Amerika geborenen Spaniern (Kreolen). Obwohl Ladinos nur etwas mehr als ein Drittel der Gesamtbevölkerung stellen (37 %), sind sie heute überproportional in allen öffentlichen Positionen vertreten. Sie bilden zusammen mit den rund 13 % **Weißen** europäischer Herkunft die Ober- und Mittelschicht, kleiden und geben sich westlich. In der Hauptstadt und an der Pazifikküste stellen sie den größten Bevölkerungsanteil. Etwa drei Prozent der Peruaner sind **asiatischer bzw. afrikanischer Herkunft**.

Noch immer weist das Schul- und Bildungswesen in Peru und Bolivien Defizite auf.

Im Gegensatz zu den Ladinos sind die rund 14 Mio. Indígenas in allen bedeutenden Bereichen des zivilen Lebens benachteiligt. Und dies, obwohl ihr Anteil an der Gesamtbevölkerung rund 47 % beträgt. Ihr angestammter Lebensraum ist das Hochland der Anden (91 % **Quechua** und 4,5 % **Aymara**). Die restlichen 4,5 % leben im Tiefland des Amazonas, aufgeteilt in 53 verschiedene indianische Ethnien. Zu den zahlenmäßig stärksten unter ihnen gehören die **Aguaruna** mit rund 45 000 Mitgliedern und die **Asháninka** mit etwa 41 000 Angehörigen.

Arm und Reich

Peru ist eine **Dreiklassengesellschaft**. Eine **Oberschicht** von 15–20 % Weißen und Ladinos erwirtschaftet einen Großteil des nationalen Einkommens. Ihre Interessen scheinen weniger auf die Entwicklung des Landes gerichtet als vielmehr darauf, ihren Besitzstand zu wahren.

Weitere 20–30 % der peruanischen Gesellschaft gehören einer wachsenden **Mittelschicht** an. Zu ihr zählen überwiegend Ladinos, die als öffentliche Angestellte und im mittleren Management arbeiten oder denen ein kleines Geschäft gehört. Neben Lima leben sie fast ausschließlich in den Provinzhauptstädten.

Rund 40–50 %, d. h. mehr als 12 Mio. Peruaner, leben an oder unter der **Armutsgrenze**. Mehr als zwei Drittel der Armen lebt auf dem Land. Ein großer Teil von ihnen sind Indígenas.

Andere schlagen sich als Saisonarbeiter, fliegende Händler oder mit Gelegenheitsjobs durch. Eine prekäre Wohnungssituation, der Bildungs- und Gesundheitsnotstand sowie Arbeitslosigkeit haben tiefe Spuren in der Gesellschaft hinterlassen. Die Folgen, vor allem in der Hauptstadt, sind Kriminalität, Alkoholismus, Kinderarbeit und Obdachlosigkeit.

Erziehung und Bildung

Besonders auf dem Land konnte die **Analphabetenrate** Perus in den letzten Jahrzehnten entscheidend gesenkt werden. Sie beträgt im Landesdurchschnitt 7 %. Auch die **Einschulungsraten** haben sich spürbar erhöht. Sie liegen laut offiziellen Zahlen der peruanischen Regierung für die sechsjährige Grundschule – für diesen Zeitraum besteht Schulpflicht – bei über 83 % für beide Geschlechter. Das Entwicklungshilfeprogramm der Vereinten Nationen (UNDP) hat jedoch andere Zahlen ermittelt. Demnach gelten die optimistischen Zahlen des peruanischen Bildungsministeriums nur für die Hauptstadt und einige größere Städte. In allen anderen Departamentos muss von Analphabetenraten zwischen 32 und 45 % ausgegangen werden. Auf dem Land erreichen nur wenige Kinder einen Schulabschluss. Allzu oft müssen sie bereits in jungen Jahren zum Lebensunterhalt der Familie beitragen. Laut Umfragen arbeiten ca. 42 % der Jugendlichen zwischen 14 und 17 Jahren. Jeder Dritte von ihnen geht nicht auf eine weiterführende Schule.

Universitäten haben in Peru eine sehr lange Tradition. In Lima wurde bereits 1551 die erste Universität Südamerikas (Universidad de San Marcos) gegründet. Heute bieten Dutzende staatlicher und privater Universitäten eine Vielzahl von Studiengängen an. Leider bedeutet ein erfolgreiches Studium, das aufgrund hoher Studiengebühren oftmals unter erheblichen finanziellen Opfern absolviert wird, nicht automatisch auch den Erhalt eines lukrativen Arbeitsplatzes. Im Gegenteil: viele Diplomanden müssen die schmerzhafte Erfahrung machen, dass ein Job als Taxifahrer oft mehr Geld bringt als die Buchhalterstelle in einer Firma.

Gesundheitswesen

Noch immer sterben rund 17 von 1000 peruanischen Kindern bei der Geburt – vor allem in den Elendsvierteln der Großstädte und in entlegenen Gebieten. Mangelnde Hygiene und Unterernährung sind ursächlich für verbreitete **Krankheiten** wie Cholera, Tuberkulose, Durchfall und Lungenentzündung. Noch immer haben große Teile der Bevölkerung keinen Zugang zu sauberem Trinkwasser und verfügen weder über eine Abwasserentsorgung noch über Latrinen.

Bis heute sind auf dem Land 5–8 Kinder pro Familie keine Seltenheit; der landesweite Durchschnitt liegt bei drei Kindern pro Familie. Obwohl die Geburtenrate auf 1,5 % gesunken ist, werden Themen wie Schwangerschaftsverhütung und Familienplanung nicht offen genug angeschnitten, und viele Paare können sich die teuren Verhütungsmittel nicht leisten.

Die **medizinische Versorgung** in Peru ist von einem starken Stadt-Land-Gefälle geprägt. Obwohl nur jeder Dritte in der Hauptstadt lebt, konzentriert sich hier ein Großteil der medizinischen Infrastruktur. Eine private Krankenversicherung kann sich nur die Ober- und Mittelschicht leisten. Sie hat damit Zugang zu Privatkliniken, die qualitativ den internationalen Vergleich nicht zu scheuen brauchen. Der Rest der Großstadtbevölkerung ist auf die öffentlichen Krankenhäuser angewiesen, die chronisch überlastet und schlecht ausgestattet sind.

Außerhalb der Hauptstadt ist die medizinische Versorgung stellenweise inexistent bis katastrophal. Dabei ist das Gesundheitswesen in den mehrheitlich indianischen Provinzen am schlechtesten entwickelt. Hinzu kommt, dass die indianische Landbevölkerung häufig weit entfernt von Provinzkrankenhäusern und Gesundheitsposten lebt. Krankenwagen sind in weiten Teilen des Landes unbekannt. Ein Drittel der Gesundheitsposten sind nicht einsatzbereit, die übrigen nur unzureichend ausgestattet. Ohne die Hilfe vieler vom Ausland finanzierter Privatorganisationen wäre die medizinische Versorgung auf dem Land noch wesentlich schlechter.

Bolivien

Einwohner: 10,4 Mio.
Bevölkerungswachstum: 1,9 %
Bevölkerungsdichte: 9,5 Einwohner/km^2
Lebenserwartung: 67 Jahre
Säuglingssterblichkeit: 42 pro Tausend
Offizielle Alphabetisierungsrate: 90,5 %
Stadtbevölkerung: 66 %

Obwohl Bolivien mit 1 098 581 km^2 fast so groß wie Peru (1 285 216 km^2) ist, leben hier deutlich weniger Menschen als im Nachbarland. Rund 70 % der Bevölkerung konzentriert sich dabei auf den Altiplano, eine rund 700 km lange und 200 km breite, waldlose Hochebene. Extrem dünn besiedelt ist das bolivianische Amazonastiefland. Im Großraum von La Paz wohnen rund 1,9 Mio. Menschen, in der nominellen Hauptstadt Sucre hingegen nur ca. 250 000.

Bolivien stellt den **höchsten Indígena**-Anteil aller südamerikanischen Länder. Er liegt bei rund 60 % (überwiegend Quechua und Aymara) und ist damit deutlich höher als in Peru. Obwohl der Anteil spanischstämmiger Weißer (Kreolen) nur bei rund 14 % und der von Ladinos bei 26 % liegt, sind sie in allen Positionen des öffentlichen Lebens überproportional stark vertreten. Das Bevölkerungswachstum hat sich auch in Bolivien in den letzten Jahren verlangsamt. Die **Bevölkerungsstruktur** ähnelt der Perus mit einem sehr hohen Anteil junger Menschen (ca. 35 % sind 14 Jahre und jünger).

Bei den statistischen Daten im **Gesundheits-** und **Bildungssektor** bildet Bolivien oftmals das Schlusslicht in Südamerika. So beträgt die durchschnittliche Lebenserwartung lediglich 67 Jahre – mit starken regionalen Schwankungen. Arbeiter der Silberminen in Potosí im Süden des Landes werden in aller Regel nicht älter als 35–45 Jahre. Noch immer können rund 10 % der Bolivianer weder schreiben noch lesen. Bei auf dem Land lebenden indianischen Frauen schnellt dieser Wert auf ein Mehrfaches hoch.

Von einer ausreichenden medizinischen Versorgung kann nur in größeren Städten ausgegangen werden. Besonders im schwer zugänglichen Tiefland und in entlegenen Regionen der Anden fehlt es an Gesundheitsstationen, Ärzten und medizinischer Ausstattung.

Geschichte

Die ersten Bewohner

Vor rund 20 000 Jahren gelangten die ersten Menschen nach Peru und Bolivien. Sie lebten als nomadische Jäger und Sammler. Um 3000 v. Chr. begannen sie mit dem systematischen Anbau von Kartoffeln, Bohnen und Kürbissen; ein wenig später auch von Mais und Baumwolle. Die Domestizierung von Lamas, Fleischlieferant und Lasttier zugleich, erleichterte ihren schweren Arbeitsalltag. Weitere Nahrungsquellen stellten die Zucht von Meerschweinchen und der Fischreichtum des Pazifiks dar.

Rund 1000 Jahre später begannen die Menschen, sich in den Flussoasen der peruanischen Pazifikküste niederzulassen. Primitive Bewässerungssysteme ermöglichten erstmals regelmäßige landwirtschaftliche Erträge. Die daraus resultierenden Nahrungsmittelüberschüsse gaben den Menschen die notwendige Zeit, sich dem Kunsthandwerk zu widmen – die ersten Keramik- und Textilfunde fallen in diese Zeit. Die ersten Dorfgemeinschaften sowie größere Zeremonialzentren entstehen. An der Küste begann man mit dem Bau der ersten Lehmziegelpyramiden, die den lokalen Eliten als Grabkammern dienten. Im 2. Jahrtausend v. Chr. entstanden auch im Andenhochland erste kleine Siedlungen mit Tempelanlagen, z. B. Kotosh in der Nähe von Huánuco.

Präinkaische Kulturen

In der Frühphase der menschlichen Entwicklung haben sich vor allem auf peruanischem Gebiet zahlreiche regionale und überregionale Kulturen herausgebildet, die in sogenannte (Kultur)-**Horizonte** eingeteilt werden.

Früher Horizont (900–200 v. Chr.)

Um das Jahr 1000 v. Chr. entsteht die erste peruanische Hochkultur. Da sich ihr Zentrum auf 3200 m Höhe in der Nähe des Dorfes Chavín de Huántar, östlich von Huaraz, in der Cordillera Blanca befindet, wird sie **Chavín** genannt. Die hier errichtete Tempelburg zählt zu den ältesten Steinmonumenten Perus. Das religiöse Heiligtum war Ziel von Pilgergruppen, die ihren Göttern, steinernen Darstellungen von antropomorphen Wesen und Tierfiguren, huldigten.

Die Chavín-Kultur verbreitete sich nicht nur über das Hochland Zentralperus, sondern beeinflusste in ihrer späten Phase bis etwa 100 n. Chr. die Südküste, wie Keramikfunde der **Paracas-Kultur** belegen. Auf der gleichnamigen Halbinsel am Pazifik, 250 km südlich von Lima, sind Hunderte von Grabkammern mit mumifizierten Leichnamen und Grabbeigaben gefunden worden.

Besonders erstaunlich ist die hohe Qualität des Kunsthandwerks. Neben Gold-, Silber- und Bronzearbeiten ist besonders die Textilkunst zu erwähnen. Farbenprächtige und fein gewebte Totentücher *(Mantos)*, mit natürlichen Farbstoffen gefärbt, zeigen geometrische Muster und mythische Figuren.

Frühe Zwischenperiode (200 v. Chr.–600 n. Chr.)

Kennzeichen dieser rund 800 Jahre dauernden Epoche ist die Herausbildung von Regionalkulturen. An der peruanischen Pazifikküste ging die Paracas-Kultur etwa um 200 v. Chr. in die **Nazca-Kultur** über. Obwohl Nazca mitten in einer lebensfeindlichen Wüste liegt, bot die fruchtbare Flussoase gute Voraussetzungen für eine dauerhafte Besiedlung. Die polychrome Brandkeramik der Bewohner entwickelte sich zu einer wahren Kunst.

Die regional beschränkte **Vicús-Kultur** entwickelte sich im Nordwesten Perus zwischen dem 5. Jh. v. Chr. und dem 600 n. Chr. Da das feuchtwarme Klima der Region die oberirdischen Überreste weitestgehend zerstört hat, stammt das Wissen über diese Menschen überwiegend aus einem Gräberfeld in der Nähe von Piura. Dort fanden Archäologen kostbare Grabbeigaben, z. B. vergoldete Gesichtsmasken und Schmuck.

Etwas weiter südlich – in der Region um Trujillo – setzte die **Moche**- oder **Mochica-Kultur** neue Maßstäbe. In ihrer Blütezeit zwischen 200 v. Chr. und 600 n. Chr. wurden gewaltige Pyramiden aus Millionen von Lehmziegeln errichtet. Durch eine Vielzahl von Feldzügen brachte das kriegerische Moche-Volk einen Großteil der nordperuanischen Küstenwüste unter seine Gewalt. Ausgeklügelte Bewässerungssysteme versorgten die Landwirtschaft mit ausreichend Wasser. Ebenso weit entwickelt war die Metallschmiedekunst, wie der Sensationsfund des Grabs des Herrschers in der Nähe von Chiclayo belegt, s. S. 482.

Im Vergleich dazu ist die **Lima-Kultur**, die sich zwischen 200–700 n. Chr. in den Tälern der Flüsse Rímac, Lurín und Chanchay entwickelte, nicht ganz so spektakulär. Ihre kulturellen Errungenschaften bestanden in einem eigenständigen polychromen Keramikstil, der einen orangefarbenen Grundton mit geometrischen Linien in Schwarz, Weiß und Rot verband.

Zeittafel

Präkolumbische Phase

ca. 30 000 v. Chr. erste Menschen wandern über die Beringstraße nach Amerika ein.

ca. 18 000 v. Chr. erste Siedlungen im peruanischen Hochland (Pikimachay bei Ayacucho).

ca. 8000 v. Chr. erste Höhlenmalereien mit Darstellungen von Jagdszenen (Lauricocha, Quellgebiet des Río Marañon).

6000–3500 v. Chr. erster Anbau von Mais, Bohnen, Paprika, Kürbissen und Baumwolle. Die ersten Kulturen entstehen (Caral in Nordperu).

ca. 2000 v. Chr. früheste Keramikfunde (Kotosh bei Huánuco).

1400–400 v. Chr. Chavín wird die erste peruanische Hochkultur genannt, deren Zentrum sich im Dorf Chavín de Huántar, östlich von Huaraz, befindet.

700 v. Chr.–100 n. Chr. Blütezeit der Paracas-Kultur auf der gleichnamigen Halbinsel am Pazifik, südlich von Lima.

200 v. Chr.–600 n. Chr. Zwischenperiode, in der sich regionale Kulturen entwickeln. Dazu gehören die Vicus-Kultur in Nordperu mit bemalten Keramiken; die Mochica-Kultur, deren Zentrum in der Nähe des heutigen Trujillo lag, und die Nazca-Kultur mit ihren rätselhaften Linien in der südlichen Küstenwüste Perus.

400–1200 Blütezeit der geheimnisvollen Tiwanaku-Kultur des bolivianischen Hochlands, deren religiöses Zentrum sich in der Nähe des Südufers des Titicaca-Sees befand. Die Ursprünge dieser wohl fortschrittlichsten Kultur der Zentralanden reichen bis ca. 1000 Jahre vor unserer Zeitrechnung zurück.

600–1200 Die Wari-Kultur aus Ayacucho, eng verwandt mit der Tiahuanaco-Kultur, prägt fast 600 Jahre lang die kulturelle Entwicklung weiter Teile Perus.

1000–1450 Chimú lautete der Name der größten präinkaischen Kultur, deren Einflussbereich sich an der Pazifikküste nördlich von Lima bis nach Süd-Ecuador erstreckte. In ihrer Hauptstadt Chan-Chan bei Trujillo lebten zeitweilig bis zu 100 000 Menschen. Das Chimú-Reich wurde später von den Inkas annektiert.

1000–1400 Die kriegerische Chachapoyas-Kultur hatte ihr Zentrum in der Festung Kuélap auf der Andenostseite. Auch sie wurde später von den Inkas unterworfen.

1200–1533 Die Inkas erobern das Hochland um Cusco, dem Zentrum ihres Herrschaftsgebietes, und schaffen ein Reich, das Ecuador, Peru, Bolivien sowie Teile von Argentinien und Chile umfasst.

Kolonialzeit

April 1532 Die spanischen Eroberer unter Francisco Pizarro landen in Tumbes an der nordperuanischen Küste.

November 1532 Gefangennahme des Inkaherrschers Atahualpa.

1533 Pizarro lässt Atahualpa in Cajamarca ermorden, erobert Cusco und beendet damit die Inkaherrschaft.

1535 Pizarro gründet Lima, das zur Hauptstadt des neuen Kolonialreiches wird.

1536 Erfolgloser Aufstand der Inkas unter ihrem Führer Manco Inca und Belagerung von Cusco.

1541 Ermordung Pizarros.

1542 Gründung des Vizekönigreichs Peru.

ab 1570 Die Inquisition nimmt ihre Arbeit in Peru auf.

1572 Hinrichtung des letzten Inkas, Tupac Amaru, in Cusco.

1661 Indianeraufstand in Alto Peru, dem heutigen Bolivien.

1780/1781 Der Mestize José Gabriel Condorcanqui, genannt Tupac Amaru II, erhebt sich gegen die spanischen Kolonialherren, erobert Cusco und belagert La Paz. Seine Truppe wird aber besiegt und Tupac Amaru II hingerichtet.

1809–25 Befreiungskriege gegen Spanien unter Simon Bolívar und José San Martín.

28. Juli 1821 Unabhängigkeitserklärung Perus.

6. August 1825 Unabhängigkeitserklärung Alto Perus, das sich zu Ehren von Bolívar umbenennt und die Republik Bolivien gründet.

Postkoloniale Zeit

1835–39 General Andrés de Santa Cruz erobert Lima und scheitert bei dem Versuch, aus Peru, Bolivien und Chile ein einziges Land zu machen.

1864–66 Peru besiegt die spanische Flotte. Das ehemalige Mutterland hatte vergeblich versucht, am Guano-Boom teilzuhaben.

1879–83 Im Salpeterkrieg besiegt Chile Peru und Bolivien. Bolivien muss seine Salpetervorkommen in der Atacama-Wüste abtreten und verliert seinen Zugang zum Meer. Chile annektiert die peruanischen Provinzen Arica, Tacna und Tarapacá.

Peru ab 1900

1919–30 Die Weltwirtschaftskrise bringt den umstrittenen Diktator Augusto B. Leguía y Salcedo zu Fall, der Peru zuvor elf Jahre lang regiert hatte.

1929 Peru erhält die Provinz Tacna auf Vermittlung der USA zurück.

1940–41 Nach einem gewonnenen Krieg gegen Ecuador annektiert Peru große Amazonasgebiete des nördlichen Nachbarn.

1968–75 Nach einer Vielzahl rechter Diktaturen gelangt der linksgerichtete General Juan Velasco Alvarado mit einem Putsch an die Macht. Seine Konzepte der Verstaatlichung großer Unternehmen und einer Landreform gehen aber nicht auf.

1975–80 Der konservative General Francisco Morales Bermúdez Cerrutti löst Velasco ab. Er bekommt die wirtschaftlichen Probleme des Landes trotz eines harten Sparkurses nicht in den Griff.

1980 Gründung der marxistisch-leninistisch-maoistischen Terrorgruppe „Leuchtender Pfad" (Sendero Luminoso).

1980–85 Unter dem Christdemokraten Fernando Belaúnde Terry kehrt Peru zur Demokratie zurück; das Land droht in Arbeitslosigkeit, Inflation und Schulden zu ersticken.

1985–90 Der 36-jährige Populist Alan García von der APRA gewinnt die Präsidentschaftswahlen. In seiner Regierungszeit erreicht die Inflation vierstellige Ziffern; das Terrorismusproblem und soziale Spannungen nehmen zu.

1990 Alberto Fujimori setzt sich im zweiten Wahlgang überraschend gegen den Schriftsteller Vargas Llosa durch.

1992 Abimael Guzman, der Führer des „Leuchtenden Pfads", wird verhaftet.

1995 Wiederwahl Fujimoris. Ein Grenzkonflikt mit Ecuador kostet 200 Menschenleben.

22.4.1997 Ein Geiseldrama in der japanischen Botschaft endet nach 126 Tagen blutig mit dem gewaltsamen Eingreifen der Polizei.

1997/1998 Das Wetterphänomen „El Niño" fordert über 20 000 Menschenleben und richtet Schäden in Millionenhöhe an.

1998 Friedensvertrag mit Ecuador, der die Grenzstreitigkeiten beendet.

2000 Präsident Fujimori gewinnt seine dritten Wahlen mit zweifelhaften Methoden. Im Oktober setzt er sich nach Aufdeckung eines Korruptionsskandals, in den sein Sicherheitsberater Montesinos verwickelt ist, nach Japan ab.

2001 Die Wahlen kann Alejandro Toledo von Perú Posible im zweiten Durchgang gegen den ehemaligen Staatspräsidenten Alan García für sich entscheiden.

2002 Gewalttätige Proteste gegen Privatisierungsvorhaben der Regierung in Arequipa und anderen Städten. Aus den Regional- und Kommunalwahlen im November geht die APRA unter Ex-Präsident Alan García als Sieger hervor.

2003/2004 Der Bericht einer unabhängigen Wahrheits- und Versöhnungskommission bringt die zwei Jahrzehnte lang von Militärs und der

Terrorgruppe „Leuchtender Pfad" begangenen Verbrechen an Tausenden von Zivilisten ans Tageslicht.

2005 Ex-Präsident Fujimori drückt dem Vorwahlkampf durch seine unerwartete Rückkehr aus dem japanischen Exil nach Chile mit darauf folgender Verhaftung seinen Stempel auf.

2006 Alan García, Kandidat der Mitte-Links-Partei APRA, wird in einer Stichwahl zum zweiten Mal zum Präsidenten gewählt.

2007 Ein Erdbeben der Stärke 7,9 verwüstet im August die südperuanischen Küstenstädte Pisco, Ica, Chincha und Cañete. Chile liefert den im Exil lebenden Ex-Präsidenten Fujimori an Peru aus.

2008 Rücktritt des Kabinetts aufgrund einer Korruptionsaffäre. Neuer Premierminister wird Yehude Simon, der linksliberale Präsident der Region Lambayeque.

2009 Bei schweren Auseinandersetzungen zwischen Ureinwohnern und der Polizei in Bagua, Nordperu, kommen im Juni mehr als 30 Personen ums Leben.

2010 Der peruanische Buchautor Mario Vargas Llosa gewinnt den Literatur-Nobelpreis.

2011 Im Juni gewinnt Linksnationalist Ollanta Humala Tasso (Gana Perú) die Präsidentschaftswahl im zweiten Durchgang gegen Keiko Fujimori (Fuerza 2011). Peru feiert die 100-jährige Entdeckung Machu Picchus. Der Konflikt um das Minenprojekt Conga legt die Stadt Cajamarca wochenlang lahm.

2012 Im Januar tritt Vizepräsident Omar Chehade wegen versuchter Begünstigung von seinem Amt zurück. Der Polizei gelingt es im Februar, „Artemio", den Anführer der Überreste der Terrorgruppe Leuchtender Pfad, gefangen zu nehmen.

Bolivien ab 1900

1903 Während des Kautschukbooms muss Bolivien das Acre-Gebiet an Brasilien abtreten.

1932–35 Mit Beendigung eines dreijährigen Krieges gegen Paraguay verliert das unterlegene Bolivien einen Großteil des südwestlich gelegenen Chaco-Gebiets.

1952 Nach wechselnden Militärdiktaturen gelangt die sozialistisch-nationalistische MNR (Movimiento Nacionalista Revolucionario) in der April-Revolution an die Macht. Ihr Präsident Victor Paz Estenssoro beendet die Epoche der Zinnbarone, nationalisiert die Minen und setzt weitere Sozialreformen durch. Paz bleibt bis 1964 an der Macht.

1967 Der Revolutionär und Weggefährte Fidel Castros, Ernesto „Ché" Guevara, wird vom bolivianischen Militär ermordet.

1971–78 Menschenrechtsverletzungen während der turbulenten Regierungszeit des Generals Hugo Banzer Suárez, der mit einem Putsch an die Macht gekommen war.

1982–85 Die Regierung des demokratisch gewählten Präsidenten Hernán Siles Zuazo scheitert an Arbeitskämpfen und einer Hyperinflation.

Im Santa-Tal, südlich des Einzugsgebietes der Moche-Kultur, hob sich die **Recuay-Kultur** vom dominierenden Nachbarn im Norden ab. Ihre Kennzeichen sind lebensgroße Steinreliefs und helle Tonkeramik, die neben geometrischen Mustern auch Tiere darstellt.

Mittlerer Horizont (600–1000 n. Chr.)

Als sich die Zeit der Regionalzentren im 6. und 7. Jh. n. Chr. ihrem Ende zuneigte, hatten sich im Hochland Perus und südlich des Titicaca-Sees auf heute bolivianischem Gebiet zwei Zentren entwickelt, die viele Gemeinsamkeiten besaßen. Zusammen bildeten sie über mehrere Jahrhunderte einen gemeinsamen Kulturraum. Den Bewohnern Tiahuanacus war es gelungen, mit Hilfe neuer landwirtschaftlicher Techniken auf einer unwirtlichen, 3800 m hohen Hochebene nicht nur zu überleben, sondern auch Überschüsse zu erzeugen, mit denen sie Handel trieben. Neben der Haltbarmachung von Kartoffeln entdeckten sie auch die Möglichkeit, das

1985 Victor Paz Estenssoro wird erneut zum Präsidenten gewählt. Sein harter Austeritätskurs führt zu Massenarbeitslosigkeit. Paz fördert die Besiedlung des unerschlossenen Amazonasgebiets.

1989–93 Der Wirtschaftsreformer und Minenpräsident Gonzalo Sánchez de Lozada von der MNR gewinnt die Wahlen. Als erster Aymara übernimmt Victor Hugo Cárdenas die Vizepräsidentschaft.

1993–97 Wiederwahl von Sánchez de Lozada, der sein soziales Reformprogramm fortführt.

1997 Überraschend gewinnt der ehemalige Diktator Hugo Banzer Suárez die Wahlen, diesmal auf demokratische Weise.

1999 Inbetriebnahme einer 3061 km langen Gaspipeline zwischen Bolivien und Brasilien.

2000 Massive Proteste von Bauern der Region Cochabamba gegen die geplante Privatisierung des lokalen Wasserversorgungsunternehmens werden von der Regierung Banzer mit Gewalt unterdrückt.

2001 Präsident Banzer tritt aus gesundheitlichen Gründen von seinem Amt zurück (er stirbt im Mai 2002 an Krebs). Jorge Quiroga, ein Zögling von Banzer, übernimmt übergangsweise die Staatsgeschäfte.

2002 Protestwelle von Koka-Kleinbauern fordert mehrere Tote. Der Anführer der Koka-Pflanzer, Sozialdemokrat Evo Morales, verfehlt knapp den Wahlsieg bei den Präsidentschaftswahlen. Neuer Präsident wird einer der reichsten Männer des Landes: Gonzalo Sánchez de Lozada von der rechtsliberalen Nationalistisch-Revolutionären Bewegung (MNR).

2003 Soziale Unruhen mit tagelangen Protestmärschen und vielen Dutzend Toten führen im Oktober zum Rücktritt des Präsidenten. Sein Stellvertreter Carlos Mesa übernimmt vorübergehend die Regierungsgeschäfte.

2005 Im Juni tritt Präsident Mesa zurück. Interimspräsident Eduardo Rodríguez organisiert Neuwahlen, die der Kokabauernführer Evo Morales im Dezember als erster Indígena mit deutlicher Mehrheit für sich entscheidet.

2006 Präsident Evo Morales macht mit der Nationalisierung der Öl- und Gasressourcen des Landes Schlagzeilen. Die Tiefland-Departamentos Santa Cruz, Beni, Tarija und Pando, die über einen Großteil der bolivianischen Gas- und Ölreserven verfügen, fordern eine höhere Unabhängigkeit von der Zentralregierung in La Paz.

2008 In einem Referendum wird Präsident Evo Morales klar bestätigt. Die Tiefland-Provinzen verschärfen ihre Autonomiebestrebungen.

2009 Bei den Wahlen im Dezember wird Evo Morales mit 64 % aller Stimmen in seinem Amt bestätigt.

2010 Die Regierungspartei MAS erhält bei den Kommunalwahlen nur noch rund 50 % der Stimmen

2011 Im Oktober wurden in Bolivien die Vertreter der Judikative zum ersten Mal in der Geschichte Boliviens direkt vom Volk gewählt.

Fleisch ihrer großen Lama- und Alpakaherden zu trocknen und damit lagerungsfähig zu machen, und sie legten Hochbeete an, die von Kanälen durchzogen waren. Dieses *Sukakullos* genannte System versorgte die Pflanzen mit ausreichend Feuchtigkeit und verhinderte durch die relativ stabilen Wassertemperaturen Frostschäden, s. S. 638.

Das große Sonnentor, aus einem einzigen 2,80 m hohen und 3,80 m breiten Steinmonolith gehauen, belegt die architektonischen Fähigkeiten der **Tiwanaku-Kultur**. Man arbeitete mit Kupfer und kannte Bronzelegierungen. Die Keramikgegenstände, häufig mit Dämonendarstellungen versehen, ähnelten denen der **Wari-Kultur**, die sich erst später als die viel ältere Tiahuanacu-Kultur entwickelte und von 600–800 n. Chr. ihren Höhepunkt hatte.

Das Zentrum der Wari-Kultur lag bei Ayacucho im zentralperuanischen Hochland. Hier hatten die Bewohner eine Tempelanlage und Stadtsiedlung erbaut, die rund 20 000 Menschen

Zuflucht bot. Wesentlich kriegerischer ausgerichtet als ihre Brüder am Titicaca-See, eroberten die Wari auch Teile der südlichen Pazifikküste. In Pachacámac, rund 35 km südlich von Lima, errichteten sie ein zweites Zentrum.

Späte Zwischenperiode (1000–1450 n. Chr.)

Unter den Kulturen, die als Nachfolger der Wari-Kultur entstanden, gehört das **Chimú-Reich** zu den bedeutsamsten. Sein Zentrum lag im ehemaligen Kernland der Moche, und nach mehreren Eroberungsfeldzügen erstreckte es sich rund 1000 km lang entlang der peruanischen Nordküste. In der Hauptstadt Chan-Chan in der Nähe von Trujillo lebten seinerzeit bis zu 100 000 Menschen. Die 20 km² große Lehmziegelstadt war am Meer erbaut worden. Der innere Bereich, der aus zehn palastartigen Komplexen besteht, war von einer bis zu 7 m hohen Außenmauer umgeben.

Der Sage nach war der erste Chimú-Herrscher mit einem Balsafloß vom Meer gekommen und hatte das Reich gegründet. 17 weitere Herrscher folgten, die große Pyramiden bauen ließen. Als Seevolk verehrten die Chimú den Mond. Sie perfektionierten die Goldschmiedekunst und legten ein dichtes Wegenetz im gesamten Einflussgebiet an.

Später Horizont (1450–1532)

Der letzte Horizont vor der Ankunft der Spanier wird ausschließlich von der politischen und militärischen Expansion der Inkas geprägt. Ihnen gelang es, aus dem andinen Großraum ein einziges zusammenhängendes Imperium zu schaffen.

Die Inkas (ca. 1250–1533)

Der Weg zur Großmacht

Die genaue Herkunft der Inkas ist unbekannt und von vielen Legenden umrankt. In der Version des Inka-Chronisten Garcilaso de la Vega sandte der Sonnengott Inti seinen Sohn **Manco Capac** und dessen Schwester **Mama Ocllo** auf die Isla del Sol (Sonneninsel) im Titicaca-See. Von dort gingen sie Richtung Norden und gründeten im Tal des Río Huatanay die Stadt Cusco.

In der Realität hatten sich kleinere Hochlandstämme im 11. und 12. Jh. im Tal von Cusco niedergelassen. Sie sprachen allesamt **Runasimi** (Ur-Quechua), bekriegten sich aber ständig untereinander. Im Laufe der Zeit gelang es den Inkas, eine regionale Vormachtstellung zu erreichen. Allmählich wurden aus mythischen Herrschern Regenten aus Fleisch und Blut, die ab der Mitte des 15. Jhs. mit der Ausdehnung des Reiches begannen: **Pachacútec Yupanqui** gelang es, Cusco zu erobern; sein Nachfolger **Topa Inca** nahm die Küstengebiete ein und drang bis nach Nordchile vor.

Unter **Huayna Cápac** erreicht das Inka-Imperium zu Beginn des 16. Jh schließlich seine größte Ausdehnung. In nur rund fünfzig Jahren hatten die Inkas ein Reich von 1,7 Mio. km² in Besitz genommen. Es erstreckte sich im Norden bis zum heutigen Südkolumbien und reichte im Süden bis in die Gegend der heutigen Stadt Santiago de Chile. Im Westen begrenzten die Fluten des Pazifiks und im Osten die undurchdringlichen Regenwälder des Amazonas das 4000 km lange und durchschnittlich 500 km breite Gebiet, in dem rund acht Millionen Menschen, aufgeteilt in mindestens 100 Ethnien, lebten.

Staat und Gesellschaft

Die Inkas nannten ihren gewaltigen Eroberungsstaat **Tahuantinsuyu**, übersetzt: die „vier miteinander verbundenen Gebiete". Diese wurden als *Suyus* bezeichnet und erstreckten sich vom „Nabel der Welt", der Inkahauptstadt Cusco, in alle vier Himmelsrichtungen: Contisuyu im Westen, Chinhasuyu im Norden, Antisuyu im Osten und Collasuyu im Süden.

Entgegen den Gepflogenheiten anderer Kulturen, war es den Inkas nicht daran gelegen, die eroberten Gebiete zu plündern und zu zerstören. Vielmehr beließen sie in den betroffenen Regionen alles weitestgehend beim Alten, wechselten aber gegebenenfalls die lokale Oberschicht gegen ihnen treu ergebene Fürsten aus. In Fällen, in denen die Eroberten sich widerspenstiger als erwartet zeigten, wurden Zwangsumsiedlungen ganzer Volksgruppen, sogenannte **Mitmaq** (im Spanischen: *Mitimaes)*, durchgeführt.

Aber auch den Inkas wohlgesonnene Völker konnten von einer Mitmaq betroffen sein, um in

einem anderen Landesteil rebellische Völker zu überwachen. Zum Prozess der Assimilation beziehungsweise der Inkaisierung unterworfener Völker trug dann in zunehmendem Maße auch die Einführung der Staatssprache Runasimi (Ur-Quechua) und die Verbreitung des Sonnenkults als Staatsreligion bei.

Ein weiteres Instrument der Herrschaftssicherung war die Staatsform, die auf allen Hierarchiestufen straff durchorganisiert war. Die unterste Ebene hieß **Ayllu**, wobei es sich um einen sippenähnlichen Verband von Bauern handelte, dessen gemeinsamer Nenner die gleichen Vorfahren waren. Innerhalb des Ayllus war das

Weideland Gemeinbesitz; Anbauflächen wurden den Großfamilien gemäß ihrer zahlenmäßigen Größe zugeteilt. Privatbesitz war unbekannt. Die Ayllu-Bauern unterstanden dem *Puric*, dem Familien-Patriarchen. Rund einhundert Ayllus wurden von einem Großherrn *(Curaca)* kontrolliert, der dem Präfekten eines der vier Landesteile, dem Apu, unterstand.

Die kleine Adelsschicht bestand aus drei verschiedenen Gesellschaftsteilen, die alle unterschiedliche Privilegien besaßen: Dem Inka am nächsten standen die **Panakas**, blutsverwandte Familiengruppen, deren Mitglieder alle wichtigen religiösen, militärischen und administrativen Ämter im Inkareich besetzt hielten. Sie besaßen Privatland und durften Kleider aus wertvoller Vicuñawolle sowie Ohrpflöcke tragen und Kokablätter kauen. Die Heirat innerhalb einer Panaka war nicht erlaubt, und die Zugehörigkeit definierte sich über die mütterliche Linie. Dies führte im Verlauf der Jahre zur Gründung weiterer Adelssippen, da Vater und Sohn nicht derselben Panaka angehören konnten.

Die zahlenstarke Dienerschaft der Adligen und des obersten Inka wurde **Yanakuna** genannt und gehörte einer eigenen Klasse an. Unter den Panaka stand der Amtsadel, der sich aus einem verdienten Beamtenapparat und der Herrscherschicht der besetzten Gebiete zusammensetzte. Über all seinen Untertanen stand der oberste Repräsentant des Inka-Staates, der gottgleiche **Sapan Inka**, der Sohn der goldenen Sonne. Neben ihm thronte seine Hauptfrau *(Coya)*. Bei Amtsantritt verließ das Staatsoberhaupt seine Panaka, um eine neue Blutlinie zu gründen. Nur den Mitgliedern der Familie des Sapan Inka war es gestattet, sich „Inka" zu nennen.

Wirtschaft

Die **Landwirtschaft** war Ernährungsbasis und wirtschaftliche Grundlage des Inkareichs. Dabei profitierten die Inkas von den Errungenschaften eroberter Völker, die bereits über weitverzweigte Bewässerungsanlagen und Terrassenfelder verfügten. Privatbesitz von Grund und Boden war einer kleinen Oberschicht vorbehalten, das übrige Land war **Staatsbesitz**. Die Erträge der Anbauflächen wurden in drei Teile geteilt: Das erste Drittel war für den Inka und die Staatsverwaltung bestimmt, die davon in schlechten Zeiten Nahrung für die betroffenen Bevölkerungsteile bereitstellte. Das zweite Drittel ging an Priester und Diener von Tempelanlagen, und mit dem Rest bestritten die Dorfbewohner ihren Lebensunterhalt.

Das in Kleinparzellen unterteilte Land wurde von den Mitgliedern der Ayllus kollektiv bewirtschaftet. Überwiegend wurden auf den ausgedehnten Steinterrassen Getreide, Kartoffeln, Knollenpflanzen, Mais, Quinua (auch Quinoa geschrieben), Kürbisse, Tomaten, Bohnen, Baumwolle und Kokasträucher angebaut. Darüber hinaus grasten auf den Hochlandweiden große Lama- und Alpakaherden, die den Staat und seine Bewohner mit Fleisch und Wolle versorgten. Um sich mit einer möglichst großen Anzahl von landwirtschaftlichen Produkten versorgen zu können, waren die Bauern eines Ayllu im Andenhochland bestrebt, Felder in unterschiedlichen Höhenlagen zu bestellen. So konnten sie gleichzeitig über Obst und Gemüse aus den wärmeren Tälern als auch über Kartoffeln aus kälteren Höhenlagen verfügen.

Anstelle von Geld, das den Inkas unbekannt war, galt das **Prinzip der Gegenseitigkeit** (Reziprozität), dem alle Einwohner des Inkareichs, auch die Adligen und selbst der Sapa Inka, unterworfen waren. Wem von Verwandten oder Dorfbewohnern geholfen wurde, der hatte seinerseits die Verpflichtung, diese Hilfe zurück zu geben, sei es in Form von Arbeit oder mit kleinen Gaben. Gemeinschaftsarbeiten, von denen alle profitierten, wurden in *Minkas* durchgeführt, an denen alle arbeitsfähigen Dorfteilnehmer teilnahmen. So konnten z. B. Bewässerungsanlagen oder Wege instand gehalten werden. Aber auch der Staat konnte eine **Arbeitsverpflichtung** *(Mita)* einfordern. So wurden Bauern für einen begrenzten Zeitraum in Bergwerken, dem Militär oder beim Straßenbau eingesetzt.

Mit der ständigen Einbindung in die Arbeitsprozesse, die für das reibungslose Funktionieren des Imperiums essenziell war, konnte die landwirtschaftliche Produktivität gesteigert werden (sie lag vergleichbar höher als die spanische, und noch heute wird in Peru weniger landwirtschaftliche Anbaufläche bestellt als unter den Inkas).

Straßennetz

Die Kontrolle des schnell gewachsenen Inka-Imperiums war unter anderem nur möglich dank eines ausgedehnten Straßennetzes, das sich aufgrund ständiger Reparaturarbeiten immer in einem optimalen Zustand befand. Die Inkas nutzten die bereits vorhandenen Landverbindungen der Wari- und Chimú-Kulturen und bauten sie konstant aus. Bis zu 9 m breite Steinwege führten auf zwei Hauptrouten Tausende von Kilometern in Nord-Süd-Richtung durch das Inkareich.

Während die schnelle Küstenstraße kaum topografische Schwierigkeiten bereitete, mussten auf der königlichen Andenstraße, dem **Capac Ñan**, schneebedeckte Pässe, reißende Flüsse und tiefe Schluchten überwunden werden. Dazu wurden an einigen Stellen künstliche Erddämme angelegt oder sogar Treppen in den Fels gemeißelt. Querverbindungen ließen aus den Hauptsträngen ein dichtes Netz von Straßen und Wegen werden, auf denen Soldaten, Händler und Boten zügig vorwärts kamen. Die **Gesamtlänge** des Straßennetzes der Inkas, das alle Landesteile mit Cusco verband, wird auf über 20 000 km geschätzt.

Die zahlreichen Bäche und Flüsse im Staatsgebiet wurden mit Hilfe von Baumstämmen, Steinbrücken und Korbseilbahnen überquert. Etwa 40 große und etwa 100 kleinere Hängebrücken aus Agavenfasern erleichterten das Vorwärtskommen; diese Hängebrücken wurden alle zwei Jahre erneuert. Nachrichten wurden mit Hilfe von **Stafettenläufern** *(Chasquis)* überbracht. Sie lösten sich je nach Beschaffenheit des Geländes alle 3–8 km ab, und so konnten dringende Botschaften innerhalb weniger Tage Tausende von Kilometern weit übermittelt werden. Fisch aus dem Pazifik für den Inka landete 24 Stunden, nachdem er ins Netz gegangen war, auf dem Teller des Herrschers. In Abständen von 25–30 km lagen **Raststätten** *(Tambos)*, in denen

Die Inka-Dynastie

Herrscher	Regierungszeit	Besonderheiten
Manco Cápac	um 1250	Eroberer von Cusco
Sinchi Roca	nicht bekannt	–
Lloque Tupanki	nicht bekannt	–
Mayta Cápac	nicht bekannt	–
Cápac Yupanqui	nicht bekannt	–
Inca Roca	nicht bekannt	erster Herrscher mit Inka-Titel
Yahuar Huacac	nicht bekannt	–
Wiracocha Inca	bis 1438	–
Pachacútec Inca Yupanqui	1438–1471	Sonnengott Inti wird wichtigster Gott
Topa Inca Yupanki	1471–1493	–
Huayna Cápac	1493–1528	Inkareich erreicht größte Ausdehnung
Nach der Teilung des Inkareichs		
Huáscar	1527–1532	von Atahualpa ermordet
Atahualpa	1527–1532	von Pizarro in Cajamarca ermordet
Nach der Ankunft der Spanier		
Inca Toparca	1533	–
Manco Inca	1533–1544	–
Inca Sayri Tupac	1544–1561	–
In Vilcabamba, dem letzten Zufluchtsort der Inkas, versteckt		
Titi Kusi Yupanki	1560–1571	–
Tupac Amaru	1571–1572	–

sich die Chasquis, aber auch andere Reisende, ausruhen konnten.

Für Eilmeldungen benutzten die Inkas **Rauchsignale**, die sie von einem hoch gelegenen Punkt zum nächsten weitergaben. Spanische Chronisten berichten, dass es den Inkas auf diese Weise möglich war, ganz dringende Nachrichten über mehrere Tausend Kilometer in wenigen Stunden zu übertragen.

Architektur und Kunsthandwerk

Die Inkas bauten nüchtern, schlicht und zweckmäßig. Sie setzten natürliche Materialien für den Bau ihrer Tempel, Terrassen und Wohnhäuser ein. Dazu gehörten Lehmziegel, Holzbalken und Stroh. Ihr bevorzugtes Baumaterial war **Stein**. Die Steinmetze der Inkas waren in der Lage, große Steinblöcke so exakt zu bearbeiten und mörtellos zusammenzufügen, dass kein Blatt Papier mehr dazwischen passte. Bis heute ist nicht geklärt, wie die Inkas die großen Steinmonolithe transportierten, denn sie benutzten dafür keine Räder. Doch dank des schier unerschöpflichen und fast kostenlosen Reservoirs an Arbeitskräften gelang es den Inkas, monumentale Tempelbauten und Festungen zu errichten. Unter Verwendung von Zapfen und Metallstiften erreichten sie eine hohe Stabilität ihrer Gebäude. Die typische Trapezform der Türen, Tore und Fenster z. B. übernahmen sie von der Wari-Kultur.

Die Wände größerer Gebäude sind oft leicht nach innen geneigt. Einfachere Gebäude wie zum Beispiel Rasthäuser, Kasernen oder Wohnungen wurden aus kleineren, mit Lehm verbundenen Steinen gebaut. Das bevorzugte Baumaterial an der Pazifikküste blieb weiterhin der **Adobe-Ziegel**. Die Inkas nutzten die vorhandene Bausubstanz und errichteten wenn möglich ihre Siedlungen auf den Bauten älterer Völker. Die Vielfalt der **Keramikgegenstände** ihrer Vorgänger, die unzählige Farben und Formen aufwiesen, reduzierten die Inkas auf wenige Stilarten. Was nun zählte, war weniger künstlerische Selbstverwirklichung als vielmehr standardisierte Massenproduktion, denn produziert wurde nun ausschließlich für den Staat. Dekoriert waren die Gefäße mit geometrischen Mustern; Tier- oder Menschendarstellungen waren äußerst selten.

In anderen kunsthandwerklichen Bereichen machten sich die Inkas die Fertigkeiten der ihnen unterworfenen Kulturen zunutze. So schufen die **Goldschmiede** der Chimú die fantastischen Arbeiten, die dem Sonnentempel in Cusco *(Coricancha)* seinen besonderen Glanz verliehen. **Webarbeiten** wurden aus Baumwolle oder aus feiner Alpaka- und Vicuñawolle hergestellt.

In Choquequirao lässt sich sehenswerte Inka-Architektur bestaunen .

Religion und Riten

Der Machtanspruch der Inkaherrscher leitete sich vom mythischen Glauben an die eigene Göttlichkeit ab, die mit der Abstammung der Vorfahren von der Sonne begründet wurde. Der Sapan Inka war das Sprachrohr des Sonnengottes auf Erden und damit allmächtig. Ob die Inkas allerdings nur an einen einzigen Gott glaubten, ist weiterhin ungeklärt. Zumindest in der Frühphase der Inka-Geschichte schien auch der Schöpfergott **Viracocha** eine bedeutende Rolle gespielt zu haben. Erst während der Regierungszeit von Pachacútec Inca Yupanqui (s. Kasten) wurde die **Sonne** zur wichtigsten Gottheit der Inkas.

Neben den „himmlischen" Göttern existierten jede Menge **übernatürlicher Wesen** *(Huacas)*, die alle Naturelemente und bestimmte Orte (Höhlen, Quellen, Wasserfälle) beseelten. Auch auf den Berggipfeln wohnten Geister *(Apus)*, die ebenso wie die größeren und kleineren Götter nach Opfergaben verlangten. Die Inkas gestatteten unterworfenen Völkern, ihre jeweiligen Götter und lokale Idole zu behalten, womit sich ihr Pantheon ständig erweiterte. Die Besiegten mussten allerdings dem Sonnenkult als Staatsreligion huldigen. Damals wie heute fanden gewaltige Zeremonien statt, bei denen **Pachamama**, die Mutter Erde, im Mittelpunkt steht. Ihr opfert man bei zahlreichen Anlässen Speisen und Getränke.

Die großen Feste der landwirtschaftlich ausgerichteten Inkakultur bestimmte der Agrarkalender. Neben den pompösesten Feierlichkeiten, die zur **Sommersonnenwende** *(Cápac Raymi)* und der **Wintersonnenwende** *(Inti Raymi)* begangen wurden, fand auch eine Vielzahl kleinerer Feiern statt. Sie reichten von den einzelnen Ernteabschnitten bis zu Toten- und Geburtsfeiern. Einmal im Jahr mussten alle Fremden Cusco verlassen. Dann unterzogen sich die Inkas während der *Sitwa* einem umfangreichen religiösen Ritual, um sich von Krankheiten und bösen Geistern zu reinigen.

Der Untergang des Inka-Imperiums

Das große und relativ junge Imperium hatte bei Ankunft der Spanier noch keine gefestigten Strukturen entwickelt. Die Wunden der vielen Eroberungsfeldzüge waren noch nicht verheilt, viele Stämme waren den Inkas weiterhin feindlich gesinnt, und noch konnte man nicht von einem einheitlichen Staatsgebilde sprechen. Zudem schwächte ein Erbfolgekrieg das Land. Die Söhne des 11. Inka Huayna Cápac, **Huáscar** und **Atahualpa**, stritten sich erbittert um die Vorherrschaft im Inkastaat.

1532 konnte Atahualpa seinen Bruder Huáscar gefangen nehmen und ließ ihn hinrichten. All dies begünstigte die Invasion der Spanier, denen es gelang, Atahualpa Ende 1532 in Cajamarca festzunehmen. Dabei spielte der Einsatz ihrer Feuerwaffen und Pferde eine gewichtige Rolle, denn beide waren den Inkas unbekannt. Obwohl Atahualpa den Spaniern ein Zimmer voller Gold als Lösegeld anbot (das sie „dankend" annahmen), ermordeten sie ihn im August 1533. Damit war der Widerstand der Inkas gebrochen. **Francisco Pizarro** durfte sich rühmen, mit wenigen Hundert Soldaten, Pferden, Musketen und ein paar Kanonen ein Großreich ungeahnten Ausmaßes erobert zu haben.

Die Kolonialzeit 1532–1821

Nachdem die Spanier im November 1533 mit Cusco das Herz des Inkareichs erobert hatten, bedeutete dies nicht automatisch das Ende allen indianischen Widerstands. Bis Pizarro und seine Mitstreiter die letzte Zufluchtsstätte der Inkas eroberten, vergingen weitere 39 Jahre. Die Jahre dazwischen waren geprägt von Zwistigkeiten der Spanier untereinander und von Auseinandersetzungen der Konquistadoren mit der spanischen Krone. Hinzu kamen immer wieder kleinere Aufstände der Inkas, die viel zu spät merkten, dass die Spanier mehr an schnellem Reichtum und der Ausbeutung der Landbevölkerung als an einer stabilen politischen Lage interessiert waren. Eine spanische Expedition nahm 1572 den letzten Inka **Tupac Amaru** in Vilcabamba gefangen und ließ ihn öffentlich in Cusco enthaupten. Damit endete die turbulente Eroberungsphase, die vier Jahrzehnte früher mit der dramatischen Gefangennahme Atahualpas in Cajamarca begonnen hatte.

Wie im übrigen Lateinamerika hatte auch in der Andenregion das Eindringen der Spanier entsetzliche Auswirkungen auf die indianische Bevölkerung. Bevor auch nur ein Spanier seinen Fuß in das Gebiet des heutigen Peru gesetzt hatte, waren ihm schon die **epidemischen Krankheiten** der alten Welt vorausgeeilt. Windpocken, Typhus und Grippe begannen die Einwohner Tahuantinsuyus zu dezimieren. Man nimmt an, dass selbst der Tod des Inkakönigs Huayna Cápac, der den Erbfolgekrieg zwischen seinen Söhnen Huáscar und Atahualpa auslöste, auf eine Masernepidemie in den Jahren 1530/31 zurückzuführen war. Laut Berechnungen einiger Anthropologen verringerte sich die Bevölkerungszahl aufgrund eingeschleppter Krankheiten bis zum Ende des 16. Jhs. von ursprünglich 9–16 Millionen auf rund drei Millionen.

Wirtschaft

Sofort nach der Eroberung begannen die *Conquistadores* und die ihnen schnell nachfolgenden Vertreter der katholischen Kirche, ihre neuen Kolonialgebiete aufzuteilen und die einheimische Bevölkerung systematisch auszubeuten. So konnte durch ein bestimmtes **Verteilungssystem** *(Repartimiento)* von Gesetzes wegen jeder männliche Indianer im Alter zwischen 14 und 50 Jahren zu Arbeiten an öffentlichen und privaten Gebäuden, in der Landwirtschaft und den Minen herangezogen werden. Die lokalen Behörden vermieteten die vor Ort „in Dienst genommenen" Arbeitskräfte gegen Bezahlung auf Zeit an spanische Kolonisten. Von diesen lukrativen Geschäftspraktiken profitierte das Mutterland zunächst nicht.

Erst ab 1550 übernahm die spanische Krone schrittweise selbst die Kontrolle über die indianische Zwangsarbeit. Eines der erfolgreichsten Kontroll-, Ausbeutungs- und Unterdrückungswerkzeuge, das erst um 1720 endgültig abgeschafft wurde, war das **Encomienda**-System. Als eine Art Belohnung für verdienstvolle Eroberer wies die spanische Krone jedem *Encomendero* mehrere Hundert (in seltenen Fällen sogar bis zu 2000) Indígenas zu, die er „schützen", zivilisieren und christianisieren sollte. Als Ausgleich hatte er Anspruch auf die kostenlose Arbeitskraft der ihm zugeteilten Personen, die obendrein noch Steuern zahlen mussten. Abgelöst wurde die *Encomienda* durch das *Hacienda*-Wesen. Die **Haciendas** waren aus staatlichen Landschenkungen, aus Zukauf und Inbesitznahme entstanden. Es handelte sich um landwirtschaftlichen Großgrundbesitz, auf dem der Besitzer *(Hacendero)* die Regierungsbefugnis innehatte. Somit konnte er frei über seine von ihm abhängigen (leibeigenen) Arbeitskräfte verfügen.

Zum Zweck der besseren politischen und religiösen Kontrolle bemühten sich staatliche und kirchliche Stellen um die Ansiedlung missionierter Indígenas in sogenannten **Reducciónes**. Dabei handelte es sich um Dörfer, in denen die Bewohner in eingeschränkter Selbstverwaltung und wirtschaftlicher Unabhängigkeit der Kontrolle der spanischen Eroberer unterstanden. Das Mita-System der Inkas, über das Männer gelegentlich zu öffentlichen Arbeitseinsätzen herangezogen werden konnte, verwandelte sich unter spanischer Herrschaft in ein Instrument der Zwangsarbeit in den Schlüsselindustrien. So war der Einsatz indianischer Arbeitskraft ganz entscheidend für den Abbau der gewaltigen Mineralvorkommen, die Mitte des 16 Jhs. in der Andenregion entdeckt worden waren. Die **Silberminen** des *Cerro Rico* – des „reichen Hügels" – in Potosí (Südbolivien) wurden für die Spanier zur Schatzkammer Südamerikas und für Tausende von indianischen Zwangsarbeitern zum frühen Grab.

Wenn Potosí die Quelle ungeahnten Reichtums war, so wurde Lima zu seiner Verteilerstelle. Die „Stadt der Könige" war von Pizarro 1535 gegründet worden und entwickelte sich zur Hauptstadt des immensen Vizekönigreichs Peru. Über seinen Hafen Callao wickelte Lima den wachsenden **Import**- und **Exporthandel** ab, wodurch sie im Laufe der Jahre zum Hauptquartier für Landbesitzer, Händler, Beamte, Rechtsanwälte sowie Vertreter der Krone und der Kirche wurde.

Zum Ende des 17. Jhs. ließen die Erträge aus dem Silberbergbau in Potosí merklich nach. Um neue Einkommensquellen zu erschließen, begannen die Spanier, die **Landwirtschaft** auszuweiten und besonders an der Küste großflächig Zucker, Baumwolle und auch Wein anzubauen. Dafür wurden vermehrt **Sklaven** aus Afrika importiert, die widerstandsfähiger als die Hochlandindianer waren. Während der Zucker überwiegend exportiert wurde, war die Baumwollproduktion für den einheimischen Markt bestimmt. Der Rohstoff versorgte große Textilfabriken, die im Hochland entstanden und neben Baumwolle auch Schaf- und Alpakawolle verarbeiteten.

Um die Indígenas in den allgemeinen **Geldkreislauf** einzubinden, nötigten die Spanier die Einheimischen, Waren zu überhöhten Preisen zu kaufen. Wer von den Indígenas die daraus zwangsläufig resultierenden Schulden nicht bezahlen konnte, verlor seinen Landbesitz und/oder musste seine Arbeitskraft kostenlos anbieten. Mit diesem **Reparto** genannten System der aufgezwungenen Warenverteilung gelang es den Kolonialherren, sich riesige Langgüter anzueignen, während sich die große Masse der indianischen Landbevölkerung mit dem Anbau von Subsistenzprodukten auf gemeinschaftlich bewirtschafteten Kleinparzellen durchschlagen musste.

Dieser über beinahe drei Jahrhunderte vollzogene **Landraub** stellte die Grundlage für die Unterentwicklung und soziale Ungerechtigkeit dar, unter der beide Andenstaaten bis zum heutigen Tag leiden.

Kolonialverwaltung

Parallel zu den steigenden wirtschaftlichen Aktivitäten stieg auch der Verwaltungsaufwand und machte Erweiterungen im administrativen Bereich erforderlich. Das **Vizekönigreich Peru** *(Virreinato)* war in 14 Verwaltungsbezirke *(Audiencias)* unterteilt und diese wiederum in Distrikte *(Corregimientos)*. Die nächstkleinere Verwaltungseinheit war der Kreis *(Municipalidad)*, der eine Stadt einschloss, die vom Stadtrat *(Cabildo)* verwaltet wurde.

Der Cabildo setzte sich zumeist aus den prominentesten Stadtbewohnern, vornehmlich großen Landbesitzern, zusammen. Der Vizekönig, ranghöchster Vertreter der spanischen Krone, kümmerte sich neben der Abgabenkontrolle und öffentlichen Infrastrukturprojekten auch um die Belange der Kirche und der indianischen Bevölkerung. Er musste sich vor dem **Indienrat** rechtfertigen, der in Spanien saß.

Die spanische Krone verhinderte schon sehr früh, dass sich unter den Eroberern eine lokale Aristokratie bildete, die königliche Interessen hintergehen könnte. Sie entsandte **Gouverneure** *(Corregidores)*, die auf Provinzebene rechtliche und administrative Entscheidungen trafen. Sie wurden von den Führern der **indianischen Elite** *(Curacas)* unterstützt, die von den Spaniern als Vermittler zwischen der indianischen Bevölkerung und den europäischen Kolonialherren eingesetzt wurden.

Indianeraufstände

Die oft aufgestellte Behauptung, die indianische Bevölkerung hätte die Ungerechtigkeiten des Kolonialsystems mehr oder weniger widerstandslos hingenommen, trifft vor allem auf die zweite Hälfte des 18. Jhs. nicht mehr zu. Nach der Eroberung hatte die spanische Krone zunächst alles Land in Besitz genommen. Indianische Gemeinden nutzen Teile des Landes, das ihnen die Spanier verpachteten. Im Gegenzug verpflichteten sich die Einheimischen, Steuern zu zahlen und an den öffentlichen Arbeitsdiensten der Mita teilzunehmen.

Die soziale und wirtschaftliche Lage der Urbevölkerung, die im 18. Jh. begonnen hatte, sich zahlenmäßig zu erholen, verschlechterte sich durch die zunehmende Landknappheit. Außerdem hatte die spanische Krone die Steuern erhöht und die lokale Aristokratie hatte begonnen, immer mehr Überschüsse aus der lokalen indianischen Produktion für sich zu behalten. Offensichtlich wurden die kolonialen Daumenschrauben so stark angezogen, dass es zu einer Überausbeutung und folglich zu verstärkter Gegenwehr kam. Zählte man in den 40er-Jahren des 18. Jhs. nur fünf Aufstände, so rebellierte die Bevölkerung in den 60er-Jahren bereits zwanzig Mal.

Die Unruhen weiteten sich in den Folgejahren aus, und 1780 versammelte der Inkanachfahre **José Gabriel Condorcanqui** eine „Lumpenarmee" aus Einheimischen und Gegnern des Kolonialsystems und erhob sich gegen die Spanier. Condorcanqui, der sich zu Ehren des lotzten Inkas Tupac Amaru II. nannte, nährte die unrealistische Vorstellung seiner Armee von einer Rückkehr zu alten inkaischen Zeiten.

1781 nahmen königliche Truppon Tupac Amaru II. fest und ließen ihn und seine Familie öffentlich in Cusco hinrichten. Doch der Bruder des Rebellenführers führte den Aufstand im Hochland und am Titicaca-See fort, bevor die

Spanier die Revolte schließlich 1782 blutig beendeten. Gewarnt durch die Vielzahl von Aufständen, setzten die Kolonialbehörden einige soziale Reformen um, wenn auch eher halbherzig.

Die Unabhängigkeit Perus und Boliviens

Trotz der latenten Bereitschaft zu weiteren Aufständen spielten die am meisten unterdrückten unteren Bevölkerungsschichten bei der Unabhängigkeit Perus keine nennenswerte Rolle. Als im Zuge der französischen Invasion 1808 der spanische König Ferdinand vom Thron gestoßen wurde, wurde in den Kolonien die Frage nach der Legitimität der Krone als Oberhaupt immer stärker angezweifelt. Die Truppen **Simon Bolívars** befreiten zwischen 1817 und 1820 die Gebiete des heutigen Venezuelas und Kolumbiens von der spanischen Herrschaft, und General **José de San Martín** gelang dasselbe 1816 mit Argentinien und 1817 mit Chile.

Im Vizekönigreich Peru und vor allem in Lima widersetzte sich die etablierte konservative, royalistische Elite mit militärischer Gewalt allen internen Umsturzversuchen. Die Unabhängigkeit Perus und Boliviens kam von außen. Im September 1820 landete General San Martín bei Pisco an der peruanischen Pazifikküste. Er kämpfte seinen Weg Richtung Norden, befreite Lima am 28. Juli 1821 und erklärte die Unabhängigkeit Perus. Doch der Widerstand der Royalisten war noch nicht gebrochen. Es bedurfte der Unterstützung Simon Bolívars, dessen General **Antonio José de Sucre** mit seinen Truppen von Norden her nach Peru einmarschierte und am 9. Dezember 1824 bei Ayacucho die entscheidende Schlacht gegen die letzten Anhänger der spanischen Krone gewann.

Peru nach der Unabhängigkeit

Verfall und Instabilität 1824–45

Die chaotischen Jahrzehnte nach der Unabhängigkeit waren von politischer Instabilität und wirtschaftlichem Verfall geprägt. De facto bedeutete die neue Freiheit nur einen Machttransfer von der spanischen Aristokratie auf die kreolische Elite vor Ort. Diese Gesellschaftsschicht wollte an den bestehenden Besitzstrukturen kaum etwas ändern und hatte wenig Interesse an demokratischen Grundideen. Sogenannte **Caudillos**, oftmals ehemalige Offiziere der Befreiungsarmeen, versuchten mit Gewalt und strategischen Allianzen Machteinfluss zu gewinnen. Das führte zu ständigen Wechseln an der Regierungsspitze.

Peru hatte zwischen 1824 und 1845 mindestens 24 verschiedene Präsidenten und sechs unterschiedliche Verfassungen. Eine Konföderation zwischen Peru und Bolivien, die General **Andrés de Santa Cruz** 1836 ins Leben gerufen hatte, wurde von Chile 1839 militärisch beendet.

Der politische Dauerwirrwarr hatte auch negative wirtschaftliche Konsequenzen. In den Nachwehen der Unabhängigkeit war der Silbermarkt, Perus Wirtschaftsmotor, zusammengebrochen. Zunehmende Kapitalflucht führte zu hohen Außenhandelsdefiziten. Erst zu Beginn der 1840er-Jahre begann sich die Wirtschaft zu erholen, als Wolle, Nitrate und zunehmend Guano exportiert wurde.

Die Guano-Ära 1845–70

Aufgrund des Fischreichtums vor Perus Küste lebten Millionen Seevögel auf vorgelagerten Inseln. Ihr salpeterhaltiger Dung (Guano), der sich stellenweise meterhoch anhäufte, sollte das Bombengeschäft des 19. Jhs. für Peru werden. Drei Jahrzehnte lang exportierte der Andenstaat Millionen von Tonnen Guano nach Europa, wo der natürliche Dünger die Entwicklung der kommerziellen Landwirtschaft begünstigte. Der warme Geldregen aus dem Geschäft mit dem weißen Gold brachte Peru in der Mitte des 19. Jhs. die historische Chance auf Entwicklung. Doch der Boom schadete Peru mehr als er ihm nützte. Präsident **Ramón Castilla** (1797–1867) „nationalisierte" den Naturdünger, um die Staatsprofite zu maximieren. Die Erträge wurden überwiegend in exportorientierte Anbauprodukte an der Küste investiert (Zucker, Baumwolle). Die Costa wurde zum dynamischsten Sektor der peruanischen Wirtschaft, mit dem das Hochland nicht mithalten konnte. Infrastrukturprojekte dienten weniger der Entwicklung entlegener Landesteile aber vielmehr als Absatzwege.

Dies war auch der Grund für den Bau der Eisenbahnstrecke Lima–Huancayo, mit der Erze aus den Minen im Hochland zum Pazifik transportiert werden sollten. Zwischen 1840 und 1875 verfünffachte sich der Export, und nach Peru gelangten im selben Zeitraum sechs Mal so viele Waren. Das Land begann sich immer stärker zu verschulden, im Vertrauen auf die scheinbar unerschöpflichen natürlichen Ressourcen und ein **liberales Exportmodell**. Um 1870 begann das Kartenhaus in sich zusammenzufallen. Luxuskonsum, zu hohe Kreditaufnahmen, Missmanagement, unglückliche Hand bei der Wahl von Entwicklungsprojekten und die Erschöpfung der Rohstoffquelle Guano führten zum Staatsbankrott.

Ironischerweise fiel der Kollaps in die Amtszeit des ersten zivilen und frei gewählten Präsidenten des Landes. **Manuel Pardo**, der Peru von 1872 bis 1876 regierte, war Führer der **Partido Civilista** (Zivilpartei), der ersten politischen Partei des Landes. Diese diente neureichen Händlern und progressiven Großgrundbesitzern als Plattform gegen die Caudillos. Das neue Bürgertum war stark antimilitärisch ausgerichtet und setzte sich für mehr Mitspracherecht bei der Gestaltung eines Zivilstaates ein.

Der Pazifikkrieg 1879–83

Im Länderdreieck Peru–Chile–Bolivien, einem eigentlich wertlosen Wüstenstreifen, besaßen alle drei Länder Salpetervorkommen, die zunehmend ausgebeutet wurden. Als Bolivien eine vertragswidrige Steuer auf den neuen Exportschlager erhob, griff Chile den Nachbarn im Osten an. Über einen zuvor geschlossenen Beistandspakt hatte sich Peru zur Unterstützung Boliviens im Falle eines Angriffs verpflichtet und wurde mit in den Krieg hineingezogen. Da Präsident Pardo im Zuge eiserner Sparmaßnahmen den peruanischen Militärhaushalt stark beschnitten hatte, Chile jedoch über eine gut ausgestattete und moderne Armee verfügte, war der Ausgang des auch „Salpeterkrieg" genannten Konflikts vorprogrammiert. 1881 besetzten chilenische Truppen Lima. Peru musste im Friedensvertrag von 1883 seine Salpetervorkommen an Chile abgeben, ebenso die Provinz Tarapacá und Arica sowie – bis 1929 – die Provinz Tacna. Bolivien verlor seinen einzigen Zugang zum Pazifik.

Erholung und Wachstum 1886–1930

Nach der ausgedehnten Phase aufeinander folgender Zivilregierungen gelangte General **Andrés Avelino Cáceres** zweimal an die Macht (1886–90; 1894–95). Der Held der Untergrundbewegung im Salpeterkrieg begann mit dem Wiederaufbau des kriegsgeschädigten Landes, u. a. durch die Nationalisierung der Eisenbahn, den Verkauf von Guano-Rechten und der Landvergabe von Bodenstücken im Amazonastiefland an ausländische Gläubiger. Mit den Einnahmen bezahlte er die horrenden **Auslandsschulden** des Landes. Auf diese Weise stellte Cáceres das angeschlagene Vertrauen der Geldgeber wieder her und erhöhte die Kreditwürdigkeit des Landes. Besonders Briten und US-Amerikaner begannen verstärkt zu investieren. Die Exporterlöse Perus vervielfältigten sich zu Beginn des 20. Jhs. dank einer Erholung des Silberabbaus, verbesserter Baumwoll- und Wollqualität sowie dem beginnenden Kautschuk-Boom im Amazonasbecken.

Auf Kosten der vorwiegend indianischen Tiefland-Bevölkerung, die in sklavenähnlicher Abhängigkeit Gummi sammelte, bereicherten sich vornehmlich britische Kautschukhändler. 1895 läutete der charismatische Politiker **José Nicolás de Piérola** die Phase der aristokratischen Republik in Peru ein, die bis 1919 dauern sollte. Sie war nicht nur von relativer politischer Harmonie und starkem **Wirtschaftswachstum** gekennzeichnet, sondern auch von **sozialem und politischem Wandel**. Unter der wieder erstarkten Partido Civilista bildete sich eine neue Oligarchie an der Küste; traditionelle Haciendas und kleine Bergwerke verwandelten sich in exportorientierte agroindustrielle Betriebe und Minenkonglomerate. Industriekomplexe in der Gegend um Lima zogen immer mehr Angehörige der Landbevölkerung an.

Den ersten **Arbeitervereinigungen**, die sich um 1911 bildeten, gelang es mittels Generalstreiks eine Arbeitsgesetzgebung durchzusetzen, die soziale Fortschritte wie die Abschaffung der Nachtarbeit oder eine Entschädigung bei Arbeitsunfällen mit sich brachte. Der **Erste Weltkrieg** bedeutete für die Exportnation Peru zunächst Rezession und Inflation, dann konnte sich der Handel mit Kupfer, Zucker und Baumwolle wieder stabilisieren. Gleichzeitig kam es vor allem im südlichen Hochland vermehrt zu Aufständen unter der indianischen Bevölkerung, die wenig von den sozialen Errungenschaften des Arbeiterproletariats der Küste profitiert hatte. Das brachte – zusammen mit den sozialistisch-marxistischen Idealen der mexikanischen und russischen Revolution – bei einer Schicht von jungen Mittelklasse-Mestizos neue Denkprozesse in Gang. Diese mündeten in der **Indigenista-Bewegung**, mit der vor allem Schriftsteller und Künstler versuchten, ihren Landsleuten klar zu machen, dass das indianische Erbe ein wichtiges Element in der peruanischen Geschichte darstellte.

Die weitreichenden sozialen, wirtschaftlichen und intellektuellen Neuorientierungen läuteten mit Arbeiterstreiks und Studentenunruhen das Ende der aristokratischen Ära ein. Präsident **Augusto B. Leguía**, der Peru elf Jahre (Oncenio; 1919–1930) regierte, hatte zunächst die Verfassung geändert, um soziale und wirtschaftliche Reformen durchzusetzen. Er ersetzte die Ziviloligarchie durch eine städtische Mittelschicht. Im Laufe seiner Regierungszeit kam jedoch zunehmend seine autoritäre und diktatorische Seite zum Vorschein. Er unterdrückte militante Arbeiter- sowie Studentenbewegungen und säuberte den Kongress von politischen Gegnern. Eine **manipulierte Verfassungsänderung** ermöglichte ihm die zweimalige Wiederwahl ohne Opposition. Seine sinkenden Popularitätswerte und die negativen Auswirkungen der **weltweiten Wirtschaftskrise** auf die Bevölkerung führten 1930 zu Leguías Entmachtung als Folge eines Militärputsches.

Massenpolitik und sozialer Wandel 1930–68

In den 1920er-Jahren waren zwei neue Parteien entstanden, die Perus Politik in den folgenden Jahrzehnten prägen sollten. Der Journalist **José Carlos Mariátegui** gründete 1928 die Sozialistische Partei Perus (Partido Socialista Peruano, PSP), die sich zwei Jahre später in **Kommunistische Partei (PCP)** umbenannte. Der überzeugte Marxist war wie auch die Befürworter der Indigenista-Bewegung der Meinung, dass nur die gleichberechtigte Integration des indianischen Bevölkerungsteils zum Entstehen einer wahren unabhängigen Nation führen könne. Wenige Jahre zuvor hatte der Studentenführer **Victor Raúl Haya de la Torre** im mexikanischen Exil, in das ihn Präsident Leguía geschickt hatte, die Gründung der APRA, der **Revolutionären Amerikanischen Volksallianz** (Alianza Popular Revolucionaria Americana), ausgerufen. Beide Parteien, die marxistische PCP und die populistische APRA, versuchten die neue Mittelschicht und die Arbeiterklasse zu mobilisieren, um sie in eine neue Phase nationaler Unabhängigkeit zu führen.

Besonders die APRA entwickelte sich zu einem langfristigen politischen Phänomen, das auch die jüngere Geschichte Perus beeinflusst. Nach den wirtschaftlich und politisch unruhigen 30er-Jahren geriet Peru 1941 in einen kurzen militärischen **Grenzkonflikt mit Ecuador**, das gewaltsam versuchte, Territorialansprüche im Tiefland des Amazonas durchzusetzen. Der Schuss ging nach hinten los, und Ecuador wurde besiegt und musste ein großes Regenwaldgebiet an Peru abgeben. Nach Beendigung des Zweiten Weltkrieges setzte sich die demokratische Entwicklung Perus zunächst fort; die inzwischen legalisierte APRA gelangte als Koalitionspartei an die Macht. Der zunächst positive Wachstumstrend der Nachkriegszeit, von dem insbesondere der Bergbau und die Fischmehlindustrie profitierten, kehrte sich um. Unruhen unter den Arbeitern und zunehmende Inflation destabilisierten die Regierung, die auf Druck der Oligarchie von den Militärs entmachtet wurde.

Unter der **Militärdiktatur** des Generals **Manuel A. Odría** (1948–56) kehrte Peru zu alten Strukturen zurück: die Linke wurde unterdrückt, die Wirtschaft richtete sich einseitig auf Export aus. Dabei wirkte sich die Tatsache international steigender Rohstoffpreise günstig für Odría aus. Von den stabilen Wachstumsraten der Jahre 1950 bis 1967 profitierte allerdings vorwiegend die fortschrittlichere Küstenregion. Die dualistische Struktur des Landes akzentuierte sich weiter und die **Entwicklungskluft zwischen Küste und Hochland** wurde noch breiter. Die Gründe lagen neben der stark steigenden Bevölkerungszahl vor allem an der **Landverteilung**, die zu der ungerechtesten in ganz Lateinamerika zählte. 1958 kontrollierten zwei Prozent der Landbesitzer rund 69 % der Anbauflächen. Dagegen standen die 83 % der Landbesitzer mit Grundstücken unter fünf Hektar, die insgesamt nur sechs Prozent des Ackerbodens besaßen.

In den 50er- und 60er-Jahren kam es daher zu verstärkter Abwanderung von Hochlandbewohnern Richtung Küste, vor allem in die Hauptstadt. Wer im Hochland geblieben war, schloss sich oftmals Protestbewegungen an. Eine der größten führte **Hugo Blanco** an, ein Quechua sprechender Pächter und ehemaliger Student. Er gründete eine Gewerkschaft, die begann, Land zu besetzen und Großgrundbesitzern ihre traditionellen Rechte zu verweigern. Erst mit Einsatz des Militärs gelang es der Regierung, die Bewegung 1964 zu zerschlagen und Blanco zu inhaftieren. In der Zwischenzeit hatte sich an der prosperierenden Küste eine neue Mittelklasse herausgebildet, die mit der Gründung von zwei neuen Parteien, **Acción Popular** (AP) und **Partido Demócrata Cristiano,** (PDC) gegen die alte Oligarchie aufbegehrte und sich gleichzeitig als Konkurrenz zur APRA etablierte, die ihrerseits immer weiter nach rechts abdriftete.

Mit Hilfe der Militärs gelang es dem charismatischen Führer der AP, **Fernando Belaúnde Terry**, sich 1963 gegen Odría und Haya de la Torre durchzusetzen. Die APRA- und Odría-Anhänger rächten sich, indem sie im Parlament mit einer gemeinsam erzielten Mehrheit sämtliche Regierungsprojekte blockierten, darunter Initiativen wie eine Landreform, die sie Jahre zuvor selber gefordert hatten. Eine Guerilla-Bewegung (MIR), die sich aus Frustration über das politische Patt aus dem militanten Arm der APRA und Anhängern der kommunistischen Partei gebildet hatte, wurde nach wenigen Monaten von Sicherheitskräften zerschlagen.

Trotz einer boomenden Fischmehlindustrie, die Peru 1962 zur **weltweit führenden Fischereination** machte, kämpfte Belaúnde gegen Ungleichgewichte in der Zahlungsbilanz an, die zu einer Abwertung der Landeswährung führten. Als sich zudem herausstellte, dass der Präsident Geheimabsprachen getroffen hatte, die der nordamerikanischen Erdölfirma International Petroleum Company (IPC) eine bevorzugte Stellung auf dem peruanischen Erdölmarkt einräumten, zogen die Militärs unter General **Juan Velasco Alvarado** (1968–75) die Notbremse. Ihre Herrschaft sollte zwölf Jahre andauern.

Revolutionäre Militärdiktatur 1968–80

Velasco begann unverzüglich, ein radikales Reformprogramm umzusetzen und zahlreiche Unternehmen in Staatsbesitz zu überführen. Dazu gehörte neben der Erdölfirma IPC, den Strom- und Telefongesellschaften sowie diversen Banken auch das Eisenbahnnetz. Hinzu kam 1969 die größte **Landreform**, die Lateinamerika (abgesehen von Kuba) bis dahin erlebt hatte. Ziel war es, die bestehende ökonomische Machtbasis der Plantagenbesitzer an der Küste und der Großgrundbesitzer im Hochland durch Enteignungen zu zerstören. Bis 1975 wurden rund 50 % des bebaubaren Landes in Form von Kooperativen und Produktionsgenossenschaften an ca. 350 000 Familien verteilt, die etwa ein Viertel der Landbevölkerung darstellten.

Die meisten von ihnen waren staatliche Bedienstete und Pächter von kleinen Parzellen. Indigene Dorfgemeinschaften (etwa 40 % der Landbevölkerung) profitierten dagegen kaum von der Landreform. Gänzlich ausgesperrt blieb die runde Million Saisonarbeiter, die jährlich an die Pazifikküste wanderten, um dort Zucker und Reis zu ernten. Somit wirkte sich die Landreform nur mäßig auf die Beschäftigungslage aus und neue Konflikte um das Land begannen sich bereits abzuzeichnen. Dennoch konnte der allgemeine Lebensstandard der Bevölkerung auf ein Niveau gesteigert werden, das bis heute nicht mehr erreicht worden ist.

Mit der linken Militärregierung übernahm der Staat zum ersten Mal in der Geschichte Perus eine dominante Rolle im Entwicklungsprozess des Landes. Velasco begann die exportabhängige Wirtschaftsstruktur zugunsten einer **importsubstituierten Industrialisierung** zu verändern. Die Direktinvestitionen des Staates nahmen zwischen 1968 und 1975 um rund 60 % zu. Gleichzeitig setzte die Regierung eine Vielzahl von Maßnahmen durch, bei denen der Schutz der Arbeiter (u. a. Kündigungsschutz) und die Entwicklung des Binnenmarktes im Vordergrund standen (z. B. Subvention von Grundnahrungsmitteln).

Velasco versuchte sich mit seinem **gemischten Wirtschaftsmodell**, bestehend aus Staats- und Privatbetrieben, zwischen Kommunismus und Kapitalismus zu positionieren. Außenpolitisches Ziel war es, die politische und wirtschaftliche Abhängigkeit von den USA zu reduzieren. Zu diesem Zweck etablierte die Regierung Velasco Handelsbeziehungen mit Russland, Japan und Westeuropa. Außerdem schloss man sich den blockfreien Staaten an und förderte die wirtschaftliche Integration Südamerikas als treibende Kraft hinter der Gründung des Andenpakts.

Zur Verwirklichung ihrer ehrgeizigen Pläne benötigte die Militärregierung große Mengen an Geld, welches sie sich zunehmend leihen musste. Die teuren **Sozialprogramme**, die darauf abzielten, allen Peruanern ein Dach über dem Kopf, ausreichend Nahrung sowie eine adäquate Gesundheitsversorgung und Schulbildung zu geben, machten zusätzliche finanzielle Mittel erforderlich. Weitere Faktoren wie die starke **Bürokratisierung des Staatsapparats**, überproportional hohe Ausgaben im Militärbereich sowie – als externer Faktor – die Ölkrise von 1973 verschlechterten die ökonomischen Daten. Die **Inflation**, das **Handelsdefizit** und parallel dazu die Unruhe in der Bevölkerung stiegen stetig an.

1975 setzten unzufriedene Offiziere Velasco ab und leiteten mit dem Machtwechsel die zweite Phase der Militärregierung ein. Obwohl die neue Führung unter General **Francisco Morales Bermúdez** vorgab, den alten Kurs weiter zu verfolgen, vollzog die Regierung einen Rechtsruck. Das harte **Sparprogramm** mit mehreren Abwertungen der Landeswährung, Subventionskürzungen und Verkauf von Staatseigentum führte zusammen mit Benzinpreiserhöhungen zu **Massenentlassungen** und einem Verfall der Reallöhne von rund 50 % in nur drei Jahren. Auf Streiks und Unmutsbekundungen des Volkes reagierten die Machthaber mit Gewalt. Als der Druck der Allgemeinheit jedoch weiter wuchs, bereiteten sich die Militärs darauf vor, die Regierung wieder in zivile Hände zu geben.

„Wider das Vergessen"

Dies ist der Titel eines Buches, das die peruanische **Wahrheits- und Versöhnungskommmission** veröffentlicht hat. Neben Daten und Fakten über den „bewaffneten internen Konflikt" von 1980 bis 2000 soll mit diesem Werk die Würde der Opfer erhalten und ein Beitrag dazu geleistet werden, dass es nie wieder zu solchen Verbrechen kommt (Matthias-Grünewald-Verlag, 2008, ISBN 3786727201).

Wirtschaftskrise und Terrorismus 1980–1990

Bei den Wahlen von 1980 konnte sich erneut **Fernando Belaúnde Terry** durchsetzen, der Peru fünf Jahre lang bis 1985 regieren sollte. Das Peru, dessen Erbe Belaúnde als neuer Präsident antrat, unterschied sich gewaltig von dem Peru, das er bereits in den 60er-Jahren regiert hatte. Die alte Exportoligarchie der Küste und die Großgrundbesitzer des Hochlands waren verschwunden. An ihre Stelle waren staatliche Betriebe und Kleinunternehmer getreten. Die deutlich konservativ eingestellte Regierung Belaúnde begann erneut, alles umzukrempeln, hin zu einem **neoliberalen Wirtschaftsprogramm**, das Staatsbetriebe privatisierte und für das Wachstum auf den Exportsektor setzte. Zusammen mit einer Reihe hausgemachter Probleme stürzte der Verfall der internationalen Rohstoffpreise Peru in eine seiner schlimmsten **Wirtschaftskrisen**. Als Gegenmittel entschied Belaúnde sich für eine **Neuverschuldung**, obwohl er gerade diese Maßnahme seinen Vorgängern immer wieder vorgeworfen hatte.

Die Auslandsverpflichtungen stiegen innerhalb weniger Jahre um rund 35 % auf US$13 Mrd. und die **Inflation**sspirale war nicht mehr zu bremsen. Die Lebensbedingungen der Bevölkerung verschlechterten sich rapide. Wut und Enttäuschung über die miserable Lage schufen den Nährboden für die Entstehung der Guerillaorganisationen **Sendero Luminoso** (Leuchtender Pfad, S. 202) und **MRTA** (Movimiento Revolucionario Tupac Amaru), deren Gewaltakte zusammen mit den Vergeltungsmaßnahmen der Militärs ab 1980 mehrere Zehntausend Tote unter der Bevölkerung fordern sollten. Anders als in Ländern wie beispielsweise Guatemala war in Peru die linke Guerillabewegung mindestens im gleichen Maß für die Toten verantwortlich wie das Militär. Trotz aller wirtschaftlichen Rückschläge und bürgerkriegsähnlicher Zustände in einigen Departamentos gelang es

Belaúnde, seine fünfjährige Amtszeit offiziell zu beenden. Sein Nachfolger, **Alan García** von der APRA, gelangte 1985 mit 48 % der Stimmen an die Macht. Für die APRA bedeutete dies den ersten Wahlsieg nach mehr als 50 Jahren.

Die Zeichen standen zunächst gut beim Amtsantritt des erst 36-jährigen Präsidenten. Entscheidungen wie die Einführung eines festen Dollarkurses und einer neuen Landeswährung (Inti) sowie die Umsetzung einer geschickten Handelspolitik und selektive Bezahlung der Auslandsschulden schienen die richtigen wirtschaftspolitischen Mittel zu sein, um der Krise Herr zu werden. Der Popularitätsgrad des charismatischen García wuchs beständig.

Doch die Euphorie war von kurzer Dauer. Zu den zunehmenden Terroraktionen gesellte sich die ernüchternde Erkenntnis, dass die Gewinne der Unternehmer weiterhin ins Ausland abflossen und aufgrund der instabilen Lage wenig Geld im Land investiert wurde. Ein hastig zusammengeschustertes **Sparpaket** ging mit exorbitanten **Inflationsraten** einher, die im Jahr 1990 bis zu 7650 % betrugen. Aus den Reihen der APRA kamen Korruptionsfälle ans Licht, in die der Präsident selbst verwickelt war. Zum Ende seiner Amtszeit stand Peru vor einem Scherbenhaufen.

Die Ära Fujimori 1990–2000

Bei den Wahlen des Jahres 1990 standen sich im zweiten und entscheidenden Durchgang zwei Kandidaten gegenüber, die bis dahin nur wenig politische Erfahrung vorweisen konnten. Während der international bekannte Literat **Mario Vargas Llosa** für das rechtsgerichtete Wahlbündnis FREDEMO (Frente Democrático) ins Rennen ging, kandidierte der bis dahin auf der politischen Bühne völlig unbekannte Ingenieur **Alberto Fujimori** für die unabhängige Liste Cambio 90. Für alle überraschend konnte sich Fujimori, der Sohn japanischer Einwanderer, mit 57 % der Stimmen gegen Vargas Llosa (33,5 %) durchsetzen.

Sofort nach Amtsantritt schockierte Fujimori das Volk mit seiner ultraliberalen Wirtschaftspolitik. Mit der **Abschaffung von Export- und Importbeschränkungen**, der Wiedereinführung des Sol als Landeswährung und der **Privatisierung** von Staatsbetrieben konnte Fujimori die Hyperinflation beseitigen und die Gunst **ausländischer Investoren** zurückgewinnen. Trotz einer drastischen Verringerung der Realeinkommen begann das **Strukturanpassungsprogramm** des Präsidenten langsam zu greifen. Ab 1993 konnten wieder Wachstumsraten verzeichnet werden; auf die sektoralen und regionalen Ungleichgewichte des Landes hatte dies allerdings wenig Einfluss. Die **Abhängigkeit von Rohstoffexporten** blieb weiterhin bestehen. Auf der politischen Bühne sammelte Fujimori, von der Bevölkerung auch „El Chino" genannt, weiterhin Pluspunkte. Die Verhaftung von **Abimael Guzmán**, dem Anführer des „Leuchtenden Pfads", beendete den blutigen Bürgerkrieg und dies führte, zusammen mit seinen wirtschaftlichen Erfolgen dazu, dass der Präsident seine Wiederwahl im Jahr 1995 mit komfortablen 64 % der Stimmen erreichte.

In seiner zweiten Amtsperiode bis zum Jahr 2000 offenbarte Fujimori ein anderes Gesicht. Er regierte Peru immer autoritärer, Demokratie war für ihn ein Fremdwort geworden. Zu einem seiner letzten politischen Erfolge zählte neben einem Friedensvertrag mit Ecuador die **Beendigung einer Geiselnahme** in der japanischen Botschaft in Lima. Die Guerillagruppe MRTA hatte Ende 1996 rund 500 Geiseln genommen, die nach 126 Tagen von einem Spezialkommando befreit wurden. Bei der Aktion wurden alle 14 Geiselnehmer erschossen.

Um erneut als Präsident kandidieren zu können, hatte Fujimori **Gesetzesänderungen** durchgesetzt. In einem **schmutzigen Wahlkampf**, teilweise aus Steuergeldern finanziert sowie mit Einschüchterung von Medien und Opposition durchgeführt, erreichte Fujimori die Stichwahl im Jahr 2000 gegen seinen Herausforderer Alejandro Toledo von der Bewegung Perú Posible. Da Toledo zur Stichwahl aus Protest gegen seinen durch die Regierung beschränkten Zugang zu den Medien nicht antrat, wurde Fujimori erneut zum Sieger erklärt.

Seine Freude über die Wiederwahl währte nur kurz. Fujimoris engster Vertrauter **Vladimiro Montesinos**, der Chef des Geheimdienstes, wurde bei dem Versuch gefilmt, einen Kongressabgeordneten der Opposition zu bestechen. Der daraus resultierende **Skandal** zwang den Präsidenten, sich Hals über Kopf nach Japan abzusetzen. Daraufhin erklärte der Kongress Fujimori als moralisch nicht handlungsfähig und setzte statt seiner den Interimspräsidenten Valentín Paniagua als Regierungschef ein. Dessen Aufgabe bestand darin, faire politische Rahmenbedingungen für die Neuwahlen im April 2001 zu schaffen.

Peru im 21. Jahrhundert

Im Juni 2001 wählten die Peruaner **Alejandro Toledo** (Perú Posible) in einer Stichwahl gegen Ex-Präsident Alan García (APRA) zum Präsidenten. Doch schon wenige Monate nach der Wahl sank Toledos Popularität enorm. Toledo, der aus ärmlichen Verhältnissen stammt, indianische Vorfahren hat und in den USA Ökonomie studierte, hatte angekündigt, in größerem Umfang die Armut zu verringern, Arbeitsplätze zu schaffen, Straßen zu bauen, ausländische Investoren anzulocken und die Steuern zu senken. Nur am Rande erwähnten die Medien daher seine **politischen Erfolge**, darunter die fortschreitende Demokratisierung des Landes, die Beendigung der Grenzstreitigkeiten mit dem Nachbarland Ecuador und die Aufarbeitung der gewalttätigen jüngeren Vergangenheit Perus.

Obwohl der Ultranationalist **Ollanta Humala** (Unión por el Perú) 2006 den ersten Wahlgang mit 31 % klar für sich entscheiden konnte, unterlag er in der Stichwahl vom 4. Juni 2006 Expräsident **Alan García** und dessen Mitte-Links-Partei APRA. García wurde mit rund 52,5 % der Stimmen zum zweiten Mal nach 1985 zum Präsidenten gewählt. Entgegen seinen Ankündigungen gelang es dem neuen „alten" Präsidenten bislang nicht, entscheidende Akzente im Kampf gegen Armut und Korruption zu setzen.

Nach anfänglichem Zögern lieferte Chile den peruanischen Ex-Präsidenten **Alberto Fujimori** im September 2007 an Peru aus. Fujimori war 2005 überraschend aus seinem japanischen Exil nach Chile gereist, um von dort Einfluss auf den Wahlkampf in Peru zu nehmen. Im April 2009 wurde Fujimori wegen des Einsatzes von Todesschwadronen während seiner Amtszeit zu 25 Jahren Gefängnis verurteilt. Seine Tochter **Keiko Fujimori**, die für die Präsidentenwahlen im Jahr 2011 kandidierte, kündigte an, ihren Vater zu amnestieren, sollte sie die Wahl gewinnen.

Im Juni 2009 kam es in der Region Bagua in Nordperu zu **schweren Auseinandersetzungen** zwischen Ureinwohnern und der Polizei. Dabei starben 34 Personen. Hintergrund waren die Befürchtungen indigener Gruppen, das 2007 von der Regierung beschlossene **„Regenwaldgesetz"** könnte ausländischen Konzernen die Ausbeutung natürlicher Ressourcen ermöglichen und somit ihre Lebensgrundlagen zerstören. Daraufhin beantragte die Regierung die Aufhebung des umstrittenen Gesetzes im Parlament.

Das Ende der Amtszeit von Präsident García im Mai/Juni 2011 war geprägt von **Antibergbau-Protesten** in Puno und Juliaca, bei denen es zahlreiche Tote und Verletzte zu beklagen gab. Im Juni 2011 konnte der Linksnationalist **Ollanta Humala Tasso** von der Partei Gana Perú die Präsidentschaftswahl im zweiten Durchgang gegen Keiko Fujimori (Fuerza 2011) mit 51,4 % der Stimmen für sich entscheiden. Peru feierte 2011 die **100-jährige Entdeckung Machu Picchus**. Zum Jahresende 2011 legte ein mehrwöchiger Protest gegen das Megabergbau-Projekt Conga die Provinz Cajamarca lahm.

Im Januar 2012 trat Vizepräsident **Omar Chehade** nach monatelangem politischen Druck von seinem Amt zurück. Chehade soll die Räumung der von den Arbeitern verwalteten Zuckerfabrik Andahuasi mit hohen Polizeioffizieren geplant haben, um die Fabrik danach an den einflussreichen Wong-Konzern zu übergeben. Im Februar kann die Polizei Florindo Flores Hala alias „Artemio", den letzten aktiven Rebellenführer der maoistischen Vereinigung „Leuchtender Pfad", im Nordosten des Landes verletzt verhaften.

Bolivien nach der Unabhängigkeit

Nachdem General **Sucre** mit seinen Truppen am 9. Dezember 1824 bei Ayacucho die entscheidende Schlacht gegen die letzten Anhänger der spanischen Krone gewonnen hatte, konnte der siegreiche General am 6. August 1825 die Unabhängigkeit Alto Perus, dem heutigen Bolivien, ausrufen. Die Hauptstadt wurde ihm zu Ehren Sucre genannt und der Namensgeber des Landes **Simon Bolívar** wurde zum ersten Präsidenten Boliviens gewählt. Neben den politischen Wirren des 19. Jhs. wirkten sich besonders die großen Territorialverluste auf die Geschichte Boliviens aus. Zum Beginn der Unabhängigkeit umfasste das Land über zwei Millionen Quadratkilometer, von denen nach mehreren verlorenen Kriegen nur noch die Hälfte übrig blieb. Den schmerzlichsten Verlust erlitten die Bolivianer im **Pazifikkrieg** 1879–83 (s. S. 125), in dem sie nicht nur die Salpetervorkommen der Atacama-Wüste abgeben mussten, sondern auch ihres einzigen Zugangs zum Pazifik beraubt wurden.

Während des **Kautschukbooms** zu Beginn des 20. Jhs. annektierte Brasilien die baumreiche Provinz Acre, und 1932 brach ein Krieg mit Paraguay um Erdölvorkommen aus, in dessen Verlauf sich der südliche Nachbar 130 000 km^2 der Region Chaco einverleibte. Die sogenannte **April-Revolution** brachte 1952 die **MNR** (Movimiento Nationalista Revolucionario) unter ihrem Führer **Victor Paz Estenssoro** an die Macht. Er verstaatlichte den Bergbau, vertrieb die Zinnbarone und schaffte das antiquierte System der Leibeigenschaft *(Pongaje)* ab. Aufgrund weitreichender Reformen bei der Landverteilung, im Bildungswesen und dank in die Wege geleiteter Infrastrukturmaßnahmen konnte sich die MNR zwölf Jahre lang an der Macht halten, bevor sie 1964 einem Militärputsch zum Opfer fiel. Im Kampf für seine linken Ideale und gegen die bestehenden Machtverhältnisse wurde der Guerillaheld **Ché Guevara** 1967 in Bolivien in La Higuera in der Cordillera Oriental in den Ostanden erschossen.

Die Folgejahre waren geprägt von sich abwechselnden **Militärregierungen**, deren Menschenrechtsverletzungen unter General **Hugo Banzer Suárez** 1971–78 einen unrühmlichen Höhepunkt erreichten. In den 70er-Jahren profitierte Boliviens Wirtschaft von einer starken Nachfrage nach Zinn, das zur Herstellung von Konservendosen gebraucht wurde. Der Boom dauerte nur wenige Jahre, danach ersetzten Aluminium und Plastik den bolivianischen Rohstoff. Das Land versank in einem Strudel aus Schulden, hohen Inflationsraten und sinkenden Deviseneinnahmen. 1985 gelangte einmal mehr Victor Paz Estenssoro an die Macht.

Sein radikaler Sparkurs bedeutete das Aus für die staatliche Minengesellschaft Comibol und den Verlust unzähliger Arbeitsplätze. Nachdem er in den Präsidentschaftswahlen von 1989 unterlegen war, konnte der Wirtschaftsreformer **Gonzalo Sánchez de Lozada** die Wahlen des Jahres 1993 für sich entscheiden. Der Aymara **Victor Hugo Cárdenas** wurde zum ersten indianischen Vizepräsidenten Boliviens ernannt. Sein Vorhaben, internationale Investoren für Beteiligungen an Staatsbetrieben zu finden, ohne sie komplett zu privatisieren, fand in der Bevölkerung wenig Echo. 1997 übernahm erneut Hugo Banzer das Amt des Staatspräsidenten. Unter seiner Federführung vernichteten paramilitärische Einheiten in wenigen Jahren rund 30 000 ha **Kokafelder** (s. auch Kasten, S. 654), was viele Kleinbauern in eine schwierige wirtschaftliche Lage brachte. Die daraus resultierenden Proteste, Straßenblockaden und Streikwellen mit mehreren Todesopfern wurden von der Staatsmacht mit Gewalt aufgelöst.

Im Jahr 2001 übergab der schwerkranke Banzer die Regierungsgeschäfte übergangsweise an **Jorge Quiroga**. Nachdem in der Stichwahl des Jahres 2002 zwischen dem sozialdemokratischen Kokabauerführer Evo Morales und **Gonzalo Sánchez de Lozada** von der rechtsliberalen Nationalistisch-Revolutionären Bewegung (MNR) keiner der beiden Kandidaten die erforderliche Mehrheit erreichte, entschied sich das Parlament für Gonzalo Sánchez de Lozada als neuen Präsidenten Boliviens.

Die Ruhe nach der Wahlentscheidung währte nur wenige Monate. Im Oktober 2003 durchlebte Bolivien die schwerste **Staatskrise** seit der Rückkehr zur Demokratie im Jahr 1981. Wochenlange gewalttätige Proteste aller Bevölkerungsschichten gegen die Regierung führten schließlich zum Rücktritt des Präsidenten Sánchez de Lozada. Auslöser der Proteste war der befürchtete Ausverkauf bolivianischen Erdgases an ausländische Investoren. Die Regierungsgeschäfte übernahm vorübergehend der ehemalige Stellvertreter des Präsidenten, **Carlos Mesa**, der die prekäre innenpolitische Lage jedoch nicht stabilisieren konnte und im Juni 2005 zurücktrat.

Die Neuwahlen im Dezember 2005 gewann **Evo Morales** von der Partei MAS (Movimiento al Socialismo) mit einer absoluten Mehrheit im ersten Wahldurchgang. Er ist der erste indigene Präsident des Landes seit der Unabhängigkeit von Spanien. Morales, der für eine anti-neoliberale Politik steht, leitete 2006 die **Verstaatlichung** der Erdöl- und Gasförderung Boliviens ein. Gegen diese Politik der Staatsintervention lehnen sich die fruchtbaren und rohstoffreichen Tiefland-Provinzen Santa Cruz, Beni, Tarija und Pando auf. Deren Bevölkerungsmehrheit wünscht sich die Einführung einer föderalen Staatsstruktur mit regionaler Autonomie. Die von der Regierung ausgearbeitete **neue Verfassung** wurde weiterhin von den Tieflandprovinzen blockiert.

Im Dezember 2009 wurde **Evo Morales** mit 64 % der Stimmen in seinem Amt bestätigt. Seine Regierungspartei **Movimiento al Socialismo** (MAS) erhielt bei den Kommunalwahlen im April 2010 allerdings nur noch rund 50 % der Stimmen. Weitere Popularität kostete die Regierung eine drastische Benzinpreiserhöhung im Dezember 2010, die aufgrund massiver Proteste nur wenige Tage später wieder zurückgenommen werden musste. 2011 sah sich Morales zunehmendem Widerstand der indigenen Basis ausgesetzt, die ihn einst gewählt hatte. Tieflandindianer des Isiboro Secure-Nationalparks wehrten sich mit einem Marsch nach La Paz erfolgreich gegen den Bau einer Straße durch ihr Land. Im Oktober 2011 wählten die Bolivianer zum ersten Mal in ihrer Geschichte die Vertreter der Judikative. Das Ergebnis mit einem Anteil von beinahe 58 % ungültiger Stimmen war eine erneute Ohrfeige des Volks an den Präsidenten.

Staat und Politik

Peru

Staatsform: Präsidialrepublik
Offizieller Staatsname: República del Perú
Offizielle Landessprache: Spanisch; weitere Sprachen: Quechua, Aymara
Landesregionen (Departamentos): 25
Staatspräsident: Ollanta Humala Tasso (seit 2011)

Politisch unterteilt sich der Andenstaat in 25 **Departamentos** (sind seit 2002 selbst verwaltete Einheiten mit direkt gewählten Organen), 195 Provinzen *(Provincias)* und 1828 Bezirke *(Distritos)*. Die **Staatsflagge** besteht aus drei senkrechten Streifen in der Reihenfolge rot-weiß-rot. Die Idee hierzu kam von General José de San Martín. Den Helden der Unabhängigkeitskriege gegen Spanien inspirierten die Parihuanas, eine Flamingoart mit roten Flügeln und weißem Körper. Auf der weißen Fläche der Staatsflagge ist das **Staatswappen** abgebildet: Die Darstellung eines Vicuña, eines Queñual-Baumes und eines Füllhorns repräsentieren den Reichtum des Landes.

Die letzte gültige **Verfassung** des Landes aus dem Jahr 1994 verleiht dem direkt gewählten Staatspräsidenten als Oberhaupt der Präsidialrepublik Peru weitreichende **Machtbefugnisse** während seiner fünfjährigen Amtszeit. Der Staatschef ist Oberbefehlshaber der Streitkräfte und der Polizei, er besetzt wichtige Ämter direkt (z. B. den Vorsitzenden der nationalen Wahlkommission), darf nach seiner Amtszeit einmal wieder gewählt werden – allerdings nicht direkt im Anschluss an seine Amtsperiode – und kann mit Hilfe von Präsidialverordnungen direkt in politische Abläufe eingreifen.

Mit der Verfassungsänderung von 1994 wurde das bis dahin geltende Zweikammernsystem, bestehend aus Senat und Abgeordnetenhaus, abgeschafft und durch ein **Einkammer-Parlament** ersetzt. Die 120 Abgeordneten werden ebenso wie der Staatspräsident direkt vom Volk gewählt. In Peru herrscht **Wahlpflicht** für alle Bürger zwischen 18 und 70 Jahren.

Bolivien

Staatsform: Präsidialrepublik
Offizieller Staatsname: Estado Plurinacional de Bolivia
Offizielle Landessprache: Spanisch; weitere Sprachen: Quechua, Aymara
Landesprovinzen (Departamentos): 9
Staatspräsident: Juan Evo Morales Ayma (seit 2006)

Departamentos (Peru und Westbolivien)

Bolivien ist in neun **Departamentos** (La Paz, Beni, Chuquisaca, Cochabamba, Oruro, Pando, Potosí, Santa Cruz und Tarija) und 112 Provinzen *(Provincias)* eingeteilt, die sich wiederum in 1272 Kantone *(Municipios)* gliedern. Auf der **Staatsflagge** sind drei horizontale Streifen in der Reihenfolge rot-gelb-grün zu sehen.

Das **Zweikammernsystem** der Volksvertreter, bestehend aus Senat (27 Sitze) und Abgeordnetenkammer (130 Sitze), kommt jährlich zu einer dreimonatigen Sitzungsperiode in La Paz, dem Regierungssitz des Landes, zusammen. Der **Oberste Gerichtshof** tagt in Sucre, der Hauptstadt Boliviens.

Wirtschaft

Peru

BIP: US$153,8 Mrd.
BIP per capita: US$5205
Wachstum: 8,8 %
Inflation: 1,5 %
Auslandsverschuldung: US$40,6 Mrd.
(Stand 2010)

Die markante Topografie Perus beeinflusst nicht nur die Geschichte und die Gesellschaft des Landes, sondern auch seine ökonomischen Aktivitäten. Das Herz der peruanischen Wirtschaft schlägt in Lima. In der Hauptstadt konzentrieren sich zwischen 70 und 90 % aller Banken, Dienstleistungsunternehmen und Industriebetriebe.

Zu den traditionellen Wirtschaftszweigen der Küste zählt die **Fischindustrie**. Die wichtigsten Standorte der großen Fischfangflotte liegen im Norden (Paita, Chimbote) und im Zentrum Perus (Callao, Pisco). **Landwirtschaft** ist an der Küstenwüste in den rund 50 Flusstälern nur mit künstlicher Bewässerung möglich. Die wichtigsten Anbauprodukte der Küste sind Reis, Zuckerrohr und Baumwolle, aber in geringeren Mengen werden u. a. auch Wein, Spargel und Oliven auf großen Plantagen angebaut und weiterverarbeitet. In der Küstenregion um Talara wird im Offshore-Bereich **Erdöl** gefördert.

Bereits die Spanier begannen, die großen **Mineralvorkommen** der Anden auszubeuten. Auch heute noch zählen Edelmetalle und Mineralien zu den wichtigsten Devisenbringern des Landes. Die Sierra gehört außerdem zur wichtigsten Agrarregion Perus. Neben der Erzeugung von Grundnahrungsmitteln wie Kartoffeln, Mais und Weizen werden auf natürlichen Weiden in großer Höhe Schafe, Lamas und Alpakas gehalten. Sie sind Wolllieferant und Fleischreserve. Trotz rückläufiger Zahlen wird an den Andenostabhängen weiterhin **Koka** (s. Kasten S. 654) angebaut. Da allerdings ein Großteil der Ernte das Land auf illegale Weise verlässt, fließen die Exporteinnahmen nicht in die volkswirtschaftliche Gesamtrechnung mit ein.

Die Osthänge der Anden sind zudem ein beliebtes Anbaugebiet für Kaffee und Zitrusfrüchte. Früher lockten Gold und Kautschuk Abenteurer und Investoren in die unzugänglichste Region des Landes – das Tiefland des Amazonas. Heutzutage dringen Erdöl- und Holzfirmen auf der Suche nach Rohstoffen immer tiefer in die Regenwälder vor. Während die Erdölproduktion rückläufig ist, erhofft man sich von der anstehenden Ausbeutung der **Erdgasfelder** im südlichen Amazonastiefland einen Wachstumsschub. Eine verfehlte Besiedlungs- und Landnutzungspolitik hat dazu geführt, dass die Selva zunehmend von starker Abholzung durch Kleinbauern und Großbetriebe bedroht ist.

In den 90er-Jahren schien es, als ob die Regierung Fujimori die Wirtschaftskrise des Landes in den Griff bekommen würde. Fujimoris Vorgänger, Präsident Alan García, hatte das Land u. a. mit hoher Auslandsverschuldung und hohen öffentlichen Ausgaben in Hyperinflation und wirtschaftliches Chaos geführt. Fujimori schaffte es, die öffentlichen Finanzen mit einem eisernen Sparprogramm zu konsolidieren, die Inflation kontinuierlich zu senken und ab 1993 für Wachstum zu sorgen. Die verbesserten Wirtschaftsdaten der 90er-Jahre überdeckten aber die Tatsache, dass das Bruttoinlandsprodukt nicht höher als bereits in den 60er-Jahren war und zudem weiten Teilen der Bevölkerung nicht zugute kam.

Zu einem erneuten Einbruch der Wirtschaft kam es gegen Ende des Jahrtausends. Die negativen Folgen des El Niño-Jahres 1998 (BIP -0,5 %) und die asiatische Finanzkrise führten zu negativem Wachstum. Die innenpolitische Instabilität nach der Flucht Fujimoris, stark gestiegene öffentliche Defizite und eine hohe Arbeitslosigkeit verstärkten den Abwärtstrend. Dieser wurde jedoch unter Präsident Alejandro Toledo gestoppt. Das **Wirtschaftswachstum** lag während seiner Amtszeit zwischen 3,8 und 5 % (2002–2005). Steigende Preise auf den Weltmärkten für Mineralien und Rohstoffe verhalfen Peru zwischen 2005 und 2010 zu jährlichen Wachstumsraten – Ausnahme 2009 (0,9 %) – zwischen 6,8 und 9,8 %. Hauptmotor für das Wachstum ist der Export.

Bergbau

Schon die präinkaischen Kulturen nutzten die Mineralvorkommen der Anden für die Herstellung von Gebrauchsgegenständen, Schmuckstücken und Waffen. Die kommerzielle Ausbeutung fand in der Kolonialzeit statt. Nach offiziellen Zahlen landeten zwischen 1503 und 1660 rund 185 000 kg Gold und 16 Mio. kg Silber aus den eroberten Gebieten in Spanien. Rund fünfhundert Jahre später wird die Erde in Peru und Bolivien weiter an vielen Stellen auf der Suche nach Edelmetallen und Mineralien durchlöchert. Der Bergbau ist mit rund 61,1 % (2010) weiterhin Perus **wichtigster Exportsektor** und sein Anteil am Bruttoinlandsprodukt (BIP) beträgt rund 5,1 %. Inzwischen ist Peru zum weltweit fünftgrößten Goldproduzenten aufgerückt, die Kupferexporte sind seit 2001 um rund 200 % gestiegen. Von den zehn größten Unternehmen Perus gehörten 2011 acht zum Bergbau- und Ölsektor.

Doch der überwiegende Teil der mehr als 80 Minen in Peru wird von **ausländischen Unternehmen** dominiert. Sie bauen hauptsächlich **Kupfer**, **Zink**, **Gold**, **Blei** und **Silber** ab, die zusammen mehr als 90 % der Exporte des Bergbaus ausmachen. Peru besitzt Schätzungen zufolge 16 % der weltweiten Silberreserven. Bei Kupfer sind es 15 %, bei Zink 7 %. Rund 240 000 Arbeitsplätze hängen direkt oder indirekt von den Aktivitäten der Minengesellschaften ab.

Die **Arbeitsbedingungen** der Minenarbeiter haben sich in den vergangenen Jahren vor allem bei den großen internationalen Bergbauunternehmen deutlich verbessert. Doch in den Hunderten von kleinen und informellen Minen, die oftmals in Höhen über 4000 m liegen, leiden die Mineros weiter unter niedrigen Gehältern, extrem langen Arbeitszeiten und unzureichenden Schutzmaßnahmen.

Eine rühmliche Ausnahme bildet die kleine Goldmine **Sotrami** im Süden Perus, eine der ersten Minen weltweit, die seit 2011 Fairtrade-zertifiziertes Gold anbietet und dadurch feste Mindestpreise, Sozialleistungen und eine Prämie für soziale Projekte garantiert (s. auch 💻 www.fairgold.de).

Fischerei

Die Fischmehlindustrie ist der zweitwichtigste Exportsektor nach dem Bergbau. Dennoch ist die Situation einer der größten Fischfangflotten der Welt prekär. Die Hauptursachen für die stark schwankenden Erträge liegen in der **Überfischung** der Sardellenbestände, aus denen **Fischmehl** hergestellt wird. Hinzu kommen die drastischen **Folgen der El Niño-Jahre**, in denen die Fangmengen weit unter dem Durchschnitt liegen. Einer der Hauptabnehmer peruanischen Fischmehls ist Deutschland, wo es als Futtermittel für Schweine und Hühner verwendet wird.

Landwirtschaft

Obwohl rund ein Drittel aller Arbeitskräfte in der Landwirtschaft beschäftigt ist, betragen die Erlöse am Bruttoinlandsprodukt nur ca. 7,5 %. Die wichtigsten Erzeugnisse sind neben **Baumwolle**, **Zucker** und **Kaffee** Mais, Kartoffeln, Geflügel, Rind- und Schweinefleisch. Die **Agrarreform** der Militärregierung aus dem Jahr 1968 führte zu keiner Verbesserung der Produktivität in der Landwirtschaft. Obwohl sich die Landverteilung auf Kosten der Großgrundbesitzer zugunsten kleiner und mittlerer Betriebe verschob, hatte die interventionistische Wirtschaftspolitik nicht den gewünschten Effekt.

Trotz massiver Subventionen konnten weder die Hektarerträge gesteigert, noch die Binnen- und Exportproduktion stabilisiert oder Einkommenszuwächse beim Großteil der armen Landbevölkerung verzeichnet werden. Die steigende Produktion im Landwirtschaftssektor in den 80er-Jahren wurde vom Bevölkerungszuwachs übertroffen, sodass die Nahrungsmittelproduktion pro Kopf leicht sank. Die Strukturreform und neoliberale Wirtschaftspolitik Fujimoris zu Beginn der 90er-Jahre führte zur **Pleite vieler landwirtschaftlicher Genossenschaften und Kooperativen**, die sich nach Jahren des Protektionismus dem freien Wettbewerb stellen mussten.

Ebenso kritisch stellte sich die Lage für die rund 800 000 **Kleinbauern** des peruanischen Hochlands und ihre Familien dar. Sie besitzen nur kleine Parzellen in meist wenig ertragreichen Lagen, und die Vermarktung ihrer Erzeugnisse erschwert sich durch den unzulänglichen Zugang zu den Absatzmärkten aufgrund der schlechten Infrastruktur. Daher ist es nicht verwunderlich, dass die Bauern auf der Andenostseite weiter Kokapflanzen anbauen, deren Ertrag wesentlich höher als der alternativer Produkte liegt (s. Kasten S. 654). Besorgniserregend ist die Tatsache, dass Peru zu Beginn des 21. Jhs., ungeachtet des enormen landwirtschaftlichen Potentials des Landes, jährlich Lebensmittel für über eine Milliarde US-Dollar importieren musste. Zu den eingeführten Nahrungsmitteln zählten Mais, Getreide, Soja- und Milchprodukte.

Industrie

Seit den 1950er-Jahren weiteten sich die Aktivitäten des produzierenden Gewerbes aus, mit dem Ziel die Exportabhängigkeit Perus zu verringern. In den 60er- und 70er-Jahren konnte das produzierende Gewerbe überdurchschnittlich hohe Zuwachsraten von 5–9 % jährlich vorweisen. Ein Höchststand wurde 1975 erreicht, als der Anteil der Industrie am BIP 25,1 % betrug. Doch die fehlgeleitete **staatliche Subventionspolitik** erzeugte vor allem seit der Zeit der Militärregierung hohe gesamtwirtschaftliche Kosten. Die Förderung maroder Staatsbetriebe führte zu wachsenden Haushaltsdefiziten und steigender Inflation. Die **geringe Binnennachfrage** erzeugte eine **ineffiziente Produktion** mit niedrigen Stückzahlen, die gegen die ausländische Konkurrenz nur mit Hilfe hoher Zollschranken bestehen konnte.

Die wichtigsten **Sektoren** waren in den 90er-Jahren die Nahrungsmittelbranche, die Metallverarbeitung und die Fischmehlproduktion. Geringere Bedeutung kommt Chemieprodukten sowie der Textil- und Holzverarbeitung zu. Im Vergleich zum Agrarsektor sind in der Industrie unterdurchschnittlich wenig Peruaner beschäftigt. Ein Großteil der industriellen Produktion erfolgt inzwischen im **informellen Sektor**, besonders in Lima und den Provinzhauptstädten.

Energie, Erdöl und Naturgas

Rund 80 % der ca. 18 Mrd. Kilowattstunden, die die Peruaner Jahr für Jahr verbrauchen, wurden mit **Wasserkraft** erzeugt. Die restlichen 20 % stammten aus **fossilen Brennstoffen**. In Zukunft wird Naturgas eine zunehmend wichtigere Rolle bei der Energieversorgung des Landes spielen (s. unten). Obwohl in den letzten Jahren dreistellige Millionenbeträge in den **Ausbau des Stromnetzes** investiert wurden, müssen weiterhin rund 25 % der Haushalte ohne Stromanschluss auskommen. Besonders betroffen sind davon entlegene ländliche Regionen, aber auch die Außenbezirke der Hauptstadt.

In Peru wird seit 1970 Erdöl gefördert. Zunächst befand sich die Produktion unter staatlicher Kontrolle (Petroperú), gelangte aber im Laufe der Jahre immer mehr in die Hand **ausländischer Großinvestoren** (u. a. Pluspetrol (Argentinien), Occidental Petroleum (USA) und Petrobras (Brasilien). Die Vorkommen liegen zum überwiegenden Teil im nördlichen Amazonasgebiet. Das Erdöl wird durch eine 856 km lange **Pipeline** (Oleoducto Norperuano) von José de Saramuro in der Amazonasprovinz Loreto über die Anden zum Pazifikhafen Bayóvar in Nordperu gepumpt, die der einheimischen Ölfirma Petroperú gehört, die vier der sechs in Peru vorhandenen Raffinerien kontrolliert. Doch die Erdölproduktion ist in den letzten Jahren ständig gesunken und Peru importiert seit 1992 mehr Öl als es exportiert. Ein Teil des Erdöls wird auf **Offshore-Plattformen** vor der Pazifikküste auf Höhe der Provinz Piura gefördert.

Große Hoffnungen setzt die Regierung auf die Ausbeutung der riesigen **Naturgasvorkommen** auf der Andenostseite bei Camisea. Nachdem sich das Konsortium Shell-Mobil 1998 nach Verhandlungsproblemen zurückgezogen hatte, konnte die Regierung zu Beginn des neuen Millenniums kapitalkräftige internationale Investorengruppen (TGP, Pluspetrol und Tractebel) gewinnen. Inzwischen konnte auch eine Pipeline zum Pazifik fertiggestellt werden.

Die **negativen Folgen** der Erdöl- und Erdgasexploration bekommen besonders die Ureinwohner der Amazonasregion zu spüren. Obwohl Peru in den 90er-Jahren einige internationale Umwelt- und Menschenrechtsvereinbarungen ratifiziert hat, nutzen diese Konventionen ethnischen Gruppen vor Ort nur wenig. Die großen Erdölkonzerne setzten ihre Interessen schonungslos durch. Verlassene Bohrstellen bleiben unkontrolliert im Regenwald zurück, ebenso wie Mengen von Plastikmüll. Holzfäller und Siedler dringen über die von den Erdölfirmen geschlagenen Pisten in die Wälder ein und dezimieren Holz- und Wildbestände. Von Erdölarbeitern eingeschleppte Krankheiten kosteten in Camisea rund ein Viertel der dort lebenden Yora-Indianer das Leben.

lender Weltmarktpreise verlor Zinn jedoch seit den 80er-Jahren immer mehr an Bedeutung. Weitere wichtige mineralische Exportprodukte sind **Kupfer** und **Antimon**. In den 70er-Jahren wurden große Erdöl- und Gasvorkommen im östlichen Tiefland entdeckt, die verstärkt ausgebeutet werden und einen immer höheren Anteil am BIP erwirtschaften. **Naturgas** ist inzwischen für rund 40 % der bolivianischen Exporte verantwortlich – Tendenz steigend. Bedeutend könnte auch der Abbau von **Lithium** werden. Das seltene Metall, von dem es in Bolivien die weltweit größten Reserven gibt, ist bei der Produktion von elektronischen, medizinischen Geräten und auch in der Nukleartechnologie unerlässlich.

Die **Industrie**produktion spielt hingegen in Bolivien mit einem BIP-Anteil von rund 11 % keine herausragende Rolle. Die wichtigsten Standbeine sind die Verhüttung, Weiterverarbeitung von Erdöl, Nahrungsmittel, Tabak, Kunsthandwerk und Textilien.

Obwohl rund ein Drittel aller Bolivianer in der **Landwirtschaft** beschäftigt sind, macht der Anteil landwirtschaftlicher Erzeugnisse (inklusive Fischerei) am BIP 2010 nur 10,4 % aus. Hauptexportprodukte sind Soja, Kartoffeln und Baumwolle und in kleinerem Umfang Zuckerrohr, Reis, Kakao und Kaffee. Unangefochten an der Spitze stehen allerdings die illegalen Erlöse aus dem **Anbau von Kokablättern** (ca. 100 000 Tonnen), ohne die Boliviens Wirtschaft nicht überlebensfähig wäre (s. auch Kasten S. 654). Experten schätzen, dass der Ausfuhrwert der Kokablätter oder der veredelten Ware Kokain bzw. Kokapaste bei jährlich US$3–4 Mrd. liegt. Dies entspricht etwa 15–20 % des BIP. Rund 200 000–300 000 Menschen sind direkt oder indirekt in den Anbau, die Weiterverarbeitung und den Handel mit Kokablättern verwickelt.

Im Jahr 2010 betrug das **Bruttoinlandsprodukt** Boliviens US$19,8 Mrd. Der **Außenhandel** konnte im gleichen Zeitraum US$6,8 Mrd. erwirtschaften. Die wichtigsten Handelspartner sind Argentinien, Brasilien und die USA. Die Hyperinflation der 80er-Jahre, die 1985 den traurigen Spitzenwert von 24 000 % erreichte, konnte in den 90er-Jahren deutlich gesenkt werden. Sie betrug im Jahr 2010 nur noch 7 %. Im selben Jahr erreichte das Wirtschaftswachstum Boliviens 4,1 %.

Obwohl die offizielle Arbeitslosenstatistik nur wenige **Arbeitslose** meldet, sind weit mehr als die Hälfte aller Bolivianer ohne feste Arbeit. Die große Mehrheit von ihnen schlägt sich, ebenso wie in Peru, im informellen Sektor durch. Unter der Regierung von Evo Morales konnte die **Auslandsverschuldung** von US$4,9 Mrd. im Jahr 2005 auf US$3 Mrd. 2010 verringert werden.

Religion

Jahrhundertelang dominierte die mächtige **römisch-katholische Kirche** Peru und Bolivien, diente den spanischen Eroberern als Rechtfertigung für die größtenteils gewaltsame Bekehrung der indianischen Bevölkerung und bereicherte sich selbst an den Schätzen der Neuen Welt. Unzählige Ordensgemeinschaften, angeführt von Dominikanern, Franziskanern und Jesuiten, gründeten weitläufige Konvente, errichteten prachtvolle Kirchen und bauten Missionen in den entlegensten Regionen.

Doch obwohl die katholische Kirche Götzenbilder und Kultgegenstände der einheimischen Bevölkerung flächendeckend vernichten ließ und auf den Aschehaufen Kirchen und Kreuze errichtete, gelang es den Dienern Gottes nicht, althergebrachte Glaubensweisen vollständig auszurotten. Die indigene Bevölkerung entwickelte während der spanischen Herrschaft vielschichtige Mechanismen, um ihre eigenen Glaubensvorstellungen an diejenigen der katholischen Kirche anzupassen. Fetische, Amulette und Idole wurden versteckt, und die Indianer brachten Heiligenfeste mit ihren traditionellen Festtagen in Einklang. So entstand im mehrheitlich von Indígenas bewohnten Hochland im Laufe der Jahrhunderte eine **synkretistische Religionsform** – eine Mischform traditioneller Bräuche und christlicher Rituale.

Daran hat sich bis heute nicht allzu viel geändert. Noch immer schmücken Heiligenbilder der katholischen Kirche Häuser und Busse, während die indianische Bevölkerung weiterhin regelmäßig den wichtigsten Naturkräften – der Erde **(Pachamama)**, der Sonne **(Inti)** und den Berggeistern **(Apus)** – Opfer darbringt. Der

Jahreskalender ist vollgestopft mit **Festtagen**, die unter anderem dem Dorfheiligen, aber auch althergebrachten Aktivitäten wie dem Erntedank gewidmet sind.

Die Verschmelzung der Religionen wird nicht zuletzt bei der Eheschließung deutlich. Bei den Quechua-Indianern ist es für das zukünftige Brautpaar traditionell üblich, während einer Art „Probezeit" den Nachweis dafür zu erbringen, dass beide füreinander geeignet sind. Dabei lebt das Paar schon vor der eigentlichen katholischen Trauung gemeinsam bei den zukünftigen Schwiegereltern unter einem Dach. Daher ist es nicht ungewöhnlich, wenn bei der offiziellen Hochzeit bereits die ersten Kinder des Brautpaares mit vor dem Altar stehen.

Obwohl der institutionelle Einfluss der katholischen Kirche in den letzten Jahrzehnten auf verschiedenen Gebieten wie dem Erziehungswesen oder der Familienplanung zugunsten staatlicher Aktionen zurückgegangen ist, prägen christlich-religiöse Aktivitäten und Rituale den peruanischen und bolivianischen Alltag immer noch. Dies ist besonders gut an den großen katholischen Festtagen zu beobachten, die – wie die Osterwoche in Ayacucho oder die Großprozession zu Ehren des Señor de los Milagros in Lima – ausschweifend und inbrünstig gefeiert werden. Aber auch an kleinen Gesten ist die Gläubigkeit der Menschen erlebbar. Nur wenige Peruaner oder Bolivianer gehen an einer Kirche oder heiligen Stelle vorbei, ohne sich zu bekreuzigen.

Entgegen den Tendenzen anderer lateinamerikanischer Staaten konnten mehrere Dutzend **protestantischer Glaubensgemeinschaften** seit den 70er-Jahren in Peru und Bolivien noch keine allzu starken Akzente setzen. Mehr als 90 % der Bevölkerung beider Länder bekennen sich zum Katholizismus.

Kultur

Die innere Zerrissenheit der peruanischen bzw. bolivianischen Gesellschaft zeigt sich auch in den Gepflogenheiten der beiden größten Volksgruppen. Während Quechua und Aymara um die Bewahrung ihrer traditionellen Lebensweise und damit um ihre **kulturelle Identität** kämpfen, pflegen die Ladinos (Mestizen) einen vergleichsweise unauthentischen Lebensstil, der stark nordamerikanisch geprägt ist. Kulturelle Gemeinsamkeiten haben Indígenas und Ladinos nur wenige; sie reduzieren sich auf so profane Dinge wie die Vorliebe für Süßigkeiten, sentimentale Andenlieder oder Fußball. Auch die gemeinsam begangenen katholischen Feiertage können die tiefe Kluft nicht überwinden.

Im Allgemeinen bevorzugt die breite Masse eine **seichte Unterhaltung**, sei es in Form von schmalzigen Seifenopern am Fernsehbildschirm, deftigen Theaterkomödien oder Kinohits aus Hollywood. Miss-Wahlen erfreuen sich großer Beliebtheit und dürfen auf keiner Großveranstaltung fehlen. Größere Menschenmassen mobilisiert der Volkssport Fußball. Selbst Sport zu treiben ist allerdings für die meisten Peruaner und Bolivianer ein Luxus, den sie sich aus Zeit- und Geldgründen nicht leisten können.

Auf Hochglanzprospekten werben Tourismusverbände oftmals mit „dem Zauber alter Traditionen", „vielseitigem Kunsthandwerk" und „lebendigen Kulturen". Auf diese Art und Weise wird der indianische Teil der Bevölkerung präsentiert, der ansonsten im eigenen Land keine große Lobby hat. Die Nachfahren der Inka und ihre Kultstätten sind Perus und Boliviens wichtigster touristischer Anziehungspunkt, und ein Großteil der ausländischen Besucher kommt gerade der farbenfrohen Trachten, der Tänze, des traditionellen Brauchtums und der aufwendig zelebrierten Fiestas wegen. Anhand des **einseitigen Tourismus-Marketings** offenbart sich aber einmal mehr der zwiespältige, wenig respektvolle Umgang der Ladinos mit ihren indianischen Mitbürgern. Dabei liegt die Bewahrung ihrer Traditionen im Interesse aller Beteiligten. Zum einen, weil sie dringend benötigte Devisen ins Land bringt, zum anderen, weil sie den Indígenas als kultureller Schutzschild dient.

Doch die **moderne Zeit** hat auch vor den einfachen Hütten der Indígenas nicht Halt gemacht: Fernsehen, Mobiltelefon, Internet, Globalisierung und Konsumverherrlichung gefährden die nach außen hin intakt wirkende indianische Kultur. Zusätzlich haben die latente Diskriminierung und die Armut viele Indígenas dazu gebracht, ihre traditionelle Lebensweise aufzugeben. Viele, die in die Hauptstadt abwandern, legen ihre Tracht ab und versuchen, die Lebensart der Ladinos zu imitieren. Die damit verbundene **Entfremdung** wird im Spanischen *Aculturacíon* genannt. Nicht selten hat sie zur Folge, dass sich gewohnte Denk- und Lebensweisen sowie traditionelle Werte verlieren. Es bleibt abzuwarten, ob das in den letzten Jahren stärker gewordene **ethnische Selbstbewusstsein** diesen Trend umkehren kann.

Sprache

Neben **Spanisch** *(Castellano)* gehören auch die indianischen Idiome **Quechua** und **Aymara** zu den offiziellen Sprachen in Peru und Bolivien. Sprachforscher schätzen, dass in Peru rund 6–8 Mio. Menschen Quechua beherrschen, mit Schwerpunkt in Cusco sowie Ayacucho und Umgebung. Für bis zu zwei Millionen von ihnen ist Quechua die einzige Sprache, in der sie sich verständigen. Unter den Inkas verbreitete sich das Quechua aus Cusco im ganzen Reich, um als offizielle Amtssprache die Integration im Vielvölkerstaat zu fördern. Auch heute noch werden unterschiedliche Dialekte des Quechua in den Andenregionen Südkolumbiens, in Ecuador, Bolivien, Nord-Chile und dem Nordwesten Argentiniens gesprochen. Die Gesamtzahl der Quechua-Sprechenden wird auf bis zu 10 Mio. Personen geschätzt. Aymara sprechen heute bis zu zwei Millionen Menschen auf der Hochebene um den Titicaca-See, weiter südlich davon im bolivianischen Altiplano und in Nord-Chile.

Die größte sprachliche Vielfalt herrscht im Tiefland des Amazonasgebietes. Allein in Peru sind über 70 ethnische Gruppierungen bekannt, die allesamt unterschiedliche Sprachen sprechen. Viele dieser Sprachen sind vom Aussterben bedroht, da sie nur noch von wenigen Hundert, in einigen Fällen sogar nur noch von wenigen Dutzend Personen gesprochen werden. Die größten **Sprachgruppen des Amazonasgebietes** sind Asháninka, Aguaruna, Shipibo und Cocama.

Englisch wird nur in den Hotels größerer Städte und in Touristenzentren gesprochen. Wer Land und Leute näher kennenlernen möchte, sollte sich zumindest ein paar Brocken Spanisch und gegebenenfalls auch einige Wörter in Quechua und Aymara aneignen. Allein der Versuch wird meist mit viel Wohlwollen und aufmunterndem Gelächter seitens der Einheimischen beantwortet. Je besser man die Landessprache beherrscht, desto stressfreier, intensiver und kontaktreicher reist man!

Traditionelle indianische Lebensweise

Trotz fortschreitender Technologie, Globalisierung und verbesserter Infrastruktur hat sich das Leben für viele Andenbewohner in den letzten Jahrhunderten wenig verändert. Besonders in entlegenen ländlichen Gebieten scheint die Zeit stehen geblieben zu sein. Die Tagesaktivitäten orientieren sich wie schon bei den Inkas am Rhythmus der Jahreszeiten, am Aufeinanderfolgen von Aussaat und Ernte. Ein Großteil der indianischen Hochlandbevölkerung lebt auch heute noch von **Subsistenz-Landwirtschaft**, Viehzucht und ein wenig Kunsthandwerk. In vielen Gegenden ist Strom, fließendes Trinkwasser oder eine Kanalisation unbekannt. Um ein wenig Bargeld zu erwirtschaften, fährt oder geht man einmal wöchentlich auf den Markt des nächst größeren Ortes, um Erzeugnisse aus eigenem Anbau anzubieten. Noch immer werden manchmal Waren dort (wie früher überall üblich) getauscht.

Die **Andenbewohner** ländlicher Regionen leben in Lehm- oder Steinhäusern mit Ziegel-, Hartgras- oder Wellblechdächern. Der spartanisch ausgestattete Innenraum enthält eine – oftmals offene – Feuerstelle, wenig Möbel, und nur bei wohlhabenderen Familien ein Bett oder einen Tisch. Man steht früh auf, arbeitet tagsüber auf den Feldern unter sengender Sonne oder sintflutartigen Regengüssen und geht früh schlafen. Die Familie ist das Zentrum des Lebens, aber auch innerhalb der **Dorfgemeinschaft** gilt das Prinzip der Gegenseitigkeit, das zur Nachbarschaftshilfe verpflichtet.

Bei feierlichen Anlässen wie Taufen, Namenstagen oder Hochzeiten ist es üblich, die

Zu einer Fiesta in den Anden gehört Musik.

Gäste ausgiebig zu bewirten; es wird reichlich gegessen, getrunken und getanzt. Bei aller Ausgelassenheit vergisst man jedoch nicht, woher Speis und Trank kommen. Der erste Schluck *Chicha* (vergorenes Maisbier) oder Schnaps wird auf den Boden geschüttet, um der **Mutter Erde** *(Pachamama)* zu danken. Um die zahlreichen **Naturgeister** gnädig zu stimmen, die die Umwelt beseelen, werden Lamas und Meerschweinchen geopfert und Kokablätter verstreut. Besondere Verehrung erfahren **Berggipfel** *(Apus)*, von denen jährlich einige in anstrengenden Pilgerfahrten aufgesucht werden.

Wer ein neues Haus baut, sollte bei der Grundsteinlegung daran denken, den getrockneten Fötus eines Lamas einmauern zu lassen, um die Langlebigkeit des Gebäudes und den Schutz vor Erdbeben zu garantieren. Wird jemand krank, sucht man in aller Regel zunächst einen **Heiler** *(Curandero)* auf, der mit Hilfe von Naturarzneien versucht das Übel zu beseitigen. Dazu verwendet er das Jahrhunderte alte medizinische Wissen seiner Vorfahren.

Sogenannte *Yerbateros* heilen ihre Patienten mit Heilkräutern. In komplizierteren Fällen konsultiert man einen Wunderheiler, der aus Kokablättern oder den Innereien eines Meerschweinchens eine Diagnose abliest.

Märkte

Sie sind das **Zentrum wirtschaftlicher Aktivität** im ländlichen Peru und Bolivien und besonders in indianischen Gebieten unersetzlicher Bestandteil des **sozialen Lebens**. Märkte finden in so gut wie allen Dörfern ein- bis zweimal wöchentlich statt. Auf ihnen versammelt sich eine interessante Mischung aus Käufern und Verkäufern, die oftmals weite Strecken zurücklegen, um zum Marktplatz zu gelangen.

Bereits im Morgengrauen werden die ersten Stände, nach Waren sortiert, aufgebaut. Während Obst und Gemüse, Blumen oder Gewürze in einem Bereich des Marktes angeboten werden, findet man Fleisch, Fisch, Kleidung und handwerkliche Produkte in einem anderen. Auf vielen Hochlandmärkten werden Nutztiere angeboten. Zu jedem Markt gehören Garküchen, in denen Indígena-Frauen an großen brodelnden Töpfen stehen und schmackhafte, deftige Hausmannskost zubereiten.

Doch das Kaufen und Verkaufen, Feilschen, Handeln und Tauschen sind nur eine Facette eines turbulenten Indígena-Marktes. Denn hier treffen sich auch Verwandte, nutzen junge Paare die Gelegenheit zum Flirt, versuchen Prediger die Massen im Schnelldurchlauf zu bekehren und bieten viele kleine Servicebetriebe ihre Dienste an: Schuhputzer, Eisverkäufer, Fotografen mit Uralt-Polaroidkameras, Scherenschleifer, Lastenträger usw. Doch die Atmosphäre ist trotz heftigem Gedränge und Geschubse friedlich und ruhig. Besonders hoch geht es während des Patronatsfestes her. Dann steigt neben dem allgemeinen Umsatz besonders der Alkoholkonsum.

Kunsthandwerk

Die aktuelle peruanische und bolivianische **Volkskunst** *(Artesanía popular)* hat sehr lange und traditionsreiche Wurzeln. Schon vor 10 000 Jahren begannen Menschen Gegenstände aus Holz und Ton zu fertigen und zu verzieren. Später kamen Flecht-, Textil-, Keramik- und Metallarbeiten hinzu. Bei vielen Objekten handelt es sich ursprünglich um Gebrauchsgegenstände. Das zunehmende Interesse ausländischer Besucher an kunsthandwerklichen Produkten hat einige Sektoren, z. B. die traditionelle Weberei, stark aufgewertet.

War die Anfertigung von **Artesanía** früher ein Gelegenheitsjob, der sich durch die eine oder andere Auftragsarbeit ergab, so sind heute ganze Dörfer mit der Produktion und dem Handel von Kunsthandwerk beschäftigt. Zusätzliche Erlöse durch den Verkauf von Kunsthandwerk sind ein willkommenes Zubrot zum schmalen Einkommen vieler indianischer Familien. Doch nur wenigen von ihnen ist es gelungen, eine größere Produktion aufzubauen und ausschließlich vom Kunsthandwerk zu leben. Die meisten Waren werden in Familienbetrieben produziert und auf Märkten verkauft. Handelt es sich um größere Mengen, übernehmen Zwischenhändler die Vermarktung.

Webarbeiten: Textilien stehen bei Touristen wie Einheimischen ganz oben auf der Beliebtheitsskala. Archäologische Ausgrabungsfunde belegen den hoch entwickelten Fertigungsstand präinkaischer Kulturen, der auch Jahrhunderte später von den Spaniern nur geringfügig beeinflusst wurde. Sie brachten zwar das Schaf und moderne Webstuhlarten mit in die Neue Welt, die alten Webtechniken haben aber bis heute überlebt. Heutzutage verlässt kaum ein Tourist das Land ohne einen Pullover, Schal, Mütze oder Poncho aus Schaf- oder Alpakawolle. Textilien sind auf allen Touristenmärkten erhältlich, besonders aber im südlichen Hochland Perus (Urubamba-Tal, Cusco, Juliaca, Puno) und in La Paz (Bolivien). Relativ neu sind die Strickarbeiten, die von den Männern auf der Insel Taquile und Amatani im Titicaca-See angefertigt werden. Sie stricken ihre einstmals für den Eigenbedarf hergestellten Westen, Mützen, Strümpfe und Handschuhe zunehmend für Touristen.

Kürbisse und **Kalebassen**: Sie gehören zu den ältesten Gebrauchsgegenständen südamerikanischer Kulturen. Schon früh wurde damit begonnen, sie mit Linien und später mit bäuerlichen Bildgeschichten zu verzieren. Kürbisschnitzereien werden in der Region Ayacucho und Huancayo angefertigt.

Keramik: Mit der Einführung der bis dahin unbekannten Töpferscheibe und der Glasur durch die Spanier erfuhr die Tonwarenherstellung vorübergehend einen beträchtlichen Aufschwung. Im 20. Jh. verdrängten importiertes Porzellan und Plastikprodukte die einheimischen Keramikgegenstände, deren Bedeutung für den Alltagsgebrauch nun rapide sank. Bewahrt hat sich die Produktion von kleinen Tonfiguren *(Conopas)* in Tierform, die einst rituellen Zwecken dienten, heute aber zu beliebten Mitbringseln geworden sind. Bevor aus ihnen dekorative Kunstwerke mit abwechslungsreichen Motiven wurden, dienten die kleinen Tonkirchen *(Iglesias de techo)* in der Region Ayacucho als „göttlicher" Schutz für ein neu errichtetes Haus. Gern gekauft werden auch die attraktiven Keramikarbeiten (Tongefäße) der Shipibo-Indianer im Amazonastiefland bei Pucallpa. Der dünnwandige Lehm wird mit Asche vermischt, bevor er mit Harz glasiert und in Erdöfen gebrannt wird.

Holzarbeiten: Kleine aufklappbare Holzaltäre *(Retablos)* stammen ursprünglich – ebenso wie die Tonkirchen – aus der Region Ayacucho. Sie werden heute auf den meisten Hochlandmärkten angeboten und auch aus Huamanga-Stein (eine Art Speckstein) hergestellt. Auf ihnen sind christlich-religiöse Szenen mit Gips- oder Tonfiguren verewigt.

Schilfflechtarbeiten: Neben dem fast überall anzutreffenden Angebot an Schilfbooten, -hüten und -körben findet sich ein ähnliches Sortiment auf den Schilfinseln der Uros im Titicaca-See.

Silberarbeiten: Das einst wichtigste Edelmetall der bolivianischen und peruanischen Anden wird auch heute noch als Schmuck oder Geschirr in zahlreichen Varianten verkauft. Zentren sind La Paz und Cusco.

Tracht

Eine auffällige Ausdrucksweise der Indígena-Kultur und wichtiger Bestandteil der kulturellen Identität sind die abwechslungsreichen, originellen Trachten. Während Indígena-Frauen ihre traditionellen Kleidungsstücke auch im Alltag tragen, hat sich die Tracht der Männer nur noch in ganz wenigen, ursprünglichen Regionen erhalten. Um nicht als „hinterwäldlerisch" zu gelten, tragen die Männer inzwischen überwiegend Hemden und Hosen westlichen Stils. Doch auch die bunte Trachtenvielfalt der Frauen ist bedroht: Viele Familien können sich die teuren Stoffe nicht mehr leisten und greifen auf billige Einheits- oder Importware zurück. Die fortschreitende „Ladinisierung" und die Errungenschaften der modernen Zeit haben auch in dieser Hinsicht ihre Spuren hinterlassen.

Die Bewohner eines jeden indianischen Dorfes unterscheiden sich traditionell durch ihre Trachten. Manche Historiker glauben, dass die spanischen Eroberer die Indígenas zur Anfertigung unterschiedlicher Kleidung zwangen, um die Bewohner einem Dorf zuordnen zu können. Die Tracht ist in jedem Fall ein variables Produkt, das sich im Laufe der Zeit verändert hat. Die Einführung synthetischer Farbstoffe hatte darauf ebenso viel Einfluss wie modische Extras. Inzwischen ist aus der traditionellen

Kleidung mehr als nur ein Erkennungsmerkmal geworden: Mit den eingewebten Mustern und ihrer Symbolik, mit der Qualität der Arbeit sowie dem benutzten Material erzählt ein traditionelles Kleidungsstück eine Geschichte über die Person, die es trägt, verrät deren **sozialen Status und Glauben**.

Musik und Tanz

Eine ungeheure Vielfalt an Musikinstrumenten und Tänzen bereichert die Kulturen Perus und Boliviens. Funde belegen, dass schon vor rund 9000 Jahren an der peruanischen Pazifikküste Blasinstrumente aus Tier- oder Menschenknochen, Ton, Keramik oder Stein gefertigt wurden. Flöten- und Schlaginstrumente prägten die Musik prähispanischer Kulturen. Die Spanier brachten bis dahin unbekannte Instrumente wie die Harfe, die Violine, die arabisch beeinflusste Chirimia und das Akkordeon in die Neue Welt. Sie wurden in die traditionelle Klangwelt übernommen und neue Mischformen kamen hinzu. Ein Beispiel hierfür ist das **Charango**, das einer Mandoline ähnelt. Es wurde früher aus dem Panzer eines Gürteltieres gebaut, wodurch diese Tierart fast ausgerottet wurde. Heute wird das fünfsaitige Instrument vorwiegend aus Holz hergestellt. Harfen wurden an die lokalen Verhältnisse angepasst. Die Indianer entwickelten kleinere, mit einem hölzernen Resonanzkörper ausgestattete Modelle, die man leichter transportieren und auch im Gehen spielen konnte.

Unabdingbarer Bestandteil einer andinen Folkloremusikgruppe sind die Flöten. Die berühmte **Panflöte**, die *Zampoña*, wird auf Quechua *Antara* und auf Aymara *Sicu* genannt. Sie besteht in der Regel aus mehreren parallel zueinander liegenden Schilfrohren unterschiedlicher Länge (Quechua: *Antara*), die in einer Doppelreihe angeordnet sind. Je nach Länge der Rohre und ihrer Durchmesser werden unterschiedliche Töne erzeugt (die Rohre der Bass-Panflöte *Bajones* können bis zu 1 m lang sein). Die häufig anzutreffende *Quena* (auch *Kena* geschrieben) mit ihrem eingekerbten Mundstück besteht aus einem Stück Chuqui-Rohr und meist sechs Klanglöchern. Querflöten oder Kernspaltflöten werden *Pinkullu* bzw. *Tarka* genannt. Den Rhythmus gibt in der Andenfolklore die *Bombo* oder *Tambor* genannte tiefe **Basstrommel** vor. Sie ist in aller Regel mit Ziegenhaut bespannt.

Selten geworden ist der Klang des **Muschelhorns**, der schon in prähispanischen Zeiten zur Signalübermittlung diente. Diese natürliche Trompetenart wird heute mancherorts durch Kuhhorn ersetzt. Doch die Andenmusik besteht nicht nur aus Trommeln, Flöten und Kleingitarren. Die für westliche Ohren typischen Andenklänge werden vorwiegend in der Region zwischen Cusco und dem Titicaca-See dargeboten. In anderen Gebieten gehören oftmals neben Blechblasinstrumenten auch Violine und Harfe zu den häufig gespielten Musikinstrumenten der lokalen *Orquestas* und *Bandas*.

An der peruanischen Pazifikküste entwickelten sich völlig andere Musikrichtungen. Zu Beginn des 20. Jhs. entstand der Begriff der **Música Criolla** (kreolische Musik). Sie vereint europäische Walzer- und Polkaelemente des 19. Jhs. mit neueren Stilformen wie Tango, Bossa Nova und Jazz. Ihre Blütezeit hatte diese ungewöhnliche Mischung zwischen 1920 und 1950, als sich die vierstrophigen Balladen mit Hilfe von Radio und Schallplatte in den Ballungsräumen der Küstenstädte verbreiteten und zur „Countrymusik" Perus wurden.

Erst in den 50er-Jahren begann sich die **afroperuanische Musik** davon zu befreien, mit der Música Criolla in einen Topf geworfen zu werden. Mit einer Vielzahl landesuntypischer Musikinstrumente und Stilrichtungen, deren ursprüngliche Heimat Afrika war und die mit den afrikanischen Sklaven auf dem Umweg über die Karibik und Brasilien Einzug in Peru hielten, gelang es den schwarzen Musikern, eine eigenständige Musikszene zu gestalten. Die heutzutage bekannteste Vertreterin afroperuanischer Musik ist die Sängerin **Susana Baca**, die 2002 den Grammy Latino gewann und 2011 unter der Regierung Humala zur Kulturministerin avancierte. Sehr erfolgreich ist auch die junge Band **Novalima**, die afroperuanische Rhythmen mit elektronischen Klängen vermischt.

Zentrales Instrument ist der *Cajón*, eine Holzkiste, auf der sitzend mit den Händen getrommelt wird. Eine kleinere Trommel, die *Cajita*, wird um den Hals gehängt und kann auch im Gehen gespielt werden. Aus Tierknochen, Bambus und Holz stellen die Afroperuaner weitere Instrumente her.

Vor allem unter jungen Leuten ist **Reggaeton** verbreitet. Der ursprünglich aus Puerto Rico, Panama und der Dominikanischen Republik stammende Musikstil – eine Mischung aus Reggae, Dancehall, Hiphop, Merengue und lateinamerikanischer Musik – hat sich in den vergangenen Jahren schnell in ganz Lateinamerika verbreitet.

In Peru und Bolivien wird gern und viel getanzt. Je nach geografischer Lage und Beweglichkeit der Tänzer- bzw. Tänzerinnen reicht der Bogen hierbei vom Hayno der Anden und den afroperuanischen Tänzen über den Nationaltanz Marinera bis hin zu den moderneren Klängen des Salsa, Merengue, Chicha und Cumbia.

Die Andenfolklore mit Panflöte, Trommeln und Kleingitarren hat inzwischen sogar die Fußgängerzonen europäischer Großstädte erobert. Fast jeder kennt das Lied „El Cóndor Pasa", ein **Yaraví**, eine melancholische Musikform aus den Zeiten der Inkas, die Yaravís zu rituellen Anlässen wie Getreideaussaat oder Hochzeiten spielten. Wesentlich fröhlicher geht es beim schwungvollen **Hayno** zu, der manchmal etwas penetranten Herz-Schmerz-Musik der indianischen Hochlandbevölkerung, die auf keiner langen Busfahrt durch die Anden fehlen darf und zu der auf Festen paarweise getanzt wird.

In den Großstädten hat sich in den letzten Jahren der Hayno Urbano entwickelt. Seine Textinhalte thematisieren das Stadtleben, und musikalisch werden traditionelle Stilelemente mit neueren Musikarten wie der aus Kolumbien stammenden Cumbia vermischt. Ähnliches widerfährt auch der seit den 70er-Jahren populären Salsamusik, deren mit Folklore und Rock angereicherte Variante **Chicha** genannt wird. Bekannte Tänze der afroperuanischen Bevölkerung werden besonders in der Region um Chincha, südlich von Lima, aufgeführt. Am bekanntesten ist der ausgelassene **Festejo**, der voller Erotik und sexueller Anspielungen steckt und während der Kolonialzeit verboten war.

Die **Marinera** – Perus Nationaltanz – ist ein dynamischer Paartanz im 6/8-Takt, bei dem sich die Körper der Taschentücher schwenkenden Tänzer wie auch beim **Vals**, der peruanischen Variante des Walzers, nicht berühren. Zu sehen bekommt man die Marinera in ihrer reinsten Form in Trujillo und Umgebung. Eine Variante dieses Tanzes ist in Bolivien populär, wo er als Cueca Chilena bezeichnet wird. Seine Wurzeln liegen im spanischen Fandango.

Während der mehrtägigen Karnevalsfeiern in Puno (Peru) und Oruro (Bolivien) werden eine Vielzahl traditioneller Tänze aufgeführt, darunter die berühmte **Diablada**, der Teufelsmaskentanz. Wesentlich beschaulicher und steifer geht es hingegen bei den unzähligen Paraden zu, die von Blechbläsergruppen, sogenannten *Bandas musicales*, begleitet werden.

Koloniale Architektur und Kunst

Nachdem die spanischen Eroberer die meisten Gebäude der Inkas zerstört hatten, begannen sie, auf und mit den Trümmern ihre eigenen Kirchen, Paläste und Häuser zu errichten. Die Architektur der Gotteshäuser richtete sich dabei zunächst an den barocken Stilarten Europas aus. Im Inneren kam es im 16. und 17. Jh. zu einer **Vermischung von Baustilen**, deren Ausprägungen von gotischen Gewölben über spanisch-maurische Holzdecken im Mudéjar-Stil bis hin zu klassischen aufgebauten Altären, Holzsäulen und bogenförmigen Heiligennischen reichten.

Aufgrund der häufigen Erdbeben ging man dazu über, Kirchen und Kathedralen mit leichteren, widerstandsfähigeren Baumaterialien kompakter und sicherer zu bauen. In den **peruanischen Barock**, wie diese Stilepoche von 1670–1746 genannt wird, flossen aber auch Elemente indianischer Künstler ein, deren Arbeitskraft zum Bau von Kirchen benötigt wurde. Sie verzierten die Fassaden mit einheimischen Tier- und Pflanzendarstellungen und Symbolen der indigenen Mythologie. Der daraus resultierende **Mestizenstil** *(Estilo mestizo*, auch Mestizenbarock genannt), den man auch heute noch in vielen Kirchen Perus und Boliviens bewundern kann, wurde nach dem schweren Erdbeben von 1746 vom **Rokoko** und dieser wiederum ab 1790 vom **Klassizismus** abgelöst.

Zu Beginn der Kolonialzeit wurden Tausende von einrollbaren Gemälden (Konvolute) zeitgenössischer europäischer Künstler wie beispielsweise Rubens in die amerikanischen Kolonien verfrachtet. Der italienische **Manierismus** mit seinen religiösen Motiven und der flämische Malstil mit seinen landschaftlichen Themen inspirierten einheimische Künstler. Mit der Errichtung öffentlicher Gebäude stieg die Nachfrage nach Bildern zu Dekorationszwecken. Die Manieristen Bernardo Bitti und Mateo Pérez de Alesio begannen, Mestizen und Indígenas europäische Maltechniken zu lehren. Unter ihrer Federführung kopierten einheimische Künstler die Werke des alten Europas und setzten immer mehr eigene Akzente. Der Inkanachfahre **Diego Quispe Tito** wurde zum herausragenden Maler des 17. Jhs.

Im Laufe der Jahrzehnte entwickelten Indígenas und Mestizen einen eigenen Malstil, der in Cusco seine intensivste Ausprägung erlebte. Die **Cusqueñer-Schule** *(Escuela Cusqueña*, S. 225) brachte zwischen 1700 und 1780 zahlreiche Künstler hervor und genoss einen bedeutenden Ruf weit über die Landesgrenzen hinaus. Gegen Mitte des 18. Jhs. beginnt mit dem Zeitalter der Aufklärung das Interesse an barocken Stilformen zu erlahmen, die nach und nach durch den etwas nüchterneren neoklassizistischen Stil verdrängt wurden.

Literatur und Film

Da die Inkas bis auf die Knotenschnüre keine Schriftform kannten, wurden Sagen, Erzählungen und Mythen lediglich mündlich überliefert. Dies unterbanden die spanischen Missionare in kurzer Zeit derart erfolgreich, dass nur wenige Verse die Eroberung überstanden haben. Zu einer der wichtigsten Dokumentationen der Inkageschichte sollte schließlich das Werk *Comentarios Reales* (Wahrhaftige Kommentare zum Reich der Inka) von **Garcilaso de la Vega** (1539–1616) werden, das der Sohn eines spanischen Adligen und einer Inkaprinzessin in Spanien verfasste.

Spanische Missionare machten in der Zwischenzeit aus dem Quechua eine Schriftsprache, um den Indígenas das Evangelium leichter beibringen zu können. So konnten im 18. Jh. verschiedene Dramen entstehen, die wie der Dreiakter *Ollanta* in der prähispanischen Epoche spielen. Der bekannteste bolivianische Chronist der Kolonialepoche ist **Bartolomé Arzáns Orsúa y Vela** (1676–1736), der die Geschichte der Silberstadt Potosí seit ihrer Gründung 1545 Jahr für Jahr bis zu seinem Tod wiedergibt.

Während der Unabhängigkeitskämpfe erreichten die melancholisch-romantischen Gedichte im Stil der Yaravís (schwermütige Liebeslieder des südlichen Hochlands) von **Mariano Melgar** (1771–1815) einen gewissen Bekanntheitsgrad. In der zweiten Hälfte des 19. Jhs. prägten Autoren aus Lima die literarische Szene. Sie machten die Stadt und ihre Bewohner zum Thema ihrer teils romantisch verklärten Darstellungen der Kolonialzeit, wie **Ricardo Palma** (1833–1919) in seinen *Tradiciones Peruanas*, übten harsche Gesellschaftskritik wie **Manuel A. Segura** (1805–1871) oder nahmen wie **Felipe Pardo y Aliaga** (1806–1868) in satirischen Komödien und bissigen Kommentaren die Mächtigen und Reichen aufs Korn.

Verstärkt durch die Niederlage im Pazifikkrieg gegen Chile im Jahr 1881 und die darauf einsetzende Diskussion über die Frage der nationalen Integration, widmeten sich peruanische Autoren unter anderem Themen wie den Lebensbedingungen des indianischen Teils der Bevölkerung. In ihrem Roman *Aves sin Nido* (Vögel ohne Nest) beschreibt **Clorinda Matto de Turner** (1854–1909) die erbärmliche Situation der Indígenas.

Die Hinwendung zum Indigenismo kommt auch in den avantgardistischen und provokanten Werken von **Manuel González Prada** (1848–1918) zum Ausdruck, der mit der Einführung sozialkritischer Literatur wie auch Matto zum Vorbild ganzer Generationen Intellektueller wurde. Vom Geist des Indigenismo beseelt sind auch die weltweit bekannten Gedichte von **César Vallejo** (1892–1938) und die Kulturzeitschrift *Amauta* von **José Carlos Mariátegui** (1895–1930), die Peru wichtige kulturelle und politische Impulse gab. Sie verstanden ihre Werke nicht zuletzt als Plattformen, um ihre ideologischen Anliegen zu formulieren und einer breiten Öffentlichkeit zu präsentieren.

Parallel hierzu setzten sich auch in **Bolivien** Schriftsteller wie Alcides Argüedas, Raúl Gosálvez und Alfredo Guillén zu Beginn des 20. Jhs. verstärkt mit der Ausbeutung und Unterdrückung der indigenen Bevölkerung auseinander.

Der sozialkritische Roman *El mundo es ancho y ajeno* (Die Welt ist groß und fremd) von **Ciro Alegría** (1909–1967) beschreibt den Lebensalltag der Indígenas nüchtern-sachlich und ohne den moralischen Zeigerfinger der frühen Indigenisten. Die breite Kluft zwischen spanischer und indianischer Kultur zu überwinden, war die Absicht des Autors **José María Argüedas** (1911–1969), einem der bekanntesten Vertreter dörflich-ländlicher Literatur. Seine innere Zerrissenheit, aus der er keinen Ausweg sieht, führt letztendlich dazu, dass er Selbstmord begeht, und sein letztes Werk *El zorro de arriba y el zorro de abajo* (Der Fuchs von oben und der Fuchs von unten) bleibt unvollendet.

Kunstvoll und den Themen der Indigenistas verpflichtet, schildert **Manuel Scorza** (1928–1983) in einer mehrbändigen Buchreihe mit dem Titel *La guerra silenciosa* den Kampf indianischer Gemeinden in den 1960er-Jahren gegen das Unternehmen Cerro de Pasco Corporation.

Seit den 1950er-Jahren stand das Leben in der Hauptstadt Lima erneut im Vordergrund. In kritischen Essays prangert **Sebastián Salazar Bondy** (1924–1965) die verbreitete Vorstellung von Lima als Stadt grüner Vorgärten an und ersetzt sie durch den Titel *Lima la horrible* (Lima, die Schreckliche). Satirische Darstellungen schrulliger Charaktere der Aristokratie Limas sind die Spezialität von **Alfredo Bryce Echenique** (geb. 1939).

Der bekannteste zeitgenössische Autor Perus ist aber eindeutig **Mario Vargas Llosa** (geb. 1936). Seine Werke folgen der Tradition des „magischen Realismus“, den Gabriel García Márquez berühmt machte. Nachdem Vargas Llosa 1990 bei den Präsidentenwahlen an Fujimori scheiterte, wanderte er nach Spanien aus. 2006 wurde ihm der Friedenspreis des deutschen Buchhandels und 2010 der Nobelpreis für Literatur verliehen. Viele seiner Romane schildern die Realität Perus vor einem politischen Hintergrund. Näheres S. 685, Bücherliste.

Filmregisseurin, Drehbuchautorin und Produzentin **Claudia Llosa**, eine Nichte von Mario Vargas Llosa, prägt seit Beginn des neuen Jahrtausends die peruanische Filmszene. Ihr Erstlingswerk *Madeinusa* erhielt zahlreiche Auszeichnungen auf internationalen Filmfestivals. Der Nachfolger *La teta asustada* (Eine Perle Ewigkeit), gewann 2009 den Goldenen Bären der Berlinale und wurde für die Oscars nominiert. 2011 entstand *Loxoro*, der auf der Berlinale 2012 gezeigt wurde.

Lima

Stefan Loose Traveltipps

1 **Lima** Perus Hauptstadt überrascht mit einer attraktiven kolonialen Altstadt, hervorragender Küche und einem pulsierenden Nachtleben. S. 150

2 **Zugfahrt Lima – Huancayo** Nur noch selten fährt ein Touristenzug die spektakuläre Strecke von Lima über einen 4800 m hohen Pass nach Huancayo. S.183

Islas Palomino Bei den Lima vorgelagerten Inseln kann man mit Robben schnorcheln gehen. S. 186

Pachacamac Das Zeremonialzentrum der Wari-Kultur lohnt einen Halbtagesausflug. S. 188

Canta Viel gute Bergluft und prächtige Natur unweit der Hauptstadt. S. 191

Lunahuaná Rafting auf dem Río Cañete südlich von Lima. S. 192

Reserva Paisajística Nor Yauyos Cochas Das wilde Naturreservat lockt mit Bergseen, Wasserfällen und Fünftausendern. S. 193

1 HIGHLIGHT

Lima

Der Ruf, eine triste, graue Metropole zu sein, haftet der Landeshauptstadt und – nach Kairo – zweitgrößten Wüstenstadt der Erde, zu Unrecht an. Doch wer in Lima landet, tut es meist in der Absicht, den **Neun-Millionen-Einwohner-Moloch** am Pazifik so schnell wie möglich wieder zu verlassen. Dabei hat die größte Stadt Perus wesentlich mehr zu bieten, als es auf den ersten Blick scheint: So findet man in Lima neben einer großen Auswahl an sehr guten Museen und hervorragenden Restaurants eine architektonisch interessante Innenstadt und die besten Einkaufsmöglichkeiten des Landes. In der näheren Umgebung kann man wandern, faszinierende archäologische Stätten besichtigen, an einem der zahlreichen Badestrände relaxen oder sogar mit Robben schnorcheln gehen.

In Lima (Área Metropolitana de Lima inklusive Callao), das rund zwölf Grad südlich des Äquators liegt, leben heute auf einer Fläche von etwa 2800 km^2 rund 30 % der peruanischen Bevölkerung. Und täglich kommen Hunderte von Neuankömmlingen aus dem Landesinneren auf der Suche nach einem besseren Leben hier an. Ihre Wellblech- oder Schilfmattenhütten vergrößern den Elendsgürtel, der ungebremst und unkontrolliert in die Wüste hinein wächst. Die Slums, die hier hoffnungsvoll und zugleich ironisch *Pueblos jovenes* („junge Dörfer") genannt werden, haben meist kein Wasser und weder Strom noch Kanalisation. Nur wenige Kilometer davon entfernt lebt die Oberschicht Limas in prachtvollen Wohnvierteln mit gepflegter Rasenfläche, Dienstpersonal und Nobelkarosse. Das **soziale Gefälle** ist extrem.

Geschichte

Das heutige Lima hat nicht mehr viel gemein mit der *Ciudad de los Reyes*, der **„Stadt der Könige"**, wie sie einst **Francisco Pizarro** nannte. Mit seinem Degen ritzte der spanische Eroberer damals den quadratischen Grundriss in den Wüstenboden und gründete damit Lima am 18. Januar 1535. Für Pizarro waren strategische Überlegun-

Lima Übersicht

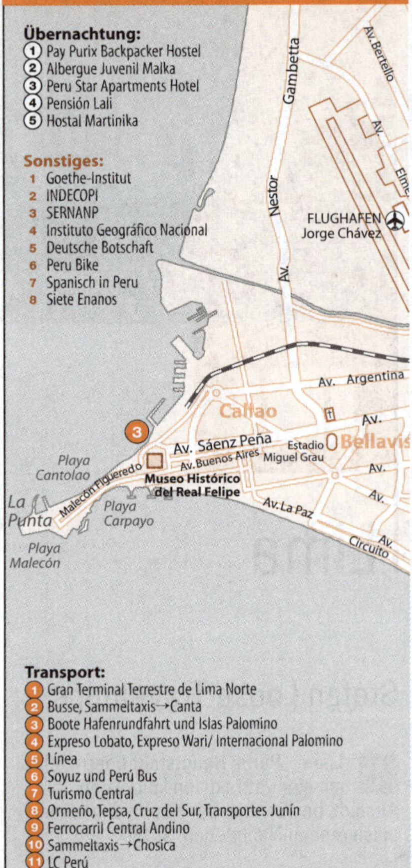

Übernachtung:
1 Pay Purix Backpacker Hostel
2 Albergue Juvenil Malka
3 Peru Star Apartments Hotel
4 Pensión Lali
5 Hostal Martinika
Sonstiges:
1 Goethe-Institut
2 INDECOPI
3 SERNANP
4 Instituto Geográfico Nacional
5 Deutsche Botschaft
6 Peru Bike
7 Spanisch in Peru
8 Siete Enanos
Av. Bertello
Gambetta
Av.
Elmer
Nestor
Av.
FLUGHAFEN
Jorge Chávez
Av. Argentina
Callao
Av.
Av. Sáenz Peña
Av. Buenos Aires
Estadio Miguel Grau
Bellavis
Playa Cantolao
Malecón Figueredo
Museo Histórico del Real Felipe
La Punta
Playa Carpayo
Av. La Paz
Av. Circuito
Playa Malecón
Transport:
1 Gran Terminal Terrestre de Lima Norte
2 Busse, Sammeltaxis→Canta
3 Boote Hafenrundfahrt und Islas Palomino
4 Expreso Lobato, Expreso Wari/ Internacional Palomino
5 Línea
6 Soyuz und Perú Bus
7 Turismo Central
8 Ormeño, Tepsa, Cruz del Sur, Transportes Junín
9 Ferrocarril Central Andino
10 Sammeltaxis→Chosica
11 LC Perú
12 Oltursa
M Metropolitano

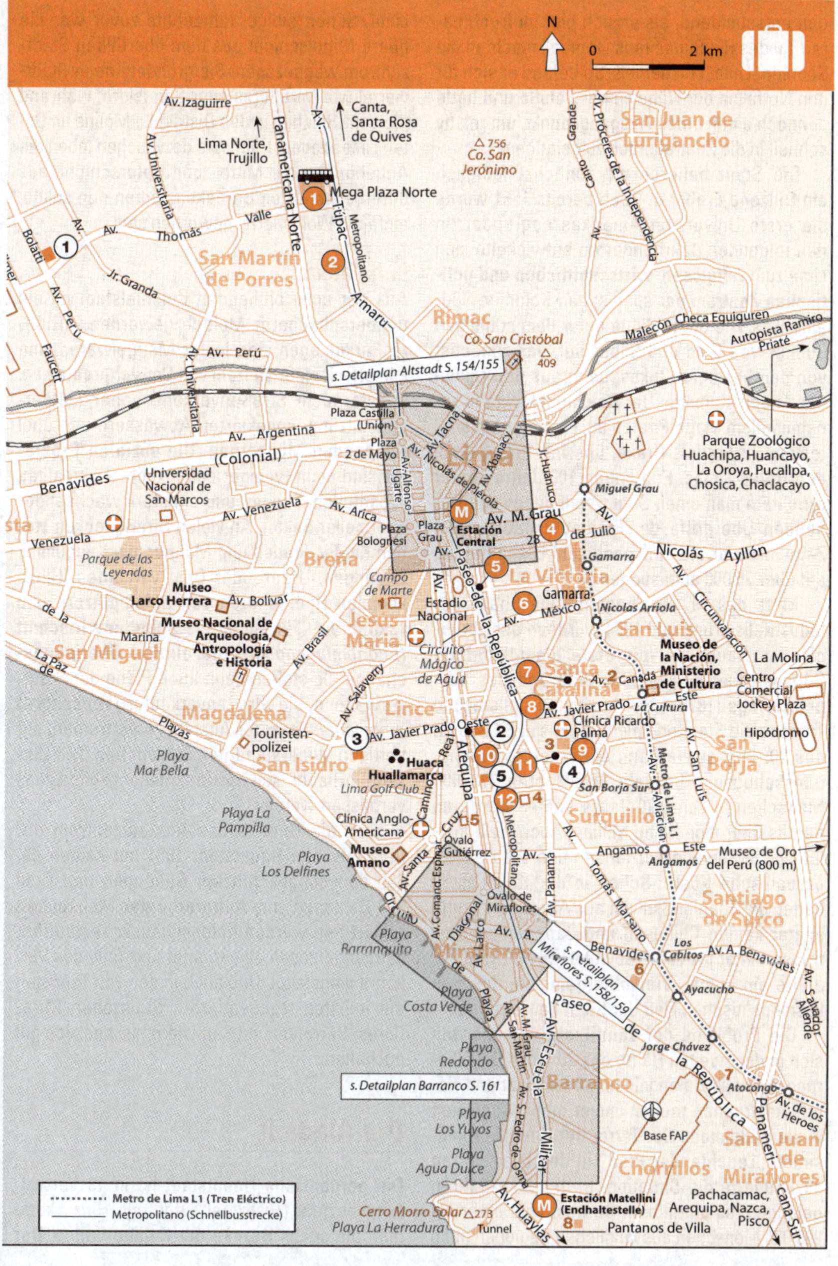

N
0 2 km
San Juan de Lurigancho
San Martín de Porres
Rimac
Lima
Breña
La Victoria
Jesús María
San Luis
San Miguel
Santa Catalina
Magdalena
Lince
San Isidro
San Borja
Surquillo
Santiago de Surco
Miraflores
Barranco
Chorrillos
San Juan de Miraflores
Mega Plaza Norte
Canta, Santa Rosa de Quives
Lima Norte, Trujillo
Co. San Jerónimo
Co. San Cristóbal
s. Detailplan Altstadt S. 154/155
s. Detailplan Miraflores S. 158/159
s. Detailplan Barranco S. 161
Estación Central
Estadio Nacional
Parque de las Leyendas
Museo Larco Herrera
Museo Nacional de Arqueología, Antropología e Historia
Universidad Nacional de San Marcos
Campo de Marte
Circuito Mágico de Agua
Museo de la Nación, Ministerio de Cultura
Centro Comercial Jockey Plaza
Hipódromo
Huaca Huallamarca
Lima Golf Club
Touristenpolizei
Clínica Ricardo Palma
Clínica Anglo-Americana
Museo Amano
Museo de Oro del Perú (800 m)
Parque Zoológico
Huachipa, Huancayo, La Oroya, Pucallpa, Chosica, Chaclacayo
La Molina
Óvalo de Miraflores
Óvalo Gutiérrez
Playa Mar Bella
Playa La Pampilla
Playa Los Delfines
Playa Barranquito
Playa Costa Verde
Playa Redondo
Playa Los Yuyos
Playa Agua Dulce
Playa La Herradura
Cerro Morro Solar
Tunnel
Estación Matellini (Endhaltestelle)
Pantanos de Villa
Pachacamac, Arequipa, Nazca, Pisco
Base FAP
Miguel Grau
Gamarra
Nicolas Arriola
La Cultura
San Borja Sur
Angamos
Los Cabitos
Ayacucho
Jorge Chávez
Atocongo
Metro de Lima L1 (Tren Eléctrico)
Metropolitano (Schnellbusstrecke)

gen entscheidend, als er sich hier im fruchtbaren Tal des Río Rímac (aus „Rímac" machten die Spanier „Lima") niederließ. So befand er sich für den Notfall in der Nähe seiner Schiffe und hatte dennoch einen guten Ausgangspunkt, um relativ schnell in die Zentralanden zu gelangen.

Die Stadt beherbergte zunächst lediglich ein Dutzend Eroberer. Doch bereits 1551 wurde die erste Universität Amerikas gegründet. In den folgenden Jahrhunderten entwickelte sich Lima zum **religiösen, wirtschaftlichen und politischen Zentrum** der spanischen Kolonien Südamerikas. Die Stadt blühte unter dem ständigen Zufluss von Gold und Silber auf, das zunächst von den besiegten Inkas, dann aus den Minen der Anden stammte. Der Reichtum lockte in zunehmendem Maße Piraten an. Einer der bekanntesten, Sir Francis Drake, überfiel 1579 Callao, den Hafen Limas. Erst knapp 100 Jahre später errichtete man einen Schutzwall gegen die drohenden Übergriffe der Freibeuter. Zu diesem Zeitpunkt war die Einwohnerzahl Limas bereits auf über 25 000 angestiegen.

Mitte des 19. Jhs. begann eine Phase der Industrialisierung und 1854 wurde in der peruanischen Hauptstadt die **erste Eisenbahnlinie Südamerikas** eingeweiht. Während des **Salpeterkriegs** (1879–1883) besetzten chilenische Truppen die Stadt und plünderten sie. Zu Beginn des 20. Jhs. setzte dann ein erneuter Wachstumsschub ein. Im Jahr 1919 lebten 175 000 Menschen in Lima, 20 Jahre später waren es bereits über eine halbe Million. Auch viele ausländische Zuwanderer fanden den Weg an die peruanische Küste. Schon in der Kolonialzeit hatten die Spanier Sklaven aus Afrika geholt und später kamen Chinesen und Japaner als Vertragsarbeiter ins Land. So entstand im Laufe der Jahre ein buntes **Vielvölkergemisch**, das zum kosmopolitischen Flair der Stadt beiträgt.

Die Probleme der **Landflucht** verschärften sich in der zweiten Hälfte des 20. Jhs.: Bevölkerungsexplosion, mangelnde Infrastruktur und Naturkatastrophen trieben immer mehr Menschen in die Hauptstadt. Der Terror der Guerillaorganisation „Leuchtender Pfad" in den 80er-Jahren akzentuierte die Situation. In den 90er-Jahren gelangten so jährlich im Durchschnitt mehr als 200 000 Menschen aus ländlichen Regionen nach Lima. Schon einige Jahrzehnte zuvor war die obere Mittelschicht aus dem überfüllten Stadtzentrum weggezogen. Sie gründete neue Stadtviertel wie Miraflores oder San Isidro, während die ganz Reichen in den Distrikt La Molina im Osten Limas zogen. Irgendwo dazwischen leben die Angehörigen der Mittel- und Unterschicht, aus deren ehemaligen Barackenstädten nun solide, einfache Wohnviertel geworden sind.

Lima heute

Aus der einst blühenden Kolonialstadt ist ein unüberschaubarer Moloch geworden. Größere Parkanlagen sind leider Mangelware. Lima kämpft mit einer Vielzahl von **Umweltproblemen**: ausuferndem Straßenverkehr, hoher Luftverschmutzung, ungeklärten Abwässern und übel riechenden Müllbergen. Die **sozialen Probleme** sind nicht weniger bedenklich: Kriminalität, Prostitution, Drogen und ein stark wachsender informeller Sektor. An vielen Straßenecken stehen Kinder, Frauen und Männer, die Kaugummi, Zeitungen, Uhren oder Obst verkaufen. Hinzu kommen Heerscharen von Schuhputzern und Taxifahrern. Für sie ist die **Schattenwirtschaft** *(Economía popular)* die einzige Überlebenschance. So stoßen denn auch Pläne der Stadtverwaltung, die Straßenverkäufer *(Vendedores ambulantes)* aus der Altstadt zu vertreiben, auf heftigen Widerstand der Betroffenen. Mit diesem Vorhaben soll das Erscheinungsbild Limas verbessert werden.

Seit die Unesco das Altstadtzentrum der peruanischen Hauptstadt 1991 mit seinen ca. 600 denkmalgeschützten Gebäuden und rund 300 Balkonen zum **Kulturerbe der Menschheit** erklärt hat, werden Kolonialhäuser restauriert, Fußgängerzonen eingerichtet und Teile des Verkehrs umgeleitet. Und auch in den von Touristen am meisten frequentierten Stadtteilen Miraflores, Barranco und San Isidro lässt es sich gut aushalten.

Die Altstadt

Die peruanische Hauptstadt ist in 43 Verwaltungsbezirke *(Distritos)* aufgeteilt. Hinzu kommen die sechs Bezirke der Region Callao. Der älteste von ihnen ist der **Distrikt Lima** (Cercado de Lima), der im Norden durch den Río Rímac begrenzt wird. Im Zentrum liegt die **Plaza Mayor**, die bis 1998 *Plaza de Armas* hieß. Sie wird vom **Regierungspalast** *(Palacio de Gobierno)*, der **Kathedrale** *(Catedral)* und dem **Rathaus** *(Municipalidad)* eingerahmt. Von hier aus verlaufen die Straßen schachbrettmusterartig in alle vier Himmelsrichtungen. Die Straßenblöcke, die sich aus dieser Einteilung ergeben, werden *Cuadras* genannt.

Ein guter Orientierungspunkt in der Altstadt mit ihren vielen historischen Gebäuden ist neben der Plaza Mayor auch die **Plaza San Martín** am Ende der **Fußgängerzone Jirón de la Unión**. Von der Plaza San Martín zweigt rechtwinkelig die **Avenida Nicolás de Píerola** ab. Sie führt in westlicher Richtung über die **Plaza Dos de Mayo** zum Flughafen und mündet ostwärts in die Avenida Grau. Südlich der Plaza San Martín liegt das weitläufige Gebiet der **Plaza Grau** mit dem Justizpalast und verschiedenen Museen. Hier beginnt der **Paseo de la República** (auch Vía Expreso), eine Schnellstraßenverbindung Richtung Miraflores und Barranco. Westlich der Plaza Grau begrenzt die **Plaza Bolognesi** den Distrikt von Lima. Hier zweigt mit der **Avenida Brasil** eine wichtige Verkehrsachse Richtung Südwesten zum Meer ab.

Die nordsüdlich verlaufende **Avenida Wilson** (auch Garcilaso de la Vega genannt) geht nach der Überquerung der Avenida 28 de Julio in die **Avenida Arequipa** über. Die palmenbestandene Prachtallee führt auf rund 8 km vorbei an schönen Villen und Botschaftsgebäuden nach Miraflores.

Stadtrundgang

Der nachfolgend beschriebene Stadtrundgang führt an den wichtigsten Sehenswürdigkeiten der Altstadt von Lima vorbei. Wer nicht gleich eines der sehenswerten Museen Limas (S. 162/163) aufsucht, sollte die Besichtigung der Stadt im Zentrum der Altstadt an der **Plaza Mayor** beginnen. Lange Zeit war die Plaza, wie in spanischen Städten üblich, der Mittelpunkt des öffentlichen Lebens. So findet man an dieser Stelle neben dem Bronzebrunnen aus dem Jahr 1651 (Nullpunkt aller Entfernungen innerhalb des Landes) auch drei wichtige Gebäude: den Regierungspalast, die Kathedrale und das **Rathaus** (Municipalidad).

Besuch des Regierungspalastes

Um den **Palacio** zu besichtigen, muss man sich vorher im Edificio Palacio 264, 2. Stock, an der Ecke Conde Superunda, Ecke Jr. de la Unión (neben der Banco de la Nación) anmelden. Dies kann man Mo–Fr zwischen 8.30–13, 14–16.30 Uhr erledigen (Pass mitnehmen!), um dann den Palast samstags zwischen 9–12 Uhr besichtigen zu können. Der Besuch ist gratis. Weitere Infos bekommt man unter ✆ 01-3119000.

Die gesamte Nordseite der Plaza wird vom **Palacio de Gobierno** (Regierungspalast) eingenommen. Früher stand hier das Wohnhaus von Pizarro. Der wuchtige Bau im Stil des französischen Barocks wurde 1938 fertiggestellt. Der Palast ist Amtssitz des peruanischen Präsidenten und kann samstags besichtigt werden (s. Kasten). Gegen 11.45 Uhr findet von Mo–Fr vor dem Gebäude die **Wachablösung** statt, die von Soldaten des Husarenregiments aus Junín in Uniformen der Unabhängigkeitsbewegung durchgeführt wird. Links vom Palast steht eine **Reiterstatue** des Eroberers Pizarro.

Wenige Schritte weiter beherbergt das ehemalige Gebäude der Hauptpost das Museum **Casa de la Gastronomía Peruana**, das 500 Jahre peruanische Esskultur präsentiert. In seiner überdachten Passage liegt auch die **Casa Aliaga**, ein gut erhaltenes Kolonialhaus, das sich immer noch im Privatbesitz der Familie Aliaga befindet. Von hier aus kann man den Río Rímac auf der Puente Piedra, einer kolonialen Steinbrücke aus dem frühen 17. Jh., überqueren.

Zurück an der Plaza Mayor fällt der Blick auf das Rathaus an der Westseite der Plaza. Es wurde erst 1944 erbaut, wirkt aber älter aufgrund der Holzbalkone, von denen aus der Bürgermeister gelegentlich eine Ansprache hält. Die Geschichte der **Kathedrale** an der Ostseite der Plaza ist von vielen baulichen Umgestaltungen und Zerstörungen durch Erdbeben geprägt. So ließ das Beben von 1746 die erste Bauversion aus dem

Lima Altstadt

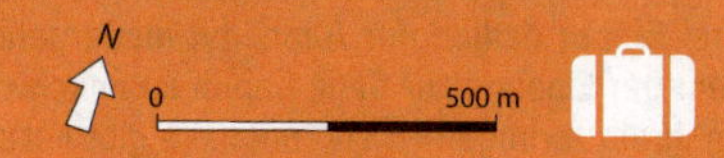

Sehenswürdigkeiten:
1 Convento de los Descalzos
2 Santuario de Santa Rosa de Lima
3 Casa Osambela
4 Iglesia y Convento de Santo Domingo
5 Casa Aliaga
6 Iglesia de Las Nazarenas
7 Casa de la Gastronomía Peruana
8 Casa de la Literatura Peruana
9 Palacio de Gobierno
10 Iglesia y Convento San Francisco
11 Teatro Municipal
12 Kathedrale & Erzbischöflicher Palast
13 Casa de Pilatos
14 Casa Riva Agüero
15 Museo del Banco Central de Reserva del Perú
16 Casona de las Trece Monedas
17 Museo Nacional de la Cultura Peruana
18 Palacio Torre Tagle
19 Iglesia La Merced
20 Museo del Congreso y de la Inquisición
21 Iglesia de San Pedro
22 Museo de Arte

Übernachtung:
1 Hostal Roma
2 Pensión Ibarra
3 Hostal Bonbini
4 Hotel Europa
5 Hotel Maury
6 Hotel España
7 Hotel Kamaná
8 Hotel Inka Path
9 Hospedaje Familia Rodríguez
10 The Clifford Hotel
11 La Posada del Parque

Essen:
1 Tanta
2 Cordano
3 El Paraiso de la Salud
4 De César
5 Restaurant Gourmet Sanka
6 L'Eau Vive
7 San Antonio Caffe
8 Barrio Chino

Sonstiges:
1 Galería Santo Domingo
2 Anmeldung Palastbesuch
3 Supermarkt Plaza Vea
4 Migraciones
5 Las Brisas del Titicaca
6 Polvos Azules

Transport:
1 Urbanito→Cerro San Cristóbal
2 Busse→Pachacamac
3 Transportes La Merced/Turismo Oxabuss
4 Civa
5 Móvil Tours, Flores
6 Ittsa
M Haltestelle Metropolitano (Schnellbusstrecke)

16. Jh. komplett einstürzen. Da die verschiedenen Baumeister im Laufe der Zeit immer wieder architektonische Veränderungen vornahmen, sind heute unterschiedliche Stilarten zu bewundern. Sie reichen von Renaissance über Barock bis zu Klassizismus. Im Vergleich mit anderen lateinamerikanischen Kirchen präsentiert sich das Innere der Kathedrale eher unspektakulär. Neben den 15 Seitenkapellen mit ihren goldüberladenen Altären ist das hölzerne Chorgestühl sehenswert, das gegen 1623 von Pedro Noguera angefertigt wurde. Für die Freunde sakraler Kunst lohnt ein Besuch der ehemaligen Sakristei neben dem Hauptaltar, die in das **Museo de Arte Religioso** umgewandelt wurde. ◷ Mo–Fr 9–17, Sa 10–13 Uhr, Messe am So um 11 Uhr (Einlass ab 10 Uhr), Eintritt 10 S/. inkl. Museum.

Neben der Kathedrale liegt an der Nordostseite der Plaza der **Erzbischöfliche Palast** (Palacio del Arzobispado). Seine Holzbalkone – ein beliebtes Fotomotiv – stammen nicht aus der Kolonialzeit, sondern wurden in den 20er-Jahren des 19. Jhs. angebracht. ◷ Mo–Fr 9–17, Sa 10–13 Uhr, 20 S/.

Verlässt man die Plaza Mayor in nordöstlicher Richtung, passiert man den **Bahnhof Desamparados**. Von dem neoklassizistischen Gebäude aus dem Jahr 1908, in dem heute die **Casa de la Literatura Peruana** untergebracht ist, fahren nur noch gelegentlich Touristenzüge nach Huancayo ab (s. S. 183).

Hinter dem Bahnhof ist mit dem **Parque de La Muralla** eine neue Flusspromenade entstanden, auf der man flanieren und ehemalige Befestigungsmauern aus der Kolonialzeit bewundern kann. Der unterhalb der Promenade gelegene Uferbereich wird ebenfalls restauriert.

Folgt man dem Jirón Ancash einen weiteren Block, wird mit dem religiösen Komplex **Iglesia y Convento de San Francisco** eine der Hauptattraktionen der Altstadt Limas erreicht. Zunächst fällt der Blick auf die dreischiffige Kirche. Der gelb getünchte Bau stammt aus dem Jahr 1546, wurde aber bei einem Erdbeben 1646 schwer beschädigt. Der Wiederaufbau mit robusten Säulen und bambusverstärkten Kuppeln hat bis heute alle weiteren Beben weitestgehend unbeschadet überstanden. Sehenswert ist auch hier das Chorgestühl aus Zedernholz.

Charakteristisch für das Innere des Konvents ist der andalusisch-maurische Mudéjar-Stil. Schön zu sehen ist dies an den Säulen der Patios und an der Holzkuppel. In der **Pinakothek** des Konvents sind u. a. Werke berühmter Maler wie Rubens und Van Dyck zu sehen, während in der eindrucksvollen **Bibliothek** rund 25 000 Bände aus Leder und ca. 6000 Pergamente aufbewahrt werden.

Die **Katakomben** des Konvents, die erst 1951 entdeckt wurden, hatten der Stadt Lima bis zu Beginn des 19. Jhs. als Friedhof gedient. Hier werden die Knochen von rund 70 000 Verstorbenen aufbewahrt; sie können bei einem Rundgang besichtigt werden. Einige der Gänge sollen sogar bis zur Kathedrale und dem Inquisitionsgericht geführt haben.

Schräg gegenüber zieht ein sehenswertes Kolonialgebäude, die **Casa de Pilatos**, die Blicke auf sich.

Zwei Blocks südwestlich der Iglesia San Francisco liegt die **Plaza Bolívar** mit dem großen **Parlamentsgebäude** (Congreso de la República). Die Fassade der **Casona de las Trece Monedas** ist ein sehenswertes Beispiel für den Rokokostil Mitte des 18. Jhs. und – wie die meisten Stadtpaläste und Kolonialhäuser – leider nur von außen zu besichtigen. Für Touristen interessanter ist ein Besuch des **Inquisitionsmuseums** (Museo del Tribunal de la Santa Inquisición) an der Südseite der Plaza Bolívar. Hier folterten Dominikanermönche ab 1570 Häretiker, um ihnen Glaubensgeständnisse abzuringen. Dennoch war die Inquisition weniger blutrünstig als oft dargestellt: In den 250 Jahren ihres Bestehens (bis 1812) wurden in Lima nur 34 Menschen wegen des Vorwurfs der Ketzerei (d. h. weniger als 3 % aller Angeklagten) auf dem Scheiterhaufen hingerichtet.

Drei Blocks südlich des Parlamentsgebäudes lädt der **Zentralmarkt** (Mercado Central), der mit seinen Essenständen zu einer Pause ein. Allerdings sollte man im Gewühl gut auf seine Sachen aufpassen – es besteht erhöhte Diebstahlgefahr. An den Markt schließt sich das sehenswerte kleine **Chinesenviertel** (Barrio Chino) an. Die meisten von Perus rund 300 000 Chinesen leben in Lima und haben sich in der Calle Capón (Verlängerung des Jirón Ucayalis, drei Blocks östlich der Abancay) niedergelassen. Der Eingang zur Calle Capón ist unschwer an ihrem Torbogen zu erkennen. Es gibt peruanische Banken, deren Namen mit chinesischen Schriftzeichen geschrieben sind, einige witzige Läden und massenhaft gute *Chifas*, die peruanische Version chinesischer Küche.

Folgt man nun dem Jirón Ucayali Richtung Westen, erreicht man bald darauf an der Ecke zur Azángaro die kleine, aber schöne **Iglesia de San Pedro**. Sie wurde 1638 von den Jesuiten gegründet und zählt zu den am besten erhaltenen Kolonialkirchen Limas. Beeindruckend sind die barocken Blattgoldaltäre, kleine geschnitzte Balkone auf beiden Seiten des Hauptaltars und die Ölgemälde der Sakristei und der Büßerkapelle.

Der **Palacio Torre Tagle** liegt nur wenige Meter von San Pedro entfernt. Das 1735 fertiggestellte Bauwerk wird als das schönste Kolonialgebäude der Stadt angesehen. Die Barockfassade mit den vergitterten Holzbalkonen ist auch auf dem 20-Soles-Geldschein zu bewundern. Heute ist hier das Außenministerium untergebracht, sodass die Besichtigungsmöglichkeiten stark eingeschränkt sind.

Nur einen Block weiter westlich liegt das **Museo del Banco Central de Reserva del Perú**. Es stellt neben historischen Geldscheinen und Münzen auch archäologische Fundstücke der Vicus- und Mochica-Kultur aus. Nachfolgend biegt man nach links in die Fußgängerzone Jirón de la Unión ein und erreicht an der Kreuzung mit der Miró Quesada die **Iglesia La Merced**. Vom ersten Gebäude aus dem frühen 16. Jh. ist nicht mehr viel erhalten geblieben, denn Erdbeben und ein Feuer im Jahr 1773 richteten große Schäden an. Bei der Nachbildung der schönen Barockfassade im Jahr 1939 orientierte man sich an den Originalplänen aus dem 17. Jh. Neben den goldbedeckten Altären lohnt die Besichtigung des Klosters mit seinen Gemälden und Wandkacheln. Am Hauptaltar der Kirche kann man die Jungfrau der Barmherzigkeit (Virgen de la Merced), die Schutzpatronin der Soldaten, bewundern.

Einen Block weiter westlich beherbergt die aus dem Jahr 1760 stammende **Casa Riva Agüero** ein historisches Archiv und zeigt kunsthandwerkliche Ausstellungen

Die Luftstraßen der Altstadt – Limas Balkone

Sie sind die schwebenden Aushängeschilder des historischen Viertels: Über 300 Balkone, viele von ihnen aus Holz geschnitzt, verleihen der Altstadt ein besonderes Ambiente. Die ältesten von ihnen stammen aus dem 17. Jh. „Luftstraßen" nannte der Augustinermönch Antonio de la Calancha damals die endlosen Balkonreihen, die sich gelegentlich auch um die Ecken der Häuser fortsetzen. Ihre Ursprünge liegen im Nahen Osten, in Städten wie Kairo oder Damaskus.

In Lima durchlief die Balkonarchitektur im Laufe der Jahrhunderte interessante Veränderungen. Waren die Balkone anfangs noch mit Jalousien ausgestattet, wurden ihre Fenster während des Barocks immer kleiner. Später übernahmen sie die verspielten Muster des Neoklassizismus. Balkone dienten allerdings nicht nur als Zierde. Auf ihnen fand ein Teil des Alltagslebens statt. Hier wurde beobachtet, gefeiert, gelästert und geliebt. Um die denkmalgeschützten Fassaden zu erhalten, kam die Stadtverwaltung auf eine geniale Idee. Mit dem Programm „Adoptieren Sie einen Balkon" konnten erfolgreich private Spender mobilisiert werden, um die Renovierung zu finanzieren.

Das **Teatro Municipal** brannte 1998 ab. Die aufwendigen Restaurierungsarbeiten wurden erst Ende 2010 abgeschlossen.

Weiter Richtung Westen entlang des Jirón Huancavelica gelangt man zur **Iglesia de Las Nazarenas.** Der wenig spektakuläre Bau ist alljährlich am 18. Oktober das Ziel Tausender Pilger aus Lima und Umgebung. In einer großen Prozession tragen sie eine Kopie des Bildnisses des Señor de los Milagros durch die Straßen, der – wie sie glauben – für ein Wunder verantwortlich war: Ein Bildnis des gekreuzigten Christus war bei einem Erdbeben 1655 an der Wand hängen geblieben, obwohl das restliche Gebäude zerstört wurde.

Über die Avenida Tacna gelangt man zum **Santuario de Santa Rosa de Lima**, ebenfalls das Ziel von immensen Pilgerscharen. Besonders am 30. August huldigen sie der Heiligen Rosa, der Schutzpatronin von Lima. Isabel Flores de Oliva, so ihr bürgerlicher Name, wurde hier 1586 geboren. Während der Feierlichkeiten ziehen

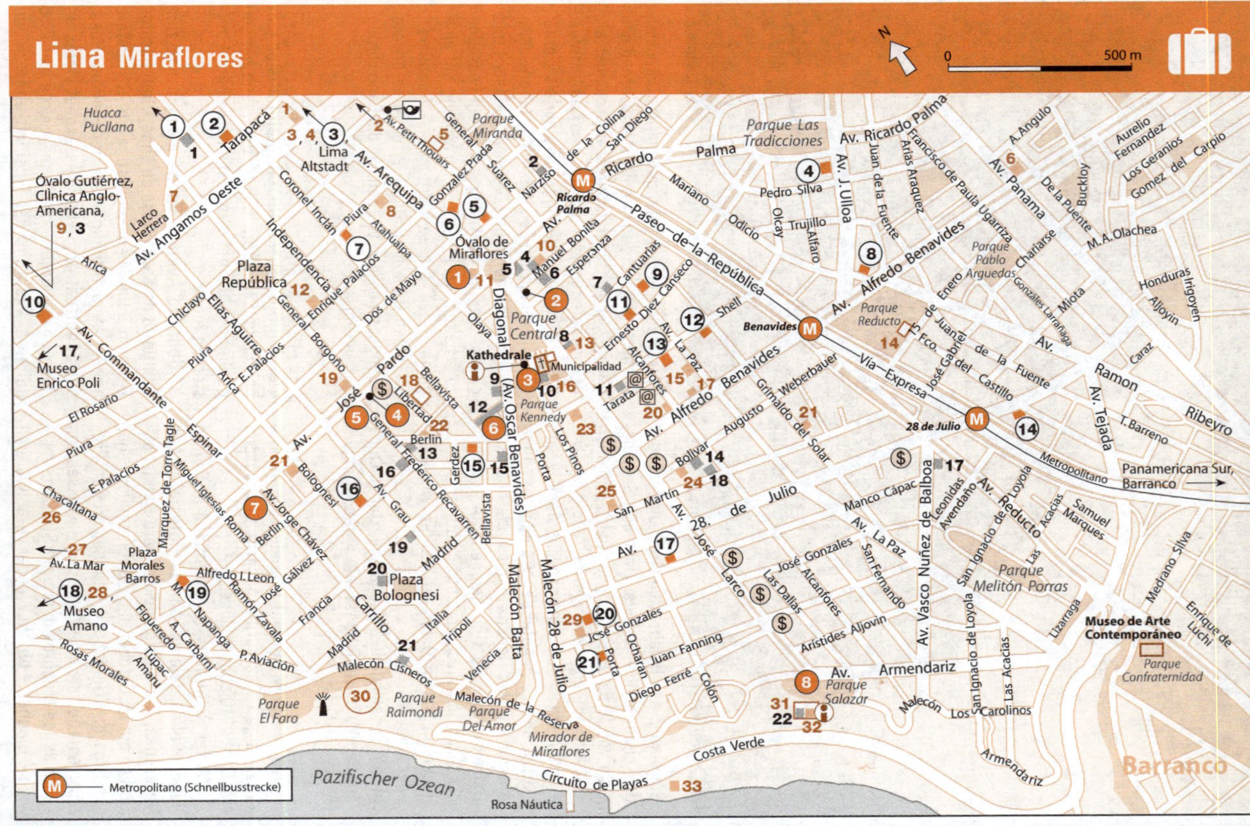
Lima Miraflores
N
0
500 m
Huaca Pucllana
Lima Altstadt
Óvalo Gutiérrez, Clínica Anglo-Americana, 9, 3
Museo Enrico Poli
Museo Amano
Parque Miranda
Parque Las Tradicciones
Óvalo de Miraflores
Plaza República
Parque Central
Kathedrale
Municipalidad
Parque Kennedy
Parque Reducto
Parque Pablo Arguedas
Plaza Morales Barros
Plaza Bolognesi
Parque Melitón Porras
Museo de Arte Contemporáneo
Parque Confraternidad
Parque Salazar
Parque El Faro
Parque Raimondi
Parque Del Amor
Mirador de Miraflores
Barranco
Pazifischer Ozean
Rosa Náutica
Circuito de Playas
Costa Verde
Ricardo Palma
Benavides
28 de Julio
Av. Arequipa
Paseo-de-la-República
Vía-Expresa
Av. Alfredo Benavides
Diagonal
(Av. Oscar Benavides)
Av. José Pardo
Av. José Larco
Av. 28. de Julio
Malecón 28 de Julio
Malecón Balta
Malecón Cisneros
Malecón de la Reserva
Av. Armendariz
Av. Reducto
Av. Vasco Nuñez de Balboa
Av. Ricardo Palma
Av. J. Ulloa
Av. Panama
Av. Tejada
Ramon Ribeyro
Panamericana Sur, Barranco
Av. Angamos Oeste
Av. Commandante Espinar
Av. La Mar
Av. Grau
Av. Jorge Chávez
Av. Bolognesi
Metropolitano
Metropolitano (Schnellbusstrecke)

sich viele Frauen das violette Büßergewand der Heiligen über und viele Gläubige werfen Bittschriften in den Brunnen, in den die Heilige Rosa den Schlüssel zum Schloss jener Eisenkette warf, die sie zum Zeichen der Buße trug. Das Sanktuarium wurde 1671 gebaut und die Kirche 1728 errichtet.

Auf dem Rückweg Richtung Plaza Mayor passiert man an der Jirón Conde de Superunda 298 die **Casa Osambela**. Das nette Kolonialhaus mit seinem attraktiven Innenhof ist der Sitz des inkaischen Kulturzentrums. Darüber hinaus finden hier wechselnde Kunstausstellungen statt. ⏲ Mo–Fr 9–17 Uhr, gratis.

Wer jetzt noch Energie besitzt, kann zum Abschluss dieses Rundgangs die **Iglesia y Convento de Santo Domingo** besuchen. Hier war zunächst von 1551–1671 die San Carlos Universität im barocken Kapitelsaal des Konvents untergebracht. Die Kirche, mit deren Bau 1540 begonnen worden war, wurde im 18. Jh. modernisiert. Sehenswert ist vor allem einer von drei erhaltenen Kreuzgängen, der mit Kacheln aus Sevilla verkleidet ist. In einer Gruft der Kirche wird die Asche der Santa Rosa de Lima in einer Urne aufbewahrt.

Miraflores

Der Stadtteil Miraflores war bis in die 40er-Jahre des 19 Jhs. ein eigenständiger Ort am Meer, mehrere Kilometer von Lima entfernt. Dies hat sich gründlich geändert; der Distrikt avancierte zum eigentlichen Zentrum, in dem das wirtschaftliche Herz der Hauptstadt schlägt. Fast alle namhaften Banken, Reiseveranstalter, Fluglinien und Wirtschaftsunternehmen haben hier ihren Sitz.

Wichtige Verkehrsadern sind die Nord-Süd verlaufenden **Avenida Arequipa** und die Stadtautobahn **Paseo de la República** (auch **Vía Expresa**). Richtung Osten gelangt man über die **Avenida Angamos** und die **Avenida Benavides** zur Panamericana Sur. Im Kreuzungspunkt der **Avenida José Pardo** und der Avenida Arequipa liegt der **Óvalo de Miraflores**, das inoffizielle Zentrum des Stadtbezirks. Nördlich des Kreisels erstrecken sich entlang der Avenida Petit Thou-

Übernachtung:
1 HQ Villa
2 Casa Rodas II
3 Casa Rodas I
4 Hostel HI! Perú
5 Casa Andina Classic Miraflores
6 Flying Dog Longstays
7 Pirwa B&B Inclán
8 Hotel San Antonio Abad
9 Casa Andina Private Collection
10 Albergue Turístico Juvenil Miraflores House
11 Hostal El Patio Miraflores
12 Hostal Buena Vista
13 Casa Andina Select
14 Casa Andina Classic San Antonio
15 Kokopelli Backpackers
16 Loki Backpackers Lima
17 Eurobackpackers
18 Backpacker Inkawasi
19 Hostal Torreblanca
20 Lex Luthor's House, The Angels Inn
21 Hostal Porta

Essen:
1 Huaca Pucllana
2 Il Postino
3 Malabar
4 Il Capucchino
5 La Tiendecita Blanca
6 La Trattoria
7 Astrid & Gastón
8 Bircher Brenner
9 Dédalo Arte y Café
10 Café de la Paz
11 Tierra Santa
12 Pizzameile
13 Arabica espresso bar
14 Patagonia
15 Café Z
16 El AlmaZen
17 Pastelería San Antonio (2x)
18 Punto Azul
19 Café La Mora
20 Brujas de Cachiche
21 Punta Sal
22 Mangos

Sonstiges:
1 Instituto Cultural Peruano-Norteamericano
2 Domiruth Travel Service
3 Supermarkt Plaza Vea
4 Deutsche Botschaft
5 Mercado Indio
6 Supermarkt Wong
7 Ashtanga Yoga Peru
8 South American Explorers
9 Supermarkt Wong
10 Habana
11 Casa de Cambio Finserva
12 SkyKitchen
13 Tayta
14 Bioferia
15 Jazz Zone
16 La Tasca
17 Treff Pub Alemán
18 Hallenbad
19 Reisebüros
20 Supermarkt Vivanda (2x)
21 Escuela de Español El Sol
22 Lavandería Autoservicio
23 Supermarkt Metro
24 Bike Tours of Lima
25 Hispana Spanisch School
26 Rutas del Peru
27 Punto Orgánico
28 Sachún
29 Lima Yoga
30 Paragliding/Tandemflüge
31 Larcomar
32 Bartini
33 Pukana Surfing School

Transport:
1 Busse nach Callao, Magdalena del Mar, Óvalo Gutiérrez
2 Busse Altstadt Lima (Alternativ: alle Haltestellen des Metropolitano)
3 Abfahrtsort Mirabus (Stadtrundfahrt Lima)
4 Star Perú, Peruvian Airlines
5 Lan Perú
6 Busse nach Barranco
7 Taca
8 Abfahrtsort Turibus (Stadtrundfahrt Lima)

ars zahlreiche Geschäfte und Märkte, die Kunsthandwerk zu günstigen Preisen anbieten. Südlich befinden sich der dreieckige **Parque Central** und der **Parque Kennedy** mit der Kathedrale (beide mit Gratis-WLAN). An beiden Parkanlagen vorbei verläuft die **Avenida José Larco** südwärts Richtung Meer. An ihrem Ende liegt das **Einkaufszentrum Larcomar**, das in den Steilhang der Küste hineingebaut wurde. Am belebten **Óvalo de Gutiérrez**, einem großen Kreisverkehr, der von Supermärkten, Kinos, Restaurants und Geschäften umgeben ist, geht Miraflores ganz im Nordwesten in den Stadtteil San Isidro über.

Unzählige Restaurants, Kneipen und Diskotheken machen Miraflores auch abends zu einem beliebten Ausflugsziel. Touristische Sehenswürdigkeiten hat Miraflores allerdings nur wenige zu bieten. Neben der schönen **Uferpromenade** mit vielen kleinen Parks und einigen Kiesstränden ist noch die im Nordwesten gelegene **Huaca Pucllana**, eine Lehmziegelpyramide der Lima-Kultur, erwähnenswert (s. S. 163, „Museen").

San Isidro

Dieser **vornehme Stadtteil** schließt sich im Nordwesten an Miraflores an. Neben guten, teuren Hotels (vorwiegend von Geschäftsleuten besucht), Restaurants und Einkaufszentren finden sich hier viele ruhige Wohngegenden und zahlreiche Grünflächen. Mittendrin liegt der weitläufige noble **Lima Golf Club**. Im Osten wird San Isidro von der Avenida Arequipa begrenzt und im Norden von der **Avenida Javier Prado Oeste**. Diese dreispurige Hauptverkehrsstraße, die westwärts schnurgerade auf die Panamericana zuläuft, ist zum Teil zu einer Schnellstraße ausgebaut worden. Östlich der Javier Prado liegen zahlreiche **Ministerien** und Regierungsgebäude, darunter das Innenministerium, PromPerú (Kommission zur Wirtschafts- und Tourismusförderung) sowie Sernanp, die staatliche Nationalparkverwaltung.

Nächtliche Wassershow

Circuito Mágico de Agua, Av. Petit Thouars, Parque de la Reserva, Arequipa, Block 6. Die vielfarbig illuminierten Springbrunnen und Wasserfontänen stehen sogar im Guinessbuch der Rekorde als größter Wasserfontänenpark und sind z. T. musiksynchronisiert. Ein Besuch der Wassershow (ideal für Familien) ist ein Muss und lohnt vor allem abends. ◷ Mi–Fr 15–22.30, Sa–So 12–22.30 Uhr, Eintritt 4 S/.

Barranco

Folgt man der Stadtautobahn Paseo de la República zu ihrem südlichen Ende, erreicht man den Stadtteil Barranco, der an Miraflores angrenzt. Hier haben sich Künstler, Intellektuelle und Aussteiger niedergelassen. Die teilweise **wunderschönen Häuser** in der Bauweise des 18. und frühen 19. Jhs. lassen vergessen, dass man sich in einer Metropole mit neun Millionen Einwohnern befindet. Bei einem Bummel durch das Viertel entdeckt man zahlreiche **Kunstgalerien** und ein abwechslungsreiches **Nachtleben**. An Wochenenden ist an und um den **Parque Municipal** die Hölle los. Wer in Barranco in Ruhe essen, die Atmosphäre und den Blick aufs Meer genießen möchte, sollte lieber unter der Woche kommen.

Die **Puente de los Suspiros**, die Seufzerbrücke, ist ein Treffpunkt für Verliebte. Interessante Ausstellungen bieten das **Museo de Arte Colonial Pedro de Osma** und das **Museo de Arte Contemporáneo** (siehe Kasten „Die Museen Limas", S. 163) sowie das **Museo de la Electricidad**, Av. San Pedro de Osma 105, ✆ 01-4776577, ◷ tgl. 9–17 Uhr, gratis. Gegenüber vom Museo de la Electricidad liegt der **Tranvio**, ein Straßenbahnwaggon früherer Zeiten. Auf Wunsch kann man sich mit dem antiken Gefährt ein paar Straßenblocks rauf und runter fahren lassen (Di–So von 9–17 Uhr, 2 S/., im Museum gegenüber Bescheid geben).

Chorrillos

Südlich von Barranco liegt das **Mittelklasseviertel** mit seiner breiten Uferpromende und dem vor allem in Sommermonaten beliebten

Strand. Im Süden begrenzt der 273 m hohe **Cerro Morro de Solar** den Küstenabschnitt, gut zu erkennen an den zahlreichen Fernsehantennen. Hier tummeln sich vor allem an Wochenenden Mountainbiker und Downhiller. Im unteren Bereich des Hügels steht ein Denkmal zu Ehren der Gefallenen des Pazifikkriegs und unweit hiervon ließ Ex-Präsident García zum Ende seiner Amtszeit Mitte 2011 eine 37 m hohe **Christusstatue** errichten, eine Kopie von Rio de Janeiros berühmtem Cristo do Corcovado. Der Küstenstraße folgend gelangt man zur **Playa La Herradura**, einem kleinen Strand, an dem sich einige Restaurants befinden und dessen Infrastruktur 2011 komplett renoviert wurde. Zurück geht es entweder zu Fuß über den Morro de Solar oder durch einen kleinen Tunnel, der den Strand mit Chorrillos verbindet.

Museen mit präkolumbischen Exponaten

Museo Nacional de Arqueología, Antropología e Historia, Plaza Bolívar s/n, Pueblo Libre, ✆ 01-4635070. Die übersichtlich angeordneten Ausstellungsstücke (u. a. Textil- und Kunstschmiedearbeiten) vermitteln einen schönen Überblick über die präkolumbischen Kulturen Perus. Herausragend sind der Tello-Obelisk und die Raimondi-Stele, steinerne Zeugnisse der Chavín-Kultur (1000–200 v. Chr.). In einem kleinen Pavillon kann man künstliche Schädeldeformierungen (Trepanationen) begutachten. 🕒 Di–Sa 9–17, So/Fei 9–16 Uhr, Eintritt 11,50 S/.

Museo de Oro del Perú, Alonso de Molina 1100, Monterrico, ✆ 01-3451292, 💻 www.museoroperu.com.pe. Im Untergeschoss des Gold- und Waffenmuseums befinden sich Tausende aus Gold, Silber, Kupfer und Ton gearbeitete Exponate der Chimú-, Nazca-, Paracas- und Inkakultur, die leider nicht immer übersichtlich präsentiert sind. Im Erdgeschoss kann man Textilien und eine umfangreiche Waffensammlung bewundern. Am einfachsten ist das Museum mit dem Taxi zu erreichen (ca. 15–20 S/.). 🕒 tgl. 10.30–18 Uhr, Eintritt 33 S/., Kinder bis 10 J. 16 S/.

Museo de la Nación, Javier Prado Este 2465, San Borja, ✆ 01-4769878. Der weithin sichtbare Betonklotz, in dem auch das Kulturministerium untergebracht ist, bietet einen guten Einstieg in die peruanische Kulturgeschichte. Zu sehen ist eine chronologische Darstellung prähispanischer Kunstobjekte (überwiegend Keramiken) von der Frühzeit bis hin zur Inkazeit. 🕒 Di–So 9–17 Uhr, Eintritt frei.

Museo Rafael Larco Herrera, Bolívar 1515, Pueblo Libre, ✆ 01-4611835, 💻 www.museolarco.org. Abwechslungsreiches Museum, das rund 50 000 präkolumbische Exponate aus der privaten Sammlung des Archäologen Rafael Herrera zeigt. darunter Keramik- und Goldarbeiten sowie Textilien der Paracas-Kultur (1300 v. Chr.–200 n. Chr.). Sehenswert sind die Keramik-Gefäße der Mochica-Kultur (200 v. Chr.–600 n. Chr.) mit erotischen Darstellungen. Das Museum verfügt über ein sehr gutes Café-Restaurant. 🕒 Mo–So 9–18 Uhr, Eintritt 30 S/.

Museo del Banco Central de Reserva del Perú, Ucayali 291, Ecke Lampa, Lima, ✆ 01-6132000. Das Museum zeigt das Kulturschaffen verschiedener Epochen. Neben Silber- und Keramikarbeiten der Vicús-Kultur (ca. 500 v. Chr.–ca. 600 n. Chr.) in Nordperu sind auch Geldscheine und Münzen der republikanischen Epoche zu sehen. Eine Pinakothek zeigt peruanische Gemälde des 19. und 20. Jhs. 🕒 Di–Fr 10–16.30, Mi bis 19, Sa und So 10–13 Uhr, Eintritt frei.

Museo Amano, Retiro 160, Miraflores, ✆ 01-4412909, 💻 www.fundacionmuseoamano.org.pe. Kleine Privatsammlung von Yoshitaro Amano, in der überwiegend Keramiken und edle Textilien der Chancay-Kultur (1300–1450 n. Chr.) gezeigt werden. 🕒 Mo–Fr 15–17 Uhr (Anmeldung erforderlich), Spende.

Museo Enrico Poli, Lord Cochrane 466, Miraflores. Sammlung präinkaischer Gold- und Silberschätze, darunter vier goldene, ca. 1000 Jahre alte Trompeten aus Nordperu. 🕒 nur nach Vereinbarung ✆ 01-4222437, Eintritt 50 S/.

Museen mit Exponaten aus der Kolonialzeit

Museo de Arte Colonial Pedro de Osma, Av. San Pedro de Osma 423, Barranco, ✆ 01-4670141-21, 💻 www.museopedrodeosma.org. Gemälde, Skulpturen, Möbel und Silberarbeiten. 🕒 Di–So 10–18 Uhr, Eintritt 20 S/. inkl. 90-min. Führung um 10, 11.45, 13.30, 14.30 und 16.15 Uhr.

Museo del Congreso y de la Inquisición, Junín 548, Plaza Bolívar, Lima, ✆ 01-3117777-5160, 💻 www.congreso.gob.pe/museo.htm. In dem ehemaligen Parlamentsgebäude aus dem 16. Jh., in dem die Inquisition rund 250 Jahre lang angebliche Ketzer folterte und hinrichtete, sind Folterszenen nachgestellt und die dazu gehörigen Instrumente ausgestellt. 🕒 Mo–Fr 9–17, Sa 10–18 Uhr, Eintritt frei.

Kunstmuseen

Museo de Arte, Paseo Colón 125, Parque de la Exposición, Nähe Plaza Grau, ✆ 01-2040000, 💻 www.mali.pe. Kunstmuseum mit ständigen und wechselnden Ausstellungen. 🕒 Di–So 10–20, Sa 10–17 Uhr, Eintritt 7 S/.

Museo de Arte Contemporáneo, Av. Grau 1511, Barranco, ✆ 01-6525100, 🖳 www.mac-lima.org.pe. Limas Museum der zeitgenössischen Kunst liegt in einem frei zugänglichen Park und zeigt wechselnde Ausstellungen. ⏲ tgl. 8–20 Uhr, Eintritt frei.

Volkskunstmuseen

Casa de la Gastronomía Peruana, Conde de Superunda 170, Lima, ✆ 01-4267264. Im ehemaligen Gebäude der Hauptpost werden 500 Jahre peruanische Esskultur anschaulich präsentiert. ⏲ Di–So 9–17 Uhr, Eintritt frei.

Museo de Artes y Tradiciones Populares, Camaná 459, in der Casa Riva Agüero, Lima, ✆ 01-62666-00, -16, 🖳 ira.pucp.edu.pe/museo-arte/servicios. Ausstellung peruanischer Volkskunst. ⏲ Mo–Fr 10–13 und 14–19 Uhr, Eintritt 2 S/.

Museo Nacional de la Cultura Peruana, Alfonso Ugarte 650, Lima, ✆ 01-4235892 Ausstellung peruanischer Volkskunst, darunter auch indianische Trachten. ⏲ Di–Sa 10–17 Uhr, Eintritt 5 S/.

Kirchenmuseen

Museo de Arte Religioso de la Basílica Catedral de Lima, Plaza Mayor de Lima, ✆ 01-4276947. Ausstellung religiöser Objekte und Gemälde des 15. Jhs. ⏲ Mo–Fr 9–17, Sa 10–13 Uhr, Eintritt 10 S/.

Museo del Convento de San Francisco de Asis de Lima, Ancash, Cuadra 3, Lima, ✆ 01-7197188, 🖳 www.museocatacumbas.com. Religiöse Artefakte, Pinakothek, unterirdische Gänge. ⏲ tgl. 9.30–17.30 Uhr, Eintritt 7 S/.

Museo del Convento de Santo Domingo, Conde de Superunda, Ecke Camaná, Lima, ✆ 01-7341190. Religiöse Objekte, Bibliothek sowie Gräber von Santa Rosa de Lima und San Martín de Porres am Gründungsort der San Carlos-Universität. ⏲ tgl. 9.30–18.30 Uhr, am letzten Freitag des Monats auch abends ab 19 Uhr, Eintritt 5 S/.

Iglesia de San Pedro, Azángaro, Ecke Ucayali, Lima, ✆ 01-4283017. Gebäude aus dem 16. Jh., das religiöse Gemälde und holzgeschnitzte Altäre beherbergt. ⏲ tgl. 9.30–17.45, Kirche tgl. 9–13 Uhr, Eintritt frei.

Santuario de Santa Rosa de Lima, Tacna, Cuadra 1, Lima, ✆ 01-4251279. Das Geburtshaus der Schutzpatronin Limas; Wunschbrunnen. ⏲ tgl. 9.30–13 und 15.30–18 Uhr, Eintritt frei.

Iglesia de Las Nazarenas, Tacna, Ecke Huancavelica, Lima, ✆ 01-4235718. Bildnis des Señor de los Milagros, der im Mittelpunkt einer großen Prozession im Oktober steht. ⏲ tgl. 7–12 und 18–20.30 Uhr, Eintritt frei.

Iglesia La Merced, de la Unión, Ecke Miró Quesada, Lima, ✆ 01-4278199. Zu sehen sind neben Altären verschiedener Epochen auch Skulpturen und Gemälde aus der Kolonialzeit. ⏲ Mo–Sa 8–12, 17–20, So 7–12, 17–20 Uhr, Eintritt frei.

Museen in Ausgrabungsstätten

Museo de Sitio Huaca Pucllana, General Borgoño, Cuadra 8, Miraflores, ✆ 01-4458695, 🖳 www.mirafloresperu.com/huacapucllana/. In der Zeremonialpyramide der Lima-Kultur (200–700 n. Chr.) werden Fundstücke der Ausgrabungen ausgestellt. ⏲ Mi–Mo 9–16.30 Uhr, Eintritt 10 S/.

Museo de Sitio Huaca Huallamarca, Nicolás de Rivera 201, Ecke El Rosario, San Isidro, ✆ 01-2224124. Präinkaische Pyramide, die restauriert worden ist. ⏲ Di–So 9–17 Uhr, Eintritt 5 S/.

Museo de Sitio Pachacamac, s. „Die Umgebung von Lima", S. 188.

Museo Puruchuco, s. „Die Umgebung von Lima", S. 190.

Sonstige Museen

Casa de la Literatura Peruana, im ehemaligen Bahnhof Desamparados, Lima, hinter dem Regierungspalast. Das Museum widmet sich den herausragenden Schriftstellern der peruanischen Literatur. ⏲ Di–Sa 10.30–19 Uhr, gratis.

Museo Taurino Plaza de Acho, Hualgayoc 332, Rímac, ✆ 01-4823360. Stierkampfmuseum, das neben Matadorkostümen themenbezogene Gemälde, u. a. von Picasso, ausstellt. ⏲ Mo–Fr 8–16.30 Uhr, Eintritt 5 S/.

Museo Histórico Militar Fortaleza del Real Felipe, Av. Sáenz Peña s/n, Callao, ✆ 01-4290532. Militärhistorisches Museum. ⏲ Di–So 9.30–16 Uhr, Führung 12 S/.

Callao, La Punta, Islas Palomino

Im Stadtteil Callao, rund 15 km nordwestlich von Miraflores, liegen der Hafen, ein Marinestützpunkt und der internationale Flughafen Jorge Chávez. Der Bezirk wirkt etwas heruntergekommen und ist nachts nicht ganz ungefährlich, lohnt aber einen Abstecher. Besonders an Wochenenden ist ein Ausflug zur **Landzunge La Punta** zu empfehlen. Ein Rundgang auf der Halbinsel beginnt mit einem Besuch des **Museo Histórico del Real Felipe** (s. „Museen" S. 163), einem militärhistorischen Museum in einer ehemaligen Festungsanlage. Von hier führt die Straße vorbei an vielen historischen Gebäuden direkt zu den kleinen Stränden an der Westspitze, wo man einen guten Einblick ins Freizeitverhalten peruanischer Familien bekommt.

Vom kleinen Jachthafen an der Nordseite der Halbinsel lassen sich halbstündige Motorbootstouren im Hafen oder zu den **Islas Palomino** unternehmen (s. S. 186). Da Seeluft bekanntlich hungrig macht, sollte man es nicht versäumen, mittags in einem der vielen kleinen Restaurants von Callao Fisch oder Ceviche zu essen.

San Borja und La Molina

Diese Stadtteile im Südosten der Stadt sind beide überwiegend **Wohnviertel**, obwohl sich auch das eine oder andere interessante Museum hier befindet (das **Museo de la Nación** in San Borja und das **Museo de Oro del Perú** in La Molina, (s. „Museen" S. 162/163). Während sich in San Borja der wohlhabende Teil der Mittelschicht ausbreitet, leben viele reiche Peruaner und Ausländer in La Molina. Die lange Fahrzeit zum Arbeitsplatz wird dadurch wettgemacht, dass die drei Distrikte in den Wintermonaten wesentlich sonniger und dadurch weniger feucht sind als die am Meer gelegenen Stadtteile.

Rímac

In Gehweite der Plaza Mayor, auf der gegenüberliegenden Seite des Río Rímac, liegen verschiedene Sehenswürdigkeiten im Distrikt Rímac. Die Gegend ist allerdings etwas unsicher, daher keine Wertsachen mitnehmen! In der **Plaza de Acho** blicken sich Torero und Stier während der Stierkampfsaison von Oktober bis Dezember tief in die Augen. Amerikas älteste **Stierkampfarena** wurde 1766 erbaut und inzwischen mehrfach renoviert.

Nördlich davon, am Fuße des Cerro San Cristóbal, liegt der **Convento de los Descalzos**. Noch heute leben einige Mönche des Barfüßerordens in dem 1595 gegründeten Kloster, das kürzlich renoviert wurde.

Der **Cerro San Cristóbal**, ein 409 m hoher Hügel im Norden der Stadt, bietet einen schönen Blick über Lima – soweit es Luftverschmutzung und Küstennebel zulassen. Auf dem Gipfel befindet sich ein riesengroßes Kreuz, das nachts beleuchtet wird. Obwohl die Polizeipräsenz zugenommen hat, sollte man vorsichtshalber mit dem Taxi oder den ab der Plaza Mayor verkehrenden Touristenbussen, z. B. dem *Urbanito*, auf den Gipfel fahren (s. „Aktivitäten und Touren"). Der Bau einer Seilbahn ist geplant.

Stadtstrände

Die nächstgelegenen Strände der Metropole erstrecken sich an der **Costa Verde** (Grüne Küste) am südlichen Stadtrand (Distrikte Chorrillos, Barranco und Miraflores). Der Name klingt vielversprechend, doch von Grün ist außer den Parks der höher gelegenen Uferpromenade kaum etwas zu sehen, die Wasserqualität lässt zu wünschen übrig und der Lärm der nahen Schnellstraße verbessert das Strandfeeling auch nicht gerade. Die Wellen in diesem Bereich sind allerdings hoch genug zum Surfen, und jeden Tag kann man ein paar Dutzend Wellenreiter in den Fluten beobachten. Die Strände bestehen meist aus Kies mit kleineren sandigen Stücken (siehe auch „Badestrände im Süden" auf S.185). Etwas versteckt liegt südlich der Strand La Herradura, der bereits zum Distrikt Chorrillos gehört.

Übernachtung

Die günstigsten Unterkünfte finden sich im Altstadtbereich (Distrikt Lima), der allerdings an einigen Stellen recht heruntergekommen und unsicherer als andere Stadtviertel ist. Teurer ist der beliebte Distrikt Miraflores. Im Durchschnitt noch teurer sind die Zimmer im Stadtteil San Isidro, der auch gern von Geschäftsleuten aufgesucht wird. Wer auf Nachtleben steht, findet einige schöne Unterkünfte im Stadtteil Barranco, der besonders bei Künstlern beliebt ist.

Altstadt

Pensión Ibarra, Tacna 359, 14. und 15. Stock, ✆ 01-4278603, ✉ pensionibarra@gmail.com. Familiäres Ambiente, sauber, sehr billig. Kleine Zimmer mit Gemeinschaftsbad. Balkon mit Stadtblick, Küchenbenutzung und Waschmöglichkeit. Spezialtarife für Langzeitaufenthalte. ❶

Hotel Europa, Ancash 376, ✆ 01-4273351. Kolonialhaus mit einfachen, günstigen Zimmern, wahlweise mit oder ohne Bad. ❶–❷

Hotel España, Azángaro 105, ✆ 01-4279196, 💻 www.hotelespanaperu.com. Große, angenehme Zimmer im Kolonialstil mit oder ohne Bad bzw. Schlafsaal für 20 S/. p. P. Beliebter Travellertreff. Kostenlose Gepäckaufbewahrung, WLAN, Internet. ❷

Hospedaje Familia Rodríguez, Nicolás de Piérola 730, 1. Stock, bei Nr. 3 klingeln, ✆ 01-4236465, ✉ jotajot@terra.com.pe. Beliebte Unterkunft mit einfachen Zimmern mit Gemeinschaftsbad. WLAN. Frühstück inkl. ❷

Hostal Roma, Ica 326, ✆ 01-4277576, 💻 www.hostalroma.8m.com. Freundliches, koloniales Ambiente. Kleine, einfache Zimmer mit oder ohne Bad. Gute Cafeteria, Tourinfos, WLAN, Gepäckaufbewahrung. Oft ausgebucht, daher reservieren. Wird scheinbar auch als Stundenhotel genutzt. Frühstück inkl. ❷

Hotel Inka Path, Jr. de La Unión 654, ✆ 01-4261919, 💻 www.hotelinkapath.com. Ein gut ausgestattetes Mittelklassehotel in der Fußgängerzone. Saubere, große Zimmer mit Bad, Fön, Kühlschrank, WLAN und TV. Das Hotel hat eine Bar. Frühstück inkl. ❸, mit Gemeinschaftsbad ❷

La Posada del Parque, Parque Hernán Velarde 60, 1. Block der Av. Petit Thouars, ✆ 01-4332412, 💻 www.incacountry.com. Schön restauriertes Haus in einer sicheren Gegend. Nett dekorierte Zimmer mit gutem Bad. Internet (kein WLAN). Frühstück inkl. ❹

Hostal Bonbini, Cailloma 209, ✆ 01-4276477, 💻 www.hostalbonbini.com. Freundliches Ambiente. Große, helle Zimmer. Mäßiges Restaurant, kleine Bar, Wäscheservice und eigener Parkplatz. Internet und WLAN. Frühstück inkl. ❹

Hotel Kamaná, Camaná 547, ✆ 01-4267204, 💻 www.hotelkamana.com. Schöne, große Zimmer mit Plasma-TV, WLAN und Safe. Das Serviceangebot umfasst Fahrstuhl, Internet, Wäscherei, Restaurant und Bar. ❹–❺

Hotel Maury, Ucayali 201 (in Plazanähe), ✆ 01-4288188, 💻 ekeko2.rcp.net.pe/hotelmaury/. Gute Zimmer mit großem Bad. Der Spiegelsalon dient als Esszimmer. Zudem gibt es eine Bar, Internet und ausreichend Parkplätze. Frühstück inkl. ❺

The Clifford Hotel, Parque Hernán Velarde 27, ✆ 01-4334249, 💻 www.thecliffordhotel.com.pe. Familiengeführtes Hotel mit stilvollen Ambiente in ruhiger Lage. Große Zimmer mit Bad und TV. WLAN, Internet und Frühstück inkl. ❺

In Flughafennähe

Da die Taxis vom Flughafen in die Stadt inzwischen recht teuer sind (hin und zurück bis zu 80 S/.), kann es sich lohnen, eine günstige Unterkunft in Flughafennähe zu buchen, wenn man nur umsteigen muss, aber deswegen eine Nacht Aufenthalt in Lima hat. Eine passable Alternative ist das **Pay Purix Backpacker Hostel**, Av. Bertello Bolatti, Mz. F, Lt. 5, Urb. Los Jazmines, 1er etapa, ✆ 01-4849118, 💻 www.paypurix.com, das nur wenige Blocks vom Flughafen entfernt liegt. Schlafsaal ab 35 S/. p. P., Zimmer inkl. Frühstücksbuffet ❹

Miraflores

Backbackerketten

Die Ausstattung und Preise der folgenden Backbackerketten (s. S. 82) sind ähnlich. In unterschiedlich großen Schlafsälen nächtigt man ab 27 S/. p. P.; Doppelzimmer mit Bad sind dagegen relativ teuer ❸. Wer nachts Ruhe sucht, ist in diesen Hostels falsch:

Flying Dog Hostels, 🖳 flyingdogperu.com. Platzhirsch in Lima mit 3 Hostels (alle im Zentrum, Lage s. flyingdogperu.com/map_back.html) und einem Haus für Langzeitaufenthalte (Pershing 155, ✆ 01-445-0402, 450–900 S/. pro Monat). Es ist vereinzelt zu Diebstählen gekommen.

Kokopelli Backpackers, Berlin 259, ✆ 01-2425665, 🖳 www.hostelkokopelli.com, hat auch einen Schlafsaal nur für Frauen.

Loki Backpackers Lima, José Galvez 576, ✆ 01-6512966, 🖳 www.lokihostel.com. Sehr lärmig und nicht das allersauberste.

Pirwa B& B Hostel Inclán, Inclán 494, ✆ 01-2424059, 🖳 www.pirwahostelsperu.com. Das etwas bessere der beiden Pirwa-Hostels in Lima.

Sonstige Unterkünfte in Miraflores

Eurobackpackers, Manco Cápac 471, ✆ 01-6544339, 🖳 www.eurobackpackers.com. Schlafsaal (ab 30 S/. p. P.) oder saubere Zimmer mit Gemeinschaftsbad. Frühstück und Internet inkl. ❷–❸

The Angels Inn, Porta 540, ✆ 01-2414614, 🖳 www.theangelsinnperu.com. Kleines und sauberes B&B, wahlweise EZ/DZ oder Schlafsaal (30 S/. p. P.). Internet und Frühstück inkl. ❷–❸

Lex Luthor's House, Porta 550, ✆ 01-2427059. Kleines B&B, sauber, freundlich. Küchenbenutzung, WLAN. Frühstück inkl. ❸

Casa Rodas I, Av. Petit Thouars 4712, ✆ 01-4475761, 🖳 www.casarodas.com. Solide Zimmer zu einem guten Preis. Breites Serviceangebot, das von Internet, WLAN über Wäscherei bis zu Gepäckaufbewahrung reicht. Die gleich teure **Casa Rodas II** (Schlafsaal 30 S/.) liegt in der Tarapacá 250, ✆ 01-2424872. Frühstück inkl. ❸

Backpacker Inkawasi, Aviación 210, ✆ 01-2418218, 🖳 www.backpackerinkawasi.4t.com. Ruhige Lage in der Nähe der Uferpromenade. Gute Zimmer, familiäre Atmosphäre. Schlafsaal mit max. 6 Pers. (30 S/. p. P.). Internet und Küchenbenutzung. Frühstück inkl. ❷, mit Jacuzzi ❸

HQ Villa, Independencia 1288, ✆ 01-6512320, 🖳 www.hqvilla.com. Großes Hostel mit allen Annehmlichkeiten (Küche, Internet, WLAN, Bar, Fernsehzimmer), das neben Doppelzimmern mit oder ohne Bad auch über unterschiedlich große Schlafsäle (ab 25 S/. p. P.) verfügt. ❸–❹

Albergue Turístico Juvenil Miraflores House, Comandante Espinar 611, ✆ 01-4477748, 🖳 www.alberguemirafloreshouse.com. Beliebtes und sehr sicheres Hostel, das allerdings an einer belebten Kreuzung liegt. Gute Doppelzimmer mit Bad, TV, DVD-Player und kleinem Kühlschrank. Außerdem kleine Sauna, gefiltertes Trinkwasser, Küchenbenutzung und WLAN. Frühstück inkl. ❹

Hostal Porta, Porta 686, ✆ 01-2420505, 🖳 www.hostalporta.com. Gemütliches Kolonialhaus nur wenige Blocks von der Küstenpromenade. Die sauberen Zimmer mit Telefon und TV sind bei Onlinebuchung US$5 günstiger. WLAN, Frühstück inkl. ❸

Hostel HI! Perú, Casimio Ulloa 328, ✆ 01-4465488, 🖳 www.limahostell.com.pe. Beliebte, zu Hostelling International gehörende Herberge (Schlafsaal 40 S/. p. P.), die sogar über einen Pool und Garten verfügt. ❹

Hostal Buena Vista, Grimaldo del Solar 202, ✆ 01-4473178, 🖳 www.hostalbuenavista.com. Familiäres B&B in guter Lage. Schöne Zimmer mit Bad, TV und Telefon. Internet und Frühstück gratis. ❹

Hostal El Patio Miraflores, Diez Canseco 341, ✆ 01-4442107, 🖳 www.hostalelpatio.net. Familiäres Ambiente. Schöner Innenhof mit Brunnen und Pflanzen. Geschmackvoll eingerichtete Zimmer, die Suiten und Minisuiten enthalten eine Kochgelegenheit. WLAN, Cafeteria. Bei Barzahlung gibt´s Ermäßigung. Frühstück inkl. ❹

Hostal Torreblanca, Av. José Pardo 1453, ✆ 01-4470142, 🖳 www.torreblancaperu.com. Großes Hotel im Westen von Miraflores mit angenehmen, gut ausgestatteten Zimmern einschließlich Minibar. Restaurant, Bar, Wäscheservice, Frühstücksbuffet, Willkommensdrink und Abholservice vom Flughafen sind im Preis enthalten. ❺

Hotel San Antonio Abad, Ramón Ribeyro 301, ✆ 01-4476766, 🖳 www.hotelsanantonioabad.com. Gegenüber vom Parque Reducto, östlich vom Zentrum. Schöne Zimmer mit Safe, Internet,

WLAN, Abholservice vom Flughafen und Frühstücksbuffet inkl. ❺

Casa Andina, ✆ 01-2139739, 💻 www.casa-andina.com. Die bekannte peruanische Kette mit ihren hochklassigen, modernen und gut ausgestatteten Hotels ist 4x in Miraflores vertreten: **Casa Andina Classic San Antonio**, 28 de Julio 1088, ab 250 S/., **Casa Andina Classic Miraflores**, Petit Thouars 5444, ab 250 S/., **Casa Andina Select**, Shell 452, ab 390 S/. und **Casa Andina Private Collection**, Av. La Paz 463, ab 560 S/. ❻–❽

San Isidro

Pensión Lali, Las Oropendulas 243, Urb. Corpac, ✆ 01-6540485, ✉ tikunatours@googlemail.com (es wird auf deutsch geantwortet). Familiengeführte Pension in ruhiger Wohnviertellage. 2 Zimmer (eins mit kleinem eigenem Bad außerhalb des Zimmers und eines mit Gemeinschaftsbad, beide mit Elektrodusche). Tour- und Taxiservice. Küchenbenutzung. Auf Wunsch werden Mahlzeiten zubereitet. Internet, WLAN und Frühstück inkl. ❷

Albergue Juvenil Malka, Los Lirios 165, ✆ 01-4420162, 💻 www.youthhostelperu.com. Saubere, unterschiedlich große Schlafsäle (ab 30 S/.) und Zimmer mit oder ohne Bad. Küchenbenutzung, Waschmöglichkeiten, Fernsehzimmer und Gepäckaufbewahrung. Internet und Frühstück inkl. ❷–❸

Hostal Martinika, Arequipa 3701, ✆ 01-2214785, 💻 www.martinika.com.pe. Sichere Lage und gute Verkehrsanbindung nach Lima oder Miraflores. Ordentliche Zimmer mit Bad, Suiten mit Jacuzzi. Restaurant und Bar. Internet und Frühstück inkl. ❹

Peru Star Apartments Hotel, Burgos 266-276, ✆ 01-4427376, 💻 www.perustar.com. Etwas nördlich vom Lima Golf Club in einer ruhigen Wohngegend gelegen. Gute Zimmer mit Plasma-TV, Safe, Mikrowelle und Minibar. Außerdem WLAN und Restaurant. ❹–❺

Barranco

The Point Lima, Malecón Junín 300, ✆ 01-2477997, 💻 www.thepointhostels.com. Nur 300 m vom Nachtleben Barrancos entfernt. Schlafsaal (ab 27 S/. p. P.) oder Doppelzimmer mit Gemeinschaftsbad, Küchenbenutzung und Bar. Internet und Frühstück inkl. ❷

Aquisito B&B, Centenario 114, ✆ 01-2470712, 💻 www.aquisito.com.pe. Nettes Hostel mit sauberen Zimmern mit TV, Bad und Warmwasser. Internet, WLAN, Frühstück inkl. ❸

Barranco's Backpackers Inn, Malecón Castilla 260, ✆ 01-2473709, 💻 www.barrancobackpackersinn.com. Schlafsaal (ab 27 S/. p. P.) oder Zimmer mit/ohne Bad und Safe, zum Teil mit Meerblick. Auf Wunsch Abholservice vom Flughafen (45 S/., bis zu 4 Pers.). Internet mit Skype und Frühstück inkl. ❸

One Hostel, Grau 717, ✆ 01-2477989, 💻 www.operu.com. Nettes Hotel in guter Lage mit wahlweise DZ, Mehrbettzimmern oder Schlafsaal (ab 30 S/. p. P.). Küchenbenutzung, Fernsehzimmer, Frühstück inkl. ❹, ohne Bad ❷

Safe in Lima, Alfredo Silva 150, ✆ 01-2527330, 💻 www.safeinlima.com. Das Haus unter belgischer Leitung hat ein Sonderangebot: 2 Übernachtungen, Abholservice vom Flughafen und Citytour für 370 S/. p. P. Ansonsten saubere Zimmer mit Bad. WLAN und Frühstück inkl. ❹

Second Home Perú, Domeyer 366, ✆ 01-2475522, 💻 www.secondhomeperu.com. Geschmackvolle Unterkunft mit geräumigen Zimmern (teurer mit Meeresblick) in renoviertem Tudor-Haus mit Bildern des peruanischen Malers Victor Delfin, der hier lebte. Ruhig und gepflegt. Kleiner Pool, schnelles Internet, Frühstück inkl. ❻

Essen

Zur Mittagszeit findet man in jedem Stadtteil günstige Mittagsmenüs. Abends wird es in der Regel teurer. Die Restaurantpreise variieren wie auch die Hotelpreise je nach Stadtteil beträchtlich. Am teuersten isst man in Miraflores, San Isidro und Barranco. Bessere Restaurants schlagen oft ein Bedienungsgeld auf die Essenspreise auf oder berechnen ein Gedeck.

Altstadt

Vor allem um die Mittagszeit servieren zahlreiche Restaurants in der Umgebung der Plaza günstige Menüs. In der Pasaje Olaya und der Pasaje Los Ecribanos kann man auch draußen sitzen. Wer sich im Stadtzentrum Lima befindet und gerne Chinesisch essen möchte, ist in Limas Chinesenviertel **Barrio Chino** (S. 156) bestens aufgehoben. Dicht an dicht reiht sich in der Calle Capón ein *Chifa* an das andere. Man hat die Qual der Wahl.

Cafés

San Antonio Caffe, im kleinen Einkaufszentrum Urban Hall, Carabaya Ecke Miró Quesada. Gehört zur beliebten Kette (s. Essen/ San Isidro) und serviert hervorragende Salate, Sandwiches, Kaffee und Kuchen. ⌚ Mo–Sa 7–21 Uhr.

Tanta, Pasaje Nicolás de Rivera 148.
Zum Imperium von Spitzenkoch Gastón Acurio gehörend, serviert das Café-Bistro neben schlichtweg genialen Desserts auch exzellente Ceviches. Teuer aber gut. ⌚ Mo–Sa 9–22, So 9–18 Uhr.

Restaurants

Cordano, Ancash 202. In einem der ältesten Restaurants im Zentrum von Lima wird gute landestypische Küche aufgetischt. ⌚ tgl. 8–20 Uhr.

De César, Ancash 300, Ecke Lampa. Gemütliche Atmosphäre und große Portionen. Breites Speisenangebot von Frühstück über Meeresfrüchte bis hin zu Fleisch, Pasta und Pizza. ⌚ tgl. 8–22.30 Uhr.

El Paraíso de la Salud, Camaná 344. Guter Vegetarier mit günstigen Mittagsmenüs und Gerichten á la carte. ⌚ tgl. 8–22 Uhr.

L'Eau Vive, Ucayali 370. Neben französischer auch internationale Küche und günstige Mittagsmenüs. Das Restaurant wird von den Nonnen des Karmeliterordens geleitet. Die Einnahmen gehen an soziale Projekte. ⌚ Mo–Sa 12.30–15, 19.30–21.30 Uhr.

Restaurant Gourmet Sanka, Pasaje Acuña, hinter der Börse *(Bolsa de Valores)*, ☎ 01-4270196. Vielgelobte Fisch- und Fleischgerichte aber auch ausgezeichnete Fettuccini. ⌚ Mo–Fr 12.30–15.30 (Do und Fr reservieren!).

Miraflores

Wer schnell eine Pizza essen möchte, findet in der sehr touristischen Pizzameile gegenüber dem Parque Kennedy eine große Auswahl. Dort geht es abends aber ziemlich laut her. Vegetarische Restaurants mit Lageplan stehen unter 💻 www.happycow.net/south_america/peru/lima/.

Cafés

Arabica espresso bar, Recavarren 269.
Der Name ist Motto: ausgezeichnete Kaffees aus besten peruanischen Bohnen (selbst geröstet), Snacks und Kuchen. ⌚ Mo–Fr 9–22, Fr bis 23, Sa 11–23 Uhr.

Café de la Paz, Calle Lima. Zusammen mit drei weiteren nebeneinander liegenden Cafés schön zum Draußensitzen und für Miraflores sehr ruhig, dafür aber ein wenig teurer. Auf die Rucksäcke aufpassen! ⌚ Mo–Fr 8–24, Sa–So 8–1 Uhr.

Café La Mora, Av. Grau 400. Hier bekommt man neben Kaffee, Kuchen, Biotee und teurem Frühstück auch deutsches Brot, Laugenbrezeln und Apfelstrudel. ⌚ tgl. 7–22.30 Uhr.

Café Z, Oscar Benavides 598, Nähe Parque Kennedy. Guter Kaffee, Tees und Kuchen, gute Musik. Witzige, aber nicht immer bequeme Sitzgelegenheiten, etwas laut. ⌚ 7.30–24 Uhr.

Dédalo Arte y Café, Av. Diagonal 378.
Ableger des Kunst- und Designerladens in Barranco (s. „Einkaufen"). Unten Café, oben Kunstgalerie und Laden. ⌚ Mo–Sa 8–22, So 10–22 Uhr.

Il Capucchino, Manuel Bonilla 103. Ruhiges Ambiente und witzige Einrichtung mit bequemen Sofas. Neben Heißgetränken auch gute Salate in zwei Größen, Snacks und Mittagsmenüs von 12–16 Uhr. ⌚ Mo–Sa 8.30–22 Uhr.

Pastelería San Antonio, Av. Vasco Nuñez de Balboa 770, 💻 www.pasteleriasanantonio.com. Hier trifft sich die Upper Class oder wer sich dafür hält auf ein Sandwich und ein Stück Kuchen. Sehr gute Salate. Weitere Filialen stehen auf der Webseite und unter „Essen/ San Isidro". ⌚ tgl. 7–23 Uhr.

Restaurants

Bircher Brenner, Larco 413, 2. Stock.
Alteingesessener Vegetarier mit guten, aber recht teuren Mittagsmenüs von 12–15 Uhr (ansonsten á la carte). ⌚ Mo–Sa 9–22 Uhr.

Gut und günstig

Die Schlangen, die sich vor dem Restaurant **Punto Azul**, San Martín 595 in Miraflores, 💻 www.puntoazulrestaurante.com, jeden Mittag ab ca. 12.30 Uhr bilden, sind der beste Beweis für die gute Qualität der dort servierten Fisch- und Meeresfrüchtegerichte. Rechtzeitig da sein, heißt also die Devise, um in den Genuss eines hervorragenden Preis-Leistungs-Verhältnisses zu kommen. Punto Azul gibt es noch viermal und zwar in Miraflores, Benavides 2711, in San Borja, Joaquín Madrid 253, in Surco, Primavera 2235 und in San Isidro, Ecke Javier Prado/Petit Thouars (hier bestellt man an der Theke und isst im Stehen). 🕓 tgl. 11–17 Uhr.

Brujas de Cachiche, Bolognesi 460. Sehr gute peruanische Küche mit exzellenten Meeresfrüchten und grandiosem Pisco Sour, aber teuer. 🕓 Mo–Sa 12–24, So 12.30–16 Uhr.

El AlmaZen, Recavarren 298. Hervorragendes, aber nicht billiges vegetarisches Restaurant, das überwiegend Biozutaten verwendet und auch für Veganer geeignet ist. Freundliche, ruhige Atmosphäre. 🕓 Mo–Fr 13.30–16, 19.30–22, Sa 19–22 Uhr.

Il Postino, Calle de la Colina 401. Teurer, aber authentischer Italiener. 🕓 Mo–Sa 12–24, So 12–17 Uhr.

La Tiendecita Blanca, Larco 111, am Óvalo de Miraflores. Gemischtes Speisenangebot und Schweizer Küche (auch Fondue). Gute Teeauswahl. Teuer aber gut. WLAN. 🕓 tgl. 7–23 Uhr.

La Trattoria, Manuel Bonilla 106. Nicht ganz billiger Italiener mit einer fantastischen Auswahl an über 50 Desserts. 🕓 tgl. 13–15.30, 19–1Uhr.

Mangos, Malecón de la Reserva 610, im Centro Comercial Larcomar. Internationale und peruanische Küche samt schöner Außenterrasse und Blick auf die Bucht von Lima. 🕓 Mo–Do 8.30–24, Fr–Sa 7–1, So 7–24 Uhr.

Patagonia, Bolívar 164. In richtig gemütlichem Ambiente werden leckere Tapas und Teigtaschen in vielen Varianten, fleischlastige Hauptgerichte, exzellente Weine und leckerer Sangria serviert. Dienstags trifft man sich hier ab 22 Uhr zum Tangotanzen. 🕓 Mo–Sa 12–2.30, So 12–16 Uhr.

Punta Sal, Malecón Cisneros Cuadra 3 (in der Nähe des kleinen Leuchtturms). Bekanntes und gutes Meeresfrüchterestaurant, allerdings teurer als das Punto Azul. Weitere Filialen stehen unter 💻 www.puntasal.com. 🕓 tgl. 11–18 Uhr.

Tierra Santa, Schell 354. Preiswerte arabische Küche, auch vegetarisch. 🕓 Mo–Fr 9–23 Uhr, Sa–So länger.

San Isidro

Cafés

San Antonio, Angamos Oeste 1494. Filiale der bekannten Kette (s. auch „Essen/Miraflores"). 🕓 tgl. 7–23 Uhr.

Restaurants

Antica Pizzería, Dos de Mayo 728, Lieferservice 📞 01-7058887. Nicht ganz billiger Italiener mit Filiale in Barranco, bei dem Ambiente und Preis

Spitzenrestaurants in Lima

Astrid & Gastón, Cantuarias 175, Miraflores, 📞 01-242-5387, 💻 www.astridygaston.com. Außergewöhnliche novoandine Küche (Hauptgericht 60–80 S/.) der lebenden Cheflegende Gastón Acurio und seiner Frau Astrid, die für die Desserts zuständig ist. 🕓 Mo–Sa 12.30–15.30, 19.45–23.45 Uhr.

Huaca Pucllana, General Borgoño, Cuadra 8, Miraflores, 📞 01-4454042, 💻 www.resthuacapucllana.com. Zu der exzellenten peruanischen Küche (Hauptgericht 45–65 S/., Gedeck 14 S/.) kommt das edle Ambiente am Fuß einer gewaltigen Lehmziegelpyramide. 🕓 tgl. 12–16, 19–23, Bar 12–24 Uhr.

Malabar, Camino Real 101, San Isidro, 📞 01-4405200, 💻 www.malabar.com.pe. Hier werden kulinarische Spezialitäten der peruanischen Regionen Küste, Berge und Regenwald zu außergewöhnlichen Kreationen verschmolzen. Hauptgerichte kosten 50–70 S/. 🕓 Mo–Sa 12.30–16, 19.30–23 Uhr.

Reservierungen sind in allen drei Restaurants unerlässlich.

stimmen. Leckere Holzofenpizza, gelegentlich Livemusik. ⏲ tgl. 11–23.30 Uhr.

Casa Hacienda Moreyra, Av. Paz Soldan 290, Neues Restaurant von Perus bekanntestem „Chef" Gastón Acurio mit Kochunterricht, kulturellen Ereignissen und Konferenzen. Zum Zeitpunkt der Recherche waren weder die Webseite noch eine Telefonnummer verfügbar.

Chilis, Óvalo Gutiérrez. Filiale der beliebten Tex-Mex-Kette, oft voll. Weitere Standorte sind unter 💻 www.chilis.com.pe gelistet. ⏲ Mo–Fr 12–1, Fr, Sa bis 2, So nur bis 24 Uhr.

Edo Sushi Bar, Av. Carnaval y Moreyra 575, Lieferservice ✆ 01-2243330, 💻 www.edosushibar.com. Beliebte Sushi-Bar-Kette mit Filialen in Miraflores, San Borja und Magdalena del Mar. ⏲ tgl. 12.30–15.30, 19–23 Uhr.

Barranco

Cafés

Dédalo, Paseo Sáenz Peña 295. Ungewöhnlicher Laden (siehe auch „Einkaufen"), in dem man eine gute Tasse Kaffee, Kuchen und Snacks bekommt. ⏲ Mo–Sa 10–20, So 11–19 Uhr.

La Bodega Verde, Jirón Sucre 335. Etwas versteckt gelegenes Café, in dem man auch draußen sitzen kann. Snacks, Kuchen, Sandwiches, Salate und Bio-Kaffee. WLAN. ⏲ Mo–Sa 9–22, So 15–20 Uhr.

K'antu, s. Kasten „Fair und Bio einkaufen in Lima", S. 173.

Tostaduría Bisetti, Av. Pedro de Osma 116. Exzellenter Kaffee aus eigener Rösterei und gute Kuchenauswahl, aber etwas steriles Ambiente. ⏲ Mo–Fr 8–23, Sa 10–23, So 14–21 Uhr.

Restaurants

Antica Pizzería, Alfonso Ugarte 242. Guter, aber teurer Italiener. ⏲ tgl. 12-24 Uhr.

La Canta Rana, Genova 101 (am Markt). Sehr beliebte Cevichería eines Fußballfans (unschwer an der Deko erkennbar), vor allem an Wochenden sehr voll. ⏲ Di–Sa 11–23, So 11–18 Uhr.

Douce France, Grau 616. Für einen schnellen Crêpe (süß/salzig) oder eine Waffel zwischendurch. ⏲ Mo–Sa 12–22 Uhr.

El Muelle, Ugarte 225. Immer gut besuchte und etwas günstigere Cevichería als Canta Rana, aber mit weniger Atmosphäre. ⏲ tgl. 9–18 Uhr.

Gourmet Market, Av. San Martín 480, Lieferservice ✆ 01-7241927. Gute Weinauswahl und Delikatessen. Am Tresen kann man leckeres Eis und gute Sandwiches probieren. ⏲ Mo–Sa 11–22 Uhr.

Istanbul, Grau 310. Türkisches Essen und auf Wunsch Wasserpfeifen. Samstags ab 22 Uhr Bauchtanz. ⏲ tgl. 13–24 Uhr.

La Calandria, s. Kasten „Fair und Bio einkaufen in Lima", S. 173.

Las Mesitas, Av. Miguel Grau 341 (unweit der Plaza de Barranco). Günstige einheimische Kost, Menüs und Süßspeisen in gediegener Atmosphäre, sonntags von 15–19 Uhr bei Pianomusik. ⏲ tgl. 12–22.30 Uhr.

Costa Verde, Playa Barranquito, ✆ 01-4775228, 💻 www.restaurantecostaverde.com, serviert gewaltige Meeresfrüchte-Buffets, die nur mit großem Hunger und gut gefülltem Geldbeutel zu meistern sind. ⏲ tgl. Mittagsbuffet 12.30–16 Uhr, So ab 14.30 inkl. Folkloreshow (Essen und Show 119 S/.), Abendbuffet 20–23 Uhr (89 S/.), Mo–Sa 17–20 Uhr kleines Nachmittagsbuffet (35 S/.).

Unterhaltung und Kultur

Die Zeitung *El Comercio* (Sektion Luces) enthält täglich Veranstaltungstipps und das aktuelle Kinoprogramm. In der Freitagsausgabe erscheint ein ausführlicher Extrateil zu den Wochenendveranstaltungen in der Hauptstadt. Wer eine konzentrierte Ansammlung von Bars, Kneipen, Discos und Restaurants sucht, ist am Wochenende im Stadtteil Barranco bestens aufgehoben.

Vorverkaufsstellen von Konzert-, Sport- und Theaterveranstaltungen finden sich in allen großen Supermärkten:

Teleticket, 💻 www.teleticket.com.pe (in Supermärkten Wong und Metro),

Tu entrada, 💻 www.tuentrada.com.pe (in Supermärkten Vivanda und Plaza Vea).

Bars, Pubs und Discos

Zahlreiche **Discos** finden sich in Barranco in der kleinen Fußgängerzone Pasaje Sánchez Carrión, zwischen Parque Municipal und Av. Bolognesi.

Ayahuasca, San Martín 130, Barranco, 💻 www.ayahuascarestobar.com. Coole aber teure Bar in einem restaurierten Haus aus dem 19. Jh. Große Auswahl an Cocktails auf Pisco-Basis und Snacks. After-Work-Partys ab 17 Uhr.
Bar Ecológico El Trapiche, Grau 201, Barranco, 💻 www.trapichebar.com. Nette Bar, in der zu vorgerückter Stunde auch schon mal getanzt wird und die bekannt ist für ihre exotischen Dschungeldrinks.
Bartini, im Einkaufszentrum Larcomar, Miraflores, 💻 www.bartini-larcomar.com. Hippe Bar und Disco mit Upper-Class-Publikum. Tgl. wechselndes Musikprogramm.
El Dragón, Nicolas de Piérola 168, Barranco, 💻 www.eldragon.com.pe. Mehr als nur eine gute Disco mit unterschiedlicher Musik und einem gemischten Publikum. Auch Bar und Kulturzentrum.
Habana, Manuel Bonilla 107, Miraflores. Mojitos, Zigarren und Snacks.
La Tasca, Diez Canseco 117 (nahe beim Parque Kennedy), Miraflores. Kleine, oft randvolle Bar, die zur Backpackerkette Flying Dog (s. „Lima/ Übernachtung") gehört und in der sich Touristen und Einheimische treffen.
Santos, Zepita 203, an der „Seufzerbrücke", Barranco. Nett dekorierte Bar. Abends ist es schwierig, einen Platz auf dem schmalen Balkon zu ergattern.
Tayta, Larco 421, 2. Stock (kleiner Eingang), Miraflores. Einfache Kneipe mit gemischtem Publikum, in der man auch etwas zu Essen bekommt.
Treff Pub Alemán, Benavides 571 (etwas versteckt hinter kleinen Häusern gelegen), Miraflores. Deutsches Bier, Cocktails, Darts und andere Spiele.

Kinos

Kinoinformationen finden sich täglich in den großen Tageszeitungen oder im Internet unter 💻 www.limaeasy.com/culture/cinemas_lima.php. Dort sind auch Programmkinos und Kulturzentren mit Filmangebot aufgelistet.
Di und/oder Do ist Kinotag mit ermäßigten Eintrittspreisen. Am Wochenende ist es deutlich teurer. Die bekanntesten kommerziellen Kinoketten sind **Cineplanet**, 💻 www.cineplanet.com.pe, u. a. im Jr. de La Unión, Altstadt, **Cinemark**, u. a. im Einkaufszentrum Jockey Plaza, 💻 www.cinemark-peru.com, und **UVK Multicines**, u. a. im Einkaufszentrum Larcomar, 💻 www.uvkmulticines.com. Das laufende Programm findet sich unter dem Reiter *Cartelera*.

Livemusik

In den meisten Veranstaltungsorten Limas ist vor 22 Uhr nur wenig los. An und um die Plaza in Barranco befinden sich jede Menge Bars, in denen Livemusik gespielt wird.
La Noche, Bolognesi 307, Barranco, 💻 www.lanoche.com.pe. Kneipe mit einem reichhaltigen Angebot an Live-Rock und anderen Stilrichtungen. Montags Jazz-Jam-Night.
Jazz Zone, Av. La Paz 656, Miraflores, ☎ 01-2418139, 💻 www.jazzzoneperu.com. Limas bekanntester und bester Jazzclub mit akzeptablem Restaurant, in dem man auch Blues, Rock und Comedy serviert bekommt. Vorreservierung sinnvoll.

Peñas

Lima hat ein gutes Angebot an Peñas, traditionellen Folkloremusikkneipen – meist mit Restaurant. Die Vorstellungen laufen grötenteils von Do–So. Reservierungen sind vor allem an Wochenden und vor Feiertagen sinnvoll.
De Rompe y Raja, Manuel Segura 127, Barranco, ☎ 01-2413271, 💻 www.derompeyraja.pe. Beliebte Peña mit gemischtem Programm.
Las Brisas del Titicaca, Jr. Héroes de Tarapacá 168, Lima (Querstraße zum Block 1 der Av. Brasil), ☎ 01-7156960, 💻 www.brisasdeltiticaca.com. Kulturverein mit angeschlossenem Restaurant, der jeweils von Di bis So Folkloreabende veranstaltet (Beginn je nach Event gegen 21 bis 22 Uhr, Eintritt je nach Sitzplatz 21 bis 58,50 S/.). Angemessene Kleidung wird erwartet. Die Eintrittskarten kann man auch bei Teleticket in den Supermärkten Wong und Metro kaufen.
Sachún, Av. del Ejercito 657, Miraflores, ☎ 01-4414465, 💻 www.sachunperu.com. Folkloredarbietungen aus ganz Peru und einheimische Küche.

Theater

Gutes Theater wird auch in den verschiedenen Kulturzentren geboten (siehe „Sonstiges"). Die Eintrittskarten bekommt man in zahlreichen Supermärkten.

Teatro Municipal, Ica 377, Lima, ✆ 01-4274918. Das Gebäude wurde 1915 erbaut und 2010 nach mehrjähriger Restaurierung wieder eröffnet. Hier treten u. a. das Nationalballett, 🖳 www.balletmunicipal.com, und das Nationale Symphonieorchester auf.

Teatro Segura, Huancavelica 251, Lima, ✆ 01-3151340, ist das älteste Theater der Stadt.

Einkaufen

Bücher

Crisol, Óvalo Gutiérrez, Miraflores, ✆ 01-2211010, 🖳 www.crisol.com.pe. Sehr gut sortierter Buchladen mit Filialen in zahlreichen Einkaufszentren und inzwischen auch in Chiclayo, Iquitos (Flughafen) und Trujillo.

Ibero Librerías, ✆ 01-2422798, 🖳 www.ibero libros.com. Die Filialen in Miraflores liegen in der Benavides 500, in der Larco 199 und im Einkaufszentrum Larcomar.

Campingausrüstung

In den Einkaufszentren Larcomar und Jockey Plaza bieten mehrere Geschäfte Trekkingkleidung und -ausrüstung an.

Altamira, Arica 880, Miraflores, ✆ 01-4451286.

Camping Center, Benavides 1620, Miraflores, ✆ 01-4455981, 🖳 www.campingperu.com.

Camping Equipment, Larco 812, Tienda 104, ✆ 01-4457632. Kleiner, aber gut sortierter Laden. ⌚ Mo–Sa 9.30–13, 14–21 Uhr.

Einkaufszentren

Centro Comercial Jockey Plaza, Javier Prado Este 4200, La Molina, ✆ 01-7162000, 🖳 www.jockey-plaza.com.pe. Monströser Konsumtempel im Stil einer amerikanischen Mall. Hier findet man Supermärkte, Banken, Boutiquen, Sportgeschäfte, Heimwerkerläden, Restaurants etc. ⌚ Mo–Sa 10–2, So 11–22 Uhr.

Larcomar, Malecón de la Reserva 610, Miraflores, ✆ 01-6254343, 🖳 www.larcomar.com. Modernes, an der Uferpromenade gelegenes Einkaufszentrum mit vielen Restaurants, Bars, Cafés, einem großen Kino, einem Büro von Perurail und einer Infostelle von I-Perú. Das Plus ist der schöne Blick auf die Bucht. ⌚ tgl. 11–22 Uhr, Kino und Bars/Restaurants länger.

Plaza Real Centro Cívico, Av. Garcilaso de la Vega 1337, Lima Altstadt, ✆ 01-4248919-133. Großes Einkaufszentrum, das der Altstadt neues Leben einhauchen soll. ⌚ tgl. 9–23 Uhr.

Kunsthandwerk und Alpaka-Wolle

Dédalo, Paseo Sáenz Peña 295, Barranco, 🖳 dedaloarte.blogspot.com/. Ungewöhnlicher Designer- und Geschenkeladen sowie Kunstgalerie in einem. Auch wenn man nichts kaufen möchte, lohnt der Abstecher, mit Café im Inneren (s. „Essen/Barranco" und „Essen/Miraflores"). ⌚ Mo–Sa 10–20, So 11–19 Uhr. Filiale in Miraflores.

Galería Santo Domingo, Superunda 225-239, Lima. Gute Auswahl auf mehreren Etagen, günstige Preise.

Kant'u, siehe Kasten „Fair und Bio einkaufen in Lima", S. 173.

Kuna, 🖳 kuna.com.pe, besitzt unter anderem Läden in den Einkaufszentren Larcomar und Jockey Plaza und bietet qualitativ sehr hochwertige Produkte aus Alpaka- und Baby-Alpakawolle an.

Mercado Indio, Petit Thouars, Miraflores, etwa 3 Blocks nördlich der Ricardo Palma, bietet eine große Auswahl peruanischen Kunsthandwerks zu günstigen Preisen. Drumherum gibt es zahlreiche ähnliche Märkte.

Märkte

Alle Märkte haben tgl. von morgens bis abends geöffnet.

Gamarra ist ein textiles Einkaufsparadies mit rund 20 000! Läden auf einer Fläche von rund 6x6 Straßenblocks im Stadtviertel La Victoria. Muss man gesehen haben, um es zu glauben. Der Zugang erfolgt am Besten über die Av. 28 de Julio im Norden. Die Anfahrt ist auch mit dem Tren Eléctrico möglich, Haltestelle „Gamarra". Die Sicherheit im Inneren von Gamarra ist gewährleistet; außerhalb

Fair und bio einkaufen in Lima

Bioferia, Rückseite des Parque Reducto (Benavides, Ecke Paseo de la República). Hier erhält man jeden Samstag von 8–14 Uhr Bioprodukte wie Vollkornbrot, Eier, Honig, Kaffee, Obst, Gemüse etc.

La Calandria, Av. 28 de Julio 202, Barranco. Bioladen und Biocáfe mit fast ausschließlich vegetarischer Küche und Brot von Siete Enanos (s. u.). ◷ Mo–Sa 10–20 Uhr.

K'antu, Av. Grau 323, Barranco. Unter fairen Bedingungen produziertes Kunsthandwerk aus ganz Peru sowie fair gehandelter Biokaffee, Textilien, Schmuck und Keramik. Verwaltet wird der Laden, in dem sich auch ein nettes Café befindet, von der Central Interregional de Artesanos del Perú (CIAP), 🖳 www.ciap.org. ◷ Di–So 10–22 Uhr.

Punto Orgánico, Av. La Mar 1163, Miraflores, ✆ 01-2210966. Bioladen mit sehr gutem Brot aus der Bio-Bäckerei Siete Enanos (s. u.), frischem Gemüse, Obst und Milchprodukten. ◷ Mo–Fr 9–20, Sa 9–13 Uhr.

Siete Enanos, Av. Guardia Peruana Mz. L, Lt. 15 (Cuadra 10), Nähe Mercado Santa Rosa La Campiña, Chorrillos, ✆ 01-46715559. Deutsche Biobäckerei, die das beste Brot Limas herstellt (auch im Punto Orgánico und in La Calandria erhältlich, s. o.). Und noch besser: 50 % der Einnahmen fließen in ein Projekt für behinderte Kinder. ◷ Mo–Sa 7–13.30, 15–18 Uhr.

sollte man etwas aufpassen und bevorzugt ein Taxi nehmen.

Mercado Central, im Zentrum von Lima, ein Block östlich der Abancay, zwischen Huallaga und Ucayali. Obst, Gemüse und günstiges Essen.

Polvos Azules, Av. de la República, zwischen Plaza Grau und 28 de Julio, La Victoria. Ein „offizieller" Schwarzmarkt, wo günstig Reisegepäck, USB-Sticks, Kameras, DVDs und CDs, Uhren etc. zu erwerben sind. Vorsicht vor Taschendieben!

Supermärkte

In so gut wie allen Supermärkten, die man auch in allen größeren Einkaufszentren findet, gibt es Geldautomaten und/oder Bankfilialen, Apotheke, Reise- und Airlinebüros sowie

Vorverkaufsstellen für Konzerte etc. (siehe „Unterhaltung und Kultur"). In großen Supermärkten (Wong, Metro) kann mit US-Dollar in bar bezahlt werden.
Metro, Shell 250, Miraflores und Grau 513, Barranco, 💻 www.metro.com.pe.
Plaza Vea, Av. Arequipa 4651, Miraflores. Auch im Einkaufszentrum Plaza Real, Lima, und in der Jr. de la Unión Ecke Huancavelica, Lima, 💻 www.plazavea.com.pe.
Vivanda, José Pardo 715 und Benavides 487, Miraflores, 💻 www.vivanda.com.pe. 🕓 tgl. 24 Std.
Wong, Óvalo Gutiérrez, San Isidro und Ecke Benavides/República de Panamá, 💻 www.wong.com.pe.

Surfausrüstung

SurfnSoul, San Martín 564, Barranco, 📞 01-2494383. Kompletter Surfladen, der auch Kontakte zu Surfschulen vermittelt. 🕓 Mo–Fr 11–20, Sa 12–19 Uhr.

Aktivitäten und Touren

Bootstouren zu den Islas Palomino

Ganz in der Nähe von Lima kann man Meeresvögel bestaunen und mit Robben schorcheln (s. S.186).

Gleitschirmfliegen

Bei entsprechenden Windverhältnissen werden in der Nähe des Leuchtturms am Malecón Cisneros, Block 2 in Miraflores, Tandemflüge angeboten. An Wochenenden ist besonders viel los, dann heißt es warten oder vorreservieren. Die Flüge können vor Ort gebucht werden (ca. 150 S/. für 10 Min.):
Fly Adventures, Alfredo León 234, Miraflores, 📞 01-6508147, 💻 www.flyadventure.net (Informationen auch auf Deutsch). Sie veranstalten auch Kurse.
Tandem Flights, Tripoli 340, Depto. 402, Miraflores, 📞 01-2417370, 💻 www.tandemperu.com.

Kochkurse

SkyKitchen, Enrique Palacios 470, bei 709 klingeln, Miraflores, 📞 01-4468554, 💻 www.yurac.de. Dreistündiger Kochkurs auf deutsch, englisch oder spanisch auf dem Dach eines Hochhauses in Miraflores.

Radfahren

Bike Tours of Lima, s. u.
Peru Bike, Punta Sal D7, Surco, 📞 01-2608225, 💻 www.perubike.com. Kompetenter Bike-Spezialist, der neben Verkauf und Reparatur auch Radtouren in Lima und landesweit anbietet.

Reisebüros

Zahlreiche **Reisebüros** findet man entlang der Av. Pardo, Miraflores.
Domiruth Travel Service, Av. Petit Thouars 4305, Miraflores, 📞 01-6106000, 💻 www.domiruth.com. Alteingesessene Agentur mit vielseitigem Angebot.
Nature Expeditions, 📞 994104206 (Mobil), 💻 nature-expeditions-peru.com. Deutschsprachiger Veranstalter von Delphin- und Walbeobachtungstouren südlich von Lima (s. „Pucusana" S. 189). Teilnehmer werden abgeholt.
Rutas del Peru, Enrique Palacios 1110, Miraflores, 📞 01-3682373, 💻 www.rutasdelperu.com. Umfangreiches Angebot von Stadtbesichtigungen, Tagestouren in der Umgebung Limas bis hin zu mehrtägigen Abenteuertouren. Die Chefin Gisela Woyke spricht Deutsch.

Sprachschulen

Escuela de Español El Sol, Grimaldo del Solar 469, Miraflores, 📞 01-2427763, 💻 elsol.idiomasperu.com.
Hispana Spanish School, San Martín 377, Miraflores, 📞 01-4463045, 💻 www.hispanaidiomas.com.
Instituto Cultural Peruano-Norteamericano, s. „Kulturzentren". Auf der Website 💻 www.icpna.edu.pe stehen Informationen unter „Español para extranjeros" oder „Spanish for Foreigners".
Spanisch in Peru, Manuel de Amat y Juniet 103, Urb. La Virreyna, Santiago de Surco, 💻 spanischperu.oyla22.de. Kleines deutsch-

peruanisches Schulprojekt. Unterbringung mit Verpflegung bei einer Gastfamilie im Stadtteil Santiago de Surco, wo auch der Unterricht stattfindet.

Stadtbesichtigungen

Aktiv

Bike Tours of Lima, Bolívar 150, Miraflores, ✆ 01-4453172, 💻 www.biketoursoflima.com. Bietet unter anderem Touren durch die Altstadt oder entlang der Bucht. Außerdem geführte Jogging-Touren, s. 💻 www.limarunningtours.com.

Capital Culinaria Lima Gourmet Tours, ✆ 01-4466829, 💻 www.limaculinarytour.com. Rund fünfstündige kulinarische Tour für Augen und Gaumen durch verschiedene Stadtteile, wahlweise tagsüber oder abends (englisch, spanisch).. Teilnehmer werden abgeholt. Fünf Prozent der Einnahmen gehen an eine Hilfsorganisation.

Auf Deutsch

Alois Kennerknecht, ✆ 01-4491619, ✉ ecoalke @terra.com.pe. Veranstaltet eine alternative Stadtrundfahrt mit Führung durch die *Pueblos jovenes*, die Armenviertel Limas.

Gerda Leixner, ✆ 01-4419214, ✉ gerdaleixner@ yahoo.com, und **Ina Broderson**, ✆ 01-4462170, ✉ irmgard@ec-red.co, veranstalten Touren auf Anfrage.

Im Bus

Urbanito, Touristenbus von Quilla Tours, Callao 144, Lima, ✆ 01-4285841, ✉ reservas@ turismotodperu.com. Tgl. von 12–19 Uhr Fahrten mit Führer zum Cerro Cristóbal (etwa 1 Std., 5 S/.).

Mirabus, ✆ 01-2426699, 💻 www.mirabusperu.com, und **Turibus**, ✆ 01-4467575, 💻 www.turibusperu.com, offerieren unterschiedliche Stadtrundfahrten auf Englisch und Spanisch in oben offenen Doppeldeckerbussen. Zum umfangreichen Tourangebot zählen auch auch Lima bei Nacht, Bus Fiestas (Partybus), Callao und die Islas Palomino. Mirabus fährt vom Infokiosk im Parque Kennedy (dort gibt es auch die Tickets) ab und Turisbus startet vom Einkaufszentrum Larcomar (Ticketverkauf dort oder bei Teleticket in Wong- bzw. Metro-Supermärkten).

Surfen

An den Stränden Limas, vornehmlich in Miraflores und Barranco wird täglich, vor allem aber an Wochenenden, gesurft.

Pukana Surfing School, Playa Barranquito y Makaja, beim Restaurant Rosa Naútica, ✆ 997654166 (Mobil), 💻 www.pukanasurf.com. Kurse und Verleih von Surfbrettern.

Wandern

Brunotrekk Expeditions, ✆ 01-2248427, ✉ brunotrekk@hotmail.com. Bruno Castro ist

Lima mit Kindern

Circuito Mágico de Agua. Ein Besuch der Springbrunnen und Wasserfontänen (Badesachen, Handtuch und Wechselkleidung mitnehmen) lohnt vor allem von Dezember bis April (s. Kasten S. 160).

La Granja Villa Sur, Av. Alameda del Premio Real 397, Los Huertos de Villa, Chorrillos, ✆ 01-7177771, 💻 www.lagranjavilla.com. Freizeit- und Vergnügungspark beim Vogelschutzgebiet Pantanos de Villa (s. S. 186). ⏲ tgl. 10–18 Uhr, 30 S/., Kinder bis 80 cm Körpergröße gratis.

Bootstour zu den Islas Palomino. Robben und Seevögel aus nächster Nähe erleben (s. S. 186).

Parque de las Leyendas, Av. Parque de las Leyendas 580, San Miguel, ✆ 01-4644264, 💻 www.leyendas.gob.pe. Der zoologische Garten ist in die wichtigsten drei peruanischen Landschaftszonen unterteilt, in denen man sich die Tierwelt von Costa, Sierra und Selva anschauen kann. ⏲ tgl. 9–18 Uhr, 8,50–10 S/., Kinder (3–12 Jahre) 4–5 S/.

Parque Zoológico Huachipa, etwas außerhalb in der Av. Las Torres s/n im Stadtviertel Ate Vitarte, ✆ 01-3563141, 💻 www.zoohuachipa.com.pe. Ein sehenswerter Zoo. ⏲ tgl. 9–17.30 Uhr, Eintritt 10 S/.

ein exzellenter Kenner der Bergregion um Lima. Man kann ihn privat buchen oder an einem seiner Ausflüge teilnehmen, die meist an Wochenenden stattfinden.

Yoga

Lima Yoga, José Gonzales 181, Miraflores, ✆ 995962239 (Mobil), 💻 www.limayoga.com. Bekannteste Yogaschule Limas mit weiteren Übungsräumen in Miraflores, Surco, La Molina und Magdalena del Mar.
Ashtanga Yoga Peru, Av. Angamos Oeste 546, 2. Stock, Zimmer 201, Miraflores, ✆ 946326773 (Mobil), 💻 www.ashtangayogaperu.com. Auf Ashtanga-Yoga spezialisiertes Studio.

Sonstiges

Apotheken

Lima ist zugepflastert mit Apotheken *(botica, farmácia)*.
Boticas Fasa, Larco 135 und Angamos Este 400, beide Miraflores, ✆ 01-6190000, 💻 www.boticasfasa.com.pe.
InkaFarma, ✆ 01-3142020, 💻 www.inkafarma.com.pe. In allen Vivanda- und Plaza Vea-Supermärkten.

Automobilclub

Touring y Automóvil Club del Perú, Trinidad Morán 698, Lince, ✆ 01-6149999, 💻 www.touringperu.com.pe. Das peruanische Gegenstück zum ADAC mit touristischem Infomaterial, Straßenkarten, Mechaniker- und Abschleppservice (ca. 30 km Radius um Lima) und Zweigstellen in Arequipa, Chiclayo, Cusco, Huancayo, Ica, Piura, Tacna und Trujillo (Adressen in den jeweiligen Kapiteln).

Autovermietungen

Avis Rent a Car, Av. 28 de Julio 587, Miraflores, ✆ 01-4440450, am Flughafen (tgl. 24 Std.), ✆ 01-5173214, 💻 www.avis.com.
Budget Car Rental, am Flughafen und in der Av. Larco 998, Miraflores, ✆ 01-4444546. Weitere Locations finden sich unter 💻 www.budgetperu.com.
Hertz / Inkas rent a car, am Flughafen und in der Cantuarias 160, Miraflores, ✆ 01-4455716, 💻 www.inkasrac.com.
Sixt, im Flughafen und Av. La Paz 745, Miraflores, ✆ 01-2423939, 💻 www.sixt.com.pe.

Bibliotheken

Lima: Av. Abancay, Cuadra 4, und Av. de la Poesia 160, San Borja, ✆ 01-5136900, 💻 www.bnp.gob.pe.
Biblioteca Ricardo Palma, Av. Larco 770, Miraflores, ✆ 01-6177261.

Botschaften und Konsulate

Deutsche Botschaft (Embajada Alemana), s. S. 39.
Österreich, s. S. 39.
Schweiz, s. S. 39.
Brasilien, Av. José Pardo, Miraflores, ✆ 01-512-0830, 💻 www.embajadabrasil.org.pe.
Bolivien, Los Castaños 235, San Isidro, ✆ 01-4402095, ✉ embajada@boliviaenperu.com.
Chile, Javier Prado Oeste 790, San Isidro, ✆ 01-7102211, ✉ echileperu@minrel.gov.cl.
Ecuador, Las Palmeras 356, San Isidro, ✆ 01-2124171, ✉ embajada@mecuadorperu.org.pe.
Kolumbien, Jorge Basadre 1580, San Isidro, ✆ 01-4410954, ✉ elima@cancilleria.gov.co.

Deutsche Organisationen

Colegio Peruano Alemán-Deutsche Schule Alexander von Humboldt, Benavides 3081, Miraflores, ✆ 01-6179090, 💻 www.colegio-humboldt.edu.pe.
Colegio Waldorf Lima, Av. José Antonio 125, Urb. Parque de Monterrico, La Molina, ✆ 01-4365455, 💻 www.waldorf-lima.edu.pe.
Deutsch-Peruanische Industrie- und Handelskammer, Camino Real 348, Of. 1502, San Isidro, ✆ 01-4418616, 💻 peru.ahk.de/.
Deutsche Gesellschaft für Internationale Zusammenarbeit (GIZ), Av. Prolongación Arenales 801, Miraflores, ✆ 01-4229067, 💻 www.giz.de.
Evangelisch-Lutherische Gemeinde, Rivera Navarrete 495, San Isidro, ✆ 01-4424452, 💻 www.ev-kirche.peru.org.

Katholische Gemeinde San José, Dos de Mayo 259, Miraflores, ✆ 01-4471881, 💻 www.sanjoselima.org.

Feste

18. Januar: Tag der Stadtgründung. Am Vorabend Konzert auf der Plaza Mayor.
28. Juli: Nationalfeiertags (Fiestas Patrias). Militärparade auf der Plaza Mayor.
1. Sonntag im August: Patronatsfest zu Ehren der Virgen Shoquita, María de la Asunción, mit Umzügen, Prozessionen und Andentänzen in der Iglesia San José de Barrios Altos.
30. August: Prozession zu Ehren der Schutzpatronin Limas, der heiligen Santa Rosa de Lima.
18. Oktober: Großprozession mit mehreren Hunderttausend Gläubigen zu Ehren des Señor de los Milagros, des Herrn der Wunder.

Freiwilligenarbeit

Infos bei **South American Explorers**, s. Kasten S. 178.

Geld

Geldwechseln geht in Wechselstuben *(Casas de Cambio)* am schnellsten. Wer nur einen kleinen Betrag tauschen muss, greift auf offizielle Geldwechsler vor den Banken zurück. In den Banken ist der Kurs etwas schlechter und man wartet meist länger. Der Kursunterschied zwischen den einzelnen Bankketten ist minimal. Große Scheine kann man gut an Tankstellen *(Grifos)* wechseln.

Banken

Banco de Crédito BCP, 💻 www.viabcp.com,
Banco Continental BBVA, 💻 www.bbvabancocontinental.com,
Interbank, 💻 www.interbank.com.pe,
Scotiabank, 💻 www.scotiabank.com.pe.
Abhebungen für Kunden der Deutschen Bank sind angeblich kostenlos.

Geldtransfer

Western Union, 💻 www.westernunion.com.pe,
Money Gram, 💻 www.moneygram.com (u. a. in allen Filialen von Interbank, Banco de la Nación und Banco Fianciero del Perú).
Informationen zur Geldüberweisung in deutscher Sprache finden sich auch auf der Seite der Deutschen Botschaft in Lima, 💻 www.lima.diplo.de, s. „Transferencias de dinero“.

Kreditkarten

Repräsentanzen s. „Traveltipps von A–Z“, S. 49.

Wechselstuben

Finserva, José Pardo 148, am Óvalo de Miraflores, wechselt alle Währungen, aber keine Reiseschecks. 🕒 tgl. 9–20 Uhr.
In der Altstadt von Lima finden sich zahlreiche Wechselstuben im und um den Block 2 der Ocoña.

Informationen

Tourismusbüros

Oficina Municipal de Información Turística, Pasaje Los Esribanos 145, hinter dem Rathaus (Municipalidad), Lima, ✆ 01-3151542, ✉ turismo1@munlima.gob.pe. 🕒 Mo–Fr 8–18, Sa, So 9–18 Uhr.
I-Perú, Jorge Basadre 610, San Isidro, ✆ 01-4211627, 💻 www.peru.travel. 🕒 Mo–Fr 9–18 Uhr.
I-Perú, Centro Comercial Larcomar, Módulo 10, Plaza Principal, ✆ 01-4459400. 🕒 tgl. 11–13, 14–20 Uhr.
Mitten im Parque Kennedy von Miraflores befindet sich ein **Infostand** der Stadtverwaltung. 🕒 tgl. 9–19 Uhr.
Información Turística de la Municipalidad de Barranco, am Parque Municipal im alten Bibliotheksgebäude, ✆ 01-7192046. 🕒 Mo–Sa 8–17 Uhr.
I-Perú, Flughafen, ✆ 01-5748000, ✉ iperulimaapto@promperu.gob.pe. 🕒 tgl. 24 Std.

Kulturministerium

Das Kulturministerium **Ministerio de Cultura**, Av. Javier Prado Este 2465, San Borja, ✆ 01-6189393, 💻 www.mcultura.gob.pe, hat Ableger im ganzen Land und ist für die Verwaltung staatlicher Museen und archäologischer Stätten zuständig.

Nationalparkbehörde
SERNANP (Servicio Nacional de Áreas Naturales Protegidas por el Estado), Calle Diecisiete 355, Urb. El Palomar, ✆ 01-7177500, 🖳 www.sernanp.gob.pe. Staatliche Naturschutzorganisation, die Nationalparks verwaltet sowie Exportgenehmigungen für wilde Tier- und Pflanzenarten ausstellt.

Verbraucherschutz
Wer Probleme mit Reiseveranstaltern, Fluglinien, Hotels, Zoll, Polizei etc. bekommt, kann sich bei I-Perú am Flughafen, ✆ 01-5748000, oder bei **INDECOPI** (Instituto de la Libre Competencia y de la Protección de la Propriedad Intelectual), La Prosa 138, San Borja, Lima, 🖳 www.indecopi.gob.pe, beschweren. Die Hotline des Beschwerdebüros ist rund um die Uhr besetzt und der Operator spricht auch Englisch.

Internet
Mehrere große Internetcafés liegen in Miraflores in der kleinen Fußgängerzone Tarata, zwischen Shell und Benavides.

Karten
Instituto Geográfico Nacional, Av. Aramburú 1190-1198, Surquillo, ✆ 01-4759960, 🖳 www.ign.gob.pe. Erhältlich sind (oft veraltete) Landkarten im Maßstab 1:250 000, 1:100 000 und 1:25 000.

Der etwas andere Club

South American Explorers, Piura 135, Miraflores, ✆/℻ 01-4453306, 🖳 www.saexplorers.org. Non-Profit-Organisation, die sich als Informationsnetzwerk in Südamerika versteht. In den Büros in Lima, Cusco, Buenos Aires (Argentinien) und Quito (Ecuador) haben Mitglieder Zugang zu aktuellen Reiseberichten, Kartenmaterial, Südamerika-Archiven und Reiseführern. Ebenso können sie Gepäck deponieren, Post erhalten, Bücher tauschen, Nachrichten hinterlassen, die Noteboards benutzen oder Flugbestätigungen durchführen. Das Personal spricht Englisch. 🕓 Mo–Fr 9.30–17, Mi bis 20, Sa 9.30–13 Uhr.

Von einigen Karten bekommt man nur Kopien. 🕓 Mo–Fr 8–18 Uhr.
Empfehlenswert sind die Stadtpläne von **Lima 2000**, Av. Arequipa 2625, Lince, ✆ 01-4403486, 🖳 www.lima2000.com.pe. Stadtpläne bekommt man auch am Flughafen, in Einkaufszentren, Buchläden, den Gelben Seiten von Telefónica und bei den Touristeninformationen.

Kulturzentren
Instituto Goethe, Jr. Nazca 722, Jesús María, ✆ 01-4333180, 🖳 www.goethe.de/lima.
Centro Cultural de la Pontificia Universidad Católica del Perú, Camino Real 1075, San Isidro, ✆ 01-6161616, 🖳 www.centroculturalpucp.com.
Centro Cultural de España, Natalio Sánchez 181, Santa Beatriz, ✆ 01-3300412, 🖳 www.ccelima.org.
Instituto Cultural Peruano Norteamericano, Hauptbüro in der Angamos Oeste 120, Miraflores, ✆ 01-7067001, 🖳 www.icpna.edu.pe.

Medizinische Hilfe
Clínica Anglo-Americana, Alfredo Salazar 350, San Isidro, ✆ 01-6168900, Notfälle: ✆ 01-6168902, 🖳 www.angloamericana.com.pe.
Clínica Ricardo Palma, Av. Javier Prado Este 1066, ✆ 01-2242224, 🖳 www.crp.com.pe.
Wer für längere Zeit ins Amazonasgebiet reist und/oder zwischen Brasilien, Bolivien und Peru pendelt, kann sich in den Krankenhäusern und bei folgender Stelle gegen **Gelbfieber** (S. 679) impfen lassen (mindestens 10 Tage vor einem Amazonasaufenthalt): **Aeropuerto Internacional Jorge Chávez**, im Erdgeschoss, rechte Seite unterhalb der Rolltreppe zu den Abflugterminals, ✆ 01-5171845. 🕓 tgl. 24 Std.
Die deutsche Botschaft hält eine Liste **deutschsprachiger Ärzte** bereit. 24-Std.-Notfalltelefon der Botschaft, ✆ 997576200 (Mobil).

Polizei
Policia Nacional del Perú – Dirección de Turismo y Protección del Ambiente (Touristenpolizei), Jr. Moore 268, Magdalena del Mar,

✆ 01-2432190 und Av. España s/n (Ex Prefectura de Lima), Lima, ✆ 01-4233005, 💻 www.pnp.gob.pe/direcciones/dirture/turismo.html.

Post

Die nachfolgenden Filialen von **Serpost** haben in der Regel Mo–Sa 8–20.30 Uhr, in Lima und Miraflores auch am Sonntagvormittag, geöffnet. Weitere Filialen stehen im Internet unter 💻 www.serpost.com.pe, s. „Red de oficinas", in Einkaufszentren und am Flughafen.
Serpost, Pasaje Santa Rosa, Lima; Av. Petit Thouars 5201; Av. Los Libertadores 325, San Isidro und Grau 610, Of. 101, Barranco.

Sport

Pferderennen: Jockey Club del Perú, El Derby s/n, Puerta 3, Monterrico, ✆ 01-6103000.
Hallenbad: Asocación Jesús Reparador, Libertad 151, Miraflores, ✆ 01-7230983 (zwischen 16 und 21 Uhr).
Tauchen: Peru Divers, Av. Defensores del Morro 175 (ex-Av. Huaylas) Chorrillos L-09, ✆ 01-251-6231, 💻 www.perudivers.com.

Telefon

Telefonkabinen *(Locutorios)* finden sich in großen Mengen, auch in vielen Internetcafés. S. auch „Traveltipps", S. 68.

Visaangelegenheiten

Dirección General de Migraciones y Naturalización, Prolongación Av. España 730, Distrito Breña, Lima, ✆ 01-2001000, 💻 www.digemin.gob.pe. 🕒 Mo–Fr 9–13 Uhr.

Wäschereien

Neben zahlreichen Waschsalons bieten viele Hotels einen Wäscheservice.
Lavandería Clean, Jr. Unión 205, Barranco.
Lavandería Autoservicio, Berlin 336, Miraflores.

Nahverkehr

Lima besitzt außer einem Schnellbussystem und einer Anfang 2012 in Betrieb genommen Hochbahnlinie kein Massentransportmittel. Der überwiegende Teil des öffentlichen Nahverkehrs wird privat von Bussen, Kleinbussen, Taxis und in einigen Stadtvierteln auch von Mototaxis abgewickelt. Inzwischen halten die Busse sich meist an feste Haltestellen – zumindest dort, wo die Polizei den Verkehr überwacht. Man wird allerdings auch meist mitgenommen, wenn man sich einfach an den Straßenrand stellt und ein Handzeichen macht.
Auf den Hauptverkehrsachsen der Stadt verkehren Transportmittel im Sekundentakt. Das Fahrtziel, das an der Frontscheibe angeschrieben steht, wird zudem zusätzlich lauthals vom Helfer des Fahrers, dem *Ayudante* oder *Cobrador*, ausgerufen. Während der Rushhour *(Hora pico)* von 7–10 und 18–20 Uhr scheinen aber sogar die Kapazitäten des großen öffentlichen Fuhrparks erschöpft zu sein, und die meisten Fahrzeuge sind voll. Wer in Lima größere Entfernungen mit Bussen zurücklegt, sollte genügend Zeit einplanen und mit kleinem Gepäck reisen. Wer Zeit und Geld sparen möchte, fährt zunächst auf den Hauptrouten mit einem Bus und nimmt dann im gewünschten Stadtteil ein Taxi, um zum Bestimmungsort zu gelangen. Wer nur eine Kurzstrecke in den Bussen zurücklegt, sollte passend bezahlen oder daran denken, das Wechselgeld zurückzufordern. Die *Ayudantes* „vergessen" dies bei Touristen nämlich gern!

Sistema Metropolitano de Transporte

Seit 2006 verbindet ein Schnellbussystem – kurz **Metropolitano** – tgl. zwischen 5.20 und 22 Uhr die Stadtbezirke Chorrillos im Süden (Terminal Sur Matellini) und Independencia im Norden (Terminal Norte). Die Strecke verläuft zu einem Großteil entlang der Hauptverkehrsader Paseo de la República (auch Vía Expresa

Fahrpreis Busse, Colectivos und Combis

Kurzstrecke (einige wenige Blocks): 0,50 S/. (soll evtl. abgeschafft werden)
Normalstrecke (innerhalb der Stadt): 1 S/.
Langstrecke (innerhalb der Stadt): 1,20–1,50 S/.
In die Außenbezirke: 1,50 S/. und mehr

genannt) und führt durch die Innenstadt von Lima. Haupthaltestelle ist die unterirdisch gelegene **Estación Central**), in der sich Route vorübergehend in zwei Arme aufteilt (Route A und B, siehe Webseite, Fahrpreis 1,50 S/.). Zum Bezahlen muss man an einem Automaten an den Haltestellen eine Chipkarte *(Tarjeta inteligente)* kaufen, die man dann am Drehkreuz entwertet (5 S/. inkl. Fahrguthaben von 2 S/., auch gültig für Metro s. u.). Sie lässt sich an den Automaten mit Münzen oder Scheinen (kein Rückgeld!) aufladen. Wer es eilig hat und zu einer der Haupthaltestellen möchte, sollte den schnelleren **Expreso** nehmen. Informationen zu Routenverlauf, Abfahrtzeiten etc. stehen unter 💻 www.metropolitano.com.pe. Ein Bus verbindet die Estación Central des Metropolitano mit der Estación Grau der Metro.

Metro de Lima

Mit dem Bau einer S-Bahn auf Betonpfeilern wurde bereits 1986 begonnen. Das Projekt wurde jedoch nie vollendet und die morschen Pfeiler mussten einer neuen Konstruktion weichen, die 2012 in Betrieb genommen werden konnte. Die Zugstrecke ist allerdings für Reisende von geringer Bedeutung, da sie östlich der Touristenzonen Miraflores, San Isidro und Barranco verläuft. Die S-Bahnlinie **Metro de Lima L1** (besser bekannt als **Tren Eléctrico**) verbindet die Stadtbezirke Lima Altstadt mit Villa El Salvador im Süden. Weitere Strecken bzw. die Erweiterung der Linie 1 bis San Juan de Lurigancho sind geplant. Der Preis für eine Fahrt beträgt 1,50 S/. (bezahlt wird mit einer Chipkarte wie beim Metropolitano, s. o.). Die Bahn verkehrt tgl. von 6–22 Uhr alle 15 bzw. 20 Min. (genaue Fahrtzeiten s. 💻 www.lineauno.pe).

Buses, Colectivos und Combis

Die großen Busse sind nicht notwendigerweise langsamer als die wendigeren Kleinbusse, die **Colectivos** und in etwas größerer Ausführung **Combis** genannt werden. Sie alle veranschaulichen mit ihrer Raserei auf drastische Weise, dass Zeit Geld ist. Ständig ruft der *Ayudante* das Fahrtziel aus dem halbgeöffneten Fenster, reißt im Fahren die Schiebetür auf und sorgt dafür, dass die Leute sich noch mehr zusammenquetschen. Bezahlt wird beim Aussteigen oder auf Aufforderung des *Ayudante*; wer aussteigen will, ruft einfach *„bajar"*. Busse, Colectivos und Combis verkehren von 6 Uhr morgens bis ca. Mitternacht. Ab 22 Uhr sind deutlich weniger Fahrzeuge unterwegs.

Taxis

Die Taxis in Lima (und in ganz Peru) besitzen keinen Gebührenzähler. Der Preis ist Verhandlungssache und sollte immer **vor** der Fahrt ausgehandelt werden. Die meisten Taxis sind mehr oder weniger legale Ein-Mann-Betriebe, aber es gibt auch Ruftaxis, die zu einem offiziell registrierten Unternehmen gehören.
Wer eine längere Strecke mit Gepäck fährt (z. B. zum Flughafen, s. Kasten), sollte auf Ruftaxis oder vom Hotel empfohlene Taxis zurückgreifen. Wer nach Lima anreist, sollte idealerweise den Transfer zum Hotel mitbuchen. Eine kurze Fahrstrecke innerhalb eines Stadtteils kostet rund 5 S/., eine längere Strecke 6–12 S/. Nach 22 Uhr steigen die Preise um 30–50 %. Ruftaxis (24 Std.-Service) sind um einiges teurer:
Taxi Real, ✆ 01-2151414,
💻 www.taxireal.com,
Taxi Lima, ✆ 01-2711763.
Weitere Anbieter stehen unter
💻 www.infotaxi.org/peru_taxi/lima_taxi.htm.

Taxi vom / zum Flughafen

Vom Flughafen in die Altstadt (Lima), nach Miraflores oder San Isidro zahlt man rund 40 S/. für ein Taxi (Fahrer warten direkt am Flughafengebäude). Ein offizielles Flughafentaxi (im Innenbereich der Ankunftshalle direkt vor dem Ausgang) kostet mehr. Die außerhalb des Flughafenbereichs vorbeikommenden Taxis sind zwar günstiger, sollten aber aus Sicherheitsgründen vermieden werden.
Wer zum Flughafen möchte, sollte sich auf die Empfehlungen seines Hotels verlassen oder ein Ruftaxi nehmen. Der Preis liegt je nach Entfernung bei 40–60 S/.

Busse

In Lima gibt es außer dem **Busbahnhof Terminal Norte** im Norden der Stadt, das für Touristen kaum Bedeutung hat, keinen zentralen Busbahnhof. Alle Busgesellschaften besitzen **eigene Terminals**. Da die Abfahrtsorte teilweise in unsicheren Gegenden der Stadt liegen, empfiehlt sich besonders früh morgens und spät abends die An- und Abfahrt per Taxi. Wer die Gelegenheit hat, sollte sich seine Fahrkarte mindestens einen Tag vor dem gewünschten Fahrtermin besorgen. Dies gilt ganz besonders für die Weihnachtszeit, Neujahr, die Osterwoche und die Tage um die Fiestas Patrias (Unabhängigkeitsfeier am 28. Juli). Dann sind die Busse schon tagelang vorher restlos ausgebucht.

In den jeweiligen Busterminals sollte man gut auf sein Gepäck aufpassen. Bei den großen Busunternehmen geben die Passagiere ihr Gepäck vor der Abfahrt ab und erhalten einen Beleg (gut aufbewahren).

Nationale Busunternehmen:

Da einige Unternehmen verschiedene Büros und Terminals in Lima haben, sollte man immer nachfragen, von wo genau der Bus abfährt! Ein Großteil der Busgesellschaften unterhält Terminals im Südosten des Distrikts Lima sowie im Nordwestteil des angrenzenden Distrikts La Victoria.

Besonders für **Nachtfahrten** bieten sich die teureren, besser ausgestatteten Busse an (nachfragen, welchen Neigungswinkel die Sitze haben; zum Schlafen gut geeignet sind 160 und 180 Grad, die von vielen Unternehmen angeboten werden). Ein Bus Cama ist ein Bus mit Liegesitzen. Bei Doppeldeckerbussen sind im unteren Bereich die besseren, aber teureren Sitzplätze untergebracht.

Die besten und zuverlässigsten Busunternehmen Perus sind Cruz del Sur und Oltursa (s. u.).

Civa, Av. Paseo de la República 575, La Victoria, ✆ 01-4181111, telefonische Ticketbestellung (nur in Lima) unter 0800-15555, 💻 www.civa.com.pe. Zahlreiche Reiseziele landesweit.

Cruz del Sur, Javier Prado Este 1109, San Isidro, Info-Hotline und kostenlose telefonische Ticketbestellung (nur in Lima) unter ✆ 01-3115050, 💻 www.cruzdelsur.com.pe. Beste peruanische Busgesellschaft mit sehr guten Bussen und ebenso gutem Service. S. auch „Internationale Buslinien".

Expreso Lobato, 28 de Julio 2101, La Victoria, ✆ 01-4749488, 💻 www.expresolobato.com. Spezialisiert auf Zentralperu. Die teureren Fahrzeuge bevorzugen!

Expreso Wari/Internacional Palomino, Luna Pizarro 343, La Victora, ✆ 01-2020600, 💻 www.expresowari.com.pe. Spezialisiert aufs südliche Anden-Hochland.

Flores, Paseo de la República 627 und 683, La Victoria. Busse mit Liegesitzen fahren von der Montevideo 523 in La Victoria ab; Kontakt und Ticket-Lieferservice ✆ 01-332-1212, 💻 www.floreshnos.net. Zahlreiche Reiseziele landesweit. Die billigen Busse vermeiden!

Ittsa, Paseo de la República 809, La Victoria, ✆ 01-4235232, 💻 www.ittsabus.com. Spezialisiert auf die peruanische Nordküste.

Línea, Paseo de la República 941-959, La Victoria, ✆ 01-4240836, 💻 www.transporteslinea.com.pe. Nordperu-Spezialist.

Móvil Tours, Paseo de la República 749, Lima, ✆ 01-7168000, 💻 www.moviltours.com.pe. Sehr empfehlenswerte Buslinie mit guten Verbindungen in die nördlichen Tieflandgebiete und die nördlichen Anden. Außerdem bedienen sie die Strecke Lima–Ica–Nazca–Cusco.

Oltursa, Aramburú 1160, Miraflores, ✆ 01-2254499, Call Center Lima und kostenlose Ticketbestellung unter ✆ 01-7085000, 💻 www.oltursa.com.pe. Hervorragende Busqualität und sehr guter Service (u. a. WLAN an Bord). Dementsprechend teuer.

Soyuz und Perú Bus, Abfahrtsterminal: Av. México 333, La Victoria; Ankunftsterminal schräg gegenüber der Av. México 280, ✆ 01-2052370, 💻 www.soyuz.com.pe und 💻 www.perubus.com.pe. Sie fahren Richtung Süden bis Ica und Richtung Norden bis Huacho.

Tepsa, Javier Prado Este 1091, La Victoria, Informationen und telefonische Ticketbestellung ✆ 01-617-9000, 💻 www.tepsa.com.pe. Weitverzeigtes Netz in Süd- und Nordperu.

Turismo Central, Av. Nicolas Arriola 515, La Victoria, ✆ 01-4727565 und Av. Luna

Pizarro 442, ✆ 01-3302676, 🖳 www.turismo central.com.pe. Auf Zentralperu spezialisiert.
Transportes Junín, Nicolás de Arriola 198, ✆ 01-2249220, Av. Luna Pizarro 460 A, La Victoria, ✆ 01-4232608 und Av. Luna Pizarro 145, La Victoria, ✆ 01-3309014, 🖳 www.transjunin.com.pe. Telefonische Ticketbestellung unter ✆ 01-2249247. Spezialisiert auf Zentralperu.
Transportes La Merced/Turismo Oxabuss, Av. 28 de Julio 1581, La Victoria, ✆ 01- 4233667. Spezialisiert auf Zentralperu.

Internationale Buslinien
Caracol, Terminal Plaza Norte, Tupac Amaru, Ecke Tomas Valle, Local 120, ✆ 01-5333187, 🖳 www.perucaracol.com, bedient folgende Routen:
LIMA–CARACAS (Venezuela), über Ecuadoer und Kolumbien.
LIMA–RIO DE JANEIRO (Brasilien), über Bolivien, Paraguay.
LIMA– BUENOS AIRES (Argentinien), über Chile.
Cata Internacional, Terminal Flores, 28 de Julio 1204, Ecke José Gálvez, La Victoria, ✆ 01-6891526, 🖳 www.catainternacional.com, fährt von LIMA über CHILE nach BUENOS AIRES (Argentinien).
Cruz del Sur, Javier Prado Este 1109, San Isidro, Info-Hotline sowie kostenlose telefonische Ticketbestellung (nur in Lima) unter ✆ 01-3115050, 🖳 www.cruzdelsur.com.pe. Fährt von Lima nach GUAYAQUIL (Ecuador), SANTIAGO DE CHILE (Chile) und BUENOS AIRES (Argentinien)
El Rápido, Av. Rivera Navarrete 2650, San Isidro, ✆ 01-4416651, 🖳 www.elrapidoint.com.ar, fährt von LIMA über MENDOZA nach BUENOS AIRES (Argentinien).
Expreso Internacional Ormeño, Av. Javier Prado Este 1057, La Victoria, ✆ 01-4725000, 🖳 www.grupo-ormeno.com.pe, bedient die Routen:
LIMA–CARACAS (Venezuela)
LIMA–SAO PAULO (Brasilien)
LIMA–LA PAZ (Bolivien)
LIMA– BUENOS AIRES (Argentinien).
Die Qualität der Busse von Ormeño hat in den letzten Jahren allerdings stark nachgelassen! Wenn möglich, sollten andere Anbieter bevorzugt werden.

Nationale Verbindungen
Die angegebenen Fahrzeiten sind Durchschnittswerte. Sie können vor allem bei Langstrecken um einige Stunden variieren und in der Regenzeit deutlich länger ausfallen.
Auf den Hauptrouten zwischen den Großstädten verkehren ständig Busse. Je kleiner der Ort, desto seltener die Busverbindung.
ABANCAY (Cruz del Sur, Civa, Móvil Tours, Tepsa, Expreso Wari/Internacional Palomino) 15 Std., 903 km
AREQUIPA (Oltursa, Cruz del Sur, Civa, Flores, Tepsa) 14 Std., 1003 km
ANDAHUAYLAS (Expreso Wari/Internacional Palomino) 20 Std., 1050 km
AYACUCHO (Cruz del Sur, Expreso Wari/ Internacional Palomino, Turismo Central) 9–9 1/2 Std., 565 km
CAÑETE (Flores, Soyuz) 2 Std., 144 km
CAJAMARCA (Cruz del Sur, Civa, Flores, Línea, Móvil Tours, Tepsa) 14–15 Std., 860 km
CARAZ (Móvil Tours) 10 Std., 468 km
CERRO DE PASCO (Transportes Junín) 8–9 Std., 315 km
CHACHAPOYAS (Civa, Móvil Tours) 22–23 Std., 1198 km
CHICLAYO (Flores, Civa, Cruz del Sur, Oltursa, Móvil Tours, Ittsa, Línea, Tepsa) 12 Std., 770 km
CHIMBOTE (Ittsa, Línea, Móvil Tours) 7–8 Std., 430 km
CHINCHA (Soyuz und Perú Bus) 3 Std., 198 km
CUSCO (Cruz del Sur, Móvil Tours, Civa, Tepsa, Flores, Expreso Wari/Internacional Palomino), über ABANCAY (18–22 Std., 1154 km) oder AREQUIPA (26 Std., 1520 km, umsteigen in Arequipa, Cruz del Sur und Oltursa)
DESAGUADERO (Grenze Bolivien) (Civa, Flores) 20 Std., 1542 km
HUACHO (Perú Bus) 2 Std., 130 km
HUANCAVELICA (Expreso Lobato) 10–12 Std., 446 km
HUÁNUCO (Turismo Central) 8–9 Std., 410 km
HUANCAYO (Cruz del Sur, Oltursa, Transportes Junín, Turismo Central) 7–7 1/2 Std., 300 km

2 HIGHLIGHT

Mit der Eisenbahn ganz hoch hinaus

Vor dem Baubeginn der Eisenbahnverbindung Lima–Huancayo fragte der damalige peruanische Staatspräsident José Balta den Ingenieur Henry Meiggs, ob er wohl in der Lage sei, eine Gleistrasse durch eine der **schroffsten Regionen der Anden** zu führen. Der US-Amerikaner antwortete ihm, dass er Schienen bis dorthin verlegen würde, bis wohin die Lamas gehen können. Am 1. Januar 1870 fiel der erste Spatenstich, doch bis der erste Zug am 22. September 1908 losfuhr, sollten 38 Jahre vergehen. So lange benötigte man für die **technische Meisterleistung**, deren 68 Tunnel, 61 Brücken und 6 Zickzack-Anstiege es ermöglichen, von Meereshöhe in das 346 km Schienenkilometer entfernte Huancayo im zentralen Hochland auf 3271 m Höhe zu gelangen. Unterwegs wird mit der Station Galera auf 4781 m der **höchste Bahnhof der Welt** passiert. Noch immer dient die Zugverbindung zum Transport von Erzen und Mineralien von den Minen in La Oroya und Umgebung nach Lima. Nur noch zwischen April und November wird der Zug für touristische Fahrten eingesetzt (s. u.).

HUARAZ (Cruz del Sur, Oltursa, Móvil Tours, Línea, Transporte Junín) 8 Std., 400 km
ICA (Flores, Móvil Tours, Cruz del Sur, Soyuz und Perú Bus, Oltursa, Tepsa) 4 Std., 300 km
JAÉN (Línea, Civa) 18 Std., 1085 km
JAUJA (Cruz del Sur, Turismo Central) 6–7 Std., 252 km
JULIACA (Flores, Civa) 20 Std., 1286 km
LA MERCED (Transportes Junín, Transportes La Merced/Turismo Oxabuss) 8–9 Std., 305 km
LA OROYA (alle Busse nach Huancayo, Tarma und Huánuco) 5 Std., 174 km
MÁNCORA (Cruz del Sur, Oltursa, Tepsa, Flores) 15–18 Std., 1165 km
MOQUEGUA (Cruz del Sur, Flores, Tepsa) 19 Std., 1144 km
NAZCA (Cruz del Sur, Móvil Tours, Flores, Oltursa, Tepsa) 7 Std., 446 km
OXAPAMPA (Transportes La Merced/ Turismo Oxabuss, Expreso Lobato) 12 Std., 384 km
PARACAS (Cruz del Sur, Oltursa) 4 1/2 Std., 260 km
PISCO (Soyuz, Perú Bus, Flores) 3 1/2–4 Std., 240 km
PIURA (Flores, Cruz del Sur, Civa, Oltursa, Línea, Tepsa, Ittsa) 13–15 Std., 1038 km
PUCALLPA (Turismo Central, Transportes Junín) 18–23 Std., 800 km
PUERTO MALDONADO (keine Direktverbindungen, umsteigen in CUSCO) 29–34 Std., 1684 km
PUNO (Flores, Cruz del Sur, Civa) 22 Std., 1300 km
SAN RAMÓN (Transportes Junín, Transportes La Merced/Turismo Oxabuss) 7 1/2–8 Std., 293 km
SATIPO (Transporte Junín, Turismo Central) 11 Std., 441 km
TACNA (Cruz del Sur, Oltursa, Flores, Civa, Tepsa) 21–22 Std., 1293 km
TALARA (Civa, Ittsa) 16 Std., 1083 km
TARAPOTO (Móvil Tours, Civa) 28–30 Std., 1450 km
TARMA (Transportes Junín) 6 Std., 235 km
TINGO MARÍA (Transportes Junín, Turismo Contral) 12 Std., 543 km
TRUJILLO (Cruz del Sur, Civa, Oltursa, Flores, Ittsa, Línea, Móvil Tours, Tepsa) 8 Std., 561 km
TUMBES (Cruz del Sur, Oltursa, Civa, Flores, Tepsa) 18–22 Std., 1267 km
YURIMAGUAS (Móvil Tours) 30–32 Std., 1580 km

Eisenbahn

Auf der Strecke Lima–Huancayo (s. Kasten) finden zwischen April bis November pro Monat zwei Fahrten mit einem Touristikzug statt (hin jeweils freitags, zurück ab Huancayo jeweils sonntags). Abfahrtsort für die rund 11-stündige Zugfahrt ist die Estación de

Desamparados (dort befindet sich jetzt auch die Casa de la Literatura Peruana, s. S. 163) in der Javier Ancash, unweit der Plaza Mayor im Zentrum von Lima (Abfahrt 7 Uhr, Ankunft 18 Uhr). Die Route führt über GALERA (4781 m) und LA OROYA (3726 m) nach HUANCAYO (3271 m). Veranstaltet werden die Zugfahrten von **Ferrocarril Central Andino**, José Gálvez, Barrenechea 566, 5. Stock, San Isidro, ✆ 01-2266363-222, 💻 www.fcca.com.pe. Dort oder über die Ticketbüros
Tu Entrada in allen Plaza Vea- und Vivanda-Supermärkten bekommt man auch die Fahrkarten: Klasse „Turístico" 235 S/. (einfach) bzw. 350 S/. (Hin- und Rückfahrt); Klasse „Clásico", 120 S/. (einfach) bzw. 195 S/. (Hin- und Rückfahrt).
Perurail (S. 78) verwaltet folgende Routen: CUSCO–OLLANTAYTAMBO–MACHU PICCHU und PUNO–CUSCO. Infos und Tickets bekommt man im Einkaufszentrum Larcomar, Malecón de la Reserva 610, Stand 11, Miraflores, 🕓 tgl. 11–22 Uhr, und im internationalen Flughafen Jorge Chávez (2. Stock zwischen Gates 13 und 14), 🕓 tgl. 24 Std. Fahrpläne, Preise und Online-Buchung unter 💻 www.perurail.com.

Flüge

Der **Aeropuerto Internacional Jorge Chávez** liegt an der Avenida Faucett, rund 15 km nordwestlich des Stadtzentrums im Distrikt Callao, Telefonzentrale ✆ 01-5173100, Fluginformation ✆ 01-5116055, 💻 www.lap.com.pe. Hier starten und landen alle nationalen bzw. internationalen Flüge. Im Abflugbereich befinden sich Wechselstuben, Geldautomaten, Post, Restaurants und Souvenirläden.
An einem Zeitschriftenkiosk sind für viel Geld die deutschen Magazine *Stern* und *Spiegel* erhältlich. Für die **Anfahrt zum Flughafen** mit dem Taxi s. „Taxis", S. 180

> **Flughafensteuer**
>
> Die Flughafensteuer von zuletzt rund US$31 oder ca. 83 S/. bei internationalen und rund US$9 oder 24 S/. bei nationalen Flügen ist inzwischen zumeist im Flugpreis inbegriffen. Viele Flughäfen im Landesinneren haben sich dieser Regelung allerdings bislang nicht angeschlossen. Dort muss die Flughafensteuer separat entrichtet werden (Informationen unter 💻 www.lap.com.pe/lap_portal/tuua.html).

Inlandflüge

Näheres zu den einzelnen Flugverbindungen S. 71.
Lan Perú, Av. José Pardo 505, Miraflores, ✆ 01-2138200, 💻 www.lanperu.com. 🕓 Mo–Fr 8.30–19, Sa 9–14 Uhr.
LC Perú, Av. Pablo Carriquiry 857, San Isidro, ✆ 01-2041313, 💻 www.lcperu.pe. 🕓 tgl. 8–19 Uhr.
Star Perú, Av. José Pardo 485, Miraflores, ✆ 01-2427720, 💻 www.starperu.com. 🕓 Mo–Fr 9–20, Sa 9–18 Uhr.
Peruvian Airlines, Av. José Pardo 495, Miraflores, ✆ 01-7156123, 💻 www.peruvian.pe. 🕓 Mo–Sa 9–20 Uhr.
Taca Perú, Av. José Pardo 811, Miraflores, ✆ 01-5118222, 💻 www.taca.com. 🕓 Mo–Fr 8–20, Sa–So 9–14 Uhr.

Internationale Fluggesellschaften

Die Büros der Airlines sind in der Regel Mo–Fr von 9–18 und Sa vormittags geöffnet. Manche Büros schließen über Mittag.
Aerolíneas Argentinas (Argentinien), Canaval y Moreyra 370, San Isidro, ✆ 01-5136565 oder 0800-52200 (gebührenfrei), 💻 www.aerolineas.com.ar.
Aeroméxico (Mexiko), Av. Pardo y Aliaga 699, Of. 501C, San Isidro, ✆ 01-7051111, 💻 www.aeromexico.com.
Aerosur (Bolivien), José Gálvez 599, Miraflores, ✆ 01-2416767, 💻 www.aerosur.com.
Air Canada (Kanada), Italia 389, Of. 101, Miraflores, ✆ 01-2411457 oder 0800-52073 (gebührenfrei), 💻 www.aircanada.ca.
Air Europa (Spanien), Benavides 611, Miraflores, ✆ 01-7061963, 💻 www.aireuropa.com.
Air France (Frankreich), s. KLM.
Alitalia, Bolognesi 291, Miraflores, ✆ 01-2411026, 💻 www.alitalia.com.

American Airlines (USA), Pardo 392, Miraflores, und Basadre 265, San Isidro, ✆ 01-2117000, 💻 www.aa.com.pe.
Avianca (Kolumbien), Los Sauces 364, Edificio Torre Roja, 1. Stock, San Isidro, ✆ 4404104 oder 0800-11936 (gebührenfrei), 💻 www.avianca.com.
British Airways (England), s. Iberia.
Continental Airlines (USA), Víctor A. Belaúnde 147, Edificio Real 5, San Isidro, und im Hotel Marriott, Larco 1325, Miraflores, ✆ 01-7129230 oder 0800-70030 (gebührenfrei), 💻 www.continental.com.
Copa Airlines (Panama), Los Halcones 105, San Isidro, Torre Chocavento, ✆ 01-6100808, 💻 www.copaair.com.
Delta Airlines (USA), Víctor A. Belaúnde 147, Torre Real 3, 7. Stock, Büro 701, San Isidro, ✆ 01-2119211, 💻 www.delta.com.
Iberia (Spanien), Camino Real 390, Of. 902, San Isidro, ✆ 01-4117800, 💻 www.iberia.com/pe/.
KLM (Niederlande), Álvarez Calderón 185, 6. Stock, San Isidro, ✆ 01-2130200, 💻 www.klm.com.
Lufthansa (Deutschland), Hansaperu Travel, Jorge Basadre 1330, San Isidro, ✆ 01-4424455, 💻 www.lcc-hansaperu.com.
Taca (Zentralamerika), s. Taca Perú (Inlandflüge).
TAM (Brasilien), Alcanfores 495, Büro 507, Miraflores, ✆ 01-2026900, 💻 www.tam.com.br.
Sky Airlines (Chile), Av. José Pardo 380, ✆ 01-2437998, 💻 www.skyairline.cl.
Spirit Airlines (USA), ✆ 01-5172536 (Flughafen), 💻 www.spirit.com.
United Airlines (USA), s. Continental Airlines.

Die Umgebung von Lima

Die Gegend rund um Lima ist abwechslungsreicher und vielfältiger als es das triste Braun der Küstenwüste auf den ersten Blick vermuten lässt. Neben Kurztrips zu archäologischen Stätten oder Bootsfahrten zu vorgelagerten Inseln (s. S. 186) bietet sich die Möglichkeit, an Pazifikstränden zu relaxen oder Rafting-Touren zu unternehmen. Wer mehr Zeit hat, kann spektakuläre Ausflüge in die Zentralanden unternehmen, Raftingtouren buchen oder eine sehenswerte Ruinenstätte anschauen.

Halbtages- und Tagesausflüge

Badestrände im Süden

Das bevorzugte Ausflugsziel der *Limeños* sind in den Sommermonaten (Jan–April) die Strände *(Playas)* südlich der Stadt. Vor allem sonntags kann es richtig voll werden (Diebstahlgefahr!). An fast allen Stränden kann man Sonnenschirme und Liegestühle leihen und bekommt auch etwas zu essen. Die Strände sind mit öffentlichen Verkehrsmitteln nur unter beträchtlichem Zeitaufwand zu erreichen. Taxis nehmen je nach Entfernung 50–100 S/. pro Strecke. Übernachtungsmöglichkeiten findet man vor allem in den größeren Badeorten wie El Silencio, Punta Hermosa, San Bartolo oder Pucusana (siehe Kasten S. 189).

Alle nachfolgend erwähnten Strände liegen im Süden Limas und sind über die Panamericana Sur zu erreichen. Die Kilometerangaben beziehen sich auf die Entfernung zur Hauptstadt:

- **Pulpos** (KM 36): Schöne Bucht mit Sandstrand, wildes Meer, Restaurantbetrieb außerhalb des Strandbereichs.
- **El Silencio** (KM 41,5): Beliebter Badestrand mit guter Infrastruktur (Restaurants, Toiletten, Sonnenschirme und -stühle); hohe Wellen.
- **Santa María** (KM 51): Flacher Badestrand, auch für Kinder geeignet.

Bei Surfern beliebt sind auch die Strände **Punta Hermosa** (KM 44), **Punta Rocas** (KM 46,8) und **San Bartolo** (KM 51). An der Panamericana, rund 100 km südlich von Lima, liegt **Asia**, ein Strandkomplex betuchter *Limeños* mit Shopping-Mall. Besonders in den Sommermonaten zwischen Dezember und April wird hier an Wochenenden kräftig abgefeiert. Nach Asia gelangt man mit den Bussen von Soyuz und Perú Bus (s. „Transport").

La Punta, Islas Palomino

Ein Ausflug nach La Punta empfiehlt sich besonders an Wochenenden, denn dann ist hier am meisten los. Dieser westliche Zipfel Limas gehört zum Stadtteil Callao. Ein Rundgang auf der Halbinsel beginnt mit einem Besuch des **Museo Histórico del Real Felipe** (s. Museen S. 163), einem militärhistorischen Museum in einer ehemaligen Festungsanlage. Von hier führt die Straße vorbei an vielen historischen Gebäuden direkt zu den kleinen Stränden an der Westspitze, wo man einen guten Einblick ins Freizeitverhalten peruanischer Familien bekommt.

Vom kleinen Jachthafen lassen sich halbstündige Motorbootstouren im Hafengelände unternehmen. Von hier starten auch die Bootstouren zu einer vorgelagerten Inselgruppe mit den Eilanden **Islas Palomino** (Seelöwen und Seevögel), **Fronton** (ehemalige Gefängnisinsel), **Islas Cabinazas** (Guanotölpel), **El Camotal** (gehörte einst zu Callao) und **San Lorenzo** (größte Insel des Landes). Da Seeluft bekanntlich hungrig macht, sollte man es nicht versäumen, zur Mittagszeit in einem der zahlreichen kleinen Restaurants von Callao Fisch oder Ceviche zu probieren.

Touren

Ecocruceros, Av. Arequipa 4964, Of. 202, Miraflores, ✆ 01-2268530, 💻 www.islaspalomino.com. Tägliche Abfahrten von La Punta, Callao (ca. 4 Std., US$45 p. P., vorherige Anmeldung erforderlich).

Turibus Sightseeing Lima, ✆ 01-4467575, 💻 www.turibusperu.com. Abfahrtsort des Ausflugs (Fr–So um 9 Uhr, ca. 5 Std., 100 S/.) ist das Einkaufszentrum Larcomar in Miraflores.

Zona Reservada de los Pantanos de Villa

Das kleine, nur 396 ha große Wasserschutzgebiet im Süden Limas ist hauptsächlich für **Vogelliebhaber** interessant. 154 Vogelarten wurden in dem **Sumpfgebiet** identifiziert, die Hälfte davon Wandervögel, die hier in den Monaten September/Oktober eintreffen (komplette Vogelliste unter 💻 www.avesdelima.com/lista_pantanos.htm). Hinzu kommen rund 62 Pflanzenarten. Das Sumpfgebiet liegt im Distrikt Chorrillos, am Ende der Avenida Huaylas, ganz in der Nähe der Pan-

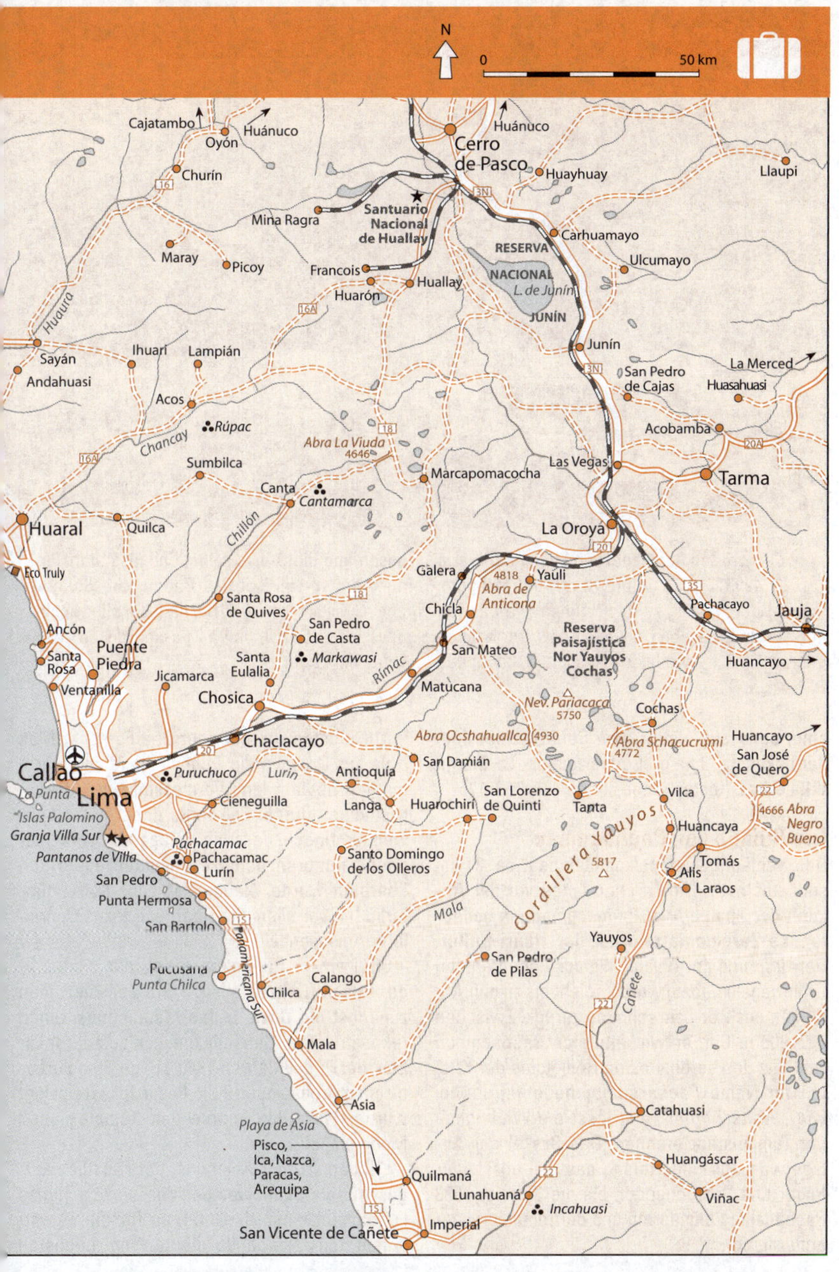
N
0
50 km
Cajatambo
Oyón
Huánuco
Churín
16
Mina Ragra
Santuario Nacional de Huallay
Maray
Picoy
Francois
Huallay
Huarón
16A
Huaura
Cerro de Pasco
Huánuco
Huayhuay
Llaupi
3N
RESERVA NACIONAL JUNÍN
L. de Junín
Carhuamayo
Ulcumayo
Junín
San Pedro de Cajas
La Merced
Huasahuasi
Acobamba
20A
Tarma
Las Vegas
Sayán
Andahuasi
Ihuari
Lampián
Acos
Rúpac
Chancay
16A
Abra La Viuda
4646
18
Sumbilca
Marcapomacocha
Canta
Cantamarca
Huaral
Quilca
Chillón
Eco Truly
La Oroya
20
Galera
4818
Abra de Anticona
Yaúli
35
Pachacayo
Jauja
Chicla
18
Santa Rosa de Quives
Ancón
Santa Rosa
Puente Piedra
Ventanilla
San Pedro de Casta
Markawasi
Santa Eulalia
Jicamarca
San Mateo
Rímac
Matucana
Reserva Paisajística Nor Yauyos Cochas
Huancayo
Chosica
Nev. Pariacaca
5750
Cochas
Chaclacayo
Abra Ocshahuallca
4930
Abra Schacucrumi
4772
Huancayo
San José de Quero
Callao
20
Puruchuco
Lurín
Antioquía
San Damián
La Punta
Lima
Islas Palomino
Granja Villa Sur
Pantanos de Villa
Cieneguilla
Langa
Huarochirí
San Lorenzo de Quinti
Tanta
Vilca
22
4666 Abra Negro Bueno
Pachacamac
Pachacamac
Lurín
San Pedro
Punta Hermosa
San Bartolo
15
Santo Domingo de los Olleros
Cordillera Yauyos
Huancaya
Tomás
5817
Alis
Laraos
Mala
Panamericana Sur
Yauyos
Pucusana
Punta Chilca
Chilca
Calango
San Pedro de Pilas
22
Cañete
Mala
Asia
Catahuasi
Playa de Asia
Pisco, Ica, Nazca, Paracas, Arequipa
Huangáscar
22
Quilmaná
Lunahuaná
Viñac
Incahuasi
15
Imperial
San Vicente de Cañete

Mit dem Segelboot zu den Robben

Auf dem großen **Segelboot** von **Eugenio Oliveira** ✆ 01-4295171, ✉ eugoliveira@hotmail.com, macht der Ausflug zu den Robben, die auf den Inseln vor Lima leben, doppelt Spaß. Der Kapitän legt Wert auf ein relaxtes Ambiente, macht das Essen und die Drinks selbst und lässt den Teilnehmern so viel Zeit fürs Baden oder Schnorcheln, wie sie möchten. Der Tagesausflug kostet alles inkl. US$200, und es passen bis zu zwölf Leute aufs Boot.

americana Sur. Hinter dem Schutzgebiet liegt der bekannte, 3 ha große Freizeitpark **La Granja Villa Sur**, s. Kasten „Lima mit Kindern", S. 175.

Die Ruinen von Pachacamac

Der weitläufige Tempelkomplex liegt ca. 31 km südöstlich von Lima. Schon lange vor der Ankunft der Spanier war Pachacamac ein bedeutendes **Zeremonialzentrum der Huari-Kultur**. Der Ursprung der Anlage, die aus ungebrannten Lehmziegeln gebaut wurde, reicht bis zu den Anfängen unserer Zeitrechnung zurück. Zwischen 500–900 n. Chr. entwickelte sich Pachacamac zum Sitz des berühmtesten Heiligtums der Küste. Der Name *Pacha Camay* bedeutet so viel wie „Weltschöpfer" und lässt die Wichtigkeit der Tempelstadt erahnen. Das Orakel der Anlage war jahrhundertelang das Ziel unzähliger Pilger und Ratsuchender, bis die Spanier 1533 Pachacamac plünderten und die Tempelpriester ermordeten.

1896 entdeckte der deutsche Forscher Max Uhle aus Dresden die Tempelanlage und führte ein ganzes Jahr lang Vermessungen und Ausgrabungen durch. Er konnte dabei den Nachweis erbringen, dass die Anlage von verschiedenen Kulturen genutzt und dabei mehrfach überbaut wurde. Neben der Lima-Kultur hinterließen vor allem die Huari und Inkas Spuren ihrer Anwesenheit.

Bei einem Rundgang durch die weitläufige Anlage (Gehzeit mind. 1 Std.) passiert man zunächst die **Casa de las Mamaconas**, einen rekonstruierten Gebäudekomplex aus der Inka-Zeit, der in den Jahren 1940/41 von dem peruanischen Archäologen Julio César Tello freigelegt wurde. Max Uhle nannte den Komplex auch Mondtempel.

Höhepunkt der Anlage ist der künstlich aufgeschüttete **Sonnentempel**, dessen 80 m hohes Fundament einst als Unterbau für die eigentlichen Tempelgebäude diente. Vom höchsten

Punkt bietet sich ein schöner Blick über das Lurín-Tal, das Meer und die vorgelagerten Inseln. Am Eingang sind Grabungsfunde in einem kleinen **Museum** ausgestellt – darunter ein Holzstab mit einer Darstellung der Schöpfergottheit Pachacamac. ✆ 01-4300168, ⌚ tgl. 9–17 Uhr, Eintritt 6 S/., geführte Tour 20 S/. Gleich neben dem Museum kann man sich in einer Cafeteria stärken.

Transport

Um zu den Ruinen zu gelangen, kann man einen Bus (grün) ab der Ecke Paseo Colón (9 de Diciembre)/Av. Garcilaso de la Vega (Wilson) beim Museo de Arte de Lima nehmen. Alternativ starten **Busse** an der Panamericana Sur in der Höhe der Av. Angamos Richtung „Pachacamac" oder „Lurín". Die Fahrzeit beträgt 45–60 Min. Man sollte dem Fahrer Bescheid geben, dass man an den Ruinen aussteigen möchte. Für die Rückfahrt stellt man sich einfach an den Straßenrand und winkt jeden beliebigen Bus Richtung Lima heran. Man sollte nicht zu spät zurückkehren, da die Colectivos am späten Nachmittag sehr voll sein können. Alternativ kann man eine **organisierte Tour** mit einer Reiseagentur unternehmen oder ein **Taxi** chartern, das inkl. Wartezeit ca. 100–140 S/. kostet. Wesentlich günstiger ist es, ein Taxi zu den Ruinen zu nehmen (ca. 50–60 S/.) und dann mit dem Bus zurückzufahren.

Chaclacayo und Chosica

Besonders während der Wintermonate Mai bis Dezember entfliehen die *Limeños* gern an den Wochenenden der grauen Wolkendecke des Pazifiks, um in den landeinwärts gelegenen Naherholungsgebieten ein wenig Sonne zu tanken. Beliebt ist ein Ausflug in die Region zwischen den kleinen Ortschaften Chaclacayo auf 650 m und Chosica auf 850 m Höhe. Sie liegen rund 25 bzw. 40 km östlich von Lima entlang der Carretera Central. Hier reihen sich zahlreiche Country Clubs, Restaurants und private Freizeitareale aneinander. Eingerahmt ist das gesamte Tal auf beiden Seiten von steil aufragenden unbewachsenen Bergketten. Nur im Bereich des Río Rímac lenkt ein wenig Pflanzenwuchs vom tristen Graubraun ab.

Pucusana – Fischerdorf und Badeort

Der südlichste Stadtbezirk des Großraums Lima (ca. 10 000 Einwohner) ist eine Mischung aus authentischem Fischerdorf mit Naturhafen und Touristenort. Besucher sieht Pucusana vorwiegend in der Badesaison von Dezember bis April. Dann trifft man sich an der ruhigen **Playa Naplo**, die mit Pucusana durch einen Tunnel verbunden ist und sich nur wenige Gehminuten östlich des Zentrums befindet. Von dort werden **Bootstouren** um die vorgelagerte Insel Galápagos angeboten (40 Min., 5 S/.), bei der man Robben, Meeresvögel und gelegentlich einen Pinguin zu sehen bekommt. Deutlich aufregender und länger sind die Bootsausflüge der deutschsprachigen Agentur **Nature Expeditions** (s. „Lima/Touren" S. 174), bei der **Delfine** und **Wale** beobachtet werden.

In Pucusana bekommt man leckeren **Fisch und Meeresfrüchte** zu erschwinglichen Preisen und an der Playa Naplo werden diese (etwas teurer) sogar direkt am Strand im Liegestuhl serviert. Im Ort und an der Playa Naplo werden Zimmer und auch kleine Apartments angeboten. Zudem gibt es einfache Hotels, die meist nur über kaltes Wasser verfügen. Akzeptabel ist die etwas heruntergekommene, aber günstige **Hospedaje Bahia**, Billinghurst 225, ✆ 01-4309023, ❷. Netter, aber teurer, ist die oberhalb des Ortes gelegene **Hospedaje El Mirador de Pucusana**, ✆ 01-4309228, 🖳 www.elmiradordepucusana.com.

Für die Hinfahrt empfiehlt sich die **Anreise** mit Soyuz/Perú Bus (s. S. 181, aussteigen bei KM 60 an der Abzweigung der Panamericana nach Pucusana, Fahrer vorher Bescheid geben). Von dort geht es per Taxi oder Micro in 15 Min. nach Pucusana. Für die Rückfahrt sollte man vorzugsweise einen der langsamen Combis (Royal Express, Av. Alfonso Ugarte, ca. 1 1/2 Blocks von der Plaza entfernt) nehmen, die laufend bis ca. 20 Uhr von Pucusana direkt nach Lima fahren. Aussteigen kann man in Lima an allen Haltestellen entlang der Panamericana oder in Lima Zentrum.

Auf dem Weg nach Chosica wird bei KM 4,5 der Carretera Central der rekonstruierte präinkaische Lehmziegelpalast **Puruchuco** erreicht. Er liegt hinter dem gleichnamigen Dorf. Neben Räumen und Gängen stellt ein kleines Museum Keramik, Musikinstrumente und Textilien aus. ✆ 01-4942641, ◷ Di–So 9–16, Eintritt 5 S/.

Übernachtung

Hostal El Paraiso, Malecón 28 de Julio No. 511, ca. 5 Blocks östlich des Parks, Chosica, ✆ 01-3613302. Ruhige, große Zimmer, TV gegen Aufpreis, Parkplatz. ❷

La Casona de los Cóndores, KM 27,5 an der Puente Los Angeles, Las Begonias 101-109, ✆ 01-3582427, 💻 www.lacasonadeloscondores.com. Beliebtes Familienhotel (Reservierung an Wochenenden sinnvoll) mit Schwimmbad, Jacuzzi, sehr gutem Restaurant und Konferenzräumen. Angenehme, wenn auch nicht sehr große Zimmer mit kleinem Balkon bzw. Terrasse, WLAN. ❻

Transport

Sammeltaxis fahren für 8 S/. (sonntags 10 S/.) ab der Av. Arequipa (einen Block südlich der Javier Prado in einem kleinen Park).

Ausflugsziele nördlich von Lima

Die nördlich von Lima gelegenen Ausflugsziele Reserva Nacional Lomas de Lachay, Huacho, Churín, Puerto Supe, Barranca und Caral werden im Kapitel „Nordperu“ auf den Seiten 456 bis 458. beschrieben.

Mehrtägige Touren ab Lima

San Pedro de Casta und Markawasi

■ 1–2 Tage

In Chosica zweigt eine Schotterpiste in nördlicher Richtung in das Eulalia-Tal ab. Eine aufregende, serpentinenreiche Straße führt nach San Pedro de Casta (3280 m), einem spektakulär gelegenen Bergdorf. Auf den 40 km dorthin werden rund 2500 Höhenmeter überwunden. Normalerweise geht es in San Pedro beschaulich zu. Das ändert sich alljährlich am 28. Juni, wenn das **Patronatsfest** gefeiert wird und Heerscharen von *Limeños* einfallen. Es wird viel getrunken, mehrere Bands spielen durcheinander und der Schutzpatron San Pedro wird auf wackeligen Gestellen durch das Dorf geführt. Ein Stierkampf mit echten Toreros rundet das unterhaltsame Spektakel ab.

Das beschauliche Bergdorf San Pedro de Casta

Von der Plaza aus sieht man ein Kreuz, das auf dem Berg oberhalb des Dorfs errichtet wurde. Direkt dahinter erstreckt sich auf rund 4000 m Höhe ein 4 km² großes Hochplateau, auf dem die steinernen Überreste der Ruinenanlage **Markawasi** liegen. Es führen mehrere gut sichtbare Wege zum Hochplateau. Markawasi kann als Rundwanderung in einem Tag von San Pedro aus besichtigt werden, aber allein der fantastische Sternenhimmel (der Ort ist auch bei Ufo-Fans beliebt) lohnt durchaus eine in den Bergen verbrachte Nacht.

Der Aufstieg (rund 800 Höhenmeter, Gehzeit 3–4 Std.) beginnt an der Plaza de Armas in San Pedro, wo auch Guides und Maultiere für den Gepäcktransport (ca. 15 S/.) oder Reitpferde angeheuert werden können (ca. 20 S/.). Das Dorf erhebt eine Weggebühr von 10 S/.

Der längere – und damit nicht so steile Weg – führt linker Hand um das Gebirgsmassiv herum, überquert eine Viehweide und endet im sogenannten **Anfiteatro**, einer von Felsen umgebenen Grasebene. Der geschützt liegende Ort eignet sich sehr gut zum Zelten. Es gibt Latrinen, aber **kein Trinkwasser**. Vom Anfiteatro aus kann man die Hochebene überqueren und gelangt zu den Ruinen und zum Kreuz.

Wer Zeit sparen will, steigt dann steil über einen Pfad in Richtung der Trinkwasserreservoirs (Seen) oberhalb des Dorfes ab. Am Einstieg des Pfads befindet sich die bekannte, mehr als 25 m hohe natürliche Felsformation **Monumento a la Humanidad**. Zurück nach San Pedro gelangt man in rund 2 Std.

Übernachtung, Essen und Transport

An der Plaza liegt ein sehr einfaches **Hostal** mit Gemeinschaftsbad (Kaltwasserdusche), das von der hiesigen Tourismusvereinigung geführt wird. ❶

Selbige hat ebenfalls an der Plaza ein Büro. Darüber hinaus bieten auch viele Dorfbewohner einfache private Unterkünfte an. ❶

Die einzigen beiden **Restaurants** an der Plaza tischen akzeptables Essen auf.

Vom Parque Echenique in Chosica fährt tgl. ein **Bus** zwischen 8–9 Uhr morgens und ein weiterer um 15 Uhr nach San Pedro de Casta. Die Fahrzeit beträgt 3–4 Std.

Das Tal des Río Chillón und Canta

■ 2 Tage

Rund 25 km nordöstlich von Lima hat man Großstadthektik, Verschmutzung und Lärm endgültig hinter sich gelassen. Langsam windet sich die Straße im Tal des Río Chillón bergauf. Nach 64 km ist der Ort **Santa Rosa de Quives** auf rund 1100 m Höhe erreicht. Das kleine Dorf wird am Wochenende von Hauptstädtern aufgesucht, die ein wenig Ruhe und saubere Bergluft tanken wollen. Am 30. August platzt Quives dann aus allen Nähten, wenn zahlreicher Pilger der restaurierten Kapelle **Hermita de Santa Rosa** einen Besuch abstatten. Hier lebte von 1596 bis 1604 die Heilige Rosa, die Schutzpatronin Limas.

Rund 4 km unterhalb von Quives weist ein Schild bei KM 60 den Weg zu den **Petroglyphen von Checta**. Auf rund 300 registrierten Steinen lassen sich Einritzungen in Form von Sternen, der Sonne und verschiedenen Tierarten erkennen.

Das Tal des Río Chillón wird nun immer enger, die Felswände immer steiler, bevor sich das Tal nach einigen letzten Serpentinen erneut öffnet. Auf einer Anhöhe liegt inmitten einer anmutigen Berglandschaft der kleine Ort **Canta** auf 2837 m Höhe. Hier endet die Asphaltstraße bei KM 102. Wer eine schöne Landschaft zum Wandern in der Nähe der Hauptstadt sucht, ist in Canta genau richtig. Aber auch um sich für die weitere Fahrtstrecke Richtung Cerro de Pasco vorzubereiten und sich an die Höhe zu gewöhnen, bietet sich der Ort an. Interessant ist ein Besuch im September, wenn zu Ehren des *Señor de los Auxilios* und der *Virgen del Carmen* ausgiebig gefeiert wird.

Beliebt ist die mehrstündige Wanderung zu den Ruinen von **Cantamarca** auf ca. 3600 m Höhe. Der Weg dorthin zweigt nach rund 10 km rechter Hand von der Straße nach Cerro de Pasco ab. Bis zur Abzweigung kann man mit Combis gelangen, die zu nahe gelegenen Dörfern fahren. Die Wanderzeit beträgt ab Canta rund 3–4 Std.

Oberhalb von Canta windet sich die Straße vorbei an kleinen, malerischen Bergdörfern zum **Abra La Viuda** (4646 m) bei KM 150. Danach folgen weite Blicke in die Umgebung der Cordillera de Viuda mit ihren unzähligen Seen. Bei KM 214 wird das kleine Städtchen **Huayllay** auf 4310 m Höhe erreicht, Zentrum der lokalen Bergwerksindustrie. Von dort fahren Sammeltaxis vorbei am Naturschutzgebiet **Santuario Nacional de Huayllay** (S. 420) nach Cerro de Pasco.

Übernachtung

Unter der Woche ist es kein Problem, ein Zimmer in Canta zu finden, aber an den Wochenenden kann es zu Engpässen kommen. Während der Osterwoche steigen die Hotelpreise drastisch. Im 2 km entfernten und rund 300 m tiefer liegenden Dorf **Obrajillo** bestehen Campingmöglichkeiten.

La Casa del Coronel, Bolognesi 351, ✆ 01-4484897, 💻 www.casadelcoronel.com. Ordentliche Zimmer mit Bad, Warmwasser und TV in einem dreistöckigen Haus (2. und 3. Stock mit schöner Aussicht). Frühst. inkl. ❸

Cancay Vento, Prolongación Av. 26 de Junio s/n, ✆ 01-2447162, 💻 www.cancayvento-hotel.com. Großes Hotel mit großer Auswahl unterschiedlicher Zimmer, 2 Pools und Kinderspielplatz. Zimmer mit Bad, Warmwasser und TV. WLAN, Vermietung von Fahrrädern und Reitpferden. ❹

Transport

Verschiedene **Busse** und **Sammeltaxis** fahren nördlich der Altstadt und des Río Rímac, an der Av. Túpac Amaru in Höhe der Universidad de Ingeniería, nach CANTA (ca. 3 Std., 102 km, über SANTA ROSA DE QUIVES) ab.

Von Canta über den Abra La Viuda nach Huayllay und Cerro de Pasco besteht keine Busverbindung. Der Verkehr auf der rauen, aber landschaftlich sehr reizvollen Hochlandpiste ist sehr spärlich, und wer trampt, muss viel Geduld mitbringen und auf kalte Nächte im Gebirge vorbereitet sein.

Lunahuaná

■ 1–2 Tage

Der nette, sonnenverwöhnte Ort liegt 182 km südöstlich von Lima auf 479 m Höhe und ist mit dem Bus in rund 3 Std. zu erreichen. Lunahuaná ist der Ausgangspunkt für ganzjährig veranstaltete **Rafting-Touren** auf dem attraktiven **Río Cañete**. Sie sind besonders für Anfänger geeignet; Fortgeschrittene kommen eher zwischen Dezember und April auf ihre Kosten, wenn der Wasserstand erheblich höher ist und die Stromschnellen an einigen Stellen Klasse III–IV erreichen. Aufgrund des ganzjährig angenehmen Klimas kommen auch Kletterer, Mountainbiker und Gleitschirmflieger gerne hierher.

Die Gegend um Lunahuaná ist ein **Weinanbaugebiet**, und Pisco sowie Wein können in den dortigen Winzereien *(Bodegas)* probiert werden. Empfehlenswert ist die kleine, authentische Bodega Reina de Lunahuaná (Catapalla, ca. 6 km nördl. von Lunahuaná). Bedeutsam ist ebenfalls die Produktion von Mispelfrüchten *(Níspero)*. In der Nähe des Ortes liegen die nicht sonderlich spektakulären Ruinen von **Incahuasi**.

Übernachtung und Essen

Hostal Los Andes, Los Andes s/n, ✆ 01-2841041. Sehr angenehme, ruhige Anlage mit nettem Garten und Parkplatz. Gute Zimmer mit Bad, Warmwasser und TV. ❷

Regina Hotel & Camping, Tacna 320, ✆ 01-2841147, ✉ reginahoteles@gmail.com. Schöne Zimmer mit Balkon, TV und Minibar. Das Hotel verfügt über einen Pool und Parkplatz. Rafting und Touren in die Umgebung können organisiert werden; Frühstück inkl. ❹ Camping 20 S/. p. P. (ohne Frühstück).

Hotel Río Alto, Hauptstraße KM 39, ✆ 01-2841125, 💻 www.rioaltohotel.com. Einfache, etwas überteuerte Zimmer mit Bad und TV. Großer Pool, Restaurant, Parkplatz und Zugang zum Fluss. ❹

Es gibt mehrere Restaurants an der Plaza und am Ortseingang, entlang der Hauptstraße Richtung Cañete. Gut ist das **Restaurant El Pueblo**, Grau 408, das auch Flussgarnelen *(Camarones del río)* anbietet.

Camping

In und um Lunahuaná finden sich jede Menge Campingplätze am Fluss, u. a. **San Jerónimo** (s. „Rafting") oder das Regina Hotel (s. oben). Die sanitären Einrichtungen sind in aller Regel spartanisch, warmes Wasser selten.

Sonstiges

Feste

In Lunahuaná wird viel und gern gefeiert.
Im Januar begeht man das **Festival del Señor de los Milagros**. Abenteuersportler kommen

während des **Sportfestivals** im Februar/ März auf ihre Kosten. Am ersten Märzwochenende findet das große Weinfest **Festival de la Uva** statt. Der Schutzpatron **Santiago** steht im Mittelpunkt der Feierlichkeiten des 25. Juli. Im Oktober wird das **Festival del Níspero** gefeiert.

Rafting *(Canotaje)*

Zahlreiche Anbieter und auch die meisten Hotels arrangieren Floßfahrten. Die rund 2–3-stündigen Touren (inkl. Einweisung) beginnen meist einige Kilometer oberhalb des Ortes und enden in oder unterhalb von Lunahuaná (Streckenlänge je nach Tour 5–21 km). Die Preise beginnen bei 60 S/. p. P. für eine kleine Gruppe (Min. 3–4 Pers.). Die beste Zeit für das Rafting sind die Monate Dez–April.

Xtreme Raft, Grau 329, ✆ 01-2841264, 💻 www.extremeraft.com. Hat neben Rafting auch andere Abenteuersportarten im Programm.

Warko Adventures, KM 33 der Straße von Cañete nach Lunahuaná, ✆ 997130206 (Mobil), 💻 www.warkoadventures.com. Sie offerieren auch mehrtägige Rafting-Touren und dreitägige Ausflüge nach Huancaya, Rafting inklusive.

Río Cañete Expediciones, KM 33 Lunahuaná, ✆ 01-2841271, 💻 www.riocanete.com. Zum Unternehmen gehört der Campingplatz San Jerónimo am Fluss, der mit einer Kletterwand aufwarten kann.

Transport

Soyuz und Perú Bus, s. „Lima/Transport" S. 181, fahren ständig bis Cañete (140 km, 2 Std.). An der Abzweigung nach Lunahuaná steigt man aus und nimmt von dort Combis oder Mototaxis nach Lunahuaná (37 km, 30 Min.).

Reserva Paisajística Nor Yauyos Cochas

Tolle Berglandschaften erwarten alle diejenigen, die sich von Lunahuaná auf der wenig befahrenen, kurvenreichen und engen RN 22 Richtung Huancayo bewegen. Nach rund 120 Kilometern wird bei **Alis** (3107 m) die Abzweigung zur Reserva Paisajística Nor Yauyos Cochas und zu den pittoresken Andendörfern Huancaya (3554 m; nicht zu verwechseln mit Huancayo weiter östlich) und Vilca erreicht, die beide am unwirklich schönen Oberlauf des Río Cañete liegen.

Viel mehr als nur eine Berghütte

110 km südöstlich von Lunahuaná (280 km von Lima) erreicht man in **Viñac** das **Refugio Viñak-Reichraming**. Die luxuriöse Hochgebirgshütte mit Open-Air-Jacuzzi und komfortablen Zimmern ist in einer wunderschönen Berglandschaft auf 3100 m gelegen. Sie verfügt über exzellente Mountainbikes, Pferde und die dazugehörenden Guides, ist aber nur über eine schlechte Piste mit sehr sporadischem Verkehr zu erreichen (Fahrzeit ab Lima ca. 5 Std.). Bezüglich der An- bzw. Abreise ab/bis Lima oder Lunahuaná sollte man das Büro in Lima kontaktieren: Emilio Cavenecia 225, Of. 321, San Isidro, ✆ 01-4217777, 💻 www.refugiosdelperu.com. Mo–Do ❹, Fr–So ❺

Das 221 268 ha große Naturreservat **Reserva Paisajística Nor Yauyos Cochas**, ein wunderschönes Wandergebiet mit zahllosen Bergseen, Wasserfällen und Inkawegen zu Füßen des Doppelgipfels des 5750 m hohen Nevado Pariacaca, lohnt eine mehrtägige Erkundung. Ein guter Ausgangspunkt mit Hotels und Restaurants ist **Huancaya**. Sehenswert ist die Brücke aus Kolonialzeiten über den Río Cañete oberhalb des Orts. Ansonsten lässt sich das Reservat auch von Jauja (S. 408) und Huancayo (S. 410) im Mantaro-Tal erreichen. Die Abzweigung befindet sich entlang der Straße La Oroya-Huancayo bei KM 42,5 (Puente Pachacayo).

Von Huancaya führt eine Straße in das verschlafene **Vilca**, das Ex-Präsident Fujimori gerne mit dem Hubschrauber auf einen Kurzurlaub besuchte. Außerhalb des Orts hat der Río Cañete einen sehenswerten Wasserfall und oberhalb davon die Laguna Papacocha zu bieten.

Wer bei der Kreuzung Alis geradeaus fährt, erreicht bald darauf das kleine Andendorf **Tomás**, wo es eine einfache Übernachtungsmöglichkeit gibt. Nach rund weiteren 20 km wird der 4666 m hohe Abra Negro Bueno überquert. Über zahlreiche kleine Dörfer wird **Chupaca** erreicht (rund 105 km nordöstlich von Alis), von dem es nur noch 15 km bis Huancayo sind.

Übernachtung und Essen

Huancaya

Zahlreiche einfache und günstige Hospedajes (überwiegend mit Gemeinschaftsbad) befinden sich in Huancaya, z. B. **Los Rosales**, ✆ 01-4599489, ✉ losrosales_hya@hotmail.com, und **La Posada de Don Pedro**, ✆ 01-8106087, beide mit einem einfachem Restaurant. Beide ❶–❷

Zelten ist oberhalb der Kolonialbrücke auf der linken Flusseite erlaubt. Obwohl das Wasser des Flusses glasklar erscheint, kann es durch Tierexkremente von weiter oberhalb weidenden Tieren verunreinigt sein. Auch zum Kochen sollte daher Wasser aus anderen Quellen benutzt werden!

Vilca

In Vilca gibt es eine einfache **Hospedaje** an der Plaza und um die Ecke eine Essmöglichkeit. Außerhalb von Vilca ist **Zelten** bei den Wasserfällen ebenfalls gestattet.

Lima

Touren

Für **Wanderungen** sollte wegen der Entlegenheit der Bergregion auf spezialisierte Guides und Veranstalter zurückgegriffen werden. Empfehlenswert sind Marco Jurado Ames (s. „Huancayo/Touren", S. 413) und Bruno Castro (s. „Lima/Aktivitäten und Touren", S. 175).
Von Lunahuaná aus werden dreitägige Touren (s. Lunahuaná/Rafting) nach Huancaya angeboten, die auch Rafting auf dem Río Cañete mit einschließen.

Transport

Es gibt keine Direktverbindungen von Cañete oder Lunahuaná nach Huancaya. Mehrmals tgl. passieren Busse aus CAÑETE die Kreuzung Alis. Von dort sind es rund 16 km bis Huancaya und 35 km bis Vilca. Es gibt unregelmäßigen Verkehr mit Sammeltaxis.
Von Tomás bzw. Alis fahren morgens Busse nach HUANCAYO. Für die Anfahrt von Huancayo nach Huancaya s. „Huancayo/Transport", S. 414.

Südperu

Stefan Loose Traveltipps

3 Cusco Perus Touristenhauptstadt bietet eine reizvolle Altstadt, bedeutende Ruinen der Inka-Kultur und imposante Kolonialgebäude. S. 220

4 Urubamba-Tal Das Heilige Tal der Inkas lockt mit sehenswerten archäologischen Stätten, indianischen Märkten und eindrucksvollen Berglandschaften. S. 252

5 Inkatrail nach Machu Picchu Wer möchte nicht auf dem berühmtesten Wanderweg Südamerikas zur meistbesuchten Ruinenstätte der Inkas laufen? S. 265

6 Parque Nacional Manu Expedition in eines der artenreichsten Naturschutzgebiete des Planeten. S. 289

7 Colca-Canyon In einem der tiefsten Canyons der Welt kann man wandern, Kondore beobachten oder in heißen Quellen baden. S. 353

8 Nazca-Linien Nur aus der Luft lassen sich die riesigen Scharrbilder angemessen bewundern. S. 379

9 Oase Huacachina Eine richtige Oase, umgeben von märchenhaften Sanddünen, die man mit dem Sandboard herabgleiten kann. S. 390

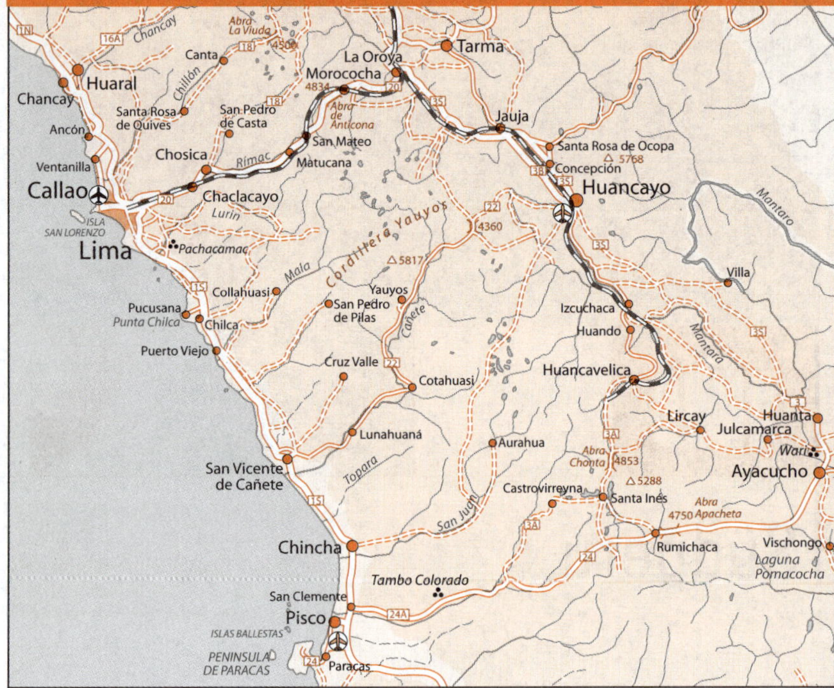

Von Lima nach Cusco

Wer Zeit und Muße hat, sich auf ein Stück weitestgehend unverfälschtes Peru abseits der Touristenströme einzulassen, dem sei diese Route über die Anden, die trotz unvergleichlicher **landschaftlicher Schönheit** zu einer der weniger besuchten Regionen des Landes gehört, empfohlen. Den Besucher erwarten zahlreiche **archäologische Stätten**, darunter Vilcashuamán, Choquequirao oder Tarawasi, freundliche Menschen, ursprüngliches Brauchtum, traditionelles Kunsthandwerk und fantastische Berglandschaften. Westlich von Cusco liegt die imposante und kaum erschlossene Cordillera Vilcabamba, ein Paradies für erfahrene Wanderer, denen zahlreiche abenteuerliche **Wanderrouten** zur Verfügung stehen, von denen viele schon seit Jahrhunderten von der indianischen Bevölkerung einst als wichtige Verbindungswege zwischen ihren Städten und heute als Zugang zu entlegenen Andendörfern genutzt werden. Inmitten der wilden Bergkette thront der mächtige, 6271 m hohe **Nevado Salkantay**, der umwandert (S. 218) oder bestiegen werden kann. In den letzten Jahren sind Wanderungen in dieser Region immer beliebter geworden, besonders der Trek nach **Choquequirao** (S. 215) zieht immer mehr Besucher an. Von Abancay bestehen Anschlussmöglichkeiten nach Nazca, Andahuaylas und Cusco.

Die mehrheitlich indianische Bevölkerung lebt, auf viele kleine Dörfer verteilt, hauptsächlich von Subsistenz-Landwirtschaft und Tierhal-

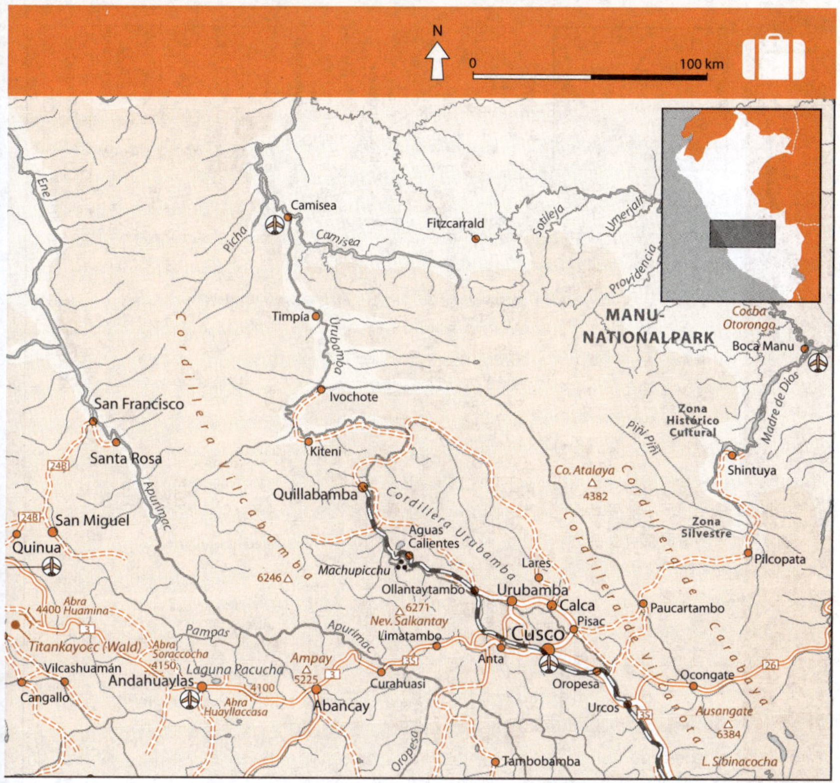

tung. Es kam also nicht von ungefähr, dass die maoistischen Befreiungstheorien der Terrorgruppe Leuchtender Pfad *(Sendero Luminoso)* gerade im zentralen Hochland der Anden auf einen fruchtbaren Nährboden fielen (S. 202). Heutzutage hat sich die Sicherheitslage komplett entspannt.

Die Infrastruktur des südlichen Hochlands verbessert sich ständig. So kann man inzwischen von Lima bis Huancavelica und von Ayacucho bis Cusco auf einer fast durchgehend asphaltierten Straße reisen. In der Regenzeit können allerdings Erdrutsche und Geröllawinen das Reisen behindern. Näheres zum ersten Teilstück dieser Strecke von Lima nach Ayacucho und zu den Orten Jauja, Concepción, Huancayo im Kapitel „Zentralperu", S. 408.

Ayacucho

Jahrhundertelang war Ayacucho (ca. 150 000 Einwohner) nur über Fuß- und Eselspfade mit der Außenwelt verbunden. Erst in den 1920er-Jahren baute man eine Straßenverbindung zur Küste. Die Abgeschiedenheit der Region hat dazu geführt, dass sich die vielfältigen **traditionellen Bräuche** und das abwechslungsreiche **Kunsthandwerk** erhalten haben. Das Stadtbild im Zentrum ist immer noch von **kolonialen Gebäuden** geprägt – es überwiegen weiß getünchte Fassaden mit engen Holzbalkonen und Ziegeldächern. Ayacucho ist bekannt für seine zahlreichen **Kirchen** – es sind mehr als dreißig. Sehr aufwendig und mit besonderer Hingabe werden die **Osterprozessionen** begangen.

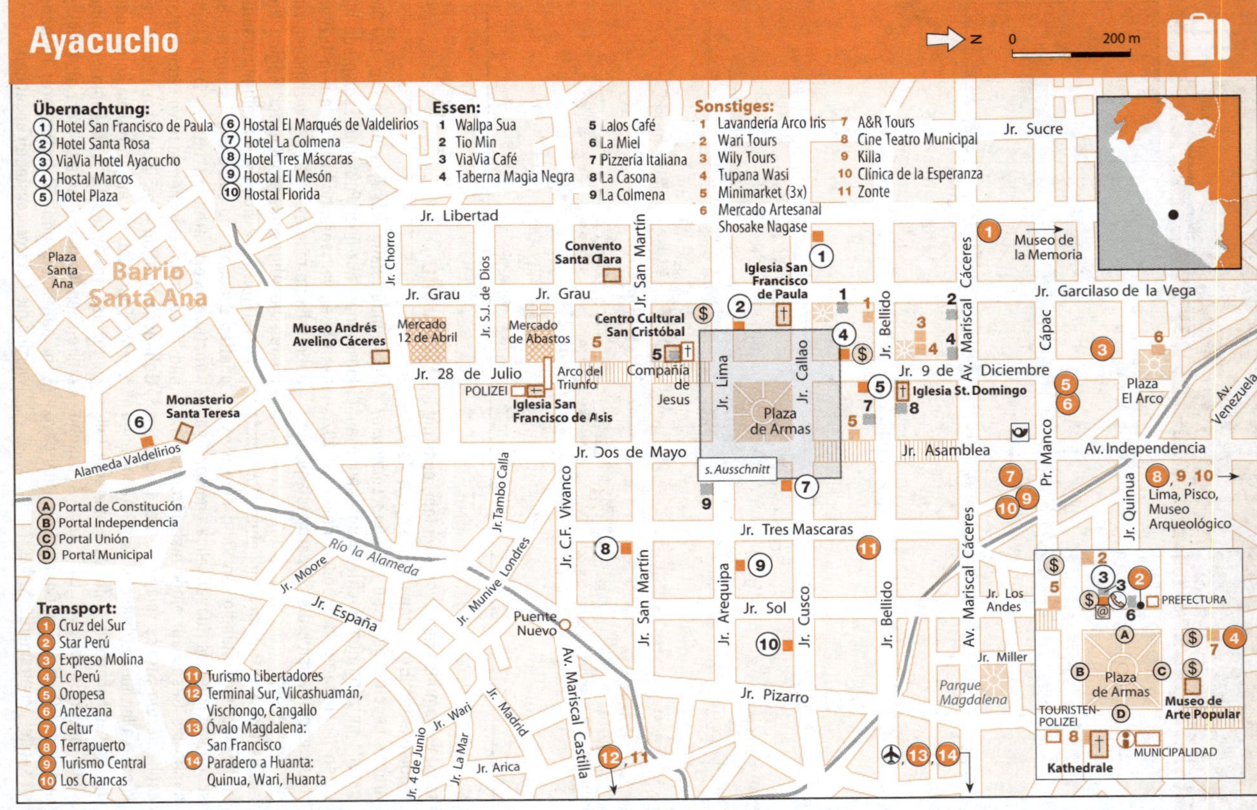
Ayacucho
N
0
200 m
Übernachtung:
1 Hotel San Francisco de Paula
2 Hotel Santa Rosa
3 ViaVia Hotel Ayacucho
4 Hostal Marcos
5 Hotel Plaza
6 Hostal El Marqués de Valdelirios
7 Hotel La Colmena
8 Hotel Tres Máscaras
9 Hostal El Mesón
10 Hostal Florida
Essen:
1 Wallpa Sua
2 Tio Min
3 ViaVia Café
4 Taberna Magia Negra
5 Lalos Café
6 La Miel
7 Pizzería Italiana
8 La Casona
9 La Colmena
Sonstiges:
1 Lavandería Arco Iris
2 Wari Tours
3 Wily Tours
4 Tupana Wasi
5 Minimarket (3x)
6 Mercado Artesanal Shosake Nagase
7 A&R Tours
8 Cine Teatro Municipal
9 Killa
10 Clínica de la Esperanza
11 Zonte
A Portal de Constitución
B Portal Independencia
C Portal Unión
D Portal Municipal
Transport:
1 Cruz del Sur
2 Star Perú
3 Expreso Molina
4 Lc Perú
5 Oropesa
6 Antezana
7 Celtur
8 Terrapuerto
9 Turismo Central
10 Los Chancas
11 Turismo Libertadores
12 Terminal Sur, Vilcashuamán, Vischongo, Cangallo
13 Óvalo Magdalena: San Francisco
14 Paradero a Huanta: Quinua, Wari, Huanta
Plaza Santa Ana
Barrio Santa Ana
Monasterio Santa Teresa
Alameda Valdelirios
Museo Andrés Avelino Cáceres
Mercado 12 de Abril
Mercado de Abastos
Convento Santa Clara
Centro Cultural San Cristóbal
Iglesia San Francisco de Asis
Arco del Triunfo
POLIZEI
Compañía de Jesus
Iglesia San Francisco de Paula
Plaza de Armas
s. Ausschnitt
Iglesia St. Domingo
Museo de la Memoria
Plaza El Arco
Lima, Pisco, Museo Arqueológico
Puente Nuevo
Parque Magdalena
Río la Alameda
Jr. Chorro
Jr. Libertad
Jr. Grau
Jr. S.J. de Dios
Jr. 28 de Julio
Jr. San Martín
Jr. Lima
Jr. Callao
Jr. Bellido
Jr. Sucre
Av. Mariscal Cáceres
Jr. Garcilaso de la Vega
Cápac
Av. 9 de Diciembre
Av. Venezuela
Av. Independencia
Jr. Quinua
Pr. Manco
Jr. Asamblea
Jr. Dos de Mayo
Jr. Tres Mascaras
Jr. Arequipa
Jr. Cusco
Jr. Sol
Jr. Pizarro
Jr. C.F. Vivanco
Jr. Tambo Calla
Jr. Munive Londres
Av. Mariscal Castilla
Jr. Madrid
Jr. Arica
Jr. La Mar
Jr. Wari
Jr. 4 de Junio
Jr. Moore
Jr. España
Jr. Los Andes
Jr. Miller
PREFECTURA
Museo de Arte Popular
MUNICIPALIDAD
Kathedrale
TOURISTEN-POLIZEI

Geschichte

Erste Anzeichen menschlicher Besiedlung datieren von vor rund 10 000–15 000 Jahren; sie wurden in der Höhle Pikimachay gefunden, kaum 24 km von Ayacucho entfernt. Erste feste Ansiedlungen mit kleineren, von der Chavín-Kultur beeinflussten **Zeremonialzentren** entstanden ab 1500 v. Chr. in Rancha, Chupas und Wichqana. Mit dem Ende der Chavín-Kultur bildeten sich im Tal von Ayacucho Kleinstaaten, die ihre Bewässerungstechniken und landwirtschaftlichen Anbaumethoden perfektionierten sowie Handelskontakte zu den Völkern der Pazifikküste unterhielten.

Im 6. Jh. n. Chr. kam es zu Vereinigungsprozessen, aus denen sich die **Wari-Kultur** herausbildete, die sich in ihrer Blütezeit von 900–1200 n. Chr. über weite Teile Perus ausbreitete. Die Wari-Hauptstadt, in der bis zu 10 000 Menschen gelebt haben sollen, befand sich rund 22 km nordöstlich von Ayacucho (S. 206). Der Verfall der Wari-Städte im 13. Jh. und die wachsende Bedrohung von außen veranlassten zahlreiche Völker der Zentralanden, sich zur Konföderation Chankas zusammenzuschließen. Schließlich gelang es den **Inkas** aber doch, das Gebiet zu erobern und die widerspenstigen Besiegten in andere Landesteile umzusiedeln. Die Inkas errichteten mit Vilcashuamán ein wichtiges Regionalzentrum.

Die Spanier suchten einen strategisch günstig gelegenen Ort auf der langen Strecke zwischen Lima und Cusco, und 1539 gründete **Francisco Pizarro** die Niederlassung Ayacucho unter dem Namen San Juan de la Frontera. Nur ein Jahr später benannte man sie in Huamanga um, ein auch heute noch gebrauchter Name. Handel, Landwirtschaft und Bergbau ließen die Stadt im 16. und 17. Jh. aufblühen. Die Textilindustrie entwickelte sich, Ayacucho bekam eine eigene Universität und wurde zum **Erzbistum** ernannt.

In dieser Zeit wurden die meisten Kirchen und Herrschaftshäuser gebaut. Mit dem Erschließen alternativer Handelsrouten und dem **Verfall der Minen** zogen viele wohlhabende Spanier in andere Landesteile, und die Bedeutung Ayacuchos nahm beständig ab.

In den **Unabhängigkeitskriegen** gewannen die Truppen Bolívars und Sucres in der Pampa de Quinua, unweit der Stadt, am 9. Dezember 1824 eine entscheidende Schlacht gegen die königlichen Truppen. Huamanga gehörte somit zu einer der letzten Regionen Perus, die vom spanischen Joch befreit wurden. Der Name der Stadt wurde in Ayacucho abgeändert, was auf Quechua so viel wie „Ort der Toten" bedeutet.

Die Verelendung und Verarmung in weiten Teilen der peruanischen Zentralanden bot den idealen Nährboden für den jahrelangen Terror der maoistischen Gruppe **Leuchtender Pfad** *(Sendero Luminoso)*. Tausende starben, und zu Beginn des 21. Jhs. brachen mit dem Öffnen von Massengräbern und der Suche nach Schuldigen alte Wunden wieder auf. Dennoch ist die Aufarbeitung der Verbrechen ein wichtiger Bestandteil der nationalen Versöhnung (S. 202).

Ayacucho oder Huamanga?

Einige Einwohner Ayacuchos benutzen gelegentlich den alten Namen **Huamanga**, wenn sie von ihrer Stadt sprechen. Der Name Ayacucho wird von ihnen eher für das Departamento Ayacucho verwendet.

Sehenswertes

Das Zentrum der Stadt ist die Plaza de Armas, die auch Plaza Mayor de Huamanga oder Plaza Sucre genannt wird, da in ihrer Mitte eine Reiterstatue des Generals Sucre thront. An der Plaza, die von vier überdachten Bürgersteigen *(Portales)* eingerahmt ist, finden sich interessante Beispiele für die geräumigen Herrschaftshäuser *(Casonas)* der Kolonialzeit. Zu den schönsten zählen die **Casona Castilla y Zamorra** (Portal Municipal 50), der bereits 1550 gebaute **Palacio del Marqués** (Portal Unión 37), die **Casona**

Sicherheit

Tagsüber kann man sich im Zentrum ohne Probleme bewegen, sollte aber in der Marktgegend wie üblich etwas mehr Vorsicht walten lassen. Abends sollte man zu und von den außerhalb des Zentrums liegenden Orten ein Taxi bzw. Mototaxi nehmen.

Velarde Alvarez** (Portal Unión), und die **Casona Chacón** (Portal Unión 28).

Die **Kathedrale** wurde nach beinahe 30-jähriger Bauzeit im Jahr 1669 fertig gestellt. Sie beherbergt verschiedene Gold- und Silberaltäre, die überwiegend im überladenen Churrigueresco-Stil gearbeitet wurden. Viele wertvolle religiöse Gemälde zieren die dreischiffige Kirche.

Die **Iglesia Santo Domingo** wurde bereits 1548 gegründet. Lohnenswert sind die Sakristei und der mit kunstvollen Bildern geschmückte Kreuzgang.

Die **Iglesia San Francisco de Paula** besitzt die schönste Holzkanzel Ayacuchos. Das geschnitzte Hochrelief zeigt eine Darstellung der vier Evangelisten.

Die prächtig verzierte Kasettendecke im **Convento Santa Clara**, der 1568 von einem wohlhabenden Minenbesitzer erbaut wurde, ist ein schönes Beispiel des spanisch-maurischen Mudéjar-Stils. Von außen ist die Anlage eher schlicht.

Im 1552 von Franziskaner-Mönchen gegründeten **Monasterio Santa Teresa** täuscht das nüchterne Äußere darüber hinweg, dass im Inneren eine große Gemälde- und Skulpturensammlung untergebracht ist. Beeindruckend sind auch die reich vergoldeten Altäre der dreischiffigen **Iglesia San Francisco de Asis**.

Museo de la Memoria

Das 2005 mit Hilfe deutscher Entwicklungshilfegelder eröffnete **Museum der Erinnerung** erinnert an die Opfer des Bürgerkriegs. Zu Beginn der 80er-Jahre begann der Terror der Guerillaorganisation „Leuchtender Pfad" (S. 202), der vor allem in der Region Ayacucho Tausende von Menschenleben kostete. Betrieben wird das Museum von der Nationalen Vereinigung von Angehörigen der Entführten, Verhafteten und Verschwundenen (ANFASEP), mehrheitlich einfachen Quechua-Bäuerinnen, die im Museum auch selbstgefertigte Textilien verkaufen. Prolongación Libertad 1229, ✆ 066-317170. ◷ Mo–Fr 9–13, 15–18 Uhr (am Wochenende nach Anmeldung), 2 S/. (Führung gegen Spende).

Öffnungszeiten der Kirchen

Die meisten Kirchen haben früh morgens und spät nachmittags geöffnet, wenn Messen stattfinden. Die genauen Uhrzeiten sind bei der Touristeninformation zu erfahren (s. „Sonstiges/Informationen").

Wie die meisten Kirchen Ayacuchos besitzt auch die 1605 erbaute **Iglesia La Compañía de Jesus** einen Grundriss in Form eines lateinischen Kreuzes. Im Inneren stehen filigran geschnitzte Skulpturen und ein attraktiver Hauptaltar.

Das **Viertel Santa Ana** im Süden der Stadt beherbergt zahlreiche kleine Kunsthandwerkstätten und Ateliers. Oberhalb des Viertels liegt der Aussichtspunkt **Mirador Turístico** mit schönem Blick auf Ayacucho.

Neben den mehr als dreißig Kirchen besitzt Ayacucho einige sehenswerte Museen. Das **Museo Arqueológico Hipólito Unanue y Jardín Botánico de Cactáceas**, Av. Independencia s/n, ✆ 066-312056, befindet sich im Centro Cultural Simón Bolívar. Zu sehen sind Keramiken der wenig erforschten Wari-Kultur (auch Huari geschrieben), außerdem einige Exponate der Mochica- und Nazca-Kulturen. In einem kleinen Garten kann man verschiedene Kakteenarten bewundern. ◷ Di–So 9–13 und 15–17 Uhr, 3 S/.

In der Ausstellung des **Museo de Arte Popular Joaquín López Antay**, Portal Unión 28 (Banco de Crédito), erhält man einen schönen Überblick über die wichtigsten kunsthandwerklichen Produkte Ayacuchos (Silberarbeiten, Holzaltar, Wandteppiche, Alabaster- und Holzschnitzereien). ◷ tgl., Eintritt frei.

Das **Museo Andrés Avelino Cáceres**, 28 de Julio 508, trägt den Namen des Kriegshelden Cáceres, der während des Pazifikkriegs gegen Chile (1879–1883) die Truppen kommandierte. Dementsprechend stellt das Museum militärische Exponate aus dieser Epoche aus. ◷ Mo–Fr 9–13, 15–17, Sa 9–13 Uhr, 2 S/.

Übernachtung

Bei Besuchen zur Osterzeit sollten Zimmer weit im Voraus gebucht werden. Die Preise steigen in dieser Zeit, wie auch um den 28. Juli, stark an.

Hostal El Mesón, Arequipa 237, ✆ 066-312938, 💻 www.hotelelmesonayacucho.com. Helle, moderne und saubere Zimmer, im 3. Stock auch mit Stadtblick. WLAN. ❷

Hostal Florida, Cuzco 310, ✆ 066-312565, ✉ hostalflorida@hotmail.com. Saubere Zimmer mit TV. Grüner Innenhof, schöne Terrasse mit Blick auf die Stadt. WLAN, Frühstück gegen Aufpreis. ❷

Hotel La Colmena, Cusco 140, ✆ 066-311318, ✉ cesarde95@hotmail.com. Günstiges, nettes Hotel in Plazanähe. Die Zimmer mit Bad und TV sind etwas klein. WLAN nur im 1. Stock. Frühstück gegen Aufpreis. ❷

Hostal Tres Máscaras, Tres Máscaras 194, ✆ 066-312921, ✉ hotel_tresmascaras@yahoo.com. Große Zimmer mit Bad und TV, wahlweise auch mit Gemeinschaftsbad. Schöner Garten mit Blick über die Stadt, WLAN. Frühstück kostet extra. ❷

Hostal El Marqués de Valdelirios, Alameda Valdelirios 720, ✆ 066-317040. Etwas abseits vom Zentrum in einem schönen Kolonialhaus. Ruhige Lage, aber unterschiedliche, leicht überteuerte Zimmer. WLAN. Frühstück inkl. ❷

Hostal Marcos, 9 de Diciembre 143, ✆ 066-316867, 💻 www.hostalmarcos.com. Zentral gelegen, ruhig und sauber. Gute, große Zimmer. WLAN, Frühstück inkl. ❷

Hotel San Francisco de Paula, Callao 290, ✆ 066-312353, 💻 www.hotelsanfranciscodepaula.com. Vor allem die neuen und ein wenig teureren Zimmer überzeugen mit Telefon, WLAN und Zimmerservice. Außerdem Restaurant, Parkplatz und Aussichtsterrasse. Frühstück inkl. ❸

ViaVia Hotel Ayacucho, Portal Constitución Nr. 4, 2. Stock, Plaza de Armas, ✆ 066-312834, 💻 www.viaviacafe.com. Moderne, unterschiedlich dekorierte Zimmer, die alle nach innen liegen. Außerdem zwei geschmackvollen Suiten, die mit Kühlschrank und Microwelle ausgestattet sind und sich über zwei Stockwerke verteilen. Siehe auch „Essen". WLAN und Frühstück. inkl. ❹

Hotel Santa Rosa, Lima 166, ✆ 066-314614, 💻 www.hotel-santarosa.com. Gute Lage dicht an der Plaza. Die etwas altmodischen, aber großen Zimmer bieten Bad, TV, Telefon und Kühlschrank. Restaurant, WLAN, Internet, Wäscherei, Parkplatz, Frühstücksbuffet inkl. ❹

Hotel Plaza, 9 de Diciembre 184, ✆ 066-312202, 💻 www.dematourshoteles.com. Bestes Hotel der Stadt an der Plaza de Armas. Gute Zimmer mit Bad, TV und Telefon. Restaurant (Zimmerservice) und Bar, WLAN, Flughafentransfer, Parkplatz, Frühstück inkl. ❺

Essen

Typische regionale Küche kann man auf der sonntäglichen **Feria Dominical de Bebidas y Comidas Típicas** an der Plaza El Arco, am Nordende der Jr. 9 de Diciembre, zwischen 10–17 Uhr probieren.

Im Innenhof des **Centro Cultural San Cristóbal**, 28 de Julio 178, in Plazanähe, befinden sich verschiedene gute Restaurants und Cafés.

Cafés

Lalos Café, 28 de Julio 178 (Int. 115). Gutes Frühstück, Mittagsmenü, Kaffee und leckerer Kuchen. 🕓 Mo–Sa 8–23 Uhr.

La Miel, Portal Constitución 11-12. Eis, Kaffee und Kuchen, Obstsalat. 🕓 Mo–Sa 11–22, So 11–21 Uhr.

Chifa

Tío Min, Mariscal Cáceres 1179. Gute peruanisch-chinesische Küche. Nicht ganz billig, dafür aber große Portionen. 🕓 Mo–Sa 18.30–23 Uhr.

Hähnchen

Wallpa Sua, Garcilaso de la Vega 240. Beliebter Hähnchengrill in einem alten Kolonialhaus. 🕓 Mo–Sa 18–23 Uhr.

Internationale Küche

ViaVia Café, Portal Constitución Nr. 4, Plaza de Armas, 2. Stock. Ayacuchos bestes Restaurant bietet einen schönen Plazablick von der Terrasse und eine umfangreiche, gemischte Karte mit relativ hohen Preisen. Neben Frühstück stehen Mo–Fr drei Mittagsmenüs (darunter ein vegetarisches) zur Auswahl, Sa nur eines. Abends gibt es auch á la carte mehrere vegetarische Optionen. WLAN. 🕓 Mo–Sa 7.30–22, Fr–Sa 7.30–23.30 Uhr.

Die nächtlichen Eindringlinge kannten die Ortschaft oder waren von ihren Komplizen aus der Nachbarschaft genau informiert worden. Sie stellten Wachposten an den Ortseingängen auf, durchkämmten alle Häuser, holten die Leute gezielt anhand einer Liste aus dem Schlaf und trieben sie mit Fußtritten und Stößen zum Platz vor der Kirche. „Einige trugen Turnschuhe und andere Gummisandalen, ein paar gingen barfuß", beschreibt Vargas Llosa, Perus wohl bekanntester Schriftsteller, die *Senderistas* in seinem 1993 erschienenen Roman *Tod in den Anden*. Die Gesichter waren unverhüllt, nur zwei oder drei trugen eine Wollkappe, fast alle jedoch Maschinenpistolen, Knüppel, Macheten und Messer. „In ihren Reihen überwogen die jungen Burschen und Männer, aber es gab auch Frauen und Kinder, von denen einige keine zwölf Jahre alt sein mochten". Dann fingen sie an zu singen: „Hymnen an die proletarische Revolution, in Spanisch und Quechua, worin sie verkündeten, dass das Volk dabei war, die Ketten zu sprengen." Und anschließend begannen die **Prozesse**. Gegen den Bürgermeister beispielsweise, der die Bewohner aufgefordert hatte, die Sympathisanten der Revolution ans Militär zu verraten. „Die Richter, das waren die Dorfbewohner", schreibt Llosa. „Allmählich, nachdem sie ihre Verwirrung überwunden hatten, getrieben von der eigenen Angst, der aufgeheizten Atmosphäre und dunklen Motiven – alte Streitereien, dumpfer Neid, Hass zwischen Familien – fassten die Einwohner sich ein Herz und baten ums Wort". Immer mehr Dorfbewohner traten auf den Platz hinaus und trugen ihre Klagen vor. Erhoben Stunden später ihre Hände, in denen schwere Steine lagen, mit denen sie auf die Verurteilten einschlugen. Auf die Sterbenden, die sie hatten niederknien und den Kopf auf die Schutzmauer des Wasserbrunnens legen lassen. „Nicht ein Schuss wurde abgefeuert", schreibt Vargas Llosa.

Manchmal hatten es die Aufständischen des Sendero Luminoso – des Leuchtenden Pfads – leicht, Anhänger in den bitterarmen, abgeschiedenen Dörfern zu finden. Die meisten Bauern jedoch waren gegen die Besetzung ihrer Häuser durch die Guerillagruppen, gegen den Raub ihrer Ernten und die Zwangsrekrutierung ihrer Kinder. Doch wer Widerstand leistete, bezahlte dies oftmals mit dem Leben. Doch nicht nur die Subversiven des Sendero Luminoso überzogen die Hochanden mit einem **Regime der Angst**: Der Staat begegnete der Gewalt mit Gegengewalt; Soldaten und Polizisten töteten und brandschatzten – und rechtfertigten dies mit dem Argument, die Bauern hätten mit den Aufständischen kollaboriert, sie versteckt, ihre Kinder rekrutieren lassen und ihnen Lebensmittel gegeben.

1970, nach der Spaltung der kommunistischen Partei Perus, gründete der charismatische Philosophieprofessor **Abimael Guzmán** nach maoistischem Vorbild den „Leuchtenden Pfad". El Presidente Gonzalo, wie Guzmán genannt wurde, lehrte an Ayacuchos Universidad Nacional San Cristóbal de Huamanga. Die Bewegung, die bis 1980 noch als Partei fungierte und erst danach den blutigen Volkskrieg begann, hatte sich zum Ziel gesetzt, die Gesellschaft radikal zu reformieren: Oligarchien sollten zerstört, Löhne erhöht und große Teile des Landes an die Campesinos zurückgegeben werden.

Am stärksten litt das Departamento Ayacucho, das bis heute zu den ärmsten des Landes gehört, unter den Repressalien des Leuchtenden Pfads. Doch bis Anfang der 90er-Jahre war es der Bewegung gelungen, im ganzen Land präsent zu sein, auch in den Städten. Und so kam es landesweit zu schweren **Menschenrechtsverletzungen**, überwiegend jedoch in den Regionen Ayacucho, Huancavelica und Apurímac. Diese Gebiete galten um 1990 als völlig isoliert, ihre Wirtschaft lag brach und ein Großteil der Bewohner war in die Zentren an der Pazifikküste geflüchtet.

Rund 20 Jahre dauerte der Bürgerkrieg, der 1983 und 1984 seinen Höhepunkt der Gewalt verzeichnete. Im Jahr 2000 wurde die **Wahrheitskommission** (Comisión de la Verdad y Reconciliación) ins Leben gerufen, um die zwischen 1980

Der Terror des „Leuchtenden Pfads". Außenfassade des Museo de la Memoria in Ayacucho

und 2000 begangenen Verbrechen zu recherchieren und Vorschläge zu erarbeiten, wie das Land versöhnt werden kann. Sie legte im August 2003 ihren Abschlussbericht vor. Danach sind im besagten Zeitraum rund 70 000 Menschen verschwunden und wahrscheinlich getötet worden: Campesinos, Senderistas, Polizisten, Soldaten. Rund 75 % der Opfer, so der Bericht, waren Indígenas und sprachen Quechua. Ruhiger wurde es erst nach der Festnahme von Guzmán am 12. September 1992, ein Erfolg, der der Regierung Fujimori zugeschrieben wird – zu Unrecht, wie viele meinen. Fest steht aber, dass Guzmáns Verhaftung wie ein tödlicher Schlag auf die nun führerlose Bewegung wirkte.

Die Überreste des Leuchtenden Pfads haben sich in zwei **Fraktionen** aufgesplittet: die „Acuerdistas" und „Proseguir". Die „Acuerdistas", die schätzungsweise 80 % ausmachen, befürworten heute eine politische Lösung. Sie haben – zumindest verbal – dem bewaffneten Kampf abgeschworen und unterstützen das von Guzmán 1993 erklärte Friedensangebot an den peruanischen Staat. Mitglieder der Fraktion „Proseguir" hingegen – laut Angaben der peruanischen Regierung etwa 170 Guerilleros – halten bis heute am bewaffneten Kampf fest. Sie agieren vor allem von der unzugänglichen Dschungelregion des Amazonasbeckens (den Flusstälern des Ene, des Apurímac und des Huallaga) aus. Dieser **Sendero Rojo**, wie er sich selbst nennt, setzt sich in erster Linie aus losen, marodierenden Banden zusammen, die ihre Waffenkäufe über Geschäfte mit der Drogen- und Holzmafia finanzieren. Allerdings gelang es der Polizei im Februar 2012 Florindo Flores Hala alias „Artemio", den letzten aktiven Rebellenführer der maoistischen Vereinigung „Leuchtender Pfad", im Nordosten des Landes festzunehmen.

Daher warnen die meisten peruanischen und internationalen Politologen und Soziologen davor, eine Reorganisation des Leuchtenden Pfades überzubewerten. Die Kriminalitätsrate in der Hauptstadt, schrieb ein Kommentator der Zeitschrift *Somos*, sei „erheblich schwerwiegender".

Martina Hahn

Landestypische Küche

La Casona, Bellido 463. Beliebt, große Portionen, Mittagsmenü. ⌚ tgl. 12–22.30 Uhr.

La Colmena, Cuzco 140, im gleichnamigen Hotel. Frühstück und Mittagsmenü. ⌚ tgl. 7–9.30, 12.30–15.30 Uhr (Sa kein Mittagessen).

Pizzerias

Magia Negra, 9 de Diciembre 293. Gute Pizzas. ⌚ Mo–Fr 18–24, Sa 18–1 Uhr.

Pizzería Italiana, Bellido 486. Leckere Holzofenpizza. ⌚ tgl. 17–23 Uhr.

Unterhaltung und Kultur

Discos, Kneipen und Livemusik

Ein guter abendlicher Treffpunkt mit guter Musik ist der Pub **Taberna Magia Negra**, 9 de Diciembre 293 (s. „Essen").

Beliebte Discos sind **Killa**, Hauptstraße nach Lima, beim Grifo Ayacucho, und **Zonte**, Ramón Castilla 910. Für beide Discos Taxis nehmen!

Live-Folkloremusik gibt es am Wochenende in der **Peña Tupana Wasi**, Bellido 213, 3. Stock (schmaler Eingang mit Treppe). ⌚ ab ca. 20 Uhr.

Es besteht die Möglichkeit, den Proben studentischer Tanz- und Musikgruppen wie der **Tuna Universitaria de Huamanga** oder dem **Centro de Folklore UNSCH** beizuwohnen. Die Touristeninformation an der Plaza kennt Orte und Zeiten der Proben.

Kinos

Cine Teatro Municipal, Dos de Mayo Ecke Lima, Plaza de Armas. ⌚ nur am Wochenende.

Feste

Die Touristeninformation hat eine detaillierte Liste aller Fiestas, die in Ayacucho und Umgebung stattfinden.

Das wichtigste Ereignis des Jahres ist die **Semana Santa**, die Osterwoche, die zu den bedeutendsten religiösen Festen in Peru zählt. Prunkvolle Prozessionen vor Tausenden von Gläubigen ziehen sich vom Viernes Dolores (eine Woche vor Karfreitag) bis zum Ostersonntag, an dem der Wiederauferstandene auf einem pyramidenartigen Tragegestell mit rund 3000 brennenden Kerzen ins Stadtzentrum getragen wird.

Wenn er nicht in die Osterfeierlichkeiten fällt, wird auch der Geburtstag von Ayacucho, der **Aniversario de Huamanga**, um den 25. April gefeiert.

Ein weiteres Highlight ist der **Karneval** (Februar oder März), der ausgelassen gefeiert wird.

Auch um den Welttourismustag am 27. September herum, den **Día Mundial de Turismo**, finden Aktivitäten statt.

Einkaufen

Besonders typisch sind die *Retablos*, kleine tragbare Holzaltare (bis zu 1 m hoch), die mit Szenen aus dem andinen Leben verziert sind. Dies trifft auch auf die *Piedras de huamanga*, geschnitzte Alabasterfiguren, und die *Platería* (barocke Silberarbeiten) zu. Sehenswert sind neben den Webarbeiten, die vorwiegend aus Schafwolle angefertigt werden, auch die Keramiken aus dem Dorf Quinua, die *Mates burilados*, geschnitzte Kalebassen, und die *Tablas de Sarhuá*, farbenfrohe Darstellungen ländlicher Motive auf Holzbrettern.

Kunsthandwerk

Außer auf dem Markt sind diese Arbeiten auf dem **Mercado Artesanal Shosake Nagase** an der Plaza El Arco, am Nordende der Jr. 9 de Diciembre, zu erwerben. Eine weitere Möglichkeit ist die **Plaza Santa Ana** im gleichnamigen Stadtviertel im Süden Ayacuchos. Hier haben Kunsthandwerker kleine Läden eröffnet.

Lebensmittel

Der **Mercado de Abastos** liegt an der Jr. Vivanco, zwischen 28 de Julio und Av. Grau und verkauft auch Kunsthandwerk.

Obst und Gemüse kann man auf dem einen Block weiter südlich gelegenen **Mercado 12 de Abril** kaufen.

Minimarkets gibt es in der Lima, Ecke 28 de Julio, Asamblea 153 oder 28 de Julio 236 erhältlich.

Touren

A & R Tours, 9 de Diciembre 130, ✆ 066-311300, 💻 www.viajesartours.com.

Wari Tours, Lima 138-B, ✆ 066-311415, 💻 www.waritoursayacucho.blogspot.com.

Wily Tours, 9 de Diciembre 209, ✆ 066-314075, 💻 www.wilytours.com.
Alle Veranstalter fungieren auch als Reisebüro, können Flüge arrangieren und bieten neben Citytouren auch Ausflüge in die Umgebung an.

Sonstiges

Geld

Geldautomaten befinden sich im Block 1 der Callao (schräg gegenüber vom Hotel Santa Rosa), an der Plaza de Armas bei der **Banco de Crédito**, Portal Unión 28, und der **Banco Continental** an der Ecke 9 de Diciembre/Callao und bei der **Interbank** in der 9 de Diciembre 183. US-Dollar und Euro wechselt man am Besten in den zahlreichen Wechselstuben im Portal de Constitución und dem Portal Unión an der Plaza de Armas. Vom Geldwechseln auf der Straße wird abgeraten.

Informationen

I-Perú, Plaza de Armas, Portal Municipal 45, ✆ 066-318305, ✉ iperuayacucho@promperu.gob.pe. 🕒 Mo–Sa 9–18, So 9–13 Uhr.

Internet

Es gibt zahlreiche Anbieter, z. B. im Gebäude des Hotes ViaVia an der Plaza de Armas, Portal Constitución Nr. 4.

Medizinische Hilfe

Clinica de la Esperanza, Av. Independencia 355 (im Hospital Central), ✆ 066-317436.

Polizei

Policía de Turismo, 2 de Mayo 101, ✆ 066-315345. 🕒 tgl. 8–21 Uhr.

Post

Serpost, Asamblea 293.

Telefon

Es gibt zahlreiche **Locutorios**, z. B. im Portal de Constitución.

Wäschereien

Lavandería Arco Iris, Bellido 316. Ganz in der Nähe, Av. Grau, befinden sich weitere Wäschereien.

Nahverkehr

Taxis kosten im Zentrum 3–4 S/., zum Terrapuerto und den anderen Busterminals 5 S/. und zum Flughafen ca. 7 S/. (Flughafentaxis in die Stadt 10 S/.).
Mototaxis kosten im Zentrum1,50 S/.

Transport

Die Stadt liegt ungefähr auf halber Strecke zwischen Cusco und Lima. Die Straße vom Küstenort Pisco nach Ayacucho ist vollständig asphaltiert und es bestehen regelmäßige Flugverbindungen in die peruanische Hauptstadt.

Busse und Colectivos

Die großen Überlandbusse (Lima, Huancayo, Ica, Andahuylas) fahren alle vom **Terrapuerto Wari**, Av. Javier Pérez de Cuellar (rund 10 Busminuten nördlich der Stadt), ✆ 066-311710, ab. Tickets können dort oder bei den Busunternehmen (s. unten) gekauft werden. Manche Busse starten auch vom **Terminal Sur**, Av. Cusco 416, Distrito San Juan (ca. 10 Min. von der Plaza de Armas).

Gesellschaften

Antezana, Manco Cápac 273, ✆ 066-311348
Celtur, Pasaje Cáceres 185, ✆ 066-313194
Cruz del Sur, M. Cáceres 1264, ✆ 066-312813. Die mit Abstand beste, aber auch teuerste Wahl
Expreso Molina, 9 de Diciembre 473, ✆ 066-319989
Los Chancas, Pasaje Cáceres 150, ✆ 066-312391
Oropesa, 9 de Diciembre 402, Ecke Manco Cápac
Turismo Central, Manco Cápac 462, ✆ 066-317873

Verbindungen

ABANCAY (Celtur, Los Chancas) 9–10 Std., 403 km. Keine Direktbusse, fährt über ANDAHUAYLAS (dort umsteigen).
ANDAHUAYLAS um 7.20 und 18.40 Uhr (Los Chancas) und um 7.30 und 19 Uhr (Celtur), 6–7 Std., 260 km, 25–30 S/. Auf der Strecke ist es nachts zu Überfällen gekommen (besser tagsüber fahren). Weiterfahrt von hier nach ABANCAY möglich.

CANGALLO Kleinbusse vom Terminal Sur fahren, wenn sie voll sind (ca. 4 Std., 100 km).
CUSCO (Los Chancas) mehrmals tgl., 14–15 Std., 601 km, ca. 50–60 S/. Fährt über ANDAHUAYLAS und ABANCAY. Die Busfahrten Richtung Cusco werden sich 2012/2013 um einige Stunden verkürzen (bei den Angaben bereits berücksichtigt), da die Strecke zwischen Ayacucho und Andahuaylas asphaltiert wird. Sollte auch die Straße bis Abancay durchgehend asphaltiert sein (2012/13) könnte es Direktbusse geben. Vor Ort erkundigen!
HUANCAVELICA (Antezana, Molina) um 7.30 oder 8 Uhr, 5 1/2–6 Std., 245 km, ca. 20 S/. Nur von Dezember bis Februar/März fahren die Busse nach Huancayo über Huancavelica. Vor Ort erkundigen. Man nimmt den Bus Richtung Lima vom Grifo Ayacucho (Tankstelle am Ortsausgang an der Straße von Ayacucho Richtung Lima; nicht im Terrapuerto einsteigen, da sonst der Fahrpreis nach Lima fällig wird). Nach 2–2 1/2 Std. steigt man an der Kreuzung Rumichaca in einen Kleinbus nach Huancaveliva um. Alternativ starten Combis um 5 und 8 Uhr (10 S/.) vom Paradero Huanta (Nähe Óvalo Magdalena). Ab Julcamarca geht es mit Sammeltaxis weiter nach Lircay (ca. 2 Std., 20 S/.) und von dort nach Huancavelica (2 1/2 Std., 25 S/., mangels Passagiere nicht immer an einem Tag machbar). Weitere Alternative: Richtung Huancayo und in Izcuchaca umsteigen.
HUANCAYO um 8 Uhr sowie vier weitere Abfahrten zwischen 20 und 21 Uhr (Expreso Molina) und um 20 Uhr (Turismo Central), 8 Std., 257 km, 30 S/. Fährt über HUANTA und IZCUCHACA.
HUANTA Combis fahren, wenn sie voll sind, vom Paradero a Huanta (1 Std., 4 S/.). Sammeltaxis von dort sind schneller, aber teurer (6 S/.).
ICA um 20.30 Uhr (Oropesa) und um 20.45 und 21.45 Uhr (Antezana), 8 Std., 389 km, 25–60 S/.
LIMA um 7.30, 8.30, 11 und mehrmals tgl. zwischen 20 und 22 Uhr (Expreso Molina), um 21, 22 und 22.15 (Turismo Libertadores) um 8, 20.40 und 22.15 (Antezana) und um 21 Uhr (Cruz del Sur), 9–9 1/2 Std., 565 km, 30–60 S/. (Expreso Molina, Antezana, Turismo Libertadores) bzw. 70–100 S/. (Cruz del Sur).
PISCO (6 Std., 356 km). Siehe Ica oder Lima; bis Kreuzung San Clemente und von dort mit einem Colectivo oder Taxi nach Pisco.
QUINUA Combis fahren, wenn sie voll sind, vom Paradero a Huanta (1 Std., 32 km, 4 S/.), Sammeltaxis kosten 5 S/.
SAN FRANCISCO (Río Apurímac) Zahlreiche informelle Anbieter starten früh morgens vom Óvalo Magdalena (6–8 Std., 192 km, ca. 35 S/.). Da das Gebiet nicht ungefährlich ist (Drogenanbau, Guerilla-Rückzugsgebiet), sollte man sich vor der Fahrt auf jeden Fall über die aktuelle Situation informieren!
VILCASHUAMÁN (3 1/2–4 Std., 118 km). Überwiegend morgens fahren Combis vom Terminal Sur über VISCHONGO.
WARI Combis fahren, wenn sie voll sind, vom Paradero a Huanta (35 Min., 22 km, 3 S/.).

Flüge

Der **Aeropuerto Mendivil Duarte**, Av. del Ejército 950, ✆ 066-312418, liegt im Osten der Stadt und ist mit Taxis (7 S/.) in ca. 10 Min. zu erreichen. Die Flughafengebühr von rund ca. 12 S/. war bislang nicht im Ticketpreis enthalten. Es gibt einen Geldautomaten.

LC Perú, 9 de Diciembre 160, ✆ 066-316012, 💻 www.lcperu.com, fliegt tgl. nach LIMA (ca. 1 Std.). 🕓 Mo–Sa 8.30–18.30, So 9–13 Uhr.

Star Perú, Portal Constitución 17, Plaza de Armas, ✆ 066-316676, 💻 www.starperu.com, fliegt tgl. nach LIMA. 🕓 Mo–Sa 8.30–19, So 8.30–12 Uhr.

Die Umgebung von Ayacucho

Viele der weiter entfernten Ausflugsziele sind nur umständlich oder mit großem Zeitaufwand zu erreichen. Wer in einer kleinen Gruppe reist, für den lohnen sich unter Umständen die Angebote der Tourveranstalter (s. „Touren", S. 204).

Complejo Arqueológico Wari und Quinua

Rund 22 km nordöstlich von Ayacucho liegt die ehemalige Hauptstadt der Wari (auch Huari geschrieben). Die ca. 1600 km² große Zone besteht aus den steinernen Überresten von Wohnräumen, Werkstätten, Zeremonialzentren, Grabstätten, Straßen und Steinkanälen für Trink- und Abwasser. Die Wari-Kultur (600–800 n. Chr.), die auf mysteriöse Weise verschwand, zeigt Einflüsse der Nazca-Kultur und der zeitlich etwas späteren Tiwanaku-Kultur.

Folgt man der Straße ab Wari Richtung Norden für weitere 15 km, gelangt man in den kleinen, malerischen Ort **Quinua** auf 3300 m Höhe. Das Dorf ist bekannt für seine Töpferarbeiten. Auf vielen Dächern sieht man Motive aus Ton, etwa kleine Kirchen, die vor bösen Geistern schützen sollen. Ein etwa 3 km entfernter weißer **Obelisk** markiert die Stelle der Unabhängigkeitsschlacht von Ayacucho im Jahr 1824.

Der archäologische Komplex Wari lässt sich mit allen Colectivos erreichen, die nach Quinua fahren (letzte Rückfahrt nach Ayacucho gegen 16.30 Uhr). Das **Ortsmuseum** stellt Keramiken und andere Fundstücke aus. ◷ tgl. 8–17 Uhr, 3 S/.

Huanta

Das kleine Kolonialstädtchen mit seinem angenehmen Klima auf 2628 m Höhe liegt rund 48 km nördlich von Ayacucho. Neben der Besichtigung einiger Kolonialbauten eignet sich ein Aufenthalt, um zu relaxen oder in der schönen Umgebung zu wandern. Es bestehen einfache Übernachtungsmöglichkeiten (Transport s. Ayacucho). Auf dem Weg nach Huanta kann man der Höhle **Pikimachay** einen Besuch abstatten. Ein Weg bei KM 24 führt in rund 20 Minuten zu der Höhle, in der Forscher bis zu 15 000 Jahre alte Überreste von Menschen und Tieren gefunden haben. Die Höhle sollte man am besten im Rahmen einer organisierten Tour ab Ayacucho besuchen.

Vilcashuamán

Lohnenswert ist auch der Besuch der Region um Vischongo (3126 m), dem Ausgangspunkt für eine Besichtigung der **Inkaruinen** von Vilcashuamán. Sie liegen rund 120 km südöstlich von Ayacucho. Mit dem Bau des wichtigen politischen und militärischen Zentrums wurde unter dem Inka Pachacútec begonnen, vollendet wurde die Anlage unter Huayna Cápac. Im Zentrum des archäologischen Komplexes, dessen Grundriss in Form eines Falken terassiert wurde, steht **Ushnu**, eine vierstöckige Pyramide, die zeremoniellen Zwecken diente. Auf ihr wurde aus einem Steinblock ein zweisitziger Thron für den Inka modelliert. ◷ tgl., 3 S/. Unweit der Pyramide steht die **Iglesia San Juan Bautista**, die auf den Überresten eines Inkabauwerks errichtet wurde.

Bereits vor Vischongo zweigt eine Piste zur **Laguna Pomacocha** ab, einer von den Inkas künstlich angelegten Lagune, an deren Ufer sich die Ruinen **Intihuatana** (Gehzeit ca. 1 1/2 Std., Eintritt 2 S/.) befinden. Mehrere Veranstalter bieten Ausflüge in das Gebiet an, das entweder im Rahmen einer sehr langen Tagestour oder etwas ausführlicher in einer zweitägigen Tour erlebt werden kann. Vischongo und Vilcashuamán sind auch mit öffentlichen Verkehrsmitteln erreichbar (s. „Ayacucho/Transport“, S. 205). In Vischongo kann man übernachten und an der Laguna Pomacocha ist Zelten möglich.

Titankayocc

Naturfreunde sollten den weltweit größten Wald von **Puya Raimondi**-Pflanzen (S. 514) nicht versäumen, der von **Vischongo** (ab dort auch mit Pferden erreichbar) aus in etwa 2–3 Gehstunden (zurück 1 1/2–2 Std.) zu erreichen ist. Das rund 450 ha große Areal, das zum Naturschutzgebiet erklärt werden soll, beherbergt Tausende Exemplare der größten Bromelienart der Erde. Der Wald dient zahlreichen Insekten, Säugetieren und Vögeln als Lebensraum. Die Einheimischen nennen die Pflanze **Titanka**, was übersetzt „verbrannte Blume“ bedeutet. Diesen Namen verdankt die Puya Raimondi der Tatsache, dass sie nach einmaligem Blühen abstirbt. Dabei färben sich die Blätter schwarz, was aussieht, als wäre die Pflanze verbrannt. Leider brennen die Einheimischen den unteren, stacheligen Teil der Puyas regelmäßig ab, damit sich ihre Weidetiere nicht verletzen.

Andahuaylas und Umgebung

Die landschaftlich interessante Strecke von Ayacucho nach Andahuaylas führt zunächst nach 45 km über den 4220 m hohen Pass **Abra Tocctoccasa**. Hier zweigt rechter Hand die Straße zu den Ruinen von Vilcashuamán ab. Weiter geht es eine ganze Weile über karge Hochebenen, bevor der lange Abstieg vorbei an Kakteenfeldern zur Brücke über den Río Pampas (KM 150) beginnt. Im heißen **Pampas-Tal** gedeihen Zuckerrohr, Zitrusfrüchte, Papayas und Avocados. Nun windet sich die Straße in nicht enden wollenden Kurven über Chincheross zum 4150 m hohen **Abra Soraccocha** hinauf. Dann geht es wieder bergab, bis schließlich nach langen und rauen 270 km Andahuaylas auf 2980 m erreicht wird.

Das rund 31 000 Einwohner zählende Städtchen liegt ungefägr auf halber Strecke zwischen Ayacucho und Cusco. Andahuaylas ist

Kartoffeln – das wahre Gold der Inkas

Ernesto tobt. Brüllt. Lässt sich zur Seite fallen und gräbt die winzige Faust wütend in die Erde. Sein Magen knurrt, und seine Augen brennen vom Qualm. „Shhh", versucht die Mutter das Kind zu beruhigen. „Shhh", wiederholt sie leise, während sie Reisig unter den Herd – ein paar Steine aus dem Flussbett – schiebt und ihr Haar, einen dicken schwarzen Zopf, vor den Funken in Sicherheit bringt. Doch der Zweijährige will sich nicht beruhigen. Erst als Graciela aufsteht, ihren weiten Wollrock glatt streicht, mit bloßen Händen eine heiße Kartoffel aus dem zerbeulten Blechtopf holt, sie kurz abkühlen lässt, Salz darüber streut und sie dem Kleinen reicht, hört Ernesto auf zu heulen.

Mittagspause in San José de Aymará, im Hochland Perus. Gracielas Feldküche unter knallblauem Himmel lockt die ersten Bauern von den Kartoffelfeldern. Seit Tagen läuft die **Ernte** auf Hochtouren. Schon bei Morgengrauen stehen die Männer und Frauen, Kinder und Großeltern auf den Äckern, die sich mit ihren Millionen weißen, rosa oder violetten Blüten wie ein bunter Flickenteppich die steilen Hänge hinaufziehen. Bis zum Sonnenuntergang arbeitet sich Jung und Alt gebückt, Hüfte an Hüfte und Schritt für Schritt, die kniehohen Büsche entlang – meist schweigend, denn die Arbeit strengt an. Auf über 4000 m Höhe ist die Luft dünn.

Die Finger der einen Hand umklammern die Harke, die der anderen sind gespreizt wie ein Rechen, der die Erde nach Früchten durchkämmt. Und Früchte gibt es in diesem Jahr zuhauf: Die Ernte ist gut, neben den Feldern liegen auf selbst gewebten Tüchern Berge von Kartoffeln: gelb, braun, violett, rosa oder pechschwarz. Mit Schalen, die aussehen wie von Schokosoße oder Sommersprossen überzogen. Oder Mondlandschaften, voller Krater und Beulen. Knollen, mal rund wie eine Mirabelle, mal lang wie ein Würstchen, krumm wie eine Banane, verbogen wie eine Brezel oder geschuppt wie ein Tannenzapfen. Im Geschmack nussig, bitter, süß oder mehlig. Über Tausend **verschiedene Sorten** wachsen in San José de Aymará auf den Versuchsfeldern des Internationalen Kartoffelinstituts – nicht mal ein Drittel der Kartoffelsorten, die hier in Peru heimisch sind. Doch eine Vielfalt, die die Hochlandbewohner – die Inkas ebenso wie ihre heute lebenden Nachfahren – seit mehr als 8000 Jahren zu schätzen wissen; gibt es hier doch dreimal täglich Kartoffeln: zum Frühstück, zum Mittag- und zum Abendessen.

Über 6000 kultivierte Kartoffelsorten, die von rund acht verschiedenen Arten stammen, sind derzeit weltweit bekannt. Von jeder Sorte dieses Knollengewächses gedeiht – dicht in Gläschen und Röhrchen verschlossen – jeweils ein Muster im erdbebensicheren Kühlraum des Internationalen Kartoffelinstituts (kurz CIP) in Lima. Denn Peru ist die **Heimat der Kartoffel**, und hier gibt es für jedes Klima, jeden Bodentyp, jede Tradition eine Sorte. Zu den kultivierten kommen noch rund 2000 wilde, nicht essbare Sorten, die diese **größte Kartoffel-Gen- und Zellbank der Welt** in der peruanischen Hauptstadt bereichern, sowie 6000 Süßkartoffelsorten. Diese Vielfalt an Erbanlagen wollen die Wissenschaftler des CIP schützen, um eine Waffe gegen den Hunger in der Dritten Welt zu entwickeln. Und um neue Sorten zu züchten, die die Hochlandbauern vor allem in den letzten Jahren benötigten, um ihre Kartoffelvielfalt beizubehalten.

Waffe gegen Hunger

In der Dritten Welt könnte die Kartoffel in den kommenden Jahren eine ähnliche Schlüsselrolle spielen wie im Europa des 18. Jhs., davon

das Zentrum einer stark ländlich und indianisch geprägten Region, die zu einer der ärmsten des Landes zählt.

An der Südseite der Plaza de Armas liegt die **Iglesia San Pedro**. Ihr gegenüber befindet sich die Municipalidad, in der das kleine **Museo Arqueológico** untergebracht ist, das zum Zeitpunkt der Recherche geschlossen war. Lohnenswert ist der große **Sonntagsmarkt** von Andahuaylas.

Rund 17 km nordöstlich des Ortes (10 km entlang der Strecke nach Abancay und 7 Pistenkilometer Richtung Norden) erreicht man die idyllisch gelegene **Laguna Pacucha**, einen schönen Bergsee mit dem gleichnamigen Dorf auf

sind die CIP-Forscher überzeugt. „Die Knolle hat die Industrielle Revolution erst möglich gemacht", sagt Sozialforscher Thomas Walker – so wie schon drei Jahrhunderte zuvor die Hochkultur der Inkas; nicht grundlos verehren die Bewohner des Andenhochlands die Kartoffel noch heute wie *Pachamama*, Mutter Erde. Mit der Kartoffel konnten die Bauern damals erstmals auf kleinerem Raum höhere Erträge erzielen. Mehr Menschen wurden satt. War der wahre Schatz der Neuen Welt also die Kartoffel – und nicht das Gold der Inkas? Ja, sagt Carlos Ochoa. „Rechnet man allein den Wert der europäischen Kartoffelernten der letzten 150 Jahre, dann war alles Edelmetall, das die Spanier oftmals genug gewaltsam nahmen, weniger kostbar als das, was die Neue Welt ihnen freiwillig gab: die Kartoffel", sagt der Mittachtziger, einer der bekanntesten Wissenschaftler Perus. Kaum einer hat die Knolle genauer erforscht als Ochoa, den die *Washington Times* einmal anerkennend „Indiana Jones der Kartoffel" betitelte. Kein anderer hat so viele wilde Kartoffelspezies entdeckt. Sogar in Gegenden, die sonst „so trocken sind wie die Wüste", in denen jedoch aufgrund der Feuchtigkeit plötzlich Kartoffelpflanzen blühten – für das CIP ein unendlich wertvoller Genschatz: Die Samen dieser Pflanzen hatten Resistenzen gegen Dürre in sich gespeichert, sodass die neuen Sorten angezüchtet werden konnten.

Ochoa ersinnt Strategien, um diesen „schlafenden Giganten" zu wecken, dem er sein ganzes Leben gewidmet hat. Strategien, mit denen das Potenzial der Knolle zur Hungerbekämpfung in Afrika, Asien oder Lateinamerika noch weiter ausgeschöpft werden kann. Denn was Nährwert, Kosten, Wachstumszeit und Ertrag angehe, sagt Ochoa, werde die Kartoffel von keiner anderen Kulturpflanze geschlagen. Ihren Siegeszug in Ländern des Südpazifiks und Afrika hat die nach Reis, Weizen und Mais viertwichtigste Nutzpflanze bereits angetreten.

„Ein gutes Omen"

Eine schmale Rauchsäule steigt aus Gracielas Feuerstelle auf. Es ist fast dunkel, nur schemenhaft sind am Feldrand die prall gefüllten Plastiksäcke zu erkennen. Ein klappriger Bus wird die Kartoffelernte am nächsten Morgen zum Markt von Huancayo bringen. Die meisten Bauern sind bereits in ihre Steinhütten zurückgekehrt. Nur ein paar Männer sitzen noch um die Glut, tief in ihre Ponchos verkrochen, und leisten Graciela und dem Gast Gesellschaft. Einer reicht stolz eine ulkig deformierte Zwillingsknolle herum, sagt: „Ein gutes Omen!", erntet heiseres Lachen. Denken die Männer an den Besuch von René Gomez? Am kommenden Tag wird der CIP-Forscher in San José de Aymará erwartet, mit neuem Saatgut im Gepäck. Samen, aus denen in einigen Monaten neue kleine Sprossen, Stängel, grüne Blätter und zarte Blüten sprießen werden – wie einst, so erzählt die Inka-Legende, aus den sterblichen Überresten eines Jungen. Über das ganze Land hat der Wind, von Gott befehligt, die Glieder des Kindes getragen, berichtet Graciela. Doch als sie die Erde berührten, spross aus dem Mund des Säuglings der Mais, aus den kleinen weißen Knochen Maniok und aus den Hoden die erste Kartoffel. Nie mehr habe das Andenvolk hungern müssen, sagt Graciela und lächelt. Ernesto, der auf ihrem Schoß träumt, verzieht im Schlaf den Mund zu einem Quengeln, als habe er jedes Wort verstanden. Als wolle er protestieren. Als knurre sein Magen.

Martina Hahn

3100 m. In dem beliebten Ausflugsort servieren kleine Restaurants leckeres *Ceviche de Pejerrey*. Colectivos fahren von der Casafranca, Ecke Martinelli ab (ca. 40 Min., 2.50 S/.).

Nur mit dem Taxi gelangt man von der Lagune (30 S/., einfache Strecke) zur Inkaruine **Sóndor** (40 S/., einfache Strecke), die auf rund 3300 m Höhe liegt. ⌚ tgl., Eintritt 2 S/.

Übernachtung

Hotel Encanto de Apurímac, Juan Antonio Trelles 401, ✆ 083-423527, ✉ hencanto apurimac@gmail.com. Ordentliche Zimmer mit gutem Bad und TV. Außerdem WLAN und Zimmerservice. Frühstück kostet extra. ❷

El Encanto de Oro, Pedro Casafranca 424, ✆ 083-423066, ✉ hotelandahuaylas@hotmail.com. Beliebtes Hotel in Marktnähe, angenehme Zimmer mit Bad, TV und WLAN. Parkplatz, Frühstück inkl. ❷

Hotel Sol de Oro, Juan Antonio Trelles 164, ✆ 083-421152, ✉ soldeorohotel@terra.com.pe. Gutes Hotel mit geräumigen Zimmern, die über Bad, TV, Telefon und WLAN verfügen. Restaurant, Parkplatz, Aufzug. Frühstück inkl. ❷

Essen und Unterhaltung

El Capucchino, Cáceres Tresierra 321. Bestes Café mit großer Crêpes-Auswahl. Außerdem Salate, Sandwiches, Säfte und Weine. ⌚ Mo–Sa 17–23 Uhr.

El Dragon, Ramos, Ecke Trelles. *Chifa* mit großen Portionen. ⌚ tgl. 7–22 Uhr.

Il Gatto, CáceresTresierra 344. Gemütliche Pizzería. ⌚ tgl. 18–23.45 Uhr.

La Delicia, Constitución 426. Vegetarische Küche. ⌚ So–Fr 7–21.30 Uhr.

Auf ein Bier geht man in den **Garabato Pub** an der Plaza de Armas, Ricardo Palma 314, 2. Stock. ⌚ tgl. 17–2 Uhr.

Sonstiges

Geld

Geldautomaten befinden sich an der Plaza de Armas (Banco de la Nación), der Castilla 426 (Caja Municipal Arequipa) und der Av. Perú beim Parque Lampa de Oro (Banco de Crédito).

Informationen

In den folgenden Institutionen bekommt man einen Stadtplan, aber leider nur wenig mehr Informationen.

DIRCETUR, Cáceres Tresierra 284, 2. Stock. ✆ 083-421627. ⌚ Mo–Fr 8–13, 14.30–17 Uhr.

AMTUR, Casafranca s/n, Rückseite der Municipalidad (im Kino), ✆ 083-422565, Mo–Fr 8–13, 14–16.15 Uhr.

Transport

Busse

Das **Terminal Terrestre** liegt am westlichen Stadtrand. Ganz in der Nähe liegen an der Av. Ejercito **weitere Busunternehmen**. Eine Decke und/oder warme Kleidung für alle Nachtfahrten bereithalten! In Bussen von Los Chankas ist Gepäck abhanden gekommen (das Einladen des Gepäcks also aufmerksam beobachten!).

Gesellschaften

Expreso Molina, Av. Lázaro Carrillo 101.

Palomino, Av. María Arguedas 504.

Verbindungen

ABANCAY (Expreso Molina, Señor de Huanca und Turismo Ampay) morgens, mittags und abends, 4–4 1/2 Std., 150 km, 15–18 S/. Neben den Bussen fahren ständig Minivans vom Terminal oder der Av. Ejercito ab (18–20 S/.). Die Straße wurde während der Recherche ausgebaut und soll 2012 asphaltiert werden. Damit verkürzt sich die Fahrtzeit auf rund 3 Std.

AYACUCHO meist abends (Celtur, Expreso Molina, Los Chankas), 8–10 Std., 270 km, 30–35 S/.

CUSCO um 18.30, 19 und 19.30 Uhr (Los Chankas), 9 Std., 340 km, 25–30 S/.

LIMA um um 11 Uhr (Expreso Molina), um 10 und 17.30 Uhr (Palomino) und um 16 Uhr (Los Chankas), 20 Std., 1050 km, 70–90 S/. Fährt über AYACUCHO, zum Zeitpunkt der Recherche fuhren aber alle Busse über CHALHUANCA und NAZCA. Bequemere Busse ab Abancay.

Flüge

Der Flughafen liegt rund 30 Min. vom Ort entfernt Richtung Huancabamba. Ein Sammeltaxi kostet ab dem Hotel (an der Rezeption bestellen) 10 S/., ein Taxi 30 S/.

LC Perú, Bolívar 109, nahe der Plaza de Armas, ✆ 083-421591, 💻 www.lcperu.pe, fliegt tgl. nach LIMA.

Star Perú, Ricardo Palma 324, Plaza de Armas, ✆ 083-421979, 💻 www.starperu.com, fliegt Mo, Mi und Fr nach LIMA. 🕓 Mo–Sa 8.30–19, So 9–12 Uhr.

Abancay

Noch einmal rund 150 anstrengende Kilometer sind von Andahualyas nach Abancay sind auf schlechten Straßen inmitten schöner Landschaft zurückzulegen. Obwohl man Abancay bereits nach Überqueren des **Abra Huayllaccasa** (4100 m) und des **Abra Cruzccasa** (4000 m) recht früh links auf der anderen Talseite erblickt, zieht sich die Strecke scheinbar endlos in vielen Kurven herab ins Tal des Río Pachahaca und wieder hinauf nach Abancay.

Der verschlafene Ort auf 2378 m Höhe wirkt nicht gerade wie die Hauptstadt eines Departamentos. Die Einheimischen nutzen das 50 000 Einwohner zählende Städtchen als Warenumschlagplatz und Verkehrsknotenpunkt. Die Fertigstellung der Asphaltstraße nach Cusco hat dem Ort einen kleinen wirtschaftlichen Aufschwung verliehen. Doch nur wenige Touristen verweilen länger als nötig in Abancay, das am Fuß des 5225 m hohen **Nevado Ampay** liegt, der höchsten Erhebung der Cordillera Vilcabamba.

Südöstlich des Schneeriesen wurden 3635 ha Landschaft als **Santuario de Ampay** unter Naturschutz gestellt. Das wenig bekannte Wandergebiet mit Bergseen, Schluchten und rund 600 ha Intimpa-Wäldern *(Podocarpus glomeratus)* kann von Abancay in rund 2–3 Gehstunden oder per Taxi (ca. 10 S/.) erreicht werden (s. S. 212).

Ebenfalls von Abancay aus gelangt man nach **Cachora** und **Huanipaca**, beides Ausgangspunkte der Wanderung nach Choquequirao (S. 215).

Übernachtung

Hotel Imperial, Díaz Bárcenas 515, ✆ 083-321578, ✉ imperialhotel1@hotmail.com. Saubere Zimmer mit/ohne Bad und TV, die sich um einen Innenhof gruppieren, der auch als Parkplatz dient. WLAN, Internet. ❶–❷

Hostal Arenas, Arenas 186, ✆ 083-322107, ✉ hotelarenas_abancay@hotmail.com. Ordentliche Zimmer mit Bad und gutem Preis-Leistungs-Verhältnis, zur Straße hin etwas laut. Internet gratis. ❷

Saywa Hotel, Arenas 302, ✆ 083-324876, ✉ saywahoteltours@hotmail.com. Großes Hotel mit Aufzug. Geräumige Zimmer mit Bad (Gasduschen), Richtung Straße evtl. laut. WLAN und Frühstück inkl. ❸

Hoturs (Hotel Turistas), Díaz Bárcenas 500, ✆ 083-321017, 💻 www.turismoapurimac.com. Die älteren Zimmer im 1. und 2. Stock sind günstiger als die neueren Zimmer im 3. Stock und im hinteren Teil des Gebäudes, die größer sind und über eine Minibar verfügen. Restaurant mit Bar sowie Telefon, Fax, Internet, WLAN, Parkplatz und Tourservice nach Choquequirao. Frühstück inkl. ❹

Essen und Unterhaltung

Zu den **Spezialitäten der Region** gehören u. a.: *Kapchi* (gekochte Bohnen oder Bohnensuppe mit Kartoffeln, Ei, Käse und Milch), *Papas con Uchullachua* (gekochte Kartoffeln mit *Ají*-Soße), *Trigo atamalado* (gekochter Weizen mit Garnelen, Käse, Ei und Oliven) und *Huatia* (Fleisch und Kartoffeln, auf heißen Steinen und mit Kräutern zubereitet).

Café Mundial, Arequipa 301, Ecke Junín. Seit 1978 existierendes Café, das Frühstück, Obstsalate, Säfte, Sandwiches, Kaffee und Kuchen serviert, 🕓 tgl. 8–22 Uhr.

El Hayruro, Arenas 153. Beliebtes Steakhouse. 🕓 Mo–Sa 18–24 Uhr.

Focarela´s Pizza, Díaz Bárcenas 521, hat leckere Holzofenpizza. 🕓 tgl. 18–24 Uhr.

La Delicia, Díaz Bárcenas 211. Das vegetarische Restaurant tischt Frühstück, Menüs und á la carte auf. 🕓 So–Fr 7–21 Uhr.

Das Restaurant im **Hoturs** ist gut. 🕓 tgl. 6–10, 12–15, 18–22 Uhr.

Einige **Discos** und **Karaoke-Pubs** liegen in den Blocks 1 und 2 der Avenida Arenas.

Sonstiges

Geld

Banco de Crédito, Arequipa 218.

Interbank, Arenas 233-237.

Scotiabank, Apurímac 203.
Geldwechsler warten entlang der Arequipa, gegenüber vom Markt, auf Kundschaft.

Informationen

Dircetur, Arenas 121, 1. Stock, ✆ 083-321664, ✉ apurimac@mincetur.gob.pe. ⌚ Mo–Fr 7.30–13, 14.30–16.40 Uhr. Nicht sonderlich ergiebige Infostelle der Stadt Abancay.
Sernanp, Prolongación Cusco 923, Urb. Las Torres, ✆ 083-321232, ✉ aosorio@sernanp.gob.pe. Nationalparkverwaltung mit Infos zum Santuario de Ampay. ⌚ Mo–Fr 8–13, 15–18 Uhr.

Medizinische Hilfe

Es Salud, Av. Venezuela, Ecke las Américas, ✆ 083-321165.

Post

Serpost, Arequipa 213.

Wäschereien

Lavanderías gibt es im Block 3 der Huancavelica und Block 3 der Junín.

Nahverkehr

Eine **Taxifahrt** innerhalb der Stadt und vom/zum Terminal Terrestre kostet 2 S/.

Transport

Busse und Colectivos

Die Überlandbusse fahren alle vom Busbahnhof **Terminal Terrestre** im Westen der Stadt an der Av. Pachacútec, Ecke Castro, ab. Die **Terminalgebühr** beträgt 1 S/. Im Busbahnhof gibt es Restaurants und Telefonkabinen.Einige Unternehmen unterhalten zusätzlich **Büros** an der Kreuzung Díaz Bárcenas und Gamarra sowie in der Av. Arenas.
Die Strecken nach Cusco und Nazca sind durchgehend asphaltiert.

Dreitägige Wanderung im Santuario de Ampay

Die Parkverwaltung Sernanp hat einen ca. 21 km langen Wanderweg durch das Schutzgebiet angelegt. Die Strecke ist mit Kilometersteinen markiert und unterwegs finden sich einige überdachte Rastplätze. Obwohl sich der Hauptzugang zum Schutzgebiet rund 5 km nördlich von Abancay befindet, sollte man die Wanderung am westlichen Wegende im kleinen Dorf **Karkatera** auf rund 3200 m ca. 20 km nordwestlich von Abancay entfernt beginnen (siehe „Abancay/Transport"). In Karkatera können Maultiere gemietet werden. Am oberen Ortausgang steht eine vergilbte Steintafel, die rechter Hand den deutlich sichtbaren Weg zum Nevado Ampay weist. Ab hier beginnt ein Aufstieg in langen Serpentinen in die Bergwelt des Parks, der seinen **höchsten Punkt** am rund 4650 m hohen Pass oberhalb der Lagune Huilcacocha erreicht. Bis dorthin müssen etwa 10 km zurückgelegt werden.
Die Kilometersteine beginnen ab KM 4, eine mit Andengras gedeckte **Schutzhütte** wird nach rund 5,5 km auf 4000 m erreicht (Gehzeit dorthin ca. 4–5 Std., ca. 1000 Höhenmeter). Nach dem Überqueren des Passes beginnt ein steiler Abstieg zur Laguna Uspaycocha (am KM 15 gelegen, Gehzeit ab KM 5,5 ca. 5–6 Std., ca. 750 Höhenmeter), an deren oberen Ende man herrlich **zelten** kann. Am nächsten Tag klingt die Wanderung mit einem Abstieg und grandiosen Blicken ins Tal nördlich von Abancay aus. Unterwegs wird die kleine Laguna Angascocha und wenig später der Parkeingang passiert. Nun folgt man der Schotterpiste Richtung Abancay, bis man nach insgesamt rund 3–4 Std. (ab Uspaycocha) die Hauptstraße erreicht. Dort kommen regelmäßig Micros und Taxis nach Abancay vorbei.
Wichtig! Während der ersten zwei Tage findet sich kein Trinkwasser entlang des Wegs. Erst am Zeltplatz oberhalb der Laguna Uspaycocha fließt ein kleiner Bach. Das Wasser des Sees kann nach Desinfizieren und Abkochen getrunken werden. Bei der Touristeninformation in Abancy gibt es eine **Infobroschüre des Parks**. Wer genaues Kartenmaterial benötigt, sollte sich die Karte *Abancay, Hoja 28q* (Maßstab 1:100 000) beim IGN in Lima (S. 178) besorgen.

Verbindungen
ANDAHUAYLAS 10x tgl. von 3–19.30 Uhr, um 12 und 23.30 Uhr (Los Chankas) und um 23 Uhr (Molina), 3 1/2–5 Std., 150 km, 15–18 S/.
Am schnellsten sind Sammeltaxis (Minivans), die ab 3 Uhr morgens ständig vom Terminal abfahren (18–20 S/.).
AYACUCHO 12–15 Std., 420 km. Es gibt keine Direktverbindungen, umsteigen in Andahuaylas.
CACHORA 1 1/2 Std., 63 km. Zum Startpunkt der Wanderung nach Choquequirao fahren von der Prolongación Nuñez, Nähe Prado Alto Sammeltaxis (von 5–17 Uhr, 10 S/.) oder ein langsamerer Combi (um 4.45 Uhr, 8 S/.). Taxis kosten 50 S/.
CHALHUANCA, 2 Std., 117 km. Ab der Gamarra 1044 fahren Kleinbusse (von 4–18.30 Uhr, 8 S/.).
CURAHUASI 1 1/2 Std., 73 km. Von der Prolongación Nuñez 119 starten Sammeltaxis, wenn voll (ab 4 Uhr, 10 S/.). Sie fahren auch von dort nach SAYWITE (6 S/.).
CUSCO ständige Abfahrten (Palomino, Turismo Ampay, Bredde, Expreso Huamanga, Las Chankas, Molino, Huari) 3 1/2–5 Std., 195 km, 15 S/., Schneller aber teurer sind Sammeltaxis nach CURAHUASI (10 S/.), wo man in Sammeltaxis nach Cusco (15 S/.) umsteigen kann.
HUANIPACA 2 Std., 76 km. Zum Startpunkt der Wanderung nach Choquequirao starten von der Prolongación Nuñez, Nähe Prado Alto Sammeltaxis (von 3.30–17 Uhr, 12 S/.) und ein langsamer Kleinbus (um 4 Uhr, 9 S/.). Ein Taxi kostet 50 S/. Für die Weiterfahrt von Huanipaca zur Villa Los Loros (s. S. 215) sind etwa 40 S/. einzuplanen.
KARKATERA um 11 Uhr (La Capilla), 1 Std., 20 km, 4 S/. Kleinbus ab dem Ortsteil Pueblo Joven (Taxi nehmen).
LIMA mehrmals tgl. ab 18.30 Uhr (Cial, Civa, Cruz del Sur, Flores, Expreso Molino, Tepsa), 15 Std., 903 km, je nach Busklasse 70–140 S/. (am teuersten ist Cruz del Sur). Fährt über PUQUIO und NAZCA.
NAZCA (Expreso Sánchez, Palomino) 14 und 14.30 Uhr, 8 Std., 466 km, 40–60 S/. Desweiteren halten die Busse nach Lima in Nazca.

Von Abancay nach Cusco

Die durchgehend asphaltierte Straße zwischen Abancay und Cusco (195 km, 4–5 Std.) führt zu verschiedenen archäologischen Stätten, Rafting-Touren auf dem Río Apurímac und Wanderungen in der Cordillera Vilcabamba. Nachdem der 3900 m hohe **Socclaccasa-Pass** überquert worden ist, weist ein Schild den Weg zu den Ruinen **Piedra de Saywite**, die rund 500 m von der Hauptstraße und ca. 45 km nordöstlich von Abancay liegen.

Auf dem weitläufigen, 18,4 ha großen Gelände von Saywite (3500 m) finden sich Inkabauwerke, eine große Steintreppe und eine Fülle von Monolithen, die mit Skulpturen und Reliefs geradezu übersät sind. Blickfang ist ein halbkreisförmiger, 11 m breiter und 2,30 m hoher **Stein**, in den die Inkas Tiere, Menschen, Götter und Landschaften eingravierten. Von manchen Forschern werden die Gravuren als Landkarte des Tahuantinsuyo, dem Weltreich der Inkas, interpretiert. ◷ tgl. 8–17 Uhr, Eintritt 10 S/.

Nicht weit von Saywite entfernt zweigt in nördlicher Richtung eine Straße nach **Huanipaca** und kurz darauf nach **Cachora** ab. Von beiden Orten aus gelangt man in zwei Tagesetappen zu Fuß oder per Pferd zu den Inkaruinen von **Choquequirao** (S. 214).

Der Ort **Curahuasi** ist ein beliebter Rastplatz auf der Strecke Abancay–Cusco und Wechselplatz der Sammeltaxis aus beiden Richtungen. Rund zwei Gehstunden nördlich gelangt man zum spektakulären **Aussichtspunkt Capitán Rumi** auf dem Cerro San Cristóbal mit tollem Blick über den Canyon des Río Apurímac. Von Curahuasi gibt es ebenfalls einen Wanderweg nach Choquequirao. Rund zwei Autostunden südwestlich von Curahuasi liegt die **Condor Lodge**, ✆ 084-244714, 💻 www.thecondorlodge.com, eine rustikale, aber komfortable Unterkunft, von der aus Ausritte, Wanderungen und Kondorbeobachtungen möglich sind. Die Verpflegung könnte allerdings besser sein, ❺.

Die **Baños Termales de Cconoc** liegen rund 7 km nordöstlich von Curahuasi und 3 km unterhalb der Hauptstraße am Flussufer (Stechmücken!). Im weiteren Verlauf der Straße Richtung

Cusco wird der Río Apurímac auf einer Stahlbrücke überquert. Dass aus dem an dieser Stelle noch nicht allzu breiten Fluss der mächtige Río Amazonas wird, ist dort noch nicht zu erahnen. Die Brücke ist der Endpunkt einiger Rafting-Touren auf dem Río Apurímac, die von Cusco aus angeboten werden (s. S. 239).

Südperu

Wenige Kilometer weiter östlich liegt einige Kilometer nördlich der Hauptstraße die Ortschaft **Mollepata** (2900 m). Ab hier beginnt eine mehrtägige Wanderung Richtung Norden, vorbei am Nevado Salkantay, mit Endziel Machu Picchu (S. 218). Mollepata ist ebenfalls Ausgangspunkt eines viertägigen Trekkings auf einem neuen Wanderweg nach Choquequirao, bei dem die anstrengende und heiße Durchquerung des Río Apurímac-Canyons entfällt. In Mollepata gibt es zahlreiche einfache Unterkünfte.

Bei KM 77 (rund 120 km nordöstlich von Abancay) lohnt ein Stopp an der unmittelbar an der Straße liegenden archäologischen Ausgrabungsstätte von **Tarawasi** auf 2650 m (10 S/.), inmitten der wenig interessanten Ortschaft Limatambo. Die Inkas hatten an dieser Stelle einen *Tambo* (S. 400) inklusive Zeremonialzentrum gebaut, dessen mosaikartige Grundmauern aus polygonen Steinquadern gut erhalten sind.

Vorbei an den rot leuchtenden Blüten der Pisonay-Bäume steigt die Straße ein letztes Mal an, überquert den 4100 m hohen **Abra Huillique** und erreicht eine ausgedehnte, landschaftlich reizvolle Hochebene. Nach der Durchfahrt einiger kleinerer Ortschaften bietet sich schließlich ein schöner Blick auf Cusco, das nach wenigen kurvigen Kilometern erreicht ist.

Yoga Limatambo

Wer auf Yoga steht, mal richtig auspannen und gute Bioküche genießen möchte, dem sei das **Guesthouse Yoga Limatambo**, rund 13 km westlich von Limatambo mit Blick auf den Schneegipfel des Humantay empfohlen. Die Anlage unter deutsch-peruanischer Leitung verfügt über geräumige Bungalows in einem schönen Garten, aus dem das leckere vegetarische, aber mit US$15 pro Mahlzeit überteuerte, Essen stammt. Professionelle Yogakurse, Retreats und Workshops, Ausflüge in die Umgebung, Frühstück inkl. ❺. Infos unter ✆ 084-636145, 💻 www.yogalimatambo.com. Anfahrt mit dem Colectivo ab Cusco bis Limatambo (8–10 S/.) und von dort ein Taxi nehmen (15 S/.).

Choquequirao

Immer beliebter wird die Wanderstrecke zur Inkaruine von Choquequirao in der entlegenen Cordillera Vilcabamba, nordöstlich von Abancay. Jahrhundertelang lag die rund 1,8 km^2 große Anlage, die von den Inkas vermutlich im 15. Jh. errichtet wurde, unter dichtem Bewuchs verborgen und wurde nur gelegentlich von Schatzsuchern und Archäologen besucht. Das änderte sich Ende des 20. Jhs. Obwohl auch der Machu Picchu-Entdecker Hiram Bingham der Anlage 1910 einen Besuch abstattete, begannen erste umfassende Ausgrabungsarbeiten erst im Jahr 1993. Inzwischen sind rund 30 % von Choquequirao freigelegt.

Der neun architektonische Zonen umfassende Komplex liegt strategisch günstig auf 3085 m Höhe mit Ausblicken bis zum Nevado Salcantay und hinunter in die Schluchten des Río Blanco und des Río Apurímac. Der Kern der Anlage besteht aus sorgfältig errichteten zweistöckigen **Zeremonialgebäuden** mit Wasserkanälen, Brunnen und Baderäumen. In der Nähe der Anlage wurden die Überreste eines **Tempels** und einer **Stadt** gefunden, die auf eine zahlenmäßig große Population schließen lassen und die Bedeutung Choquequiraos als wichtiges religiöses, politisches und wirtschaftliches Zentrum untermauern. In der weiteren Umgebung finden sich eindrucksvolle, bis zu 12 m breite und bis zu 400 m lange **Terrassenkonstruktionen**. Choquequirao *(Chuqui k'iraw* bedeutet in Quechua „Goldene Wiege") diente den Inkas sicherlich als einer von mehreren Zufluchtsorten nach der Niederlage gegen die Spanier. Einer Theorie des amerikanischen Entdeckers Gary Ziegler zufolge wurde hier der letzte Inka Tupac Amaru von Priesterinnen aufgezogen.

Noch wird die spektakuläre Ruinenstätte nur von relativ wenigen Touristen besucht. Hauptgrund ist die rund 31,5 km lange anstrengende

Bequemer Wanderstützpunkt

Wer über Huanipaca nach Choquequirao wandern möchte, kann als Ausgangspunkt der Wanderung die traumhaft schön gelegene Lodge **Villa Los Loros** nehmen, 17 km nördlich von Huanipaca, Kontakt in Cusco. Av. El Sol, Pasaje Grace Edificio San Jorge, Apartment 11, ✆ 084-244552 💻 www.choquequiraolodge.com. Die Lodge unter italienischer Leitung auf 2200 m ist per Auto oder zu Fuß ab Huanipaca zu erreichen und besteht aus mehreren komfortabel eingerichteten, rustikalen Bungalows. Es gibt Strom, ausreichend Wasser, ein Restaurant und viel Natur. Frühstück inkl. ❹. Komplettpakete ab Cusco, s. Webseite.

Wegstrecke, die zu Fuß oder auf dem Pferderücken bewältigt werden muss. Doch immer mehr Trekkingveranstalter in Cusco haben ein Auge auf die unberührte Region geworfen, die sich als die Alternative zu Machu Picchu abzeichnet und in den kommenden Jahren touristisch erschlossen werden soll. Obwohl ein Massentourismus á la Machu Picchu eigentlich vermieden werden soll, gibt es konkrete Pläne zum Bau einer Seilbahn. Geschehen ist glücklicherweise noch nichts. ⏲ tgl., Eintritt 37 S/. (in der Regel in den Pauschalwanderangeboten enthalten).

Die Wanderung nach Choquequirao

Die 31,5 km nach Choquequirao (und 31,5 km zurück) sind kein Zuckerschlecken. Die Tücke, aber auch der Reiz der Strecke liegt in den vielen Vegetationszonen, die durchwandert werden. Dies bedeutet aber auch, dass es viele Höhenmeter zu überwinden gilt.

Die Wanderung beginnt üblicherweise im Ort **Cachora** auf 2900 m Höhe, zu dem eine Piste führt, die von der Hauptstraße Cusco–Abancay beim KM 154 abzweigt. Hier kann man in einfachen Hostales übernachten (siehe Wanderbeschreibung 4. Tag), sich einen Guide und Maultiertreiber suchen und letzte Einkäufe für die Wanderung tätigen. Hin- und Rückweg sind bei dieser Variante identisch. Alternativ besteht die Möglichkeit einer Rundtour, wenn man als Ausgangs- bzw. Endpunkt der Wanderung den 3150 m hoch gelegenen Ort **Huanipaca** nimmt. Dorthin zweigt ebenfalls eine schlechte Straße von der Strecke Cusco–Abancay ab (noch rund 31 km), nur wenige Kilometer von der Abzweigung nach Cachora entfernt.

Die Höhenunterschiede während der zweitägigen Tour (einfache Strecke) reichen von rund 1500 m im heißen Canyon des Río Apurímac bis zu 3100 m in den Ruinen von Choquequirao. Unterwegs bieten sich tolle Ausblicke in den Canyon des Río Apurímac und auf das Pumasillo-Massiv. Insgesamt sollte man für die Trekkingtour **fünf Tage** einplanen, die einen ganzen Tag der Erholung und Besichtigung in Choquequirao einschließen. Wer nur wenig Zeit hat, braucht ein Minimum von vier Tagen für die Wanderung inkl. An- und Abreise von bzw. nach Cusco. Weiter unten ist die Wanderung Huanipaca–Choquequirao–Cachora beschrieben, die auch in umgekehrter Richtung machbar ist.

Viele Trekkingveranstalter in Cusco bieten vier- bis sechstägige Wandertouren nach Choquequirao an. In der Regenzeit kann es passieren, dass Teile des Weges abrutschen und der Weg nach Choquequirao unpassierbar ist. Vorher erkundigen!

Für abenteuerlustige und konditionsstarke Wanderer mit mehr Zeit besteht die Möglichkeit, von Choquequirao über Yanama in vier bis fünf Tagen nach Machu Picchu oder nach Huancacalle zu wandern. Dafür müssen weitere fünf bis sieben Tage veranschlagt werden. Ein lokaler Guide oder sehr gutes Kartenmaterial sind unerlässlich.

Trekking Huanipaca – Choquequirao – Cachora

Der Ausgangsort Huanipaca auf 3150 m lässt sich direkt entweder per Bus/Sammeltaxi von Abancay (ca. 2 Std.), per Sammeltaxi ab Curahuasi (ca. 1 1/2 Std.) oder mit dem Taxi ab Cusco (ca. 5 Std.) erreichen. Wer vor 12 Uhr in Huanipaca ist, schafft die erste Tagesetappe bis in den Apurímac-Canyon noch bequem. In Huanipaca gibt es kleinere Läden, doch die benötigten Lebensmittel sollten sicherheitshalber mitgebracht werden. In Huanipaca werden Wanderer recht schnell darauf angesprochen, ob sie einen

Guide und Maultiere benötigen (ein Guide ist für die erste Etappe angesichts der zahlreichen Wege beim Einstieg zur Wanderung durchaus empfehlenswert). Man kann auch per Allradfahrzeug einen Teil der Wegstrecke des ersten Tages zurücklegen (bis zur Lodge Villa Los Loros, s. Kasten S. 215), doch zu Fuß ist es schöner.

1. Tag: Huanipaca (3150 m) – Canyon des Río Apurímac (ca. 1500 m)

■ Ca. 6 Std., ca. 1700 Höhenmeter bergab, ca. 100 m bergauf.

Zunächst folgt man dem Weg ins Tal, der die schlechte Straße mehrfach kreuzt. Nach einem steilen Abstieg wird die ehemalige Hacienda Tambobamba auf 2450 m Höhe erreicht, in deren verfallenen Mauern einige Bauernfamilien wohnen. Der Weg folgt nun für ein Stück der Erdstraße und passiert die Lodge **Villa Los Loros** (s. Kasten S. 215). Wenig später zweigt ein deutlich sichtbarer Pfad nach links unten ab. Kurz darauf überquert man einen Fluss auf einer halb eingestürzten Brücke.

Der ständig leicht bergab führende Weg dringt tiefer in die Schlucht vor und eröffnet immer wieder spektakuläre Ausblicke, bis schließlich die auf rund 1850 m liegende **Estancia San Ignacio** erreicht wird. Im Inneren der zerfallenen Gebäude sieht man noch die Überreste einer Zuckerrohrpresse, denn früher wurde dort Schnaps destilliert. Heute bauen Bauern hier Zitrusfrüchte und Mangos an. Nun folgt man dem rechts unterhalb der Hacienda verlaufenden Serpentinenweg (rund 1 Std.) bis zum Apurímac-Fluss. Ein schmaler Weg, der vor der Brücke linker Hand abzweigt, führt zum Fuß des **Wasserfalls**, der schon von oben zu sehen war. Hier kann man seine Wasserflasche auffüllen, und in der Umgebung gibt es **Zeltmöglichkeiten**. Falls man auf dort lebende Bauern trifft, sollte man sie höflich um Erlaubnis bitten. Am Canyonboden ist es sehr warm.

2. Tag: Brücke über den Apurímac (1500 m) – Choquequirao (3085 m)

■ 6–8 Std., ca. 1600 Höhenmeter

Am härtesten Tag der Wanderung sollte man beim ersten Tageslicht starten. Der Aufstieg auf der anderen Seite der Brücke über den Apurímac befindet sich vom frühen Morgen an im prallen Sonnenlicht und es gibt während des gesamten Aufstiegs kein Wasser! Im unteren Abschnitt des Weges ist mit Steinschlag – in der Regenzeit auch mit Erdrutschen – zu rechnen und einige Engstellen sollte man mit besonderer Vorsicht durchqueren. Es geht in endlosen Serpentinen ständig bergauf und nach vielen anstrengenden Stunden wird der **Campingplatz** von Choquequirao auf etwa 2900 m erreicht, wo es Wasser, Duschen und Toiletten gibt. Die Ruinenstätte ist von hier noch rund ein halbe Stunde entfernt (ca. 200 Höhenmeter). Es ist verboten, in den Ruinen zu übernachten.

3. Tag: Choquequirao (3085 m) – Chiquisca (1800 m)

■ 6 Std., ca. 800 Höhenmeter, ca. 1900 m bergab

Es lohnt sich, früh zu den Ruinen aufzusteigen, da sich dann dort noch keine oder nur wenige Touristen aufhalten und die Morgenstimmung sehr schön ist. Wer bis 11 Uhr aufbricht, erreicht das Tagesziel Chiquisca noch bequem bei Tageslicht. Wer später startet, kann auf der selben Canyonseite in Santa Rosa übernachten, hat aber einen zweieinhalb- bis drei Studen längeren vierten Wandertag vor sich. Zunächst beschreibt der Weg zurück Richtung Cachora einen weiten Halbkreis, der mit kleineren Auf- und Abstiegen auf die andere Talseite führt. Nach etwa einer Stunde wird das kleine Dorf **Maranpata** auf 2900 m erreicht.

Kurz darauf beginnt der Abstieg in den Canyon, erneut mit langen, nicht enden wollenden Serpentinen. Es wird immer heißer und es empfiehlt sich, Wasser nachzufüllen, wo immer möglich. Nach etwa zweieinhalb Stunden (ab Marampata) wird das kleine Dorf **Santa Rosa** auf ca. 2200 m erreicht. Hier gibt es Zeltmöglichkeiten und Getränke. Von Santa Rosa sind noch 21,7 km bis Cachora zu überwinden. Nach einer guten Stunde ist die Brücke über den Río Apurímac auf 1680 m erreicht. Wer keine Lust mehr zum Weitermarschieren hat, findet entlang des Flussufers einige Zeltmöglichkeiten, Mücken inklusive. Bis zum Zeltplatz Chiquisca auf ca. 1800 m sind es aber nur noch ein- bis eineinhalb Stunden ab der Brücke. Hier bekommt man Essen, Getränke und eine erfrischende Dusche.

CHOQUEQUIRAO WANDERSKIZZE

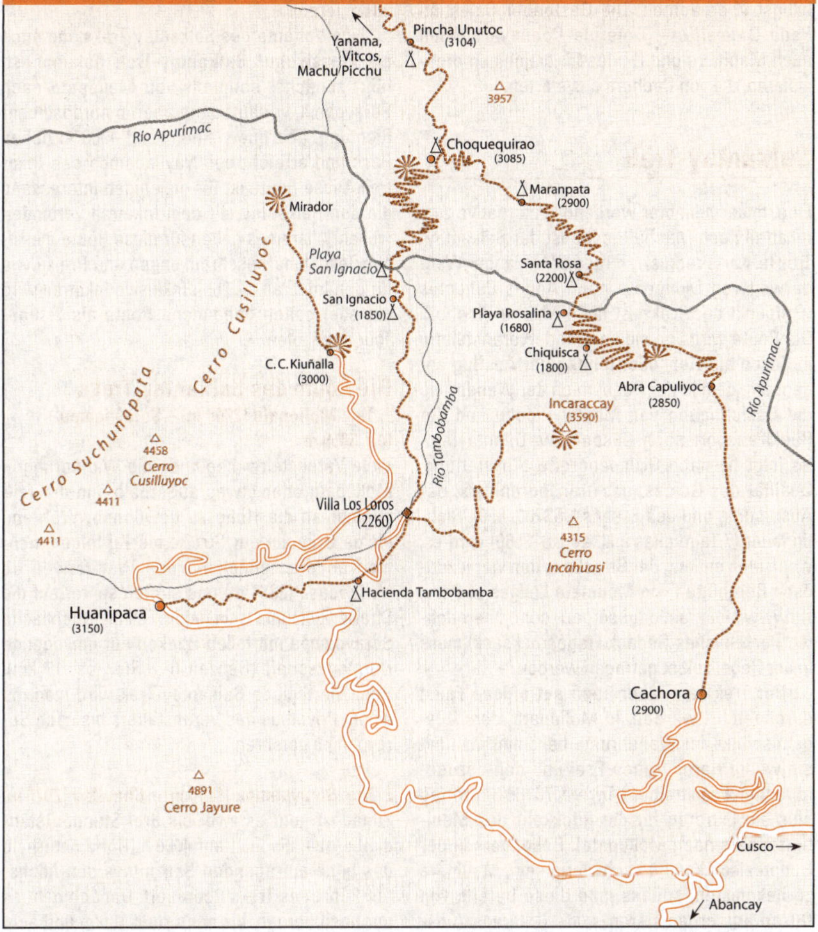

4. Tag: Chiquisca (1800 m) – Cachora (2900 m)

■ 6–7 Std., 1550 Höhenmeter, ca. 500 m bergab

Auch heute empfiehlt sich erneut ein früher Aufbruch, da die Sonne wieder früh in den Canyon scheint und das Laufen ungleich anstrengender wird. Nach langen vier Stunden, die mit immer fantastischeren Ausblicken belohnt werden, erreicht man endlich den Canyonrand Capuliyoc auf 2850 m. Von hier aus sind es noch knappe 10 km bis nach Cachora, die zunächst flach und dann sanft ansteigend verlaufen. Ab dem Canyonrand wird aus dem schmalen Pfad ein breiter Weg.

Kleine Pfade zweigen vom Hauptweg ab, aber solange man sich am rechten Talhang befindet und bergauf geht, gelangt man unweigerlich nach Cachora. Dort angekommen, kann man sich in einem einfachen **Hostal** in der Jirón San Martín 109, ✆ 083-320202, regenerieren oder billigst übernachten. Die Gastgeber Celestino Peña Damian und Ceferina Cconaya können auch Maultiere und Guides für diejenigen organisieren, die von Cachora aus starten.

Salkantay-Trek

Eine immer beliebter werdende Alternative zum Inkatrail nach Machu Picchu ist der Salkantay-Trek (s. Karte rechts), en rund 68 km langer Wanderweg von Mollepata nach Aguas Calientes (Endpunkt des Treks ist nicht Machu Picchu!). Die Route wird von vielen Wanderveranstaltern in Cusco als **vier- oder fünftägiger Ausflug** angeboten, dem in der Regel nach der Wanderung die Besichtigung von Machu Picchu und der Rücktransport nach Cusco bzw. Ollantaytambo folgt (je nach Gruppengröße, Ausstattung, Qualität des Guides, des Transportmittels, der Ausrüstung und des Essens US$260–650). Richtig teuer (7 Tage alles inkl. ab US$2560) wird es, wenn man entlang der Strecke in den vier luxuriösen Berghütten von **Mountain Lodges of Peru**, 💻 www.mountainlodgesofperu.com, übernachtet. Persönliches Gepäck (Tagesrucksack) muss in der Regel selbst getragen werden.

Der Trek kann aber auch **auf eigene Faust** durchgeführt werden. In Mollepata, dem Ausgangspunkt der Wanderung, bekommt man mit ein wenig Herumfragen Esel und den dazugehörenden Eselstreiber (*Arriero*, 70–80 S/ pro Tag plus ein Extratag für die Rückkehr des Maultiertreibers nach Mollepata). Besonders in der Hauptsaison kann es schwierig sein, Maultiere zu bekommen, sodass man diese bereits von Cusco aus organisieren sollte (Ulla von Amazon Trails, s. „Cusco/Touren", kann dies arrangieren). Wer fit und höhenangepasst ist, kann den Trail auch mit eigenem Gepäck in 3 Tagen laufen. Dazu muss man allerdings früh morgens ein Sammeltaxi nach Mollepata und von dort ein Taxi bis Soraypampa nehmen, dem ersten Zeltplatz des Trekkings. In den vergangenen Jahren wurde immer wieder mal von der Dirección Regional de Cultura eine unverschämt hohe Trekkinggebühr von 129 S/. erhoben, für die es keinerlei Gegenleistung gab (bei den Veranstaltern und Infostellen über die aktuelle Lage informieren).

Eine Variante des Salkantay-Treks, die auch als **klassischer Salkantay-Trek** bekannt ist, führt zunächst ebenfalls von Mollepata nach Soraypama, verläuft dann aber in nordöstlicher Richtung, überquert einen rund 4900 m hohen Pass und erreicht bei Wayllabamba den Inkatrail. Diese Route ist für diejenigen interessant, die den Salkantay mit dem Inkatrail verbinden wollen. Allerdings gelten für diese Route dieselben Teilnehmerbeschränkungen und Preise wie für den Inkatrail (S. 265). Inklusive Inkatrail wird die eher selten begangene Route als 7-Tage-Tour angeboten.

Die Route des Salkantay-Treks

1. Tag: Mollepata (2900 m) – Soraypampa (ca. 3850 m)

Viele Veranstalter beginnen die Wanderung in Mollepata oder etwas außerhalb, um die Teilnehmer an die Höhe zu gewöhnen. Während einige Gruppen der Straße ins Tal folgen, nehmen andere zunächst einen Wanderweg ab Marcocasa (3354 m) und stoßen später auf die Straße. Zielpunkt ist in jedem Fall die Hochfläche Soraypampa mit tollen Blicken auf umliegende Berglandschaft (Gehzeit 6–7 Std., ca. 17 km). Beim viertägigen Salkantay-Trek wird man mit einem Privatbus des Veranstalters bis nach Soraypampa gefahren.

2. Tag: Soraypampa (3850 m) – Chaullay (2920 m)

Zunächst geht es zwei bis drei Stunden ständig bergan, bis man auf 4600 m Höhe unterhalb des hoch aufragenden Salkantays den höchsten Punkt des Treks überquert. Danach geht es nur noch bergab, bis nach rund 18 km und acht Stunden Gehzeit der nette Campingplatz bei Andenes oder nach einer weiteren halben Stunde das Dorf Chaullay erreicht wird, in dem man ebenfalls zelten kann.

3. Tag: Chaullay (2920 m) – La Playa (2135 m)

Nach dem Überqueren der brutal in die Landschaft gehauenen Straße von Santa Teresa nach Yanama und der Brücke über den Río Santa Tere-

SALKANTAY-TREK

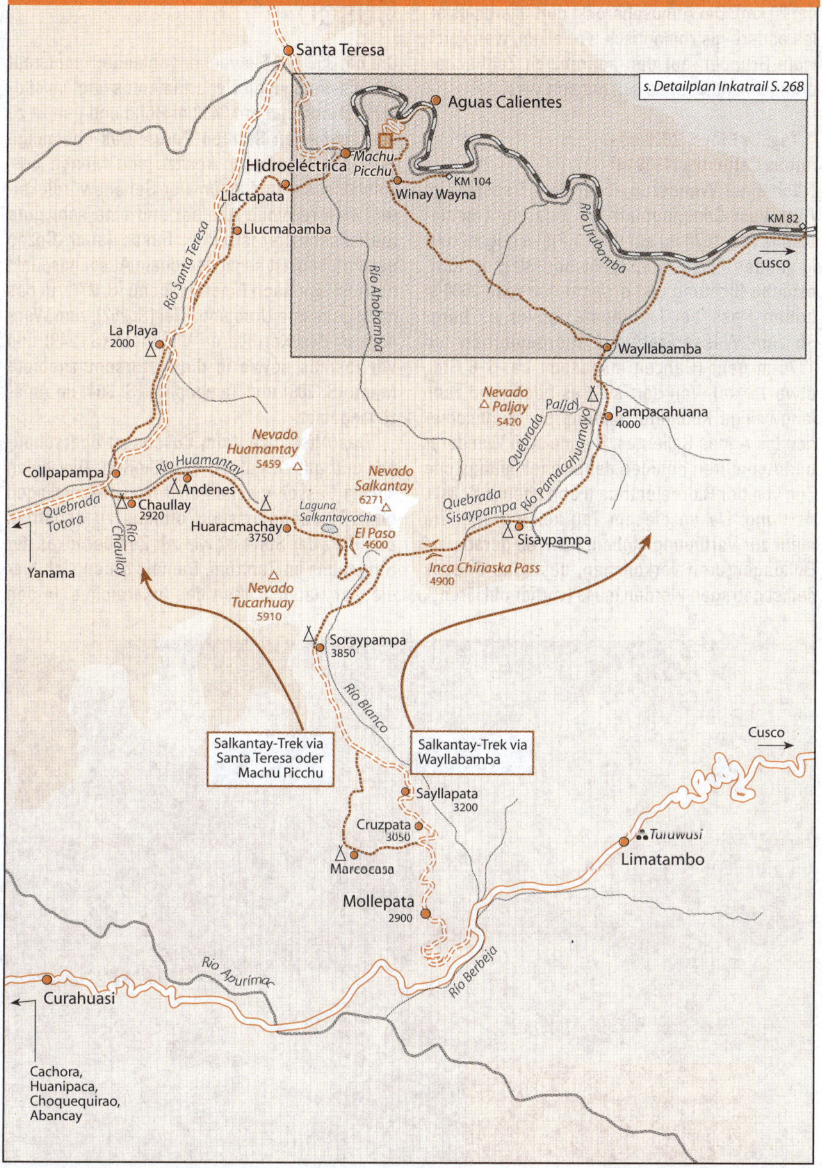

Santa Teresa
Aguas Calientes
s. Detailplan Inkatrail S. 268
Hidroeléctrica
Machu Picchu
KM 104
Winay Wayna
Llactapata
Llucmabamba
Río Santa Teresa
Río Ahobamba
Río Urubamba
KM 82
Cusco
La Playa
2000
Wayllabamba
Nevado Paljay
5420
Paljay
Pampacahuana
4000
Quebrada
Río Pamacahuamayo
Nevado Humantay
5459
Nevado Salkantay
6271
Collpapampa
Río Humantay
Andenes
Chaullay
2920
Quebrada Totora
Río Chaullay
Yanama
Laguna Salkantaycocha
Huaracmachay
3750
El Paso
4600
Quebrada Sisaypampa
Sisaypampa
Inca Chiriaska Pass
4900
Nevado Tucarhuay
5910
Soraypampa
3850
Río Blanco
Salkantay-Trek via Santa Teresa oder Machu Picchu
Salkantay-Trek via Wayllabamba
Cusco
Sayllapata
3200
Cruzpata
3050
Marcocasa
Tarawasi
Limatambo
Mollepata
2900
Río Apurímac
Río Berbeja
Curahuasi
Cachora,
Huanipaca,
Choquequirao,
Abancay

sa, verläuft der Weg leicht wellig im Schatten bis La Playa, einem voll auf Tourismus eingestellten Ort mit Campingmöglichkeiten (Gehzeit 8–9 Std., ca. 20 km). Die Atmosphäre ist dort allerdings alles andere als romantisch, vor allem, wenn sich viele Gruppen auf den begrenzten Zeltflächen drängeln und abends laut gefeiert wird.

4. Tag: La Playa (2000 m) – Aguas Calientes (1900 m)

Nach einer Wanderung oder dem Transport im Auto vom Campingplatz bis kurz vor Llucmabamba (ca. 1870 m) auf der La Playa gegenüberliegenden Flussseite, dreht der Weg in nordöstliche Richtung und erreicht den rund 2600 m hohen Pass bei Llactapata, bevor es bergab zum Wasserkraftwerk Hidroeléctrica auf 1770 m geht (Gehzeit insgesamt ca. 5–6 Std., etwa 15 km). Von dort sind es noch rund zehn langweilige Kilometer entlang der Bahnschienen bis Aguas Calientes. Die meisten Wanderer und Agenturen nehmen daher nachmittags den Zug von der Hidroeléctrica (Fahrzeiten s. S. 281). Achtung: Da an diesem Tag keine Tragetiere mehr zur Verfügung stehen, kann es gerade bei Billigagenturen vorkommen, dass das Gepäck selbst getragen werden muss (vorher abklären!).

Cusco

Die ca. 350 000 Einwohner zählende Hauptstadt des gleichnamigen Departamentos liegt im südlichen Hochland auf 3430 m Höhe und gehört zu den **schönsten Städten Perus**. Das ehemalige Herz des Inkareichs besitzt jede Menge präkolumbischer und kolonialer Sehenswürdigkeiten, eine reizvolle Altstadt und eine sehr gute touristische Infrastruktur. Cusco (auch Cuzco geschrieben) ist somit der ideale Ausgangspunkt für Ausflüge nach Machu Picchu (S. 271), in das nahe gelegene Urubamba-Tal (S. 252), zum Wandern in den Kordilleren Vilcanota (S. 249) und Vilcabamba sowie in die Naturschutzgebiete Manu (S. 289) und Tambopata (S. 304) im Amazonasgebiet.

Das Altstadtzentrum Cuscos ist überschaubar und gut zu Fuß zu erschließen. Die vielen steilen Gassen machen aber Neuankömmlingen ohne Höhenanpassung oftmals zu schaffen. Das Herz der Stadt ist wie zur Zeit der Inkas der Hauptplatz im Zentrum. Damals trafen sich hier die vier Hauptstraßen des Inkareiches. In den

Die meisten Wanderer starten den Salkantay-Trek vom Zeltplatz Soraypampa.

Höhenanpassung

Wer mit dem Flugzeug oder dem Bus von der Küste aus nach Cusco gelangt, sollte es wegen des abrupten Höhenwechsels besonders am ersten Tag sehr ruhig angehen lassen und viel Kokatee trinken. Wem die Höhe stark zu schaffen macht, der kann alternativ vorübergehend in das niedriger liegende Urubamba-Tal fahren.

Straßen rings um die **Plaza de Armas** finden sich jede Menge Hotels, Restaurants, Reisebüros und Tourveranstalter.

An der Südecke der Plaza beginnt eine der Hauptverkehrsachsen der Stadt, die breite **Avenida El Sol**, die an ihrem unteren Ende mit dem Ovalo Pachacútec abschließt, einem Kreisverkehr, den ein Monument des Inkaherrschers Pachacútec schmückt. Nördlich der Plaza de Armas liegt das **Viertel San Blas**, einer der ältesten und urigsten Stadtteile Cuscos. In der engen Fußgängergasse Procuradores, westlich der Plaza, und der dazu parallel verlaufenden **Avenida Plateros** haben sich zahlreiche Restaurants, Kneipen, Souvenirshops und Touranbieter niedergelassen.

Geschichte

Schon lange vor der Ankunft der Inkas im Tal von **Q'osqo** („Nabel der Welt") lebten hier einfache Bauern, organisiert in kleinen Volksgruppen, die sich von dem ernährten, was ihre Felder und ihre Lamas hergaben. Zu Beginn des 15. Jhs. ließen sich die Ayaren, die späteren Inkas, im gleichen Tal nieder. Ihr genauer Ursprungsort ist unbekannt; der Mythologie zufolge stammen sie von der Sonneninsel im Titicaca-See (s. S. 320). Sie arrangierten sich zunächst friedlich mit den angestammten Siedlern und konnten gemeinsam mit diesen eine Invasion der vom Norden einfallenden Chanka zurückschlagen.

Verantwortlich für diesen Sieg und somit eigentlicher Gründer des inkaischen Großreichs war der Inka **Pachacútec Yupanqui**, der bis 1471 herrschte und zum Gründer und Architekten der neuen Hauptstadt wurde, die er in Form eines Pumas anlegte. Sie erstreckte sich vom Schwanz, dem Lauf des Río Huatanay im Südosten der Stadt, bis hin zum Pumakopf, der hoch oberhalb der Stadt gelegenen Tempelfestung Sacsayhuamán im Nordwesten. Im Zentrum der Stadt gestalteten die Inkas einen riesigen Platz, der durch das in einen Steinkanal geleitete Wasser des Río Huatanay zweigeteilt wurde.

Die eine Hälfte nannten sie **Wacaypata** (Ort der Klage) und die andere **Kusiypata** (Ort der Freude). Der Platz sollte zum Zentrum ihres gesamten Reiches werden. Um ihn herum lagen die Wohnstätten und Paläste der Herrscher und Eliten. In der **Oberstadt** (Hanan Cusco) lebten vorwiegend einfachere Bauern, Handwerker und Diener in Lehmhäusern, während die Häuser der in der **Unterstadt** (Hurin Cusco) lebenden Adelsschicht aus massivem Stein errichtet wurden.

Nachdem Pachacútec das Reich mit ersten Eroberungsfeldzügen Richtung Norden hin vergrößert und Quechua zur Staatssprache sowie den Sonnenkult zur Hauptreligion gemacht hatte, konnten sein Sohn, der Inka **Tupac Yupanki** (1471–1493), und besonders dessen Nachfolger **Huayna Cápac** (1493–1527) den Großmachtsanspruch festigen und ausweiten. Mit dem sich rasch ausdehnenden Staatsgebiet wuchs auch die Bedeutung Cuscos. Hier entstanden gewaltige, goldverzierte Tempelanlagen, hier residierte

Sicherheit

Die Scharen von Touristen ziehen unweigerlich auch die entsprechende Anzahl von Gaunern und Kleinkriminellen an. Daher sollte man vor allem auf sein Gepäck und die Tagesrucksäcke jederzeit (auch im Restaurant) gut aufpassen. Kritische Stellen sind wie überall die Busterminals und Bahnhöfe. Im Gedränge der Märkte ist besondere Aufmerksamkeit geboten. Wer etwas außerhalb vom Zentrum wohnt und abends allein nach Hause geht, sollte vorsichtshalber ein Taxi nehmen. Gelegentlich kommt es zu Betrugsversuchen mit Falschgeld (Scheine wie Münzen), besonders auf nächtlichen Taxifahrten. Eine kleine Taschenlampe leistet diesbezüglich gute Dienste. Gelegentlich werden besonders in zwielichtigen Discos oder Kneipen K.O.-Tropfen verabreicht (Getränke aus geschlossenen Flaschen bevorzugen!).

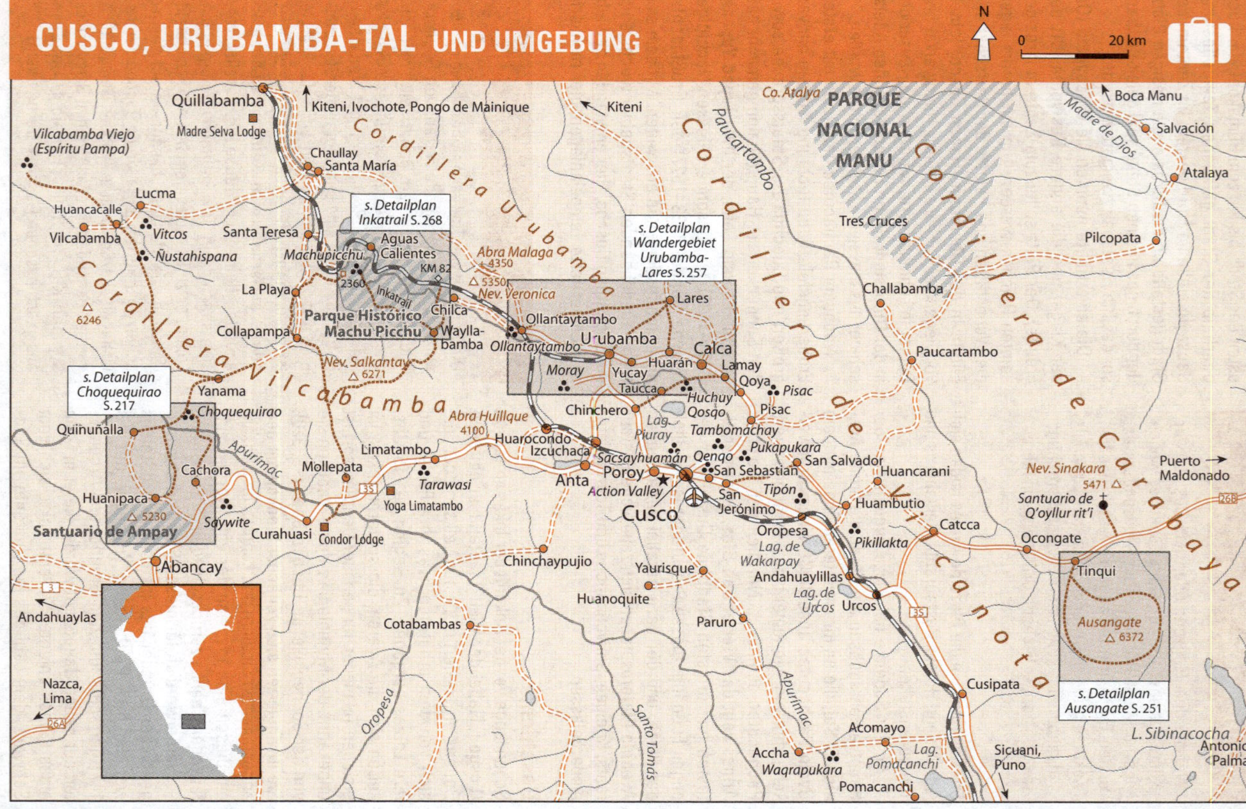
CUSCO, URUBAMBA-TAL UND UMGEBUNG
N
0
20 km
PARQUE NACIONAL MANU
Cordillera de Carabaya
Cordillera de Vilcanota
Cordillera Urubamba
Cordillera Vilcabamba
s. Detailplan Inkatrail S. 268
s. Detailplan Wandergebiet Urubamba-Lares S. 257
s. Detailplan Choquequirao S. 217
s. Detailplan Ausangate S. 251
Parque Histórico Machu Picchu
Santuario de Ampay
Quillabamba
Kiteni, Ivochote, Pongo de Mainique
Kiteni
Co. Atalya
Boca Manu
Madre de Dios
Salvación
Atalaya
Paucartambo
Tres Cruces
Pilcopata
Challabamba
Vilcabamba Viejo (Espíritu Pampa)
Madre Selva Lodge
Chaullay
Santa María
Lucma
Huancacalle
Vilcabamba
Vitcos
Ñustahispana
Santa Teresa
Machupicchu
Aguas Calientes
KM 82
2360
Inkatrail
Abra Malaga 4350
5350
Nev. Veronica
La Playa
6246
Collapampa
Chilca
Wayllabamba
Ollantaytambo
Urubamba
Lares
Calca
Huarán
Lamay
Moray
Yucay
Taucca
Qoya
Pisac
Huchuy Qosqo
Nev. Salkantay 6271
Yanama
Choquequirao
Quinuñalla
Apurímac
Cachora
Huanipaca
5230
Saywite
Curahuasi
Condor Lodge
Abancay
Limatambo
Mollepata
Tarawasi
Yoga Limatambo
Abra Huillque 4100
Huarocondo
Izcuchaca
Chinchero
Lag. Piuray
Tambomachay
Pukapukara
Sacsayhuamán
Qenqo
San Sebastian
San Salvador
Huancarani
Anta
Poroy
Action Valley
Cusco
San Jerónimo
Tipón
Huambutio
Oropesa
Lag. de Wakarpay
Pikillakta
Catcca
Andahuaylillas
Lag. de Urcos
Urcos
Nev. Sinakara 5471
Santuario de Q'oyllur rit'i
Puerto Maldonado
Ocongate
Tinqui
Ausangate 6372
Chinchaypujio
Yaurisque
Huanoquite
Paruro
Cotabambas
Andahuaylas
Nazca, Lima
Oropesa
Santo Tomás
Cusipata
Acomayo
Lag. Pomacanchi
Pomacanchi
Accha
Waqrapukara
Sicuani, Puno
L. Sibinacocha
Antonio Palma

der Inka, Herrscher eines 1 Mio. km² großen Reiches, und hier liefen die Hauptachsen der vier Landesteile zusammen.

Bei der Ankunft der Spanier im Jahr 1533 lebten rund 15 000 Menschen in Cusco. **Pizarro**, der den Widerstand der Inkas mit der Ermordung Atahualpas zunächst gebrochen hatte, ritt am 15. November 1533 kampflos in Cusco ein und fand die Stadt in ihrer Blütephase mit unermesslichen Schätzen vor. Gnadenlos ließ er Gold und Silber zusammentragen und einschmelzen. Wo er konnte, ließ er Gebäude der Inkas niederreißen und die Steine schleifen. Das Material benutzte er zum Bau von Kirchen, die zum Zeichen der Dominanz auf den Inkaruinen errichtet wurden. Doch die neuen Gebäude fielen in der Folgezeit immer wieder Erdbeben zum Opfer, gegen welche die soliden und passgenau angefertigten inkaischen Mauern resistent waren.

In den Jahren nach der Eroberung dezimierten vor allem eingeschleppte Krankheiten die indianische Bevölkerung beträchtlich. Einmal noch erwachte der Widerstand der Inkas mit voller Kraft, als sich der von Pizarro als Herrscher eingesetzte **Manco Inca** gegen die Spanier erhob. Er belagerte die Spanier mit einer Armee von über hunderttausend Soldaten mehrere Monate lang in Cusco. Durch eine verzweifelte Attacke und eine darauf folgende Entscheidungsschlacht innerhalb der Mauern der Tempelfestung Sacsayhuamán gelang es den Spaniern, das Inkaheer zu besiegen. Bei den gewalttätigen Auseinandersetzungen brannte die Stadt bis auf die Grundmauern nieder. In der Folgezeit wurde Cusco immer unbedeutender, da sich die Aktivitäten der Spanier an die Pazifikküste verlagerten, wo Lima zur Hauptstadt des spanischen Kolonialreiches aufblühte.

Der Dornröschenschlaf der Stadt, nur unterbrochen von diversen Indianeraufständen, Erdbeben und der Unabhängigkeit von Spanien, endete mit der **Wiederentdeckung von Machu Picchu** im Jahr 1911. Lange Zeit war Cusco nur mit der Eisenbahn über Arequipa und den Titicaca-See zu erreichen. Dies änderte sich ab Mitte des 20. Jhs., als mit den ersten regelmäßigen Flügen auch zunehmend mehr Ausländer nach Cusco kamen, das allmählich wieder zum Nabel der Welt wurde – diesmal der Touristenwelt.

Boleto Turístico

Nur noch vereinzelt können die Sehenswürdigkeiten der Stadt und Umgebung mit einem Einzelticket besucht werden. Für die meisten Orte benötigt man das **Boleto Turístico**, das für 16 Museen und Ruinenstätten gilt. Es kostet 130 S/. (Studenten bis 25 Jahre mit gültigem internationalem Studentenausweis (ISIC) 70 S/.), hat eine Gültigkeit von 10 Tagen und ist nicht übertragbar oder verlängerbar. Jede Sehenswürdigkeit darf nur einmal besichtigt werden. Das Ticket ist an den Eingängen der Sehenswürdigkeiten und im Büro von COSITUC (Comité de Servicios Integrados Turistico Culturales-Cusco), Av. Sol 103, Of. 102, ✆ 084–261465, 🖳 www.cosituc.com, erhältlich. ⏲ tgl. 8–18 Uhr. Im Angebot sind auch drei Teiltickets, sogenannte **Boletos Parciales** (70 S/., keine Studentenermäßigung, Kinder unter 8 Jahren gratis), unterteilt in folgende Kategorien:

- **Circuito 1**: Sacsayhuamán, Qenqo, Pukapukara, Tambomachay (Gültigkeit 1 Tag).
- **Circuito 2**: Museo Municipal de Arte Contemporáneo, Museo Histórico Regional, Museo de Arte Popular, Museo de Sitio Qoricancha (nicht für den Qoricancha!), Centro Qosqo de Arte Nativo, Monumento al Inca Pachacútec (Gültigkeit 2 Tage).
- **Circuito 3**: Pisac, Ollantaytambo, Chincheros, Moray (Gültigkeit 2 Tage).

Circuito Religioso

Wer sich bevorzugt für Kirchen interessiert, sollte die Eintrittskarte für den Circuito Religioso erwerben. Sie berechtigt zum Besuch der Kathedrale, der Iglesia la Compañía de Jesús, der Iglesia San Blas und des Museo de Arte Religioso. Es kostet 50 S/. (Studenten 25 S/.), und man spart 20 S/. gegenüber den Einzeleintritten. Nähere Auskünfte gibt es bei den Touristeninformationen.

Inzwischen ist so etwas wie eine **indianische Renaissance** ausgebrochen. Viele der alten Straßennamen werden heute wieder auf Quechua geschrieben (z. B. wurde aus Cuichipunco

K'uychipunko), bei offiziellen Anlässen weht die Regenbogenflagge der Inkas über der Plaza und die Universitäten bieten Quechua-Sprachkurse an. Und für die Quechua-Bevölkerung ist Cusco ohnehin das Zentrum ihres Lebensraumes geblieben.

Doch die Hauptstadt der gleichnamigen Provinz steckt in Schwierigkeiten. Wie auch in anderen Landesteilen wächst die Stadt ungezügelt in alle Richtungen und die einfachen Lehmhütten mit ihren hässlichen Wellblechdächern schieben sich immer weiter die Berghänge hinauf. Die Stadt erstickt im Verkehr und lechzt nach jedem Tropfen Wasser, den sie bekommen kann. Trotz hoher Einnahmen durch den recht beständigen Tourismus sind viele Menschen ohne Arbeit und denen, die einen Job besitzen, reicht das magere Einkommen gerade mal zum Überleben.

Plaza de Armas und Kirchen

Die Sehenswürdigkeiten Cuscos erobert man am besten von der eindrucksvollen **Plaza de Armas** aus, heute wie damals Zentrum der Stadt. Mit dem Unterschied, dass der Platz vor der Ankunft der Spanier doppelt so groß und mit weißem Pazifiksand bedeckt war. Hier zelebrierten die Inkas aufwendige Sonnenwendfeiern und hielten gewaltige Militärparaden ab, bei denen die königlichen Mumien und viel Gold präsentiert wurden.

Den Spaniern hingegen diente die Plaza als Ort blutrünstiger Hinrichtungen. Besonders spektakulär war 1781 die öffentliche Ermordung des Mestizen José Gabriel Condorcanqui, besser bekannt als Rebellenführer Tupac Amaru. Nachdem es den Spaniern nicht gelang, ihn zu vierteilen, wurde er geköpft, nicht ohne vorher ansehen zu müssen, wie seine vier Kinder enthauptet und seine schwangere Frau erwürgt wurde.

Heute finden auf den Straßen jede Menge offizielle und religiös motivierte Umzüge, Paraden und Prozessionen statt – u. a. während der Osterwoche, an Fronleichnam, am 1. Mai, im Rahmen des Sonnenwendfestes Inti Raymi und dem Unabhängigkeitstag Perus, dem 28. Juli. Die Arkaden *(Portales)* auf der Süd- und Westseite der Plaza gehören dem Tourismus – hier kann man Geld wechseln, Kunsthandwerk zu überhöhten Preisen kaufen, Touren buchen oder sich in einem Restaurant vom hektischen Treiben erholen. Auf der Plaza selbst sind die Parkbänke, die in der Sonne liegen, schnell besetzt und Verkäufer von Postkarten sowie Schuhputzer versuchen, ein paar Soles zu verdienen. Vor allem abends herrscht auf der effektvoll beleuchteten Plaza eine schöne Stimmung.

Ungewöhnlich für einen spanisch geprägten Platz ist das Vorhandensein von zwei Kirchen. Auf der Nordseite recken sich die wuchtigen Glockentürme der **Kathedrale** von Cusco 33 m hoch in den klaren Himmel. An Feiertagen kann

Kirchen in Cusco – Öffnungszeiten und Eintrittspreise

Der Eintrittspreis für die nachfolgend aufgeführten Kirchen ist nicht im Boleto Turístico enthalten. Da die Öffnungszeiten variieren können, empfiehlt es sich, vor dem Besuch bei den Touristeninformationen die aktuellen Zeiten zu erfragen. Studenten mit gültiger ISIC-Karte zahlen 50 % der angegebenen Preise. Wer die Kirchen während der Messe besucht, zahlt in der Regel keinen Eintritt.

Kathedrale: ◷ Mo–Sa 10–18, So und Feiertage 14–18 Uhr, 25 S/., Messe tgl. 6–10 Uhr, 25 S/.
Iglesia de San Blas: ◷ Mo–Sa 8–18 Uhr, So 10–18 Uhr, 15 S/.
La Compañia de Jesús: ◷ tgl. 9–11.30, 13–17 Uhr, 15 S/., Messe 7 und 18 Uhr.
Templo y Convento de La Merced: ◷ Mo–Sa 8–12.15, 14–17.15 Uhr, 6 S/., Messe tgl. 7–8 und nach 17.15 Uhr.
Iglesia San Antonio Abad: ◷ während der Messe tgl. 18–19, So 7.30–8.15 Uhr.
Santa Clara: ◷ tgl. während der Messe 6.30–7.30 Uhr.
Santa Catalina: ◷ So–Do 9–17, Fr 9–15.30 Uhr, 15 S/.
Iglesia y Convento de Santo Domingo/ Qoricancha: ◷ Mo–Sa 8.30–17.30, So 14–17 Uhr, 10 S/.

Escuela Cusqueña – die indianische Malschule von Cusco

In der Kolonialzeit kam es in Lateinamerika zu einer starken Nachfrage nach religiöser Kunst. Überall wurden Kirchen, Paläste und Klöster errichtet, für deren Innenausstattung man sakrale Gemälde benötigte. Obwohl immer mehr europäische Gemälde nach Peru kamen, reichte das Angebot nicht aus. Daher begannen Vertreter kirchlicher Orden in Peru im späten 16. Jh. damit, einheimische Talente zu fördern und auszubilden. Mestizen und Indígenas lernten europäische Maltechniken kennen und begannen, die Vorlagen der europäischen Meister zu kopieren. Besonders in der Malschule von Cusco entwickelten die Künstler im Laufe der Zeit einen eigenen Stil, der traditionelle europäische Stilelemente mit Motiven aus der indigenen Mythologie sowie der einheimischen Flora und Fauna verband. Immer selbstbewusstere Künstler malten biblische Szenen im Andenhochland, Mestizengesichter und goldbehangene Heiligenfiguren. Beim Abendmahl wurde nun ein Meerschweinchen verzehrt sowie Chicha getrunken. Die Kirche befürwortete den neuen Malstil, erhöhten doch die indigenen Elemente in den Bildern die Akzeptanz des katholischen Glaubens bei den bekehrten oder noch zu bekehrenden Hochlandbewohnern.

Im 18. Jh. führte die erneut sprunghaft gestiegene Nachfrage nach Bildern aus Cusco zur Gründung großer Ateliers, die weitestgehend von Mestizen und Indígenas betrieben wurden. Die Malschule aus Cusco war auf dem ganzen Kontinent bekannt und prägte die Kunstszene Südamerikas. Zu den bekanntesten Künstlern der Cusco-Schule zählt der Mestize **Diego Quispe Tito** (1611–1681), der stark von den Werken flämischer Meister beeinflusst war. Hervorragende Arbeiten haben auch **Melchor Pérez de Holguín** (1660–1724), **Marcos Zapata** (Mitte des 18. Jhs.) und **Santa Cruz de Pumacallo** (Ende des 18. Jhs.) erstellt. Ihre und die Werke anderer Künstler sind in der Kathedrale von Cusco, verschiedenen religiösen Museen, Klöstern sowie in den Kirchen von Andahuaylillas und Chincheros zu sehen.

man dem weit hörbaren Klang der größten Glocke Südamerikas, der sechs Tonnen schweren María Angela lauschen, die im linken Turm hängt. *La Catedral* wurde in fast einhundertjähriger Bauzeit auf den Überresten des Viracocha-Palastes und Steinen der Festung Sacsayhuamán im spanischen Renaissance-Stil vermischt mit indianischen Steinmetz-Elementen errichtet. Mit einem Grundriss von 85 x 45 m gehört sie zu einer der größten Kirchen Südamerikas. Das Innere des 1559 begonnenen Baus ist nicht minder imposant und besteht neben der Hauptkirche mit ihren elf Seitenkapellen und acht Altären auch aus zwei integrierten Nebenkirchen.

Während in der **Capilla de la Sagrada Familia** links der Kathedrale ein prunkvoller vergoldeter Barockaltar zu sehen ist, wurde in der Krypta der **Capilla del Triunfo**, die rechts an die Hauptkirche angebaut wurde, der spanische Chronist Garcilaso de la Vega beigesetzt. Die erste Kirche Cuscos wurde 1536 zu Ehren des spanischen Triumphs über das große Inkaheer errichtet, das die Stadt monatelang erfolglos belagert hatte. In der Kirche befindet sich ein Bild des Malers Monroy, dessen Motiv das Cusco des Jahres 1650 ist.

Im Hauptgebäude haben drei der Seitenkapellen für die einheimische Bevölkerung eine besondere Bedeutung. Hier werden die Virgen de los Remedios und La Linda, die Jungfrau der unbefleckten Empfängnis, verehrt. Der dritte im Bunde ist El Señor de los Temblores. Der „Herr der Erdbeben" wird – wie schon nach dem schweren Beben von 1650 – am Montag der Osterwoche in einer feierlichen Prozession durch die Straßen Cuscos getragen. Imposant ist auch der Altar aus purem Silber und die 20 m hohe Sakristei, die bis unter die Decke mit Portraits der Bischöfe Cuscos behangen ist. Überhaupt gleicht das Innere der Kathedrale einer Pinakothek. Über 350 Gemälde der Cusco-Schule (s. Kasten) und ausländischer Künstler (darunter Rubens, Raffael, van Dyck oder Tizian) hängen an den Wänden. Bewundernswert ist auch das Chorgestühl, das aufwendig aus Zedern- und Ebenholz geschnitzt wurde und mit 42 Heiligenfiguren verziert wurde.

Cusco

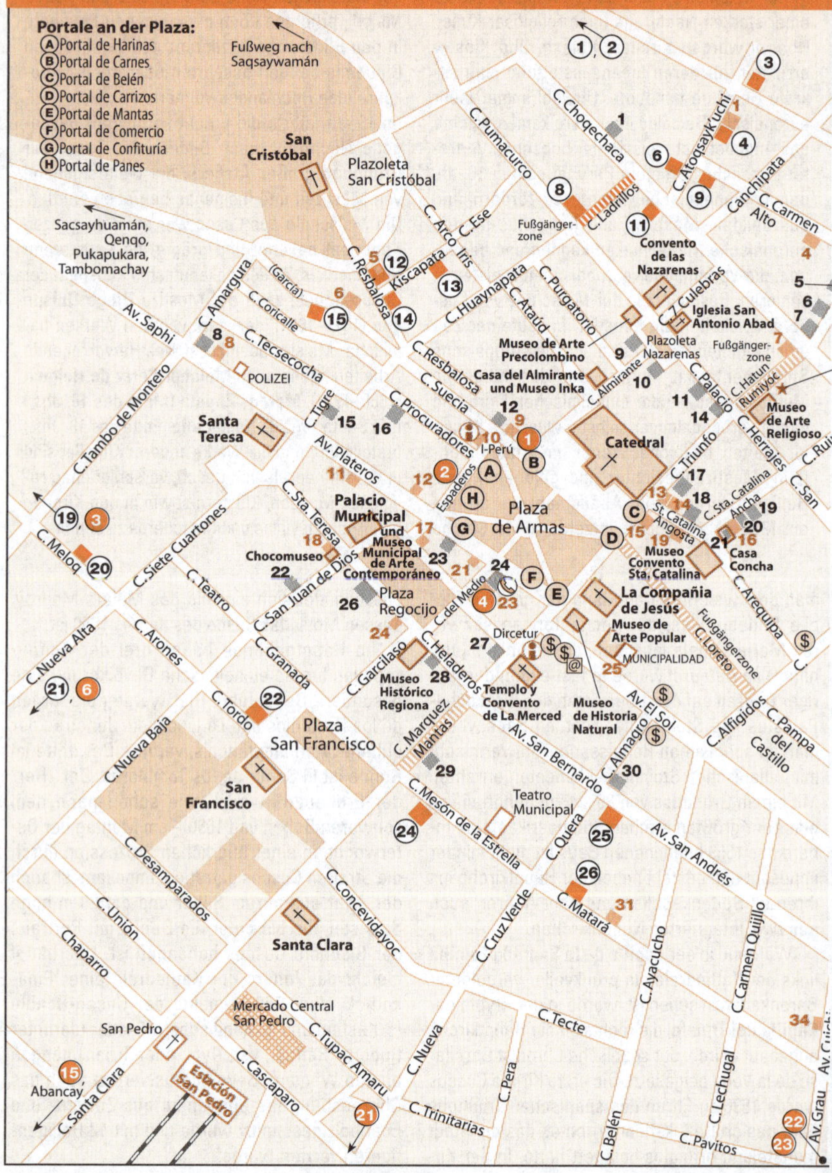
Portale an der Plaza:
A Portal de Harinas
B Portal de Carnes
C Portal de Belén
D Portal de Carrizos
E Portal de Mantas
F Portal de Comercio
G Portal de Confituría
H Portal de Panes
Fußweg nach Saqsaywamán
San Cristóbal
Plazoleta San Cristóbal
Sacsayhuamán, Qenqo, Pukapukara, Tambomachay
C. Choqechaca
C. Pumacurco
C. Atoqsayk'uchi
Canchipata
C. Carmen Alto
C. Ladrillos
Fußgänger-zone
Convento de las Nazarenas
C. 7 Culebras
Iglesia San Antonio Abad
C. Arco Iris
C. Ese
C. Kiscapata
C. Resbalosa
(García)
C. Coricalle
C. Huaynapata
C. Ataúd
C. Purgatorio
Museo de Arte Precolombino
Plazoleta Nazarenas
Casa del Almirante und Museo Inka
C. Almirante
C. Palacio
C. Hatun Rumiyoc
Museo de Arte Religioso
Av. Saphi
C. Amargura
C. Tecsecocha
POLIZEI
C. Suecia
C. Procuradores
C. Tigre
Santa Teresa
C. Tambo de Montero
I-Perú
Catedral
C. Triunfo
C. Herrajes
C. Ruinas
C. San Agustín
Av. Plateros
Espaderos
Palacio Municipal und Museo Municipal de Arte Contemporáneo
Plaza de Armas
C. Sta. Teresa
Chocomuseo
C. Sta. Catalina Ancha
St. Catalina Angosta
Museo Convento Sta. Catalina
Casa Concha
C. Siete Cuartones
C. Meloq
C. San Juan de Dios
Plaza Regocijo
C. del Medio
La Compañía de Jesús
Museo de Arte Popular
MUNICIPALIDAD
C. Teatro
C. Arones
Dircetur
C. Arequipa
C. Loreto
Fußgängerzone
C. Nueva Alta
C. Granada
C. Garcilaso
Museo Histórico Regiona
C. Heladeros
Templo y Convento de la Merced
Museo de Historia Natural
Av. El Sol
C. Tordo
Plaza San Francisco
C. Marquez
Mantas
Av. San Bernardo
C. Almagro
C. Afligidos
C. Pampa del Castillo
C. Nueva Baja
San Francisco
C. Mesón de la Estrella
Teatro Municipal
C. Quera
Av. San Andrés
C. Desamparados
C. Concevidayoc
C. Cruz Verde
C. Matará
C. Unión
Santa Clara
C. Ayacucho
C. Carmen Quijllo
Chaparro
Mercado Central San Pedro
C. Tecte
San Pedro
C. Tupac Amaru
C. Nueva
C. Pera
C. Lechugal
Av. Grau
Abancay
C. Santa Clara
Estación San Pedro
C. Cascaparo
C. Trinitarias
C. Belén
C. Pavitos

0
200 m
Übernachtung:
1 Hostal Casa de Campo
2 Hospedaje Familiar Kuntur Wasi
3 Hostal Pension Alemana
4 Hospedaje Familiar Inti Quilla
5 Mirador del Inka
6 Hotel & Mirador Los Apus
7 La Casa de la Gringa
8 Hotel El Arqueólogo
9 Pirwa Backpackers San Blas
10 Amazon Hostal
11 Hotel Rumi Punku
12 Hostal Piccola Locanda
13 Albergue Municipal
14 Hostal Resbalosa
15 Hostal Corihuasi
16 Casa de la Gringa II
17 Casa Andina Classic – Cusco San Blas
18 Albergue Casa Campesina
19 Hostal Loki
20 Hotel Niños II
21 Hotel Niños I
22 Pirwa Backpackers Colonial
23 Hostal San Juan de Dios
24 The Point Hostel
25 Kokopelli Backpackers
26 Wild Rover
27 Casa Andina Private Collection
Essen:
1 Quinta Eulalia
2 The Muse Too
3 El Buen Pastor
4 La Caverna del Oriente
5 Restaurant Macondo
6 Granja Heidi
7 Jack's Café Bar
8 Govinda
9 Restaurant & Bar Fallen Angel
10 Café de Mamá Oli
11 Marcelo Batata
12 Café Bagdad
13 El Encuentro II
14 Cicciolina
15 El Encuentro III
16 La Lengua
17 The Muse
18 Greens
19 El Encuentro
20 Dolce Vita
21 Café La Perla
22 Restaurant Varayoc
23 The Cross Keys Pub
24 Trotamundos Café
25 Pizza Carlo
26 Chicha
27 Tupananchis
28 Café Bar Wiphala
29 Café Ayllu
30 Los Toldos
31 Don Esteban y Don Pancho
32 Manu Café
Tanda Pata
P'asñapukana
San Blas
Treppe
C. San Blas
C. Carmen Bajo
Chihuampata
Zwölfeckiger Stein
C. Recoleta
C. Sta. Monica
Av. Tullumayo
Agustín Manuri
C. Cabracancha
Colla Calle
Plaza Limacpampa Grande
Arcopunco
Av. de la Cultura
C. Puputi
C. Romeritos
C. Abrasitos
23, 7, 8, 26, 27, 28, 29, Clínica San José, Clínica Peruano-Suiza, Paucartambo, Puno, Bolivien
Santo Domingo
Iglesia y Convento de Santo Domingo/ Qoricancha
C. Santo Domingo
Av. Huáscar
Wayna Cápac
Museo de Sitio Qoricancha
C. Pte. Rosario
C. Ahuacpinta
Av. Garcilazo de la Vega
Av. El Sol
Manco Inka
Manco Cápac
MIGRACIÓN
Pasaje Grace
Av. Garcilazo de la Vega
36, 37, 38, 16, 17, 18,
Touristenpolizei, Monumento al Inca Pachacútec
Av. Tullumayo
C. Pachacútec
Estación Wanchaq
Av. Pardo
Av. El Sol
20, 32
C. Centenario
Südperu

Cusco Legende

Sonstiges:

1 South American Explorers
2 Amazon Trails
3 Another Planet
4 Coca Shop
5 Perú Etico
6 Amauta Spanish School
7 Le Nomade
8 Gravity Peru
9 Cerámicas Seminario
10 Mama Africa, BCP Money & Tourist Services
11 Incatrekkers
12 Ukukus
13 The Cross Keys Pub
14 Gatos Market
15 Norton Rats Tavern
16 Rosy O Grady's
17 Garabato
18 Action Valley
19 El Muki
20 Librería CBC
21 Mayuc
22 Sprachschule Acupari, Deutsches Honorarkonsulat
23 Loreto Tours
24 Alpaca 111
25 Boleto Turístico, Sernanp
26 Peru Discovery
27 Eric Adventures
28 Dirección Regional de Cultura
29 Sernanp
30 Best Travel
31 Supermarkt Mega
32 INDECOPI
33 SBS Special Book Service
34 Apus Peru
35 Caos
36 Llama Andean Adventure
37 Explorandes
38 Feria Artesanal
39 Centro Qosqo de Arte Nativo

Transport:

1 Perurail
2 Inca Rail
3 Sammeltaxis→Limatambo, Mollepata, Cachora, Curahuasi
4 Peruvian Airlines
5 Vans→Pisac, Calca, Yucay
6 Busse→Acomayo
7 Busse→Pillkopata
8 Busse→Tinqui, Urcos und Sicuani
9 Aerosur
10 Star Perú
11 Machu Picchu Train
12 Lan Perú
13 Taca
14 Busse→Pisac, Calca
15 Terminal Paso de Santiago (Busse→Quillabamba)
16 Bus→Salvación (Manu-NP)
17 Cruz del Sur
18 Busterminal (Terminal Terrestre)
19 Züge→Puno
20 Inka Express
21 Bus→Anta
22 Busse→Urubamba (via Chinchero)
23 Vans→Urubamba(via Chinchero)

Die Jesuiten wollten aus ihrer Kirche **La Compañia de Jesús** die imposanteste Kirche Cuscos machen. Der Bau begann 1571 an der Ostseite der Plaza. Als sich der Bischof von Cusco über die Schönheit der Kirche, die seiner Meinung nach die Kathedrale in den Schatten zu stellen drohte, bei Papst Paul III. beschwerte, entschied sich dieser gegen die Jesuitenkirche. Bis allerdings das Urteil über den Baustopp bis nach Cusco drang, war La Compañia schon fast fertig, und nach rund 100-jähriger Bauzeit war in der Tat das schönste Gotteshaus Cuscos entstanden. Die einschiffige Kirche in lateinischer Kreuzform mit zwei Seitenkapellen wurde aller Wahrscheinlichkeit nach auf den Überresten des Palastes des Inkaherrschers Huayna Capac errichtet. Noch immer lässt sich die Pracht der damaligen Inneneinrichtung erahnen, wenn man die edel geschnitzten und mit viel Gold versehenen Barockaltäre, die Gemälde und Statuen betrachtet, doch ein Großteil des Inventars wurde versteigert, nachdem die Jesuiten 1768 Peru auf Anweisung des Papstes verlassen mussten.

Nur einen Häuserblock weiter südlich liegt die Basilika und der Konvent **La Merced**, ein weiteres Beispiel für den prachtvollen Cusqueñer Barock. Ebenso wie die anderen Kirchen wurde sie beim schweren Beben von 1650 zerstört, jedoch in nur vier Jahren wieder aufgebaut. Der ursprüngliche Bau geht auf das Jahr 1536 zurück, womit die Kirche zu den ältesten kolonialen Gebäuden der Stadt gehört. Das Gotteshaus des Mercedarier-Ordens besticht durch ein edles Chorgestühl aus Zedernholz, einen überladenen Hauptaltar und Gemälde bekannter indianischer Künstler der Cusco-Schule. Auch ein Werk Rubens ist zu sehen. In der Krypta der Kirche werden die Gebeine der spanischen Eroberer Gonzalo Pizarro und Diego de Almagro aufbewahrt.

Bilder des Gründers des Mercedarier-Ordens, San Pedro Nolasco, hängen an den Wänden des sehenswerten Klosters Convento de la Merced. Den Klosterhof ziert – wie bei vielen Anlagen dieser Art – ein Brunnen; im Innern beeindruckt die Schnitzkunst der Zedernholzdecke. Voller Kunstschätze ist auch das kleine Museum im großen Kreuzgang, in dem die erlesensten Kostbarkeiten aufbewahrt werden. Die juwelengeschmückte Monstranz, das Prunkstück der Ausstellung, stammt aus dem Jahr 1808. In dem 1,30 m großen Hostienschrein wurden unter anderem 22 kg Gold, 1518 Diamanten und 615 Perlen verarbeitet. Zahlreiche Bilder und Monumentalgemälde Cusqueñer Künstler verzieren die Seitenwände des Raums.

An der mit Andenflora bepflanzten Plaza **San Francisco** liegt die gleichnamige Kirche und das dazugehörige Kloster. Im Vergleich zu anderen Kirchen Cuscos ist die Einrichtung der religiösen Bauten der Franziskaner aus dem 16. und 17. Jh. eher schlicht. Freunde der mestizischen Malerei kommen aber voll auf ihre Kosten. In der reichhaltigen Sammlung sticht eines der größten Gemälde Südamerikas heraus. Juan Espinoza de los Monteros erschuf 1699 das 12 x 9 m messende Werk mit dem Stammbaum der Franziskaner. Darauf sind 683 Personen und 226 Familienwappen zu sehen.

Nur wenige Schritte südlich der Plaza San Francisco liegt die Kirche **Santa Clara**, deren Gebäude zum Kloster gehört, das nicht besichtigt werden kann. Eine Möglichkeit, die Kirche zu betreten, besteht zur Frühmesse um 6 Uhr. Der Innenraum der Kapelle ist mit vielen kleinen Spiegeln dekoriert, die einst angebracht worden sein sollen, um die indianische Bevölkerung in die Kirche zu locken.

Nördlich der Plaza gelangt man in das sympathische Kunsthandwerkerviertel San Blas mit seinen vielen kleinen steilen Gassen, in dem man verschiedene Klöster und Kirchen besichtigen kann. Noch in Plazanähe liegt in der schmalen Fußgängerzone Calle Loreto der Gebäudekomplex des Konvents **Santa Catalina**. Er wurde auf den Mauern eines Inkatempels errichtet, in dem einige Tausend inkaische Priesterinnen *(Mamacunas)* die heiligen Sonnenjungfrauen *(Acllahuasi)* unterrichteten. Sie lernten unter anderem Maisbier *(Chicha)* für rituelle Anlässe zuzubereiten und nähten aus feinster Alpaka- und Vikuñawolle die Gewänder des Inka, die dieser nur einmal trug. In einem Teil der Kirche und des Klosters ist ein Kunstmuseum untergebracht, in dem Heiligengemälde, historische Devotionalien und eine Orgel ausgestellt sind.

Folgt man der Calle Triunfo an der Nordostecke der Plaza de Armas drei Querstraßen weit, erreicht man die kleine **Plazoleta San Blas** mit der gleichnamigen Kirche. Das schlichte Lehmziegelgebäude besitzt eine in 40-jähriger Arbeitszeit filigran geschnitzte Holzkanzel aus Zedernholz, die weltweit ihresgleichen sucht.

Cusco – Perus Touristenmekka

Nicht weit von hier befindet sich die restaurierte Barockkirche **Iglesia San Antonio Abad** mit einer sehenswerten Kanzel und einem Gemälde des indianischen Künstlers Diego Quispe Tito. Der Kirche gegenüber liegt der **Convento de las Nazarenas**. Einst wurden in der im 16. Jh. erbauten Schule zuvor bekehrte indianische Mädchen der Inkaelite unterrichtet. Die Fassade des Konvents ist ein schönes Beispiel für das Verschmelzen europäischer und indianischer Stilelemente.

Museen in Cusco

Eintritt im Boleto Turístico enthalten

Museo de Sitio Qoricancha, Eingang in der Av. El Sol. Kleines unterirdisches Museum mit Textilien und Keramik- und Metallarbeiten präinkaischer Kulturen und der Inkas. ⌚ Mo–Sa 9–18, So 8–13 Uhr.

Museo Histórico Regional, Garcilaso, Ecke Heladeros, ✆ 084-223245. Das Museum ist im Haus des spanischen Historikers Garcilaso de la Vega untergebracht, der in der Kathedrale beerdigt wurde. Ausgestellt sind Gemälde der Cusco-Schule aus dem 17. und 18. Jh., Keramiken aus präinkaischen Zeiten, Kolonialmöbel, ein Steinpuma aus dem Qoricancha und archäologische Funde aus der Umgebung Cuscos. ⌚ Mo–Sa 8–17, Sa 8–13 Uhr.

Museo de Arte Popular, Av. El Sol Nr. 103, Galerías Turísticas. Volkskunstmuseum. ⌚ Mo–Sa 9–18 Uhr.

Eintritt im Circuito Religioso enthalten

Museo de Arte Religioso, Hatunrumiyoc, Ecke Herrajes, ✆ 084-222781. Das Museum diente einst als erzbischöflicher Palast, der auf den Mauern des Wohn- und Regierungssitzes des Inca Roca erbaut wurde. Das sehenswerte Gebäude mit einem schönen Innenhof beherbergt eine große Gemäldesammlung, eine Kapelle mit vergoldetem Altar und einen goldenen Saal. ⌚ Mo–Sa 8–18, So 10–18 Uhr, 15 S/.

Eintritt nicht im Boleto Turístico enthalten

Casa de los Marqueses de Concha (kurz Casa Concha), Santa Catalina Ancha 320, ✆ 084-255535. In dem Kolonialgebäude in Plazanähe sind Fundstücke aus Machu Picchu zu besichtigen, die dem Staat Peru nach beinahe 100 Jahren von der US-amerikanischen Yale-Universität zurückgeben worden sind. ⌚ Mo–Fr 9–18, Sa 9–13 Uhr, 10 S/.

Chocomuseo, Garcilaso 210, 2. Stock, ✆ 084-244765, 🖳 peru.chocomuseo.com. Was Sie schon immer über Schokolade wissen wollten, sich aber bisher nie zu fragen trauten. Hier gibt es die Antworten. Natürlich gibt es auch eine kleine Fabrik, die Fairtrade-Bio-Kakao aus Quillabamba zu leckerer Schokolade verarbeitet, einen Laden, ein Café mit ausgefallenen Schokoladensorten, Schokoladen-Fondues und mehr. Außerdem geführte Touren zu nachhaltig produzierenden Bio-Kakaoplantagen mit Übernachtung. ⌚ tgl. 10.30–18.30 Uhr, Eintritt frei.

Museo de Arte y Monasterio de Santa Catalina. Das auf den Grundmauern des Palastes der Sonnenjungfrauen errichtete Gebäude stellt Gemälde der Cusco-Schule, Wandmalereien und Messgewänder aus. ⌚ Mo–Sa 8.30–17.30, So 14–17 Uhr, 8 S/.

Museo Inka Cuesta del Almirante 103. Im Inneren des restaurierten Kolonialhauses Casa del Almirante befindet sich eine umfangreiche Ausstellung mit Inka-Artefakten aus Gold und Silber, Schmuck, Keramikgefäßen, Mumien und mehreren hundert *Queros* (Holzbecher). ⌚ Mo–Sa 8.30–17.30, So 14–17 Uhr, 10 S/.

Basilica y Convento La Merced. Mantas, Ecke San Bernardo. Das Museum zeigt eine sehenswerte Monstranz und viele interessante Gemälde alter Cusqueñer Meister. ⌚ Mo–Fr 8–17, So 9–16 Uhr, 6 S/.

Museo Convento de San Francisco. Im Konvent der Franziskaner an der Plaza San Francisco sind Gemälde der Cusco-Schule ausgestellt. ⌚ Mo–Sa 9–17 Uhr, 5 S/.

Museo de Arte Precolombino (MAP). Plazoleta Nazarenas No. 231, ✆ 084-233210, 🖳 www.map.org.pe. Sehenswerte Ausstellung interessanter Kunstdarstellungen der wichtigsten präkolumbischen Kulturen Perus. ⌚ tgl. (auch Feiertage) 8–22 Uhr, 20 S/.

Gut über die Hauptgeschäftsstraße Avenida El Sol zu erreichen sind die **Kirche** und der **Konvent Santo Domingo**, die auf den Überresten des berüchtigten Sonnentempels der Inkas, dem Qoricancha (s. unten), errichtet wurden. Die Ordenskirche der Dominikaner stürzte bei den Erdbeben von 1650 und 1950 ein, wurde wieder aufgebaut und erlitt erneute Beschädigungen beim Beben von 1986. Gemälde aus der Kolonialzeit mit Darstellungen des Ordensgründers Santo Domingo de Guzmán umgeben den Innenhof des Klosters. Auch Gemälde indianischer Künstler wie Diego Quispe Tito und Marco Zapata sind ausgestellt.

Inkaruinen und Inkamauern

Beim Erdbeben von 1950, das die Kirche und den Konvent Santo Domingo stark beschädigte, traten an einigen Stellen weitere Grundmauern des Tempelbezirkes **Qoricancha** (Quechua: „goldener Hof"; auch Qorikancha oder Q'oricancha geschrieben) zum Vorschein, dem einst wichtigsten Heiligtum der Inkakultur. Heutzutage sind nur noch die massiven Grundmauern erhalten, die bisher allen Erdbeben widerstanden.

Den Spaniern diente der Sonnentempel nach Plünderung der Edelmetalle lediglich als Steinbruch und später als Fundament für die Kirche Santo Domingo. Bei der Beschreibung des Inneren des Gebäudekomplexes stützen sich die Quellen auf die Berichte der frühen spanischen Chronisten. Laut Garcilaso de la Vega war der Qoricancha mit 700 Goldplatten und Unmengen von Edelsteinen bedeckt.

Im Innenhof des Gebäudekomplexes befanden sich lebensgroße Gold- und Silbernachbildungen von Tieren und Pflanzen aus dem ganzen Inkareich. Lamas, Schmetterlinge, Schlangen, Früchte und Blumen aus Gold glitzerten im gleißenden Sonnenlicht, das durch die Fenster eindrang. Der Historiker Pedro de Cieza de Leon berichtet von goldenen Maispflanzen mit goldenen Blättern und Stängeln, die so fest in die Erde aus Goldklumpen eingesetzt waren, dass sie kein Wind umblasen konnte. In einem Raum wurden die mumifizierten Leichen ehemaliger Inkafürsten aufbewahrt, die edle Gewänder und kostbaren Schmuck trugen. Auserwählte Jungfrauen brachten die Mumien jeden Tag ins Freie, wo man ihnen Speisen und Getränke darbot, die später rituell verbrannt wurden.

Ein anderer Raum, der ganz mit Silber ausgekleidet war, diente der Anbetung des Mondes. Im Inneren des Sonnentempels befand sich ein Altar mit einer großen goldenen Scheibe, die das einfallende Licht reflektierte. Im Sonnen- und Mondtempel finden sich die vollendetsten Beispiele der Steinmetzkunst der Inkas. Die auf bis 2,50 m Höhe leicht schräg aufragenden Steine, die mit Steinbolzen und Steinzapfen verbunden wurden, passen stellenweise so perfekt aufeinander, dass man mit der bloßen Hand die Übergänge nicht ertasten kann. In weiteren Tempeln der Anlage wurden die Gottheiten der Sterne, des Regenbogens oder des Donners verehrt. In den Wassertempel führt vom Klosterplatz ein Kanal, dessen Wasser vom anderen Ende des Raumes über drei Nischen abfloss. Qoricancha diente den Priestern der Inkas auch zur Beobachtung der Gestirne. Heutzutage ist außer der architektonischen Meisterleistung des stellenweise 6 m hohen, gerundeten Unterbaus nichts mehr von der damaligen Pracht erhalten.

Quipus – die Knotenschnüre der Inkas

Obwohl die Inkas keine Schrift kannten, entwickelten sie ein kompliziertes System, mit dem sie die ständig wachsenden Datenmengen kontrollierten, die bei der Steuerung des Riesenreiches anfielen. Mit Hilfe von Knotenschnüren, die sich nach Größe, Form und Farbe unterschieden, berechneten sie unter anderem den richtigen Zeitpunkt für die Aussaat, den landesweiten Bedarf an Lebensmitteln, anfallende Arbeitsstunden, Tributzahlungen – einfach alles. Im ganzen Staatsgebiet waren dazu speziell ausgebildete *Quipucamayoc* unterwegs: Buchhalter, die zu den Wenigen gehörten, die Knotenschnüre anfertigen und lesen konnten. Die Knotenvorhänge funktionierten nach dem Dezimalsystem. Mit ihnen konnten die Inkas Mengen erfassen, die in Fünferschritten von Eins bis Zehntausend reichten.

Allerdings ist die Passgenauigkeit der großen Steinblöcke faszinierend. ✆ 084-222071, ⌚ Mo–Sa 8.30–17.30, So 14–17 Uhr, 10 S/.

Sie lässt sich auch in einigen Gassen des San Blas-Viertels bewundern. Wohl jeder Cusco-Besucher pilgert zu diesem Zweck zum eindrucksvollsten Beispiel inkaischer Steinmetzkunst, dem **zwölfeckigen Stein** in der Calle Hatunrumiyoc (Großer Stein). Es lohnt, sich in dieser Gegend genauer umzuschauen, denn viele Gebäude wurden auf den soliden Grundmauern der Inkas errichtet. Die bis zu einem Meter großen, leicht nach außen gewölbten Steinblöcke wurden individuell gefertigt und so bearbeitet, dass sie ohne Mörtel perfekt ineinander passten.

Kolonialgebäude

Die Herrschaftshäuser der Spanier in Cusco folgten weitestgehend in ihrer Architektur dem Renaissance-Stil der iberischen Halbinsel. Die Zimmer der meist zweistöckigen Häuser gruppierten sich um einen Innenhof *(Patio)*. Besonderen Wert legten die Eroberer und ihre Nachfahren auf die Gestaltung der Eingangsportale, die nicht nur in Cusco in vielen verschiedenen Stilarten zu sehen sind. Beliebt waren plateresk (Stil der spanischen Spätgotik) gestaltete Portale wie die **Casa del Almirante** in der Calle Ataúd. Das Gebäude, auf den Grundmauern des Palastes des Inka Huáscar errichtet, wurde beim Erdbeben von 1950 stark beschädigt, danach aber mit internationaler Unterstützung wieder repariert. Heute ist hier das Museo Inka (s. S. 230) untergebracht.

Ein ebenso sehenswertes Gebäude ist die **Casa de los Cuatro Bustos** an der Plazoleta Santo Domingo, in dessen Mauern das Luxushotel Libertador untergebracht ist. Schon der Eroberer Pizarro hielt sich hier auf, als er in Cusco weilte. Über dem Eingangsportal fällt der Blick auf die vier Büsten, von denen sich der Name des Hauses des Marquis de Salas y Valdez ableitet. Ein weiteres interessantes Kolonialgebäude ist die **Casa de los Marqueses de Concha** in der Calle Santa Catalina Ancha, in der das **Museum Casa Concha** untergebracht ist.

Übernachtung

Die Stadt verfügt über ein Riesenangebot mit mehr als 400 Hotels aller Kategorien. Dennoch reist es sich in der Hauptsaison von Juni bis September stressfreier mit einer Reservierung. Ansonsten findet man auch zu später Stunde immer noch irgendwo ein Bett, muss aber – vor allem bei Billigunterkünften – mit einem entsprechenden Suchaufwand rechnen. Wichtig: Sich die Zimmer zeigen lassen und auch mal probeweise die Wasserhähne aufdrehen, da die Stadt besonders in der Hauptsaison unter chronischem Wassermangel leidet und nicht alle Hotels über einen Wassertank verfügen. Eine wirklich heiße Dusche darf vor allem in Billigunterkünften nicht zu jeder Tages- und Nachtzeit erwartet werden. In so gut wie allen Hotels locken die Besitzer mit 24-Std.-Warmwasserservice. Gasduschen sind Elektroduschen vorzuziehen, da Letztere das kalte Bergwasser oftmals nur lauwarm erhitzen. Da es in Cusco nachts oft sehr kalt wird, sollten genügend Decken vorhanden sein, oder man schläft gleich im eigenen Schlafsack. Das schützt auch in ungepflegteren Häusern vor ungebetenem Kleintier. In so gut wie allen Häusern kann man sein Gepäck deponieren, das man zu diesem Zweck gut verschließt. Wertsachen sollten in einem Safe eingeschlossen werden (Bargeld zählen und eine Quittung geben lassen).

Backpackerketten

Info siehe Kasten „Hostelketten in Peru und Westbolivien", S. 82.

Hostal Loki, Cuesta St. Ana 601, ✆ 084-243705. 💻 www.lokihostel.com. DZ mit/ohne Bad oder Schlafsaal (je nach Größe 23–34 S/. p. P.). ❷–❸

Pirwa Backpackers Colonial, Plaza San Francisco 360, ✆ 084-244315, 💻 www.pirwahostelscusco.com. DZ mit Bad oder Schlafsaal (je nach Größe 21–28,50 S/. p. P.). Das **Pirwa Backpackers San Blas**, Carmen Alto 283, hat die gleichen Kontaktdaten. DZ mit Bad (ohne Bad günstiger) oder Schlafsaal (je nach Größe 22,50–23 S/. p. P.). Sie unterhalten zwei weitere Filialen, s. Webseite. Jeweils ❷

The Point Hostel, Meson de la Estrella 172, ✆ 084-252266, 💻 www.thepointhostels.com.

DZ mit Bad oder Schlafsaal (je nach Größe 22–30 S/. p. P.). ❸

Wild Rover, Matará 261, ✆ 084-232300, 💻 www.wildroverhostel.com. DZ mit Bad oder Schlafsaal (je nach Größe 21–34 S/. p. P.). ❸

Kokopelli Backpackers, San Andrés 260, ✆ 084-224473, 💻 www.hostelkokopelli.com. Hostel, das neben dem üblichen Rundum-Sorglos-Paket für Backpacker über einen großen Open-Air-Jacuzzi verfügt, der allerdings extra bezahlt werden muss. DZ mit Bad oder Schlafsaal (je nach Größe 24–36 S/. p. P.). ❸

Weitere in Cusco vertretene Ketten sind **Flying Dog Hostels**, 💻 flyingdogperu.com und **The WalkOn Inn**, 💻 www.walkoninn.com.

Budget

Hostal Resbalosa, Resbalosa 494 (steiler Anstieg von der Plaza), ✆ 084-224839, 💻 www.hostalresbalosa.com. Sehr unterschiedliche Zimmer (auch monatsweise mietbar), wahlweise mit oder ohne Bad (billiger). Zwei große Terrassen mit tollem Blick über Cusco. Küchenbenutzung, WLAN. Einfaches Frühstück inkl. ❶–❷

Hospedaje Familiar Inti Quilla, Atoqsayk'uchi 281, ✆ 084–252659, 💻 www.intiquilla.8m.com. Ruhige Lage, kein Zugang mit Auto, netter Innenhof. Sehr einfache Zimmer (ohne Bad billiger). Familiäre Atmosphäre, Küchenbenutzung, Internet und WLAN. ❷

Albergue Municipal, Kiscapata 240, ✆ 084-252506, ✉ albergue@municusco.gob.pe. Für den steilen Anstieg zur Herberge entschädigt ein schöner Blick. Überwiegend Schlafsäle (15–17 S/. p. P.) und einige einfache Zimmer mit Gemeinschaftsbad und Elektroduschen. Internet, Küchenbenutzung und Cafeteria. ❷

Mirador del Inka, Tanda Pata 160, ✆ 084-241804, 💻 www.elmiradordelinka.com. Eine günstige Herberge auf mehreren Ebenen mit großer Zimmerkapazität, die im oberen Bereich **Cusco View Point Hostel** heißt (Eingang über die P'asñapukana 133, ✆ 084-253589, 💻 www.cuscoviewpoint.com). Die Hostels gehören derselben Familie und sind untereinander verbunden. Je höher man kommt, desto schöner die Aussicht. Einfache DZ mit Bad oder Schlafsaal (20 S/. p. P.), z. T. Elektroduschen. Eigener Tourveranstalter. WLAN, Internet und Frühstück inkl. ❷

Hospedaje Familiar Kuntur Wasi, Tandapata 352-A, ✆ 084-227570, 💻 www.hospedajekunturwasi.com. Ruhige, saubere und gemütliche Zimmer (ohne Bad 20 S/. billiger). Schöne Ausblicke auf die Stadt, Küchenbenutzung, WLAN und Internet (20 Min. gratis). Frühstück inkl. ❷

Mittlere Preisklasse

La Casa de la Gringa, Tandapata, Ecke P'asnapaqana, ✆ 084-241168, 💻 www.casadelagringa.com. Von einer Südafrikanerin geführtes Hostel. Die Zimmer (ohne Bad günstiger) sind mit viel Liebe fürs Detail ausgestattet. Relaxte, freundliche, spirituelle Atmosphäre. Internet, WLAN, Küchenbenutzung, heißes Wasser rund um die Uhr. Frühstück inkl. ❸

Die **Casa de la Gringa II**, Carmen Bajo 226, kann nur mit den Preisen, nicht aber mit dem Niveau von Nr. I mithalten. ❸

Amazon Hostal, Tandapata 660, ✆ 084-236770, 💻 www.amazonhotelcusco.com. Unter deutscher Leitung. Helle Zimmer mit Bad, die nachts etwas kalt sein können. Man bekommt auf Wunsch einen Gasofen gestellt. Terrasse, WLAN, Tourveranstalter im Haus. Frühstück inkl. ❹

Hostal Corihuasi, Suecia 561, ✆ 084-232233, 💻 www.corihuasi.com. Nette Zimmer mit schönem Stadtblick in einem alten Kolonialhaus. Bei Barzahlung gibt es 10 % Discount. Guter Service, Heizofen, Cafeteria, Gepäckaufbewahrung, WLAN und Telefon. Gratis Abholservice. ❹

Gehobene Preisklasse

Hostal Casa de Campo, Tandapata 298, ✆ 084-244404, 💻 www.hotelcasadecampo.com. Ruhig gelegenes rustikales Steinhaus mit tollem Blick auf Cusco und angenehmen Zimmern (einige mit Kamin) mit Heizofen. Die weiter oben gelegenen Zimmer haben den schönsten Blick. WLAN, Abholservice und Frühstück inkl. ❹

Hostal Pensión Alemana, Tanda Pata 260, ✆ 084-226861, 💻 www.pension-alemana-cuzco.com. Sehr gepflegte Anlage in ruhiger Lage unter deutsch-peruanischer Leitung. Gute Zimmer auf mehreren Etagen, z. T. mit Zentralheizung, WLAN und Internet. Frühstücksbuffet inkl. ❹

Hotel El Arqueólogo, Pumacurco 408, ✆ 084-232569, 🖳 www.hotelarqueologo.com. Schöne, ruhige Lage. Saubere Zimmer mit heißem Wasser. Garten, Restaurant, Internet. Begrüßungscocktail und Frühstücksbuffet inkl. ❺

Hotel Rumi Punku, Choquechaca 339, ✆ 084-221102, 🖳 www.rumipunku.com. Freundliche Familienunterkunft, konstruiert auf einem ehemaligen Inkatempel. Gute Zimmer mit Bad, Zentralheizung und Telefon sowie Suiten mit WLAN und Spa (US$15). Größere Zimmer kosten US$130, Suiten US$200. Frühstücksbuffet und Abholservice inkl. ❻

Hotel & Mirador Los Apus, Atoqsayk'uchi 515, ✆ 084-264243, 🖳 www.losapushotel.com. Sehr schönes, gemütliches Haus mit Aussichtsterrasse unter schweizer Leitung. Zimmer mit Zentralheizung. Transport vom/zum Flughafen, Internet, WLAN, und Frühstücksbuffet inkl. ❻

Casa Andina Classic – Cusco San Blas, Chihuampata 278, San Blas, ✆ 01-2139739 (Lima), 🖳 www.casa-andina.com. Eines von fünf exzellenten Hotels der Casa-Andina-Kette in Cusco (Nr. 6 im Bau). Die Unterkünfte der Reihe Casa Andina Classic liegen alle im

Schlafen und helfen

In den von Holländern geführten **Hotels Niños I** (Meloq 442, ✆ 084-231424) und **Niños II** (Fierro 476, ✆ 084-254611) übernachtet es sich nicht nur sehr angenehm, die Gewinne fließen auch zu 100 % in ein Projekt für rund 600 Kinder mittelloser Familien. Saubere Zimmer mit oder ohne (US$4 günstiger) Bad gruppieren sich in beiden Häusern um einen schönen Patio. Frühstück kostet extra. Beide ❹

Außerdem vermieten die Besitzer möblierte **Apartments**, in denen Bad und Küche geteilt werden (US$140 p. P. und Woche).

Wem Cusco zu hektisch ist, der findet auf **Niños Hotel Hacienda** in Huasao, rund 12 km südöstlich, Ruhe und Komfort in Zimmern und Bungalows. ❺–❻. Infos zu allen Unterkünften bekommt man unter 🖳 www.ninoshotel.com. Von Mo–Sa kann man um 17 Uhr an einer kostenlosen einstündigen Projekttour teilnehmen, die vom Niños I startet.

Ein ähnliches Konzept verfolgt das **Hostal Piccola Locanda**, Resbalosa 520, ✆ 084-252551, 🖳 www.piccolalocanda.com. Die peruanisch-italienischen Besitzer unterstützen Waisen und behinderte Kinder und Jugendliche im Urubamba-Tal. Einige der älteren Jugendlichen arbeiten im Hostal. Die Projekte können über den hauseigenen Tourveranstalter **Perú Etico** (s. „Touren") besucht werden. Das Hostal verfügt über elf sehr unterschiedliche Zimmer (einige mit Gemeinschaftsbad), die bereits im Internet einzeln vorgebucht werden können. Familiäre Atmosphäre, WLAN, Internet und einfaches Frühstück in Buffetform gratis. ❹

Albergue Casa Campesina, Tullumayo 274 (drei Blocks östlich der Plaza de Armas), ✆ 084–233466. Einfache Unterkunft in kolonialem Gebäude, die von der lokalen Nichtregierungsorganisation Centro Bartolomé de las Casas, 🖳 www.cbc.org.pe, verwaltet wird. Mit den Geldern unterstützt man Aktivitäten der indigenen Landbevölkerung, die hier in einem Nebengebäude übernachten kann. Das CBC fördert einen umwelt- und sozialverantwortlichen Tourismus. Im Gebäude befindet sich der Ausstellungs- und Verkaufsraum einer Weberkooperative (siehe „Einkaufen"). Drei Zimmer mit Bad, der Rest ohne (billiger). WLAN, Internet, Frühstück inkl. ❷–❸

Hostal San Juan de Dios, Av. Manzanares 264, Urb. Manuel Prado, ✆ 084-240135, 🖳 www.hostalsanjuandedios.com. Etwas außerhalb aber dafür ruhig gelegenes Hostel mit großem Garten, das sich auch für Wohnmobile eignet. Die Einnahmen des Hotelbetriebs gehen an das Heim und die Klinik San Juan de Dios. Alle Zimmer mit Bad, Fön und auf Wunsch Heizung. Das Hotel verfügt über eine Cafetería, WLAN, Telefon und Parkplatz. Frühstück und Abholservice vom Flughafen inkl. ❹

Zentrum und ähneln sich in Preis und Ausstattung (Fahrstuhl, Restaurant, Frühstücksbuffet, High-Speed-WLAN, Internetcenter, Geldautomat und Sauerstoff im Haus). ❼.

Luxuriöser aber auch teurer ist das **Casa Andina Private Collection**, Limacpampa Chico 473, ✆ 084-232610. Ab US$280. ❼

Essen

Die Auswahl ist enorm und trifft wohl jeden Geschmack. Sehr viele Restaurants befinden sich an und um die Plaza (teuer und touristisch), in der Procuradores und in der Plateros. Viele der beliebteren Restaurants sind abends voll. Wer mit mehreren Leuten essen geht, sollte daher reservieren. Die besten und billigsten **Fruchtsäfte** gibt es auf dem San Pedro-Markt. Die meisten Restaurants haben inzwischen auch **vegetarische Gerichte** und (Holzofen) **Pizza** auf ihrer Speisekarte. In der Procuradores findet man zahlreiche Pizza-Restaurants.

Bioküche und Vegetarisches

El Encuentro, Santa Catalina Ancha 384, ◷ Mo–Sa 8–21 Uhr, Choquechaca 136, ◷ Mo–Fr 8–21, Sa 9–15 Uhr und Tigre 130, ◷ Mo–Sa 9–22 Uhr. Sehr gute Mittagsmenüs inkl. kleinem Salatbuffet (abends ohne Salat). Frisch, billig, lecker und reichlich.

Govinda, Saphy 584. Drei verschiedene vegetarische Mittagsmenüs zu unterschiedlichen Preisen, sonst á la carte. ◷ tgl. 8–21 Uhr.

Greens, Santa Catalina Angosta 139, 2. Stock (über dem Restaurant Incanto). Das einzige Bio-Restaurant Cuscos. Breitgefächertes Speisenangebot, gute vegetarische Auswahl, Salate aus dem eigenen Biogarten. Nicht ganz billig. ◷ tgl. 11–23 Uhr.

Cafés

Café Ayllu, Almagro 133. Gutes Frühstück. ◷ Mo–Sa 6.30–22.30, So 6.30–13 Uhr.

Café de Mamá Oli, Plaza Nazarenas 199. Neben Säften und Sandwiches bekommt man hier Desserts aus Andenfrüchten. ◷ Mo–Sa 9–19 Uhr.

Café La Perla, Plazoleta Santa Catalina 215-219. Schickes Café mit sehr gutem Kaffee aus Quillabamba, ordentlichem Kuchen, Frühstück, Säften und Nachtisch. Nebenan Bar. ◷ tgl. 7–23 Uhr.

Dolce Vita, Santa Catalina Ancha 366. Sehr leckere, selbstgemachte exotische Eissorten, kleines Café mit gutem Kaffee und Kuchen. ◷ tgl. 10–21 Uhr.

Don Esteban y Don Pancho, Av. El Sol 765, gegenüber der Hauptpost. Guter Kaffee und Kuchen sowie Mittagsmenüs inkl. Vorspeise, Nachtisch und Getränk. ◷ tgl.

El Buen Pastor, Cuesta San Blas 579. Von Waisenkindern unter der Aufsicht einer Nonne geführtes Café. ◷ Mo–Sa 7–20.30 Uhr.

Jacks Café Bar, Choquechaca, Ecke Cuesta San Blas. Beliebtes Café (mittags und abends sehr voll). Gutes Frühstück, ausgezeichnete Salate und Sandwiches. ◷ tgl. 7–23.30 Uhr.

Trotamundos Café, Portal de Comercio 177, 2. Stock, Plaza de Armas. Die Snackbar ist ein „guter Beobachtungsposten" mit gutem Kaffee und Frühstück. ◷ tgl. 8–23 Uhr.

Internationale Küche

Cicciolina, Triunfo 393, 2. Stock. Sehr leckeres Restaurant und Tapas-Bar mit schönem Ambiente, aber teuer. Gute Weine und selbstgebackenes Brot zum Frühstück. ◷ tgl. 8–11.30, 12–15.30, 18–22.30 Uhr.

Granja Heidi, Cuesta San Blas 525. Die deutschen Besitzer tischen leckere Mittagsmenüs, Abendessen á la carte, Joghurt, Säfte, Kuchen und Frühstück auf. ◷ tgl. 8.30–21.30 Uhr.

La Caverna del Oriente, Plazoleta San Blas 646, etwas versteckt unterhalb der Treppe. Französische Küche mit andin-arabischem Touch (z. B. Couscous de Alpaca) sowie Frühstück und Mittagsmenüs. ◷ tgl. 8–22 Uhr.

La Lengua, Procuradores 389, 2. Stock. Von 2 deutschen Frauen geführte Lounge Cultural mit deutscher Küche. Von Do–Sa gibt es Livemusik. Außerdem kann man Filme anschauen (5 S/. inkl. Popcorn, Fr um 20.15 Uhr läuft Tatort). Am So wird Brunch für 15 S/. aufgetischt. Ansonsten gibt es Workshops (Yoga, Reiki, etc.), Büchertausch und WLAN. ◷ Di–So 9–23 Uhr.

Manu Café, Av. Pardo 1046. Innenhof mit Glasdach und vielen Pflanzen. Zum kulinarischen Angebot gehört auch Raclette. ⌚ tgl. 10–22 Uhr.

Marcelo Batata, Palacio 121, 2. Stock, hinter der Kathedrale. Nicht ganz billige Kartoffelgerichte, Sandwiches, selbstgemachte Pasta, Fleisch und Forelle. Nette Terrasse mit schönem Blick. ⌚ tgl. 12–22 Uhr.

Pizza Carlo, Maruri 381, ✆ 084-247777 (Lieferservice). Kleines und gemütliches Restaurant, in dem es außer Pizza nur noch Fleischlasagne gibt. ⌚ Mo–Fr 11–15, 17–23, Sa 15–23, So 18–23 Uhr.

Restaurant & Bar Fallen Angel, Plazoleta Nazarenas 221. Das von Künstlern aus Cusco geführte teure und schrill eingerichtete Restaurant lohnt mehr wegen der verrückten Ideen als wegen des Essens. ⌚ Mo–Sa 12–24, So 15–24 Uhr.

The Muse, Triunfo 338, 2 Stock. und **The Muse Too**, Tandapata 917, oberhalb der San Blas-Kirche. Restaurant und Bar mit relaxter Atmosphäre, guter Speisenauswahl (auch vegetarische Optionen), Frühstück und Mittagsmenü. WLAN, Gratis-Filme, gelegentlich Livemusik. ⌚ tgl. 8–24 Uhr.

Varayoc, San Juan de Dios 250. Schweizer Restaurant mit Käse- und Obstfondues, Rösti, Schnitzel, Kaffee und Kuchen. ⌚ Mo–Sa 9–22 Uhr.

Novoandino

Tupananchis, Plazoleta Espinar 180-184. Schöne Lage mit Terrassenblick auf die Kirche La Merced. Gourmetrestaurant mit exquisiter neuandiner Küche, darunter Alpaca, Cuy, Salate und eine gute vegetarische Auswahl. ⌚ tgl. 9–23 Uhr.

Quintas

Alte Kolonialhäuser mit Innenhof, in denen recht günstiges traditionelles Essen serviert wird, heißen Quintas. Sie sind bei Einheimischen beliebt und haben in der Regel nur mittags und nachmittags geöffnet. Manchmal gibt es Livemusik. **Quinta Eulalia**, Choquechaca 384. ⌚ Essen tgl. 12–16 Uhr, man kann bis 19 Uhr sitzen bleiben.

Peruanisch

Chicha, Plaza Regocijo 261, 2. St., ✆ 240520, die Küche der Region Cusco einmalig präsentiert von Perus Spitzenkoch Gastón Acurio. Teuer aber gut. Reservierung abends sinnvoll. ⌚ tgl. 12–23 Uhr.

Unterhaltung und Kultur

Discos

Die Gratisdrinks, mit denen Touristen in die Discos gelockt werden, sind von billigster Qualität. Man sollte zuschauen, wenn die Drinks gemixt werden, denn es hat Vorfälle mit K.O.-Tropfen gegeben!

Garabato, Espaderos 135, 3. Stock. Mit großer Leinwand, die Musikvideos zeigt. Geschmackvolles koloniales Ambiente (s. auch „Bars").

Mama Africa, Portal de Harinas 191. Klassiker, besonders beliebt bei den ganz Jungen.

Ukukus, Plateros 316. Dauerbrenner, in dem so gut wie jeden Abend Livemusik zu hören ist. Danach tritt ein DJ in Aktion.

Weitere Discos sind **Caos**, Av. El Sol 948, und **El Muki**, Santa Catalina Angosta 114.

Kinos

Es gibt kein großes Kino in Cusco. Alternativen sind kleine Programmkinos und die Kleinleinwände in einigen Bars und Cafés, u. a. **The Muse Too**, Tandapata 917, **Ukukus**, Plateros 316 und **La Lengua**, s. „Essen".

Kneipen und Livemusik

Die Szene ist sehr schnelllebig. So richtig los geht's meist erst ab 23 Uhr. Fast überall gibt es eine Happy Hour.

Garabato, Espaderos 135, 3. Stock. Spezialität ist *Té macho* (Tee mit Schnaps in verschiedenen Varianten), auch Livemusik und Disco.

Le Nomade, Choqechaca, Ecke Hatun Rumiyoc. Livemusik ab 21 Uhr. Gute Weine und Wasserpfeifen.

Norton Rats Tavern, Santa Catalina Angosta 115, 2. Stock. Pub mit Plazablick und britischem Bier vom Fass. Snacks und Livesport im Fernsehen.

Rosy O Grady`s, Santa Catalina Ancha 360. Großer Irish Pub.

The Cross Keys Pub, Sunturwasi 350. Café, Pub und Snacks. Mit Terrasse.

The Muse, Triunfo 338, 2 Stock.
Siehe „Internationale Küche".

Theater

Centro Qosqo de Arte Nativo, Av. Sol 604. ✆ 084-227901. Aufführungen von typischen Tänzen Cuscos und der Region. Der Eintritt ist im Boleto Turístico enthalten und beträgt ansonsten 25 S/. ◷ tgl. 19–20 Uhr.

Feste

Seitdem der **Señor de los Temblores** das Erdbeben von 1650 „beendete", wird das Kreuz, das ihn repräsentiert, zum Dank alljährlich am Montag der Osterwoche in einer feierlichen Prozession durch die Straßen von Cusco getragen.

Das Kreuz, das die restliche Zeit des Jahres in der Capilla del Triunfo steht, rückt auch am 2. und 3. Mai im Mittelpunkt, wenn es während der **Fiesta de la Cruz** auf die umliegenden Hügel getragen wird.

Fronleichnam (Corpus Christi) wird in Cusco mit großen Prozessionen und aufwendigen Feierlichkeiten in der Kathedrale begangen.

Inti Raymi, das Sonnenwendfest, wird am 24. Juni größtenteils in der Inkafestung Sacsayhuamán gefeiert. Zehntausende Besucher, darunter viele Touristen, wohnen der gespielten Reinkarnation des Inka und seiner Untertanen bei. Bei dem farbenprächtigen, aber etwas touristischen Spektakel wird auch in den Straßen der Stadt getanzt und musiziert.

Einkaufen

Bücher und Karten

Aktuelle Ausgaben von *Stern, Focus* und *Spiegel* sind im 2. Stock des Flughafens erhältlich. In den Buchläden an der Plaza de Armas und den unten gelisteten Geschäften bekommt man auch Stadtpläne sowie das eine oder andere Buch auf Deutsch oder Englisch.

Die **CBC Librería**, Av. Tullumayu 465, vertreibt Veröffentlichungen des Centro Bartolomé de las Casas und der wichtigsten Verlagshäuser des Landes. Breite Auswahl an Büchern zu Sozial- und Geisteswissenschaften, Tourismus, Erzählungen, Kunst und anderen Themen speziell aus dem andinen Raum.

Umwelttipps in Cusco

Kampf dem Plastikmüll

Um einen Beitrag gegen die immense Flut an Plastikflaschen zu leisten, kann man an folgenden Stellen seine Wasserflasche gegen ein kleines Entgelt (meist 1 S/.) mit sauberem Trinkwasser auffüllen:

The Muse Too, Tandapata 917
Amazon Hostal, Tandapata 660
South American Explorers, Atocsaycuchi 670

Batterien entsorgen

Batterien sollten bei kürzeren Reisen unbedingt mit nach Hause zurück genommen werden. Bei längeren Trips kann man seine Batterien im Amazon Hostel, Tandapata 660, abgeben, von wo aus sie zu einer Recyclingstelle gebracht werden. Bitte keine Batterien wegwerfen!

Bioseife

Besonders fürs Trekking empfiehlt sich der Gebrauch von biologisch abbaubarer Seife. Sie ist beim South American Explorers Club, Atocsaycuchi 670, erhältlich.

Bitte auch Mitreisende auf diese Angebote aufmerksam machen!

SBS Special Book Service, Av. Sol 864, hat auch englischsprachige Reiseführer.

Einen guten Überblick über Cusco und Umgebung vermittelt die **Tourist Map Cusco** von Felipe Diaz, die man in vielen Geschäften und Buchläden bekommt. Beim South American Explorers Club (s. „Informationen") sind Kartenkopien erhältlich.

Campingausrüstung

Viele Reiseveranstalter in der Procuradores, der Plateros und der Santa Catalina Ancha verkaufen oder verleihen Campingausrüstung (gründlich auf Vollständigkeit und eventuelle Mängel untersuchen). Wer an einer organisierten Wandertour teilnimmt, bekommt bis auf Schlafsack und Schuhe die erforderliche Ausrüstung gestellt. Als Sicherheit für verliehene Artikel akzeptieren die Ausrüster den Reisepass, einen Kreditkartenbeleg, Flugticket oder Reiseschecks. Gas und Kocherbenzin sind ebenso wie Plastiksäcke als Schutzhülle außer bei den Ausrüstern auch auf dem Markt erhältlich.

Märkte

Auf dem farbenfrohen, täglich stattfindenden **Mercado Central San Pedro** beim Bahnhof, wo die Züge nach Machu Picchu abfahren, kaufen die Einheimischen ein. Hier bekommt man so gut wie alles, aber man muss ein wenig aufmerksam sein, da einige trickreiche Diebe ihr Unwesen treiben. Rucksack und Kamera (wenn überhaupt dabei) nach vorne nehmen!

Sonstiges

Coca Shop, Carmen Alto 115, San Blas, 💻 www.thecocashop.com. Diverse legale Produkte aus Koka, z. B. Schokolade, sowie lokale Getreidesorten, Eis, Teigtaschen und Kuchen. 🕓 So geschl.

Souvenirs und Kunsthandwerk

Cusco ist dank des kontinuierlichen Touristenstroms gut ausgestattet mit Läden und Produktionsstätten. Allerdings ist das Preisniveau etwas höher als in entlegeneren Gegenden. Es macht Spaß, im Viertel San Blas herumzustöbern und alle möglichen kleinen Werkstätten zu entdecken: Von Kopien der Gemälde der Cusco-Schule über Gold- und Silberschmuck bis zu Tonskulpturen findet sich hier alles. Die Wollsachen hingegen stammen meist aus anderen Landesteilen und sind am Titicaca-See günstiger zu haben.

Alpaca 111, Plaza Regocijo 202, 💻 www.alpaca111.com. Verkauf von Alpaka- und Baby-Alpakaprodukten. Außerdem gibt es nur hier (sehr teure) Produkte aus Vicuñawolle. Weitere Läden liegen im Portal de Panes 127, an der Plaza de Armas und am Flughafen. 🕓 So geschl.

Cerámicas Seminario, Portal de Carnes 244, Plaza de Armas, 📞 084-246093, 💻 www.ceramicaseminario.com. Verkauf der Keramikprodukte von Pablo Seminario (s. „Urubamba" S. 257). 🕓 Mo–Sa 9–21.15, So 17.30–21.15 Uhr.

Feria Artesanal, am unteren Ende der Av. Sol (Cuadra 7). Gute Auswahl an verschiedenstem Kunsthandwerk. 🕓 tgl.

Inkakunaq Ruwanin, 💻 www.cbc.org.pe/tejidosandinos, heißt die Vereinigung von indianischen Kunsthandwerkern des südlichen Andenraumes. Ihre fair gehandelten Produkte (vorwiegend Textilien) sind in dem Gebäude der Albergue Casa Campesina, Tullumayo 274, ausgestellt. Regelmäßig Webvorführungen. 🕓 Mo–Fr 9–13, 15–19, Sa 9–13 Uhr.

Supermärkte

Große Supermärkte sind selten in Cusco. Einer der größten ist **Mega**, Matara, zwischen Quera und Ayacucho. Am Portal Belen s/n, Plaza de Armas, liegt der **Gatos Market**. Beide haben auch sonntags geöffnet.

Aktivitäten und Touren

Man sollte sich auf jeden Fall die Mühe machen, Preise sowie Leistungen zu vergleichen und Reisende zu ihren Erfahrungen befragen. Von Vorteil ist es, bei einem Direktanbieter zu buchen und nicht bei einer der vielen Agenturen, die Ausflüge nur gegen eine Provision verkaufen.

Ausflüge ins Amazonasgebiet

Mehrtägige Ausflüge mit Vogelbeobachtung werden in den Nationalpark Manu (S. 289) und in das Naturschutzgebiet Tambopata (S. 304) bei Puerto Maldonado angeboten.

Bergsteigen

Ist in um Cusco eher weniger verbreitet. Wer dennoch einen Gipfel wie die 6000er Ausangate und Nevado Chumpe (je 13 Tage) oder den 5500 m hohen Huayruropunko (5 Tage) erklimmen möchte (beste Monate Juni–Aug), kann den Bergsteiger **Rene Huaman** (spricht auch Englisch) kontaktieren, 📞 984620706 (Mobil), der alternativ auch über das Amazon Hostal zu erreichen ist. Die besten Monate für Bergbesteigungen sind Juni bis August.

Heißluftballon-Fahrten

Eine faszinierende Weise, Cusco und Umgebung aus der Luft zu erleben, bietet **Aero Club**, 💻 www.globosperu.com.

Paragliding

Die Veranstalter **Eric Adventure** und **Action Valley** (s. „Touren") bieten Paragliding-Flüge oberhalb des Valle Sagrado bei Chincheros, Pisac du Urubamba, an. Tandemflüge sind möglich.

Rafting

Von Cusco aus lassen sich 1–2-tägige Rafting-Touren auf dem **Río Urubamba** (Klasse I–III Stromschnellen) unternehmen, die auch für Anfänger geeignet sind. Etwas anspruchsvoller ist der **Río Apurímac**, auf dem 3–4-tägige Rafting-Trips (Klasse II–IV Stromschnellen) veranstaltet werden. Ein besonderes, aber teures Vergnügen ist die 10–12-tägige Rafting-Expedition auf dem **Río Tambopata** (Klasse II–IV Stromschnellen), die durch unberührte Naturlandschaften führt. Warnung: Es werden immer noch Rafting-Touren im Urubamba-Tal angeboten. Der Río Urubamba ist dort allerdings hochgradig verschmutzt! **Anbieter**: Mayuc, Eric Adventures und Loreto Tours (s. „Touren").

Reiten

An der Festung Sacsayhuamán werden Pferde (zum Teil in schlechtem Zustand!) ausgeliehen und Reitausflüge von **Eric Adventures** (s. „Touren") nach Qenqo, Pukapukara und Tambomachay angeboten.

Schamanismus und spirituelle Touren

Another Planet (s. „Touren") bietet Zeremonien/Reisen, bei denen mit Halluzinogenen wie dem San-Pedro-Kaktus oder der Ayahuasca-Liane (S. 450) experimentiert wird. Generell sollte man sich vor der Teilnahme im Vorfeld genauestens über den Ablauf informieren, von einer anderen Person begleiten lassen und niemals Angebote auf der Straße annehmen. Ayahuasca und San Pedro können, wenn sie in falschen Dosen verabreicht werden, gesundheitsschädlich sein.

Trekking

Die Gegend um Cusco hat einiges mehr zu bieten als nur den stark überlaufenen Inkatrail nach Machu Picchu. Die Cordillera Vilcabamba mit dem Nevado Salkantay und die Cordillera de Vilcanota mit dem Nevado Ausangate (S. 249) bieten hervorragende mehrtägige Wandermöglichkeiten. Immer beliebter wird die mehrtägige Wanderung zur Inka-Ruinenstätte Choquequirao, westlich von Cusco (S. 214). Von dort kann man über entlegene Bergpfade nach

Südperu

Fahrradtouren

Die Region Cusco bietet ein enormes Potenzial für Ausflüge mit dem Mountainbike, doch leider wird die Qualität der verliehenen Fahrräder den Erfordernissen nicht gerecht. Gute Fahrräder bekommt man nur bei Teilnahme an den teuren, organisierten Touren. Wer ernsthaft „biken" möchte, sollte daher sein eigenes Fahrrad mitbringen. Entlang der Calle Plateros werden Fahrräder für US$10–20 pro Tag angeboten. Zur Ausstattung sollten Helm, Pumpe, Reparaturset und etwas Werkzeug gehören. Die Anbieter geben Empfehlungen für Radtouren und manchmal sogar einfaches Kartenmaterial. Wer auf schmalen Bergpfaden radelt, sollte rücksichtsvoll gegenüber der einheimischen Bevölkerung sein, die auf diesen Wegen zu ihren Feldern gelangt.
Beliebte Tagestrips mit langen Abfahrten auf asphaltierter Straße sind die Abschnitte Chincheros nach Ollantaytambo und Tambomachay nach Calca. Zu den Start- und Zielpunkten gelangt man problemlos mit öffentlichen Bussen, die das Rad auf dem Dach befördern. Eine landschaftlich reizvolle Strecke ist die Route von Tres Cruces nach La Unión auf dem Weg zum Nationalpark Manu, die von einigen Veranstaltern als mehrtägige Tour angeboten wird (s. „Touren"). Beliebt sind auch Tagestouren nach Moray, Maras und zu den Salzpfannen von Pichingote im Urubamba-Tal. Einige Anbieter (Gravity Peru, Peru Discovery, Loreto Tours, Eric Adventures) haben eine Viertagestour nach Machu Picchu durch Santa Teresa im Programm. Dabei sollte man sich im Klaren sein, dass man einen steilen Pass auf asphaltierter Straße bei teilweise dichtem Verkehr und rücksichtslosen Autofahrern hinabsaust. Lebensgefährlich!

Machu Picchu wandern. Und immer mehr Wanderer entdecken das Lares-Gebiet mit seinen vielfältigen Bergpfaden (S. 256). Die Veranstalter (s. „Tourveranstalter") haben alle oder einige der obigen Wanderungen im Programm. Die beste Wanderzeit ist von Mai bis Oktober, wenn es kaum regnet, nachts aber sehr kalt werden kann.

Tourveranstalter

Nachfolgend werden einige zuverlässige (aber nicht immer billige) Veranstalter aufgelistet, die bereits seit mehreren Jahren auf dem Markt sind, ein breites Spektrum an Ausflugsmöglichkeiten anbieten und auch über das Internet buchbar sind. Die Preise sind stark von der Jahreszeit (Haupt-, Nebensaison) und der Anzahl der Teilnehmer abhängig. Es ist ratsam, sich für mehrtägige Ausflüge zu einer kleinen Gruppe zusammenzuschließen (Aushänge in Hotels und Restaurants, South American Explorers Club im Internet). Die Büros der meisten Veranstalter haben tgl. von 9–20 Uhr geöffnet. Manche schließen von 13–16 Uhr, einige auch sonntags.

Action Valley, Santa Teresa 325, Plaza Regocijo, ✆ 084-240835, 💻 www.actionvalley.com. Der Veranstalter bieten in seinem Abenteuerpark 11 km außerhalb von Cusco für alle Adrenalinjunkies Bungee-Jumping, Slingshot, Paintball und Gleitschirmflüge im Urubamba-Tal an.

Amazon Trails, Tandapata 660, im Hotel Amazon Trails, ✆ 084-437374, 💻 www.amazontrailsperu.com. Bietet neben Touren in den Manu-Nationalpark auch Trekkingtouren an.

Tikuna Tours

Der Deutsche Andreas Wickleder und seine Frau Marianne Vasquez offerieren ein umfangreiches Trekkingangebot, das von der Tagestour bis zum viertägigen Inkatrail reicht. Sie veranstalten außerdem Privattouren rund um Cusco und ganz Peru, Dschungelexkursionen, deutschsprachige Begleitungen und Citytouren. Kein Büro in Cusco, ✆ 984204558 (Mobil), 💻 www.tikuna-tours.com.

Another Planet, Triunfo 120, ✆ 084-241168, ✉ another.planet@terra.com.pe. Die Besitzerin der Casa de la Gringa (s. „Übernachtung") veranstaltet neben spirituellen Mehrtagestouren auch Heilzeremonien in ihrem Hotel, während derer San Pedro-Kaktus verabreicht wird.

Apus Peru, Cuichipunco 366, ✆ 084-232691, 💻 www.apus-peru.com. Agentur, die nachhaltigen Tourismus propagiert und ein breites Angebot an Trekkingtouren anbietet. Unter dem Link „Trekkers wanted" findet man Wandergruppen, denen man sich anschließen kann.

Eric Adventures, Urb. Santa María A1-6, San Sebastián, ✆ 084–272862, 💻 www.ericadventures.com. Großer Veranstalter, der nahezu alle Outdoor-Aktivitäten im Programm hat, darunter Inkatrail, Salkantay-Trekking, Mountainbiketouren, Canyoning, Kajak, Felsklettern, Paragliding, Rafting, Reiten, Allradtouren.

Explorandes, Paseo Zarzuela Q-2, Huancaro, ✆ 084-238380, 💻 www.explorandes.com. Hat neben den bekannten Treks auch den zweitägigen Inkaltrail und die Tageswanderung nach Huchuy Qosqo im Programm. Außerdem Rafting auf dem Urubamba und Mountainbiketouren Maras/Moray.

Gravity Peru, Saphy 568, ✆ 946647182 (Mobil), 💻 www.gravityperu.com. Aus Bolivien stammender und auf Mountainbiketouren spezialisierter Veranstalter. Mehrtagestouren u. a. ins Lares-Tal und nach Machu Picchu.

Incatrekkers, Plateros 365, 2. Stock, ✆ 084-222996, 💻 www.incatrekkers.com. Einheimische Agentur mit deutschsprachiger Webseite, spezialisiert auf Trekkingtouren (u. a. Inkatrail, Machu Picchu, Trekking im Lares-Tal und Salkantay-Trek).

Loreto Tours, Calle del Medio 111, ✆ 084-228264, 💻 www.lorettours.com. Rafting-, Kajak- und Mountainbiketouren.

Mayuc, Portal Confituras 211, Plaza de Armas, ✆ 084-232666, 💻 www.mayuc.com. Spezialist für Rafting auf dem oberen Río Urubamba (Ein und Zwei-Tagestouren) und 3 Tage Río Apurímac. Inkatrail nach Machu Picchu und andere Treks.

Peru Discovery, Urb. Larapa, Los Capulíes B-10-7, ✆ 084-637155, 💻 www.perudiscovery.

com. Spezialist für mehrtägige Wander-, Mountainbike- und Dschungeltouren (Manu, S. 287), unter deutscher Leitung.

Perú Etico, im Hotel Piccola Locanda, (s. „Übernachtung"), 084-254615, www.peruetico.com. Italienische Agentur, die einen Teil der Einnahmen in soziale Projekte investiert, die auch besucht werden können. Sie bieten alle bekannten Trekkingtouren in der Region Cusco an, aber auch längere, sozial verantwortungsvoll ausgerichtete Touren durch ganz Peru, die den Besuch von indianischen Gemeinden einschließen.

Sonstiges

Autovermietungen

Hertz, Av. El Sol 808. 084-248800. Mo–Sa 8.30–13, Sa 15–19 Uhr.

Büchertausch

South American Explorers Club, Atocsaycuchi 670.
Granja Heidi, s. „Essen".

Freiwilligenarbeit

Informationen findet man unter www.fairplay-peru.org.

Geld

Die großen Banken liegen im oberen Bereich der Av. El Sol. Die Geldautomatendichte ist hoch. Jede Menge **Wechselstuben** befinden sich an der Plaza de Armas und der Av. Sol, an der auch Straßenwechsler tätig sind. Ganz auf die Bedürfnisse von Touristen eingestellt ist die Filiale **BCP Money & Tourist Services** der Banco de Crédito, Portal de Harinas 177, Plaza de Armas, tgl.

Informationen

I-Perú, Portal Harinas 177, www.peru.info. tgl. 8–20 Uhr. Weitere Infostelle im Flughafen, 084-237364, iperucuscoapto@promperu.gob.pe. Mo–Fr 6–17 Uhr. Beste Auskunftsstelle Cuscos.

DIRCETUR, Portal Mantas 117-A, 084-222032, www.dirceturcusco.gob.pe. tgl. 8–20 Uhr.

Dirección Regional de Cultura, Av. La Cultura 238, Condominio Huáscar, 084-582030, www.drc-cusco.gob.pe. Ableger des nationalen Kulturinstituts, das den Verkauf der Eintrittskarten für Machu Picchu durchführt (S. 280). Mo–Fr 8–16, Sa 8–11.30 Uhr.

INDECOPI, Manco Inca 209, 084-252987. Verbraucherschutzbehörde und Ansprechstelle für Touristen bei Beschwerden.

Sernanp, Av. José Gabriel Cossio 308, Urb. Magisterio, I Etapa, 084-229297, www.sernanp.gob.pe. Auch in den Galerías Turísticas, Av. Sol 103. Staatliche Nationalparkverwaltung. Mo–Fr 9–13, 15–17 Uhr.

South American Explorers, Atocsaycuchi 670, 084-245484, www.saexplorers.org. Verkauf von Karten- und Infomaterial, Recycling von Plastik, Dosenblech und Papier, Nachfüllen von Wasserflaschen, Ökoseife und vieles andere mehr. Auch für Nicht-Mitglieder. Siehe auch S. 178. Mo–Fr 9.30–17, Sa 9.30–13 Uhr.

Internet

Jede Menge Internetcafés liegen im Zentrum Cuscos, z. B. im oberen Bereich der Av. El Sol.

Konsulate

Deutsches Honorarkonsulat, San Agustín 307, 084-235459, cusco@hk-diplo.de. Mo, Mi und Do 10–12 Uhr.

Medizinische Hilfe

Privatkliniken

Clínica San José, Av. Los Incas 1408 B, 084-253295, www.sanjose.com.pe. Die einzige Klinik mit Magnetresonanzuntersuchung.

Cusco im Internet

www.cuscoperu.com/de.html
Umfangreiche Seite, die allgemeine Infos, Tourangebote, Hotels aber auch Umgebungsziele und Links umfasst (Deutsch und Englisch).

www.andeantravelweb.com/peru/destinations/cusco/index.html
Viele Infos zu Sehenswürdigkeiten, Hotels, Restaurants, Aktivitäten, Tourveranstaltern, Freiwilligenarbeit und Ökotourismus in und um Cusco (Englisch).

Clínica Peruano-Suiza, Av. Oswaldo Baca, Mz. J-8, Urb. Magisterio 1 Etapa, ✆ 084-237009, 🖳 www.clinicaperuanosuiza.com/

Deutschsprachige Ärztin
Gladys Oblitas, Av. de la Cultura 3b, Urb. Mariscal Gamarra, 1ra Etapa, ✆ 084-227264. Homöopathin und Frauenärztin.

Zahnärztin
Dra. Virginia Valcárcel, ✆ 084-23155. Auch zu erreichen über die Clínica San José, spricht etwas Deutsch und Englisch.

Südperu

Polizei
Policia de Turismo, Plaza Túpac Amaru s/n, ✆ 084-235123. Auch am Flughafen und im 2. Stock des Busbahnhofs. 24-Std.-Notrufnummer der Polizei: ✆ 105.

Post
Serpost, Av. El Sol 800.
🕒 Mo–Sa 7.30–20 Uhr.

Reisebüros
Finden sich reihenweise an der Plaza de Armas, entlang der Av. El Sol, der Plateros und in der Procuradores.
Best Travel, Av. El Sol 526, ✆ 084-249905, ✉ besttravelcusco@gmail.com.
Kleines, zuverlässiges Reisebüro, das sich auf den Verkauf von Flug- und Zugtickets spezialisiert hat.

Sprachschulen
Acupari, San Agustín 307, ✆ 084-242970, 🖳 www.acupari.com.
Amauta Spanish School, Suecia 480, ✆ 262345, 🖳 www.amautaspanish.com.

Stadtbesichtigungen
So gut wie alle Reisebüros organisieren halbtägige Sightseeing-Touren durch Cusco und Tagestouren ins Urubamba-Tal.
Tranvía de Cusco, Plaza de Armas, ✆ 084-223840, 🖳 www.tranviacusco.com. Stadtrundfahrten in einem hölzernen Straßenbahnwaggon auf Rädern (Mo–Sa zwischen 8.30 und 18.30, 1 1/2 Std., 20 S/.).

Visaangelegenheiten
Migración, Av. El Sol s/n, Cuadra 6, Local de la Prefectura, 1. Stock, ✆ 084-222741, 🖳 www.digemin.gob.pe.
🕒 Mo–Fr 8–13 Uhr.

Wäschereien
Fast an jeder Straßenecke. Die meisten Hotels bieten einen Wäscheservice an oder sind bei der Suche nach einer Wäscherei behilflich.

Nahverkehr
Offizielle **Taxis** nehmen für eine Fahrt im Zentrum 3 S/., zum Busbahnhof 4–5 S/. und vom Flughafen ins Zentrum ca. 15 S/. (die außerhalb des Flughafens wartenden Taxis nur rund 5–6 S/.).

Transport

Busse und Colectivos
Vom Busbahnhof **Terminal Terrestre** südöstlich des Stadtzentrums (unweit des Pachacútec-Monuments) fahren die meisten Überlandbusse ab. Cruz del Sur unterhält im Terminal nur eine Verkaufsstelle. DIRCETUR unterhält eine Touristeninformation im Busbahnhof. Vor der Abfahrt ist eine **Terminalgebühr** von 1,20 S/. zu entrichten. Taxis vom Innenbereich des Busbahnhofs ins Zentrum Cuscos kosten rund 8 S/., außerhalb 4–5 S/.

Gesellschaften außerhalb des Busbahnhofs
Clorinda und Caminos del Inca, Puputi 208, ✆ 084-249498
Cristo Rey, Los Jardines A2, Ecke República de Bolivia (bei Prona), ✆ 984318139 (Mobil)
Cruz del Sur, Av. Industrial 121, Urb. Bancopata-Santiago (in der Nähe des Pachacútec-Denkmals), ✆ 084-243261)
Expreso Urubamba und Expreso Chichón, Av. Grau 525, ✆ 084-805639
Gallitos de la Roca, Av. Diagonal Angamos 1952, ✆ 084-226895
Inka Express, Abfahrt/Ankunft: Av. 28 de Julio Urb. Titio P-1; Büro: Av. La Paz, Urb. El Ovalo C-23, ✆ 084-247887, 🖳 www.inkaexpress.com
Transportes Siwar, Av. Tomasa Tito Condemayta B-52, ✆ 084-236691

Nationale Verbindungen

ABANCAY (Bredde, Transportes Wari, Turismo Ampay, Los Chankas) meist 6, 10, 13, 18 und 20 Uhr, 4–5 Std., 197 km, 15–20 S/.

ACOMAYO mehrmals tgl. Abfahrten vom Terminal de Buses in der Av. Antonio Lorena (gegenüber vom Cementerio Almudena, ca. 3 Std., 105 km).

AGUAS CALIENTES–MACHU PICCHU (S. 244). Die Bustickets von Consettur kann man bereits in Cusco in der Av. Infancia 433 kaufen. ⏲ Mo–Fr 8–13, 15–17.30, Sa 8–12, So 8–19.30 Uhr.

ANDAHUAYLAS um 19 Uhr (Celtur, Expreso Molina) und um 6.45, 18.45 und 19.30 Uhr (Los Chankas), 10 Std., 347 km, 25–30 S/. Fährt über ABANCAY.

AREQUIPA um 20 und 20.30 Uhr (Cruz del Sur), um 6.30, 17, 19.30 und 20 Uhr (Civa), um 21.30 Uhr (Cial) und um 7.30 und 19.30 Uhr (San Cristóbal), 9–11 Std., 520 km, 96–122 S/. (Cruz del Sur), 30–60 S/. (Civa), 40–70 S/. (Cial) und 30 S/. (San Cristóbal). Fährt über JULIACA.

AYACUCHO mehrmals tgl., 22 Std., 593 km). Fährt über ABANCAY und ANDAHUAYLAS. Keine Direktverbindungen, umsteigen in Andahuaylas.

CACHORA Sammeltaxis starten in der Av. Arcopata (von 3–19 Uhr, 5 Std., 180 km, 15 S/. und fahren über CURAHUASI.

HUANIPACA (5–6 Std., 200 km). Keine Direktverbindung. Bus bis CURAHUASI oder ABANCAY nehmen und dort jeweils in ein Sammeltaxi umsteigen. Ein Taxi ab der Av. Arcopata in Cusco kostet 250 S/.

LIMA um 14, 16 und 18 Uhr (Cruz del Sur), um 15.30 Uhr (Cial), um 18 Uhr (Flores) und um 15 und 17 Uhr (Tepsa), 18–22 Std., 1154 km, 162 S/. (Cruz del Sur), 80–120 S/. (Cial), 130 S/. (Flores) und 100 S/. (Tepsa). Fährt über ABANCAY. Über JULIACA und AREQUIPA (26–27 Std., 1520 km) gibt es keine Direktbusse (umsteigen in Arequipa).

LIMATAMBO Sammeltaxis starten in der Av. Arcopata (1 1/2 Std., 77 km, 8–10 S/.).

MOLLEPATA Sammeltaxis fahren ab der Av. Arcopata (ca. 2 1/2 Std., 100 km, 10 S/.).

NAZCA um 8, 14, 19 und 20.30 Uhr (Transportes Wari), 15–16 Std., 659 km, 90–100 S/. Die meisten Busse nach Lima halten in Nazca, berechnen aber meist den vollen Fahrpreis nach Lima.

OLLANTAYTAMBO Colectivos fahren ab der Pavitos (von 2–18.30 Uhr, 2 1/2 Std., 90 km, 15 S/.). Alternativ bis URUBAMBA und dort umsteigen.

PAUCARTAMBO Mo–Fr um 11 und 15, Sa–So um 12 und 15 und Mo, Mi und Fr um 5 Uhr (Gallitos de la Roca), 4 Std., 110 km, 9 S/. Der Bus fährt weiter nach PILCOPATA.

PILCOPATA Mo, Mi und Fr um 5 Uhr (Gallitos de la Roca), 9 Std., 190 km, 20 S/. Fährt über PAUCARTAMBO.

PISAC Kleinbusse fahren ab der Tullumayo 207 (von 5.30–18 Uhr, 1 Std., 30 km, 3.50 S/.) und weiter nach CALCA (weitere 30 Min.). Siehe auch URUBAMBA.

PUERTO MALDONADO 18.30, 20 und 20.45 Uhr (Móvil Tours) und um 17.30 und 20.15 Uhr (Civa), 10–12 Std., in der Regenzeit länger, 650 km, 40–60 S/. Weitere Anbieter vorhanden. Bislang keine Tagbusse.

PUNO um 8 und 22 Uhr (Tour Perú, ✆ 084-236463), 6–7 Std., 394 km, 30–45 S/. Fährt über JULIACA. Siehe auch Busse nach Bolivien. Cruz del Sur und Inka Express bieten jeweils tgl. um 7.30 Uhr einen Touristenbus nach Puno (10 Std., US$50 inkl. Besichtigung der Kirche in Andahuaylillas sowie der Ruinen von Raqchi und Pukara, Mittagessen (Buffet) und Getränke an Bord). Online-Reservierung und Ticketkauf in den Reisebüros ist möglich.

QUILLABAMBA um 6.30, 8.30, 18.30, 19.30, 20.30 und 21.30 Uhr (Turismo Ampay) 7 Std., 170 km, 20–25 S/. Ein weiterer Abfahrtsort ist der Terminal de Paso de Santiago, Distrito de Santiago. Nach ca. 1 1/2 Std. passiert der Bus URUBAMBA. Bis zum Dorf SANTA MARÍA sind es etwa 4 Std.

SALVACIÓN Mo und Mi um 17 und Fr und So um 15 Uhr, 11–12 Std., 215 km, 25 S/. Liegt auf der Strecke nach MANU.

SICUANI (2 Std., 70 km). Verschiedene Unternehmen fahren alle 20 Min. von 4–19 Uhr von der Av. de la Cultura 1624 ab. Alle Busse nach Puno passieren Sicuani oder halten dort.

TINQUI stdl. ab 6 Uhr (Transportes Siwar), 3 Std., 120 km, 7,50 S/. Fährt über OCONGATE.

URCOS Minibusse fahren über TIPÓN, PIKILLAKTA und ANDAHUAYLILLAS alle 20 Min. von 5.30–18 Uhr von der Av. de la Cultura 1320 (gegenüber vom Hospital Regional) ab (47 km, 1 3/4 Std., 2 S/.).
URUBAMBA ständig von 6–19 Uhr (Clorinda, Caminos del Inca), 2 Std., 76 km, 5 S/. Fährt über PISAC, CALCA und YUCAY.
URUBAMBA alle 15 Min. von 5–20 Uhr (Expreso Urubamba, Expreso Chichón), 1 1/2 Std., 65 km, 3 S/. Fährt über CHINCHEROS. Sammeltaxis fahren vom Paradero de los Taxis in der Pavitos, Nähe Av. Grau (zwischen 4–19 Uhr, 6 S/.).

Internationale Reiseziele
COPACABANA (Bolivien) um 8 und 22 Uhr (Tour Perú), 50–60 S/. Keine Direktbusse, umsteigen in Puno.
LA PAZ (Bolivien) um 22 Uhr (Transzela), gegen 22–22.30 (Direktbusse von Transportes Internacional Litoral, Cisnes, Nuevo Continente) und um 8 und 22 Uhr (Tour Perú), 13 Std., 601 km, 60–80 S/. Fährt über PUNO und DESAGUADERO.
SAO PAULO (Brasilien) um 18 Uhr (Ormeño), 3 1/2 Tage, US$220. Fährt über PUERTO MALDONADO (80 S/.) und RIO BRANCO (US$60, 20 Std.).

Eisenbahn

Cusco besitzt **zwei Bahnhöfe**, die untereinander nicht verbunden sind. In der Hauptsaison sollten Zugtickets so früh wie möglich gekauft werden.

Zug nach Machu Picchu reservieren

Nicht nur der Inkatrail, sondern auch die Züge nach Machu Picchu sind vor allem in den Sommermonaten (Juli–Sep) meist ausgebucht. Wer wenig Zeit vor Ort hat, sollte daher die Zugfahrt unbedingt im Voraus reservieren! E-Tickets bekommt man auf den Webseiten der drei Zuganbieter, bei vielen Reisebüros und zum gleichen Preis wie bei den Eisenbahnen beispielsweise beim deutschen Veranstalter **Llama Andean Adventure**, ✆ 030-202359950 Hotline in Deutschland, 💻 www.llama-online.de.

Richtung Machu Picchu
Es gibt keinen Zugverkehr mehr von der **Estación San Pedro**, Av. Cascaparo s/n, gegenüber dem Mercado San Pedro. Die Züge fahren entweder in **Poroy** ca. 18 km (30 Min.) westlich von Cusco (Perurail), in **Urubamba** (Perurail) oder in **Ollantaytambo** (Perurail, Inca Rail, Machu Picchu Train) ab. Gehalten wird unterwegs am KM 82, dem Ausgangspunkt des Inkatrails nach Machu Picchu und am KM 104, dem Ausgangspunkt des kurzen Inkatrails nach Machu Picchu. Um nach Poroy zu gelangen, nimmt man entweder ein Taxi (15–20 S/.), einen Minibus von Transportes Pachacútec, Calle Puente Rosario (ca. 2 S/.) oder einen Bus Richtung Anta, Abfahrt in der Monjaspata, Barrio de Santiago (3 S/.).
Endpunkt der Zugverbindung ist momentan **Aguas Calientes**, da die weitere Strecke nach Quillabamba während des El Niño-Jahres 1998 zerstört wurde. Ein *Tren local* (den auch Touristen benützen dürfen) fährt 4x tgl. von Aguas Calientes zu einem kleinen Wasserkraftwerk *(Hidroeléctrica)* und zurück, S. Kasten rechts.
Inca Rail, Portal de Panes 105, Plaza de Armas, ✆ 084-233030, 💻 www.incarail.com.pe. Züge nach Machu Picchu ab Ollantaytambo (hin um 6.30, 11.35 und 16.36 Uhr, zurück um 8.30, 14.02 und 19 Uhr, jeweils US$50 oder US$110/Erste Klasse). 🕓 Mo–Fr 8–18.30, Sa–So 9–13 Uhr.
Machu Picchu Train, Av. El Sol 576, ✆ 084-221199, 💻 www.machupicchutrain.com. Züge nach Machu Picchu ab Ollantaytambo (hin um 7.20 und geplant um 11.48 und 12.36 Uhr sowie zurück um 16.12 und geplant um 10.32 und 19.15 Uhr, jeweils US$59). 🕓 Mo–Sa 7.30–19 Uhr, So 7.30–13 Uhr.
Perurail, Portal de Carnes 214, Plaza de Armas und an der Estación Wanchaq, Av. Pachacutec s/n ab (Ende der Av. El Sol), ✆ 084-581414, 💻 www.perurail.com. 🕓 tgl. 7–22 Uhr, Wanchaq 🕓 Mo–Fr 7–17, Sa–So 7–12 Uhr.
Es gibt verschiedene Zugarten Richtung MACHU PICCHU: Expedition (Abfahrt Poroy und Ollantaytambo), Autovagón (Abfahrt Urubamba, am Hotel Tambo del Inka), Vistadome (Abfahrt Poroy, Ollantaytambo, Urubamba), Servicio Especial und den Luxuszug Hiram Bingham. Täglich mehr

Die Zugabzocke umgehen

Die Zugfahrt nach Machu Picchu ist ein teures Vergnügen, für das hin und zurück mindestens US$80 fällig sind. Deutlich billiger, aber zeitaufwendiger ist folgende Route: Zunächst geht es mit dem Bus Richtung Quillabamba bis Santa María. Von dort geht es weiter mit dem Colectivo nach Santa Teresa (ab Cusco ca. 5 Std.) und dann weitere 20 Minuten im Kleinbus/Sammeltaxi bis zum Wasserkraftwerk (Hidroeléctrica). Von dort fährt tgl. ein Zug um 4.20, 7.54, 15 und 16.35 Uhr nach Aguas Calientes. Wer sich die US$12–18 (je nach Wagenklasse) hierfür sparen möchte, läuft die 10 km entlang der Schienen (ca. 2 1/2–3 Std.). Die Transportkosten ohne Zugfahrt liegen unter US$30. Inzwischen fahren auch einige Agenturen mit Büro an der Plaza de Armas mit Minivans von Cusco bis zur Hidroeléctrica. Der Service soll allerdings nicht berauschend sein. Während der Regenzeit ist die Strecke ohnehin oftmals durch Erdrutsche unterbrochen. Diese Variante ist dennoch um einiges günstiger als die Anreise mit dem Zug ab Ollantaytambo.

Ganz Unentwegte sparen sich die teure Zugfahrt komplett und laufen die rund 30 km ab KM 82 entlang der Schienen bis Aguas Calientes (ca. 8 Std. Gehzeit, genug Wasser und Sonnenschutz mitnehmen!). Ab dort geht es zu Fuß oder per Zug weiter zum Wasserkraftwerk (Hidroeléctrica) und über Santa Teresa und Santa María zurück nach Ollantaytambo (s. o.).

als 15 Abfahrten zwischen 5.55 und 21 Uhr (Hinfahrt) und 5.35 bis 21.30 Uhr (Rückfahrt). Die Preisspanne reicht von US$40–US$381 pro Strecke! Uhrzeiten und Preise ändern sich häufig, Webseite oder Büro konsultieren!

Billigere Alternativen, um nach Machu Picchu zu kommen, findet man im Kasten „Die Zugabzocke umgehen", s. o.

Vom Bahnhof Wanchaq verkehrt der Andean Explorer, ein sehr teurer Touristenzug mit Panoramafenstern, nach PUNO (von Nov–März Mo, Mi und Sa sowie von April–Okt Mo, Mi, Fr und Sa um 8 Uhr, 10 Std., einfache Fahrt US$220 (inkl. Mittagessen). Auf dem La Raya-Pass, der höchsten Stelle der Fahrt (4319 m), wird ein Fotostopp eingelegt. Es bestehen keine offiziellen Zusteigemöglichkeiten mehr in Sicuani und Juliaca!

Flüge

Der Flughafen **Alejandro Velasco Astete** liegt rund 4 km südlich des Zentrums, ✆ 084-222611, 🖳 www.corpac.gob.pe. Man erreicht ihn am einfachsten mit dem Taxi (ca. 10 S/.).

Der Flughafen ist mit einer Touristeninformation von I-Perú in der Abflughalle ✆ 084-237364, ⏲ tgl. 6–17 Uhr, Poststelle, einer Wechselstube und einem Geldautomaten ausgestattet.

Ein Kiosk im 2. Stock verkauft die Magazine *Stern, Spiegel* und *Focus* für teures Geld.

Die **Flughafensteuer** ist inzwischen im Ticketpreis enthalten. Die einzige internationale Verbindung ist momentan die Strecke Cusco–La Paz. Alle Flüge starten tagsüber. In der Regenzeit können Flüge ausfallen oder sich verspäten. Das Gepäck sollte diebstahlsicher verschlossen sein. Es empfiehlt sich vor allem in der Hauptsaison, Flüge zu bestätigen und spätestens zwei Stunden vor Abflug am Flughafen zu sein.

Aerosur, Av. El Sol 574, Of. 120, ✆ 084-255151, Flughafen ✆ 084-254691. Die bolivianische Airline fliegt donnerstags und sonntags nach LA PAZ. ⏲ Mo–Fr 9–13, 15–19, Sa 9–13.

Lan Perú, Av. El Sol 627-B, ✆ 084-255552, Flughafen ✆ 084-251789, 🖳 www.lanperu.com, hat die meisten Flüge nach LIMA und fliegt auch nach PUERTO MALDONADO und nach AREQUIPA mit gelegentlicher Zwischenlandung in Juliaca. ⏲ Mo–Sa 8.30–19, Sa 9–18, So 8.30–13 Uhr.

Peruvian Airlines, Calle del Medio 117, ✆ 084-254890, 🖳 www.peruvianairlines.pe, fliegt mit Zwischenstopp in PISCO sowie direkt nach LIMA. ⏲ Mo–Fr 8.30–19.30, Sa 9–17, So 9–12 Uhr.

Servicios Aereos Los Andes, nur im Flughafen, ✆ 084-234396. Charterflüge (auch Hubschrauber) nach BOCA MANU und KITENI (jeweils 10 kg Gepäckbegrenzung).

Star Perú, Av. El Sol 679, Of. 1, ✆ 084-262768. 💻 www.starperu.com. Fliegt nach LIMA und PUERTO MALDONADO, meist günstiger als Lan Perú. ⏲ Mo–Sa 8.30–18.30, So und feiertags 8.30–12.30 Uhr.
Taca Perú, Av. El Sol 602-B, ✆ 084-249922, gebührenfrei 0800-18222, 💻 www.taca.com, fliegt nach LIMA. ⏲ Mo–Fr 8.30–13.30, 15–19, Sa 9–13.30, 15.30–18, feiertags 9–13 Uhr.

Nähere Umgebung von Cusco

Die vier Inkaruinen **Sacsayhuamán**, **Qenqo**, **Pukapukara** und **Tambomachay** in der Umgebung Cuscos sind beliebte Ausflugsziele, für die man mindestens einen halben Tag veranschlagen sollte. Sie liegen alle in Gehweite der Stadt entlang der Straße nach Pisac. Die einfachste und billigste Art die Ruinen zu besuchen, ist einen öffentlichen Bus nach Pisac zu nehmen und in Tambomachay (Fahrer Bescheid sagen!) auszusteigen. Eine organisierte, etwa vierstündige Tour, die neben diesen vier Inkaruinen auch den Besuch des Qoricancha und der Kathedrale beinhaltet, kostet zwischen 25–70 S/. inkl. Guide und Transport, aber ohne Eintritte. So gut wie alle Agenturen haben diesen Ausflug im Programm.

Die Anlage von Tambomachay liegt am weitesten (8 km) von Cusco weg und zugleich am höchsten. Von dort kann man auch teilweise abseits der Hauptstraße zu Fuß nach Cusco gehen und unterwegs alle Ruinen besuchen. Es werden aber auch günstige organisierte Touren angeboten. Die Strecke ist im Allgemeinen sicher, aber es ist besser, mindestens zu zweit zu gehen und vor Einbruch der Dunkelheit wieder in Cusco anzukommen. Am Sonntagnachmittag kann es in den vier Ruinen voll werden, da die organisierten Touren auf der Rückfahrt von Märkten in Pisac oder Chincheros hier Halt machen.

Tambomachay

Bei der kleinen Ruinenstätte, die rund 300 m abseits der Hauptstraße liegt, handelt es sich mehr um ein Wasserheiligtum als um eine Badestätte. Kristallklares Wasser unterirdischer Quellen, dessen Herkunft unbekannt ist, speist auch heute noch die Becken der Anlage, die aus vier Wänden mit trapezförmigen Nischen besteht, die terrassenförmig übereinander angeordnet sind. Ob hier der Inka badete ist zweifelhaft, doch wird die Anlage von den Einheimischen vereinfachend „Baño del Inca" genannt.

Wissenschaftler vermuten, dass in Tambomachay Wasserrituale abgehalten wurden, bei denen das kühle Nass als Weihwasser diente. Das Wasser der Quelle soll der Überlieferung nach ewige Jugend und Schönheit spenden. Die Anlage kann anderen Theorien zufolge auch ein Land- bzw. Jagdsitz des Inka gewesen sein. ⏲ tgl. 7–17 Uhr, Eintritt mit Boleto Turístico oder Boleto Parcial, s. S. 223.

Pukapukara

Die „rote Festung", so die Übersetzung, liegt Tambomachay gegenüber an der Hauptstraße nach Pisac auf 3660 m Höhe und diente den Inkas als Stützpunkt, wo Waren umgeschlagen wurden und sich Stafettenläufer ausruhen und Reisende übernachten konnten. Strategisch auf dem Weg von Cusco ins Vilcanota-Tal gelegen, wurde von der halbkreisförmigen Anlage die Umgebung kontrolliert. Zu sehen sind Treppen, Mauern, Tunnel und Türme. Der Weg nach Qenqo beginnt linker Hand in der ersten Rechtskurve der Straße Richtung Cusco. Danach immer dem Weg talabwärts folgen und den rechten Dorfrand von Qenqo ansteuern, das nach einer knappen Stunde erreicht wird. Von dort führt eine kurze Betonpiste zur Ruinenstätte. ⏲ tgl. 7–17 Uhr, Eintritt mit Boleto Turístico oder Boleto Parcial, s. S. 223.

Qenqo

Bei der kleinen, einen Kilometer östlich von Sacsayhuamán liegenden Anlage, deren Name mit „Zickzack", „Labyrinth" oder auch „das Gewundene" übersetzt wird, handelt es sich um eine inkaische Kultstätte mit einem 6 m hohen Steinblock, der laut den Einheimischen vor seiner Zerstörung durch die Spanier einen Puma darstellte. Die Bedeutung der in den Felsen eingeritzten Zeichen ist unbekannt. Ihren Namen verdankt die aus einer Kalksteinwand herausgemeißelte Anlage einer schlangenförmigen Opferrinne, durch die während der heiligen Rituale geweihtes Wasser, Chicha oder Blut in eine Höhle mit glatt geschliffenen Wänden floss. Diese Stelle benutzte man möglicherweise zur Einbalsamierung adliger Toter. Um von Qenqo nach Sacsayhuamán zu gelangen, folgt man der Straße etwa eine halbe Stunde. ⌚ tgl. 7–17 Uhr, Eintritt mit Boleto Turístico oder Boleto parcial, s. S. 223.

Sacsayhuamán

Nicht nur wegen des schönen Blicks über Cusco lohnt der Besuch der eindruckvollen 2,5 ha großen Inkaruine oberhalb der Stadt auf 3567 m. Die „Felsenfestung" beeindruckt besonders mit ihren tonnenschweren Felsblöcken, die Zehntausende von Arbeitern in über 50 Jahren mühselig hier heraufgeschafft haben sollen. Wie, ist immer noch nicht völlig geklärt. Denn die größten, ca. 5 x 5 x 2,50 m großen Steinquader wiegen rund 200 Tonnen. In mühevoller Kleinarbeit wurden die gigantischen Brocken mit Steinmeißeln passgenau geschliffen und, wie bei den Inkas üblich, ohne Mörtel zusammengefügt.

Die Anlage besteht aus drei übereinander liegenden Zickzackwällen, die rund 600 m lang und zusammen 24 m hoch sind. Hinzu kamen zwei rechteckige Türme und der **Muyoqmarka**, ein runder turmartiger Befehlstand, dessen Mauerreste auf eine Höhe von rund 30 m schließen lassen. Für den spanischen Chronisten Garcilaso de la Vega handelte es sich bei dem Schutzbunker um einen Wasserspeicher, der die Anlage und das tiefer liegende Cusco versorgte. Cieza de León interpretierte die Konstruktion als „Haus der Sonne" und damit als Sitz des Inka.

Die Türme, von den Spaniern zugeschüttet, wurden erst in den 30er-Jahren wieder freigelegt. Sie waren untereinander mit unterirdischen Gängen verbunden. Im Jahr 1999 entdeckten Archäologen bei Ausgrabungsarbeiten 16 unberührte Inkagräber. Vom Inneren der Festung ist heute nichts mehr erhalten geblieben. Das einstige Labyrinth aus Gängen und Gebäuden, in dem rund 5000 Soldaten stationiert waren, wurde von den Spaniern Stein für Stein abgetragen und zum Bau Cuscos verwendet.

Heute geht es friedlicher zu, selbst wenn sich alljährlich am 24. Juni Zehntausende von Menschen in den Mauern der Anlage einfinden, um dem **Sonnenwendfest Inti Raymi**, Cuscos größtem Touristenspektakel, beizuwohnen. Hunderte von Laiendarstellern erwecken die Welt der Inkas zum Leben. Doch seit Jahren versuchen Gegner der Riesensause, den Ort des Geschehens aus der Festung heraus zu verlegen, bisher ohne Erfolg. Denn die Massen fügen dem Mauerwerk irreparable Schäden zu und hinterlassen Unmengen von Müll. Aber der kommerzielle Erfolg der Veranstaltung, die viel Geld in die Kassen der Stadt spült, steht eindeutig im Vordergrund.

Zugang: Die Anlage kann wie bereits erwähnt auf dem Rückweg von Qenqo Richtung Cusco erreicht werden. Alternativ kann man von Cusco aus den steilen Aufstieg vorbei an der Kirche San Cristóbal oder über die Pumacurco in 30–60 Min. (je nach Kondition und Höhenanpassung) auf sich nehmen. Wer es gemütlicher mag, nimmt ein Taxi. ⌚ tgl. 7–17 Uhr, Eintritt mit Boleto Turístico oder Boleto Parcial, S. 223.

Östlich und südöstlich von Cusco

Die durchgehend asphaltierte Strecke südöstlich von Cusco Richtung Puno erleben die meisten Besucher nur auf der Durchreise. Wer aber dem touristisch oft überlaufenen Urubamba-Tal entfliehen möchte, findet in den präinkaischen Ruinen von Pikillakta, der Jesuitenkirche von Andahuaylillas und dem Markt von Urcos eine lohnenswerte Alternative für einen Halbtagesbis Tagesausflug.

Auf den rund 32 km nach Pikillakta werden einige kleine Dörfer passiert, die wie **San Sebastian** wegen der Gemälde ihrer Barockkirche an der Plaza, oder wie **San Jerónimo** wegen seines typischen Sonntagsmarkts zu einem kurzen Stopp einladen. Kurz vor **Oropesa**, das für leckere Weizenbrote *(Chutas)* bekannt ist, zweigt eine Strecke (ca. 4 km) zu der Bewässerungs- und Terrassenanlage von **Tipón** ab, einer landwirtschaftlichen Versuchsstation der Inkas. ⌚ tgl. 7–17 Uhr, Eintritt 10 S/., oder mit Boleto Turístico. Im Dorf Tipón liegen einige Restaurants entlang der Straße nach Puno, die *Cuy al horno* (Meerschweinchen im Erdofen gegrillt) zubereiten.

Vorbei an der Abzweigung nach Paucartambo und zum Manu-Nationalpark trifft man wenige

Kilometer entfernt entlang der Straße auf **Pikillakta**, die einzige präinkaische Ruinenstätte der Gegend um Cusco. „Die Stadt der Flöhe", so die Übersetzung, wurde von der Wari-Kultur gebaut, die hier gegen 1100 n. Chr. ein Verwaltungszentrum errichtete. Mehrere hundert teilweise doppelstöckige Gebäude, von denen leider nicht mehr allzu viel erhalten ist, wurden über einen Aquädukt mit Trinkwasser versorgt. ⌚ tgl. 7–17 Uhr, Eintritt 10 S/. oder mit Boleto Turístico.

Östlich der Anlage liegen die Ruinen von **Rumiqolqa**, einem ehemaligen Kontrollposten der Inkas mit bis zu 12 m hohen Wänden. Hier wurde der Verkehrs- und Warenfluss nach Cus-

Delikatesse Meerschweinchen

Meerschweinchen *(Cuy; Cavia porcellus)*, die in Peru und Bolivien auch *Wanku, Jak* oder *Conejo Peruano* genannt werden, sind seit Jahrtausenden fester Bestandteil der Ernährung der einheimischen Völker. Allein in Peru werden jedes Jahr rund 65 Millionen der kleinen Nager verzehrt. Wissenschaftler datieren die Zeit der Domestizierung von Meerschweinchen im Hochland von Peru und Bolivien auf etwa 5000 v. Chr. Skelettfunde bei Chavín de Huántar in den südlichen Ausläufern der Cordillera Blanca belegen, dass Cuys den Einwohnern ab etwa 900 v. Chr. als **Nahrungsquelle** dienten. Während auch die Verwandten der Meerschweinchen wie Chinchillas oder Stachelschweine von Menschen gegessen wurden, hat man nur das Cuy als **Haustier** gehalten. Meerschweinchen haben in den Andenstaaten einen ähnlichen Stellenwert wie Hühner.

Cuys waren eine wichtige Nahrungsquelle der präkolumbischen Kulturen Südamerikas. Obwohl sie hauptsächlich von Bergbewohnern gehalten wurden, fand man bei Ausgrabungen an der nordperuanischen Pazifikküste Keramiken der Moche- und Vicús-Kulturen mit Darstellungen von Cuys. Domestizierte Cuys, die etwa drei Jahre alt und bis zu 2 kg schwer werden können, kommen überwiegend in den Fellfarben dunkelbraun, weiß, grau oder Kombinationen davon vor. Eher selten sind schwarze Cuys, die deswegen oftmals für traditionelle medizinische oder religiöse **Zeremonien** gebraucht werden. Obwohl es inzwischen offiziell verboten ist, werden auch heute noch Cuys zu Heilzwecken eingesetzt. Dabei wird ein lebendiges Cuy über den Körper des Patienten gerieben, wobei es angeblich quiekt, wenn es eine kranke Stelle erreicht. Danach tötet der behandelnde Heiler *(Curandero)* das Tier und öffnet es, um nach der Untersuchung der Organe des toten Cuys eine Diagnose zu erstellen.

Während Cuys früher überwiegend zum Eigenbedarf gehalten wurden, dienen sie heute auch als Tauschmittel oder werden verkauft. Die meisten Andenfamilien besitzen mehr als 20 Cuys, die in kleinen Ställen, auf dem Dachboden oder in der Küche gehalten werden. Die Nager ernähren sich vorwiegend von Küchenabfällen und werden von Frauen oder Kindern versorgt. Ein fruchtbares Meerschweinchen-Paar gehört auch heute noch zur Mitgift vieler Brautpaare und stellt den Grundstock für eine langjährige erfolgreiche **Züchtung** dar. Auch die Zuchtprogramme der landwirtschaftlichen Forschungsstation der La Molina-Universität in Lima zielen darauf ab, die Fortpflanzungskapazität der Cuys zu erhöhen. In ihren Labors leben und vermehren sich mehr als 6000 Meerschweinchen. Seit den 80er-Jahren kreuzt man dort Tiere, die größer sind, mehr Nachkommen erzeugen und schneller das Fortpflanzungsalter erreichen als ihre frei lebenden Artgenossen. Mit Hilfe der Zuchtprogramme kommt unter anderem auch die Slumbevölkerung Limas in den Genuss von Fleisch. Gleiches gilt für verarmte Hochlandregionen, wo die Menschen oftmals nur von Reis und Kartoffeln ernähren.

Aber auch edle Restaurants in Lima, Cusco und Arequipa servieren immer öfter Cuy. Mit der Wiederentdeckung der andinen Küche erlebt auch das Cuy als elementarer Bestandteil eine Renaissance. Zugute kommt dem mageren Fleisch die Tatsache, dass es proteinhaltiger als Rind- oder Hühnerfleisch ist, gleichzeitig aber weniger Cholesterin enthält. Wer sich in Peru und Bolivien aufhält, sollte nicht versäumen, Cuy zu probieren.

co geregelt. Bei KM 37 der durchgehend asphaltierten Straße Cusco–Puno gelangt man nach **Andahuaylillas**. Der kleine Andenort besitzt eine interessante Lehmziegelkirche, die auch die „Sixtinische Kapelle" Perus genannt wird. Der äußerlich schlichte Bau, den Jesuiten im 17. Jh. errichten ließen, besitzt eine prachtvolle Innenausstattung mit sehenswerten Fresken einheimischer Künstler. Hinzu kommen großflächige Wandgemälde der Cusqueñer Schule, ein vergoldeter Altar und eine alte Orgel. ◷ tgl. 8–12, 14–17 Uhr, Eintritt 10 S/.

10 km weiter südöstlich liegt der Ort **Urcos**. Hier findet sonntags ein farbenfroher untouristischer Markt statt, auf dem man die schönen Trachten der Region bewundern kann. Außerhalb des Ortes liegt eine seichte Lagune, auf deren Grund der Sage nach eine schwere Goldkette des Inka Huáscar liegen soll. Urcos verfügt über eine brauchbare Infrastruktur mit einfachen Hotels, Restaurants und Tankstelle. Hier zweigt die inzwischen asphaltierte Straße Richtung **Puerto Maldonado** im Amazonastiefland und weiter zur brasilianischen Grenze ab. Unterwegs wird der kleine Ort **Tinqui** passiert, Ausgangspunkt der mehrtägigen Wanderung um den **Nevado Ausangate**. Nach Urcos und in die Orte unterwegs fahren ständig Minibusse von der Av. de la Cultura 1320 (gegenüber vom Hospital Regional) in Cusco. Für die Weiterfahrt von Urcos nach Puno s. S. 309.

Rundwanderung um den Nevado Ausangate

Wer gern ein paar Tage am Stück wandert, dem Gedrängel auf dem Inkatrail entfliehen möchte und ganz gut in Form ist, dem bietet die **Cordillera de Vilcanota** eine große Anzahl von Trekkingrouten. Der bekannteste Trail, der inzwischen auch von vielen Agenturen in Cusco (s. „Touren", S. 239) angeboten wird, ist die vier- bis sechstägige Wanderung rund um den 6384 m hohen **Nevado Ausangate**, den höchsten Berg Südperus. Die hochandine Wanderung führt über 5000 m hohe Pässe, vorbei an Bergdörfern, Lama- und Alpakaherden, durch schöne Täler und verblüfft immer wieder mit fantastischen Ausblicken auf die zahlreichen Gletscher des Ausangate. Die raue und ursprüngliche Gegend ist in einer landschaftlich einmaligen Tagesfahrt von Cusco aus zu erreichen.

Ausgangspunkt der Wanderung ist der kleine Ort **Tinqui** auf 3800 m Höhe, der entlang der Strecke Urcos–Puerto Maldonado liegt. In dem typischen Andendorf scheint die Zeit stehen geblieben zu sein. Die ca. 1500 Einwohner leben von dem, was die Erde hergibt. Das sind Kartoffeln in verschiedenen Varianten, Weizen, Gerste und Saubohnen. Hinzu kommen Schaf- bzw. Lama- und Alpakazucht.

Sehenswerte Feste finden am 2. März und 28./29. Juli statt. Sie werden mit traditionellen Tänzen, Sportveranstaltungen und Stierkampf begangen. Am Vorabend des Nationalfeiertags (28. Juli) veranstalten die Bewohner im Ort einen Laternenumzug.

Vor der Wanderung

Wer eine der recht teuren Touren bucht, braucht sich natürlich um nichts weiter zu kümmern. Wer den Trek selber durchführen möchte, was ohne große Schwierigkeiten möglich ist, sollte alle Vorräte bereits in Cusco kaufen. In Tinqui, dem Start- und Zielort der Wanderung, kann man dann noch zusätzlich frisches Gemüse oder einfachere Lebensmittel bekommen. Vor Ort finden sich drei bis vier einfache Herbergen und noch einfachere Restaurants. Nach der Ankunft in Tinqui vergeht nicht viel Zeit, bis einen jemand fragt, ob man einen **Maultiertreiber** *(Arriero)* braucht. Das hat einige Vorteile, denn die Wanderung mit eigenem Rucksack durchzuführen ist sehr anstrengend, und zudem kennt der Maultiertreiber den Weg. Man sollte mit verschiedenen *Arrieros* sprechen, um die Konditionen abzuchecken und um zu sehen, ob die Chemie grundsätzlich stimmt. Denn danach ist man für mehrere Tage zusammen in der einsamen Bergwelt unterwegs. Der Preis für einen *Arriero* und ein Pferd bzw. Maultier liegt pro Tag bei ca. 80–100 S/. plus Verpflegung und Zelt.

Um Missverständnissen vorzubeugen, sollte man die vereinbarten Konditionen auf einem Stück Papier festhalten. Es ist nicht üblich, dass dem Maultiertreiber ein Vorschuss gezahlt wird, es kann aber passieren, dass er darauf besteht.

Sollte die Wanderung schneller als besprochen beendet werden, ist dennoch der vertraglich vereinbarte Betrag zu zahlen. Über ein kleines Geschenk (Kleidung, Ausrüstungsgegenstand, Essen, Geld) freut sich jeder *Arriero* am Ende der Tour. Wer ohne Maultiertreiber aufbricht, sollte sich gutes Kartenmaterial besorgen, z. B. das IGN-**Kartenblatt** (s. Serviceteil Lima, S. 178) Ocongate Hoja 28-t, Maßstab 1:100 000.

Die **Umrundung des Ausangate** ist in fünf Tagen gut zu schaffen (Eilige machen es in vier Tagen) und kann im oder gegen den Uhrzeigersinn erfolgen. Der Unterschied ist nicht groß und beide Varianten haben ihre Vor- und Nachteile. Die Routenplanung sollte man schon vor der Wanderung mit dem Maultiertreiber besprechen.

Während der Wanderung befindet man sich auf Höhen zwischen 3800 und 5000 m, überquert vier Pässe (4650, 4850, 5100 und 5050 m) und schläft immer in Höhen über 4300 m, auf denen die **Temperaturen** nachts stets unter den Gefrierpunkt sinken. Dementsprechend gut sollte die Ausrüstung sein. Die **besten Wandermonate** sind Juni bis September (Mai und Oktober sind akzeptable Übergangsmonate), in denen es trocken, aber sehr kalt ist. Am ersten und letzten Tag der Wanderung sollte man mit Kindern rechnen, die um Essen betteln.

Die **An- und Abreise** von bzw. nach Cusco ist kein Problem. Wer mit öffentlichen Verkehrsmitteln anreist, braucht für die Fahrt auf asphaltierter Straße von Cusco über Urcos und Ocongate nach Tinqui rund drei Stunden. In aller Regel verlässt ein Bus Tinqui morgens und zudem kommen Busse auf dem Weg von Puerto Maldonado durch. In der Hauptsaison von Juli bis August kommen Gruppen aus Cusco in den Ort, die gelegentlich Einzelwanderer mitnehmen. Eine weitere Option ist die Fahrt nach Ocongate (regelmäßiger Transport mit Minibussen) und von dort weiter mit einem Taxi nach Cusco.

Kurzbeschreibung der Etappen gegen den Uhrzeigersinn

1. Tag: Tinqui (3800 m) – Upis (4450 m)

■ 650 Höhenmeter; ca. 4 Std.

Auf breiten Wegen verlässt man Tinqui Richtung Südwesten leicht ansteigend, bis sich der Pfad nach rund 3 km gabelt. Linker Hand beginnt die Route im Uhrzeigersinn, die weiter in südöstlicher Richtung nach Pacchanta führt. Die Strecke gegen den Uhrzeigersinn wendet sich Richtung Süden, bis das breite Tal erreicht ist, in dem sich der kleine Weiler **Upis** befindet. Oberhalb des Ortes in der Nähe einer heißen Quelle liegt ein schöner Zeltplatz.

2. Tag: Upis (4450 m) – Jatunpucacocha (4600 m)

■ 580 Höhenmeter, ca. 4 Std.

Immer schmaler wird der Pfad, der zum 4650 m hohen Pass **Punta Arapa** führt. Oben erwartet den Wanderer eine karge, fast vegetationslose Berglandschaft. Der Weg biegt wenig später scharf nach Südosten ab und man bekommt einen Blick auf zwei Seen. Das Etappenziel liegt am oberen See, der **Jatunpucacocha** heißt. Er liegt wunderschön auf 4600 m unterhalb der Westflanke des Ausangate mit großartigem Blick auf einige Gletscher. Die Nächte werden hier sehr kalt.

3. Tag: Jatunpucacocha (4600 m) – Uchuy Finaya (4500 m)

■ 800 Höhenmeter, ca. 5 Std.

Nur rund 250 Höhenmeter sind zu bewältigen, um die **Punta Pucapata** auf 4850 m zu überwinden. Es geht steil bergab, vorbei an der Lagune Ausangatecocha und nun ostwärts steil bergauf bis zum 5100 m hohen Pass **Cerro Puca Punta**, von dem man einen tollen Blick hat. Der lang gezogene Abstieg mit vielen Serpentinen endet in einem breiten Tal beim Weiler **Uchuy Finaya** auf 4500 m Höhe. Wer den hohen Pass meiden möchte, kann auch nach der Punta Pucapata dem Tal Richtung Südosten folgen und bei **Chillca** ins Tal des Río Jampamayo in nordöstliche Richtung einschwenken.

4. Tag: Uchuy Finaya (4500 m) – Pacchanta (4300 m)

■ 830 Höhenmeter, ca. 7 Std.

Grasende Lamas, ein sauberer Gebirgsfluss und eine grandiose Berglandschaft bilden den Rahmen der Wanderung aufwärts durch das Tal des **Río Jampamayo**. Am Talende beginnt der Aufstieg zum 5050 m hohen **Jampa-Pass**, auf dem ein eisiger Wind pfeift. Der Pass führt zwischen der Ostseite des Ausangate und den weiter

AUSANGATE WANDERSKIZZE

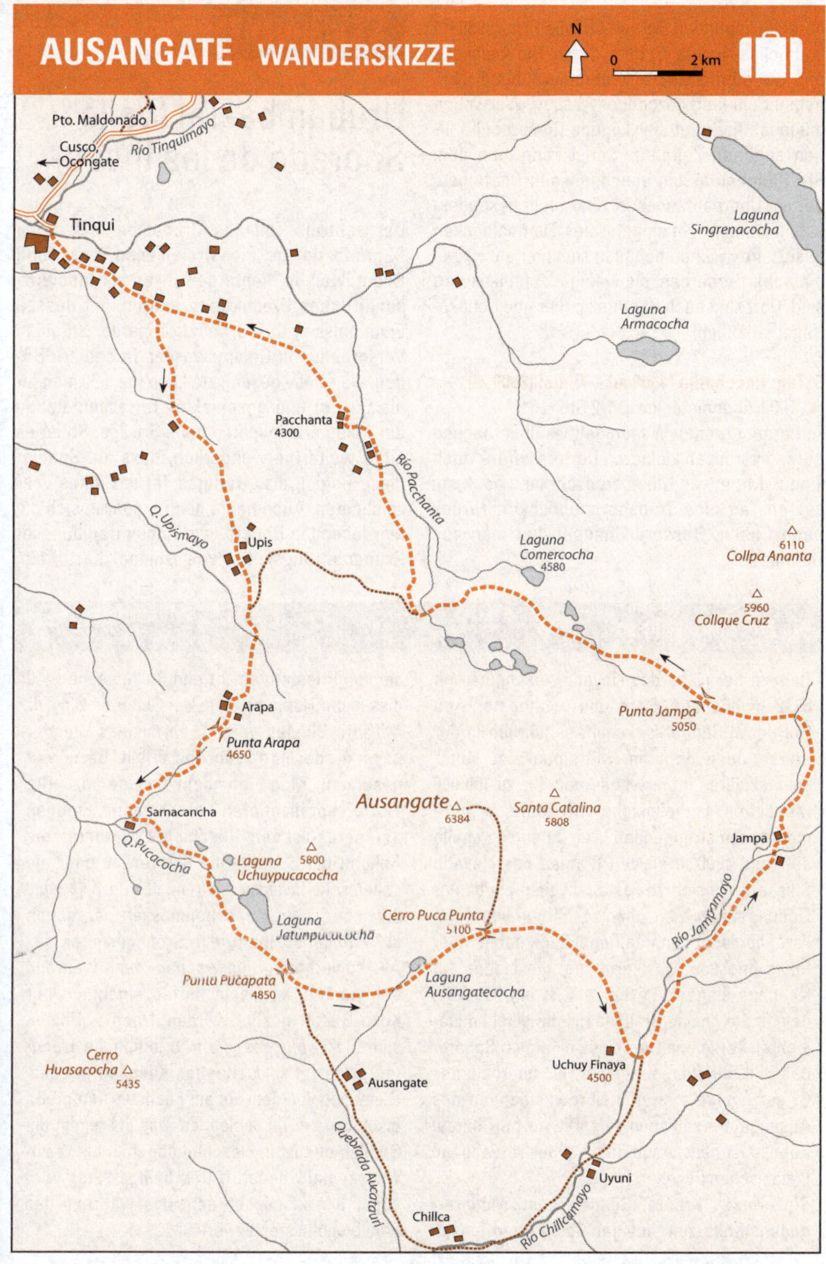

nördlich liegenden Bergen Collque Cruz (5960 m) und Collpa Ananta (6110 m) durch. Die Ausblicke und die dünne Luft sind atemberaubend. Nun beginnt ein lang gezogener Abstieg. Wer schon müde ist, findet an der **Lagune Comercocha** einen schönen Zeltplatz. Sonst kann man dem **Río Pacchanta** zum gleichnamigen Ort folgen, der als Übernachtungsort zwar nicht besonders schön ist, aber ein eingefasstes Thermalbecken besitzt. Inzwischen befinden sich hier auch zwei einfache Herbergen, die wenig empfehlenswert sind. Dort sind auch Softdrinks, Bier und Schokoriegel erhältlich.

5. Tag: Pacchanta (4300 m) – Tinqui (3800 m)

■ 100 Höhenmeter, ca. 2 1/2 Std.

Auf erneut breiten Wegen geht es überwiegend bergab vorbei an kleineren Dörfern zurück nach Tinqui. Mit etwas Glück erwischt man noch am selben Tag eine Transportmöglichkeit zurück nach Cusco. Bessere Chancen hat man von Ocongate.

Urubamba-Tal (Valle Sagrado de los Incas)

Der zentrale Teil des Urubamba-Tals (Valle Sagrado de los Incas) zwischen Pisac und Ollantaytambo diente den Inkas als **landwirtschaftliches Produktionszentrum**, mit dessen Erzeugnissen Cusco beliefert wurde. Ständige Versorgung mit Gebirgswasser, fruchtbare Böden, die relativ geschützte Lage (ca. 500 m tiefer als Cusco) und geschickter Terrassenfeldbau der Inkas ermöglichten hohe Erträge. So ist es nicht weiter verwunderlich, dass die Spanier diese Region als **„Heiliges Tal der Inkas"** bezeichneten. Auch heute noch ernähren sich die hier lebenden Bauern vom Anbau traditioneller Grundnahrungsmittel wie Quinoa, Kartoffeln,

Die Fiesta Q'oyllur rit'i

Ganz in der Nähe des Nevado Ausangate, mit 6372 m höchster Berg und wichtigster Apu (Berggott) Südperus, kommt es jährlich in der ersten Juniwoche im Mittelpunkt zu einer spektakulären **Pilgerwanderung**. Bis zu 100 000 Menschen, Einheimische wie Touristen nehmen den anstrengenden Weg zu einer Kapelle auf rund 4600 m an den Hängen des Nevado Sinakara auf sich. In Festtracht zieht ein bunter Lindwurm von Menschen zur Kirche von Sinakara, begleitet von den Regenbogenfahnen der Inkas und von Musikgruppen, die Lieder auf Quechua singen. Q'oyllur rit'i ist ein Fest, bei dem uralte andine Bräuche mit christlichen Elementen verschmelzen. 1780 soll einem Schäfer das Bild Christus´ auf einem Fels oberhalb des Ortes Ocongate an den Nordwesthängen des Ausangate erschienen sein. Die dort errichtete Kapelle ist heutzutage das Ziel der vorwiegend indianischen Pilger.

Sie bringen Kreuze, Bildnisse und Miniaturgegenstände zum heiligen Felsen und lassen sie von Priestern an Ort und Stelle segnen. All dies in der Hoffnung, dass der Señor de Q'oyllur rit'i ihre Sünden vergibt, ein kleines Wunder bewirkt oder ihre Wünsche erfüllt. Dazu wird gesungen, Musik gemacht und getanzt. Die **Tänze** repräsentieren verschiedene Etappen der peruanischen Geschichte, darunter die Ankunft der Spanier, die Sklavenzeit oder die chilenische Invasion während des Pazifikkriegs. Zwischen den Menschenmassen versuchen die *Pabluchos*, inoffizielle Ordnungshüter, das Alkoholverbot zu überwachen, denn während der viertägigen Fiesta dürfen eigentlich nur Koka-Blätter gekaut werden. Nachts widmen sich die *Pabluchos*, die in traditionelle Trachten gekleidet sind, **rituellen Kämpfen** auf dem Gletscher, von dem sie am nächsten Tag große Eisblöcke ins Tal schleppen. Das Eis reinigt die Sünden und ist in Flaschen abgefüllt als Weihwasser heiß begehrt. Das heilige Nass wird sogar bis Cusco gebracht und während des Fronleichnamsfestes verteilt.

Mais und Bohnen. In den tiefer liegenden und damit wärmeren Regionen des Tals wird Obst angebaut. Pfirsichhaine sind dort keine Seltenheit. Durch das „Heilige Tal der Inkas" fließt der Río Urubamba, der in seinem Oberlauf auch Río Vilcanota heißt. Er fließt in nordwestlicher Richtung und vereinigt sich im Tiefland des Amazonas mit dem Río Tambo zum Río Ucayali.

Das Urubamba-Tal hat eine große Anzahl **Sehenswürdigkeiten** zu bieten, die von spektakulären Festungen über Indígena-Märkte bis zu Steinterrassen der Inkas reichen. Zahlreiche Veranstalter aus Cusco bieten Halbtages- und Tagesausflüge zu den wichtigsten Highlights des Tales an. Hierzu gehören die Ruinenkomplexe Pisac und Ollantaytambo sowie die Märkte Pisac und Chincheros. Seltener besucht, aber nicht minder sehenswert sind die Salzterrassen von Pichingote oder die terrassenförmigen Ackerbauanlagen von Moray. Entspannen kann man in den Thermalquellen von Lamay und Machacancha.

Pisac

Der viel besuchte kleine Ort liegt rund 32 km nordöstlich von Cusco und ist über eine asphaltierte Straße zu erreichen. Aus dem ursprünglichen **Sonntagsmarkt** an der Plaza Constitución ist dank regelmäßiger Touristenströme eine Dauerveranstaltung geworden. Vor allem in der Hauptsaison und dann meist vormittags sieht man Horden von Touristen, die die Einheimischen in ihren farbenfrohen Trachten zahlenmäßig verdrängen. Dennoch ist sonntags besonders viel los, wenn sich auch noch die Kirchgänger unter die Menge mischen. Die Prodigt in der Kirche wird übrigens in Quechua abgehalten. An manchem Sonntag verlässt die Gemeinde die Kirche in einer feierlichen Prozession, angeführt vom Bürgermeister. Auch das **Patronatsfest** Mitte Juli zu Ehren der Virgen del Carmen lohnt einen Besuch. Kaum zu glauben aber wahr: Im kleinen Pisac gibt es sogar eine ebenso kleine Waldorf-inspirierte **Schulinitiative** mit dem schönen Namen Kusi Kawsay (glücklich leben), 💻 www.kusikawsay.org.

Rund 3 km nordöstlich Pisacs liegt der **Parque de la Papa**, der „Kartoffelpark", ☏ 084-245021, 💻 www.parquedelapapa.org, eine Zone, in der Besucher nach vorheriger Anmeldung traditionelles Landleben und typische Anbaumethoden – Schwerpunkt Kartoffel – kennenlernen können. Es gibt ein Restaurant mit typischen Gerichten der Region und die Möglichkeit, neben einem Tagesbesuch, auch an mehrtägigen geführten Trekkingtouren teilzunehmen.

Pisac ist auch der Name der **Felsenfestung** der Inkas, die sich oberhalb des Orts an den Berghang schmiegt. Sie wurde kurz nach der Eroberung durch die Spanier aufgegeben und ist aufgrund ihrer entlegenen Lage gut erhalten. Man sollte vor 9.30 Uhr da sein, bevor die ersten Touristenbusse kommen. Die Ruinen sind mit dem Bus (10 km) oder zu Fuß (ca. 5 km, ca. 300 Höhenmeter, etwa 1 Std. Aufstieg bzw. 30–45 Min. zurück) erreichbar. Eine sinnvolle Variante ist es, den Bus oder ein Taxi nach oben zu nehmen, die Ruinen zu besichtigen und zu Fuß zurückzukehren. Der Weg beginnt hinter

Tageswanderung ins Urubamba-Tal

Taucca–Huchuy Qosqo–Lamay

Man nimmt den Bus von Cusco nach Chincheros und gibt dem Busfahrer Bescheid, dass man an der Kreuzung nach Taucca aussteigen möchte. Dort nimmt man ein Mototaxi oder Taxi ins wenige Kilometer entfernte Taucca vorbei am Piuray-See. In Taucca zweigt linker Hand ein breiter Weg ab, dem man über zwei Pässe hinweg (ca. 4300 m) folgt, bevor der Abstieg auf weiterhin gut erkennbarem Weg zur Ruinenstätte Huchuy Qosqo auf 3650 m erfolgt (Eintritt 7 S/., Wegbenutzung weitere 21 S/.). Der Einstieg zum letzten Abschnitt der Wanderung nach Lamay ist nicht ganz einfach zu finden (den Wärter in Huchuy Qosqo fragen). Spektakulär geht es in Serpentinen steil hinab ins Urubamba-Tal. Auf der anderen Flusseite (Brücke) liegt Lamay, von wo aus regelmäßig Busse nach Pisac oder Urubamba bzw. nach Cusco fahren. Die Wanderung dauert ab Taucca fünf bis sieben Stunden (früher Start in Cusco ist ratsam, ebenso ausreichend Wasser und Essen mitnehmen und Sonnenschutz nicht vergessen!).

der Kirche an der Plaza Constitución. Die Ruinen von Pisac sind wesentlich weitläufiger, als sie von unten erscheinen. Sie erstrecken sich über mehrere Quadratkilometer und beginnen im oberen Bereich mit einer großen Anzahl von Löchern, die in die Felswand oberhalb der Anlage geschlagen wurden. Hier entdeckte man mehrere Tausend **Inkagräber**, die leider schon geplündert waren, bevor die Archäologen ihre Arbeit aufnahmen.

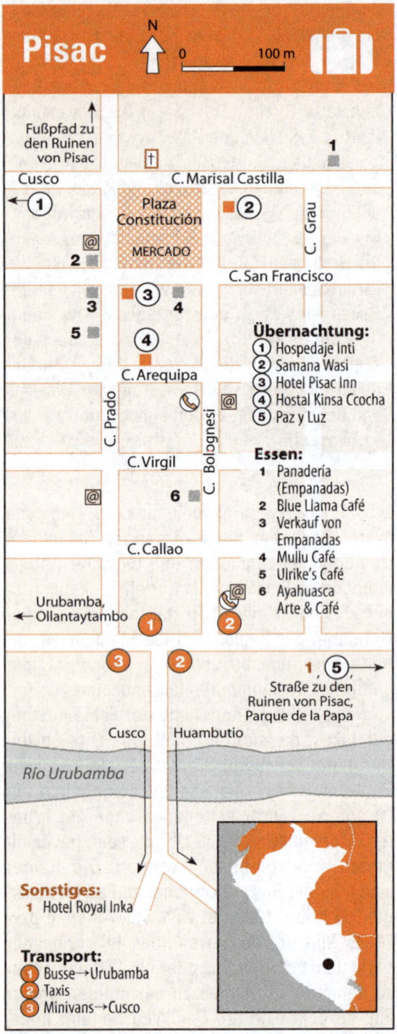

Weitere Komplexe der Anlage umfassen eine Festung mit Ringmauer und Wachtürmen sowie die Gebäude des Tempelzentrums. Im Zentrum des fünfteiligen Komplexes sticht ein halbrundes Gebäude mit der **Sonnennadel Intiwatana** heraus, mit der die Astronomen der Inkas den Verlauf der Sonne beobachteten. Unterhalb der Ruinen erstrecken sich in regelmäßigen Abständen rund 7000 Terrassenfelder mit steinernen Stützmauern, die sich wie Höhenlinien um den Berghang ziehen. Der Eintritt zu den Ruinen ist im *Boleto Turístico* enthalten. Wahlweise kann auch am Eingang der Anlage ein *Boleto Parcial* gekauft werden, das 70 S/. kostet, zwei Tage gültig ist und auch den Besuch von Chichero, Moray und Ollantytambo beinhaltet.

Übernachtung

Hospedaje Inti, Espinar s/n, 1 1/2 Blocks westlich der Plaza Constitución, ✆ 084-509154. Bislang nur Zimmer mit Gemeinschaftsbad (Elektrodusche). Saubere Zimmer mit ordentlichen Matratzen, im 2. und 3. Stock auch mit schönem Blick. Küchenbenutzung. ❶

Samana Wasi, Plaza Constitución 509, ✆ 084-203133, ✉ hrsamanawasipisaq@hotmail.com. Einfache Zimmer mit/ohne Bad, heißes Wasser rund um die Uhr (Gasduschen), Restaurant. ❶–❷

Hostal Kinsa Ccocha, Arequipa 307, ein Block südlich der Plaza, ✆ 084-203101, ✉ juver84@hotmail.com. Zimmer mit etwas niedriger Decke, warmes Wasser 24 Std., Terrasse, manche Zimmer mit Gemeinschaftsbad. ❷

Hotel Pisac Inn, Plaza Constitución 333, ✆ 084-203062, 💻 www.pisacinn.com. Frisch renovierte Zimmer mit niedrigen Decken, Bioseife und -Shampoo. Angenehmes Ambiente. Restaurant mit Bioküche, Internet, WLAN, nachmittags gratis Tee und Gebäck. Frühstück inkl. ❹

Paz y Luz, am Urubamba-Fluss etwas außerhalb gelegen, ca. 15 Min. zu Fuß, ✆ 084-203204, 💻 www.pazyluzperu.com. Größere Anlage mit geschmackvoll dekorierten Zimmern unter US-amerikanischer Leitung. Angeboten werden

Baden gehen in Pisac

Auf dem Weg zu den Ruinen liegt das **Hotel Royal Inka**, ✆ 084-203064, 🖳 www.royalinkahotel.pe, in dem man für 10 S/. den Sportkomplex mit Indoor-Pool (8–16 Uhr) benutzen kann. Besonders unter der Woche sehr zu empfehlen!

eine breite Palette spiritueller Dienstleistungen, darunter Reiki, Energieheilung, Aromatherapie, Massagen und Ayahuasca-Zeremonien. Frühstück inkl. ❹

Essen und Sonstiges

Günstige einheimische Küche servieren die Garküchen auf dem Markt. Leckere gefüllte Teigtaschen *(Empanadas)* bekommt man inzwischen an mehreren Stellen. Das Original kommt von der **Panadería** in der Mariscal Castilla.

Ayahuasca Arte & Café, Bolognesi, zwischen Virgil und Callao. Günstige Gerichte in angenehmem Ambiente, gute vegetarische Optionen. Verkauf von handbemalten T-Shirts und Kunsthandwerk. ⌚ Di–So 8–20 Uhr.

Blue Llama Café, Südwestecke der Plaza. Frühstück, Menüs, Kaffee, Tee und Desserts. Geldautomat im Café. ⌚ tgl. 7.30–20.30 Uhr.

Mullu Café, Südostecke der Plaza. Restaurant, Café und Kunstgalerie. Peruanisch-Internationale Fusions-Küche, Worldmusic, nicht ganz billig. ⌚ tgl. 9–20 Uhr.

Ulrike's Café, Pardo 613, bei der Plaza. Von der Deutschen Ulrike geführtes Café, das neben guten Menüs (mittags und abends) auch leckeren Kaffee, Tee und Kuchen anbiotet. Vegetarier sind hier ebenfalls bestens aufgehoben. Schöne Dachterrasse, WLAN und Büchertausch. ⌚ tgl 8–21 Uhr.

Transport

Busse und Micros

Die Busse halten außerhalb des Ortes an der Brücke über den Río Urubamba und entlang der Hauptstraße. Minivans fahren von einem kleinen Terminal an der Hauptstraße in Brückennähe nach CUSCO (1 Std., 32 km, 3 S/.).

Auch in Richtung CALCA / URUBAMBA / OLLANTAYTAMBO fahren ständig Busse an der Brücke ab oder halten hier auf der Durchfahrt von und nach Cusco.

Taxis

Taxis zu den RUINEN VON PISAC kosten 20 S/. (mit 2 Std. Wartezeit 40 S/.), nach CALCA 30 S/., nach URUBAMBA 40 S/. und nach CUSCO 40–50 S/.

Von Pisac nach Urubamba

Auf den ungefähr 40 km zwischen beiden Städten werden zunächst die kleinen Orte **Qoya** und **Lamay** passiert, in deren Umgebung Thermalquellen liegen, die allerdings vorwiegend von Einheimischen genutzt werden. Hoch oberhalb von Lamay befinden sich auf der anderen Flussseite in einer Höhe von 3650 m die lohnenswerten Inkaruinen **Huchuy Qosqo**, die man von Lamay aus nach einem steilen dreistündigen Aufstieg erreicht (s. Kasten „Tageswanderung ins Urubamba-Tal", S. 253).

Folgt man der Talstraße, erreicht man nach rund 18 km **Calca**, den wichtigsten Ort im Urubamba-Tal. Er liegt malerisch unterhalb der Gletscher des Nevado Sahuasiray, ist aber für Reisende kaum von Interesse und eignet sich bestenfalls als Ausgangspunkt für Ausflüge in die Umgebung. Rund 8 km östlich von Calca liegt das überdachte Thermalbad **Machacancha**. Wenige Kilometer westlich von Calca wird Huarán passiert, wo sich ein Einstiegs- bzw. Endpunkt der Wanderungen ins Lares-Tal (s. S. 256) befindet. Hier lässt sich luxuriös und teuer im B&B Green House übernachten, ✆ 984770130 (Mobil), 🖳 thegreenhouseperu.com, ❺. **Yucay**, nur noch 4 km von Urubamba entfernt, war aufgrund seines milden Klimas schon bei den Inkas als Erholungsort beliebt. Zu den Übernachtungsmöglichkeiten kommt inzwischen ein breitgefächertes Sportangebot, das mit Rafting, Reiten, Drachenfliegen, Mountainbiken und Wandern keinen Wunsch offen lässt. Selbst Ballonfahrten lassen sich von hier aus organisieren. Die Übernachtungsoptionen sind hier teuer und edel.

Übernachtung

Hostal Pitusiray, Av. Vilcanota 810, Calca, ✆ 084-202065. ❷.

Guesthouse Qoya, Qoya, ✆ 084-782045, 💻 www.perumanagement.com. Ruhige Lage in einer Nebenstraße, unter deutscher Leitung. Moderne Zimmer mit Bad. Sonnenterrasse, Garten, WLAN, Abendessen auf Wunsch. Reichhaltiges Frühstück inkl. ❺

La Casona de Yucay, Plaza Manco II 104, Yucay, ✆ 084-201116, 💻 www.hotelcasonayucay.com. Luxusunterkunft in ehemaligem Kolonialhaus aus dem 18 Jh. Im Zimmer 136 nächtigte einst Simón Bolívar. Auf Safe, Heizung, Fön und WLAN musste der Befreier Lateinamerikas allerdings damals verzichten. ❻

Südperu

Lares-Tal

Rund 30 km nördlich von Calca liegt der kleine Andenort Lares, der als Aus- oder Durchgangsort für Trekkingtouren vom und ins Urubamba-Tal immer beliebter wird. Die touristische Infrastruktur ist weiterhin bescheiden; einfache Hostels und schlichte Restaurants prägen die Szene. Ein Bus fährt tgl. von Calca um 8 Uhr in ca. zwei Stunden nach Lares und zurück ab Lares um 13 Uhr.

Rund zehn Minuten außerhalb des Ortes liegen die *Baños termales*, **Thermalquellen** mit bis zu 44 Grad heißem Wasser, die einen Abstecher lohnen und an denen man zelten kann. Immer mehr Tourveranstalter aus Cusco entdecken die wunderschöne **Berglandschaft um Lares** und veranstalten zunehmend häufiger Wanderungen in diesem Gebiet – auch um Alternativen zum stark überlaufenen Inkatrail zu erschließen. Sehr gute Kenntnisse des gesamten Lares-Trekkinggebietes hat der Chilene Chalo, Besitzer von Las Chullpas (siehe „Urubamba/Übernachtung", S. 259). Er organisiert und führt Touren von Urubamba aus nach Lares.

Wanderinfo Lares-Tal

Trekking im Gebiet zwischen Urubamba und Lares ist kein Spaziergang. Es werden bis zu 4700 m hohe Pässe überquert. Eine adäquate Höhenanpassung (mind. 2 Tage in der Höhe Cuscos) sind absolut erforderlich! Der Lares-Trek ist familienfreundlich, da man bei vielen Veranstaltern problemlos ein Extrapferd buchen kann, sodass Kinder ggf. auch reiten können.

Rundwanderung

Eine schöne vier- bis fünftägige Rundtour beginnt im Dorf Huamamarca, ganz in der Nähe der Las Chullpas Ecolodge (s. „Urubamba/Übernachtung", S. 259). Am **ersten Tag** (ca. 5–6 Std., 1440 Höhenmeter) geht man den Weg auf der rechten Flussseite entlang durch das Pumahuanca-Tal bis zum kleine Weiler Pacchac auf 3640 m (2–2 1/2 Std.). Der Weg wird nun steiler. Ab einer Höhe von rund 4000 m und etwa eineinhalb Stunden Fußmarsch von Pacchac entfernt, finden sich immer wieder Zeltmöglichkeiten, die letzte auf etwa 4400 m in einem kleinen Quenual-Wäldchen. Dort wird es nachts sehr kalt und es gibt nur wenig Wasser!

Am **zweiten Tag** (ca. 4–5 Std., ca. 500 Höhenmeter) wird zunächst der 4710 m hohe Pass Pomawanka Cjasa überquert, danach geht es länger bergab, vorbei an der Laguna Yuraccocha bis zum kleinen Ort Cuncani auf 3770 m. Wer wenig Zeit hat (vier statt fünf Wandertage), kann hier bereits in östlicher Richtung zum Abra Huichuy Cjasa hoch laufen und weiter nach Quishuarani. Ansonsten folgt man der Straße (linke Talseite) und dann dem Feldweg (rechte Talseite) nach Lares. An den Thermalquellen oberhalb des Ortes (3270 m) kann man zelten und auch nachts noch ein Bad nehmen.

Am **dritten Tag** (ca. 6–7 Std., ca. 1300 Höhenmeter) läuft man zunächst zweieinhalb Stunden zurück, bis man eine Brücke unterhalb von Cuncani erreicht, an der man den Fluß überquert und in östlicher Richtung den stellenweise steilen Aufstieg zum Abra Huichuy Cjasa (4400 m) in Angriff nimmt. Danach geht es bergab zum Weiler Quishuarani (3820 m), wo die Gemeinde eine einfache Herberge unterhält bzw. Campinggebühren erhebt. Am schönsten zeltet es sich dem Tal folgend (ca. 20 Min.) unterhalb eines Wasserfalls auf einer privaten Wiese, auf der Alpakas und Schafe weiden (3700 m, kleine Gebühr fällig).

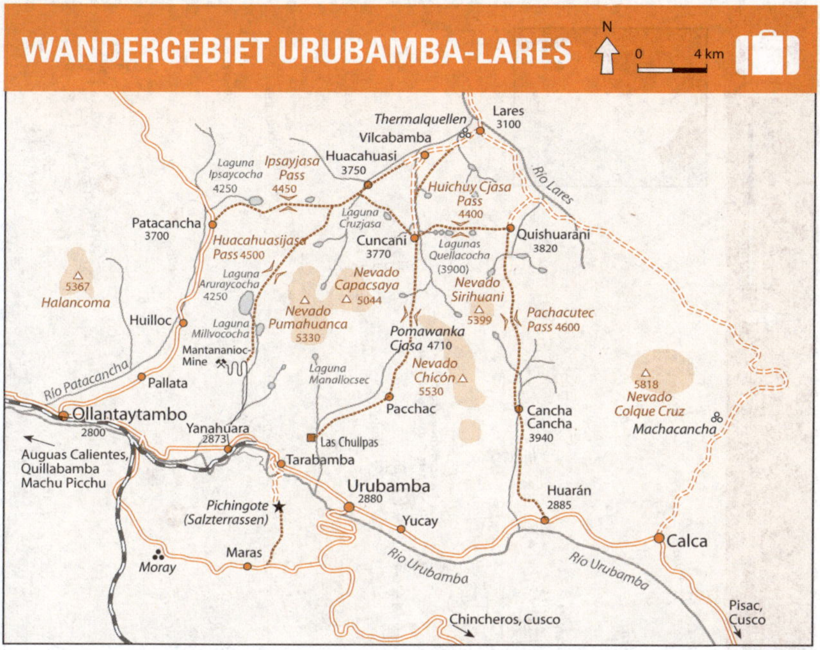

WANDERGEBIET URUBAMBA-LARES

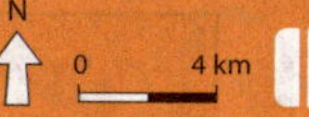

Der Weg am **vierten Tag** (ca. 6–7 Std., ca. 800 Höhenmeter) führt links am Wasserfall hoch an zwei Lagunen vorbei bis auf rund 4600 m (Abra Pachacutec). Nun folgt ein längerer Abstieg bis zum Dorf Cancha Cancha (3940 m, Zeltmöglichkeit). Unterhalb des Ortes lässt es sich nach etwa einer weiteren Dreiviertelstunde Gehzeit idyllisch am Fluss zelten (ca. 3600 m, dem Weg gegenüber liegende Seite zum Zelten nehmen).

Am **fünften Tag** folgt man dem Tal bergab erst noch auf der rechten, dann auf der linken Seite, bis man nach rund drei Stunden Huarán, den Endpunkt der Wanderung, erreicht hat. Von hier aus kann man mit regelmäßig verkehrenden Kleinbussen nach Urubamba oder Pisac bzw. Cusco fahren.

Urubamba

Der Ort liegt zentral im gleichnamigen Tal an der Eisenbahnlinie, die Cusco mit Machu Picchu verbindet. Ab hier nennt sich der Río Vilcanota nun Río Urubamba. Obwohl der sympathische Ort auf 2880 m Höhe, der auch „Perle des Vilcanota" genannt wird, keine größeren Sehenswürdigkeiten zu bieten hat, verfügt er über eine gute touristische Infrastruktur. Ein Besuch der berühmten **Keramikwerkstatt** von Pablo Seminario, Berriozábal 405, ✆ 084-201002, 💻 www.ceramicaseminario.com, 🕓 tgl. 8–19 Uhr, lohnt sich ebenso wie ein Abstecher zum **Museo Arqueológico de Arte Cerámico del Perú**, Comercio 126, ✆ 084-501615, 🕓 Mo–Sa 9–12.30, 15–19, So 9–13 Uhr, 10 S/. Hier kann man rund 600 Keramikgefäße aus verschiedenen Zeitepochen bestaunen. Jeweils am ersten und dritten Sonntag eines Monats findet an der Plaza ein kleiner **Biomarkt** (Bioferia) statt.

Von Urubamba hat man besonders morgens einen schönen Blick auf die schneebedeckten Berggipfel der Region wie den Salcantay (6271 m), Verónica (5350 m) und Chicón (5530 m). In der Umgebung befinden sich einige interessante Ausflugsziele, die weiter unten beschrieben sind.

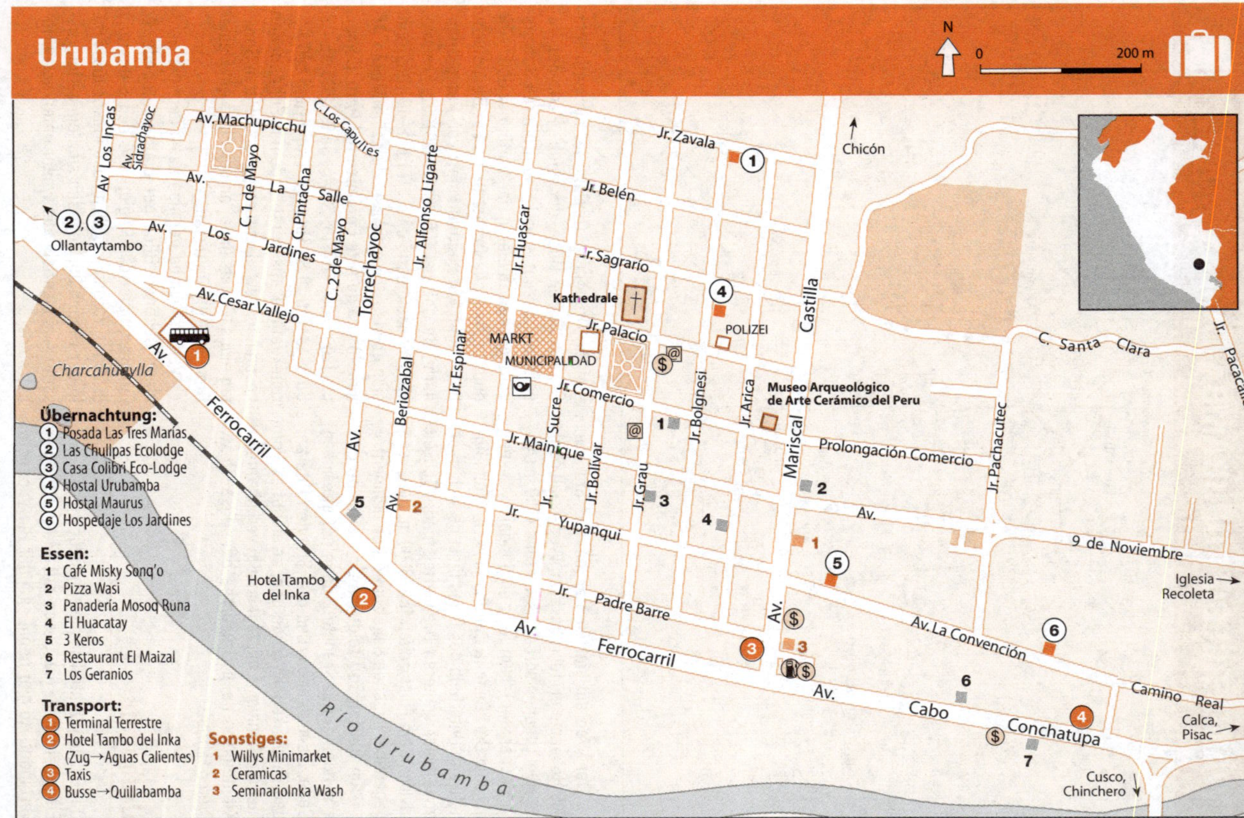
Urubamba
N
0
200 m
Chicón
Jr. Zavala
Jr. Belén
Jr. Sagrario
Kathedrale
Jr. Palacio
POLIZEI
MARKT
MUNICIPALIDAD
Jr. Comercio
Jr. Mainique
Museo Arqueológico
de Arte Cerámico del Peru
Prolongación Comercio
Av. Mariscal Castilla
C. Santa Clara
Jr. Pacacalle
Jr. Pachacutec
Av. 9 de Noviembre
Iglesia Recoleta
Av. La Convención
Camino Real
Calca, Pisac
Av. Cabo Conchatupa
Cusco, Chinchero
Av. Ferrocarril
Jr. Padre Barre
Jr. Yupanqui
Jr. Bolivar
Jr. Grau
Jr. Bolgnesi
Jr. Arica
Sucre
Jr. Huascar
Jr. Espinar
Av. Beriozabal
Jr. Alfonso Ligarte
Torrechayoc
C. 2 de Mayo
C. Pintacha
C. 1 de Mayo
Av. Machupicchu
C. Los Capulíes
Av. La Salle
Av. Los Jardines
Av. Cesar Vallejo
Av. Los Incas
Av. Sidrachayoc
Ollantaytambo
Charcahuaylla
Hotel Tambo del Inka
Río Urubamba
Übernachtung:
1 Posada Las Tres Marías
2 Las Chullpas Ecolodge
3 Casa Colibri Eco-Lodge
4 Hostal Urubamba
5 Hostal Maurus
6 Hospedaje Los Jardines
Essen:
1 Café Misky Sonq'o
2 Pizza Wasi
3 Panadería Mosoq Runa
4 El Huacatay
5 3 Keros
6 Restaurant El Maizal
7 Los Geranios
Transport:
1 Terminal Terrestre
2 Hotel Tambo del Inka (Zug→Aguas Calientes)
3 Taxis
4 Busse→Quillabamba
Sonstiges:
1 Willys Minimarket
2 Ceramicas
3 SeminarioInka Wash

Übernachtung

Hostal Urubamba, Bolognesi 605, ✆ 084-201400. Beliebte einfache Billigunterkunft. Günstigere Zimmer mit/ohne Bad. ❶

Hostal Maurus, La Convención 213, ✆ 084-201352. Günstige Zimmer mit Bad und Gasduschen (im alten Gebäude billiger, im neuen Gebäude WLAN). Parkplatz. Kein Frühstück im Hotel. ❷

Hospedaje Los Jardines, Convención 459, ✆ 084-201331, 🖳 hospedajelosjardines.blogspot.com. Schöne Anlage mit großem Garten und vielen Pflanzen. Geräumige Zimmer mit Bad und Warmwasser. Für Paare empfehlenswert sind die hellen Zimmer Nr. 5 und 10. Frühstück kostet extra. Internet soll installiert werden. Parkplatz, Fahrradverleih und Tourservice. ❷

Las Chullpas Ecolodge, ca. 3 km nordwestlich von Urubamba, ✆ 084–201568, 🖳 www.chullpas.uhupi.com. Ein Mototaxi zur schön gelegenen Öko-Lodge/Gästehaus kostet 3 S/. (Richtung Querocancha). Angenehme Zimmer mit Kamin und heißem Wasser rund um die Uhr. Spiele und Videos verfügbar. Vegetarisches Essen, Küchenbenutzung, Garten mit Hängematten, Heilkräuterkunde, auf Wunsch Trekking- und Reittouren. Gutes Frühstück inkl. ❹

Posada Las Tres Marías, Zavala 307, ✆ 084–201006, 🖳 www.posadatresmarias.com. Ruhige Lage, schöner Garten. Gute, aber etwas überteuerte Zimmer. Internet und Frühstück inkl. ❹

Casa Colibri Eco-Lodge, 3 km westlich von Urubamba, Richtung Ollantaytambo, ✆ 084-205003, 🖳 www.casacolibriecolodge.com. Aus lokalen Naturmaterialien (Stein, Eukalyptusholz und Lehmziegeln) errichtete Lodge mit einem schönem Bio-Garten. 6 komfortabel eingerichtete „Häuschen", die alle eine eigene Terrasse haben. Frühstück inkl. ❻

Essen

Café Misky Sonq'o, Comercio 337, in Plazanähe. Beliebter Gringo-Treff. Gutes frisch zubereitetes Essen (Frühstück, Hauptgerichte, Kuchen und Säfte), aber sehr langsamer Service. ⏲ tgl. 8.30–23 Uhr.

El Huacatay, Arica 620. Unter deutsch-peruanischer Leitung, serviert peruanische Gourmetküche und neuandine Spezialitäten, teuer. ⏲ Mo–Sa 13–21.30 Uhr.

El Maizal, Av. Cabo Conchatupa s/n. Gutes Buffet (35 S/.) und landestypische Gerichte, nett zum Draußen sitzen. ⏲ tgl. 12–15.30 Uhr.

Los Geranios, Av. Cabo Conchatupo s/n. Regionale Küche mit ordentlichen Portionen. ⏲ nur mittags.

Pizza Wasi, Mariscal Castilla 854. Gute Holzofenpizzas und Nudelgerichte. ⏲ Mo–Sa 9–23, So 12–23 Uhr.

3 Keros, Torrechayoc, Ecke Ferrocarril. Ähnliches Angebot wie El Huacatay. Nicht ganz so gut, dafür etwas billiger. ⏲ Mi–Mo 12–15.30, 18.30–21.30 Uhr.

Die Bäckerei hilft

Unbedingt bei der **Panadería Mosoq Runa**, Grau 654, 🖳 www.mosoqruna.org, ⏲ So–Fr 12–21 Uhr, vorbeischauen! Hier bekommt man das beste Brot Urubambas und kann süße Teilchen, Pizza und Biokaffee probieren. Mit den Einnahmen werden Waisenkinder unterstützt. Sie suchen jederzeit Freiwillige für längere Aufenthalte.

Aktivitäten und Touren

Reittouren werden von Las Chullpas (s. „Übernachtung"), Cusco for you, ✆ 084-201959, 🖳 www.cuscoforyou.com und Perolchico, ✆ 974798890 (mobil), 🖳 www.perolchico.com, angeboten. 2–3-tägige **Trekkingtouren** nach Lares können ebenfalls über Las Chullpas arrangiert werden (nach Chalo fragen!).

Bikevermietung und -Touren laufen über die Hospedaje Los Jardines (s. „Übernachtung").

Natura Vive, Kontakt per Telefon ✆ 084-799158 oder per Internet 🖳 www.naturavive.com. Abenteuerveranstalter, der in der Umgebung von Urubamba einen privaten Klettersteig und eine Zipline im Programm hat.

Sonstiges

Der Ort verfügt über einen **Polizeiposten**, **Telefon**, **Post**, **Bank**, **Laden** (Willys Minimarket) und **Tankstelle**. An der Plaza de Armas, an der Tankstelle und schräg gegenüber vom

Restaurant El Maizal befindet sich jeweils ein **Geldautomat**. Im Block 1 der Av. Mariscal Castilla liegt die Wäscherei **Inka Wash**.

Transport

Busse und Micros

Der **Terminal Terrestre** liegt am Ortsausgang Richtung Ollantaytambo.

CUSCO (über CHINCHEROS) regelmäßig von 4–19.30 Uhr, 1 1/4–1 1/2 Std., 57 km, 3.50 S/. Schnellere Minivans fahren, wenn sie voll sind (bis ca. 20 Uhr, 6 S/.). Ein Taxi kostet 70 S/.

CUSCO (über PISAC) regelmäßig zwischen 4.30–20 Uhr, ca. 2 Std., 78 km, 3 S/.

MARAS Direktbusse um 7.15, 13.15 und 16 Uhr, 1/2 Std., 2 S/. Sonst Bus Richtung Cusco/ Chincheros nehmen und an der Abzweigung nach Maras aussteigen und in ein Taxi/ Sammeltaxi umsteigen. Ein Taxi nach MORAY kostet inkl. Wartezeit ca. 70–80 S/.

OLLANTAYTAMBO ständig bis etwa 19.30 Uhr, 1/2 Std., 20 km, 1.30 S/. (Minibusse), 2,50 S/. (Sammeltaxis) oder 15 S/. (Taxis).

QUILLABAMBA (6 Std., 120 km) und SANTA MARÍA (4 Std., 90 km) Ticketkauf und Zustieg an der Av. Cabo Conchatupa, Nähe Brücke. Busse kommen zwischen 8–15 und 20 -22 Uhr vorbei, 15–20 S/.

TARABAMBA (Abzweigung zu den Salzterrassen, 10 Min., 6 km). Bus Richtung Ollantaytambo nehmen und in Tarabamba an der Brücke über den Río Urubamba aussteigen (Fahrer Bescheid geben).

Eisenbahn

Perurail bietet 1x tgl. die Strecke Urubamba–Aguas Calientes hin und zurück an. Preise und Abfahrtzeiten unter 💻 www.perurail.com.

Die **Haltestelle** befindet sich auf dem Gelände des Hotels Tambo del Inka, Av. Ferrocarril s/n, ✆ 084-581777, 💻 www.starwoodhotels.com. Karten können im Voraus gekauft werden.

Die Umgebung von Urubamba

Zwischen Urubamba und Chincheros zweigt eine Straße zum Andendorf **Maras** ab, das nach rund einem Kilometer erreicht wird. In Maras kann man eine Vielzahl von kolonialen Hauseingängen *(Portadas)* aus ornamentreichen Steinbögen besichtigen. Vom Ort sind weitere 5 km zu Fuß oder per Taxi zu den **Salineras** zurückzulegen. Auf den spektakulär an terrassierten Berghängen gelegenen rund 3000 Becken wird selbst nach Jahrhunderten immer noch Salz zwischen Mai und Oktober abgebaut.

Wer zu Fuß gehen möchte, kann auch in **Tarabamba**, etwa 6 km nordwestlich von Urubamba entfernt, starten. Der Weg dorthin beginnt an der Fußgängerbrücke über den Río Urubamba, zweigt am Friedhof linker Hand ab und folgt dem Canyon bergauf. Um die Salzbecken zu erreichen, nimmt man den in die Felsen gehauenen Pfad (ca. 4 km). Manchmal wird ein bescheidener Eintrittspreis von der Kooperative erhoben, die das Salz abbaut. Allzu viel Einsamkeit darf man hier nicht erwarten. Neben Mountainbikern sind auch Touristen zahlreicher Tourbusse unterwegs zu den Salzterrassen.

Ebenfalls über Maras gelangt man zu den Terrassen von **Moray**, einer landwirtschaftlichen Versuchsanstalt der Inkas. Sie besteht aus runden Vertiefungen, eingefasst von bis zu 1,80 m hohen Plattformen. 🕓 tgl. 8–17 Uhr, Eintritt mit *Boleto Turístico* oder *Boleto parcial*. Entweder wandert man von Urubamba in drei Stunden dorthin (Wasser, Proviant, eine Kopfbedeckung und Sonnencreme mitnehmen, ein Guide ist hilfreich), nimmt an einer Tour dorthin teil, oder chartert ein Taxi (ca. 35–40 S/. hin und zurück). Von Moray kann man zu den 6 km entfernten Salineras wandern und zu Fuß nach Tarabamba/ Urubamba zurückkehren. Wer beide Orte an einem Tag erwandern möchte, sollte früh starten.

Chincheros

Folgt man von Urubamba der Straße nach Cusco, erreicht man nach rund 30 km das auf 3726 m liegende Chincheros, einem beliebten Stopp auf Rundfahrten durch das Urubamba-Tal. In dem kleinen, pittoresken Andendorf mischen sich koloniale Strukturen und die Überreste inkaischer Architektur. An der Plaza steht eine massive **Inkamauer** mit zehn großen trapezoiden Nischen. Die alte, etwas heruntergekommene koloniale **Lehmziegelkirche** wurde auf den Fundamenten eines inkaischen Gebäudes errichtet und beherbergt Gemälde der Cusqueñer Schule.

Wie auch in Pisac findet in Chincheros (*Boleto Turístic*o oder *Boleto Parcial* erforderlich) ein sehr touristischer **Sonntagsmarkt** auf der Plaza statt, den Händler aus Cusco dominieren. Sie bieten Wollsachen und kunsthandwerkliche Produkte für teures Geld an. Kaufen lohnt hier höchstens nachmittags, wenn die Verkäufer zusammenpacken und man eventuell einen guten Preis erzielen kann. Donnerstags ist der Markt kleiner. Der Gebrauchsgütermarkt der Einheimischen wurde an den unteren Dorfrand verlegt.

Ein Muss ist ein Besuch von Chincheros am 8. September zur lokalen **Fiesta**. In der Umgebung des Ortes finden sich weitere Überreste inkaischer Baukunst, die sich aber überwiegend auf Terrassenanlagen beschränken. Die einzigen **Übernachtungsmöglichkeiten** in Chincheros bieten zwei sehr einfache Herbergen, ❶. **Busverbindungen** existieren mehrmals täglich nach Urubamba und Cusco (ca. 40 Min.).

Nur wenige Kilometer östlich von Chincheros liegt **Taucca**, Ausgangspunkt für die landschaftlich reizvolle Tageswanderung zu den Inkaruinen Huchuy Qosqo und weiter nach Lamay im Urubamba-Tal (s. Kasten S. 253).

Ollantaytambo

Nur rund 20 km nordwestlich von Urubamba und ca. 80 km von Cusco wird Ollantaytambo mit der gleichnamigen Inkafestung und damit das westliche Ende des „Valle Sagrado" erreicht. Fruchtbare Böden, gute Wasserversorgung und angenehme Temperaturen zwischen 11 und 23 °C markieren das Tor zum Antisuyo, dem Amazonasteil des einstigen Inkareichs. Der malerische Ort auf knapp 2800 m Höhe ist ein wichtiger Verkehrsknotenpunkt, an dem sich die Bahnlinie Cusco–Machu Picchu und die Straßenverbindung von Cusco nach Quillabamba kreuzen.

Die engen Gassen des schmucken Örtchens haben den Grundriss mit 21 Häuserblocks aus der Inkazeit weitestgehend bewahrt. In Ollantaytambo sind noch viele indianische Traditionen lebendig; das Tragen von typischer Kleidung ist weit verbreitet, und besonders während der Fiestas lohnt ein Abstecher. Ganz in der Nähe der Plaza liegt das **Museo CATCCO** (Centro Andino de Tecnología y Cultura de las Comunidades de Ollantaytambo), ✆ 084-204024. Die ethnografische Ausstellung informiert in Spanisch und Englisch über lokale Geschichte, Kultur und Archäologie. ⌚ offiziell tgl. 9–19 Uhr, leider aber oftmals geschl., Eintritt frei, Spende erwünscht.

In Moray führten die Inkas angeblich landwirtschaftliche Experimente durch.

Die Erzeugnisse der Keramikwerkstatt werden an Touristen verkauft.

Gegenüber der Hauptplaza, auf der anderen Seite des Río Patacancha, liegt der alte Inkaplatz Mañay Raquy (heißt heute auch Plazoleta Araccama). Hier befinden sich einige Kunsthandwerkstände und die alte **Kolonialkirche** aus dem Jahr 1620. Ollantaytambo ist auch Ausgangspunkt für Wanderungen in das Lares-Tal, das man erreicht, wenn man den Gebirgszug oberhalb des Ortes überquert (S. 256).

Südperu

Einen Block südlich der Plazoleta Araccama liegt das **Bio Museo**, ✆ 084-204181. Zu sehen ist eine Sammlung von lokalen Kräutern und Getreidesorten. Außerdem wird gezeigt, wie Pflanzen als natürliches Färbemittel eingesetzt werden. Besucher können an verschiedenen Workshops teilnehmen. ⏲ Di–So 9.30–20.30 Uhr, 5 S/.

Die Inkaruinen von Ollantaytambo

Oberhalb der Plaza Mañay Raquy liegt die imposante Felsenfestung Ollantaytambo. Auf einem Bergsporn errichteten die Inkas eine strategisch wichtige Anlage, die es ihnen ermöglichte, den Zugang zum Urubamba-Tal zu überwachen. Der Bau der Anlage begann gegen 1460 unter dem Inka Pachacútec, war aber bis zum Heranrücken der Spanier im Jahr 1536 noch nicht fertiggestellt. Nach Ollantaytambo zog sich **Manco Inca** zurück, nachdem er die entscheidende Schlacht gegen die Spanier in der Festung Sacsayhuamán verloren hatte.

Hernando Pizarro, ein jüngerer Halbbruder Francisco Pizarros, verfolgte den Inka und seine Begleiter bis nach Ollantaytambo, das er erfolglos belagerte. Seinen Truppen gelang es nicht, die steilen Terrassenhänge zu stürmen, und im Gegenzug vermochte Manco Inca das Urubamba-Tal über ein Kanalsystem zu fluten, was die Bewegungsfreiheit der Spanier enorm einschränkte. Fast wäre es den Soldaten des Inka gelungen, die Spanier bei ihrem hastigen Rückzug nach Cusco gefangen zu nehmen. Der Sieg des Inka währte nur kurz, denn die Spanier kehrten mit der vierfachen Menge an Soldaten zurück. Sie zwangen Manco Inca, sich 1537 in seine Dschungelfestung Vilcabamba zurückzuziehen und verleibten Ollantaytambo der spanischen Krone ein.

Über steile Stufen und künstlich angelegte Terrassen gelangt man in den Kernbereich der Festung, eine **Tempelanlage**, deren Fundament aus gewaltigen Steinmonolithen besteht. Hier wurden laut dem spanischen Chronisten Garcilaso de la Vega die Eingeweide und Herzen der toten Herrscher aufbewahrt. Der Bau wurde aufgrund der Invasion durch die Spanier nie vollendet. Wie die gewaltigen Felsblöcke, die bis zu 50 Tonnen wiegen und Ausmaße von bis zu 4 x 1,90 x 1,80 m besitzen, an die hochgelegene Stelle transportiert wurden, bleibt rätselhaft.

Eine Wand aus sechs dieser glatt geschliffenen Monolithe aus rötlichem Granit ist auch heute noch zu sehen. Sie sind nicht – wie sonst bei den Inkas üblich – passgenau aneinander gefügt, sondern mit einer Fugenleiste aus genau passenden kleineren Steinen verbunden. Die Inkas verzahnten andere Stellen des gewaltigen Mauerwerks der Festung mit Zapfen und Klammern aus Kupfer und erreichten dadurch eine hohe Resistenz gegen Erdbeben.

Oberhalb des unvollendeten Sonnentempels liegen unterschiedliche Gebäudegruppen, darunter auf dem nördlichen Fels die **Sonnenuhr** der Inkas, das Intiwantana (wörtlich: „der Ort, an den man die Sonne fesselt"). Nischen im Fels dienten als Grabstätten und noch höher gelegene Gebäude als Wachtürme. Rund 200 m nördlich von der **Plaza Mañay Raquy** liegt der **Inkamisana**-Komplex, in dem sich ein Raum mit drei Eingängen befindet. Hier war das **Baño de la Ñusta**, das Bad der Inkaprinzessin, untergebracht. Es besteht aus einem Becken, das über drei kleine Rillen mit Wasser gespeist wird.

Der Eintritt zu den Ruinen ist im *Boleto Turístico* enthalten. Wahlweise kann auch am Eingang zur Anlage ein *Boleto Parcial* gekauft werden, das 70 S/. kostet und zwei Tage gültig ist. ⏲ tgl. 8–17.30 Uhr.

Übernachtung

Hostal Ollanta, Plaza Mayor, ✆ 084-204179, ✉ hostal_ollanta@hotmail.com. Einfache, aber saubere Herberge. Zimmer mit/ohne Bad sowie Elektrodusche. ❶–❷

Chaska Wasi, Calle del Medio s/n, ✆ 084-204045, 💻 www.hostalchaskawasi.com. Beliebte Travellerherberge, wahlweise Zimmer

mit Bad oder ohne, auch Schlafsaal (20–25 S/.). Internet, Büchertausch, Bar, Terrasse, DVD-Filme. Einfaches Frühstück inkl. ❷

Hospedaje El Bosque, Av. Ferrocarril s/n, ✆ 084-204148, ✉ noepinedo@hotmail.com. Günstige Zimmer mit Bad zwischen Straße und Fluß, Gasduschen, Restaurant, Internet. ❷

Hostal Las Orquídeas, Av. Ferrocarril s/n. ✆ 084-204032, ✉ lasorquideas3@hotmail.com. Nette Zimmer mit Bad und Warmwasser. Beliebt bei Reisegruppen (reservieren!). Inkl. Frühstück, WLAN und Internet ❸

KB Tambo Tours&Hotel, Ventiderio, östlich der Brücke, ✆ 084-204091, 💻 www.kbperu.com. Geräumige Zimmer und schöner Garten, gutes Restaurant, WLAN, s. auch unter „Touren“. ❸

Hotel Munay Tika, Av. Ferrocarril s/n, ✆ 084-204111, 💻 www.munaytika.com. Gepflegte

Anlage. Zimmer mit Bad; Restaurant, Parkplatz, Frühstücksbuffet inkl. ❹

El Albergue Ollantaytambo, am Bahnhof, ✆ 084-204014, 🖳 www.elalbergue.com. Schöne Anlage mit sehr gutem Restaurant und ausgezeichnetem Stehcafé am Bahnhof. Gepflegter Garten und sehr gute Zimmer, wahlweise Standard oder Superior (zusätzlich mit Safe, Haartrockner und wirklich schönem Blick). Sauna, WLAN und Frühstück inkl. ❺–❻

Hostal Sauce, Ventiderio 248, ✆ 084-204044, 🖳 www.hostalsauce.com.pe. Angenehme Zimmer mit schönem Bergblick und Heizofen, Haartrockner, Daunendecken, Telefon und WLAN. Frühstücksbuffet inkl. ❻

Essen

Sehr gutes Essen tischt das Restaurant der **Albergue Ollantaytambo** (s. „Übernachtung") auf.

Hearts Café, Av. Ventiderio, vor der Brücke. Café mit breitem Speiseangebot, dessen Einnahmen Kinderernährung und andere Projekte im Urubamba-Tal fördern. Mehr Informationen unter 🖳 www.livingheart peru.org. 🕒 tgl. 8–21 Uhr.

Inkas Coffee Shop, Plazoleta Araccama. Neben Kaffee wird auch Tee serviert. 🕒 tgl. 9–18 Uhr.

La Ñusta, Plaza Mayor. Gutes Frühstück, Sandwiches, Suppen und Pfannkuchen. 🕒 tgl. ab 6 Uhr.

Orishas, Av. Ferrocarril s/n. Café und Restaurant auf halber Strecke zum Bahnhof. Internationale und peruanische Küche (auch *Cuy*), gute Weinkarte und guter Kaffee. 🕒 tgl 8–22 Uhr.

Panaka, Plaza Mayor. Im EG bekommt man guten Kaffee und Kuchen. Ansonsten überteuertes Restaurant. 🕒 tgl. 7–21.30 Uhr

Sonstiges

Feste

Zu den sehenswerten Festivitäten gehören der **Dreikönigstag** (6. Januar), das **Festival de la Cruz** (Anfang Mai), **Fronleichnam**, das **Ollantaytambo Raymi** (eine Woche nach Cuscos Inti Raymi) und **Weihnachten**, wenn die Einheimischen ihre Kopfbedeckungen mit Blumen und Gräsern schmücken.

Geld

Es gibt einige Geldautomaten.

Informationen

Die **Información Turística** liegt an der Südostseite der Plaza im Gebäude der Municipalidad, ✆ 084-204030, 🖳 www.muniollantaytambo.gob.pe. 🕒 Mo–Fr 8–13, 14–17, Sa–So 9–17 Uhr (Hauptsaison).

Medizinische Hilfe

Ein kleiner Gesundheitsposten *(Puesto de Salud)* befindet sich an der Av. Ferrocarril.

Touren

Die Besitzer der **Hospedaje KB Tambo**, s. „Übernachtung", bieten Abenteuertouren an.

Transport

Busse und Colectivos

CUSCO Auf dem Platz vor dem Bahnhof stehen nach Ankunft der Züge Busse bereit, die Touristen nach Cusco bringen (1 1/2 Std., 80 km, 10 S/.). Billiger wird es mit Umsteigen in Urubamba.

QUILLABAMBA (3 1/2 Std., 90 km). Die Busse aus Cusco/Urubamba machen hier nur einen kurzen Stopp an der Plaza. Eine Vorreservierung ist nicht möglich. Um sich einen Sitzplatz zu sichern, sollte man sein Ticket in Cusco oder Urubamba kaufen. Näheres zur Strecke nach Quillabamba und weiter ins Amazonasgebiet steht auf S. 283.

URUBAMBA (1/2 Std., 20 km). Kleinbusse (1,30 S/.) und Sammeltaxis (2,50 S/.) fahren südöstlich der Plaza de Armas ab, wenn sie voll sind. Ein Taxi kostet 15 S/.

Eisenbahn

Seit Erdrutsche die Zugstrecke ab Cusco oft unpassierbar gemacht haben und aufgrund der deutlich schnelleren Busverbindung Cusco–Ollantaytambo, hat der **Bahnhof** in Ollantaytambo stark an Bedeutung gewonnen.

Von hier aus starten inzwischen die meisten Züge nach AGUAS CALIENTES/MACHU

PICCHU. Alle drei Zugunternehmen haben Tickethäuschen außerhalb des Bahnhofs. Einlass auf den Bahnsteig nur mit gültigem Fahrausweis oder als Gast der Albergue Ollantaytambo.

Die aktuellen Fahrzeiten und Preise erfährt man unter:

Perurail, ✆ 084-204110, 💻 www.perurail.com. 🕓 tgl. 5–21 Uhr. Perurail verkauft auch Tickets für die den *Tren Local* zwischen Aguas Calientes und der Hidroeléctrica. Dieser Zug darf auch von Touristen benutzt werden (für Abfahrtzeiten und Preise siehe „Aguas Calientes/Transport", S. 281).

Inca Rail, ✆ 084-233030, 💻 www.incarail.com. 🕓 tgl. 8–21.45 Uhr.

Machu Picchu Train, ✆ 084-221199, 💻 www.machupicchutrain.com. 🕓 tgl. 6.30–19 Uhr.

Rund um Machu Picchu

5 HIGHLIGHT

Der Inkatrail nach Machu Picchu

Für viele Peru-Reisende stellt der Inkatrail zu den sagenumwobenen Ruinen von Machu Picchu immer noch den Höhepunkt ihrer Reise dar. Der Inkatrail kombiniert auf einmalige Weise faszinierende Berglandschaften, Inkaruinen und dichte Nebelwälder. Innerhalb des Machu Picchu-Schutzgebiets wurden über 250 Orchideenarten gezählt, hinzu kommen viele Kolibri-Arten und gelegentlich auch Kondore. Der Weg gehört zu den **beliebtesten Trekkingrouten Lateinamerikas**, und jedes Jahr genießen Tausende die einmalige Atmosphäre der Strecke, die wie auch Machu Picchu von den Spaniern nie entdeckt wurde. Während die ersten Forscher 1911 nach Machu Picchu gelangten, fand eine schwedische Expedition, an der auch der bekannte peruanische Archäologe Julio C. Tello teilnahm, den Nachschubtrail dorthin erst im Jahr 1942.

Seitdem hat sich viel getan: Der rund **45 Kilometer** lange Weg wurde restauriert, vermessen und schließlich als Tourismusziel entdeckt. Doch die Besuchermassen der vergangenen Jahre haben es notwendig gemacht, strenge Regeln aufzustellen, um der ausufernden Situation Herr zu werden. Denn die Wanderer hinterließen leider mehr als nur Fußabdrücke. Der Müll ganzer Trekkinggruppen landete am Wegesrand und die hygienische Situation auf den völlig überfüllten Campingplätzen verleidete manchem die Lust an der Natur. Inzwischen kann man den Weg nur im Rahmen einer organisierten Gruppenwanderung begehen, die Gebühren wurden stark erhöht und täglich darf sich nur eine bestimmte Anzahl Trekker auf den Weg machen.

Was man vor der Wanderung auf dem Inkatrail wissen sollte

Wer sollte wandern und wer nicht?

Obwohl der Inkatrail nicht zu den schwierigen Wanderungen gehört, ist eine gute Kondition und ausreichende Höhenanpassung (mindestens zwei Tage in Cusco) erforderlich. Es handelt sich definitiv um keinen Spaziergang! Die Wanderung, die auf ca. 2400 m Höhe beginnt und endet, überquert drei Pässe von 4200, 3900 und 3650 m Höhe. Diejenigen, die nicht schwindelfrei und/oder trittsicher sind, sowie Personen mit gesundheitlichen Beschwerden sollten nicht auf dem Inkatrail wandern und ggf. auf die kürzere Variante ausweichen (s. S. 271).

Wann sollte man wandern und wann nicht?

Entsprechend den Empfehlungen für das gesamte Andenhochland sind die Monate der Trockenzeit (Juni bis September) sowie die Übergangsmonate Mai und Oktober am besten geeignet. In

Filmtipp

Den Dokumentarfilm *Porters of the Inca Trail*, der die harten Arbeitsbedingungen der Träger auf dem Inkatrail nach Machu Picchu beschreibt, kann man sich auf der Webseite 💻 porters.matchboxmedia.org gegen Bezahlung downloaden. Dort findet man zudem viele Hintergrundinfos.

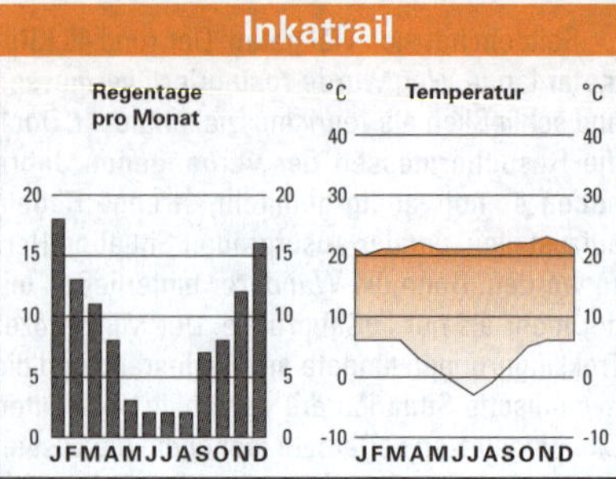

Südperu

den Monaten Juli bis September ist allerdings auch der Andrang auf dem Inkatrail am größten (s. Buchungssystem weiter unten).

In den übrigen Monaten muss mit teilweise ergiebigen Regenfällen und schlechten Sichtverhältnissen durch tief hängende Wolken gerechnet werden. Im **Februar** wird der Trail zwecks Instandsetzungsarbeiten jedes Jahr komplett **geschlossen**. Während tagsüber angenehme Temperaturen herrschen, kann das Thermometer auf den Pässen und nachts unter die Null-Grad-Grenze fallen.

Gehdauer

Obwohl man den Trail sicherlich schneller schaffen könnte, haben sich die organisierten Touren bei vier Tagen eingependelt. Dies ermöglicht es auch langsameren Gehern mitzukommen und lässt ausreichend Zeit, um die spektakuläre Landschaft zu genießen und sich auszuruhen. Am vierten Tag ist die Gehdauer sehr kurz, da auch noch die Ruinen besichtigt werden und der Rücktransport nach Cusco ansteht.

Ausrüstung

Da es Vorschrift ist, den Inkatrail im Rahmen einer organisierten Gruppenwanderung zu begehen, übernehmen Träger (S. 269) einen Großteil des Gepäcks. Daher reicht es, mit einem Tagesrucksack zu wandern. Aufpassen vor Billigveranstaltern, die Teilnehmer das komplette Gepäck am ersten Tag selbst tragen lassen, und es erst danach – gegen Aufpreis vor Ort – von einem Träger übernehmen lassen (vorher klären!). Zelt und Kochgeschirr wird vom Tourveranstalter gestellt, einen Schlafsack und andere Ausrüstungsgegenstände kann man in Cusco preiswert leihen. Nicht benötigtes Gepäck sollte man in seinem Hotel deponieren. Wichtig sind warme Kleidung, gutes Schuhwerk, eine Kopfbedeckung und Sonnencreme, Wasserflasche, Regenschutz, Desinfektionsmittel für Trinkwasser, eine Taschenlampe, ein Taschenmesser und eine kleine Reiseapotheke. Wanderstöcke mit Metallspitzen sind auf dem Inkatrail verboten! Alternative: Gummipuffer auf die Metallspitzen aufsetzten oder in Ollantaytambo Wanderstöcke aus Holz kaufen (5 S/.).

Gebühren Inkatrail

Sie betragen 251 S/. für Erwachsene und 126 S/. für Studenten mit gültiger ISIC-Karte sowie Kinder unter 13 Jahren (inkl. Eintritt zu den Ruinen von Machu Picchu). Wer ab dem KM 104 losgeht, zahlt 146 S/. (Studenten 83 S/.). Die Gebühren werden in der Regel vom jeweiligen Veranstalter bezahlt.

Beschränkung der Anzahl der Wanderer

Aufgrund zunehmender Besucherzahlen wurde die Anzahl der Wanderer, die pro Tag auf den Trail gelassen werden, auf 500 Touristen, Guides, Träger und Köche beschränkt. Zudem ist man gezwungen, sich einer organisierten Tour anzuschließen. Individualisten sollten auf die zahlreichen Wanderungen der Umgebung ausweichen, die selten überlaufen und zudem kostenfrei sind.

Lizenzierte Trekkingveranstalter

Die UGM (Unidad de Gestión de Machu Picchu) kontrolliert den Zugang zum Trail und vergibt Lizenzen an die Veranstalter. Die Agenturen müssen Mindestanforderungen wie professionelle Guides, gute Camping-Ausrüstung, Funkgeräte

Freie Plätze auf dem Inkatrail

Einen Überblick über die Verfügbarkeit von Plätzen auf dem Inkatrail findet sich auf der Webseite 💻 www.machupicchu.gob.pe unter *Consultas* (spanische Version) oder *Queries* (englische Version). Nutzer von Smartphones finden die gleiche Information unter 💻 www.m.machupicchu.gob.pe.

und Erste-Hilfe-Ausrüstung erfüllen. Die Lizenzen werden einmal jährlich im Februar erneuert und die Touristeninformationen I-Perú und DIRCETUR geben hierzu Auskunft. Viele der kleineren Anbieter legen ihre Kunden zu größeren Gruppen zusammen oder bieten sie größeren Agenturen an. Man sollte sich beim Veranstalter erkundigen, ob er die Wanderung selber durchführt, wie viele Teilnehmer mindestens erforderlich sind und was passiert, wenn die Mindestteilnehmerzahl nicht zustande kommt.

Buchungssystem

Aufgrund der Beschränkung der täglichen Anzahl der Trekker und Engpässen in den Monaten Juni bis September, verfügt jeder Veranstalter nur über eine zugewiesene, begrenzte Anzahl an Teilnehmerplätzen. Es empfiehlt sich daher, so früh wie möglich unter Angabe des Namens, Alters und der Passnummer zu buchen (mindestens sechs Monate vor Beginn der Wanderung in der Hauptsaison und mindestens drei Monate in der Nebensaison). Bis spätestens drei Tage vor Beginn der Wanderung müssen der Eintritt bezahlt und unterschriebene Kopien des Reisepasses eingereicht werden. Daher verlangen viele Agenturen eine Anzahlung bei Buchung und die komplette Bezahlung mindestens drei Tage vor der Wanderung.

Wer glaubt, seine Chancen zur Teilnahme an der Wanderung dadurch steigern zu können, dass er bei mehreren Veranstaltern gleichzeitig bucht, kann damit böse auf die Nase fallen. Wer seinen Trip nicht rechtzeitig absagt oder wessen Name im Buchungssystem der UGM als mehrfach gebucht auftaucht, dem kann es passieren, dass alle seine Buchungen – auch die anderer Veranstalter – aus dem System rausfliegen. Wer an der Wanderung nicht teilnehmen kann, sollte dies dem Veranstalter immer mitteilen.

Kurzfristige Buchung

Es kommt immer wieder vor, dass in letzter Minute Plätze frei werden. Wer auf einen solchen Platz spekuliert, sollte einige Tage zuvor in Cusco anreisen und bezüglich des Beginns der Wanderung sehr flexibel sein. In den Monaten Juli/August sind die Chancen auf Restplätze deutlich niedriger als in den übrigen Monaten.

Infos und Preiskalkulationen zum Inkatrail

Wie sich der Preis für das Trekking auf dem Inkatrail zusammensetzt und was man sonst noch wissen sollte, veranschaulicht die Webseite www.andeantravelweb.com/peru/treks/incatrail4.html.

Preise

Die Preise für eine Wanderung auf dem Inkatrail können stark variieren und sind von der Gruppenstärke, dem allgemeinen Standard der Agentur, der Qualität der Guides und der Ausrüstung sowie der Saison abhängig. Für die Standardtour (4 Tage/3 Nächte) muss man mit etwa US$450–500 rechnen. Wer weniger zahlt (Dumpingpreise bis US$340 möglich), muss auf Qualitätseinbußen gefasst sein. Der Paketpreis enthält in aller Regel den Hin- und Rücktransport (hin mit Bus zum KM 82, zurück im Zug), Zelt, Isomatte, Eintrittsgebühr Inkatrail und Machu Picchu (ohne Besteigung des Huayna Picchus! Wer den besteigen möchte, muss ein zusätzliches Eintrittsticket für Machu Picchu inkl. Huayna Picchu lösen, S. 273), Kochausrüstung, Träger und Vollpension während der Wanderung.

Alternativen zum Inkatrail

Keine Lust auf Vorbuchen, Ärger mit Agenturen, schlechtgelaunte Träger, miese Plumpsklos und Massenabfertigung auf dem Inkatrail? Kein Problem, denn Machu Picchu lässt sich auch über andere Routen zu Fuß erreichen:

- Die verkürzte Version des Inkatrails ab KM 104 der Zugstrecke (1–2 Tage Wanderung), s. S. 271.
- Salkantay-Trek, 4–5 Tage ab Mollepata (s. S. 218).
- Die seltener begangene Strecke über Choquequirao (mind. 6 Tage), s. S. 215.
- Eine vier- bis fünftägige Wanderung im Lares-Tal (S. 256), dann weiter mit dem Zug ab Ollantaytambo nach Machu Picchu (S. 264).

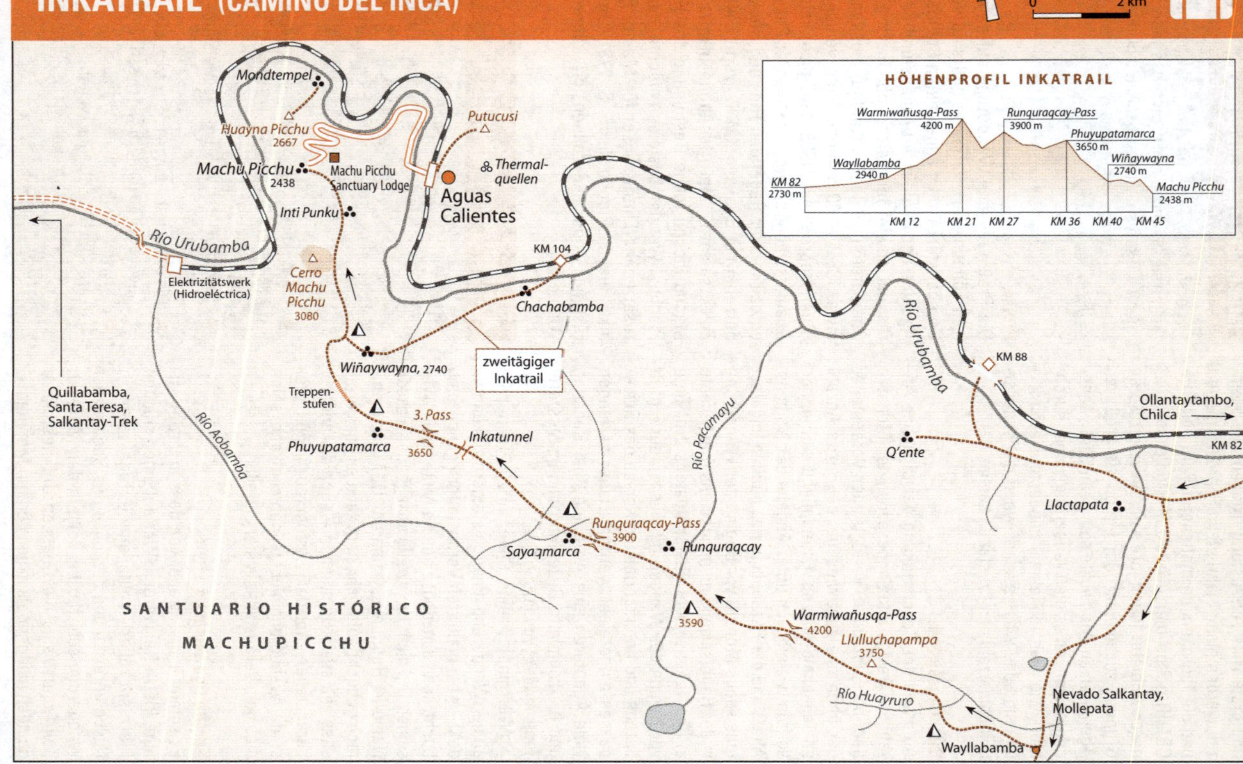
INKATRAIL (CAMINO DEL INCA)
N
0
2 km
HÖHENPROFIL INKATRAIL
Warmiwañusqa-Pass
4200 m
Runquraqcay-Pass
3900 m
Phuyupatamarca
3650 m
Wayllabamba
2940 m
Wiñaywayna
2740 m
KM 82
2730 m
Machu Picchu
2438 m
KM 12
KM 21
KM 27
KM 36
KM 40
KM 45
Mondtempel
Huayna Picchu
2667
Putucusi
Machu Picchu
2438
Machu Picchu Sanctuary Lodge
Thermal-quellen
Aguas Calientes
Inti Punku
Río Urubamba
Elektrizitätswerk (Hidroeléctrica)
Cerro Machu Picchu
3080
KM 104
Chachabamba
Wiñaywayna, 2740
zweitägiger Inkatrail
Treppen-stufen
3. Pass
Inkatunnel
Phuyupatamarca
3650
Quillabamba, Santa Teresa, Salkantay-Trek
Río Aobamba
Río Pacamayu
Río Urubamba
KM 88
Ollantaytambo, Chilca
KM 82
Q'ente
Llactapata
Runquraqcay-Pass
3900
Sayaqmarca
Runquraqcay
SANTUARIO HISTÓRICO
MACHUPICCHU
3590
Warmiwañusqa-Pass
4200
Llulluchapampa
3750
Río Huayruro
Nevado Salkantay, Mollepata
Wayllabamba

Arbeitsbedingungen der Träger

Ein Gesetz, das 2003 in Kraft trat, garantiert den Trägern *(Porteadores)* ein Mindestgehalt von rund 44 S/. pro Tag und beschränkt die maximale Traglast auf 20 kg. Diese Regularien werden vor allem von einigen der billigen Touranbieter unterlaufen. Man sollte die Agentur, bei der man bucht, nach der Handhabung dieser Situation fragen. Die Tatsache, dass man eine teurere Trekkingtour kauft, bedeutet nicht automatisch, dass Träger bzw. Guides entsprechend den Vorschriften bezahlt werden.

Rückfahrt von Machu Picchu nach Cusco

So gut wie alle Veranstalter schließen die Rückfahrt mit dem Zug von Machu Picchu nach Ollantaytambo in ihre Angebote mit ein. Dies sollte man aber besonders bei Billigangeboten nachprüfen. Ab Ollantaytambo erfolgt der Rücktransport nach Cusco per Bus. Längere Aufenthalte in Aguas Calientes bzw. Ollanta sind kein Problem, solange man dem Veranstalter mitteilt, wann man zurück nach Cusco zu fahren gedenkt. Dies sollte in jedem Fall vor der Wanderung geklärt werden um zu verhindern, dass man in Aguas Calientes festhängt und eventuell ein neues Zugticket kaufen muss.

Wie schützt man sich vor Betrug?

Obwohl die Veranstalter von Wanderungen auf dem Inkatrail namentlich bekannt sind, versuchen dennoch andere, oftmals dubiose Agenturen, ein Stück vom Kuchen abzubekommen. Wer folgende Vorsichtsmaßnahmen beachtet, kommt in den Genuss einer schönen Wanderung auf dem Inkatrail mit einem soliden Veranstalter.

Wer **online** bucht, sollte Preise und Leistungen vorher im Internet vergleichen. Ebenso lohnt ein Blick in verschiedene Reiseführer für eine grundlegende Orientierung. Bei der Buchung sollte man darauf achten, dass der Veranstalter nicht nur eine E-Mail-Adresse, sondern im Idealfall auch eine real existierende Adresse in Cusco besitzt sowie Agenturen meiden, die mit schnell verfügbaren Adressen wie yahoo, hotmail o. Ä. arbeiten. Auf jeden Fall sollte man eine Buchungsbestätigung per E-Mail verlangen, die Angaben über den Preis, die Leistungen und den genauen Wanderbeginn enthält. Wenn eine Anzahlung verlangt wird, sollte man diese auf ein Konto mit dem Firmennamen und nicht auf einen persönlichen Namen einzahlen. Die teuren Kosten der Auslandsüberweisung (ca. 30–50 €), die bei einer Anzahlung entstehen, gehen zu Lasten des Buchenden. Günstiger ist es, dem Veranstalter die Daten der Kreditkarte durchzugeben und ihm eine schriftliche Autorisierung des vereinbarten Betrags zu faxen oder zu mailen.

Nach der Ankunft in Peru sollte man niemals Touren bei Agenten am Flughafen oder Taxifahrern kaufen. Bezahlen sollte man im Büro des Veranstalters gegen Quittung, die den Namen des Veranstalters aufführt (nachschauen, ob draußen auch ein Schild hängt). Zu billige Angebote vermeiden (siehe „Preise"), denn es kann sich um Betrugsversuche oder Touren mit sehr schlechtem Service handeln. Sollte man trotz aller Vorsicht Opfer eines Betrugs geworden sein oder der Veranstalter die versprochenen Leistungen nicht erbracht haben, kann man sich bei I-Perú an der Plaza de Armas melden. Sie arbeiten mit INDECOPI, der peruanischen Verbraucherschutzbehörde, zusammen, die sich des Falles annimmt. Allein die Androhung gegenüber der Agentur, sich an INDECOPI zu wenden, wirkt manchmal Wunder.

Routenbeschreibung

Die **Etappeneinteilung** wird vom gewählten Programm (Inkatrail in zwei oder vier Tagen) und der Verfügbarkeit der Campingplätze, die den Agenturen zugewiesen werden, bestimmt. Die Angaben der **Gehzeit** sind Nettozeiten (ohne Pausen). Durchschnittliche Wanderer, die ein mäßiges, aber konstantes Tempo einhalten, können die angegebenen Zeiten bequem einhalten. Der Pfad befindet sich in aller Regel in einem guten Zustand mit Stegen über allen Wasserläufen. Neben einigen schmalen, überwachsenen Stellen, führt der Weg oftmals auf grob gepflasterten Stücken, teilweise über Stufen, seinem Endziel entgegen. So gut wie alle Agenturen bringen ihre Gruppen aus Kostengründen mit dem Bus zum KM 82, wo die Wanderung beginnt.

Die **Orientierung** auf dem Inkatrail stellt kein Problem dar. An allen wichtigen Stellen stehen Hinweisschilder, die ein Verlaufen so gut wie unmöglich machen.

1. Tag: KM 82 (2750 m) – Wayllabamba (2940 m)

■ 12 km, ca. 5 Std.

Zunächst erfolgt der Transport der Gruppe per Bus von Cusco zum KM 82, dem Ausgangspunkt der Wanderung. In der Regel beginnt das Trekking gegen 10–11 Uhr. Die ersten 5 km verlaufen ohne größere Höhenunterschiede recht langweilig entlang des Río Urubamba. Danach zweigt der Weg in das Cusichaca-Tal ab und wenig später werden die ersten **Inkaruinen** (Llactapata) auf 2680 m erreicht. Die ehemalige Inkastadt erstreckt sich zusammen mit ihren Terrassenfeldern über eine ausgedehnte Fläche. Auf dem nun leicht ansteigenden Weg bieten sich im weiteren Verlauf schöne Ausblicke auf die **Cordillera Verónica**. Nach 7 km wird mit Wayllabamba das letzte Dorf entlang des Inkatrails erreicht, in dessen Umgebung die erste Nacht verbracht wird.

2. Tag: Wayllabamba (2940 m) – Río Pacaymayu (3590 m)

■ 12 km, ca. 5 1/2–6 Std.

In Wayllabamba gabelt sich der Weg. Richtung Süden gelangt man zum **Nevado Salkantay** (6271 m). Der Inkatrail verläuft am schwersten Tag westwärts und schraubt sich auf langen 9 km über steile Serpentinen zum Warmiwañusqa-Pass auf 4200 m, dem höchsten Punkt des gesamten Treks, hoch. Unterwegs wird auf 3750 m Höhe die Hochfläche **Llulluchapampa** passiert, die sich sehr gut zum Zelten eignet. Nach dem „Pass der toten Frau" erfolgt ein rund 3 km langer steiler Abstieg auf grobem Pflaster und über Stufen zum Río Pacaymayu, an dessen Ufer die Zelte aufgeschlagen werden.

Wegstrecke nach Machu Picchu

- KM 82 (2730 m) – Llactapata (2680 m) 5 km, ca. 2 Std.
- Llactapata (2680 m) – Wayllabamba (2940 m) 7 km, ca. 3 Std.
- Wayllabamba (2940 m) – Llulluchapampa (3750 m) 6 km, ca. 2 Std.
- Llulluchapampa (3750 m) – Warmiwañusqa (4200 m) 3 km, ca. 1 1/2 Std.
- Warmiwañusqa (4200 m) – Runquraqcay (3750 m) 3 km, ca. 2 Std.
- Runkuraqcay (3750 m) – Phuyupatamarca (3600 m) 9 km, ca. 3–4 Std.
- Phuyupatamarca (3600 m) – Machu Picchu (2438 m) 11 km, ca 4–5 Std.

- **Gesamt:** 45 km, ca. 2000 Höhenmeter; ca. 18–21 Std.

3. Tag: Río Pacaymayu (ca. 3590 m) – Wiñaywayna (2740 m)

■ 15 km, ca. 6–7 Std.

Nach einem steilen, ca. 30-minütigen Anstieg werden die Inkaruinen **Runkuraqcay** (3750 m) erreicht. Von dem Rundbau, der den Inkas als Beobachtungspunkt und Rastplatz diente, hat man einen sehr schönen Blick. Wenig später wird vorbei an kleineren Lagunen auf 3900 m Höhe der Runquraqcay-Pass überquert. Ab hier verläuft die restliche Wegstrecke flach oder bergab dem Etappenziel entgegen. Eine gute Dreiviertelstunde nach dem Pass zweigt eine steile Treppe zur auf einem Bergvorsprung liegenden Festung **Sayaqmarca** (3580 m) ab, ca. 60 m oberhalb des Wegs. Die sehenswerte Anlage diente den Inkas zur Sicherung des Wegs und besteht aus dicken Schutzmauern, engen Gassen und Kanälen.

Über ein interessantes Wegstück des Trails mit Steinplatten, Stufen und einem kleinen Tunnel gelangt man zur „Stadt über den Wolken", **Phuyupatamarca**, auf 3600 m. Immer noch sprudelt frisches Wasser aus einer Quelle am Eingang der Anlage, die mit ihren Terrassenfeldern der Versorgung der Festung Sayaqmarca diente. Die restlichen 7 km Wegstrecke zur Inkastätte Wiñaywayna wurden erst 1985 entdeckt und kürzen den ursprünglichen Streckenverlauf ab.

Hunderte von Stufen führen steil bergab, die Temperaturen steigen merklich an, das Tagesziel Wiñaywayna liegt nur noch auf 2740 m. Hier befindet sich ein einfaches **Hostal** mit kalten Duschen und Sanitäranlagen in wenig einladendem Zustand. Wenn es die Lichtverhältnisse noch erlauben, sollte man der sehenswerten Inkaruine Wiñaywayna, die sich an den terrassierten Berghang schmiegt, einen Besuch abstatten. Die Anlage wurde bereits 1942 vom peruanischen Archäologen Julio César Tello entdeckt.

4. Tag: Wiñaywayna (2740 m) – Machu Picchu (2438 m)

■ 6 km, ca. 2 1/2 Std.

Gemütlicher Ausklang mit viel Zeit, Machu Picchu zu besichtigen. In der Regel startet man sehr früh, um nach einer Ticketkontrollstelle vom Intipunku – dem Sonnentor – einen Blick auf die noch fast leere Inkastadt Machu Picchu zu genießen. Die rund eineinhalb Stunden dorthin legt man auf einem gut ausgebauten Pfad mit geringen Höhenschwankungen zurück. Nach einer letzten Biegung und ein paar Stufen liegt einem Machu Picchu zu Füßen, eingebettet in eine grandiose Berglandschaft und umgeben von üppigem Bergwald. Nach einer kurzen Rast erfolgt der rund 45-minütige Abstieg in die Inkastadt.

Zweitägige Wanderalternative: Inkatrail ab KM 104

Wer nicht mehr Zeit hat, oder wem der viertägige Inkatrail zu anstrengend ist, hat die Möglichkeit ab dem Zugkilometer 104 in zwei Tagen nach Machu Picchu zu wandern. Dabei gelten die gleichen Vorschriften wie beim längeren Trail. Das bedeutet, dass auch die kürzere Variante organisiert mit einem Veranstalter durchgeführt werden muss. Der Ausgangspunkt der Wanderung ist nur mit dem Zug zu erreichen. Ab hier führt ein Weg zum Río Urubamba, der nach einer Kontrollstelle auf einer Brücke überquert wird. Nachdem man die **Ruinen von Chachabamba** passiert hat, erfolgt ein steiler Aufstieg mit wenig Schatten auf einem deutlich sichtbaren Pfad Richtung **Wiñaywayna** auf 2740 m Höhe, das nach rund vier bis fünf Stunden erreicht wird und wo auch gezeltet wird. Der zweite Tag ist dann identisch mit Tag 4 des langen Inkatrails.

Je nach Ausstattung beträgt der **Preis** für die 2-Tagestour rund US$200–250. Dies schließt gewöhnlich ein: Zugfahrt hin und zurück, drei Mahlzeiten, Guide, Übernachtung in Wiñaywayna und Eintrittsgebühren. Apropos Träger: Die Leistungen umfassen in aller Regel nur das Tragen des Gruppengepäcks (Zelte, Kochgeschirr etc.). Wer sein eigenes Gepäck getragen haben möchte, muss einen Träger anheuern. Dies kann die jeweilige Agentur arrangieren. Der Preis ist Verhandlungssache.

Machu Picchu

Die sagenumwobene Inkastadt auf 2400 m Höhe, die erst zu Beginn des 20. Jhs. entdeckt wurde, gehört zu den bekanntesten Sehenswürdigkeiten Südamerikas. Jährlich strömen Hunderttausende auf den 800–1000 m langen und ca. 500 m breiten Bergrücken oberhalb des Río Urubamba im südöstlichen Teil der Cordillera Vilcabamba. Doch es ist nicht nur die grandiose Lage der Ruinen inmitten steil aufragender Berggipfel und üppiger Vegetation und die herausragende Bedeutung als archäologische Stätte, die der Zerstörung durch die Spanier entging, die Machu Picchu weltberühmt gemacht haben.

Hinzu kommt eine abwechslungsreiche Fauna und Flora, die sich auf der regenreichen Andenostseite besonders artenreich entwickelt hat. Daher gründete die peruanische Regierung 1981 das 32 592 ha große **Santuario Histórico Machu Picchu**, das die archäologische Stätte und den gesamten Inkatrail auf Höhen zwischen 1800 und 3800 m umfasst. Die seltene Kombination aus natürlicher Schönheit und kultureller Einzigartigkeit veranlasste die Unesco 1983, das Schutzgebiet zum **Weltkulturerbe** der Menschheit zu erklären. Auch heute, mehr als 90 Jahre nach der Entdeckung Machu Picchus, wissen wir trotz modernster Forschungsmethoden nicht genau, welchem Zweck die Stadt diente, wer hier wohnte und wann die Bewohner sie verließen. Aber vielleicht ist gerade dies eines der Erfolgsgeheimnisse des mystischen Ortes, der alle seine Besucher in den Bann zieht.

Lage, Klima, Fauna und Flora

Machu Picchu liegt auf 13°09'23" Breite und 72°32'34" Länge in der sogenannten *Ceja de la Selva* („Augenbraue des Waldes") der waldreichen oberen Regionen der Andenostabhänge. Das **Klima** in diesem Gebiet ist feucht und niederschlagsreich.

Der Großteil der jährlichen Regenmenge von 2170 mm fällt allerdings in den Regenmonaten September bis April. In der kurzen Trockenzeit von Mai bis August ist es dafür kälter. Die Jahresdurchschnittstemperatur von 16 °C täuscht über die möglichen Tagesschwankungen hinweg. In den kältesten Nächten der Monate Juni und Juli kann das Thermometer unter 0 °C sinken, tagsüber aber bei starker Sonneneinstrahlung 26 °C und mehr erreichen. Die Luftfeuchtigkeit schwankt zwischen 77 und 91 %.

Die **Vegetation** der heiligen Stätte und ihrer Umgebung besteht aus einer Mischung von Menschen geschaffener Habitate, Paramo-Grasland, teilweise abgeholztem subtropischen Wald und mit Sekundärbewuchs bedeckten ehemaligen Feldern. Je nach Höhe findet man in den Nebel- und Regenwäldern des Schutzgebiets Mahagoni- und Podocarpusbäume sowie Zedern und Bambus. Auch verschiedene Palm- und Farnarten kommen vor. Entlang der Flussläufe in den Tälern finden sich Weiden und Erlen. Machu Picchu ist mit über 90 registrierten Arten ein Paradies für Orchideenliebhaber. Die meisten Orchideen blühen in den Monaten November bis März.

Eine der seltenen **Säugetierarten** wird man in den Ruinen kaum zu sehen bekommen. Zu den am meisten bedrohten Lebewesen der Region gehört der scheue Brillenbär. Aber auch Puma und Ozelot leben sehr zurückgezogen, genauso wie der Zwerghirsch und das Wiesel. Vogelbeobachter können mit etwas Glück und Geduld den Kondor, die Andenmöwe oder gar den Nationalvogel Felsenhahn zu Gesicht bekommen.

Die Ruinen von Machu Picchu im Überblick

Wie kommt man hin?
Die Anreise erfolgt zunächst mit dem Zug ab Poroy (Nähe Cusco), ab Ollantaytambo oder Urubamba bis Aguas Calientes (Machu Picchu Pueblo), s. „Cusco/Transport", S. 244. Bis Ollantaytambo gelangt man auch im Bus oder mit dem Taxi. Ab Aguas Calientes verkehren Shuttle-Busse nach Machu Picchu (s. „Aguas Calientes/ Transport", S. 281). Alternativ gelangt man zu Fuß über den Inkatrail (S. 265) direkt zur Ruinenstätte oder über den Salkantay-Trek (S. 218) nach Aguas Calientes. Eine Alternative stellt die Anreise mit dem Minivan über Santa Teresa zur Hídroeléctrica dar (Strecke ist in der Regenzeit aufgrund von Erdrutschen oft unterbrochen, die Qualität des Services lässt außerdem zu wünschen übrig, es hat Beschwerden gegeben). Von dem Wasserkraftwerk fahren mehrmals tgl. Züge nach Aguas Calientes, s. „Aguas Calientes/Transport", S. 281).

Besucherzahl
Die Besucherzahl ist momentan auf **2500 Personen** täglich begrenzt (Unesco-Auflage). Vor allem in der Hauptsaison von Juli bis September und rund um peruanische Feiertage sollte der Besuch der Anlage genau geplant sein und das Ticket rechtzeitig gekauft werden. Der Andrang ist enorm und 2011 ist es vorgekommen, dass Besucher die Anlage wegen Überschreitens der maximal zugelassenen Besucherzahl nicht besuchen konnten! Wer auf die Berge Huayna Picchu oder Machu Picchu möchte, muss vor dem Besuch der Anlage ein entsprechendes Eintrittsticket kaufen (s. „Eintritt"). Inzwischen dürfen täglich nur noch 400 Besucher den Huayna Picchu besteigen, 200 ab 7 Uhr und weitere 200 ab 10 Uhr.

Wo bekommt man Eintrittskarten?
Die Tickets für Machu Picchu sind nicht am Eingang der archäologischen Stätte erhältlich, sondern müssen in jedem Fall vorher gekauft werden. Dies gilt vor allem für Individualtouristen. Wer Machu Picchu über eine Agentur bucht, bekommt in aller Regel die Tickets von dieser gekauft. Beim Inkatrail ist der Eintrittspreis zur Ruinenstätte bereits im Gesamtpaket der Tourveranstalter enthalten. Einen **Direktverkauf** gibt es nur in den Büros des Kulturinstituts in Cusco oder Aguas Calientes (siehe jeweils unter „Sonstiges/Informationen"). Während in Cusco bar (nur Soles) und mit Visa-Kreditkarte bezahlt werden kann, wird in Aguas Calientes nur Bargeld (Soles) akzeptiert. Der **Ticketkauf über das Internet** (🖳 www.machupicchu.gob.pe) ist sehr umständlich und nur mit einer Visa-Kreditkarte oder Zahlung bei einer Filiale der Banco de la Nación (nur bar) bis spätestens sechs Stunden nach Buchung im Internet möglich. Die Adressen der Filialen, 🕒 Mo–Fr 8–17.30, Sa 9–13 Uhr, finden sich auf der Webseite

Darüber hinaus existiert innerhalb der Parkgrenzen eine artenreiche Amphibien- und Reptilienwelt.

Geschichte, Entdeckung und Restaurierung

Die Tatsache, dass die Spanier nie von der Existenz Machu Picchus erfuhren, ist weniger auf ein erfolgreiches Konzept der Geheimhaltung zurückzuführen, als auf den Umstand, dass die Stadt aller Wahrscheinlichkeit nach bereits vor der Ankunft der Invasoren verlassen worden war. Gestützt wird diese These durch die Art der geschichtlichen Überlieferung unter den Inkas. Sie erfolgte mündlich durch speziell ausgebildete Chronisten – die *Quipucamayocs*. Sie gaben allerdings nur die offiziellen Versionen weiter und ließen unangenehme Details einfach weg. Rebellierten zum Beispiel die Bewohner einer Region gegen die Inkaherrschaft, wurden sie bestraft und in Extremfällen ausgelöscht; eine weitere Erwähnung in der mündlichen Überlieferung erübrigte sich damit.

Könnte dies das Schicksal von Machu Picchu gewesen sein? Dies ist nur eine von zahlreichen Theorien, nach denen die Stätte Zufluchtsort der Sonnenjungfrauen, Landresidenz der Herrscher, ein religiöses und astronomisches Zentrum für

unter *Agentes autorizados de cobranza* oder auf englisch unter *Authorized payment offices*. An den Filialen der Banco de la Nación bilden sich oftmals lange Schlangen Einheimischer, sodass diese Art der Bezahlung nur in Ausnahmefällen erfolgen sollte.

Bei folgenden Stellen ist die **Zahlung mit Visa oder Mastercard** möglich:
Asociación de Agencias de Turismo del Cusco (AATC), Nueva Baja 424, Cusco, ✆ 084-222580. ⌚ Mo–Fr 9–20 Uhr.
Dirección Regional de Comercio Exterior y Turismo (DIRCETUR), Mantas s/n, ✆ 084-222032. ⌚ Mo–Fr 9–18, Sa 9–13 Uhr.
Außerdem in den Büros von **Inca Rail**, Portal de Panes 105, ⌚ Mo–Fr 8–18.30, Sa–So 9–13 Uhr, **Perurail**, Av. Pachacutec s/n, ⌚ tgl. 8–16 Uhr, und im **Hotel Monasterio**, Palacios 136, ⌚ tgl. 8–14 Uhr.

Eintritt
128 S/. pro Tag; 152 S/. inkl. Mondtempel und Besteigung des Huayna Picchu (wahlweise zwischen 7 und 8 Uhr oder 10 und 11 Uhr, max. jeweils 200 Pers.); 142 S/. inkl. Besteigung des Machu Picchu, 150 S/. für die Ruinen und das Museum. Studenten bis 25 Jahre mit gültigem internationalen ISIC-Ausweis zahlen die Hälfte (funktioniert nicht beim Kauf über die Webseite), Kinder bis 7 Jahre gratis.

Öffnungszeiten
Die Ruinenstätte ist tgl. von 6.30–17.30 Uhr geöffnet.

Guides
Fremdenführer warten am Eingang zu den Ruinen. Ihre Qualität schwankt jedoch beträchtlich und sie verbreiten teilweise abenteuerliche Theorien. Da ohnehin viele Gruppen mit Führer unterwegs sind, kann man sich das Geld (80–100 S/. für bis zu 6 Pers.) sparen, indem man sich einfach dazu stellt.

Touristische Einrichtungen
Am Eingang zu den Ruinen befinden sich Toiletten, Souvenirshops und ein Kiosk mit Snacks. **Essen** bekommt man sonst nur zu völlig überhöhten Preisen in der Machu Picchu Sanctuary Lodge. Kleine Wasserflaschen werden am Eingang der Anlage zu Wucherpreisen verkauft.

Übernachtung
Das Zelten in den Ruinen oder entlang des Wegs nach Wiñaywayna ist grundsätzlich verboten. Wer nicht auf dem Inkatrail oder einer Alternativroute wie dem Salkantay-Trek nach Machu Picchu wandert, kann nur in Aguas Calientes oder der an den Ruinen gelegenen, völlig überteuerten Machu Picchu Sanctuary Lodge übernachten, 🖳 www.sanctuarylodgehotel.com, DZ inkl. VP ab US$ 925 pro Nacht.

Südperu

die Gelehrten oder gar eine Festung zum Schutz gegen Angriffe wilder Stämme aus dem Amazonasbecken war. Wissenschaftlich abgesichert ist keine dieser Theorien. Fest steht, dass Machu Picchu ein bedeutendes **heiliges Zentrum** der Inkas war, das an einer strategisch wichtigen Stelle versteckt erbaut wurde. Seine Bewohner konnten dank der Terrassenfelder und einer gesicherten Wasserversorgung autark überleben. Gesichert ist auch, dass die Stadt, als sie verlassen wurde, noch nicht fertig ausgebaut war.

Nach dem Fall von Cusco flüchtete der Inka mit seinem Gefolge ins Urubamba-Tal und von dort in versteckt liegende Bergfestungen der Andenostseite. Nachdem 1572 der letzte Widerstand der Inkas mit der Hinrichtung von Tupac Amaru gebrochen worden war, griffen sie die Spanier immer seltener an. Die letzten Vertreter der Inka-Elite Cuscos zogen sich tiefer in die Wälder der Ostanden und des Amazonas zurück und die Vegetation bemächtigte sich ihrer letzten Zufluchtstätten. Im Laufe der Jahrhunderte entstanden zahlreiche Legenden, die von verborgenen Goldschätzen und sagenhaften Städten der Inkas berichteten.

Doch nur einige wenige indianische Bauern kannten die genaue Lage von Machu Picchu, sodass der Geschichtsprofessor **Hiram Bingham** (1875–1956) im Jahr 1911 eher zufällig auf die Ruinen stieß. Zuvor hatten allerdings schon andere entweder von der Existenz der Inkastadt berichtet oder sie selber aufgesucht. In Cusco entdeckte man eine notariell beglaubigte Urkunde aus dem Jahr 1782, aus der ersichtlich wird, dass der spanische Kommandant Marcos de la Camara y Escuerdo das Gelände um Machu Picchu inklusive der Ruinen gekauft hat. Der Name der Stadt in dem Dokument lautete bereits damals Machu Picchu (Quechua für „alter Gipfel").

In der zweiten Hälfte des 19. Jhs. näherten sich **Forscher** wie der Italiener Antonio Raimondi oder der Franzose Charles Wiener der Inkastadt und bestätigten ihre Existenz. Zu Beginn des 20. Jhs. war die verschollene Inkafestung beliebtes Stadtgespräch in Cusco. **Indianische Bauern** wie Agustín Lizárraga oder Lequiades Alvarez, die Felder im Gebiet um die Stätte bebauten, kannten die Lage der Stadt und sollen einige Besucher nach Machu Picchu geführt haben. Die drei Campesinos Gavino Chávez, Enrique Palma und Agustín Lizárraga gelangten am 14. Juli 1901 nach Machu Picchu, denn sie hinterließen dort ihre Namen, eingeritzt in die Mauern der Stadt.

Alvarez und Lizárraga nahmen später an den **Expeditionen** des offiziellen Entdeckers, des Nordamerikaners Bingham, teil. Dieser war ursprünglich 1908 zu einem wissenschaftlichen Kongress in Chile angereist und hörte bei einem darauf folgenden Besuch in Peru von der „verlorenen Stadt der Inkas". Er beschloss, Vilcabamba, den sagenumwobenen letzten Zufluchtsort der Inkas, zu suchen und organisierte mit finanzieller Unterstützung der University of Yale eine Expedition. 1909 besuchte er die Inkaruinen von Choquequirao und folgte im Jahr 1911 Aufzeichnungen des Nordamerikaners Alberto Giesecke, der Wochen vor Binghams Ankunft in die Nähe Machu Picchus gelangt war. Am 24. Juli 1911 hatte Bingham sein Ziel, Vilcabamba (Jahre später identifizierte man die Ruinenstätte Espíritu Pampa als das eigentliche Vilcabamba) zu finden, zwar nicht erreicht, aber immerhin offiziell Machu Picchu entdeckt. Dieses Datum gab 2011 den Anlass für die großen Feierlichkeiten zur Entdeckung der Stätte hundert Jahre zuvor.

Bingham gab an, die Inkastadt geplündert vorgefunden zu haben; peruanische und argentinische Wissenschaftler beschuldigten ihn jedoch, Peru mit Silber-, Kupfer- und Bronzeschätzen verlassen zu haben. Fest steht, dass Bingham nie eine Liste seiner Fundstücke veröffentlichte, kein peruanisches Museum über eigene archäologische Fundstücke aus Ma-

Machu Picchu Reloaded

Unter www.mp360.com/index_eng.php lässt sich die berühmte Inkastätte virtuell in einer 360-Grad-Ansicht erkunden. Ähnlich funktioniert auch die umfangreiche Webseite www.machupicchu360.org, die neben den verschiedenen Rundumsichten auch ein Video der Anlage aus der Vogelperspektive zeigt, Infos zum Inkatrail bereit hält und den kostenlosen Download eines Buchs zum hundertjährigen Bestehen der Anlage ermöglicht, wahlweise auf englisch oder spanisch.

chu Picchu verfügt und man nie Goldfunde in der Stadt machte. Es ist nicht auszuschließen, dass Bingham – ähnlich wie der Archäologe Max Uhle – Fundstücke zur Finanzierung seiner Expeditionen an Museen und Universitäten verkaufte.

Trotz aller Vorwürfe kehrte Bingham 1912 zu der vom Dschungel überwucherten Inkastadt zurück und begann sie bis 1915 teilweise freizulegen. Doch die üppig wuchernde Vegetation hatte die Stadt bereits sieben Jahre später zurückerobert, was die Fotografien von Martín Chambi aus Cusco belegen, der Machu Picchu 1920 besuchte. Je eine archäologische Expedition in den 30er- und 40er-Jahren legte die Ruinen erneut frei und unternahm weitere Ausgrabungen. 1948 weihte man im Beisein von Hiram Bingham den Serpentinenweg ein, auf dem auch heute noch die Besucher zu den Ruinen gelangen.

Vor allem in den 80er-Jahren machten peruanische Archäologen und amerikanische Anthropologen **weitere Entdeckungen** im Schutzgebiet. Sie fanden unter anderem den verschütteten Teil des Inkawegs zwischen Phuyupatamarca und Wiñaywayna, die kleineren Stätten Killapata und Ch'askapata unweit von Machu Picchu, eine große Baugruppe mit Treppe, Wand und Aquädukt in Mandorpampa, rund 5 km nördlich von Machu Picchu, und eine Inkastraße von Machu Picchu zu einem Ort in der Nähe des Wasserkraftwerks bei KM 121. Es ist anzunehmen, dass noch weitere Bauwerke der Inkas und ihrer Vorfahren unter der dichten Vegetationsdecke verborgen liegen.

Die Zukunft Machu Picchus

Der Besucheransturm der letzten Jahre (2011: 900 000 Touristen) hat an der archäologischen Stätte und ihrer Umgebung mehr **Schäden** angerichtet als Mensch und Natur in den gesamten 500 Jahren zuvor. Die Anlage wird schlichtweg niedergetrampelt und mangels adäquater sanitärer Einrichtungen sind viele Besucher gezwungen, sich in die Büsche zu schlagen. Sorge bereitet auch der starke Befall der Anlage durch Flechten, der die Steinwände und -mauern in Mitleidenschaft zieht. Die Unesco drohte vor wenigen Jahren, dem Schutzgebiet den Status als Weltkulturerbe abzuerkennen, falls die peruanische Regierung nicht umfassende Schritte zur Verbesserung der Situation einleiten würde. Inzwischen versucht man die Quadratur des Kreises. Denn einerseits soll die einzigartige

Den heutigen Ansturm auf die Ruinen hat sich ihr Entdecker Hiram Bingham vor rund 100 Jahren wohl kaum vorstellen können.

Machu Picchu

Geldquelle weiter kräftig sprudeln und dringend benötigte Devisen und Arbeitsplätze bringen, zum anderen versucht man den Forderungen der Unesco gerecht zu werden. Ständig präsente Ruinenwärter mit Pfeifen passen nun auf die Besucher auf, für den Inkatrail gelten Zulassungsbeschränkungen, und Eintritts- bzw. Transportkosten sind stark angestiegen. Dennoch beschädigte ein Filmteam 2001 während der Dreharbeiten für einen Werbespot den heiligen Intiwatana-Stein.

Zum Glück wurden die Vorhaben zum Bau einer Seilbahn von Aguas Calientes nach Machu Picchu vorerst auf Eis gelegt. Ein Schritt in die richtige Richtung war auch der Schuldenerlass in Höhe von mehr als sechs Millionen US-Dollar, den Peru von der finnischen Regierung im Tausch gegen **Schutzmaßnahmen** erhielt. Als Reaktion auf die verbesserte Situation nahm die Organisation „World Monuments Watch" Machu Picchu von seiner Liste der 100 am meisten bedrohten Kulturstätten.

Im Jahr 2011 – hundert Jahre nach seiner Entdeckung – wurden die Besucherzahlen der Stätte auf Druck der Unesco auf 2500 Touristen pro Tag begrenzt.

Rundgang durch die Anlage

Um einen guten Überblick der interessantesten Stellen Machu Picchus zu erhalten, sollte man rund **zwei Stunden** für einen gemütlichen Rundgang einplanen. Wer zusätzlich den **Huayna Picchu** besteigen möchte (Restriktionen s. Kasten S. 272, „Machu Picchu im Überblick"), benötigt weitere eineinhalb Stunden. Für den Auf- und Abstieg zum und vom Sonnentor **Inti Punku** sollten zusätzlich ein- bis eineinhalb Stunden kalkuliert werden. Der Abstecher zur Inkabrücke dauert noch einmal eine Dreiviertelstunde. Die nachfolgend angegebenen Zahlen entsprechen denen des Überblickplans auf s. links.

Vom 1 Eingang hält man sich zunächst links und folgt dem Weg bergauf zum 2 **Puesto de Vigilancia**, auch „Hütte des Verwalters des Grabfelsens" genannt. In der Nähe des Wachpostens, von dem man einen sehr schönen Blick über die gesamte Anlage und den Huayna Picchu genießen kann, befindet sich der behauene, altarförmige Grabsteinfelsen, in dessen Nähe Hiram Bingham Gräber entdeckte. Wer sich an dieser Stelle entschließt, zur ausgeschilderten 3 **Inkabrücke (Puente Inca)** zu gehen, benötigt hin und zurück rund 45 Minuten. Der schmale Pfad folgt der westlichen Flanke bis zu einem breiten Felsspalt, der mit Holzbalken überspannt wird. Die Balken konnten im Verteidigungsfall weggezogen werden und machten so den Zugang zur Stadt unmöglich. Alternativ oder auch zusätzlich kann man bis zum **Sonnentor (Intipunko)** auf 2750 m aufsteigen. Die Aussicht von dort oben ist besonders schön.

Wieder zurück am zuvor beschriebenen Aussichtspunkt, führt ein Weg in das eigentliche Stadtzentrum durch einen 4 steinernen Nebeneingang, den **Huaca Puncu**. Das gut erhaltene Steintor konnte über einen Seilzug geschlossen werden. Hält man sich weiterhin links am Rand der Anlage, geht es zunächst vorbei an einigen einfacheren Gebäuderesten. Nachdem man die Felsbrocken des 5 Steinbruchs passiert hat, gelangt man in den heiligen Bereich der Stadt. Um den 6 16 m breiten **Inticancha**, den heiligen Platz, gruppieren sich mehrere Tempel und Paläste. Eindrucksvoll ist der Blick vom 7 **Tempel der drei Fenster**, durch deren trapezförmige Öffnungen man subtropischen Urwald und schneebedeckte Fünftausender sieht.

Der massive 8 **Hauptpalast (Carpahuasi)** mit seinen fast 1 m dicken Wänden besitzt einen Opferaltar aus einem schweren Steinblock. Das rechtwinklige Gebäude mit seinen kunstvollen Steinmetzarbeiten an der Nordseite des heiligen Platzes war aller Wahrscheinlichkeit nach dem Sonnengott geweiht. Dahinter liegt die sogenannte 9 **Sakristei**, auch Ornamentsaal genannt, in der sich möglicherweise Priester auf kultische Handlungen vorbereiteten. Sehenswert ist ein Stein mit 32 Kanten. Von dort führen knapp 80 Stufen auf eine kleine Anhöhe, die gleichzeitig die höchste Stelle des Tempelbezirks ausmacht.

In exponierter Lage steht das wichtigste Heiligtum Machu Picchus, das 10 **Intihuatana**. Der Sonnenanker oder „Felsen, an dem die Sonne angebunden ist", diente astronomischen Zwecken. Mit Hilfe dieses Sonnenobservatoriums konnten die Astronomen der Inkas den Lauf der Sonne und der Planeten, die Tageszeit und die Tage der Winter- und Sommersonnenwende bestimmen. Letztere gaben ihnen Auskunft über den Beginn der Regenzeit und somit den richtigen Zeitpunkt für die Aussaat. Das Intihuatana von Machu Picchu ist das einzige in Peru, das in seiner ursprünglichen Form erhalten geblieben ist. In der Mitte des dreistufigen geschliffenen Felsblocks ragt eine Art massiver Messstab hervor, der auf die vier Himmelsrichtungen und die Neigung zum Äquator ausgerichtet ist. Sein Schattenwurf diente als Sonnenuhr.

Südperu

Nördlich des Intiwatana gelangt man über Treppenstufen zum **11** **Intipampa**, dem Sonnenfeld, Schauplatz größerer Versammlungen und Feierlichkeiten. An seiner Nordseite liegt der **12** **versunkene Platz**, eine tiefer liegende Fläche, die eventuell für landwirtschaftliche Zwecke benutzt wurde. Nördlich hiervon steht eingerahmt von zwei Steinhäusern der **13** **Heilige Felsen**. Der 3 m hohe Steinmonolith weist die Konturen des dahinter liegenden Gebirgszugs auf.

Hier beginnt der steile Aufstieg auf den **14** **Huayna Picchu** („junger Gipfel", auch Wayna Picchu geschrieben, 2667 m) mit einem Eintrag in ein Buch am Kontrollposten. Inzwischen dürfen täglich nur noch 400 Besucher den Berg besteigen, daher heißt es, sich rechtzeitig eine Nummer am Eingang zum Berg zu sichern. Der Rekord für die rund 300 Höhenmeter liegt bei 22 Minuten, der Durchschnittsbesucher braucht mehr als das Doppelte an Zeit. Hat man sich an den Mitkletterern vorbeigezwängt, entschädigt der fantastische Blick über die Ruinen, den tief unten fließenden Río Urubamba und die steilen Steinterrassen für alle Mühen. Für den Aufstieg über die rund 600 Stufen empfiehlt sich der kühlere Morgen. Wer sich gesundheitlich nicht fit fühlt oder nicht schwindelfrei ist, sollte sich den Trip verkneifen. Es sind schon Touristen abgestürzt!

Dort, wo der Anstieg auf den Huayna Picchu beginnt, zweigt ein nicht ganz ungefährlicher Pfad nach unten zum **Mondtempel (Templo de la Luna)** ab. Der Weg ist nur für absolut Schwindelfreie geeignet und sollte nur in Begleitung begangen werden. Nach etwa 45 Minuten erreicht man die Kulthöhle, die dem Tempel seinen Namen gegeben hat. Im Inneren des 5 x 10 m großen Gewölbes befinden sich fünf Trapeznischen in einer weißen Granitwand. Neben einem thronförmigen Stein im Zentrum der Höhle führen Stufen in eine Nebenkammer, in der sich weitere skulptierte Steine befinden. In Vollmondnächten ist die Höhle von den göttlichen Strahlen der Inkamutter Mama Quilla erleuchtet. Noch immer kommen die Einheimischen hierher und hinterlassen Opfergaben wie Mais, Kokablätter und Tabak.

Genau gegenüber dem 2667 m hohen Huayna Picchu liegt in südöstlicher Richtung der 3080 m hohe Machu Picchu („alter Gipfel"). Angeblich sollen beide Gipfel durch einen unterirdischen Gang verbunden sein. Von der Nordecke der Stadt bewegt man sich Richtung Ausgang. Der nächste Gebäudekomplex wird **15** **Tempel der Sonnenjungfrauen (Acllahuasi)**, Bürgerviertel oder auch Viertel der drei Türen genannt. Der gesamte Komplex ist völlig ummauert, und auch die drei nebeneinander liegenden Eingänge konnten verschlossen werden. Ob hier die Sonnenjungfrauen oder große adlige Familien lebten, ist nicht geklärt.

Das südöstlich liegende **16** **Handwerkerviertel (Pucamarca)** ist ebenfalls von einer hohen Mauer umgeben. Der dreistufige Gebäudekomplex besteht aus Treppen, Innenhöfen, Steinsitzen und unterschiedlich großen Räumen. Ob die in einem Raum eingemeißelten runden Vertiefungen als eine Art Mörser dienten, ist umstritten. Eine steile Treppe führt zur obersten Ebene, in der Hiram Bingham zahlreiche Knotenschnüre *(Quipus)* fand, woraus er folgerte, dass der Raum ein Aufenthaltsort von Lehrmeistern *(Amautas)* bzw. Intellektuellen gewesen sein könnte.

An das Handwerkerviertel schließt sich der **17** **Tempel des Kondors** und das **Gefängnisviertel** an. Ob der tiefe Hohlraum wirklich als Gefängnis diente, bleibt reine Spekulation, da das Konzept der Bestrafung in dieser Form bei den Inkas möglicherweise gar nicht existierte. Auf einem Stein im Inneren des Komplexes ist die stilisierte Form eines Kondorkopfes mit Schnabel auszumachen, der zum Namensgeber dieser Gebäudezone wurde. Unterhalb des Tempels sieht man die sogenannte Unterstadt liegen. Allzu viel Interessantes ist hier nicht zu sehen. Die einfach konstruierten Gebäude dienten als Wohnungen, Lager- und Speicherorte. Sie bilden mit den unter 16 und 17 erwähnten Konstruktionen den unteren Teil der Stadt, der sich deutlich, getrennt durch den Hauptplatz, von den oberen Gebäuden absetzt.

Überquert man nun den großen Platz vom Kondortempel aus, gelangt man in den gegenüberliegenden Palastbereich. Den 18 **Königspalast (Incahuasi)** betritt man durch ein trapezförmiges Steintor. Das perfekt gearbeitete Mauerwerk lässt auf die Nutzung des Gebäudes durch hochstehende Adlige oder Priester schließen. Auffällig sind die oben an den Mauern angebrachten Zapfen, mit denen die Dächer, bestehend aus Holzbalken und Stroh, abgestützt wurden.

Über die Treppe bei der Quelle erreicht man das 19 **Bad des Inka (Amanahuasi)**, ein System aufeinander folgender und untereinander verbundener Becken, das einige Forscher für einen Platz ritueller Waschungen hielten. Doch dafür scheinen die Wannen zu klein. Es wird vermutet, dass über den auch „Straße der Brunnen" genannten Komplex Wasser auf die Felder geleitet und auch die Bevölkerung mit Wasser versorgt wurde. Hiram Bingham mutmaßte, dass die Wassermenge nicht mehr für alle Bewohner ausgereicht haben könnte oder die Quelle ganz versiegt sei.

Neben der Brunnenanlage steht der 20 **Sonnentempel oder Rundturm (Torreón)**, dem mehrheitlich eine religiöse Funktion zugeschrieben wird. Die passgenau und mörtellos übereinander gefügten Steinblöcke weisen den halbkreisförmigen Turm mit einem Durchmesser von 11 m als mehr als nur einen Getreidespeicher oder bloßen Wachturm aus. Darauf deutet auch das mittlere Trapezfenster der Rundmauer hin, das exakt auf die Sonnenwende am 21. Juni ausgerichtet ist. In den Nischen unterhalb des Tempels wurden vermutlich die Mumien verstorbener Könige verehrt.

Südlich des Turms liegt ein Gebäude, das als 21 **Palast der Prinzessin (Palacio de la Ñusta)** bezeichnet wird. Eine steinerne Außentreppe führt in das offene Obergeschoss des 3 x 5 m großen Hauses. Von hier aus gelangte man in den Torreón. Daher könnte das Gebäude laut Bingham auch der Wohnsitz des Hohepriesters gewesen sein. Von hier aus kann der Haupteingang in wenigen Minuten erreicht werden.

Aguas Calientes (Machu Picchu Pueblo)

Aus dem kleinen Ort (2000 Einw.) ist in den letzten Jahren eine weitestgehend unkontrolliert wuchernde Drehscheibe für den Tourismus nach Machu Picchu geworden. Aguas Calientes, das auch als Machu Picchu Pueblo bekannt ist, liegt rund 6 km westlich von Machu Picchu am Río Urubamba. Hier endet die Zugfahrt von Cusco (KM 111), und die Besucher steigen in Busse zu den Ruinen um.

Die **Thermalquellen** *(Baños Termales)*, die dem Ort seinen Namen gegeben haben, sind ein beliebtes Ausflugsziel und ideal, um sich von den Strapazen des Inkatrails zu erholen. Sie liegen rund 800 m östlich von der Plaza. Man folgt einfach der Av. Pachacútec aus dem Ort heraus. Handtücher kann man auf dem Weg zu den Quellen ausleihen. ⏲ tgl. 5–20 Uhr, 10 S/.

Übernachtung

Die Zimmerpreise, die leider nicht immer ihr Geld wert sind, haben in den letzten Jahren deutlich angezogen und können in den Monaten Juli, August und September noch steigen. Reservierungen sind dann äußerst sinnvoll. Auf jeden Fall nach Preisermäßigung fragen!
Die größte Konzentration von Billigunterkünften findet sich entlang der Bahngleise.
An der Strecke zu den Ruinen gibt es neben der Schmetterlingsfarm einen einfachen **Campingplatz** (Zona de Campamento) für 15 S/. pro Zelt (Duschen und Toiletten vorhanden). Keine Wertsachen im Zelt lassen!

Hotel Q'ente, Yahuar Huaca s/n, ✆ 084-211110. Billigoption im Stadtviertel Las Orquideas auf der anderen Flussseite. Wahlweise Zimmer mit oder ohne Bad. Internet gegen Aufpreis. ❷

Hospedaje Las Bromelias, Colla Raymi, in Plazanähe, ✆ 084-211145. Einfache und günstige Zimmer mit Bad. ❷

Hostal Quilla, Av. Pachacútec, auf dem Weg zu den Thermalquellen, ✆ 084-211009, ✉ gicela_2007@hotmail.com. Ordentliche Zimmer, Internet, WLAN. Frühstück inkl. ❸

Hostal Continental, Av. Imperio de los Incas, ✆ 084-244598 (Buchungszentrale in Cusco) und ✆ 084-211065, ✉ reservas@siahotels.com.

Südperu

Saubere Zimmer mit guten Betten und Sat-TV. WLAN nur an der Rezeption, Frühstücksbuffet inkl. Hotel der Minikette Sia-Hotels, zu der auch das in Preis und Ausstattung ähnliche **Hostal Machu Picchu** und das **Presidente Hotel** gehören. Beide liegen an den Bahngleisen und haben die gleichen Kontaktdaten wie das Continental. Jeweils ❹–❺

Hostal Gringo Bills, Qoya Raymi 104, Plaza de Armas, ✆ 084-211046, 💻 www.gringobills.com. Beliebtes, sauberes Hotel mit Spa, Bar und gutem Restaurant. Zimmer mit TV, WLAN und Telefon und teurere Suiten. ❺–❻

Casa Boutique La Cabaña, Av. Pachacútec Mz. 20 Lt. 3, Richtung Thermalquellen, ✆ 084-211048, 💻 www.lacabanamachupicchu.com. Freundliche Atmosphäre, angenehme Zimmer mit WLAN, TV und z. T. Balkon. Restaurant, Bar, interessantes Tourangebot. Inkl. Frühstück ab 5 Uhr. ❻

El MaPi Hotel Machu Picchu, Av. Pachacútec 109, ✆ 084-211011, 💻 www.elmapihotel.com. Luxuriöse Anlage in zentraler Lage, die ebenfalls zu Inkaterra gehört. Modernes Design, Bar, Cafetería, WLAN. Ab US$220. Frühstücksbuffet inkl. ❼

Inkaterra Machu Picchu Hotel, etwa 5 Gehminuten östlich des Bahnhofs, ✆ 084-211122, in Lima ✆ 01-6100400, 💻 www.inkaterra.com. Großes Luxushotel am Fluss, umgeben von 5 ha Nebelwald mit angelegten Wegen (kostenlose Führungen). Bungalows im Kolonialstil mit guter Ausstattung, Sauna, Restaurant, Pool und Bioteegarten. Ab US$500, bis zu 2 Kinder unter 12 Jahren gratis, Transfer vom und zum Bahnhof, Frühstück inkl. ❼

Essen und Unterhaltung

Das Angebot ist groß (viele einfache Restaurants entlang der Schienen und auf dem Weg zu den Thermalquellen), doch die Qualität nicht immer umwerfend. Generell liegt das Preisniveau höher als in Cusco. Die meisten Restaurants haben den ganzen Tag und abends geöffnet. Viel ist nicht los in Aguas Calientes – wer früh schlafen geht, verpasst nichts. Das Nachtleben kann man in Cusco nachholen.

Discovery Café, Plaza de Armas. Guter Kaffee und schnelles Internet.

Govinda, Av. Pachacútec, Ecke Inca Yupanqui. Günstiger Vegetarier mit Mittagsmenüs.

Indio Feliz, Yupanqui 4. Gute, aber nicht gerade billige französische Küche. Bar mit guten Pisco Sours.

Inka Wasi, Av. Pachacútec. Gemütlich und warm, peruanische und italienische Küche.

The Tree House, Huanacaure 180, in der Rupa Wasi Eco-Lodge, 💻 www.rupawasitreehouse.com. Teure, aber gute Gourmetküche.

Toto's House, Av. Imperio de los Incas, an den Bahngleisen gelegen. Gute Menüs und tgl. Mittagsbuffet.

Sonstiges

Eintrittskarten Machu Picchu

Dirección Regional de Cultura, Av. Pachacutec, Cuadra 1 s/n, Plaza Manco Cápac, ✆ 084-211196. Verkauf der Eintrittskarten für Machu Picchu (nur bar in Soles, s. Kasten S. 272). 🕓 tgl. 5.30–21 Uhr.

Geld

So gut wie alle **Hotels, Restaurants** und auch einige Geschäfte tauschen kleinere Mengen US-Dollar zu akzeptablen Kursen. Es empfiehlt sich aber, vor der Anreise nach Machu Picchu in Cusco zu tauschen.

Informationen

I-Perú, Av. Pachacutec, Cuadra 1 s/n, Plaza Manco Cápac, im Gebäude der Dirección Regional de Cultura, ✆ 084-211104, ✉ iperumachupicchu@promperu.gob.pe. 🕓 Mo–Sa 9–13, 14–18, So 9–13 Uhr.

Internet

Schnelles Internet gibt es im **Discovery Café** (s. „Essen").

Medizinische Hilfe

Das **Centro Médico** liegt an der Haltestelle der Busse nach Machu Picchu.

Naturschutzorganisation

Sernanp, Av. Imperio de los Incas, schräg gegenüber vom neuen Bahnhof, ✆ 084-211128. Verwaltet das Naturschutzgebiet Machu Picchu. 🕓 8–10, 15–21 Uhr.

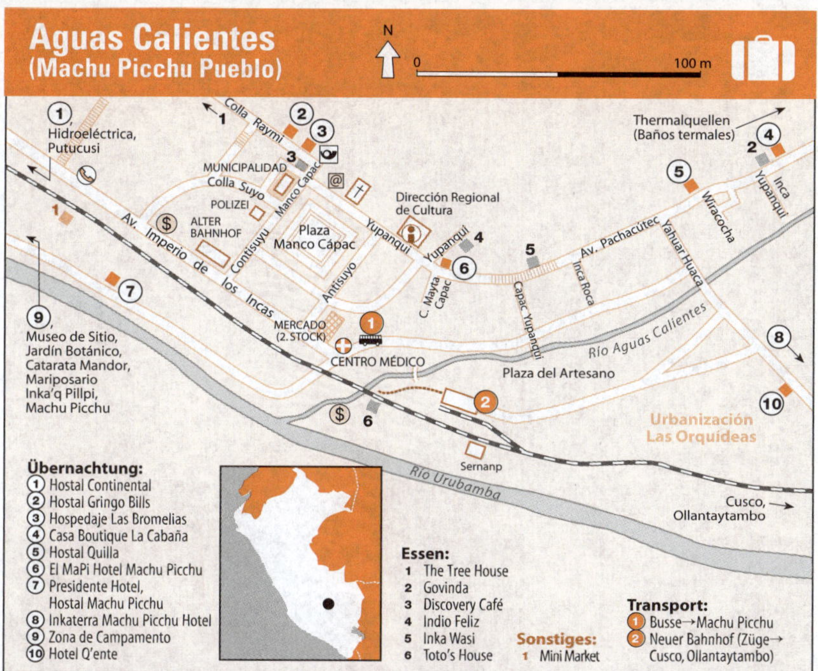

Post

An der Plaza Manco Cápac.

Transport

Nach MACHU PICCHU gelangt man von Aguas Calientes aus nur mit den Shuttlebussen oder zu Fuß (bergauf steiler Anstieg von 1 1/2–2 Std., bergab rund 45 Min.). Zurück nach CUSCO geht es nur mit dem Zug – mindestens bis Ollantaytambo (ab dort mit dem Bus/Taxi nach Cusco) oder zur Hidroeléctrica (Richtung Quillabamba, ab dort weiter mit Minivans nach Cusco).

Busse

Von ca. 5.30 bis 15 Uhr fahren Busse von Consettur in 15-minütigem Abstand die steilen Serpentinen zu den Ruinen (1/2 Std., US$9 einfach bzw. US$17 hin und zurück, keine Studentenermäßigung, Kinder bis 7 Jahre zahlen US$5 bzw. US$9). Zurück nach Aguas Calientes geht es von 6.30 bis 17.30 Uhr. Wer diesen Bus verpasst (sicherheitshalber um 17.15 Uhr an der Haltestelle sein!), hat einen ca. 45-minütigen Fußmarsch zurück nach Aguas Calientes vor sich. In der Regenzeit werden weniger Busse eingesetzt und die Abstände zwischen den Abfahrten sind länger (aktuelle Abfahrtszeiten vor Ort erfragen). Bustickets kann man in Aguas Calientes bei Consettur an den Bahngleisen von ⌚ 5–19 Uhr kaufen.

Eisenbahn

Das Ticketbüro von **Perurail** liegt am neuen Bahnhof, ✆ 084-211208. Preise und Abfahrtszeiten siehe Webseiten der Eisenbahngesellschaften im Kapitel „Cusco/Transport", S. 244. ⌚ tgl. 5–17 Uhr.

AGUAS CALIENTES–HIDROELÉCTRICA: 6.44, 12.35, 13.30 und 23 Uhr, 40 Min., je nach Wagenklasse US$12–18)

HIDROELÉCTRICA–AGUAS CALIENTES: 4.20, 7.54, 15 und 16.35 Uhr, 40 Min., je nach Wagenklasse US$12–18)

Der anstrengende Aufstieg auf den Putucusi wird mit einem tollen Rundblick belohnt.

Die Umgebung von Aguas Calientes

Wer nach der Besichtigung von Machu Picchu noch Energie und Zeit besitzt, kann auf den **Putucusi** (2592 m) wandern. Folgt man den Schienen Richtung Quillabamba (entgegengesetzt von Cusco) erreicht man rechter Hand nach fünf Minuten ein Hinweisschild, dem man folgt. Bis zum Gipfel sind rund 500 Höhenmeter zu überwinden (etwa 1 1/2–2 Std. für den Aufstieg und ca. 1 Std. bergab). Der Berg liegt Machu Picchu gegenüber und die Aussicht von oben ist fantastisch. Auf dem Weg zum Gipfel muss man einige fast vertikale Leitern überwinden, die allerdings nach Jahren ohne Pflege nicht im allerbesten Zustand sind (vor Ort erkundigen!). Die Route ist nur für Schwindelfreie geeignet und sollte bei Regen vermieden werden. Es empfiehlt sich, früh aufzubrechen, wenn das Wetter noch gut ist, und nicht alleine zu gehen.

Weitaus leichter ist die rund zweistündige Wanderung zur **Catarata de Mandor**, einem kleinen Wasserfall mit Café (Abzweigung bei der Schmetterlingsfarm, ⏲ tgl. 6.30–16.30 Uhr, 10 S/.). Die Schmetterlingsfarm **Mariposario Inka´q Pillpi** (⏲ tgl. 10.30–16 Uhr, 10 S/.) liegt etwa 20 Minuten von Aguas Calientes entfernt an der Strecke Richtung Machu Picchu vor der Brücke. Biegt man gleich nach dem Überqueren der Brücke rechts ab, gelangt man zum **Museo de Sitio de Machu Picchu Manuel Chavez Ballón** und einem **botanischen Garten** (Jardín Botánico). ⏲ tgl. 9–16.30 Uhr, 22 S/., Studenten/Kinder 11 S/.

Südliches Amazonastiefland

Im Süden Perus erstreckt sich zu Füßen der Ostanden ein riesiger Garten Eden aus unberührten Regenwäldern, durchzogen von gewaltigen Flussläufen und immens reich an Flora und Fauna. **Cusco** ist der ideale Ausgangspunkt, um der südlichen Amazonasregion Perus einen Besuch abzustatten. Auf drei Wegen gelangt man über die Anden in das Amazonasbecken:

- Eine selten bereiste Route führt mit dem Bus über Ollantaytambo nach **Quillabamba** und weiter zum **Pongo de Mainique** (S. 308), einer Schlucht des Río Urubamba. Mit dem Boot gelangt man von dort in einer mehrtägigen Reise nach **Sepahua** und weiter flussabwärts nach **Atalaya**. Von beiden Orten aus kann man mit dem Flugzeug oder per Boot z. B. nach Pucallpa oder Satipo weiterreisen. Geeignet für alle, die viel Zeit mitbringen, flexibel reisen und sich von unbequemen Transportmitteln und einfachen Unterkünften nicht abschrecken lassen.
- Der Ausflug zur **Zona Reservada Tambopata-Candamo** (S. 304) wird von der überwiegenden Anzahl der Besucher mit dem Flugzeug nach und von **Puerto Maldonado** absolviert. Inzwischen gelangt man aber auch auf einer asphaltierten Straße über **Urcos** und **Quincemil** nach Puerto Maldonado. Von dort geht es per Boot zur gebuchten Lodge im vielseitigen Naturschutzgebiet, das bei Ökotouristen zunehmend beliebter wird. Als sinnvolles Minimum für einen Ausflug dorthin ist mit drei Tagen zu rechnen. An das Naturschutzgebiet schließt sich der **Parque Nacional Bahuaja-Sonene** an, der erst 1996 gegründet wurde. Er erstreckt sich bis zur peruanisch-bolivianischen Grenze und geht auf bolivianischer Seite nahtlos in den Nationalpark Madidi über. Zusammen bilden Tambopata-Candamo, Bahuaja-Sonene und Madidi einen biologischen Korridor, der zu den 25 **wichtigsten Naturräumen** der gesamten Erde zählt.
- Eine weitere Möglichkeit, das südliche Amazonastiefland kennen zu lernen, ist ein Abstecher zum nordöstlich von Cusco liegenden **Parque Nacional Manu** (S. 289), einem der weitläufigsten Schutzgebiete Perus und einem der artenreichsten Naturschutzgebiete weltweit. Die Straße führt über Paucartambo nach Atalaya. Dort steigt man in ein Boot um, das einen in den Nationalpark bringt. Flüge nach Boca Manu waren zum Zeitpunkt der Recherche nicht möglich. Eine Manutour kann nur im Rahmen einer organisierten Tour ab/bis Cusco durchgeführt werden und dauert mindestens vier bis fünf Tage. Obwohl

SÜDLICHES AMAZONASTIEFLAND

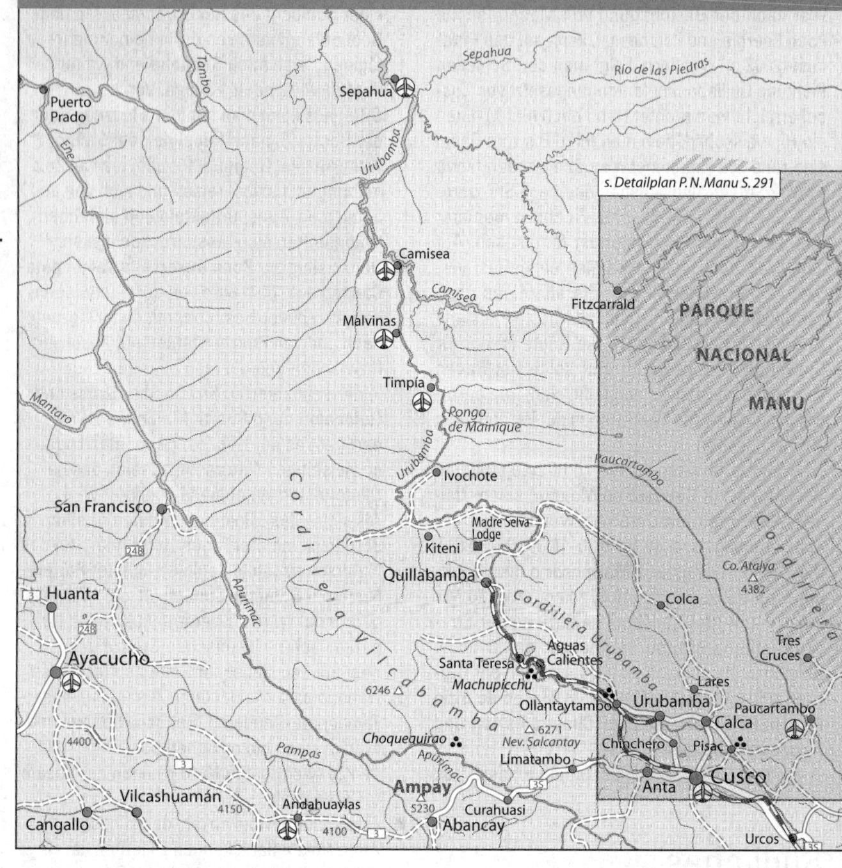

man von Boca Manu auf dem Río Madre de Dios bis Puerto Maldonado reisen kann, wird die wenig befahrene Route von Touristen nur selten benutzt.

Die beiden letzteren Naturräume breiten sich im 85 183 km^2 großen **Departamento Madre de Dios** aus. Die peruanische Regierung hat den unermesslichen Wert dieser Schatzkammer von Mutter Natur erkannt und beinahe die Hälfte des Gebiets unter Naturschutz gestellt. Namensgeber der Provinz ist der gleichnamige Fluss, der in den Andenkordilleren östlich von Cusco entspringt. Wichtige Zuflüsse sind der Río Manu, der Río Las Piedras, der Río Tambopata und der Río Heath. In Brasilien mündet der Fluss in den Río Madera, der seinerseits bei Manaus in den Río Amazonas fließt. Noch immer gehört das Departamento zu den am dünnsten besiedelten ganz Perus. Doch in den letzten Jahrzehnten ist die Bevölkerung sprunghaft angestiegen, auf inzwischen rund 80 000 Bewohner.

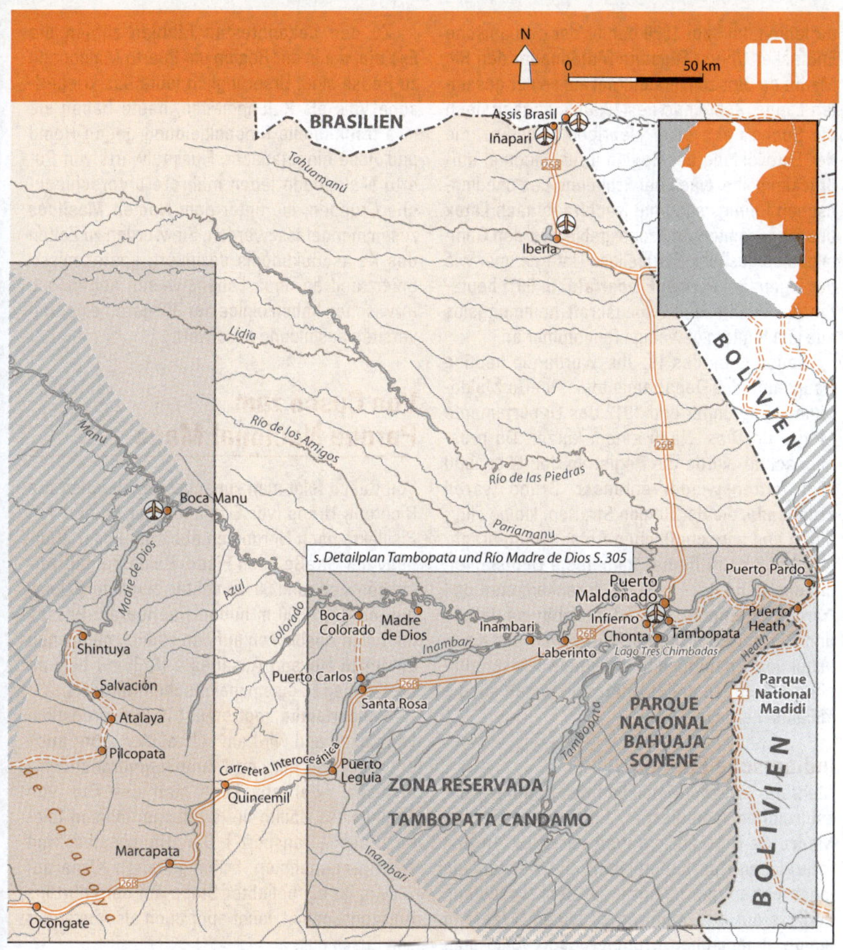

Historische und ökonomische Erschließung

Schon die Inkas waren in das Gebiet des heutigen Departamento Madre de Dios vorgedrungen und hatten die dort lebenden Mojos-Indianer unterworfen. Nach dem Untergang der Inkakultur unternahmen die Spanier einige verzweifelte Versuche, die Region zu kontrollieren und das sagenhafte El Dorado zu finden. Viele ihrer Erkundungen endeten wie der authentische Fall des verrückten Eroberers **Lope de Aguirre**, dessen fanatische Suche und gnadenloses Ende Werner Herzog in seinem 1972 gedrehten Film *Aguirre, der Zorn Gottes* treffend beschreibt. Der Film endet mit Aguirre als einzigem Überlebenden, hilflos auf einem Floß auf einem namenlosen Urwaldfluss ins Nichts treibend. Überliefert ist auch die Expedition des Spaniers **Juan Alvarez de Maldonado** aus dem Jahr 1566.

Mehrere Jahrhunderte blieb die Region unberührt und nur von einigen Tausend Urwaldindianern bewohnt, die im Einklang mit der Natur lebten. Im Jahr 1860 befuhr der peruanische Entdecker Oberst **Faustino Maldonador** den Río Madre de Dios zum ersten Mal auf seiner gesamten Länge. Zum Ende des 19. Jhs. begann dann die Suche nach einer klebrigen Substanz, die der Entwicklung der Region ihren Stempel aufdrücken sollte. Nach der Erfindung des pneumatischen Reifens stieg die Nachfrage nach **Latex** und im gesamten Amazonasgebiet wurden Gummibäume gesucht. Skrupellose Unternehmer wie der legendäre **Fermín Fitzcarrald** (S. 591) beuteten die indianische Arbeitskraft hemmungslos aus und häuften gewaltige Reichtümer an.

Gegen Ende des 19. Jhs. wurde die heutige Hauptstadt des Departamentos – Puerto Maldonado – gegründet und 1912 das Departamento Madre de Dios. Nach einem kurzen Dornröschenschlaf wurde die Region in den 60er- und 70er-Jahren wieder entdeckt. Grund waren **Erdölfunde**, die der Region Straßen, kleine Flughäfen und wirtschaftlichen Aufschwung brachten. Nach den Ölfirmen kamen die **Goldsucher**, die den Sand der Flussufer durchkämmten und **Agrounternehmen**, die Edelholzbäume fällten und Paranüsse ernteten. Wie schon der Kautschukboom haben auch die neuen wirtschaftlichen Aktivitäten negative Auswirkungen auf die indianische Bevölkerung.

Indianische Ethnien

Mehrere Tausend Menschen gehören einer der zahlreichen indianischen Ethnien der Region Madre de Dios an, die weit verstreut an den zahlreichen Flussläufen leben. Die meisten von ihnen hatten und haben unter dem westlichen Einfluss auf ihre Kulturen zu leiden. Während einige indianischen Gruppierungen völlig ausgestorben sind, wurden andere in den 50er- und 60er-Jahren missioniert, und nur wenige Ethnien können auch heute noch isoliert und ungestört leben. Ihr Lebensraum wird durch nachrückende Siedler immer mehr beschnitten, die Wasserläufe werden durch die Goldsuche stark verschmutzt und neue Erdgas- und Erdölfunde bedrohen neben den ethnischen Gruppen auch die oben aufgeführten Schutzgebiete. Aus Landmangel verdingen sich viele Indianer als billige Arbeitskräfte, um Gold zu suchen, Wald zu roden, Gummi zu zapfen oder Paranüsse zu ernten.

Zu den bekanntesten Ethnien zählen die **Ese'eja**, die in der Region um Puerto Maldonado zu Hause sind. Ursprünglich lebte das kriegerische Volk als Halbnomaden, heute haben sie ihre traditionelle Rindenkleidung gegen Hemd und Hose eingetauscht. Flussaufwärts von Puerto Maldonado leben mehrere unterschiedliche Gruppen, die unter dem Namen **Mashcos** zusammengefasst werden. Sie wurden zu Zeiten des Kautschukbooms dezimiert, später missioniert und an neue Lebensweisen angepasst. Inzwischen haben einige der Jüngeren eine Universitätsausbildung absolviert.

Von Cusco zum Parque Nacional Manu

Von Cusco folgt man zunächst der Hauptstraße Richtung Urcos (vor Erreichen der Ruinen von Pikillakta nach Nordosten abbiegen) oder alternativ der Straße nach Pisac. Beide Routen vereinigen sich rund 30 km später. Nach dem Überqueren des 3900 m hohen Huancarani-Passes mit tollen Ausblicken auf den südlich gelegenen Eisriesen Nevado Ausangate (6236 m) beginnt der Abstieg zu einem malerischen Bergdorf.

Paucartambo liegt etwa 110 km nordöstlich von Cusco und wird am schnellsten, aber auch am teuersten mit den Manu-Tourveranstaltern erreicht. Alternativ kann man den Bus von Transportes Gallito de las Rocas nehmen (siehe „Cusco, Transport"). Die „Blumenstadt" mit ihrem angenehmen, frühlingshaften Klima auf 2880 m ist ein beliebter Stopp auf der Fahrt ins Amazonasgebiet, lohnt aber auch als Abstecher von Cusco aus.

Schon zu Inkazeiten war Paucartambo ein wichtiger Kontrollposten an der Südgrenze des Inkaimperiums. Unter spanischer Herrschaft wurde aus dem Ort eine Sklavenkolonie, deren indianische und afrikanische Bewohner Silber abbauten. Aus dieser Zeit stammt die **Fiesta de la Virgen del Carmen**, die alljährlich Mitte Juli vier Tage lang ausgelassen begangen wird. Das Städtchen verwandelt sich dann in eine bunte Mischung aus maskierten Tänzern, Musikgruppen, Marktständen und Besuchern. Die beliebtesten Tänze erinnern an die Sklavenzeit, parodieren die Heilversuche eines westlichen Arztes an einem Malariakranken oder beschwören im Tanz der Krieger den Sieg des Guten über das Böse. Inzwischen haben einige Veranstalter die Attraktivität des Festes erkannt und bieten Touren an. Wer auf eigene Faust aufbricht, sollte mit Engpässen bei der Unterkunft rechnen.

Sehenswert ist das Innere der 1998 restaurierten **Kirche** mit der großen Sammlung an Gemälden der Cusqueñer Schule. Hier wird auch das Heiligenbild der Virgen del Carmen aufbewahrt. Rund eine Viertelstunde vor Erreichen des Orts, werden in Nähe der Straße die steinernen **Begräbnistürme *(Chullpas)* von Ninamarca** passiert, die von den Lupacas errichtet wurden. Etwa eine Gehstunde von Paucartambo entfernt befinden sich die Chullpas von Machu Cruz.

Rund 50 km hinter Paucartambo führt beim Acjanaco-Pass eine Abzweigung nach dem Kontrollpunkt des Manu-Nationalparks, der hier beginnt, zum beliebten **Aussichtspunkt Tres Cruces**, der besonders zum Sonnenaufgang von Touristen angesteuert wird. Von den Ausläufern der Anden bietet sich ein fantastischer Fernblick auf den tief unten liegenden Regenwald. Ein Abstecher lohnt aber nur in den Monaten Mai und Juni, denn in der übrigen Jahreszeit hüllen Wolken Tres Cruces ein. Besonders eindrucksvoll ist die „Lightshow" der Sonne im Juni, mit ungewöhnlichen Farben, starker Intensität und spektakulären Lichteffekten. Da das Hochplateau rund 14 km abseits der Route nach Manu liegt, lässt es sich am einfachsten im Rahmen einer organisierten Tour ab Cusco erreichen. Angeboten werden inzwischen auch **Mountainbiketouren**, die in Paucartambo beginnen und Tres Cruces und einen 65 km langen Downhill zum Oberlauf des Rio Alto Madre de Dios einschließen, z. B. mit dem deutschsprachigen Anbieter Peru Discovery, 💻 www.perudiscovery.com, und 💻 www.manuperu.com. Wer mit dem eigenen Fahrzeug unterwegs ist, sollte Paucartambo gegen 4.30 Uhr verlassen, um schon vor 6 Uhr in Tres Cruces zu sein. Busse oder Lkw setzen Passagiere an der Kreuzung ab, wo eine Nebenstraße zum Aussichtspunkt führt; da nur sehr wenig Verkehr herrscht, muss die Strecke wohl oder übel zu Fuß zurückgelegt werden. Alternativ kann man in Cusco oder Paucartambo wegen einer Transportmöglichkeit nachfragen und sich mit einigen Leuten zusammentun. Wer in Tres Cruces übernachten möchte, benötigt ein Zelt, einen warmen Schlafsack und genug Verpflegung.

Im weiteren Verlauf der Strecke wird rund 80 km nach Passieren der Abzweigung nach Tres Cruces der Ort **Pilcopata** auf rund 700 m Höhe erreicht. Die meisten Busse oder Trucks halten über Nacht in dem wenig attraktiven Städtchen, das über einfache Unterkünfte, Restaurants und einen Markt verfügt und täglich von einem öffentlich Bus von Cusco aus angefahren wird (s. „Cusco/Transport", S. 243).

Auch die Tourgruppen aus Cusco verbringen je nach gebuchtem Trip die Nacht in der Umgebung des Ortes, sei es in Zelten oder in der weiter oberhalb liegenden **Paradise Lodge**, **Tambo Paititi Manu Ecolodge**, **Cloud Forest Lodge** bzw. **Cock of the Rock-Lodge** (s. „Übernachtung und Essen"). Am nächsten Tag folgt eine landschaftlich reizvolle Strecke hinab nach **Atalaya** am Oberlauf des Río Alto Madre de Dios. Auf der gegenüberliegenden Flussseite lädt die **Amazonia Lodge** zum Übernachten ein (s. S. 288).

10 km weiter nordwestlich erreicht man den kleinen Ort **Salvación**, wo es einfache Übernachtungsmöglichkeiten gibt. Bis zum Ende der Straße in **Shintuya** sind es jetzt nur noch rund 30 km. Ab hier geht die Reise nach Manu im Boot weiter. Die Tourgruppen der Manu-Veranstalter steigen allerdings bereits in Atalaya in ein Boot um.

Wer auf eigene Faust unterwegs ist, kann in Shintuya ein Boot mieten. Dies ist allerdings kein leichtes und vor allem kein billiges Unterfangen. Für die Fahrtstrecke entlang des Río Alto Madre de Dios über Boca Manu und weiter nach Puerto Maldonado ist keine besondere Genehmigung erforderlich; die Einfahrt in die Touristenzone des Nationalparks (ab Boca Manu flussaufwärts auf dem Río Manu) ist auf diese Art und Weise allerdings nicht möglich. Gelegentlich fahren Handelsboote von Shintuya nach **Boca Colorado**, von wo aus die Weiterfahrt nach Puerto Maldonado möglich ist (s. S. 296).

Die Unterkünfte in Shintuya sind sehr einfach, auf Nachfrage bestehen Zeltmöglichkeiten an der Dominikanermission. Die Bootsfahrt von Shintuya zur Mündung des Río Manu (Boca

Manu) dauert vier bis fünf Stunden. Unterwegs wird die **Pantiacolla Lodge** (s. u.) passiert. **Boca Manu** ist ein kleiner Dschungelort auf 300 m, der über einfache Herbergen und einen teuren Laden verfügt. Auf der gegenüberliegenden Flussseite liegt die Dorfgemeinschaft Diamante, in der überwiegend Piro-Indianer leben, und der Buschflugplatz, auf dessen holpriger Piste Touristengruppen aus Cusco landen. Der Flugverkehr war zum Zeitpunkt der Recherche eingestellt. Die Manu-Veranstalter bringen ihre Gruppen inzwischen über den Río Madre de Dios per Boot bis Boca Colorado, von dort per Auto bis Puerto Carlos und weiter mit dem Privatbus auf der asphaltierten Interoceánica zurück nach Cusco oder ggf. bis Puerto Maldonado, von wo aus der Rückflug nach Cusco oder ohne Umsteigen auch nach Lima möglich ist.

Folgt man dem Río Manu flussaufwärts Richtung Touristenzone des Nationalparks, erreicht man nach knapp einer Stunde Fahrzeit den **Parkeingang** Limonal und das Besucherzentrum Centro de Interpretación del Parque Nacional del Manu, wo die touristische Zone beginnt. Hier wird die Genehmigung für den Besuch des Nationalparks kontrolliert (s. Kasten „Eintrittsgelder Manu"). Für Individualreisende und ohne Genehmigung endet die Reise an dieser Stelle, Teilnehmer einer organisierten Tour passieren dagegen problemlos. Auf den Trails um den Kontrollposten können Vögel beobachtet werden. Etwas weiter flussaufwärts liegt ca. 1 km landeinwärts am Altarm Juarez die recht teure **Manu Lodge** (s. S. 293). Die meisten Veranstalter steuern ihre Zeltplätze an, die sich rund fünf bis sechs Fahrstunden vom Parkeingang auf Holzplattformen an den Altarmen **Cocha Salvador** und **Cocha Otorongo** befinden. Westlich davon liegt nur noch kurz vor Erreichen der Sperrzone die **Casa Matsiguenka** (S. 293), ein Tourismusprojekt der Matsiguenka-Indianer, die im Nationalpark leben.

Übernachtung und Essen

Die genannten Unterkünfte liegen an der Strecke nach Boca Manu.

Die meisten Lodges gehören Reiseveranstaltern und einige können nur im Rahmen einer Tour gebucht werden (am besten schon in Cusco). Die meisten Veranstalter bieten zusätzlich spezielle 2–4-tägige Nebelwaldtouren an. Die **Preise** und Informationen zu den Manu-Programmen der Veranstalter stehen unter „Tourveranstalter" auf S. 293.

Amazonia Lodge, Atalaya oder Matará 334 in Cusco, 3. Stock, ✆ 084-231370, 💻 www.amazonialodge.com. Ehemalige Hacienda am Rande des Nebelwaldes auf ca. 600 m, die mit gutem Essen und Solarduschen aufwarten kann. Mehrere Trails führen in den Wald und eröffnen gute Möglichkeiten zur Vogelbeobachtung.

Cock of the Rock Lodge, vor Pilcopata im Nebelwald, ca. 160 km nordöstlich von Cusco, Calle Ricardo Palma J1, Urb. Santa Mónica, ✆ 084-243408, 💻 www.inkanatura.com. Ihre Lage im dichten Nebelwald auf 1600 m macht die Unterkunft zu einem idealen Ausgangspunkt für Vogelbeobachtungen, besonders des Felsenhahns. Die teure Lodge verfügt über bequeme DZ mit Gemeinschaftsduschen und Warmwasser sowie ein Restaurant.

Erika Lodge, am Oberlauf des Río Alto Madre de Dios, zu buchen über Manu Ecological Adventures, Plateros 356, Cusco, ✆ 084-261640, 💻 www.manuadventures.com. Eine einfache Unterkunft (nicht in allerbestem Zustand!), umgeben von einem kleinen Privatreservat. Dem gleichen Veranstalter gehört auch die neuere **Posada San Pedro Lodge**, die in ein kleines privates Schutzgebiet im Nebelwald eingebettet ist.

Manu Cloud Forest Lodge, im Nebelwald, zu buchen über Manu Nature Tours, Pardo 1046, Cusco, ✆ 084-252721, 💻 www.manuperu.com. Schöne Lodge an einem kleinen Gebirgsbach. Gute Vogelbeobachtung von der Terrasse aus.

Manu Paradise Lodge, im Nebelwald zwischen Paucartambo und Pilcopata gelegen, ca. 151 km nordöstlich von Cusco. Kontakt in Cusco: Magisterio 2. Etapa K-7-302, ✆ 084-224156, 💻 www.manuparadiselodge.com. Große Zimmer mit Bad und Gasduschen. Restaurant, Blick auf den Fluss und Vogelbeobachtungsplattform. Pro Nacht oder im Paket inkl. VP buchbar.

Pantiacolla Lodge, ungefähr 30 Bootsminuten flussabwärts von Shintuya, zu buchen über Pantiacolla Tours, Saphy 554, Cusco, ✆ 084-238323, 💻 www.pantiacolla.com. Die Lodge, die DZ und Verpflegung zu verhältnismäßig moderaten Preisen anbietet, liegt am Rande des Nationalparks und ermöglicht gute Tierbeobachtungen. Gut geeignet für Familien mit Kindern und Vogelliebhaber.

Río de Oro Lodge, rund 15 Bootsminuten flussabwärts von Atalaya in einem Privatreservat gelegen. Die Lodge verfügt über DZ mit Privatbad und Betten mit Moskitonetzen und gehört zum Veranstalter Amazon Trails Peru (s. „Tourveranstalter"), der auch die **Maquisapayoj Lodge** bei Boca Manu betreibt.

Tambo Patiti Manu Ecolodge, rund 130 km nordöstlich von Cusco auf 1470 m Höhe, Kontakt in Cusco: Urb. Larapa, Los Capulíes B-10-7, ✆ 084-637155, 💻 www.perudiscovery.com. Im Bergnebelwald etwas abseits der Straße gelegene Lodge, für deren Bau nur Naturmaterialien verwendet wurden. Die offen gestalteten DZ mit Bad (insgesamt nur 16 Betten) verfügen über eine überdachte Aussichtsterrasse. Alle Gebäude sind durch ein überdachtes Stege- und Brückensystem miteinander verbunden. Dem gleichen Veranstalter gehört auch die **Tambo Eori Manu Ecolodge** am Río Alto Madre de Dios auf 470 m Höhe, etwa eine Bootsstunde flussabwärts von Atalaya. Beide Lodges verfolgen ein ökologisches Konzept: Müll wird nach Cusco zurück gebracht, kein Strom (Solarstrom nur für die Küche), sparsamer Umgang mit Wasser, Abwasser werden nicht in den Fluß, sondern in Sickergruben oder Biofermenter geleitet.

6 HIGHLIGHT

Reserva de Biosfera und Parque Nacional Manu

Grüne Hölle für die einen, das verlorene Paradies für die anderen. Undurchdringlicher Dschungel, medizinische Schatzkammer oder nur ein Stück Regenwald? Wie immer man auch das nordöstlich von Cusco gelegene Schutzgebiet bezeichnet, Manu hat von allem etwas und ist somit die Summe aller Definitionen. Der

Informationen über Manu

Infos gibt es bei der staatlichen Nationalparkverwaltung **Sernanp**, Servicio Nacional de Áreas Naturales Protegidas, Av. Los Chachacomos F2-4, Urb. Larapa Grande, San Jerónimo, neben der Universidad Andina in Cusco, ✆ 084-274509, 💻 www.sernanp.gob.pe. Deutlich zentraler liegt die Sernanp-Infostelle in den Galerías Turísticas, Av. Sol 103, die allgemeine Fragen zum Manu-Nationalpark beantworten kann. 🕒 Mo–Fr 9–13, 15–17 Uhr (etwas unregelmäßig).

Die meisten auf Manu spezialisierten Tourveranstalter (S. 293) verfügen über Fachliteratur, Bildbände und Videos.

Manu-Nationalpark ist ein Muss für Naturfreunde, für alle diejenigen, die es zu schätzen wissen, eines der letzten unberührten, **intakten Regenwaldgebiete** der Erde zu besuchen.

Ein Abstecher in einen der artenreichsten Nationalparks der Erde ist ein besonderes, wenn auch nicht gerade billiges Abenteuer. Das rund 1,7 Mio. ha große Schutzgebiet ist eines der größten Perus und umfasst drei Ökosysteme, die von den Anden bis in den Regenwald des Tieflands reichen. 1977 wurde das Schutzgebiet zum Biosphärenreservat erweitert und 1987 von der Unesco aufgrund seiner Einmaligkeit und Artenvielfalt zum **Naturerbe der Menschheit** erklärt.

Die **Biodiversität** des 1973 gegründeten Nationalparks ist beeindruckend: Hier leben 10 % aller weltweit vorkommenden Pflanzenarten und auf jedem Hektar Regenwald wachsen mehr als 200 unterschiedliche Baumarten (In ganz Europa sind es gerade mal 160 Arten): Riesige Ceibas, edle Mahagonibäume, Kautschukbäume und Zedern, Hunderte Orchideenarten, Farne, Bromelien und, und, und ... Ständig werden neue Arten entdeckt, große Teile des Parks sind weiterhin unerforscht. Über 1000 Vogelarten (von ca. 9000 weltweit) und 200 Säugetierarten haben Wissenschaftler bislang identifiziert, davon allein über 100 Fledermausarten. Die Zahl der Insektenarten wird auf mehrere Hunderttausend geschätzt.

Mit etwas Glück kann man in Manu Riesenotter (s. Kasten S. 292), Jaguare oder mehrere der insgesamt 13 Affenarten beobachten. Auch Faultiere, Ameisenbären, Gürteltiere oder der scheue Tapir kommen innerhalb des Reservats vor. Vogelfreunde dürfen sich auf farbenprächtige Aras, viele weitere Papageienarten, Kolibris, den Nationalvogel Felsenhahn *(Rupicola peruviana)* und den Urvogel Hoatzin freuen. Wie bei allen Regenwaldgebieten sollte man die Erwartungshaltung bezüglich der Tierbeobachtung realistisch ansetzen und daran denken, dass Tiere nicht an jeder Flussbiegung auf den Besucher warten, sondern oftmals scheu und zurückgezogen im dichten Wald leben. Hinzu kommt, dass manche Tiere nachtaktiv sind, doch dafür gibt es – wie beispielsweise für Tapire – Beobachtungsplattformen.

Entscheidend für die erfolgreiche **Tierbeobachtung** ist ein erfahrener Guide, genügend Zeit, ruhiges Verhalten und Geduld. Eine Tierart, die wohl kaum einem Besucher erspart bleibt, sind Moskitos, die vor allem in der Dämmerung aktiv sind. Entsprechende langärmelige Kleidung und ein gutes Mückenmittel helfen, den Aufenthalt diesbezüglich angenehmer zu gestalten.

Ökosysteme und -zonen

Das riesige Schutzgebiet erstreckt sich nordöstlich von Cusco entlang der Andenostabhänge und schützt das Wassereinzugsgebiet des Río Alto Madre de Dios und des Río Manu. Die enorme Artenvielfalt des Nationalparks wird verständlicher, wenn man sich klarmacht, dass sich der Nationalpark über drei Ökozonen erstreckt. Der höchste Punkt, der Cerro Huáscar, liegt auf 4000 m Höhe in der Puna, der baumlosen **Hochsteppe der Anden**. Die Mündung des Río Manu in den Río Madre de Dios liegt hingegen nur noch auf 365 m im **tropischen Regenwald**, der einen Großteil des Gebiets ausmacht. Dazwischen liegen dichte und regenreiche **Nebel- und Bergwälder**. Um den Nationalpark optimal zu schützen, wurde er in verschiedene Zonen eingeteilt:

Zona de Protección Estricta: Die strikte Sperrzone von Manu umfasst mit 1 411 778 ha den Nord- und Ostteil des Parks und gilt als Kernzone. Dieses Gebiet ist Wissenschaftlern und Forschern mit einer Spezialgenehmigung der peruanischen Behörden vorbehalten. Tourismus findet in diesem Teil des Parks nicht statt. In der Kernzone leben nicht oder wenig kontaktierte Indianergruppen. Hier liegen auch die Dorfgemeinschaften Takayome und Yomibato der Matsiguenka-Indianer, die in der touristischen Zone des Nationalparks seit 1998 eine eigene Herberge führen.

Zona de Uso Turístico y Recreativo: Die Touristen- und Erholungszone ist 9114 ha groß. Nur in diesem Bereich ist Tourismus gestattet, allerdings streng reglementiert. Der Zugang zur Zone ist limitiert und das Gebiet darf nur mit einem autorisierten Führer eines lizenzierten Veranstalters besucht werden. Neben den festgelegten Zeltplätzen der einzelnen Veranstalter befinden sich nur zwei Lodges innerhalb dieser Zone. Die Manu Lodge liegt am Unterlauf des Río Manu und die Casa Matsiguenka westlich des Salvador-Sees.

Zona de Uso Especial: Die 39 246 ha große besondere Nutzungszone erstreckt sich am südwestlichen Parkrand. In der frei zugänglichen Zone liegen kleinere Dörfer sowie mehrere Lodges. Mindestens vier ethnische Gruppierungen leben beim oder im Schutzgebiet. Die zahlenmäßig größte und bekannteste Gruppe sind die Matsiguenka mit einigen Tausend Angehörigen (s. Kasten S. 295). Hinzu kommen die Nahua- und Mashco-Piro-Indianer. Letztere haben keinen Kontakt zur Zivilisation, wurden aber in 2011 einige Male am Río Alto Madre de Dios gesichtet. Außerhalb der Schutzzonen siedeln mehrere Zehntausend Quechua-sprechende Bewohner vorwiegend in kleinen Dorfgemeinschaften zwischen Cusco und dem Park. Ein Großteil von ihnen ernährt sich vom Bergbau, vom Fischfang oder der Landwirtschaft.

Eintrittsgelder Manu

Für den Besuch der Zona Turística sind 150 S/. fällig (Aufenthalt bis zu 5 Tagen, Extratag 40 S/.). Der Besuch der Zona Histórico-Cultural kostet 50 S/. (Aufenthalt bis zu 5 Tagen, Extratag 20 S/.). Der Eintritt wird über den Veranstalter bezahlt (oftmals extra zum Reisepreis) und kann nicht bei der Nationalparkbehörde gekauft werden.

PARQUE NACIONAL MANU

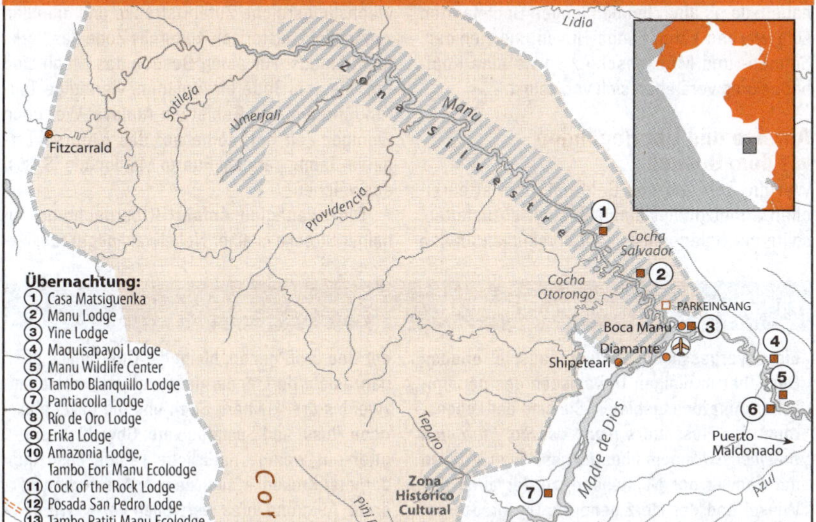

N 0 50 km

Übernachtung:
1. Casa Matsiguenka
2. Manu Lodge
3. Yine Lodge
4. Maquisapayoj Lodge
5. Manu Wildlife Center
6. Tambo Blanquillo Lodge
7. Pantiacolla Lodge
8. Río de Oro Lodge
9. Erika Lodge
10. Amazonia Lodge, Tambo Eori Manu Ecolodge
11. Cock of the Rock Lodge
12. Posada San Pedro Lodge
13. Tambo Patiti Manu Ecolodge
14. Manu Paradise Lodge
15. Manu Cloud Forest Lodge

Klima und Kleidung

Obwohl es in Manu das ganze Jahr über regnen kann, fällt der meiste Niederschlag in den Regenmonaten November bis April. Die Parkbereiche des Tieflandregenwaldes auf rund 400 m Höhe erhalten jährlich mehr als 2000 mm, die Nebelwälder der Andenostabhänge mehr als 3500 mm Jahresniederschlag (zum Vergleich Deutschland: 700–800 mm). Die trockenere Reisezeit und touristische Hochsaison dauert von Juni bis September. Juli ist der trockenste Monat.

Das Klima ist das ganze Jahr über feuchtheiß mit Temperaturen von 25–35 °C. Gelegentliche Kaltfronten aus dem Süden, sogenannte *Friajes*, können die Temperaturen auf bis zu 10 °C absinken lassen. Der heißeste Monat ist der Oktober, der kühlste der Juni. Man sollte unbedingt ein warmes Kleidungsstück und eine Regenjacke oder Regenponcho im Gepäck haben, da es auch bei den langen Bootsfahrten kühl werden kann. Lange Hosen und Hemden, Sonnen- und Mückenschutz sowie eine Kopfbedeckung verstehen sich von selbst.

Anreise und Überlegungen vor dem Besuch

Wer die Zeit und das Geld hat, dem artenreichen Schutzgebiet einen Besuch abzustatten, sollte die Gelegenheit nicht versäumen. In den Nationalpark Manu gelangt man nur im Rahmen einer organisierten Reise. Wer die Region individuell erkunden möchte, kommt über die abwechslungsreiche Zufahrtstrecke und die allen zugängliche historisch-kulturelle Zone des Parks nicht hinaus. Für einen Besuch des Manu sind fünf bis acht Tage einzuplanen, viertägige Touren führen in das Gebiet um Atalaya. Wer noch weniger Zeit hat, sollte auf das Naturschutzgebiet Tambopata bei Puerto Maldonado (S. 304) ausweichen.

Die zweitägige **Anfahrt** (Übernachtung auf halber Strecke in einer Nebelwaldlodge) zum Na-

Flussotter – die verspielten Schwimmer

Ein unvergessliches Naturschauspiel erleben Besucher in einigen Urwaldseen des peruanischen Amazonasgebietes. Sie sind der Lebensraum des Flussotters *(Lobo del Río, Pteronura brasiliensis)*, einem überaus geselligen Mitglied der Familie der Mustelidae, zu der auch das Wiesel und der Nerz gehören. Die größte der 13 Otterarten, mit einer durchschnittlichen Gesamtgröße von bis zu 1,80 m, liebt das Wasser über alles. Die **exzellenten Schwimmer** besitzen neben Schwimmhäuten an den Pfoten und einem abgeplatteten Schwanz ein charakteristisches Halsmuster, an dem sich jedes Exemplar unverwechselbar identifizieren lässt. Die Leibspeise des tagaktiven Riesenotters ist Flussfisch in jeder Variation. Bis zu 4 kg Fisch vertilgt jedes Tier pro Tag. Ansonsten spielen sie lärmend miteinander, markieren ihre Territorien oder relaxen auf einem Baumstamm im Wasser. Nachts ziehen sich die Tiere in ihren Bau zurück. Riesenotter, die von den Einheimischen Flusswölfe genannt werden, leben in vier bis fünf Mitglieder starken Familienverbänden. Von den bis zu vier Jungen, die ein Otter-Weibchen einmal pro Jahr zur Welt bringen kann, überleben meist nur eins oder zwei. Wenn ein Riesenotter nach zwei bis drei Jahren die Geschlechtsreife erreicht, verlässt er seine Familie und macht sich auf die Suche nach einem Partner und eigenem Territorium.

Obwohl Flüsse zum **Lebensraum** der Tiere gehören, fühlen sie sich in den ehemaligen Flussschleifen der Amazonasflüsse am wohlsten. Ist der See groß genug, bleibt die Otterfamilie das ganze Jahr dort, andernfalls umfasst ihr Habitat zwei bis drei kleinere Seen und die dazugehörigen Fluss- und Sumpfgebiete. Obwohl Riesenotter nur wenige natürliche Feinde besitzen, darunter Krokodile, sind sie vom Aussterben bedroht. Aufgrund ihres wertvollen Pelzes wurden die Tiere vor allem in der Mitte des 20. Jhs. gnadenlos gejagt – ihre Größe, ihre Tagaktivität und ihre natürliche Neugier machten sie zu einer leichten Beute für die Jäger. Allein Peru exportierte zwischen 1946 und 1973 ca. 24 000 Otterfelle. Schutzmaßnahmen der Amazonasstaaten brachten den Pelzhandel weitestgehend zum Erliegen, die **Bedrohungen** kommen heute von anderer Seite: Die fortschreitende Zerstörung der Regenwälder, Überfischung, Verschmutzung der Gewässer durch den Gebrauch von Quecksilber beim Goldsuchen und sogar schlecht organisierter Tourismus vertreiben die Tiere. Der Schutz des Riesenotters bedeutet mehr als nur den Schutz einer einzigen Tierart. Da die Tiere nur in sauberem Wasser überleben können, muss man zum Erhalt ihrer Art gleichzeitig auch den umliegenden Regenwald schützen – und somit auch andere Tier- und Pflanzenarten.

Die **Zoologische Gesellschaft Frankfurt** engagiert sich seit vielen Jahren für den Schutz des Riesenotters. Die Arbeit des Vereins kann mit Spenden unterstützt werden. Kontakt: Alfred-Brehm-Platz 16, 60316 Frankfurt, ✆ 069-9434460, 🖳 www.zgf.de.

tionalpark führt über Paucartambo nach Atalaya (s. auch „Von Cusco zum Parque Nacional Manu", S. 286). Dort steigt man in ein Boot um, das einen in den Nationalpark bringt (ca. 6 Std. bis Boca Manu plus 6 Std. in die Touristenzone). Ein Manu-Besuch ist teuer, da die Transportkosten sehr hoch sind und er unumgänglich mit einem Tourveranstalter durchgeführt werden muss. Die **Kosten** inkl. Unterbringung, Transport, Verpflegung, Guide, Eintrittsgebühren liegen für einen **achttägigen Aufenthalt** bei rund US$1000–1700. Auch Reisende, die viel Zeit und wenig Geld haben, kommen daher nicht billiger weg, wenn sie den Trip selber organisieren. Der Park darf nur mit einem Guide betreten werden, und das Chartern von Booten lohnt höchstens bei größeren Gruppen. Für den Besuch des Parks benötigt der jeweilige Veranstalter eine Erlaubnis, die Einzelpersonen nur in seltenen, begründeten Ausnahmefällen von der Naturschutzbehörde Sernanp in Lima erhalten. Eine Möglichkeit, Geld zu sparen, besteht darin, die Unterbringung in teuren Lodges zu vermeiden, stattdessen an einer Zelttour teilzunehmen und nicht zu fliegen. Auch ist die Rückfahrt nach Cusco auf gleicher Strecke in der Regel preisgünstiger als über Boca Colorado und Puerto San Carlos.

WICHTIG: Manutouren finden nur zu festen Terminen statt, meist einmal wöchentlich, in der Hauptsaison gelegentlich zweimal – je nach Veranstalter. Vorab nach Terminen erkundigen und rechtzeitig buchen!

Übernachtung

Innerhalb des Nationalparks

(Zona de Uso Turístico y Recreativo)

Manu Lodge, zu buchen über Manu Nature Tours, s. „Tourveranstalter". Ältere, komfortable Anlage (Zimmer mit Gemeinschaftsbad) am ca. 2 km² großen Cocha Juarez, etwa 1 km vom Río Manu entfernt. Rund 20 km Wanderwege stehen zur Verfügung.

Casa Matsiguenka, zwischen dem Cocha Salvador und der Kernzone. Rustikale Lodge, die mit deutscher Entwicklungshilfe errichtet, von Matsiguenka-Indianern (s. Kasten S. 295) geführt und von verschiedenen Manu-Veranstaltern genutzt wird und über diese zu buchen ist. Die Casa Matsiguenka besteht aus 4 Hütten mit jeweils 3 DZ mit Gemeinschaftsbad (Duschen und Toiletten), Küche und Speisesaal.

Cochas, die Urwaldseen

Das Wort *Cocha* stammt aus der Quechua-Sprache und bedeutet See. Auch die Gewässer des Amazonastieflands werden Cocha genannt. Doch bei den Urwaldseen handelt es sich eigentlich um „stillgelegte" Flussschleifen, die übrig bleiben, wenn die Flussläufe ihre Richtung ändern. So haben viele von ihnen die Form eines Bumerangs. Sie erhalten frisches Wasser durch die häufigen Regenfälle, und die tiefer liegenden Seen werden periodisch überschwemmt. Die meisten Cochas – auch Altarme genannt – liegen still und unberührt inmitten der riesigen Wälder. Sie sind sehr fischreich und daher ein idealer Lebensraum für den vom Aussterben bedrohten Riesenotter (s. Kasten S. 292).

Tourveranstalter

Alle aufgeführten Unternehmen veranstalten **5–10-tägige Ausflüge** in den Nationalpark Manu (einige auch in andere Schutzgebiete wie z. B.Tambopata, Bahuaja-Sonene oder Amarakaeri). Die Anreise erfolgt meist über Land mit einer Übernachtung im Nebelwald der Ostandenabhänge (siehe „Von Cusco zum Parque Nacional Manu", S. 286). Zurück nach Cusco geht es entweder über die gleiche

Indigene Tourismusprojekte

Wer die eigentlichen Besitzer des Tieflandregenwalds kennenlernen möchte, kann unter verschiedenen Projekten wählen. Hierzu gehören u. a. Besuche der Casa Matsiguenka (S. 293), der Reserva Comunal Amarakaeri und der Dorfgemeinschaft Shipetiari am Oberlauf des Río Madre de Dios, www.ecoturismowanamei.com sowie der Dorfgemeinschaft Santa Rosa de Huacaria, www.selvainka.com, in der Nähe von Pilcopata. Die Fundación Selva Inka bietet Freiwilligenaufenthalte an.

Strecke (die billigste Variante) oder über den Río Madre Dios und die Interoceánica oder mit Rückflug ab Puerto Maldonado. Zum Zeitpunkt der Recherche wurden keine Rückflüge ab Boca Manu angeboten (vor Ort checken).

Warum Papageien Lehm fressen

Als Wissenschaftler der New York Zoological Society in den 1980er-Jahren begannen, **Aras** und deren Lebensgewohnheiten zu erforschen, glaubten sie nach der Entdeckung der ersten Mineralienlecke, dass es nur diese einzige Stelle gäbe. Inzwischen hat man offiziell 18 *Collpas* (Quechua-Wort für salzige Erde) gezählt, 15 weitere sind von im Wald lebenden Indianern ausgemacht worden. Die Forscher gehen von Dutzenden weiterer Collpas aus, die sich in unzugänglichen Regionen der peruanischen Regenwälder befinden. Im Südosten des Landes trifft man acht Arten von Aras an, die sich fast täglich an bestimmten lehmhaltigen Stellen der Flussufer treffen. Mit großem Gekrächze knabbern die bunt gefiederten Vögel mit ihren scharfen Schnäbeln kleine Brocken der tonhaltigen Erde. Dabei nehmen sie **Salze und Mineralien** auf, die für ihr Überleben unentbehrlich sind.

Obwohl Guacamayos, so der spanische Name der Tiere, auch gelegentlich Blätter, Blüten und Früchte verzehren, bevorzugen sie Samenkörner, die ihnen gar nicht hart genug sein können. Doch viele der Samen enthalten giftige Alkaloide und Tannine, sodass die Riesenaras gezwungen sind, das im Lehm enthaltene **Gegengift** aufzunehmen, um nicht zu sterben. Angehörige einiger Hochlandvölker der Anden essen ebenfalls regelmäßig Lehm, um die negativen Folgen von bitteren Wildkartoffeln zu neutralisieren. Interessant ist die saisonal bedingte Fluktuation an den Collpas. Während die Aras sich zu Beginn der Trockenzeit im Mai und Juni deutlich seltener an den Lecken blicken lassen, nehmen sie in den trockensten Monaten August und September deutlich mehr Lehm zu sich. Biologen vermuten, dass das abnehmende Nahrungsangebot die Vögel zwingt, häufiger giftige Samen zu knacken.

Innerhalb der touristisch nutzbaren Zone liegen nur zwei Lodges (s. S. 293). Alle anderen Veranstalter nutzen eigene Zeltcamps auf Holzplattformen oder Unterkünfte außerhalb des Nationalparks (s. S. 295). Die Preise der Trips variieren z. T. beträchtlich und sind abhängig von der Saison, der Gruppenstärke und persönlichem Verhandlungsgeschick. Ein ausführlicher Preisvergleich lohnt sich! Der Tourpreis enthält gewöhnlich: An- und Abreise (Bus und Boot), Unterkunft, Guide, alle Mahlzeiten und Trinkwasser. Der Eintritt zur Minerallecke der Aras und in die Touristenzone des Parks sind nicht immer enthalten.

Amazon Trails Peru,Tandapata 660, San Blas, Cusco, ✆ 084-437374, 💻 www.amazontrailsperu.com. Deutsch-peruanischer Manu-Veranstalter, der die Casa Matsiguenka sowie Manu Blanquillo, ein südlich des Nationalparks gelegenes privates Reservat mit großer Aralecke besucht. Dort wird in der firmeneigenen Maquisapayoj-Lodge (ca. 2 Std. flussabwärts von Boca Manu) übernachtet, mit eigener Beobachtungsplattform für Tapire. 3–8-tägige Touren (auch mit Kindern), Rücktransport über Atalaya oder über Boca Colorado und Puerto Carlos nach Cusco. Touren (mind. 2 Pers.) kosten US$495 für 3 Übernachtungen bzw. US$1220 für 8 Übernachtungen.

Inka Natura Travel, Ricardo Palma J-1, Urbanización Santa Monica, Cusco, ✆ 084-243408, 💻 www.inkanatura.com. Ist spezialisiert auf Touren (Vogelbeobachtung) in die Amazonasregion (Manu, Tambopata). Teure, aber gute Touren mit Übernachtung in der Cock-of-the-Rock Lodge, der Pantiacolla Lodge und dem Manu Wildlife Center. Rund 3 km von der Lodge entfernt ist eine Salzlecke, an der nachts Tapire beobachtet werden können. Die Lodge liegt in einem tropischen Garten und bietet DZ-Kabinen, teilweise mit Privatbad und Warmwasser, Restaurant, Bar, Hängemattenraum. Touren mit 6 Übernachtungen ab US$1780.

Manu Expeditions, Clorinda Matto de Turner 330, Urbanizacion Magisterial Primera Etapa, Cusco, ✆ 084-225990, 💻 www.manuexpeditions.com. Einer der ältesten Anbieter von Touren nach Manu und Mitbesitzer des Manu Wildlife Centers. Hat mehrtägige Touren im Programm

Die Matsiguenka

Der indigene Stamm der Matsiguenka, der etwa 10 000 Personen umfasst, lebt im Südosten Perus, hauptsächlich im Einzugsgebiet des Río Urubamba, aber auch am Río Manu und dem Oberlauf des Río Madre de Dios. Nach vielen unerfreulichen Kontakten mit der Außenwelt zogen sich die Matsiguenka lange Zeit in die Tiefen des amazonischen Regenwalds zurück. Erst in den 1960er-Jahren gründeten viele der einst nomadisierenden Gruppen Dorfgemeinschaften. Dies geschah vor allem auf Druck religiöser Gruppierungen und um die dort errichteten Schulen nutzen zu können. Bis heute haben die Matsiguenka ihre **ursprünglichen Wirtschaftsformen** wie Jagd, Fischfang und Landwirtschaft erhalten. Eines ihrer Hauptnahrungsmittel ist Maniok, der auf kleinen Ackerflächen angebaut wird. Die meisten zum Leben benötigten Güter werden von den Matsiguenka selber hergestellt. Gewöhnt haben sie sich inzwischen an Dinge wie Macheten, Angelhaken oder Kleidung, die ihnen seit Jahrzehnten von Forschern, Missionaren oder Reisenden mitgebracht wurden. Um ihre wirtschaftliche Unabhängigkeit zu sichern, suchten die Matsiguenka eine Einnahmequelle, die zudem mit den strengen Schutzvorschriften des Manu-Nationalparks in Einklang zu bringen war. So beschlossen die beiden im Gebiet des Schutzgebiets lebenden Gemeinden – Takayome und Yomibato – Anfang der 90er-Jahre, ins **Tourismusgeschäft** einzusteigen. Sie errichteten mit Unterstützung der Deutschen Gesellschaft für technische Zusammenarbeit und der staatlichen Nationalparkbehörde Sernanp eine einfache Herberge. Doch obwohl seit der Fertigstellung 1999 immer mehr Reisegruppen den Weg in die rustikale Unterkunft finden, die dem Baustil der Matsiguenka nachempfunden ist, meiden sie viele Veranstalter aus Kostengründen. Sie können ihre Touren günstiger anbieten, wenn sie auf ihre Zeltcamps zurückgreifen. Wer bei den Matsiguenka übernachten und das Projekt auf diese Weise unterstützen möchte, sollte daher gezielt bei den Manu-Veranstaltern nachfragen. Veranstalter, die bei einer Manu-Tour in der Casa Matsiguenka übernachten, sind beispielsweise: Amazon Trails Peru, Bonanza Tours (s. unten, „Tourveranstalter") und Wanamei Responsable Expeditions & Cultural Experiences (s. Kasten S. 293, „Indigene Tourismusprojekte").

Julia Ohl und Frank Herrmann

mit Übernachtungen im Nebelwald (Cock-of-the-Rock Lodge) und im Nationalpark Manu (Zeltcamp in der Nähe des Cocha Salvador). Rücktransport mit Flug ab Puerto Maldonado. Touren mit 5 Übernachtungen kosten US$1650, mit 8 Übernachtungen US$2445.

Pantiacolla Tours, Saphy 554, Cusco, ✆ 084-238323, 🖳 www.pantiacolla.com. Unter holländischer Leitung und mit ökologisch verantwortlicher Ausrichtung. So fließt ein Teil der Einnahmen in Kampagnenarbeit zum Schutz des von Ölfirmen bedrohten Schutzgebiets Amarakaeri, östlich von Manu. Zu Pantiacolla gehört die gleichnamige Lodge unterhalb von Shintuya und die Yine Lodge in Boca Manu. Sie bieten 5-, 7- und 9-tägige (US$695, US$1275 und US$1395) Touren an, außerdem einmal jährlich einen 10-tägigen Dschungel-Survival-Kurs (US$1550, mind. 6 Teilnehmer).

Weitere empfehlenswerte Manu-Anbieter

Bonanza Tours, Suecia 343, Cusco, ✆ 084-507871, 🖳 www.bonanzatoursperu.com.

Manu Nature Tours, Av. Pardo 1046, Cusco, ✆ 084-252721, 🖳 www.manuperu.com.

Von Boca Manu nach Puerto Maldonado

In Boca Manu unterhält der Veranstalter Pantiacolla die **Yine Lodge**, 🖳 www.pantiacolla.com. Etwa zwei Stunden weiter flussabwärts in südöstlicher Richtung liegen am Río Madre de Dios das **Manu Wildlife Center**, 🖳 www.inkanatura.com, die **Maquisapayoj Lodge**, 🖳 www.amazontrailsperu.com, und die **Tambo Blanquillo Lodge**, 🖳 www.tamboblanquillo.com. Von diesen Unterkünften aus lassen sich Ausflüge zur Papageienlecke Blanquillo und über die beiden erstgenannten Lodges auch ein Besuch der Säugetier-Salzlecke auf der östlichen Flussseite unternehmen.

Da es keine regelmäßigen Flüge ab Boca Manu nach Cusco gibt, bieten viele Veranstalter inzwischen den Rücktransport nach Cusco flussabwärts auf dem Río Madre Díos bis zum Goldwäscherdorf **Boca Colorado** an (ca. 5 Std.). Von dort geht es über Land weiter nach Puerto Carlos (ca. 1 Std.). Dort wird man auf die andere Flussseite des Río Inambari gesetzt (Santa Rosa), um weiter auf der anderen Seite auf der Interoceánica in etwa acht Stunden bis nach Cusco oder in knapp drei Stunden nach Puerto Maldonado zu fahren. Die meisten Tourveranstalter benutzen private Kleinbusse für diesen Abschnitt. Von Puerto Maldonado ist der Rückflug nach Cusco bzw. Lima oder der Besuch des Naturschutzgebiets Tambopata-Candamo (S. 304) möglich.

Gelegentlich fahren Handelsboote, die in Boca Manu Halt machen, an einem Tag den Río Madre de Dios flussabwärts bis Boca Colorado an der Mündung des gleichnamigen Flusses. Mehrere Stunden flussabwärts liegt der Ort **Laberinto**, von wo aus regelmäßig Busse nach Puerto Maldonado verkehren (2 Std.).

Wer sich auf eigene Faust auf die Reise von Boca Manu nach Puerto Maldonado einlässt, sollte sich darüber im Klaren sein, dass er die bekannten Touristenpfade verlässt und durch Regionen reist, in denen er auf raue Goldgräber trifft, die Gesundheitsversorgung nur rudimentär ist und man mangels Transportmöglichkeiten durchaus ein paar Tage an einer Stelle festhängen kann.

Puerto Maldonado

Verschlafen, gemächlich und träge ist das Städtchen mit seinen rund 70 000 Einwohnern am Zusammenfluss des Río Madre de Dios und des Río Tambopata wohl bald nicht mehr. Denn inzwischen ist die **Interoceánica** fertiggestellt, ein 2594 km langes Asphaltband das von der brasilianischen Atlantikküste bis zur peruanischen Pazifikküste reicht. Auf dieser sehr guten Strecke fahren seither immer mehr Touristen die 530 km von Cusco über Urcos, Marcapata, Quincemil und Puerto Leguia nach Puerto Maldonado mit dem Bus. Das dauert inzwischen nur noch rund zwölf Stunden, doch in der Regenzeit (besonders von Dez–März) kann der Verkehr aufgrund von Erdrutschen beeinträchtigt sein. Die meisten Besucher bevorzugen den 30-minütigen Flug über die Anden hinab in die feuchtheiße Urwaldstadt.

Der Aufschwung des äußerst schwül-heißen Dschungelkaffs begann bereits Ende der 70er-Jahre. Damals fand man **Gold** im Río Madre de Dios und auch heute noch reden die Bewohner am liebsten über diejenigen, die das Edelmetall wohlhabend gemacht hat. Dies sind in aller Regel nur die Großunternehmer, die sich gute Claims an den großen Flussläufen abgesteckt haben. Denn jedes Jahr nach der Regenzeit schwemmen die Flüsse große Mengen Goldstaub aus den Anden in die Amazonasregion – Gold, das sich an den Flussufern ablagert und mit großen Baggern, die den sedimentreichen Boden durchpflügen, herausgespült wird. Mit fatalen Folgen für die Natur: Rund 18 000 ha Regenwald sind der Goldsuche im Departamento Madre de Dios bereits zum Opfer gefallen und jährlich verunreinigen rund 450 Tonnen an Quecksilber, das zur Bindung des Goldes benötigt wird, zahlreiche Flüsse, Fische und die Menschen. Ein Großteil der 16–18 Tonnen Gold, die jährlich gewonnen werden, stammt aus informellen Abbau, wodurch dem Staat pro Jahr geschätzte 50 Mio. Soles an Steuereinnahmen entgehen.

Der wahre Goldschatz der Region liegt im Süden der Stadt: Das Naturschutzgebiet **Reserva Nacional Tambopata** (S. 304) zieht von Jahr zu Jahr mehr Touristen an, und die Infrastruktur hat sich stark verbessert. Inzwischen werben mehr als ein Dutzend Lodges mit abwechslungsreichen Tourprogrammen um die Gunst der Besucher, die fast alle von Cusco aus im Rahmen einer organisierten Tour mit dem Flugzeug nach Puerto Maldonado kommen. Aber auch eine Übernachtung in Puerto Maldonado lohnt, um ein wenig von der Atmosphäre einer „Frontier Town", einem Grenzposten im Dschungel, zu erleben.

Von oben lassen sich Stadt und Fluss vom 47 m hohen Aussichtsturm **Mirador de la Biodiversidad** (besser bekannt als „Obelisco") an der Kreuzung Fitzcarrald/Madre de Dios erleben. ⏲ tgl. 8.30–21 Uhr, 2 S/.

In Flughafennähe liegt die Schmetterlingsfarm **La Casa de las Mariposas** von Inkaterra, Av. Elmer Faucett KM 7. ⏲ tgl. 7.30–17 Uhr, 15 S/.

Übernachtung

Hospedaje Principe, Gonzales Prada 355, ✆ 082-572838. Etwas steril, aber sauber. Einfache Zimmer mit Bad (mit Gemeinschaftsbad billiger), TV und Deckenventilator. ❷

Hostal El Solar, Gonzales Prada 447, ✆ 082-799211. Saubere, akzeptable Zimmer mit Bad (Gemeinschaftsbad billiger), Ventilator, TV. ❷

Tambopata Hostel, Av. 26 de Diciembre 234, in Plazanähe, ✆ 082-574201, 💻 www.tambopatahostel.com. Die bislang einzige Backpackerabsteige des Orts hat sowohl Schlafsäle (25 S/. p. P.) als auch einfache Zimmer mit Moskitonetz, die sich um einen netten Garten mit Hängematten gruppieren. Küchenbenutzung, Tourservice. Internet 20 Min. gratis, Frühstück inkl. ❷

Hospedaje 3 Fronteras, Arequipa 357, in Plazanähe, ✆ 082-300011, ✉ hospe-tresfronteras@hotmail.com. Saubere Zimmer mit Bad und Elektrodusche, manche mit AC (teurer). WLAN. ❸–❹

Cabaña Quinta, Cusco 535, ✆ 082-571045, 💻 www.hotelcabanaquinta.com.pe. Größte Hotelanlage der Stadt. Gute, saubere Zimmer mit TV, manche mit AC (Aufpreis 40 S/.). Kleiner Pool, Garten. Inkl. Frühstücksbuffet und Flughafentransfer ❹

Wasai Lodge, Plaza Grau 1, ✆ 01-572290 (Lima), 💻 www.wasai.com. Schöne, am Río Madre de Dios, aber auch direkt an der neuen Brücke gelegene grüne Anlage. Einige der nicht mehr ganz frischen Holzzimmer verfügen über AC (plus US$10), alle über Warmwasser, TV und Minibar. Pool und Restaurant.
Die Lodge organisiert Ausflüge in die Umgebung (s. „Touren"). Ihnen gehört auch die Wasai Tambopata Lodge und das Tambopata Wildlife Center. ❹

Im Tropengarten übernachten

Am Stadtrand von Puerto Maldonado liegt rund 600 m vom Flughafen entfernt die **Anaconda Lodge**. Die schöne, gepflegte Anlage unter schweizerischer Leitung verfügt über einen großen tropischen Garten, Pool und das einzige original Thai-Restaurant in Hunderten Kilometern Umkreis. Die geräumigen Bungalows verfügen über heiße Duschen mit Privat- oder Gemeinschaftsbad (ohne Bad billiger). Die Lodge organisiert individuelle Urwaldexpeditionen in Kleingruppen und Kajaktouren. ✆ 082-792726, 💻 www.anacondajunglelodge.com. ❸–❹

Essen

Für die Größe der Stadt bekommt man eine gute Auswahl an Restaurants geboten. Viele servieren frischen **Flussfisch** (leider wegen des Goldabbaus durch Quecksilber belastet) oder **Wildbret**. **Paranüsse**, auch Brasilnüsse genannt, *(Castañas, Bertholletia excelsa)* zählen zu den nachhaltigen Waldprodukten der Region. Man kann sie auf dem Markt oder am Flughafen erstehen.
In den Restaurants der Hotels/Lodges **Wasai** (🕓 tgl. außer So), **Anaconda** (auf Vorbestellung) und **Cabaña Quinta** kann man gut essen.

El Califa, Piura 266, gute Fisch- und Fleischgerichte, große Auswahl regionaler Säfte 🕓 tgl. 9–16.30 Uhr,

Cevichería El Catamarán, Av. 26 de Diciembre 241, Fisch und Ceviche mit schönem Ausblick, 🕓 tgl. 9–15 Uhr.

Kuskalla, Av. 26 de Diciembre 195, gelungene Fusion peruanischer und brasilianischer Küche, schöner Ausblick auf den Zusammenfluss des Madre de Díos und Tambopata, gute Caipirinhas, 🕓 Mo–Sa 12–23 Uhr, So nur auf Vorbestellung.

La Casa Nostra, León Velarde 515, gutes Café, Tourinformationen, 🕓 Mo–Sa 7.30–13, 17–23 Uhr.

Los Gustitos del Cura, Loreto, an der Plaza, nettes Eiscafé, gute Fruchtsäfte, leckerer Biokaffee. Hier werden Waisenkinder der Hilfsorganisation APRONIA beschäftigt, die auch eine Lodge unterhält (s. Kasten S. 301)

Natural, Loreto, an der Plaza, Restaurant und Bar, man sitzt an gemütlichen Holztischen, Frühstück, Fleisch- und Fischgerichte, 🕓 tgl. 7–24 Uhr.

Restaurant Snack Vegetariano, Madre de Dios 650, Vegetarier, 🕓 So–Fr 7–20 Uhr.

Unterhaltung und Kultur

An Wochenenden kann man sein Glück in den Disco **Witite**, Velarde Cuadra 1, 2. Stock, oder **Karambola**, Arequipa, Cuadra 1, probieren. Die größte Disco der Region ist das **Teoca's**, Av. Andres Caceres 1188, auf dem Weg zum Flughafen, mit Restaurant und Karaoke-Bar. 🕓 Di–So ab 11 Uhr.

Aktivitäten und Touren

Bootstouren

Links neben der Wasai Lodge in der Billinghurst befindet sich der **Embarcadero Turístico**, der für den Tourismus gebaut wurde, allerdings kaum genutzt wird. Der Zugang über die Treppe ist vor allem für ältere und behinderte Menschen schwierig.

Die meisten Veranstalter bringen ihre Gäste in das rund 30 Busminuten entfernte Dorf Infierno und beginnen dort die Bootsfahrt flussaufwärts Richtung Tambopata.

Im Hafen **Puerto Tambopata**, der in der Nähe des Krankenhauses am Río Tambopata liegt, starten die Bootstouren zu den Lodges, die entlang des Río Madre de Dios liegen.

Guides

Das Informationsbüro von **DIRCETUR**, s. u., vermittelt Führer für individuelle Dschungeltouren. Sie müssen einen Ausweis von DIRCETUR vorzeigen können, auf dem *Conductor Turístico* und das jeweilige Zielgebiet stehen. Ohne diesen Ausweis ist die Einreise in das Schutzgebiet nicht erlaubt. Die meisten Guides sprechen etwas Englisch und nehmen rund US$30–50 pro Tag und Person (bei mehreren Tagen günstiger, verhandelbar je nach Gruppengröße). Es empfiehlt sich, einen informellen Vertrag aufzusetzen und die Details der Tour zu besprechen (Preis inkl. Bootsmann, Motor, Boot, Benzin, Öl, Essen und Ausrüstung). Zuverlässige Guides vermitteln auch die Anaconda Lodge und die Wasai Lodge (s. „Übernachtung").

Tourveranstalter

Viele der Tourveranstalter, die Lodges in der Umgebung von Puerto Maldonado besitzen, unterhalten Büros in der Stadt und/oder in Cusco bzw. Lima. Die Adressen finden sich bei der jeweiligen Lodge (S. 303).

Sonstiges

Feste

Der **Karneval** und die **Fiesta San Juan** sind im Juni, die **Ökotourismuswoche** (Semana Turística Ecológica) Ende September.

Freiwilligenarbeit

Die **Anaconda-Lodge** sucht ständig Gärtner und Mitarbeiter für die Lodge. Im **Taricaya Center**, ca. zwei Bootsstunden den Río Madre de Dios flussaufwärts, 💻 www.volunteer-conservation-peru.org, kann man bei der Pflege kranker und verletzter Tiere helfen.

Geld

Mehrere Banken liegen rund um die Plaza de Armas, z. B. die **Banco de la Nación**, Carrión 231, Wechselstuben entlang der León Velarde.

Informationen

DIRCETUR, San Martín, Fonavi F20, ✆ 082-571164, ✉ madrededios@mincetur.gob.pe. ⏲ Mo–Fr 7–13, 14–16 Uhr.

Sernanp, Av. 28 de Julio, Cuadra 8, ✆ 082-573278, ✉ eflores@sernanp.gob.pe. Hier bekommt man Infos zu den Schutzgebieten der Region. Die Eintrittsgebühren für die Parks (s. S. 290) zahlen in der Regel die Tourveranstalter bzw. die Guides. Ansonsten erfolgt die Bezahlung bei der Banco de la Nación, Carrión 261. ⏲ Mo–Fr 8–13, 15–18, Sa 9–12 Uhr.

Medizinische Hilfe

Hospital Santa Rosa, Cajamarca, Block 7, ✆ 082-571019. Gelbfieberimpfungen (Einreise Brasilien) bekommt man nur im **Puesto de Salud Jorge Chávez**, Asentamiento Jorge Chávez. Die Impfung ist bis auf eine Verwaltungsgebühr von 6,50 S/. kostenlos. Bei mehr als 8 Pers. kann an jedem beliebigen Tag geimpft werden. ⏲ Mo und Fr 15–17 Uhr.

Motorradverleih

Motos Pituco, Prada 358, vermietet Motorräder für sagenhafte 5 S/. pro Std. inkl. Benzin (Führerschein und Pass erforderlich). ⏲ tgl. 6–24 Uhr.

Polizei

Am Ortseingang, Straße nach Cusco, ✆ 082-803504, Notruf ✆ 110.

Post

Serpost, León Velarde 675.

Visaangelegenheiten

Migración, Av. 28 de Julio 467, ✆ 082-571069. Wer mit dem Boot über den Río Madre de Dios nach Bolivien ausreist, muss sich hier seinen Stempel holen. Wer über Land nach Brasilien reist, erhält den Ausreisestempel am tgl. geöffneten Grenzübergang in Iñapari. Generell schadet es nicht, sich vor der Weiterreise nach den aktuellen Bestimmungen zu erkundigen. ⌚ Mo–Fr 8–13, 14.30–16 Uhr (unzuverlässig!).

Wäschereien

Im Block 3 der Velarde befinden sich zwei **Lavanderías**.

Nahverkehr

In Puerto Maldonado sind **Motocars (Tuc Tucs)** und **Moto Taxi** (Leichtmotorräder) das schnellste und billigste Verkehrsmittel. Sie kosten 2 S/. bzw. 1 S/. pro Fahrt innerhalb des Orts und 7–9 S/. zum Flughafen. Die Schutzhelmpflicht bei den Motorrädern gilt nur für den Fahrer.

Transport

Busse und Colectivos

Die Strecke von der brasilianischen Grenze über Puerto Maldonado bis nach Cusco ist Teil der *Interoceánica*, die vom Atlantik (Brasilien) bis zum Pazifik (Peru) reicht und inzwischen bis auf kleinere Stücke komplett asphaltiert ist. In der Regenzeit können jedoch Erdrutsche Verspätungen und Ausfälle von Bussen verursachen.

Gesellschaften

Civa, Av. Tambopata, Cuadra 6
Huareño, Av. Tambopata, Cuadra 6
Internacional Iguazú, Av. Tambopata, Cuadra 6
Internacional Santa Cruz, Tambopata Cuadra 7
Julsa/Wayra, Av. Tambopata, Cuadra 7
Móvil Tours, Av. Tambopata, Cuadra 5, ✆ 082-795785
Turismo Mendivil, Av. Tambopata, Ecke Tacna

Verbindungen

CUSCO um 10, 19 und 20.30 Uhr (Móvil Tours), um 20 Uhr (Civa) und zwischen 16 und 19.30 Uhr (Huareño, Turismo Mendivil, Internacional Iguazú), 11–12 Std., 530 km, 30–40 S/. (Civa) bzw. 40–70 S/. (Móvil Tours)
IÑAPARI / ASSIS (Brasilien), ca. 3 Std., bis zur Grenze 3 1/2 Std., 244 km. Von der Ica, Block 5 fahren Sammeltaxis von Transportes Imperial und Real Dorado (von 4–19 Uhr, 30 S/., bis zur Grenze 35 S/.).
INFIERNO Sammeltaxis fahren von der Piura/Ecke Cajamarca (von 6–18 Uhr, 1/2 Std., 20 km, 6 S/.).
JULIACA um 13.30, 15.30 und 17 Uhr (Internacional Santa Cruz), um 7, 13.30, 15, 17.30 und 18 Uhr (Julsa/Wayra) und um 15 Uhr (Turismo Mendivil), ca. 12–13 Std., 750 km, 40–45 S/.
LABERINTO Sammeltaxis fahren von der 28 de Julio, Ecke Tacna (von 3–22 Uhr, 1 Std., 50 km, 8 S/.).
RIO BRANCO (Brasilien) Di und Fr um 10.30 Uhr (Móvil Tours), 10–11 Std., 556 km, 100 S/. Der Bus kommt aus Cusco.

Boote

An der Ostecke der Stadt befindet sich am Río Madre de Dios der **Hafen EMAPAT**.
Hier warten jede Menge *Peque-peques* (**Langboote** mit kleinem Motor und Platz für bis zu 10 Pers.) auf Charterfahrten.
Am Hafen legt auch die **Madre de Dios-Fähre** ab, die Fahrzeuge und Passagiere auf die gegenüberliegende Flussseite nach El Triunfo und zurück befördert.
Die Boote Richtung MANU flussaufwärts auf dem Río Madre de Dios fahren von LABERINTO, ca. 50 km westlich von Puerto Maldonado, ab. Es besteht keine regelmäßige Verbindung nach Boca Manu und Shintuya. Laberinto ist problemlos in 1 Std. mit öffentlichen Verkehrsmitteln zu erreichen (s. o.).
Boote nach PUERTO PARDO (peruanischer Grenzhafen, Fahrzeit etwa 5 Std.) und zum bolivianischen Hafen PUERTO HEATH, flussabwärts auf dem Río Madre de Dios, fahren nur äußerst sporadisch.
Von Puerto Pardo gelangt man in rund drei Tagen nach Riberalta und von Puerto Heath über eine wenig befahrene Dschungelpiste nach La Paz.

Flüge

Der **Aeropuerto Padre José Aladamiz** liegt rund 7 km westlich des Zentrums, ✆ 082-571533. Der Flughafentransport kostet je nach Transportmittel 6–9 S/. In der Regenzeit muss mit Verspätungen und Flugausfällen gerechnet werden. Ein Zeitpuffer für internationale Anschlussflüge sollte in jedem Fall eingerechnet werden.

Lan Perú und Star Perú fliegen tgl. nach CUSCO. Die Ticketpreise sind etwas günstiger als von Cusco aus und gelegentlich werden Specials angeboten. In den Monaten Juli/Aug können die Flüge schon lange im Voraus ausgebucht sein.

Fluggesellschaften

Lan Perú, León Velarde, Ecke Dos de Mayo, ✆ 082-573677, 💻 www.lan.com. 🕓 Mo–Fr 8.30–13, 16–19.30, Sa 8.30–13.30 Uhr.

Star Perú, León Velarde 135, ✆ 082-573564, 💻 www.starperu.com. 🕓 Mo–Fr 8–13, 16–19, Sa 8–13, 16–18 Uhr.

Taca, Jr. Cusco 535 (vorübergehend im Hotel Cabaña Quinta untergebracht), ✆ 01-511-8222 (Callcenter Lima), 💻 www.taca.com. 🕓 Mo–Fr 8–18 Uhr.

Die Umgebung von Puerto Maldonado

Auf dem Weg zum Dorf Infierno haben wenige Kilometer außerhalb Puerto Maldonados verschiedene touristische Anbieter die **Reserva Privada Bajo Tambopata**, ein privates Schutzgebiet, ins Leben gerufen. Im sogenannten Corredor Turistico haben sich dort unter anderem Hotels, Restaurants, Freiwilligenorganisationen und Kunsthandwerker angesiedelt. Weitere Infos gibt es bei der Touristeninformation DIRCETUR in Puerto Maldonado, die über ein Faltblatt mit der Route und den Anbietern verfügt.

Weniger einladend ist die Goldgräberstadt **Laberinto** ca. 50 km westlich von Puerto Maldonado. Das Städtchen ist aber Ausgangspunkt für Bootsfahrten flussaufwärts auf dem Río Madre de Dios Richtung Manu. Die Übernachtungsmöglichkeiten in Laberinto sind alles andere als gemütlich, und Tagesbesuchern sei empfohlen, abends rechtzeitig nach Puerto Maldonado zurückzukehren.

Dschungellodge mit Hilfsprojekt

Entlang der Straße nach Iñapari liegt bei KM 14 die Dschungellodge **Estancia Bello Horizonte** in erhöhter Lage mit weitem Blick über eine Sumpflandschaft aus Mauritia-Palmen. Die weitläufige Bungalowanlage mit großem Pool wird von der Hilfsorganisation APRONIA geführt und propagiert einen ökologischen und fairen Tourismus. Die Einnahmen aus dem Lodgebetrieb fließen zu 100 % in zwei Kinderheime. Die Übernachtungspreise liegen bei US$120/240/310/420 für 1/2/3/4 Nächte p. P. (jeweils ab Min. 2 Pers.). Kontakt: José Maria Grain 105, Puerto Maldonado, ✆ 082-572748, 💻 www.estanciabellohorizonte.com.

Auf dem Landweg Richtung Brasilien und Bolivien

Eine asphaltierte Urwaldstraße, Teil der Interoceánica, führt vorbei an Sekundärwald und Farmland zum Grenzort **Iñapari**. Colectivos benötigen rund drei Stunden bis nach Iñapari und weitere 30 Minuten bis zur Grenze, wo man seinen Ausreisestempel erhält. Der brasilianische Grenzort heißt **Assis Brasil**. Die Grenze ist tgl. von 8.30–19 Uhr geöffnet.

Zwischen **Iñapari** und **Assis Brasil** gibt es inzwischen eine Brücke über den Grenzfluss Río Acre. Im Assis Brasil sind die Übernachtungsmöglichkeiten etwas besser als in Iñapari. Von Assis kann man nach **Brasiléia** reisen. Dort

Gelbfieberimpfung für Brasilien

Wer von Peru aus nach Brasilien einreist, benötigt eine Gelbfieberimpfung und den dazugehörigen Eintrag im Internationalen Impfpass. Impfungen sind im Puesto de Salud Jorge Chávez (s. „Puerto Maldonado/Sonstiges/Medizinische Hilfe", S. 299) erhältlich.

bestehen Anschlüsse nach **Río Branco** (und Sao Paulo) oder über eine neue Brücke ins **bolivianische Cobija**. Von Cobija gibt es Bus- und Flugverbindungen nach **Rurrenabaque** und **La Paz**.

Den Río Madre de Dios flussabwärts Richtung Bolivien

Wer keine der Lodges am Río Tambopata besuchen möchte, hat auch am Río Madre de Dios oder dem Nebenfluss Río de las Piedras zahlreiche Möglichkeiten, das Naturschutzgebiet Tambopata-Candamo zu erleben. Absolut lohnenswert ist ein Abstecher zum Lago Sandoval oder weiter flussabwärts zum Lago Valencia, der allerdings außerhalb des Schutzgebiets liegt. Für Vogelbeobachter interessant ist eine Fahrt auf dem Río Heath, dem Grenzfluss zwischen Peru und Bolivien. Der Flusslauf ist Teil der Pampas del Heath, einem tief liegenden Überschwemmungsgebiet, das inzwischen zum Parque Nacional Bahuaja-Sonene gehört.

Lago Sandoval

Rund 45 Bootsminuten flussabwärts, östlich von Puerto Maldonado, liegt inmitten von dichtem Regenwald der Lago Sandoval, eine ehemalige Flussbiegung des Río Madre de Dios. Einen Kilometer weiter flussabwärts beginnt der rund 3 km lange Weg durch den Regenwald zum Sandoval-See. Am Ende des Trails führt ein schmalerer Weg zur rund 2 km entfernten **Mejía Lodge** oder per Boot zur teureren, aber sehr schönen **Sandoval Lake Lodge** (beide weiter unten beschrieben).

Um den See hat sich eine abwechslungsreiche **Flora und Fauna** herausgebildet, die man in ihrer Vielfalt nur erleben kann, wenn man am See übernachtet. Jede Menge Vögel, darunter Eisvögel, Hoatzine (eine Baumhuhnart), Kormorane, Reiher, Tukane und Aras können erspäht werden, und mit etwas Glück sieht man Fischotter, Kaimane, Sumpfschweine, Affen und Schildkröten. Im See lebt der bis zu 200 kg schwere Paiche, die größte Fischart des Amazonas. Mehrere Agenturen und Lodges bieten Ausflüge bzw. organisierte Touren zum See an (s. dazu auch „Guides" im Serviceteil Puerto Maldonado, S. 299), Eintritt 30 S/, lizenzierter Guide vorgeschrieben. Schwimmen im See ist nicht ratsam, da sich am Seeufer Stachelrochen aufhalten, die schmerzhafte Wunden verursachen können.

Lago Valencia

Rund 60 km flussabwärts (ca. 4–6 Bootsstunden) von Puerto Maldonado liegt der Lago Valencia, der über einen schmalen Kanal erreicht wird. Es wird angenommen, dass der See ebenfalls ein Überbleibsel eines Richtungswechsels des Río Madre de Dios ist. Ähnlich wie beim Lago Sandoval bekommt man am Lago Valencia noch viel unberührte Natur und einheimische Tierwelt zu sehen. Um davon maximal profitieren zu können,

Rainforest Expeditions – der andere Weg

Die Aktivitäten des Tourveranstalters Rainforest Expeditions gehören zu den wenigen viel versprechenden ökotouristischen Projekten in Peru, die nachhaltigen Naturschutz und die Einbindung indianischer Gemeinden in touristische Strukturen in Einklang bringen. Die **Posada Amazonas** (s. S. 306) wurde auf dem Land der Ese'eja-Indianer errichtet, mit denen ein spezielles Abkommen abgeschlossen wurde. So gehört die Lodge beiden Parteien zu 50 %; in einer ersten Phase wurden die indianischen Bewohner als Personal für die Lodge ausgebildet. In einem nächsten Schritt werden einige ausgewählte Bewohner als Guides qualifiziert, unter anderem mit Englisch-Kursen, die sie in Lima erhalten. Nach 20 Jahren zieht sich Rainforest Expeditions aus dem operativen Geschäft zurück und die Lodge soll dann komplett in den Besitz der Ese'eja-Gemeinde Infierno übergehen. Bereits jetzt erzielt das Dorf Einnahmen durch den Verkauf von Obst und Gemüse an die Lodge. Zudem ist eine Besichtigung des Kräutergartens der Dorfgemeinschaft fester Bestandteil des Besuchsprogramms, durch das ebenfalls Geld direkt in die Kassen der Gemeinde fließt.

ist die Begleitung eines sachkundigen Guides unbedingt ratsam. An der Einfahrt zum See passiert man einen Polizeiposten, an dem man sich registriert. Wenig später führt die Fahrt an einer kleinen Dschungelsiedlung vorbei. Den Besuch am See verbringen die Gäste mit Regenwald-Wanderungen, Angeln, Tierbeobachtungen und Schwimmen.

Weiter zur Grenze

Nur wenige Handelsboote fahren bis zur Grenze nach Puerto Pardo, dem peruanischen Grenzort. Den **Ausreisestempel** muss man sich bereits in Puerto Maldonado holen. Die bolivianischen Grenzformalitäten werden in aller Regel in **Puerto Heath** erledigt. Von dort besteht ein sehr unregelmäßiger Bootsverkehr nach Riberalta. Die Bootsfahrt von Puerto Maldonado bis Riberalta kann mehr als eine Woche dauern.

Es ist wichtig, vor der Abfahrt genau herauszufinden, bis wohin die Reise geht, um nicht tagelang im Nirgendwo auf ein Boot warten zu müssen.

Übernachtung und Essen

Am Río Madre De Dios (zwischen Puerto Maldonado und bolivianischer Grenze)

Vor allem für Einzelreisende ist es am einfachsten, die Unterbringung schon in Cusco zu buchen, aber einige Lodges haben in Puerto Maldonado ein weiteres Büro, über das man ebenfalls meist noch einen Platz bekommt. Die Preise sind in aller Regel gleich; mit etwas Verhandlungsgeschick lässt sich vor Ort aber sicher ein wenig Geld sparen. Die Lodges außerhalb von Puerto Maldonado haben keinen Strom, sondern werden nachts mit Kerosinlampen und Kerzen erleuchtet. Einige Lodges verfügen über einen Dieselgenerator, der abends für einige Stunden in Betrieb genommen wird und das Aufladen elektronischer Geräte ermöglicht.

Alle Lodges verfügen über Moskitonetze; entweder ist der ganze Zimmerbereich abgedichtet (meist nicht 100-prozentig) oder man klappt die aufgehängten Netze abends über das Bett. Einige Lodges stellen Gummistiefel zur Verfügung. Die Komplettpakete der Veranstalter umfassen in aller Regel Unterkunft, sämtliche Mahlzeiten, Transport und Guide und gelegentlich den Eintritt.

Corto Maltez Amazonia, am Südufer des Río Madre de Dios, etwa auf halber Fahrtstrecke zwischen Puerto Maldonado und dem Lago Sandoval, Billinghurst 229, Puerto Maldonado, ✆ 082-573831, 💻 www.cortomaltes-amazonia.com. Die Anlage verfügt über geräumige Bungalows mit Privatbad und warmen Duschen. Hinzu kommen eine Bar, ein Restaurant und Hängematten. Ayahuasca-Zeremonie. US$70/320/400 für 1/3/4 Übernachtungen.

Eco Amazonia Lodge, rund 30 km flussabwärts von Puerto Maldonado gelegen. Kontakt in Cusco: Garcilaso 210, Of. 206, ✆ 084-236159, 💻 www.ecoamazonia.com.pe. Große Anlage mit über 40 Bungalows, alle mit Bad. Hinzu kommen ein Hängemattenzimmer, Restaurant, Bar und eine kleine Bibliothek. Von der Lodge werden Ausflüge in die Umgebung unternommen, darunter auch eine spirituelle Tour mit Ayahuasca-Zeremonie. US$320/410 für 3/4 Übernachtungen.

Heath River Wildlife Center, Quebrada Huipa, rechte Seite des Río Heath, ca. 4–5 Bootsstunden von Puerto Maldonado entfernt, gehört wie die Sandoval Lake Lodge zu Inka Natura Travel, Manuel Bañon, San Isidro, Lima ✆ 01-4402022, 💻 www.inkanatura.com. Die Lodge wird von den Ese'eja-Indianern betrieben und bietet Doppelbungalows mit warmen Duschen. Programme werden teilweise mit dem Besuch der Sandoval Lake Lodge kombiniert. US$575/745 für 3/4 Übernachtungen.

Reserva Amazónica Lodge, rund 15 km flussabwärts von Puerto Maldonado, Kontakt in Lima: Calle Cusco 436, ✆ 01-6100400; in Puerto Maldonado: ✆ 082-572283; in Cusco: Plaza Las Nazarenas 113, ✆ 084–245314, 💻 www.inkaterra.com. Komfortable Bungalows mit Veranda, Bad, Öllampen und Moskitonetz, umgeben von Regenwald. Ausflüge zum Lago Sandoval, Lago Valencia, zum 27 m hohen Canopy Tree House und zum Botanischen Garten Hacienda Concepción. Preise alles inkl. außer Flug: 3 Übernachtungen ab US$1420.

Yakari Canopy Adventures, etwas flussabwärts von der Abzweigung zum Lago Sandoval gelegen, in Puerto Maldonado: Leon Velarde

Ausrüstung für den Dschungeltrip

Taschenlampe und Ersatzbatterien, Moskitoschutzmittel, langärmelige Hemden, lange Hosen, Trekkingstiefel, ein warmes Kleidungsstück (für längere Bootsfahrten und den Fall eines durchaus möglichen Kälteeinbruchs), Kopfbedeckung.

144, ✆ 082-502207, 💻 www.yakaricanopy.com. Dschungelabenteuerpark mit Zipline. Nachmittags wird eine Kajakfahrt auf dem Río Madre de Dios angeboten. Weitere Ausflugsoptionen buchbar.

Am Río de las Piedras

Amazon Rainforest Conservation Center (ARCC), etwa 175 km den Río Las Piedras flussaufwärts. 8 Bungalows mit Privatbad und Warmwasser am Soledad-See in einem 7000 ha großen, privaten Schutzgebiet gelegen. Die Lodge verfügt über einen Essenssaal, eine Bar und Hängematten. Von der 35 m hohen Beobachtungsplattform am See lassen sich Vögel, Affen und sogar Flussotter beobachten. Strom ist bis ca. 22 Uhr verfügbar. Die lange Fahrt zum ARCC wird meist nach ca. 80 km an der **Tipishca Lodge** am Tipishca-See unterbrochen, die zu Las Piedras Amazon Tours gehört, Kontakt in Puerto Maldonado, Los Cedros B 17 „Los Castaños", ✆ 082-573655, 💻 www.laspiedras amazontour.com. Das Standardprogramm mit 5 Übernachtungen kostet US$1185.

Reserva Nacional Tambopata

Die Geschichte des Naturschutzgebiets beginnt im Jahr 1977, als die peruanische Regierung 5500 ha Regenwald am Río Tambopata unter Schutz stellte. In den folgenden Jahrzehnten brachten wissenschaftliche Studien eine **enorme Artenvielfalt** in der Region zum Vorschein. Im Jahr 1990 wurde das Gebiet auf 275000 ha ausgeweitet und erstreckt sich inzwischen im Süden von Puerto Maldonado bis zu den Ausläufern der Ostanden, im Westen bis zum Río Madre de Dios, und im Osten bis an Grenze zu Bolivien. Rund ein Drittel der Zona Reservada Tambopata-Candamo wurde 1995 mit dem **Santuario Pampas del Heath**, einer Sumpflandschaft an der Grenze zu Bolivien, zum **Parque Nacional Bahuaja-Sonene** mit einer Fläche von 537 000 ha zusammengelegt.

Das gesamte Gebiet ist traditioneller Lebensraum der **Ese'eja-Indianer**, die während des Kautschukbooms vor rund 100 Jahren stark dezimiert wurden. Ihre Bezeichnungen für den Río Tambopata und den Río Heath haben dem Parque Nacional Bahuaja-Sonene seinen Namen gegeben. Der überwiegende Teil der Zona Reservada Tambopata-Candamo besteht aus unberührtem Regenwald; an den Rändern leben Bauern und indianische Gemeinschaften.

Tourismus ist nur in ausgewiesenen Bereichen des Naturschutzgebiets möglich. Zusammen mit dem Manu-Nationalpark gehört die Region, was Fauna und Flora betrifft, zur artenreichsten der Erde. Die mehr als 648 registrierten Vogelarten (darunter 32 Papageienarten), 323 Fischarten, 108 Säugetierarten und 93 Amphibienarten sind nur einige Rekorde, die das Gebiet aufgestellt hat. Hinzu kommt die **weltweit größte Minerallecke für Papageien** (Collpa Colorado), an der sich täglich Hunderte von Papageien zu einem farbenfrohen und lauten Spektakel einfinden.

Solch einmalige Naturereignisse locken eine ständig wachsende Besucherzahl an den Río Tambopata, an dessen Ufern sich inzwischen mehr als zehn Lodges niedergelassen haben. Aufgrund der Nähe zu Puerto Maldonado und der guten Flugverbindungen nach Cusco lohnt sich das Schutzgebiet auch für einen kürzeren Aufenthalt. Ein Minimum von drei Tagen sollte aber eingerechnet werden. Der **Eintritt** in das Schutzgebiet beträgt 30 S/. für bis zu zwei Tagen, 75 S/. für bis zu fünf Tagen und darüber hinaus 150 S/. Der Ausflug zur Papageienlecke Colorado kostet 100 S/.

Übernachtung und Essen

Am Lago Sandoval

Mejía Lodge, am Lago Sandoval gelegen. Kontakt und Buchung über Ceiba Tours in Puerto Maldonado, León Velarde, Cuadra 3,

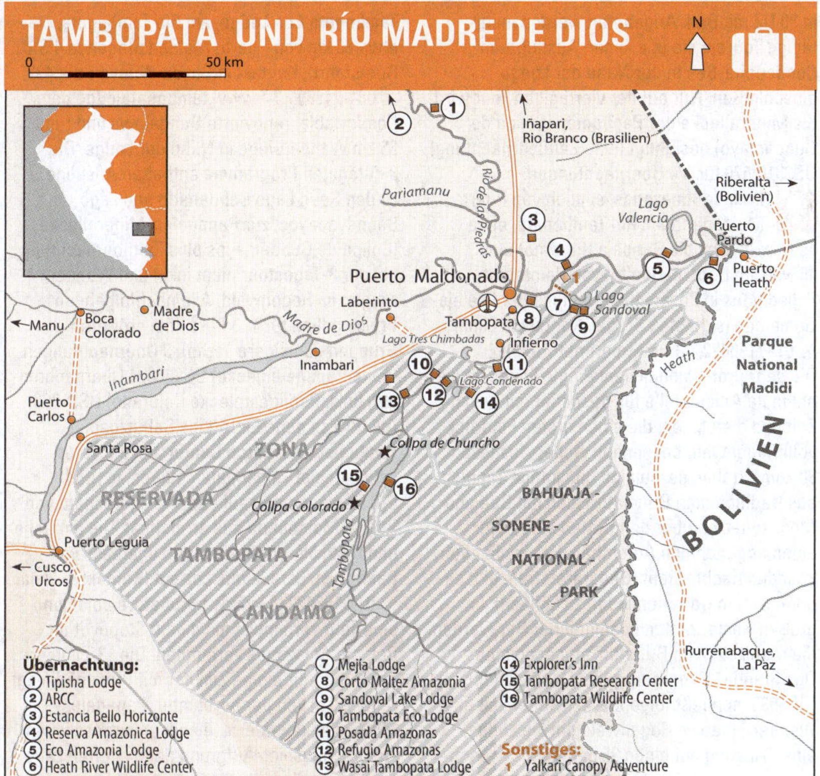

✆ 982613304 (Mobil), ✉ turismomejia@hotmail.com (nicht sehr zuverlässig). Die Bezeichnung „Lodge" ist sehr schmeichelhaft. Rustikale Holzhütten mit Palmdach (Betten mit Moskitonetz), alle mit nicht besonders sauberem Gemeinschaftsbad. Aufgrund der Lage am Sandoval-See und des günstigen Preises aber sehr beliebt bei jungen Travellern. Kanutouren auf dem See. Bungalows kosten 30 S/. (2 Pers.), Mahlzeiten 12 S/., Hin- und Rückfahrt mit dem Boot 120 S/. und Guides 100 S/. pro Tag.

Sandoval Lake Lodge, Lago Sandoval, von Inka Natura Travel betrieben, Manuel Bañon, San Isidro, Lima, ✆ 01-4402022, ✆ www.inkanatura.com. Die Lodge wurde rund 30 m oberhalb des Sees inmitten des Regenwalds gebaut. Sehr angenehme Zimmer mit Ventilator und Bad/Warmwasser. Weitläufiges, luftiges Restaurant mit Bar und schönem Blick über den See. Es besteht die Möglichkeit, die Umgebung der Lodge auf angelegten Wanderwegen zu erkunden oder Bootstouren auf dem See zu unternehmen. Die Preise für drei Übernachtungen liegen je nach Saison bei US$278–298.

Entlang des Río Tambopata

Explorer's Inn, rund 58 km von Puerto Maldonado flussaufwärts am Río Tambopata. Die Lodge wird von Peruvian Safaris gemanagt, Kontakt in Lima: Alcanfores 459, Miraflores, ✆ 01-4478888, 🖳 www.explorersinn.com. Pionieragentur, die seit 1975 erfolgreich in Tambopata Touren veranstaltet. Unterbringung in 30 DZ mit Bad. Angeboten werden mehrtägige Touren, die u. a. einen Ausflug zum Cocococha-See in der Nähe der Lodge einschließen. Nur auf der viertägigen Tour wird die Minerallecke der Papageien (Collpa de Guacamayo) besichtigt (eine Zeltübernachtung). US$310/520 für 3/4 Übernachtungen.

Posada Amazonas, südlich von Puerto Maldonado am Río Tambopata, etwa 45 Min. im Bus bis Bahuaja (Infierno) und 45 Min. im Boot, verwaltet von Rainforest Expeditions in Zusammenarbeit mit der Ese'eja-Gemeinde (s. Kasten S. 302). Kontakt in Lima: ✆ 01-7196422, 💻 www.perunature.com. Die sehr professionell gemanagte Lodge ist die optimale Anlaufstelle für Besucher mit wenig Zeit und diejenigen, die einen ersten Eindruck vom Regenwald bekommen wollen. Insgesamt 30 komfortable, geräumige und luftige Zimmer aus traditionellen Baumaterialien mit Bad und Moskitonetzen über den Betten sorgen für einen angenehmen Aufenthalt. Kerosinlampen spenden nachts Licht (Generatorstrom gibt es nur kurz, um Batterien laden zu können). Im großen Restaurant mit gemütlicher Bar werden die Mahlzeiten im Buffetstil eingenommen. Das Standardprogramm mit 2 Übernachtungen (US$535) schließt folgende Aktivitäten mit ein: Wanderungen im Regenwald um die Lodge, einen Ausflug auf einen 35 m hohen Beobachtungsturm, eine Tour zur nahe gelegenen Lagune Tres Chimbadas, auf der man von einem motorlosen Holzkatamaran aus Riesenotter beobachtet, einen Abstecher zu einer kleinen Papageienlecke und den Besuch in einem Garten mit Naturheilkräutern.

Refugio Amazonas, 2005 von Rainforest Expeditions gebaute Lodge, die einzeln oder in Verbindung mit dem Tambopata Research Center (s. u.) gebucht werden kann, Kontakt in Lima: ✆ 01-7196422, 💻 www.perunature.com. Die Lodge liegt in einem 200 ha großen privaten Schutzgebiet der Pufferzone des Tambopata-Nationalreservats. Einfache, offene Holzhütten mit Moskitonetz und Privatbad, kein heißes Wasser. Das Programm ähnelt dem der Posada Amazonas, aber die Lodge ist um einiges kleiner. Die Tourpakete des Refugio Amazonas kosten US$375/619/790 für 2/3/4 Übernachtungen.

Tambopata Eco Lodge, am Río Tambopata, etwa 80 km von Puerto Maldonado (etwa 4 Std. Bootsfahrt), Kontakt in Cusco: Nueva Baja 432, ✆ 084-245695, 💻 www.tambopatalodge.com. Komfortable, renovierte Bungalows und rund 25 km Wanderwege in Nähe der Lodge. Die 3–5-tägigen Programme enthalten Ausflüge zu den Seen Lago Condenado und Lago Sachavacayoc, zur Papageien-Minerallecke (Collpa de Guacamayas plus Zeltübernachtung, bei der 3-Tagestour nicht inkl.) und Wanderungen im Regenwald. Alle nachfolgenden Preise gelten für 1–3 Pers. (bei größeren Gruppen günstigere Tarife): 3 Übernachtungen (ohne Papageienlecke) US$560, 4 Übernachtungen (inkl. Papageienlecke Colorado) US$1098. Alle Preise ohne Eintritt ins Schutzgebiet.

Tambopata Research Center, tief im Naturschutzgebiet Tambopata gelegen, in rund 5–6 Bootsstunden auf dem Río Tambopata von Puerto Maldonado aus erreichbar. Die einfache und rustikale Unterkunft wird ebenfalls von Rainforest Expeditions betreut (Kontakt in Lima: ✆ 01-7196422, 💻 www.perunature.com), und eine Tour wird meist mit einem Stopover im Refugio Amazonas verbunden. Die 13-Zimmer-herberge (nur einige Zimmer mit Privatbad) liegt rund 500 m von der berühmten Papageien-Minerallecke entfernt, einem unvergesslichen Naturschauspiel. Aufgrund der isolierten Lage ermöglicht die Lodge Wissenschaftlern und Naturliebhabern ungewöhnliche Einblicke in die Fauna des Regenwaldes. Die Tourpakete des TRC kosten für 5 Übernachtungen US$920, Preise jeweils ohne Eintritt ins Naturschutzgebiet Tambopata.

Wasai Tambopata Lodge, unweit der kleinen Gemeinde Baltimore, rund 5 Bootsstunden (ca. 120 km) von Puerto Maldonado. Die Lodge gehört dem Hotel Wasai in Puerto Maldonado, Plaza Grau 1, ✆ 082-572290, 💻 www.wasai.com. Kleine, angenehme Lodge, die Ausflüge zu einer kleineren Papageienlecke anbietet (Collpa de Chuncho). Kombinierte Programme mit dem Lago Sandoval kosten für 3 Übernachtungen US$504, nur Tambopata für 2 Übernachtungen US$354. Bei längeren Touren im Tambopata-Reservat wird an einem festen Zeltplatz, dem **Tambopata Wildlife Center**, übernachtet

(US$667 für 4 Übernachtungen). Von dort aus werden die Papageienlecken besucht. Freiwilligenarbeit möglich.

Quillabamba

Seitdem 1998 ein Erdrutsch das Teilstück der Eisenbahnlinie zwischen Machu Picchu und Quillabamba unterbrochen hat, lässt sich das 20 000-Einwohner-Städtchen Quillabamba nur noch mit dem Bus über Ollantaytambo erreichen. Dabei wird der 4350 m hohe Pass **Abra Malaga** überquert, bevor sich die Straße durch dichten Bergwald wieder in das Urubamba-Tal herabwindet. Nach ca. 170 km und sechs bis sieben Stunden Fahrzeit ab Cusco wird Quillabamba erreicht, das etwas oberhalb des Zusammenflusses des Río Urubamba und des Río Chuiyapi auf nur 1050 m Höhe liegt. Das subtropische Klima mit ganzjährig hohen Temperaturen von durchschnittlich 26 °C und großen Niederschlagsmengen ermöglicht den Anbau von Tropenfrüchten, Erdnüssen, Kaffee, Kakao und Koka, die hauptsächlich in Cusco verkauft werden.

Von Quillabamba aus lassen sich Ausflüge in die Umgebung zu verschollenen **Ruinen** und in die Bergwälder unternehmen. In der Nähe des Ortes liegen die Badestelle **Sanbaray** (etwa 1 1/2 km) und die Wasserfälle **Siete Tinajas** (rund 45 Busmin., Abfahrt vom Paradero El Grifo).

Übernachtung

Die Herbergen am unteren Ende der Preisskala bieten meist nur einfache Zimmer, kaltes Wasser und kein eigenes Bad. Hierzu zählen u. a. das **Hostal Thomas**, R. Palma, zwischen Libertad und Grau, und das **Hostal Convención**, Plaza de Armas, ✆ 084-281093. Beide ❶

Madre Selva Lodge, etwa 40 Autominuten nördlich von Quillabamba, über Santa Ana und Pasniapakana bis Madre Selva. Von dort rund 90 Gehminuten, ca. 600 Höhenmeter, ✆ 984796013 (Mobil), 💻 www.sircadia paradise com. Tief im Wald gelegene Lodge unter deutscher Leitung. Einfache Zimmer mit Gemeinschaftsbad. Ausflüge in die unberührte Natur der Umgebung, Vogelbeobachtungen, Besuch von Wasserfällen. Auch für Freiwillige geeignet, die nur 30 S/. pro Tag inkl. Vollpension bezahlen. Abholservice ab Quillabamba 50 S/., Taxi 30 S/., oder Sammeltaxi in der Nähe des Marktes in Quillabamba. Inkl. Vollpension ❸

Hostal Quillabamba, Grau 590, ✆ 084-281369, hostalquillabamba.com. Großes Hotel mit sauberen, etwas kitschigen Zimmern. Warmes Wasser, schöner Garten, Dachrestaurant, Parkplatz und Pool, der nicht immer gefüllt ist. ❸

Hostal Don Carlos, Libertad 556, ✆ 084-281150, 💻 www.hostaldoncarlosquillabamba.com. Angenehme moderne Zimmer, Privatbad mit warmem Wasser. Netter Innenhof und Internet. Die Angestellten organisieren Weiterfahrten Richtung Pongo de Mainique. ❸

Essen

Sehr gute Fruchtsäfte werden am Markt (2. Stock) ausgeschenkt. Die Restaurants der Hotels **Don Carlos** und **Lira** (Convención 200) sind akzeptabel.

Don Cebas, Espinar 235, und die **Peña La Taverna** servieren Snacks und Getränke, die **Heladería Café La Esquina** gutes Eis. Alle befinden sich an der Plaza de Armas.

Geld

Die **Banco de Crédito** in der Libertad und die **Banco Continental**, Espinar, Ecke Grau, wechseln Bargeld und Reiseschecks. Hinzu kommen ein paar Straßenwechsler. Der Kurs in Cusco ist in der Regel besser.

Transport

Busse und Pickups verkehren nach CUSCO 7–8 Std., 170 km. Es gibt tgl. mehrere Busse unterschiedlicher Busunternehmen an wechselnden Abfahrtsorten (vor Ort erkundigen), außerdem nach KITENI und PONGO DE MAINIQUE (5–8 Std.). Die Straße führt inzwischen an Kiteni vorbei bis Ivochote, ganz in der Nähe des Pongo de Mainique. Nach IVOCHOTE fahren tgl. vormittags Pickups ab der Ricardo Palma, Nähe Plaza Grau. HUANCACALLE Kleinbusse fahren in der Nähe der Plaza Grau ab (2x tgl., ca. 5–6 Std.) und gelegentlich weiter bis Vilcabamba (Fahrer fragen).

Vilcabamba Vieja (Espíritu Pampa)

Eine abenteuerliche Dschungeltour führt rund 70 km westlich von Quillabamba nach Vilcabamba (auch als Espíritu Pampa bekannt) zur letzten Zufluchtstätte der Inkas. Nach der Niederlage 1536 gegen die Spanier zogen sich **Manco Inca** und seine Gefolgsleute hierher zurück. Bis 1572 leisteten sie und ihre Nachkommen den Spaniern Widerstand, bevor sie gefangen genommen und hingerichtet wurden. Vilcabamba geriet mitsamt seiner 400 Tempel, Wohn- und Lagerhäuser in Vergessenheit. Erst in den 1960er-Jahren entdeckten nordamerikanische Forscher die vom Dschungel überwucherte Ruinenstätte, die trotz ihrer Bedeutung bislang noch nicht freigelegt worden ist, da terroristische Aktivitäten in den 80er- und frühen 90er-Jahren die Ausgrabungsarbeiten in der Region behinderten.

Heute können die exotischen Ruinen in einer vier- bis sechstägigen **Wanderung vom Ausgangspunkt Huancacalle** besucht werden (von Quillabamba aus die Abzweigung bei Chaullay nehmen, Fahrtzeit 4–5 Std., Eintritt Ruinen 5 S/.). In Huancacalle kann man in einfachen Privatunterkünften übernachten sowie Maultiere, Treiber und Guides anmieten. Der Weg ist anstrengend, da es ständig bergauf und bergab geht. Von Vilcabamba Vieja gelangt man an einem weiteren Tag nach Yureni/Chanquiri und von dort mit dem Bus weiter nach Kiteni oder Quillabamba. Die beste Zeit für die Wanderung ist zwischen Mai und Oktober. Insektenschutz mitnehmen!

Wer Zeit hat, kann auch noch die in der Nähe von Huancacalle liegenden **Ruinen von Vitcos** und das **Orakel von Ñustahispana (Chuquipalta)** besuchen. Die touristische Infrastruktur in dieser Region ist sehr dünn und die Transportwege sind schlecht und langsam. Wer wenig Zeit mitbringt, sollte auf die Angebote der Veranstalter in Cusco zurückgreifen.

Richtung Pongo de Mainique

Nach einer vier- bis fünfstündigen Fahrt von Quillabamba auf schlechter Straße wird **Kiteni** erreicht. Das ehemalige Dschungelkaff ist mit dem Bau des Gasprojekts Camisea enorm angewachsen und hat sich zu einer geschäftigen Stadt mit rund 3000 Einwohnern entwickelt. Folgen des sprunghaften Wachstums sind jede Menge Dreck und Müll, starker Anstieg der Prostitution und ständig abnehmende Wasserqualität.

Die Straße geht inzwischen weiter bis **Ivochote** und reicht fast bis an den Pongo de Mainique. Ivochote ist Startpunkt für Bootstouren auf dem Río Urubamba durch den **Pongo de Mainique**, eine rund 2 km lange spektakuläre Verengung, eingerahmt von steilen Wänden, an denen immer wieder kleinere Wasserfälle hinabstürzen, durch die sich die gewaltigen Wassermassen zwängen. Die Durchfahrt ist – besonders während der Regenzeit – nicht ganz ungefährlich. Es sind schon Boote gekentert. Auch unterhalb des Pongo de Mainique finden sich bis zur Mündung des Río Camisea immer wieder Stromschnellen.

Übernachtung

Übernachten kann man unterhalb des Pongos auf der linken Flussuferseite im **Hostal La Casa de los Ugarte** ❶ oder in Timpía in der von Machiguenka-Indianern zusammen mit Perú Verde gegründeten **Sabeti Lodge** (El Centro Machiguenga para estudios tropicales), ✆ 084-812555, ✉ ccnntimpia@hotmail.com. Inkl. Vollpension ❺

Transport

Boote

Mit ein wenig Herumfragen am Hafen, in Bars und Kneipen ist schnell herauszufinden, wer wann und für wie viel Geld **Bootstouren** anbietet. Ansonsten heißt es früh aufstehen, um am Hafen ablegende Boote nach ihrem Fahrtziel zu fragen. Dabei sollte man sich darüber im Klaren sein, dass zwischen Ivochote und dem nächstgrößeren Ort Sepahua nur einige kleinere Orte, Missionen oder Ölcamps liegen. Wer dort strandet, muss damit rechnen, einige Tage festzuhängen, bevor sich eine Möglichkeit zur Weiterfahrt ergibt (Proviant für mehrere Tage mitnehmen).

Eine Bootsfahrt ab Ivochote zur Unterseite des PONGO DE MAINIQUE kostet etwa 30 S/. p. P. (Rückfahrt stromaufwärts etwa ein Drittel

teurer). Inzwischen sind auch Tagesfahrten ab Kiteni oder Ivochote möglich, auf denen man bis zu einer Sandbank unterhalb des Pongo gebracht wird. Dort geht man an Land, kann schwimmen, sich die Beine vertreten und am Nachmittag wieder zurückfahren. Wer Zelt und Schlafsack dabei hat, kann dort übernachten und am nächsten Tag wieder zurückfahren (unbedingt Proviant mitnehmen!).
Die Bootsfahrt vom Pongo de Mainique nach SEPAHUA über das mit Gasarbeitern bevölkerte CAMISEA dauert etwa 2–4 Tage. Der Ort bietet Übernachtungsmöglichkeiten, Restaurants und unregelmäßige Flugverbindungen nach Satipo (s. u.).
Noch einmal mehrere Tage dauert die Bootsreise von Sepahua nach ATALAYA am Zusammenfluss des Río Urubamba und des Río Tambo. Von dort gelangt man entweder mit dem Flugzeug nach Satipo oder Pucallpa oder kann mit dem Boot in ca. 8 Std. PUERTO OCOPA am Río Ene erreichen. Von Puerto Ocopa geht es mit Micros weiter nach Satipo. Alternativ verlassen große Handelsschiffe Atalaya 1x wöchentl. Richtung Pucallpa (Fahrtdauer 2–3 Tage, Hängematte erforderlich).

Flüge

Die An- bzw. Abreise von und nach TIMPÍA ist auch von Cusco aus mit dem Buschflieger oder von Satipo aus mit dem Flugzeug über das flussabwärts gelegene Malvinas möglich.

Von Cusco nach Puno

Näheres zum ersten Teil dieser Strecke bis Urcos steht unter „Östlich und südöstlich von Cusco", S. 247. Hinter Urcos folgt die Straße weiterhin dem Lauf des Río Vilcanota und verläuft flach durch das Tal. Rechts und links der Route ragen Bergketten hoch, deren Hänge teilweise terrassiert sind. Die Landschaft ist geprägt von Weizenfeldern und Kartoffeläckern, durch Eukalyptushaine voneinander getrennt. Viele kleine Dörfer werden passiert, deren Häuser im traditionellen Stil aus Lehmziegeln erbaut und mit roten Dachziegeln gedeckt sind.

Nach rund 84 km wird rechter Hand die Abzweigung nach Acomayo und zur Lagune Pomacanchi erreicht. Von dort führt ein Weg zu den spektakulär gelegenen präinkaischen Ruinen von Waqrapukara (s. Kasten). Nach weiteren 6 km auf der Hauptstraße lohnt ein Stopp in **Checacupe**, um die sehenswerte Kirche aus dem 17. Jh. zu besichtigen. Sie wurde 1995 restauriert und steht der Kirche in Andahuaylillas (s. S. 249) in nichts nach. ⌚ Mi und So 8–17 Uhr (Messe sonntags 19 Uhr), Eintritt 2 S/.

Ungefähr 120 km südöstlich von Cusco sollte man einen Abstecher zu den imposanten präinkaischen Ruinen von **Raqchi** auf 3500 m unternehmen, die vom ca. 4 km entfernten Dorf San Pedro per Taxi oder zu Fuß erreicht werden können. Im Mittelpunkt der 80 ha großen Anlage, die auch unter dem Namen **Templo de Viracocha** bekannt ist, steht ein 91 m langes und 25 m breites Gebäude, das von einer knapp 13 m hohen Lehmziegelmauer in zwei Hälften geteilt wird. Es ist das einzige Monument seiner Art im Inkareich, das Säulen aufweist. Die relativ unsaubere Verarbeitung des Tempels aus Vulkangestein und ein unübliches Satteldach ließen Archäologen vermuten, dass die Anlage und die dazu gehörende rechtwinklig angelegte Siedlung mit der Tiwanaku-Kultur in Verbindung standen.

Erst viel später weihten die Inkas den Ort ihrem Inka Viracocha – und somit auch dem gleichnamigen Schöpfergott – mit einer Statue, die inmitten des Tempels stand. Ihren Kopf kann man im Innenhof des Rathauses von Cusco sehen; der Rumpf befindet sich im Museo de América in Madrid. Noch immer stehen mehr als 3 km von ehemals 7 km der bis zu 4 m hohen Mauer *(Ch'occata)*, die das Gelände umgab. Die Kirche neben der Tempelanlage wurde im 18. Jh. aus Andesitgestein erbaut. Festtage in Raqchi sind der 29. September und der 17./18. Oktober. ⌚ tgl. 7–17 Uhr, Eintritt 10 S/.

In Raqchi bestehen **Übernachtungsmöglichkeiten** bei Quechua-Familien, die von 12 S/. bis zu US$25 pro Person und Nacht reichen, je nachdem, ob Mahlzeiten und kulturelle Aktivitäten beinhaltet sind. Informationen bekommt man bei den Frauen, die auf der Plaza am Eingang der Ruinen Kunsthandwerk verkaufen.

Sicuani

Etwa 23 km südöstlich von San Pedro wird bei KM 1120 der Ort Sicuani erreicht. In der Hauptstadt der Provinz Canchis leben rund 40 000 Menschen. Nur sehr wenige Touristen halten in dem landwirtschaftlichen Zentrum an, das gleichzeitig der größte Ort auf den 250 km zwischen Cusco und Juliaca ist. Außer sonntags, wenn die Stadt sich während des **Markttags** füllt, passiert hier nicht allzu viel. Dennoch kann man von Sicuani aus zu schönen Wanderungen in der Cordillera Vilcanota aufbrechen. Neben den Ruinen von Raqchi (s. o.) lohnt ein Ausflug zu den **Thermalbädern Uyumiri**, ca. 7 km nördlich der Stadt. In Sicuani werden in **traditionellen Werkstätten** Wollprodukte und Musikinstrumente hergestellt.

Übernachtung und Essen

Sehr viele einfache Übernachtungsmöglichkeiten (oft nur kaltes Wasser) liegen in Plazanähe (2 de Mayo), entlang der Hauptstraße Manuel Callo und in der Nähe des Busterminals (Av. Arequipa).
Hotel Obada, Tacna 104, ✆ 084-351214. Ordentliche Zimmer mit Bad / Warmwasser. ❷
Es gibt eine große Anzahl von Billigrestaurants in Plazanähe. Ganz annehmbar sind das etwas teurere **Café Restaurant Wiracocha** an der Plaza (keine Menüs) und die **Pizzería Bam-Vino** in der 2 de Mayo 127.

Transport

Vom **Terminal Terrestre** in der Av. Arequipa fahren ständig Busse und Combis nach PUNO (4 Std., 250 km), AREQUIPA (über JULIACA, 7–8 Std., 425 km) und CUSCO (2 1/2 Std., 140 km). Es besteht die Möglichkeit, über eine schlechte Schotterpiste in zwei Tagen von Sicuani über Espinar in den COLCA-CANYON zu gelangen.

Weiter Richtung Puno

Von Sicuani aus verläuft die Hauptstraße Nr. 3 weiter Richtung Südosten. Wenige Kilometer außerhalb von Sicuani zweigt rechter Hand eine Schotterpiste Richtung Chivay im Colca-Canyon

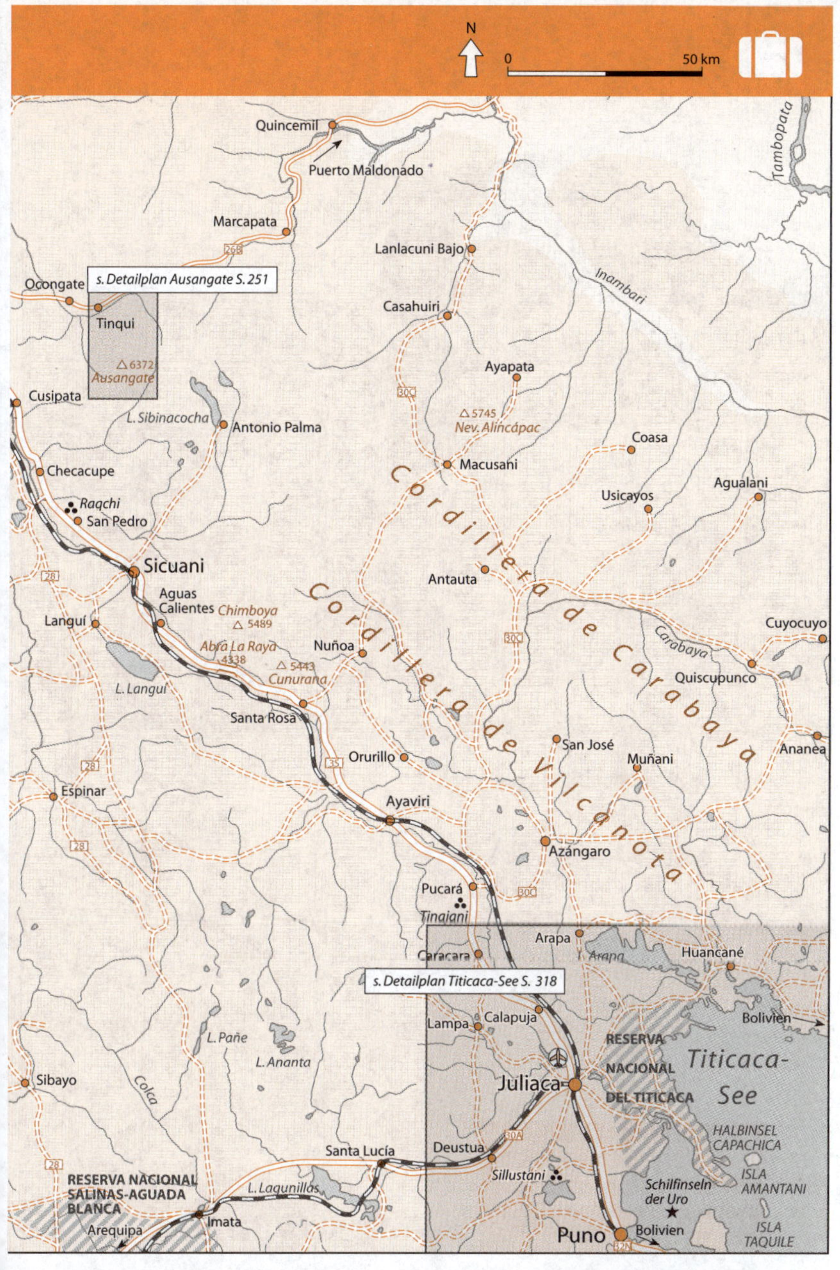

N
0
50 km
Quincemil
Puerto Maldonado
Marcapata
Lanlacuni Bajo
s. Detailplan Ausangate S. 251
Ocongate
Tinqui
Casahuiri
△ 6372
Ausangate
Ayapata
Cusipata
L. Sibinacocha
Antonio Palma
△ 5745
Nev. Alincápac
Coasa
Checacupe
Macusani
Raqchi
San Pedro
Usicayos
Agualani
Sicuani
Antauta
Aguas
Calientes
Chimboya
△ 5489
Languí
Nuñoa
Cuyocuyo
Abra La Raya
4338
△ 5443
Cunurana
Quiscupunco
L. Languí
Santa Rosa
Cordillera de Carabaya
Cordillera de Vilcanota
San José
Orurillo
Muñani
Ananea
Espinar
Ayaviri
Azángaro
Pucará
Tinajani
Arapa
L. Arapa
Caracara
Huancané
s. Detailplan Titicaca-See S. 318
Lampa
Calapuja
Bolivien
L. Pañe
RESERVA NACIONAL DEL TITICACA
Titicaca-See
L. Ananta
Juliaca
Sibayo
Colca
HALBINSEL CAPACHICA
Santa Lucía
Deustua
Sillustani
RESERVA NACIONAL SALINAS-AGUADA BLANCA
L. Lagunillas
Schilfinseln der Uro
ISLA AMANTANI
Imata
Arequipa
Puno
Bolivien
ISLA TAQUILE
Inambari
Carabaya
Tambopata

Ziemlich klein kommt man sich zwischen den gewaltigen Felsbrocken des Tinajani-Canyons vor.

ab. Knappe 30 km von Sicuani entfernt passiert man die an der Straße liegenden Thermalquellen **Aguas Calientes**. Nur etwa 4 km dahinter – bereits im Anstieg zum La Raya-Pass – weist ein Schild den Weg nach Chuquibambilla, dem **Alpaka-Institut** UNSAAC der San Marcos Universität von Lima, das rechts unterhalb der Straße liegt und kostenlos besichtigt werden kann. In der weltweit einmaligen Forschungseinrichtung werden Kreuzungsversuche unternommen, um die Wollerträge zu steigern und die Qualität der Wolle von Andenkamelen zu verbessern. Wenig später wird der 4338 m hohe **La Raya-Pass** erreicht, der höchste Punkt der Straße zwischen Cusco und Puno. Er markiert die Grenze beider Departamentos.

Auf der anderen Passseite geht die Straße in die gewaltige Hochebene über, die Altiplano genannt wird. Sie zieht sich auf Höhen zwischen 3600–4000 m bis nach Bolivien hinein. Der Blick schweift endlos über ausgedörrte Erde, auf der Schaf, Kuh- und Lamaherden mühselig überleben. Linker Hand ist der 5443 m hohe Nevado Cunurana zu sehen. Knapp 70 km vom Pass entfernt wird der unscheinbare Ort **Ayaviri** (3900 m Höhe) durchfahren, der über einfache Thermalquellen (Popoy Kella) und eine Kolonialkirche aus dem 18. Jh. mit schöner Innendekoration verfügt.

In **Pucará**, 20 km weiter südöstlich, werden kleine Keramik-Stiere hergestellt, die als Glücksbringer auf Hausdächern zu sehen sind. In der Nähe des Ortes befindet sich die 6 km² große Ausgrabungsstätte **Tinajani**, deren Besuch sich weniger der präinkaischen Bauten oder Nischengräber (die Anlage wird mit der klassischen Tiwanaku-Kultur in Verbindung gebracht), als vielmehr der fantastischen Landschaft wegen lohnt: Der spektakuläre **Tinajani-Canyon**, rund 10 km südlich von Ayaviri, bietet gigantische, bizarre Steinformationen, die ihresgleichen suchen. Am 24. Juni feiern die Bewohner von Ayaviri und Umgebung dort ein großes Fest.

Wanderung nach Waqrapukara

Bei KM 1070 der Straße Cusco–Puno zweigt rechter Hand eine Straße ab, die an der wunderschönen **Lagune Pomacanchi** auf 3670 m vorbei ins 45 km entfernte Acomayo führt. Vor Erreichen des Ortes zweigt links ein Weg ab, der über die Bergdörfer Huascar und Campi nach Wayki führt. Von dort aus kann man die spektakulär gelegenen Ruinen von Waqrapukara in rund vier Stunden erreichen (alternativer Einstieg ab Huascar und Campi möglich). Zunächst ist ein langer und streckenweise steiler Anstieg zu bewältigen (ca. 1100 Höhenmeter), bevor der Weg dem **Canyon des Río Apurímac** mit sehenswerten Felsformationen und tollen Ausblicken folgt. Rund 15 Gehminuten unterhalb der Ruinenstätte liegt ein kleines Bauerngehöft, in dem man einfachst übernachten kann. Sinnvoller ist es, ein eigenes Zelt mitzubringen und entweder an dem kleinen Fluss oberhalb des Gehöfts oder an den Ruinen selbst zu übernachten. Dort gibt es allerdings kein Wasser. Die Ruinenstätte liegt auf rund 4000 m und nachts kann es sehr kalt werden. Das Flusswasser sollte abgekocht und desinfiziert werden, da weiter oben Kühe und Lamas grasen. Der Eintritt zur Ruinenstätte war bislang kostenlos.

Alternativ für den Rückweg bietet sich die Strecke nach Huascar an (ca. 4–5 Std., ca. 1000 Höhenmeter). Der Weg ist leicht zu finden. Eine weitere Route führt über Sta. Lucia zurück zur Lagune Pomacanchi. In allen Dörfern kann man mit etwas Suchen Maultiere auftreiben. Ein Bus fährt tgl. von Cusco nach Acomayo (s. „Transport" in Cusco, S. 243), alternativ kann man jeden beliebigen Bus Richtung Sicuani oder Puno nehmen und an der Kreuzung in ein Sammeltaxi nach Acomayo umsteigen. Von dort geht es weiter im Taxi nach Huascar oder Wayki. Die Straße ist aber besonders im letzten Abschnitt vor Wayki in sehr schlechtem Zustand, sodass man den Ort nicht immer mit dem Taxi erreicht.

Juliaca

Obwohl sich in der größten Stadt des Departamentos Puno (200 000 Einw.) Eisenbahn, Straße und nationale Flugrouten kreuzen, halten sich ausländische Besucher hier nur selten länger als nötig auf. Viele Touristen landen auf dem einzigen Flughafen des gesamten Departamentos und fahren von dort zum Titicaca-See. Juliaca liegt auf 3822 m Höhe und hat keine Sehenswürdigkeiten zu bieten, lohnt aber wegen seiner Quirligkeit dennoch einen Abstecher.

Die Stadt wird überwiegend von Indígenas bewohnt und trotz der Kälte spielt sich ein Großteil des öffentlichen Lebens im Freien ab. Überall werden die unterschiedlichsten Waren angeboten, umgeschlagen und transportiert. Es macht Spaß, diesem geschäftigen Treiben zuzuschauen. Vor allem montags, am **Markttag**, herrscht überall Hochbetrieb.

Übernachtung

Die meisten Unterkünfte in Juliaca sind günstiger als vergleichbare im 44 km entfernten Puno.

Hotel Corona, San Martín 259, ✆ 051-325002. Ordentliche Zimmer mit Bad (Gemeinschaftsbad ist billiger), Warmwasser und TV. ❶–❷

Hostal Inn Yasur, M. Nuñez 414, ✆ 051-321501. Große und saubere Zimmer mit Bad (Gemeinschaftsbad ist billiger) und Warmwasser. ❶–❷

Hostal Luquini, Bracesco 409, Plaza Bolognesi, ✆ 051-321510, ✉ luquini54@hotmail.com. Gute Zimmer mit TV, Bad und Warmwasser, auch billigere ohne Bad. Das Hotel vermietet Allradfahrzeuge für ca. US$80 pro Tag. ❷

Hotel Royal Inn, San Roman 158, ✆ 051-321561, 💻 www.royalinnhoteles.com. Hübsche große Zimmer mit TV. Gutes Restaurant, Parkplatz. WLAN und Internet (3 S/.). Frühstück inkl. ❹

Suites Don Carlos Juliaca, Prado 335, ✆ 051-321571, ✉ reservasjuliaca@hotelesdoncarlso.com, Teuerstes Hotel am Ort. Zimmer mit Minibar, TV, Telefon und kleinem Heizkörper. WLAN, Bar, Restaurant mit Zimmerservice und Parkplatz. Frühstück inkl. ❺

Essen

Cafetería Ricos Pan, San Ramón, Ecke Chávez, bietet leckere Backwaren, Frühstück, Kaffee, Kuchen und Snacks. ⏲ Mo–Sa 6–21, So 7.30–21 Uhr.

In der Chávez zwischen Roman und Nuñez liegt das gute **Chifa Fon Hua**. ⏲ tgl. 12–23 Uhr. Vegetarier können im Restaurant **La Fuente de la Salud**, Chavez 215, essen. ⏲ tgl. außer Sa.

Gut essen kann man in den Restaurants der Hotels Royal Inn (auch Mittagsmenüs) und Suites Don Carlos. Etwas teurer wird es im **Restaurant Trujillo**, direkt gegenüber vom Royal Inn (alle Gerichte á la carte), wo man auch frühstücken kann. ⏲ tgl. 7–22 Uhr.

Einkaufen

Vor allem Wollsachen sind billiger als im touristischeren Puno. Markttag ist montags; westlich der Plaza de Armas, aber auch um den Terminal Terrestre ist viel Betrieb.

Centro Comercial Galería Las Calceteras, an der Nordseite der Plaza Bolognesi (9 de Diciembre), hat eine gute Auswahl an lokalem Kunsthandwerk und Wollprodukten.

Lebensmittel bekommt man im **Supermarkt Plaza Vea** im Centro Comercial **Plaza Real** an der San Martín.

Sonstiges

Geld

Banco de Crédito, M. Nuñez 136-138, mit Geldautomat. US-Dollar in bar können in den **Wechselstuben** *(Casas de cambio)* entlang der Bolívar, Ecke Nuñez getauscht werden.

Kino

Cineplanet im Centro Comercial **Plaza Real** an der Av. San Martín.

Medizinische Hilfe

Clínica Americana, Loreto, Ecke 7 de Junio, ✆ 051-321369.

Post

Serpost, Sandia, Ecke Salaverry.

Touren

Inkari Tours, Pasaje Santa Elisa 115, ✆ 051-336548, ✉ inkari-tours@hotmail.com. Bietet Ausflüge in die Umgebung und zum Titicaca-See an und verkauft Flugtickets.

Nahverkehr

Zu den Busterminals kosten Taxis 4–5 S/., Mototaxis 2,50–3 S/. und Triciclos (Dreiräder) 1,50–2 S/. Zum Flughafen berechnen Taxis 8–10 S/.

Transport

Busse und Colectivos

Die meisten Langstreckenbusse fahren vom **Terminal Terrestre** bei der Av. Circunvalación ab (Terminalgebühr 1 S/.).

Gesellschaften

Aguilas, Av. Circunvalación, Ecke Lambayeque

Cruz del Sur, Av. Circunvalación 801, ✆ 051-322011

Verbindungen

AREQUIPA (zahlreiche Anbieter) ständig oder 16 Uhr (Cruz del Sur), 3 1/2 Std., 275 km, 15–20 S/. oder 54–66 S/. (Cruz del Sur)
CAPACHICA (Halbinsel Capachica) Combis fahren vom neuen Terminal Zonal,

Circunvalación, Ecke Tacna (von 4.30–17.30 Uhr, 3 S/.), Von dort gibt es Taxis und Busse nach LLACHON.
CONIMA (Aguilas) regelmäßig von 4–17.30 Uhr, 2 1/2–3 1/2 Std., 166 km, 9 S/. (Combis) oder 8 S/. (langsamere Busse). Fährt über MOHO.
CUSCO (Flores, Civa und andere) fahren regelmäßig über SICUANI, 6 Std., 390 km, 15–25 S/.
HUANCANÉ regelmäßige Abfahrten ab der Ballón, Ecke Lambayeque (1 Std., 56 km, 3 S/.).
LAMPA Kleinbusse fahren, sobald sie voll sind, ab der Huascar, Ecke Ricardo Palma (1/2 Std., 23 km, 2,50 S/.).
LA PAZ (Bolivien) keine Direktverbindung. Der Ormeño-Bus kann nur in Puno bestiegen werden. Fährt über DESAGUADERO (ca. 6 Std., 331 km).
LIMA (Civa, Flores und andere) meist nachmittags und abends, ca. 20 Std., 1286 km, 70–130 S/. Hält in AREQUIPA.
PUERTO MALDONADO (Julsa, Santa Cruz, Aguilas) mehrmals tgl. zwischen 13 und 22 Uhr, ca. 12 Std. (länger in der Regenzeit), 750 km, 40–45 S/.
PUNO Combis fahren rund um die Uhr vom Terminal Privado Bolognesi (1 Std., 44 km, 3 S/.), Busse von der Ecke 8 de Noviembre/ Piérola (2.50 S/.) Vom Flughafen fahren Colectivos nach Ankunft der Flüge direkt nach Puno (15–20 S/.).

Eisenbahn

Juliaca hat als Drehkreuz des Eisenbahnverkehrs der Provinz Puno völlig an Bedeutung verloren, seitdem die Straßen nach Arequipa, Puno und Cusco asphaltiert wurden.
Der **Touristenzug** nach CUSCO fährt in Puno ab, Zu- und Aussteigen am Bahnhof in Juliaca, Bolognesi 303, ist aber möglich. Tickets müssen zuvor in Puno gekauft werden. Infos gibt es bei Perurail in Puno.

Flüge

Der **Aeropuerto Manco Cápac** liegt nur wenig außerhalb des Zentrums, ✆ 051-322905.
Ein **Taxi** ins Zentrum kostet ca. 8–10 S/, die Colectivos 1B und 14 nur 0,70 S/. Richtung Flughafen kann man an der Kreuzung 2 de Mayo/Nuñez zusteigen. Am Flughafen stehen **Colectivos** bereit, die für 15–20 S/. direkt nach Puno fahren.
Lan Perú, San Román 125, ✆ 051-322228, 💻 www.lan.com.pe, fliegt mehrmals tgl. nach LIMA entweder direkt oder mit Zwischenstopp in AREQUIPA oder CUSCO. 🕓 Mo–Sa 8–19, So 8–16.30 Uhr.
Nach LIMA fliegt ebenfalls **Star Perú**, San Roman 154, ✆ 051-326570. 🕓 Mo–Fr 8.30–19, Sa 9–17 Uhr.
Taca, Einkaufszentrum Real Plaza, Local LC, ✆ 01-511-8222 (Callcenter Lima), 💻 www.taca.com. 🕓 tgl. 8–22 Uhr.

Die Umgebung von Juliaca

Etwas abseits der Hauptstraßen liegt 23 km nordwestlich von Juliaca das selten besuchte, kleine traditionelle Kolonialdorf **Lampa**, das inzwischen bequem über eine Asphaltstraße zu erreichen ist. In der dortigen **Kolonialkirche** ist eine Nachbildung von Michelangelos Statue *La Pietà* zu sehen. Wer die Kirche besuchen möchte, sollte im Pfarrbüro *(Parroquia)* in der Ugarte 313 Bescheid sagen. Das kleine **Museo Kampac** in der Calle Ayacucho stellt lokale Keramikfunde aus. Es ist meist geschlossen, daher einfach im Laden gegenüber nach Jesús Abad Vargas Quispe fragen. Er hat den Schlüssel, erklärt die verschiedenen Fundstücke und kennt auch Höhlen mit Felszeichnungen in der Umgebung, z. B. die **Cueva del Toro**. Auch der farbenfrohe **Sonntagsmarkt** ist sehenswert. Einfache **Übernachtung**smöglichkeiten bieten die Hospedaje Estrella, Jr. Municipalidad 540, kein Telefon, Zimmer mit oder ohne Bad, oder das freundliche, aber sehr schlichte Hostal Lima, Lima 135, kein Telefon, beide ❶.

Von Juliaca aus kann man zur südöstlich gelegenen Halbinsel Capachica (S. 316) und über die Nord- und Ostseite des Titicaca-Sees zur Insel Suasi (S. 331) reisen. Zunächst geht es auf asphaltierter Straße in östlicher Richtung nach **Huancané** (56 km von Juliaca), wo man äußerst spartanisch übernachten kann. Von Huancané besteht eine Direktverbindung nach **Moho** (157 km von Juliaca) und weiter nach **Conima** (166 km von Juliaca, Boote zur Insel Suasi).

Hartgesottene Traveller können von Moho über den Grenzort **Tilali** (einfache Übernachtungsmöglichkeiten) **nach Bolivien** weiterreisen, doch das ist umständlich: Außer an Markttagen (mittwochs und samstags) gibt es jedoch kaum Transportmittel zum ersten größeren bolivianischen Ort Puerto Acosta (15 km) und den Ausreisestempel muss man sich in jedem Fall zuvor in Puno besorgt haben. Außerdem stellt die Polizei in Puerto Acosta nur einen provisorischen Einreisestempel aus; den offiziellen muss man sich dann in La Paz besorgen.

Der Titicaca-See

Der sagenumwobene, im Schnittpunkt der drei Großstädte Cusco, La Paz und Arequipa gelegene Titicaca-See war schon immer ein beliebtes Ziel ausländischer Touristen. Zahlreiche Ruinenstätten umgeben das Gewässer. Zu den zugänglichsten und am meisten besuchten zählen die Grabtürme von **Sillustani** oder das bereits auf bolivianischer Seite liegende **Tiwanaku** (S. 636), Zentrum einer jahrtausendealten Hochkultur. Wer sich für Kolonialkirchen interessiert, findet in **Juli** und **Pomata** eindrucksvolle Beispiele. Immer beliebter werden Ausflüge zu den vorgelagerten Inseln **Amantani** und **Taquile**, wo man in einfachen Unterkünften übernachten kann. Ohne die Einkünfte aus den täglich vorbeikommenden Touristenbooten wären die Bewohner der Schilfinseln, den **Uros**, vor Puno wohl gezwungen, ihre schwimmenden Inseln aufzugeben und festen Boden unter den Füßen zu suchen.

Wer absolute Stille sucht, sollte einen Abstecher zur Insel **Suasi** unternehmen, die dem Nordostufer des Sees vorgelagert, aber sehr teuer ist. Im Kommen sind auch Touren, die geführte Wanderungen am See mit der Übernachtung bei Einheimischen kombinieren. Der zunehmende Touristenstrom hat vor allem in Puno zu einer starken Ausweitung der touristischen Infrastruktur geführt, aber auch zu stark gestiegenen Preisen, vor allem bei den Unterkünften. Wem Puno zu teuer, zu touristisch und zu hektisch ist, der kann auf die bolivianische Seite nach Copacabana (S. 601) ausweichen.

Reserva Nacional del Titicaca

Das 36 180 ha große Naturschutzgebiet wurde 1978 eingerichtet, um einen Teil der Schilfgebiete *(Totorales)* am See zu schützen, die ihrerseits

Bootsverkehr auf dem Titicaca-See

Seit Jahrtausenden bewegen sich die Menschen auf **Totora-Schilfbooten** über den See, den gleichen, mit denen auch der Forscher Thor Heyerdahl den Pazifik 1947 und 1970 Richtung Polynesien überquerte. Im 19. Jh. läutete eine Vielzahl von Erfindungen eine neue technische Ära ein, die schließlich auch den Titicaca-See erreichte. 1862 wurden zwei eiserne **Dampfschiffe** in England gebaut, in Einzelteilen zum chilenischen Hafen Arica verschifft, von dort mit der Eisenbahn nach Tacna und mit Maultieren nach Puno gebracht. Acht Jahre später nahmen die *Yavari* und ihr Schwesterschiff *Yapura* (17 Monate später) ihren Dienst auf dem See auf. Anfangs mit Kohle betrieben, bekam die *Yavari* 1914 einen Dieselmotor. Nach Jahrzehnten, in denen das Schiff zuverlässig lief, wurde es ausgemustert und 1998 in ein Museum umgewandelt (s. S. 321).

Bis zur Fertigstellung der Straßenverbindung zwischen Puno und La Paz dominierten große Lastkähne den Handel zwischen Puno und dem bolivianischen Hafen Guaqui. Heute wird der gesamte Fernhandel mit Lastwagen abgewickelt, einige der letzten **Frachtschiffe** rosten in den Häfen vor sich hin. Während der Tourismus Puno neue Einkommensquellen erschloss, ist Guaqui in die Bedeutungslosigkeit versunken. Inzwischen ist auch der Schnellbootverkehr mit Tragflügelbooten zwischen Peru und Bolivien eingestellt worden. Weitere Informationen zum aktuellen Stand der Bootsverbindungen auf dem See findet man unter „Puno/Transport".

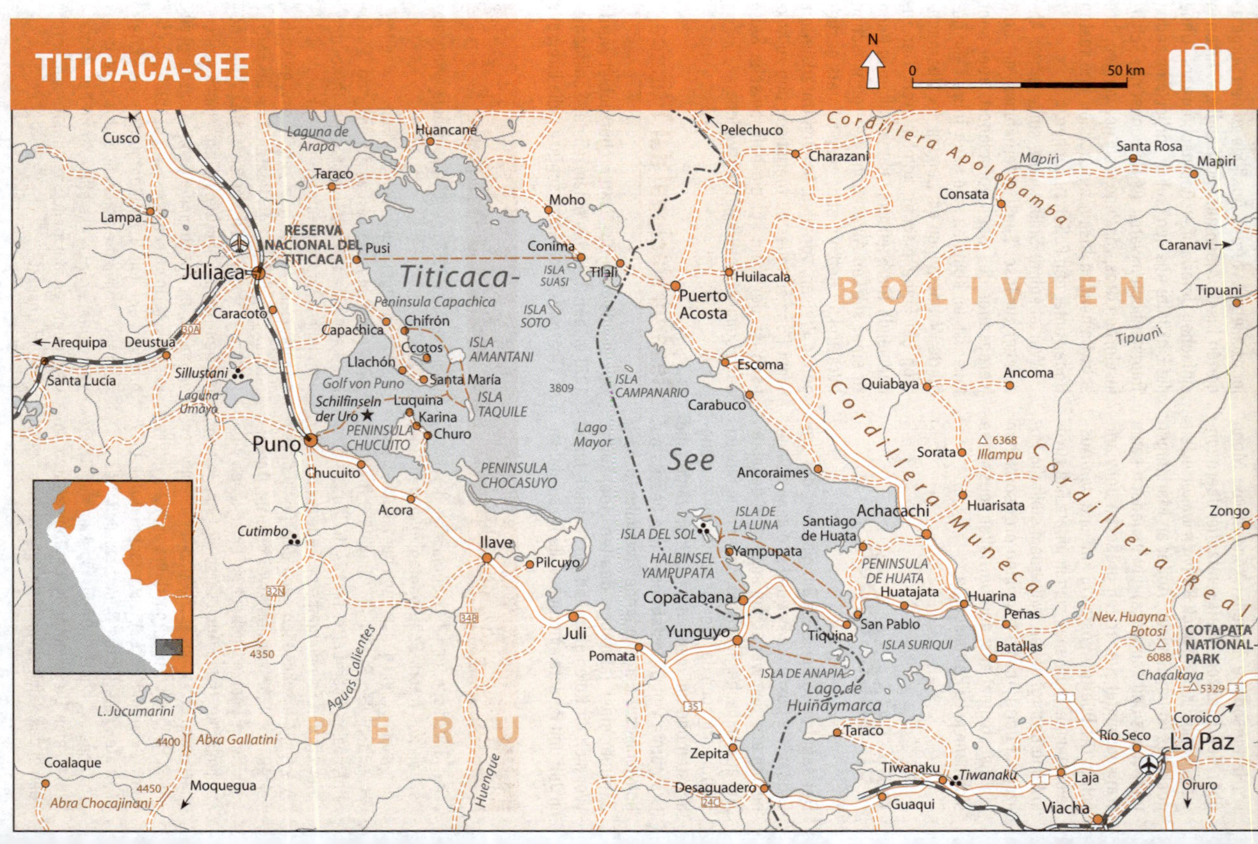
TITICACA-SEE
N
0
50 km
Cusco
Laguna de Arapa
Huancané
Pelechuco
Charazani
Cordillera Apolobamba
Mapiri
Santa Rosa
Mapiri
Taraco
Moho
Consata
Lampa
RESERVA NACIONAL DEL TITICACA
Pusi
Conima
Juliaca
Titicaca-
ISLA SUASI
Tilali
Huilacala
Puerto Acosta
BOLIVIEN
Caranavi
Tipuani
Caracoto
Peninsula Capachica
ISLA SOTO
Chifrón
Capachica
Arequipa
Deustua
Ccotos
ISLA AMANTANI
Tipuani
Llachón
Escoma
Sillustani
Santa María
Santa Lucía
Golf von Puno
3809
ISLA CAMPANARIO
Quiabaya
Ancoma
Laguna Umayo
Schilfinseln der Uro
Luquina
ISLA TAQUILE
Carabuco
Karina
PENINSULA CHUCUITO
Churo
Lago Mayor
Cordillera Muneca
Puno
6368
Illampu
Sorata
Cordillera Real
See
Chucuito
PENINSULA CHOCASUYO
Ancoraimes
Acora
Huarisata
Achacachi
Zongo
Cutimbo
ISLA DE LA LUNA
ISLA DEL SOL
Santiago de Huata
Ilave
Yampupata
Pilcuyo
HALBINSEL YAMPUPATA
PENINSULA DE HUATA
Huatajata
Copacabana
Huarina
32N
34B
Peñas
Nev. Huayna Potosí
6088
Juli
San Pablo
COTAPATA NATIONAL-PARK
Yunguyo
Tiquina
4350
Pomata
ISLA SURIQUI
Batallas
Aguas Calientes
ISLA DE ANAPIA
Chacaltaya
5329
Lago de Huiñaymarca
35
L. Jucumarini
PERU
Taraco
Coroico
Río Seco
La Paz
4400
Abra Gallatini
Zepita
Coalaque
Tiwanaku
Tiwanaku
Laja
4450
Moquegua
Desaguadero
Oruro
Abra Chocajinani
Huenque
240
Guaqui
Viacha

Lebensraum und Kinderstube für zahlreiche Fisch- und Vogelarten sind. Es ist in zwei Abschnitte geteilt. Während der 29 150 ha große **Sektor Puno** das Ufergebiet zwischen der Isla Esteves und der Peninsula Capachica umfasst, schützt der 7030 ha große **Sektor Ramis** die Schilfgebiete an der Nordseite des Sees zwischen dem Río Ramis sowie den Lagunen Yaricoa und Sunuco. 80 % des Reservats sind von Schilf bedeckt.

Nach einer Erhebung im Jahr 1998 halten sich bis zu **200 000 Vögel** (rund 60 Arten) innerhalb des Schutzgebiets auf, darunter Kormorane, Ibisse, Enten, Möwen und der endemische Kele *(Centropelma micropterum)*. Auch Tausende Flamingos finden in den Monaten September bis November ihren Weg von Nordchile hierher. Die Lage der Vogelnester ist übrigens ein wichtiger natürlicher Indikator für die Regenfälle des nächsten Jahres und damit des Wasserpegels des Sees. Bauen die Vögel ihre Nester weiter oben, ist im kommenden Jahr mit mehr Niederschlag und einem steigenden Wasserstand zu rechnen.

Würden die Schilfgebiete verschwinden, verlören die Menschen nicht nur einen wichtigen natürlichen Rohstoff, sondern auch eine wichtige Nahrungsquelle. In den *Totorales* wächst die Mehrzahl der rund zwölf einheimischen **Fischarten** heran. Zu den bekanntesten zählen der Carachi, der Suche und der Mauri. Auch Frösche, Eidechsen und eine Schlangenart bevölkern das Schilfgebiet. Das sensible Ökosystem kann mit Charterbooten besucht werden. Informationen erteilt das Büro der Parkverwaltung von Sernanp, Pasaje 2 de Febrero 154, Puno, ✆ 051-368559, ✉ rntiticaca@sernanp.gob.pe.

Sicherheit

Aufgrund der steigenden Touristenzahlen mehren sich die Zwischenfälle. Am Busbahnhof, dem Terminal Terrestre, ist erhöhte Vorsicht geboten (das Gepäck gut im Auge behalten!). Man sollte den Kontakt zu Schleppern *(Jaladores)* meiden, die einen zu einem angeblich guten Hotel bringen. Außerdem ist es ratsam, keine Fahrkarten oder Touren irgendwelcher Art auf der Straße zu kaufen und nur offizielle Taxis (mit einem Schild auf dem Dach) zu benutzen.

In der Gegend um den Mercado Central und bei den Wechselstuben an der Avenida Tacna herrscht oft großes Gedränge und damit erhöhte Diebstahlgefahr. Beliebt ist der Anspucktrick, bei dem das Opfer nach dem Anspucken von vermeintlich hilfsbereiten Passanten umringt, gesäubert – und natürlich um die Wertsachen erleichtert wird.

Auf der Busstrecke von Puno nach Cusco ist es wiederholt zu Diebstählen gekommen – vor allem nachts. Das kann auch bei vermeintlich sicheren Buslinien vorkommen. Man muss das Gepäck immer gut verschließen und – ganz wichtig – den Gepäckschein einfordern, sonst ist hinterher jede Reklamation sinnlos. Punos Hausberg Cerro Huajsapata sollte nur in kleinen Gruppen und bevorzugt morgens, der Aussichtspunkt Kuntur Wasi bevorzugt mit dem Taxi besucht werden.

Puno

Weitestgehend flach und geradeaus verläuft die asphaltierte Straße auf den 44 km zwischen Juliaca und Puno. Bald sieht man linker Hand die Bahngleise und dahinter die tiefblaue Oberfläche des Titicaca-Sees auftauchen. Kurz vor Puno steigt die Straße in einer weiten Kurve an und bietet von der höchsten Stelle einen schönen Ausblick auf die größte Stadt am Titicaca-See (ca. 130 000 Einw.). Besonders anziehend wirkt die **Provinzhauptstadt** auf den ersten Blick aber nicht. Dazu trägt sicherlich das raue und kalte Hochlandklima auf 3830 m bei, denn die Jahresdurchschnittstemperatur beträgt nur 8 °C. Während die Sonne tagsüber gnadenlos vom klaren Himmel brennt, sinken die Temperaturen in der Trockenzeit von Mai bis Oktober oft unter die Null-Grad-Grenze. Die jährliche Regenmenge liegt bei rund 650 mm, die zu drei Vierteln zwischen Dezember und März niedergehen.

Puno liegt im Kreuzungspunkt zweier traditioneller Sprachgebiete: Nördlich von Puno sprechen viele indianische Bewohner Quechua,

Südperu

während sich südlich der Stadt das Sprachgebiet der Aymara ausbreitet, das sich weit bis nach Bolivien hineinzieht.

Wenn die Stadt auch nicht gerade mit Sehenswürdigkeiten gesegnet ist, so ist Puno in ganz Peru bekannt für seine lebendige Folklore – ständig findet irgendwo eine der zahlreichen Fiestas statt, die zumeist aufwendig und ausschweifend begangen werden. Eines der großen Feste wie den **Karneval** mit der **Diablada**

Der Titicaca-See

- Höhe über NN: 3809 m
- Ausdehnung: 8562 km^2
- Max. Länge: 176 km
- Max. Breite: 70 km
- Max. Tiefe: 284 m
- Wassertemperatur: 8–12 °C

Überrascht blicken sich die Besucher an, wenn sie zum ersten Mal den riesigen Wasserkörper im ansonsten lebensfeindlichen, trockenen und kalten Altiplano erblicken, jener riesigen Hochebene auf knapp 4000 m über dem Meeresspiegel, die sich von Südperu bis weit nach Bolivien hineinzieht. Zur endlosen Weite der Brauntöne gesellt sich das ebenso endlose Blau des Sees. Glasklares Wasser, dessen gegenüberliegendes Ufer oft nicht zu sehen ist. Legendärer und mystischer **Ursprungsort der Inkadynastie**, deren göttliche Kinder von der Sonneninsel im Süden des Sees aufbrachen, um in Cusco ein Weltreich zu gründen. Heute wie damals ist der Titicaca-See ein geheimnisvoller Ort voller Naturschönheiten, Legenden und Traditionen. Auch wenn man es mit der Behauptung, der Titicaca-See sei der am höchsten gelegene schiffbare See der Welt, nicht so genau nehmen darf – schon allein der Lago Junín in Zentralperu liegt auf 4100 m Höhe –, bleiben genügend Superlative, um zu verdeutlichen, dass dieser See etwas ganz Besonderes ist. Immerhin handelt es sich beim Titicaca-See um den **größten See Südamerikas**, mit einer 15-mal so großen Oberfläche wie der Bodensee.
Der Titicaca-See ist traditioneller Lebensraum des Aymara-Volks, das einst die ebenfalls hier lebenden Uros zwang, sich auf schwimmende Schilfinseln zurückzuziehen, auf denen sie auch heute noch leben. Der Name Titicaca stammt aus der Sprache der Aymara und bedeutet in Anlehnung an einen Felsen auf der Sonneninsel so viel wie „Pumafelsen". Rund 30 % der Fläche des Sees gehören zu Bolivien (S. 601). Dort liegt auch die nur wenige hundert Meter breite Engstelle Estrecho de Tiquina, die den kleineren Südteil des Sees vom Rest abtrennt. Der Titicaca-See wird im Allgemeinen in **drei Teile** unterteilt: den Golf von Puno mit den Schilfinseln der Uros im Westen; den Lago Mayor, auch Chucuito genannt, der den großen Hauptteil des Sees umfasst, und den Lago Menor oder Lago Huiñaymarca südlich der Enge von Tiquina. Trotz seiner frischen 8–12 °C wirkt der See als Wärmespeicher für die umliegende Region und ermöglicht landwirtschaftlichen Anbau (Kartoffeln, Quinoa, Gerste, Mais) auf dem kalten und unwirtlichen Altiplano.
Traditionell werden Lamas, Alpakas und Schafe gehalten, denen die kargen Lebensbedingungen nur wenig auszumachen scheinen. Einen entscheidenden Beitrag zur Ernährung der Bewohner liefert außerdem der **Fischreichtum** des Sees. Im letzten Jahrhundert wurden kanadische Regenbogenforellen ausgesetzt, die Längen bis zu einem Meter erreichen können. Der in den 60er-Jahren ausgesetzte Pejerrey, eine Raubtierfischart aus Argentinien, hat der einheimischen Fischfauna allerdings schwere Schäden zugefügt. Außerdem ist der Fischreichtum durch zunehmende Überfischung bedroht. Stark in Mitleidenschaft gezogen wird der See durch die Einleitung von unbehandelten Abwässern aus Haushalten und Industrie, dem Zufluss von Zink und Quecksilber aus dem Bergbau sowie von Pestiziden und Düngemitteln aus der Landwirtschaft. Die **Verschmutzung** hat besorgniserregende Ausmaße erreicht und war Anlass für die deutsche Naturschutzorganisation Global Nature Fund ihn zum „Bedrohten See des Jahres 2012" zu erklären.

Blick auf Puno, die größte Stadt am Titicaca-See

zu erleben, gehört zu den Höhepunkten eines Besuchs der Stadt (s. Kasten „Die Folklore von Puno", S. 324). Darüber hinaus besitzt Puno eine gute touristische Infrastruktur und ist die ideale Ausgangsbasis für Abstecher in die Umgebung und zu den Inseln im Titicaca-See.

Sehenswertes

San Carlos de Puno wurde von den Spaniern um 1668 in der Nähe einer damals reichen Silbermine gegründet, hat aber heute kaum noch koloniale Gebäude vorzuweisen. Die im Inneren sehr spartanisch gehaltene **Kathedrale** wurde 1757 aus Sandstein erbaut und ähnelt mit der zweitürmigen Fassade und einer ähnlichen Säulenanordnung vom Aufbau her der Iglesia La Compañía in Cusco. Die Straße zwischen der **Plaza de Armas** und dem **Parque Pino** wurde in eine Fußgängerzone umgewandelt.

Den **Markt** von Puno sollte man sich durchaus anschauen, obwohl er nicht ganz so farbenfroh ist wie etwa die Märkte um Cusco. Dafür ist er um einiges authentischer und lohnt besonders für diejenigen, die am Kauf von Wollprodukten interessiert sind.

Westlich des Zentrums liegt der Aussichtspunkt **Cerro Huajsapata**, von dem aus sich ein schöner Blick über die Stadt und den See bietet. Oben steht eine Statue des Inca Manco Cápac. Wer sich für Keramiken und Webarbeiten aus der Präinka-, Inka- und Kolonialzeit interessiert, sollte das kleine **Museo Municipal Dreyer** besuchen, Conde Lemus 289, Ecke Deustua. ⌚ Mo–Sa 9.30–19 Uhr, 15 S/.

Fans von antiken Motorschiffen sei das **Museo Flotante Yavari**, Av. Sesquisentenario 610, Sector Huaje (im Hotel Sonesta Posada del Inca), nordöstlich von Puno, ✆ 051-369329, 💻 www.yavari.org, empfohlen. Das Motorschiff *Yavari*, das 1862 in England gebaut wurde und über Arica und Tacna in Einzelteilen zum Titicaca-See gelangte, wurde restauriert und in ein schwimmendes Museum umgewandelt. Hier erfährt man viel über die abwechslungsreiche Geschichte der Binnenschifffahrt auf dem See. ⌚ tgl. 8.30–17 Uhr, Spende.

Einen guten Überblick über die vielfältigen Verwendungsmöglichkeiten des Koka-Strauchs bietet das **Museo de la Coca**, Jr. Deza 301, im 2. Stock, ✆ 051-365087, 💻 www.museodelacoca.com. Außerdem werden traditionelle Kleidungsstücke der Region gezeigt und aus Koka gefertigte Produkte verkauft. ⌚ Mo–Sa 10–20, So 16–20 Uhr, 5 S/.

Übernachtung

Während der Festwochen (Diablada, Punowoche etc.) und in den Monaten Juli/August kann es zu Engpässen kommen, sodass eine Reservierung ratsam ist. Da es in Puno das ganze Jahr über sehr kalt ist, sollte man bei der Zimmerwahl auf eine funktionierende Warmwasserversorgung achten. Bessere Hotels stellen zudem meist ein kleines Heizgerät in das Zimmer.

Hostal Q'oñi Wasi, La Torre 119, ✆ 051-365784, ✉ qoniwasi_puno@hotmail.com. Ehemaliges Wohnhaus, das in eine Herberge umgewandelt wurde. Gute Lage zum Bahnhof. Brauchbare aber etwas dunkle Zimmer (ohne Bad billiger). Dafür ruhig und sicher, familiäre Atmosphäre, Küchenbenutzung und WLAN. ❶–❷

El Manzano, Av. El Puerto 449, ✆ 051-364697, 💻 www.elmanzanolodge.com. Familiengeführtes Hostel mit kleinem Garten. Saubere, einfache Zimmer mit Gemeinschafts- oder Privatbad (ohne Bad billiger), Solar- oder Elektroduschen und warmem Wasser 24 Std. Internet gratis, WLAN, Küchenbenutzung und Wäscheservice. Einfaches Frühstück inkl. ❶–❷

The Point Puno Lake Titicaca, Av. Circunvalacion Norte, 278, ✆ 051-351427, 💻 www.thepoint hostels.com. Etwa 1 km westlich vom Zentrum gelegene Backpacker-Unterkunft einer Partyhostel-Kette. DZ und verschieden große Schlafsäle (25–30 S/. p. P.), außerdem Internet, WLAN, Wäscherei, Tourservice, Bar und Restaurant. Frühstück inkl. ❷

Hostal Los Uros, Valcárcel 135, ✆ 051-352141, 💻 www.losuros.com. Gute Zimmer mit Bad und Warmwasser. Viele 3- und 4-Bettzimmer, Internet, WLAN, Tourangebot, Cafeteria, Heizofen gegen Gebühr. ❷

Hostal Don Victor, Melgar 166, ✆ 051-367083. Gute, saubere Zimmer mit Bad und Warmwasser oder mit Gemeinschaftsbad. Discount für Hostelling International-Mitglieder. Frühstück inkl. ❷

Hostal Imperial, Valcárcel 145, ✆ 051-352386, 💻 www.hostalimperial.com. Große, saubere Zimmer mit Bad. Internet 20 Min. gratis. Einfaches Frühstück inkl. ❸

Hotel Italia, Valcárcel 122, ✆ 051-367706, 💻 www.hotelitaliaperu.com. Geräumige Zimmer mit großem Bad, aber etwas altmodisch. WLAN, Internet und Frühstücksbuffet inkl. ❹

Hotel Qelqatani, Tarapacá 355, ✆ 051-366172, 💻 www.qelqatani.com. Sehr gute Zimmer mit Safe, Heizung, TV und Telefon. Internet, WLAN, Zimmerservice, Restaurant und Bar. Frühstücksbuffet inkl. ❺

Casa Andina Puno Tikarani, Independencia 185, ✆ 051-367803, und **Casa Andina Classic Puno Plaza**, Grau 270, ✆ 051-367520, beide 💻 www.casa-andina.com, sind sehr gut ausgestattete Luxushotels der Casa Andina-Kette. Sauerstoff ist an der Rezeption verfügbar, dazu beheizte Zimmer, WLAN und Frühstücksbuffet. ❺–❻

Essen

Café Restaurant Mojsa, Lima 635, Plaza de Armas. Sehr guter Biokaffee, Kuchen und gute Speisenauswahl (u. a. Alpakasteak und Forelle). Vom glasverkleideten Balkon im 2. Stock hat man einen schönen Blick auf die Plaza. 🕓 tgl. 11–22 Uhr.

Café Ricos Pan, Lima 424. Neben Kuchen und Empanadas werden auch exzellenter Kaffee und Säfte serviert. Gutes Frühstück. 🕓 Mo–Sa 6–22 Uhr. Den Betreibern gehört auch die **Bäckerei Ricos Pan** in der Moquegua 326.

Don Piero, Lima 364, 2. Stock. Leckere Forellengerichte, auch *Ceviche de trucha*. 🕓 tgl. 7.30–22 Uhr.

Govinda, Deustua 310. Vegetarier. 🕓 tgl. 12–20 Uhr.

Incabar, Lima 356-A. Sehr beliebt, nettes Ambiente, abwechslungsreiche internationale Speisekarte. 🕓 tgl. 8–22 Uhr.

Keros, Lambayeque 131. Einheimische Spezialitäten, präsentiert in neuem Gewand: So wird z. B. die Forelle mit einer Käsesoße und der Pejerrey mit einer Pilzsoße serviert. Sehr lecker, aber nicht ganz billig. Das Restaurant wurde zum Zeitpunkt der Recherche renoviert. 🕓 tgl. 10–23 Uhr.

La Choza del Oscar, Libertad 340. Knusprige Hähnchen und *Cuy* (s. auch „Unterhaltung"). 🕓 tgl. 12.30–23 Uhr.

Pizzería El Buho, Lima 347. Gute Holzofenpizza. 🕓 tgl. 17–23 Uhr.

Vida Natural, Lambayeque 141. Für Vegetarier. 🕓 So–Fr 7–20 Uhr.

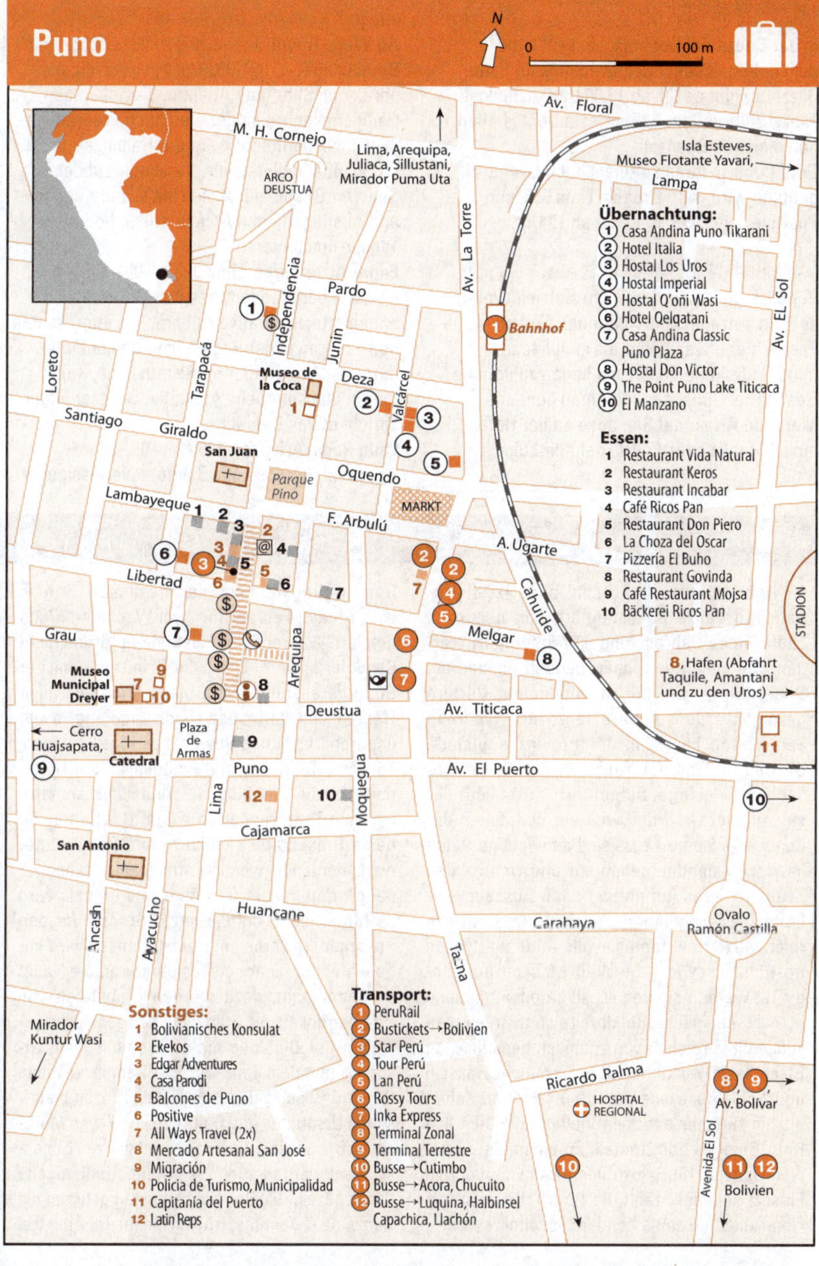
Puno
N
0
100 m
Av. Floral
M. H. Cornejo
ARCO DEUSTUA
Lima, Arequipa, Juliaca, Sillustani, Mirador Puma Uta
Isla Esteves, Museo Flotante Yavari,
Lampa
Av. La Torre
Independencia
Pardo
Junín
Bahnhof
Av. El Sol
Loreto
Tarapacá
Museo de la Coca
Deza
Valcárcel
Santiago
Giraldo
San Juan
Parque Pino
Oquendo
MARKT
Lambayeque
F. Arbulú
A. Ugarte
Libertad
Cahuide
STADION
Grau
Melgar
Arequipa
Museo Municipal Dreyer
8, Hafen (Abfahrt Taquile, Amantani und zu den Uros)
Deustua
Av. Titicaca
Cerro Huajsapata,
Catedral
Plaza de Armas
Puno
Av. El Puerto
Lima
Moquegua
Cajamarca
San Antonio
Huancane
Carabaya
Ovalo Ramón Castilla
Ancash
Ayacucho
Tacna
Mirador Kuntur Wasi
Ricardo Palma
HOSPITAL REGIONAL
Av. Bolívar
Avenida El Sol
Bolivien
Übernachtung:
1 Casa Andina Puno Tikarani
2 Hotel Italia
3 Hostal Los Uros
4 Hostal Imperial
5 Hostal Q'oñi Wasi
6 Hotel Qelqatani
7 Casa Andina Classic Puno Plaza
8 Hostal Don Victor
9 The Point Puno Lake Titicaca
10 El Manzano
Essen:
1 Restaurant Vida Natural
2 Restaurant Keros
3 Restaurant Incabar
4 Café Ricos Pan
5 Restaurant Don Piero
6 La Choza del Oscar
7 Pizzería El Buho
8 Restaurant Govinda
9 Café Restaurant Mojsa
10 Bäckerei Ricos Pan
Sonstiges:
1 Bolivianisches Konsulat
2 Ekekos
3 Edgar Adventures
4 Casa Parodi
5 Balcones de Puno
6 Positive
7 All Ways Travel (2x)
8 Mercado Artesanal San José
9 Migración
10 Policia de Turismo, Municipalidad
11 Capitanía del Puerto
12 Latin Reps
Transport:
1 PeruRail
2 Bustickets→Bolivien
3 Star Perú
4 Tour Perú
5 Lan Perú
6 Rossy Tours
7 Inka Express
8 Terminal Zonal
9 Terminal Terrestre
10 Busse→Cutimbo
11 Busse→Acora, Chucuito
12 Busse→Luquina, Halbinsel Capachica, Llachón

Unterhaltung und Kultur

In der **Choza del Oscar** (s. „Essen") und dem nebenan liegenden **Balcones de Puno** (Pizzería) gibt es tgl. ab 19.30 Uhr kostenlose Tanzvorführungen. Beide Restaurants haben den gleichen Besitzer.
Gute Pubs, in denen oftmals auch Livemusik geboten wird, sind **Ekekos**, Lima 355, und **Positive**, Lima 378. ⌚ beide ab 17 Uhr.

Einkaufen

Puno ist ein idealer Platz, um sich mit Wollsachen einzudecken. Allerdings sind die Preise hier etwas höher als in Juliaca.
In der Fußgängerzone Lima liegen zahlreiche Geschäfte. Günstiger kauft man auf dem **Mercado Artesanal San José** an der Hafenmole (*Muelle* oder *Puerto* genannt) ein.

Touren

All Ways Travel, Tacna 287, ☎ 051-355552 und Deustua 576, ☎ 051-353979, 💻 www.titicaca peru.com. Sehr gute Agentur, die neben den traditionellen Ausflugszielen auch Programme mit Familienaufenthalt auf der Halbinsel Capachica anbietet, inkl. Kajaktour auf dem See. Der Besuch lässt sich mit Wanderungen und Ausflügen nach Amanatani und/oder Taquile kombinieren.
Edgar Adventures, Lima 328, ☎ 051-353444, 💻 www.edgaradventures.com. Eine sehr engagierte, innovative Agentur, die interessante neue Touren in der Region um Puno anbietet, darunter Wandertouren, Reitausflüge, Kajaktouren und spirituelle Ausflüge. Besitzer Edgar spricht etwas Deutsch.
Latin Reps, Arequipa 736 A, ☎ 051-364887, 💻 www.latinreps.com. Solide, zuverlässige

Die Folklore von Puno

Im Departamento Puno sind über 420 folkloristische **Tänze** dokumentiert, von denen im Laufe eines Jahres rund 170 aufgeführt werden. Bei vielen von ihnen handelt es sich um Bauerntänze, die nur in entlegenen Dörfern gezeigt werden. Andere tanzt man während der großen Feiern in der Provinzhauptstadt. Obwohl ein Teil der Tänze im Rahmen katholischer Feiertage aufgeführt wird, liegt ihr eigentlicher Ursprung weit vor den Zeiten der Conquista. Einige Tänze sind an wichtige Daten im Agrarkalender gebunden und richten den Zeitpunkt ihrer Aufführung nach Aussaat oder Ernte. Die Teilnehmer der großen Tänze treten in reich verzierten, fantasievollen und wertvollen Kostümen sowie grotesken Masken auf. Begleitet werden sie von Musikgruppen, die eine unwahrscheinliche Bandbreite an **Instrumenten** spielen. Sie reichen von spanisch beeinflussten Blechblasinstrumenten über Trommeln, Rasseln und Schlaginstrumente aus inkaischen Zeiten bis hin zu einer enormen Vielfalt an Flöten aus Holz, Bambus oder Metall. Zu einem der ungewöhnlichsten Musikinstrumente, die hierbei zum Einsatz kommen, zählt die Piruru, die aus dem Flügelknochen eines Kondors geschnitzt wird.

Das wichtigste Fest der gesamten Region wird Anfang Februar für zwei Wochen in Puno gefeiert. Während der **Fiesta de la Virgen de la Candelaria**, die zu Ehren der Schutzpatronin der Stadt veranstaltet wird, platzt Puno aus allen Nähten und verwandelt sich tagelang in ein undurchdringliches Gewühl aus Musikgruppen, Tänzern, Touristen und Einheimischen. Höhepunkt ist die **Diablada**, der Teufelsmaskentanz, bei dem Tanzgruppen in einem Umzug um die beste Präsentation konkurrieren. Der Wettbewerb, der landesweit im Fernsehen zu sehen ist, dauert den ganzen Tag über und oftmals wird es Mitternacht, bis die letzte Gruppe vor den Preisrichtern vorbeigetanzt ist. Danach wird ungeachtet der niedrigen Temperaturen die Nacht durchgemacht, dazu werden Unmengen von Bier getrunken, die Stimmung ist ausgelassen.
Neben der Diablada mit eher spanischem Ursprung (mit dem Tanz wird der Kampf zwischen Gut und Böse symbolisiert) oder Tänzen maurischen Ursprungs (die Danza de Los Reyes Morenos z. B. ironisiert die Zeit der schwarzen Minensklaven) werden auch jede Menge **indianische Tänze** gezeigt. Zu den bekanntesten gehören die Danza de la Tuntuna, (rhythmischer Tanz mit viel

deutschsprachige Agentur mit umfangreichem Tour- und Reiseangebot auch außerhalb von Puno. Sie sind Vertreter der Buslinie 4 M von Puno nach Chivay (s. „Transport").

Sonstiges

Bolivianisches Konsulat

Das **Consulado Boliviano** befindet sich in der Arequipa 136, 2. Stock, ✆ 051-351251, ✉ consuladopuno@hotmail.com. ⌚ Mo–Fr 8–16 Uhr.

Feste

Siehe Kasten.

Geld

Banco de Crédito, Lima 510.
Scotiabank, Deustua 458, Ecke Lima.
Banco Continental, Lima 400.
Interbank, Lima 442.
Casa de Cambio, Grau, Ecke Lima.
Geldwechsler stehen entlang der Tacna.

Informationen

I-Perú, Lima, Ecke Deustua (Plaza de Armas), ✆ 051-365088, ✉ iperupuno@promperu.gob.pe. ⌚ Mo–Sa 9–18, So 9–13 Uhr.
DIRCETUR unterhält im Terminal Terrestre eine kleine Infostelle. ⌚ Mo–Fr 7–13 Uhr.

Medizinische Hilfe

Hospital Regional Manuel Nuñez Butrón, Av. El Sol 1022, ✆ 051-367777.
Clínica Puno, Castilla 178-180, ✆ 051-368835.

Polizei

Touristenpolizei **Poltur**, Deustua 589, ✆ 051-352303, **Notruf** ✆ 105.

Südperu

Dynamik), Danza de Los Sicuris (begleitet von Panflöten, die auf Aymara Sicus heißen), Danza de la Kullahuada (Tanz der Schäfer), Danza de la Llamadera (Tanz der Lamahirten), Danza de Tundiques (ein Tanz, der sich über die Kolonialzeit lustig macht), Danza Waca Waca (Tanz, der die Stierkämpfer aufs Korn nimmt), Carnaval de Arapa (von den Quechua abstammend und mit weißen Fahnen getanzt) sowie die Danza Ayarachis de Paratia, bei der traditionell gekleidete Frauen mit einer Panflöte in der linken Hand und einer Trommel in der rechten tanzen.
Aber auch kleinere Feste in der Umgebung haben ihren eigenen Charme und lohnen die Anfahrt. Die Touristeninformation I-Perú verfügt über einen detaillierten Festtagskalender:

- **1.–15. Februar: Fiesta de la Virgen de la Candelaria** (Puno). Am 2. Februar traditionelle Tänze, ab dem 8. Februar dann die **Diablada de Puno** mit Umzügen und viel Musik; außerdem wird intensiv der **Karneval** (Carnaval) gefeiert. Der Hauptzug beginnt in der Avenida Floral, nimmt die Avenida La Torre und Deza und biegt dann in die Jirón Lima ein. Die gesamte Fußgängerzone wird durchquert bis zur Plaza, an der in die Jirón Puno abgebogen wird. Über die Jirón Tacna erreicht der Zug die Plazoleta Dante Nava, an der das Spektakel ausklingt.
- **9. April: Aniversario del Distrito de Amantani** (Isla Amantani). Gründungstag des Distrikts mit Tänzen und einem Kunsthandwerksmarkt.
- **3. Mai: Fiesta de la Cruz** (Fest des heiligen Kreuzes, Huancané). Zahlreiche kostümierte und maskierte Trachtengruppen ziehen durch den Ort.
- **25. Juli–5. August: Santiago Apóstol** (Isla Taquile). Tänze und Musik der Einheimischen in farbenprächtigen Kostümen.
- **22. August: Parada Universitaria** (Puno). Umzug mit typischen Trachten und zahlreichen Tänzen.
- **25. Oktober: Aniversario de Juliaca** (Gründungstag der Stadt).
- **1. Novemberwoche: Aniversario de Puno** (Gründungstag der Stadt, Puno-Woche). Feierlichkeiten in der ganzen Stadt (Haupttag ist der 4. November).
- **5. Dezember: Fiesta de Santa Barbara** (Chucuito, Ilave). Folkloretänze, Verkauf von Kunsthandwerk, kleine Kirmes.

Post

Serpost, Moquegua 268. ⌚ Mo–Fr 8–20 Uhr.

Reisebüros

Die meisten Reisebüros bieten auch Touren (s. S. 324) an. Flugtickets erhält man entlang der Tacna, zwischen Ugarte und Melgar.

Sprachunterricht

Es gibt bislang noch keine Spanischschulen in Puno. Wer einen längeren Peruaufenthalt plant, kann im **Centro de Idiomas de la UNA** (Sprachzentrum der Universidad del Altiplano), Lima 317, ✆ 051-364315, 💻 www.unap.edu.pe/cidiomas, die Sprachen Quechua und Aymara studieren.

Visaangelegenheiten

Migración, Ayacucho 270-280, ✆ 051-357103. ⌚ Mo–Fr 8–13, 13.30–16 Uhr.

Nahverkehr

Taxis kosten innerhalb der Stadt 3 S/., zum Busterminal 4 S/., nach Sillustani 60 S/. (inkl. 1 Std. Wartezeit), nach Chucuito 30 S/. (inkl. 1 Std. Wartezeit) und zum Flughafen Juliaca ca. 60 S/. Ruftaxis: **Taxi Milenium**, ✆ 051-353134 und 36900.

Transport

Kleinbusse

Die Orte um Puno (z. B. Juliaca, Juli, peruanisch/bolivianische Grenze) werden von Combis angefahren. Sie konzentrieren sich beim **Terminal Zonal** (Taxi 4–5 S/.) in der Av. Bolívar, nicht weit vom Terminal Terrestre. Die Combis haben keinen festen Fahrplan und fahren in aller Regel los, wenn sie voll sind.

Regionalverbindungen

ACORA ab der Banchero Rossi, Ecke Simón Bolívar (von 5–18 Uhr, 35 km, 2 S/.). Über CHUCUITO (17 km).

CAPACHICA (Halbinsel Capachica) etwa stdl. vom Block 4 der Jr. Lampa, am Mercado Bellavista, (1 1/2 Std., 62 km, 4 S/.).

DESAGUADERO (Grenze Bolivien) von 5–19 Uhr, So bis 16 Uhr (2–2 1/2 Std., 183 km, 10 S/.).

ILAVE von 6–20 Uhr, So bis 18 Uhr, (1 1/2 Std., 79 km, 2,50 S/.).

JULI von 5–18 Uhr, (1 1/2 Std., 54 km, 3,50 S/.).

JULIACA 1 Std., 44 km, 3 S/.

LLACHÓN (Halbinsel Capachica) nur sonntags Direktbusse vom Block 4 der Jr. Lampa, am Mercado Bellavista. An den übrigen Tagen nach CAPACHICA (s. o.) fahren und dort umsteigen, oder Fahrer bitten, für Aufpreis von 10 S/. weiterzufahren (2 1/4 Std., 75 km). Die Fahrzeit ab Capachica beträgt ca. 1/2 Std., 2 S/.

LUQUINA um 5 und 7 Uhr, (1 3/4 Std., 67 km). Direktbusse ab Banchero Rossi, Ecke Simón Bolívar, sonst bis ACORA (s. o.) und dort Taxi nehmen (6 S/.).

YUNGUYO (Grenze Bolivien) von 5–22 Uhr, So bis 16 Uhr, (2 1/2 Std., 128 km, 8 S/.).

Busse

Der interprovinzielle Busbahnhof **Terminal Terrestre** liegt etwas außerhalb von Puno, in der Jr. 1 de Mayo 703, Barrio Magisterial. Von hier fahren Busse nach Lima, Arequipa, Cusco, Tacna und nach Bolivien. Die Büros der Touristenbusse nach Bolivien und Cusco befinden sich in der Tacna, Cuadra 2, doch die Busse fahren inzwischen fast alle vom Busbahnhof ab. Der Busbahnhof verfügt über einen Geldautomaten, eine Infostelle von DIRCETUR, ⌚ Mo–Fr 7–13 Uhr, Telefon, Internet und einen Erste-Hilfe-Posten. Die **Terminalgebühr** *(Tasa de embarque)* beträgt 1 S/.

Nach Bolivien fährt man entweder über den peruanischen Grenzort Yunguyo und Copacabana nach La Paz (ca. 7–8 Std.) oder über den Grenzort Desaguadero nach La Paz (ca. 6 Std.). Beide Straßen sind asphaltiert. In Bolivien wird die Uhr eine Stunde vorgestellt!

Fernverbindungen

AREQUIPA (Civa, Julsa, Flores, San Cristóbal del Sur und andere) ständig von 6–22 Uhr, 5–6 Std., 320 km, 15–25 S/. Den besten und teuersten Bus hat Cruz del Sur (15 Uhr, 54–66 S/.). Mit dem 4 M-Express (Touristenbus) kostet es US$30.

CHIVAY (Touristenbus von 4 M Express) um 6.30 Uhr, 5 1/2 Std., 250 km, US$40. Tickets gibt es bei Latin Reps (s. „Touren", 💻 www.4m-express.com).

CUSCO um 8 und 21.30 Uhr (Tour Perú), um 8 Uhr (Cruz del Sur) oder von 4–22 Uhr (andere Anbieter im Busterminal), 6 1/2–7 Std., 390 km, 30–40 S/. Beste Wahl ist Tour Perú (Tacna 285, Of. 103 und im Busterminal), ein zweistöckiger Direktbus, der unterwegs nur zwei kurze Toilettenstopps einlegt. Cruz del Sur (Terminal, ✆ 051-352451), und Inka Express (Tacna 364 und im Terminal, ✆ 051-365654), starten mit teuren Touristenbussen (9 1/2 Std., US$50) und bieten unterwegs Besichtigungen (inkl. Eintritt) und ein Mittagessen (Buffet), das im Preis enthalten ist.
LIMA gegen Mittag (Flores, Cial, Civa), 22 Std., 1300 km. Fährt über AREQUIPA und NAZCA (abklären, ob es sich um einen Direktbus handelt oder ob man in Arequipa umsteigt). Der Cruz del Sur-Bus um 15 Uhr hat in Arequipa direkten Anschluß nach Lima (144–196 S/., bis Nazca 134–176 S/.).
TACNA (Julsa) um 17.30 und 19.30 Uhr, 9 Std., 376 km, 25–30 S/. Fährt über DESAGUADERO und MOQUEGUA.

Verbindungen nach Bolivien

COPACABANA Direktbusse um 7.30 und manchmal auch um 14.30 Uhr vom Terminal Terrestre, 3 Std., 141 km, 15 S/. Ein zuverlässige Anbieter ist Tour Perú (Büro in der Tacna 285, Of. 103 und im Busterminal, 💻 www.tourperu.com.pe). Weitere Unternehmen sind Colectur (Tacna 221), Panamericano (Tacna 245) und Turismo Internacional Titicaca (nur am Busterminal).
Bei der billigeren, langsameren Variante geht es mit Micros und Combis ab dem Terminal Zonal bis YUNGUYO (s. oben), mit dem Mototaxi zur Grenze und von dort weiter mit dem Minibus nach Copacabana.
LA PAZ alle unter Copacabana aufgeführten Unternehmen fahren nach einem Buswechsel und rund einstündigem Stopp in Copacabana über TIQUINA (Fähre), YUNGUYO und COPACABANA nach La Paz (7 Std., 30 S/.). Über DESAGUADERO fährt Tour Perú (um 6 Uhr, 45 S/.). Auch Ormeño hat einen unzuverlässigen Direktbus (um 7.30 Uhr, 50 S/.). Micros und Combis starten ab dem Terminal Zonal bis zur Grenze (dort umsteigen).

Eisenbahn

Seit der Privatisierung der peruanischen Eisenbahn und der Asphaltierung der Hauptverkehrsachsen nach Cusco und Arequipa hat der Zug für die einheimische Bevölkerung komplett an Bedeutung verloren. Der Bus ist schneller und billiger.
Nach CUSCO fährt nur noch der völlig überteuerte Luxuszug *Andean Explorer* von Perurail mit Panoramafenstern (von April–Okt Mo, Mi, Fr und Sa um 8 Uhr und von Nov–März Mo, Mi und Sa um 8 Uhr, 10 Std., US$220 für einfache Fahrt inkl. Mittagessen und Snacks).
Infos und Fahrkarten gibt es bei **Perurail** am Bahnhof, Av. la Torre 224, ✆ 051-369179, 💻 www.perurail.com. 🕓 Mo–Sa 7–12, 15–18 Uhr.

Boote

Von der Hafenmole Punos werden die Schilfinseln der UROS (S. 328), TAQUILE (S. 329) und AMANTANI (S. 331) mit öffentlichem Bootsverkehr bedient. Der Fahrkartenschalter befindet sich direkt am Anlegesteg. Inzwischen verfügen einige Tourveranstalter über Schnellboote, die eine deutlich zügigere An- bzw. Abreise und längere Aufenthaltsdauer auf den Inseln ermöglichen. Weitere regelmäßige Bootsverbindungen bestehen zwischen Amanti und Taquile sowie Amantani und der HALBINSEL CAPACHICA (S. 332). Nach BOLIVIEN bestehen keine regulären Bootsverbindungen.

Flüge

Der Flugverkehr wird über das 45 km entfernte Juliaca abgewickelt (s. S. 316). So gut wie alle Reisebüros verkaufen Fahrkarten für Kleinbusse, die von Puno meist 2–2 1/2 Std. vor Abflug direkt zum Flughafen fahren (15–20 S/.), z. B. Rossy Tours, Tacna/Ecke Libertad.
Etwas langwieriger, aber dafür billiger ist es, mit dem Bus oder Minivan nach Juliaca zu fahren (2,50–3 S/.) und dort in ein Micro zum Flughafen zu steigen (1 S/.).
Lan Perú, Tacna 299, ✆ 051-367227, 💻 www.lan.com. 🕓 Mo–Fr 8.30–19, Sa 8.30–14 Uhr.
Star Perú, Lima 394, Casa Parodi, Int. 4, ✆ 051-353488, 💻 www.starperu.com. 🕓 Mo–Sa 9–13, 15–19 Uhr.

Die Umgebung von Puno

Grabtürme von Sillustani

Obwohl der überwiegende Teil der Bevölkerung in der Mitte des 16. Jhs. in einfachen Lehmziegelhäusern mit Strohdächern lebte, berichteten spanische Chronisten verwundert über große Grabtürme, die aufwendig aus mächtigen Steinblöcken errichtet worden waren. 40 Stätten mit gemauerten Grabtürmen, *Chullpas* auf Aymara genannt, hat man im Departamento Puno gefunden. Die meisten von ihnen wurden von den Colla, einem Aymara sprechenden Hochlandvolk, gebaut.

Die Colla, die sich den Altiplano mit dem Volk der Lupaca teilten, wurden von den Inkas unterworfen und später erinnerte nur noch der Name Collasuyo, den die Inkas dem südlichen Viertel ihres Großreichs gaben, an die Konstrukteure der **Chullpas**. Sie bauten mehrere Meter hohe, meist runde Steintürme mit leicht nach außen geneigten Mauern, die mit einem Strohdach oder einer Steinplatte abgedeckt wurden. In den geräumigen Türmen begruben sie hohe Würdenträger und wichtige Persönlichkeiten, die nach ihrem Tod samt Familie, Dienern, Nahrung und Besitztümern in den geräumigen Steintürmen eingemauert wurden. Die gefundenen Mumien hockten in einer gebeugten Haltung, die Körper waren mit Pflanzenfasern eingeschnürt. Ins Innere führen niedrige, nach Osten gerichtete Öffnungen in Bodenhöhe. Manche Grabtürme bestehen nur aus einem abgesenkten Raum, andere sind mehrstöckig angelegt. Innen sind die Chullpas nur roh behauen und grob mit Lehm verkleidet.

Die bekanntesten Grabtürme liegen in Sillustani, am Rand des Lago Umayo, rund 30 km nordwestlich von Puno, und sind über eine asphaltierte Straße zu erreichen. Es ist nicht bekannt, wann die Begräbnisstätte gebaut wurde, aber es war vor der Eroberung durch die Inkas. Zwölf Chullpas wurden in Sillustani errichtet; die älteren in sehr rustikaler Bauweise aus Lehm und kleinen Steinen, andere aus abgerundeten und passgenau ineinander gefügten Blöcken aus Vulkangestein. Sie ähnelten mit ihrem Zapfensystem der Bauweise der Inkas, und es wird vermutet, dass die Inkas den Begräbniskult der Colla übernahmen und architektonisch verfeinerten.

Zwei Chullpas blieben unvollendet; bei einem von ihnen sieht man noch die Rampe, auf der die Quader, die aus Steinbrüchen am Umayo-See stammen, nach oben geschleift wurden. Sehenswert ist der **Chullpa de Lagarto**, mit 12 m angeblich der höchste Grabturm Südamerikas. Seinen Namen gab ihm ein kleines Relief mit der Abbildung einer Eidechse an den oberen Steinen. Viele Türme sind im Laufe der Jahre den Naturgewalten zum Opfer gefallen. Neben Erdbeben, Frost und Blitzschlag haben auch Grabräuber ihren Beitrag zur Zerstörung der Chullpas von Sillustani beigetragen. Zum Glück entging ihnen der fast 4 kg schwere Goldschatz, den Archäologen 1971 bei Ausgrabungen fanden. Wer gerne fotografiert, sollte die Stätte aufgrund der besonderen Lichtverhältnisse nachmittags besuchen. Vogelfreunden sei eine Wanderung entlang des **Umayo-Sees** empfohlen, bei der man eine große Anzahl Wasservogelarten beobachten kann.

Anfahrt: Am einfachsten erreicht man Sillustani mit einer organisierten Tour (Start 14 Uhr in Puno, rund 4 Std., ca. 30 S/. inkl. Guide, Transport und Eintritt). Ein Taxi kostet mit 2 Std. Wartezeit ca. 60 S/. Die billigste Variante ist, mit einem Colectivo Richtung Juliaca zu fahren (2–3 S/.), an der Abzweigung nach Sillustani auszusteigen und eines der dort wartenden Colectivos zu den Grabtürmen zu nehmen (etwa halbstündig zwischen 7–18, Sa–So 9–14 Uhr, 14 km, 3 S/.). ⏲ tgl. 7–18 Uhr, Eintritt 6 S/.

Grabtürme von Cutimbo

Rund 17 km südöstlich von Puno liegen vier Chullpas, die besser erhalten sind als die Grabtürme von Sillustani. Man besucht sie entweder im Rahmen einer organisierten Tour (ca. 120 S/.), per Taxi (ca. 50 S/.) oder ab Puno alle 30 Min. von 6–16 Uhr mit dem Minibus (3–4 S/.) ab dem Friedhof an der Calle Laykakota (Aufschrift „Laqueri"). Von der Straße zu den auf einem Felsplateau liegenden Türmen sind es ca. 20–30 Min. Gehzeit. ⏲ tgl., Eintritt 6 S/.

Die schwimmenden Inseln der Uro-Nachfahren

Jedes Ausflugsboot, das Besucher zu den weiter entfernten Inseln Taquile und Amantani bringt, hält unterwegs bei den **Islas Flotantes**, den schwimmenden Schilfinseln. Was sich dort abspielt, wenn frühmorgens mehrere Boote voller Touristen anlanden, ist definitiv nicht jedermanns Sache. Gelangweilt sitzen einige Einheimische vor ihrem ausgebreiteten Kunsthandwerk am Boden; gelegentlich tauchen bettelnde Kinder auf. Nachdem man den Eintritt von 5 S/. entrichtet hat, kann man fotografieren, die Hütten und den Aussichtsturm besichtigen oder eine Fahrt in einem echten Schilfboot unternehmen (5 S/. extra).

Da es keine archäologischen Überreste gibt, weiß man nicht, wann genau die Uro begannen, auf Schilfinseln zu leben. Sie nutzten die Eilande, um sich vor den Colla und Inkas zurückzuziehen, von denen sie als minderwertige Wesen betrachtet wurden. Auf den Islas Flotantes führten sie ein autarkes Leben, denn das üppig im seichten Uferbereich des Sees wachsende **Schilf** *(Scirpus Tatora)* versorgte sie mit allem Lebensnotwendigen. Die jungen Stängel des Schilfrohrs sind essbar; getrocknetes Schilf lässt sich als Brennstoff verwenden. Aus Schilf bauten sie ihre Häuser und die Boote, mit denen sie Fische und Vögel jagten.

Von den stolzen und kriegerischen Urahnen der Uro, die der **Legende** nach schwarzes Blut besaßen, das sie vor der bitteren Kälte schützte, ist nichts übrig geblieben. Die *Kotsuñs* („Wassermenschen") – wie sie sich einst selber nannten – haben ihre Wurzeln und ihre Sprache inzwischen verloren. Es gibt keine reinrassigen Uro mehr, sie haben sich längst mit Quechua- und Aymara-Indianern vermischt und sprechen deren Sprache. Schwarzes Blut scheinen die Nachfahren der Uro keines mehr zu besitzen – die am weitesten verbreitete Krankheit ist – wen wundert es bei all der Feuchtigkeit – Rheumatismus.

Heute leben rund 2000 Menschen, verteilt auf ca. 40 Schilfinseln, in der Bucht von Puno. Zu den meisten gelangen keine Besucher, denn sie werden auf drei oder vier Touristeninseln „abgeladen", die strategisch auf dem Weg nach Taquile und Amantani positioniert sind. Etwa die Hälfte der Bewohner hält sich nur tagsüber auf den Inseln auf und kehrt abends zum Festland zurück. Auf den Inseln hat sich das Leben ohnehin stark verändert: Batteriebetriebene Fernseher, Telefone mit Solarzellen und Wellblechdächer gehören inzwischen zum Standard. Obwohl sich die Lebensqualität auf den Inseln ein wenig erhöht hat, ist das Leben der Uro-Nachfahren weiterhin hart und entbehrungsreich.

Die letzte Insel wäre wahrscheinlich längst untergegangen und mit ihr eine einmalige Lebensform, gäbe es nicht den beständigen Strom von **Touristen**, die einmal auf dem weichen Untergrund der Insel herumlaufen oder in einem Totora-Boot fahren möchten. Die wenig authentische Show degradiert die Bewohner zwar zu Statisten, ermöglicht ihnen aber ein spärliches Zubrot. Dennoch, die Schilfinseln der Uro-Nachfahren gehören zum Titicaca-See wie der Pisco Sour zu Peru.

Das Leben der Menschen auf den schwimmenden Schilfplattformen ist existenziell mit den großen Totora-Schilfbeständen der Uferbereiche verbunden. Denn die Inseln bestehen aus mehreren Schilfschichten, die ständig erneuert werden. Während das Schilf an der Unterseite der Inseln verrottet, wird oben eine neue Schicht aufgetragen. Die Inseln müssen ständig ausgebessert werden, da sich das Schilf mit Wasser vollsaugt, verrottet und abzusinken beginnt. Da die Inseln nicht im Boden verankert sind. beginnen sie bei Hochwasser frei auf dem Wasser zu treiben. Wer auf einer Schilfinsel herumläuft, sollte besonders an den Außenstellen aufpassen, um nicht mit dem Fuß durch eine verfaulte Stelle ins kalte Wasser zu rutschen.

Auf einigen Uros-Inseln (Taypikily, Utama, Santa María) kann man in einfachen Schilfhütten mit Gemeinschaftsbad für 15 S/. p. P. **übernachten** (Infos und Buchung an der Bootsanlegestelle). Die Mahlzeiten kosten 10–15 S/. extra.

Alle **Boote** nach Taquile und Amantani halten an den Inseln. Außerdem fährt eine *lancha colectiva* von 6.30–10.30 Uhr zu den Schilfinseln der Uro (Eintritt 5 S/.)., wenn mind. 10 Passagiere zusammenkommen. Die Rundreise dauert etwa 2 Std. und kostet 10 S/. Ein Charterboot für 1–5 Pers. ist für 100 S/. zu haben.

Isla Taquile

Keine Straßen, keine Autos, nicht einmal Fahrräder. Wenn dann auch noch die Tagesbesucher verschwunden sind, kehrt auf Taquile mal wieder die Ruhe ein, die schon seit Jahrtausenden auf der roterdigen Insel herrscht. Auf einem 6 km langen und 1 km breiten Felsen im Titicaca-See, dessen Umrisse der Gestalt eines Wals ähneln, wohnen rund 1600 Aymara, Nachfahren der Pakara, Colla und Inkas, die vor ihnen hier lebten.

Erst seit 1937 gehört den indianischen Bauern das Land, auf dem sie auf ausgedehnten Terrassenanlagen Kartoffeln, Gerste, Quinoa, Mais und Saubohnen für sich und die Märkte Punos produzieren. Noch zu Kolonialzeiten war die gesamte Insel, die rund 35 km südöstlich von Puno liegt, im Besitz eines Spaniers, später wurde sie vorübergehend als Gefängnis genutzt. Nach und nach begannen die Aymara die Insel, auf der sie als Leibeigene schufteten, zurückzukaufen. Inzwischen ist die Bevölkerung bestens organisiert. Ein Ältestenrat trifft alle Entscheidungen. Tradition und Zusammenhalt werden groß geschrieben, was die zahlreichen Fiestas nachdrücklich untermauern.

Doch auf Taquile wird nicht nur gefeiert, sondern hier werden auch exzellente **Webarbeiten** produziert. Nur auf dieser Insel bekommt man strickende Männer zu sehen, die ihre langen Zipfelmützen *(Chullos)* selber herstellen. Die Frauen weben bunte Hüftbänder und dunkle Schals, die sie zu pinkfarbenen oder roten Röcken tragen. Die Grundfarbe der Textilien ist weiß, die Muster sind rot. In einem kleinen **Laden** an der Plaza ist die Webereigenossenschaft beherbergt, in der man die kunstvollen Arbeiten kaufen kann. Ein kleines **Museum** stellt historische Trachten aus. Auch den Touristenstrom organisieren die Inselbewohner auf ihre Art und Weise. Wer auf Taquile übernachten möchte, tut dies in einer einfachen Familienunterkunft; Hotels sind unbekannt. Nach einem Rotationsprinzip werden die Touristen an diejenigen Familien verteilt, die eine Privatunterkunft anbieten.

War die Insel vor wenigen Jahrzehnten noch eher ein Geheimtipp, pilgern inzwischen vor allem in der Hauptsaison Massen von Touristen auf das kleine Eiland, schnaufen den steilen Weg zum „Bogen der Freundschaft", dem Eingangstor zur Plaza empor, essen, fotografieren und machen sich wieder auf den Rückweg. Sie erleben keinen Sonnenuntergang oder Mondaufgang vom höchsten Punkt der Insel, dem **Cerro Molusina**, 264 m über der Seeoberfläche, und auch diese göttliche Ruhe, die der See und die Insel ausstrahlen, sobald die Ausflügler verschwunden sind, bleibt ihnen verwehrt. Wer sich für einen Besuch von Taquile entscheidet, sollte dort zumindest einmal übernachten.

Übernachtung

Wer keine Komplettour ab Puno gebucht hat, kann sich am Bogen an der Plaza an die dort wartenden Insulaner wenden und wird einer **Familie** zugeteilt. Die Unterkünfte ähneln sich meist und bestehen in der Regel aus einfachen Zimmern ohne Bad. Die Latrinen, die heute die meisten Familien besitzen, befinden sich außerhalb; Duschen gibt es ebenso wie fließendes Wasser nicht. Strom aus Solarzellen versorgt zumindest die Hauptteile der Insel.
Gegen die **Kälte** sollte man einen guten Schlafsack mitbringen, warme Kleidung, Toilettenpapier und eine Taschenlampe. Die Familien, bei denen man übernachtet, freuen sich über ein kleines **Gastgeschenk** (z. B. frisches Obst). Eine Übernachtung kostet ohne Essen 15 S/. p. P.

Essen

Die Anzahl der Restaurants ist in den letzten Jahren stark gestiegen, Auswahl und Qualität hingegen sind auf einem mittelmäßigen Niveau geblieben. Traditionelle Küche mit Suppen, Kartoffeln, Eiern, Reis und Fisch (Forelle) beherrscht das Bild.
Das **Restaurant Comunal**, das von der Inselbevölkerung gemeinsam betrieben wird, liegt an der Plaza. Dort und in den Nebenstraßen finden sich weitere Restaurants, die sich in Preis und Angebot ähneln. Um keine böse Überraschung beim Bezahlen zu erleben, sollte man den Preis des Essens vorher erfragen. Mehr als 15–20 S/. sollten es nicht werden.

Transport

Ein **Fährboot** nach Taquile legt um 7.20 Uhr in PUNO ab, stoppt für etwa 1 Std. an den Uros und erreicht Taquile (Nordhafen) gegen 11.30 Uhr (3 1/4 Std. pro Fahrt, 25 S/. hin und zurück) Ein weiteres Boot verlässt Puno um 7.45 Uhr, stoppt aber nur etwa 20 Min. an den Uros. Der Aufenthalt auf der Isla Taquile dauert rund 3 Std., da die Rückfahrt von der Muelle Chilcano an der Westseite der Insel bereits gegen 14.30–15 Uhr erfolgt. Zurück in Puno ist man gegen 17.30–18 Uhr. Gerade bei der Rückfahrt kann es lausig kalt werden. Bei der Ankunft in Taquile ist eine Inselsteuer von 5 S/. zu entrichten (bei organisierten Touren normalerweise im Preis enthalten). Von Taquile fahrt ein Boot tgl. um 12.30 nach AMANTANI.

Isla Amantani

Die rund 4 x 8 km große Insel liegt nördlich von Taquile und rund 38 km nordwestlich von Puno. Sie gleicht in vielen Dingen Taquile, liegt in ihrer touristischen Entwicklung aber mehr als zehn Jahre hinter der Nachbarinsel zurück. Da sie ein wenig weiter von Puno entfernt ist als Taquile, werden außer mit teuren Charterbooten keine Tagestouren angeboten.

Wer nach Amantani kommt, übernachtet hier auch. Das reduziert die Anzahl der Besucher auf ein erträgliches Maß. Die Familien kümmern sich (meist) noch um ihre Gäste und alles wirkt noch ein wenig authentischer als auf Taquile. Neben schöner Landschaft bietet Amantani auch mehrere **Inkaruinen**, die über die Insel verstreut sind. Die etwa 3200 Bewohner der Insel leben traditionell von der Landwirtschaft und dem Fischfang, zudem sind sie hervorragende Weber.

Übernachtung und Essen

Wie in Taquile (s. o.) werden Besucher in sehr schlichten, aber sauberen **Familienunterkünften** untergebracht; die Verpflegung ist ebenfalls einfach. Der Preis für eine Übernachtung inkl. VP (drei Mahlzeiten) beträgt 30 S/., die Inselsteuer 5 S/.

Wer es gerne etwas luxuriöser und unabhängiger hat, kann in der **Kantuta Lodge** übernachten, ✆ 051-793112, 💻 www.kantutalodge.com, die nicht weit vom Hafen und der Plaza liegt. Inkl. Vollpension ❹

Touren

Die Touren der Reisebüros nach Amantani und Taquile dauern zwei Tage (1. Tag: Puno–Uros–Amantani, 2. Tag: Amantani–Taquile–Puno) und kosten um die 90–100 S/. (inkl. Abholservice vom Hotel, Bootsfahrt, Übernachtung, Essen, Inselsteuer, Stopp bei den Uros und Guide). Wer weniger zahlt, kann davon ausgehen, dass die Familien, bei denen übernachtet wird, nur unzureichend vom Veranstalter entlohnt werden.

Transport

Das **Fährboot** *(Lancha colectiva)* nach Amantani legt gegen 8–9 Uhr von Punos Hafenmole ab und stoppt ebenfalls an den Uros (rund 3 1/2 Std. pro Fahrt, 30 S/. hin und zurück). Am gleichen Tag besteht keine Rückfahrgelegenheit mehr. Am nächsten Morgen verlässt ein Boot Amantani gegen 8 Uhr Richtung PUNO. Wahlweise kann man um 8 Uhr ohne Aufpreis nach TAQUILE fahren, die Insel besichtigen und nachmittags zurück nach Puno fahren. Nach CHIFRÓN auf der Halbinsel Capachica fährt jeweils ein Boot sonntags um 5 und freitags um 13 Uhr, 3,50 S/. Ein Charterboot von Amantani nach LLACHÓN (Halbinsel Capachica) kostet 160 S/., im Ruderboot zahlt man 70 S/.

Isla Suasi

Dicht am Ostufer des Titicaca-Sees liegt die nur rund 43 ha große Insel Suasi, die bislang vom großen Touristenstrom weitestgehend verschont geblieben ist. Die Insel ist eine Miniaturausgabe der großen Inseln im Westen mit terrassierten Berghängen, Schaf- und Alpakaherden und kleinen Eukalyptushainen. Wer absolute Ruhe und Einsamkeit sucht, ist hier bestens aufgehoben.

Übernachtung

Auf der Insel kann man luxuriös und teuer im **Casa Andina Private Collection Isla Suasi**, ✆ 01-2139739, 💻 www.casa-andina.com, übernachten. Das Haus wurde vorwiegend aus lokalen Materialien gebaut und fügt sich harmonisch in die Landschaft ein. Alle Zimmer haben Seeblick, das Wasser wird mit Solarenergie erhitzt. Der Komplex verfügt über ein Restaurant, Bar, Massageraum und Sauna. Im Preis von US$199 für das DZ sind die Mahlzeiten und die Inselsteuer von US$12 enthalten. Ein Paket (2 Tage/1 Nacht) kostet inkl. Mahlzeiten, Bootstransfer und Eintritt US$349. ❼

Transport

Die Anfahrt zur Insel erfolgt zunächst mit Bussen auf dem Landweg über Juliaca, Huancané und Moho bis zum kleinen Ort Cambria in der Nähe von Conima (5 Std., insgesamt 157 km). Dort kann man sich nach Suasi übersetzen lassen. Auf dem Seeweg beträgt die Entfernung zwischen Puno und Suasi rund 72 km.

Peninsula Capachica

Die Halbinsel, die nordöstlich von Puno weit in den Titicaca-See ragt, hat sich zu einer beliebten Alternative für Individualtouristen und kleine Gruppen entwickelt, die dem Rummel auf den bekannten Inseln entfliehen möchten. Die Bewohner verschiedener Orte haben sich schnell auf die steigende Nachfrage eingestellt und kleine *Hospedajes rurales* gebaut, in denen Besucher in einfachen Zimmern übernachten können (z. B. in Llachón). Auf der Halbinsel kann man wunderbar wandern, und mit der entsprechenden Planung gelangt man von Capachica nach Amantani und weiter nach Taquile.

Am weitesten entwickelt ist die touristische Infrastruktur in **Llachón** an der Südwestseite der Halbinsel. Hier gibt es inzwischen mehrere kleine, familiengeführte Herbergen ❷ inklusive Vollpension, von denen einige sogar über Solarduschen verfügen. Sehr schön ist die Bootsfahrt (kein Linienverkehr, nur Veranstalter!) von Puno nach Llachón, bei der unterwegs eine weniger touristische Insel der Uro besucht wird. Lohnenswert ist die rund dreistündige Wanderung von Llachón zum **Cerro Carus 3**, einem Aussichtspunkt mit präinkaischen Ruinen, von dem sich tolle Ausblicke auf den See und die Insel Amantani eröffnen. Pionier des Llachon-Tourismus und Kontaktperson dort ist Valentín Quispe Turpo, ✆ 951821392 (Mobil), ✉ llachon@yahoo.com. Er bietet auch Kajak- und Segeltouren an. Touren nach Llachon veranstalten Edgar Adventures und All Ways Travel (s. „Puno/Touren“, S. 324).

Transport

Kleinbusse

Siehe „Juliaca/Transport“, S. 315 und „Puno/Transport“, S. 326.

Boote

Von Llachón gelangt man mit einem Charterboot für 160 S/. nach AMANTANI. Im Ruder . boot kostet die Überfahrt 70 S/. Von der PLAYA CHIFRÓN (ca. 30 Gehminuten vom Ort Capachica entfernt, Mototaxi 5 S/.) fährt ein Boot sonntags um 8 und montags und 6 Uhr nach Amantani.

Von Puno nach Copacabana

Auf der **Standardroute nach Bolivien** kann man inzwischen in zahlreichen Gemeinden unterwegs bei Einheimischen übernachten – eine schöne und (noch) recht individuelle Art, die Bewohner des Sees ein wenig näher kennen zu lernen. Unterwegs bieten sich einige schöne Stopps an:

Chucuito

Rund 18 km südöstlich von Puno wird Chucuito erreicht, das einst ein wichtiges Zentrum der Lupaca und später der Inkas war. Hier liegt unweit der **Kirche Santo Domingo**, des ältesten Gotteshauses des Hochlands (1534 erbaut), der **Inca Uyo**-Komplex. Er besteht aus polierten, phallischen Steinen, deren exakte Herkunft bis heute ungeklärt ist. In diesem Fruchtbarkeitstempel der Inkas konnten Frauen bei einer Opferzeremonie (Kokablätter und Mais) feststellen, ob sie fruchtbar waren. Kinder zeigen Besuchern die Anlage gegen ein kleines Trinkgeld. Eine weitere Sehenswürdigkeit des Ortes ist die **Kirche Nuestra Señora de la Asunción**.

Die Bewohner Chucuitos leben vorwiegend vom Fischfang, im See liegen einige Forellenzuchten. **Übernachtungsmöglichkeiten** bestehen in der gemütlichen Hospedaje Turístico Las Cabañas, Tarapacá 538, ✆ 051-368494, 💻 www.chucuito.com, ❸, im Hotel Taypikala, Panamericana Sur KM 18, ✆ 051-792252, 💻 taypikala.com, Luxushotel mit esoterischem Einschlag ❺, oder in der noch edleren Titilaka Lodge, einem teuren Boutique-Hotel direkt am Ufer des Titicaca-Sees, ✆ in Lima: 01-7005111, 🖳 www.titilaka.com. ❼

Acora und Península Chuquito

In der Nähe des Ortes Acora, etwa bei KM 37,5 (bei Molloco rechts abbiegen) liegen rund 500 m von der Hauptstraße entfernt einige Grabtürme. Sie sind nicht so spektakulär wie die Grabtürme von Sillustani, doch dafür bekommt man hier auch viereckige Türme zu sehen, die mit Tiersymbolen (Schlange, Puma, Affe) verziert sind.

In Acora befindet sich auch die Abzweigung nach **Luquina**, **Karina** und **Churo**, drei bäuerlichen Gemeinden auf der **Chuquito-Halbinsel**, die einen ländlich-ökologischen Tourismus propagieren. Die Anreise kann per Bus/Taxi (s. „Puno/Transport", S. 326) oder mit dem Boot erfolgen. Infos bekommt man beim Veranstalter Edgar Adventures (s. S. 324) und unter 🖳 www.chucuito.org.

Juli

Über die wenig interessanten Ortschaften Platería und Ilave erreicht man nach rund 77 km Juli, das überraschenderweise über vier große Kirchen verfügt. Sie stammen aus dem 16. und 17. Jh., als Juli Zentrum der Jesuiten war. Die Kathedrale an der Plaza, auch **Iglesia San Pedro** genannt, besticht mit schönen Schnitzereien und Wandmalereien, die indianischen Einfluss aufweisen. Auf dem Weg zum See passiert man die **Iglesia San Juan Bautista**, die Bilder Johannes des Täufers und der Heiligen Teresa beherbergt. Die beiden anderen Kirchen, La Asunción und Santa Cruz, sind zum Teil eingefallen und haben einen starken Renovierungsbedarf.

Das noch untouristische Juli verfügt über einfache und günstige **Unterkünfte**, z. B. Los Treboles, Lima 119, ❷. Sehenswert ist der **Tiermarkt**, der mittwochs (Lamas, Alpakas) und sonntags (Stiere, Esel, Pferde) linker Hand am Straßenrand vor dem Ortseingang aus Puno kommend abgehalten wird.

Pomata und die Grenze zu Bolivien

Auch das rund 106 km südöstlich von Puno gelegene **Pomata** besitzt eine interessante Kirche, die im 17. Jh. von Dominikanern errichtet wurde.

Isla de Anapia

Ursprüngliches Inselleben kann man auf der entlegenen Isla de Anapia im Südteil des Titicaca-Sees erfahren. Die Anfahrt erfolgt ab Yunguyo im Colectivo nach Punta Hermosa (ca. 1/2 Std., 1.50 S/.). Von dort fährt Do und So jeweils ein Boot um 12 Uhr für 3.50 S/. zur kleinen, kaum berührten Insel (zurück ebenfalls Do und So, jeweils um 6 Uhr). Ein Charterboot kostet 140 S/. (einfache Strecke). Die Übernachtung kostet 10 S/. p. P., Mahlzeiten ebenfalls 10 S/. Kontakt in Anapia: José Flores, ✆ 051-812867, 951089797 (Mobil). Ausflüge nach Anapia (mind. 2 Tage) lassen sich über All Ways Travel in Puno arrangieren.

Ihre Besonderheit sind durchsichtige Alabaster-Fenster und eine barocke Sandsteinfassade, auf der unter anderem Pumas dargestellt sind.

Wenig außerhalb von Pomata gabelt sich die Straße. Linker Hand zweigt die Route zum peruanischen **Grenzort Yunguyo** ab. Hier kann man Geld wechseln (der Kurs ist schlecht, nur das Nötigste tauschen!) und in einfachen **Unterkünften** übernachten, u. a. im Hotel Amazonas, Grau 235, Hostal Yunguyo, Bolognesi 161, oder Hostal Isabel, San Francisco 110, an der Plaza (alle ❶).

Die 2 km entfernte **Grenze**, an der Reisende ihren Ein- bzw. Ausreisestempel erhalten, ist von Yunguyo aus per Mototaxi oder Micro zu erreichen. Die Direktbusse Puno–Copacabana machen in Yunguyo Halt, damit die Passagiere Geld wechseln können. Die Grenze, 🕓 tgl. 8–18.30 Uhr, wird zu Fuß überquert. Auf der bolivianischen Seite, in **Kasani**, wird der Pass erneut gestempelt, und Kleinbusse und Sammeltaxis bringen die Ankömmlinge zügig ins 8 km entfernte **Copacabana** (S. 601). In Bolivien wird die Uhr eine Stunde vorgestellt!

Von Puno über Desaguadero nach La Paz

Wer schnell nach La Paz möchte, sollte sich für diese Variante entscheiden, da die Fahrt etwa ein bis zwei Stunden kürzer ist als die über Co-

Südperu

Südperu

pacabana (insgesamt ca. 5 1/2–6 Std., abhängig von der Grenzabfertigung). Über Juli und Pomata wird nach rund 183 km der Grenzort Desaguadero erreicht. Die Grenze ist täglich von 7–20 Uhr geöffnet (die Uhr wird in Bolivien eine Stunde vorgestellt!). Busse und Colectivos benötigen ab dort für die rund 105 km nach La Paz etwa zweieinhalb Stunden. Wer genügend Zeit mitbringt, kann auf bolivianischer Seite, auf dem Weg nach La Paz, die Ruinen von Tiwanaku (S. 636) besichtigen. Die Grenze ist wenig einladend und Tummelplatz von Händlern und Schmugglern. Wer hier die Busse wechselt, sollte während eventuell anfallender Gepäckkontrollen gut auf seine Sachen aufpassen. Am stressfreiesten überquert man die Grenze mit einem Direktbus Puno–La Paz.

Von Puno nach Arequipa

Die landschaftlich eindrucksvolle Straße passiert die große **Laguna Lagunillas** und steigt danach auf eine weite karge Hochebene auf rund 4400 m Höhe an, die tolle Ausblicke auf das Chachani-Massiv (6075 m) und später dann auch auf den Vulkan Misti (5822 m) ermöglicht.

Ein Großteil dieser trockenen Punalandschaft ist Teil des Naturschutzgebiets **Reserva Nacional Salinas y Aguada Blanca**, in dem scheue Vicuñas und gelegentlich Flamingos in freier Wildbahn anzutreffen sind. Die über 2000 Höhenmeter, die zwischen dem Hochplateau und Arequipa liegen, werden in weiten Kurven überwunden. Unterwegs passiert man die Abzweigung zum Colca-Canyon und wenig später zum Thermalbad Yura.

Arequipa und Umgebung

Rund 1000 km südöstlich von Lima liegt eine der **schönsten Städte Perus** zu Füßen des 5822 m hohen **Hausvulkans Misti.** Neben diesem liegen mit dem ständig schneebedeckten Vulkan **Chachani** (6075 m) und dem **Pichu Pichu** (5571 m) zwei weitere große Berge in unmittelbarer Nähe Arequipas. Obwohl Arequipa nur rund 126 km (ca. 70 km Luftlinie) von der Pazifikküste entfernt ist, gehört der Ort weder so richtig zur Küstenwüste noch zum Hochland. Vielmehr ist Perus zweitgrößte Stadt eingebettet in eine **kontrastreiche ländliche Umgebung** aus grünen Oasen, kargen Bergflanken und traditionellen Dorfgemeinschaften – ein reizvolles Ambiente für Tagesausflüge (s. „Näheres Umland von Arequipa", S. 348).

In weiterer Entfernung locken raue Mondlandschaften (s. „Valle de los Volcanos", S. 362) und die tiefsten Schluchten des gesamten Kontinents (s. „Cañón de Cotahuasi", S. 362). Zu den beliebtesten Ausflügen zählt die Tour in den Colca-Canyon (s. S. 353), in dem man Kondore aus nächster Nähe beobachten kann. Alle Touren lassen sich gut von Arequipa aus organisieren. Durch die Fertigstellung der asphaltierten Strecke zwischen Arequipa und Juliaca/Puno hat sich die Verkehrsanbindung der Stadt an das Andenhochland stark verbessert.

Die Höhe von immerhin 2335 m verleiht Arequipa ein ganzjährig angenehmes, frühlingshaftes Klima, das bereits Miguel Cervantes, der Autor des *Don Quijote*, lobend erwähnte. Die jährlichen Durchschnittstemperaturen liegen tagsüber bei 22 °C, nachts kann es vor allem in den Monaten der Trockenzeit, also von April bis November, stark abkühlen. Die Sonne scheint das ganze Jahr über von einem meist wolkenlosen Himmel, lediglich in den Monaten Januar bis März kommt es zu moderaten Regenfällen.

Arequipa

Die Stadt, deren Einwohnerzahl sich der Millionengrenze nähert, breitet sich im fruchtbaren Tal des **Río Chili** aus, in dem auch heute noch Landwirtschaft und Viehzucht betrieben werden. Das historische Zentrum ist bekannt für seine schönen Klöster, Kirchen und Kolonialbauten und wurde 2000 von der Unesco zum **Weltkulturerbe** erklärt. Der Sillar, ein poröses, helles Tuffgestein, aus dem sehr viele Gebäude vor allem im Stadtzentrum gebaut sind, hat Arequipa den Beinamen *Ciudad blanca* – die **weiße Stadt** – eingebracht.

Sicherheit in Arequipa

Diebstähle und Überfälle gegenüber Touristen haben leider in den vergangenen Jahren stetig zugenommen. Dafür sind in erster Linie organisierte Taxibanden verantwortlich, die Touristen nach dem Einsteigen überfallen. Diesbezüglich ist vor allem entlang der Avenida San Francisco sowie abends und nachts Vorsicht geboten. Da Touristen Piratentaxis von echten Taxis nicht unterscheiden können, empfiehlt es sich, am Flughafen und dem Busterminal offizielle Taxis zu nehmen und sich vom jeweiligen Hotel ein zuverlässiges Taxi rufen zu lassen, auch wenn das manchmal etwas dauert und teurer ist.

Die Einwohner, die Arequipa auch gerne „**Hauptstadt des Südens**" nennen, können sich bis heute nicht so richtig mit der Vorherrschaft Limas innerhalb Perus abfinden und spielen gelegentlich mit dem Gedanken an die Separation vom restlichen Peru. Sie sind selbstbewusst und stolz auf ihre Herkunft und Traditionen, was ihnen manchmal als Arroganz ausgelegt wird.

Das Temperament der Arequipeños passt zur Lage der Stadt, die im Feuergürtel Amerikas liegt. Allein im Departamento Arequipa befinden sich 167 von insgesamt 401 Vulkanen Perus, darunter zehn aktive. Fast täglich werden kleinere Erdstöße registriert; das letzte größere **Erdbeben** suchte Arequipa und Umgebung am 23. Juni 2001 heim. Dabei kamen 71 Menschen ums Leben, 1000 wurden verletzt und mindestens 30 000 verloren ihr Obdach. Im historischen Zentrum von Arequipa erlitten einige Gebäude Beschädigungen, darunter die Turme der Kathedrale. Nach mehrmonatigen Restaurierungsarbeiten erstrahlt die Stadt nun wieder in altem Glanz.

Geschichte

Einer Legende zufolge stammt der Name der Stadt vom vierten Inkaherrscher **Mayta Cápac** ab. Nachdem ihn seine Generäle auf dem Weg zurück nach Cusco bedrängten zu rasten, soll er an der Stelle, an der sich die Stadt heute befindet, ausgerufen haben: „Are que pay", was mit: „Also gut, bleiben wir hier" übersetzt wird. Schon lange vor den Inkas lebten hier aufeinander folgend Angehörige der Huari-, Tiwanaku- und Julí-Kulturen. Auch die **Spanier** waren auf ihrem Eroberungsfeldzug angetan vom milden Klima und den guten Anbaumöglichkeiten. Sie gründeten am 15. August 1540 an den Ufern des Río Chili die Villa de Nuestra Señora de la Asunción del Valle Hermoso de Arequipa. In der Folgezeit errichteten die Spanier aus dem hellen Sillargestein eine attraktive Stadt mit den schönsten Kolonialgebäuden des Landes. Trotz eines verheerenden Erdbebens im Jahr 1687, zehn Jahre nachdem der Franziskanerpater Meléndez ein Gipfelkreuz auf dem Vulkan Misti errichtete, haben viele Gebäude des widerstandsfähigen Vulkangesteins die Naturgewalten unbeschadet überstanden oder sind in jüngerer Zeit restauriert worden.

Weiß wie die Mauern der Stadt war auch der überwiegende Teil der Bevölkerung in der Kolonialzeit, als die günstige Lage Arequipas zwischen den Silberminen von Potosí und dem Pazifikhafen Mollendo gute Einnahmen als **Handelsposten** bescherte. Noch mehr Wohlstand brachte der Stadt 1870 der **Bau der Eisenbahnlinie** zwischen Puno und Mollendo, die heute allerdings keinerlei wirtschaftliche Bedeutung mehr hat. Auch das schwere Beben von 1868, bei dem in Minutenschnelle mehr als zweitausend Gebäude einstürzten, konnte den Aufschwung der Stadt zumindest langfristig nicht stoppen. Heute ist aus Arequipa in der Tat das pulsierende Herz des Südens geworden, das sich seine Bewohner so sehr wünschten. Doch die Stadt platzt aus allen Nähten und die Randbezirke schieben sich bedrohlich nahe an die Hänge des Vulkans Misti heran, dessen nächster Ausbruch wahrscheinlich verheerende Konsequenzen haben wird.

Sehenswertes im Zentrum

Ausgangspunkt für einen Rundgang durch die Innenstadt bildet die gepflegte **Plaza de Armas**. Der palmenbestandene Platz, der an drei Seiten von zweigeschossigen Kolonialgebäuden eingerahmt ist, gehört zu den schönsten seiner Art in Peru. In den Arkadengängen um die Plaza sind Restaurants, Reisebüros, Hotels und die Touristeninformation untergebracht. Die gesamte Nordseite wird von der wuchtigen **Kathedrale**

Übernachtung:
1 Hostal La Casa de mi Abuela
2 Casa Andina Classic
3 Gasthaus zur weißen Stadt
4 La Posada del Puente
5 Hospedaje Samana Wasi
6 Bothy Hostel
7 Hostal Residencial Rivero
8 San Agustín Posada del Monasterio
9 Hostal Solar
10 Hostal La Reyna
11 La Casa de Margott
12 Hostal Las Torres de Ugarte
13 La Casa de Melgar
14 Lluvia de Oro
15 Los Andes
16 Hotel Tierra Sur
17 Casa de Avila
Clínica Arequipa
Puno, Cayma, Colca-Canyon, Yura, Yanahuara, Chachani, Misti
La Recoleta
Kloster Santa Catalina
EINGANG
Museo Histórico Municipal
San Francisco
Museo de Arte Virreinal Santa Teresa
Policia de Turismo
I-Perú
Casa del Moral
Casa Iriberry
Paseo de la Catedral
Catedral
Casa Ugarteche
Teatro Municipal
Iglesia San Augustin
Plaza de Armas
Iglesia La Compañía
Santo Domingo
Museo Santuarios Andinos
Casa Goyeneche
Iglesia La Merced
Museo Arqueológico San Agustín
Museo UNSA, via Avenida Independencia
Arancota,
Misti Horse
Vallecito
Río Chili
El Filtro
C. Llosa
Juan de la Torre
Puente Grau
Puente Bajo Grau
Puente Bolognesi
Puente San Martín
Ayacucho
Zela
Melgar
Santa Marta
Ugarte
San José
Moral
San Augustín
Mercaderes
Morán
Santo Domingo
Palacio Viejo
Dean Valdivia
Consuelo
Camilo
Tristan
Alto de la Luna
Victor Lira
2 de Mayo
28 de Julio
15 de Agosto
7 de Junio
Garci Carbajal
Salaverry
T. Norte
T. Sur
Bonifaz
Av. Jerusalén
Av. Rivero
Av. Peral
Av. Colón
Av. Bolívar
Catalania
Av. Santa
Av. San Francisco
Av. Villalba
Av. La Marina
Av. La Recoleta
Av. Cruz Verde
Av. Sucre
Av. La Merced
Av. Alvarez Thomas
Av. Piérola
Av. Peru
Av. Pizarro
Av. San Juan de Dios
Av. Lima
Av. San Martín
C. Luna Pizarro
C. Paz Soldan
C. Andreas Martínez
C. Tarapacá
Av. Parra
Av. Tacna y Arica
Av. Quiroz
Av. Mariscal Cáceres
Av. Quinta Romana
Av. Leticia
Av. Jorge Chávez

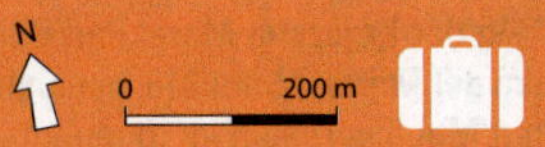

Essen:
1 Nitay Gouranga
2 Sol de Mayo
3 Ary Quepay
4 Café Ole
5 Gopal
6 Zig Zag
7 Las Quenas
8 Zingaro
9 La Italiana, El Camaroncito
10 Chicha
11 El Turco I
12 Manolo
13 Tuturutu
14 El Escudo del Cerrojo
15 Café Valenzuela
16 Día Verde
17 Cusco Coffee Company
18 Chicken Palace
19 Tradición Arequipeña
20 Arrecife

Sonstiges:
1 Bustour
2 Gölz & Miedl
3 Asociación de Guias de Montaña del Perú
4 Autocolca
5 Cusipata Viajes y Turismo
6 Cine Planet
7 Sernanp
8 Pablo Tour
9 Déjà Vu
10 Casona Forum
11 Colca Trading Company
12 Instituto Cultural Peruano Alemán, Deutsches Honorarkonsulat
13 Casona de Santa Catalina
14 Naturaleza Activa
15 Carlos Zárate Aventuras
16 El Patio del Ekeko
17 Centro de Idiomas U.N.S.A.
18 Suites Plaza Hotel
19 Supermarkt

Portale:
(A) Portal de San Agustín
(B) Portal de Flores
(C) Portal de la Municipalidad

Transport:
(1) Lan Perú
(2) Star Perú
(3) Sky Airline
(4) Peruvian Airlines
(5) Bahnhof
(6) Terminal Terrestre, Terrapuerto
(7) Busse → Yura

beherrscht, hinter der die gewaltigen Schneegipfel des Chachani-Massivs aufragen.

Das erste Gebäude von 1656 brannte 1844 komplett aus; die heutige neoklassische Struktur stammt aus dem späten 19. Jh. Das Innere ist um einiges schlichter, als es die pompöse Fassade vermuten ließe. Sehenswert sind die mächtigen Kronleuchter, der Hauptaltar aus italienischem Marmor und die kunstvoll geschnitzte Holzkanzel aus dem Jahr 1879. Die gewaltige Orgel stammt aus Belgien.

An der Südecke der Plaza liegt die **Iglesia La Compañia**, eine der ältesten Kirchen der Stadt. An dieser Meisterleistung, die zu einem der wichtigsten architektonischen Werke des Mestizenbarocks zählt, wurde über 100 Jahre lang gearbeitet (1595–1698). Auf der reich verzierten Frontfassade lassen sich bei genauem Hinschauen neben dem Gewirr aus Spiralen, Lorbeeren, Kakteen, Muscheln, Trauben und Blumen auch der doppelköpfige Adler des Habsburger Wappens, eine Raubkatze und das Datum der Fertigstellung der Kirche entdecken. Vergoldete Altäre im Barockstil dominieren den Innenraum der Kirche. Die Wände und Decken der **Capilla de San Ignacio**, in der einst die Sakristei untergebracht war, sind mit bunten Fresken versehen, auf denen sich Pflanzen- und Tiermotive wiederfinden.

Neben dem Kirchengebäude liegt das ehemalige Jesuitenkloster, einst Sitz des Colegio de Santiago. Heute sind in dem mit üppig verzierten Säulen und einem gut erhaltenen Kreuzgang ausgestatteten Gebäude verschiedene Geschäfte untergebracht.

Zwei Straßenblocks weiter südlich gelangt man zum **Museo Arqueológico San Agustín**, das der ältesten Universität Arequipas, der **Universidad Nacional de Arequipa (UNSA)**, gehört. Das Museum in der Alvarez Thomas 200 zeigt archäologische Fundstücke u. a. der Nazca-, Tiwanaku-, Wari- und Inkakultur. ⌚ Mo–Fr 9–16, 2 S/.

Über die Straßen Camilo und Piérola erreicht man die **Iglesia Santo Domingo**, deren Seitenportal mehr mestizische Steinmetzarbeiten aufweist als die Fassade. Der spanisch-indianische Baustil findet sich auch im reich geschmückten Haupt- und Nebengang der dreischiffigen Kirche wieder.

Über die Rivero und die Mercaderes biegt man rechter Hand in die San Francisco ab, um zur **Casa Ugarteche** zu gelangen, die an der Stirnseite der Kathedrale liegt. Dieses Paradebeispiel eines arequipenischen Patrizierhauses, auch unter dem Namen „Casa del Tristán del Pozo" bekannt, wurde 1738 als Jesuitenseminar San Jerónimo gebaut und später als erzbischöflicher Palast genutzt. Danach bewohnten wohlhabende Familien das Gebäude mit seinem prachtvollen Frontportal, unter anderen die Familie Ricketts, die der Wollhandel Ende des 19. Jhs. reich gemacht hatte. Heute ist das Kolonialhaus im Besitz der Banco Continental, die den Gebäudekomplex als Museum und für gelegentliche Kunstausstellungen nutzt.

Vorbei an der atmosphärischen, von teuren Geschäften gesäumten Fußgängerpassage Paseo de la Catedral hinter der Kathedrale geht es geradeaus weiter zur **Iglesia y Monasterio de San Francisco**, Zela, Ecke San Francisco. Der Bau aus hellem Sillar- und Backstein musste nach dem Erdbeben 1960 renoviert werden. Sehenswert sind ein beeindruckender Silberaltar, die umfangreiche Pinakothek und ein religiöses Museum. ◷ Mo–Sa 9.30 12, 15.15–18 Uhr, 5 S/.

Neben der Kirche liegt die Plazuela San Francisco, ein schattiger Platz, der zu einer Rast einlädt. Hier befindet sich das **Museo Histórico Municipal**, das historische Dokumente, Karten und Fotos aus der Stadtgeschichte ausstellt. ◷ Di–Fr 9–16, Sa–So 9–13 Uhr, 2 S/.

Nur drei Straßenblöcke Richtung Osten steht das **Museo de Arte Virreinal Santa Teresa**, Melgar 303. Der großzügige Bau enthält in zwölf Ausstellungsräumen eine riesige Vielfalt religiöser Kunst. ◷ Mo–Sa 9–17, So 9–13 Uhr, 10 S/.

Westlich der Plazuela San Francisco gelangt man zum wichtigsten kolonialen Gebäude der Stadt, dem **Kloster Santa Catalina** (S. 342).

Alles im Blick

Eine tolle Aussicht auf die Plaza de Armas, die Kathedrale und die umliegenden Berge hat man vom **Dachterrassen-Café** des Suites Plaza Hotels, Portal de Flores 102, an der Plaza de Armas.

An der Kreuzung Moral und Bolívar liegt die **Casa del Moral**, Moral 318, benannt nach einem alten Maulbeerbaum im Innenhof. Die Fassade ist ein weiteres gelungenes Beispiel für die Verschmelzung indianischer und spanischer Steinmetzarbeiten zu einem eigenen Stil. Auffällig ist das Wappen in Form eines Pumas, aus dessen Maul sich eine Schlange herauswindet. ◷ Mo–Sa 9–17 Uhr, 5 S/.

Nur einen Straßenblock weiter südlich befindet sich die **Iglesia San Agustín**, die ebenfalls ein beeindruckendes Portal aus Vulkangestein zu bieten hat. Die schräg gegenüber liegende **Casa Iriberry** (auch Casa Arróspide), San Agustín 115, ist mit wuchtigen Mauern und sechs Innenhöfen errichtet worden. Wo einst wohlhabende Familien lebten, ist heute eine Fakultät der Universidad San Agustín untergebracht. ◷ Mo–Fr 10–13, 16–20 Uhr, Eintritt frei.

Wer nun noch Energie übrig hat, biegt an der Plaza in die Avenida La Merced ein und erreicht das **Museo Santuarios Andinos**, Avenida La Merced 110, ✆ 054-200345, 🖳 www.ucsm.edu.pe/santury, in dem der mumifizierte Leichnam eines Mädchens (Juanita) zu sehen ist, der 1995 an den Gletscherhängen des Nevado Ampato entdeckt wurde (s. Kasten). Ein Guide begleitet alle Besucher gegen ein Trinkgeld am Ende der Führung. In den Monaten Januar bis März ist aus Konservierungsgründen statt Juanita eine andere Mumie ausgestellt. Die Mumie ist ohnehin schlecht sichtbar, da sie eingefroren und in diffusem Licht in einem spiegelnden Glaskasten präsentiert wird. ◷ Mo–Sa 9–18, So 9–15 Uhr, 20 S/.

Wenige Meter weiter befindet sich die **Casa Goyeneche**, die im Besitz der Banco Central de Reserva del Perú ist. Das erste Gebäude aus dem Jahr 1558 wurde nach und nach ausgebaut und erreichte unter der Leitung des Bischofs von Arequipa, José Sebastián Goyeneche y Barrera, um 1840 seine heutige Ausdehnung. Die Pinakothek, in der wertvolle Gemälde der Cusqueñer Schule aufbewahrt werden, kann man auf Anfrage besichtigen.

Nur einen Katzensprung ist es noch bis zur **Iglesia La Merced**, die mehrfach von Erdbeben zerstört und danach wieder aufgebaut wurde. Sie beherbergt einige interessante Gemälde aus der Kolonialzeit.

Unumstrittener Blickfang an Arequipas Plaza de Armas ist die Kathedrale.

Über die Puente Bolognesi oder die Puente Grau erreicht man den Klosterkomplex **La Recoleta**, Jr. Recolecta 117, der auf der anderen Flussseite des Río Chili liegt. Das als Refugium gedachte Gebäude wurde 1647 von Franziskanern erbaut. 1978 öffnete es der Öffentlichkeit seine Pforten. Die weitläufigen Räumlichkeiten beherbergen das **Museo Arqueológico y Antropológico**, das Fundstücke verschiedener Kulturen ausstellt, das **Museo de Historia Natural** mit ausgestopften Tieren und indianischem Kunsthandwerk sowie das **Museo de Arte Religioso**, in dem Bilder der Cusqueñer und der Arequipeñer Schule zu sehen sind. Die Pinakothek beherbergt außerdem rund 20 000 Schriftstücke, darunter ein Dokument aus dem Jahr 1494 und eine Ausgabe des *Don Quijote* aus dem Jahr 1616. Vom Kirchturm des Klosters bietet sich ein schöner Blick über die Stadt. ◷ Mo–Sa 9–12, 15–17 Uhr, 4 S/.

Sehenswertes am Stadtrand

Westlich vom Kloster gelangt man über die Puente Grau bequem zu Fuß (2 km) oder mit regelmäßigen Bussen in die traditionellen Stadtviertel Yanahuara und Cayma. Nach der Brücke geht es die Avenida Ejército entlang, bevor man an der vierten Straße (Calle Lima) nach rechts abbiegt. Von der grünen, palmbestandenen **Plaza Yanahuaras** hat man einen schönen Blick auf die Stadt und auf den Vulkan Misti. Die Fassade der Kolonialkirche ist im ornamentreichen Churriguerismus-Stil gebaut worden. An der Plaza befinden sich mehrere Restaurants und der gut sortierte Kunsthandwerksladen Artesanías Yanahuara. Gut typisch essen kann man z. B. in der Picantería Cau Cau II, Tronchadero Cuadra 4, wenige Blocks westlich der Plaza oder im Restaurant Sol de Mayo, Jerusalén 207 (Taxi 4 S/.).

Noch weiter im Nordwesten Arequipas erstreckt sich das beliebte und ruhige **Wohnviertel Cayma** (3 km vom Zentrum, Taxi 5 S/.). Entlang der Avenia Cayma finden sich einige nette Läden und Restaurants. Sehenswert ist die Kirche im Mestizo-Stil aus dem 18. Jh.

Übernachtung

Bis auf die Hauptreisezeit Juli/August bekommt man eigentlich immer problemlos ein Zimmer.

Budget

Hostal Residencial Rivero, Rivero 420, ✆ 054-229266, ✉ hostal_rivero@hotmail.com. Saubere, etwas kleine Zimmer mit Bad (ohne Bad 5 S/. billiger), Warmwasser und TV. Internet, Wäscheservice. ❶

Hostal La Reyna, Zela 209, ✆ 054-286578, ✉ hostalreyna@yahoo.com. Ordentliche, sehr günstige Zimmer mit Bad (Elektrodusche, ohne Bad 4 S/. billiger). Schöne Dachterrasse, auf Wunsch Küchenbenutzung, Tourservice. Frühstück inkl. ❶

Bothy Hostel, Puente Grau 306, ✆ 054-282438, 💻 www.bothyhostel.com. Die Backpacker-absteige hat nur Schlafsäle (darunter einer nur für Frauen), teils mit Gemeinschaftsbad, teils mit Privatbad. Aktivitätenprogramm, Wäscherei, Bar, Fernsehzimmer, Billard, Internet, WLAN und Terrasse mit Vulkanblick. Einfaches Frühstück inkl. ❷

Hospedaje Samana Wasi, Puente Grau 105, ✆ 054-213234, ✉ samanawasi.info@gmail.com. Altes Kolonialhaus aus Sillargestein. Große Zimmer mit Bad, TV und abgewetztem Teppichboden. Internet, Küchenbenutzung, Terrasse. ❷

Lluvia de Oro, Jerusalén 308, ✆ 054-214252, ✉ lluvia_de_oro@hotmail.com. Zentrale Unterkunft in altem Kolonialgebäude. Kein Internet. Frühstück inkl. ❷

Gasthaus zur weißen Stadt, Carlos Llosa 105, ✆ 054-223017, ✉ info@gasthausperu.com. Familiäres Ambiente, unterschiedliche, etwas kleine saubere Zimmer. Internet, Küchenbenutzung, Frühstück inkl. ❷

Mittlere Preisklasse

Los Andes, La Merced 123, ✆ 054-330015, 💻 www.losandesarequipa.com. Sehr gute Lage in Plazanähe. Große Zimmer mit Bad und Holzparkett und günstigere, aber kleine Zimmer ohne Bad. Schlafsäle geplant. Internet, WLAN, Frühstücksbuffet. ❷–❸

Casa de Avila, San Martín 116, Vallecito, ✆ 054-213177, 💻 www.casadeavila.com.

Sensationsfund auf dem Nevado Ampato

Die indianischen Hochlandkulturen verehrten die Bergspitzen als Götter, von denen sie glaubten, dass sie die Macht besäßen, mit Vulkanausbrüchen, Erdbeben und Lawinen Leben zu nehmen. Um die Götter gnädig zu stimmen, mussten ihnen auf den betreffenden Bergen regelmäßig Opfer dargebracht werden – **Menschenopfer**. Eines von ihnen war ein 13–14-jähriges Inkamädchen, das später von Wissenschaftlern *Juanita* genannt werden sollte. Die junge Frau entstammte einer vornehmen Adelsfamilie, die den Göttern den Körper Juanitas freiwillig im Rahmen des *Capacocha* genannten Tötungsrituals darbringen wollte. Nach einer Fastenzeit wurde sie mit Kokablättern und Maisbier betäubt; ein Keulenschlag gegen ihre Schläfe genügte dann, um sie schmerzfrei zu töten. Sie wurde in edle Gewänder gehüllt, bekam einen Federschmuck aufgesetzt und wurde mit wertvollen Grabbeigaben unterhalb des Gipfels des Nevado Ampato in über 6000 m Höhe beigesetzt.

Rund 500 Jahre später unternahmen der einheimische Bergsteiger **Miguel Zárate** und der Anthropologe **Johann Reinhardt** eine ihrer systematischen Suchexpeditionen in den südperuanischen Anden. Schon 1989 und 1991 hatte Reinhardt auf Bergen in Chile und Argentinien **Gipfelmumien** entdeckt. Bei der Suche auf dem 6310 m hohen Nevado Ampato kam der Zufall zu Hilfe. Der in der Nähe liegende Vulkan Sabancaya (5976 m) spuckte schon seit einiger Zeit heiße Asche in die Luft, die auf dem Ampato landete und einen Teil der Eisschicht abschmolz. Dabei wurde Juanitas Grab freigelegt, und die Mumie rollte den Berghang fast 130 m hinab bis zu einer Stelle, wo sie am 8. September 1995 von Zárate und Reinhardt entdeckt wurde. Die eisigen Temperaturen hatten sie rund 500 Jahre lang konserviert; der Leichnam befand sich in einem ausgezeichneten Zustand.

Annähernd zwei Tage dauerte es, den rund 35 kg schweren Körper Juanitas vom Berg nach Cabanaconde zu bringen. Von dort transportierte man die Mumie in einem Fahrzeug nach Arequipa. Die Sensation war groß, denn Juanita war die erste **weibliche Inkamumie**, die auf einem Schneeberg entdeckt worden war. Nun folgte eine Serie wissenschaftlicher Untersuchungen, bevor man die Eisprinzessin Juanita ab 1998 im **Museo Santuarios Andinos**, dem Museum andiner Heiligtümer, ausstellte.

Restauriertes Hotel aus den 30er-Jahren mit großem Gelände mit Garten. Schöne Zimmer, allerdings alle mit sehr kleinem Bad. Internet und Küchenbenutzung, Spanisch-Sprachschule im Haus, Kochkurse, WLAN und Internet. Einfaches Frühstück inkl. ❸

Hostal Solar, Ayacucho 108, ✆ 054-241793, 💻 www.hostalsolar.com. Saubere Zimmer in schönem Kolonialgebäude mit Sonnendeck. Das gute Frühstück wird im Innenhof serviert. Ruhig, sicher, gratis Abholung vom Flughafen/Busbahnhof. ❸

Hostal Las Torres de Ugarte, Ugarte 401-A, ✆ 054-283532, 💻 www.hotelista.com. Ruhig gelegene, gute Zimmer (günstiger im hinteren Bereich) mit Bad, Telefon und TV. Cafeteria, Parkplatz, WLAN und Internet. ❸

Hostal La Casa de mi Abuela, Jerusalén 606, ✆ 054-241206, 💻 www.lacasademiabuela.com. Beliebte, neu renovierte Unterkunft auf weitläufigem Gelände mit schönem Garten und Pool. Unterschiedlich große und alte Zimmer (günstiger) mit/ohne Bad sowie einige Suiten. Das sehr sichere Hostal verfügt über eine Bibliothek, Internet, WLAN, eine gute Cafeteria und den Tourveranstalter Giardino Tours. Vor allem in der Hauptsaison empfiehlt sich eine Reservierung. Frühstücksbuffet inkl. ❸–❹

La Casa de Margott, Jerusalén 304, ✆ 054-229517, 💻 www.lacasademargott.com. Zentral gelegenes Hotel mit geräumigen Zimmern mit Bad, TV, WLAN und Safe. Sauna im Haus. Der Bau einer Cafetería war geplant. Bescheidenes Frühstück inkl. ❹

La Casa de Melgar, Melgar 108, ✆ 054-222459, 💻 www.lacasademelgar.com. Sehr schönes Hotel im traditionellen Baustil Arequipas des 18. Jhs. und dicken Wänden mit Bögen. Farbenfroh mit einem netten Innenhof. Gutes Café. WLAN, Internet, Frühstück inkl. ❹

Gehobene Preisklasse

Hotel Tierra Sur, Consuelo 210, ✆ 054-227132, 💻 www.tierrasur.com. Modernes Hotel mit großen Zimmern (etwas laut zum Innenhof hin), TV, Dachterrasse und Restaurant mit Zimmerservice. Kleiner Fitnessraum, Internet. Transfer zum Flughafen oder Busterminal, Frühstücksbuffet und Benutzung des Spas Paraiso (💻 www.paraiso-spa.com) inkl. ❺

Casa Andina Classic, Jerusalén 603, ✆ 054-202070, 💻 www.casa-andina.com. Gut ausgestattetes Hotel der Casa Andina-Kette mit WLAN; Restaurant, Terrasse, Geldautomat im Hotel und Frühstücksbuffet. Suites 448 S/., ansonsten ❻

San Agustín Posada del Monasterio, Santa Catalina 300, ✆ 054-206565, 💻 www.hotelessanagustin.com.pe/hotel_arequipa_posada_del_monasterio.htm. Gute Lage direkt beim Kloster Santa Catalina. Gelungene Mischung von kolonialen und modernen Bauelementen. Unterschiedliche, große Zimmer mit TV, Minibar und WLAN. Innenhöfe und kleine Gärten, Restaurant, Parkplatz. Frühstücksbuffet inkl. ❻

La Posada del Puente, Esquina Puente Grau con Av. Bolognesi 101, ✆ 054-253132, 💻 www.laposadadelpuente.com. Kleines Hotel mit Atmosphäre am Fluss, Garten, und schönen Ausblicken. Große, moderne Zimmer, Heizung und viele kleine Extras. ❻

Essen

Arequipa ist für seine abwechslungsreiche traditionelle Küche bekannt.

Cafés

Café Ole, Jerusalén 412, im Hotel Casa Blanca. Nettes Café mit gutem Frühstück, Kaffee und Kuchen, WLAN und 10 Min.-Gratis-Ferngespräch. ⌚ Mo–Sa 7–20.30, So 7–18.30 Uhr.

Café Valenzuela, General Morán 114. Einheimische Kaffeesorten und -spezialitäten. ⌚ tgl. 8–22 Uhr.

Cusco Coffee Company, La Merced 133. Moderner Coffee-Shop mit einer sehr guten Auswahl an Kaffeegetränken und süßen Teilchen. ⌚ Mo–Sa 9–22.30, So bis 20 Uhr.

Manolo, Mercaderes 113 und 107. Breit gefächertes Speisenangebot, u. a. Kuchen, Eis, Sandwiches und Fleischgerichte. ⌚ tgl. 7–1 Uhr.

Restaurants

Im 1. Stock des Portals San Agustín an der Plaza liegt ein Restaurant neben dem anderen.

Einmalig in Lateinamerika – das Kloster Santa Catalina

Selbst wer normalerweise um religiöse Stätten der Kolonialzeit einen großen Bogen schlägt, sollte diesmal eine Ausnahme machen – es lohnt sich. Die Klosteranlage Santa Catalina beeindruckt mehrfach: durch ihren guten Zustand, ihre schiere Größe und die vielen Details, die man bei einem Besuch entdecken kann. Etwas Vergleichbares hat kein Land der Neuen Welt zu bieten. Die Geschichte des Klosters begann in der zweiten Hälfte des 16. Jhs. mit der Erkenntnis, dass die Kapazität der drei in Arequipa vorhandenen Klöster nicht mehr ausreichte. Immer mehr reiche spanische Familien wollten, wie zur damaligen Zeit in Spanien üblich, ihre zweitgeborenen Töchter in ein Kloster stecken. Daher gründeten die **Dominikaner** 1579 das Monasterio de Santa Catalina, das sie im 17. Jh. aufgrund starker Nachfrage auf 20 000 m² erweiterten. Sie umgaben den Komplex mit einer hohen Mauer, um die Nonnen vor den Verlockungen der Außenwelt abzuschirmen.

So entstand eine **Stadt in der Stadt**, ein eigenes koloniales Viertel, das bis heute hinter hohen Sillarmauern versteckt ist. Strenge Auswahlkriterien bestimmten, wer aufgenommen werden durfte. Eine Chance hatten nur die Töchter der reichsten spanischen Familien mit einem perfekten Leumund. Die Frauen mussten beim Eintritt in das Kloster eine hohe Mitgift entrichten. Den bis zu 300 Nonnen fehlte es an nichts. Sie lebten in luxuriös ausgestatteten Zimmern und hatten mehrere Dienerinnen, die ihnen die Alltagsarbeiten abnahmen. Verärgert über die zu lasche und bequeme **Lebensweise der Nonnen**, beorderte der Papst im Jahr 1871 Schwester Josefa Cadena zur Reformierung des Klosterlebens nach Arequipa. Knapp 400 Jahre lang war der Öffentlichkeit verborgen, was hinter den hohen Mauern des Klosters passierte, das im Volksmund auch „die Zitadelle" genannt wurde. Erst 1970 öffnete sich der Konvent – auch auf Wunsch der dort lebenden Nonnen. Da die weniger als 20 übrig gebliebenen Nonnen dafür nicht genug Geld besaßen, entschied man sich dafür, die Kosten mit Eintrittsgeldern zu decken. Heute besuchen rund 300 000 Touristen jährlich das Kloster; etwa 24 Ordensschwestern halten den Klosterbetrieb aufrecht.

Ein **Rundgang** durch das Kloster ist ausgeschildert. An zentralen Stellen sind Erklärungen auf Deutsch, Englisch und Spanisch angebracht. Die Straßennamen innerhalb der Klosteranlage wie Calle Granada, Calle Málaga oder Calle Toledo verdeutlichen die ehemalige Verbundenheit mit dem Mutterland. Die einst weißen Wände sind inzwischen knallbunt gestrichen und die Schlichtheit der steinernen Gebäude wird durch Blumen auf den Fensterbänken aufgelockert. Unwillkürlich fühlt sich der Besucher in ein andalusisches Bergdorf und in eine andere Zeit versetzt.

Links vom Eingang befinden sich die **Lokutorien**, Sprechräume, in denen die Schwestern durch Holzgitter gelegentlich Kontakt zur Außenwelt aufnehmen konnten. Über eine Drehscheibe konnten Gegenstände ausgetauscht werden. Im Empfangssaal, der sich an einen kleinen Innenhof anschließt, wurde der Bischof empfangen. Heute ist hier die **Pinakothek** des Klosters

Bereits unten auf der Straße wird man von Schleppern die Treppen förmlich hochgezogen. Die Qualität dieser Restaurants ist durchweg ordentlich; den Blick auf die Plaza bezahlt man natürlich mit. Ganz okay sind **El Escudo del Cerrojo**, Portal San Agustín 111-A, ◷ tgl. 7.30–23 Uhr, und **Tuturutu**, Portal San Agustín 105, ◷ tgl. 7–22 Uhr.

Arrecife, Porcel 105. Sehr gute Auswahl an Fisch und Meeresfrüchten, beliebt bei Einheimischen. Taxi nehmen! ◷ tgl. 8–17 Uhr.

Ary Quepay, Jerusalén 502. Mit Livemusik ab 19.30 Uhr. ◷ tgl. 10–22, Sa ab 12, So ab 13 Uhr.

Chicha, Santa Catalina 210, im Innern der Casona de Santa Catalina. Teures Spezialitätenrestaurant des peruanischen Koch-Gurus Gastón Acurio. ◷ Mo–Sa 12-1, So 12–18 Uhr.

Chicken Palace, Álvarez Thomas 117. Grillhähnchen. ◷ tgl. 11.30–22 Uhr.

Día Verde, Santo Domingo 120. Vegetarisches Restaurant. ◷ tgl. 9–21 Uhr.

untergebracht, die zahlreiche koloniale Gemälde beherbergt. Dahinter schließt sich ein Gewirr aus Straßen und kleinen Gassen mit Innenhöfen und Gärten an. Das komplett ausgestattete Kloster verfügte über eine Bäckerei, Brunnen, Lagerräume, Krankenstation, Wäscherei mit *Chombas* (riesige Tonkrüge, die halbiert wurden und als Becken dienen), Friedhof und eine Kirche mit Beichtzellen, die so angelegt wurden, dass die Nonnen beichten konnten, ohne das Kloster verlassen zu müssen. Die einzelnen Wohnungen waren gut ausgestattet und verfügten über ein Ess- und ein Schlafzimmer. Die Küche befand sich im jeweiligen Innenhof und eine Treppe führte auf das Flachdach.

Höhepunkte eines rund zweistündigen Rundgangs sind der indigoblau gestrichene Innenhof des **Claustro de Naranjos**, der **Claustro Novicias** mit der ca. 50 Bilder umfassenden Gemäldeserie „Lauretanische Litanei" *(Las Letanías Marianas)*, die **Plaza del Zocodover** mit dem runden Steinbrunnen und der **Kreuzgang** mit den Beichtzellen. Im Inneren der Anlage befinden sich Toiletten, eine Cafeteria und am Eingang ein Souvenirladen. Santa Catalina 301, ✆ 054-608282, 🖳 www.santacatalina.org.pe. ⏲ tgl. 9–17, im Juli und August bereits ab 8 Uhr, Di und Do 8–20 Uhr, Eintritt 35 S/., ca. einstündige Führung (auch auf Deutsch, bis zu vier Pers.), 20 S/.

El Camaroncito, San Francisco 303-A. Nicht ganz billiger Fisch und Meeresfrüchte, aber durchaus zuverlässige Qualität. ⏲ tgl. 12–24 Uhr.

El Turco I, San Francisco 216. Shish Kebab, Humus, Falafel und andere arabische Spezialitäten. ⏲ Mo–Mi 7–24 Uhr, Do–Sa bis weit nach Mitternacht.

Gopal, Melgar 101-B. Günstige vegetarische Mittagessen, Frühstück, Joghurt und Sandwiches. ⏲ tgl. 7–22 Uhr.

La Italiana, San Francisco 303-B. Italienische Küche. ⏲ tgl. 12–24 Uhr.

Las Quenas, Santa Catalina 302. Auch Peña (Folkorekneipe) mit Livemusik und typischen Tänzen. ⏲ tgl. 20–2 Uhr.

Nitay Gouranga, Llosa, Ecke Rivero. Preiswerte vegetarische Frühstücke und Mittagessen, Empanadas und Säfte. ⏲ tgl. 9–20 Uhr.

Sol de Mayo, Jerusalén 207, Yanahuara. Mit Livemusik an Wochenenden, gehobenes Preisniveau, aber sehr lecker. ⏲ tgl. 10–18 Uhr.

Tradición Arequipeña, Av. Dolores 111. Teures und beliebtes Spezialitätenrestaurant. ◷ Mo–Sa 11–15.30, 18–23, So 11–21.30 Uhr.
Zig Zag, Zela 210. Fleisch am Stein, darunter Alpaka und Strauß. Große Auswahl an Crêpes aller Art, Salate und auch Vegetarisches. ◷ tgl. 8–24 Uhr.
Zingaro, San Francisco 309. Gute einheimische und internationale Küche und sehr gute Weinauswahl. Gehobenes Preisniveau.

Unterhaltung und Kultur

Discos und Kneipen

Am Wochenende tummelt sich die Jugend im Bereich um die Iglesia San Francisco. Hier gibt es mehrere Discos und Kneipen, die bis in die frühen Morgenstunden geöffnet haben.
Casona Forum, San Francisco 317. Disco, Café, Terrasse mit schönem Blick. Livemusik Do–Sa.
Déjà Vu, San Francisco 319-B. Disco, große Terrasse.

Kinos

Cine Planet, Av. Ejército 793, ✆ 054-882300. Größtes Kino Arequipas.

Theater

Teatro Municipal, Mercaderes 239, ✆ 054-225080.

Feste

1. Mai: Virgen de Chapi. Pilgerzug zur Kapelle der Jungfrau von Chapi rund 45 km südöstlich von Arequipa.
Juni: Corpus Cristi. An Fronleichnam zieht eine große Prozession von der Kathedrale aus durch die Stadt.
15.–22. August: Aniversario de Arequipa. Zum Gründungstag der Stadt (15. Aug) finden eine Woche lang zahlreiche Aktivitäten statt, darunter Paraden, Märkte, Feuerwerk, Sportwettkämpfe, Tänze etc.
8. Dezember: Fiesta de la Virgen de la Imaculada Concepción: Das Fest der Jungfrau der unbefleckten Empfängnis wird von zahlreichen kulturellen Veranstaltungen begleitet.

Einkaufen

Kunsthandwerk und Textilien

Die Auswahl ist gut, aber nicht immer ganz billig. Das Angebot reicht von sehr guter Alpaca- und Schafswolle über Leder- und Holzarbeiten bis zu antiken Möbeln, Kupferkunsthandwerk und Gemälden. Die meisten der nachfolgend aufgeführten Geschäfte öffnen zwischen 9–20 Uhr mit einer Mittagspause von 13–15 Uhr.
Casona de Santa Catalina, Santa Catalina 210. Auf Touristengeschmack abgestimmter Einkaufskomplex in kolonialem Ambiente. Hier findet man neben Restaurants, einer Touristeninformation und einem Geldautomaten Alpakaprodukte, Weine und Pisco, Schmuck, Kunsthandwerk und Lederhüte. ◷ tgl. 9–21 Uhr.
Colca Trading Company, Santa Catalina 300-B, 💻 www.perunaturtex.com. „Faire" Kleidung aus zertifizierter Biobaumwolle und zertifizierte Bio-Alpakawolle.
El Patio del Ekeko, Mercaderes, Cuadra 1, 💻 www.patiodelekeko.com. Verschiedene Kunsthandwerksläden (Alpakasachen, Schmuck, typische Schokolade etc.), Cafeteria, Bar und Internet. ◷ tgl. 10–21 Uhr.

Supermarkt

El Súper, Piérola 108 und Portal de la Municipalidad.

Aktivitäten und Touren

Alle Touren sollten bei Agenturen und niemals bei Anbietern auf der Straße gebucht (oder gar bezahlt) werden. Der Eintritt in den Colca-Canyon sowie zu den Thermalquellen und Museen ist in aller Regel nicht im Reisepreis enthalten.

Fahrten in den Colca-Canyon

Giardino Tours, Jerusalén 604-A (im Hotel La Casa de mi Abuela), ✆ 054-221345, 💻 www.giardinotours.com. Übernachtet wird nicht in Chivay, sondern in einer eigenen Lodge in Coporaque.
Gölz & Miedl, Jerusalén 524-B, ✆ 054-201222, 💻 www.peruurlaub.com. Deutschsprachige Agentur, die Standardtouren und einige Varianten anbietet.

Pablo Tour, Jerusalén 400 AB-1, 054-203737, www.pablotour.com. Gute Touren (auch abseits der Touristenströme) und gute Beratung.

Mountainbiken

Angeboten werden Downhilltouren vom Chachani (von 5000 auf 2600 m!) und Misti sowie Tagesausflüge in die Umgebung Arequipas.

Carlos Zárate Aventuras, Santa Catalina 204, Of. 3, 054-202461, www.zarateadventures.com.

Gölz & Miedl, Jerusalén 524-B, 054-201222, www.peruurlaub.com.

Naturaleza Activa, Santa Catalina 211, 054-695793, naturaleza@yahoo.com.

Rafting

Von April–Dez werden Touren auf dem Río Majes, dem Río Colca und dem Río Chili angeboten (Schwierigkeitsgrad und Raftingdauer, s. Kasten). Die Wassertemperaturen sind zum Teil sehr niedrig (z. B. Río Colca: 5–6 °C, nach Wetsuit fragen). Rafting-Touren auf dem Río Majes, 200 km westlich von Arequipa, werden auf S. 361 beschrieben.

Cusipata Viajes y Turismo, Jerusalén 408, 054-203966, reservas@cusipata.com. Rafting-Spezialist (z. B. einwöchige Rafting-Touren im Cotahuasi-Canyon), der auch Kajaktouren anbietet.

Rafting-Info Arequipa

	Schwierig-keitsgrad	Nettoraftzeit
Río Colca	II–III	1 1/2 St. (Juni–Sep, keine regelmäßigen Touren)
Río Majes	III–IV	2 oder 4 Std. (weit weg von Arequipa)
Río Chilli	III–IV	1 1/2 Std. (beliebteste Tour)
Río Cotahuasi	III–V	Mehrere Tage (wird selten angeboten)

Reiten

Angeboten werden Ausritte (2–4 Std., 1/2 Tag, ganzer Tag oder 2 Tage) in die Umgebung Arequipas.

Cusipata Viajes y Turismo, Jerusalén 408, 054-203966, reservas@cusipata.com.

Misti Horse, Urb. Arboleda C 3A, Vallecito, 054-220076, mistihorse@hotmail.com.

Stadtrundfahrten

Bustour, Jerusalén/Ecke San Lázaro, 054-203434, www.bustour.com.pe, bietet mehrmals tgl. unterschiedlich lange Stadtrundfahrten (25–40 S/.). Tickets sind bei der Touristeninfo an der Plaza de Armas erhältlich, Eintritte nicht enthalten. Zusteigemöglichkeit an der Plaza de Armas, Portal San Agustín 111.

Trekking und Bergsteigen

Carlos Zárate Aventuras, Santa Catalina 204, Of. 3, 054-203461, www.zarateadventures.com. Gehört zu den erfahrensten Anbietern und organisiert u. a. Touren auf den Coropuna, Ampato, Chachani, Misti, Pichu Pichu und Mismi (Amazonasquelle). Verleih von Ausrüstung.

Naturaleza Activa, Santa Catalina 211, 054-695793, naturaleza@yahoo.com. Bergbesteigungen und Trekking sowie Verleih von Trekking- und Bergsteigerausrüstung.

Pablo Tour, Jerusalén 400 AB-1, 054-203737, www.pablotour.com. Erfahrener Anbieter von Trekkingtouren im Colca-Canyon sowie dem Valle de los Volcanes. Verfügt über Kartenmaterial der Region (Farbkopien oder s/w) und reserviert kostenlos Unterkünfte in Cabanaconde und im Colca-Canyon.

Sonstiges

Autovermietungen

Eine Liste der aktuellen Autovermieter hält die Touristeninformation I-Perú an der Plaza de Armas bereit (s. „Informationen").

Deutsches Honorarkonsulat

Calle Ugarte 207, 054-608020, Durchwahl 343, arequipa@hk-diplo.de. Di und Do ab 13 Uhr.

Geld

Jede Menge Geldautomaten liegen an und um die Plaza, bei den Banken, im Hotel Casa Andina, in der Casona de Santa Catalina, im Busterminal und am Flughafen.

Informationen

I-Perú, Portal de la Municipalidad, ✆ 054-223265, ✉ iperuarequipa@promperu.gob.pe. ⏱ Mo–Sa 9–18, So 9–13 Uhr. Eine Zweigstelle befindet sich in der Casona de Santa Catalina 210 (gleiche Öffnungszeiten) und am Flughafen, ✆ 054-444564, ⏱ bei Flugankünften.

Oficina de Información Turística de la Municipalidad de Arequipa, Portal de la Municipalidad (direkt neben I-Perú), ✆ 054-204801. ⏱ Mo–Fr 8–15.30 Uhr.

Asociación de Guias de Montaña del Perú, Casa de Guias, Pasaje Desaguadero 126, San Lázaro, ✆ 054-204182, ✉ agmp_aqp@yahoo.es. Die Vereinigung der peruanischen Bergführer bietet aktuelle Infos zu allen Bergtouren der Umgebung.

Autoridad Autónoma del Colca y Anexos (Autocolca), Puente Grau 116, ✆ 054-203010, 💻 www.colcaperu.gob.pe. Verkauft das für den Besuch des Colca-Canyons benötigte **Boleto Turístico** (70 S/. p. P.). ⏱ Mo–Fr 9–13, 15–18.30 Uhr.

Karten

Kartenkopien in Farbe (60 S/. oder Ausschnitt 10 S/.) der Region bekommt man bei **Pablo Tour**, Jerusalén 400 AB-1, ✆ 054-203737, 💻 www.pablotour.com.

Kulturzentren

Instituto Cultural Peruano Alemán, Ugarte 207, ✆ 054-228130, ✉ info@icpa.org.pe.

Medizinische Hilfe

Clínica Arequipa, Puente Grau, Ecke Bolognesi, ✆ 054-253416.

Polizei

Policía de Turismo, Jerusalén 315, ✆ 054-201258. ⏱ tgl. 24 Std.

Post

Serpost, Moral 118 Cercado. ⏱ Mo–Sa 9–20, So 9–13 Uhr. Zweigstelle im Flughafen.

Reisebüros

Entlang der gesamten Westseite der Plaza haben sich Reisebüros niedergelassen, in denen man Flugtickets kaufen kann.

Sprachschulen

Casa de Avila, San Martín 116 (s. „Übernachtung"), Vallecito, ✆ 054-213177, 💻 www.casadeavila.com.

Centro de Idiomas U.N.S.A., San Agustín 106, ✆ 054-247524.

Wäschereien

Mehrere Wäschereien liegen in der Av. Jerusalén, Block 3 und 4.

Nahverkehr

Mit dem **Taxi** kostet eine Stadtfahrt 2,50 S/., in die Vororte 3,50–5 S/., zum Busterminal 5 S/. und zum Flughafen 10–15 S/. Besonders abends und nachts empfiehlt es sich, am Busbahnhof und Flughafen die offiziellen Taxis zu nehmen. Auch bei der Touristeninformation und der Touristenpolizei kann man sich sichere Taxis kommen lassen.

Transport

Busse

Es gibt zwei Busterminals in Arequipa, die in der Av. Arturo Ibañez s/n nebeneinander liegen. Vom wesentlich ruhigeren **Terrapuerto**, ✆ 054-348810, fahren die luxuriösen Großbusse ab, vom **Terminal Terrestre**, ✆ 054-427798, alle anderen, bis auf Flores, dessen Terminal schräg gegenüber liegt. Inzwischen haben viele Busunternehmen Büros in beiden Terminals. Nach genauem Abfahrtsort fragen! Soweit nicht anders angegeben, fahren alle nachstehend aufgeführten Busse vom Terminal Terrestre bzw. Terrapuerto ab. Terminalgebühr: 2 S/.

Im Terminal Terrestre befinden sich eine Zweigstelle der Polizei, ✆ 054-427839, eine Touristeninformation mit Zimmervermittlung (unregelmäßig besetzt) und ein Geldautomat. Wer das Gepäck aufgibt, sollte auf einem Beleg bestehen.

Verbindungen
ANDAGUA (im Valle de los Volcanes, Transportes Reyna und Trebo) um 16 Uhr, 11 Std., 323 km, 30 S/. Der Bus fährt weiter nach ORCOPAMPA.
APLAO (Transportes del Carpio im Terrapuerto und Terminal) mehrmals tgl. von 4.45–18.45 Uhr, 3 Std., 178 km, 10 S/. Fährt über CORIRE.
CABANACONDE um 3 und 14 Uhr (Señor de los Milagros) und um 2 und 15 Uhr (Julsa), 5 Std., 220 km, 15 S/., Fährt über CHIVAY.
CAMANÁ ständig ((Flores) und um 10 und 19 Uhr (Julsa), 3–3 1/2 Std., 170 km, 13 S/. Julsa fährt weiter bis CHALA (8 Std., 174 km, 25 S/.).
CHIVAY um 6 und 13 Uhr (Transportes Reyna), um 3 und 14 Uhr (Señor de los Milagros), um 2 und 15 Uhr (Julsa), um 17.20 Uhr (La Joya) und um 11.30 Uhr (Turismo Huamanga), 3 Std., 164 km, 10 S/.
COTAHUASI um 16 Uhr (Alex) und um 16.30 Uhr (Transportes Reyna), 11–12 Std., 379 km, 32 S/. Fährt über CHUQUIBAMBA.
CUSCO (Cruz del Sur, ✆ 054-427375, Civa, San Cristóbal del Sur) um 20 und 20.30 Uhr, 10–11 Std., 550 km, 96–120 S/.
ESPINAR (Transportes Reyna) 5x tgl. von 7–22 Uhr, 6 Std., 247 km, 20 S/.
ILO (Flores) ständig von 5.30–21 Uhr, 6 Std., 316 km, 25–38 S/.
JULIACA ständig (Transzela, San Cristóbal del Sur), 3 1/2 Std., 277 km, 13–20 S/. Gut, aber teuer ist Cruz del Sur (8.30 Uhr, 54 S/.).
LA PAZ (Bolivien) (Ormeño, ✆ 054- 425315) um 2 Uhr, 11 Std., 637 km, US$50. Die Busse sind leider oft in schlechtem Zustand und verspätet! Zur Grenze nach DEASAGUADERO fahren auch Flores und Civa (um 10.30 und 19 Uhr bzw. um 13.30 Uhr, 8 Std., 20 S/.). Siehe auch Puno.
LIMA mehrmals tgl. von 15–22 Uhr (Cruz del Sur, ✆ 054-427375) und um 7.30, 16, 17, 18.30 und 21 Uhr (Oltursa, ✆ 054-426565), 14 Std., 1003 km, 85–140 S/. Weitere Anbieter sind Civa, Cial, Flores, Enlaces und Tepsa.
MOLLENDO ab 4 Uhr etwa alle 45 Min. (Transportes Del Carpio), 2 Std., 113 km.
MOQUEGUA 3–4 Std., 214 km. Die Busse fahren teilweise weiter nach ILO. Siehe auch Tacna.
NAZCA 9–10 Std., 600 km. Siehe auch Lima.
PUNO mehrmals tgl. von 3.30–19 Uhr (über JULIACA), von 2–22.30 Uhr (Flores, Julsa, San Cristóbal del Sur, Transzela, San Román) und um 8.30 Uhr (Cruz del Sur), 5 Std., 350 km, 15 S/. und 56–71 S/. (Cruz del Sur). Die meisten Busse fahren weiter bis nach DESAGUADERO.
PARACAS um 7.30 und 21 Uhr (Oltursa-Bus nach Lima) und um 19.30 Uhr (Cruz del Sur), 12 Std., 780 km, 70–125 S/. (Oltursa) oder 85–130 S/. (Cruz del Sur).
SICUANI (Flores) um 7.15 und 21.45 Uhr, 9–10 Std., 450 km, 45 S/. Der Bus fährt weiter nach Cusco.
TACNA um 7 Uhr (Cruz del Sur) und ständig von 4.30–22 Uhr (Flores), 6 Std., 380 km, 36–41 S/., 25–38 S/.
YURA Busse fahren alle 30 Min. von der Plaza Mariano Melgar, Vallecito (6–16 Uhr, 3/4–1 Std., 2 S/.).

Eisenbahn

Zurzeit veranstaltet **Perurail**, 💻 www.perurail.com, nur noch Charterfahrten auf der Strecke Arequipa–Puno (Minimum 48 Pers.).

Flüge

Der **Aeropuerto Alfredo Rodrigo Ballón** liegt rund 7 km westlich vom Zentrum entlang der neuen Straße nach Puno, ✆ 054-443967, 💻 www.corpac.gob.pe. Colectivos mit der Aufschrift Rio Seco, Cono Norte oder Zamácola fahren zum Flughafen. Ein Taxi kostet 10–15 S/.

Fluggesellschaften und Abflüge
Aerosur, 💻 www.aerosur.com.
Die bolivianische Airline fliegt 1x tgl. nach LA PAZ, hatte zum Zeitpunkt der Recherche aber noch kein Büro in Arequipa.
Lan Perú, Santa Catalina 118-C, ✆ 054-201419. Fliegt mehrmals tgl. nach LIMA und CUSCO, gelegentlich mit Stopover in JULIACA.
🕓 Mo–Fr 8.30–19, Sa 9–14, So 9–12.30 Uhr.
Peruvian Airlines, Merced 202 B, ✆ 054-202697, fliegt mehrmals tgl. nach LIMA.
🕓 Mo–Fr 8.30–19, Sa 8.30–17, So 9–12 Uhr.
Sky Airline, La Merced 121 B, ✆ 054-282899. Chilenische Fluglinie, die von Arequipa nach ARICA mit Anschluß nach IQUIQUE,

ANTOFAGASTA und SANTIAGO DE CHILE fliegt. ⌚ Mo–Fr 8.30–19, Sa 9–16 Uhr.

Star Perú, Portal de Flores 140, Plaza de Armas, ✆ 054-233167, fliegt tgl. nach LIMA. ⌚ Mo–Fr 8.30–19.30, Sa 9–17, So 9–12 Uhr.

Näheres Umland von Arequipa

In der *Campiña Arequipeña*, dem ländlichen Umland, liegen mehrere kleine Dörfer, die sich gut für einen Halbtages-Ausflug eignen. Große Sehenswürdigkeiten darf man nicht erwarten, aber die Landschaftsimpressionen und nette Ausflugslokale machen einen Besuch durchaus lohnenswert. Das Grün der künstlich bewässerten Anbauflächen in Flussnähe kontrastiert stark mit den kärglich bewachsenen Berghängen und den einfachen, schnörkellosen Ziegelflachbauten, in denen die Bevölkerung lebt.

Alle angegebenen Orte sind mit Bus, Taxi oder zum Teil auch zu Fuß bequem zu erreichen. Zwischen den einzelnen Orten verkehren allerdings keine öffentlichen Transportmittel. Am stressfreiesten ist der Ausflug mit dem Taxi oder über einen Tourveranstalter. An Wochenenden füllen sich die ansonsten sehr ruhigen Ausflugsziele mit Einheimischen, sodass ein Besuch unter der Woche ratsam ist.

Südlich von Arequipa

Das auf einem Hügel gelegene Dorf **Sachaca** (4 km südwestlich von Arequipa) lockt mit schönem **Aussichtspunkt** (1 S/.). Ein wenig unterhalb des Miradors kann man in der Picantería La Cau Cau I, Calle Independencia 118, ortstypische Spezialitäten zu moderaten Preisen probieren. Der schöne Ausblick dazu ist gratis. Ein Taxi dorthin kostet 6 S/.

Das Dorf **Tiabaya** ist bei den Einheimischen wegen seiner zahlreichen „Picanterías" (einfache Lokale mit traditioneller Küche und großen Portionen) beliebt. Es liegt 9 km südwestlich von Arequipa (Taxi 5 S/.).

In **Tingo** hat das Colegio Uhle, eine deutsch-peruanische Schule, seinen Sitz. Das Erholungsgebiet um den kleinen See des Ortes füllt sich am Wochenende mit Einheimischen. Zwischen Tingo (5 km südlich von Arequipa) und Socabaya

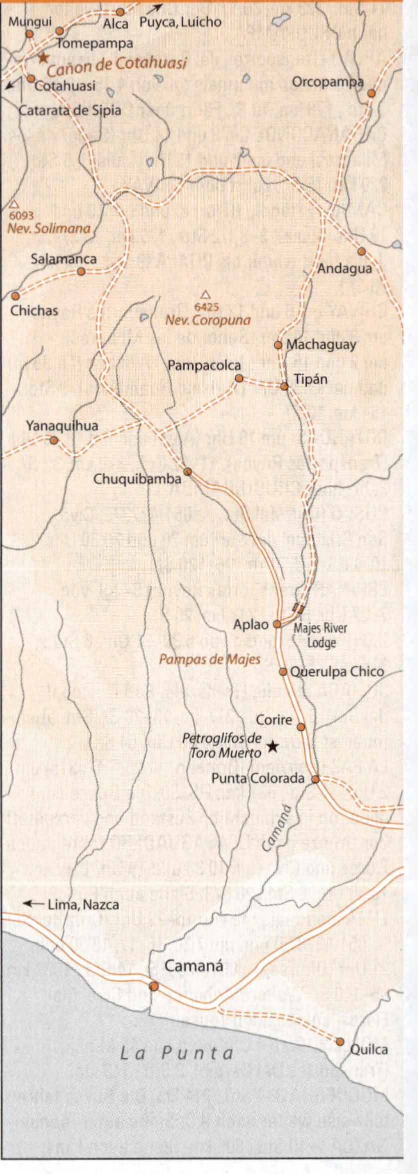

N
0
20 km
Caylloma
Cusco, Sicuani, Espinar
Cordillera de Chilca
Tisco
s. Detailplan Cañon de Colca S. 356
Valle de los Volcanes
5432
Nev. Sepregina
5315
Quehuisha
5597
Nev. Mismi
Sibayo
Cañon de Colca
Tapay
Colca
Madrigal
Chivay
La Pulpera
Cabanaconde
Mirador Crúz del Cóndor
Maca
Yanque
Mirador de los Volcanes
Ayo
Huambo
Nev. Sabancaya
5976
L. Mucurca
6318
Nev. Ampato
Cordillera de Ampato
28
4900
Patapampa-Pass
Imata
Vizcachani
San Antonio de Chuco
Yura
Sumbay
Juliaca, Puno
Lluta
Huanca
Cañahuasi
Pampa de Arrieros
RESERVA NACIONAL SALINAS-AGUADA BLANCA
Blanco
Huacán
Quilcapampa
Nev. Chachani
6075
Yura
Chili
alte Straße nach Juliaca
5822
Vol. Misti
30A
L. Salinas
Tambillo
Arequipa
Uchumayo
Vítor
Sachaca
Paucarpata
Socabaya
Tiabaya
Tingo
Sabandia
Chiguata
1S
5664
Vol. Pichu Pichu
Santa Rita de Siguas
Mollebaya
30A
Repartición
Sihues
Yarabamba
Vítor
Mina Chapi
Pampa de la Yoya
La Joya
30
Chapi
Carrizal
La Capilla
Mejía, Mollendo
Tacna
Huagri
Südperu

verläuft die **Vía Paisajista**, eine Panoramastraße, über die man, vorbei an Mais-, Zwiebel- und Knoblauchfeldern die **Mansión del Fundador**, Av. Paisajista s/n, Huasacache, Hunter, ✆ 054-442460, erreicht (Taxi 5 S/.). Das 10 km südlich von Arequipa gelegene Landhaus des Gründers von Arequipa, Manuel Garcí de Carbajal, wurde in den 1980er-Jahren renoviert und in ein Museum umgewandelt. Heute werden in dem sehenswerten kolonialen Anwesen, das vorübergehend den Jesuiten gehörte, gelegentlich Hochzeitsfeiern veranstaltet. ◷ tgl. 9–17 Uhr, 10 S/.

Das Dorf **Sabandia** (10 km südöstlich von Arequipa, Taxi 7 S/.) liegt am gleichnamigen Fluss, dessen Wasser über Kanäle – zum Teil noch aus der Inkazeit – die terrassenartig angelegten Zwiebelfelder bewässert. Hauptattraktion des Ortes ist die rund 1 km außerhalb gelegene alte Steinmühle **Molino de Sabandia**, Av. Sabandía s/n, ◷ tgl. 9–17 Uhr, 5 S/. Die 1621 errichtete Mühle, in der Wasserkraft zwei Mühlsteine antreibt, wurde 1973 mit finanzieller Unterstützung einer einheimischen Bank restauriert. Die Anlage umfasst einen kleinen Park, der wie eine grüne Oase in der kargen Landschaft liegt. Wer eintreten möchte, muss die Glocke am Eingang der Anlage läuten. Ein Taxi dorthin kostet etwa 6 S/.

Östlich von Arequipa

In **Paucarpata** (rund 7 km östlich von Arequipa, Taxi 8 S/.) lohnt neben den Terrassenfeldern und ihren künstlichen Bewässerungskanälen ein Blick in die Kolonialkirche aus dem 18. Jh., die Gemälde der Cusco-Schule enthält.

Rund 60 km östlich von Arequipa liegt entlang der alten Straße nach Juliaca die **Laguna Las Salinas**, Teil des Naturschutzgebiets **Reserva Nacional Salinas y Aguada Blanca**. Es schützt die Puna-Landschaft im Nordosten Arequipas auf einer Fläche von 366 936 ha. Das salzhaltige Gewässer auf rund 3900 m ist Lebensraum mehrerer Wandervogelarten, darunter auch Flamingos. Der See ist mit öffentlichen Verkehrsmitteln kaum zu erreichen. Verschiedene Veranstalter in Arequipa bieten Ausflüge an; man kann sich auch mit mehreren Personen die Kosten für ein Taxi teilen. Infos zum Nationalpark gibt es bei Sernanp, Calle los Jazmines 119, Urbanización Primavera, Yanahuara, ✆ 054-257461.

Nördlich von Arequipa

Rund 27 km nordwestlich von Arequipa liegt das **Balneario de Yura**. In drei verschiedenen Becken kann man die unterschiedlichsten Krankheiten kurieren. Die Anlage wird von der Provinzregierung verwaltet und besteht neben den 22–28 °C warmen Quellen aus einem Hotel und Restaurant, ✆ 054-495025, ❸. Das Balneario ist von einem gepflegten Garten umgeben und liegt sehr ruhig. Der Zimmerpreis enthält Frühstück und den Eintritt zu den Quellen. Für Tagesbesucher sind die Quellen tgl. von 6–16 Uhr geöffnet, 3–5 S/., für Hotelgäste zusätzlich auch abends ab 19 Uhr. Die Anfahrt erfolgt mit öffentlichen Bussen (s. S. 347, Arequipa).

Bergbesteigungen in der Umgebung Arequipas

Von Arequipa aus lassen sich **Bergtouren** auf die Vulkane Misti (5822 m) und Chachani (6075 m) organisieren. Obwohl beide Berge rein technisch gesehen einfach zu besteigen und nur im oberen Bereich Steigeisen notwendig sind (der Misti kann im Sommer auch ohne Steigeisen bestiegen werden), handelt es sich um körperlich anstrengende Aufstiege, die nur von konditionsstarken und an die Höhe angepassten Bergsteigern durchgeführt werden sollten.

Für beide Bergtouren empfiehlt sich die Begleitung eines ortskundigen Führers. Aufgepasst: Es ist vorgekommen, dass sich angebliche Guides mit dem Namen bekannter Bergführer „geschmückt" haben. Offizielle Bergführer besitzen einen Ausweis der **Asociación de Guias de Montaña del Perú**. Anwärter, die sich noch in der Ausbildung befinden, besitzen einen eigenen Ausweis.

Die im Serviceteil genannten Agenturen veranstalten auch Touren zu anderen Bergen der Region. Der Zeitbedarf liegt bei: Coropuna (6425 m) 5–6 Tage; Ampato (6318 m) 4–5 Tage; Sabancaya (5976 m) 3–4 Tage; Pichu Pichu (5664 m) 2 Tage; Mismi (5597 m) 4 Tage.

Vulkan Misti

Der Misti wird in der Regel in zwei Tagen begangen und kann von der Süd- und der Nordseite bestiegen werden. Die **Südroute**, die wegen der kürzeren Anfahrtsstrecke preislich günstiger ist, wird inzwischen seltener begangen, da es zu Überfällen auf Bergsteiger gekommen ist. Bei der Südroute wird man mit dem Jeep auf rund 3600 m Höhe gebracht und steigt am ersten Tag bis auf ca. 4600 m auf. Am zweiten Tag erfolgt die Gipfelbesteigung, der Abstieg über die gleiche Route und die Rückkehr nach Arequipa.

Die Anfahrt zur **Nordroute** ist um einiges länger und führt bis auf rund 4000 m. Von dort steigt man ebenfalls bis zum Lagerplatz beim zerstörten Refugio Blanca auf rund 4600 m auf. Von dort erfolgt am nächsten Tag die Gipfelbesteigung, der Abstieg über die gleiche Route und die Rückkehr nach Arequipa. Der Preis für die Südroute ist günstiger als für die Nordroute (jeweils zwei Tage inkl. Guide, Transport, Zelt, Frühstück und Abendessen, aber ohne Träger). Wer den Misti auf eigene Faust besteigen möchte, sollte daran denken, genügend Trinkwasser mitzunehmen!

Vulkan Chachani

Der Chachani wird im Allgemeinen in zwei bis drei Tagen bestiegen. Die 55 km lange Anfahrt erfolgt per Allradfahrzeug entlang der alten Straße Richtung Colca-Tal, die zwischen Chachani und Misti durchführt. Östlich des Chachani führt eine Piste bis auf rund 5000 m. Bis zum Basislager sind noch rund 300 Höhenmeter zu überwinden. Von dort beginnt am nächsten Tag der rund sechsstündige Aufstieg zum Gipfel. Die Kosten für eine Besteigung des Chachani liegen bei rund US$70–100 pro Tag und Person (alles inkl., außer Träger).

Von Arequipa ins Colca-Tal

Die 164 km lange Strecke von Arequipa nach Chivay ist landschaftlich sehr reizvoll und voller Natureindrücke. Auf der neuen asphaltierten Straße Richtung Juliaca geht es zunächst bis zur Hochebene **Pampa Cañahuas** auf 3800 m Höhe, die bereits zum 366 936 ha großen Naturschutzgebiet **Salinas y Aguada Blanca** gehört. Mit etwas Glück lassen sich hier ein paar der scheuen und grazilen Vicuñas blicken. Bei KM 84 passiert man eine Abzweigung zum **Bosque de Piedras Patahuasi**, einer eigentümlichen Steinformation.

Bei KM 97 biegt rechter Hand eine einfache Schotterpiste zu den rund 2 km entfernten **Höhlen von Sumbay** ab. Gegenüber der Bahnstation des kleinen Andendorfes Sumbay liegt ein Haus, in dem man den Schlüssel für die Höhle bekommt. Die Bewohner weisen Besuchern den Weg zu dem Felsüberhang, der in einer kleinen Schlucht liegt und mit zahlreichen 4000–5000 Jahre alten Wandzeichnungen bedeckt ist. Zu erkennen sind unter anderem Guanacos, Nandus und Raubtiere. Den Besuch der Höhlen bietet die Agentur Gölz & Miedl (s. S. 344) an.

Bei KM 106 zweigt die weiterhin asphaltierte Straße nach Chivay von der Hauptroute Richtung Juliaca ab und führt über Cañahuasi und Vizcachani hinauf zum 4800 m hohen Patapampa-Pass, der bei KM 131 erreicht wird. Dort kann auch in der Trockenzeit nach Schlechtwettereinbrüchen gelegentlich Schnee liegen. Vom **Mirador de los Volcanes** bietet sich ein fantastischer Blick auf die umliegenden Bergriesen. Von West nach Ost sieht man den Sepregina (5432 m), den Quehuisha (5315 m) und den Mismi (5597 m). Von der Passhöhe beginnt der kurvenreiche steile Abstieg ins Colca-Tal. 4 km von Chivay entfernt lohnt ein Stopp am **Mirador del Valle**, einem tollen Aussichtspunkt über das Colca-Tal.

Chivay

Der größte Ort, Hauptstadt der Provinz Caylloma und gleichzeitig wichtigste Verkehrsachse des Colca-Tals, liegt auf rund 3600 m. Hier befindet sich die beste touristische Infrastruktur, die Busse legen eine Pause ein und die meisten Tourveranstalter aus Arequipa übernachten hier mit ihren Gruppen. Das verschlafene Städtchen hat mit Ausnahme eines kleinen **Planetariums** (im Hotel Casa Andina), das den Sternenhimmel des Colca-Tals jeden Abend auf Spanisch, Englisch und Französisch präsentiert (US$6), keinerlei Sehenswürdigkeiten zu bieten, aber es lohnt sich, die Umgebung zu Fuß zu erkunden

(z. B. über die Brücke Puente Inca zum Hotel Pozo del Cielo, das in der Nähe eines kleinen Dorfes liegt). Auf der anderen Flussseite liegen rund 4 km nördlich von Chivay die besonders wegen ihres attraktiven Außenbereichs lohnenswerten Thermalquellen **Baños Termales La Calera**, ⏲ tgl. 5–19.30 Uhr, 15 S/. (schließt Eintritt in das sich ebenfalls hier befindliche **Museo Etnológico** mit ein. Wer nicht schwimmt, zahlt 5 S/.). Sammeltaxis fahren ab der Plaza für rund 1,50–2 S/. dorthin.

Südperu

Übernachtung

Obwohl es eine große Auswahl an Unterkünften in Chivay gibt, kann es in der Hauptsaison (Juni–Sep) zu Engpässen für Einzelreisende kommen. Viele Hotels sind dann nämlich mit Gruppen belegt. Eine Vorbuchung kann in diesen Monaten nicht schaden.

Hostal La Casa de Anita, Plaza de Armas 607, ✆ 054-531114. Urige Zimmer, aus lokalen Materialien gebaut, kleiner Garten. ❷

Hostal Rumi Wasi, Sucre 714, ca. 6 Blocks von der Plaza de Armas, ✆ 054-531146, ✉ ebertaco@hotmail.com. Gute Zimmer mit oder ohne Bad, warmes Wasser 24 Std., WLAN. Frühstück inkl. ❷

Hotel La Pascana del Inka, Calle Siglo XX 100, an der Plaza, ✆ 054-531001, 💻 www.hostallapascana.com. Gute, geräumige Zimmer, Parkplatz, Internet und Restaurant. Frühstück inkl. ❸

Estancia Pozo del Cielo, Huascar s/n, ✆ 054-531041, 💻 www.pozodelcielo.com.pe. Wunderschön auf einer kleinen Anhöhe gegenüber von Chivay gelegen (über die Puente Inca zu erreichen; 5 Gehmin. ins Dorf). Verwinkelt gebaute, sehr gemütliche Anlage eines peruanischen Architekten mit viel Liebe zum Detail. Der ganze Komplex ist aus lokalen Baumaterialien errichtet worden. WLAN, Frühstück inkl. ❺

Casa Andina Classic Colca, Huayna Capac s/n, ✆ 054-531020, 💻 www.casa-andina.com. Luxuriöse aber rustikale Herberge am südwestlichen Ortsrand, ganz aus Stein gebaut. Komfortable Zimmer mit Elektroheizung, WLAN und Telefon. Restaurant, Bar und kleines Business-Center. Frühstück inkl. ❻

Essen und Unterhaltung

An der Plaza de Armas liegen verschiedene Restaurants und Bars, die auf Touristen eingestellt sind und ähnliche Mittagsmenüs servieren, darunter **Los Balcones de Don Zacarias**.

Gutes, günstiges Essen serviert das Restaurant des Hotels **La Pascana del Inka** (s. o.).

Beliebt ist die **Pizzeria** und **Bar Lobo's** an der Plaza de Armas, die auch Pasta serviert und abends mit Kaminfeuer aufwartet.

Etwas zu trinken bekommt man im **McElroy's Irish Pub** an der Plaza de Armas.

Touren

Ampato Adventure Sports, Av. Siglo XX 110, Plaza de Armas, ✆ 054-489156, 💻 www.ampatoexpeditionscolca.com. Aktivveranstalter, der Wanderungen, Rafting, Mountainbiken und Reitausflüge im Colca-Tal im Programm hat.

Sonstiges

Feste

S. Kasten „Fiestas im Colca-Canyon", S. 358.

Polizei

Policía de Alta Montaña, Plaza de Armas de Chivay, ✆ 054-531165.

Transport

Busse

AREQUIPA (Mehrere Busgesellschaften, s. „Arequipa/Transport") ständig von 3–17 Uhr vom Terminal Terrestre beim Stadion (etwa 3 Blocks von der Plaza de Armas), 3 Std., 164 km, 10 S/.

CABANACONDE die Busse von Arequipa erreichen Chivay nach rund 3 Std. und fahren nach kurzem Aufenthalt weiter nach Cabanaconde (Abfahrten s. „Arequipa/Transport", 2 1/4 Std., 75 km, 5 S/.).

PUNO um ohne den Umweg über Arequipa dorthin zu gelangen, kann man einen Bus Richtung Arequipa nehmen, in Cañahuas aussteigen und dort einen vorbeikommenden Bus nach Puno nehmen. Bequemer, aber auch einiges teurer, ist der Touristenbus von 4 M Express, ✆ 054-452296, 💻 www.4m-express.com (1x tgl., 5–6 Std., US$40 inkl. Guide, Imbiss und Stopps entlang der Strecke).

Colca-Canyon

Westlich von Chivay hat der Río Colca in Jahrmillionen eine tiefe Schlucht gegraben, die – gemessen von der tiefsten Stelle bis zum höchsten umliegenden Berggipfel – bis zu 3400 m tief ist und damit den Grand Canyon in den Schatten stellt. Über 100 km zieht sich die mächtige Vertiefung westwärts, fast bis zum Zusammenfluss des Río Colca und des Río Majes. Nur der Cotahuasi-Canyon, ebenfalls im Departamento Arequipa gelegen (s. S. 362), soll angeblich noch ein wenig tiefer sein.

Der Kondor

Das Erlebnis, den **größten Raubvogel der Welt** mit einer Flügelspannweite von mehr als drei Metern aus nächster Nähe zu beobachten, bleibt den meisten Besuchern vorenthalten. Zum einen, weil der bis zu 1,60 m lange und bis zu 12 kg schwere Vogel (Weibchen 8–10 kg) sich bei der Nahrungssuche von Aufwinden in Höhen von bis über 8000 m tragen lässt und sein Nest täglich in einem Radius von über 100 km umfliegt. Zum anderen, weil der Kondor vom Aussterben bedroht ist. Und das obwohl die Neuweltgeier (Familie *Cathartidae)* ein biblisches **Alter** von über 100 Jahren in freier Wildbahn (in Gefangenschaft bis 85 Jahre) erreichen können und ihre Nester auf steinigen Plattformen an extrem unzugänglichen Steilhängen der Anden bauen.

Das Image des Kondors *(Vultur gryphus)* bei der einheimischen Bevölkerung ist denkbar schlecht. Bauern jagen den „Viehdieb" erbarmungslos, denn der „König der Anden" ernährt sich nicht nur von Aas, sondern schlägt auch neugeborene, kranke oder verletzte Lämmer. Auch am Pazifik treibt der schwebende Gigant sein Unwesen: Er raubt die Eier von Küstenvögeln und frisst deren Junge. Wenn allerdings eine Kuh, ein Pferd oder ein Maultier von den Hochlandweiden verschwindet, waren meistens Wilderer am Werk und nicht der Kondor. Das **Ansehen** des Kondors war bei den Inkas noch deutlich besser. Der „Apu Kuntur" wurde in eigenen Schreinen als Bote zur übernatürlichen Welt verehrt; um ihn rankten sich viele Legenden. So wurde der Sturz eines Kondors in das Haus der Sonnenjungfrauen in Cusco als Ankündigung für die Zerstörung des Inkareichs interpretiert.

Nur in wenigen entlegenen Dörfern der Departamentos Cusco und Apurímac kann man auch heute noch Zeuge der **Yawar-Fiesta** (Yawar bedeutet Blut) werden, bei der ein lebender Kondor auf den Rücken eines Stieres gebunden wird. Bei dem Versuch, sich vom Stier zu befreien, hackt der Kondor tiefe Wunden in den Rücken des Bullen, der dabei stark blutet. Nach einer Viertelstunde brechen die Dorfbewohner das Spektakel ab, damit keines der beiden Tiere stirbt. Die Bauern glauben, dass sie den Kondor, als Mittler zwischen Erde und Himmel, mit diesem Blutopfer gnädig stimmen. Am nächsten Tag bringen die Campesinos den Kondor zurück in die Berge und lassen ihn bei einer weiteren Zeremonie frei.

Doch wie fängt man einen Kondor? Das ist gar nicht so schwer, wenn man weiß, dass der Vogel bis zu 40 Tage ohne Nahrung auskommen kann, ohne an Kraft und Ausdauer zu verlieren. Findet er schließlich etwas Essbares, neigt er dazu, sich so vollzustopfen, dass er anschließend nur noch mit Mühe abheben kann. Diese vorübergehende Trägheit wird vom Menschen ausgenutzt, bietet sie doch eine gute Gelegenheit, ihm einen Poncho überzuwerfen und seine Beine zusammenzubinden. An einem gefangenen Kondor lässt sich die **Physiognomie** des Riesenvogels studieren. Er besitzt ein schwarzes Federkleid mit weißer Halskrause und weißlichen Flügeldeckflächen; der rostrote Kopf und Hals sind federlos. Der kleine, gebogene Schnabel besitzt sehr scharfe Kanten. Männchen und Weibchen sind einfach zu unterscheiden. Die Männchen tragen einen Hautkamm auf der Stirn, ihre Augeniris ist rot. Die Augenfarbe der Weibchen ist gelblich-braun. Eine gute Gelegenheit, Kondore zu beobachten, bietet sich am Cruz del Condor im Colca-Canyon (S. 355).

Doch der Canyon ist längst nicht alles, was das Gebiet zu bieten hat. Das Colca-Tal gehört zu einer der wichtigsten landwirtschaftlichen Produktionsstätten ganz Perus. Wie seit Jahrhunderten werden an den terrassierten Berghängen Mais, Bohnen, Kartoffeln sowie zahlreiche Obst- und Gemüsesorten angebaut. Die **Terrassenhänge** und ihre künstlichen **Bewässerungskanäle** gehören zu den spektakulärsten Anlagen dieser Art in Peru. Schon lange vor den Inkas terrassierten hier die Völker der Collahuas und Cabanas über 6000 ha Land.

Bis vor wenigen Jahrzehnten lebten die Bewohner des Tals abgeschieden und vergessen vom Rest des Departamentos, bis ein Straßenprojekt in den 70er-Jahren den dort lebenden Menschen neue Vermarktungsmöglichkeiten und den Touristen Zugang in die interessante Region eröffnete. Kleine sympathische **Andendörfer**, hübsche Kolonialkirchen, Thermalquellen, Trachten und Traditionen erwarten den Besucher. Hinzu kommt eine vielfältige **Flora** und **Fauna** mit über 20 Kakteensorten und mehr als 170 Vogelarten, darunter die größten Kolibris der Erde.

Andenkamele

Die Anden ohne Lamas – das wäre wie Afrika ohne Giraffen oder Australien ohne Kängurus. Es gibt kaum einen Besucher, der ohne ein Foto des peruanischen **Wappentiers** nach Hause fährt. Lamas, auf Spanisch *Llama* (sprich: Jama), sind allerdings für die indianische Hochlandbevölkerung weitaus mehr als nur eine Touristenattraktion. Seit mehr als 7000 Jahren domestizieren Bauern Lamas und Alpakas. Die Tiere liefern Fleisch und Wolle, sie dienen als Transportmittel und ihr getrockneter Dung eignet sich als Brennmaterial. Lamas und Alpakas sowie ihre nur wild vorkommenden Artgenossen Vicuñas und Guanacos gehören zur Familie der Andenkamele. Vertreter dieser Arten sind bestens angepasst an die Höhe und das harte Klima ihres Lebensraumes, der von 2500–5000 m reicht. Die widerstandsfähigen und anspruchslosen Tiere können mehrere Tage ohne Wasser auskommen. Ihre Nahrung besteht aus dem kargen Grasbewuchs des Andenhochlands.

Lamas *(Lama guanicoe glama)* werden rund 1,20 m groß, wiegen bis zu 150 kg und können ein Alter von bis zu 20 Jahren erreichen. Ihre Fähigkeit, Lasten zu tragen, ist auf rund 25–30 kg pro Tier und eine Tagesdistanz von rund 20 km begrenzt. Darüber hinaus lassen sich die Tiere weder durch Gewalt noch süße Worte oder Futter zum Weitergehen bewegen. Lamakarawanen, die nur aus männlichen Tieren bestehen, sind heute (im motorisierten Zeitalter) selten geworden. Lamafleisch wird man vergeblich auf Speisekarten suchen – es ist zäh und nicht besonders schmackhaft. Auch die rund 2 kg Wolle, die ein Lama hergibt, ist von minderwertiger Qualität. Sie wird zu grober Kleidung, Tauen und Getreidesäcken verarbeitet. Obwohl gern etwas anderes behauptet wird, spucken Lamas nur bei Gefahr und in Rangkämpfen untereinander. Zu erkennen sind die Tiere an den relativ langen Ohren und dem Schweif, den die kleineren Alpacas nicht besitzen.

Alpacas *(Lama guanicoe pacos)* wurden ursprünglich aus wilden Guanacos und Vicuñas gekreuzt. Da auch Mischformen mit Lamas existieren, sind beide Arten nicht immer einwandfrei unterscheidbar. Alpacas, die weiß, braun, grau oder schwarz sein können, haben im Allgemeinen längere Haare als Lamas. Sie sehen zottelig aus, besitzen einen behaarten Gesichtsbereich sowie einen kürzeren und dickeren Hals. Sie liefern nicht nur exzellentes Fleisch, sondern auch rund 2,5 kg bester Wolle pro Jahr. Alpakawolle – besonders schwarze – ist feiner als Schafswolle und wird zu edlen Kleidungsstücken verarbeitet.

Vicuñas *(Vicugna vicugna)*, mit rund 80 cm Höhe und max. 55 kg die kleinste und zierlichste der Andenkamelarten, wurden früher schonungslos gejagt. Der Bestand sank von mehr als einer Million Tiere im 16. Jh. bis auf weniger als 10 000 Tiere im 20. Jh. Dank umfangreicher Schutzmaßnahmen hat sich der Bestand auf

Nirgendwo sonst in Peru bietet sich die Gelegenheit, frei lebende Kondore aus nächster Nähe zu beobachten. Zu diesem Zweck pilgern täglich Mengen an Touristen zum **Cruz del Cóndor**, einem spektakulären Aussichtspunkt. Der Colca-Canyon ist das ganze Jahr über ein lohnendes Reiseziel, ganz besonders aber in den Monaten April und Mai, wenn sich nach der Regenzeit ein grüner Teppich über das Tal und die Berghänge zieht. Hingegen wirkt die Landschaft zum Ende der Trockenzeit in den Monaten September bis Dezember ein wenig trostlos.

Zeitbedarf und Tourveranstalter

Wenn möglich, sollte man für den Besuch des Canyons mindestens zwei Tage veranschlagen. Es werden zwar auch Tagestouren angeboten, die aber praktisch nur aus Fahrzeit bestehen und – vor allem für die Fahrer – sehr anstrengend sind. Die üblichen **Zweitagestouren** schließen eine Übernachtung in Chivay ein. Dies ermöglicht einen frühen Start am nächsten Morgen, um rechtzeitig zur Beobachtung der Kondore am Cruz del Cóndor einzutreffen. Wer wandern und etwas mehr vom Canyon und sei-

rund 220 000 Exemplare erholt. Heute bekommt man Vicuñas mit hoher Wahrscheinlichkeit in den Naturschutzgebieten Reserva Nacional Salinas-Aguada Blanca bei Arequipa oder im Reserva Pampa Galeras Reservat, östlich von Nazca, zu sehen. Die Tiere, die sich erst in großer Höhe so richtig wohl fühlen, haben ein sehr effizientes Herz-Kreislaufsystem; ihr Herz ist 50 % größer als bei vergleichbaren Säugetierarten. Vicuñas besitzen eine der feinsten Wollen des Tierreiches. In prähispanischen Zeiten durften nur die Kleider des Inkaherrschers aus Vicuña-Wolle hergestellt werden. Die Inkas fingen die gelbbraun gefärbten Tiere mit weißem Bauchbereich bei großen Treibjagden ein, schoren sie und ließen sie wieder laufen. Dabei erhielten sie aber nur alle drei bis vier Jahre rund 250 g Wolle. Ein Mantel aus Vicuñawolle kostet heutzutage mehr als US$5000.

Nur noch selten bekommt man **Guanacos** *(Lama guanicoe)*, die wilde Stammform des Lama, zu Gesicht. Die nur rund 1,10 m großen Tiere mit grauem bis rotbraunem Fell kommen in den trockenen Gebirgssteppen Südperus, Südostboliviens, in Patagonien und Feuerland vor. Sie leben in Familienverbänden von 15–25 Tieren und stoßen wiehernde Laute aus, die zur Kommunikation zwischen den Tieren dienen.

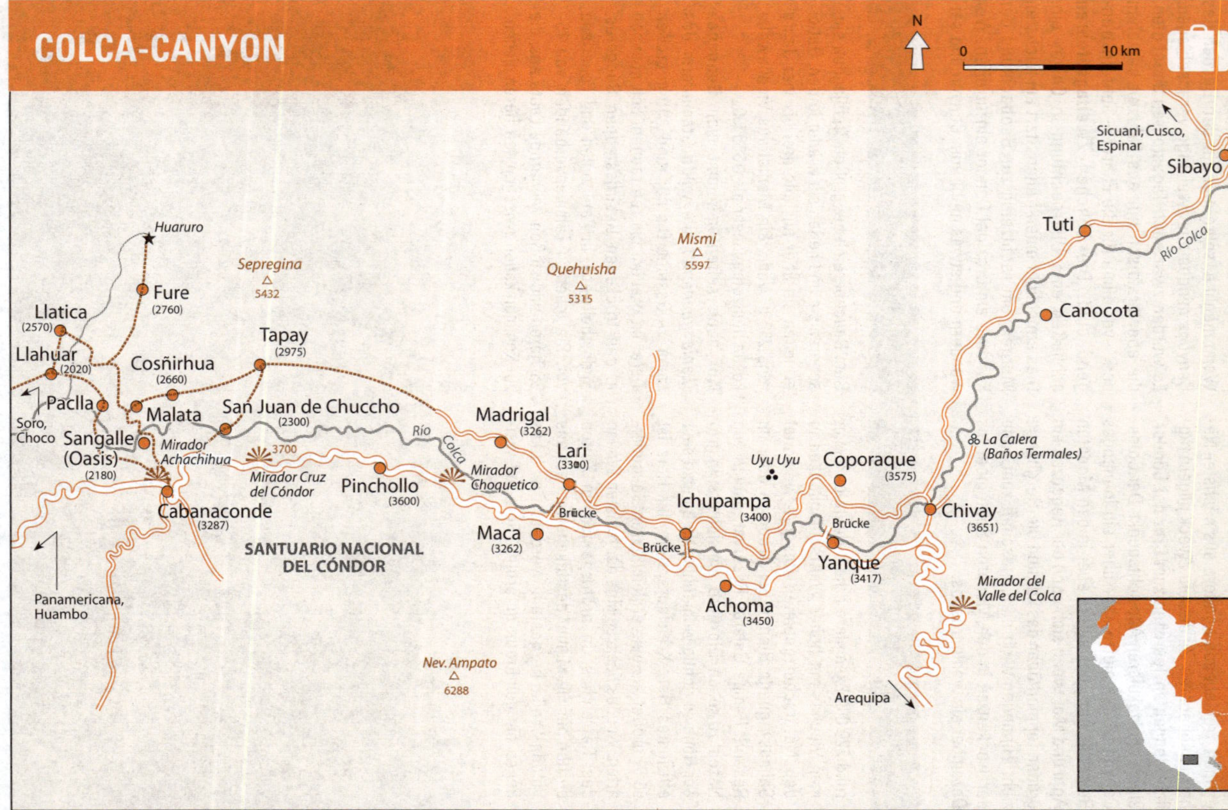
COLCA-CANYON
N
0
10 km
Sicuani, Cusco, Espinar
Sibayo
Tuti
Río Colca
Canocota
Mismi 5597
Quehuisha 5315
Sepregina 5432
Huaruro
Fure (2760)
Llatica (2570)
Llahuar (2020)
Tapay (2975)
Cosñirhua (2660)
Paclla
Malata
San Juan de Chuccho (2300)
Soro, Choco
Sangalle (Oasis) (2180)
Mirador Achachihua
3700
Mirador Cruz del Cóndor
Río Colca
Madrigal (3262)
Lari (3300)
Mirador Choquetico
Pinchollo (3600)
Cabanaconde (3287)
Brücke
Maca (3262)
SANTUARIO NACIONAL DEL CÓNDOR
Panamericana, Huambo
Uyu Uyu
Coporaque (3575)
La Calera (Baños Termales)
Ichupampa (3400)
Chivay (3651)
Brücke
Brücke
Yanque (3417)
Achoma (3450)
Mirador del Valle del Colca
Nev. Ampato 6288
Arequipa

nen Bewohnern mitbekommen möchte, sollte mindestens zwei weitere Tage einplanen.

Wer bei den Tourveranstaltern (s. S. 344) eine Canyontour gebucht hat, wird auf jeden Fall nach Arequipa zurückgebracht. Ist man individuell unterwegs, hat man die Optionen, ab Chivay mit dem Bus nach Puno (Touristenbus von 4 M-Express) oder Cusco über das selten besuchte Espinar zu gelangen oder von Cabanaconde über Huambo an die Pazifikküste zu fahren. Alternativ kann man auch in vier Tagen von Cabanaconde zum Tal der Vulkane (S. 362) wandern (Infos bei Pablotour in Arequipa).

Inzwischen bieten Dutzende von **Agenturen** in Arequipa Ausflüge in den Colca-Canyon an. Oft handelt es sich aber nur um Weiterverkäufer, die selber keine Touren durchführen und auf Provisionsbasis arbeiten. Aber auch Veranstalter legen oftmals Gruppen zusammen oder lassen Touren von einem anderen, größeren Veranstalter durchführen.

Durch den starken Wettbewerb sehen sich die Agenturen einem gnadenlosen Preiskrieg und Verdrängungswettbewerb ausgesetzt, der oftmals auf dem Rücken der Teilnehmer ausgetragen wird. Vollgequetschte Transportmittel, schlechte Guides und/oder Unterkünfte sind die Konsequenz. Wer sich an einen der weiter oben aufgelisteten Veranstalter (Arequipa/Touren) hält, zahlt vielleicht ein paar Soles mehr, bekommt aber eine gute Tour. Sollte etwas schief gehen und möchte man sich beschweren, kann man sich mit der Touristeninformation I-Perú an der Plaza in Verbindung setzen. Abklären sollte man ebenfalls, ob das für einen Besuch des Colca-Canyons benötigte **Boleto Turístico** (s. „Arequipa, Informationen“, S. 346) im Tourpreis enthalten ist.

Von Chivay nach Cabanaconde

Durch das Colca-Tal ziehen sich nördlich und südlich des Río Colca zwei Straßen. Allmählich beginnt sich der Tourismus für die **Dörfer der Nordseite** zu interessieren. Die Strecke führt über die Dörfer Coporaque (KM 7), Ichupampa (KM 12) und Lari (KM 24) nach Madrigal (KM 31). Einige Veranstalter haben eine kleine Wanderung zu den Ruinen von Uyu Uyu zwischen Coporaque und Ichupampa in ihr Programm aufgenommen. Der Busverkehr auf der Nordseite ist sporadisch und gelegentlich fahren Sammeltaxis. In Yanque und Maca besteht die Möglichkeit, die Canyonseite mit dem Fahrzeug oder zu Fuß zu wechseln und in Ichupampa gibt es eine Fußgängerbrücke.

Die Hauptroute führt an der Südseite des Canyons entlang nach Cabanaconde. Nach 7 km wird das sympathische Dorf **Yanque** auf 3417 m erreicht, das lange der wichtigste Ort im Colca-Tal war. Hier bauten Franziskaner im 16. Jh. einen Konvent und eine sehenswerte **Kolonialkirche**. Der Sillar ihrer Mauern und der Fassade stammt aus Steinbrüchen auf der anderen Flussseite, die man über eine Brücke erreicht. Einen Besuch lohnt auch das kleine **Museo de Yanque** an der Plaza de Armas, 💻 www.ucsm.edu.pe. Das Museum zeigt unter anderem Nachbildungen prähispanischer Gräber, Keramiken der Collagua-Kultur sowie Trachten und Kunsthandwerk aus Yungay. 🕓 Mo–Fr 9–18 Uhr, 3 S/.

Im weiteren Verlauf der Strecke werden Dörfer passiert, immer wieder eröffnen sich tolle Ausblicke auf die Terrassenhänge des Colca-Tals. **Achoma** bei KM 14 (ab Chivay gerechnet) liegt gegenüber vom 5597 m hohen Vulkan Mismi, der 2000 von einer National Geographic-Expedition als die Quelle des Amazonas identifiziert worden war (ab hier sind es stolze 6275 km bis zur Mündung). Das Dorf MACA, das nach 24 km passiert wird, hat stark unter den Folgen verschiedener Erdbeben gelitten. Davon wurde auch die Kirche betroffen, an der 1991 ein Turm

Boleto Turístico Colca

Wer das Touristenticket (70 S/.) noch nicht bei Autocolca in Arequipa (s. „Arequipa/Informationen“, S. 346) erworben hat, kann es bei der Einfahrt nach Chivay oder am Aussichtspunkt Cruz del Cóndor kaufen. Wer in den Canyon hinabwandert, sollte sich das Ticket in jedem Fall vorher besorgt haben. An der Brücke über den Río Colca befindet sich eine Kontrollstelle. Die Zahlung des Tickets kann gelegentlich umgangen werden, wenn man die Kontrollstelle in Chivay nachmittags passiert, Cruz del Cóndor nachmittags besucht und keine Wanderung im Colca-Canyon unternimmt.

Fiestas im Colca-Canyon

Die meisten Dörfer im Colca-Tal haben sich ihre Traditionen, Sitten und Gebräuche weitestgehend erhalten. Dies zeigt sich besonders während der vielen Patronatsfeste, die zu Ehren der Dorfheiligen mit Prozessionen, Feuerwerk und Stierkämpfen abgehalten werden. Hinzu kommen Festtage wie Karneval, Ostern, Pfingsten, Fronleichnam, der Unabhängigkeitstag und Allerheiligen. Im Rahmen dieser Feiern kann man wunderschöne Trachten und authentische Tänze beobachten. Zur lokalen Folklore gehören Tänze wie der El Qamili (zur Aussaat), El Wit'iti (zum Gedenken an die Ankunft der Inkas im Colca-Tal), El T'incachi de ganado (Opfergaben an die Mutter Erde), El Turku Tusuy (ritueller Tanz, der den Sieg des Christentums über die lokalen heidnischen Bräuche symbolisiert) und Los Negritos (symbolisiert die Integration von Küste und Hochland).

Datum	Ort	Fest
6. Jan	Achoma	Reyes Magos
20. Jan	Pinchollo	San Sebastián
2. Feb	Tapay, Madrigal, Maca, Cabanaconde	Virgen de la Candelaria
3. Mai	Tuti	Santa Cruz
15. Mai	Achoma, Yanque	San Isidro Labrador
13. Juni	Callalli	San Antonio de Padua
24. Juni	Ichupampa, Sibayo	San Juan Bautista
16. Juli	Cabanaconde	Virgen del Carmen
25. Juli	Corporaque, Lari, Madrigal	Santiago Apóstol
26. Juli	Maca	Santa Ana
1. Aug	Canocota	Yarqa Haspíy
10. Aug	Huambo	San Lorenzo Mártir
15. Aug	Chivay	Virgen de la Asunción
8. Sep	Canocota, Caylloma, Chivay, Yanque	Virgen de la Natividad
21. Nov	Tisco	Virgen de la Presentación
8. Dez	Chivay, Yanque	Inmaculada Concepción

einstürzte. Zwischen Maca und Pinchollo sollte ein Stopp beim **Mirador Choquetico** nicht versäumt werden, der hinter einem Tunnel auf der rechten Seite liegt. Über Pinchollo bei KM 34 wird nach rund 42 km mit dem Aussichtspunkt **Cruz del Cóndor** (3700 m) einer der Höhepunkte eines Colca-Besuchs erreicht. Von hier gleitet der Blick 1200 m in die Tiefe, wo sich am Grund des Canyons der Río Colca seinen Weg bahnt.

In den unzugänglichen Steilwänden um den Mirador haben Kondore (s. Kasten) ihre Nester gebaut. Jeden Morgen starten sie mit den ersten Sonnenstrahlen, um sich auf die Nahrungssuche im Canyon zu machen. Die beste Zeit, Kondore zu beobachten, ist von ca. 8.30–10.30 Uhr. In der Trockenzeit finden sich am Cruz del Cóndor jeden Morgen Scharen von Schaulustigen ein. Wer den Aussichtspunkt für sich alleine haben möchte – dann allerdings meist auch ohne Kondore – sollte den Mirador nachmittags aufsuchen. Vom Cruz del Cóndor sind es noch rund 14 km bis nach Cabanaconde, die man ständig abwärts gehend auch zu Fuß zurücklegen kann (ca. 3 Std.).

Cabanaconde

Der Ort liegt rund 3 km abseits der Hauptstraße auf 3287 m und markiert den Wendepunkt für fast alle Besucher des Canyons. Die landschaftlich reizvolle Strecke zur Küste wird nur von wenigen Touristen genommen. Sie führt über das 52 km entfernte Andendorf Huambo und erreicht nach weiteren 120 kurvenreichen Kilometern die Panamericana beim KM 921. Cabanaconde ist in den letzten Jahren aus seinem touristischen Dornröschenschlaf aufgewacht, und das Hotel- und Tourangebot hat sich deutlich erweitert. Während organisierte Tourgruppen in der Regel am Cruz del Cóndor nach Arequipa umkehren, fahren immer mehr Backpacker nach Cabanaconde weiter, um von den guten Trekkingmöglichkeiten der Region zu profitieren. Nur rund 15 Gehminuten westlich des Orts befindet sich mit dem untouristischen Aussichtspunkt **Mirador Achachihua** eine gute Alternative zum meist überlaufenen Cruz del Cóndor.

Wanderungen im Canyon

Von Cabanaconde aus lassen sich mehrtägige Wanderungen hinab in den Colca-Canyon (beste Zeit April bis Juni) und weiter auf der anderen Seite unternehmen. Die Pfade in den Canyon sind streckenweise steil und rutschig, und ebenso steil geht es dann auf der anderen Seite wieder hoch.

Boleto Turístico mitnehmen!

Wer in den Colca-Canyon hinabsteigt, muss an der Brücke über den Río Colca Richtung San Juan de Chucco sein Boleto Turístico vorzeigen.

Die Sonne brennt erbarmungslos und weiter unten wird es richtig heiß. Man sollte seine Wasserflasche auffüllen, wo immer es möglich ist. Da ein Labyrinth aus schmalen Pfaden in die Schlucht führt, sollte man über die Hotels einen Guide engagieren oder einen Jungen bitten, den Weg gegen ein Trinkgeld zu zeigen. Eine beliebte dreitägige Tour führt auf steilen Pfaden hinab zum Grund des Canyons nach **Sangalle**, das auch Oasis genannt wird (Gehzeit ca. 2 Std.). Das deutlich wärmere Klima auf 2100 m ermöglicht den Anbau von Feigen, Pfirsichen und Kaktusfrüchten. In Sangalle gibt es Zelt- und einfache Übernachtungsmöglichkeiten (s. „Übernachtung").

Von Sangalle aus führt ein steiler Weg bergauf in das 2600 m hoch liegende Bergdorf **Tapay**, das nur mit Maultieren oder zu Fuß erreichbar ist. Von Tapay aus kann man in rund zwei Tagen nach Madrigal wandern oder über eine alternative Route zurück nach Cabanaconde. Nicht zu unterschätzen ist der Aufstieg vom Boden des Canyons nach Cabanaconde (rund 3 4 Std.). Beim Mieten von Maultieren für den Aufstieg werden Touristen gerne übers Ohr gehauen. Man sollte auf einem Preis von max. 40 S/. beharren.

Übernachtung

Die Übernachtungsmöglichkeiten am Canyon werden entsprechend dem Routenverlauf von Osten nach Westen gelistet.

Yanque

La Casa del Turista, Av. Chacapi 300-302, einen Block von der Plaza in Yanque, ✆ 054-760119, ✉ casadelturistayanque@hotmail.com. Kleine freundliche B&B-Herberge. Die Besitzerin Gloria Huanaco Huerta ist eine ausgezeichnete Kennerin der Region. ❷

Casa Bella Flor Sumaq Wayta Wasi, Cusco 303, ✆ 054-774505, 🖳 www.casabellaflor.com. Kleine, sympathische Lodge mit Garten und nett eingerichteten Zimmern mit oder ohne Bad. Frühstück inkl. ❷

Südperu

Coporaque

La Casa de Mama Yayacchi, Reservierung ✆ 054-241206 (Arequipa), 🖳 www.lacasade mamayacchi.com. Schöne Anlage mit Garten und Zimmern mit Bad und Heizung. Kein WLAN oder Internet. Frühstück inkl. ❺

Ichupampa

Colca Lodge, ✆ 054-531191, in Arequipa: Jerusalén 212, ✆ 054-202587, 🖳 www.colca-lodge.com. Fantastische Lage auf der nördlichen Flussseite bei Ichupampa (zu Fuß ab der Plaza in Yanque über die Fußgängerbrücke ca. 20 Min.). Weitläufige, geschmackvoll ausgestattete Anlage mit privaten Thermalquellen am Fluss. Ab US$155. ❼

Cabanaconde

Hostal Valle del Fuego, zwei Blocks von der Plaza entfernt (großes Schild), ✆ in Arequipa 054-203737, 🖳 valledelfuego.com. Rustikale Zimmer mit/ohne Bad und Steinwänden. Ihnen gehört die Oasis Camping Lodge in Sangalle (s. u.), die von hier aus buchbar ist. ❷

Pachamama Home, San Pedro 209, nahe der Plaza, ✆ 054-767277, 🖳 www.pachamama home.com. Backpacker-Unterkunft mit Schlafsaal (15 S/. p. P.). Bar, Restaurant, Fahrrad verleih und Trekkingtouren. Frühstück inkl. ❷

La Posada del Conde, entlang der Hauptstraße, wenige Blocks von der Plaza, ✆ 054-830033, 🖳 www.posadadelconde.com. Gute, saubere Zimmer, gutes Restaurant. Frühstück inkl. ❸

Hotel Kuntur Wassi, Cruz Blanca s/n, gegenüber vom Tiergefängnis (wenn ein Tier auf dem Feld eines Bauern „wildert", kommt es – bis der Schaden vom Besitzer beglichen ist – in den „Knast"), ✆ 054-812166, 🖳 www.arequipacolca.com. Die verwinkelt gebaute Anlage mit schönen, geräumigen Zimmern und tollen Ausblicken ist das beste Hotel am Platz. Warmwasser aus Solarenergie, Bar, gutes Restaurant. ❹

Sangalle

Man kann zelten oder in einer von drei einfachen Herbergen mit Pool für rund 15 S/. p. P. übernachten (Camping 5 S/.). Die **Oasis Camping Lodge** (buchbar über Pablo Tour in Arequipa oder das Hostal Valle del Fuego in Cabanaconde) war zum Zeitpunkt der Recherche die einzige Unterkunft in Sangalle, die über Strom verfügte. ❶

Essen und Unterhaltung

In der **Casa de Pablo**, Calle Grau (beim Valle de Fuego), Cabanaconde, gibt es gute Fruchtsäfte, Pisco Sour und Glühwein.

Die Bar des **Pachamama Home** ist ebenfalls beliebt.

Transport

Alle Busse, Sammeltaxis und Colectivos fahren an der Plaza de Armas von Cabanaconde ab.

Busse nach AREQUIPA um 6.30, 9, 11, 14 und 23 Uhr (über CHIVAY, 5 Std., 239 km, 15 S/.) oder 4x wöchentl. gegen 5 Uhr (über HUAMBO, ca.10 Std., 290 km).

Von Arequipa zum Cañón de Cotahuasi und Valle de los Volcanes

Beide Ziele liegen nordwestlich von Arequipa in einer wenig besuchten Gegend, die mit öffentlichen Verkehrsmitteln nur schwierig und zeitaufwendig zu erreichen ist. Wer nicht genügend Zeit mitbringt, sollte an einer der organisierten Touren teilnehmen, die von Reiseveranstaltern in Arequipa angeboten werden. Wer mit dem Leihwagen anreist, kommt zusätzlich in den Genuss einiger sehenswerter Stopps auf dem Weg.

Rund um Corire und Aplao

Die Anfahrt zu beiden Sehenswürdigkeiten erfolgt zunächst über die Panamericana Richtung Lima bis KM 888. Dort zweigt rechter Hand eine asphaltierte Straße ab, die nach 45 km **Corire** erreicht. Die Flussoase gehört mit Camaná zu einem der ertragreichsten Reisanbaugebiete der Welt. Außerdem werden dort süße Paprika, Spargel und Zwiebeln angebaut. Corire ist ein geeigneter Ausgangspunkt zur Besichtigung der Petroglyphen von Toro Muerto.

Petroglyphen von Toro Muerto

Ein **steinernes Bilderbuch** nannte Hans Dietrich Disselhoff (1899–1975), der ehemalige Direktor des Berliner Museums für Völkerkunde, die Petroglyphen von Toro Muerto, die er 1954 untersuchte. Verstreut auf einer Fläche von rund 5000 m² liegen rund 6000 Petroglyphen auf bis zu 2 m breiten Steinblöcken. Die Felsritzungen sollen von den Wari, der Chuquibamba-Kultur und zu einem kleineren Teil von den Inkas stammen. Die meisten sind zwischen 750–1150 n. Chr. entstanden und stellen geometrische Formen und menschliche Figuren mit Helmen dar. Hinzu kommen Abbildungen von Pflanzen und Tieren wie Schlangen, Lamas, Hirsche und Vögel. Interessant ist die Tatsache, dass die vorgefundenen Motive in keiner Verbindung mit der nur rund 80 km Luftlinie entfernten Küste standen: Man hat weder Fische noch Muscheln oder Meeresfrüchte entdeckt.

Im unteren Bereich sind einige Felsritzungen von Vandalen zerstört worden, von anderen Felsen hat man Stücke abgebrochen, um aus ihnen tragbare Souvenirs für Touristen zu gewinnen. Inzwischen ist auch Toro Muerto in die Liste des **Weltkulturerbes** aufgenommen worden, was einen gewissen Schutz gewährleistet. Auch wenn es meist sehr heiß ist, macht es ziemlich viel Spaß, in dem Felsenlabyrinth herumzulaufen und immer wieder neue Darstellungen zu entdecken. Je höher man kommt, desto unversehrter und abwechslungsreicher werden die Motive.

Anfahrt: 2 km vor Corire (aus Richtung Arequipa kommend) zweigt linker Hand ein beschilderter Feldweg ab, der nach ca. 3,5 km zu einem Kassenhäuschen führt. ◷ tgl. 6–18 Uhr, Eintritt 5 S/. Von dort führt ein mit dem Auto befahrbarer Feldweg in das Trockental Toro Muerto und nach ca. 2 km wird an einer Schutzhütte das erste Steinfeld mit Petroglyphen erreicht. Ein Taxi von Corire nach Toro Muerto kostet etwa 30 S/. Zu Fuß benötigt man rund eineinhalb Stunden. Auf jeden Fall Wasser und Sonnenschutz mitnehmen!

Querulpa Chico

Auf dem 25 km langen Teilstück von Corire nach Aplao passiert man das kleine Dorf Querulpa Chico. In einem kleinen Museum sind die Nachbildungen der nur rund 20 Fußminuten von hier im Februar 2002 gefundenen **Saurierspuren** zu betrachten. Drei Jugendliche, die beim Honigsuchen von einem Bienenschwarm verfolgt worden waren, hatten die bis zu 1 m großen Abdrücke entdeckt. Die Spuren sollen ca. 175 Mio. Jahre alt sein und stammen von drei verschiedenen Saurierarten. Eintritt (noch) frei.

Río Majes

7 km nördlich von Aplao gabelt sich die Straße bei KM 70. Sie führt rechter Hand auf der Ostseite des Nevado Coropuna (6425 m) ins rund 139 km entfernte Andagua (3450 m, in der Provinz Castilla), dem Ausgangspunkt für Wanderungen im Tal der Vulkane (Valle de los Volcanes, s. S. 362). Nach nur rund 5 km entlang dieser Straße erreicht man die auf 820 m gelegene **Majes River Lodge**, wo man übernachten (s. u.) sowie Ausflüge nach Toro Muerto und zwischen April und Dezember **Rafting-Touren** (Preise siehe 💻 www.majesriver.com) machen kann. Rund 15 km oberhalb der Lodge vereinigen sich der Río Andamayo (links) und der Río Colca zum Río Majes.

Übernachtung

Corire

Hostal Willy's, an der Hauptstraße, ca. 200 m von der Plaza entfernt, ✆ 054-472046. Helle Zimmer mit Ventilator und TV, allerdings nicht immer mit warmem Wasser. Ausflüge zu den Petroglyphen von Toro Muerto und Rafting-Touren auf dem Río Majes. ❷

Bei Aplao

Majes River Lodge, La Central Ongoro, Aplao Castilla (12 km nordöstlich von Aplao,

✆ 054-660219, 🖳 www.majesriver.com. Die Bungalowanlage mit einem schönem Garten liegt inmitten eines Weinbergs (Pisco-Produktion). ❸

Transport

Zwischen Corire und Aplao verkehren ständig **Minibusse**.
Es fahren von Corire keine Direktbusse nach LIMA (man muss an der Panamericana umsteigen).
Die **Busse** von Arequipa nach ANDAGUA und nach COTAHUASI kommen gegen ca. 19 Uhr durch Corire.
Von Corire nach AREQUIPA fahren ständig **Colectivos** von 5–18.30 Uhr.

Valle de los Volcanes

Nur wenige Kilometer vom Hauptort **Andagua** (ca. 3500 m) entfernt erstreckt sich ein rund 65 km langes Tal, das sich auf den ersten Blick nicht von anderen Andentälern unterscheidet. Beim näheren Hinschauen entdeckt man allerdings merkwürdige geologische Formationen. Bei ihnen handelt es sich um mehr als 80 **erloschene Vulkane**, die zwischen 200–300 m hoch sind. Die interessanteste Formation, rund 10 km nördlich von Andagua, heißt *Los Gemelos*, die Zwillinge. Wer das Tal erkunden will, sollte genug Wasser mitnehmen.

Nach Andagua fahren täglich zwei Busse vom Terminal in Arequipa (s. „Arequipa/Transport", S. 346). Der Bus fährt weiter bis ins 38 km entfernte, eisig kalte Minenstädtchen **Orcopampa** (3800 m). Von dort bestehen sporadische Verbindungen über Caylloma (110 km) nach Chivay (weitere 110 km) im Colca-Tal. Auf der landschaftlich schönen Strecke, die fast durchgehend auf Höhen über 4200 m liegt, kommt man aber nur sehr mühselig vorwärts. In Andagua bestehen einfachste Übernachtungs- und Verpflegungsmöglichkeiten; es gibt Internet, allerdings weder Bank noch Apotheke! Von Andagua gibt es keine öffentlichen Verkehrsverbindungen in den 123 km entfernte Cotahuasi-Canyon. Das Trampen gestaltet sich aufgrund des geringen Verkehrsaufkommens schwierig.

Cañón de Cotahuasi

Die Straße, die hinter Aplao linker Hand abzweigt, verläuft zunächst asphaltiert bis Chuquibamba (49 km nordwestlich von Aplao) und dann zwischen den Eisriesen Coropuna (6425 m) und Solimana (6093 m) hindurch bis in den 194 km entfernten Cotahuasi-Canyon. Er ist 160 m tiefer als der Colca-Canyon, wird aber wegen seiner Entlegenheit wesentlich seltener als sein „Nachbar" besucht. Der Río Cotahuasi hat in Jahrmillionen eine eindrucksvolle, rund 100 km lange Schlucht geschaffen, die etwas über 3400 m tief ist. Damit beansprucht er den Titel des **tiefsten Canyons der Welt**. 1981 gelang es einer polnischen Expedition zum ersten Mal, die wilden Wasser des Río Cotahuasi zu bezwingen, und 2005 wurde die gesamte Region zum Schutzgebiet erklärt, dem 490 550 ha großen **Reserva Paisajística Sub Cuenca del Cotahuasi**. Der Tourismus steckt allerdings aufgrund der Entlegenheit noch in den Kinderschuhen, obwohl sich Cotahuasi in den letzten Jahren immer mehr zu einem Zentrum für Abenteuersportler entwickelt.

Die Gegend eignet sich bestens zum Wandern, Mountainbiken, Gleitschirmfliegen und Raften. Ausgangspunkt für Touren im Canyon ist das verträumte Andendorf **Cotahuasi**, das auf klimatisch angenehmen 2684 m Höhe liegt. Ausflüge in die Umgebung führen unter anderem zu den Ruinen Pampamarca, dem Wasserfall Sipia oder zu den Thermalquellen von Luicho bei Alca.

Übernachtung und Essen

Empfehlenswerte Billigoptionen in Cotahuasi sind das **Hostal Alcalá II**, Arequipa 116, ✆ 054-581090 und das **Alojamiento Chávez**, Cabildo 125, ✆ 054-581028. Beide ❷

Hotel Valle Hermoso, Tacna 108-110, ✆ 054-581057, 🖳 www.hotelvallehermoso.com. Beste Wahl im Ort Cotahuasi, mit schönem Canyon-Blick. Gute, bequeme Zimmer mit Bad und Warmwasser. Restaurant. ❸

In den Dörfern Alca, Puica, Pampamarca und Tomepampa gibt es Unterkünfte, die von einfach bis sehr schlicht reichen.
Die einfachen Restaurants **Buen Sabor** (gegenüber vom Hostal Alcalá II) und **El Pionero**, Jr. Centenario, bieten beide günstige Menüs an.

Sonstiges

Man muss ausreichend Bargeld mitbringen, denn es gibt **keinen Bankautomaten**!
Die **Polizei** befindet sich an der Plaza.
Langsame **Internetcafés** sind vorhanden.
Wandertouren ab Cotahuasi bietet Marcio Ruiz Sánchez an, ✆ 054-265991, 💻 www.cotahuasi trek.com.
Eine **Übersichtskarte** des Canyons im Maßstab 1:225 000 findet sich auf der Karte *Cañon de Colca / Cotahuasi* von Lima 2000, erhältlich in vielen Buchhandlungen.

Transport

AREQUIPA um 6.30, 9, 11, 14 und 23 Uhr, 11–12 Std., 379 km, 15 S/. Fährt über CHUQUIBAMBA. Die Busse von Alex und Reyna starten in Alca gegen 14 Uhr und passieren die Plaza de Armas von Cotahuasi gegen 15.30–16 Uhr.
Zwischen Cotahuasi und den anderen größeren Orten des Canyons verkehren Combis und Taxis.

Von Arequipa nach Tacna

Rund 42 km südwestlich von Arequipa stößt man auf die Kreuzung La Repartición, von wo die Panamericana Richtung Süden nach Tacna und Chile abzweigt. Der einzige größere Ort auf dieser eintönigen Wüstenstrecke ist die Kleinstadt **Moquegua** 215 km südöstlich von Arequipa. Wer ein wenig mehr Zeit hat und mit eigenem Fahrzeug unterwegs ist, kann über die parallel zur Küste verlaufende Costanera (Ruta 1 E) nach Tacna reisen. Die nur teilweise asphaltierte Straße führt an vielen einsamen Stränden, kleinen Hafenstädten und hin und wieder auch an Industrieanlagen vorbei.

Mit dem Bus gelangt man problemlos von Arequipa zur Hafenstadt **Mollendo**. Der Verkehr von dort nach **Ilo** ist dünn, und es fahren nur wenige Busse. Von Ilo gibt es keine regelmäßige Busverbindung entlang der reizvollen Costanera nach Tacna.

Mollendo

Wenige Kilometer südlich der Abzweigung La Repartición biegt eine asphaltierte Straße von der Panamericana ab. Sie windet sich zur Pazifikküste hinab, passiert den Leuchtturm von Islay und erreicht nach rund 140 km das Städtchen Mollendo. Der sympathische Ort wird in den Sommermonaten Dezember bis März von den Arequipeños überrannt, die hier ihren Badeurlaub verbringen. Wer das nötige Kleingeld hat, besitzt ein Haus im **Strandort Mejía**, ca. 15 km südöstlich von Mollendo.

Als Hafen hat der 20 000 Einwohner zählende Ort Mollendo weitestgehend ausgedient – die Schiffe löschen ihre Ladung nun im Hafen von Matarani, rund 20 km nördlich von Mollendo. Die Eisenbahnlinie, die von Juliaca über Arequipa bis Mollendo führt, transportiert ab Arequipa nur noch Güter. Südlich von Mejía liegt das **Santuario Nacional Lagunas de Mejía**, ein kleines Naturschutzgebiet für Wandervögel (s. S 365.).

Übernachtung und Essen

Hostal California, Blondell 541, ✆ 054-533675. Helle Zimmer, z. T. mit Meerblick. ❶–❷
Hostal La Villa, Mariscal Castilla 366, ✆ 054-532700, ✉ lavillahotel@speedy.com.pe. Beste Wahl in Mollendo, mit Garten, Pool, Restaurant, WLAN und Parkplatz. ❷
Ein gutes Restaurant ist das **Marco Antonio** in der Comercio 258. Im Marktbereich kann man günstig essen.

Transport

Vom **Busbahnhof** etwas außerhalb an der Hauptstraße Richtung Arequipa (Taxi ca. 5 S/.) fahren tgl. mehrere Busse nach AREQUIPA (2 1/2 Std., 126 km) und LIMA (ca. 13 Std., 1055 km). Alternativ kann man ein Colectivo zur Panamericana nehmen und dort umsteigen.
Transportes Moquegua fährt mehrmals tgl. nach TACNA (3 1/2 Std., 224 km). Alternativ einen Kleinbus nach EL FISCAL nehmen und dort umsteigen.
Zum Strandort MEJÍA fahren regelmäßig Combis ab dem Zentrum (Tacna, Ecke Arequipa) oder dem Busbahnhof. Einige der Kleinbusse fahren weiter ins RÍO TAMBO-TAL und zur

VON AREQUIPA NACH TACNA
N
0
50 km
BOLIVIEN
CHILE
Cordillera Occidental
Arequipa
Cañahuas
Puno
Turucani
Vol. Ubinas 5670
L. Salinas
5977
6075
Chili
Yuna
Nev. Chachani
5822
Vol. Misti
Yura
Chiguata
Vítor
Repartición
Chapi
Lima, Nazca, Camaná, Chala
Vitor
Tambo
Coalaque
Puno
Abra Chocajinani 4450
L. Suches
Santa Rosa
La Paz, Desaguadero, Puno
L. Loriscota
Vol. Tutupaca 5816
L. Vilacota
Pisacoma
Santiago de Machaca
Mauri
Candarave
Cerro Baúl
Torata
Toquepala
Tarata
Nev. Barroso 5741
Lag. Blanca
General Lagos
Cosapilla
L.aguna de Aricota
Sama
Icán Tacora 5988
Quelgua
Moquegua
El Fiscal
Panamericana
LEBENSMITTEL-KONTROLLE →Tacna
Osmore
Locumba
Locumba
Camiara
Caplina
Calientes
Miculla
Pachía
Pocollay
Tacna
Alto de Alianza
PASS-KONTROLLE ←Arequipa
ZOLL-KONTROLLE ←Arequipa
Matarani
Mollendo
Islay
Mejía
La Curva
Lagunas de Mejía
Fundición
Ilo
Punta de Coles
La Costanera
Humedales de Ite
La Yarada
Boca del Río
Los Palos
Santa Rosa
Pampa Colorada
La Paz
Poconchile
Santiago de Chile
Arica

Kreuzung EL FISCAL an der Panamericana. Hier kann man einen Bus Richtung Süden anhalten.

Von Mollendo über Mejía nach El Fiscal

Mit einem Taxi oder einem Minibus gelangt man in den 15 km südlich von Mollendo gelegenen **Badeort Mejía** mit seinem weitläufigen Sandstrand. Außerhalb der Saison ist die Gegend allerdings völlig ausgestorben.

Wenige Kilometer südlich liegt entlang der Küste das **Santuario Nacional Lagunas de Mejía**, ein 690 ha großes Naturschutzgebiet. Das einzige ständige Seengebiet auf 1500 km Küstenlinie ist Nistplatz von 72 Vogelarten und eine wichtige Station für viele Wandervögel und überwinternde Flamingos. Die regelmäßig verkehrenden Busse fahren direkt am Santuario vorbei, das für Besucher zugänglich ist. ◷ tgl. 6–18 Uhr, 5 S/.

Die Straße führt nun durch das fruchtbare Tal des **Río Tambo**, in dem dank künstlicher Bewässerung Reis, Zuckerrohr und Mais wächst. Immer wieder faszinierend zu beobachten ist der Kontrast des üppigen Grüns der Anbauflächen zu den hellbraunen Sanddünen, die das Tal einrahmen. Hinter dem Río Tambo gabelt sich die Straße. Entlang der Küste geht es nach **Ilo** und Richtung Nordosten zur **Kreuzung El Fiscal** an der Panamericana. Hier können Busse Richtung Norden (Arequipa, Lima) oder Süden (Moquegua, Tacna) angehalten werden.

Moquegua

Ungefähr auf halber Strecke zwischen Arequipa und Tacna liegt auf 1410 m Höhe am Río Osmore (5 km nördlich der Panamericana) die Hauptstadt des gleichnamigen Departamentos (rund 50 000 Einw.). Der durchweg sonnige Ort (Ausnahme Januar/Februar) gehört zu den trockensten des Landes und ist mit einer angenehmen Durchschnittstemperatur von 22 °C gesegnet. Mit Hilfe des Flusswassers ist der Anbau von Trauben und Avocados möglich; Kupfervorkommen in der Nähe (Cuajone und Toquepala) haben zusätzliche Arbeitsplätze geschaffen. Da Moquegua kaum von Touristen besucht wird, bekommt man unverfälschte Einblicke ins peruanische Alltagsleben.

Achtung Kontrolle!

Westlich von Moquegua befindet sich eine Lebensmittelkontrollstelle. Die Einfuhr von Obst, Gemüse und auch grünen Kaffeebohnen (gerösteter Kaffee ist okay) nach Tacna ist verboten. Entsprechende Lebensmittel werden konfisziert. Ziel der Kontrolle ist es, die Verbreitung von Fruchtfliegen einzudämmen.

Interessant sind einige Kolonialhäuser unweit der Plaza de Armas, z. B. die **Casa de Fernández Cornejo y Córdova** (La Casa Tradicional de Moquegua, Jirón Ayacucho 540 neben der Post) oder die **Casa de Díaz Fernández Dávila**, Jirón Ayacucho 828 (hier ist das Kulturinstitut Dirección Regional de Cultura untergebracht).

Sehenswert ist das große **Museo Contisuyu**, Tacna 294, ✆ 053-461844, an der schattigen Plaza de Armas. Es hat eine interessante Sammlung archäologischer Fundstücke der prähispanischen Kulturen aus der Region. ◷ Mi–Mo 10–13, 15–17.30, Di 10–12, 16–20 Uhr, 1,50 S/.

In der Umgebung befinden sich auf dem gewaltigen Felsrücken **Cerro Baúl** die Ruinen einer Wari-Festung. Rund 1,5 km südöstlich der Stadt liegen die **Geoglyphen von Chen-Chen**, die der Tiwanaku-Kultur zugeordnet werden.

Übernachtung

Hostal Arequipa, Arequipa 360, ✆ 053-461338. Saubere Zimmer mit Bad, Warmwasser, TV. ❷
Hotel La Alameda, Junin 322, ✆ 053-463971, ✉ alamedahotel@terramail.com.pe. Große, gut ausgestattete Zimmer mit TV. Außerdem Internet und Parkplatz. ❷

Essen

An der Lima, Ecke Libertad, liegen das **Chifa Fong Mey** und das **Restaurant Moraly** (sehr beliebt, einheimische Küche).
La Casa Tradicional, Ayacucho 540, bietet leckere einheimische Küche.

Südperu

Frittiertes Meerschweinchen *(cuy frito)*, eine Spezialität der Region, kann man etwas außerhalb im **Restaurant Los Angeles**, Fundo La Huerta s/n, Charsagua, probieren (ein Taxi nehmen). ⏲ tgl. 10–17 Uhr.

Sonstiges

Informationen zu Zielen in Moquegua und Umgebung (Kolonialhäuser, Pisco-Winzereien, Cerro Baúl, Chen-Chen) gibt es bei DIRCETUR, Ayacucho 1060, ✆ 053-462236, ✉ moquegua@mincetur.gob.pe. ⏲ Mo–Fr 7.30–18 Uhr.

Transport

Die meisten Transportunternehmen befinden sich außerhalb des Zentrums entlang der Avenida del Ejercito oder der Avenida La Paz.

Busverbindungen

DESAGUADERO (Grenze zu Bolivien) mehrmals tgl., 7 Std., 280 km. Es gibt keine Direktverbindungen nach LA PAZ.
LIMA regelmäßig (Cruz del Sur, Flores) 19 Std., 1144 km.
PUNO mehrmals tgl., 7–8 Std., 265 km.
Nach AREQUIPA (4 Std., 215 km), ILO (1 1/2 Std., 95 km) und TACNA (2 Std., 159 km) fahren regelmäßig Sammeltaxis vom Comité Moquegua Express, Av. Ejercito 130.

Von Moquegua nach Bolivien

Nur selten benutzen Touristen die gut ausgebaute und komplett asphaltierte Straße, die auf rund 280 km Länge von Moquegua zum Grenzübergang Desaguadero und von dort weiter nach La Paz in Bolivien führt. Der Verkehr ist meist sehr spärlich, aber die Landschaft einmalig schön. Zunächst passiert man nach ca. 30 Fahrminuten den Ort **Torata**, wo an den Marktständen sehr gutes Fladenbrot verkauft wird.

Die Straße windet sich nun vorbei am Tafelberg Cerro Baúl in die Anden hoch. Bizarre Berglandschaften, einsame Seen mit nach Futter suchenden Flamingos und zahlreiche Lama- und Alpakaherden bilden eine im wahrsten Sinn atemberaubende Kulisse, denn der höchste Punkt der Route liegt auf rund 4750 m.

Ilo

Knapp 100 km südlich von Moquegua liegt die Hafenstadt Ilo an der Pazifikküste. Von hier wird vorwiegend Kupfer verschifft, aber auch landwirtschaftliche Erzeugnisse wie Baumwolle oder Zuckerrohr. Seit Bolivien bei Ilo ein Küstenstreifen als Freihandelszone zugesprochen wurde, ist die Bedeutung Ilos als maritimer Warenumschlagplatz weiter gestiegen. Für Besucher interessant ist die Altstadt **Ilo Viejo** am ehemaligen Hafen. Hier dümpeln malerisch die bunten Fischerboote, besetzt von Pelikanschwärmen. In der Umgebung von Ilo gibt es nette Strände, die wie fast überall in Peru schattenlos sind. Dort herrscht nur in den Sommermonaten Betrieb.

Rund 10 km südlich von Ilo liegt die **Reserva Natural de Punta Coles**, eine Halbinsel, die Seevögeln und Robben Zuflucht gewährt. Der Ort kann nur an Wochenenden per Boot (im alten Fischereihafen chartern) besichtigt werden.

Übernachtung und Essen

Hotel Las Lomas, Urb. Liberación Mz. 22 Lote 4, ✆ 053-495281, 💻 www.laslomasdeilo.com. Angenehme Zimmer mit TV, WLAN, Restaurant. Gratis-Transfer vom Busterminal zum Hotel. ❸
Hotel Vip, 2 de Mayo 608, ✆ 053-481492, 💻 www.viphotelilo.com. Gut ausgestattetes Hotel, u. a. TV, Minibar, Internet, Wäscherei, Parkplatz und WLAN. Frühstück inkl. ❹
El Buen Corazón de Doña Vicky, Moquegua 150, tischt deftige Grillgerichte für Fleischesser auf. ⏲ tgl. 10–22 Uhr.
Fisch und Meeresfrüchte landen in der **Cevichería Delicias del Mar**, 2 de Mayo 619, auf den Tellern. ⏲ tgl. 9–21 Uhr.

Transport

Alle Busse fahren vom **Terminal Terrestre** etwas außerhalb ab (ständige Verbindungen nach AREQUIPA, MOQUEGUA und TACNA).

Tacna

Die Hauptstadt des gleichnamigen Departamentos liegt rund 1293 km südöstlich von Lima auf 562 m Höhe. Die Lage beschert der Stadt

ein sonniges und trockenes Klima mit Sommertemperaturen von 16–28 °C (Jan–März). Der Küstennebel von Juni bis August lässt die Temperaturen auf 9–19 °C sinken und verursacht gelegentlich leichten Nieselregen.

Heutzutage leben rund 260 000 Menschen in Tacna; das in den letzten Jahren kräftig gewachsen ist. Zu diesem Wachstum hat sicherlich die **Freihandelszone** beigetragen, über die Waren aus dem Ausland verbilligt nach Peru importiert werden können (s. „Einkaufen"). Zudem kommen immer mehr Chilenen aus dem benachbarten Arica nach Tacna, um von den günstigeren peruanischen Waren und (medizinischen) Dienstleistungen sowie einem wachsenden touristischen Angebot zu profitieren.

In den letzten Jahren hat die Bedeutung des **Karnevals** in Tacna stark zugenommen. Da die Stadt keine große folkloristische Tradition besitzt, hat man begonnen, Musik und Tanzgruppen aus ganz Peru, aber auch aus den Nachbarländern Bolivien und Chile einzuladen, die sich in einer großen Parade zeigen und in einem fröhlichen Wettbewerb gegeneinander antreten.

Geschichte

Die Region um Tacna ist schon seit rund 9000 Jahren besiedelt, wie **Felsmalereien** in der Umgebung belegen. Später ließen sich hier Aymara aus dem Hochland nieder. Die Inkas eroberten das Gebiet und unterwarfen die Aymara. Ihr Sieg könnte zur Namensgebung der Stadt beigetragen haben, denn das Quechua-Wort *Tacana* bedeutet so viel wie „Ich herrsche an diesem Ort". Als *Reducción* – eine Zwangsansiedlung indianischer Gruppen – 1535 von den Spaniern unter dem Namen San Pedro de Tacna gegründet, machte die Stadt zum Ende der **Kolonialzeit** von sich reden. In Tacna kam es am 20. Mai 1811 zum *Grito de Libertad*, dem ersten Schrei nach Freiheit durch Francisco Antonio de Zela de Arízaya, dem Prüfer der königlichen Finanzen.

Dies brachte der Stadt später den Titel *Ciudad Heróica*, **heroische Stadt**, ein.

Tacna ist die letzte Stadt vor der rund 36 km weiter südlich gelegenen peruanisch-chilenischen Grenze. Auf chilenischer Seite (ca. 56 km entfernt) befindet sich das geschäftige **Arica**, mit dem Tacna enge Handelsbeziehungen unterhält. Der chilenische Einfluss macht sich auch im gepflegten Stadtbild Tacnas sowie in guten Schulen und Krankenhäusern bemerkbar. Dies kommt nicht von ungefähr, gehörte Tacna doch 49 Jahre lang zu Chile. Während des **Salpeterkrieges** wurde die Stadt 1880 – ebenso wie Arica – von chilenischen Truppen besetzt, nachdem diese eine Schlacht gegen die Peruaner auf dem **Alto de Alianza**, 8 km westlich der Stadt, gewonnen hatten. Dort befindet sich heute ein Museum. Erst 1929 wurde Tacna nach einer Volksabstimmung an Peru zurückgegeben; Arica verblieb auf chilenischem Staatsgebiet.

Sehenswertes in Tacna

Die meisten Touristen erleben Tacna nur auf der Durchreise, doch ein kleiner Spaziergang durch die Innenstadt lohnt durchaus. An Tacnas Hauptplatz **Paseo Cívico** ragt die von der französischen Firma Eiffel entworfene **Kathedrale** aus dem Jahr 1954 im Neu-Renaissancestil empor. Im Zentrum der Plaza steht ein 6 m hoher Zierbrunnen namens **Pila Ornamental**. Dahinter sticht der 18 m hohe **Arco Parabólico** aus dem Jahr 1959 ins Auge. Der Bogen, der zu Ehren der Helden des Pazifikkriegs gebaut wurde, ist das Werk deutscher Ingenieure.

Südlich der Plaza gelangt man zur palmenbestandenen Flaniermeile **Alameda Bolognesi**, die 1840 über dem Río Caplina erbaut wurde. Auf ihr findet man eine Statue von Cristoph Kolumbus und Persönlichkeiten der Geschichte Tacnas.

Eisenbahnfans sollten sich das Eisenbahnmuseum **Museo Ferroviario** an der 2 de Mayo anschauen. Es ist im Originalbahnhof untergebracht und präsentiert neben alten Loks und Wagen Fotos und Ausstellungsstücke aus längst vergangenen Zeiten. ◷ tgl. 8–17 Uhr, 5 S/.

In dem Kolonialhaus **Casa de Zela**, Zela 542, dem Wohnort des Vorreiters der Unabhängigkeit Francisco Antonio de Zela de Arízaya, sind unter anderem präkolumbische Fundstücke ausgestellt. ◷ Mo–Fr 8–12, 14–17 Uhr, Eintritt frei.

In der **Casa Basadre**, einem Kolonialhaus an der Avenida San Martín 212, kann man die typische Architektur der damaligen Zeit und die Bibliothek des Hausbesitzers Don Jorge Basadre bewundern. ◷ Mo–Fr 8–17 Uhr, gratis.

Ein weiteres lohnenswertes Museum ist das **Museo INC**, Apurímac 202, mit einer Ausstellung über die republikanische Epoche. ◷ Mo–Fr 8.30–12.30, 13.15–17 Uhr, 2 S/.

Das **Museo de Sitio Peañas**, Pollar s/n, Distrito de Pocollay, im Nordosten der Stadt beim Gefängnis, stellt Fundstücke präinkaischer Kulturen aus. ◷ Mo–Fr 9–12, 14–17 Uhr, 2 S/.

Sehenswertes in der Umgebung

Folgt man der Panamericana von Tacna aus 8 km Richtung Norden, passiert man **Altos de la Alianza**, eine Anhöhe, auf der sich am 26. Mai 1880 Peru und Chile eine historische Schlacht lieferten. Vor Ort dokumentiert ein Museum das Ereignis. ◷ Mo–Fr 8–13, 15–18.30 Uhr, 1 S/.

Wer ein wenig mehr Zeit hat, kann der ländlichen Umgebung Tacnas, der *Campiña*, einen Besuch abstatten. In einem rund 23 km langen Streifen entlang des Río Caplina, der die Distrikte Pocollay, Calana und Pachia umfasst, werden regionale Spezialitäten und Kostproben der lokalen Weine angeboten.

Im Distrikt Pachia, 22 km nördlich von Tacna, liegen beim Ort Calientes die Thermalquellen **Fuentes Termales de Calientes**, ◷ tgl. 24 Std., Schwimmbecken 3 S/. (Mo geschl.), Privatkabine 8 S/., Massageangebot und einfache Unterkunft.

Auf dem Weg dorthin zweigt eine Straße zum **Complejo Arqueológico Miculla** ab (frei zugänglich, Museum 1 S/.). Auf einer rund 20 km² großen Fläche finden sich Hunderte bis zu 1500 Jahre alte Steinritzungen.

Wer mehr Zeit für die Umgebung Tacnas mitbringt, sollte einen Abstecher ins Hochland nach **Tarata** (88 km nordöstlich von Tacna auf 3068 m) oder nach **Candarave** (170 km nördlich von Tacna auf 3415 m) unternehmen. In der selten besuchten Region bekommt man neben idyllischen Berglandschaften Felszeichnungen, Thermalquellen, Wasserfälle, Seen und Geysire geboten. Die Sehenswürdigkeiten sind mit öffentlichen

Verkehrsmitteln inzwischen gut erreichbar, aber die Unterkünfte sowie das Essen in den genannten Orten sind sehr einfach.

Übernachtung

Man sollte im Stadtzentrum wegen des Lärms Zimmer zur Straße vermeiden.

Hostal Lido, San Martín 876, ✆ 052-577001. Hat schon bessere Zeiten gesehen. Einfache Zimmer mit Bad, Warmwasser und TV. Man bekommt Klopapier und Handtuch aber keine Seife. Kein WLAN oder Internet. ❷

Hostal Universo, Zela 724, ✆ 052-415441. Einfache, ordentliche Zimmer mit Bad und TV. ❷

Hostal La Posada del Cacique, Arias Araguez 300-304, ✆ 052-247424, ✉ laposada_hostal@hotmail.com. Gute, geräumige Zimmer mit Bad, TV und Telefon. WLAN und mickriges Frühstück inkl. ❸

Hotel Copacabana, Arias Araguez 370, ✆ 052-421721, 💻 www.copahotel.com. Gute Zimmer mit Bad, TV und Telefon. Das Hotel verfügt über Internet, WLAN, Restaurant, Cafeteria und Parkplatz. Frühstück inkl. ❸

Gran Hotel Central, San Martín 561, ✆ 052-415051, 💻 www.hotelcentralperu.net. Großes Hotel, gute Zimmer. WLAN und Frühstück inkl. ❹

Hotel Camino Real, San Martín 855, ✆ 052-242010, ✉ hotel@caminorealtacna.com.pe. Große Zimmer mit TV, Telefon, WLAN. Restaurant mit Panoramablick, Bar und Parkplatz. ❹

Hotel Dorado, Arias Araguez 145, ✆ 052-415741, 💻 www.doradohoteltacna.com. Modernes und bequemes Hotel. Neue und etwas ältere Zimmer (geringer Preisunterschied) mit Bad, TV, WLAN, Minibar und Safe. Restaurant, Fahrstuhl, Bar und Parkplatz. Frühstück inkl. ❹

Gran Hotel Tacna, Bolognesi 300, ✆ 052-424193, 💻 www.granhoteltacna.com. Luxushotel mit netter Gartenanlage, Pools, Restaurant, Bar, WLAN, Disco und Casino, Frühstücksbuffet (sonntags auch für Nichtgäste für 25 S/.) inkl. ❺

Essen

Tacna

Café Restaurante Da Vinci. Gutes Café mit gemischtem Speisenangebot (auch Pizzas). Im Restaurant im 2. Stock wird einheimische Kost serviert. 🕓 Mo–Sa 11–22, So 12–23 Uhr.

Café Zeit, Deustua 150. Von einem Deutsch-Chilenen geführtes Café mit Kulturprogramm, Kunstaustellungen, Kino und Livemusik (Programm unter 💻 www.cafezeitperu.com). Serviert werden Kaffee, Käsekuchen, Spätzle und deutsches Bier (Erdinger). 🕓 Mo–Sa 9.30–open end. Der Ableger **Café Zeit II** liegt in der Pasaje Vigil 51. 🕓 tgl. 8–23 Uhr.

Cevichería Don Leo, Francisco Cornejo 807-815. Gute Meeresfrüchteauswahl, einfaches Ambiente. 🕓 tgl. 11–15 Uhr.

Chifa Shanghai, San Martín 468. Modernes Chifa mit großer Speisenauswahl (auch Fisch und Meeresfrüchte). 🕓 tgl. 12–23 Uhr.

El Conquistador, San Martín 727. Nationale und internationale Küche und gute Mittagsmenüs. 🕓 Mo–Sa 7–23, So 8–16 Uhr.

Restaurante Vegetariano Salud y Vida, Bolívar 888. Günstige vegetarische Mittagsmenüs. 🕓 So–Fr 11–16 Uhr.

Verdi, Pasaje Vigil 57. Hat neben günstigem Mittagessen und Frühstück auch Obstsalate, Empanadas und Süßes. 🕓 Mo–Sa 8.30–21 Uhr.

Außerhalb

Typische regionale Spezialitäten kann man 5 km nordwestlich von Tacna im Bezirk Pocollay in **Restaurantes Campestres** (Landgaststätten) vorwiegend am Wochenende probieren (dann oft mit Livemusik). Beliebt sind das **Restaurant El Patroncito** (mit Schwimmbad) oder **El Alamo**.

Unterhaltung und Kultur

Das Nachtleben konzentriert sich vorwiegend an Wochenenden auf die Fußgängerzonen Pasaje Libertad, Pasaje Vigil und den Bereich Araguez/San Martín.

Livemusik gibt es an Wochenenden im **Jethro Pub**, Araguez 131, und im **Café Boccatto**, San Martín, zwischen Araguez und Pasaje Vigil.

Münchner Bräuhaus, Araguez 142. Selbstgemachtes Bier, Rockmusik, Snacks.

Das **Rock'n Roll Café** gibt es 3x in Tacna: Pasaje Vigil, Ecke Bolognesi, UG, nette Karaokebar, Zela 618, Bar und Disco und Av. Bolognesi 556, Kneipe.

Im 2. Stock des Supermarkts Plaza Vea in der Av. Cusco, Ecke C. Benjamin Cisneros, gibt es **Kinos** (Cineplanet).

Einkaufen

Die Freihandelszone Tacna ist – zumindest für Peruaner – ein Einkaufsparadies. Viele Konsumgüter sind billiger als in Lima, aber nicht notwendigerweise billiger als in Europa. Alle Waren dürfen nur in kleinen Mengen (z. B. 3 Liter Alkohol, 50 Zigaretten) ausgeführt werden (Zollkontrolle findet an der Panamericana Richtung Norden statt). Die *Mercadillos*, wie diese Art Einkaufszentren genannt werden, haben in der Regel tgl. von 9–21 Uhr geöffnet:

Mercadillo Bolognesi, Av. Coronel Mendoza. Computer, Alkoholika, Teppiche, Kosmetika.

Mercadillo 28 de Julio, Gustavo Pinto 2123. Kleidung, Schuhe, Parfüm, Uhren.

Galerías Coronel Mendoza, Mendoza, Ecke 2 de Diciembre. Eisenwaren, Spielzeug, Uhren.

Kunsthandwerk wird in der Pallardelli am Mercado Central angeboten.

Ein großer **Supermarkt** (Plaza Vea) mit Kino und Fastfood-Restaurants liegt in der Av. Cusco, Ecke C. Benjamin Cisneros., südwestlich der Av. Bolognesi.

Touren

Samatours, Av. San Martín Arias 618, ✆ 052-426325, 💻 www.samatoursperu.com. Rundfahrten in Panoramabussen zu den wichtigsten Sehenswürdigkeiten von Tacna und Umgebung (um 9 und 14 Uhr, 40 S/. ohne Eintritte, Stops an der Kathedrale, dem Eisenbahnmuseum, den Pisco-Winzereien, den Thermalquellen Calientes und der archäologischen Stätte Miculla). Sie organisieren auch Touren nach Tarata und Candarave sowie zu den Humedales de Ite, einem künstlich angelegten Feuchtgebiet an der Küste mit zahlreichen Vogelarten.

Zesal, im internationalen Busterminal, 2. Stock, Local C-4, ✆ 052-242851, 💻 www.zesal.net, besorgt Flüge sowie nationale oder internationale Bustickets. Arbeitet mit Partneragenturen in Arequipa, Cusco und Puno zusammen und kann Touren (z. B. Inkatrail) im Voraus buchen.

Sonstiges

Autovermietungen

Pegasus Rent a Car, Bolognesi 1006, ✆ 052-411485, 💻 www.pegasusrentacar.com.pe, vermietet Autos und Allradfahrzeuge.

Bücher

Librería Internacional SBS, San Martín 805, ✆ 052-241313. Für örtliche Verhältnisse gut sortierte Buchhandlung. 🕓 Mo–Fr 9.30–13, 16–21, Sa 10–15.30 Uhr.

Feste

Im **Februar** (Datum variabel) feiert man Karneval, im **Juli** (Datum variabel) das Festival de Olivos, am **28. August** den Geburtstag der Stadt, und am **7. Oktober** wird das Patronatsfest zu Ehren der Virgen del Rosario begangen. Die Wallfahrtsstätte des Señor de Locumba, 78 km westlich von Tacna in Locumba, ist am **14. September** das Ziel zahlreicher Pilger.

Geld

Die Filialen der großen Banken, Geldautomaten und Wechselstuben liegen alle entlang der Av. San Martín, zwischen den Cuadras 3 und 6.

Informationen

I-Perú, Av. San Martín 491, ✆ 052-425514, ✉ iperutacna@promperu.gob.pe. 🕓 Mo–Sa 8.30–18, So 8.30–13 Uhr. Weitere Infostellen befinden sich im nationalen Busterminal, am Flughafen (bei Flugankünften von Lan Perú) und an der Grenze zu Chile (nur Fr und Sa).

Konsulate

Bolivien, Bolognesi 1751, ✆ 052-245121. 🕓 Mo–Fr 9–16 Uhr.

Chile, Presbítero Andía, Cuadra 1, Ecke Albarracín, ✆ 052-421846. 🕓 Mo–Fr 8–13 Uhr.

Medizinische Hilfe

Hospital Hipolito Unanue, Blondell s/n, ✆ 052-242121.

Polizei

Policia de Turismo, Callao 103, ✆ 052-414141 (zur Policia de Turismo weiter verbinden lassen).

Post

Serpost, Bolognesi 361.

Visaangelegenheiten

Migración, Av. Circunvalación s/n, Urb. El Triángulo, ✆ 052-243231. 🕓 Mo–Fr 8–16 Uhr.

Wäschereien

Mehrere **Lavanderías** liegen nebeneinander in der Av. Moquega, zwischen Zela und Basadre.

Nahverkehr

Taxis kosten innerhalb der Stadt und zum Busterminal 3–3,50 S/., zum Flughafen 10–12 S/. und zu den Restaurants in Pocollay 5–8 S/.

Transport

Busse und Colectivos

Der **Terminal Terrestre Manuel A. Odria** ✆ 052-427007, liegt am nördlichen Stadtrand. Im linken (aus Richtung Innenstadt kommend) Gebäude (Terminal Internacional) fahren die Busse und Sammeltaxis nach Arica ab und im rechten Gebäude (Terminal Nacional) die Inlandbusse. Die Terminals verfügen über Infostellen, Gepäckaufbewahrung, Polizei, Telefon und Internet. Die Geldwechsler befinden sich im Terminal Internacional.

Zesal, im internationalen Busterminal, 2. Stock, Local C-4, ✆ 052-242851, 💻 www.zesal.net, verkauft Bustickets nach Chile, Argentinien, Paraguay, Brasilien, Uruguay und Bolivien.

Gesellschaften

Civa, ✆ 052-241543
Cruz del Sur, ✆ 052-426692
Flores, ✆ 052-426691
Julsa, ✆ 052-421456
Oltursa, ✆ 052-412932
Transportes Moquegua, ✆ 052-413779

Lokalverbindungen

BOCA DEL RÍO, LOS PALOS (Tacnas Strände) Abfahrt vom **Terminal Francisco Bolognesi** in der Prolongación Arias Araguez im Südosten der Stadt.
CALIENTES (Thermalquellen) ständig von 5 bis 19.30 Uhr Combis vom Tacna Centro, Av. Augusto B. Leguia, Block 9 (2,50 S/.). Fährt über POCOLLAY und PACHÍA
CANDARAVE stdl. fahren Busse (10 S/.) und Colectivos (15 S/.) vom nördlichen Stadtrand an der Calle Tarata über TARATE.
MICULLA (archäologische Stätte) man nimmt ein Combi nach Calientes und steigt an der Abzweigung nach Miculla aus (ab dort ca. 2 km zu Fuß entlang der Asphaltstraße). Wahlweise auch als Teil eines Ausflugs mit Samatours (s. „Touren") oder Taxi (inkl. Wartezeit ca. 60 S/.)

Nationale Fernverbindungen

AREQUIPA um 13.30 Uhr (Cruz del Sur, beste Ges.), um 15 Uhr (Oltursa, beste Ges.), etwa 14x tgl. von 5–23.30 Uhr (Flores) und etwa 10x tgl. von 7.15–22.15 Uhr (Transportes Moquegua), 6 Std., 368 km, 37–43 S/. (Cruz del Sur), 32–40 S/. (Oltursa), 20 S/. (Flores) und 20–25 S/. (Transportes Moquegua).
CUSCO (Julsa) um 14 Uhr, 14–16 Std., 918 km, 60 S/. Fährt über PUNO, ansonsten umsteigen in Arequipa oder Puno.
LIMA um 14 und 18 Uhr (Cruz del Sur), um 14 Uhr (Oltursa), mehrmals tgl. (Civa) und 4x tgl. (Flores), 21–22 Std., 1293 km, 112–154 S/. (Cruz del Sur), 99–140 S/. (Oltursa), 70–160 S/. (Civa) und 70–120 S/. (Flores).
MOQUEGUA (Flores) um 15 und 18 Uhr, 1 3/4–2 Std., 158 km, 10 S/. Es fahren auch Sammeltaxis für 20 S/.
NAZCA 12 Std., 793 km. Siehe Lima.
PUNO (San Martín, Los Incas, Julsa) mehrmals tgl. 8 Std., 374 km, 30–40 S/. Bis auf Julsa (s. Cusco) fahren die Busse nach PUNO und DESAGUADERO (Grenze Bolivien) vom Terminal Collasuyo in der Av. Francisco de Paula Vigil ab.

Internationale Verbindungen

ARICA (Chile) ständig von 5–20.30 Uhr, 1–2 Std. (je nach Abfertigungsdauer an der Grenze), 56 km, 10–12 S/. (Bus) oder 20 S/. (Sammeltaxi)
BUENOS AIRES (Argentinien) samstags gegen 5 Uhr (Cata Internacional, Bus aus Lima) und Di, Do und So gegen 12 Uhr (Veloz del Norte, Bus kommt aus Lima), ca. 3 1/2 Tage, US$240–250. Fährt über SANTIAGO DE CHILE /
LA PAZ (Bolivien) ca. 15 Std., 397 km. Es gibt keine Direktverbindung. Alle Busse nach Puno fahren über den peruanischen Grenzort Desaguadero (hinter der Grenze in einen bolivianischen Bus umsteigen).
Eine landschaftlich reizvolle Alternative ist die Busverbindung über die Asphaltstraße von Arica in 8–10 Std. über den Lauca-Nationalpark nach La Paz (Streckenbeschreibung s. S. 664,

Billiger von Chile aus fliegen

Internationale Flugtickets sind in Arica (Chile) wegen niedriger Steuern günstiger als in Peru.

Transportunternehmen s. „La Paz/Transport", S. 630).

SANTIAGO DE CHILE Di, Do und Sa gegen 6 Uhr (Cruz del Sur, Bus kommt aus Lima), ca. 30 Std., 2106 km, 403 S/. Siehe auch Buenos Aires.

Südperu

Eisenbahn

Vom **Bahnhof** in der Gregorio Albarracín/ Ecke C. 2 de Mayo, fährt tgl. der *Autoferro* (meist nur noch ein Waggon) um 4.30 Uhr nach ARICA (1 1/2 Std., 62 km, 8 S/.). Man sollte die Tickets einen Tag vor Abfahrt zwischen 8–9 Uhr am Bahnhof kaufen, wo bereits die Grenzformalitäten erledigt werden. Von Arica geht es um 7.30 Uhr zurück.

Flüge

Der **Aeropuerto Carlos Ciriani Santa Rosa** liegt rund 5 km südlich des Zentrums an der Panamericana Richtung Arica, ✆ 052-344503. Ein Taxi kostet 10–12 S/.

Lan Perú, Apurímac 101, ✆ 052-428346, fliegt 2–3x tgl. direkt nach LIMA. ⌚ Mo–Fr 8.30–19, Sa 9–14 Uhr.

Peruvian Airlines, Av. Bolognesi 670, 2. Stock, ✆ 052-413009, 💻 www.peruvianairlines.com, fliegt nach AREQUIPA und LIMA. ⌚ Mo–Fr 9–19.30, Sa 9–17 Uhr.

Ab **Arica** fliegen **Sky Airlines**, 💻 www.skyairline.cl, nach SANTIAGO DE CHILE, LA PAZ und AREQUIPA und Lan Chile, 💻 www.lan.com, nach SANTIAGO DE CHILE und LA PAZ.

Nach Arica (Chile)

Von Tacná sind es rund 56 langweilige Wüstenkilometer bis nach Arica in Chile. Am schnellsten gelangt man mit Sammeltaxis (Colectivos, 5 Sitzplätze) zur Grenze und weiter bis nach Arica. Es kann durchaus eine Weile dauern, bis das Sammeltaxi voll ist, obwohl die Fahrer natürlich das Gegenteil behaupten. Also ist etwas Geduld erforderlich. Schon am Busterminal in Tacna, wo die Colectivos losfahren, werden die Ein- bzw. Ausreiseformulare ausgefüllt. Nach rund 30 Minuten Fahrt wird die peruanische Grenzstation Santa Rosa erreicht (⌚ tgl. 7–23 Uhr) und kurz darauf der chilenische Posten Chacalluta. Die Fahrer der Colectivos sind behilflich und zeigen einem, was zu erledigen ist. Daran denken, **kein Obst oder Gemüse** von Chile nach Peru oder umgekehrt einzuführen (strenge Kontrollen!). Eventuelle Visaformalitäten müssen in Tacna bzw. Arica erledigt werden (s. „Tacna/Visaangelegenheiten", S. 370). Bei der Einreise nach Chile müssen die Uhren je nach Monat ein bis zwei Stunden (Sommerzeit in Chile) vorgestellt werden.

Arica ist die nördlichste Stadt Chiles und hat rund 180 000 Einwohner. Von dort aus lassen sich La Paz, Oruro und Cochabamba in Bolivien (über den Lauca-Nationalpark, S. 664) und alle weiteren chilenischen Landesteile jeweils direkt über gute Straßen erreichen. Das **Informationsbüro** (Sernatur) von Arica liegt an der San Marcos 101 in einem Kiosk an der Casa de la Cultura. Arica verfügt über eine große Auswahl an Übernachtungsmöglichkeiten. Wer in Arica nur Busse wechseln und daher beim Busterminal **übernachten** möchte, dem sei die sehr freundliche Residencial Tres Soles, Pasaje 921, gegenüber der Busstation, ✆ 0056-58227207, ✉ tressolesarica@hotmail.com, empfohlen. Alle der kleinen Zimmer haben TV und Gemeinschaftsbad. Gutes Frühstück, das allerdings extra kostet. ❷

Pazifikküste zwischen Arequipa und Lima

Südlich von Arequipa überquert man einen rund 2300 m hohen Pass, der einen letzten Blick auf die Berge Misti und Chachani gewährt. Danach fällt die Straße stetig ab. Rund 42 km südwestlich von Arequipa trifft sie bei **La Repartición** auf die Panamericana, die in Richtung Süden nach Tacna und Chile und in Richtung Norden nach Lima führt. Auf der ca. 1000 km langen Fahrt nach Lima bietet in der Wüstenlandschaft nur die eine oder andere Oase eine Abwechslung für das Auge.

Beim KM 921 zweigt eine wenig befahrene Piste rechter Hand Richtung **Cabanaconde** (ca. 190 km nordwestlich von Arequipa) und Colca-Canyon ab. Kurz darauf kann man beim KM 888 der Panamericana nach **Corire** abbiegen, dem Ausgangspunkt zum Besuch der **Petroglyphen Toro Muerto** (S. 361). Dieselbe Straße führt weiter zum **Cotahuasi-Canyon** (S. 362). Endlos und meist schnurgerade zieht sich die Panamericana nun über ein Wüstenplateau, bevor bei KM 837 der Pazifik und wenig später die Stadt **Camaná** (KM 841) an der Mündung des Río Camaná erreicht wird – mit 374 km der längste Fluss der peruanischen Pazifikküste. Gespeist wird er vom Schmelzwasser der Eisriesen Ampato und Coropuna sowie den Fluten des Colca-Canyons.

War die Stadt zu Kolonialzeiten ein bedeutender Warenumschlagplatz für Arequipa, so leben ihre Bewohner heute von Landwirtschaft, Fischfang und lokalem Tourismus. In den Sommermonaten bevölkern viele Arequipeños die weiter südlich liegenden Strände, die wenig Infrastruktur besitzen und nicht allzu attraktiv sind. In Camaná steigen nur selten ausländische Touristen ab, doch entlang des Strandes und der Panamericana finden sich jede Menge Hotels und Restaurants. An der Brücke über den Río Camaná nördlich des Orts liegen mehrere gute Meeresfrüchterestaurants. Die Spezialität sind Flussgarnelen, die man zwischen Dezember und Februar probieren sollte (ansonsten herrscht Fangverbot).

Der nächste erwähnenswerte Ort auf der Route entlang der Panamericana Richtung Norden ist die **Oase Ocoña** bei KM 755. Der gleichnamige, 250 km lange Fluss entspringt im Cotahuasi-Canyon. Nun steigt die Panamericana an und windet sich in zahlreichen Kurven spektakulär an der Steilküste entlang, wobei sich immer wieder tolle Ausblicke auf die weiter unten tosende Brandung ergeben. Nach weiteren 65 Wüstenkilometern wird bei KM 620 **Chala** erreicht.

Chala und Puerto Inka

Die schöne Bucht von Chala mit ihrem feinen, hellen **Sandstrand** ist ideal, um die lange Fahrtstrecke von Arequipa nach Lima zu unterbrechen. Aufgrund von Minenaktivitäten (Goldabbau) ist das einst ruhige Fischerdorf stark gewachsen. Der Ort unterteilt sich inzwischen in Chala Sur, wo sich die Hafenmole, die besseren Hotels und Restaurants befinden, und dem etwas heruntergekommeneren Chala Norte, wo die Busse halten und sich die Minenarbeiter treffen.

Einige Jahrhunderte zuvor hatten die Inkas in einer Bucht 10 km nördlich von Chala (Abzweigung bei KM 610) einen wichtigen Hafen, **Puerto Inka,** angelegt, von dem aus Stafettenläufer *(Chasquis)* in 24 Stunden frischen Fisch, Meeresfrüchte und wichtige Botschaften nach Cusco brachten. Die Ruinen können heute noch besichtigt werden. In der abgeschiedenen Bucht befindet sich zudem eine schöne Hotelanlage (s. u.).

Übernachtung und Essen

Hostal Evertyth, Comercio 705, Chala Sur, ✆ 054-551095. Saubere Zimmer Richtung Meer mit Bad und kaltem Wasser. Parkplatz. ❶

Hotel de Turistas, Comercio s/n, Chala Sur, ✆ 054-551111. Bestes Hotel am Platz, das aber schon bessere Zeiten gesehen hat. Große Zimmer (ohne Bad und Frühstück günstiger) mit Bad und warmem Wasser. Restaurant. ❷

Hotel Puerto Inka, ca. 10 km nördlich von Chala und 2 km von der Panamericana entfernt in einer abgeschiedenen Bucht am Strand, ✆ 054-692596, 💻 www.puertoinka.com.pe. Unterkunft in Bungalows. Restaurant, Bar, Pool, Spielplatz, Camping (13 S/. p. P.). Interessante Inkaruinen (ehemaliger Hafen der Inkas) unweit der Hotelanlage. Abholservice in Chala. Beliebt bei Einheimischen (Dez bis Ostern), danach Reisegruppen. Günstige Spezialtarife inkl. VP. ❺

In Chala liegen mehrere gute **Fischrestaurants** entlang der Panamericana.

Nazca

Im weiteren Streckenverlauf von Chala Richtung Norden geht es zunächst kurvig an der Küste entlang bis zu einem Abschnitt mit hohen Sanddünen, der an die Sahara erinnert. Sandverwehungen sind hier an der Tagesordnung und die Warnschilder am Straßenrand sind nicht zum

VON AREQUIPA NACH LIMA

Spaß aufgestellt worden. Unterwegs wird bei KM 556 **Yauca** passiert, eines der wichtigsten Olivenanbaugebiete Perus; danach wird dic Strecke extrem eintönig. Bei KM 485 führt eine Abzweigung zum Pazifikhafen **San Juan**, von dem aus Eisenerze verschifft werden.

Nazca (auch gelegentlich Nasca geschrieben) selbst liegt rund 440 km südlich von Lima auf einem Wüstenplateau in rund 600 m Höhe. Ein angenehmes, trockenes Klima und eine gute touristische Infrastruktur machen die Stadt (55 000 Einw.) zu einem guten Ausgangspunkt für den Besuch der Region. Ein schweres Erdbeben zerstörte im Jahr 1996 einen Großteil Nazcas, dessen touristische Sehenswürdigkeiten bis auf das Museum Antonini außerhalb der Stadt liegen (s. S. 379–385). Ein Highlight einer Perureise ist der **Flug über die berühmten Nazca-Linien**. Leider ist es in den letzten Jahren zu einigen Unfällen und sogar Abstürzen bei den Rundflügen aufgrund schlecht gewarteter Maschinen gekommen. Zudem befindet sich die Landebahn des Flughafens in einem sehr schlechten Zustand. Man sollte in jedem Fall auf eine etablierte Fluglinie zurückgreifen (s. S. 378).

Nepper, Schlepper, Bauernfänger

Nach der Ankunft in Nazca sollten Besucher sich nicht von Hotelschleppern *(jaladores)* einreden lassen, dass das Hotel ihrer Wahl voll sei, sondern die Sachlage selbst vor Ort überprüfen. Am besten reservieren und sich vom Hotel abholen lassen!

Das **Museo Arqueológico Didáctico Antonini**, Av. de la Cultura 600, rund 800 m östlich der Plaza de Armas, ✆ 056-523444, öffnete 1999 seine Pforten. Auf einer überdachten Fläche von 750 m² und einer Außenfläche von 1600 m² werden sehenswerte Fundstücke aus der Nazca-Region präsentiert, die in den vergangenen Jahren von italienischen Archäologen bei Ausgrabungen vor allem in Cahuachi, rund 24 km östlich von Nazca, entdeckt wurden. Neben Keramiken und Textilien kann man auch ein Original-Aquädukt, eine Grabnachbildung und ein Modell der Nazca-Linien bewundern. ⌚ tgl. 9–19 Uhr, 15 S/.

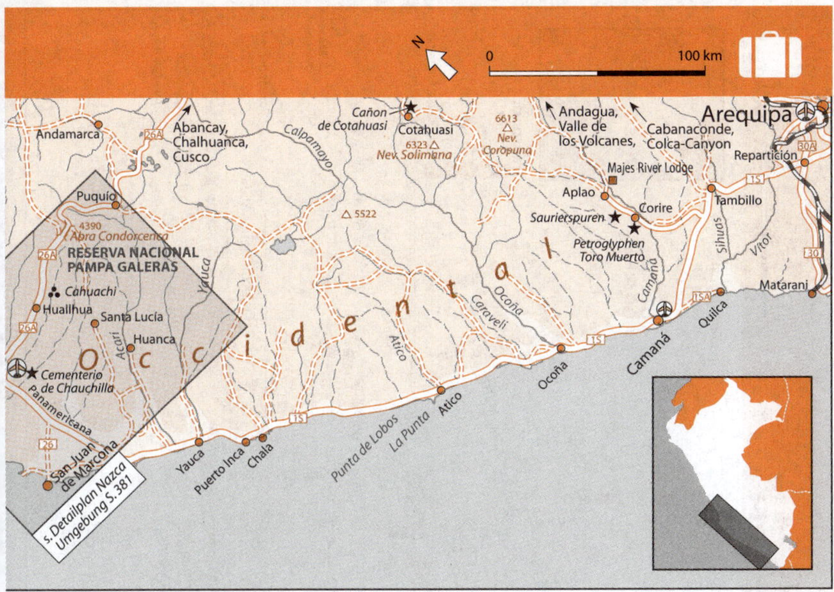

Das **Museo María Reiche** liegt bei KM 416, also rund 24 km nördlich von Nazca, an der Panamericana und diente der Forscherin einst als Wohnort. ⏲ tgl. ab 8 Uhr, 5 S/.

Am Eingang zum Flughafen Nazca liegt das **Museo Inka Wasi** mit interessanten Überresten der Nazca-Kultur und Fossilien. Der Besitzer Felix Quispe führt die Besucher in Inka-Tracht durch die Räume und zelebriert auf Wunsch (und gegen Aufpreis) Heilungsrituale, ☏ 956335858 (Mobil). ⏲ tgl. 7–18 Uhr, 10 S/.

Übernachtung

Posada Guadalupe, San Martín 225, ☏ 056-522249. Etwas abseits gelegen, ruhig, mit Garten und bei Travellern beliebt. Nicht mehr ganz taufrische, aber günstige Zimmer mit/ohne Bad (billiger), Parkplatz und Wäscheservice. ❶–❷

Hostal Nasca, Lima 438, ☏ 056-522085, ✉ marionasca18@hotmail.com. Kleine Zimmer mit Gemeinschaftsbad und Fenster zum Innenhof; dahinter neuere, große Zimmer mit Bad, die ein hervorragendes Preis-Leistungs-Verhältnis bieten. Kleiner Garten, ruhig. ❷

Hotel Camiluz, Av. Maria Reiche 304, ☏ 056-523871, 💻 www.hostalcamiluznasca.com. Familiengeführte Unterkunft in ruhiger Gegend nahe der Plaza. Geräumige Zimmer mit TV und Kühlschrank, alle unterschiedlich groß. WLAN und Tour- und Abholservice. Frühstück inkl. ❷

Paredones Inn, Lima 600, ☏ 056-522181, 💻 www.paredonesinn.com. Modernes, etwas

Viel Kunst fürs Geld

Die ehemalige Hacienda gleicht mehr einem Museum oder einer Kunstausstellung als einem Hotel und lohnt schon deshalb einen Abstecher (ein Taxi kostet ca. 8–10 S/.). Unterschiedlich große Zimmer (davon 2 behindertengerecht), großer Pool, weitläufiges Gelände, Tourservice und Nazca-Flüge mit eigenen Flugzeugen. Die Abzweigung zum **Hotel Majoro** liegt beim KM 452 der Panamericana, ca. 2 km von Nazca entfernt. Von dort sind es noch ca. 2 km auf ausgeschilderter Strecke, ☏ 056-522481, 💻 www.hotelmajoro.com. Ein Tagesaufenthalt bis 17 Uhr kostet US$45, ansonsten ❻.

Nazca
N
0
200 m
Sonstiges:
1 Kunay Bar
2 Alegría Tours
3 Base 3
4 La Choza
5 Casa del Pisco
Transport:
1 Ormeño
2 Flores
3 Cruz del Sur
4 Soyuz
5 Cial, Oltursa, Antezana Palomino, Wari
Übernachtung:
1 Posada Guadalupe
2 Hotel Camiluz
3 Hotel Oro Viejo
4 Hotel Nazca Lines
5 Hotel Alegría
6 Casa Andina Classic
7 Hostal Nazca
8 Paredones Inn
9 Hotel Majoro
10 Wasipunko Nasca
Essen:
1 La Kañada
2 Don Hono
3 Cevichería Limón
4 Los Angeles
5 Chifa Namkug
6 El Portón
Museo María Reiche, Panamericana Norte, Ica, Lima,
Arequipa, Cusco
Av. Los Incas
Av. Circunvalación
Prolong. Arica
Jr. Micaela Bastidas
C. San Martín
Psj. San Martín
Psj. Cuadros
POLIZEI
Jr. José María Mejía
Psje. Bisambra
Prolog. José María Mejía
Jr. Juan Matta
Prolog. Juan Matta
C. Simón Bolívar
Jr. Ignacio Morseksi
Jr. Miguel Grau
Jr. Arica
Av. María Reiche
Jr. Callao
Castillo
MUNICIPALIDAD
Jr. Bolognesi
Jr. Santa Teresita
Jr. Las Acacias
Prolog. Callao
Hospital de Nazca
Plaza de Armas
MARKT
Fermín del Castillo
C. Cumcumayo
C. Taoma
C. Geranios
C. Claveles
C. Alfonso
Av. Guardia Civil
Prolog. Bolognesi
Av. de la Cultura
Museo Antonini
Jr. Lima
Tarapacá
Jr. Huaraz
Jr. Tacna
Jr. Italia
Jr. Santa Rosa
Paredones
Malecón Tierras Blancas
Río Tierras Blancas
C. Santo Domingo
C. Santa
Jr. Municipalidad
Jr. Tierras Blancas
C. Dos De Mayo
Av. Perú
Canta Kol
Av. Cantayoc
C. Tupac Amaru
Panamericana Sur
C. Jesus María
Psje. Torrico
Av. Los Maestros
C. Zarumilla
Psje. Quispe

steriles Hotel mit Fahrstuhl und guten, aber lauten Zimmern zur Straße. Tolle Dachterrasse mit Rundumsicht, WLAN. Frühstück inkl. ❸–❹

Hotel Oro Viejo, Jr. Callao Norte 483, ✆ 056-523332, 💻 www.hoteloroviejo.net. Sehr freundlich, sauber und sicher. Ruhige Zimmer mit Bad und TV. Hübscher Innenhof, Internet und WLAN, Pool und auf Wunsch Abholung vom Bus. Frühstück inkl. ❹

Wasipunko Nasca, KM 462, Panamericana Sur, San Luis de Pajonal, Vista Alegre, ca. 17 km südlich von Nasca, ✆ 056-523212, 💻 www.nascawasipunko.com. Landgasthof mit Restaurant. Einfache Zimmer aus natürlichen Materialien mit Bad und Warmwasser. Gratis-Abholservice bei Buchung und Tourangebot. Camping 15 S/. p. P., ansonsten ❹

Hotel Alegría, Lima 166, ✆ 056-522702, 💻 www.hotelalegria.net. Bei Reisegruppen und Travellern das beliebtes Hotel. Angenehme Zimmer, gemütlicher Innenhof, Pool und Cafeteria, Wäsche-Service, Internet, WLAN, Geldautomat und Büchertausch. Rundflüge zu den Nazca-Linien mit eigener Airline Aeroparacas. ❺

Casa Andina Classic, Bolognesi 367, ✆ 056-523563, 💻 www.casa-andina.com. Bekannte peruanische Luxus-Hotelkette mit geschmackvollen, modernen Häusern. ❻

Hotel Nazca Lines, Bolognesi 147, ✆ 056-522293, ✉ reservasnasca@dematourshoteles.com. Geräumige Zimmer mit Minibar. Großer Pool, der auch von Tagesgästen für 30 S/. (inkl. Sandwich und Softdrink) benutzt werden kann. Es gibt tgl. 40-minütige Vorträge im hauseigenen Planetarium für 20 S/. p. P. (18 Uhr auf Französisch, 19 Uhr auf Englisch, 20 Uhr auf Spanisch, kann variieren!). ❻

Essen

Cevichería Limón, Lima 168. Hier essen die Einheimischen Fisch und Meeresfrüchte zu moderaten Preisen. 🕓 tgl. 8–17.30 Uhr.

Chifa Namkug, Bolognesi 448. Gute und günstige chinesische Gerichte. 🕓 tgl. 11–16, 18–23 Uhr.

Don Hono, Bolognesi 465. Nur Mittagessen, gute Menüs. 🕓 tgl. 11–17 Uhr.

El Portón, Moresky 120. Bei Travellern beliebt. Große Portionen. 🕓 tgl. 11–23 Uhr.

La Kañada, Lima 160. Spezialität Fisch, Meeresfrüchte, Fleisch und Hähnchen, gute Getränkeauswahl. Auch abends Menüs (Pisco Sour gratis) und Disco. 🕓 tgl. 12–24 Uhr.

Los Angeles, Bolognesi 266. Große Auswahl, familiäre Atmosphäre, gute vegetarische Gerichte. 🕓 tgl.

Die Nazca-Kultur

Bis zum Jahr 1901, als der deutschstämmige Archäologe Max Uhle Ausgrabungen in der Region Nazca organisierte, war nicht bekannt, dass es sich hierbei um eine eigenständige Kultur handelte. Danach fielen Grabräuber über die Stätten und Grabfelder her und verkauften ihre Funde an Museen, die sich mal wieder zu Erfüllungsgehilfen machten. Dennoch ist es in den letzten Jahrzehnten gelungen, ein recht umfassendes Bild der Nazca-Kultur zu erstellen. Diese entstand, als sich die Paracas-Kultur im 2. Jh. v. Chr. zu zersetzen begann. Die **Zentren** der Nazca-Kulturen lagen in den Tälern von Ica und Nazca, voneinander getrennt durch eine trockene, steinige Wüste, in der die berühmten **Nazca-Linien** entstanden (S. 379). Das religiöse Zentrum befand sich unweit des heutigen Nazca auf dem Gelände der Hacienda Chuachi. Die Nazca waren wie ihre Vorfahren weiter nördlich **Meister der Webkunst und Bewässerung**. Sie leiteten das Andenwasser über weit verzweigte, teilweise unterirdisch verlaufende Kanalsysteme auf ihre Felder, die u. a. mit Baumwolle bepflanzt waren. Die unterschiedlichen Keramikfunde lassen auf drei verschiedene **Entwicklungsstufen** schließen, die bis 700 n. Chr. zurückreichen. Besonders die frühen Perioden zeichneten sich durch eine farbenfrohe, lebhafte Keramik aus, deren Motive aufgemalt wurden. Die Gestalter wählten neben Tieren und Pflanzen der Region auch Alltagsszenen, Haushaltsgeräte und Musikinstrumente als Gegenstand der Darstellung. Auch Wüstenzeichnungen tauchten als Motiv auf Stoffen und Keramiken auf. Die Keramik späterer Phasen verlegte sich mehr auf stilisierte Darstellungen und war bereits von der Wari-Kultur des Hochlands beeinflusst.

Unterhaltung und Kultur

La Choza, Bolognesi 290. Gemütliche, offene Kneipe aus Bambusrohr und Schilfmatten. Die Einheimischen kommen meist erst spät. Am Wochenende gelegentlich Livemusik.
Lokale Pisco-Sorten lassen sich in der **Casa del Pisco**, Bolognesi 298, probieren.
Die **Kunay Bar**, Morseski 270, ist eine gemütliche Kneipe, in der ab und an Livemusik gemacht wird.
Abgetanzt wird in Nazca in der Disco **Base 3**, Lima 194.

Touren

Alegría Tours, Lima 168, neben dem Hotel Alegría, ✆ 056-522444, 💻 www.nazcaperu.com. Vermittelt die hauseigenen Alas Peruanas-Flüge.
Great Nazca Tours, kein Büro, ✆ 056-785384, 💻 www.greatnazcatours.com. Besitzer Oscar ist Nazca-Spezialist, spricht Englisch und verfügt über eigene Fahrzeuge.
Mystery Peru, Bolívar 221, ✆ 056-522379, 💻 www.mysteryperu.com. Bietet neben den klassischen Ausflugszielen in der Umgebung von Nazca auch Sandboarding vom Cerro Blanco sowie Ausflüge zur San Fernando-Bucht an.

Sonstiges

Feste

Die **Semana Turística de Nazca** wird in der zweiten Maiwoche gefeiert, während der auch der **Geburtstag von María Reiche** begangen wird. Das **Patronatsfest** findet in der ersten Septemberwoche statt.

Geld

Banco de Crédito, Visa-Geldautomat, Kreuzung Lima und Grau. Weitere Banken sind an der Plaza de Armas. Ein Global Net-Geldautomat befindet sich neben dem Hotel Casa Andina Classic.

Flüge über die Nazca- und Palpa-Linien

Der **Aeropuerto Maria Reiche** liegt rund 4 km südlich des Ortes (Abzweigung bei KM 452 der Panamericana; Taxi 5 S/.). Ein Flug kann über eine der zahlreichen Agenturen, viele Hotels in Nazca oder direkt am Flughafen gebucht werden (keine Preisdifferenz). Einige Hotels bzw. Agenturen (z. B. Majoro oder Alegría) besitzen eigene Fluggesellschaften oder arbeiten exklusiv mit einer Fluglinie zusammen. Die Flugpreise sind in der Regel bei allen Airlines gleich und Ermäßigungen nur bei Gruppen durchsetzbar. Ein 30- bis 35-minütiger Flug in einer 3–5-sitzigen Sportmaschine über die Nazca-Linien kostet je nach Saison US$100–130; Nazca-Linien und Palpa-Linien ca. US$200, Flugdauer 50–55 Minuten. Am Flughafen sind zusätzlich 25 S/. Flughafengebühr zu entrichten. In der Regel bieten alle Anbieter einen kostenlosen Shuttle-Service vom/zum Hotel an. Vor dem Flug werden alle Passagiere gewogen, um eine optimale Gewichtsverteilung zu garantieren. **Wichtig**: Unbedingt den Reisepass mitbringen, sonst kann nicht geflogen werden!
Die zuverlässigsten Airlines sind in alphabetischer Reihenfolge:
Aerodiana, ✆ 956618183 (Mobil), in Lima ✆ 01-4443075, 💻 www.aerodiana.com.pe. Hat die modernsten Flugzeuge und fliegt auch von Pisco (S. 396).
Air Majoro, ✆ 056-522481, 💻 www.airmajoro.com. Einzige Airline mit ISO-Norm (9001).
Alas Peruanas, Kontakt siehe Alegría Tours, 💻 www.alasperuanas.com. Ältere Flugzeuge.
LC Perú, ✆ 01-2041313 (Lima), 💻 www.lcperu.pe. Renommierte peruanische Inlandfluglinie, die im Laufe des Jahres 2012 beabsichtigt, Flüge über die Nazca-Linien anzubieten. Sie bieten ebenfalls Flüge von Pisco aus an.
Travel Air, ✆ 056-765967 💻 www.travelairperu.com.pe, fliegen auch von Ica (S. 390).

Es ist vorteilhaft, frühmorgens zu fliegen, da es später aufgrund der Hitze immer diesiger wird.

Achtung: Der kurvenreiche Flug ist nichts für schwache Nerven oder anfällige Mägen. Für alle Fälle befinden sich Spucktüten griffbereit im Flugzeug. Flüge niemals auf der Straße bei dubiosen Händlern kaufen!

Informationen

Oficina de Turismo de la Municipalidad Provincial de Nazca, Av. Tacna, Plaza de Armas, neben dem Roten Kreuz, kein Telefon, www.turismonasca.com.

Medizinische Hilfe

Hospital de Nazca, Callao 350, 056-522586.

Polizei

Touristenpolizei **Poltur**, Av. Los Incas, 056-522084.

Post

Serpost, Fermín del Castillo 379.

Transport

Busse und Colectivos

Nazca besitzt keinen Busbahnhof. Die Abfahrtsorte der Busgesellschaften liegen allerdings dicht beieinander am westlichen Stadtrand. In der Hauptreisezeit von Juni bis September empfiehlt sich eine rechtzeitige Reservierung.

Gesellschaften

Cruz del Sur, Av. Lima, Ecke San Martín, 056-523713
Flores, Av. Los Incas 120, 056-521254
Oltursa, Lima 105, 056-522265
Ormeño, Av. Los Incas
Soyuz, Lima 155, 056-521464

Verbindungen

ABANCAY 10 Std., 454 km. Siehe Cusco.
AREQUIPA um 14 und 22 Uhr (Cruz del Sur) und um 14.45 und 22 Uhr, 12–14 Std., 623 km, 85 und 105 S/. (Cruz del Sur) und 75–130 S/. (Oltursa).
CUSCO um 20 und 23.30 Uhr (Cruz del Sur), um 22.30 Uhr (Flores) und nachmittags und abends (Wari, Palomino, Cial, Antezana), 14 Std., 659 km, 172 S/. (Liegesitze Cruz del Sur), 100 S/. (Flores) und 100–120 S/. (Wari, Palomino, Cial und Antezana). Fährt über ABANCAY.
ICA (Soyuz, Flores) alle 30 Min., 2 1/2 Std., 140 km, 7–10 S/. Siehe Lima.
LIMA über ICA (dort umsteigen) alle 30 Min. (Soyuz, Flores) und mehrmals tgl. (Cruz del Sur) oder über PARACAS um 11.30, 12.30, 14.30 und 16.30 Uhr (Cruz del Sur) und um 9.30 und 16.30 Uhr (Oltursa), 6–7 Std., 446 km, 30–35 S/. (Soyuz, Flores), 67 und 88 S/. (Cruz del Sur) und 55 S/. (Oltursa).
PARACAS 3 1/2 Std., 200 km. Siehe Lima.
PISCO 3 1/2 Std., 210 km. Es gibt keine Direktbusse. Man fährt entweder über Paracas oder nimmt den Soyuz bzw. Flores-Bus Richtung Ica/Lima und steigt an der Abzweigung nach Pisco aus.
PUNO (Ormeño) um 16 Uhr, 17 Std., 973 km. Der Bus fährt weiter nach LA PAZ.
TACNA (Cruz del Sur) 20 und 23.30 Uhr, 14 Std., 800 km, 142 S/.

8 HIGHLIGHT

Die Nazca-Linien

Bei den Linien von Nazca, auch Nazca-Scharrbilder oder Geoglyphen von Nazca genannt, handelt es sich um **gigantische Bodenzeichnungen**, die in Form geometrischer Muster oder Abbildungen von Tieren, Pflanzen und Menschen auf einer Fläche von ca. 450 km² in die Ebene rund 20 km nordwestlich der Stadt in den Wüstensand geritzt wurden. In ihrer gesamten Ausdehnung lassen sich die Linien nur aus der Luft bewundern (Fluginfo s. Kasten S. 378).

Entdeckungsgeschichte

Vor wenig mehr als 60 Jahren war Nazca nichts weiter als eine unbedeutende Kleinstadt in der peruanischen Küstenwüste. Die Entdeckung der Linien, ihre Erforschung und nicht zuletzt die Möglichkeit, die Bodenzeichnungen aus der Luft zu betrachten, ziehen inzwischen jährlich Tausende von Besuchern an.

Obwohl sie bereits von spanischen Chronisten im 16. Jh. erwähnt wurden, kümmerte sich lange Zeit niemand um die mysteriösen Linien im Wüstensand. Erst zu Beginn des 20 Jhs. machten einige Archäologen auf die Scharrbilder aufmerksam; zu ersten Überflügen kam es in den 20er-Jahren. Die ersten systematischen Untersuchungen unternahm der Amerikaner Dr. **Paul Kosok** im Jahr 1939 im Auftrag der Long Island

Universität, New York. Er überflog das Gebiet mehrfach und erkannte, dass es sich bei den Linien um mehr als nur stillgelegte Bewässerungskanäle, vergrößerte Webmuster oder alte Inkastraßen handelte.

Kosok hatte 1946 in Peru die deutsche Mathematik- und Geografielehrerin Dr. **Maria Reiche** kennengelernt, die seit 1932 als Privatlehrerin in Cusco und später an der deutschen Schule in Lima unterrichtete. Sie begeisterte sich sofort für die Aufzeichnungen Kosoks, der sie bat, mit der Erforschung der Wüstenzeichnungen weiterzumachen. Aus einem einfachen Forschungsauftrag wurde ein Dauerprojekt, denn den Rest ihres Lebens widmete die 1903 geborene Dresdnerin Maria Reiche den Geoglyphen. Sie verlegte ihren Wohnsitz in die Wüste unweit der Zeichnungen und begann, die Linien systematisch zu vermessen und zu katalogisieren. Regelmäßig brach sie frühmorgens aus ihrer einfachen Lehmhütte mit wenig mehr als einem Notizblock, einem Besen, einem Zollstock und gelegentlich einer Leiter auf. Im Jahr 1950 erschien als Ergebnis ihrer wissenschaftlichen Arbeit ihr Buch *Ancient Drawings on the Desert of Peru*, das sie zusammen mit Kosok veröffentlichte. Es folgte im Jahr 1968 das Werk *Secreto de la Pampa*, das in verschiedene Sprachen übersetzt wurde (siehe Literaturverzeichnis). Ihr letztes Buch *Contribuciónes a la Geometría y Astronomía en el Antiguo Perú* erschien 1993. Die Forscherin starb am 8. Juni 1998 in Lima.

Keine Lust zu fliegen?

Wer nicht über die Nazca-Linien fliegen möchte, kann an einer Tour teilnehmen, die den Besuch des kostenlosen Aussichtshügel bei KM 422, den Aussichtsturm bei KM 420 (2 S/.) und das Museo Maria Reiche beinhaltet. Zu sehen sind von dort aber nur zwei Figuren und einige Linien. Die Tour wird von so gut wie allen Agenturen angeboten und kostet 100 S/. für 2 Pers. inkl. Guide und Eintritte. Geplant ist zudem der Bau eines 80 m hohen Turms, von dem aus die Linien besser beobachtet werden können. Konkretere Angaben standen zum Zeitpunkt der Recherche leider nicht zur Verfügung.

Nie akzeptierte sie die Theorie **Erich von Dänikens** aus den 1960er-Jahren, der in seinem Buch *Strategie der Götter* behauptete, die Linien seien Teil einer Landebahn für Außerirdische gewesen. Das Aufsehen, das Däniken mit seinem Buch erregte, wirkte sich nachteilig auf die Linien aus. Viele Besucher fuhren mit Allradfahrzeugen kreuz und quer durch die Wüste auf der Suche nach den Linien und richteten beträchtlichen Schaden an den empfindlichen Wüstenzeichnungen an. Inzwischen dürfen die Linien, die von der Unesco zum Weltkulturerbe erklärt wurden, nicht mehr betreten werden. Der Weltkulturerbe-Status ist allerdings regelmäßig gefährdet, da es im Gebiet der Linien immer wieder zu illegalen Landbesetzungen kommt. Dabei wurden in Nazca bereits ein Trapez und zwei Linien zerstört sowie im nicht weit entfernten Palpa die „Sonnenuhr" beschädigt.

Wie, wann und durch wen entstanden die Linien?

Alle diese Fragen sind bis heute nicht einwandfrei geklärt. Man nimmt an, dass die Zeichnungen von Angehörigen der Paracas- und der Nazca-Kultur zwischen 300 v. Chr. und 700 n. Chr. angefertigt wurden. Mehr Einigkeit herrscht darüber, wie die Bilder angefertigt wurden. Dazu bediente man sich zweier unterschiedlicher **Techniken**: Am häufigsten wurde die dunkelbraune Oberschicht der Pampa abgetragen, wobei die hellere Unterschicht zum Vorschein kam und das gewünschte Muster ergab. Die Tiefe der dabei entstandenen Gräben lag bei 20–50 cm, bestand manchmal aber nur aus wenigen Zentimetern. Das Aushubmaterial wurde zu beiden Seiten der Furchen angehäuft. Viele der von Maria Reiche entdeckten Linien waren im Laufe der Jahrhunderte zugeweht worden und mussten mühselig wieder freigelegt werden.

Eine Variante bei der Herstellung der Wüstenzeichnungen bestand darin, das gewünschte Gebiet zu säubern und dann mit Steinen auszulegen, die das Muster bildeten. Um die Linien zu konstruieren, die von den Erbauern selber später gar nicht im vollen Umfang betrachtet werden konnten (es sei denn, sie benutzten primitive Heißluftballone), wurden Pläne angefertigt, die dann mit einfachen Hilfsmitteln auf den Wüs-

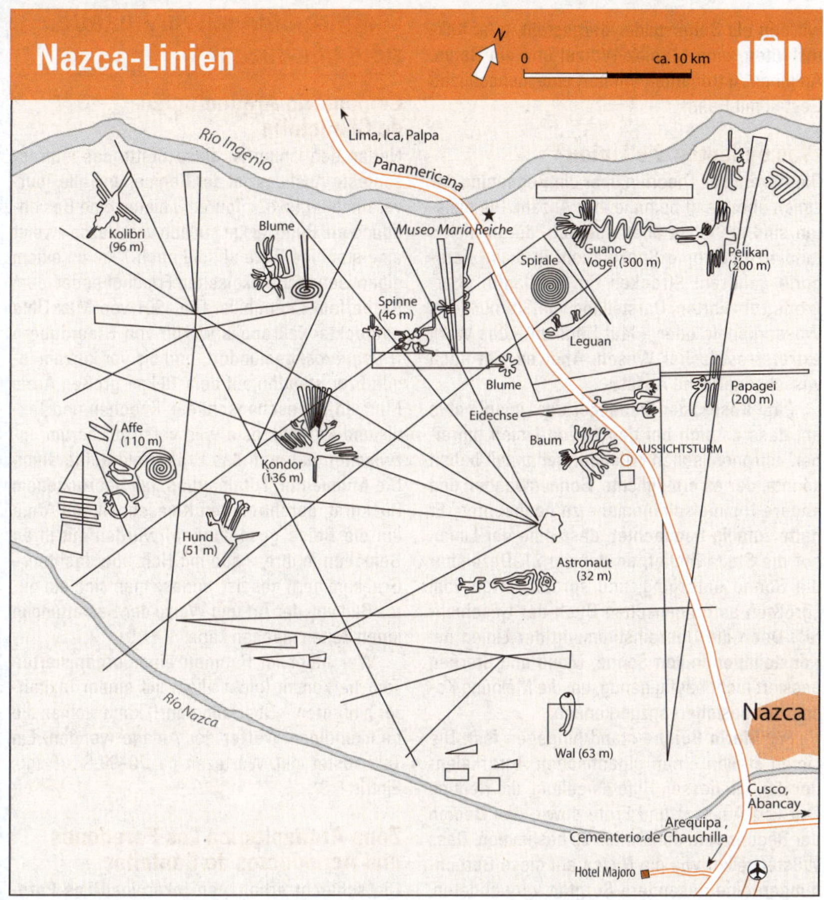

tensand übertragen wurden. Für die vergrößerte Umsetzung einer Spirale benutzte man zum Beispiel einen Holzpflock, an dem ein langes Seil festgebunden war. Maria Reiche entdeckte zahlreiche der hierzu benutzten Ausgangspunkte ebenso wie die Verwendung der Maßeinheit kurze Elle (33 cm).

Was stellen die Linien dar?

Scheinbar bezug- und planlos verteilen sich Linien, Dreiecke, Spiralen und Darstellungen von Menschen, Tieren und Pflanzen über die Wüstenebene zwischen Nazca und Palpa. Schnurgerade ziehen Linien sich über Kilometer hinweg, andere breiten sich sternförmig von einem Mittelpunkt aus, über einen Kilometer lange Trapeze sind sorgfältig in den Boden gemeißelt.

Auch die Tiermotive erreichen enorme Ausmaße. Zu den eindrucksvollsten zählen die 188 m lange Eidechse, deren Schwanz von der Panamericana zerteilt wird, die 46 m große Spinne, der 96 m große Kolibri und der rund 110 m große Affe. Er besitzt nur neun Finger und sein Schwanz besteht aus einer riesigen Doppelspirale, die ohne geometrische Kenntnisse nicht zu erzeugen gewesen wäre. Auch Pflanzenmotive wurden als Scharrbilder dargestellt, u. a. Kaktusblüten, eine Maniok-Wurzel und ein Baum. An einen Astronauten erinnert eine menschliche Gestalt mit Helm.

Was bedeuten die Linien?

Die Anzahl der Theorien über die Bedeutung der Linien übersteigt beinahe ihre Anzahl. Die meisten sind mehr als abenteuerlich, durch nichts fundiert und reine Spekulation. In diese Kategorie gehören: Strecken für Wettläufe, übergroße Landkarten, Darstellung von Sternbildern, Wasserkanäle oder – laut Däniken – das Werk extraterrestrischer Wesen. Aber es gibt auch wissenschaftliche Ansätze.

Paul Kosok, der Entdecker der Linien, nahm an, dass es sich bei den Nazca-Linien um einen astronomischen Kalender gehandelt haben könnte, der es ermöglichte, Sonnenwenden und andere Himmelsphänomene zu beobachten. Er hatte zufällig beobachtet, dass eine der Linien auf die Stelle hinlief, an der am 21. Dezember die Sonne unterging, und sprach fortan vom „größten astronomischen Buch der Geschichte". Doch die Übereinstimmung der Linien mit Konstellationen von Sonne, Mond und Sternen passiert nicht häufig genug, um die Meinung Kosoks als gesichert anzuerkennen.

Für **Maria Reiche** stand hingegen fest: Die Linien stellen einen gigantischen Agrarkalender dar, mit dessen Hilfe es gelang, die richtige Zeit von Aussaat und Ernte sowie den Beginn der Regenzeit in den Anden zu bestimmen. Dass Wüstenvölker wie die Nazca auf diese Berechnungen eine besondere Sorgfalt verwendeten, ist nichts Neues, waren die Bewässerungsexperten doch von der regelmäßigen Wasserzufuhr existenziell abhängig. Viele ihrer religiösen Kulte drehten sich um Wasser und Fruchtbarkeit, und auch die auf den Bodenzeichnungen dargestellten Figuren bestätigen dies.

So lässt sich die Abbildung von Tieren mit Darstellung der Geschlechtsteile, z. B. beim Affen, als Fruchtbarkeitssymbol und die geometrische Form der Spirale als Wassersymbol interpretieren. Eine andere Theorie entwickelte der Forscher **Tony Morrison**. Ihm zufolge handelte es sich bei den Linien um rituelle Prozessionspfade, die zu zeremoniellen Stätten führten.

Weitere Sehenswürdigkeiten rund um Nazca

Cementerio Arqueológico de Chauchilla

Neben den Linien ist diese Stätte das interessanteste Ausflugsziel der Region, und alle Tourveranstalter (s. o., „Touren") bieten eine Besichtigung an. Rund 18 km südlich von Nazca zweigt eine staubige Piste ab, die nach 7 km an einem gigantischen präinkaischen Friedhof endet: dem Gräberfeld Chauchilla. Die 1901 von Max Uhle entdeckte Nekropolis wurde von Grabräubern *(Huaqueros)* geplündert, und bis vor kurzem lagen bzw. standen auf dem 10 km^2 großen Areal Mumien, Menschenschädel, Knochen und Textil- und Keramikreste wild verstreut herum. Inzwischen hat man das Gräberfeld aufgeräumt. Die Mumien (in Fötalhaltung, mit gebrochenem Rückgrat, durchtrennten Kniesehnen, die Arme um die Beine geschlungen) wurden mit ihren Beigaben in ihre – nun mit Holz überdachten – Grabkammern gesetzt, sodass man sich ein gutes Bild von der Art und Weise der Bestattung in jenen Zeiten machen kann.

Wer nicht im Rahmen einer organisierten Tour herkommt (nicht allein mit einem Taxifahrer hinfahren – Überfallgefahr!) kann sich an die fachkundigen Wärter der Anlage wenden. Ein Taxi kostet inkl. Wartezeit ca. 70–90 S/. ⏲ tgl., Eintritt 5 S/.

Zona Arqueológica Los Paredones und Acueductos de Cantalloc

Die schlecht erhaltenen Inkaruinen **Los Paredones** liegen 2 km südöstlich der Stadt entlang der Straße Nazca–Abancay. Das einstige administrative Zentrum wurde aus Lehmziegeln und Steinen errichtet. Nur 3 km weiter östlich kann man einen interessanten Einblick in die Funktionsweise unterirdischer Bewässerungssysteme bekommen, die auch heute noch das Wasser der Anden und Grundwasser auf die Felder der Küstenregion bringen. Die Kanalanlagen bei **Cantalloc** wurden von den Nazcas gebaut und können über regelmäßig angebrachte, runde und 6–15 m tiefe Einstiege *(Agujeros, Respiradores, Ojos* oder *Puquios* genannt) besichtigt werden. Sie ermöglichten die Luftzirkulation, die Überwachung der Wassermenge und die Wartung der bis zu 1,5 km langen Teilstücke, die sogar unter Flüssen hindurchführen. ◷ tgl., Eintritt Paredones und Cantalloc 10 S/.

Cerro Blanco

Wer die mit 2080 m **höchste Sanddüne Amerikas** besteigt, tut dies in der Regel mit einem Sandboard unter dem Arm. Oben angekommen wartet nicht nur ein toller Blick sondern auch eine lange und rasante Abfahrt auf die Wagemutigen. Die Anfahrt erfolgt über den KM 21 der Strecke nach Cusco und am einfachsten im Rahmen einer Tour (S. 378). Es empfiehlt sich, sehr früh morgens aufzubrechen, um den Aufstieg in den kühleren Morgenstunden durchzuführen.

Cahuachi

Von dem ehemaligen Zeremonialzentrum der Nazca-Kultur, rund 24 km westlich der Stadt Nazca, ist inzwischen dank der Ausgrabungsarbeiten italienischer Archäologen wieder einiges zu sehen. Da man in Cahuachi keine Wohnbereiche fand, gingen die Archäologen davon aus, dass es sich bei der Anlage um einen Wallfahrtsort handelte, an dem Opfer dargebracht wurden. Ihre Blütezeit hatte die 24 km² umfassende Stätte zwischen 100 und 330 n. Chr., bevor sie infolge einer Naturkatastrophe oder interner Querelen aufgegeben wurde.

Cahuachi besticht weniger durch architektonische Überreste als vielmehr durch spektakuläre **Einzelfunde**. So stieß bereits 1953 ein Archäologe auf ein fast 60 m langes, gefaltetes Tuch. In den letzten Jahren fanden italienische Archäologen weitere Textilien und Metallgefäße. Besonders eindrucksvoll sind die farbigen Keramikutensilien, die mit Darstellungen hier lebender Tierarten wie Schlangen, Kröten, Eidechsen oder Würmern verziert sind. Viele der Fundstücke sind im Museo Antonini in Nazca (S. 374) ausgestellt. Nach Cahuachi bestehen kaum öffentliche Transportmöglichkeiten. Wer kein Glück bei den Tourveranstaltern hat, sollte ein Taxi nehmen. Eintritt frei; ein Taxi (etwa 1 Std. Fahrzeit) kostet inkl. Wartezeit ca. 100 S/.

Bahía de San Fernando

Eher selten wird die Bucht rund 100 km südlich von Nazca besucht. Neben einer großen Robbenkolonie kann man hier zahlreiche Seevögel und – einmalig an der Küste Perus – Guanacos

Huaqueros

Die vielen Löcher, die man mitunter an archäologischen Stätten und präkolumbischen Friedhöfen beobachten kann, stammen in der Regel nicht von Archäologen. Sie sind das Werk von mehr oder weniger professionell arbeitenden **Grabräubern**, die in Peru *Huaqueros* genannt werden. Der Name Huaquero leitet sich von Huaca ab. Mit *Huaca* bezeichnet man in Peru alle prähispanischen, von Menschen erschaffenen Heiligtümer – meist in Pyramidenform. Die Huaqueros sind auf der Suche nach den zahlreichen prähispanischen Grabstätten hoher Würdenträger. Denn diese sind meist mit Opfergaben aus wertvollem Edelmetall ausgestattet worden. Schon seit der Ankunft der Spanier werden diese „Schatzkammern" systematisch geplündert. Heutzutage zwingt die schiere Not viele Menschen aus unteren Bevölkerungsschichten, als Huaquero zu arbeiten. Und obwohl man es einem Familienvater nicht gänzlich übel nehmen kann, wenn er auf diese Art und Weise versucht, seine Familie zu ernähren, so sehen die Archäologen dies berechtigterweise völlig anders. Sie stehen in einem ständigen Wettlauf mit den Huaqueros, den sie jedoch sehr oft aus Personal- und Geldmangel verlieren.

Besucher sollten vorsichtig sein. Wenn man eine angeblich authentische Antiquität aus einer Grabkammer unter der Hand angeboten bekommt, ist die Wahrscheinlichkeit einer Fälschung sehr hoch. Sollte das antike Stück wider Erwarten echt sein, erweist sich dies spätestens bei der Abreise – die Ausfuhr ist nämlich strafbar. Auch wenn es verlockend erscheint, ein einmaliges Souvenir mit nach Hause zu nehmen, sollte man die Fundstücke dort lassen, wo sie hingehören – in Peru.

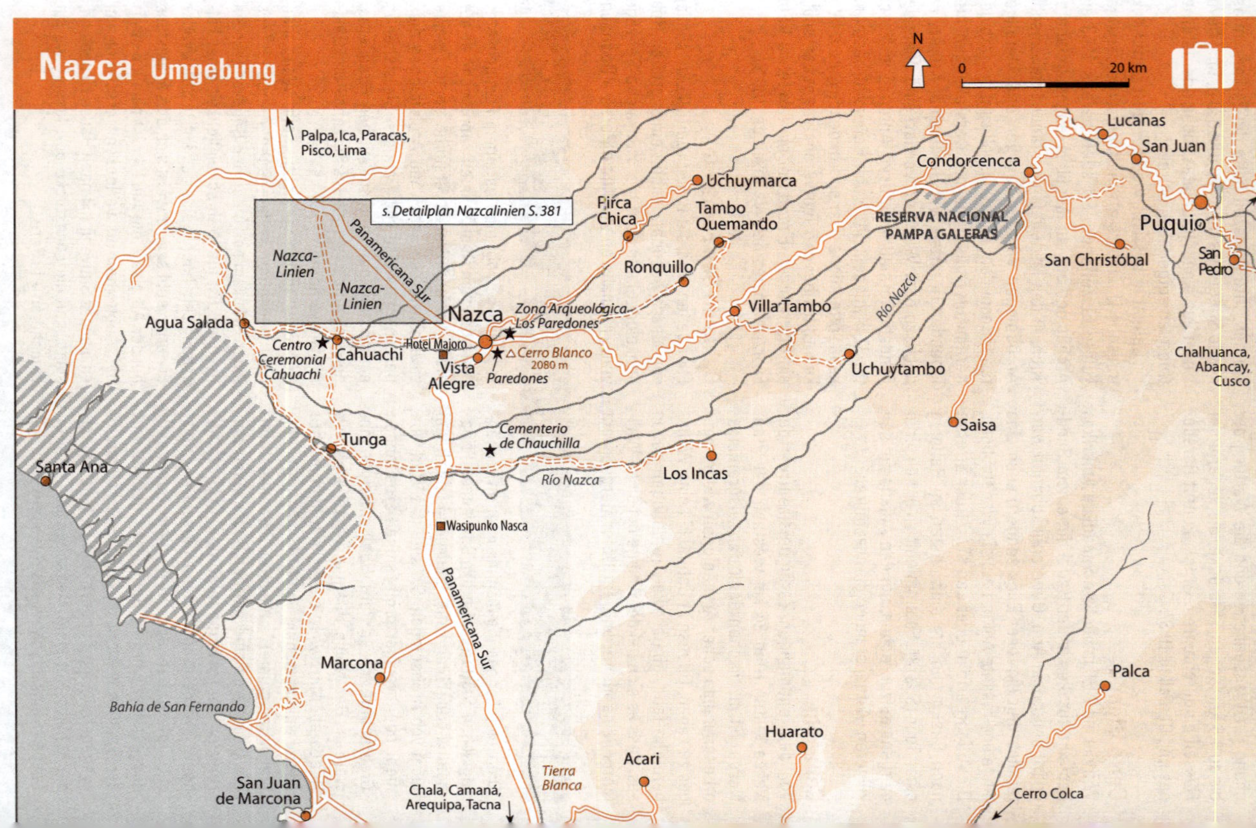
Nazca Umgebung
N
0
20 km
Palpa, Ica, Paracas, Pisco, Lima
s. Detailplan Nazcalinien S. 381
Nazca-Linien
Nazca-Linien
Panamericana Sur
Agua Salada
Centro Ceremonial Cahuachi
Cahuachi
Hotel Majoro
Nazca
Vista Alegre
Zona Arqueológica Los Paredones
Cerro Blanco 2080 m
Paredones
Uchuymarca
Pirca Chica
Tambo Quemando
Ronquillo
Villa Tambo
RESERVA NACIONAL PAMPA GALERAS
Condorcencca
Lucanas
San Juan
Puquio
San Cristóbal
San Pedro
Chalhuanca, Abancay, Cusco
Río Nazca
Uchuytambo
Saisa
Tunga
Cementerio de Chauchilla
Los Incas
Río Nazca
Santa Ana
Wasipunko Nasca
Panamericana Sur
Marcona
Bahía de San Fernando
San Juan de Marcona
Chala, Camaná, Arequipa, Tacna
Tierra Blanca
Acari
Huarato
Palca
Cerro Colca

(s. Kasten „Andenkamele", S. 354/355) bewundern. Auch der Kondor lässt sich hier blicken, wenn die Robbenweibchen gebären und er sich über die Plazenta hermacht. Die Bucht, die sich in Privatbesitz befindet, ist völlig unberührt. Nur wenige Tourveranstalter (s. „Nazca/Touren", S. 378) bieten recht teure Ausflüge dorthin an. Der Eintritt kostet US$10 und es bestehen einfache Übernachtungsmöglichkeiten.

Reserva Nacional Pampa Galeras

Das Naturreservat wurde 1967 mit der Absicht gegründet, die schwindenden **Vicuña**-Bestände zu retten und durch ein Zuchtprogramm für die Verbreitung in andinen Zonen zu sorgen. Denn in diesen waren die Tiere bereits ausgerottet worden. Mit deutscher Entwicklungshilfe konnte eine Forschungsstation errichtet werden, die während der Terroristenjahre vorübergehend aufgegeben werden musste. Heute steht das Reservat unter peruanischer Leitung in Zusammenarbeit mit den indigenen Gemeinden der Region, und über 30 000 Vicuñas sorgen für eine ertragreiche Wollproduktion.

Die Forschungsstation des Reservats liegt bei KM 89 östlich von Nazca entlang der Straße nach Abancay auf rund 3800 m Höhe. Es gibt einfache Übernachtungsmöglichkeiten. Man kann Pampa Galeras entweder als Teil einer organisierten Tour besuchen (s. „Nazca/Touren", S. 378) oder einen Bus nach Puquío bzw. Abancay nehmen. Ein Taxi (Fahrzeit rund 3 Std.) kostet für Hin- und Rückfahrt ca. 150–200 S/.

El Chaccu, die große Treibjagd

Schon die Inkas hielten gelegentlich eine zeremonielle Treibjagd ab, die sie *Chacú* nannten. Sie positionierten einen dichten Gürtel aus Hunderten von Männern, verteilt auf eine Fläche von mehreren Quadratkilometern. Die geschlossene Menschenkette der Treiber zog den Ring lärmend immer enger, bis alle möglichen Wildtiere – meist Vicuñas, Alpakas oder Hirsche – auf einer kleinen Fläche umzingelt waren. Aus diesem Kreis holten die geschicktesten Jäger dann die benötigten Tiere heraus und ließen die übrigen wieder laufen. Heutzutage wird im Schutzgebiet Pampa Galeras einmal jährlich im Juni ein Chaccu veranstaltet, bei dem Vicuñas zusammengetrieben und geschoren werden. Touristen können an dem Spektakel teilnehmen. Infos erteilen die Touristeninformation in Nazca und die Tourveranstalter.

Von Nazca nach Abancay

Die meisten Touristen erleben die 456 km lange asphaltierte RN 26A nur bei Nacht, als Teil der Route Cusco-Lima. Dabei ist die landschaftlich durchaus reizvolle Region dabei, aus dem touristischen Dornröschenschlaf zu erwachen. Unterstützt von der Schweizer Hilfsorganisation Swisscontact, 💻 www.swisscontact.org.pe, sind einige gemeindeorientierte Tourismusprojekte entstanden.

Ausgangspunkte sind die Orte **Puquio** (rund 155 km östlich von Nazca) und **Chalhuanca** (rund 117 km südwestlich von Abancay), in denen es einfache Hostales, Restaurants, Telefon und Internet gibt. Zunächst geht es durch die **Reserva Nacional Pampa Galeras** (s. oben), bevor nach Überquerung des 4390 m hohen Pass Abra Condorcena der Ort Puquio (3210 m) erreicht wird. Von Puquio lohnt ein Abstecher zu den etwa drei Busstunden entfernten Andenterrassen des **Andamarca**-Tals, die dank eines komplexen Entwässerungssystems aus Inkazeiten auch noch heute genutzt werden.

Weiter geht es dann über den Abra Huashuccasa (4300 m) auf rund 190 km durch die andine Bergwelt bis **Chalhuanca** (2750 m). Auf der gegenüber liegenden Flussseite liegt der kleine Ort **Chiquinga** mit sehenswerten Fresken in einer Kirche aus dem 17. Jh. Nach weiteren 5 km gelangt man zu den Thermalquellen von **Pincahuacho**, die man am besten per Taxi von Chalhuanca aus erreicht.

Chalhuanca ist von Abancay aus mit Kleinbussen zu erreichen. Zwischen Chalhuanca und Puquio verkehren ebenfalls Kleinbusse, ebenso wie zwischen Puquio und Nazca. Alternativ kann man Chalhuanca und Puquio auch mit den Billigbussen (die teuren Busse fahren nonstop) nach Cusco erreichen.

Palpa

Die 140 km zwischen Nazca und Ica sind relativ unspektakulär. Bei KM 422 wird der **Aussichtsturm der Nazca-Linien** passiert (s. Kasten S. 380), wenige Kilometer weiter das **Museo Maria Reiche** und bei KM 391 überquert man den **Río Grande** bei **Palpa**, in dessen fruchtbarem Tal Orangen, Baumwolle und Kakteenfrüchte produziert werden. Außerdem befinden sich in der Umgebung der Stadt Palpa weitere **Geoglyphen**, die mit geometrischen Mustern und menschlichen Figuren denen von Nazca ähneln. Flüge über die Linien werden von Nazca aus angeboten.

Palpa verfügt über mehrere einfache Hotels wie das **San Francisco**, ✆ 056-404043 oder das **Villa Sol**, ✆ 056-404149, beide in Block 1 der Calle Lima und beide ❷. Ständig verkehrende Soyuz- und Flores-Busse halten in Palpa und ermöglichen die problemlose Weiterreise nach Ica oder Nazca.

Ica

Von Palpa geht es schnurgerade durch die Wüste bis nach Ica. Die landwirtschaftliche Oase liegt rund 300 km südlich von Lima und 50 km vom Meer entfernt – umgeben von wunderschönen Sanddünen.

Die Hauptstadt des gleichnamigen Departamentos ist das **größte Weinanbaugebiet Perus**. Hier entsteht neben exzellentem Rot- und Weißwein der Traubenschnaps **Pisco**, die Grundsubstanz des Nationalgetränks Pisco Sour. Zunehmend werden auch grüner Spargel, Baumwolle, Datteln oder Oliven angebaut. Ähnlich wie die anderen Wüstenoasen der peruanischen Pazifikküste verdanken auch die Böden Icas ihre Fruchtbarkeit dem Schmelzwasser der Anden, das über den Río Ica und ein ausgeklügeltes – teilweise von präinkaischen Kulturen angelegtes – Kanalsystem auf die Felder gelangt. Aufgrund der starken landwirtschaftlichen Nutzung ist der Grundwasserspiegel bedrohlich abgesunken – Brunnen treffen nur noch unter 200 m auf Wasser.

Die Gegend um Ica war schon seit ca. 2500 v. Chr. von den Angehörigen der **Paracas- und Nazca-Kulturen** bewohnt, die Meister in der Herstellung von Keramik, Webarbeiten, Holzschnitzereien und der Metallverarbeitung waren. In der Kolonialzeit wurde der Standort der Stadt aufgrund von Erdbeben mehrfach verlegt. Am 20. Oktober 1820 stieß in der Region Icas damaliger Bürgermeister Juan José Salas den berühmten ersten **Schrei nach Unabhängigkeit** von Spanien aus. Heute ist Ica eine geschäftige Großstadt mit ca. 240 000 Einwohnern, die alte Traditionen und Brauchtümer pflegen, gern feiern, essen und trinken. Inzwischen entdecken auch immer mehr Touristen das sonnenverwöhnte Städtchen mit seinem ganzjährig angenehmen Klima. Der Ort ist zudem ein idealer Ausgangspunkt für Wüstentouren oder dem Besuch der Paracas-Halbinsel (S. 396).

Sehenswertes in Ica

Zu erwähnen sind die Plaza de Armas – das Stadtzentrum – mit dem **Regierungspalast** (Municipalidad) sowie die **Kathedrale**, die ehemals den Jesuiten gehörte. An der Plaza befindet sich auch das kuriose **Museo de Gliptolitos**, Bolívar 170. Über 10 000 gravierte Steine, die bis zu 12 000 Jahre alt sind, liegen dicht an dicht in vier kleinen Räumen. Faszinierend sind die Darstellungen auf den Steinen, die von urzeitlichen Landkarten über Saurier bis hin zu Menschen, die medizinische Operationen durchführen, reichen. ✆ 056-231933, ✉ eugeniacabrerac@gmail.com. ⏲ nur nach Vereinbarung, 30 S/. Lesenswert ist zu diesem Thema das 1994 bei Herbig erschienene Buch *Die Steine von Ica* von Cornelia Petratu und Bernard Roidinger.

Gleich um die Ecke liegt an der Kreuzung Loreto und Municipalidad die **Iglesia de San Francisco**, die größte Kirche der Stadt.

Freunde kolonialer und postkolonialer Architektur können sich an den Fassaden der **Casona del Marqués de Torre Hermosa**, Libertad, Cuadra 1, Plaza de Armas, und der **Casona de José de La Torre Ugarte**, 2 de Mayo, Cuadra 1, erfreuen. Hier lebte José de La Torre Ugarte, geboren in Ica, der den Text der peruanischen Nationalhymne geschrieben hat.

Südwestlich der Plaza stellt das **Museo Regional Maria Reiche**, Prolongación Ayabaco (Cuadra 8), unterschiedliche Fundstücke der

Paracas-, Nazca-, Wari-, Chincha- und Inkakultur aus. Darüber hinaus bietet es Mumien, ein Modell der Nazca-Linien und einen Saal mit kolonialer und republikanischer Kunst. ⏲ Mo–Fr 8–19, Sa–So 8.30–18.30 Uhr, 12 S/.

In der Calle Ayacucho, Cuadra 10, steht das **Santuario del Señor de Luren**, die neoklassizistische Kirche des Schutzpatrons der Stadt.

Sehenswertes in der Umgebung

Mysteriöse Begebenheiten spielen sich in dem nur 4 km südlich von Ica gelegenen Dorf **Santa Rosa de Cachiche** ab. Seit Jahrhunderten ist der Ort für seine Hexerei und geheimnisvollen Rituale bekannt, und auch heute noch sind die **Brujas de Cachiche** jedem Peruaner ein Begriff. Mystische Touren in Cachiche veranstaltet Miguel

Angel ✆ 956960204 (Cel.), ✉ agotur_ica@hotmail.com.

Nur 5 km westlich des Zentrums lockt die berühmte **Oase Huacachina** (s. S. 390) immer mehr Besucher an.

Übernachtung

Die Innenstadt von Ica ist laut, sehr geschäftig und touristisch wenig attraktiv. Die meisten der einfachen Hotels dort sind zudem ihr Geld nicht wert. Eine wesentlich ruhigere Alternative bieten daher die Unterkünfte in den Außenbezirken und in der Oase Huacachina (S. 391).

Hotel Arameli, Tacna 239, ✆ 056-239107. Ordentliche Zimmer, die alle nach innen liegen und deshalb laut sein können. Hellere Zimmer im 2. Stock. ❷

Hostal Sol & Luna, Salaverry 292, ✆ 056-227241. Angenehme, große Zimmer mit TV und Ventilator. Parkplatz. ❷

Hotel El Huarango, El Medano Y-5, Residencial La Angostura, ✆ 056-256257, ✉ hotelelhuarango@hotmail.com. Etwas außerhalb Richtung Flughafen, direkt an den Sanddünen gelegen. Schöne Anlage mit geschmackvollen Zimmern, die sich um einen großen Pool gruppieren. Gut für Familien geeignet. Frühstück inkl. ❹

Boutique Hotel Villa Jazmin, Los Girasoles Mz. C-1, Lote 7, Residencial La Angostura, ✆ 056-258179, 💻 www.villajazmin.net. Kleines, modernes Hotel mit frischen Farben und geschmackvollen Zimmern nah bei den Dünen. WLAN und Frühstücksbuffet inkl. ❺

Der Streit um den Pisco

Zwischen Peru und seinem südlichen Nachbarn Chile ist es schon immer zu Reibereien und Auseinandersetzungen gekommen. Bis heute haben die Peruaner die schmachvolle Niederlage des Pazifikkrieges (1879–1883) nicht vergessen, als chilenische Truppen für kurze Zeit sogar die Hauptstadt Lima besetzten. Auch heute sind sich beide Nationen noch nicht so richtig grün, aber inzwischen entzündet sich der Nationalstolz weniger an territorialen Ansprüchen als an der Frage, wer den Pisco, einen 43-prozentigen **Traubenschnaps**, erfunden hat. Dieser wird sowohl in den trockenheißen Flusstälern der südlichen Pazifikküste Perus als auch in den chilenischen Weinanbaugebieten weiter südlich produziert.

Die Geschichte scheint für Peru zu sprechen, denn die ersten Pisco-Trauben sollen im 16. Jh. von Spaniern in einem Gebiet in der Nähe der Halbinsel Paracas angebaut worden sein. *Pisscu* bedeutet auf Quechua so viel wie „Vöglein" und bezeichnet ein Tal in der gleichen Region, wo zahlreiche Kondore beheimatet waren und Angehörige der Pisco-Kultur lebten, die große Tongefäße für die Fermentierung von Chicha (vergorenes Maisbier) herstellten. Außer dem Tal sind bis heute eine Stadt, ein Hafen und ein Fluss nach dem klaren Schnaps benannt, der überwiegend aus der Provinz Ica stammt. Die Chilenen kompensieren den Mangel an geschichtlichem Hintergrund mit **Massenproduktion**. Den rund 1 Million Litern Pisco, die Peru jährlich herstellt, stehen immerhin 50 Millionen Liter chilenischen Piscos gegenüber (für die Herstellung eines Liters Pisco werden rund 7 kg Trauben benötigt). Hinzu kommt, dass die Chilenen den Pisco mit großen Werbekampagnen weltweit vermarkten. Der peruanische Pisco hingegen „lebt" – aus Geldmangel für ähnliche PR-Konzepte – fast ausschließlich von Mund-Propaganda. Dennoch wird inzwischen Pisco im Wert von jährlich rund vier Millionen US-Dollar exportiert. Mit Abstand größter Abnehmer sind die USA, gefolgt von – erstaunlich genug – Chile. Der **„Pisco-Streit"** erinnert ein wenig an die Geschichte des Panama-Huts, der ja auch nicht aus Panama stammt, von wo aus er in alle Welt exportiert wird, sondern ursprünglich aus Ecuador. Aber wer erleben möchte, wie ein Peruaner vor Nationalstolz erglüht, sollte das Thema – besonders an der Pazifikküste – erwähnen. Das Gespräch könnte mit einer Kostprobe des Traubenschnapses enden, was zwar noch immer keine Klarheit darüber schafft, wer denn nun den Pisco erfunden hat, aber dem Gesprächspartner immerhin das Gefühl gibt, einen neuen Anhänger der eigenen Theorie gefunden zu haben ...

„Bio" aus der Wüste

Der ungewöhnliche Laden der Biofarm **Samaca**, Libertad 204, ✆ 056-327207, 💻 www.samaca.pe, 🕒 Mo–Sa 9.30–13, 16.30–20 Uhr, bietet Kräuter, Marmeladen, Trockenmangos, Olivenöl aber auch Biotextilien an. Die Produktionsstätte, die über ein interessantes Museum mit Fundstücken der Region verfügt, kann nach vorheriger Anmeldung besichtigt werden. Samaca liegt 90 Fahrminuten südwestlich von Ica in einer Oase des Río Ica. Ein Taxi dorthin und zurück kostet inkl. Wartezeit rund 150 S/. Einfache Unterkünfte sind vorhanden.

Hotel Las Dunas, Av. La Angostura 400, am Stadtrand von Ica, Abzweigung bei KM 300 der Panamericana, ✆ 056-256224, 💻 www.lasdunashotel.com. Edle Ferienanlage mit allen Schikanen und Global Net-Geldautomat. Unter der Woche günstigere Tarife. ❼

Essen

Einfache Verköstigungsmöglichkeiten gibt es im **Mercado Palma**, Ecke Ayabaca/San Martín. Den **Mercado Modelo** sollte man aus Sicherheitsgründen meiden!

Café D'Lizia, Lima 155, Plaza de Armas. Leckere Fruchtsäfte, Eis, Kaffee und Kuchen. 🕒 tgl.

El Paraíso, Loreto 178. Gutes vegetarisches Essen zu günstigen Preisen. 🕒 Sa geschl.

El Otro Peñoncito, Bolívar 255. Gutes Essen, nur à la carte. 🕒 tgl. 8.30–24 Uhr.

Plaza 125, Lima 125, Plaza de Armas. Gutes gemischtes Speisenangebot, Menüs und Frühstück, 🕒 tgl. 7–2 Uhr

Sonstiges

Einkaufen

Wein, Pisco und Schokoladenspezialitäten *(Tejas)* der Region bekommt man in mehreren Läden an der Cajamarca zwischen Plaza de Armas und Ayacucho.

Feste

Landesweit bekannt sind das **Festival Internacional de la Vendimia** (großes Weinfest) in den ersten zwei Märzwochen, und die **Fiesta del Señor de Luren** am 3. Sonntag im Oktober, bei der die Statue des Schutzpatrons der Stadt in einer großen nächtlichen Prozession durch die Stadt getragen wird.
Bei den größeren Feiern dürfen außerdem Hahnenkämpfe und eine Reitdemonstration der Pferde mit peruanischer Gangart *(Caballos de Paso Peruano)*, begleitet von ihren mit Leinenponcho und Sombrero bekleideten Reitern, nicht fehlen.

Geld

An der Plaza de Armas liegen mehrere Banken.

Medizinische Hilfe

Clinica Virgen del Rosario, Callao 263, ✆ 056-234083.

Weingüter bei Ica

Im Umkreis von Ica liegen über 80 große und kleine Winzereien *(bodegas)*, die Pisco und Wein produzieren. Sie lassen sich am einfachsten mit einem Tourveranstalter aus Ica oder Huacachina besichtigen. Wer auf eigene Faust hinfährt, sollte vorher anrufen:

Caravedo, Panamericana Sur, KM 298, ✆ 98334729 (Mobil). Produzent von Bio-Pisco.

El Catador, KM 296 der Panamericana, Subjantalla, ✆ 056-403295. Hat eine gute, populäre Landgaststätte.

Lazo, Camino de Reyes s/n, San Juan Bautista, ✆ 056-403430. Besonders uriges Weingut mit einem kuriosem Museum.

Ocucaje, Abzweigung bei KM 336 der Panamericana, danach 2,5 km bis zum Weingut, ✆ 056-2514570, 💻 www.ocucaje.com. Übernachtungsmöglichkeit in eigenem Hotel.

Tacama, Av. Camino Real s/n, La Tinguiña, ca. 10 km nordöstlich von Ica, ✆ 056-581030, in Lima ✆ 01-2183017, 💻 www.tacama.com. Ältestes peruanisches Weingut (1540).

Vista Alegre, Camino La Tinguiña, ✆ 056-232919, in Lima ✆ 01-2750700, 💻 www.vistaalegre.com.pe. 2 km nordöstlich von Ica-Zentrum liegt der größte Pisco-Produzent Perus.

Polizei

Poltur, Lima, Block 3, im Gebäude der Provinzregierung *(Gobernación)* untergebracht, ✆ 056-232449.

Post

San Martín 521.

Touren

Sandboarding und Sandbuggytouren

Siehe S. 392

Südperu

Stadtrundfahrten

An der Plaza de Armas befinden sich die Tourveranstalter **Dolphin Travel**, Av. Municipalidad 132, Of. 4, ✆ 056-218920, ✉ av-dolphin travel@hotmail.com und **Desert Travel**, Lima 171, ✆ 056-227215, ✉ desert_travel@ hotmail.com. Sie offerieren eine Citytour, die den Besuch einer Winzerei, der Luren-Kapelle, des Dorfes Cachiche und des Museo Regional einschließt. Auch Touren nach Nazca, Paracas und zu den Islas Ballestas werden angeboten.

Nahverkehr

Taxis kosten in der Stadt 2,50–3 S/., nach Huacachina 5–6 S/., zum Flughafen 6–7 S/., **Mototaxis** berechnen in der Stadt 1,50–2 S/.

Transport

Busse und Colectivos

Bis auf Oltursa fahren alle aufgeführten Busse in der Nähe der Kreuzung Lambayeque/ Libertad westlich des Stadtzentrums ab. Im Terminal von Soyuz/Peru Bus gibt es einen Geldautomaten, ein Hotel und im UG Telefon und Internet.

Gesellschaften

Cruz del Sur, ✆ 056-223333
Oltursa, Av. Los Maestros s/n, ✆ 056-232502
Soyuz/Peru Bus, ✆ 056-213026

Verbindungen

AREQUIPA um 20.30 Uhr (Cruz del Sur) und um ca. 12 Uhr (Oltursa, Bus aus Lima), 10–12 Std., 760 km, 100 S/.
AYACUCHO (Molina, Antezana, Palomino) mehrmals von 20.30–22 Uhr, 8 Std., 389 km.
CUSCO (Cruz del Sur) 18.30, 19.30 und 21.30 Uhr, ca. 18 Std., 803 km, 162 S/. Fährt über NAZCA und ABANCAY.
LIMA ständig (Soyuz/Peru Bus) und um 11, 13.30, 16.30 und 18 Uhr (Cruz del Sur), ca. 4 Std., 300 km, 25–35 S/.
NAZCA (Soyuz, Flores) alle 30 Min. bis ca. 20 Uhr, 2–2 1/2 Std., 140 km, 10 S/.
PARACAS einige Cruz del Sur- und Oltursa-Busse fahren dorthin (rund 1 Std., 75 km, ca. 25–30 S/. Ansonsten kann man ein Taxi nehmen (ca. 100 S/.) oder eine Tour von Huacachina aus buchen und nach Besuch der Ballestas-Inseln in Paracas bleiben.
PISCO ca. 1 Std., 76 km. Es gibt keine Direktbusse (Bus nach Lima nehmen und ca. 5 km nördlich des Zentrums in El Cruce an der Abzweigung der Panamericana nach Pisco aussteigen. Von dort fahren Colectivos und Taxis nach Pisco.
TACNA (Cruz del Sur) um 18, 19.30 und 21.30 Uhr, 16 Std., 1701 km, 146 S/.

Flüge

Travel Air, Aeródromo, Panamericana Sur, KM 300, ✆ 056-256679, ✉ reservas@nazca travelair.com, fliegt mit Kleinflugzeugen von einem privaten Flughafen nach NAZCA (ca. US$175) und NAZCA/PALPA (ca. US$220); mind. einen Tag vorher reservieren. Die Flughafengebühr beträgt US$9.

9 HIGHLIGHT

Die Oase Huacachina

Verwundert blicken sich die Touristen an, wenn vor ihnen unvermutet die Oase Huacachina auftaucht, denn so etwas haben die meisten, wenn überhaupt, nur in Nordafrika zu sehen bekommen. Umrahmt von Dattelpalmen, Huarango-Bäumen und rund **200 m hohen Sanddünen**, liegt die braungrün schimmernde **Lagune** im gleißenden Sonnenschein. Der beliebte Ausflugsort, der auf dem 50-Sol-Geldschein ver-

Sandboarding

Bei dieser immer populärer werdenden Funsportart steht man ähnlich wie beim Snowboarding seitwärts auf einem Brett (Holz, Fiberglas, etc.) mit Bindung und saust die eindrucksvollen Sanddünen in der Umgebung von Ica, Pisco oder Nazca herab. Die Dünen um die Oase Huacachina eignen sich bestens für Anfänger. Direkt an der Oase ist das Sandboarding allerdings aus Umweltschutzgründen inzwischen verboten. In Huacachina kann man überall Bretter mieten. Die Preise reichen bei einer Leihdauer von 2–3 Std. (verhandelbar) von 15 S/. für einfache Bretter bis zu 50 S/. für Profibretter mit Schuhen. Wer nur mal schnuppern möchte, kann sich die Boards problemlos überall in Huacachina leihen, um sie dann ein Stück entfernt von der Oase an jeder beliebig hohen oder steilen Sanddüne zu testen.

ewigt ist, strahlt die angenehme Ruhe aus, die man im hektischen Ica so sehr vermisst. Doch die ökologische Realität holt auch dieses märchenhafte Plätzchen ein. Der Wasserspiegel der Lagune – gespeist von einem unterirdischen Fluss – ist durch den hohen Wasserbedarf der Großstadt gesunken. Inzwischen muss Wasser in die Lagune gepumpt werden, um den Wasserspiegel nicht weiter absinken zu lassen. Baden ist möglich, aber die medizinische Heilkraft der mineralhaltigen Lagune hält sich in Grenzen. Ein Besuch von Huacachina darf dennoch nicht fehlen. Ein Spaziergang in der endlosen Sanddünenlandschaft bei Sonnenuntergang oder eine rasante Abfahrt auf einem Sandboard machen den Ort einzigartig in Peru, ja in ganz Amerika. Taxis fahren für 5 S/. vom Stadtzentrum von Ica nach Huacachina.

Übernachtung

In den letzten Jahren hat es einen Boom bei den Unterkünften gegeben und inzwischen gibt es eine gute Auswahl von Hotels aller Klassen. Gerade in den billigeren Hostales werden ausschweifende Partys gefeiert. Der damit einhergehende Drogenkonsum und die Belästigungen weiblicher Reisender haben den Ruf Huacachinas als Oase der Ruhe beeinträchtigt. Wer lärmempfindlich ist, sollte die Hotels entlang der Av. Perotti an Wochenenden (laute Discomusik) meiden.

Hostal Desert Nights, am Boulevard Alto, ✆ 056-228458, 💻 www.desertadventure.net. Gute Budget-Option. Ermäßigung mit Jugendherbergsausweis. Nur Schlafsaal (8 Betten, 15 S/. p. P.) mit Gemeinschaftsbad. Sauber und einfach. Ohne Pool und Disco, mit WLAN. ❶

Carola del Sur Lodge, Av. Perotti s/n, ✆ 056-215439, ✉ la_casa_de_avinoam@hotmail.com. Beliebte Backpackerunterkunft, direkt an den Sanddünen gelegen mit ordentlichen Zimmern mit Bad oder ohne (etwas günstiger), manche mit TV (etwas teurer). Der Schlafsaal kostet 20 S/. p. P. Pool, Restaurant und Bar. ❷

Hostal Sand&Lake, Av. Perotti s/n, ✆ 056-232048, ✉ sandandlake@hotmail.com. Die renovierte Unterkunft bietet gute Zimmer (ohne Bad etwas günstiger, ohne Frühstück 5 S/. billiger) oder Schlafsaal (30 S/. p. P.). Restaurant, Pool und Internet geplant. ❷

Hostal Curasi, am Eingang der Oase, ✆ 056-216989, 🖳 www.huacachinacurasi.com. Schöne Anlage mit großem Pool und Restaurant. Geräumige Zimmer mit großem Bad. Frühstück inkl. ❸

El Huacachinero, Av. Perotti s/n, ✆ 056-217435, 🖳 www.elhuacachinero.com. Gute Zimmer. Bar, Pool, WLAN und gute Sandbuggytouren. ❹

Hostería Suiza, am Ende der Av. Perotti, ✆ 056-238762, 🖳 www.hosteria-suiza.com. Sehr gepflegtes B&B mit sauberen Zimmern. Weitläufiges Gelände mit Pool, Parkplatz, Wäscherei und WLAN. Frühstück inkl. ❹–❺

Hotel Mossone, direkt an der Lagune, ✆ 056-213630, ✉ reservas@dematourhoteles.com. Huacachinas ältestes Hotel besitzt viel Atmosphäre, hat aber schon bessere Zeiten gesehen. Angenehme Zimmer mit hohen Decken. Großer Pool (kann von Tagesgästen für 20 S/. benutzt werden, wenn das Hotel nicht ausgebucht ist), Bar und Restaurant. ❺

Essen und Unterhaltung

Das Essen in der Oase ist teuer und auf den Geschmack ausländischer Touristen ausgerichtet. So gut wie alle Hotels verfügen über Restaurants (besonders beliebt sind jene des Desert Nights, des Sand&Lake und des Carola del Sur).

Neben der Hostería Suiza liegt die **Bamboo Café-bar**, die Frühstück, guten Kaffee und Kuchen serviert. Wer im El Huacachinero isst oder etwas trinkt, kann den Pool und WLAN nutzen.

In der Casa Arena Lodge in der Av. Perotti gibt es eine **Disco**.

Touren

Von der Oase aus lassen sich Sandbuggy- und Sandboardingtouren (s. u.), sowie Besuche der Weingüter, der Ballestas-Inseln/Paracas und der Nazca-Linien organisieren.

Sandbuggytouren mit Sandboarding

Ab 16 Uhr finden in Huacachina bis zum Sonnenuntergang adrenalingeladene Ausfahrten mit offenen Geländewagen, *Areneros* genannt, statt. Unterwegs wird mehrfach gehalten, um die mitgenommenen Sandboards (im Preis enthalten) zu testen. Inzwischen bieten alle Hotels Touren an (je nach Größe der Areneros 40–60 S/. p. P.). Mitnehmen sollte man eine Sonnenbrille, Wasser, Sonnenschutz und eine Plastiktüte für die Kamera. Die Sandbuggys machen in der Regel einen Höllenlärm, der nicht so ganz in die ruhige Idylle der Oase passen will. Daher sollte man ruhig mal nachfragen, ob der gebuchte Buggy einen Schalldämpfer *(silenciador)* hat . Mehr Infos zu Sandboarding steht im Kasten, S. 391.

Sonstiges

Der einzige **Geldautomat** (Global Net) der Oase befindet sich neben dem Hotel El Huacachinero.

Einige Hotels und Restaurants bieten **WLAN**, die meisten Hotels haben **Internet**.

In der Av. Perotti liegt **Travel Line La Sirena**, eine Agentur der Buslinie Cruz del Sur, die neben Bustickets in ganz Peru auch Touren vermittelt, ✆ 056-222385.

Es gibt **Wäschereien**, u.a. in der Av. Perotti.

Pisco

Seit dem schweren Erdbeben vom 16. August 2007 ist in der Hafenstadt mit ihren einst rund 150 000 Einwohnern nichts, wie es einmal war. Bei dem Beben der Stärke 8 wurden rund 85 % der Stadt zerstört, Hunderte Menschen starben, mehr als 1500 wurden verletzt. Noch immer sind die **Spuren des Bebens** an vielen Stellen in der

Stadt zu sehen, der Wiederaufbau läuft immer noch schleppend.

Die touristische Infrastruktur ist hingegen wieder hergestellt. Denn neben der Fischmehlindustrie stellt der Tourismus eine wichtige Einkommensquelle dar. Der Ort bietet sich also weiterhin als Ausgangspunkt für den Besuch der nur wenige Kilometer südlich gelegenen **Paracas-Halbinsel** (S. 396) und der **Islas Ballestas** (S. 400) mit ihrer reizvollen maritimen Tierwelt an. Auf der Plaza steht nach wie vor die Statue von **General José de San Martín**, der 1820 in der Bucht von Paracas an Land ging und in Pisco auf dem Weg nach Lima Station machte. Der Namensgeber der Stadt, der **Traubenschnaps Pisco**, Grundbestandteil des Nationalgetränks Pisco Sour (S. 394), wird allerdings überwiegend rund 140 km weiter südlich bei Ica angebaut.

Eine durchgehend asphaltierte Straße (RN 24A) verbindet Pisco mit der Andenstadt **Ayacucho**. Sie führt auf 374 km Länge zunächst an den Inkaruinen **Tambo Colorado** vorbei und dann weiter über Pampano und den 4750 m hohen Abra Apacheta nach Ayacucho.

Übernachtung

Hospedaje Yuppie, San Clemente 103-01, ✆ 056-535730, 🖳 www.yuppiepisco.jimdo.com. Nomen ist hier nicht Omen. Günstiges Hostel mit netten peruanisch-brasilianischen Besitzern. Die meisten Zimmer haben Doppelstockbetten und Bad, der Schlafsaal kostet 20 S/. p. P. Internet, Schließfach und Wäscheservice. ❷

Hostal Tambo Colorado, Bolognesi 159, ganz dicht an der Plaza de Armas, ✆ 056-531379, 🖳 www.hostaltambocolorado.com. Gute Zimmer im hinteren Bereich, zur Straße hin laut. Dachterrasse, Internet gratis, WLAN. ❷

Hostal San Isidro, San Clemente 103, ✆ 056-536471, 🖳 www.sanisidrohostal.com. Saubere Zimmer, gutes Preis-Leistungs-Verhältnis. Küchenbenutzung, Billardtisch, Kaffee gratis, Wäscheservice und Schwimmbad. ❷

Hostal Villa Manuelita, San Francisco 227, ✆ 056-535218, 🖳 www.villamanuelitahostal.com. Saubere, geschmackvoll eingerichtete Zimmer mit TV. Gute Lage in Zentrumsnähe, Internet und Pizzeria auf dem Hotelgelände. Parkplatz. ❷

Hostal Posada Hispana, Bolognesi 236, ✆ 056-536363, 🖳 www.posadahispana.com. Sehr beliebte saubere Unterkunft in zentraler Lage und mit Dachterrasse. Cafeteria und WLAN. Viele Gruppen (reservieren). Frühstück inkl. ❷

Essen

As de Oros, San Martín 472. Beliebtes und bekanntes Restaurant mit breitgefächerter Speisekarte. 🕓 Di–So 11.30–23.30 Uhr.

Cevichería La Viña de Huber, Miraflores, Ecke Prolongación Cerro Azul. Sehr guter Fisch und Meeresfrüchte, aber nicht ganz billig. Große Auswahl an Piscos. 🕓 Mi geschl.

El Dorado, Progreso, an der Plaza. Gemischte Speisekarte. 🕓 tgl. 6.30–24 Uhr.

Pisco Sour

Das **Nationalgetränk** wurde in den 1920er-Jahren von einem Barmann des Hotel Maurys (Ucayali, Ecke Carabaya) in der Altstadt von Lima kreiert. Auch rund 90 Jahre später wird der Pisco Sour dort genauso wie damals zubereitet. Selbst ein Rennpferd kam einst im Hotel Maury in den Genuss des peruanischen Lieblingscocktails, nachdem es ein bedeutendes Rennen gewonnen hatte und ihm sein Jockey einen Eimer voll davon spendierte.

Wichtig für einen guten Pisco Sour ist es, die Maßvorgaben exakt einzuhalten und nur peruanischen Pisco zu verwenden – behaupten zumindest die Einheimischen (mit einem chilenischen Pisco lässt sich aber auch ein recht schmackhafter Pisco Sour zubereiten).

Wie man einen Pisco Sour mixt:

- 3 Teile Pisco
- 1 Teil frischer Limettensaft
- 1 Teil Jarabe de Goma (Flüssigzucker) bzw. 2 Teelöffel Zucker
- 5–6 zerstoßene Eiswürfel
- 1 Eiweiß
- Optional: ein paar Tropfen Angostura (Mixbitter)

Alle Zutaten 1–2 Minuten in Mixer durchrühren und im Glas servieren. Mit einer Prise Zimt garnieren.

Den Traubenschnaps Pisco, der nur echt ist, wenn er aus den Traubensorten Quebranta, Negra criolla, Mollar, Uvina, Albilla, Italia, Torontel oder Moscatel destilliert wird, bekommt man inzwischen in allerlei **Varianten** serviert. *Mosto Verde* heißt ein Pisco, der nur aus halbfermentierten Trauben destilliert wird; *Aromático* ein Pisco, der aus aromatischen Traubensorten wie Moscatel hergestellt wird; *Acholado* ist ein Pisco, der aus unterschiedlichen Traubensorten gebrannt wird, und *Aromatizado* ein Pisco, der zusammen mit Früchten wie Kirschen, Mango oder Limone destilliert wird. Noch zahlreicher sind die Cocktailvarianten des Pisco – inzwischen kann man sogar einen *Piscapucchino* bestellen. Nur eines ist absolut verpönt und aus peruanischer Sicht unverzeihlich: Pisco mit Coca Cola.

El Nortenito, 2 de Mayo 264, serviert von Mo–Fr günstige Mittagsmenüs.
La Catedral, San Juan de Dios 108, Plaza de Armas. Frühstück, gutes Menü und ebenso empfehlenswerte à la carte-Gerichte.
🕒 tgl. 7–22 Uhr.

Unterhaltung und Kultur

Lokale Pisco- und Weinsorten kann man in der **Taverna de Don Jaime**, San Martín 203 probieren.
Am Wochenenden ist in der Disco **De Pisco**, Bolognesi, Cuadra 12, viel los.

Touren

Auf keinen Fall sollte man auf die Angebote der *Jaladores* auf der Straße eingehen. Unter ihnen befinden sich zu viele schwarze Schafe. Alle Agenturen bieten die gleichen Ausflüge an. Die Preise variieren je nach Agentur, Teilnehmerzahl und Jahreszeit (Eintritte sind in der Regel nicht enthalten, vorher abklären).
Empfehlenswert ist die **Bootstour zu den Islas Ballestas**, die den Transport zum Hafen El Chaco, eine ca. zweistündige Bootsfahrt in Schnellbooten zu den Inseln vorbei am Scharrbild El Candelabro (S. 401, Kasten) und den Rücktransport nach Pisco einschließt (Abfahrt bis 14 Uhr, 3–4 Std., ca. 70 S/. plus 6 S/. Eintritt zu den Inseln). Je früher die Abfahrtszeit (maximal bis 14 Uhr), desto ruhiger das Meer (warmes Kleidungsstück sowie Sonnenschutz ratsam).
Die **Paracas Halbinsel** (ca. 4 Std.), die Islas Ballestas und Paracas sind auch zu einer Ganztagestour kombinierbar (80 S/.).
Außerdem werden Ausflüge zu den Inkaruinen **Tambo Colorado** (ca. 4 Std., ca. 80 S/. ohne Guide und Eintritt) angeboten.
Ein empfehlenswerter Tourveranstalter ist **Paracas Overland**, San Francisco 111, Plaza de Armas, ✆ 056-533855, 💻 www.paracasoverland.com.pe. Sie haben auch ein Büro in El Chaco . An der Kreuzung der Panamericana (dort wo die Busse halten) hat die zuverlässige Silvia Vilchez und ihre Agentur **Perú Inca Path** ein Büro, ✆ 956068788, 💻 www.perunicapath.com. Silvia kann alle Transporte, Ausflüge, Hotels etc. rund um Pisco und Paracas organisieren.

Warnung

In Pisco und Umgebung (auch auf der Paracas-Halbinsel) wurden gelegentlich Touristen überfallen. Der Strand von Pisco sollte auf jeden Fall zu jeder Uhrzeit vermieden werden. Dort sind sogar schon Kleingruppen Opfer eines Überfalls geworden. Nach Einbruch der Dunkelheit ist es ratsam, sich nicht zu weit von der Plaza de Armas zu entfernen. Wer in einem etwas außerhalb liegenden Hotel wohnt, sollte bei einer späten Rückkehr ein Mototaxi nehmen.

Sonstiges

Geld

An der Plaza befinden sich zahlreiche Banken und Geldautomaten.

Post

Serpost, Callao 358.

Transport

Busse und Colectivos

Pisco liegt rund 5 km von der Panamericana entfernt, und nur wenige Busse fahren von der **Kreuzung** (offizieller Name División Pisco, kurz Cruce) direkt nach Pisco hinein. Es ist aber kein Problem, mit Taxis (7 S/.) oder Colectivos (1,50 S/.) zwischen der Kreuzung und dem Zentrum Piscos zu pendeln. Die Kreuzung sollte im Dunkeln gemieden werden. Auch sonst kann hier viel Gewusel herrschen. Wer von Neppern, Schleppern, Bauernfängern bedrängt wird, sollte zunächst das Infobüro von Silvia Vilchez an der Kreuzung aufsuchen (s. „Touren"). Dort gibt es auch eine Toilette. Wer nach Ayacucho oder Huancavelica reist, muss zur Kreuzung San Clemente, ca. 10 km nördlich von Pisco an der Panamericana Richtung Lima, erreichbar mit Bus und Colectivo.

Gesellschaften
Flores, San Martín 199
Mayka, Conde de Monclova 637, ✆ 056-531205
Ormeño, Ayacucho, Ecke San Francisco, ✆ 056-53276

Verbindungen

AREQUIPA 11 Std., 782 km. Es gibt keine Direktbusse (an der Panamericana zusteigen, bis ICA fahren und dort umsteigen oder ab PARACAS, s. dort).

AYACUCHO (Molino, Antezana, Palomino, an der Kreuzung San Clemente zusteigen) mehrmals tgl. meist abends, 6–7 Std., 374 km. Sitzplätze sollten vorgebucht werden (entweder direkt an der Kreuzung oder über die Agenturen in Pisco).

HUANCAVELICA ca. 12 Std., 285 km. Siehe Ayacucho.

ICA 9x tgl. von 6–20.30 Uhr (Flores) und regelmäßig (Soyuz, von der Kreuzung). 1 Std., 76 km, 4 S/.

LIMA ständig (Soyuz), 1x stdl. bis 17 Uhr (Mayka), alle 2 Std. von 3–18 Uhr (Flores) und um 14 Uhr (Ormeño), 240 km, 3 1/2–4 Std.), 13 S/. (Flores. Mayka) oder 35 S/. (Ormeño, inkl. Taxitransfer zur Kreuzung). Fährt über CHINCHA und CAÑETE.

NAZCA 3 Std., 210 km. Siehe ICA (dort umsteigen). Ab PARACAS fahren Direktbusse.

PARACAS (El Chaco) ständige Abfahrten mit Colectivos vom Markt (1/2 Std., 20 km, 3 S/.). Taxis kosten 12–15 S/. vom Zentrum oder 20 S/. (nachts 25 S/.) ab der Kreuzung der Panamericana.

TAMBO COLORADO Combis mit der Aufschrift „Humay" fahren ab 6 Uhr vom Markt in Pisco an Tambo Colorado vorbei (1 1/2 Std., 50 km, 4 S/., letzte Fahrt zurück gegen 17–18 Uhr). Ein Taxi kostet 70 S/. Auch mit einem Tourveranstalter machbar.

Flüge

Der **Flughafen** Piscos liegt einige Kilometer südwestlich der Stadt beim Fischerdorf San Andres. Er wurde ausgebaut und wird als Ausweichflughafen für Lima benutzt.

LC Perú, 💻 www.lcperu.pe, beabsichtigt, 2012 Flüge von LIMA nach Pisco (ab dort Überflug der Nazca-Linien) mit Weiterflug nach CUSCO anzubieten.

Aerodiana, 💻 www.aerodiana.com.pe, bietet Flüge zu den Linien von Nazca und Palpa mit guten Maschinen an.

Península und Reserva Nacional de Paracas

Wer mit dem Auto aus Richtung Süden kommt, kann die Abzweigung bei KM 246 nehmen und gelangt nach 13 km auf die Halbinsel Paracas. Von Pisco aus führt eine 20 km lange, asphaltierte Straße zur Halbinsel, vorbei am Fischerdorf San Andrés mit dem Flughafen, einem Luftwaffenstützpunkt, dem Gasterminal Camisea und zahlreichen Fischmehlfabriken mit manchmal atemberaubenden Gerüchen. Kurz darauf ist der Ort **El Chaco** (Paracas) erreicht, Ausgangspunkt für Ausflüge zu den Ballestas-Inseln (s. S. 400 und „Touren"). Neben zahlreichen Hotels befinden sich hier auch die Wochenend- und Urlaubsdomizile reicher Peruaner. Der breite, weißgraue Sandstrand bietet keinen Sonnenschutz, Wellen gibt es aufgrund der geschützten Lage der Bucht kaum, dafür oftmals starke Winde.

Etwa 22 km südlich von Pisco beginnt an der Bucht das Naturschutzgebiet **Reserva Nacional de Paracas**. Es wurde 1975 gegründet und umfasst eine Gesamtfläche von 335 000 ha. 35 % davon besteht aus Festland (Sandwüste der Halbinsel Paracas und ein Küstenstreifen im Süden) und vorgelagerten Inseln (Isla San Gallán, Isla Independencia), 65 % der Fläche hingegen liegt im Meer. Seinen Namen verdankt das Reservat den starken **Küstenwinden**, *Paracas* genannt, die besonders im August wehen.

Bei KM 22 befindet sich der Nationalparkeingang, an dem 5 S/. pro Person und Tag zu entrichten sind. Kurz darauf gabelt sich die Straße: Geradeaus führt die asphaltierte Route zum Besucherzentrum und dem **Museo Julio C. Tello**, das sich zum Zeitpunkt der Recherche im Umbau befand. Es präsentiert archäologische Fundstücke der Paracas-Kultur, darunter Mumien, Totentücher und Keramiken.

Rund 500 m vom Besucherzentrum entfernt steht ein kleiner Turm, von dem aus Flamingos in der Bucht von Paracas beobachtet werden können (beste Zeit zwischen Juni und Oktober). Die Straße verläuft noch rund 10 km weiter gen Westen zur Playa Atenas (Campingmöglichkeit) und dem Puerto San Martín, in dessen Nähe sich die beeindruckende **Felszeichnung *El Can-***

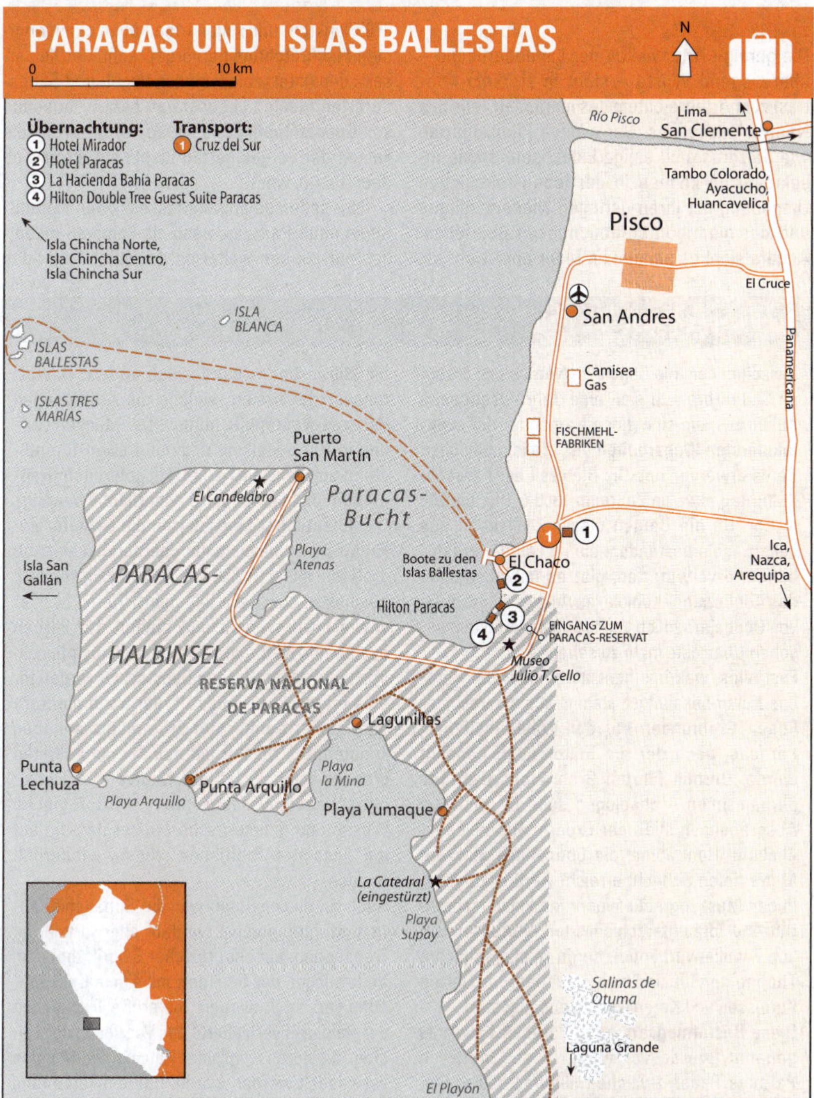

delabro (s. Kasten, S. 401) befindet. Linker Hand zweigt eine gut befahrbare Piste zu verschiedenen Stränden der Südküste ab. Interessant ist auch der Aussichtspunkt **Punta Arquillo**, von dem aus man Seelöwen-Kolonien beobachten kann. Rund 20 km weiter südlich liegt die Lagune **Salinas de Otuma**, aus der bis heute Salz gewonnen wird. Im kleinen Ort **Lagunillas** bekommt man in einfachen Restaurants guten Fisch und Meeresfrüchte.

Fauna und Flora

Die geringe Artenvielfalt der Landoberfläche – überwiegend Wüste – steht in starkem Kontrast zum Artenreichtum des maritimen Teils des Naturschutzgebiets. Nur wenige Pflanzenarten wie Salzgras, und einige Eidechsen- sowie Insektenarten können in der lebensfeindlichen Umgebung mit ihren geringen Niederschlägen und der niedrigen Luftfeuchtigkeit überleben. Anders sieht es am und im Meer aus: Mehr als 250 Plankton- und Algenarten haben einen enormen **Fischreichtum** hervorgebracht, der seinerseits den unterschiedlichsten Vogel- und Säugetierarten idealen Lebensraum bietet. Tausende von **Guanotölpeln** *(Sula variegata)* sprenkeln die Felsen der vorgelagerten Inseln mit ihrem Kot, dem Guano, weiß.

Nur selten gelangen Masken- oder Blaufußtölpel nach Paracas, denn sie kommen eigentlich nur auf den weiter nordwestlich liegenden

Die Paracas-Kultur

Zwischen dem Río Cañete im Norden und Nazca im Süden breitete sich eine Jahrtausendealte Kultur aus, die sich einen Namen für die **spektakulärsten Webarbeiten** des präkolumbischen Perus erworben hat. Die Blütezeit der Paracas-Kultur lag etwa im Zeitraum 1300 v. Chr. bis 200 n. Chr. Da die Bauten dieser Zivilisation aus Lehmziegeln bestanden, die im Laufe der Jahrhunderte verwitterten, gibt es mit Ausnahme des Adobeziegel-Komplexes Ánimas Altas im Tal von Ocucaje, südlich von Ica, keine architektonischen Überreste mehr zu sehen.

Fast alles, was uns heutzutage über die Paracas-Kultur bekannt ist, stammt aus unterschiedlichen Grabfunden auf der Wüstenhalbinsel Paracas, nach der die Kultur auch benannt wurde. Dorthin führten Grabräuber 1925 den peruanischen Archäologen Julio C. Tello. Bei Ausgrabungen stieß der Experte auf flaschenähnliche Hohlräume, die über einen mehrere Meter tiefen Schacht erreicht werden konnten. In den **Massengrabkammern** fand man mehrere Dutzend Tote unterschiedlichen Alters (vermutlich Familienverbände), die in relativ schlichte Tücher gehüllt und von Knochen, verzierten Kürbissen und Keramiken umgeben waren.

Diese **Bestattungsart**, auch Paracas-Cavernas genannt, wurde vor allem in der mittleren Paracas-Phase zwischen 500 und 300 v. Chr. praktiziert. Viele der Verstorbenen wiesen **Schädelverformungen** auf; die länglich geformte Kopfform bezeugte die Zugehörigkeit zu einem Stamm und wurde später immer mehr aus ästhetischen Gründen praktiziert. In den nachfolgenden Jahrhunderten – von 300 v. Chr. bis 200 n. Chr. – wurde eine andere Bestattungsart favorisiert, welche die Archäologen **Paracas-Necrópolis** tauften: Die Mumien wurden in Hock-Stellung und mit großen Totentüchern umwickelt in rechteckig geformten Großgräbern dicht unter der Erdoberfläche beerdigt. Die **Totentücher** begeisterten die Gemüter der Fachwelt, da sie nicht nur überdurchschnittlich groß (die meisten 2,50 m x 1 m) waren, sondern besonders durch die fein gearbeiteten Muster sowie die Intensität und Vielfalt der Farben bestachen. Natürliche Färbemittel aus pflanzlichen und mineralischen Substanzen sorgen für eine intensive Leuchtkraft, der auch mehrere Jahrhunderte unter der Erde nichts anhaben konnten. Die Muster auf den Tüchern stellten oftmals symbolträchtige Motive wie Fische oder Seevögel, aber auch mythologische Wesen und geometrische Muster dar, die auf der gesamten Stofflänge ständig wiederholt wurden.

Auch an diesen Toten war die Schädelverlängerung durchgeführt worden, ebenso wie die Trepanation, ein chirurgischer Eingriff, bei dem Verletzungen des Schädels mit einem Goldplättchen versiegelt wurden. Die große Trockenheit der Halbinsel verhinderte das Verwesen der Leichen, die durch langsames Räuchern in **Mumien** verwandelt worden waren. Bei den Toten fand man Schmuckstücke aus Gold, Silber und Bronze sowie Waffen, Gebrauchsgegenstände und Lebensmittel. Schöne Beispiele der kunstvollen Webarbeiten der Paracas-Kultur sind im Museo Julio C. Tello (S. 396) und dem **Museo Regional Maria Reiche** (S. 386) zu sehen.

Galapagosinseln vor. Häufiger dagegen kann man **Kormorane** beobachten, die mit drei Arten vertreten sind (Biguascharbe *Phalacrocorax olivaceus*, Buntscharbe *P. gaimardi* und Guano-Kormoran *P. bougainvillei)*.

An steilen, schattigen Felswänden bauen **Inkaseeschwalben** *(Larosterna inca)* ihre Nester. Die neugierige **Simeonsmöwe** *(Larus belcheri)* kann man an einem roten Punkt an der Schnabelspitze erkennen. Die größte Vogelart von Paracas ist, von sporadischen Besuchen des Kondors und anderer Geierarten abgesehen, der **Chile-Pelikan** *(Pelecanus thagus)*. In der Bucht von Paracas lassen sich von Januar bis April **Flamingos** *(Phoenicopterus chilensis)* beobachten. Mit enormer Geschwindigkeit durchpflügt der kleine **Humboldt-Pinguin** *(Spheniscus humboldti)* das raue Meer.

Seltener sieht man **Delphine, Grauwale** und **Orcas**. Das größte Spektakel spielt sich aber an den Kiesstränden der Buchten ab. Hunderte von **Seelöwen** *(Otaria byronia)* veranstalten einen Heidenlärm und scheinen sich bestens über die mit orangefarbenen Rettungswesten und Kameras ausgestatteten Touristen zu amüsieren. Gelegentlich zeigt sich auch ein Seebär *(Arctocephalus australis)*, besser bekannt unter dem Namen **Pelzrobbe**. Weitere Arten, die unter oder über der Wasseroberfläche anzutreffen sind, sind Schildkröten, Tintenfische, Stachelrochen, Muscheln und Krabben.

Übernachtung

Die Auswahl an Unterkünften in und um El Chaco steigt ständig. Die Zimmer sind durchschnittlich etwas teurer als in Pisco (Preisangaben beziehen sich auf die Sommermonate Januar bis März). In der übrigen Zeit sinken die Preise und handeln lohnt sich. An Wochenenden und zu den Ferienzeiten ziehen sie dagegen an.

In El Chaco

Hostal El Amigo, Plaza Central, ✆ 056-545042, ✉ hostalelamigo@hotmail.com. Moderne, saubere Zimmer mit Bad. ❷

Hostal Mar Azul, Alan García Manzana B, Lote 20, Plaza de Armas, ✆ 056-534542, 💻 www.hostalmarazul.com.pe. Schlafsaal und gute Zimmer mit Bad und TV. Schöne Dachterrasse mit Blick über die Bucht, WLAN. Sie besitzen auch das in Preis und Ausstattung sehr ähnliche Hotel Gamonal am Ortseingang und veranstalten Touren zu den unberührten Islas San Gallán (s. u.). Frühstück inkl. ❸

Santa María, Av. Paracas s/n, ✆ 056-545045. Sehr saubere, gute Zimmer mit Zimmerservice und Internet. Gegenüber liegt das ähnliche Santa María II mit Dachterrasse. Gutes Restaurant (El Chorito). Frühstück inkl. ❸

Richtung Nationalpark

Hotel Mirador, Carretera Paracas KM 20, ca. 1 km westlich von El Chaco, ✆ 056-545086, 💻 www.elmiradorhotel.com. Schöne Zimmer, familienfreundlich. Pool, Restaurant, Bar, Cafeteria und Tourangebot. ❹

Die drei Luxusanlagen **La Hacienda Bahía Paracas**, 💻 www.hoteleslahacienda.com, **Hilton Double Tree Guest Suite Paracas**, www.doubletree.hilton.com, und das **Hotel Paracas**, 💻 www.libertador.com.pe, verlangen alle mehr als US$150 pro DZ.

Essen

Am Strand El Chaco gibt es unzählige Meeresfrüchterestaurants; empfehlenswert sind **Brisa Marina**, **Juan Pablo** und **Bahía**.

An der Plaza von Chaco isst man gut in der nicht ganz billigen **Cevichería El Chorito**.

Edel und teuer speist es sich in den Restaurants der Luxushotels.

Touren

Alle unten aufgeführten Touren lassen sich in den Hotels oder bei **Paracas Overland** in der Nähe der Anlegestelle buchen, ✆ 056-533625, 💻 www.paracasoverland.com.pe.

Leider zerstört

Die interessante, von der Pazifikbrandung erodierte Felsformation **La Catedral**, die noch auf vielen Paracas-Fotos zu sehen ist, wurde beim Erdbeben von 2007 zerstört, wird aber weiterhin bei Touren in den Nationalpark angefahren.

Südperu

Bootstouren

In El Chaco befindet sich die Anlegestelle **Muelle Artesanal del Chaco**, von wo aus tgl. zweistündige Bootstouren zu den **Islas Ballestas** starten (von 8–12, in Nebensaison von 8–10 Uhr, 60 S/. p. P. plus 6 S/. Eintritt zu den Inseln). Morgens ist die See in aller Regel ruhiger, nachmittags finden aufgrund der starken Winde keine Touren statt. Eine winddichte Jacke und eine stabil sitzende Kopfbedeckung sind empfehlenswert. Touren zur **Isla Gallán** oder den **Islas Chinchas** (etwa 4 Std., rund 900 S/. pro Boot) lassen sich über das Hostal Mar Azul (s. „Übernachtung") oder Paracas Overland organisieren.

Paracas-Reservat

Eine 3 1/2-stündige Tour ins Paracas-Reservat kostet 20 S/. p. P. (plus 5 S/. Eintritt). Für eine 4 1/2-stündige Privattour mit Strandaufenthalt fallen unabhängig von der Teilnehmerzahl 100 S/. an.

Sandbuggy

Die Touren lassen sich bei jeder Agentur oder über die Hotels buchen (2 Std., 80 S/. p. P.).

Nahverkehr

Colectivos (kein fester Abfahrtsort) von El Chaco nach Pisco fahren etwa alle 10 Min. (3 S/.). **Taxis** nach Pisco kosten 12 S/., nach Lagunillas im Paracas-Reservat 40 S/., zur Panamericana (Soyuz Busstation) 20 S/. und nach Ica etwa 100 S/.

Transport

Busse und Colectivos

Cruz del Sur, schräg gegenüber vom Hotel Mirador, fährt 5x tgl. nach LIMA (56 S/.) und 5x tgl. nach ICA und NAZCA. Um 10, 22 und 22.30 Uhr fährt ein Bus nach AREQUIPA (95 S/.)
Oltursa fährt vom Hilton Paracas oder von El Chaco (Av. Paracas) um 9.30 und 16.30 Uhr nach LIMA (55–65 S/.) und um 11 Uhr nach AREQUIPA (75 und 120 S/.). Der Bus um 11 Uhr aus Lima fährt weiter nach ICA und NAZCA (40 S/.).

Flüge

Siehe „Pisco/Flüge". S. 396

Islas Ballestas

Rund 18 km nordwestlich von der Bootsanlegestelle liegt etwas außerhalb des Nationalparks Paracas die kleine Inselgruppe Islas Ballestas, ein eigenständiges Schutzgebiet von 7197 ha, das aus den drei Inseln (Ballestas Norte, Centro und Sur) sowie zwei Seemeilen Meer im Umkreis um die Inseln besteht. Ein Bootsausflug (s. „Bootstouren", links) zu den **tierreichen Inseln** gehört zum Standardprogramm eines Paracas-Aufenthalts. Auf den zerklüfteten Felsen leben große Seelöwen-Kolonien und zahlreiche maritime Vogelarten (s. „Paracas-Reservat/Flora und Fauna", S. 398), die eine Menge **Guano** produzieren. Der natürliche Dünger war in der zweiten Hälfte des 19. Jhs. Perus wichtigstes Exportprodukt und ermöglichte es dem Land 1890, seine Schulden aus dem Krieg mit Chile zu begleichen. Doch in Zeiten des Chemiedüngers hat das „Weiße Gold" ausgedient. Zudem hat der Fischfang und der damit einhergehende Verlust an Nahrungsquellen zu einem Rückgang der Guanovögel-Population beigetragen. Heute wird Guano nur noch in kleinen Mengen zum Eigenbedarf abgebaut.

Tambo Colorado

Rund 50 km östlich von Pisco liegt entlang der Straße RN 24 nach Huancavelica oder Ayacucho eine der wenigen gut erhaltenen **Ruinenanlagen der Inkas** an der peruanischen Pazifikküste. Das „rote Rasthaus", so die Übersetzung, ist ein rund 2 ha großer Lehmziegel-Komplex mit sechs Gebäudegruppen, der unter dem Inka Pachacútec wahrscheinlich gegen Ende des 15 Jhs. auf den Ruinen einer Chincha-Festung erbaut wurde. Tambo Colorado entstand an einer strategisch günstigen Stelle entlang des Río Pisco, in einem Talabschnitt, der schon seit rund 300 v. Chr. bewohnt war. Ob die Anlage vorwiegend militärischen Zwecken diente oder eine kleine Stadt mit Zeremonialplätzen und Lagerhäusern war, ist nicht eindeutig geklärt.

Inzwischen nagt der Zahn der Zeit an der Siedlung und von den Steinwänden der Gebäude bröckelt der Putz ab. ⌚ tgl. 9–17 Uhr, 8 S/.,

El Candelabro – Gullivers Kronleuchter

Auf der Fahrt zu den Ballestas-Inseln rückt nach der Playa San Martín linker Hand ein seltsames Gebilde in den Blick. Mitten an einem Wüstenhang liegt das 128 m hohe und 78 m breite Scharrbild eines überdimensionalen Kerzenleuchters oder Dreizacks, *El Candelabro* genannt. Ebenso wenig wie bei den verwandten Bodenzeichnungen von Nazca kennt man die genaue Bedeutung der ungewöhnlichen Zeichnung. War sie ein astronomisches Hilfsinstrument bei den Berechnungen eines Agrarkalenders, stellt sie einen Kandelaberkaktus dar – ein heiliges Machtsymbol vergangener Kulturen – oder wurde sie einfach von Seefahrern zur besseren Orientierung angelegt? Was auch immer des Rätsels Lösung ist: Mindestens genauso erstaunlich wie die bloße Erscheinung des Candelabro ist die Frage, warum er bisher noch nicht von den häufig vorkommenden Sandstürmen zugeweht worden ist. Hierzu hat Maria Reiche, die deutsche Erforscherin der Nazca-Linien, eine interessante Erklärung gefunden: Die am Boden entstehende Warmluft entweicht nach oben und reißt wie bei einem Staubsauger die angewehten Teilchen mit. Die Natur selbst reinigt die Wüstenzeichnung.

Transport s. „Pisco", S. 396). Wer nicht nach Tambo Colorado kommt, kann sich zumindest das Modell der Anlage im Archäologischen Museum von Lima anschauen.

Von Pisco nach Ayacucho und Huancavelica

Rund 4 km nördlich von der Abzweigung nach Pisco zweigt bei KM 227 der Panamericana in San Clemente eine relativ neue asphaltierte Ost-West-Verbindung Richtung Anden ab. Die auch unter dem Namen *Via de los Libertadores* bekannte Straße führt zunächst am inkaischen Verwaltungszentrum **Tambo Colorado** (S. 400) vorbei. An der Puente Pacra zweigt bei Rumichaca, rund 30 km vor Huaytará, eine schlechte Piste ab, die über Castrovirreyna und Santa Inés auf rund 285 km nach Huancavelica (S. 416) führt. Die asphaltierte Straße erreicht Ayacucho (S. 197) nach 325 km und passiert den Ort **Huaytará**, dessen Kirche auf den sehenswerten Überresten eines Inkatempels errichtet wurde. Im

Ortsmuseum sind archäologische Funde aus den verschiedensten Epochen ausgestellt.

Am 24. Juni geht es hoch her in Huaytará: Dann wird eine Woche lang das **Fest des Heiligen San Juan Bautista** mit Feuerwerk, Prozessionen und Stierkämpfen begangen. 30 Minuten südöstlich des Orts trifft man auf die Ruinenstätte **Incahuasi**, die auf 3700 m Höhe liegt.

Chincha

Rund 200 km südlich von Lima liegt in einem fruchtbaren Tal die 50 000 Einwohner zählende Stadt Chincha, unterteilt in Chincha Baja und Chincha Alta. Hier schlägt das schwarze Herz Perus, denn der Ort (besonders der Distrikt El Carmen, ca. 10 km südlich) ist das Landeszen-

Raices negras

Mit dem Stichwort „Peru" verbinden die meisten Touristen Panflötenklänge, schneebedeckte Andengipfel und Amazonas-Indianer. Aber Peru hat viele Gesichter. Irgendwo mitten im exklusiven Wohnviertel Miraflores in Lima existiert etwas, das nicht so recht zu den schmucken, hinter schützenden Mauern und Gittern verborgenen Wohnhäusern passen will: Ein ganzer Häuserblock bestehend aus aneinander gereihten, von einem Korridor abgehenden Betonzellen mit Küchenzeile, die jeweils eine Wohneinheit für eine ganze Familie bilden. Am Ende des schmalen Ganges, der abends mit einer schweren Holztür verrammelt wird, befindet sich eine Gemeinschaftstoilette, zusammen mit dem einzigen Waschbecken für sämtliche Bewohner. Und die meisten dieser Bewohner sind afrikanischer Abstammung.

Dies ist eine winzige Enklave der **Nachkommen afrikanischer Sklaven**, die zwischen dem 16. und 18. Jh. von den spanischen Kolonialherren nach Südamerika „importiert" wurden, um die sich viel zu schnell erschöpfende Arbeitskraft der indigenen Bevölkerung zu ersetzen. Viele der zu Beginn der Kolonialzeit in Peru eintreffenden Afrikaner waren Nachkommen von Sklaven, die schon seit dem 11. Jh. während der maurischen Herrschaft nach Spanien verschleppt worden waren. Unter ihnen befanden sich zahlreiche Künstler, Musiker und Heilkundige. Dass sie – wenn auch unfreiwillig – zusammen mit den Konquistadoren kamen, brachte ihnen von Seiten der Indígenas verständlicherweise wenig Sympathien ein, daher hielten sie sich notgedrungen in einer Art Hass-Liebe an ihre weißen Herren.

Erst im 17. Jh. wurden Sklaven von portugiesischen, englischen und niederländischen Sklavenhändlern direkt aus Afrika nach Peru verschifft und mischten sich dort zwangsläufig unter die schon länger ansässigen Schwarzen. Von einer gemeinsamen, die Menschen verbindenden afrikanischen Kultur konnte damals nicht die Rede sein, obwohl die verschleppten Menschen ihre pantheistische Religion sowie ihre angestammten Bräuche auch nach Übersee mitbrachten. Sehr zum Missfallen der katholischen Kolonialherren, die alles daran setzten, solche „heidnischen" Umtriebe auszumerzen.

Innerhalb der **Sklavengemeinschaft** herrschten zudem erhebliche soziale Unterschiede. Die Sklaven in den Städten, insbesondere in der Vizekönigstadt Lima, fristeten als Dienstboten und Handwerker noch ein vergleichsweise annehmbares Leben, doch die Plantagensklaven in den Baumwoll-, Oliven- und Zuckerrohrfeldern an der Pazifikküste wurden erbarmungslos ausgebeutet. Für sie alle galt jedoch, dass sie permanent ihrer Menschenwürde beraubt und beim kleinsten Anlass drakonischen Strafen ausgesetzt waren. Jeder Versuch einer Auflehnung wurde im Keim erstickt, und die weißen Herren, eifrig unterstützt von der katholischen Kirche, rechtfertigten ihr brutales Vorgehen mit der Begründung, dunkelhäutige Menschen rangierten in der „gottgewollten, natürlichen Ordnung" praktisch an gleicher Stelle wie Tiere.

Als Peru die Unabhängigkeit von Spanien erlangte (1821–24) und die Sklaverei schließlich abgeschafft war, bedeutete dies jedoch weder Rückführung noch Wiedergutmachung für die Verschleppten. Als **„Freie"** blieben sie weiterhin gegen einen Hungerlohn im Dienst ihrer Herren, und als (gezwungenermaßen) Analphabeten waren sie, ebenso wie die

trum **afroperuanischer Folklore**. Die Nachfahren afrikanischer Sklaven veranstalten zahlreiche Feste, auf denen man typische Tänze (u. a. El Alcatraz, La Zamba, El Toromata, La Marinera) und Musik live erleben kann.

Zu den wichtigsten **Feiertagen** gehören u. a. der Verano Negro (Ende Feb/Anfang März), die Osterwoche (Semana Santa), der 16. Juli (Virgen del Carmen), das Winzerfest in der zweiten Märzwoche und das Festival de Danzas Negras im November.

Chincha ist ein gutes Plätzchen, um lokal hergestellten Wein oder Pisco zu probieren, der überall am Straßenrand angeboten wird. Verschiedene **Winzereien** bieten Führungen und Weinproben an.

meisten peruanischen Indianer laut der ersten peruanischen Verfassung (1823) vom Wahlrecht ausgeschlossen.

Inzwischen sind auch die **Afroperuaner**, deren Anteil an der Gesamtbevölkerung entgegen geringeren offiziellen Zahlen schätzungsweise 10–15 % ausmacht (Quelle: José Carlos Luciano Huapaya, *Los Afroperuanos*, Lima 2002), pro forma gleichberechtigte Staatsbürger. Doch die Kolonialzeit mit ihrem Postulat der Überlegenheit der weißen Rasse hat Spuren hinterlassen, die sich nicht so leicht auslöschen lassen. Dass die Afroperuaner einen wichtigen Beitrag zum Aufbau des Landes geleistet haben, wird gern vergessen, auch von den Betroffenen selbst. In einer Gesellschaft wie der peruanischen, für die nach wie vor die Formel – je heller die Hautfarbe, desto attraktiver und damit erfolgreicher – gilt, rangieren Menschen afrikanischer Herkunft automatisch auf niedrigster Stufe. Die Mehrheit lebt an oder unterhalb der Armutsgrenze, und so bleibt ihnen der Zugang zu Bildung und damit zu einträglichen Posten und Arbeitsstellen verwehrt.

Zudem tut sich eine Bevölkerungsgruppe, der seit Jahrhunderten eingebläut wurde, dass sie minderwertig, triebhaft, unzuverlässig und darüber hinaus auch noch hässlich sei, schwer damit, selbstbewusst und fordernd aufzutreten. Erst in der Zeit nach dem Zweiten Weltkrieg begann sich ein Bewusstsein für die gemeinsamen Wurzeln herauszubilden. Seit jener Zeit kamen auch die alten, afrikanischen Götter wieder „in Mode", die in anderen lateinamerikanischen Kolonien wie auf Kuba oder in Brasilien dank der zahlenmäßigen Größe ihrer Anhänger besser überleben konnten. Bis heute sehen sich Afroperuaner in vielfacher Hinsicht **Diskriminierungen** ausgesetzt. Zwar wird ihre Folklore (unter die Haut gehende Musik; teilweise ausgesprochen erotisch gefärbte Tänze) inzwischen touristisch vermarktet, doch ihre Forderungen nach Abschaffung der Rassenschranken (die es im offiziellen Sprachgebrauch der peruanischen Verfassung gar nicht gibt) stoßen zumeist auf taube Ohren.

In der peruanischen Küstenregion, die nur 13 % der Landesfläche ausmacht, leben ungefähr 92 % aller Afroperuaner, und wer den Andenstaat besucht, wird ihnen am ehesten in den südlich von Lima gelegenen Küstenorten **Chincha** oder **El Carmen** begegnen, zumeist anlässlich einer der dort abgehaltenen Festejos. Dort kann man schnell den Eindruck erhalten, dass es den strahlend lächelnden Menschen, die in farbenfrohen Kostümen atemberaubend die Hüften schwingen oder akrobatische Stepptänze *(Zapateo)* hinlegen, ziemlich gut geht. Ein Blick hinter die Kulissen, d. h. in eine der äußerst schlichten Behausungen mit Lehmfußboden, könnte eines Besseren belehren.

Einige wenige haben es, zumeist mittels musikalischer Begabung und harter Arbeit geschafft, aus der Marginalität auszubrechen und zu nationaler oder gar internationaler Berühmtheit zu gelangen. Bestes Beispiel hierfür ist die charismatische Sängerin **Susana Baca**, die 2002 den Grammy als beste lateinamerikanische Interpretin erhielt und es unter der Regierung Humala 2011 sogar bis zur Kulturministerin gebracht hat. Für Furore sorgt auch die Band **Novalima**, die afroperuanische Rhythmen in neuem Gewand präsentiert.

Silvia Mayer

Südperu

In Tambo de Mora etwa 10 km südwestlich befindet sich die **Huaca Centinela**, eine aus Lehmziegeln erbaute Stadt aus der Chincha-Zeit (1200–1450 n. Chr.).

Im Sommer trifft man sich an der **Playa Jahuay**, dem bekanntesten Badeort Chinchas.

Etwa 31 km östlich der Stadt liegen am Río Suan Juan (rechtes Ufer und ca. 50 m von der Straße entfernt) die **Petroglyphen von Huancor**, wo fast 1000 Steinzeichnungen Einflüsse der Chinchas, aber auch älterer Kulturen, zeigen.

Übernachtung und Essen

An den Festtagen überschwemmen die Hauptstädter Chincha und die Hotelpreise vervielfachen sich. Das beste Rezept: Die Nacht durchtanzen und mit einem Frühbus weiterfahren. Auch außerhalb von Chincha findet man eine große Auswahl an Unterkünften entlang der Panamericana.

Hostal La Posada, Santo Domingo 200, ✆ 056-262042. Saubere, preiswerte Zimmer (zur Straße hin etwas laut) mit Bad und TV. ❷

Hotel Princess, Lima 109, Plaza de Armas, ✆ 056-261031, ✉ hphotelprincess@yahoo.com. Zimmer mit Bad, Warmwasser und TV, in einigen auch WLAN. ❸

La Estancia Sur, Panamericana KM 192,5, ✆ 056-266148, 💻 www.laestanciasur.com. Weitläufige familienfreundliche Bungalowanlage mit Pool und Restaurant. WLAN im Bereich der Rezeption. Frühstück inkl. ❺

Casa Andina Classic Chincha Sausal, Panamericana KM 197,5, ✆ 056-262451, 💻 www.casa-andina.com. Gutklassiges Hotel der in Peru bekannten Kette. Zimmer mit AC und WLAN. Pool, Restaurant und Parkplatz. Frühstücksbuffet inkl. ❻–❼

In der **Casa de la Nona**, Lima 249, gibt es gute lokale Küche, aber auch Pasta, Sandwiches und hausgemachten Kuchen. Landestypisches Frühstück ab 7 Uhr.

Transport

Soyuz/Peru-Busse, Av. Mariscal Benavides 704, ✆ 056-269239, 💻 www.soyuz.com.pe, fahren in Abständen von wenigen Minuten rund um die Uhr nach LIMA oder nach ICA.

Zwischen Chincha und Lima

Auf den 240 km bis zur Metropole tut sich landschaftlich nicht mehr viel Spektakuläres. Für Selbstfahrer lohnt ein Stopp im **Restaurant El Batán**, Panamericana Sur, KM 197,5. Ansonsten windet sich die Panamericana grau und trostlos Richtung Hauptstadt, passiert den Ort San Vicente de Cañete (Abzweigung nach Lunahuaná, S. 192, Huancayo, S. 408, und zum Naturschutzgebiet Reserva Paisajística Nor Yayos Cochas, S. 193) und viele der Strände und Badeorte, die den Limeños als Wochenendausflugsziele dienen (s. „Die Umgebung von Lima", S. 185).

Zentralperu

Stefan Loose Traveltipps

Von Huancayo nach Huancavelica Noch immer transportiert der „Machozug" Mensch und Ware durch die gewaltige Berglandschaft der Anden. S. 416

Cerro de Pasco Im hochgelegenen Steinwald Bosque de Huayllay beeindrucken bizarre Felsformationen. S. 419

Tingo María In der Höhle La Lechuza warten die seltenen Fettschwalme auf Besucher. S. 424

Tarma Während der Osterprozessionen verzaubern große Blütenteppiche Touristen wie Einheimische gleichermaßen. S. 429

Pampa Hermosa Im entlegenen Naturschutzgebiet sind üppige Bergwälder, viele Wasserfälle und Perus Nationalvogel zu bewundern. S. 432

Pozuzo In schönster Natur leben die Nachfahren deutsch-österreichischer Einwanderer in bunten Holzhäusern. S. 440

Pucallpa Bei einer Übernachtung in einer Lodge an der Lagune Yarinacocha kommt Dschungelfeeling auf. S. 446

ZENTRALPERU – VON LIMA NACH PUCALLPA

Zentralperu

Der touristisch noch wenig erforschte zentrale Landesteil beginnt im Hinterland von Lima und erstreckt sich über mehrere Gebirgsketten und -täler der Anden bis zu den Zuflüssen des Amazonas. Das Gebiet reicht vom Hochland über die Osthänge der Anden bis ins Amazonas-Tiefland und bietet eine Vielfalt an Naturimpressionen: von schroffen Bergwelten mit einsamen Wanderwegen und abenteuerlichen Zugfahrten über dichtgewachsene Nebelwälder bis hin zu Flusslandschaften mit artenreichen Regenwäldern, die man am besten per Boot erkundet. Die kulturelle Palette reicht von hingebungsvollen Osterprozessionen über Reste deutsch-österreichischen Kulturguts bis hin zu traditionellen indianischen Lebensweisen.

Von La Oroya nach Ayacucho

Von der Minenstadt La Oroya, einem wichtigen Verkehrsknotenpunkt, führt eine kulturell und landschaftlich reizvolle Route Richtung Süden, vorbei an eindrucksvollen Wandergebieten (Umgebung von Jauja, Cordillera Huaytapallana), kolonialen Spuren (Franziskanerkloster Santa Rosa de Ocapa) und lokalem Kunsthandwerk (Mantaro-Tal, Umgebung von Huancayo).

La Oroya

Der kalte Industriestandort auf 3726 m, rund 174 km östlich von Lima entfernt, hat außer Schutthalden, Abfallbecken und tristen Wellblechhütten nichts zu bieten. Die Blei- und Kupferschmelze der Firma Doe Run Perú unterstreicht die Bedeutung der 45 000-Einwohner-Stadt als **Bergbauzentrum**. Traurige Berühmtheit hat La Oroya durch den Titel „dreckigste Stadt Lateinamerikas" erlangt, der ihr 2006 vom Blacksmith Institute, einer US-amerikanischen Umweltorganisation, verliehen wurde. Grund ist die starke Verseuchung der Bewohner mit Blei, die bei Untersuchungen festgestellt wurde. La Oroya liegt an der Bahnlinie Lima–Huancayo, der Personenzugverkehr wurde jedoch inzwischen bis auf sporadisch verkehrende Touristenzüge (S. 155) eingestellt.

Übernachtung

Hostal Inti, Arequipa 117, ✆ 064-391098. Einfache, saubere Zimmer mit Gemeinschaftsbad und warmem Wasser. ❶

Transport

Zu allen Umgebungszielen und nach Lima gibt es schnelle **Sammeltaxis**.
Auch die großen **Busse** der Billigunternehmen halten, wenn sie Platz haben. Transportunternehmen haben sich an der Ausfallstraße nach Lima angesiedelt und fahren nach:
CERRO DE PASCO 2 Std., 130 km
HUANCAYO 2–3 Std., 125 km
JAUJA 1 1/2 Std., 80 km
LIMA 4–5 Std., 174 km
TARMA 1 Std., 60 km

Jauja und Umgebung

Auf einer asphaltierten Straße erreicht man 80 km südöstlich von La Oroya das **Kolonialstädtchen** Jauja. Neun Monate lang hatte der Ort 1534 die Ehre, Perus Hauptstadt zu sein, bevor sich Francisco Pizarro für Lima entschied. Bereits vor Ankunft der Spanier war Jauja eine wichtige **Militärfestung der Inkas**, doch von den damaligen Gebäuden ist bis auf einige inkaische Grundmauern im Vorort Sauza nichts mehr übrig geblieben.

Heute wirkt Jauja mit seinen etwa 35 000 Einwohnern bis auf die hektische Marktgegend eher träge. An der Plaza lohnt ein Blick auf den Hauptaltar der **Kathedrale** und im Block 10 der San Martín auf die **Capilla Cristo Pobre**, die angeblich Notre Dame nachempfunden ist. Im Stadtteil Yauyos liegt im Jirón Cuzco 537 das **Privatmuseum Casa del Caminante**, in dem der Besitzer Henoch Loayza Espejo mit viel Enthusiasmus die Fossilien, Mineralien und Keramiken der Umgebung erklärt. ◷ Mo–Fr, So 9–18, Sa geschlossen, Spende.

Die schöne Lage von Jauja am nördlichen Ende des Mantaro-Tals und das angenehme Klima auf 3400 m Höhe laden zu Wanderungen in die Umgebung ein, beispielsweise über die Hügel westlich und nördlich der Stadt zur nur rund 4 km entfernten **Laguna Paca** mit ihren schilfbestandenen Ufern, auf der Bootstouren angeboten werden. In den zahlreichen Restaurants rund um den kleinen See werden köstliche Forellen und in der Regenzeit auch Frösche serviert.

Übernachtung

Casa Albergue Morita, Huáscar 521, ✆ 064-362349. Kleine, familiäre Unterkunft mit einfachen, geräumigen Zimmern mit Privatbad und Warmwasser. Internet (WLAN geplant) und Frühstück inkl. ❷ Schlafsaal ❶
Hostal Manco Capac, Manco Cápac 575, ✆ 064-361620, 💻 www.hostal-mancocapac.com. Gepflegte Anlage mit schönem Garten. Saubere, gemütliche Zimmer mit Bad. WLAN und Frühstück inkl. ❸

Essen

Chifa Palacio Oriental, Junín 1034. Solider Chinese. ⏲ tgl. 11.30–23 Uhr.
El Manantial, Junín 871, Plaza de Armas, serviert unter anderem Obstsalate, Fruchtsäfte und Gesundheitsdrinks *(Emolientes)*. ⏲ So–Fr 6–19, Sa 6–13 Uhr.
El Manantaro, Tarapacá 680. Lokale und internationale Küche, Mittagsmenüs. ⏲ tgl. 11–18 Uhr.
Quicklys, Junín 1100. Mittagsmenüs, Fast Food, Nachtische. ⏲ So–Fr 12.30–23, Sa 17–23 Uhr.
Salud y Vida, Colina 593. Vegetarisches Restaurant, nicht immer mit Mittagsmenüs. ⏲ So–Fr 6–19.30, Sa 6–11 Uhr.

Sonstiges

Informationen

Im Gebäude der Municipalidad an der Plaza de Armas befinden sich die Touristeninformation der Stadt und von DIRCETUR (2. Stock). ⏲ Mo–Fr 8–13, 14–17 Uhr.

Touren

Der Besitzer der **Casa Albergue Morita** (s. „Übernachtung") kennt die Gegend hervorragend und bietet günstige Touren im eigenen Fahrzeug an.

Transport

Busse und Colectivos

Die Busse starten vom Terminal an der Ricardo Palma Ecke 28 de Julio oder von den Büros von **Cruz del Sur**, Pizarro 220, ✆ 064-386891, und **Salazar**, Av. Ricardo Palma 145.
HUANCAYO von 5–21 Uhr, 1 Std., 42 km, 3 S/. Busse fahren entweder über CONCEPCIÓN entlang der linken Flussseite *(izquierda)* oder entlang der rechten Seite des Flusses *(derecha)* nach Huancayo. Sammeltaxis fahren von der Ecke Pizarro/Ricardo Palma für 6 S/.
LIMA um 9.30 und 23.30 Uhr (Cruz del Sur) und um 9.30, 10.30, 13.30 und 22.30 Uhr (Salazar), 6–7 Std., 252 km, 15–20 S/. (Salazar) bzw. 57–75 S/. (Cruz del Sur).
TARMA 1 Std., 60 km. Colectivos (10 S/.) und Busse (6 S/.) fahren regelmäßig vom Block 1 der Jr. Junín.

Flüge

Der Flughafen, der auch die 42 km entfernte Großstadt Huancayo bedient, liegt am südöstlichen Stadtausgang und ist mit Mototaxis in wenigen Minuten erreichbar. Die Airline **LC Perú** fliegt tgl. nach LIMA (ca. 30 Min.), hat aber keine Verkaufsbüros in Jauja. Tickets bekommt man direkt am Flughafen, im Internet oder über das Büro in Huancayo (S. 415).

Concepción und Umgebung

Concepción liegt rund 25 km südöstlich von Jauja und hat die wahrscheinlich **schönste Plaza** des gesamten Mantaro-Tals und einen interessanten **Sonntagsmarkt** zu bieten.

Über der Stadt wacht das Steinmonument **Piedra Parada**, eine 25 m hohe Statue, die die Virgen de Concepción darstellt und von innen her begehbar ist. Zu Fuß gelangt man in rund 30 Minuten zu diesem Aussichtspunkt mit tollem Blick übers Mantaro-Tal. Am Stadtrand in der Jirón 8 de Diciembre stellt die **Milchfabrik Planta Lechero Mantaro** der Universidad Peruana Los Andes, ✆ 064-581481, sehr gutes Softeis und Joghurt her. ⏲ tgl. 8.30–17.30, Fabrikbesuch Mo–Sa 9–14 Uhr.

Lohnenswert ist ein Abstecher zum **Franziskanerkloster Santa Rosa de Ocopa** rund 5 km nördlich des Zentrums an der Straße nach Satipo (problemlos mit Colectivos erreichbar). Das sehr gut erhaltene Kloster wurde 1725 von den Franziskanern als Brückenkopf für die Missionierung des Amazonasgebiets errichtet. Hunderte von Mönchen brachen von hier aus auf, um die „Wilden" zu evangelisieren. ◷ Mi–Mo 9–12, 15–18 Uhr, Führung 5 S/.

Übernachtung

Die meisten Besucher übernachten in Jauja oder Huancayo.

Hospedaje Royal, 9 de Julio 754, an der Plaza, ✆ 064-581078. Einfache Zimmer mit/ohne Bad und Warmwasser. ❶–❷

Huancayo

Im Gebiet um Huancayo lebten vor der Eroberung durch die Inka die kriegerischen **Huancas**, die nur durch Umsiedlungsaktionen gebändigt werden konnten. Die Inkas errichteten an der Stelle des heutigen Huancayo einen *Tambo*, einen der vielen strategischen **Stützpunkte** entlang des Inkawegs, die den Reisenden sowie den Stafettenläufern Sicherheit, ein Obdach und Verpflegung boten.

Als die spanische Eroberung begann, sahen die Huancas ihre Chance gekommen, sich an den verhassten Inka zu rächen, indem sie Pizarro ihre Dienste anboten. Ihre Rechnung ging nicht auf, da die Spanier die Zwistigkeiten der verschiedenen ethnischen Gruppierungen geschickt für ihre eigenen Zwecke nutzten. Im Jahr 1572 fassten die Spanier sechs benachbarte indianische Gemeinden *(Ayllus)* zum Dorf Huancayo zusammen. 1822 verlieh die Regierung der Stadt den Titel „**Ciudad Incontrastable**" (unüberwindbare Stadt) als Anerkennung für die Tapferkeit ihrer Bewohner während des Unabhängigkeitskampfes. Danach passierte viele Jahrzehnte lang nichts Spektakuläres mehr im lang gezogenen und sehr fruchtbaren Mantaro-Tal, in dem Huancayo liegt.

Aus dem Dornröschenschlaf wurde die Stadt erst im Jahr 1909 erweckt, als die **Eisenbahnlinie** von Lima die Stadt erreichte. Seitdem hat sich das auf 3261 m liegende Huancayo zu einem betriebsamen **Handelszentrum** in einem ländlichen Umfeld (Weizenanbau) entwickelt. Inzwischen leben rund 450 000 Menschen in Huancayo und Umgebung. Das Klima der Stadt ist typisch für die Hochlandregionen Perus: sonnige Tage und kalte Nächte von April bis November und Regen von Dezember bis März.

Sehenswertes

Das Stadtbild ist modern geprägt und koloniale Überreste sind Mangelware. An der **Plaza de la Constitución** ragt die **Kathedrale** empor. Die größere und zentralere **Plaza Huamanmarca** mit dem Rathaus (Coliseo Municipal) ist der älteste Platz der Stadt und der Ort, an dem Jerónimo de Silva 1572 Huancayo gründete.

In der neoklassizistischen **Capilla La Merced**, heute ein historisches Monument, wurde die peruanische Verfassung von 1839 unterzeichnet.

Das **Museo Salesiano** nördlich des Río Shullcas zeigt eine bunte, sehenswerte Mischung aus Archäologie, Paläontologie und Naturkunde. Jirón Santa Rosa 299, El Tambo, ✆ 064-247763. ◷ Mo–Fr 9–13, 14–18, So 9–12 Uhr, 5 S/.

Nordöstlich des Zentrums liegt im Stadtteil San Antonio der **Parque de la Identidad Wanka**, eine (abends beleuchtete) Parkanlage, deren Grünflächen, Figuren, Folklore und Kunsthandwerkstände sich der Kultur der Huanca widmen. ◷ tgl. 8–21 Uhr, gratis.

Bekannt ist die große **Feria Dominical de Huancayo**, ein Sonntagsmarkt, der Menschen aus der gesamten Region anlockt (s. Kasten S. 413). Eine kunsthandwerkliche Spezialität sind die mit wunderschönen Motiven verzierten geschnitzten Kürbisse (*Mates burilados*).

Übernachtung

Die Warmwasserversorgung ist bei billigeren Hotels nicht regelmäßig und oft auf lauwarmes Wasser beschränkt.

Hostal El Dorado, Piura 425, ✆ 064-223947. Große, angenehme Zimmer mit Bad und TV. Sehr gutes Preis-Leistungs-Verhältnis. ❷

Hotel Rogger, Ancash 460, ✆ 064-233488, ✉ beyl18@hotmail.com. Günstige, nicht mehr ganz taufrische Zimmer mit Bad und TV. ❷

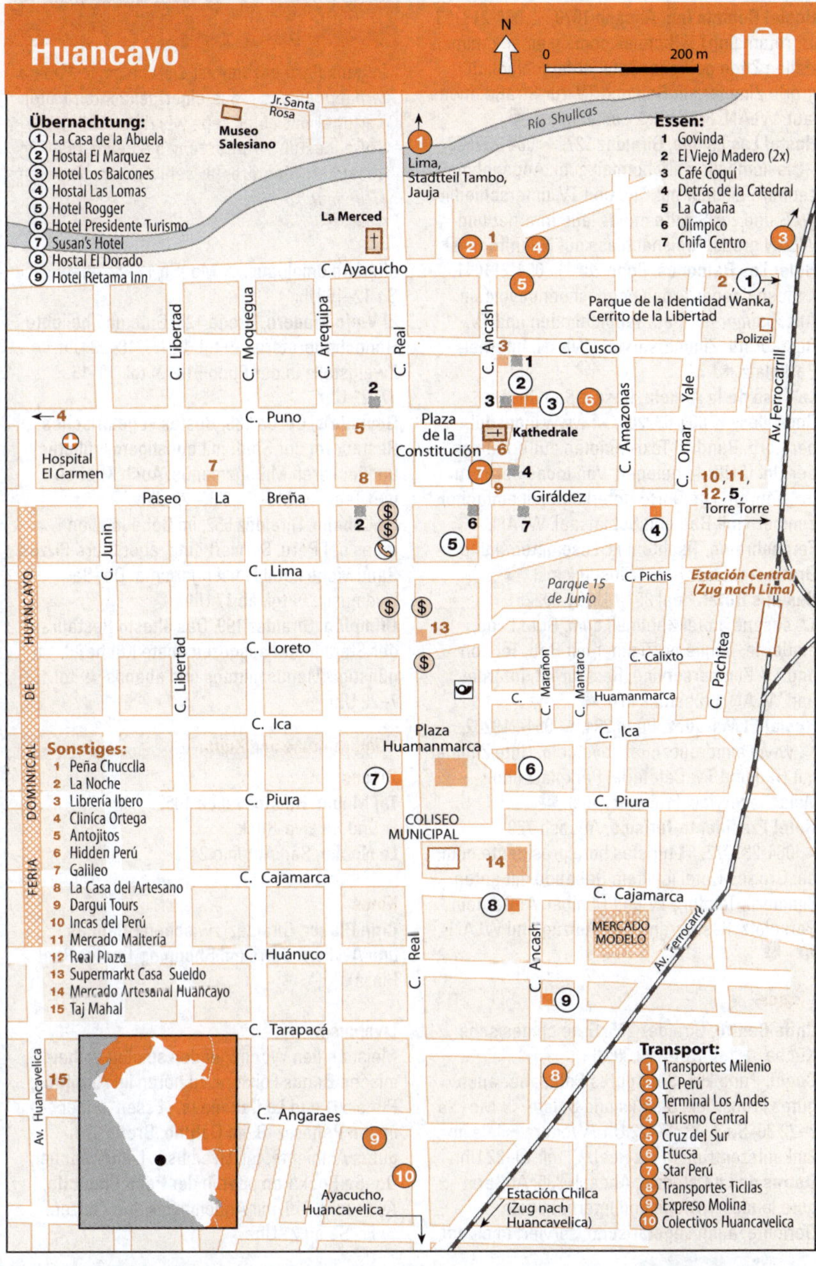
Huancayo
N
0
200 m
Übernachtung:
1 La Casa de la Abuela
2 Hostal El Marquez
3 Hotel Los Balcones
4 Hostal Las Lomas
5 Hotel Rogger
6 Hotel Presidente Turismo
7 Susan's Hotel
8 Hostal El Dorado
9 Hotel Retama Inn
Essen:
1 Govinda
2 El Viejo Madero (2x)
3 Café Coquí
4 Detrás de la Catedral
5 La Cabaña
6 Olímpico
7 Chifa Centro
Sonstiges:
1 Peña Chucclla
2 La Noche
3 Librería Ibero
4 Clinica Ortega
5 Antojitos
6 Hidden Perú
7 Galileo
8 La Casa del Artesano
9 Dargui Tours
10 Incas del Perú
11 Mercado Maltería
12 Real Plaza
13 Supermarkt Casa Sueldo
14 Mercado Artesanal Huancayo
15 Taj Mahal
Transport:
1 Transportes Milenio
2 LC Perú
3 Terminal Los Andes
4 Turismo Central
5 Cruz del Sur
6 Etucsa
7 Star Perú
8 Transportes Ticllas
9 Expreso Molina
10 Colectivos Huancavelica
Jr. Santa Rosa
Museo Salesiano
Río Shullcas
Lima, Stadtteil Tambo, Jauja
La Merced
C. Ayacucho
Parque de la Identidad Wanka, Cerrito de la Libertad
Polizei
C. Libertad
C. Moquegua
C. Arequipa
C. Real
C. Ancash
C. Cusco
C. Amazonas
C. Omar Yale
Av. Ferrocarrill
C. Puno
Plaza de la Constitución
Kathedrale
Hospital El Carmen
Paseo La Breña
Giráldez
10, 11, 12, 5, Torre Torre
C. Junin
C. Lima
Parque 15 de Junio
C. Pichis
Estación Central (Zug nach Lima)
C. Loreto
C. Calixto
C. Maranon
C. Mantaro
C. Huamanmarca
C. Pachitea
C. Ica
Plaza Huamanmarca
FERIA DOMINICAL DE HUANCAYO
C. Piura
COLISEO MUNICIPAL
C. Cajamarca
MERCADO MODELO
Av. Ferrocarril
C. Huánuco
C. Tarapacá
Av. Huancavelica
C. Angaraes
Ayacucho, Huancavelica
Estación Chilca (Zug nach Huancavelica)
Zentralperu

Hostal Retama Inn, Ancash 1079, ✆ 064-219193, ✉ retamainn73@hotmail.com. In einer kommerziellen Zone gelegen. Gute, unterschiedlich große Zimmer mit Bad und TV, zur Straße etwas laut. WLAN. Frühstück kostet extra. ❷

Hostal Las Lomas, Gíraldez 327, ✆ 064-237587, ✉ laslomashostal@hotmail.com. Angenehme, saubere Zimmer mit Bad und TV, unterschiedlich groß und zur Straße etwas laut. Internet und WLAN gratis. Preisnachlass auf Nachfrage ❷

Hotel Los Balcones, Puno 282, ✆ 064-211041, ✉ losbalcones@losbalconeshuancayo.com. Alle Zimmer mit Bad, Teppichboden und TV. Restaurant, Zimmerservice, WLAN, Internet, Parkplatz. ❷

La Casa de la Abuela, Pasaje San José, Chorrillos, ✆ 064-632204, 🖳 www.incasdel peru.org. Rund 10 Taxi-Minuten außerhalb an der Uni (PUCLA) gelegen. Von Incas del Peru (s. „Touren") geführte Unterkunft mit einfachen Zimmern mit Bad und Schlafsaal. WLAN, Fernsehraum, Tischtennis, Lesematerial und Gratis-Abholservice. Frühstück inkl. ❷

Susan´s Hotel, Real 851, ✆ 064-202251, ✉ susans_hotel@hotmail.com. Gute Lage, moderne, bequeme Zimmer mit Bad, Telefon und TV. Zimmerservice, Restaurant, Internet und WLAN. Frühstück inkl. ❸

Hostal El Marquez, Puno 294, ✆ 064-219202, 🖳 www.elmarquezhuancayo.com. Gute Zimmer mit Bad und TV; Cafeteria, Parkplatz und Wäscheservice. Frühstück inkl. ❹

Hotel Presidente Turismo, Ancash 729, ✆ 064-231072, 🖳 turistas.hotelpresidente.com.pe. Großes Hotel in altem Gebäude mit guten Zimmern, Telefon, TV und Minibar. Außerdem Parkplatz, Restaurant, Bar, Aufzug und WLAN. ❹–❻

Essen

Chifa Centro, Giraldez 245. Gute chinesische Küche. 🕓 tgl. 13.15–23.30 Uhr.

Coqui, Puno 296. Sehr gutes Café, aber auch gutes Frühstück, Snacks und Salate. 🕓 Mo–Sa 7–22.30, So 7–13, 17–22 Uhr. Weitere Filiale im Einkaufszentrum Plaza Real, 🕓 tgl. 10–22 Uhr.

Detras de La Catedral, Ancash 335. Äußerst gute landestypische und internationale Gerichte, auch vegetarische, serviert in einem alten Kolonialhaus. 🕓 Mo–Sa 12–22.30, So 12–16 Uhr.

El Viejo Madero, Breña 125. Gute und beliebte Hähnchenbraterei. 🕓 tgl. 12–15, 18–23 Uhr. Zweigstelle in der Puno 518. 🕓 tgl. 13–15, 17–21 Uhr.

Govinda`s, Cuzco 289. Bestes vegetarisches Restaurant der Stadt mit günstigem Frühstück und leckeren Mittagsmenüs. Auch Kuchen und Tees. 🕓 Mo–Sa 8.30–22 Uhr.

La Cabaña, Giraldez 652, im Gebäude von Incas del Peru. Serviert gute, aber teure Pizzas, Sandwiches und Fleischgerichte. Do–Sa Livemusik. 🕓 tgl. ab 17 Uhr.

Olímpico, Giraldez 199. Das älteste Restaurant der Stadt bietet ausgezeichnete Küche; günstige Menüs mittags und abends. 🕓 tgl. 7–22 Uhr.

Unbedingt probieren!

In ganz Peru bekannt ist die Vorspeise *Papa a la huancaina*, die aus einer gekochten kalten Kartoffel mit einer sehr würzigen Chili-Käse-Soße besteht. Außerdem bekommt man im gesamten Mantaro-Tal sehr leckere Forellen *(Truchas)*.

Unterhaltung und Kultur

Discos

Taj Mahal, Huancavelica 1052. Fr und Sa Live-Rock.

La Noche, San Antonio 241.

Kinos

Cine Planet, Giraldez, zwischen Huancas und Av. Ferrocarril (im Shopping-Center Real Plaza).

Livemusik

Meist an den Wochenenden spielen einheimische Bands Folklore, zu hören im **Antojitos**, Puno 591 und **La Cabaña** (s. „Essen") oder in den Peñas, z. B. im **Galileo**, Breña 378, gutes Ambiente, tgl. Livemusik, Liedermacher, Do–Sa Rock/Pop oder in der **Peña Chucclla**, Ayacucho 316, mit Andenmusik und Tänzen. 🕓 Fr–Sa ab 21 Uhr.

Einkaufen

Bücher

Librería Ibero, Cuzco 229 A. Gutsortierte Buchhandlung, auch einige Reiseführer und englische Bücher. ◷ Mo–Fr 9–14, 16–19, Sa ab 9.30 Uhr.

Kunsthandwerk

In der Stadt bekommt man Kunsthandwerk u. a. auf dem **Mercado Artesanal Huancayo**, Ancash, hinter dem Coliseo Municipal. S. auch „Die Umgebung von Huancayo", S. 415.

Märkte

Der Markt für Lebensmittel ist der **Mercado Modelo**, Mantaro, zwischen Cajamarca und Huánuco, auf dem man hervorragend essen kann.
Ein weiterer netter kleiner Markt ist der **Mercado Malteria** in der Huancas, zwei Blocks südlich der Giraldez.

Supermärkte

Plaza Vea, Giraldez, zwischen Huancas und Av. Ferrocarril (im Shopping-Center Plaza Real).
Casa Sueldo, Real, Ecke Loreto.

Touren

Dargui Tours, Ancash 367, ✆ 064-233705, 🖳 www.darguitours.com. Reisebüro und Tourveranstalter.
Hidden Perú, Constitución 122, 2. Stock. (im Büro von American Tours), ✆ 964164979 (Mobil), ✉ andinismo_peru@yahoo.es. Ein-Mann-Unternehmen des Trekking-Guides und Bergführers Marco Jurado Ames. Kann Trekking- und Bergtouren zu allen Zielen der Umgebung und in die Selva Central (Satipo und Umgebung) organisieren. Er kostet etwa US$50–70 pro Tag je nach Tour und Gruppenstärke (inkl. Verpflegung und Transport).
Incas del Peru, Giraldez 652, ✆ 064-223303, 🖳 www.incasdelperu.org. Veranstaltet u. a. Tagestouren im Mantaro-Tal mit Besuch der interessantesten Dörfer und archäologischen Stätten. Außerdem Trekking-, Mountainbike- und Reittouren. Tagestour Huaytapallana US$55 p. P., 3 Tage US$65 pro Tag und Person, 5 Tage US$275, jeweils alles inklusive.

Sonntagsmarkt im Mantaro-Tal

Ein Marktspektakel der ganz besonderen Art ist die **Feria Dominical**, der Sonntagsmarkt von Huancayo, auf dem man gute Schnäppchen machen kann. Zehntausende Menschen strömen in der Av. Huancavelica zusammen, die fast in ihrer ganzen Länge zum riesengroßen Markt wird. Touristen sieht man hier wenige. ◷ So 7–17 Uhr.

Feste im Mantaro-Tal

Details zu den Festen sind bei der Touristeninformation erhältlich. Hinter der Ortsangabe erscheint in Klammern der jeweilige Distrikt.

1.–3. Januar	**La Huaconada** Mito (Concepción).
29.–31. Januar	**Taita Niño** Huayucachi (Huancayo).
26. Juni	**Santísima Trinidad** Huancayo und Sapallanga (Huancayo).
22.–30. Juni	**San Juan Bautista** Chupaca.
16. August	**Fiesta Patronal de San Roque** San Jerónimo (Huancayo).
8. September	**Virgen de Cocharcas** Sapallanga, Orcotuna und Apata.
28. September	**Fiesta Patronal** San Jerónimo (Huancayo).

Im Rahmen der Fiestas Patrias, der Unabhängigkeitsfeiern Ende Juli, werden in der Av. General Munis in Huancayo ein traditioneller Markt sowie die Feria de Yauris mit Trachten, regionalen Spezialitäten, Hahnenkampf und Lamapräsentation veranstaltet.

Sonstiges

Freiwilligenarbeit

Kann über Incas del Peru (s. „Touren") arrangiert werden.

Geld

So gut wie alle Banken haben Filialen mit **Geldautomaten** entlang der Calle Real,

zwischen der Plaza de la Constitución und der Plaza Huamanmarca.
Jede Menge **Wechselstuben** (US$ und Euro) liegen in der Calle Lima, zwischen Real und Ancash.

Informationen

Es gibt keine zuverlässige Touristeninfo (am besten die Tourveranstalter kontaktieren).

Medizinische Hilfe

Clínica Ortega, Daniel A. Carrión 1124, ✆ 064-232921. Gute Privatklinik.

Polizei

División de Turismo y Protección del Ambiente, Av. Ferrocarril 540, ✆ 064-219851. ⏲ tgl. 24 Std.

Post

Serpost, Ancash, Plaza Huamanmarca.

Sprachunterricht

Incas del Peru, Giraldez 652, ✆ 064-223303, 💻 www.incasdelperu.org, veranstaltet Sprachprogramme mit Familienaufenthalt (darunter auch Quechua-Kurse) sowie Web-, Andenmusik-, Koch- und Tanzkurse.

Nahverkehr

Ein **Taxi** im Innenstadtbereich kostet 3 S/.

Transport

Busse und Colectivos

Busse fahren entweder vom Terminal Los Andes, Ferrocarril 151, oder von den Büros der Gesellschaften ab.

Gesellschaften

Cruz del Sur, Ayacucho 287, ✆ 064-235650
Etucsa, Puno 220, ✆ 064-232636
Expreso Molina, Angaraes 334, ✆ 064-224501.
Transportes Milenio, Grau 925, El Tambo, ✆ 064-387810. ⏲ tgl. 13–18 Uhr.
Transportes Ticllas, Av. Ferrocarril 1590, ✆ 064-201555.
Turismo Central, Ayacucho 274, ✆ 064-223128.

Lokale Verbindungen

Zu den meisten Orten im **Mantaro-Tal** gelangt man mit Minibussen und zum Teil auch mit Sammeltaxis. Die Fahrtkosten betragen einige wenige Soles. Die lokalen Busrouten ändern sich häufig. Vor Ort nachfragen!
CHUPACA (20 Min.) Abfahrt von der Ferrocarril, Ecke Giraldez.
COCHAS GRANDE und COCHAS CHICO (40 Min.) Abfahrt von der Huancas, Ecke Giraldez.
HUARI-HUILCA: Ferrocarril, Ecke Giraldez, Richtung Huari-Huancan (20 Min.).
JAUJA (3/4 Std.) Minibusse fahren von der Omar Yali (Richtung Norden)/Ecke Giraldez am linken Flussufer entlang über HUALHAS, SAN JERÓNIMO DE TUNAN und CONCEPCIÓN. Colectivos starten ab dem Terminal Los Andes (6 S/.).
TORRE TORRE (25 Min.) Busse fahren entlang der Giraldez bis zum Cerrito de la Libertad, ab dort zu Fuß.

Überregionale Verbindungen

AYACUCHO um 8, 20.30 und 21 Uhr (Expreso Molina) und um 20 Uhr (Turismo Central), 8 Std., 296 km, 25–30 S/. Gegenüber von Expreso Molina fahren Sammeltaxis (5–6 Std., 70 S/.).
HUANCAYA/RESERVA PAISAJISTICA NOR YAUYOS-COCHAS (Transportes Milenio) um 4.30 Uhr vom Parque Sombrero in El Tambo, 4 Std., ca. 140 km, 20 S/. An der Abzweigung nach Huancaya (bei Alis) bestehen Anschlussmöglichkeiten Richtung YAUYOS, LUNAHUANÁ und CAÑETE mit einem Bus, der die Kreuzung gegen 8–8.30 Uhr passiert. Für die gesamten rund 300 km von Huancayo nach Cañete müssen rund 12 Std. Fahrtzeit eingeplant werden.
HUANCAVELICA (Transportes Ticllas), stdl. von 5–22 Uhr, 2 1/2–3 Std., 150 km, 13 S/. Schlepper für Sammeltaxis sammeln Passagiere u. a. an der Ecke Angaraes/Ferrocarril ein (zwischen 4 und 20 Uhr, 25 S/.).
HUÁNUCO (Turismo Central) um 21.30 und 22.20 Uhr, 7 Std., 365 km, 25–35 S/.
LA MERCED ständige Abfahrten vom Terminal Los Andes, 5 Std., 182 km, 15 S/.
LA OROYA Sammeltaxis fahren vom Terminal Los Andes (3 Std., 126 km, je nach Tag 16–20 S/.).

LIMA um 8.30, 12.30, 14, 22.30, 23, 23.30 und 23.45 Uhr (Cruz del Sur) und um 8, 13, 23, 23.30, 23.45 und 24 Uhr (Etucsa), 7–7 1/2 Std., 300 km, 45–72 S/. (Cruz del Sur, beste Wahl) oder 25–60 S/. (Etucsa). Sammeltaxis fahren ab der Ecke Real/Mariátegui in El Tambo (rund um die Uhr, 5 1/2–6 Std., 60 S/.).
PUCALLPA (Turismo Central) um 14 Uhr, 18 Std., 740 km, 50 S/.
TARMA ständige Abfahrten, 3 Std., 105 km, 10 S/. Alle Busse nach La Merced und Satipo vom Terminal Los Andes fahren über Tarma. Auch Sammeltaxis starten vom Terminal Los Andes (20 S/.).
SATIPO 7 Std., 293 km. Die Hauptroute führt über LA MERCED (s. o.). Eine wenig befahrene Nebenstrecke (8 Std., 233 km) führt über COMAS ebenfalls nach Satipo. Obwohl der landschaftlich reizvolle Abschnitt inzwischen asphaltiert ist, gibt es keine Direktverbindung. Man muss sich von Teilstück zu Teilstück vorarbeiten. Nachtfahrten vermeiden. Der Guide Marco Jurado (s. „Touren") bietet diese landschaftlich spektakuläre Strecke mit dem Fahrrad an.

Eisenbahn

Es gibt zwei Bahnhöfe in Huancayo.
Die **Estación Central** im Westen (Züge nach Lima) und die **Estación Chilca** (Züge nach Huancavelica) im Süden der Stadt.
Der Personenverkehr nach LIMA (11 Std., 332 km) beschränkt sich auf den Zeitraum April–Nov (meist nur 1–2 Abfahrten pro Monat) und wird von **Ferrovias Central Andina**, Jr. José Gálvez Barrenechea 566, 5. Stock, San Isidro, ☏ 01-2266363, 💻 www.ferrocarrilcentral.com.pe, veranstaltet. Eine einfache Fahrt kostet 120 S/. im Tarif „Clásico" und 235 S/. im Tarif „Turístico".
Nach HUANCAVELICA (5 1/2 Std., 129 km) gibt es eine sehr langsame und unregelmäßige Zugverbindung, die aber für Zehntausende Landbewohner in 25 Gemeinden ein unersetzliches und vor allem billiges Verkehrsmittel darstellt. Daher sind auch Privatisierungsversuche bislang gescheitert. Die Linie hat im Volksmund den Spitznamen *Tren Macho* (Macho-Zug), weil die Diesellok „abfährt, wann sie will, und man nie weiß, wann sie ankommt". Der Schienenverkehr kann vor allem in der Regenzeit unterbrochen sein oder ganz ausfallen. Zuletzt fuhr ein Zug tgl. um 6.30 Uhr (Rückfahrt ab Huancavelica um 14 Uhr), 9 und 13 S/. Es empfiehlt sich, die teurere Klasse zu nehmen *(coche buffet)*. Die aktuellen Abfahrtszeiten kann man im **Bahnhof Chilca**, Av. Ferrocarril 461, ☏ 064-215387, erfragen. Wer will, kann auch in Izcuchaca (etwa auf halber Strecke) aussteigen und von dort Richtung Ayacucho (oft kein Sitzplatz!) oder Huancavelica mit dem Bus oder Sammeltaxi weiterreisen.

Flüge

Der Flughafen befindet sich in Jauja, 42 km nordwestlich von Huancayo (Fahrzeit ca. 45 Min.). Shuttle-Service zum Flughafen bieten **El Conde**, ☏ 954419700 (mobil) und **Travel & Routes**, ☏ 064-249706, für 15 S/. p. P. an.
LC Perú, Ayacucho 322, ☏ 064-214514, 💻 www.lcperu.pe. Fliegt tgl. nach LIMA (30–40 Min.). Ticketpreis schließt Flughafentransfer mit ein. ⏲ Mo–Sa 9–21, So 10–12 Uhr.
Star Perú, Ancash 367, neben der Kathedrale, ☏ 064-233327, 💻 www.starperu.com.pe, fliegt Mo, Do und Sa nach LIMA. ⏲ Mo–Sa 9–19, So 9–12 Uhr.

Die Umgebung von Huancayo

Im Norden der Stadt, nur wenig mehr als 1 km vom Zentrum entfernt, erhebt sich der Hügel **Cerrito de la Libertad**, von dem aus man einen schönen Blick über die Stadt und das Tal hat. Nur rund 2 km dahinter gelangt man zu den bizarren Felsformationen **Torre-Torre**, die aus 30–40 m hohen, durch Erosion entstandenen Steintürmen bestehen.

Archäologisch Interessierte können die Ruinen **Huari-Huilca**, rund 6 km südlich von Huancayo besuchen. Zu sehen sind die Überreste eines Zeremonialzentrums der Huancas, das später auch von den Inkas genutzt wurde. Ein kleines Museum stellt Keramikstücke, Knochen und Steinwerkzeug aus. ⏲ tgl. 8–18 Uhr, 2 S/.

In **Chupaca**, ca. 5 km westlich von Huancayo findet jeden Samstag ein interessanter Tiermarkt statt. Zu den am meisten besuchten Dörfern des Mantaro-Tals gehören **Cochas Chico** und **Cochas Grande** (11 km nordöstlich von Huancayo; Herstellung der *Mates burilados* – Kalebassen, in die Zeichnungen geritzt werden); **Hualhuas** (12 km nördlich der Stadt – hier werden Textilien aus Schaf- und Alpakawolle hergestellt und mit natürlichen Farbstoffen wie Chilca, Nogal oder Cochenille eingefärbt); **San Jerónimo de Tunán** (16 km nordwestlich von Huancayo – das Kunsthandwerk hat sich auf die Produktion filigraner Gold- und Silberarbeiten spezialisiert) und **Ingenio** (30 km nördlich von Huancayo im Valle Azul gelegen – bietet die Möglichkeit zur Besichtigung einer Forellenfarm).

Auf leichten Wanderungen lässt sich die das Landleben im Mantaro-Tal gut beobachten. Lohnenswert sind die Strecken Ahuas–Chupaca über Arwaturo, Hualhuas–San Jerónimo, Cullpa–Paccha über Cochas Grande und San Jerónimo–Concepción (mit Abstecher zum Kloster Santa Rosa de Ocopa. Genauere Infos und Wanderskizzen verteilt Incas del Peru (s. „Touren").

Nur rund 32 km nordöstlich der Stadt erhebt sich die mächtige und weitestgehend schneebedeckte Cordillera **Huaytapallana**, die zur Ostandenkordillere gehört. Ihre höchste Erhebung ist der 5557 m hohe Nevado Huaytapallana, der eine imposante Kulisse für ein wunderschönes Wandergebiet abgibt. Die Tourveranstalter bieten unterschiedlich lange Ausflüge dorthin an (s. „Touren").

Huancavelica

Die rund 155 km zwischen Huancayo und Huancavelica sind durchgehend asphaltiert. Nach 80 km auf einer welligen Strecke durch viele kleine Ortschaften und landwirtschaftliche Anbaugebiete wird auf 2885 m **Izcuchaca** erreicht. Der kleine Ort (einfache Übernachtungsmöglichkeiten) mit Bahnstation liegt am Río Mantaro, der hier von einer sehenswerten alten Brücke überspannt wird. Im weiteren Verlauf steigt die Strecke wieder an und erreicht nach weiteren 75 km das auf 3676 m gelegene Huancavelica.

Die Hauptstadt des gleichnamigen Departamentos hat rund 40 000 Einwohner und gehört zu einer der ärmsten Regionen Perus. Dies war nicht immer so. 1563 entdeckten die Spanier in der Nähe der Stadt ertragreiche **Quecksilberminen**, die bis ins 18. Jh. ausgebeutet wurden. Das Quecksilber wurde benötigt, um Silber aus dem Gestein zu lösen. Was für die Spanier Wohlstand und Reichtum bedeutete, führte bei den indianischen Zwangsarbeitern zum frühzeitigen Tod. Es wird erzählt, dass indianische Mütter ihren Neugeborenen absichtlich einige Knochen brachen, um sie für die Arbeit in den Todesminen ungeeignet zu machen. Einige der Minen sind wieder in Betrieb, und Lastwagen bringen das Erz – unter anderem Zink und Kupfer – nach Pisco an die Pazifikküste.

Vom Wohlstand vergangener Zeiten zeugen heutzutage in Huancavelica nur noch über ein halbes Dutzend Kirchen. Dennoch ist das adrette Städtchen ein angenehmer, wenn auch kalter Aufenthaltsort mit einem indianisch geprägten **Sonntagsmarkt**. Außer der **Kathedrale** mit ihren silber- und goldbedeckten Altären lohnen die Fassade des Kolonialhauses **Casona de Tambo de Mora**, Tambo de Mora 202, und das **Museo Regional Daniel Hernández Murillo**, Jr. Arica s/n, Plaza San Juan de Dios, eine nähere Betrachtung. Es stellt neben Fossilien auch Überreste aus der Präinkazeit sowie Memorabilien aus der Kolonialepoche und der Zeit der Unabhängigkeit aus. 🕓 Mo–Fr 9–13, 14.30–17.30 Uhr, gratis.

Die **Baños Termales San Cristóbal** liegen auf der anderen Seite des Río Ichu und sind in 10 Min. zu Fuß erreichbar. Dazu folgt man der Manco Cápac, überquert den Fluss und nimmt den Weg die Treppen hoch. Das mineralhaltige Wasser der Pools ist meist lauwarm; es gibt aber auch eine heiße Dusche. Seife und Handtuch können ausgeliehen werden. 🕓 tgl. 6.30–17.30 Uhr, Eintritt 1,50 S/., Privatkabinen 3 S/.

Übernachtung

Hotel Camacho, Carabaya 481, ✆ 067-453298, ✉ hotelcamacho@hotmail.com Einfache Zimmer mit/ohne Bad, Warmwasser angeblich 24 Std., meist aber nur abends und morgens. Beste Wahl unter den Budgethotels. ❶ ohne Bad nur 15 S/.

Hotel Ascensión, Manco Cápac 481, an der Plaza, ✆ 067-453103, ✉ hotelascension@

hotmail.com. Ordentliche, ruhige und saubere Zimmer mit TV sowie mit/ohne Bad. Warmwasser 24 Std. WLAN nur im 1. Stock. ❶–❷

Gran Hostal la Portada, Manco Cápac 481, ✆ 067-453103, ✉ h_laportada_hvca@hotmail.com. Brauchbare, aber etwas hellhörige Zimmer mit oder ohne Bad (deutlich billiger) in allen Preisklassen und TV. ❷, Suite ❸

Hotel Presidente, an der Plaza, ✆ 067-452760, 💻 www.hotelpresidente.com.pe. Bestes Hotel am Platz. Großes Gebäude mit guten, relativ teuren Zimmern mit Elektroheizung. Restaurant, Cafeteria, Parkplatz, Frühstücksbuffet, Internet und WLAN. ❺

Essen und Unterhaltung

Peruanische Hausmannskost und Hähnchenbratereien überwiegen. Im Restaurant des Hotels Presidente kann man teuer und gut essen (Frühstücksbuffet 20 S/.).

Mochica Sachum, Virrey Toledo 303. Mittagsmenüs und á la carte. 🕓 Mo–Fr 8–21.30, Sa 8.30–15 Uhr.

Joy, Virrey Toledo 230 (am Beginn der Fußgängerzone). Akzeptable Menüs mittags und abends. 🕓 Mo–Sa 8–21 Uhr.

Juguería-Fuente de Soda, Virrey Toledo 205. Gut zum Frühstücken. Sandwiches, Kuchen, Empanadas, Säfte und Obstsalat. 🕓 Mo–Sa 7–22, So 7–13 Uhr.

Perú Chef, Gamarra/Ecke Arequipa. Peruanische Küche, Menüs und á la carte. 🕓 tgl. 7–22 Uhr.

Pizzería Roma II, Manco Cápac 580. Die einzige brauchbare Pizzeria serviert auch Pastagerichte. 🕓 Mo–Sa ab 18 Uhr.

Peña Turística Esparta, Virrey Toledo Block 3. Gelegentlich Livemusik.

Einkaufen

Im **Arkadengang der Banco de la Nación**, Manchego Muñoz, zwischen Barranca und Carabaya werden Woll- und Alpaka-Textilien angeboten.

Einen Laden mit schönen Alpaka-Textilien hat **CITEtextil**, Raimondi 234. 🕓 Mo–Fr 8.30–13, 15–18.30 Uhr. Am Wochenende kann man unter ✆ 967690353 (Mobil) einen Termin vereinbaren.

Die Feria Dominical (der Sonntagsmarkt) findet am Malecón Santa Rosa statt.

Sonstiges

Feste

22.–26. Januar: Niño de Lachocc. Feier, bei der man viele typische Tänze, darunter den Scherentanz (Danza de las Tijeras) bewundern kann.

4.–6. März: Hatun Puqllay. Großes regionales Fest mit Tanz und Musik.

3.–4. August: Stadtgründung Huancavelicas.

Geld

An der Plaza oder in Plazanähe liegen mehrere Banken mit Geldautomaten, darunter die **Banco Continental** am Hotel Presidente, die **Banco de Credito**, Virrey Toledo 381 und die **Banco de la Nación** im Arkadengang der Stadtverwaltung, Manchego Muñoz, zwischen Barranca und Carabaya. Ein **Global Net**-Automat befindet sich in der Virrey Toledo 241.

Informationen

Información Turístico Municipal, Manuel A. Seguro 140, Plaza de Armas. Praktisch, weil sich auch ein Tourveranstalter (s. „Touren") im Raum befindet. 🕓 Mo–Fr 8.30–13, 14.30–18 Uhr.

DIRCETUR, Victoria Garma 444, ✆ 067-452938, ✉ dircetur_hvca@hotmail.com. 🕓 Mo–Sa 8.30–13, 14.30–17.30 Uhr.

Medizinische Hilfe

Hospital Departamental de Huancavelica, Mariscal Cáceres s/n, ✆ 067-452990.

Polizei

Plaza Santa Ana, ✆ 067-454185.

Post

Serpost, Pasaje Ferrua 105, Plaza Santa Ana.

Touren

🌳 **Cielo Azul**, Manuel A. Seguro 140, Plaza de Armas, ✆ 980042093 (Mobil), ✉ cieloazul_huancavelica@gmail.com. Mit den Einnahmen der kleinen Agentur werden die Sozialprogramme der gemeinnützigen Organisation Pukullawa finanziert. Zu den Programmen gehören unter anderem der etwa 4-stündige Besuch der ehemaligen Quecksilbermine Santa Barbara (rund 8 km südwestlich der Stadt) oder der Tagesausflug zur rund 16 km² großen Lagune Choclococha (etwa 76 km südlich von Huancavelica).

Transport

Busse

Die Busse nach Lima, Huancayo und Ica/Pisco fahren vom **Terminal Terrestre** am Westende der Stadt ab.

Zentralperu

Gesellschaften

Antezana, Manchego Muñoz 616, ✆ 067-453455
Empresa Ticllas, Manchego Muñoz 686, ✆ 067-451562
Expreso Lobato, Jr. O'Donovan 519, Parque Santa Ana, ✆ 994629108 (Mobil)
Expreso Molina, Manchego Muñoz 948, ✆ 067-454244
Oropesa, Manchego Muñoz 612, ✆ 967701529 (Mobil)
Señor de Oropesa, Jr. Francisco de Angulo 110

Verbindungen

AYACUCHO Nur von Dezember bis Februar/ März fahren die Busse über Huancavelica direkt nach Aycucho. In der übrigen Zeit gibt es weiterhin keine Direktbusse! Die Varianten: San Juan und Unión Andino fahren abwechselnd von der Plazoleta Túpac Amaru um 4 Uhr zur Kreuzung RUMICHACA (ca. 118 km, 13 S/.) bei KM 196 der asphaltierten Straße Via Libertadores von Pisco nach Ayacucho (rund 138 km südwestlich von Ayacucho), Dort nimmt ein aus Ayacucho kommender Combi oder jeder beliebige Bus die Passagiere zur Weiterfahrt nach Ayacucho auf (insges. 5 1/2 Std. Fahrzeit). Alternativ geht es per Sammeltaxi (ca. 4 Blocks südl. der Plaza, 2 1/2 Std, 20 S/.) oder Bus von Señor de Oropesa nach LIRCAY (12.30 und 13 Uhr, 3 1/2 Std., 10 S/.) und von dort mit Sammeltaxis weiter nach JULCAMARCA (2 Std. 15 S/.). Von Julcamarca fahren Combis nach Ayacucho (3 Std., 10 S/.). Wer mit dem Bus nach Lircay fährt, schafft es nicht mehr am gleichen Tag nach Ayacucho. Es gibt einfache Hostals in Lircay.
Außerderdem fahren Busse (oft voll) nach IZCUCHACA und von dort über HUANTA weiter nach Ayacucho(insges. 6–7 Std.).
HUANCAYO (Empresa Ticllas) stdl. von 3–22 Uhr, 2 1/2–3 1/2 Std., 155 km, 12 S/. Fährt über IZCUCHACA (6 S/.). Sammeltaxis (auch Autos genannt) fahren, wenn sie vier Passagiere gefunden haben, vom Ex-Coliseo de Gallos (25 S/.).
ICA (Oropesa) um 18 und 19 Uhr, 8–9 Std., 274 km, 35 S/. Der erste Bus fährt über CASTROVIRREYNA, der zweite über HAYTARA.
LIMA um 19.30 Uhr (Expreso Lobato und Oropesa), um 19.45 Uhr (Antezana) und um 19.45 und 20 Uhr (Expreso Molina), 10–12 Std., 446 km, 35–40 S/. oder 40–50 S/. (Expreso Molina). Fährt über HUANCAYO.

Eisenbahn

Der **Bahnhof** befindet sich ca. 6 Blocks östlich der Plaza de Armas, ✆ 067-452898. Tgl. außer mittwochs fährt ein Zug um 14 Uhr über IZCUCHACA (5 S/.) nach HUANCAYO (ca. 5 1/2 Std., 129 km, 9 und 13 S/.).
Weitere Infos zur Zugfahrt stehen auf S. 415.

Von Huancavelica nach Ayacucho

Auf einer wenig befahrenen, einsamen Hochlandpiste steigt die Straße zunächst bis auf rund 4800 m an. Unterwegs sieht man viele Lama- und Alpakaherden. Nach rund 80 km wird der recht trostlos wirkende kleine Ort **Santa Inés** in der Nähe der wunderschönen **Laguna Choclococha** erreicht, wo sich die Straße gabelt. Geradeaus gelangt man auf einer Erdstraße über **Castrovirreyna** nach **Pisco** (ca. 140 km ab Santa Inés). Linker Hand geht es auf einer guten Piste in 38 km zur **Kreuzung Rumichaca** an der asphaltierten **Via Libertadores**. Biegt man dort links ab, sind es noch 138 landschaftlich sehr schöne Kilometer nach **Ayacucho**. Diese Route führt unter anderem über den 4750 m hohen Pass **Abra Apacheta**. Rechter Hand wird auf einer guten Asphaltstraße nach rund 160 km

Pisco an der Pazifikküste erreicht. Ebenfalls landschaftlich sehr reizvoll – aber bislang ohne Direktverbindung ausgestattet – ist die Strecke, die über Lircay und Julcamarca nach Ayacucho (S. 418) führt.

Von La Oroya über Tingo María nach Pucallpa

Die nördliche Route von La Oroya nach Pucallpa passiert mehrere Höhenzonen und wartet mit einer Reihe von Sehenswürdigkeiten auf. Perus zweitgrößter See **Lago de Junín** lockt mit artenreicher Tier- und Pflanzenwelt. Ganz in der Nähe zieht der versteinerte Wald **Santuario Nacional Huayllay** Besucher an. Nördlich der Minenstadt Cerro de Pasco liegt Huarautambo an der alten **Inkastraße Capac Ñan**, auf der eine mehrtägige Wanderung bis Húanuco Pampo bei La Unión (S. 421) möglich ist. Noch älter sind die präinkaischen **Ruinen von Yarowilka** (bei Tantamayo) und **Kotosh** (bei Huánuco). **Tingo María** lockt mit einer idyllischen Lage zwischen Bergketten und dichten Wäldern und lädt zu Ausflügen zu Höhlen und Wasserfällen ein. Von einer seiner tropischsten Seiten zeigt sich Peru auf dem Weg nach Pucallpa, in der üppig begrünten Schlucht **Boquerón del Padre Abad**.

Von La Oroya nach Cerro de Pasco

Rund 50 km nördlich von La Oroya durchfährt man eine weite Hochebene, die geschichtsträchtige **Pampa de Junín**, in der man mit etwas Glück Vicuñas beobachten kann. Hier besiegte Simón Bolívar am 6. August 1824 die spanischen Truppen im Kampf um die Unabhängigkeit. Eine von der Straße aus sichtbare Siegessäule, die innerhalb des 2500 ha großen **Santuario Histórico Chacamarca** liegt, erinnert an die damaligen Ereignisse. Nördlich hiervon wird bald darauf der Ort Junín mit sehr einfachen Übernachtungsmöglichkeiten erreicht. Aufgrund der Höhe von über 4000 m wird es hier nachts meist sehr kalt.

In der Nähe der Stadt liegt das 53 000 ha große Naturschutzgebiet **Reserva Nacional de Junín**, das die Fauna und Flora des zweitgrößten Sees Perus, des **Lago de Junín** (auch **Lago Chichaycocha** genannt), schützt. Rund 130 Vogelarten, darunter zahlreiche Wandervogelarten, leben in den breiten Schilfgürteln des Sees, der leider zunehmend von Bergbaufirmen als Endlager für alle Arten von Abfall genutzt wird. Das Naturschutzgebiet wird von Sernap in Junín, San Martín Oeste 138, ✆ 064-344146, ✉ mjunin@sernanp.gob.pe, verwaltet; Eintritt 5 S/. Ein beliebter Aussichtspunkt für Vogelbeobachter liegt in Ondores an der Westseite des Sees (einfache Unterkunft, Kleinbusse ab Junín).

Zentralperu

Cerro de Pasco

Rund 130 km nördlich von La Oroya liegt etwas abseits der Hauptstraße Cerro de Pasco, eine der weltweit am höchsten gelegene Städte (4330 m). Vor den Augen der Besucher breiten sich trostlose Wellblechdächer vor der beeindruckenden Kulisse der Kordillere Huayhuash (S. 537) aus, die sich im Hintergrund erhebt. Der **Bergbau** hat der Stadt mit seinen rund 30 000 Einwohnern seinen Stempel aufgedrückt. Cerro de Pasco ist um eine riesige Erzgrube gewachsen, aus der Kupfer, Silber, Zink und Blei gefördert werden.

Übernachtung und Essen

Wer In Cerro de Pasco übernachtet, sollte sich auf eisige Kälte gefasst machen. Heizungen sind unbekannt.

Hotel Arenales, Arenales 162, in der Nähe des Busterminals, ✆ 063-423088. Saubere Zimmer (ohne Bad billiger), Warmwasser 24 Std., Elektrodusche. Direkt am Hotel ist ein Geldautomat. ❶.

Bembos, Arenales 180, Nähe Hotel Arenales. Kein Ableger der peruanischen Hamburgerkette, sondern spezialisiert auf Grillhähnchen. Hat aber auch Forellen und Salat.

Viele **einfache Esslokale** befinden sich in Plaza-Nähe und beim Busterminal.

Bizarrer Steinwald

Bei KM 121 (rund 40 km südwestlich von Cerro de Pasco) zweigt linker Hand eine Erdpiste zum **Santuario Nacional de Huayllay** ab, bizarren Felsformationen, die auch als **Bosque de Piedra** („Steinwald") bekannt sind. Das Naturschutzgebiet erstreckt sich auf einer Fläche von 6815 ha in einer Höhe von 4100 bis 4300 m. Starke Erosionskräfte haben einen steinernen Wald entstehen lassen, der mit markanten Figuren wie der „Kobra" oder dem „Riesenpilz" beeindruckt. Am Haupteingang des Parks in der Nähe des Weilers **Canchachuco**, direkt an der Straße von Huayllay nach Cerro de Pasco, befindet sich die einfache Herberge des Touristenführers Alcibiades Cristóbal Vicente (guten Schlafsack mitnehmen, es wird nachts sehr kalt). Er veranstaltet unterschiedlich lange Wandertouren in den steinernen Wald (40 S/. pro Tag), und seine Frau kocht auf Wunsch für Besucher. Auf der Grünfläche vor seinem Haus kann man zelten.

Anfahrt: Es bestehen ständige Verkehrsverbindungen mit Colectivos und Combis zwischen Cerro de Pasco und Huayllay. Wer Cerro de Pasco umgehen will, kann an der Kreuzung nach Huayllay beim KM 121 aussteigen und von dort mit einem der häufig vorbeikommenden Combis weiterfahren.

Transport

Der **Busterminal** liegt ungefähr 4 Blocks von der Plaza de Armas entfernt an der Av. Arenales.

HUAYLLAY Sammeltaxis fahren ab der Av. Arenales in der Nähe des Busterminals (1 Std., 45 km, 5 S/.).

HUANCAYO ständige Abfahrten, 5–6 Std., 250 km.

HUÁNUCO Sammeltaxis (2–2 1/2 Std., 100 km, 20 S/.) oder regelmäßige Busse.

LA OROYA ständige Abfahrten, 2 Std., 130 km.

LIMA um 7.30, 9.30, 11.30, 20.30, 21.30 und 22.15 Uhr, 8–9 Std., 315 km, 15–40 S/. Die beste Wahl ist Transportes Junín, ✆ 063-421043.

TARMA Sammeltaxis (150 km, 2 Std., 20 S/.).

YANAHUANCA Minivans fahren regelmäßig (2 Std., 65 km, 18 S/.).

Yanahuanca

Diese alternative Route nach Huánuco sei all denen empfohlen, die etwas Zeit mitbringen und die eindrucksvolle Bergwelt der Anden genießen wollen. Der sympathische Ort liegt spektakulär auf 3215 m Höhe in einem **Canyon** des wilden Río Chaupihuarango, ca. 65 km nordwestlich von Cerro de Pasco. Von hier aus bestehen direkte Verkehrsverbindungen nach Cerro de Pasco und Huánuco. Etwas umständlicher ist es, von hier über Oyón und Churín nach Huacho an der Pazifikküste zu gelangen (2 Tage).

Einfache Unterkunftsmöglichkeiten gibt's im **Rocca's**, Jr. Soledad, ✆ 063-816501 und im **Hostal Jamay Wasi**, 28 de Julio, ✆ 063-816549,beide ❷.

Huánuco

Die Stadt liegt am Oberlauf des Río Huallaga in einem schönen Andental auf 1910 m und macht trotz ihrer rund 120 000 Einwohner einen hinterwäldlerischen Eindruck. Dennoch kann man sich hier im angenehmen Klima der Stadt (Anbau von Zuckerrohr, Kaffee und Koka) gut von den kalten Hochebenen der Anden erholen und ein wenig an die heißen Regionen im Osten anpassen.

Huánuco wurde 1539 an der Stelle der Inkasiedlung Yariwilca gegründet und 1541 an die heutige Stelle verlegt. Kolonialgebäude sind allerdings so gut wie keine mehr erhalten. Abgesehen von einem kleinen naturhistorischen Museum und den **Kolonialkirchen** San Francisco, La Merced und San Cristóbal bietet die Stadt wenig Sehenswertes.

Das **Museo de Ciencias**, Prado 495, zeigt eine interessante naturkundliche Sammlung, hauptsächlich präparierte peruanische Fauna, aber auch archäologische Fundstücke aus Kotosh, deren Ruinen ganz in der Nähe liegen. ◷ tgl. 9–17 Uhr (wird nicht immer eingehalten), 1 S/.

Übernachtung

Hostal Huánuco, Huánuco 777, ✆ 062-512050. Großes altes Kolonialhaus mit ruhigem Ambiente und Garten. Große Zimmer mit recht kleinem oder ohne Bad (empfohlen wird die Nr. 22). ❷

Nuevo Gran Hotel Cuzco, Huánuco 614, ✆ 062-515070. Ordentliche Zimmer mit Bad und TV, mit Badewanne etwas teurer. Restaurant, Parkplatz, WLAN nur in 2 Stockwerken. ❷

Hotel Las Vegas, 28 de Julio 936, ✆ 062-512315. Saubere Zimmer, die über TV und Warmwasser verfügen. WLAN. Restaurant. ❷

Wandertipp

Rund 5 km westlich von Yanahuanca zweigt von der Straße nach Churín ein steiler Serpentinenweg ab, der nach **Huarautambo** auf 3600 m Höhe führt (Combi ab Yanahuanca ca. 30 Min.). Der kleine Weiler ist Ausgangspunkt für die 5-tägige Wanderung nach Huánuco Viejo entlang der auf weiten Strecken gut erhaltenen **Inkastraße Capac Ñan**. Maultiere und Guides sind im Dorf verfügbar. Man kann sich in Huarautambo kleinere Inka- und Präinkaruinen ansehen, die die Bewohner stolz zeigen.

Hotel Trapiche Suites, General Prado 636, ✆ 062-517091, ✉ hoteltrapichehuanuco@hotmail.com. Neue Zimmer in modernem Design, alle mit Privatbad, TV, Minibar und WLAN. Bislang kein Frühstück verfügbar. ❹

Hacienda Santa Cruz, Las Palmeras, Churubamba, rund 20 km nordöstlich der Stadt Richtung Tingo María, ✆ 062-796223, 💻 www.haciendasantacruz.com.pe. Schöne Lage, gute Zimmer mit Bad und TV. Restaurant, Bar, Sauna, Pool, Ausritte, familientauglich. ❹

Grima Hotel, Damasco Beraun 880, ✆ 062-513649, 💻 www.grimahotelhco.com. In guter Lage mit geräumigen Zimmern. Aufzug, WLAN, Parkplatz. Frühstück inkl. ❹

Grand Hotel Huánuco, Beraún 775, an der Plaza, ✆ 062-512410, 💻 www.grandhotelhuanuco.com. Bestes Haus am Platz. Pool, Fitnessraum, Jacuzzi, Restaurant, Parkplatz und WLAN. ❺

Essen

Buena Vida, Abtao 951. Guter Vegetarier mit Frühstück und günstigen Mittags- und Abendmenüs. ◷ Mo–Sa 7.30–22, So 7.30–16 Uhr.

Café Ortiz, 28 de Julio 898, Ecke Prado. Alteingesessenes Café, das mit seinen günstigen Preisen bei den Einheimischen beliebt ist. ◷ tgl. 8–12, 17–21.30 Uhr.

Govinda, Prado 608. Günstiges vegetarisches Mittagessen. ◷ Mo–Sa 12–16 Uhr.

La Hacienda Cachigaga, 28 de Julio 1019. Offeriert eine eigenwillige Mischung aus Naturjoghurt, Obstsalat, Käse, Kaffee und

einheimischem Zuckerrohrschnaps in zahlreichen Variationen. ◷ tgl. 9–13, 16.30–22.30 Uhr.
La Piazzeta, Beraún 845. Pasta, Pizza und leckere Nachtische. ◷ tgl. 18.30–23.30 Uhr.
Pizzería Don Sancho, Prado 645. Serviert neben Pizza auch Pasta und führt peruanische Weine. ◷ tgl. 18.30–23 Uhr.

Unterhaltung und Kultur

Angesagt sind die Disco **Kilombo**, 2 de Mayo, die Kneipe **Alambique**, Beraún 635, die **Trapiche Bar-Ecológico**, 2 de Mayo 945 und die schräg gegenüber liegende **Trapiche Karaoke Bar**, 2 de Mayo 924.

Touren

Ein empfehlenswerter Guide für archäologische Touren ist **Antonio Mais Silva**, ✉ antoniomais2000@yahoo.com.mx. Er hat einen Verkaufstand in den Ruinen von Kotosh und kann dort direkt kontaktiert werden.
Infos zu Bergbesteigungen und Wandermöglichkeiten in der Region, einschließlich der Kordilleren Raura und Huayhuash sowie zum Inkaweg Capac Ñan bekommt man bei **Giancarlo Sardini**, ✆ 943034692 (mobil), ✉ andesdbosco@hotmail.com, der in Huánuco lebt und Perus Don Bosco-Bergführerschulen gegründet hat.

Sonstiges

Einkaufen

Centro Artesanal Huanuqueño, Beraún 667. Kunsthandwerk. ◷ Mo–Sa 9–13, 15.30–21 Uhr, So unregelmäßig bis 16 Uhr.

Feste

Letzte Juliwoche: Festival de Perricholi mit diversen Aktivitäten.
12.–17. August: Aniversario de Huánuco. Stadtgründungsfest mit Ausstellungen, Folkloregruppen, Ausflügen.
27.–29. Oktober: Festividad del Señor de Burgos. Patronatsfest mit Umzügen und Prozessionen.

Geld

Banco de Crédito, Dos de Mayo, Ecke Huánuco.
Banco Continental, an der Plaza.
Scotiabank, 28 de Julio, einen halben Block von der Plaza entfernt.
Ein **Geldautomat** befindet sich in der Apotheke **Bótica Fasa** an der Plaza de Armas und ist tgl. von 7–23 Uhr zugänglich.

Informationen

DIRCETUR, Jr. Bolivar 381, ✆ 062-512980, ✉ huanuco@mincetur.gob.pe. ◷ Mo–Fr 7.30–13, 14.30–17 Uhr.
Dirección Regional de Cultura, Plazuela St. Domingo, ✆ 062-512507, ✉ huanuco@mcultura.gob.pe, ◷ Mo–Fr 8.30–17.15 Uhr. Infos zu den archäologischen Stätten der Umgebung.

Medizinische Hilfe

Clínica Huánuco, Constitución 980, ✆ 062-514026.

Polizei

Constitución, Ecke Abtao, ✆ 062-511525.

Post

Serpost, an der Westseite der Plaza.

Transport

Busse und Colectivos

Gesellschaften

Bahía Continental, Valdizán 718, ✆ 062-519999
Chasqui, Mayro 570, zwischen Abtao und Huallayco, ✆ 062-517421
El Chavalito, Abtao, Ecke Tarapacá
Ettur No. 6, San Cristobal 1215, Ecke Prado, ✆ 062-3513933
León de Huánuco, Malecón Robles 821, ✆ 062-512996
Lupe Express, San Martín 540
Transportes GM, 28 de Julio 1275, ✆ 062-519770
Turismo Central, Tarapacá 560, ✆ 062-511806
Turismo La Unión, Tarapacá 449, ✆ 062-526308
Turismo Real, 28 de Julio 580

Verbindungen

CERRO DE PASCO Sammeltaxis fahren vom Óvalo de Kayhuayna ca. 3 km westlich des Zentrums (ab 5 Uhr, 2 Std., 105 km, 20 S/.).
HUANCAYO (Turismo Central) um 21.30 und 22 Uhr, 7–8 Std., 362 km, 25–40 S/.

LA UNIÓN (Turismo La Unión) um 7, So auch um 13 Uhr, 4–5 Std., 137 km, 13 S/. Etwas abgehalfterte Busse. Nebenan in der Tarapacá 445 fahren Minivans (7.30, 11 und 15.30 Uhr, 20 S/.).

LIMA um 10, 22 und 22.15 Uhr (Bahía Continental), um 9.15 und 6x von 21.30–22.40 Uhr (Transportes GM), um 10, 20.30 und 22 Uhr (León de Huánuco) und um 22 und 22.30 Uhr (Turismo Real), 8–9 Std., 410 km, 30–65 S/. oder 35–65 S/. (beste aber auch teuerste Wahl ist Transportes GM).

PUCALLPA (Turismo Central) um 19, 20 und 20.30 Uhr, 8–10 Std., 375 km, 25–35 S/.

SATIPO um 18.30 Uhr (Turismo Central) und um 20 Uhr (León de Huánuco), 8–9 Std., 404 km, 45 S/. Fährt über LA MERCED (40 S/.). Der frühere Bus kommt von Pucallpa und kostet 50 S/.

TANTAMAYO (Chasqui) um 2 Uhr, 5–6 Std., 157 km, 20 S/. Colectivos von Lupe Express starten um 3 und 13 Uhr, (4–4 1/2 Std., 30 S/.)

TINGO MARÍA (Ettur No. 6) von 4–20 Uhr, 2 Std., 129 km, 18 S/.

YANAHUANCA (El Chavalito) um 8.30 und 13 Uhr, 3 Std, 10 S/. Fährt über AMBO.

Flüge

Der **Flughafen**, ✆ 062-513066, liegt ca. 8 km nördlich der Stadt.

LC Perú, 2 de Mayo 1321, ✆ 062-518113, 💻 www.lcperu.pe, fliegt tgl. gegen Mittag nach LIMA (ca. 1 Std.). ⏲ Mo–Sa 8.30–19, So 9–12 Uhr.

Star Perú, 28 de Julio 1005, ✆ 062-519595, 💻 www.starperu.com, fliegt ebenfalls gegen Mittag nach LIMA. ⏲ Mo–Sa 8–20, So 9–12 Uhr.

Die Umgebung von Huánuco

Mehr zur Straßenverbindung von Huánuco über La Unión (Ruinen von Huánuco Viejo) nach Chiquián (Cordillera Huayhuash) steht auf S. 512.

Die Ruinen von Kotosh

Nach nur rund 6 km entlang der Straße nach La Unión gelangt man zu den Tempeln von Kotosh am Ufer des Río Higueras. Mit ihrer Entstehung um 2500 v. Chr. zählt die Ausgrabungsstätte zu den **ältesten Kultstätten Perus**.

Es handelt sich um eine mehrschichtige Anlage auf mehreren künstlichen Plattformen, an der japanische Archäologen in den 1960er-Jahren den steinernen Tempel der kleinen Nischen, den **Templo de Nichitos**, und den Tempel der gekreuzten Hände, **Templo de las Manos Cruzadas**, freigelegt haben. An der Anlage hat man Nachbildungen angebracht; die Originale sind im Museo de la Nación in Lima ausgestellt. Die Bewohner von Kotosh benutzten bereits 3500 Jahre vor den Inkas die Trapezform zur Ausgestaltung der Wandnischen. Inzwischen wurden ein anschauliches Ortsmuseum und eine Hängebrücke über den Río Higueras gebaut. ⏲ Di–So 9–17 Uhr, Eintritt 3 S/. Taxis kosten einfach etwa 5 S/., inkl. 30 Min. Wartezeit und Rückfahrt ca. 15 S/.

Megakrafftwerk

Nur rund 40 km Luftlinie nordöstlich der Stadt wird seit 2011 Perus zweitgrößtes Wasserkraftwerk gebaut, die Hidroeléctrica Chaglla. Unter der Federführung der brasilianischen Baufirma Odebrecht wird der Río Huallaga auf einer Fläche von 5 km² mit einer 199 m hohen Staumauer aufgestaut. Jährlich sollen so ab 2016 rund 2500 Gigawatt saubere Energie erzeugt werden.

Tantamayo

In der Nähe des kleinen Andendorfs Tantamayo liegen die präinkaischen **Ruinen der Yarowilca-Kultur**, die auf einer Fläche von rund 50 km² mehr als 50 Strukturen – darunter mehrstöckige Wachtürme – errichtete. Nach hartem Widerstand eroberten die Inkas das Gebiet. Tantamayo ist entweder von Huánuco (siehe „Huánuco/Transport") oder von La Unión (S. 423) aus zu erreichen. Die verstreut liegenden Ruinen wie etwa Japallan, Selinin oder Suspillu sind drei bis vier Gehstunden von Tantamayo entfernt. Guides sind im Ort verfügbar. Es gibt einfache Unterkunftsmöglichkeiten und Restaurants mit sehr bescheidener Qualität.

Tingo María

Auf den 120 km von Huánuco nach Tingo María windet sich die Straße zunächst auf den 2750 m hohen Carpish-Pass (KM 452), auf dem ein Tunnel durchquert wird. Auf beiden Seiten des Tunnels bieten sich schöne Ausblicke. Das Gebiet ist für seine Orchideen-Vielfalt bekannt. Immer steiler werdend, führt die Straße zunächst entlang des Río Cayuma die feuchten Abhänge der Ostanden hinab, ehe sie weiter unten dem Verlauf des Río Huallaga folgt. Mehrmals verengt sich die Straße schluchtenartig, und überall bahnt sich Wasser seinen Weg durch die üppig grüne Vegetation. Am Straßenrand sieht man Kaffee-, Bananen- und Papayaplantagen.

Nach rund zwei Stunden wird die 60 000 Einwohner zählende Stadt Tingo María auf nur noch 665 m erreicht. Das recht junge und – nicht zuletzt dank der Kokaproduktion – dynamisch wachsende Städtchen besticht weniger durch

sein Stadtbild, als durch die Lage inmitten dicht bewachsener Bergketten. Eine davon, im Südosten von Tingo María gelegen, wird **La Bella Durmiente** (die schlafende Schönheit) genannt. Das Bergprofil ähnelt (mit etwas Fantasie) einer schlafenden Frau und muss als inoffizielles Wahrzeichen der Stadt herhalten.

Aufgrund seiner Lage an den Andenostabhängen ist in Tingo María das ganze Jahr über mit Niederschlägen zu rechnen. Die meisten der jährlichen rund 3000 mm fallen zwischen Dezember und Mai. Während es tagsüber heiß und schwül werden kann, kühlt es abends angenehm ab.

Ganz interessant ist der **Jardín Botánico**, Pimentel, Ecke Sucre, der von der Universität UNAS verwaltet wird. Auf einer Fläche von 4 ha sind rund 1500 Baum- und Pflanzenarten (darunter auch Orchideen) der Region zu sehen. ⌚ Mo–Sa 7–15 Uhr, Eintritt 1,50 S/.

Im **Zoo** der Universität UNAS, etwa 1 km südlich von Tingo María, kann man sich die einheimische Fauna anschauen. Die Tiere wurden zumeist von der Polizei beschlagnahmt und sollen wieder ausgesetzt werden. Leider fehlen finanzielle Mittel zur artgerechten Umsetzung dieses Vorhabens. Einmalig ist die Insektensammlung

Sicherheit

Der schlechte Ruf Tingo Marías als Tor zu den Drogenanbaugebieten wird der aktuellen Lage in der Stadt nicht gerecht. Der Ort selber ist ungefährlich, doch wie in anderen Städten sollte man sich nachts im beleuchteten Teil aufhalten.

der Universität mit Tausenden von Exemplaren. ⌚ keine festen Öffnungszeiten. Am besten schaut man vormittags zwischen 8 und 13 Uhr vorbei, 1 S/.

In der Umgebung

Südwestlich der Stadt erstreckt sich auf einer Fläche von 4777 ha der **Parque Nacional Tingo María**, der bereits seit 1965 existiert. Er wird vom Río Huallaga und Río Monzón begrenzt und schützt die Wälder und die vielfältige Fauna der Region. Im Naturschutzgebiet liegt die sehenswerte Tropfsteinhöhle **Cueva de la Lechuza**, nur 6,5 km von Tingo entfernt. Hier lebt der seltene Fettschwalm (s. Kasten). Unterhalb der Höhle hat man einen kleinen Picknickbereich geschaffen, an dem Kunsthandwerk verkauft wird. Auch Baden ist möglich. ⌚ tgl. 8–17 Uhr, Eintritt 5 S/. (Taschenlampe mitnehmen!).

In der Umgebung des Städtchens finden sich zahlreiche Wasserfälle und natürliche Badebecken, die auch von den Einheimischen gerne aufgesucht werden. Zu den beliebtesten zählen das **Balneario Cueva de las Pavas** (natürliche Badebecken, 7,5 km südöstlich) und die **Cascada Velo de las Ninfas** (17 km südöstlich). Die Mototaxifahrer kennen die Stellen.

Übernachtung

Die billigeren Unterkünfte verfügen nur über kaltes Wasser, was bei den tropischen Temperaturen aber nicht weiter stört.

Hospedaje Raimondi, Av. Raimondi 342, ✆ 062-562146. Akzeptable Low-Budget-Option mit sehr einfachen Zimmern, aber sauber und zentral gelegen. ❶

Hotel Las Palmeras, Callao 283, ✆ 062-561338, ✉ hpalmeras@hotmail.com. Saubere und große Zimmer mit Bad und TV. Internet kostet extra. ❶

Hotel Internacional, Raimondi 232, ✆ 062-563035. Saubere Zimmer mit großem Bad

Der Fettschwalm

In den Höhlen um Tingo María lebt eine ungewöhnliche Vogelart, die von den Einheimischen *Guacharo* genannt wird. Der Fettschwalm *(Steatornis caripensis)*, der zur Familie der Schwalmvögel *(Steatornithidae)* gehört, hält sich tagsüber auf felsigen Vorsprüngen innerhalb seiner Höhle auf. Zur Orientierung stößt der nachtaktive Vogel für Menschen hörbare Laute mit einer hohen Frequenz von 6–10 KHz aus, die denen einer Fledermaus ähneln. Sie sind Teil eines **Echolot**-Systems, mit dem der Vogel innerhalb der Höhle navigiert.

Im Freien verlässt sich der in großen Kolonien lebende Fettschwalm zur Orientierung auf seine extrem lichtsensiblen Augen. Die bis zu 33 cm großen *Guacharos* sind die einzigen **nachtaktiven Vögel**, die sich von Früchten ernähren. Während sie die Nahrung mit ihrem scharfen, gekrümmten Schnabel aufbrechen, bleiben sie in der Luft. Dabei ist ihnen ihre bis zu 90 cm weite Flügelspanne von großem Nutzen.

Zur Lieblingsspeise des Fettschwalms gehören stark ölhaltige Früchte, die sie auch an die zwei bis vier Jungen pro Nest verfüttern. Erstaunlicherweise erreichen die anfangs nackten Jungvögel dabei das doppelte Gewicht der Eltern. Wenn ihr Federkleid zu wachsen beginnt, verlieren sie den Babyspeck.

Nicht nur in der Vergangenheit wurden junge Fettschwalme wegen ihres hohen Fettgehalts **gejagt**. Auch heute noch kommt es vor, dass ganze Höhlen ausgeräuchert werden, um an die Tiere zu gelangen.

Am einfachsten lassen sich Fettschwalme in der Cueva de la Lechuza (s. Foto.) beobachten, in der auch Fledermäuse und Schwalben vorkommen. Bei einem Besuch sollte man eine lichtstarke Taschenlampe nicht vergessen.

und Warmwasser (Elektrodusche), Ventilator und TV. WLAN und Internet. ❷

Hotel La Gran Muralla, Av. Raimondi 277, ✆ 062-562934, 💻 www.hotel-lagranmuralla.com. Zimmer mit TV, Ventilator und guten Betten. Sauberes Bad und Warmwasser. Internet, WLAN, Parkplatz, Cafeteria. ❷

Essen

El Carbón, Raimondi 435, 2 Stock. Regionale Küche, Grillgerichte, ◷ tgl. 11–24 Uhr.

Mey Chan, Pucallpa 220, guter Chinese, ◷ Mi–Mo 12.30–15 u. 18.30–22.45 Uhr.

Restaurant Vegetariano „Como vivir sano", Monzón 472, günstige Mittags- und Abendmenüs, ◷ So–Fr 7–22 Uhr.

STOP in Here, Prato 266, Bäckerei und Sandwichshop, Säfte, Nachtische, ◷ Mo–Sa 8–22.30 Uhr.

Tacachería El Encanto de la Selva, Av. Alameda Perú 288. Typische Gerichte der Region. ◷ tgl. 7–23 Uhr.

Unterhaltung und Kultur

Am Wochenende kann man sich in den Discos **Happy World**, 4. Block der Pucallpa und **La Cabaña**, Alameda Block 4, oder in der Karaoke-Bar **El Palace** in der Pucallpa vergnügen.

Lokale (süße) Weine aus Trauben, Ananas, Carambola und mehr kann man bei **Bella Cavernat**, Aucayacu 488, Ecke Piura, probieren. ◷ tgl. 13–1 Uhr.

Sonstiges

Feste

Am 24. Juni trifft sich der ganze Ort am Flussufer, wenn die **Fiesta San Juan** und das **Festival de la Bella Durmiente** mit Tanz, Musik und lokalen Spezialitäten *(Juanes)* gefeiert werden.

Mitte Oktober findet zum Gedenken an die Stadtgründung die **Semana Turística** statt.

Geld

Die **Banco de Crédito** und **Banco Continental** liegen in der Av. Raimondi. Im Block 2 und 3 der Raimondi findet man einige An- und Verkaufstellen von US$ und Euro.

Ein Stück Paradies

10 Minuten westlich von Tingo María (Mototaxi 5 S/.) liegt die 10 ha große grüne Oase **Eco Albergue Villa Jennifer**, KM 3,4 Castillo Grande, ✆ 062-794714, 💻 www.villajennifer.com. In einem großzügigen Garten mit zwei Swimming-Pools und einem kleinem Wald finden sich geräumige Zimmer mit Bad, Warmwasser und WLAN. Die ruhige, erholsame Anlage unter dänisch-peruanischer Leitung verfügt über ein gutes Restaurant (Frühstück inkl.) und eine Minigolfanlage. Birdwatcher finden rund 110 Arten auf dem Gelände vor. Tagesbesucher können die Anlage tgl. von 10.30–18 Uhr für 25 S/. nutzen (Mittagessen inkl.). ❸–❹

Informationen

Información Turística, Alameda Perú 525, ✆ 062-562351-216, ✉ tingomariaturismo@hotmail.com. Touristeninformation der Stadtverwaltung. ◷ Mo–Fr 8–17, Sa–So 9–13 Uhr.

In der Ericsson 158 sollte zudem das Informationsbüro von DIRCETUR wieder eröffnet werden. Vor Ort nachfragen!

Direkt nebenan liegt das Büro von **Sernanp**, Ericsson 164, ✆ 062-563559, 💻 parquenacionaltingomaria.com, das Auskünfte zum Parque Nacional Tingo María geben kann.

Medizinische Hilfe

Das **Hospital Regional** liegt an der Ucayali, Ecke Cayumba, ✆ 062-562018.

Polizei

Raimondi, Ecke Prato, ✆ 062-564525, Notruf ✆ 105.

Post

Serpost, an der Plaza de Armas.

Touren

Die Touristeninformation kann zuverlässige Guides vermitteln, ebenso wie Villa Jennifer (siehe „Übernachtung").

Von Tingo María nach Tarapoto

Die Carretera Marginal de la Selva, die Tingo María und Tarapoto verbindet, führt durch das Huallaga-Tal, eines der größten Drogenanbaugebiete Perus. Auch wenn Programme der peruanischen Regierung zur Bekämpfung der dortigen Kokaproduktion Erfolge aufweisen können und immer mehr Bauern den Kokastrauch durch Kakaopflanzen ersetzen, ist die Region vor allem nachts weiterhin unsicher. Wer diese Route nimmt, sollte besser tagsüber reisen!

Nahverkehr

Ein **Mototaxi** in der Stadt kostet 1,50 S/., zur Cueva de la Lechuza (Abfahrtsort Sammel-Mototaxis neben Bahía Continental) 2,50 S/.

Transport

Busse und Colectivos

Gesellschaften

Bahía Continental, Pimentel 188, ✆ 062-562780
Colectivos No. 5, Raimondi 108, ✆ 062-563602
Ettur No. 6, Raimondi 180
GM, Raimondi 740, ✆ 062-561895
León de Huánuco, Pimentel 164, ✆ 062-562030
Pizana Express, Av. Raimondi 128
Turismo Central, Callao 135, ✆ 062-562668

Verbindungen

HUANCAYO (Turismo Central) um 18.30 Uhr, 10 Std., 480 km, 35–40 S/.
HUÁNUCO (Colectivos No. 5, Ettur No. 6) von 4–20 Uhr, 120 km, 2–3 Std., 18 S/.
LIMA um 19, 19.30, 19.45 Uhr (GM), um 6.30, 19, 19.30 und 20.30 Uhr (Bahía Continental) und um 6.30 und 19.45 Uhr (León de Huánuco), 12 Std., 543 km, 40–75 S/.
PUCALLPA um 8, 13, 14, 18, 20 Uhr (Turismo Central) und um 8.30, 11.30 und 14 Uhr (Minibusse von Euro Sac), 7 Std., 290 km, 20–30 S/. Sammeltaxis (4 Pers.) fahren, wenn sie voll sind, 45 S/. Weitere Anbieter von Sammeltaxis (Colectivos) in der Tito Jaime, Block 2.
SATIPO (León de Huánuco) Mi, Fr und So um 17 Uhr, ca. 12 Std., 390 km, 55 S/. Fährt über TARMA, LA MERCED (50 S/.) und PICHANAKI.
TARAPOTO (Pizana Express) 4 Uhr, 9–10 Std., 491 km, 95 S/. Fährt mit Minivans und Sammeltaxis über TOCACHE (2 1/2–3 Std., 30 S/.) und JUANJUÍ (6–7 Std., 45 S/.).

Flüge

Der **Flughafen** liegt auf der anderen Seite des Río Huallaga und wird vorwiegend von Hubschraubern der Drogenpolizei und des Militärs benutzt. Charterflüge sind möglich. Vor Ort nachfragen.

Von Tingo María nach Pucallpa

Noch knapp 300 km sind es bis Pucallpa, die auf einer überwiegend guten Asphaltstraße zurückgelegt werden – mit Ausnahme des Teilstückes oberhalb des Boquerón del Padre Abad, das im März 2011 von starken Überschwemmungen heimgesucht worden ist.

100 km nordöstlich von Tingo María führt die Strecke durch eine fantastische Schlucht. Diese Engstelle wurde Mitte des 18 Jhs. vom Franziskanermönch Abad entdeckt, dessen Namen der **Boquerón del Padre Abad** auch heute noch trägt. Die Steilwände ragen mehrere Hundert Meter hoch, und von allen Seiten schießen Wasserfälle inmitten der dichten Vegetation herab. Bald darauf wird der Ort **Aguaytía** erreicht, wo eine 850 m lange Brücke den gleichnamigen Fluss überspannt. Die restlichen 140 km sind relativ langweilig.

Von La Oroya über La Merced nach Pucallpa

Eine weitere Hauptverkehrsarterie Zentralperus verbindet das andine Oroya gen Nordosten mit der Dschungelstadt Pucallpa und führt dabei durch diverse Kultur- und Naturräume. Ein regionaler Hotspot ist **Tarma**, bekannt für seine aufwendig begangenen Osterprozessionen. Mehrtägige Andenwanderungen durchs **Santuario Nacional de Pampa Hermosa** lassen sich von Tarma oder San Ramón arrangieren. Bei Huasqui beginnt eine Halbtagestour auf der **Inkastraße Capac Ñan**. Weiter nördlich schlägt rund um **Villa Rica** Perus Herz des Kaffeeanbaus. In Oxapampa und Pozuzo hinterließ die Einwanderergeschichte Spuren deutsch-österreichischer Kultur – beides sind gute Ausgangspunkte für Exkursionen in den tropischen Regenwald des **Parque Nacional Yanachaga-Chemillén**. Entlang der Flussläufe zwischen Satipo und Puerto Bermúdez und weiter nördlich im **Reserva Comunal de Sira** leben die Asháninka-Indianer noch weitgehend traditionell, Ganz im Norden der Region lockt der Urwaldsee **Laguna Yarinacocha** mit dem **Shipibo-Dorf San Francisco**.

Tarma

Die **„Perle der Anden"** – wie das nette Städtchen auf 3050 m Höhe sich selber gern nennt – liegt knapp 60 km nordöstlich von La Oroya. Die Einwohnerzahl hat inzwischen rund 50 000 erreicht, und der Ort am Oberlauf des Río Chanchamayo ist ein bedeutendes Anbaugebiet für Gemüse und Blumen.

Letztere kommen gehäuft während der aufwändig gefeierten **Osterfeierlichkeiten** zum Einsatz. Dann verwandelt sich die Stadt in ein Meer aus Blütenteppichen, überspannt von Blumenbögen, die den Prozessionen ihren Weg weisen. 3200 m² maß der größte Blumenteppich im Jahr 1999 und fand damit Einzug ins Guinessbuch der Rekorde.

Tarma kann auf eine lange Geschichte verweisen, was die vielen **archäologischen Fundstellen** der Umgebung belegen. Die meisten von ihnen sind allerdings wenig erforscht.

An der Plaza der Plaza de Armas liegt das **Museo de Cultura de Tarma**, Arequipa, Block 1, das einen Mix aus ethnografischen, archäologischen Ausstellungen und Darstellungen regionalen Brauchtums zeigt. ⌚ Mo–Fr 8–13, 15–18 Uhr, Eintritt frei.

Spezieller ist die **Sala de Exposición Odría**, ebenfalls an der Plaza, im Gebäude der Bibliothek. Es widmet sich dem Leben von General Manuel A. Odría, peruanischer Präsident von 1948–1956. ⌚ Mo–Fr 9–13, 15.30–18 Uhr, Eintritt frei. Beide Ausstellungen sind gratis.

Übernachtung

Während der verschiedenen Festivitäten (u. a. Ostern) ziehen die Preise spürbar an.

Hostal Vuelo del Cóndor, 2 de Mayo 471, am Markt, ✆ 064-322399, 💻 hostalelvuelodel condor.com. Gute, moderne Zimmer (zur Straße laut) mit sauberem Bad und Telefon. WLAN, Parkplatz. ❷

Hospedaje El Dorado, Huánuco 488, ✆ 064-321914, ✉ reservashospedajeeldoradotarma.com. Die überwiegend fensterlosen Zimmer mit Bad, TV und Holzfußboden gruppieren sich um den kleinen Innenhof dieses rund 100 Jahre alten Gebäudes. WLAN, Cafeteria. ❷

Hospedaje El Caporal, Lima 616, ✆ 064-323636. Geräumige, saubere Zimmer mit gutem Bad und TV. Parkplatz. ❷

Hotel Los Balcones, Lima 370, ✆ 064-323600, 💻 www.hotellosbalconestarma.com. Modernes Hotel gegenüber der Kathedrale. Alle Zimmer mit Bad, Warmwasser und TV. Cafeteria, Zimmerservice, Internet, WLAN und Parkplatz. Frühstück inkl. ❹

Hospedaje Hacienda Santa María, Vista Alegre 1249, Sacsamarca, ca. 5 Min. mit dem Taxi vom Zentrum entfernt in nordwestlicher Richtung, ✆ 064-321232, 💻 www.hacienda santamaria.com. Landhaus aus dem 18. Jh.,

Landleben vom Feinsten

Rustikal-gemütliches Flair verströmt die **Hacienda La Florida** 6 km nördlich von Tarma in Richtung La Merced, ✆ 064-341041, 💻 www.haciendalaflorida.com. Das Landgut (u. a. Anbau von Artischocken), das ein deutsch-peruanischen Paar leitet, wurde zu einer Herberge erweitert. Die Zimmer sind gemütlich, das Essen stammt aus dem eigenen Bio-Garten, und wer möchte, kann morgens früh Kühe melken gehen. Abends sitzt man dann am Kamin und trinkt Tees aus dem Kräutergarten. WLAN, Frühstück inkl., Camping möglich. ❹

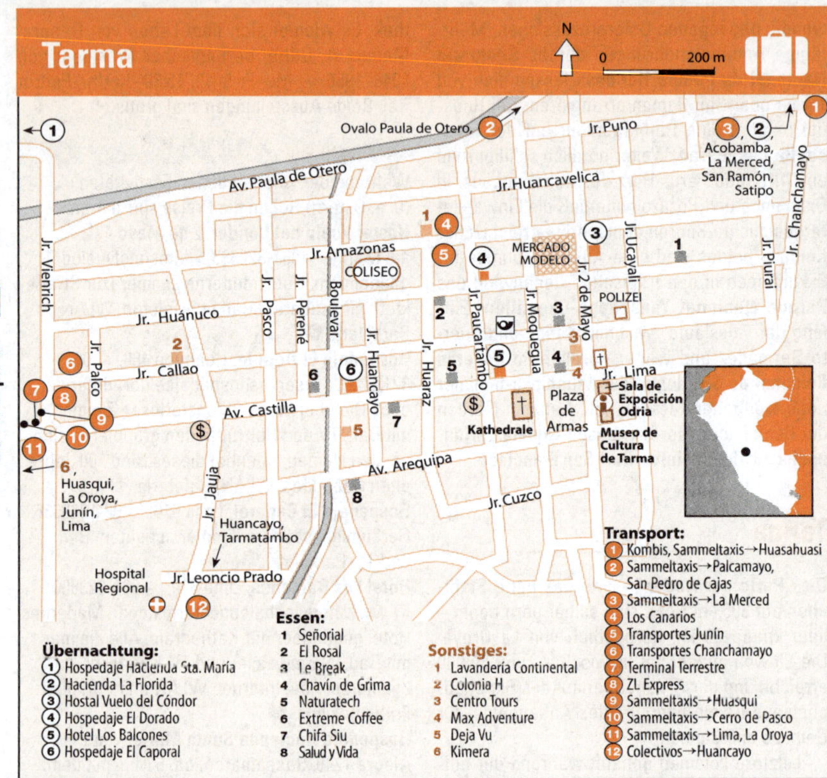

das zum historischen Monument erklärt wurde. Rustikale Zimmer im Kolonialstil mit Bad und Warmwasser, z. T. mit Kamin. Gutes Frühstück inkl. ❹

Essen und Unterhaltung

Chavín de Grima, Lima 270, an der Plaza. Günstige Menüs. 🕓 tgl. 8–16, 18.30–22 Uhr.
Chifa Siu, Lima 563, 2. Stock. Guter Chinese. 🕓 tgl. 13–15.30, 18–2 Uhr.
El Rosal, Huaraz 305. Gute regionale Küche. 🕓 Mo–Fr 8.30–21, Sa–So 8.30–18 Uhr.
Extreme Coffee, Perené zwischen Lima und Callao. Ganz so extrem ist der Kaffee nicht, aber ok. Außerdem Sandwiches, Säfte und Cocktails. 🕓 tgl. ab 17 Uhr.
Le Break, Callao 224. Pizzas, Sandwiches und Drinks bei guter Musik. 🕓 tgl. 16–23 Uhr.
Naturatech, Lima 450. Obstsalate und Fruchtsäfte in einem Laden für Gesundheitsprodukte. 🕓 tgl. 8–22 Uhr.
Salud y Vida, Arequipa 677. Günstiges vegetarisches Restaurant. 🕓 So–Fr 7–20 Uhr.
Señorial, Huánuco 138-141. Bringt Menüs und Grillfleisch auf den Tisch. 🕓 tgl. 8–15.45, 18–23 Uhr.
Ordentliche Pubs sind **Colonia H**, zwischen Jauja und Pasco und **Deja Vu** am Boulevar zwischen Lima und Arequipa. Gut ist die Disco **Kimera** im Hotel Los Portales.

Feste

Prozessionen, Blumenbögen und Blütenteppiche lassen sich nicht nur während der **Osterfeierlichkeiten** (s. S. 429) bewundern, sondern auch im Oktober während der Fiesta zu Ehren des **Señor de los Milagros.** Außerdem feiert man in Tarma **Karneval** im Februar und das **Patronatsfest** Ende Juli.

Touren

Centro Tours, 2 de Mayo 675, ✆ 064-321104, ✉ turismocentrotours@hotmail.com, veranstaltet Ausflüge in die Umgebung von Tarma, u. a. nach Muruhuay, Acobamba, San Pedro de Cajas, San Ramón, La Merced, zu verschiedenen Wasserfällen und zum Bosque de Piedra Huayllay.

Max Adventure, 2 de Mayo 682, ✆ 064-323908, 💻 www.maxadventure.com, organisiert neben den traditionellen Ausflügen auch Wandertouren in der Umgebung oder zum Naturschutzgebiet Pampa Hermosa.

Sonstiges

Einkaufen

Do und So sind die Haupttage auf dem **Mercado Modelo**. **Kunsthandwerk** wird in San Pedro de Cajas angeboten (s. „Die Umgebung von Tarma“, S. 432).

Geld

Geldautomaten haben die **Banco de Crédito**, Lima 407, und die **Crediscotia Financiera**, Castilla 101. Der Wechsel von Bardollars ist in Wechselstuben möglich.

Informationen

Die **Touristeninformation** liegt an der Plaza, Dos de Mayo 775, ✆ 064-321010-107. ⏲ Mo–Fr 8–13, 15–18 Uhr.

Medizinische Hilfe

Hospital Regional, Av. Pacheco 362, ✆ 064-321400, Notfälle ✆ 064-323311.

Polizei

Callao 118, ✆ 064-321222, Notfall ✆ 105.

Post

Serpost, Callao 365.

Wäschereien

Lavandería Continental, Lima 582.

Nahverkehr

Im Stadtbereich kosten **Taxis** 3 S/. und **Mototaxis** 1 S/.

Transport

Busse und Colectivos

An der Ecke Vienrich/Castilla liegt das neue **Terminal Terrestre** von Tarma, das zum Zeitpunkt der Recherche nur von wenigen Unternehmen genutzt wurde.

Gesellschaften

Los Canarios, Amazonas 694
Transportes Chanchamayo, Callao 1002, ✆ 064-321240
Transportes Junín, Amazonas 669, ✆ 064-321324
Transportes La Merced/Turismo Oxabuss, im Terminal Terrestre, ✆ 064-799497
ZL Express, Vienrich 573, ✆ 064-321612

Verbindungen

CERRO DE PASCO (Transportes Junín) um 5.30 und 13 Uhr, 2–3 Std., 150 km, 10 S/. Fährt über JUNÍN (1 Std., 68 km). Sammeltaxis starten vom westlichen Ortsausgang (von 4–20 Uhr, 20 S/.).
HUANCAYO (Los Canarios) stdl. von 5–18 Uhr, 2 Std., 105 km, 10 S/. Sammeltaxis starten vom südlichen Ortsausgang (von 5–21 Uhr, 20 S/.).
HUASAHUASI 1 1/4 Std., 48 km. Combis und Sammeltaxis fahren regelmäßig von der Chanchamayo, Ecke Puno.
JUNÍN Sammeltaxis fahren vom westlichen Ortsausgang (10 S/.)
LA MERCED (ZL Express) Minivans von 6–17 Uhr, 1 1/2 Std., 78 km, 10 S/. Sammeltaxis warten gegenüber vom Stadion (von 6–22 Uhr, 10 S/.).
LA OROYA Sammeltaxis fahren ständig von 6–17 Uhr, 1 1/4 Std., 60 km, 10 S/. Abfahrt vom westlichen Ortsausgang.
LIMA um 11.30, 13.30, 23, 23.30 und 24 Uhr (Transportes La Merced/Turismo Oxabuss), um 9.30, 14 und 23 Uhr (Transportes Chanchamayo), um 10.15, 11.30, 23.30 und 23.45 Uhr (Transportes Junín) sowie Minivans (ZL Express) von 8–17 Uhr, 235 km, 6 Std., 25–45 S/. Sammeltaxis fahren vom westlichen Ortsausgang (40 S/.).
OXAPAMPA 4 1/2 Std., 170 km. Einen Direktbus gibt es nur nach Mitternacht von Transportes

Merced (aus Lima kommend). Man sollte besser in La Merced umsteigen.

PALCAMAYO Sammeltaxis starten vom nördlichen Stadtrand (Óvalo Paula de Otero) (1 Std., 29 km, 4 S/.).

SAN PEDRO DE CAJAS Sammeltaxis starten vom nördlichen Stadtrand (Óvalo Paula de Otero) (1 1/2 Std., 41 km, 6 S/.).

Die Umgebung von Tarma

Zentralperu

Im Gebiet um Tarma bieten sich Mountainbikern und Wanderern viele Möglichkeiten, ihrem Hobby nachzugehen. Die Tourismusinformation in Tarma kann Auskünfte zu den bekanntesten Routen geben. Rund 10 km nördlich von Tarma liegt der Ort **Acobamba**, Sitz des **Santuario El Señor de Muruhuay**, einer Kapelle mit einer Darstellung des gekreuzigten Jesus auf einem Felsen, die gerne von Pilgern aufgesucht wird. Anfang Mai findet hier eine große Fiesta mit Prozessionen, Messen, Tanz, Feuerwerk sowie typischen Trachten und Essen statt. Dicht an der Kirche kann man gut im **Hotel Normandie**, ✆ 064-341028 (in Tarma), 💻 www.hotelnormandie.com.pe, übernachten. ❹

Von Tarma sind es ca. 28 km bis nach **Palcamayo**, dem Ausgangspunkt eines Besuches der **Gruta de Huagapo**, die zu den tiefsten Höhlen Südamerikas zählen soll (erforscht sind bislang nur etwa 2,7 km). Bislang ist es noch keinem der Forscherteams gelungen, zum Ende der Höhle vorzudringen. Ohne eine spezielle Ausrüstung lässt sich nur ein kleiner Teil der Höhle (rund 350 m) besichtigen, 1 S/. (Taschenlampe erforderlich). Sie liegt rund 2,5 km von Palcamayo entfernt in den Bergen. Die Einheimischen kennen den Weg.

Folgt man der Straße nach Palcamayo weiter Richtung Westen, erreicht man nach weiteren 10 km **San Pedro de Cajas**. Der kleine traditionelle Ort auf rund 4000 m Höhe ist bekannt für seine Wollteppiche und -ponchos. In San Pedro gibt es einfache Unterkunftsmöglichkeiten. Von hier aus lässt sich die nur rund 7 km entfernte Hauptstraße La Oroya–Cerro de Pasco erreichen.

Rund eine Fahrstunde nördlich von Tarma liegt **Huasahuasi** auf 2754 m. Der Ort nennt sich auch „Kartoffelhauptstadt Perus", da hier ein Großteil der landesweiten Ernte produziert wird. Auf dem Weg nach Huasahuasi zweigt rechterhand eine Straße nach **Casca** ab, dem Ausgangspunkt einer viertägigen Wanderung in das **Santuario Nacional de Pampa Hermosa** (s. u.). Die Wanderung abseits der Touristenpfade wartet mit spektakulären Landschaftswechseln auf, die von andinen Berglandschaften bis zu dichtem Nebelwald reichen. Der Weg führt von Casca über San Pedro de Churco, Higos und Ninabamba nach Nueva Italia, rund 24 km nordwestlich von San Ramón. Der Tourveranstalter Max Adventure in Tarma bietet diese Wanderung an.

Von Tarma nach La Merced

Die in nordöstlicher Richtung entlang des Río Chanchamayo verlaufende asphaltierte Straße führt nun stetig abwärts bis zum rund 80 km entfernten San Ramón und weiter in die nur 12 km entfernte Schwesterstadt La Merced – immerhin mehr als 2000 Höhenmeter. Die Landschaft wird grüner, und immer öfter sieht man Wasserfälle, die sich ihren Weg zum Río Chanchamayo bahnen, dessen zunehmend enger werdende Schlucht die Straßenbauer zum Bau von großen Brücken, mehreren Tunnels und einer 360-Grad-Schleife gezwungen hat.

San Ramón

Das kleine Städtchen mit tropischem Klima am Zusammenfluss des Río Tarma und des Río Tulumayo hat rund 16 000 Einwohner und liegt nur noch auf rund 850 m Höhe. Von San Ramón gelangt man über den 24 km westlich gelegenen Weiler Nueva Italia zum **Santuario Nacional de Pampa Hermosa**. Das 11 542 ha große Naturschutzgebiet erstreckt sich auf einer Höhe von 1420 bis 3400 m und kann im Rahmen einer ein- oder mehrtägigen Tour besucht werden. Das Schutzgebiet bietet eine gute Gelegenheit, den Felsenhahn, Perus Nationalvogel, zu beobachten und sich auf einer Hochebene Riesenzedern anzuschauen. Wegen der schwierigen Anreise (Allradfahrzeug erforderlich!) sollte die Tour mit

Leichte Halbtageswanderung auf dem Capac Ñan

Der **Capac Ñan**, die Hauptstraße der Inka, die einst Quito mit Cusco verband, führt an Tarma vorbei. Um den Einstieg zu finden, nimmt man ein Sammeltaxi vor dem Terminal Terrestre von Tarma nach **Huasqui** (Straße Richtung La Oroya) und sagt dem Fahrer, dass man am „Camino Inca" raus möchte (Fahrtzeit ca. 15 Min.). Der fast immer deutlich sichtbare Weg läuft leicht ansteigend am Berghang entlang. Nach etwa einer Stunde Gehzeit unterquert man eine große Stromleitung und nach rund zwei Stunden hat man auf einem kleinen Plateau den höchsten Punkt der Wanderung erreicht. Hier lässt sich prima rasten. Geradeaus geht es nun bergab, bis man nach 20–30 Minuten ein (meist) ausgetrocknetes Bachbett überquert und der nun breiter werdende Weg einen Linksknick macht, sich aber weiterhin am Berghang entlangzieht und kaum an Gefälle verliert, bis man nach insgesamt rund vier Stunden Gehzeit das Dorf **Tarmatambo** erreicht, das an der Hauptstraße zwischen Tarma und Jauja liegt. Von hier ist es kein Problem, mit dem Bus, Combi oder Sammeltaxi zurück nach Tarma zu gelangen.

einem Reiseveranstalter unternommen werden. Für den Besuch des Schutzgebiets ist eine Genehmigung von Sernanp (S. 434) notwendig.

Übernachtung

Hospedaje Christhian, Leonardo Alvariño 452, ✆ 064-331045. Relativ ruhige, ordentliche Zimmer, im 3. Stock auch mit Ausblick, günstiger mit kaltem Wasser. ❷

Hospedaje Selva, Paucartambo 247, ✆ 064-331030, ✉ anselva5@hotmail.com. Günstige, saubere Zimmer mit (nur kaltes Wasser) und ohne Bad. WLAN. ❷

Hotel El Conquistador, Progreso 298, ✆ 064-331157, 💻 www.hotelconquistador.net. Geräumige, teilweise renovierte Zimmer mit Bad und TV. WLAN, Restaurant. Parkplatz vorhanden. ❷

Hotel El Refugio, Av. El Ejercito 490, ✆ 064-331082, 💻 www.hotelelrefugio.com.pe. Gemütliche Bungalows in einem großen tropischen Garten mit eigener Terrasse und WLAN. Außerdem Pool und Restaurant. Gute Zimmer mit Bad (warmes Wasser), Minibar, TV und Ventilator. Frühstück inkl. ❹

Los Cocos, KM 102,5 Richtung La Merced, ✆ 064-532089, 💻 www.cocoschanchamayo.com. Schöne Anlage mit großem Garten, freundlichen Zimmern, Pool, Restaurant und Bar. Frühstücksbuffet inkl. ❺

Pampa Hermosa Lodge, in Lima ✆ 01-2251776, 💻 www.pampahermosalodge.com. Beim gleichnamigen Naturreservat im Weiler Nueva Italia, ca. 24 km nordwestlich von San Ramón. Rustikale Lodge auf 1200 m inmitten üppiger Vegetation. Palmdachgedeckte Bungalows mit Strom, gutem Bad und Warmwasser. Restaurant. Abholservice von San Ramón aus (150 S/.). Rund 10 % billiger bei Buchung über Rya Tours (s. u.). Vollpension und geführte Touren ins Reservat inkl. ❺

Zentralperu

Essen und Unterhaltung

Das kulinarische Angebot ist besser als in La Merced.
Gutes chinesisches Essen gibt es im **Chifa Felipe Siu**, Progreso 440.
El Tiroles, Las Orquideas 128. Gutes Frühstück und gute einheimische Küche, etwas fleischlastig. 🕒 tgl. außer Mi 8.30–20.30 Uhr.
Gutes Frühstück und günstige Mittagsmenüs serviert das **Hotel Conquistador** (s. o.).
Das **Restaurant Turístico Chanchamayo's**, Av. San Ramón 296, serviert einheimische Wild- und Fischarten sowie Spezialitäten wie *Cecina con tacho* (frittiertes Schweinefleisch und Kochbananenknödel mit Speck). 🕒 tgl. 10–20 Uhr.
Ristorante Chanchamayo-Italia, Tarma 592. Italienische Küche und Pizza. 🕒 tgl. 12.30–15, 18.30–22.45 Uhr, Mo Mittag geschl.
Am meisten los ist an Wochenenden in den Diskotheken **Lostic**, Tulumayo 308, und **Kametza**, Puente Herreria.

Touren

Rya Tours, Progreso 401, ✆ 064-331331, ✉ ryatourshco2010@hotmail.com, ist ein ganzjährig geöffneter, kompetenter schweizerisch-peruanischer Veranstalter mit komplettem Tourangebot (auch Tagestouren nach Pampa Hermosa). Es wird Deutsch gesprochen.
Im Büro wird auch Kunsthandwerk verkauft, das teilweise selbst hergestellt wird.

Sonstiges

Geld

Geldautomaten haben die **Banco de Credito**, Tarma 308, Plaza und die **Banco Continental**, Progreso 298.

Informationen

DIRCETUR, Ucayali 297, ✆ 064-331265. 🕒 Mo–Fr 9–12.30, 15–18 Uhr.
Sernanp (Verwaltung des Santuario Nacional de Pampa Hermosa), Los Oropeles 115, 2. Stock, ✆ 995149742 (Mobil), ✉ amzambrano@sernanp.gob.pe. Der Besuch des Naturschutzgebiets muss schriftlich bei Sernanp beantragt werden, die Bewilligung kostet 5 S/. Zudem ist ein regristierter Guide erforderlich. Wer sich den Papierkram sparen will, bucht über Rya Tours oder übernachtet in der Pampa Hermosa Lodge. 🕒 Mo–Sa 8–17.30 Uhr.

Medizinische Hilfe

Centro de Salud San Ramón, Chanchamayo 291, ✆ 064-331063.

Polizei

Policia Nacional, Pachitea 467, ✆ 064-331222.

Post

Serpost, siehe La Merced. Alternativ kam man Briefe auch zum Postpreis über Rya Tours versenden.

Transport

Busse und Colectivos

Der Verkehrsknotenpunkt ist **La Merced**. Die meisten der Busse Richtung Tarma, Huancayo und Lima kommen von dort und sammeln in San Ramón Passagiere ein – allerdings nicht immer. Busse nach Huánuco, Tingo María und Pucallpa fahren von La Merced aus los. Nach Cerro de Pasco muss man in La Merced umsteigen.

Gesellschaften
Edatour, Progreso 124
Transportes Central, Paucartambo 399
Transportes Junín, Paucartambo 315, ✆ 064-332327
Transportes La Merced, Paucartambo 405, Ecke Alvariño, ✆ 064-331448
Transportes Chanchamayo, Pachitea 325, ✆ 997566983 (Mobil)
Turismo Oxabuss, Pachitea 416, ✆ 997577609 (Mobil)

Verbindungen

HUANCAYO (Edatour, Transportes Central) mehrmals tgl., 5–6 Std., 160 km, 15 S/. Busse aus La Merced halten an der Av. San Ramón (Ortsausgang Richtung Tarma).

LA MERCED 20–30 Min., 12 km. Combis (1,50 S/.), Colectivos (2 S/.) und Taxis (10 S/.) fahren ständig ab der Ecke Pardo/Tarma (Nähe Plaza de Armas) und der Alvariño, Ecke Ejercito (Parque de los Enamorados) ab.

LIMA (Turismo Oxabuss, Transportes Junín, Transportes La Merced, Transportes Chanchamayo) mehrmals tgl. (meist gegen 9 und zwischen 21 und 22 Uhr), 8 Std., 293 km, 25–50 S/.

NUEVA ITALIA 3 Std., 24 km. Ein Combi fährt freitags und samstags um 6 Uhr ab der Av. El Ejercito, Ecke Leonardo Alvariño (beim Parque de los Enamorados), 10 S/. und kehrt nach kurzer Wartezeit nach San Ramón zurück. Eine tägliche Rückkehrmöglichkeit nach San Ramón besteht ab der Kreuzung Promisora (ca. 2–3 Std. Gehzeit ab Nueva Italia). Dort kommt tgl. gegen 8 und 13 Uhr ein Combi vorbei (5 S/.). Ein geländegängiges Taxi nach Nueva Italia kostet 250–300 S/. (Hin- und Rückfahrt inkl. Wartezeit).

TARMA 1 Std., 63 km. Sammeltaxis (15 S/.) und Combis (5 S/.) fahren ab der Av. San Ramón (Ortsausfahrt Richtung Tarma).

La Merced

Die Provinzhauptstadt auf 750 m, die auch einfach nur Chanchamayo genannt wird, ist ein lebendiges Städtchen mit 22 000 Einwohnern. Nur zehn Minuten vom Zentrum entfernt liegt der Schmetterlingsgarten **Jardín de las Mariposas Zhaveta Yard**. In der Umgebung des Ortes kann man Wasserfälle und Aussichtspunkte besuchen. Im 15 km entfernten Ort Pueblo Pardo liegt der botanische Garten **Jardín Botánico El Perezoso**.

Übernachtung

Hostal Cristina, Tarma 582, ✆ 064-531276, ✉ cristina_chanchamayo@hotmail.com. Zimmer mit Bad, aber nur kaltes Wasser, Parkplatz. ❶

Hostal Residencial Primavera, Arequipa 175, ✆ 064-531433. Angenehme, saubere Zimmer (zur Straße laut) mit großem Bad (warmes Wasser), TV und Ventilator. ❷

Hotel Reyna, Palca 259, ✆ 064-531780, 💻 www.hotelreyna.com. Gute, große Zimmer mit Bad (Warmwasser) und TV. WLAN, Restaurant, Parkplatz. ❸

Hotel Tropical Suite, Arica 282, ✆ 064-532069, 💻 tropicalhotelsuite.com.pe. Großzügige, moderne Zimmer mit AC, Telefon, WLAN und TV. Restaurant im 8. Stock mit Ausblick, Aufzug, Parkplatz. Frühstück kostet extra. ❸ Suite ❹

Fundo San José, Av. Circunvalación s/n, Pampa del Carmen, etwas außerhalb des Orts im Viertel Pampa del Carmen an einem Berghang gelegen, ✆ 064-531816, 💻 www.fundosanjose.com.pe. Die Lodge liegt in einer großen Orangenplantage. Geräumige, komfortable Bungalows mit Terrasse und schönem Blick über La Merced. Außerdem Pool, Restaurant, Parkplatz. Frühstück und geführte Tour durch die Plantage inkl. ❻

Essen

An der Plaza gibt es einige gute Esslokale mit regionaler Küche, darunter das **Los Koquis**, Tarma 381, ◷ tgl. 7–22.30, So 7–15 Uhr, oder das **El Eden**, Ancash 347. ◷ tgl. 8–16, 18.30–22 Uhr.

Shambari Campa, an der Plaza. Gutes Frühstück, leckere Fruchtsäfte, Snacks und Touristenmenüs für 15 S/. Nettes Ambiente. ◷ tgl. 7–23.30 Uhr.

Einkaufen

Die Firma **Liserga**, besser bekannt als **Green Gold**, liegt an der Hauptstraße bei der Puente San Carlos (Nähe Busterminal), ✆ 064-531493, 💻 www.cafegreengold.com, und produziert und vermarktet unterschiedliche lokale Produkte (u. a. Kaffee, Marmeladen, Liköre, Kakao, Honig und Bananenchips). Man kann den Kaffee vor Ort probieren und an einer kleinen Tour durch die Rösterei teilnehmen. ◷ tgl. 8–20 Uhr.

Aktivitäten und Touren

Max Adventure, Junin 224, ✆ 064-532175, 💻 www.maxadventureperu.com. Im Angebot sind Ausflüge zu Wasserfällen, Kaffeefarmen und indianischen Gemeinden.

Tribuna Nautica, ist ein Restaurant rund 2,5 km außerhalb von La Merced, an der Straße Richtung Satipo, ✆ 064-782805, von dem aus an Wochenenden 40- oder 90-minütige Rafting-Touren angeboten werden (jeweils Minimum 5 Pers.). Da es zu Unfällen gekommen ist, sollte man sich vor Beginn der Tour über Ausrüstung und Erfahrung der Guides informieren. Anbieter aus dem Raftingzentrum Lunahuaná (S. 192) planen, Rafting-Touren in Chanchamayo anzubieten.

Sonstiges

Geld

Die **Banco de Crédito**, Tarma, Ecke Junín und die **Banco Continental**, einen halben Block von der Plaza entfernt, haben beide Geldautomaten.

Informationen

Die **Touristeninformation** der Region befindet sich in San Ramón. Touristische Auskünfte erteilen die Tourveranstalter (s. u.) an der Plaza.

Medizinische Hilfe

Hospital La Merced, Tarma 140, ✆ 064-531002.

Polizei

Piérola, gegenüber vom Hostal Cosmos, ✆ 064-531142.

Post

Serpost, Dos de Mayo 356.

Transport

Busse und Colectivos

Am östlichen Stadtrand (Richtung Satipo) befindet sich der **Terminal Terrestre Royal Bus**. Von dort fahren alle Busse los, wenn nicht anders aufgeführt.

Gesellschaften

Edatur, ✆ 964689257 (Mobil)
León de Huánuco, Ticketbüro außerhalb des Busterminals, Tarma 401, ✆ 983989884 (Mobil)
Los Angelitos, ✆ 064-100693
Salazar, ✆ 064-532336
Transdife, ✆ 064-337862
Transportes Junín, ✆ 064-532333
Transportes La Merced/Turismo Oxabuss, Av. Peschiera 394 (ca. 3 Blocks vom Terminal), ✆ 064-532606
Turismo Central, neben León de Huánuco, ✆ 964101172 (Mobil)

Verbindungen

HUANCAYO mehrmals tgl. von 5.30–22 Uhr (Edatur) oder von 6–19 Uhr (Los Angelitos), 4–4 1/2 Std., 173 km, 15 S/. Fährt über JAUJA. Minivans von Express San Antonio fahren, wenn voll für 25 S/. p. P. Charterfahrt 250 S/.

Villa Rica – Herz des peruanischen Kaffeeanbaus

Im rund 54 km nordöstlich von La Merced auf 1485 m Höhe gelegenen Villa Rica dreht sich alles um Kaffee. Der deutsche Auswanderer Leopold Krause-Killatt gründete den Ort 1925 und wenige Jahre später begannen die Siedler mit dem Kaffeeanbau. Heute wird hier einer der **besten Kaffees des Landes** produziert – meist in Bioqualität und oft auch nach den Kriterien des **Fairen Handels**. Einige der alten **Kaffee-Haciendas** können besichtigt werden, z. B. die Finca Santa Rosa, 💻 www.fincasantarosaperu.com, oder die nur wenige Straßenblocks außerhalb des Zentrums von Villa Rica gelegene Casa Hacienda Finca Schuler, 💻 www.fincaschuler.com. Wer die Ernte des Kaffees miterleben möchte, sollte Villa Rica zwischen April und September besuchen.

In der Umgebung des Ortes kann man auch den Wasserfall Cascada El León (3 km), die Yanesha-Gemeinde Maime (7 km), den Botanischen Garten Los Ositos (1 km) oder die Lagune El Oconal (1,5 km) besuchen.

Weitere Informationen und Guides bekommt man bei der Stadtverwaltung (Municipalidad, 💻 www.munivillarica.gob.pe).

Übernachten lässt sich u. a. in der zentral gelegenen **Hospedaje Turístico Villa Rica**, Av. Leopoldo Krause 451, ✆ 063-465013. Günstige Zimmer mit Bad und Warmwasser. Parkplatz vorhanden. ❷

HUÁNUCO um 21 Uhr (Turismo Central) und um 21.30 Uhr (León de Huánuco), 8 Std., 320 km, 40–45 S/.
LIMA um 8, 9.30, 11, 21, 21.45, 22 Uhr (Transportes Junín), um 9, 11 und 21.45 sowie Fr, Sa auch um 22 Uhr (Transportes La Merced/ Turismo Oxabuss) und um 8.30 und 21 Uhr (Salazar), 8–9 Std., 305 km, 25–50 S/.
OXAPAMPA Sammeltaxis und langsamere Combis von 5–19 Uhr, 1 1/2 Std., 80 km, 17 bzw. 12 S/.
PICHANAKI regelmäßig fahren Sammeltaxis (1 Std., 70 km, 10 S/.).
POZUZO 4 1/2–5 Std., 167 km. Keine Direktverbindung, umsteigen in Oxapampa.
PUCALLPA um 21 Uhr (Turismo Central) und Mo, Mi, Fr und So um 22 Uhr, 15–16 Std., 745 km, 65–75 S/. Fährt über HUÁNUCO und TINGO MARÍA.
PUERTO BERMÚDEZ stdl. mit Allradpickups von 4–6 Uhr (Estrase) und von 4–8 Uhr (Transdife), 4–7 Std., 220 km, Kabine 60 S/., Ladefläche 25 S/., Autos 60 S/., Combis 40 S/. Weiterfahrt bis CIUDAD CONSTITUCIÓN möglich.
SAN RAMÓN Sammeltaxis passieren das Terminal Terrestre oder warten an der Junín, Ecke Arica (15–20 Min., 12 km, 2 S/.).
SATIPO (Selva Tours) um 10.30, 11.30 und 17 Uhr, 2–2 1/2 Std., 120 km, 10 S/. Bus fährt noch eine Std. weiter nach PANGOA (15 S/.). Sammeltaxis fahren von 4–20 Uhr (20 S/.).
TARMA 1 1/4 Std., 75 km, 7–10 S/. Alle Busse nach Lima und Huancayo halten in Tarma. Sammeltaxis starten von 6–22 Uhr (18 S/.).
TINGO MARÍA (León de Huánuco) Di, Do und Sa um 19.30 Uhr, 10 Std., 455 km, 50 S/. Siehe auch Pucallpa.
VILLA RICA Sammeltaxis fahren regelmäßig (1 1/2 Std., 54 km, 16 S/.).

Satipo und Umgebung

Das landwirtschaftliche Zentrum liegt ca. 123 km westlich von La Merced auf 650 m Höhe und kann auf einer guten Asphaltstraße in rund zwei Stunden erreicht werden. Um den Ort herum liegen zahlreiche **Wasserfälle** und **Petroglyphen**.

Die Straße von La Merced nach Satipo folgt den überwiegenden Teil der Strecke dem Lauf des Río Perené, der später in den Río Tambo, einen Zufluss des Río Uyacali, mündet. Nach 70 km wird **Pichanaki** passiert, ein quirliger Warenumschlagsplatz auf 525 m mit schönen Stränden am Río Perené (gute Restaurants an der Playa Pescadora), Wasserfällen und Asháninka-Dörfern. Die ehemals großen Waldbestände der Region sind der Landwirtschaft gewichen – in Tallage werden Zitrusfrüchte, Ananas und Papayas angebaut, in höheren Zonen Kaffee und nur noch wenig Koka. Der Holzeinschlag ist inzwischen rückläufig.

Von Satipo führt eine schlecht ausgebaute Straße ins rund 22 km entfernte **Mazamari**, das über einen Kleinflughafen verfügt, von dem aus Charterflüge (z. B. nach Atalaya und Sepahua) angeboten werden. Nach weiteren 44 km wird der Flusshafen **Puerto Ocopa** erreicht, von wo aus Boote an einem Tag nach **Atalaya** fahren. Der Ort kann auch über eine schlechte unbefestigte Straße (in der Regenzeit oft unpassierbar) per Allradfahrzeug erreicht werden. Handelsboote fahren regelmäßig in ein bis drei Tagen flussabwärts ins 450 km entfernte Pucallpa (S. 446).

Übernachtung und Essen

Die meisten Hotels verfügen nur über kalte Duschen.
Hostal El Palmero, Prado 228, ✆ 064-545020. Sehr angenehmes Hotel mit sauberen Zimmern (wahlweise mit oder ohne Bad) und TV. Parkplatz. ❶–❷
Hotel Majestic, Fundadores 408, ✆ 064-545762. Älteres Gebäude mit geräumigen Zimmern mit Warmwasser, Ventilator, TV und WLAN. ❷
Hostal San Luís, Leguía, Ecke Grau, ✆ 064-545319. Moderne Zimmer mit Warmwasser, wahlweise mit Ventilator oder AC (10 S/. Aufpreis). WLAN, Parkplatz, Dachterrasse im 4. Stock. ❷
Café Guisela, Irazola 223. Gutes Frühstück. ◷ tgl. ab 7 Uhr.
Restaurant Bohemia, Francisco Irazola 680. Einheimische Küche, Mittagsmenüs und Säfte. ◷ tgl. 8–21 Uhr.

Transport

Busse und Colectivos verkehren nach:
HUANCAYO mehrmals tgl., 7–8 Std., 303 km, 20–25 S/. Direktbusse und mit Umsteigen in LA MERCED, fährt über TARMA. Eine kürzere (233 km), aber landschaftlich reizvolle Piste führt über MARIPOSA, COMAS und CONCEPCIÓN im Mantaro-Tal nach Huancayo (keine direkte Busverbindung, umsteigen in Mariposa und/oder Comas). In der Regenzeit ist die Strecke häufig nicht passierbar.
LA MERCED Sammeltaxis fahren ab Irazola Block 1 und 2 (von 4–19 Uhr, 2–2 1/2 Std., 123 km, 20 S/.).
LIMA (Transportes Junín, Irazola 568 und Salazar, Ricardo Palma Block 4) mehrmals tgl., 11 Std., 441 km, 25–50 S/.
OXAPAMPA ca. 5 Std., 200 km. Keine Direktverbindung; umsteigen in LA MERCED.
PUERTO OCOPA Sammeltaxis ab Irazola Block 1 und 2 (von 5–17 Uhr, 2–3 Std., 66 km, 25 S/.).
TARMA Alle Busse nach Lima und Huancayo passieren Tarma (4 Std., 208 km, 10 S/.).

Oxapampa und Umgebung

Weniger als zwei Fahrtstunden auf einer asphaltierter Straße von La Merced entfernt, reibt sich der Besucher beim Anblick der ersten bunten Holzhäuser mit Satteldach verwundert die Augen. Sie gehören zur Gemeinde Oxapampa, auf 1814 m Höhe im grünen Tal des Río Huancabamba gelegen. Das Gebiet gehörte vor der spanischen Conquista zum Lebensraum der **Yanesha-Indianer**, deren wenige Nachfahren heute rund 15 km nordwestlich von Oxapampa entfernt auf der linken Flussseite des Río Huancabamba im Weiler **Tsachopén** leben. Im 18. Jh. begannen Franziskanermönche mit der Errichtung von Missionsstationen in der Region, nur vorübergehend unterbrochen durch den Indianeraufstand unter Juan Santos Atahualpa Mitte des 18. Jhs. Heute leben die Yaneshas vom Kaffeeanbau und Kunsthandwerk. Der Ort ist zu Fuß, per Mototaxi und mit allerdings unregelmäßig verkehrenden öffentlichen Verkehrsmitteln zu erreichen. Beste Zeit für einen Besuch ist der Monat Juli.

Deutsch-österreichische Siedler aus Pozuzo gründeten den Ort im Jahr 1891. Der Straßenbau im Jahr 1943 ermöglichte der Holzindustrie den Zugang zu den waldreichen Gebieten der Region, und in kürzester Zeit wurde Oxapampa zum wichtigsten Holzproduzenten ganz Perus. Der in den letzten Jahrzehnten betriebene **Raubbau** hat seine auch heute noch deutlich sichtbaren Spuren hinterlassen. Mangels Wiederaufforstung hat die Holzwirtschaft spürbar an Bedeutung verloren. An ihre Stelle ist die Milchwirtschaft, der Anbau von Passionsfrüchten und in zunehmendem Maße der Tourismus getreten. Oxapampa ist heute eine geschäftige Kleinstadt mit rund 20 000 Einwohnern und einer angenehmen Durchschnittstemperatur von 20 °C. Die **Kirche** an der Plaza Central ist ausschließlich aus Holz gebaut, einmalig in Südamerika. ⏲ tgl. ab ca. 17 Uhr.

7 km westlich von Oxapampa liegt der Distrikt **Chontabamba**. Hier lassen sich eine Hängebrücke, eine Zuckerrohrpresse aus dem Jahr 1890, die Käserei Floralp, die Höhle Tunqui und eine Forellenfarm besichtigen.

Hauptattraktion der Gegend ist der **Parque Nacional Yanachaga-Chemillén**, ein schwer zugängliches, 122 000 ha großes Waldgebiet mit artenreicher Flora und Fauna, dessen größter Teil östlich der Straße Oxapampa–Pozuzo liegt. Es umfasst sieben verschiedene Naturräume, die sich von 460 bis 3643 m Höhe erstrecken. Neben unzähligen Orchideenarten, Farnen, Bromelien und Edelhölzern bietet der Nationalpark gefährdeten Tierarten wie dem Brillenbär, dem Puma oder dem Flussotter einen geeigneten Lebensraum. Die beste Zeit für einen Besuch ist von April bis Oktober. Im Süden des Parks liegt in der Nähe von Oxapampa der Zugang San Alberto, der zum Refugio El Cedro führt. Dort beginnt ein mehrstündiger Weg in den Wald (Camping am Refugio möglich; Wasser und Toiletten vorhanden). Im Nordwesten des Parks liegt entlang der Straße nach Pozuzo der ganzjährig besetzte Kontrollpunkt Huampal. Hier befindet sich ein Besucherzentrum und auf der anderen Flusseite ein teilweise überdachter Campingplatz (Strom, Wasser und Toiletten vorhanden). Hier hat man eine gute Gelegenheit Gallitos de la Roca (Felsenhähne) zu beobachten. Die Fauna des Parks bekommt man am besten von der im Nordosten liegenden Estación Biológica Paujil aus zu sehen, die allerdings nur per Boot erreichbar ist (Abfahrtsort Brücke Pan de Azúcar bei Iscozacín, ca. 8 Std. nordöstlich von Villa Rica). Die Bootsfahrt dauert je nach Wasserstand 4–7 Std. und ein Boot (ca. 8 Pers.) kostet mind. 300 S/. Die Besuchserlaubnis für den Park sowie weitere Infos holt man sich bei Sernanp in Oxapampa (nur den Sektor Huampal kann man unangemeldet besuchen), Jr. Pozuzo, Block 3, ✆ 063-462544, 💻 www.parque-yanachaga.com. ⏲ Mo–Fr 8–13, 14.30–18 Uhr, Eintritt 5 S/. pro Tag, 3 Tage 10 S/.

Übernachtung

Wenn möglich sollte man Oxapampa rund um Neujahr, in der Osterwoche, um den 24. Juni *(San Juan)*, um den Nationalfeiertag Ende Juli und an langen Wochenenden vermeiden. Dann fallen Horden einheimischer Touristen ein, die Hotels sind meist lange im Voraus ausgebucht und die Zimmerpreise steigen stark an.

Hostal Liz, Grau 104, ✆ 063-337049. Für Sparer. Saubere, schnörkellose und sehr günstige Zimmer in Plazanähe mit/ohne Bad und Elektrodusche. ❶

Hospedaje Don Calucho, Av. San Martín 411, ✆ 063-462109, 💻 www.oxapampaonline.com/doncalucho.com. Saubere Herberge mit nettem Garten und Parkplatz. Gute, aber unterschiedlich große Zimmer (die hinteren sind neuer) mit TV und Elektrodusche. WLAN. ❷

Posada Edelweiss, Ortseingang Oxapampa, Stadtteil Miraflores, 5 Min. mit dem Mototaxi ins Zentrum, ✆ 063-462567, 💻 www.posadaedelweiss.com. Gepflegte, einladende Zimmer, Grünanlagen, Hängematten, Restaurant. Es gibt ein Spezialangebot: 3 Tage/2 Nächte inkl. Halbpension für 140 S/. p. P. Ansonsten mit Frühstück inkl. ❸

Albergue Turístico Frau Carolina, Av. San Martín 1085, ein Block vom Busterminal, ✆ 063-462331, 💻 www.fraucarolinaegg.com. Freundliche Gastgeber, Frau Egg spricht deutsch. Sehr schönes Haus mit Garten und kleinem Pool (nicht immer gefüllt). Gemütliche, saubere Zimmer mit TV. WLAN im Aufenthaltsbereich des Haupthauses. Restaurant mit einheimischer Küche und vegetarischen Optionen, sehr gutes Frühstück inkl. (nicht von Juli–Sep). In der Nebensaison Preisnachlass für längere Aufenthalte. ❸–❹

Albergue Turístico D'Palma Lodge, Final de Prolongación Thomas Shauss, ✆ 063-462123, 💻 depalmalodge.com. Gemütliche Holzbungalows mit Talblick, Privatbad, WLAN. Restaurant, Bar, Kaminzimmer. Frühstück inkl. ❸–❹

Albergue Turístico Böttger, Castilla Block 6, ✆ 063-462377, ✉ bottger_d@yahoo.com. Mit Holz vertäfelte Zimmer mit Bad im Haus der Familie Böttger. WLAN, Parkplatz, Frühstück inkl. ❸–❹

Essen

Bei guten Restaurants hat Oxapampa noch Nachholbedarf. Besonders abends und sonntags sieht es ein wenig trübe aus. Empfehlenswert ist das **Café/Restaurant** in der **Albergue Turístico Frau Carolina** (siehe „Übernachtung"), das auch vegetarische Optionen bietet.

Chifa Taypa, chinesisches Lokal im Block 1 der Av. Grau. ⏲ Fr–Mi 11–13, 18–22 Uhr.

La Casa de Baco, Carretera Central KM 2,5, Miraflores. Leckere deutsch-österreichische Küche, auch Schnitzel. ⏲ tgl. 8–21 Uhr.

Liberty Pizza, Belgrado 106. Ordentliche Pizzas, Getränke inklusive. ⏲ Mo–Sa 11–23 Uhr.

Parrilladas Italo's, Prolongacion San Martín, Block 1. Sehr leckere, fleischlastige deutsch-österreichische Küche. ⏲ Mo–Sa 6.30–22 Uhr.

Restaurant Bottger, Castilla, Cuadra 2. Günstige Menüs und gute Auswahl à la carte. ⏲ Mo–Sa 7–19 Uhr.

Restaurant Oasis, Bolognesi 363. Beliebtes Restaurant an der Plaza. Frühstück, Tagesgerichte und gute Auswahl à la carte. ⏲ Mo–Sa 7–15, 18–22, So nur 7–15 Uhr.

Típico Oxapampino, Castilla Cuadra 1, Parque Central. Günstige Menüs und gute Auswahl à la carte. ⏲ Mo–Sa 7–19 Uhr.

Unterhaltung und Kultur

Cheyenne Pub, San Martín 474, ist die urigste Kneipe der Region. ⏲ Di–So ab 20 Uhr.

Vater Otto, Grau 405. Nette Kneipe, gute Musik. Eine angesagte Disco ist das **Karibon** im Block 1 der Jr. Belgrado.

Zentralperu

Sonstiges

Geld

Die **Banco de Crédito**, Bolívar 308-310, an der Plaza, und die **Banco de la Nación**, Grau 141, haben Geldautomaten.

Informationen

DIRCETUR, Plaza de Armas, Ecke Castilla/Grau, 2. Stock, ✆ 063-462143, ✉ dirceturoxapampa@gmail.com. ⌚ Mo–Fr 8–13, 14.30–17.30 Uhr.

Medizinische Hilfe

Es Salud, Prolongación Bottger s/n, ✆ 063-462221.

Polizei

Bottger 338, ✆ 063-462217.

Touren

Camilo Tours, ✆ 063-462659, ✉ camilotours@hotmail.com. Ausflüge zu allen Zielen der Umgebung, Pozuzo und Villa Rica.

Transport

Die Busse fahren von den Büros der Gesellschaften oder vom Terminal Terrestre Municipal in der Loechle, Ecke Muller (9 Blocks südlich der Plaza) ab.

Gesellschaften

Expreso Lobato, Bolívar Block 2, ✆ 063-337001
Santa Rosa, San Martin 482, ✆ 063-462639
Turismo Oxabuss, ✆ 063-506600. Tickets auch in der San Martín 685 erhältlich.
Turismo Pozuzo, San Martin 351, ✆ 063-337105

Verbindungen

CHONTABAMBA (15 Min., 7 km). Kein regelmäßiger Verkehr. Gelegentlich verkehrende Sammeltaxis nehmen Passagiere an der Plaza mit. Mototaxis kosten 10 S/.
HUANCABAMBA (3/4 Std., 27 km). Sammeltaxis fahren ab Muellembruck Cuadra 2, Ecke Mercado Santa Rosa/Puente Villar (6–8 S/.). Oder einen Combi Richtung Pozuzo nehmen.
LA MERCED (1 1/2 Std., 93 km). Sammeltaxis (17 S/.) und langsamere Combis (12 S/.) fahren vom Terminal Terrestre Municipal von früh morgens bis ca. 20 Uhr.
LIMA um 19 Uhr (Turismo Oxabuss) und um 18.30 und 19.30 Uhr (Expreso Lobato, nur in Notfällen nehmen, hohe Pannen- und Unfallhäufigkeit!), 12 Std., 384 km, 40–50 S/. Wenn das Teilstück nach La Merced wie geplant Ende 2012 komplett asphaltiert ist, werden auch bequemere, zweistöckige Busse Oxapampa anfahren können. Die bessere Variante ist bislang, nach La Merced zu fahren und dort umzusteigen.
POZUZO um 6, 9.30, 13 und 15 Uhr (Turismo Pozuzo) und um 6, 7.30, 10 und 13.30 Uhr (Santa Rosa), 3–4 Std., 87 km, 20 S/. Fährt über HUANCABAMBA.
TSACHOPÉN (20–30 Min., 15 km) Kein regelmäßiger Verkehr. Gelegentlich verkehrende Sammeltaxis nehmen Passagiere an der Ecke Grau/Castilla mit. Sonst Mototaxi nehmen (15–20 S/.) oder bei den Tourveranstaltern nachfragen.

Pozuzo und Umgebung

Noch einmal 87 schwierige Straßenkilometer sind von Oxapampa bis nach POZUZO zu überwinden. Nachdem bei KM 27 der kleine Ort Huancabamba (1666 m) durchquert wird (Übernachtungsmöglichkeit im Projekt Prosoya, s. Kasten), führt die schmale Piste bald darauf spektakulär (auf der linken Busseite sitzen!) durch den **Parque Nacional Yanachaga-Chemillén** (S. 441). Immer tiefer unten verschwindet der Río Huancabamba, während sich rechts und links des Flusses üppig bewachsene Steilhänge entlangziehen. Überall stürzt Wasser herab, selbst in der Trockenzeit, da der Wald wie ein mächtiger Schwamm wirkt.

Nach rund drei Stunden wird zunächst der Ortsteil Prusia (Preußen) und drei Kilometer danach Pozuzo erreicht. Der kleine Ort auf 823 m Höhe liegt idyllisch am Río Huancabamba, der sich einige Kilometer unterhalb des Dorfes mit dem salzhaltigen Río Santa Cruz zum Río Pozuzo vereinigt. Geprägt wurde und wird die Region durch die Nachfahren einer kleinen deutsch-österreichischen Auswanderergruppe, die den Ort 1859 gründete. 1849 hatte der damalige Präsident Ramón Castilla versucht, mit einem neu-

Das deutsch-peruanische Hilfsprojekt PROSOYA

Rund 25 km nordwestlich von Oxapampa liegt bei Huancabamba die Anlage des deutschen Hilfsprojekts PROSOYA (Programa Social Yanachaga). Hier haben rund 40 Jugendliche, überwiegend Waisen oder aus zerrütteten Familien stammend, eine vorübergehende Bleibe gefunden. Neben dem normalen Schulbetrieb im zehn Minuten entfernten Ort Huancabamba besuchen sie nachmittags die projekteigenen Werkstätten, um als Schreiner, Mechaniker oder Öko-Landwirte ausgebildet zu werden. Ziel ist es, den Jugendlichen eine solide berufliche Grundlage und das Bewusstsein für eine ökologisch verantwortungsvolle Lebensweise zu geben. Das Projekt finanziert sich aus Patenschaften, Privatspenden und eigenen Einnahmen. PROSOYA kann besucht werden: Zur Unterbringung steht ein familienfreundliches Gästehaus mit acht gemütlichen 2- und 3-Bett-Zimmern bereit (✆ 063-462121-1, 💻 www.peru-aktion.de, US$15 p. P. inkl. VP). Inzwischen gibt es auch ein Restaurant.

en Einwanderungsgesetz Europäer nach Peru zu locken. Im Jahr 1857 machten sich dann 180 Tiroler und 120 Rheinländer auf den beschwerlichen Weg über die Zentralanden nach Pozuzo, das allerdings nach zwei entbehrungsreichen Jahren nur noch 176 Siedler erreichten. Der Rest war tropischen Krankheiten und Erschöpfung zum Opfer gefallen. Zu einer weiteren **Einwanderungswelle** kam es um 1868, als sich 300 Tiroler und 20 Bayern in der abgeschiedenen Region Oxapampa und Pozuzo niederließen.

Bis 1975 gab es keine Straßenverbindung nach Pozuzo; die Bewohner konnten den Ort nur über einen Maultierpfad in mehreren Tagesritten erreichen. Obwohl Touristen allmählich den lange vergessenen grünen Fleck Erde entdecken, sind auch heute noch Vieh- und Landwirtschaft (Kaffee, Maniok, Reis und Bananen) das wichtigste Standbein der rund 1000 Bewohner von Pozuzo, von denen rund 20 % deutsch-österreichischer Abstammung sind. Doch die Arbeit ist knapp geworden in den letzten Jahren und trotz finanzieller und personeller Direkthilfe aus Tirol wandern viele junge Leute ab. Ihre Hoffnung setzen viele Pozuzinos, allen voran die ehemaligen Tiroler, in zunehmendem Maß auf den Tourismus. In der Tat kann der Ort mit einer einmaligen Mischung aus althergebrachten **deutsch-österreichischen Traditionen** und tropischen **Naturerlebnissen** aufwarten. Allerdings beschränkt sich die Hauptsaison auf die Trockenzeit von Mai bis Oktober. In den übrigen Monaten können starke Regenfälle den Zugang nach Pozuzo schwierig bis unmöglich machen, sodass der Tourismus trotz einiger geöffneter Hotels und Restaurants während der Regenzeit weitestgehend zum Erliegen kommt.

Sehenswertes im Ort

Im Ort lohnt ein Besuch des Heimatmuseums **Museo Schafferer**, das die Geschichte der Besiedlung Pozuzos zum Inhalt hat und viele Gebrauchsgegenstände aus dem Leben der deutsch-österreichischen Siedler ausstellt. 🕒 im Juli ständig, ansonsten tgl. 9–11, 14–17 Uhr, 3 S/. (Führung bis 5 Pers. für 5 S/.). Wenn niemand da ist, bei Eva Solleder nebenan klingeln (Pasaje Schafferer 196). Neben dem Museum liegt der interessante **Kolonistenfriedhof**.

Am Parque Central ist eine Nachbildung der **Norton** zu sehen, dem Schiff, das die ersten Siedler von Belgien nach Peru brachte.

Von der der anderen Seite der hölzernen **Hängebrücke** über den Río Huancabamba aus, 1877 zu Ehren Kaiser Wilhelms I. erbaut und 1995 erneuert, lassen sich kleinere Rundwanderungen unternehmen. Die besten Wanderinfos bekommt man von Helga Wilhelm, der Besitzerin des Hotels Nueva Patria (s. u.). An der Hängebrücke liegt der **Kunsthandwerksladen „Der Wald"**, der sich auf Holzsouvenirs spezialisiert hat.

Ausflüge rund um Pozuzo

Außer kleinen Wanderungen von der Hängebrücke über den Río Huancabamba aus, Baden im Río Huancabamba und dem Besuch eines Wasserfalls werden Touren zum **Parque Nacional**

Abseits der ausgetretenen Pfade reisen

Inzwischen kann man mit Allradfahrzeugen in 3 Std. von Pozuzo zum Holzfällerort **Codo del Pozuzo** reisen (s. „Transport"). Von dort gelangt man über eine schlechte, in der Regenzeit meist unpassierbare Straße in etwa vier Stunden nach Zúngaro (ca. 40 S/.). Von Zúngaro kommt man in weiteren vier Stunden nach Pucallpa oder in etwa einer Stunde nach Puerto Inca (S. 446). Alternativ gelangt man von Codo del Pozuzo mit dem Boot (Abfahrt gegen 4.30–5 Uhr) in etwa drei Stunden über Puerto Mayro nach Ciudad Constitución (Palcazú). Von Ciudad Constitución kann man auf der Marginal de la Selva entweder Richtung La Merced oder in Richtung Pucallpa weiterreisen. In Codo del Pozuzo über die aktuelle Lage informieren!

Yanachaga-Chemillén angeboten. Der Parkeingang **Huampal** (s. auch S. 438) befindet sich etwa 30–40 Fahrminuten entlang der Straße nach Oxapampa. Dort kann man kleinere Wanderungen unternehmen und mit Hilfe der Parkwächter den Felsenhahn, Perus Nationalvogel, beobachten. Camping ist möglich.

Ein weiterer Ausflug führt zum Zusammenfluss des salzhaltigen Río Santa Cruz mit dem Río Huancabamba entlang der Strecke nach Codo de Pozuzo und Besuch der Gemeinde **Santa Rosa**, in der besonders viele Nachfahren der deutsch-österreichischen Einwohner leben.

Der Besitzer des Schwimmbads im Stadtteil Prusia veranstaltet in der Trockenzeit **Rafting-Touren** auf dem Río Pozuzo.

Übernachtung

Hospedaje Maldonado, Av. Los Colonos 621, ✆ kein Telefon. Sehr einfache, kleine und extrem billige Zimmer mit/ohne Bad; nur kaltes Wasser. ❶

Hospedaje Restaurant El Mango, Pacificación 185, ✆ 063-287528, 🖳 www.elmango.pozuzo.org. Alle Zimmer mit Bad, im 2. Stock kühler, im dritten aus Holz. Im Restaurant, das gute lokale Gerichte serviert, kann man den Stammbaum der Pozuzo-Siedler betrachten. Es wird deutsch gesprochen. Frühstück inkl. ❷

Hospedaje Haus Köhel, José Egg 201, ✆ 063-287604, 🖳 www.hauskohel.pozuzo.org. Schöne Holzzimmer mit Bad und Parkplatz. Manko: Schreinerei am Haus, die laut sein kann. Frühstück inkl. ❷

Hostal Gästehaus Schmidt, Av. Cristobal Johann 290, Ortsteil Prusia, ca. 3 km südlich des Zentrums, ✆ 063-17269429, ✉ hostalschmidt@hotmail.com. Schönes Haus mit komfortablen Zimmern mit Bad und Warmwasser. Frühstück inkl. ❷

Albergue Nueva Patria, am Río Huancabamba zwischen Prusia und Pozuzo, ✆ 063-630341, 🖳 nuevapatriapozuzo.com. Drei Bungalows mit großen Zimmern am Fluss. Deutschsprachige Besitzerin, relaxte Atmosphäre. Gutes Frühstück inkl. ❸

Albergue Familiar Frau María Egg, Av. Los Colonos s/n, etwas oberhalb der Hauptstraße, ✆ 063-287559, 🖳 www.pozuzo.com. Einfache Holzbungalows mit Bad und Warmwasser aus Solarenergie. Angenehm familiäre Atmosphäre, Pool (nur während der HS gefüllt) und Restaurant, das ebenfalls nur während der HS Pizza und Pasta serviert. Zwischen Nov–März geschl. Reichhaltiges Frühstück inkl. ❸–❹

Essen

Die einheimische Küche ist extrem fleischlastig, doch auch Vegetarier bekommen auf Nachfrage Gerichte angeboten. Restaurants haben keine festen Öffnungszeiten, sind aber i. d. R. täglich geöffnet. In der Regenzeit bekommt man nach 20 Uhr kaum noch etwas zu essen. Probieren sollte man den Saft der Naranjito-Frucht (auch *Quito Quito* genannt), den einige Restaurants nur hier und in Oxapampa servieren.

El Típico Pozuzino, Av. Los Colonos 571. Bestes Restaurant Pozuzos mit einer leckeren Mischung aus einheimischer und deutsch-österreichischer Küche, darunter auch Gulasch und Schnitzel und guter Kartoffelsalat. Vegetarische Optionen geplant. Frühstück ab 8 Uhr. Februar bis Mitte März geschl.

Restaurant Las Orquídeas, Av. Los Colonos s/n, am Ortsausgang. Neben gutem Essen, darunter auch Fisch, wartet das Restaurant mit einer interessanten Orchideenzucht auf (beste Zeit ist September). Frühstück ab 7 Uhr.

Restaurant Típico Prusia, Av. Cristobal Johann 100, im Ortsteil Prusia, an der Hauptstraße nach Oxapampa. Gute Auswahl an einheimischer und deutsch-österreichischer Küche, darunter Rouladen, Gulasch, Schnitzel aber auch Hähnchen. Frühstück ab 7 Uhr.

Unterhaltung und Kultur

Cervecería Dorchen, José Egg 150. In der einzigen Dschungelbrauerei Perus bekommt man seit 2010 leckeres Bier ohne chemische Zusätze nach Pilsenart gebraut. Sonntags gibt es auch was zu essen. ⌚ tgl. 9–23 Uhr. Freitags und samstags kann man in der **Diskothek Rumbach**, etwa 1 km außerhalb Richtung Codo del Pozuzo, tanzen gehen. An Juliwochenenden ist auch im **Crazy Eddie** im Ortsteil Prusia Disco angesagt. Tagsüber kann man hier schwimmen oder Volleyball spielen.

Sonstiges

Feste

In der letzten Juliwoche wird im Rahmen der Feierlichkeiten zur Ankunft der ersten Siedler die **Semana Turística de Pozuzo** gefeiert. Das **Stadt- und Patronatsfest** folgt Ende August. Ein großes Ereignis stellte 2011 das erste **Oktoberfest** Pozuzos mit bayrischer Blasmusik und viel Weißwurst dar. Weitere Events dieser Art sollen folgen.

Geld

Man sollte unbedingt ausreichend Bares mitbringen, denn im Ort gibt es weder Geldautomaten noch werden Kreditkarten akzeptiert.

Informationen

Caseta de Información de la Cámara de Turismo de Pozuzo, am Parque Central, kein Telefon. Sie vermitteln auch Guides, die pro Tag etwa 40 S/., für einen halben Tag 20 S/. nehmen. Außerdem Verkauf von lokalen Erzeugnissen (u. a. Kaffee, Marmelade, Honig). ⌚ Mo–Fr 9–17, Sa–So 9–12 Uhr.

Internet

Die drei **Internetcafés** im Ortszentrum sind alle ziemlich langsam. Keines der Hotels verfügte zum Zeitpunkt der Recherche über WLAN. Da es Handyempfang in Pozuzo gibt, kommt man auch über Smartphones ins Internet.

Medizinische Hilfe

Centro de Salud San Camilo, Av. Los Colonos 381, ✆ 063-287514.

Nahverkehr

Mototaxis kosten im Ort 1 S/. und von Pozuzo nach Prusia 2–3 S/.

Transport

In der Regenzeit können die Straßen von und nach Pozuzo aufgrund von Erdrutschen unpassierbar oder die Fahrtzeit deutlich länger als während der übrigen Monate sein. **Turismo Pozuzo**, Av. Los Colonos 370, ✆ 063-287571, und **Transportes Santa Rosa**, Av. Los Colonos 351, ✆ 063-338006, fahren jeweils um 4.30, 10, 13 und 15 Uhr nach OXAPAMPA (3 Std., 87 km, 20 S/.) sowie um 4.30, 10.30 und 14.30 Uhr bzw. um 4, 10 und 13 Uhr nach CODO DEL POZUZO (Allrad-Pickups, 3 Std., 80 km, Kabine 25 S/., Ladefläche 20 S/.).

Puerto Bermúdez

Von La Merced führt eine schlechte Piste auf rund 174 km Richtung Norden über **Villa Rica** (s. Kasten S. 436) zu dem schläfrigen Hafenstädtchen Puerto Bermúdez am Río Pachitea im

Albergue Cultural Humboldt

Backpackeroase des baskischen Schriftstellers Jesús López de Dicastillo in Puerto Bermúdez mit großem Garten. Einfache Holzzimmer mit Gemeinschaftsbad. Auch Camping oder Übernachtung in Hängematten möglich. Restaurant, Büchertausch, Kartenmaterial, gute Musik. Kaffee gratis, Internet ist geplant. Jesús organisiert Dschungeltouren und Ausflüge zu Asháninka-Gemeinden der Umgebung. Am Río Pichis, Sector La Rampa (am besten Mototaxi nehmen), ✆ 963722363 (Mobil), 💻 alberguehumboldt.free.fr/es/guias.htm. ❷

Die Asháninka-Indianer

Zur größten indianischen Ethnie der Selva Central zählen die Asháninka, die mit über 50 000 Angehörigen vertreten sind (im Südwesten des brasilianischen Amazonasgebietes leben etwa 500 weitere Asháninka). Sie leben auf mehr als 220 Siedlungen verteilt in den dicht bewaldeten Ostandentälern der Flüsse Ene, Perené, Tambo und Urubamba.

Lebensformen und - bedingungen

Die Asháninka haben bis heute weitgehend ihre traditionellen Lebensformen bewahrt. Jede Familie baut auf kleinen Parzellen Agrarprodukte zur Selbstversorgung an, zum Beispiel Mais, Maniok, Kaffee, Zitrusfrüchte, Avocados und Bananen. Ihre Diät ergänzen sie durch die Jagd, Fischfang und das Sammeln von Beeren und Nüssen. Geldeinnahmen erzielen die Asháninka nur durch gelegentliche Lohnarbeit auf Plantagen und den unregelmäßigen Verkauf von Kunsthandwerk an Touristen.

Die Lebensbedingungen der meisten Asháninka sind prekär. Die Indianer leben in einfachen, mit Palmblättern gedeckten Holzhütten abseits befestigter Straßen, Strom- oder Wasserleitungen. Das staatliche Bildungs- und Gesundheitswesen erreicht die Asháninka nur unzureichend. So kann rund die Hälfte von ihnen nicht lesen oder

Amazonas-Tiefland. Von hier aus kann man per Boot oder auf dem Landweg über die Carretera Marginal de la Selva über **Puerto Inca** nach Pucallpa reisen.

Das Gebiet südöstlich des Ortes ist traditioneller **Lebensraum der Asháninka** (Reserva Forestal San Matias), einer der zahlenmäßig größten Indianergruppen des peruanischen Amazonasgebiets (s. Kasten). Puerto Bermúdez ist ein guter Ausgangspunkt, um Primärurwald zu erleben, Asháninka-Gemeinden zu besuchen oder Bootstouren auf den Nebenflüssen des Río Pachitea wie etwa dem Río Azupizú, dem Río Apurucayali oder dem Río Neguachi zu unternehmen.

Übernachtung und Essen

Albergue Cultural Humboldt, s. S. 443.

Hostal Pinto, Oxapampa s/n. Ordentliche Zimmer mit Bad. Restaurant. ❷

Solide Hausmannskost und regionale Küche servieren u. a. das **Las Palmeras** und das

schreiben. Malaria, Durchfallerkrankungen und Tuberkulose sind weit verbreitet und mit ursächlich für eine hohe Kindersterblichkeit. Nur die Hälfte der Erwachsenen erreicht das 45. Lebensjahr. Ein Großteil der Bevölkerung gilt als unter- bzw. fehlernährt.

Jahrhundertelange Gewalt und Fremdbestimmung

Doch an schwierige Lebensbedingungen sind die Asháninka seit Jahrhunderten gewöhnt. Seitdem spanische Missionare vor mehr als 400 Jahren versuchten, sie zum christlichen Glauben zu bekehren, und die Eroberer sie als billige Arbeitskräfte missbrauchten, sahen sich die ehemals nomadisch lebenden Asháninka immer wieder von Eindringlingen bedroht, die an der schnellen **Ausbeutung** der natürlichen Ressourcen, aber so gut wie nie an den Menschen Interesse zeigten. Die weißen oder auch mestizischen Fremden zwangen die Asháninka Kautschuk zu sammeln, Edelholz zu schlagen oder für sie zu jagen. Andere nahmen sich die hervorragenden Pfeilschützen als Leibwächter zum Schutz vor anderen ethnischen Gruppierungen. Man nannte sie herablassend *Kampa*, ohne sie nach ihrem eigenen Namen zu fragen, der „menschliches Wesen" oder „eines jeden Bruder" bedeutet. Meist blieb den Asháninka, die traditionell führerlos in verstreuten Dorfgemeinschaften leben, nichts anderes übrig, als sich immer weiter in den Wald zurückzuziehen oder durch energischen Widerstand das Schlimmste zu verhindern.

In den 1980er-Jahren besetzten die Terrorgruppen „Leuchtender Pfad" (S. 202) und MRTA weite Teile ihres Lebensraums und zwangen die Menschen, für sie zu arbeiten. Wer sich weigerte, wurde ermordet. Rund 10 000 Asháninka gerieten in den Einflussbereich der Terroristen, weitere 10 000 flohen in unwegsame Gegenden, um dort ohne Hilfe von außen auf das Ende des Krieges zu warten. Offizielle Stellen schätzen, dass bis zu 4000 Indígenas dem **Terror** zum Opfer fielen.

Heutige Bedrohungen

Obwohl die peruanische Regierung die Führungsstrukturen beider Terrororganisationen zu Beginn der 90er-Jahre zerschlagen hat, existieren bis heute kleinere Zellen, die ihre Waffenkäufe mit Drogen- und Holzhandel finanzieren. Diese Tatsache und die zunehmende – meist illegale – Landnahme von Siedlern aus anderen Landesteilen führen dazu, dass die Asháninka sich zu Recht weiter bedroht fühlen. **Gewaltsame Zwischenfälle** sind somit vorprogrammiert. Zu einem solchen kam es im Juli 2002, als Asháninka mehrere Siedler töteten. Sie hatten die Eindringlinge für Terroristen gehalten.
Solange ungelöste Landkonflikte, die Zerstörung des Lebensraums durch Ölmultis und gewalttätige subversive Gruppen die Existenz der Asháninka bedrohen, sind sie gezwungen, sich zur Wehr setzten – zur Not auch mit kulturfremden Mitteln, die ihnen paradoxerweise erst von Kautschukhändlern, Terroristen und aggressiven Landbesetzern aufgezeigt wurden.

El Palmito, beide dicht beieinander in der Av. Capitán Larry s/n.

Transport

Die Straßen Richtung Pucallpa und La Merced sind deutlich besser geworden. In der Regenzeit ist dennoch mit deutlich längeren Fahrzeiten der Camionetas zu rechnen. Zwischen La Merced und Puerto Bermúdez ist es zu Überfällen gekommen (auf jeden Fall die aktuelle Sicherheitslage erfragen und Nachtfahrten vermeiden).

Transdife, ✆ 963721302 (Mobil), und **Estrase**, ✆ 963721027 (Mobil), fahren tgl. früh morgens mit Allradfahrzeugen nach LA MERCED (4–5 Std., 220 km, Kabine 50 S/., Ladefläche 25 S/.). Sammeltaxis kosten 60 S/. und Combis 40 S/.
Pick-ups oder Colectivos fahren nach CIUDAD CONSTITUCIÓN (1 Std.). Von dort geht es mit Camionetas von Transportes Pachitea-Palcazú oder Nueva Pachitea weiter nach PUCALLPA (5–6 Std., 296 km).

Puerto Inca und Umgebung

Das schwierig zu erreichende, unscheinbare Hafenstädtchen hat einige interessante Attraktionen in der Umgebung zu bieten, die noch sehr untouristisch sind. Dazu zählen das **Balneario de Buena Vista**, eine Badestelle ca. 15 Minuten von Puerto Inca am Río Pachitea, die **Quebrada Churuyacu**, ein Badebecken zehn Minuten außerhalb des Ortes mit Tierbeobachtung, und die **Reserva Comunal El Sira**, ein 616 000 ha großes kommunales Schutzgebiet, das die Fauna und Flora entlang des Río Pichis und Teilen des Río Pachitea schützt. Es umfasst den östlichsten Ausläufer der peruanischen Zentralanden, der sich auf einer Länge von rund 200 km wie eine Halbinsel aus der Amazonas-Tiefebene erhebt.

Im Reservat leben Mitglieder der indianischen Ethnien Yanesha und Asháninka. Die **Kontaktperson** für einen Besuch ist der Asháninka Hector Sueyo, ✉ hesueyo@hotmail.com. **Informationen** zu Puerto Inca bekommt man auch über das mit Geldern der EU finanzierte Entwicklungsprogramm PRODAPP (Programa de Desarrollo Alternativo en las Areas de Pozuzo-Palcazu), ✉ prodapp_ptoinca@yahoo.com.

Puerto Inca verfügt über eine Bank (kein Geldautomat), eine Gesundheitsstation, öffentliches Telefon und Internet.

Übernachtung und Essen

Hospedaje San José, Malecón Leguía 705, ✆ kein Telefon. Sehr einfache Zimmer mit Gemeinschaftsbad. ❶

Hospedaje Lulo, Malecón Leguía, neben der Hospedaje San José, ✆ kein Telefon. Saubere, ordentliche Zimmer mit Gemeinschaftsbad. ❶

Menüs und lokale Küche servieren **Restaurant Pozuzo**, Vulcano s/n, und **Restaurant La Maloca**, Barrio Loreto s/n.

Transport

Transportes Pachitea-Palcazú und **Nueva Pachitea** fahren tgl. früh morgens mit Allradfahrzeugen nach PUCALLPA (3 1/2–4 Std., in der Regenzeit 4–5 Std., 296 km).

Andere Anbieter fahren nur bis KM 86 der asphaltierten Hauptstraße Pucallpa–Tingo María. Von dort bestehen weitere Reisemöglichkeiten.

Nach PUERTO BERMÚDEZ fahren ebenfalls Alllradfahrzeuge (umsteigen in CIUDAD DE CONSTITUCIÓN).

Auf der Strecke von Puerto Inca nach Pucallpa und auch nach Puerto Bermúdez ist es zu Überfällen gekommen (Nachtfahrten vermeiden).

Pucallpa

Jahrhundertelang waren die Flussufer des mächtigen Río Ucayali in der Region um Pucallpa von Ethnien wie den **Shipibo**, **Cashibo** oder **Conibo** bewohnt. Erst gegen Ende des 19. Jhs. gründeten Kautschuksammler einen kleinen Stützpunkt, dem sie den Quechua-Namen rote Erde *(Puca* = rot und *Allpa* = Erde) gaben. Die Einheimischen nannten den Ort *May-Uchín*, was sich identisch übersetzt. Nach ersten Erdölfunden in den 30er-Jahren und dem Bau einer 850 km langen Straße nach Lima Anfang der 40er-Jahre brachte der Bau einer **Erdölraffinerie** in den 50er-Jahren einen wirtschaftlichen Aufschwung, der sich in den folgenden Jahrzehnten ständig beschleunigte. Dies führte 1980 zur Bildung des Departamentos Ucayali, das rund 8 % des peruanischen Territoriums umfasst und dessen Hauptstadt Pucallpa wurde.

Inzwischen leben rund 300 000 Menschen in einer der am **schnellsten wachsenden Städte Perus**, deren Einwohnerzahl sich in den letzten 35 Jahren verzehnfacht hat. Pucallpa liegt auf 154 m Höhe am Río Ucayali, einer der wichtigsten Wasseradern des peruanischen Amazonasgebiets. Die Pionierstadt zieht immer noch Menschen aus anderen Landesteilen an, die immer tiefere Schneisen in die umliegenden Wälder schlagen, um Lebensraum zu gewinnen. Am ungeschützten Regenwald – aufgrund von vermuteten Gas- und Ölvorkommen werden vorläufig keine Schutzgebiete ausgewiesen – wird gnadenlos **Raubbau** betrieben, wie die zahlreichen Holzlaster, Sägewerke und Holzfabriken eindringlich belegen.

Viele der Straßen der Stadt , vor allem in den Außenbezirken, bestehen aus festgestampftem rotem Lehm und sind je nach Wetterlage staubig oder schlammig. Das Klima ist meist schwül-

heiß, mit einer Jahresdurchschnittstemperatur von 25 °C. Die meisten Regenfälle fallen zwischen Dezember und April sowie September und Oktober; pro Jahr sind es rund 1400 mm. Etwas Abkühlung bringen die *Frios de San Juan* im Juni – eine Kaltluftfront, begleitet von starken Winden, bei denen die Temperatur bis auf 12 °C sinken kann.

Sehenswertes

Der Stadt selber sieht man das chaotische Wachstum an, bei der keine Zeit auf die ästhetische Gestaltung des Stadtbildes verschwendet wurde. Iquitos kann diesbezüglich mit wesentlich mehr Atmosphäre aufwarten.

Ganz nett ist ein Bummel entlang der Uferpromenade Malecón Grau mit seinem funktionierenden **Uhrenturm** und dem bunten Treiben am Flussufer. Ein Besuch des **schwimmenden Marktes La Hoyada** im Nordosten der Stadt lohnt nur, wenn der Flusspegel hoch ist (während und kurz nach der Regenzeit) und sollte aus Sicherheitsgründen nur mit mehreren Personen durchgeführt werden.

Kunstfreunden sei ein Besuch der **Casa del Pintor Pablo Amaringo Shuña**, Sánchez Cerro 465–467, ✆ 061-573088, 💻 www.pabloamaringo.com, empfohlen, in der die **Malschule Usko-Ayar** des im November 2009 verstorbenen Pablo Amaringo Shuña untergebracht ist. Der international renommierte Künstler brachte seine Bildvisionen mithilfe des Halluzinogens Ayahuasca (S. 450) auf die Leinwand.

Im **Museo Regional** sind Keramiken der Shipibo-Indígenas und ausgestopfte Tiere zu sehen. Es liegt in einer 10 ha großen Parklandschaft, dem **Parque Natural Pucallpa**, in dem auch ein Zoo untergebracht ist, ca. 4 km östlich an der Carretera Federico Basadre, 💻 www.parquenaturalpucallpa.com. 🕓 Mo–Fr 8–16.30, Sa–So 9–17.30 Uhr, 3 S/.

Pucallpa kann nicht mit den Naturschutzgebieten Manú oder Tambopata konkurrieren, zum einen, weil es kein eigenes großes Naturschutzgebiet in der Umgebung besitzt, zum anderen, weil es schwierig ist, von Pucallpa aus in unberührten Regenwald zu gelangen und das Angebot an organisierten Ausflügen sehr rudimentär ist. Wer unverfälschte Regenwalderlebnisse sucht, sollte nach Contamana (S. 454) reisen.

Der Ausflugsmagnet Pucallpas ist die **Laguna Yarinacocha** (s. S. 452) nur 10 km nordwestlich des Zentrums. Hier kann man essen, schwimmen, in einer Urwaldlodge relaxen, Delphine beobachten oder ein Indígena-Dorf besuchen.

Übernachtung

In fast allen Hotels gibt es nur kaltes Wasser. Die Preise für Zimmer mit AC liegen z. T. höher. Da viele Unterkünfte Wellblechdächer haben, kann es im obersten Stockwerk wärmer als in den übrigen Etagen sein. Wem es in der Stadt zu chaotisch und laut ist, der sollte an die Laguna Yarinacocha ausweichen.

Posada del Rey, Portillo 747, ✆ 061-575815. Große, saubere und sehr günstige Zimmer mit Bad, TV und Ventilator, Restaurant. Gutes Preis-Leistungs-Verhältnis. ❶

Hospedaje Perú, Raimondi 639, ✆ 061-575128. Gut und günstig. Angenehme Zimmer mit Bad, Ventilator und TV. ❷

Hospedaje Komby, Ucayali 360, ✆ 061-571562, 💻 www.hospedajekomby.com.pe. Große Zimmer mit Bad, TV und Ventilator oder AC (teurer). Großer Pool, WLAN, Internet, Restaurant. ❷–❸

Hostal Arequipa, Progreso 573-575, ✆ 061-571348, 💻 www.hostal-arequipa.com. Saubere Zimmer, Restaurant, Parkplatz. Auch teurere Zimmer mit AC, bei denen das Frühstück inkl. ist. ❷–❸

Hospedaje El Virrey, Tarapacá 945, ✆ 061-575611, ✉ reservas@hotel-elvirrey.com.pe. Angenehmes, ruhiges Hotel. Saubere Zimmer mit Ventilator und TV; Teurere Zimmer mit AC verfügen auch über eine Minibar. Restaurant (gute Menüs) mit Zimmerservice, Pool, WLAN. Airporttransfer und Frühstück inkl. ❸–❹

Antonio's Alojamiento, Progreso 545, ✆ 061-573721, ✉ antonios-hs@hotmail.com. Moderne Zimmer mit gutem Bad und AC, TV, Minibar, WLAN und Internet per Kabel. Restaurant, Pool, Parkplatz. Airporttransfer inkl. ❹

Hotel Luz de Luna, San Martín 283, ✆ 061-571729, 💻 www.hotelluzdelunaeirl.com. Angenehmes Hotel in ruhiger Lage. Gute Zimmer mit Bad, TV, AC, WLAN und Minibar. Frühstücksbuffet und Flughafentransfer inkl. ❹

Gran Hotel Mercedes, Raimondi 610, ✆ 061-575120, 💻 www.granhotelmercedes.com. Zentrale Lage. Alle Zimmer mit AC, Warmwasser, Kühlschrank und WLAN. Pool, Cafeteria, Parkplatz. Frühstück und Flughafentransfer bei den teureren Zimmern inkl. ❺

Hotel Sol de Oriente, San Martín 552, ✆ 061-575154, 💻 www.soldelorientehoteles.com. Luxushotel im Zentrum der Stadt. Alle Zimmer mit AC, Minibar, Warmwasser, TV und Telefon. Außerdem Pool, Gym, Spa, Restaurant und Disco. Airporttransfer / Frühstücksbuffet inkl. ❻

Essen

Baguetería Renzo, Portillo 352. Hier kann man sich Sandwiches zusammenstellen. Neben Brot und Kuchen gehören Wurst und

Käse zum Sortiment. ◷ Mo–Sa 6–22, So 7.30–12, 17–21 Uhr.
Cevichería El Escorpión, an der Plaza, Independencia 430. Gute *Ceviches* und Meeresfrüchtegerichte. ◷ Di–So 8–16 Uhr.
El Paraiso Naturista, Tarapacá 653, ganz hinten durch. Vegetarisches Restaurant mit günstigen Menüs. ◷ So–Fr 7–15, 18–21 Uhr.
El Portal Chicken, Independencia 510. Fisch, Hähnchen, Fleisch sowie lokale Spezialitäten. ◷ tgl. 16–24 Uhr.
Heladería C'est si bon, Independencia 560. Leckere Kuchen, exotische Eissorten und Säfte. ◷ tgl. 7–24 Uhr.
Kitty, Tarapacá 1062. Beliebtes Restaurant mit typischer Küche – z. B. *Cecina* (frittiertes Schweinefleisch) mit *Tacacho* (Kochbananenknödel mit Speck). ◷ Mo–Sa 7–22, So 7–17 Uhr.
Los Rosales de Pucallpa, Cáceres 389. Alteingesessenes Restaurant mit internationaler Küche, nicht billig. ◷ tgl. 11–16, 19–22 Uhr.
Parrilladas El Braserito, San Martín 498. Serviert Grillgerichte (u. a. Rehbraten und Paiche) zu gehobenen Preisen. ◷ Mo–Sa 11.30–16, 18–23 Uhr.
Pizzería Chez Maggy, Inmaculada 631. Pizza und Pasta. ◷ tgl. 17–24 Uhr.

Unterhaltung und Kultur

Einige Lokalitäten liegen außerhalb des Zentrums. Abends immer ein Mototaxi nehmen!
In der Inmaculada zwischen Sáenz Peña und Zavala liegt die Disco und Karaoke-Bar **Kian Kian**.
Im Block 5 der Inmaculada befinden weitere Discos sowie die Cocktailbar **Trapiche**, Inmaculada 566.
In der **Biblioteca Municipal**, Av. San Martín 446, werden gelegentlich Filme gezeigt und im **Centro Cultural**, Ecke Arica/Atahualpa, finden unterschiedliche Veranstaltungen statt.

Feste

Feb/März: Festival del Carnaval Ucayalino. Wird während der einwöchigen Karnevalsfeiern mit typischen Tänzen *(Pandilla, Humisha)*, Umzügen und Ausstellungen begangen.
24. Juni: Festival de Suan Juan. Wie im gesamten peruanischen Amazonasgebiet feiert man den Schutzheiligen des Regenwaldes mit Misswahlen, Umzügen, Folklore- und kulturellen Veranstaltungen sowie typischen Gerichten.

Kauf einer Hängematte

In Pucallpa bekommt man Hängematten *(hamacas)* auf dem Mercado Nr. 1 an der 9 de Diciembre.

Einkaufen

Amazon World, Zavala 647, ✆ 061-575539. Kunsthandwerk verschiedener Ethnien.
Tiendas de Artesania, Pasaje Zegarra, an der Plaza de Armas. Mehrere kleine Läden, in denen man handeln kann.
Hängematten und gutes Essen bekommt man am **Mercado No. 1** an der 9 de Diciembre, Lebensmittel und Güter des täglichen Bedarfs am **Mercado No. 2 (Mercado Central)**, 2 Blocks westlich der Plaza de Armas.
Die Kunsthandwerks-Kooperative **Maroti-Shobo** der Shipibo-Conibo-Indianer liegt in Puerto Callao (s. S. 452).

Touren

Keine Tourangebote von der Straße annehmen!
Amazon World, Zavala 647, ✆ 061-575539, ✉ amazonworld_co@yahoo.es. Sehr zuverlässige Allroundagentur mit eigener Lodge an der Laguna Yarinacocha (S. 454) und Ausflugsangebot zu allen Sehenswürdigkeiten der Umgebung.
Dschungeltouren ab Puerto Callao s. S. 453.

Sonstiges

Geld

Straßenwechsler stehen vor allen größeren Banken.
Banco de Crédito, Tarapacá, Ecke Raimondi.
Banco Continental, Ucayali, Ecke Raimondi.
Interbank, gegenüber der Banco Continental.
Scotiabank, Raimondi, Block 5.

Informationen

DIRCETUR, 2 de Mayo 111, ✆ 061-575110, ✉ ucayali@mincetur.gob.pe. ◷ Mo–Fr 8–13, 14–17 Uhr.

Seit Menschengedenken nutzen Völker halluzinogene Pflanzen, um mit der übernatürlichen Welt in Verbindung zu treten, mit der Absicht, Körper und Geist zu heilen, Vergessenes zurückzurufen und in die Zukunft zu schauen. **Schamanen und Heiler** besitzen das Wissen über die korrekte Anwendung und die richtige Dosis der zeremoniellen Drogen, deren Einnahme von Fasten- und Reinigungszeremonien begleitet wird. Um mit den Geistwesen des Regenwaldes in Verbindung zu treten, wird im nordwestlichen Amazonasbecken eine bestimmte Liane verwendet, die in Kolumbien Yagé oder Yaje und in Brasilien Caapi genannt wird. In Ecuador und Peru heißt sie Ayahuasca *(Banisteriopsis caapi)*; das Quechuawort bedeutet so viel wie: „Liane der Verstorbenen", „Liane der Geister" oder auch „Ranke der Seelen". Die Einnahme von Ayahuasca führt zu starken **Halluzinationen und Visionen**, mit deren Hilfe es gelingt, den „Ursprung aller Dinge" zu sehen. Die Zeremonie begründet daher auch das Selbstverständnis der jeweiligen Stammesreligion, es bestärkt die Angehörigen darin, an den Fortbestand ihrer religiösen Werte zu glauben und an ihnen festzuhalten.

Für eine **Ayahuasca-Zeremonie** wird die Liane in Stücke geschnitten und ausgekocht. Die dadurch entstehende schwarze, dickliche Flüssigkeit enthält die stark psychoaktiv wirkenden Alkaloide Harmalin und Harmin (bekannt auch als Telepathin oder Yagein).

Doch um die rauscherzeugenden Effekte zu erhalten, ist die halluzinogene Wirkung der Ayahuasca-Liane alleine nicht ausreichend. Erst in der Kombination mit weiteren Pflanzen, die das halluzinogene Tryptamin-Alkaloid Dimethyltryptamin (DMT) enthalten, wie *Psychotria viridis, Diplopterys cabrerana* oder *Datura suaveolens*, entfaltet die Liane ihre volle 2- bis 4-stündige Wirkung. Jeder Curandero braut seine eigene **Mischung**, deren Geheimnis er nur an seinen Nachfolger, häufig den ältesten Sohn, weitergibt. Ayahuasca heilt den, der es einnimmt, und dass der Schamane noch ein wenig Hokuspokus drum herum veranstaltet, gehört zum Geschäft, ändert aber an der Wirkung der Zauberliane nichts. Dies hat ein Schamane passend ausgedrückt: „Die Natur heilt die Krankheit, während der Heiler den Patienten unterhält." Die heilende Wirkung von Ayahuasca ist auch der **Pharmaindustrie** nicht verborgen geblieben. Bereits 1986 erhielt eine US-amerikanische Firma die Verwertungsrechte für eine Varietät der Lianenart *Banisteriopsis caapi* in den USA. Dieses Patent wurde 2001 bestätigt und hob damit eine Entscheidung aus dem Jahr 1999 auf, die Ayahuasca als geistiges Eigentum indianischer Völker definiert hatte. Obwohl die Amazonas-Indianer weiterhin keinen Cent von der Vermarktung und dem Verkauf der Ayahuasca-Medizin erhalten, kann die Firma weiter Geschäfte mit der Liane der Geister machen, deren Inhaltsstoffe gegen Krankheiten wie Krebs und Parkinson wirken oder bei der Psychotherapie und beim Drogenentzug eingesetzt werden.

In den letzten Jahren sind immer mehr zivilisationsmüde Ausländer und neugierige **Touristen** in die Regenwälder des Amazonas gekommen, auf der Suche nach einem Stück heiler Welt. Viele von ihnen wollen Ayahuasca probieren, im Glauben an die magische Wirkung des Halluzinogens, von dem sie oft wenig mehr als den Namen wissen. Auch bei jungen Travellern ist es chic, den Trip probiert zu haben. Vielfach fallen sie cleveren **Geschäftemachern** in die Hände, die sie zu selbst ernannten Schamanen bringen. Die Besucher erhalten dann ein selbst gemischtes Gebräu aus Urwaldpflanzen, das mit Ayahuasca nur noch den Namen gemein hat und oft giftig ist. Beginnt die Reise zu den Geistern des Jenseits oft mit leichter Berauschtheit und fröhlicher Grundstimmung, endet sie bei vielen Touristen mit Angstzuständen und wird schnell zum Horrortrip.

In den meisten Fällen fehlt die richtige Vorbereitung oder eine Begleitperson, die sich entsprechend auskennt. Ayahuasca sollte nicht zum Spaß oder aus Langeweile eingenommen werden, sondern als das respektiert werden, was es ist: viel mehr als nur ein gewöhnliches Rauschmittel.

Medizinische Hilfe

Clínica Fernandez, Av. Sáenz Peña 150, ✆ 061-573114 und **Clínica San Nicolás**, Av. Sáenz Peña 166, ✆ 061-572854, sind gute Privatkliniken, die nebeneinander liegen und beide über einen 24-Std.-Notfalldienst verfügen.

Polizei

Independencia 360, ✆ 061-591433, Notruf ✆ 105.

Post

San Martín 418.

Visaangelegenheiten

Ausländerbehörde, Dirección General de Migraciónes y Naturalización, Libertad 248, ✆ 061-575014. ⌚ Mo–Fr 8–16.15 Uhr.

Wäschereien

Lava Express, San Martín 748.

Nahverkehr

Im Stadtbereich kosten Mototaxis 1,50 S/., Sammeltaxis nach Yarinacocha 1,50 S/. Vom und zum Flughafen kostet es 10 S/. (Mototaxis 5 S/., im Hotel um ein zuverlässiges Taxi bitten).

Transport

Busse und Camionetas

Die Busgesellschaften fahren inzwischen außerhalb der Stadt an der Avenida Centenario bzw. der Carretera Federico Basadre, wie die Straße in ihrer Verlängerung heißt, ab. Der Bau eines **Busterminals** (mit Markt) bei KM 7 der Ausfallstraße nach Lima ist beschlossen und soll bis Ende 2012 umgesetzt werden.

Gesellschaften

Euro Sac, Av. Centenario 184, ✆ 061-578648
León de Huánuco, Tacna 657 (Verkaufsbüro), ✆ 061-572411
Nueva Pachitea, Progreso 647, ✆ 061-505458
Transmar, Raimondi 770 (Verkaufsbüro), ✆ 061-579778
Transportes Pachitea-Palcazú, Jr. Eduardo de Aguila 295, ✆ 061-787562
Turismo Central, Raimondi 768 (nur Ticketverkauf), ✆ 061-571288

Verbindungen

CIUDAD CONSTITUCIÓN (Transportes Pachitea-Palcazú, Nueva Pachitea) vormittags Allradfahrzeuge (Doppelkabine und offene Ladefläche), 4–5 Std. (in der Regenzeit 5–8 Std.), überdachter Sitzplatz *(Cabina)* 40 S/., Ladefläche *(Tolva)* 30 S/. Max. Gepäck 10 kg.
HUANCAYO (Turismo Central) um 14 Uhr, 18 Std., 770 km, 50 S/.
HUÁNUCO um 19, 20 und 20.30 Uhr (Turismo Central) und um 7.30, 11.30 und 14 Uhr (schnellere Minivans von Euro Sac) 9–10 Std. bzw. 7 Std., 435 km, 25–30 S/. bzw. 45 S/.
LIMA 18–23 Std., 800 km. León de Huánuco fährt um 13 (especial, 70 S/.) und 18 Uhr (comercial, 50 S/.), Transmar um 10.30 (comercial, 50 S/.), 13.30 (especial, 80 S/.) und 17 Uhr (comercial, 50 S/.) und Turismo Central um 8.30 und 16 (comercial, 50 S/.) sowie um 13 und 19.30 Uhr (especial, 80–120 S/.). Man sollte lieber einen „Especial" nehmen, da die „Comerciales" 4–5 Std. länger brauchen, überall halten und auch deutlich unkomfortabler (dafür aber billiger) sind. Optional kann man ein schnelles Sammeltaxi nach Tingo María nehmen und von dort mit einem bequemen Bus nach Lima fahren. Die Busse nach Lima fahren ca. 4–5 km westlich des Zentrums entlang der Carretera Federico Basadre ab.
PUERTO INCA (Anbieter siehe Ciudad de Constitución), 3 1/2 Std. (während der Regenzeit 4–5 Std.), 296 km, überdachter Sitzplatz *(Cabina)* 35 S/., Ladefläche *(Tolva)* 25 S/.
SATIPO um 8 Uhr (León de Huánuco) 24 Std., 1080 km, 70 S/. Fährt über TARMA und LA MERCED.
TARAPOTO Mo, Mi und Fr um 19 Uhr (Transmar), 18–20 Std., 781 km, 100 S/. Fährt über TOCACHE und JUANJUJ.
TINGO MARÍA mehrmals tgl., 6–7 Std., 290 km, 4 1/2 Std., 30 S/. (Minivan). S. auch Huánuco.
YARINACOCHA/PUERTO CALLAO Colectivos fahren von der San Martín/Ecke Ucayali (20 Min., 10 km, 1,50 S/.).

Boote

Einen Überblick über den aktuellen Bootsverkehr bekommt man bei der **Hafenbehörde** *(Capitanía del Puerto)* am Nordende der Stadt,

Av. Castilla 754, ✆ 061-590193, ⌚ Mo–Fr 8–13, 15–17.30 Uhr. **Handelsboote** fahren regelmäßig den Río Ucayali flussabwärts über Contamana, Orellana und Requena bis IQUITOS (je nach Wasserstand und Ladung 3–4 Tage, Gegenrichtung plus 1 Tag). Die besten Boote hat die Reederei Henry, deren Boote Mo, Mi und Sa (Verzögerung bis zu 2 Tage möglich) vom **Puerto Henry**, ca. 2 Blocks von der Capitanía del Puerto (Mototaxistas kennen den Ort) abfahren. Der Fahrpreis liegt bei 100 S/. für einen Hängemattenplatz *(hamaca)* an Deck (Hängematte ist nicht inkl.!) oder bei 350 S/. für einen heißen Kabinenplatz *(camarote)* im 3. Stock, jeweils inkl. Einfacher Verpflegung aus wenig mehr als Reis und Bananen (Extraverpflegung und sauberes Trinkwasser mit an Bord nehmen). Es ist ratsam, fünf bis sechs Stunden vor dem angegebenen Starttermin an Bord zu gehen, um sich einen guten Schlafplatz zu sichern. Zahlen sollte man erst, wenn man sich einquartiert hat, und das Geld niemand anderem als dem Kapitän aushändigen. Die Fahrt kann nach anfänglicher Spannung recht monoton werden. Ein Buch, ein Kartenspiel und Angelzeug (in Pucallpa auf dem Markt erhältlich) helfen, die Zeit zu vertreiben. An die hygienischen Verhältnisse an Bord darf man, besonders nach einigen Tagen, keine hohen Ansprüche stellen. Nicht vergessen: Moskitospray, Kopfbedeckung und Toilettenpapier.

Flussaufwärts fahren nur wenige Boote in mehreren Tagen nach ATALAYA (besser man fliegt). Mit entsprechendem Zeitaufwand gelangt man von dort den Río Urubamba flussaufwärts bis zum Pongo de Mainique, von dem aus man nach QUILLABAMBA und CUSCO weiterreisen kann.

Unterhalb des Uhrenturms Reloj Público fahren gelegentlich Boote in 30–40 Min. zur **Laguna Yarinacocha** (2 S/.).

Flüge

Der **Flughafen** liegt ca. 5 km westlich vom Zentrum und ist mit Mototaxis (5 S/.) oder Taxis (10 S/.) schnell zu erreichen. Nur Lan Perú und Star Perú unterhalten Büros in der Stadt. Amazon World (s. „Touren") verkauft Flugtickets.

Lan Perú, Tarapaca 805, ✆ 061-579840, fliegt 2x tgl. nach LIMA und gelegentlich auch nach IQUITOS. ⌚ Mo–Fr 8.45–19, Sa 8.45–14 Uhr.

Star Perú, 7 de Junio 865, ✆ 061-590585, fliegt tgl. nach LIMA und Di, Do, Sa und So nach TARAPOTO. ⌚ Mo–Fr 8.30–19, Sa 8.30–18, So 9–12 Uhr.

Am Flughafen befinden sich die Verkaufsstellen der lokalen Airlines **Aeroandino**, **Aeronegocios ILE** und **Norамérica**, die CONTAMANA tgl. (ca. 30 Min.) und ATALAYA 3x wöchentl. (ca. 1 Std.) bedienen. Der Abflug findet i. d. R. vor 10 Uhr morgens statt.

Laguna Yarinacocha

Der schön gelegene Urwaldsee, ein ehemaliger Nebenarm des Río Ucayali, liegt nur rund 10 km nördlich von Pucallpa. Schmale Kanäle verbinden die bumerangförmige Lagune mit dem Río Ucayali. Die Einheimischen nennen den See *Jepe Ian*, was soviel wie „Ort der Palmen" bedeutet. Yarinacocha ist rund 20 km lang, bis zu 1 km breit und kann das ganze Jahr über zu Bootsausflügen genutzt werden. Archäologische Funde belegen, dass die Lagune schon vor rund 4000 Jahren besiedelt war, und auch heute noch gehört sie, besonders an Wochenenden, zu einem der beliebtesten Ausflugsziele der Einheimischen.

Eine asphaltierte Straße führt nach Puerto Callao, einer direkt am See gelegenen Ansiedlung, die überwiegend aus hastig zusammengezimmerten Pfahlbauten mit Wellblechdach besteht. Entlang der Uferfront ziehen sich einfache Restaurants, aus denen meist laute Musik dröhnt. Einen Abstecher lohnt die Kunsthandwerks-Kooperative **Maroti-Shobo** der Shipibo-Conibo-Indianer, Aguaytia 443 an der Plaza von Callao, die u. a. handbemalte Keramiken, Schmuck und Taschen herstellt. ⌚ Mo–Sa 7–18, So 7–13 Uhr. Am Seeufer liegt das Infohäuschen der **Asociación de Botes Turísticos Los Delfines**, dem Ausgangspunkt für Bootstouren auf dem See und auch für mehrtägige Dschungeltouren (s. u.).

An der Nordwestseite der Lagune liegt die älteste indianische Siedlung, das **Shipibo-Dorf**

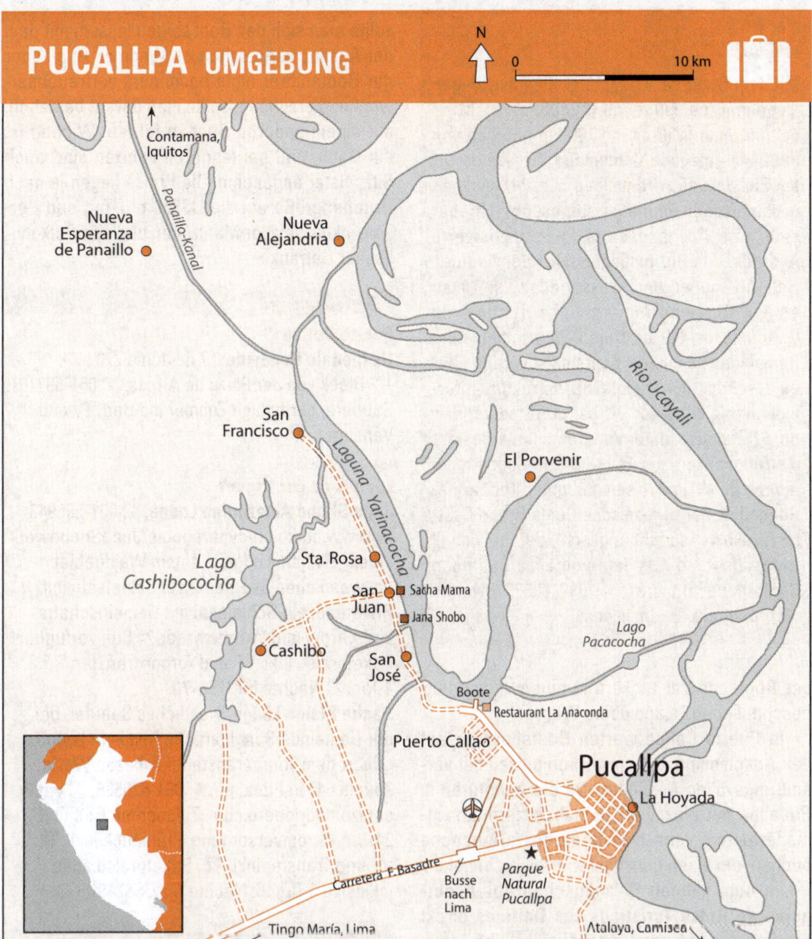

San Francisco. Obwohl die rund 800 Einwohner regelmäßigen Kontakt mit der Außenwelt haben, in Pucallpa Handel treiben und viele Zivilisationsmuster übernommen haben, sind sie ihrer traditionellen Lebensweise weiterhin stark verpflichtet. San Francisco ist in der Trockenzeit auch mit Sammeltaxis (Abfahrt von der Av. Aguaytia/Ecke 3 de Octubre in Callao, 3–4 S/.) zu erreichen. Vor dem Dorfeingang zweigt linker Hand ein Kanal ab, über den man zur Lagune Cashibococha gelangen kann.

Dschungeltouren ab Puerto Callao

Wer keine überzogenen Ansprüche in Bezug auf eine intakte Regenwaldlandschaft, Tiere und Naturerlebnisse stellt und einfach relaxen, baden und fischen möchte, für den ist die Laguna Yarinacocha bestens geeignet. Wer unberührten Regenwald und selten besuchte Indianerdörfer kennenlernen will, braucht vor allem eines: Zeit. Die Region um Pucallpa ist entlang der Flussufer weitestgehend gerodet und die *Peque-peques*

Flussabwärts nach Contamana

Mit dem Boot (ca. 1 Tag) oder Kleinflugzeugen (regelmäßige Flüge ab Pucallpa, 30 Min.) gelangt man in das rund 130 km nördlich von Pucallpa gelegene **Contamana**. Der kleine Ort am Río Ucayali wird bislang nur von wenigen ausländischen Touristen aufgesucht, ist aber eine gute Ausgangsbasis für lohnenswerte Abstecher in die umliegenden Regenwälder. Neben Lagunen und Wasserfällen kann man eine Papageien-Minerallecke (Collpa de Guacamayos bei La Unión) und indianische Gemeinden besuchen. Contamana verfügt über eine solide touristische Infrastruktur. Informationen gibt es vor Ort bei der Stadtverwaltung (Municipalidad). Von Contamana besteht die Möglichkeit, per Boot über Requena nach Iquitos (S. 451) zu reisen. Ein guter Kenner der Gegend ist der peruanische Guide Bruno Castro Pletikosic (spricht englisch), der individuell zugeschnittene Ausflüge von Lima aus nach Contamana anbietet, ✆ 999185333 (Mobil), ✉ brunotrekk@hotmail.com.

der Bootsbesitzer tuckern in einem meist sehr beschaulichen Tempo übers Wasser.

In Puerto Callao warten Bootsbesitzer auf den Ankömmling und umwerben diesen mit verheißungsvollen Ausflügen. Da die Agenturen in Pucallpa mit einzelnen Bootsbesitzern zusammenarbeiten, kann man direkt in Yarinacocha buchen, um einen günstigeren Preis zu erzielen.

Im dem kleinen Holzhäuschen der **Asociación de Botes Turísticos Los Delfines** direkt am Seeufer bekommt man ausführliche Informationen zu Touren. Dessen Präsident **José Silva Nube** (Spitzname „Chelo"), ✆ 961740671 (mobil), ✉ chelojo@hotmail.com, hat langjährige Tourerfahrung und spricht sogar ein wenig Deutsch. Er bietet zwei- (60 S/.,. max. 4 Pers.) und vierstündige (150 S/., inkl 2 Std. Wanderung) Ausflugsfahrten auf dem See an. In jedem Fall sollte man sich das Boot zeigen lassen, mit dem der Ausflug vorgesehen ist. Wenn es zu alt oder der Bootsführer nicht besonders vertrauenserweckend erscheint, sollte man darauf bestehen, mit einem anderen Boot zu fahren. Wichtig ist ein Dach, und bei längeren Fahrten sind auch Sitzpolster angenehm. Die Preise liegen je nach Gruppengröße um die US$50 pro Tag und Person, inklusive aller Mahlzeiten und nicht-alkoholischer Getränke.

Übernachtung

Puerto Callao

Hospedaje Benavides, 7 de Junio 270, 1/2 Block von der Plaza de Armas, ✆ 061-597101. Saubere, geräumige Zimmer mit Bad, TV und Ventilator. ❷

Lodges an der Lagune

Jana Shobo Amazonian Lodge, ✆ 061-596943, 💻 www.otaku.ch/cyberboogie/JanaShoboweb/index_EN.htm. Lodge in einem Waldgebiet am westlichen Seeufer. Zwei Schlafsäle mit Privatbad, ein Schlafsaal mit Gemeinschaftsbad. Strom und Warmwasser 24 Std. verfügbar. Paketpreise inkl. VP und Airporttransfer: 4 Tage/3 Nächte für US$170.

Sacha Mama Lodge, westliches Seeufer, bei der Gemeinde San Juan. Die rustikale Lodge gehört dem Tourveranstalter Amazon World, Zavala 647 in Pucallpa, ✆ 061-575539, 💻 www.amazonworldperu.com. Zimmer mit Bad und 24-Std.-Stromversorgung. Frühstück inkl. ❺ VP und Transfer inkl. ❼; Paketpreise alles inklusive 3 Tage/2 Nächte für US$249.

Essen

Restaurant Orlandos, Aguayita s/n, Block 3. Sehr gute Grillgerichte (nur Fleisch) und Typisches aus der Region. ⏲ Di–Fr 11.30–15.30, 17.15–23, Sa durchgehend, So bis 20 Uhr.

La Anaconda, auf dem Wasser schwimmendes Restaurant, östlich der Bootsanlegestelle. Gute nationale und internationale Küche. ⏲ tgl.

Nordperu

Stefan Loose Traveltipps

Huaca de la Luna und El Brujo In der Umgebung von Trujillo wurden an den Lehmziegelpyramiden sehenswerte Wandmalereien freigelegt. S. 471 und S. 473

10 **Chaparrí** Das erste private Naturschutzgebiet Perus kann mit Brillenbären, Weißflügeltruthähnen, zahlreichen Kolibris, Leguanen und Füchsen aufwarten. S. 486

11 **Strände im Norden** In Los Organos, Máncora, Vichayito oder Punta Sal kann man nach Herzenslust baden, relaxen und wellenreiten. S. 496

12 **Cordillera Blanca** Im schönsten Wander- und Klettergebiet des Landes findet jeder seine eigene Route. S. 509

13 **Kuélap** Egal ob zu Fuß oder mit dem Bus: Die Felsenfestung der Chachapoyas beeindruckt jeden Besucher. S. 556

14 **Bootsfahrt Yurimaguas–Iquitos** In der Hängematte liegend lässt man den sattgrünen Regenwald an sich vorüberziehen und schaut sich das Leben der Menschen am Fluss an S. 578

Von Lima nach Trujillo

Durch diesen Landesteil zieht sich die manchmal endlos erscheinende nördliche Küstenwüste. Doch von Zeit zu Zeit werden unterwegs reizvolle Kolonialstädte und interessante Ausgrabungsorte passiert und im hohen Norden laden zahlreiche Badestrände zum Verweilen ein. Die Höhepunkte dieses Streckenabschnitts sind die Städte Trujillo mit der Lehmziegelstadt Chan Chan, das private Naturschutzgebiet Chaparrí bei Chiclayo sowie in Lambayeque das Museum des Herrschers von Sipán. Die Gegend um die Grenzstadt Tumbes wird klimatisch bereits von der warmen El Niño-Strömung beeinflusst. Daher ist es dort oben wesentlich grüner und tropischer.

Von Lima bis Huacho

Von Lima aus führt die Panamericana Norte zunächst durch das vorwiegend von Einheimischen besuchte Seebad **Ancón** (KM 40) und den Fischerort **Chancay** (KM 60), in deren Umgebung sich einst große Grabfelder befanden, die allerdings vollständig geplündert wurden.

Beim KM 103 der Panamericana *(División Río Seco)* zweigt eine Straße ab, die über Sayán zum Thermalbadeort **Churín** (S. 62) führt, der über eine gute touristische Infrastruktur verfügt. Die bis Sayán (ca. 50 km) asphaltierte Straße folgt dem Lauf des Río Huaura, in dessen Tal überwiegend Baumwolle und Zuckerrohr angebaut wird. Nach 208 km (ab Lima) wird auf ca. 2300 m Höhe Churín erreicht, das von steil aufragenden Felswänden umgeben ist. In und um den Ort liegen über zehn verschiedene mineralhaltige Badestellen, meist mit Temperaturen um die 30 °C. Angeblich findet man hier für jede Krankheit das richtige Heilwasser. Von Churín fahren tgl. mehrere Busse in rund 6 Std. nach Lima.

Ab Churín führt die Straße weiter östlich über **Oyón** (ca. 2 Std. Fahrtzeit, einfache Unterkunftsmöglichkeiten) und den Uchucchagua-Pass mit der gleichnamigen Silbermine nach **Yanahuanca** (s. S. 421). Etwa 3 km außerhalb von Oyón befindet sich die Abzweigung zur Mine Raura (34 km entfernt) und gleichzeitig zur **Cordillera Raura**, einem weniger bekannten, kleineren Trekkinggebiet, von dem aus man in mehreren Tagen zu Fuß zur Cordillera Huayhuash (s. S. 540) wandern kann.

Zurück auf der Panamericana passiert man zwischen KM 105 und 106 die Abzweigung zum 5070 ha großen Naturschutzgebiet **Reserva Nacional Lomas de Lachay**. Der Eingang befindet sich rund 3 km östlich der Panamericana an

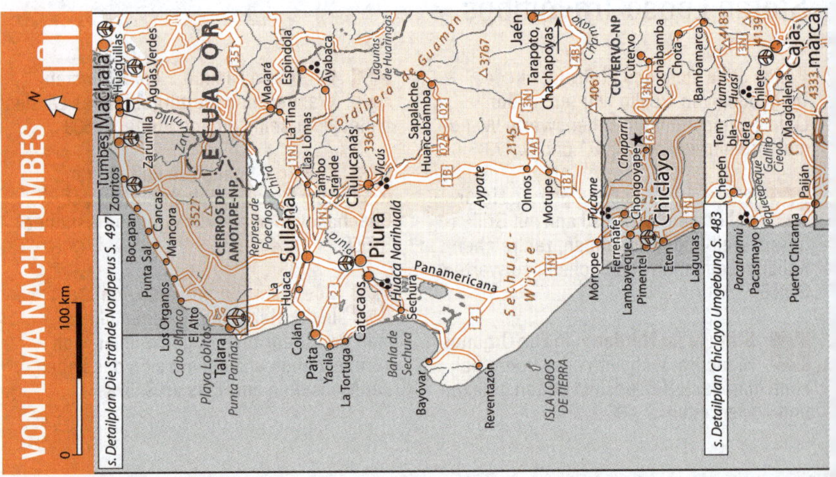

Alternativ leben

Von der Panamericana aus sind linker Hand bei KM 63 die eiförmigen Gebäude des **Eco Truly Parks,** ✆ 01-4210016 (Büro in Lima), 💻 www.ecotrulypark.org, Anfahrtsinfo auf der Webseite, zu sehen. Der von der Hare-Krishna-Bewegung geführte Tempelkomplex verfügt über einfache Unterkünfte und ein vegetarisches Bio-Restaurant. Es werden unterschiedliche Aktivitäten und Kurse wie etwa Yoga, Meditation, Auyurveda oder vegetarisches Kochen abgeboten. Zelten kostet 12 S/. p. P., ansonsten ❷–❹

der Straße Richtung Churín. Das Wort *Lomas* (sp. „Hügel") bezeichnet eine Reihe niedriger isolierter Hügel an der peruanischen Küste, auf denen wegen des mehrmonatigen Küstennebels kleinwüchsige Wüstenpflanzen gedeihen. In den Monaten September und Oktober, den besten Besuchszeiten, ist der karge Wüstenboden von einem grünen Teppich und Blumenfeldern bedeckt, den rund 100 Baum- und Pflanzenarten weben. Die üppige Vegetation zieht vorübergehend eine artenreiche Tierwelt an. Sie setzt sich aus über 50 Vogelarten (Wanderfalken, Kondore, Kolibris, Zwergpapageien etc.), zwölf Säugetierarten (Weißwedelhirsche, Küstenfüchse, Fledermäuse, Hasen etc.) und sieben Reptilienarten zusammen. In dem 1977 gegründeten Schutzgebiet kann gewandert, gepicknickt und auf Zeltplätzen übernachtet werden. Ein Besuch empfiehlt sich unter der Woche; samstags und sonntags füllt sich Lachay mit Einheimischen. ✆ 01-3771535, 💻 reservanacionaldelachay.blogspot.com, ⏲ tgl. 8.30–17.30 Uhr, 5 S/. (3 Tage 10 S/.).

In ihrem weiteren Verlauf passiert die Panamericana Norte nach ca. 150 km das Städtchen **Huacho**. Außer dem Balkon an der Plaza, von dem aus General San Martín 1821 die Unabhängigkeit von Spanien verkündete, gibt es weiter nichts Spektakuläres zu sehen. In dem Gebäude ist ein kleines Museum untergebracht. ⏲ tgl. 8–20 Uhr, 2 S/. Vom Hafen aus fahren Fischer Besucher zu den vorgelagerten Inseln (Isla Mazorca, Isla Loberas und Isla Huampanú), auf denen sich Pelikane, Seehunde, Pinguine und viele Seevogelarten beobachten lassen.

Rund um Barranca und Caral

Eintönig zieht sich die Panamericana weiter Richtung Norden. Bei KM 177 zweigt eine etwa 2 km lange Piste zur **Albufeira de Medio Mundo** ab, einer rund 6 km langen Brackwasserlagu-

ne, die parallel hinter dem Strand verläuft und über eine reichhaltige Vogelwelt verfügt. Es gibt Bungalows und Zeltmöglichkeiten im **Medio Mundo**, ✆ 01-6976920, 💻 www.albuferamedio mundo.pe. ❹

Südlich von Supe (KM 182) führt eine Sandpiste zur sehenswerten Ruinenstätte **Caral** (s. Kasten rechts) im Tal des Río Supe, ca. 25 km südöstlich von der Panamericana, ab.

Bei KM 202 liegt – umgeben von Zuckerrohrfeldern – das kleine Städtchen **Pativilca**, in dem Simón Bolívar in den 1820er-Jahren für eine Weile sein Hauptquartier hatte. Aus jenem Haus an der Hauptstraße Nr. 253 ist nun das **Museo Casa Bolívar** geworden. ⏲ tgl. 8–15 Uhr, 3 S/. Rund 2 km nördlich von Pativilca zweigt eine interessante Piste zum kleinen Bergdorf **Cajatambo** am Fuße der Cordillera Huayhuash ab (S. 539).

Nördlich von Pativilca liegt bei KM 206,5 die Abzweigung nach Huaraz und zu den Eisgipfeln der Cordillera Blanca. Ab hier sind es noch rund 200 km bis nach Huaraz auf einer guten, asphaltierten Straße, die von so gut wie allen Busunternehmen von Lima aus benutzt wird. Weitere Zugangsmöglichkeiten in das Gebirgstal **Callejón de Huaylas**, in dem Huaraz liegt, befinden sich in Casma und Chimbote.

Nur wenige Kilometer nördlich der Abzweigung nach Huaraz befindet sich bei KM 210 direkt an der Straße die weithin sichtbare archäologische Stätte **Fortaleza de Paramonga**. Die riesige Adobefestung ist 50 m hoch und wurde zwischen 1100 und 1400 n. Chr. von den Chimú erbaut. Die verwinkelt gestaltete, vierstufige Pyramide markierte die südliche Grenze ihres Reiches. Die Chimú wurden hier im 15. Jh. von den Inkas in einer heftigen Schlacht besiegt; in der Nähe erstreckt sich ein riesiges Gräberfeld. Vom ehemals aufwendigen Verputz der Burg ist leider fast nichts mehr übrig. Auf der obersten Plattform steht ein Tempel mit zwei quadratischen Räumen. ⏲ tgl. 8–18 Uhr, 5 S/. Zur Anlage fahren lokale Busse, Micros oder Taxis von Pativilca aus.

Auf den nächsten rund 170 öden Wüstenkilometern werden außer dem kleinen Städtchen Huarmey bei KM 293 nur kleinere Ortschaften passiert. Die Abzweigung bei KM 371,5 zu den Ruinen von Sechín und nach Huaraz zeigen die Nähe zu Casma an, das bei KM 375 erreicht wird.

Übernachtung und Essen

Barranca

In **Barranca** gibt es bessere Unterkünfte wie das **Hotel Chavín**, José Gálvez 222, ✆ 01-2355025, 💻 www.hotelchavin.com.pe. ❹
Am Strand liegen einige gute Fischrestaurants, darunter **Tato** und **El Cangrejo**.

Caral

Einfache Mehrbettunterkünfte mit Gemeinschaftsbad und ein Campingareal (US$3,50 p. P.) bietet **Caral Tambo**, dicht bei der Anlage gelegen, ✆ 01-2616122, 💻 www.caraltambo.com. ❶
Die rund 15 Min. von Caral entfernte und inmitten einer Avocado- und Mandarinenplantage gelegene Luxuslodge **Empedrada Fundo, Hotel & Spa** befand sich zum Zeitpunkt der Recherche im Bau.

Puerto Supe

In **Puerto Supe** (KM 191) lässt es sich sehr angenehm in der familiären **Casa de Isidora**, Loreto 274, ✆ 01-6910242, 💻 www.lacasade isidora.com, übernachten. Auch das Essen ist dort vorzüglich. ❸

Casma und Umgebung

In Kolonialzeiten war der 11 km (Abzweig bei KM 380) westlich des Ortszentrums gelegene Hafen ein wichtiger **Warenumschlagplatz**, wurde aber mehrfach von Piraten geplündert. 1925 überschwemmte und verwüstete der Río Sechín den Ort und verschonte nur die Kapelle der María Magdalena, die so zur Schutzpatronin der Stadt wurde. Ebenfalls großen Schaden richtete 1970 ein schweres Erdbeben an.

Das sympathische Städtchen ohne eigene Sehenswürdigkeiten, aber mit einem sonnigen Wüstenklima ist Ausgangspunkt für den Besuch der nur 5 km südöstlich gelegenen Ruinen von **Sechín**. Auf einer interessanten, aber überwiegend schlechten Nebenstrecke gelangt man von Casma über Pariacoto nach Huaraz. Vom 4225 m hohen Pass **Punta Callán**, rund 30 km westlich von Huaraz, hat man einen tollen Blick auf die Cordillera Blanca.

Caral – die älteste Stadt Amerikas?

Im April 2001 machten Archäologen der San Marcos Universität von Lima einen besonderen Fund: Die Forscher des ältesten Lehrinstituts Südamerikas entdeckten die vielleicht älteste Stadt des Kontinents. Inmitten einer unwirtlichen Felslandlandschaft auf 450 m Höhe am Fuß der **Cordillera Negra** in der Provinz Ancash zeichnen sich von Menschenhand geschaffene Formationen ab – viereckige Gebäude, Treppenstufen, Mauerwerk, Steinwälle und ein Amphitheater. Radiokarbon-Messungen ergaben ein Alter von rund 4600 Jahren. Damit wäre die Zivilisation von Caral, so der Name der nordperuanischen Ausgrabungsstätte, rund 1000 Jahre älter als die Tausende Kilometer weiter nördlich in Mexiko befindliche Kultur der Olmeken. Diese Vorgängerkultur der Mayas galt bis dato als die älteste Zivilisation Amerikas.

Warum wählten die Menschen einen auf den ersten Blick lebensfeindlichen Standort, 18 km landeinwärts, als Zentrum für ihre Kultur? Die mögliche Antwort liegt in den Auswirkungen des periodisch wiederkehrenden Klimaphänomens **El Niño** und seiner kleinen Schwester La Niña (S. 503). Alle 4 bis 6 Jahre stellten die Pazifikströmungen das Klima auf den Kopf, brachten den Küstenbewohnern mal extreme Überschwemmungen, mal lang anhaltende Dürre. Doch so leicht konnte man die fischreichen Gewässer des Pazifiks nicht verlassen, denn hinter der Küste begann ein breiter Wüstenstreifen, den es zu überwinden galt. Als sich die Küstenbewohner auf der Flucht vor El Niño in die Flusstäler zurückzogen, entdeckten sie die **künstliche Bewässerung** – bis heute eine der wichtigsten Erfindungen des Andenraumes überhaupt. Nun konnten die Bewohner des Tals das ganze Jahr über Mais, Baumwolle und Kürbis anbauen, was ihnen allmählich einen Überschuss an Nahrungsmitteln bescherte. Was ihnen zum Leben nun noch fehlte, tauschten sie bei Küsten- und Bergvölkern ein. Auf diese Art und Weise versorgten sie sich unter anderem mit Meeresfrüchten oder Tonkeramik.

Der Wohlstand der Siedlungen im Tal des Río Supe wuchs ständig und ermöglichte den Bau eines religiös-politischen Zentrums – auf einer Fläche von 66 ha entstand *La Ciudad Sagrada de Caral*, die **heilige Stadt** Caral, und somit die vielleicht erste städtische Gesellschaftsform Amerikas.

Noch dauern die Ausgrabungsarbeiten an, denn die architektonischen Überreste der Stadt sind fast komplett verschüttet. Wie in vielen anderen präinkaischen Städten war das bebaute Areal in eine **Ober- und Unterstadt** geteilt. In der aufwendiger und solider gebauten Oberstadt befanden sich das sakrale Zentrum Carals sowie einige Wohnhäuser der Eliten, während die einfachere Unterstadt Aufenthalts- und Wohnort der niedrigeren Bevölkerungsschichten war. Der gesamte ovale Komplex wurde präzise geplant und sauber ausgerichtet, was auf gute geometrische, arithmetische und topografische Kenntnisse der Baumeister schließen lässt. Neben Opfergefäßen, Textilien und Nahrungsresten fanden die Wissenschaftler 32 aus Pelikan- und Kondorknochen gefertigte Flöten. Nicht zu Unrecht wurde die Ruinenstätte von der Unesco Mitte 2009 zum **Weltkulturerbe** erklärt. Die Entscheidung kommentierte die Chefin der Ausgrabungen Ruth Shady mit den Worten: „Caral hat sich 5000 Jahre erhalten, unsere Herausforderung besteht darin, die Stadt für alle Völker jetzt und in Zukunft zu bewahren."

Anreise nach Caral, Eintritt und Führungen

Von Lima aus fährt Turismo Barranca, Abancay 900, Lima, ✆ 01-7815551 regelmäßig in rund 3 1/2 Std. nach Supe und Barranca, 12 S/. Am Mercado de Supe aussteigen und eines der einen Block entfernten Sammeltaxis *(Colectivo)* nehmen, die stdl. für rund 5 S/. bis zum Ort Caral fahren. Von dort gelangt man über einen ausgeschilderten Fußweg in etwa 30 Min. zur Ruinenstätte. Ein Taxi ab Puerto Supe kostet inkl. Wartezeit bei den Ruinen etwa 90–100 S/. Die Ruinenstätte Caral ist tgl. 9–17 Uhr geöffnet (Gruppen bis 16 Uhr). Eintrittspreis 11,20 S/. plus 20 S/. (bis zu 20 Pers.) für eine obligatorische rund 90-minütige Führung mit einem lokalen Guide (nur auf Spanisch).

Übernachtung und Essen

Hotel Gregori, Av. Luis Ormeño 530, ✆ 043-411073. Moderne, saubere Zimmer mit Bad und TV, Parkplatz. ❷

Hostal El Farol, Tupac Amaru 450, ✆ 043-411064, 💻 www.elfarolinn.com. Bestes Hotel von Casma mit weitläufigem Garten, Pool, Restaurant und Tourservice. ❹

Gute Fischgerichte serviert **El Tío Sam**, Av. Huarmey 138, gute regionale Spezialitäten (darunter Enten-Ceviche) das Restaurant **Los Pacaes**, Prolongación Av. Bolívar, rund 3 Blocks von der Plaza de Armas.

Nordperu

Touren

Sechín Tours, Kontakt über das Hotel Monte Carlo, Nepeña 370, ✆ 943636551 (Mobil), ✉ renatotours@hotmail.com. Renato Córdova fährt Touristen nach Sechín und zu weiteren Sehenswürdigkeiten der Umgebung.

Transport

Busse und Colectivos

Wer Richtung Norden reist, sollte besser nach Chimbote fahren und dort umsteigen.

CHIMBOTE Sammeltaxis fahren von der Av. Nepeña bei der Banco de la Nacion (von 6–21 Uhr, 3/4 Std., 60 km).

HUARAZ (Huandoy, Av. Ormeño 166) um 7, 11 und 14 Uhr 6–7 Std., 160 km. Fährt über PUNTA CALLÁN (die ersten 50 km sind asphaltiert, dann folgt eine Piste).

HUARAZ 8 Std., 160 km. Nur Nachtbusse (über PATIVILCA).

LIMA (versch. Gesellschaften entlang der Hauptstraße) mehrmals tgl., 6 Std., 375 km.

TORTUGAS ca. 20 Min., 19 km. Abfahrt vom Terminal Terrestre.

Taxis

Mototaxis kosten nach SECHÍN 5 S/. (einfache Fahrt), ein **Taxi** 10 S/.

Sechín

Von der Abzweigung beim KM 371,5 der Panamericana sind es noch rund 1,5 km entlang der Straße nach Huaraz bis zur sehenswerten Ruinenanlage Sechín. Ursprünglich ordneten Wissenschaftler den Komplex der Chavín-Kultur der Küstenwüste (1300–500 v. Chr.) zu. Aufgrund neuerer Untersuchungen ist man zu der Erkenntnis gelangt, dass Sechín bereits zur formativen Periode – Vorläufer der Chavín-Kultur – gehörte und möglicherweise schon um 1700 v. Chr. mit dem Bau der Anlage begonnen wurde. Damit würde das Adobeziegelgebäude zu einer der ältesten Fundstätten Perus zählen.

Auch heute noch gibt das 1937 vom peruanischen Archäologen Julio César Tello entdeckte Zeremonialzentrum Rätsel auf. Das Hauptgebäude, ein **Tempelkomplex** mit einem Umfang von 38 x 38 m, ist von einer bis zu 4 m hohen Mauer umgeben. Diese besteht aus über 300 Steinplatten, die mit flachen Reliefs versehen sind. Auf ihnen sind menschliche Wesen zu erkennen, die Helme und Waffen tragen und vorwiegend als Krieger, aber auch als Priester interpretiert werden. Sie sind umgeben von abgehackten Köpfen, Gliedmaßen und Rumpfteilen, die schon zu vielen Spekulationen Anlass gaben: Handelt es sich um die Darstellung eines kriegerischen Volkes, das sich mit den Trophäen der besiegten Feinde schmückte? Waren es Hohepriester, die Menschen für ihre blutrünstigen Rituale schlachteten, um sich so die Gunst der Götter zu erhalten? Oder wurden die Steinplatten lediglich zum Gedenken an eine siegreiche Schlacht der Vorfahren errichtet? Interessant ist auch die Theorie, dass die abgeschlagenen Köpfe – wie auch bei anderen Völkern Amerikas – ein keimendes Maiskorn und damit das Schöpfungsritual symbolisieren.

Auf dem Gelände der Anlage (Anfahrt s. Casma im Abschnitt „Transport") befindet sich ein Museum, in dem man neben zahlreichen Keramikfunden und Fotografien von Fundstellen der Region auch ein Modell des Tempels von Sechín sehen kann. 🕓 Anlage und **Museo Max Uhle** tgl. 8–17 Uhr, Eintritt 5 S/.

In der Region gibt es weitere archäologische Stätten, die aus Geldmangel nicht oder nur teilweise ausgegraben wurden. 4 km von Sechín entfernt liegt **Sechin Alto**, ein großer, breiter Lehmziegelhügel. Südlich von Casma befindet sich die Festung **Chanquillo** mit Wachtürmen und runden Mauern.

Tortugas

Im weiteren Verlauf passiert die Panamericana bei KM 392 die Abzweigung zum rund 2 km entfernten Badeort Tortugas, einer breiten, halbmondförmigen Bucht mit dunklem Kiesstrand. Richtig lebhaft ist es hier nur zwischen Dezember und März, in den restlichen Monaten wirkt der Badeort verschlafen bis ausgestorben. Die Schildkröten, die Tortugas seinen Namen gaben, tauchen inzwischen immer seltener auf. Per Boot oder Allradfahrzeug lassen sich weitere Badestrände und einsame Buchten in der Nähe erreichen. Empfehlenswerte **Unterkünfte** mit Restaurant sind das **Las Terrazas**, Nordseite der Bucht, ✆ 943619042 (Mobil), 💻 www.lasterrazas.com ❸ und das **El Farol**, Südseite der Bucht, Kontakt über El Farol in Casma, ✆ 043-411064, 💻 www.elfarolinn.com. Günstiger in der Nebensaison von Mitte April bis Mitte Dezember. ❷–❸

Chimbote

Rund 60 km nordwestlich von Casma liegt an einer natürlichen Bucht die Großstadt Chimbote mit rund 300 000 Einwohnern, ein wenig reizvoller Ort, über dem ein ständiger Geruch nach Fischmehl liegt. Dies ist nicht weiter verwunderlich, denn Chimbote ist Perus **größter Fischereihafen**. Der Boom der 60er- und 70er-Jahre, als jährlich Millionen Tonnen Fisch gefangen wurden, ist längst vorbei und die Erträge sind aufgrund starker Überfischung rückläufig.

Ein weiteres wirtschaftliches Standbein ist die **Stahlindustrie**. Seit 1958 produziert hier das staatliche Unternehmen Siderperú. Die starke Industrialisierung hat Chimbote zwar Arbeitsplätze, aber auch eine starke **Umweltverschmutzung** und hohe Kriminalitätsrate eingebracht. Die Stadt selbst bietet keinerlei Sehenswürdigkeiten.

In der Umgebung befinden sich einige kleinere **archäologische Stätten** (z. B. der Templo de Punkuri im Nepeña-Tal, die Mochica-Festung Pañamarca oder die Anlage Paredones, alle südlich von Chimbote gelegen). Rund 13 km nördlich von Chimbote zweigt eine Schotterpiste Richtung **Caraz** und **Huaraz** durch den sehenswerten **Cañon del Pato** (S. 509) ab. Kurz darauf überquert die Panamericana den Río Santa, um danach wieder von der Stein- und Sandwüste verschluckt zu werden.

Übernachtung und Essen

Hostal El Ensueño, Saenz Peña 268, ✆ 043-328662. Einfache, saubere Zimmer mit/ohne Bad. Sicher und freundlich. ❷
Hostal San Felipe, Pardo 514, ✆ 043-323401. Ordentliche Zimmer mit Bad und Warmwasser 24 Std. Frühstück inkl. ❷
Frühstück, gute Mittagsmenüs und auch Abendessen bekommt man im **Restaurant Paola**, Bolognesi 405 und im **Restaurant Venecia**, Bolognesi 386.

Transport

Der große **Terminal Terrestre El Chimbador** liegt ca. 5 km südlich von Chimbote an der Panamericana (Taxi ca. 5–7 S/.). Viele Busunternehmen unterhalten Verkaufsbüros im Zentrum von Chimbote. Niemals zu Fuß vom Busterminal in die Stadt oder umgekehrt laufen!

Verbindungen
CAJAMARCA (Línea) mehrmals tgl., 8 Std., 440 km.
CARAZ 5 Std., 190 km. Siehe Huaraz.
CASMA 3/4 Std., 60 km. Sammeltaxis fahren, wenn sie voll sind, vom 1. Block der Av. Aviación.
CHICLAYO (Línea, Tepsa) mehrmals tgl., 4–5 Std., 338 km.
HUARAZ (Yungay Express, ✆ 043-350125) um 8 Uhr, 6 Std., 257 km. Fährt über CAÑON DEL PATO und CARAZ.
HUARAZ (Alas Peruanas) vormittags, 7–8 Std., 220 km. Fährt über CASMA.
HUARAZ (nur Nachtbusse, u. a. Cruz del Sur), 9 Std., 450 km. Fährt über PATIVILCA.
LIMA (Cruz del Sur, Cial, Civa, Línea, Tepsa u. a.) abends viele Busse, 7–8 Std., 430 km, 30–50 S/.
PIURA (Cruz del Sur und Línea) mehrmals abends, 9 Std., 620 km.
TRUJILLO (zahlreiche Anbieter) ständig, 2 1/2 Std., 130 km.

Trujillo

Die 560 km nördlich von Lima gelegene Stadt ist charmant und vielseitig. **Präkolumbische Monumente** und **koloniale Gebäude** vom Feinsten laden zur Besichtigung ein und sind steinerne Zeugnisse von Trujillos tradititionsreicher und bewegter Historie (s. „Geschichte"). Heute präsentiert sich die schmucke, rund 800 000 Einwohner zählende Hauptstadt des Departamentos La Libertad weitaus ruhiger. Der Stolz der Einwohner auf ihre Stadt manifestiert sich im gut erhaltenen kolonialen Stadtbild und der Pflege von Traditionen. Trujillo ist der Geburtsort des peruanischen Nationaltanzes ***Marinera***, und hier erlernen die Paso-Peruano-Pferde ihre grazile Gangart.

Die drittgrößte Stadt des Landes (nach Lima und Arequipa) und **größte Stadt Nordperus** liegt nur wenige Kilometer vom Meer entfernt, und an lang gezogenen **Sandstränden** kann man beobachten, wie Fischer in traditionellen Schilfbooten aufs Meer hinaus paddeln. Anders als Lima bleibt Trujillo vom düsteren Küstennebel weitestgehend verschont. Viel Sonne, eine erfrischende Meeresbrise und so gut wie kein Niederschlag machen das Klima der Stadt sehr angenehm.

Geschichte

In ihrer Blütezeit zwischen 200–600 n. Chr. errichteten die **Mochica** im Tal des Río Moche gewaltige Pyramiden aus Millionen von Lehmziegeln. Ihre Nachfolge traten die **Chimú** zu Beginn des zweiten Jahrtausends nach Christus an, die Chan Chan – die größte Lehmziegelstadt der Welt – zu ihrem religiösen, wirtschaftlichen und politischen Zentrum machten. Schließlich integrierten die **Inkas** das Chimú-Reich nach erbitterten Schlachten in ihren riesigen Staat.

1534 gründeten die **Spanier** Trujillo, benannt nach dem Geburtsort von Francisco Pizarro in Spanien. Während der Kolonialzeit entwickelte sich der Ort zum wichtigsten Hafen zwischen Lima und Panama. Die selbstbewussten Bewohner zeigten ihren Unmut über die spanische Besatzung mit der **vorzeitigen Unabhängigkeitserklärung** vom 29. Dezember 1820 – rund ein halbes Jahr, bevor der Rest des Landes folgte. Während der Unabhängigkeitskriege diente Trujillo Simón Bolívar als militärisches Hauptquartier. Ende des 19. Jhs. begann man in der Region verstärkt Zuckerrohr zu produzieren, von dessen Erlösen allerdings nur wenige Familien profitierten.

Noch nicht vergessen sind in Trujillo die **Unruhen und Massaker** zu Beginn der 1930er-Jahre: Mehrere Tausend Einwohner kamen bei Auseinandersetzungen zwischen der progressiven APRA-Partei unter ihrem charismatischen Parteichef Victor Raúl Haya de la Torre, einem Sohn Trujillos, und der repressiven Regierung des Diktators Sanchez Cerro ums Leben. Im Jahr 1969 befreite die linke Militärregierung die Provinz vom Würgegriff der Zuckerbarone, indem sie deren Landbesitz beschlagnahmte und in Kooperativen umwandelte.

Koloniale Architektur

Wer durch die Innenstadt schlendert, die sehr gut zu Fuß erkundet werden kann, dem fallen die architektonischen Besonderheiten der meist gut erhaltenen Kolonialgebäude auf: dekorative Fenstergitter und geschlossene Holzbalkone. Während man von den Balkonen auf die Straße blicken konnte, ohne selbst gesehen zu werden, wetteiferten wohlhabende Bewohner um das ausgefallenste Fenstergitterdesign. An der gepflegten **Plaza de Armas** mit dem wuchtigen **Monumento a la Libertad**, einer bronzenen Freiheitsstatue, finden sich schöne Beispiele.

Sicherheit

Die Stadt ist auch nachts im Innenstadtbereich weitestgehend ruhig und sicher. Außerhalb des Rings der Av. España sollte man das Barrio Chicago und die Gegend um die Plaza de Toros meiden (beide liegen im Osten bzw. Nordosten der Stadt). Nach Chan Chan sollten Besucher nicht zu Fuß gehen, sondern einen Bus oder ein Taxi nehmen. Die Gegend um den Strand Buenos Aires Richtung Chan Chan ist ebenfalls nicht sicher. Der Strandort Huanchaco hingegen ist ungefährlich. Wer einsame Strandspaziergänge mag, sollte Wertsachen und Kamera im Hotelzimmer lassen!

Neben dem Rathaus an der Westseite der Plaza liegt die **Casa Urquiaga**, in der Simón Bolívar einige Monate gelebt haben soll. Im Inneren kann man sich Kolonialmöbel und antike Keramiken anschauen. ⌚ Mo–Fr 9.15–15.15, Sa 9.15–13 Uhr.

Aus der Häuserzeile gegenüber stammt nur die gelb getünchte **Casa Bracamonte** mit ihrem großen Holzportal aus der Kolonialzeit.

Die Nordseite der Plaza wird von der massiven **Kathedrale** beherrscht.

Nicht weit von hier befindet sich eines der sehenswertesten Kolonialhäuser der Stadt, die **Casa del Mariscal de Orbegoso**. Sie liegt an der Nordostecke der Plaza und beherbergt Kolonialmöbel sowie wechselnde Gemäldesammlungen.

Einen Häuserblock weiter entlang der Pizarro liegt an der Ecke mit der Gamarra die **Casa de la Emancipación**, in dem heute die Banco Continental untergebracht ist. Hier tagte der erste Nationalkongress nach der Unabhängigkeit, danach nutzten verschiedene Regierungen und Bischöfe das Gebäude. ⌚ Mo–Sa 9–13, 16–20 Uhr.

Im **Palacio Iturregui** an der Ecke Pizarro und Junín erklärte General Iturregui im Jahr 1820 die Unabhängigkeit Perus von Spanien. Das neoklassizistische Gebäude mit schmiedeeisernen Gitterfenstern und Statuen aus italienischem Marmor wurde Anfang des 19. Jhs. gebaut. Hier treffen sich heute die Mitglieder des noblen Club Central, dem der Palast auch gehört.

Wer durch die Innenstadt spaziert, wird noch viele weitere wunderschön gestaltete Häuserfassaden entdecken. Unter den Kirchen Trujillos ragen die **Iglesia La Compañia** mit einigen Original-Fresken, die **Iglesia y Convento El Carmen** mit einer interessanten Pinakothek und die **Iglesia La Merced** mit einer Rokoko-Orgel aus dem 17. Jh. heraus. ⌚ alle i. d. R. tgl. 9–13, 18–20 Uhr.

Museen

Das **Museo de Arqueología**, Junín 682, ist im restaurierten Kolonialhaus Casa Risco aus dem 17. Jh. untergebracht, zu dessen Bau einst 49 000 Adobeziegel verwendet wurden. Das Museum beherbergt sieben verschiedene Ausstellungsräume, deren Bandbreite von Funden der Mochica-, Chimú- und Inkakultur bis zu Artefakten und Nachbildungen der Wandmalereien des Huaca de la Luna reichen. ⌚ Mo–Sa 9–17, So 9–13 Uhr, 5 S/.

Das **Museo Casinelli**, Av. Nicolás de Piérola 607, UG, ist eine interessante Privatsammlung mit Fundstücken der Chavín-, Mochica- und Chimú-Kulturen. ⌚ Mo–Sa 9–13, 15–18, So nur nach vorheriger Anmeldung, 7 S/.

Die Sammlung präparierter einheimischer Tierarten im **Museo de Zoología**, San Martín 368, ist nicht in bestem Zustand. ⌚ Mo–Fr 7–19 Uhr, 2 S/.

Im **Museo del Juguete**, Independencia 705, wird Spielzeug von der prähispanischen Epoche bis zu den 1950er-Jahren präsentiert. ⌚ Mo–Sa 10–18, So 10–13 Uhr, 2 S/.

Museo de Arte Moderno, Carretera Industrial via Laredo cruce con Av. Villarreal Mz. „W" Lote 2, Urbanizacion El Bosque, etwas außerhalb gelegenes Museum mit den modernen Werken lateinamerikanischer Künstler. ⌚ Di–Sa 9.30–17, So 9.30–14 Uhr, 10 S/.

Übernachtung

Trotz des großen Angebots gibt es nur wenige schöne, gemütliche Hotels, denn es wird nur spärlich in die Instandhaltung der Zimmer und Gebäude investiert. Eine ruhigere und auch günstigere Alternative ist die Übernachtung am nur rund 20 Busminuten entfernten Strand von Huanchaco (S. 473).

Casa de Clara, Cahuide 495, ca. 7 Blocks von der Plaza, ✆ 044-243347, 💻 trujilloperu.xanga.com/. Ruhiges Gästehaus in sicherer Umgebung mit einfachen, geräumigen Zimmern, wahlweise mit oder ohne Bad (billiger). Küchenbenutzung 2 S/., Tourservice, Internet, WLAN und Wäscheservice. ❶–❷

Hostal Colonial, Independencia 618, ✆ 044-258261, 💻 www.hostalcolonial.com.pe. Großes Kolonialhaus mit kleinem Garten. Saubere, ansprechende Zimmer mit Bad und TV und WLAN. Gruppentarife ab 3–4 Pers. kosten 25 S/. p. P., ansonsten ❸

Hostal Solari, Diego de Almagro 715, ✆ 044-243909, 💻 www.hostalsolari.com.pe. Geräumige Zimmer (zur Straße laut) mit Vorraum, Minibar, Safe und TV. Restaurant und WLAN. Frühstück inkl. ❹

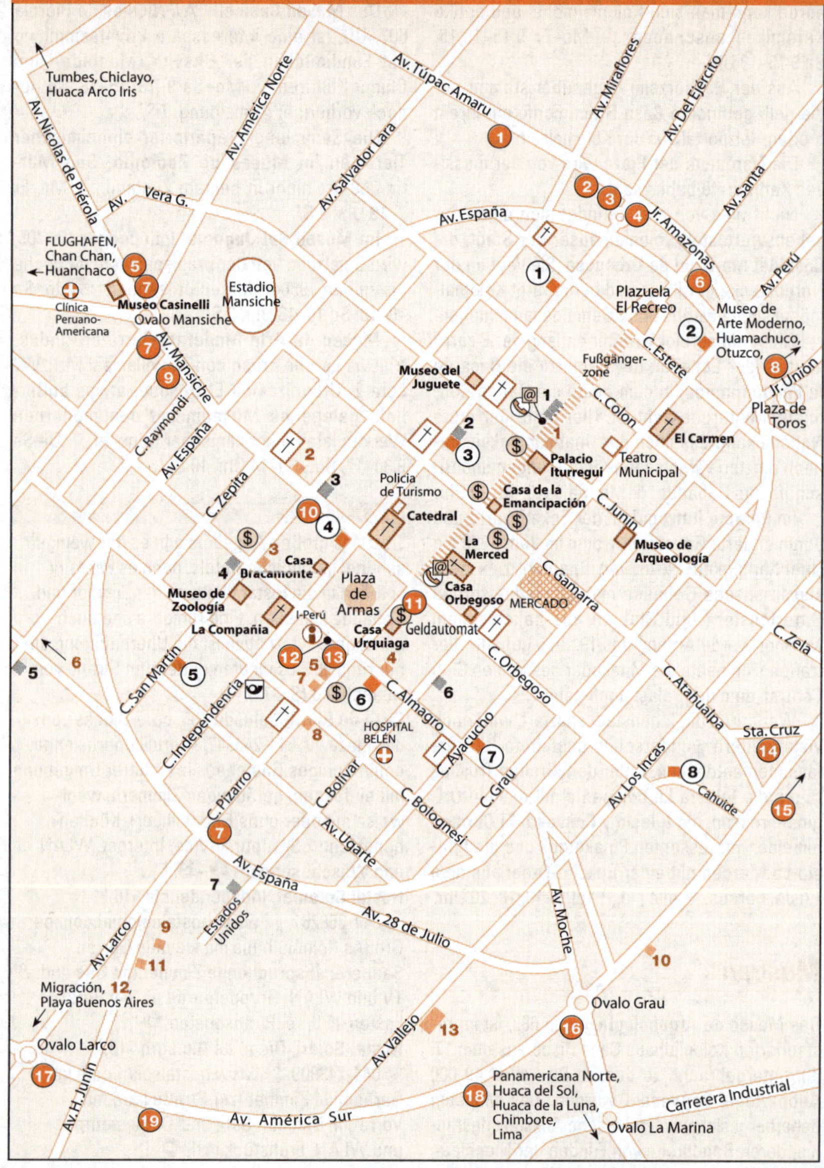

Tumbes, Chiclayo, Huaca Arco Iris
Av. Nicolas de Piérola
Av. América Norte
Av. Túpac Amaru
Av. Miraflores
Av. Del Ejército
Av. Salvador Lara
Av. Vera G.
Av. Santa
Av. España
Jr. Amazonas
Av. Perú
FLUGHAFEN, Chan Chan, Huanchaco
Clínica Peruano-Americana
Museo Casinelli
Ovalo Mansiche
Estadio Mansiche
Plazuela El Recreo
Museo de Arte Moderno, Huamachuco, Otuzco,
Jr. Unión
Plaza de Toros
Av. Mansiche
C. Raymondi
Av. España
Fußgänger-zone
C. Estete
Museo del Juguete
C. Colon
El Carmen
Palacio Iturregui
Teatro Municipal
C. Zepita
Policia de Turismo
Casa de la Emancipación
Catedral
C. Junín
La Merced
Museo de Arqueología
Casa Bracamonte
Plaza de Armas
Museo de Zoología
Casa Orbegoso
MERCADO
C. Gamarra
I-Perú
La Compañía
Casa Urquiaga
Geldautomat
C. Zela
C. San Martín
C. Independencia
C. Almagro
C. Orbegoso
C. Atahualpa
HOSPITAL BELÉN
C. Ayacucho
Sta. Cruz
C. Grau
Av. Los Incas
Cahuide
C. Pizarro
C. Bolivar
C. Bolognesi
Av. Ugarte
Av. España
Estados Unidos
Av. 28 de Julio
Av. Moche
Av. Larco
Migración, 12, Playa Buenos Aires
Ovalo Grau
Ovalo Larco
Av. Vallejo
Panamericana Norte, Huaca del Sol, Huaca de la Luna, Chimbote, Lima
Carretera Industrial
Ovalo La Marina
Av. H. Junín
Av. América Sur

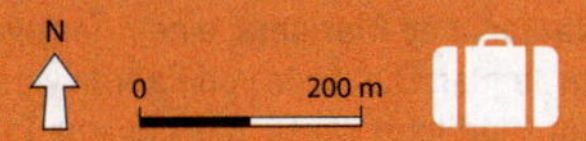

Übernachtung:
1 El Mochilero
2 Hotel Gran Bolívar
3 Hostal Colonial
4 Hotel Libertador
5 Hotel Paraiso
6 Hotel Los Conquistadores
7 Hostal Solari
8 Casa de Clara

Essen:
1 Restaurant Demarco, Café Romano, Café Asturia, Café Oviedo
2 Casona Deza
3 El Rincón de Vallejo
4 Sabor Supremo
5 Pizzería Pizzanino
6 El Mochica
7 Romano Rincón Criollo

Sonstiges:
1 Metro
2 Cineplanet Trujillo Centro
3 Trujillo Tours
4 Domiruth Travel Service
5 Sónica
6 CIDUNT
7 Tributo Bar
8 Nuestro Bar
9 El Cultural
10 Luna Rota
11 Hops
12 WH Tours
13 Centro Comercial Real Plaza

Transport:
1 Emtrafesa
2 Cruz del Sur
3 Ormeño
4 Cial
5 El Dorado
6 Busse und Colectivos→Huanchaco (3x)
7 Ittsa Norte
8 Colectivos→Otuzco
9 Ittsa Sur
10 Büro Línea
11 Büro Oltursa
12 Star Perú
13 Lan Perú
14 Terminal Santa Cruz
15 Busse Huamachuco
16 Colectivos→Huaca del Sol, Huaca de la Luna
17 Móvil Tours
18 Línea
19 Oltursa

Hotel Gran Bolívar, Bolívar 957, ✆ 044-222090, 💻 www.granbolivarhotel.net. Hinter der kolonialen Fassade versteckt sich ein modernes Gebäude. Restaurant, Bar, Parkplatz, Internet, WLAN, Billard, Fitnessraum und Gratis-Abholservice vom Flughafen oder Busbahnhof. Frühstücksbuffet inkl. ❹

Hotel Paraiso, San Martín 240, ✆ 044-201909, 💻 www.hotelesparaiso.com.pe. Neueres Hotel mit schönen Zimmern, die über Minibar und Safe, manche auch über AC (teurer) verfügen. Außerdem Aufzug, WLAN, Bar und Restaurant. ❹–❺

Hotel Los Conquistadores, Diego de Almagro 586, ✆ 044-481650, 💻 www.losconquistadoreshotel.com. Hotel mit luxuriöser Ausstattung, Internet gratis, Parkplatz, Frühstücksbuffet. ❺

Hotel Libertador, Independencia 485, ✆ 044-232741, 💻 www.libertador.com.pe. Luxushotel an der Plaza de Armas mit Pool, Suiten und Restaurant mit typischen Spezialitäten. DZ inkl. Frühstücksbuffet US$288. ❼

Essen

Zu den Spezialitäten der Region zählen *Seco de Cabrito*, mariniertes Ziegenfleisch mit Bohnen; *Shámbar* (meist nur montags erhältlich), eine Weizensuppe mit Schweinefleisch; die *Sopa teóloga*, die „Theologensuppe", bestehend aus Hühnerbrühe mit eingeweichtem Brot, Käse, Milch und Kartoffeln. *Frijoles a la trujillana* sind schwarze Bohnen mit Sesam; der *Pepián de Pavo* ist marinierter Truthahn mit Reis und Mais.

Auf dem **Markt** (Gamarra, zwischen Perú und Unión) wird man billig satt.

Im Block 7 der Pizarro liegen nebeneinander die vier Cafés/Restaurants **Demarco**, 🕒 tgl. 7–24 Uhr, **Romano**, 🕒 tgl. 10–23 Uhr, **Asturias** 🕒 tgl. 8–24 Uhr und **Oviedo** 🕒 tgl. 8–24 Uhr. Sie servieren alle Frühstück, günstige Tagesmenüs (8–15 S/., auch abends) sowie guten Kaffee und Kuchen. Demarco und Romano sind etwas edler als die anderen beiden.

Casona Deza, Independencia 630. Gemütliches Café-Restaurant mit antiken Möbeln und Innenhof. Frühstück, guter Kaffee, selbstgemachte Pasta und Pizzas, Salate, glutenfreies Mittagsmenü (15 S/.). 🕒 tgl. 8–22, So ab 9 Uhr.

El Mochica, Bolívar 462. Teure Meeresfrüchte und Grillgerichte. ⌚ tgl. 12.30–23, So bis 18 Uhr.
El Rincón de Vallejo, Orbegoso 303. Serviert gute, billige Menüs, oft voll. ⌚ Mo–Sa 7–15, 17.30–23, So bis 13 Uhr.
Pizzería Pizzanino, Av. Juan Pablo II 183, Urb. San Andrés. Italienische Küche. ⌚ tgl. 18–1 Uhr.
Romano Rincón Criollo, Estados Unidos 162. Gemischtes Speisenangebot, nicht ganz billig. ⌚ tgl. 11–18 Uhr.
Sabor Supremo, C. Almagro 210. Vegetarische Küche, günstige Mittagsmenüs. ⌚ Mo–Sa 8.30–21 Uhr.

Unterhaltung und Kultur

Nachtleben findet in Trujillo meist nur von Do–Sa statt, in einigen Fällen auch ab Mi.

Bars und Discos

Angesagt sind die Pubs mit Livemusik **Nuestro Bar**, Bolognesi 502, **Tributo Bar**, Pizarro Ecke/ Almagro und **Hops**, Av. Húsares de Junín, Mz. B-Urb. El Recreo, wo es selbstgebrautes Bier und Snacks gibt.
Gute Bars sind **Sónica**, Pizarro Block 3 und **Mística** im Shopping-Center Real Plaza. Dort befindet sich auch die Disco **Ama**. Abtanzen kann man auch in der Disco **Luna Rota**, América Sur 2127. Taxi nehmen!

Kino

Cine Planet, Orbegoso 239 und im Shopping-Center Real Plaza, 💻 www.cineplanet.com.pe.

Theater

Teatro Municipal, Bolívar 753, ✆ 044-241601.

Feste

Den in Trujillo beheimateten Nationaltanz *Marinera* kann man während des **Festival de Primavera** (letzte September- und erste Oktoberwoche) erleben. Neben diversen folkloristischen Darbietungen finden Umzüge, Stierkämpfe und Schönheitswettbewerbe statt. Eine weitere Möglichkeit, die *Marinera* live zu sehen, ist während des **Concurso Nacional de Marinera**, einem Tanzwettbewerb im Januar: Dutzende von Paaren versuchen auf sportliche Weise, das goldene Taschentuch zu gewinnen.

Touren

WH Tours, Las Begonias 424, Urb. California, ✆ 044-285747, 💻 www.whtours.com. Der deutsche Willi Helmbrecht veranstaltet Touren in kleinen Gruppen in Nordperu.
Trujillo Tours, Almagro 301, Ecke San Martín, ✆ 044-233091, ✉ ttours@pol.com.pe. Kann deutschsprachige Guides organisieren.
Weitere Veranstalter finden sich entlang der Pizarro, Block 4 und 5 sowie neben dem Hostal Colonial.
Domiruth Travel Service, Almagro Block 5, ✆ 044-299301, 💻 www.domiruth.com. Allroundagentur.

Sonstiges

Geld

Mehrere Banken liegen an der Plaza de Armas und in der Fußgängerzone der Calle Pizarro. Geldautomatengibt es auch in den Shopping-Centern und großen Supermärkten und einigen Apotheken.

Informationen

I-Perú, die staatliche Touristeninformation von PromPerú, liegt an der Plaza de Armas, Almagro 420, ✆ 044-294561, ✉ iperutrujillo@promperu.gob.pe. ⌚ Mo–Sa 9–18, So 10–14 Uhr. Sie unterhalten eine Zweigstelle an der Huaca de la Luna, s. S. 471.

Medizinische Hilfe

Hospital Belén, Bolívar 350, ✆ 044-245748.
Clínica Peruano-Americana, Mansiche 702, ✆ 044-222473.

Polizei

Policía de Turismo, Independencia 572, ✆ 044-291705. ⌚ tgl. rund um die Uhr.

Post

Serpost, Independencia 286. ⌚ Mo–Sa 8–19, So 8–13 Uhr.

Sprachunterricht

El Cultural, Venezuela 125, Urb. El Recreo, ✆ 044-232512, 💻 www.elcultural.com.pe.
Universidad Nacional de Trujillo – Centro de Idiomas (CIDUNT), Av. Jesús de Nazareth s/n, ✆ 044-220318, 💻 www.cidunt.edu.pe.

Supermärkte

Metro, Pizarro Ecke/Junín.
Plaza Vea, im Centro Comercial Real Plaza.

Visaangelegenheiten

Die **Einwanderungsbehörde (Migración)** liegt in der Av. Larco, Cuadra 12 s/n, ✆ 044-282217. 🕒 Mo–Fr 8–15 Uhr.

Nahverkehr

Eine **Taxifahrt** im Stadtzentrum kostet etwa 3 S/., außerhalb des Stadtrings 4–5 S/., zum Flughafen 15 S/., nach Chan Chan 12 S/., nach Huanchaco 15 S/. und zur Huaca de la Luna 12–15 S/.

Transport

Busse

Gesellschaften

Cial, Av. del Ejercito 282
Cruz del Sur, Amazonas 437, ✆ 044-261801
El Dorado, Nicolás de Piérola 1070
Emtrafesa, Tupac Amaru 185
Ittsa Sur, Av. Mansiche 145, ✆ 044-251415
Móvil Tours, Av. América Sur 3959, ✆ 044-286538
Línea, Av. América Sur 2855, ✆ 044-297000
Oltursa, Av. del Ejercito 364, ✆ 044-263055
Transportes Horna und **Transportes Fuentes**, Av. Ricardo Palma im Osten der Stadt (Taxi nehmen!)

Verbindungen

CAJAMARCA (Línea) um 10.30 und 13 Uhr (nur Fr und So) und mehrmals abends, 6 Std., 300 km, 22–70 S/.
CASMA 3 Std., 186 km. Alle Busse nach Lima, oder umsteigen in CHIMBOTE.
CHACHAPOYAS (Móvil Tours, direkt) um 15.45 Uhr, 14 Std., 630 km. Sonst mit Bus Richtung TARAPOTO und an der Kreuzung Pedro Ruíz umsteigen.
CHICLAYO (Emtrafesa) ständig, 3-4 Std., 210 km, 14 S/. Teurere Direktbusse von Emtrafesa; Línea fährt stdl. Orte unterwegs an, 14 S/.
CHOCOPE 1 1/4 Std., 40 km. Busse fahren regelmäßig vom Terminal Santa Cruz, Av. Santa Cruz, im Osten der Stadt ab. Man kann auch Busse Richtung Paiján und Puerto Chicama nehmen, die alle Chocope passieren. Zusteigemöglichkeit am Ovalo Larco im Südwesten der Stadt.
CHIMBOTE (Cruz del Sur, Oltursa) mehrmals tgl., 2 Std., 130 km, 30–35 S/.
GUAYAQUIL (Ecuador) mehrmals tgl. (Ormeño) und um 23.30 Uhr (Cruz del Sur), ca. 16–18 Std., 1022 km, 183–211 S/.
HUANCHACO 20 Min., 13 km, 1,50 S/. Busse fahren ständig von 6–22 Uhr ab der Mansiche, Ecke Av. América Norte oder der Kreuzung España/Pizarro.
HUAMACHUCO (Transportes Horna, Transportes Fuentes) mehrmals tgl., 6 Std., 181 km.
HUARAZ (Línea, Móvil Tours) abends, 9 Std., 220 km, 35–65 S/. Fährt über PATIVILCA, der 20 Uhr-Bus von Móvil Tours fährt weiter bis CARAZ. Wer tagsüber über HUALLANCA und den Cañon del Pato nach CARAZ und HUARAZ will, muss in Chimbote umsteigen.
LIMA (Cruz del Sur, Oltursa, Móvil Tours, Línea, Cial, Ittsa Sur) regelmäßig (v. a. abends) 8 Std., 561 km, 50–100 S/. je nach Busqualität (gut sind Cruz del Sur und Oltursa).
OTUZCO 3/4–1 Std., 67 km, 7–10 S/. Busse, Combis und Colectivos fahren regelmäßig ab Prolongación Unión.
PACASMAYO (Línea) stdl., 2 Std., 120 km.
PIURA (Línea, Ittsa Norte, El Dorado, Emtrafesa) mehrmals tgl. mittags und abends, 6 Std., 420 km, 25–35 S/.
TARAPOTO (Movíl Tours) um 18 Uhr, 20 Std., 990 km, 80–100 S/. Fährt über BAGUA GRANDE, PEDRO RUÍZ, RIOJA und MOYOBAMBA.
TUMBES (Oltursa, Cruz del Sur, El Dorado) meist abends, 13–14 Std., 700 km. Busse stoppen in MÁNCORA und LOS ORGANOS.

Flüge

Der **Flughafen** liegt 10 km nordwestlich der Stadt auf dem Weg nach Huanchaco, ✆ 044-464013. Ein Taxi kostet 12–15 S/.

Lan Perú, Almagro 490, ✆ 044-201859, 💻 www.lan.com, fliegt mehrmals tgl. nach LIMA.
Star Perú, Almagro 476, ✆ 044-226948, 💻 www.starperu.com, fliegt nach LIMA, CHICLAYO und TALARA.
Taca, Centro Comercial Real Plaza, Av. César Vallejo Oeste 1345, Ecke Av. Fátima, Local R-05B, ✆ 044-237136, 💻 www.taca.com, fliegt tgl. nach LIMA. ⏱ tgl. 10–22 Uhr.

Die Umgebung von Trujillo

Chan Chan

Eine Hauptattraktion der Region ist der Ruinenkomplex Chan Chan, 5 km westlich von Trujillo. Die rund 14 km² (einst etwa 20 km²) große Stadtanlage hat einige Superlative zu bieten: So war Chan Chan die größte vorkolumbische Stadt des gesamten Kontinents und ist bis heute die **größte Lehmziegelstadt der Welt**. 1986 erklärte die Unesco die Ruinenstätte zum **Weltkulturerbe**.

Geschichte

Mit dem Bau der Anlage wurde bereits im 9. Jh. n. Chr. unter den **Mochica** begonnen. Seine größte Ausdehnung erreichte Chan Chan danach unter den **Chimú**, deren Königreich Chimor sich gegen Ende des 13. Jhs. über 1000 km entlang der peruanischen Küstenwüste erstreckte. Während der **Blütezeit im 14. Jh.** lebten mehr als 60 000 Menschen (manche Schätzungen reichen bis 100 000 Einwohner) in der Stadt, die unermessliche Gold-, Silber- und Keramikschätze (s. Museo de Oro und Museo Larco Herrera in Lima) beherbergte.

Zwischen 1460 und 1480 n. Chr. geriet Chan Chan unter den Einfluss der **Inkas**, die den Chimú die lebensnotwendige Wasserzufuhr aus den Anden abschnitten und somit leichtes Spiel bei der Eroberung hatten. Der letzte Chimú-Herrscher und ein Teil seiner Untertanen wurden nach Cusco verschleppt, die Stadt wurde geplündert, aber nicht zerstört.

Ab dem 16. Jh. wüteten goldgierige Spanier und später *Huaqueros* in den Grabstätten. Die größten Schäden an der einst imposanten Küstenstadt richteten aber immer wieder **Naturkatastrophen** an. Neben Erdbeben waren es besonders sintflutartige Regenfälle, ausgelöst durch das Wetterphänomen El Niño. Besonders in den Jahren 1925, 1983 und 1997/98 wurden wertvolle Reliefs und Lehmmauern von den Wassermassen beschädigt. Heute präsentiert sich Chan Chan als riesiges Trümmerfeld, doch die geschrumpften Gebäudestrukturen und Grundmauern – die wertvollsten wurden inzwischen überdacht – lassen immer noch die einstige Größe und Pracht der Lehmziegelstadt in der Wüste erahnen.

Besuch der Ruinenstätte

Chan Chan wurde komplett aus luftgetrockneten Lehmziegeln (tonhaltige Erde, kleine Kiesel und Stroh) erbaut und war von einer stellenweise über 10 m hohen Stadtmauer umgeben. Alle Grundmauern verlaufen parallel oder rechtwinklig zum Meer und unterteilen sich in zehn rechteckige, mehrere Hundert Meter lange Bereiche, die *Ciudadelas* genannt werden. Es handelt sich wahrscheinlich um **Stadtviertel**, denen man heutzutage die Namen berühmter Forscher oder Archäologen gegeben hat (z. B. Uhle, Rivero oder Tschudi). Jeder Stadtteil besteht aus einem Palast mit Hauptgebäuden und öffentlichen Anlagen (Plätze, Tempel), Wohnbereichen, Gängen, Innenhöfen, Zisternen und einem Friedhof. Im Allgemeinen sind die Paläste in drei Bereiche unterteilt, mit nur einem Eingang an der Nordseite. In Zeremonialbereichen wurden Reliefs angebracht, die ihre Farben leider längst verloren haben. Alle *Ciudadelas* waren an eine künstliche Wasserversorgung angeschlossen, die das kostbare Nass des Río Moche über Brunnen, unterirdische Kanäle und Sammelbecken in die Stadt leiteten. Chan Chan verfügte über einen eigenen Hafen mit verschiedenen Becken. Umgeben war die Stadt in einiger Entfernung von hoch aufragenden Tempelpyramiden aus Lehm *(Huacas)*, die Zeremonialzwecken dienten.

Der sehenswerteste Teil der Anlage ist der **Palacio Nik An** (auch bekannt als Palacio de

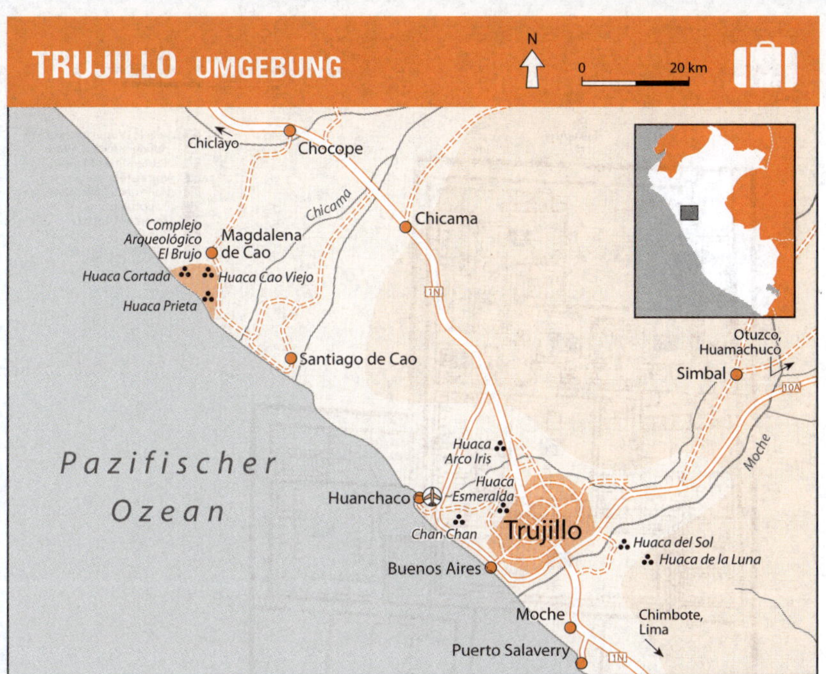

Tschudi), rund 2 km südlich der Straße Trujillo–Huanchaco (die Abzweigung ist markiert). Der schweizerische Forscher Johann Jakob von Tschudi (1818–1889) gab dem Komplex seinen Namen. Durch einen 4 m dicken und mehrere Meter hohen Schutzwall gelangt man zunächst auf den Haupt-Zeremonialplatz im Inneren des Palastes. Die Innenwände sind mit geometrischen Figuren und Tierdarstellungen (Pelikanen, Fischen, Nutrias) verziert, die überwiegend restauriert wurden. Ähnliche Motive schmücken den sich anschließenden Gang, der zum Tempelbereich mit Gebetshallen und kleinen Altarnischen führt.

Eine Rampe – Treppen waren bei den Chimú selten – ermöglicht den Zugang zu einem weiteren Zeremonialplatz, an den sich der Friedhof und eine Zisterne anschließen. In tiefer gelegenen Schlammflächen (*Huachaques* oder *Chacras hundidas*), die vom Grundwasser mit Feuchtigkeit versorgt werden, konnten mehrmals jährlich Obst und Gemüse geerntet werden. Von einem Aussichtsturm kann man das Meer sehen und hat einen schönen Überblick über die Anlage.

Anfahrt nach Chan Chan: Am Ovalo Mansiche (Kreuzung der Av. América Norte und der Av. Mansiche) fahren die Busse und Micros Richtung Huanchaco ab, die die Anlage nach wenigen Kilometern passieren (dem Fahrer rechtzeitig Bescheid geben). Das **Museo del Sitio** liegt direkt am Straßenrand, während von der markierten Abzweigung der Hauptstraße zum **Nik An-Palast** noch rund 2 km zurückzulegen sind. Dazu sollte man auf die bereitstehenden Taxis oder Mototaxis zurückgreifen, da Fußgänger auf diesem Wegstück bereits überfallen worden sind. Definitiv sicherer ist es, gleich ein Taxi zu nehmen oder sich einer organisierten Tour anzuschließen. ◷ tgl. 9–16.30 Uhr (Kasse schließt um 15 Uhr), 11 S/. Die Eintrittskarte berechtigt auch innerhalb der folgenden zwei Tage zum Besuch des Museo del Sitio, der Huaca Esmeralda und der Huaca del Dragón. Die an

Chan Chan Palacio Nik An (ehem. Palacio de Tschudi)

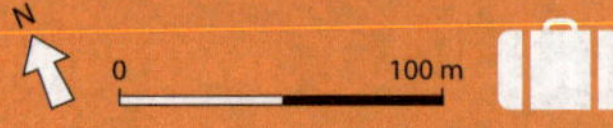

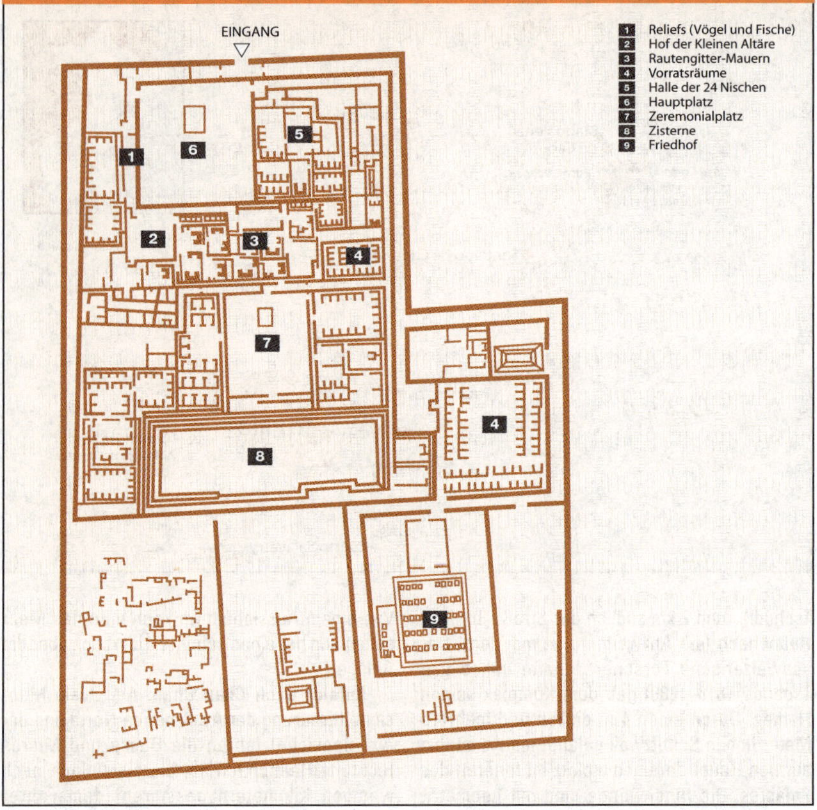

EINGANG

1 Reliefs (Vögel und Fische)
2 Hof der Kleinen Altäre
3 Rautengitter-Mauern
4 Vorratsräume
5 Halle der 24 Nischen
6 Hauptplatz
7 Zeremonialplatz
8 Zisterne
9 Friedhof

der Anlage (entweder am Museo del Sitio oder am Palacio Nik An) wartenden Guides nehmen 25–30 S/. für eine Besichtigung.

Weitere Tempelanlagen bei Trujillo

Huaca Arco Iris (Huaca del Dragón)

Die mit schönen Lehmreliefs verzierte **Tempelpyramide** liegt rund 5 km nordwestlich von Trujillo im Stadtteil La Esperanza. Zu sehen sind sehr gut erhaltene **Wandfriese** mit stilisierten Darstellungen von Regenbögen (sp.: *Arco Iris*), die auch als doppelköpfige Schlange gedeutet werden, sowie von Raubkatzen, Vögeln und tanzenden Kriegern. Den guten Zustand verdanken diese Reliefs ihrer späten Entdeckung und teilweisen Restaurierung in den 1960er-Jahren. Die zweistufige, rund 7,5 m hohe Tempelpyramide besitzt eine Grundfläche von ca. 3000 m² und ist von einer rund 2 m hohen Schutzmauer umgeben. Sie wird auch Huaca del Dragón genannt.

Zu erreichen ist die Anlage mit Minibussen und Bussen Richtung La Esperanza, die entlang der Av. Mansiche verkehren.

Es gilt die Eintrittskarte von Chan Chan, und gegen ein kleines Trinkgeld zeigen die Wärter Besuchern gern die Stätte. ⏲ tgl. 9–16 Uhr.

Huaca Esmeralda

Der Huaca Esmeralda – die Smaragdpyramide – liegt auf halber Strecke zwischen Trujillo und Chan Chan und wurde ebenfalls von den Chimú errichtet. Die Anlage wurde 1923 eher zufällig entdeckt und litt stark unter den heftigen Regenfällen des Jahres 1925. Von den Abmessungen her ähnelt der Huaca Esmeralda dem Huaca Arco Iris, doch sein Grundriss ist trapezförmig. In den kaum restaurierten Reliefs wiederholen sich überwiegend die Motive des Tschudi-Palasts mit Fischen, Seevögeln, Wellen und Rauten.

Anfahrt: Zu erreichen ist die Anlage mit denselben Bussen, die auch nach Huanchaco und Chan Chan fahren. Hier gilt ebenfalls die Eintrittskarte von Chan Chan und man kann sich die Stätte von einem Wärter gegen etwas Trinkgeld zeigen lassen. ⏲ tgl. 9–16 Uhr.

Huaca del Sol und Huaca de la Luna

Ein Besuch der beiden Huacas de Moche im Südosten der Stadt ist ein weiterer Höhepunkt eines Trujillo-Aufenthaltes. Während die Sonnenpyramide mehr durch ihre Größe beeindruckt, kann man an der Mondpyramide gut erhaltene Wandmalereien bewundern. Beide Gebäude dienten als Machtzentren und astronomische Observatorien.

Der **Huaca del Sol**, eines der größten Lehmziegelbauwerke der Welt, sieht von Weitem wie ein unbedeutender Wüstenhügel aus. Erst bei näherer Betrachtung offenbart sich dem Besucher die Tatsache, dass hier Lehmziegel auf Lehmziegel geschichtet wurde – insgesamt rund 140 Mio. Tausende von Arbeitern müssen hier gebaut haben. Doch der Zahn der Zeit, hauptsächlich in Form von Regenfällen, hat daran genagt und heute besitzt die Pyramide nur noch ein Drittel ihrer einstigen Größe von 350 x 160 x 45 m.

Erbaut wurde das siebenstufige Heiligtum von den **Moches** im 1. Jahrtausend n. Chr. Um dem gewaltigen Bauwerk Stabilität zu verleihen, wurden die unterschiedlich geformten Lehmziegel längs und quer angeordnet. Alle Ziegel waren mit Symbolen versehen, die es ermöglichten, den Hersteller zu identifizieren, da die Zulieferer bestimmte Quoten zu erfüllen hatten. Weit über 50 solcher Erzeugerstempel wurden inzwischen ausgemacht.

Nur rund 500 m weiter östlich liegt der wesentlich kleinere **Huaca de la Luna**. Wie bei der

Der Huaca del Sol ist eines der größten Lehmziegelbauwerke der Welt.

Nordperu

Sonnenpyramide handelt es sich um einen frei erfundenen Namen, da die ursprünglichen Bezeichnungen der Bauwerke nicht bekannt sind. In den letzten Jahren haben französische und kanadische Archäologen zusammen mit der Ford Foundation und der Universidad de Trujillo intensive Ausgrabungen durchgeführt, dank derer ein Großteil der eindrucksvollen polychromen Wandmalereien freigelegt und der Öffentlichkeit zugänglich gemacht werden konnte.

Mit dem Bau der Mondpyramide wurde im 5. Jh. n. Chr. begonnen. Im Laufe der Jahrhunderte wurden dem Heiligtum immer neue Strukturen übergestülpt – sechs übereinander liegende Plattformen haben die Forscher bisher entdeckt. Im Inneren der Pyramide fand man Grabkammern, in denen die Herrscher der Moche begraben wurden. Der Huaca de la Luna war ein Bauwerk, das den Moche als **religiöses Zentrum** für ihre Rituale und Zeremonien diente. Jeder Teil des Tempels erfüllte eine spezifische Funktion, es gab Gebets- und Opfernischen, Altäre und schwer zugängliche Stellen, die dem obersten und heiligsten Ritual dienten: dem Opfern von Menschen. Einige der polychromen **Wandmalereien** geben darüber Aufschluss. Zu sehen ist beispielsweise eine Person oder Gottheit, die in der einen Hand ein Messer, in der anderen einen Kopf hält. Umrahmt ist diese Darstellung von geometrischen Figuren, stilisierten Tierformen und Wellen. Außerdem fand man bei Grabungsarbeiten im Inneren der Pyramide die Skelette von geopferten Menschen.

Ein geführter Besuch der Mondpyramide beginnt im Besucherzentrum, führt vorbei an einer Fundstelle von Menschenknochen zum

Die Chimú

Größer, weiter, perfekter – das Reich von Chimor löste die Moche-Kultur ab und erweiterte deren Siedlungsraum, der im Norden vom Golf von Guayaquil in Ecuador bis Paramonga im Süden reichte. Bei der zahlenmäßig **größten Präinkakultur** handelte es sich um ein loses Konglomerat von Regional-Dynastien, die sich wie Perlen an der Schnur über 1000 Küstenkilometer aneinanderreihten. Regiert wurden die Chimú von 18 aufeinanderfolgenden Königen, deren letzter gegen Mitte des 15. Jhs. von den Inkas besiegt und gefangen genommen wurde. Dadurch endete eine rund 450-jährige Blütezeit, die unter anderem gewaltige Stadtanlagen, Pyramiden, ein ausgedehntes Straßennetz und hoch entwickeltes Kunsthandwerk hervorgebracht hatte.

Auf einer Fläche von rund 20 km² bauten die Chimú Chan Chan bei Trujillo zu ihrer Hauptstadt aus. In der größten vorkolumbischen Stadt Amerikas sollen rund 60 000 Menschen gelebt haben. Die Herrscher residierten in palastartigen Komplexen, die nach ihrem Ableben als Totenstätte Verwendung fanden. Der ausgeprägte **Ahnenkult** beruhte auf der Vorstellung, dass die Verstorbenen weiterhin als unsichtbarer Teil zur Familie gehörten und somit in das Geschick der Lebenden eingreifen konnten. Mit ausgewählten Grabbeigaben und regelmäßigen Opfergaben galt es sich daher das Wohlwollen der Ahnen zu sichern. Neben der Mumienverehrung spielten das Meer und der Mond eine zentrale Rolle im religiösen Leben der Chimú. Beide **Gottheiten** symbolisierten Wasser und Fruchtbarkeit – die wichtigsten Garanten für das Überleben eines Wüstenvolkes. Anders als die zerstörerische Sonne benetzte der Mond, dem zu Ehren riesige Pyramiden errichtet wurden, die Felder mit Morgentau. Ihren Wohlstand verdankten die Chimú dem immer perfekteren Umgang mit den Wasserressourcen. Sie entwickelten das ausgedehnte **Bewässerungssystem** der Moche weiter und bauten Mais, Bohnen, Avocados, Erdnüsse, Chili-Schoten und Baumwolle an.

Einen großen Stellenwert innerhalb der Gesellschaft genoss das **Handwerk**. Die Chimú fertigten prachtvolle Gewebe, edle Keramikgefäße und die unterschiedlichsten Gebrauchsgegenstände aus Silber, Kupfer und Bronze an. Die Goldschmiedekunst erlangte eine bis dato unerreichte Perfektion. Dies machten sich die Inkas zunutze, die nach der Unterwerfung im 15. Jh. die besten Goldschmiede der Chimú nach Cusco holten.

reliefübersäten Innenhof des Gebäudes C, in dem sich Darstellungen einer Berggottheit in Form des „Enthaupters" befinden. Der 1991 entdeckte reliefartige, mehrfarbige Fries war der erste seiner Art, der in Peru gefunden wurde. Im Innenhof des Gebäudes B kann man übereinander aufgetragene Wandmalereien bewundern. Am Aufgang der Pyramide, einer Rampe an der Nordseite, ist eine Ganzkörperdarstellung der grimmig blickenden Berggottheit, umgeben von Schlangen mit Kondorköpfen, zu sehen.

Zwischen Huaca del Sol und Huaca de la Luna befand sich eine größere **Wohnsiedlung**, in der Handwerker und öffentliche Angestellte lebten. So fand man Überreste von Produktionsstätten, in denen Keramik, Metallobjekte, Muschelschmuck oder Chicha in großen Mengen hergestellt wurden.

In diesem Bereich, der in den nächsten Jahren ebenfalls für Führungen erschlossen werden soll, befindet sich auch eine **Totenstadt**, die bereits vor über 100 Jahren vom deutschen Archäologen Max Uhle entdeckt wurde.

Anfahrt: Die beiden Pyramiden werden in der Regel zusammen besucht. Kurz nach der Überquerung des Río Moche auf der Panamericana Richtung Süden zweigt linker Hand in La Curva eine Straße zu den Pyramiden ab, insgesamt ca. 10 km südöstlich von Trujillo. Busse und Micros mit der Aufschrift „Campiña de Moche" fahren ab dem Ovalo Grau alle 20–30 Min., Fahrzeit ca. 30 Min. Ein Taxi vom Zentrum kostet rund 15 S/. ⏲ tgl. 9–16 Uhr, 10 S/. (Ticketverkauf rund 500 m entfernt im Museo Huacas de Moche, dessen Besuch kostenlos ist, ✆ 044-221269, 💻 www.huacasdemoche.pe). In Nähe der Pyramiden liegt das edle und teure Boutique-**Hotel De Sol y Barro**, ✆ 01-2436118 (Lima), 💻 www.sarangahoteles.com.pe, DZ ab US$270. ❼

Complejo Arqueológico El Brujo

Dieser ca. 2 km² große Komplex, der die **Huacas Cao Viejo**, **Cortada** und **Prieta** umfasst, liegt rund 60 km nordwestlich von Trujillo im Tal des Río Chicama, ca. 5 km von Magdalena de Cao entfernt. Schon 1948 ließ der Fund eines 4500 Jahre alten Kürbisgefäßes am Huaca Prieta die Fachwelt aufhorchen. In den letzten Jahren wurden Ausgrabungen am Huaca Cao Viejo durchgeführt, die mehrfarbige Reliefs mit lebensgroßen Darstellungen von Gefangenen, Priestern und Kriegern an der Stirnseite des Zeremonialplatzes zutage förderten.

Großes Aufsehen erregte 2005 der Fund einer weiblichen Mumie in der Huaca Cao Viejo, die in Baumwolle gehüllt und mit Gold und Edelsteinen geschmückt war. Nach Angaben der Archäologen war die Tote, die **Señora de Cao** genannt wird, entweder eine Herrscherin oder eine Hohepriesterin der Moche. Zu sehen sind die sterblichen Überreste der Herrin von Cao im interessanten Museo Cao am Fuße der Pyramide, 💻 www.fundacionwiese.com unter „Arqueología". Dort finden sich auch Infos zu schamanischen Ritualen, an denen man teilnehmen kann. ⏲ tgl. 9–17 Uhr, 11 S/.

Anfahrt: Die Strecke zur Anlage ist inzwischen komplett asphaltiert und gut auch mit öffentlichen Verkehrsmitteln zu erreichen. Zunächst nimmt man einen Bus vom Terminal Santa Cruz Richtung Norden entlang der Panamericana bis nach **Chocope** (rund 40 km). Von dort fahren *Colectivos* auf ungeteerter Straße bis **Magdalena de Cao** (ca. 12 km). Für die restlichen rund 4 km bis zum Huaca El Brujo nimmt man ein Mototaxi oder gleich ein Taxi ab Chocope. Teurer, aber schneller und stressfreier sind die organisierten Ausflüge von Tourveranstaltern in Trujillo (s. S. 466).

Huanchaco

Nur 13 km trennen das geschäftige Großstadtleben Trujillos von der angenehmen Strandatmosphäre Huanchacos. Der kleine, aufstrebende **Badeort**, nur 20 Min. von Trujillo entfernt, ist als Übernachtungsort eine gute Alternative zu den oft lauten Herbergen Trujillos und hat in den letzten Jahrzehnten eine bemerkenswerte Entwicklung durchlaufen: Der ehemalige Zuckerexporthafen, in dem es in den 60er-Jahren weder Trinkwasser noch Strom gab, hat sich zu einem attraktiven Ausflugsziel gemausert – ohne dabei den Charme eines Fischerortes zu verlieren.

Mit dazu beigetragen haben sicherlich die 60 bis 70 **Fischer**, die wie in alten Zeiten frühmorgens mit ihren „Schilfpferdchen" *(Caballitos de* *totora)* aufs Meer „hinausreiten" (die Beine hängen über den Bootsrand) und ihre Netze auslegen. Auf diese Art wurde schon bei den Chimú- und Mochica-Kulturen vor vielen Jahrhunderten gefischt, wie Keramikfunde belegen. Das Schilf für ihre Boote, die alle drei Monate neu geflochten werden müssen, pflanzen die Fischer an der Nordseite des Strandes an. Schön anzusehen ist es, wenn die Fischer am späten Vormittag geschlossen vom Meer zurückkehren, den Fisch ausladen und ihre Boote verstauen. Wenn die Wellen zu hoch sind, bleiben die Fischer an Land und fischen vom Strand aus mit Leine und Köder.

Klima, Strand und Meer

Die beste Zeit zum Baden sind die Monate Dezember bis April. Dann ist Huanchaco allerdings am vollsten und teuersten. In der restlichen Zeit wird der Badeort oftmals vom typischen Küstennebel bedeckt. Die Sonne kommt zwar noch recht häufig durch, doch sinken die Wassertemperaturen dann auf kaum badefreundliche Werte. Der Strand am Ortseingang südlich der Mole ist schmaler und steiniger als der breite, lang gezogene Nordteil, an dem sich auch die Totorafischer und ihre Schilfgründe befinden. Huanchaco ist auch bei Surfern sehr gefragt und gut für Anfänger geeignet. Generell ist die Wasserqualität aber nicht überwältigend.

Übernachtung

Seit Huanchaco vom einfachen Fischerdorf zum Badeort mutiert ist, hat sich das Angebot an Unterkünften vervielfacht. Wie auch anderswo steigen die Preise während der Hauptbademonate zwischen Weihnachten bis Ostern.

Das Restaurant **Otra Cosa** (s. „Essen") vermietet zwei einfache und günstige DZ für 50 S/. inkl. Frühstück, die aber oft von Freiwilligen belegt sind. ❷

Hospedaje El Boquerón, Av. R. Palma 330, ein Block vom Strand entfernt, ✆ 044-461968, ✉ maznaran@hotmail.com. Modernes Haus mit sauberen, günstigen Zimmern mit Gemeinschaftsbad (2 Zimmer teilen sich je ein Bad). Küchenbenutzung, Wäscheservice und WLAN. ❷

Hospedaje La Esquina, Unión 120/Ecke Larco, Nähe Hafenmole. Unterschiedliche, schnörkellose Zimmer, die meisten davon mit Gemeinschaftsbad ❷

Hospedaje Eben-Ezer, Grau 511, ✆ 044-461442. Einfache familiäre Unterkunft mit kleinen Zimmern mit Bad, warmen Wasser und TV. ❷

Huanchaco Gardens, Av. Circunvalación 440, ✆ 044-461194, 💻 www.huanchacogardens.com. Schöne Anlage mit guten Zimmern, kleinem Pool, WLAN, Parkplatz für Wohnmobile (pro Wohnmobil 40 S/.) und Cafetería. ❷

Hostal Los Esteros, Larco 860, ✆ 044-461300, 💻 www.losesteroshuanchaco.com. Unterschiedlich große, saubere, aber leicht überteuerte Zimmer zu unterschiedlichen Preisen, z. T. mit Meerblick. Das Hostal verfügt über Restaurant, Parkplatz, WLAN und Wäscheservice. Frühstück inkl. ❸

Das Restaurant **Casa Tere** (s. „Essen") bietet ein komplett ausgestattetes Apartment für 4 Pers. an. ❸–❹

Hotel Las Palmeras, Av. Larco 1150, an der Uferstraße, ✆ 044-461199, 💻 www.laspalmerasdehuanchaco.com. Eines der besten Hotels der Stadt. Unterschiedliche Zimmer, z. T. mit Meerblick und Terrasse, Telefon, TV. Außerdem Pool, WLAN und Internet. Frühstück inkl. ❹

Hostal Naylamp

Die beliebte Traveller-Unterkunft liegt am nördlichen Strandabschnitt (Larco 1420, ✆ 044-461022, 💻 www.hostalnaylamp.com) und bietet in zwei verschiedenen Gebäuden eine Vielzahl von Übernachtungsmöglichkeiten, die von Zimmern mit Bad über Schlafsaal (15 S/. p. P.) bis Camping (10 S/. p. P.; Zeltverleih 13 S/. p. P.) reichen. Einige Zimmer im neueren Gebäude haben Meerblick. Das Hostal verfügt über ein gutes Restaurant, das neben Frühstück auch Pizza, Pasta und Salate serviert. Außerdem gratis WLAN, Internet (2 S/.), Gepäckaufbewahrung, Küchenbenutzung, Hängematten und Parkplatz. ❷–❸

Essen

Huanchaco ist das Schlemmerparadies für Freunde von Meeresfrüchten. Die Restaurants unterscheiden sich weniger im Angebot als im Preis und liegen zumeist an der Strandpromenade. Dort sollte man nach günstigen Mittagsmenüs Auschau halten (8–12 S/.). Die aufgeführten Fischrestaurants öffnen – falls nicht anders angegeben – nur über Mittag (ca. 11–17 Uhr). Abends, zu Wochenbeginn und in der Nebensaison ist die Auswahl deutlich geringer.

Fisch und Meeresfrüchte

El Tramboyo, neben der Hospedaje La Esquina. Frühstück bereits ab 7 Uhr, abends bekommt man hier gegrillten Fisch und Meeresfrüchte. Gut und teuer isst man im **Lucho del Mar**, Larco 600, Ecke Tupac Amaru, **Big Ben**, Larco 1184, Ecke Sánchez und **Los Herrajes**, Larco 1020.

Sonstige Speisen

Casa Tere, Plaza de Armas, 💻 www.casatere.pe, serviert gute Pizza und Pasta in einem Kolonialhaus. 🕓 tgl. 16.30–23 Uhr.

Chocolate Café, Av. La Ribera 752. Leckerer Kuchen, ordentlicher Kaffee und Schokoladenfondue in relaxtem Ambiente. Außerdem WLAN, Büchertausch und Angebot von Ganztagestouren für archäologisch Interessierte (Infos unter ✆ 044-462420, ✉ kellyroberts3@hotmail.com). 🕓 tgl. 8–19, Di bis 13 Uhr.

Otra Cosa, Larco 1312, ✆ 044-461346, ✉ otracosarestaurant@gmail.com. Vegetarisches Restaurant unter peruanisch-holländischer Leitung. Hier bekommt man ab 8 Uhr exzellente Frühstücksgerichte, günstige Mittags- und Abendmenüs sowie ausgezeichneten Bio-Kaffee, Pfannkuchen und leckere vegetarische Gerichte. Man sitzt gemütlich in einem kleinen Innenhof und schaut aufs Meer. WLAN, Büchertausch und Verkauf von fair gehandeltem Kunsthandwerk der Region.

Hostal Naylamp, siehe Kasten. Das hauseigene Restaurant bietet Frühstück (auch Müsli), Pizza und Pasta (große Portionen) und Salate.

Unterhaltung und Kultur

Wer die große Partyszene sucht, ist in Huanchaco falsch. Auch an Wochenenden geht es mit Ausnahme der Sommermonate von Januar bis März/April eher ruhig zu.

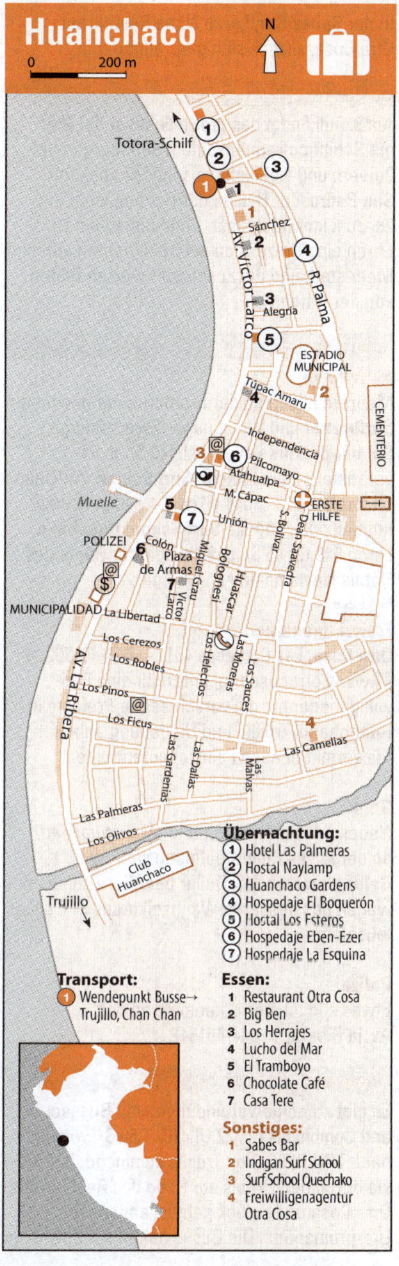

Huanchaco

0 200 m

Übernachtung:
1 Hotel Las Palmeras
2 Hostal Naylamp
3 Huanchaco Gardens
4 Hospedaje El Boquerón
5 Hostal Los Esteros
6 Hospedaje Eben-Ezer
7 Hospedaje La Esquina

Transport:
1 Wendepunkt Busse→ Trujillo, Chan Chan

Essen:
1 Restaurant Otra Cosa
2 Big Ben
3 Los Herrajes
4 Lucho del Mar
5 El Tramboyo
6 Chocolate Café
7 Casa Tere

Sonstiges:
1 Sabes Bar
2 Indigan Surf School
3 Surf School Quechako
4 Freiwilligenagentur Otra Cosa

In der **Sabes Bar**, Larco Nähe Restaurant Otra Cosa, sitzt es sich ganz angenehm.

Feste

Am 9. Juli findet das große **Festival del Mar** mit Schilfbootrennen, einem Sandburgenwettbewerb und viel einheimischer Küche statt. **San Pedro**, der Heilige der Fischer, steht am 28. Juni im Mittelpunkt. Dann findet ihm zu Ehren eine Prozession mit Schilfbooten auf dem Meer statt, und die Zuschauer werfen Blüten von der Hafenmole.

Sonstiges

Aktivitäten

Mehrere Läden an der Strandpromenade bieten **Surfbretter** und Wetsuits an. Zweistündige **Schnupperkurse** alles inkl. (40 S/. p. P.) veranstalten die **Indigan Surf School**, Av. Dean Saavedra 582, ✆ 044-462591, ✉ inigansurf@hotmail.com, und die **Surf School Quechako**, Larco 640 für 45 S/. p. P. (billiger für Gäste des Hotels Naylamp und Freiwillige).

Freiwilligenarbeit

Otra Cosa, Las Camelias 431, ✆ 044-461302, 💻 www.otracosa.org, unterhält eine Freiwilligenagentur, die verschiedene Projekte in Huanchaco, Trujillo und Umgebung anbietet. Sie vermittelt auch Familienaufenthalte.

Geld

Neben der Stadtverwaltung *(Municipalidad)* an der Av. La Ribera befinden sich zwei **Geldautomaten**. US-Dollar oder Euro sollte man wegen des besseren Wechselkurses in Trujillo tauschen.

Polizei

Etwas südlich der Hafenmole an der Av. la Ribera, ✆ 044-461542.

Transport

Es gibt ständige Verbindungen mit Bussen und Combis bis ca. 22 Uhr für 1,50 S/. von und nach TRUJILLO. Von Trujillo kommend, fahren sie durch den Ort bis auf Höhe des Restaurants Otra Cosa und zurück geht es entlang der Uferpromenade. Die Busse halten auf Zuwinken. Busse mit der Aufschrift „B" fahren zur Nordseite der Av. España/Plazuela El Recreo im Zentrum Trujillos.

Von Trujillo über Huamachuco nach Cajamarca

Wer genügend Zeit für einen Abstecher von Trujillo nach Cajamarca hat, kann alternativ zur Straße 8 über Pacasmayo im Norden Trujillos die schlechte, aber landschaftlich interessante Nebenroute über Huamachuco (ca. 2 Tage bis Cajamarca) wählen. Die Strecke ist bis Otuzco asphaltiert und danach zum Teil in erbärmlichem Zustand. Auf dem Weg in die Berge entlang des Río Moche werden zunächst Zuckerrohrplantagen und weiter oben Ananasfelder passiert.

Nach 63 km erreicht man die Abzweigung nach **Otuzco**, einem 15 000 Einwohner zählenden Städtchen auf 2627 m. Der Ort liegt rund 5 km von der Hauptstraße entfernt. In der neuen Kirche an der auf modern getrimmten Plaza wird die Statue der *Virgen de la Puerta* aufbewahrt, die am 15. Dezember ein beliebtes Pilgerziel ist. In der alten Kirche nebenan ist ein religiöses Museum untergebracht. In Otuzco (Transport s. „Trujillo", S. 467) gibt es einfache Restaurants und Unterkünfte, z. B. das **Hotel Los Portales**, Santa Rosa 617, ❷

Zurück auf der Straße nach Huamachuco gabelt sich die Straße wenig später erneut. Richtung Südosten gelangt man über eine wenig befahrene Straße nach **Santiago de Chuco**, dem Geburtsort des bekannten peruanischen Dichters César Vallejo (1892–1938). Von dort aus kann man über höchst abenteuerliche Wege mit mehrmaligem Umsteigen in ca. 2 Tagen über Mollepata und Cabana die Kreuzung Chuquicara an der Straße von Chimbote nach Caraz erreichen.

Richtung Osten überquert die Straße die Hochlandpuna auf rund 4200 m Höhe und erreicht nach 185 km **Huamachuco**. Das kleine Kolonialstädtchen auf 3170 m Höhe mit seiner netten Plaza lohnt einen Zwischenstopp. Gut übernachten lässt es sich im **Hostal Huamachuco**, Castilla 354, an der Plaza, ✆ 044-441525 ❷, im **Hostal Santa Fe**, San Martín 297, ✆ 044-

Die Moche-Kultur

Rund 200 v. Chr. begann sich an der nordperuanischen Küstenwüste die Kultur der Moche, auch Mochica genannt, zu entwickeln. Rund 1000 Jahre lang beherrschten die Moche einen mehrere Hundert Kilometer langen und bis zu 50 km breiten Küstenstreifen, der im Norden bis nach Piura und im Süden bis in das Nepena-Tal reichte. Während sich die Nordmoche in den Flussoasen von Piura bis Lambayeque am Spätstil von Chavín orientierten, besaßen die südlichen Moche in den Tälern von Chicama, Moche und Virú mehr kulturelle Gemeinsamkeiten mit der Vicús-Kultur. Ihren Höhepunkt erreichte die Moche-Kultur um 500–600 n. Chr., bevor sie ab dem 8. Jh. im Chimú-Horizont aufging.

Was die Wissenschaftler über die Moche herausgefunden haben, verdanken sie zu einem Großteil den vielfältigen **Keramikgegenständen**, die rund 90 % aller Fundstücke ausmachen. Die beeindruckenden Arbeiten, viele davon als Steigbügelgefäße mit Henkel, zeigen vollplastische Darstellungen von Menschen und Tieren in den Farben rostbraun und beige. Berühmt sind die erotischen Tonfiguren, die von den Moche ohne Prüderie aus Ton geformt wurden und in Lima im Museo Arqueológico Rafael Larco Herrera (S. 162) bewundert werden können. Ob die stark sexuell gefärbte Tendenz der Tonarbeiten tatsächlich als ein Indiz aufkommender Dekadenz in der Moche-Kultur zu werten sind, die unweigerlich zu ihrem Untergang im 8. Jh. führte, wie einige Forscher vermuten, konnte bislang nicht nachgewiesen werden.

Die streng **hierarchisierte Gesellschaftsordnung** der Moche war auf gottähnliche Priesterfürsten und eine Kriegeraristokratie zugeschnitten. Innerhalb des einfachen Volkes definierte sich der soziale Status über die Zugehörigkeit zu bestimmten Berufsgruppen. Sklaven und Kriegsgefangene bildeten die unterste Stufe der Gesellschaftsleiter. Kriege führen, Trophäenköpfe erbeuten und Gefangene machen gehörte zum Tagesgeschäft der Herrscher, die mit der rituellen Opferung von Feinden die Legitimität ihrer Herrschaft untermauerten. Denn von einem funktionierenden Staatsgebilde konnte bei den Moche noch nicht gesprochen werden. Ihr Reich bestand aus lose miteinander verbundenen Talgemeinschaften, die sich in fruchtbaren Oasen mit ausgefeilter **Bewässerungstechnik** ansiedelten. Die weitläufigen Kanalsysteme versorgten eine riesige Anbaufläche. Wie auch bei anderen Kulturen ermöglichten erst Nahrungsmittelüberschüsse, die aufgrund der hoch produktiven Landwirtschaft entstanden waren, Freiraum für neue Aktivitäten. Die Moche errichteten zahlreiche **Zeremonialmonumente** in Form von Stufenpyramiden, die dem Mond und der Sonne geweiht waren. Die gewaltigen Bauwerke, die zum Teil aus Millionen von Lehmziegeln bestanden, wurden in aller Regel nicht als Grabstätten benutzt. Es handelte sich um mehrfache Überbauungen, die mit mehrfarbigen Wandmalereien und Reliefs verziert waren. Die Tempelpyramiden konnten über große Rampen bestiegen werden.

Wie zahlreiche archäologische Funde belegen, spielte **Musik** eine wichtige Rolle im Leben der Moche. Tönerne Trompeten, Flöten aus den Kielen von Kondorfedern oder aus Knochen hergestellte und mit Tierfellen bespannte Trommeln waren offenbar aus dem Leben der Moche-Kultur nicht wegzudenken. Musiker begleiteten den Herrscher während seiner Auftritte vor dem Volk, während einer religiösen Zeremonie oder auf einem Triumphzug nach einem gewonnenen Krieg. Genau diese drei Szenen kann man mit traditioneller Musik unterlegt im Museum Tumbas Reales de Sipán (S. 484) nacherleben.

441019, 💻 www.actiweb.es/luisnv83 ❸, oder im **Hotel Real**, Bolívar 250, ✆ 044-441402, 💻 www.hotelrealhuamachuco.com ❹. Von Huamachuco aus kann Cajamarca über **Cajabamba** auf einer weiterhin schlechten Straße in rund sechs bis sieben Stunden Fahrzeit erreicht werden.

In einer mehrstündigen Wanderung gelangt man von Huamachuco zu den **Ruinen von Marcahuamachuco**, einer sehenswerten, runden präkolumbischen Festung (Essen und Trinken mitnehmen!). Die Wanderung beginnt rund 5 km außerhalb nördlich von Huamachuco entlang der

Straße nach Sanagorán an einer Abzweigung, die durch einen Bogen markiert ist. Zur Abzweigung fahren Mototaxis oder morgens auch Combis Richtung Sanagorán. ◷ tgl. 9–17 Uhr, 3 S/.

Eine Piste führt von Huamachuco Richtung Osten nach **Pataz**, einer Minenstadt im Marañon-Tal. Von hier aus lassen sich mit Führern und Maultieren Expeditionen organisieren, die in vier bis fünf harten Wandertagen (hin- und zurück) zu den **Ruinen von Abiseo**, auch **Gran Pajatén** genannt, im **Parque Nacional Río Abiseo** führen. Das 274 520 ha große Naturschutzgebiet enthält vorwiegend Nebelwald und wurde von der Unesco 1990 zum Naturerbe erklärt. Der Zugang ist schwierig, es gibt keinerlei Infrastruktur, und ein Besuch sollte gründlich vorbereitet werden. Die Erlaubnis zum Besuch des Nationalparks sollte bei der Parkverwaltung Sernanp in Lima (S. 178) eingeholt werden. Von Pataz gelangt man auf schlechten Straßen über Retamas und Tayabamba nach Sihuas (s. S. 537) und weiter in den Callejón de Conchucos (s. S. 532) westlich von Huaraz. In der Regenzeit kann diese Strecke unpassierbar sein!

Nordperu

Von Trujillo Richtung Norden

Nach rund 40 km tauchen bei **Paiján** Zuckerrohrfelder auf. Hier zweigt eine Straße (16 km) zum kleinen Hafen **Chicama** ab, wo das Zuckerrohr weiter verarbeitet und exportiert wird. Der Ort ist bei Surfern beliebt und für seine langen Wellen bekannt. Gut übernachten lässt es sich im Strandhotel **Chicama Beach**, Puerto Malabrigo, ✆ 044-576130, 💻 www.chicamabeach.com, ❺. Außerdem gibt es mehrere Billigunterkünfte für Surfer. Am einfachsten ist Chicama mit einem Bus vom Terminal Santa Cruz in Trujillo zu erreichen (s. S. 467).

Bei KM 667, ca. 110 km nördlich von Trujillo, passiert man an der unübersehbaren Zementfabrik die Abzweigung nach **Pacasmayo**, einem kleinen Hafenstädtchen rund 1,5 km von der Panamericana entfernt. Der staubige Ort mit einer netten Uferpromenade lockt Surfer aus der ganzen Welt an, denn die Wellen gehören mit zum Besten, was Peru diesbezüglich zu bieten hat. Eine einfache, saubere Unterkunft für Surfer ist das **El Duke Kahanamoku**, Ayacucho 44, ✆ 044-521889, 💻 www.eldukepacasmayo.com, ❷. Teurer sind die an der Uferpromenade liegenden Hotels **Pacatnamú**, Malecón Grau 103, ✆ 044-521051, ✉ hotelpakatnamu@hotmail.com, ❸ und **La Estación**, Malecón Grau 69, ✆ 044-521515, 💻 www.hotellaestacion.com.pe, ❹. Im **Pelican's Pub**, Junin 10, gibt es gutes, billiges Mittagessen.

Wenige Kilometer nördlich der Abzweigung nach Cajamarca bei KM 687 liegen in der Nähe des Ortes Guadalupe (KM 692) die **Ruinen von Pacatnamú**. Von den mehr als 50 Pyramidenstümpfen, die innerhalb einer Lehmziegelmauer gefunden wurden, ist nicht mehr allzu viel übrig. Die Anlage wurde wahrscheinlich von den Chimú erbaut, beinhaltet aber auch Mochica-Elemente. Nach weiteren 80 km wird Chiclayo erreicht.

Chiclayo

Lange Jahrhunderte stand die erst 1720 gegründete Stadt im Schatten des benachbarten Lambayeque, doch heute gehört Chiclayo zu einer der am schnellsten wachsenden Städte Perus. Die **viertgrößte Stadt des Landes** mit mehr als 400 000 Einwohnern und Hauptstadt des Departamento Lambayeque ist ein wichtiges Agrar- und Handelszentrum im Norden Perus. Das unkontrollierte Wachstum hat der Stadt aber auch eine überdurchschnittlich hohe Kriminalitätsrate eingebracht (siehe Kasten „Sicherheit").

Chiclayo, das nur wenige Kilometer vom Meer entfernt und am Südrand der **Sechura-Wüste** liegt, besitzt ein trockenes Küstenklima mit Temperaturen, die zwischen 17 und 33 °C schwanken. Neben Reis und Zucker werden auch Baumwolle und Weizen angebaut und vermarktet.

Der umtriebige Verkehrsknotenpunkt rund 770 km nördlich von Lima besteht überwiegend aus modernen Gebäuden, die anders als z. B. in Trujillo die Kolonialstrukturen weitestgehend verdrängt haben. Die dreischiffige, neoklassizistische **Kathedrale** an der **Plaza de Armas** (auch Plaza Principal) stammt aus dem Jahr 1869. Das

Hauptportal wird von dorischen Säulen gestützt. Der **Stadtpalast** *(Palacio Municipal)* an der San José, der 1919 erbaut wurde, soll angeblich rund 30 000 Pfund Gold gekostet haben. Westlich des Hauptplatzes gelangt man zur kleinen **Plazuela Elías Aguirre**. Im Mittelpunkt des angenehm schattigen Platzes steht die Statue zu Ehren des gleichnamigen Kommandanten, Held der Schlacht von Angamos im Jahr 1879.

Hektische Betriebsamkeit herrscht entlang der Hauptgeschäftsstraße **Avenida José Balta**, die in nördlicher Richtung zum großen **Mercado Modelo** führt. Ein Abstecher zu diesem wuseligen Markt lohnt sich, vor allem zur „Abteilung Volksmedizin" an der Calle Arica, die von den Einheimischen auch **Hexenmarkt** *(Mercado de Brujos)* genannt wird. Hier verkaufen selbst ernannte Schamanen und Wunderheiler das richtige Mittel gegen alle Beschwerden in Form von Salben, Tinkturen, Kräutern oder als Heiligenbild, Schlangenhaut oder Lamafötus. Wie immer auf belebten Märkten sollte man auf seine Sachen gut aufpassen!

Übernachtung

Hostal Real, Elias Aguirre 344, ✆ 074-236752. Einfache, aber saubere Zimmer mit Ventilator, TV und WLAN. Das in Preis und Ausstattung

Sicherheit

Gut organisierte Trickdiebe arbeiten im Team und lenken die Aufmerksamkeit ihrer Opfer sogar in Restaurants ab. Wertsachen vorzugsweise im Hotelsafe einschließen und in Restaurants und Busterminals auf die Gepäckstücke besonders gut aufpassen! Kein Geld auf der Straße tauschen.

ähnliche **Hostal Real II** liegt gleich um die Ecke in der Av. Ugarte. ❷

Hostal Sicán, Izaga 356, ✆ 074-237618, ✉ hsican@hotmail.com. Saubere, angenehme Zimmer mit Ventilator. Frühstück inkl. ❷

Hostal Sol Radiante, Izaga 392, ✆ 074-237858. Gute, aber teurere Alternative zu Real und Sicán mit ähnlicher Ausstattung. ❷

Hotel Valle del Sol, Luis Gonzáles 1135-1137, ✆ 074-221998, 💻 www.hotelvalledelsol.com.pe. Modernes, neues Hotel mit guten Zimmern mit Telefon und TV. Außerdem Aufzug, Restaurant, Zimmerservice, WLAN und Internet. Frühstück inkl. ❷–❸

Hotel Inti, Luis Gonzáles 622, ✆ 074-235931, 💻 www.intihotel.com.pe. Zimmer mit Lärmschutzfenstern, AC, TV, Minibar, WLAN. Frühstücksbuffet, Begrüßungscocktail und Abholservice inkl. ❺

Hotel Garza, Bolognesi 756, ✆ 074-228172-205, 💻 www.garzahotel.com. Günstige Lage bei den Busterminals und gute Ausstattung. Frühstücksbuffet inkl. ❻

Casa Andina Select Chiclayo, Av. Federico Villareal 115, ✆ 01-2139739 (Lima), 💻 www.casa-andina.com. Das ehemalige Gran Hotel wurde von der Casa Andina-Kette gepachtet und wird bis etwa Anfang 2013 renoviert. Der Hotelbetrieb läuft in der Zwischenzeit weiter. Alle Zimmer haben AC, TV, Lärmschutzfenster und Minibar. Außerdem Pool, Fitnessraum, Sauna, WLAN, Restaurant und Businesscenter. Frühstücksbuffet und Flughafentransfer inkl. ❻

Essen und Unterhaltung

Spezialitäten sind *Pescado seco* oder *Pez guitarra*, eine getrocknete Rochenart; *Arroz con pato a la chiclayana*, Reis mit in Schwarzbier gekochtem Entenfleisch; *Tortilla de raya*, Omelette mit getrocknetem Rochenfleisch, das wieder eingeweicht wird; *Ceviche de pescado*, in Limonen-Ají-Marinade eingelegter roher Fisch; *Seco de cabrito con frijoles*, Ziegenfleischeintopf mit Bohnen; *La mala rabia*, Kochbananenpüree, und die Süßspeise *Kingkong*, eine Art Lebkuchen mit einer süßen Ananas-Erdnuss-Füllung (bekommt man in Läden entlang der Av. Balta sowie am Flughafen).

Café El Trebol, Elías Aguirre 818, gegenüber vom Hauptplatz gelegen. Gutes Frühstück, Kaffee, Eis und Kuchen. WLAN. ⌚ tgl. 7.30–23 Uhr.

Hebron, Av. Balta 605. Gute internationale Küche und Frühstück, aber langsamer Service. ⌚ tgl. 7.30–24 Uhr.

Las Américas, Südostecke der Plaza de Armas, ⌚ tgl. 7.30–23.30 Uhr, und **Roma**, Izaga 710, ⌚ tgl. 6.30–22.30, bieten einheimische Küche mit Tagesmenüs.

Romana, Av. Balta 512, ist mit seiner reichhaltigen Speisekarte (von allem etwas) beliebt bei Einheimischen. ⌚ tgl. 7–1 Uhr.

Restaurant Vegetariano, Cuglievan 619. Vegetarier mit günstigen Mittagsmenüs. ⌚ Mo–Fr 8.30–21.30, Sa 8.30–15.30.

Venecia, Balta 365 und **Chez Maggy**, Balta 413, sind beliebte Pizzerias. ⌚ beide nur abends.

Beliebte Discos sind **Magno**, Ortiz 490 und **Toñitos**, Av. Bolognesi (neben Cial).

Filme werden im **Cine Planet** gezeigt, Miguel Cervantes 300, Centro Comercial Real Plaza, 💻 www.cineplanet.com.pe.

Feste

Anfang **Februar: Purísima Concepción**. Tänze, Kunsthandwerk und typisches Essen in Túcume.

Semana Santa. Osterfeierlichkeiten mit Prozessionen in Lambayeque.

18. April: Feria Artesanal. Kunsthandwerksmarkt in Chiclayo.

19.–31. Juli: Fexticum. Kultur- und Kunsthandwerksmesse in Monsefú.

5. August: Cruz de Chalpón. Große Pilgerfahrt zur Grotte in Motupe.

25. Oktober: Señor de la Justicia. Fiesta zu Ehren Christi in Ferreñafe.
27. Dezember. In Lambayeque wird der **Schrei nach Unabhängigkeit** vom Jahr 1820 wiederholt, bei Ausstellungen, Gesangswettbewerben und speziellen Süßigkeiten.

Einkaufen

In Chiclayo bekommt man Kunsthandwerk im tgl. stattfindenden **Paseo de Artesanías 18 de Abril** am Ende der Colón in einer Fußgängerzone.
Supermarkt, Aguirre, Ecke Gonzales und **Metro**, Balta, zwischen Bolognesi und Junín gelegen.

Aktivitäten und Touren

Inka Natura Travel, Los Pinos 157, Urbanización Santa Victoria, ✆ 97999524 (Mobil), in Lima 01-2035000, 🖳 www.inkanatura.com. Büro des ökologisch engagierten und landesweit operierenden Tourveranstalters.
Rancho Santana, 300 m außerhalb von Pacora, in der Nähe von Túcume, ✆ 074-979712145 (Mobil), 🖳 www.cabalgatasperu.com. Die Pferderanch unter peruanisch-schweizerischer Leitung mit guten Pferden bietet Reitausflüge (auch mehrtägige Touren) in die Umgebung. Übernachtung ist im Gästehaus der Ranch möglich.
Sipán Tours, 7 de Enero 772, hinter der Kathedrale, ✆/📠 074-229053, 🖳 www.sipantours.com. Sehr hilfreiche und engagierte Agentur, die auch als Reisebüro und Infozentrale fungiert (Ausflugsprogramm inkl. Transport, Eintrittsgebühren und Guides; auf Wunsch auch deutschsprachige Guides verfügbar). Touren zu allen Zielen in der Umgebung, je 80 S/. p. P., (mind. 2 Pers.) kosten: Huaca Rajada, Museo Tumbas Reales und Museo Bruning oder Museo Sicán, Bosque de Pomac und Túcume oder Pimentel, Santa Rosa und Monsefú (letztere Tour inkl. Mittagessen).
Als Fahrer für Ausflüge in der Region wird von Reisenden **William Facundo García** empfohlen, der seine Touren im eigenen Geländewagen durchführt. Er spricht allerdings nur Spanisch. Kontakt: ✆ 979952978 (Mobil), ✉ dj_davila02@hotmail.com.

Sonstiges

Botschaften und Konsulate

Honorarkonsul Armin Bülow, José Francisco Cabrera, Cdra. 1, Casa Comunal de la Juventud, ✆ 074-237442, ✉ chiclayo@hk-diplo.de.

Geld

Mehrere **Banken** liegen im Block 6 der Av. Balta, südlich der Plaza. In zahlreichen Busterminals, Apotheken und Supermärkten finden sich ebenfalls **Geldautomaten**.

Informationen

I-Perú, Calle 7 de Enero 579, ✆ 074-205703, ✉ iperuchiclayo@promperu.gob.pe. ⏲ Mo–Sa 9–18, So 9–13 Uhr.

Medizinische Hilfe

Clínica del Pacífico, Av. José Leonardo Ortiz 420, ✆ 074-236378.

Post

Aguirre 140.

Wäschereien

Lavandería, 7 de Enero 639. ⏲ Mo–Sa.

Transport

Eine einfache **Taxifahrt** im Ort kostet ca. 3 S/., nach Lambayeque 15 S/., nach Sipán (mit Rückfahrt) ca. 80 S/. und nach Pimentel (Strand) 15 S/.

Transport

Busse und Colectivos

Die größeren Busgesellschaften haben ihre Terminals in der Av. Bolognesi. Im **Terminal Tepsa**, Bolognesi 536, befinden sich zahlreiche kleine Anbieter (vorwiegend nach Tarapoto, Yurimaguas, Cajamarca und Jaén). Die umliegenden Orte (u. a. Sipán, Sicán, Monsefú, Chongoyape, Zaña) werden vom **Terminal Epsel**, nordöstlich des Parque Obrero aus bedient.

Gesellschaften
Cruz del Sur, Bolognesi 888, ✆ 074-237965
El Dorado, Bolognesi 751, ✆ 074-208754
Emtrafesa, Av. Balta 110, ✆ 074-222538

Ittsa, Bolognesi 497, ✆ 074-233612
Línea, Bolognesi 638, ✆ 074-232951
Móvil Tours, Bolognesi 195, ✆ 074-271940
Oltursa, Vicente de la Vega 101, ✆ 074-225611, Ticketbüro Balta Ecke Izaga
Paredes Estrella, Bolognesi 751
Transportes Chiclayo, schräg gegenüber von Oltursa, ✆ 074-237984
Turismo Días, Cuglievan 790, ✆ 074-233538

Verbindungen

CAJAMARCA um 10.45, 22 und 22.45 Uhr (Línea) und 4x tgl. (Turismo Dias), 6 Std., 260 km, 25–50 S/. (Línea) oder 25-30 S/. (Turismo Dias). Weitere Anbieter im Tepsa-Terminal.
CHACHAPOYAS (Móvil Tours) um 19 und 20 Uhr, 11 Std., 458 km, 30–45 S/. Weitere Anbieter im Tepsa-Terminal. Wer tagsüber nach Chachapoyas fahren möchte, sollte einen Bus nach Tarapoto nehmen und in Pedro Ruíz umsteigen.
JAÉN (Línea) um 13.15 und 23 Uhr, 6 Std., 325 km, 20–25 S/. Im Tepsa-Terminal finden sich weitere Anbieter.
LAMBAYEQUE Colectivos fahren ab Plazuela Elías Aguirre (20 Min., 12 km, 2 S/.), Combis ständig ab Vincente de la Vega, zwischen Lora y Lora und Angamos (1,30 S/.).
LIMA um 8 Uhr und mehrmals von 19–20 Uhr (Cruz del Sur), mehrmals tgl. von 19–21 Uhr (Oltursa, Ittsa, Linea, Móvil Tours) 12 Std., 770 km, 86–112 S/. (Cruz del Sur), 80–110 S/. (Oltursa) und 40–130 S/. (Ittsa, Linea, Móvil Tours).
MONSEFÚ 20 Min., 16 km. Vom Epsel-Terminal oder entlang der F. Sarmiento zusteigen.
PIMENTEL ständige Abfahrten ab Lora y Lora, Ecke Angamos (20 Min., 12 km, 1,30 S/.).
PIURA (Línea, Transportes Chiclayo) stdl. von 5–20.30 Uhr, 3 Std., 269 km, 13–16 S/.
TARAPOTO um 7.30 Uhr (Paredes Estrella) und um 18.30 Uhr (Móvil Tours), 18 Std., 746 km, 65 S/. (Móvil Tours) bzw. 60–80 S/. (Paredes Estrella). Der frühe Bus fährt weiter bis Yurimaguas. Weitere Anbieter starten vom Tepsa-Terminal. Fährt über BAGUA GRANDE, PEDRO RUÍZ, RIOJA und MOYOBAMBA.
TRUJILLO ständig von 5–20.30 Uhr (Línea) und von 3.30–20.45 Uhr (Emtrafesa) 208 km, 3 Std., 17–22 S/.
TÚCUME Combis und Minivans starten am Ovalo del Pescador, Av. Leguia, Block 13 (1 Std., 33 km, 2 S/.).
TUMBES (El Dorado) um 12.30, 21.30, 22.30, 23.30 Uhr, 8–9 Std., 548 km, 25 S/. Weitere Anbieter fahren vom Tepsa-Terminal (oder umsteigen in Piura).
YURIMAGUAS 18 Std., 856 km. Siehe Tarapoto.
ZAÑA Colectivos starten vom Terminal Epsel (1 Std., 46 km, 4,50 S/.).

Flüge

Der **Aeropuerto José Abelardo Quiñonez Gonzales** liegt 2 km südöstlich der Stadt, ✆ 074-204934.
Lan Perú, María Izaga 770, ✆ 074-274875, 💻 www.lan.com, fliegt mehrmals tgl. nach LIMA. ⌚ Mo–Fr 9–19, Sa 9–13 Uhr.
Star Perú, Izaga 459, ✆ 074-225204, 💻 www.starperu.com, fliegt ebenfalls direkt und manchmal mit Zwischenstopp in Piura oder Trujillo nach LIMA. ⌚ Mo–Fr 9–19, Sa 9–14 Uhr. Geplant sind Flüge von Chiclayo nach Cuenca, Ecuador.
Taca, Centro Comercial Real Plaza, Mariscal Cáceres 222, 1. Stock, Local LC 149, ✆ 0800-18222, 💻 www.taca.com, fliegt tgl. nach LIMA. ⌚ tgl. 10–22 Uhr.

Die Umgebung von Chiclayo

Chiclayo eignet sich gut als Ausgangspunkt zur Erkundung der interessanten Umgebung, die mit hervorragenden Museen, sehenswerten Ausgrabungsstätten, Kunsthandwerk, Stränden und lohnenswerten Naturreservaten aufwartet.

Sipán

Einem Krimi gleicht die Geschichte der Entdeckung des Grabes des **Señor de Sipán** in der Zwillingspyramide Huaca Rajada, rund 30 km östlich von Chiclayo: Als der peruanische Archäologe Dr. Walter Alva vom Brüning Museum im Jahr 1987 eine erhebliche Zunahme wertvoller Objekte auf dem Schwarzmarkt bemerkte, fand er bald heraus, dass Grabräuber *(Huaqueros)* auf einen ungewöhnlichen Fund in der Region um Chiclayo gestoßen waren. Als er und

seine Mitarbeiter die Stelle schließlich entdeckten, war bereits ein Grab geplündert worden.

Nur die schnelle Intervention von Polizei und örtlichen Archäologen des Brüning Museums verhinderte größeren Schaden. Beim Kampf um die Gräber wurde ein *Huaquero* von der Polizei erschossen und die Bewohner der Umgebung beäugten die Archäologen fortan misstrauisch – verhinderten diese doch das lukrative Geschäft mit den üppigen Grabbeigaben. Es war also fünf vor zwölf, als die Forscher ihre Arbeit aufnahmen und noch im gleichen Jahr auf einen der spektakulärsten **Grabschätze** stießen, der je in Amerika gefunden wurde: Dem bei seinem Tod etwa 40 Jahre alten und 1,65 m großen Fürsten gaben die Wissenschaftler den Namen Señor de Sipán in Anlehnung an das in der Nähe liegende gleichnamige Dorf. Der Mochica-Herrscher war in seinem rund 1700 Jahre alten Grab von acht weiteren Personen, darunter Frauen, Sklaven und Krieger sowie wertvollen Grabbeigaben umgeben. Auf seine Reise ins Jenseits nahm er einen unermesslich wertvollen Schatz mit. Dr. Alva und seine Leute fanden Goldamulette, eine goldene Maske, goldene Armierung, Goldschmuck, Muschelketten, Silberschmuck, Textilien, Edelsteine (Türkis und Lapislazuli) sowie Hunderte von Keramikgefäßen.

Bei weiteren Grabungen an der Huaca Rajada stieß man 1988 auf das Grab des **Alten**

Herrschers von Sipán (ca. 200 Jahre älter als der Señor de Sipán) und 1990 auf das **Grab des Priesters**. Die ungewöhnliche Anhäufung von edel ausgestatteten Gräbern hochgestellter Persönlichkeiten lässt vermuten, dass der Huaca Rajada als Begräbnisstätte einer gesamten dynastischen Hierarchie gedient haben könnte. Die Originalfundstücke sind heute im neuen **Museo Nacional Tumbas Reales de Sipán** in Lambayeque (s. Kasten) untergebracht. Im Oktober 2002 wurden die sterblichen Überreste des Herrschers in einem Sarg, der mit einer peruanischen Staatsflagge bedeckt und von einer Militäreskorte und lokalen Autoritäten begleitet wurde, in einer feierlichen Zeremonie an ihren neuen Standort überführt.

Das neue sehenswerte **Museo de Sitio Huaca Rajada Sipán** zeigt am Rand der Anlage die Ergebnisse aktueller Grabungen und dokumentiert anhand von Fotos, Karten und Illustrationen den spannenden Verlauf der einstigen Ausgrabungsarbeiten. Man kann nahe der Anlage zelten oder in einfachen Privatunterkünften übernachten. Es gibt keine Hotels, aber einfache Getränkestände und Imbissbuden. Einige Agenturen bieten Touren an (s. S. 481).

Besuch der Anlage: Der Zwillingspyramidenkomplex Huaca Rajada wird über eine staubige Piste erreicht, die über Pomalca und an Zuckerrohrfeldern entlang zur Ausgrabungsstätte führt. Vom Terminal Epsel in Chiclayo fahren Colectivos alle 45 Min. (Fahrzeit ca. 50 Min., 3,50 S/.). Gegen 17 Uhr verlässt das letzte Colectivo die Stätte Richtung Chiclayo. ⌚ tgl. 9–17 Uhr, 8 S/., Guides (meist nur spanischsprachige) stehen für 20 S/. zur Verfügung.

Lambayeque

Die kleine Kolonialstadt erlebte einen Aufschwung, als im Jahr 1720 reiche Spanier und ihre Familien aus dem von Überschwemmungen zerstörten Zaña (s. S. 487) hierher zogen. Aus

Museen in Lambayeque

Das **Museo Nacional Tumbas Reales de Sipán**, Juan Pablo y Guzmán s/n, ☏ 074-283977, 💻 www.museotumbasrealessipan.pe, ist Perus meistbesuchtestes Museum. Das Gebäude im Stil einer Moche-Pyramide, das im November 2002 eingeweiht wurde, stellt die Fundstücke des Grabes des Herrschers von Sipán (S. 482) auf drei Ebenen aus. Über eine 70 m lange Rampe, die den Aufstieg der Moche-Bevölkerung zu den Tempeln ihrer Götter symbolisiert, gelangt man in den dritten Stock, in dem sich Ausstellungsstücke der Moche-Kultur befinden. Das zweite Stockwerk zeigt den goldenen, silbernen und kupfernen Grabschmuck des Herrschers von Sipán sowie Informationen zur Arbeit der Archäologen. Im unteren Bereich befindet sich eine Nachbildung der Grabstätte mit den originalen Knochenresten. Eine weitere Attraktion ist das Labor, in dem Besucher durch eine Glasscheibe beobachten können, wie die Restauration von archäologischen Fundstücken funktioniert. ⌚ Di–So 9–17 Uhr, Eintritt 10 S/. (Führungen 20 S/., auch auf Englisch, Fotoapparate und Handys verboten!).

Bis dahin waren die Exponate im nahe gelegenen **Museo Nacional de Arqueología y Etnografía Heinrich Brüning**, Av. Huamachuco s/n, ☏ 074-282110, untergebracht. Das vierstöckige Museum, benannt nach dem deutschen Sammler **Heinrich Brüning**, der von 1884–1925 in Peru lebte, stellt eine breit gefächerte archäologische Sammlung mit über 1400 Stücken der Lambayeque-, Vicús-, Mochica-, Chimú- und Inka-Kulturen aus. Im Museum steht eine Statue des **Königs Naylamp**, des mystischen Gründers der Lambayeque-Kultur. Er soll Erzählungen zufolge unter dem Namen *Yampallec* (woraus später „Lambayeque" wurde) mit einer Flotte von Balsabooten vom Meer gekommen sein und sich im Gebiet um Chiclayo niedergelassen haben. Der gottgleiche Anführer ließ Pyramiden aus Lehmziegeln errichten und sein Abbild auf die Pyramidenspitzen setzen. Laut Überlieferung wuchsen dem König nach seinem Tod Flügel, die ihn ins Jenseits brachten. Das Motiv des Vogelmenschen bildet ein zentrales Symbol in allen Darstellungen der Lambayeque-Kultur. ⌚ Di–So 9–17 Uhr, 8 S/., Guides 20 S/.

dieser Zeit stammt die **Casa de la Logia** an der Dos de Mayo, Ecke San Martín, unweit der Iglesia San Pedro. Das Kolonialhaus besitzt einen hölzernen Balkon, der mit 67 m zum längsten seiner Art in Peru zählt.

Im vergangenen Jahrhundert büßte Lambayeque an Attraktivität gegenüber dem schnell wachsenden Chiclayo ein, das nur rund 12 km weiter südlich liegt. In den letzten Jahren ist das Interesse an der 20 000-Einwohner-Stadt jedoch wieder gestiegen, nicht zuletzt wegen des pulsierenden **Sonntagsmarktes**, der ruhigeren Atmosphäre und der interessanten **Museen** (s. Kasten).

Das **Hostal Karla**, Av. Huamachuco 758, ✆ 074-282930, und die **Posada Norteña**, Las Dunas, Manzana D-16, Panamericana KM 780, ✆ 074-282602, haben beide einfache, saubere Zimmer mit Bad, jeweils ❷

Gutes Essen servieren **El Flamenco**, Atuahalpa 159, gegenüber dem Brüning Museum (günstige Mittagsmenüs) und das **El Pacifico**, Huamachuco 970 (Fisch und Meeresfrüchte).

Batán Grande, Bosque de Pómac und Ferreñafe

Inmitten des Trockenwaldes **Pómac**, einer 5887 ha großen Schutzzone, des Santuario Histórico, liegen die Adobe-Pyramiden von **Batán Grande**. Sie wurden von der Lambayeque-Kultur errichtet, die hier zwischen 700 und 1100 n. Chr. ihr politisches und religiöses Zentrum hatte. Ihre Blütezeit erlebte die Kultur zwischen 1000 und 1100 n. Chr., als sie den landwirtschaftlichen Anbau mit einem weitverzweigten Bewässerungssystem perfektionierte und Techniken der Goldverarbeitung entwickelte.

Am Fuße der Papageienpyramide *(Huaca Loro)* fanden Archäologen 1991/92 bei Ausgrabungsarbeiten in 12 m Tiefe das unversehrte Grab eines Würdenträgers, dem die Forscher den Namen **Señor de Sicán** gaben (nicht zu verwechseln mit dem Señor de Sipán, s. S. 482). Zusammen mit seinen sterblichen Überresten kam rund eine halbe Tonne Grabbeigaben zum Vorschein, bestehend aus kostbaren Gewändern, wertvollem Kopfschmuck und Goldkronen (zu sehen im Museum in Ferreñafe, s. u.). Bereits in den Jahren 1936–1938 war auf dem Gelände ein wertvoller Goldschatz, darunter ein großes Zeremonialmesser *(Tumi)*, gefunden worden. Die Gegenstände wurden damals in alle Welt verkauft, und viele Goldexponate aus Peru, die in westlichen Museen ausgestellt sind, stammen nicht von den Inkas, sondern vielmehr aus Batán Grande.

Allzu viel zu sehen gibt es heutzutage nicht mehr. Doch am Eingang der Anlage befindet sich ein Informationszentrum mit einem Modell von Batán Grande. ⏲ tgl. 8–18 Uhr. Man kann hier campen, reiten und die umliegenden Wälder mit ihren Johannisbrot- und Sapotillbäumen erkunden. Etwa 1 km vom Informationszentrum entfernt ist der **Arbol Milenario** zu bewundern, ein rund 400 Jahre alter Algarrobo-Baum, an dem Schamanen ihre Rituale abhalten. Im Pomac-Wald wurden über 40 Vogelarten gezählt; Leguane und Eidechsen sind ein normaler Anblick. Selten lassen sich hingegen Füchse, Hirsche oder Ameisenbären sehen. Für rund 20 S/. kann man eine etwa dreistündige Wanderung mit einem Guide der staatlichen Naturschutzbehörde Sernanp oder eine Reittour unternehmen.

In **Ferreñafe**, etwa auf halber Strecke zur Ausgrabungsstätte, kann in einfachen Unterkünften übernachtet werden. Dort sind auch archäologische Fundstücke des Señor de Sicán im lohnenswerten **Museo Nacional Sicán** ausgestellt. ⏲ tgl. 9–17 Uhr, Eintritt 8 S/., Guide 20 S/.

Anfahrt: Batán Grande liegt rund 38 km nordöstlich von Chiclayo und ist über Ferreñafe und Pitipo zu erreichen. Der Ort Batán Grande liegt rund 10 km östlich der Ruinenstätte. Am Informationszentrum werden Pferde angeboten, auf denen man durch die Anlage reiten kann. Zelten ist kostenlos. Wer Batán Grande an einem Tag besuchen will, sollte auf die Angebote eines Tourveranstalters zurückgreifen oder sehr früh aufbrechen. Eine Möglichkeit besteht darin, ein Colectivo vom Terminal Epsel in Chiclayo zum Dorf Batán Grande zu nehmen. Die Fahrzeuge nach Batán Grande passieren das Informationszentrum (dem Fahrer Bescheid geben).

Zona Reservada de Laquipampa

Das 11 347 ha große Schutzgebiet liegt rund drei Busstunden nordöstlich von Chiclayo in der Provinz Ferreñafe. Es schützt vom Aussterben bedrohte Flora und Fauna, darunter den Andenbär,

10 HIGHLIGHT

 Chaparrí

Natur- und Tierliebhaber sollten sich einen Besuch (nur nach vorheriger Anmeldung) des **ersten privaten Naturschutzgebiets Perus**, unweit von Chongoyape, nicht entgehen lassen. Die von der Campesino-Gemeinde verwaltete *Área de Conservación Privada Chaparrí* schützt den Trockenwald und die dort lebende Fauna und Flora auf einer Fläche von 34 412 ha. Nur hier bekommt man neben dem seltenen **Weißflügeltruthahn** *(Pava Aliblanca)* auch **Brillenbären** *(Oso de anteojos)* zu sehen. Man kann sie sogar adoptieren! Die Bären werden in großen Gehegen gehalten und langfristig wieder ausgewildert. Aber auch zahme Füchse, Rehe und viele Kolibriarten machen den Besuch Chaparrís zu einem speziellen Erlebnis. Ein obligatorischer Guide begleitet die Besucher und erklärt in einem kleinen Museum die Geschichte des Naturschutzgebiets. Chaparrí entfaltet seinen ganzen Charme am späten Nachmittag und frühen Morgen. Mit einem Teil der Einnahmen werden Gesundheits- und Erziehungsprogramme in lokalen Gemeinden finanziert.

Tagesbesucher melden sich bei der Asociación de Guías de Chaparri (ACOTURCH), ✆ 074-796299, 💻 www.chaparri.org, und zahlen 10 S/. p. P. Eintritt plus 50 S/. für den obligatorischen Guide (1–10 Pers.). **Übernachtungsgäste** kommen in komfortablen Zimmern unter, die zwar nicht gerade billig, aber aus lokalen Materialien gebaut und mit originalen Moche-Zeichnungen verziert sind (Reservierungen ✆ 084-255717 (Kontakt Anahi Plenge), 💻 www.chaparrilodge.com) ❻.

Anfahrt: Das Besucherzentrum liegt rund 300 m entfernt von der Hauptstraße nach Chongoyape bei KM 63 (Abzweigung nach Tocmoche). Von dort zum Reservat sind es noch 15 km auf schlechter Piste. Die Anreise kann für sehr teure 560 S/. ab/bis Chiclayo organisiert werden (1–2 Pers.), doch auf eigene Faust ist es wesentlich billiger: Vom Terminal Epsel in Chiclayo ein Combi bis Chongoyape nehmen (ca. 1 1/2 Std. Fahrtzeit, 4 S/.) und dort ein Mototaxi für etwa 40 S/. (einfache Fahrt) anheuern. Rückfahrt vereinbaren!

den Ameisenbär, den Kondor und den seltenen Weißflügeltruthahn *Pava aliblanca (Penelope albipennis)*.

Anfahrt: Die Zona Reservada de Laquipampa ist am einfachsten mit frühmorgens losfahrenden Kleinbussen ab Ferreñafe zu erreichen (Fahrtzeit ca. 3 Std.). Einfache Unterkunft bietet die **Hospedaje Laquipampa** (Roxana Duran), ❷; etwas teurer kommt man in der **Casa de Hospedaje** (Lucia Mesones) unter ❸ (Kontakt in beiden Fällen über das Dorftelefon, ✆ 074-824047). Von Laquipampa führt eine schlechte Piste zum Andendorf Inca Huasi.

Chongoyape, Cerro Mulato und die Strecke nach Cajamarca

Im Chancay-Tal, etwa 65 km östlich von Chiclayo, liegt der kleine Ort **Chongoyape**. Von hier sind es nur noch 3 km zu den Petroglyphen von **Cerro Mulato**. In der näheren Umgebung des Ortes kann man auch kleinere Ausgrabungsstätten und Bewässerungssysteme besichtigen. Eine raue Piste führt auf 170 km in die Anden bis **Chota** auf 2400 m. Von dort fährt täglich ein Bus über Bambamarca nach **Cajamarca**. Colectivos fahren regelmäßig vom Terminal Epsel in Chiclayo nach Chongoyape, wo man (ebenso wie in Chota) in einfachsten Unterkünften übernachten kann.

Túcume

Der **Complejo Arqueológico de Túcume**, auch als **Tal der Pyramiden** bekannt, liegt rund 25 km nördlich von Chiclayo, etwas abseits der alten Panamericana. Vom Aussichtspunkt Cerro La Raya eröffnet sich ein Blick über die gewaltige, 220 ha große Lehmziegelstadt mit ihren 26 Pyramiden. **Huaca Larga**, die größte von ihnen, zählt mit einer Grundfläche von 454 x 120 m und über

30 m Höhe zu den größten Lehmziegel-Bauwerken Amerikas. In den 1980er-Jahren führte der norwegische Forscher Thor Heyerdahl Ausgrabungsarbeiten in Túcume durch. Die Anlage beeindruckt mehr durch ihre schiere Größe als durch einzelne Details. Für einen Rundgang lohnt es sich, einen lokalen Guide zu engagieren, ca. 20 S/.

Am Eingang der Anlage befindet sich das **Museo de Sitio** mit Ausstellungsstücken der Lambayeque-Kultur. Im Museum sind auch Informationen über private Übernachtungsmöglichkeiten in der Nähe erhältlich. ⏲ tgl. 8.30–16.30 Uhr, Eintritt 8 S/.

Pimentel, Santa Rosa und Monsefú

Eine schöne Rundtour lässt sich im Süden von Chiclayo unternehmen. Zunächst nimmt man ein Colectivo oder Taxi in den rund 11 km entfernten Küstenort **Pimentel**. Das beliebteste Seebad der Region kann mit einem schönen langen Sandstrand aufwarten. Von dort fahren täglich immer noch 200 bis 300 Fischer in **traditionellen Schilfbooten** aufs Meer hinaus. Nach ihrer Rückkehr am frühen Nachmittag veranstalten sie direkt am Südteil des Strandes einen interessanten Fischmarkt.

In zahlreichen Restaurants werden leckere Meeres-Delikatessen vorgesetzt. An Wochenenden – besonders zwischen Weihnachten und Ostern – herrscht hier reges Treiben, ansonsten hat man den Ort fast für sich. Übernachtungsmöglichkeit bieten das einfache **Hotel Garuda**, Prolongación Quiñonez 109, ✆ 074-787371, 💻 www.hosteltrail.com/hostalgaruda/ ❷ oder das besser ausgestattete und direkt am Strand liegende **Hotel Puerto del Sol**, Malecón Seon, ✆ 074-452783, 💻 www.puertodelsol.com.pe, je nach Saison ❸–❹

Ca. 5 km südlich von Pimentel liegt das einfache **Fischerdorf Santa Rosa**. Hier dreht sich alles um Fisch: Überall liegen bunte Boote herum und reparieren Fischer ihre Netze. Die Restaurants an der Promenade servieren leckere Fischgerichte. Zwischen Pimentel und Santa Rosa verkehren Colectivos; man kann aber auch zu Fuß am Strand entlanglaufen.

Weitere 5 km sind es landeinwärts nach **Monsefú**, das für seine hochwertige Baumwolle und sein **Kunsthandwerk** bekannt ist. So werden hier unter anderem Strohhüte hergestellt, die den Panamahüten in nichts nachstehen. Gefertigt werden auch Holzschnitzereien und Flechtkörbe, die wie die Hüte auf dem Markt erhältlich sind. Zahlreiche Colectivos fahren die 15 km nach Chiclayo.

Übernachten an den Pyramiden

Rund 10 Gehminuten von den Pyramiden entfernt liegt das Landhotel **Los Horcones de Túcume**, ✆ 01-2640968 (Lima), 💻 www.loshorconesdetucume.com. Der weitläufige Komplex ist komplett aus Lehmziegeln gebaut worden und strahlt eine wohltuende Ruhe aus. In den geräumigen Zimmern, teilweise mit privater Terrasse, lässt es sich bestens entspannen. Hängematten und ein kleiner Spielplatz machen das sympathische Hotel familientauglich. Frühstück inkl. ❺

Zaña

Bei KM 734,5 der Panamericana zweigt eine asphaltierte Straße in das rund 10 km entfernte Zaña. Der Ort rund 50 km südöstlich von Chiclayo kann mit einer interessanten Geschichte aufwarten. Die strategische Lage als Kreuzungspunkt von prähispanischen Küsten- und Hochlandrouten veranlasste die Konquistadoren im Jahr 1563, den Ort Santiago de Miraflores an der Stelle des heutigen Zaña zu gründen. Im Laufe der Jahre wurde aus dem Ort ein wohlhabendes Städtchen, in dem sich reiche Spanier niederließen. Einige großartige Kloster- und Kirchengebäude entstanden, von denen heute noch Überreste zu sehen sind. Der Pirat Edwards Davis, angelockt von den Schätzen, plünderte Zaña im Jahr 1686. In den folgenden Jahrhunderten litt die Stadt unter Piratenangriffen, Überschwemmungen und Sklavenaufständen.

Heute leben rund 1000 Menschen unweit der Ruinen, die wie Mahnmale längst vergangener Zeiten aus dem trockenen Wüstenboden ragen. Interessant ist der Besuch des **Museo Afroperuano**, das sich der Geschichte der schwarzen Sklaven Zañas widmet, die von den Spanier zur Arbeit auf den Zuckerrohrplantagen gezwungen wurden. Calle Independencia 645, ✆ 074-431042, 💻 www.museoafroperuano.com, ⏲ tgl. 9–12.30, 14.30–17.30 Uhr, 3 S/.

Anfahrt: Von Chiclayos Terminal Epsel fahren Colectivos mehrmals täglich nach Zaña. Der Ort kann auch von den Sipán-Ruinen aus über eine schlechte Piste angefahren werden, sodass sich die Möglichkeit einer schönen Rundtour ergibt. Allerdings sollte man sich hierfür ein Taxi nehmen, da es keine regelmäßige Verbindung mit öffentlichen Verkehrsmitteln zwischen beiden Orten gibt.

Von Chiclayo nach Piura

Hinter Lambayeque (s. S. 484) gabelt sich die Panamericana. Die rechte Straße folgt der alten Panamericana in nordöstlicher Richtung und erreicht Piura nach rund 250 km. Nach rund 70 km wird der Ort **Motupe** passiert, wo sich im Februar und August Tausende von Pilgern versammeln, um dem heiligen Holzkreuz **Cruz de Chalpón** zu huldigen, das in einer Prozession durch die Stadt getragen wird.

Wer Richtung **Chachapoyas** und **Tarapoto** unterwegs ist, biegt auf dieser Strecke dann nach ca. 100 km rechts ab auf die durchgehend asphaltierte RN 3, die in ihrem späteren Verlauf den niedrigsten Pass der peruanischen Anden, den 2145 m hohen **Abra de Porculla**, und den **Río Marañon** überquert.

Richtung Piura verläuft die alte Panamericana fast schnurgerade durch eine Trockensavanne, deren Bewohner überwiegend von ihren Ziegenherden leben. Ein Charakterbaum dieser Region ist der *Algarrobo (Prosopis juliflora).* Rund 200 km nördlich von Chiclayo biegt rechter Hand die RN 2 von der alten Panamericana ab und führt in das 150 km entfernte **Huncabamba** (s. „Die Umgebung von Piura"), einem authentischen Andendorf, in dem die **besten Schamanen und Wunderheiler Perus** zu Hause sind.

Rund 55 km vor Piura zweigt eine Straße in das 6 km entfernte **Chulucanas** ab. Der Ort ist für seine erdfarbene **Glasurkeramik** bekannt. Werkstätten befinden sich unter anderem in der Ayacucho 187, der Tarapacá 240 und im kleinen Weiler La Encantada, außerhalb der Ortschaft.

Der kürzere, aber auch langweiligere Weg von Chiclayo nach Piura folgt der **neuen Panamericana**, die auf ihren 225 km zwischen den beiden Orten die **Sechura-Wüste** durchquert. Auf diesem Teilstück erreicht die Küstenwüste Perus mit bis zu 150 km Breite ihre größte Ausdehnung. So unglaublich es sich anhört: Dieser Trockenstreifen kann in weiten Teilen überschwemmt sein. So geschehen im El-Niño-Jahr 1997/98, als aus der Sechura-Wüste – einer der trockensten der Welt – infolge von Überschwemmungen der zweitgrößte See des Landes, 145 km lang, 30 km breit und bis zu 3 m tief, entstand.

Wer mit einem Allrad-Fahrzeug unterwegs ist, kann eine weitere Variante wählen, um nach Piura zu gelangen: Bei KM 886 der neuen Panamericana zweigt linker Hand eine wenig befahrene Piste ab. Sie führt zum Erdölhafen **Bayóvar**, dem Ende einer über 850 km langen Erdölpipeline, die das schwarze Gold aus dem Amazonasgebiet über die Anden an die Pazifikküste transportiert. Die Piste, auf der fast nur Salzlaster verkehren, die große Brocken des Minerals nach Süden fahren, ist gegen Ende der Regenzeit oft stellenweise überschwemmt. Dann lässt sich in den vielen Tümpeln eine reiche Vogelwelt erleben; u. a. sieht man Möwen, Pelikane, Reiher und sogar Flamingos mitten in der Wüste.

Vor Bayóvar knickt die Straße dann in einem überdimensionierten Kreisverkehr nach Norden ab und führt über **Sechura** nach Piura.

Piura

Die Region könnte man als das Stehaufmännchen unter den peruanischen Departamentos bezeichnen. Allein im 20. Jh. haben zwei große Dürren und acht schwere Überschwemmungen die Ernten zunichtegemacht, Brücken und Straßen zerstört sowie die Städte in Mitleidenschaft gezogen. Grund sind die schwankenden Meerestemperaturen, die alle fünf bis sechs Jahre in Form von El Niño (S. 503) zu Wetterkapriolen führen, die Piura am heftigsten abbekommt.

Vom letzten schlimmen El Niño im Jahr 1998 hat sich die Hauptstadt des Departamentos wieder ganz gut erholt. Mithilfe aufwendiger

Bewässerungssysteme ist es gelungen, aus der ausgedehnten Flussoase mit ihrem warmen, trockenen Klima ein wichtiges **landwirtschaftliches Zentrum** zu machen. Angebaut werden neben Reis und Baumwolle Mais, Bananen, Limonen und Soja. Nördlich von Piura liegen bei Talara zahlreiche **Offshore-Ölplattformen**, die einen Großteil der nationalen Produktion fördern.

Rund 300 000 Peruaner leben heute in Piura an den Ufern des gleichnamigen Flusses. Doch die Geschichte menschlicher Besiedlung reicht bis weit vor Christus zurück. In der Region Piura war zwischen 500 v. Chr. bis etwa 500 n. Chr. die Vicús-Kultur beheimatet, doch von ihrem Zentrum an der Panamericana, ca. 55 km westlich von Piura, sind nur noch geplünderte Gräber erhalten. Das Vermächtnis der Kultur, kunstvoll gefertigte Keramikgefäße, Gold- und Silberschmiedearbeiten, ist im **Museo Municipal Vicús y Sala de Oro**, Huánuco, Ecke Sullana, zu bewundern. ◷ Di–Sa 9–17, So 9–12 Uhr, Museum gratis, Goldfiguren 3 S/.

Die Spanier unter Francisco Pizarro gründeten San Miguel de Piura im Jahr 1532. Damals lag der Ort am Río Chira, in der Nähe des heutigen Sullana, wurde aber später in das heutige Paita am Meer verlegt. Überfälle englischer Piraten und Überschwemmungen veranlassten die Bevölkerung, Piura im Jahr 1588 am jetzigen Standort neu aufzubauen. Von der kolonialen Struktur der Stadt ist nicht allzu viel erhalten geblieben, denn viele koloniale Gebäude wurden 1912 bei einem Erdbeben zerstört.

An der Plaza de Armas steht die **Kathedrale**, mit deren Bau im Jahr der Stadtgründung begonnen wurde. Ihr Hochaltar ist mit Blattgold überzogen. Die **Iglesia del Carmen** in der Libertad 366 wurde 1974 zum historischen Nationalmonument erklärt und beherbergt das **Museo de Arte Religioso**. ◷ tgl. 18–20 Uhr, gratis.

In der ältesten Kirche der Stadt, der **Iglesia San Francisco**, wurde im Januar 1821 die Unabhängigkeit der Provinz von Spanien erklärt. Das Geburtshaus des Volkshelden Admiral Grau in der Tacna 662 wurde in ein Museum namens **Casa Grau** verwandelt. Dem Admiral war es mit seiner Flotte gelungen, chilenische Kriegsschiffe während des Salpeterkrieges (1879–1883) in Schach zu halten. ◷ Mo–Fr 9–13, 15.30–17, Sa–So 9–12 Uhr, Eintritt frei.

Ein besonderes Erlebnis ist ein Ausflug in die Huancabama-Berge, 210 anstrengende Straßenkilometer südöstlich von Piura gelegen. Die schwer zugängliche Bergregion mit ihren unzähligen Seen ist für die Qualität ihrer Heiler und Hexer (*Curanderos* und *Brujos*) weit über die Grenzen des Departamentos hinaus bekannt.

Übernachtung

Hospedaje Continental, Junin 924, ✆ 073-334531. Für Sparer: Günstig, sauber; große Zimmer im 2. Stock (nur kaltes Wasser, mit Gemeinschaftsbad nur 25 S/.). ❶

Hostal California, Junin 835, ✆ 073-328789. Je nach Stockwerk unterschiedl. Preise. Ordentliche Zimmer mit oder ohne (billiger) Bad, z. T. mit Elektrodusche. Soll renoviert werden. ❶–❷

Hotel San Jorge, Loreto 960, ✆ 073-327514. Saubere, geräumige Zimmer (zur Straße laut) mit Bad, TV und Ventilator (mit AC 20 S/. teurer). Pool. ❸

Hostal Piura, Av. Loreto 350, ✆ 073-303280, ✉ hostalpiura@gmail.com. Große, saubere Zimmer mit Ventilator oder AC, Telefon, TV, WLAN und ärztlichem Notservice (der Besitzer Dr. Hernán García ist Arzt). ❸

Hostal El Sol, Sánchez Cerro 411, ✆ 073-324971, ✉ serviturcoral@terra.com.pe. Akzeptable, große Zimmer (zur Straße hin laut) mit Warmwasser, TV und wahlweise AC oder Ventilator. Eigener Parkplatz, kleiner Pool und WLAN. ❹

Hotel Ixnuk, Ica 553, ✆ 073-610187, 💻 www.ixnuk.com. Neues, modernes Hotel in zentraler Lage. Geräumige Zimmer mit großem Bad, Plasmafernseher und Minibar. Frühstücksbuffet inkl. ❺

Hotel Esmeralda, Loreto 235, ✆ 073-331782, ✉ reservas@hotelesmeralda.com.pe. Gute Zimmer mit Teppichboden, Minibar, AC, Telefon, TV und WLAN. Frühstück inkl. ❻

Hotel Los Portales, Libertad 875, an der Plaza de Armas, ✆ 073-321161, 💻 www.losportaleshoteles.com. Luxuriösestes Haus im Stadtzentrum mit kompletter Ausstattung, Frühstücksbuffet und Pool. DZ ab US$155, ❼

Piura
N
0
500 m
Mercado Modelo
Av. Mártires de Uchuracay
Huallaga
Amazonas
San Martín
Marañon
Ucayali
Cajamarca
Cementerio
Rio Verde
1, Deutsches Honorarkonsulat
POLIZEI
Naranjos
Av. Sullana
3, 4 Sullana, Máncora, Tumbes, Ecuador
Lambayeque
Junín
Cusco
Arequipa
Malecón V. Eguiguren
Río Piura
Sánchez Cerro
Huánuco
Museo Municipal Vicús
Av. Los Cocos
Loreto
Iglesia del Carmen
Callao
4, Lima,
CLÍNICA SAN MIGUEL
Parque Cortes
Tacna
Libertad
Lima
Geldautomat
Monumento Grau
Ica
Grau
Huancavelica
Iglesia San Francisco
Kathedrale
Ayacucho
Plaza de Armas
Casa Grau
MUNICIPALIDAD
POLIZEI
Fußgängerbrücke
Apurímac
Moquegua
Plaza Pizarro
Plaza Bolognesi
Bolognesi
Tumbes
Übernachtung:
1 Hotel Esmeralda
2 Hostal Piura
3 Hostal El Sol
4 Hotel Ixnuk
5 Hostal California
6 Hotel San Jorge
7 Hospedaje Continental
8 Hotel Los Portales
Essen:
1 Chifa Cantón
2 Ganimedes
3 Heladería Chalan (4 x)
4 El Romano
5 Matheo's
6 El otro Romano
7 La Santitos
8 Capuccino Gourmet
9 La Tomasita
Sonstiges:
1 Open Plaza
2 LavaAs
3 Supermarkt
4 Centro Comercial Real Plaza
5 Canechi Tours
6 Alex Chopp's
7 Plaza del Sol (2x)
8 Blue Moon Bar
9 Dormiruth Travel Service
10 Piura Tours
Transport:
1 Busse→Ayabaca
2 Terminal El Bosque
3 Cooperativa de Transportes Loja
4 Transportes Dora
5 Cifa Internacional
6 Emtrafesa
7 Combis→Sechura
8 Ittsa
9 Sol Peruano
10 Sammeltaxis→Tumbes, Máncora (3x)
11 Busse→Sullana
12 Busse→Sechura
13 Línea
14 Busse→Paita
15 Eppo, El Dorado,
16 Transportes Chiclayo
17 Terminal Castilla
18 Peruvian Airlines
19 Lan Perú
20 TEPSA
21 Oltursa
22 Colectivos→Catacaos
23 Cruz del Sur
24 Turismo Diaz

Essen

Zu den Besonderheiten der Küche Piuras zählen *Majado de yuca con chicharrón* (gebratenes Schweinefleisch mit Maniokpüree), *Chifles* (dünne, frittierte Bananenscheiben) und *Natilla* (süßer Nachtisch aus Ziegenmilch und Zuckerrohrmelasse).

Capuccino Gourmet, Tacna 876. Eines der besten Restaurants der Stadt mit einer guten internationalen und nationalen Auswahl. Gute Nachtische und Kaffees. ◷ tgl. 11–23 Uhr.

Chifa Cantón, Tacna 117, Ecke Sánchez Cerro. Einer der beliebtesten Chinesen. ◷ tgl. 12–15, 18.30–23.30 Uhr

Zum Probieren lokaler Spezialitäten eignen sich **El Romano**, Ayacucho 580,◷ Mo–Sa 7.30–23 Uhr, das gegenüberliegende **El otro Romano**, Ayacucho 579 (gleicher Besitzer), ◷ Di–So 9–17 Uhr, und das nett dekorierte **La Tomasita**, Tacna 853-857, ◷ tgl. 10–17.30 Uhr.

Typisches der Region serviert tagsüber das Restaurant **La Santitos**, Libertad Ecke/ Apurímac. Abends bekommt man dort Pizzas. ◷ tgl. 11–23 Uhr.

Vegetarisches servieren **Ganimedes**, Lima 440, ◷ Mo–Sa 7.30–22.45, So 12–21 Uhr, und **Matheo`s**, Tacna 532, Plaza de Armas, ◷ tgl. 8.30–23 Uhr.

Heladería Chalan, Tacna 520, mit Zweigstellen in der Grau 173, Grau 452 und der Tacna, Ecke Ica. Leckeres Eis, Säfte, Kuchen und auch Frühstück. ◷ tgl. 11–23 Uhr.

Unterhaltung und Kultur

Alex Chopp's, Huancavelica 528, ist eine beliebte Bierkneipe.

In der **Blue Moon Bar**, Ayacucho 552, gibt es gelegentlich Livemusik.

Moderne Kinos gibt es in den Einkaufszentren **Plaza del Sol** und **Open Plaza**.

Einkaufen

Supermarkt, Sánchez Cerro, Ecke Arequipa.

Im Norden Piuras befindet sich das Einkaufszentrum **Open Plaza** (Taxis vom Zentrum kosten ca. 4 S/.).

Das Einkaufszentrum **Centro Comercial Real Plaza** liegt an der Av. Sánchez Cerro, Kreuzung Panamericana Norte.

Touren

Canechi Tours, Tacna 349, ✆ 073-311327, 💻 www.canechitours.com.

Dormiruth Travel Service, Apurímac 560, ✆ 073-321926, ✉ piura1@domiruth.com.

Piura Tours, Arequipa 978, ✆ 073-326778, ✉ piuratours@speedy.com.pe.

Sonstiges

Autovermietungen

Außerhalb des Flughafengebäudes liegen die Büros von **Vicús Rent a Car**, Av. Córpac 208, ✆ 073-342051, 💻 www.vicusrentacar.com.pe und **Servitours**, Av. Córpac 212, ✆ 073-342051, 💻 www.servitoursperu.com.pe.

Botschaften und Konsulate

Deutsches Honorarkonsulat – Honorarkonsul Dr. Percy García, La Ribera Mz. B Lote 6, Urb. La Ribera, ✆ 073-300243, ✉ piura@hk-diplo.de.

Feste

24. September: Fiesta de Nuestra Señora de las Mercedes. Feierlichkeiten und Wallfahrt zu Ehren der Jungfrau Maria.

Anfang Oktober: Semana Jubilar de Piura mit verschiedenen Kulturveranstaltungen.

Geld

Zahlreiche Banken mit Geldautomaten liegen an der Plaza de Armas.

Informationen

I-Perú, Ayacucho 377, Plaza de Armas, ✆ 073-320249, ✉ iperupiura@promperu.gob.pe. ◷ Mo–Sa 9–18, So 9–13 Uhr. Weitere Infos unter 💻 www.munipiura.gob.pe.

Medizinische Hilfe

Clínica San Miguel, Los Cocos 153, ✆ 073-309300. Über die Klinik ist auch der deutsche Arzt Dr. Hagen Spengler zu erreichen. Der Besitzer des **Hostal Piura** ist Arzt und spricht ein wenig Englisch.

Polizei

An der Sánchez Cerro, Ecke Av. Mártires de Uchuracay, neben der Banco de Crédito, ✆ 073-306266. Die **Touristenpolizei** hatte zum

Zeitpunkt der Recherche kein eigenes Büro (bei der Polizei nachfragen).

Post
Libertad, Ecke Ayacucho, an der Plaza de Armas.

Wäschereien
LavaAs, Arequipa, Ecke Sánchez Cerro.

Transport
Ein **Taxi** kostet im Innenstadtbereich 3 S/. und zum Flughafen 5–7 S/. Mototaxis kosten 2 S/., dürfen allerdings nicht das Stadtzentrum befahren.

Transport
Busse und Colectivos
Ein Großteil der Busunternehmen befindet sich auf einem ca. 500 m langen Stück der Av. Sánchez Cerro, beginnend bei der Av. Sullana, stadtauswärts. Wer nach Huancabamba, Chulucanas, Morropón oder Canchaque reisen möchte, muss zum **Terminal Terrestre Castilla**, der an der Panamericana Vieja etwas außerhalb von Piura auf der anderen Flussseite liegt.

Gesellschaften
Cifa Internacional, Urb. Los Naranjos, Manzana G-20, ✆ 073-305925
Cooperativa de Transportes Loja, Sánchez Cerro 228, ✆ 073-305446
Cruz del Sur, Av. Circunvalación 160, ✆ 073-337094. Sie haben ein Ticketbüro an der EckeBolognesi/Sullana
El Dorado, Sánchez Cerro, neben Eppo, ✆ 073-325875
El Poderoso Cautivo, Sullana Norte B7, neben der Iglesia Cristo Rey, ✆ 073-309888
Emtrafesa, Los Naranjos 255, ✆ 073-337093
Eppo, Sánchez Cerro 1141, ✆ 073-304543
Ittsa, Av. Sánchez Cerro 1142, ✆ 073-308645
Línea, Sánchez Cerro 1215, ✆ 073-303894
Oltursa, Bolognesi 801, ✆ 073-326666
Sol Peruano, Loreto 1436, ✆ 073-668846
Tepsa, Loreto 1195, ✆ 073-306345
Transportes Chiclayo, Sánchez Cerro 1121, ✆ 073-308455
Transportes Dora, Sánchez Cerro 1387
Turismo Dias, Loreto 1405, ✆ 073-302834

Verbindungen
AYABACA (El Poderoso) um 8.30, 8.45 und 14 Uhr, 5 Std., ca. 230 km, 25 S/.
CAJAMARCA (Turismo Dias) um 8.30 und 19 Uhr, 9–10 Std., 532 km, 37–45 S/. Ansonsten nur mit umsteigen in Chiclayo.
CATACAOS Colectivos fahren von der Ecke Loreto/Tumbes (20 Min., 12 km, 2 S/.), Combis vom Terminal Terrestre El Bosque (1,50 S/.).
CHACHAPOYAS keine Direktbusse (s. Tarapoto), umsteigen in PEDRO RUÍZ. Ab Chiclayo sind die Verbindungen besser.
CHICLAYO stdl. von 5–20 Uhr (Línea) und alle 30 Min. von 5–20 Uhr (Transportes Chiclayo), 2 3/4 Std., 268 km, 13–14 S/.
CHULUCANAS alle 45 Min. (Transportes Dora oder vom Terminal Terrestre Castillo), 1 Std., 63 km, 3,50 S/.
GUAYAQUIL (Ecuador) um 9, 12, 18, 20.30, 22.30 Uhr (Cifa Internacional, Cruz del Sur), 10 Std., 750 km, US$13–17. Fährt über TUMBES und MACHALA.
HUANCABAMBA (diverse Anbieter) um 6, 7.30 (Mo, Fr 8.30), 10 und 22 Uhr, 7–8 Std., 214 km, 30 S/.
LIMA 5x tgl. von 15–20.30 Uhr (Cruz del Sur), mehrmals tgl. von 16–20 Uhr (Oltursa, Tepsa) und um 18 und 19 Uhr (Ittsa), 13–15 Std., 1038 km, 85–130 S/. (Cruz del Sur), 85–140 S/. (Oltursa) oder 70–100 S/. (Ittsa).
LOJA, Ecuador (Cooperativa de Transportes Loja) um 9.30, 13 und 21 Uhr, 8 Std., 356 km, US$10.
MÁNCORA (Eppo) ständig von 4–19.15 Uhr, Colectivos 2 1/2 Std., Busse 4 Std., 175 km, 15 S/. Stoppt in SULLANA, TALARA und LOS ORGANOS, 15 S/. Schneller geht es mit einem Sammeltaxi, Ecke Sánchez Cerro (neben Línea) und Nähe Ecke Sánchez Cerro/ Av. Sullana (25 S/.).
PAITA (Transportes Dora) ständig, 1 Std., 57 km, 3.50 S/.
SECHURA Busse fahren, wenn sie voll sind, an der Sánchez Cerro, Ecke Naranjos und neben Línea (1 Std., 54 km, 4 S/.).

SULLANA (Eppo) alle 30 Min., 1/2 Std., 40 km, 2,50 S/. Andere Anbieter fahren regelmäßig ab der Ecke Sánchez Cerro/Sullana.
TALARA (Eppo) ständig, 2 Std., 120 km, 8 S/.
TARAPOTO (Sol Peruano) um 13 Uhr (So 12 Uhr), 16–17 Std., 783 km, 70 S/. Fährt über PEDRO RUÍZ und MOYOBAMBA. Keine empfehlenswerte Fahrzeuge, aber einziger Anbieter. Alternativ umsteigen in Chiclayo.
TRUJILLO um 13.30 und 23 Uhr (Línea), um 14, 18 und 23 Uhr (Emtrafesa), um 15 Uhr (Cruz del Sur), um 13 und 0.30 Uhr (El Dorado) und um 9, 13.30 Uhr und mehrmals abends (Ittsa), 6 Std., 477 km, 25–45 S/. (Línea), 27–35 S/. (Emtrafesa), 45–55 S/. (Cruz del Sur), 20 S/. (El Dorado) und 30–45 S/. (Ittsa).
TUMBES (El Dorado), 10x tgl., 4–5 Std., 282 km, 15–20 S/. Für die Abfahrtsorte der Vans (25–30 S/.) s. Máncora.

Flüge

Der **Aeropuerto Carlos Concha Iberico** liegt in der Av. Corpac s/n, rund 2 km östlich des Zentrums (Taxi ca. 5–7 S/.), ✆ 073-344503.
Lan Perú, Libertad 875, Plaza de Armas, ✆ 073-302145, 💻 www.lan.com, fliegt tgl. nach LIMA. ⌚ Mo–Fr 9–19, Sa 9–14 Uhr.
Peruvian Airlines, Libertad 777, ✆ 073-324206, 💻 www.peruvianairlines.pe, fliegt tgl. nach LIMA. ⌚ Mo–Fr 9–19, Sa 9–17, So 9–12 Uhr.
Taca, Centro Comercial Real Plaza, Av. Sánchez Cerro, Sub-Lote 234-239, ✆ 0800-18222, 💻 www.taca.com, fliegt tgl. nach LIMA. ⌚ tgl. 10–22 Uhr.
Die ecuadorianische Airline **Saereo**, Ica 530, Of. 306, Centro Comercial El Rosal, ✆ 073-321897, 💻 www.saereo.com, fliegt Mo, Mi, Fr nach SANTA ROSA in Ecuador mit Anschluss am gleichen Tag nach QUITO oder GUAYAQUIL. ⌚ Mo–Fr 9–13, 16–19 Uhr.

Die Umgebung von Piura

Einige durchaus lohnende Ziele laden zu Tagesausflügen ein. Informationen, wie man zu den einzelnen Orten gelangt, finden sich im Abschnitt Piura, Transport.

Catacaos und Sechura

Im 12 km südwestlich von Piura gelegenen **Kunsthandwerkerort Catacaos** lassen sich günstig kunstvolle Silber- und Goldschmiedearbeiten, Lederwaren, Schnitzereien und die lokale Variante des Panamahuts erwerben. Mittags lohnt ein Abstecher in eine der zahlreichen *Picanterías*, in denen man eine große Anzahl **typischer Gerichte** der Region probieren kann. Dazu zählen z. B. *Seco de chavelo* (Bananen-Rindfleisch-Eintopf), *Seco de cabrito* (Ziegenfleischeintopf), *Tamales verdes* (Maisklöße mit Füllung), *Caldo de siete carnes* (Suppe mit sieben Fleischsorten) und verschiedene *Chichas* (fermentiertes Maisgetränk). Bei der Lehmziegelpyramide **Huaca Narihualá** befindet sich ein kleines Museum mit Fundstücken aus der Umgebung. ⌚ Di–So 9–16.30 Uhr, 2 S/.

Wer genügend Zeit mitbringt, kann dem 42 km weiter südwestlich gelegenen **Fischereizentrum Sechura** einen Besuch abstatten. Sehenswert ist die imposante spätbarocke **Kathedrale** aus dem Jahr 1778, die nach dem Stadtheiligen San Martín de Tours benannt wurde. „Seine" Fiesta findet am 11. November statt. Im Ortszentrum liegt ein kleines ethnologisches **Museum**. ⌚ tgl. 10–12, 13.30–16 Uhr. In der Umgebung Sechuras befinden sich weitere Ausflugsziele wie die vogelreiche **Laguna de Napique**, die 1200 ha umfassenden Mangroven der **Manglares San Pedro** und die Badestrände **Chulliyachi** und **Matacaballo**.

Paita

Die 50 000 Einwohner zählende Hafenstadt liegt rund 55 km nordwestlich von Piura und ist bequem auf einer asphaltierten Straße zu erreichen. Der fünftgrößte Hafen des Landes wurde von Pizarro auf seiner zweiten Reise nach Peru entdeckt und litt später unter den fortgesetzten Attacken englischer Piraten. Nördlich von Paita liegt der beliebte Badestrand **Playa Colán**, der ebenso wie die **Playa Yacila** im Süden außerhalb der Badesaison wie ausgestorben wirkt.

Die **Playa Colán Lodge**, am Südende des Strandes, ✆ 073-326778, 💻 www.playacolanlodge.com.pe, hat Bungalows unterschiedlicher Größe, einen Pool und ein Restaurant, ❹. Über eine ähnliche Ausstattung verfügt das **Sunset**

Bay Resort, direkt am Strand, ✆ 073-674008, 💻 sunsetbay-colan.com, ❻–❼. Nordöstlich von Paita, an der Strecke nach Sullana, liegt die **Casa Museo La Huaca** im gleichnamigen Ort, zu erreichen mit einem Combi von Sullana oder von Paita aus. Das kleine Museum stellt Keramiken der Chimú-Kultur, paläontologische Fundstücke der Region und Fossilien aus. ⌚ Mi–So 10–17 Uhr, Spende.

Huancabamba und Umgebung

Nordperu

Ein besonderes Erlebnis abseits aller Gringopfade ist ein Abstecher nach Huancabamba, 214 km und rund neun Busstunden von Piura. Obwohl in einer schönen Berglandschaft auf 1929 m gelegen, wurde der Standort schlecht gewählt, denn Huancabamba wurde mit den Steinen einer ehemaligen Inkasiedlung auf einem geologischen Graben errichtet. Dies hat der 7000 Einwohner zählenden Stadt den Spitznamen *„La ciudad que camina"* – die Stadt, die wandert – eingebracht.

Huancabamba ist bekannt für seine vielen **Wunderheiler, Hexer und Schamanen**, die sich hier angesiedelt haben. Aus ganz Peru strömen Einheimische in den Ort, um sich durch traditionelle Medizin heilen zu lassen. Während es bei den einen Leiden sind, die mit konventionellen Mitteln nicht zu beseitigen waren, bitten andere um gute Ernten oder wollen schlichtweg einen bösen Fluch loswerden. Die Zeremonien werden in der Regel mit den mineralhaltigen Heilwassern der **Huaringas** durchgeführt, einer Seenplatte, bestehend aus 14 Gewässern auf 3500–4000 m Höhe, rund 30 km nördlich von Huancabamba.

Die bekanntesten Seen sind die **Laguna Chimbe** und die **Laguna Negra**. Ein Bus fährt von Huancabamba in zwei Stunden nach **Sapalache**. Von dort geht es zu Fuß weiter (ca. 1 Std.), oder man mietet ein Maultier.

Sehenswert ist der **Danza de Diablos** während der Fiesta vom 16. bis 18. Juli. Zwölf Teufel begleiten die *Virgen del Carmen* auf ihrer Prozession zum Klang von Klarinette, Trommel und Trompete. Eine lokale Spezialität ist der *Rompope*, ein Eierlikör.

Übernachtung und Essen

Die Hostales in Huancabamba sind einfach und haben nicht alle warmes Wasser.
Von Reisenden empfohlen wird die saubere **Hospedaje Panoramiko**, Ayabaca 445–447, ✆ 975553842 (Mobil), ✉ vivhospedaje panoramiko@yahoo.es, mit Aussicht auf das Flusstal. Parkplatz und Restaurant sind geplant. ❷
Akzeptabel sind **Hostal El Dorado** und **Hostal El Danubio** an der Plaza de Armas, beide ❶.
Die schlichten Restaurants des Ortes tischen lokale Küche auf. An der Plaza serviert ein kleines Lokal frische Säfte, Kuchen und Sandwiches. ⌚ nur abends.

Transport

PIURA mehrere Busse tgl. ab früh morgens (7–8 Std., 214 km, 30 S/.).

Sullana und die Grenze zu Ecuador

Rund 38 km nördlich von Piura liegt die Großstadt Sullana im fruchtbaren Tal des Río Chira. Die Stadt bietet keinerlei touristische Sehenswürdigkeiten, ist aber ein wichtiges **landwirtschaftliches Zentrum** und **Verkehrsknotenpunkt**.

Am großen Stausee **Represa de Poechos**, 27 km nordöstlich von Sullana, ist ein kleines Naherholungsgebiet mit Wassersportmöglichkeiten entstanden. Südlich von Sullana zweigt eine asphaltierte Straße zur peruanisch-ecuadorianischen Grenze ab. Die rund 160 km lange Strecke (Fahrtzeit ca. 3 Std.) führt über Las Lomas zum peruanischen Grenzort **La Tina**.

Der nächstgrößere Ort auf ecuadorianischer Seite heißt **Macará**. Von dort führt die Straße weiter nach **Loja**, Ausgangspunkt eines Besuches des Podocarpus-Nationalparks. Um Loja am selben Tag zu erreichen, empfiehlt es sich, einen Direktbus von Piura aus zu nehmen (s. „Transport", S. 492). Sammeltaxis und Combis fahren ab Sullana in ca. zwei Stunden nach La Tina. Dieser Grenzübergang wird weit weniger benutzt als die Grenze bei Tumbes, entsprechend ruhiger geht es hier zu.

Ayabaca und Umgebung

Rund 200 km nordöstlich von Piura und beinahe an der Grenze zu Ecuador liegt auf 2715 m das kleine koloniale Andenstädtchen Ayabaca, fernab aller Touristenströme. Sehenswert ist die farbenfrohe Fiesta des **Señor de Cautivo** am 12. und 13. Oktober. Dann strömen Tausende von Pilger in den kleinen Ort, der in dieser Zeit aus allen Nähten zu platzen droht.

In der Umgebung des Ortes (ca. 50 km nordöstlich) befinden sich die Inkaruinen **Aypate**, die in Bezug auf das Baumaterial und die Auslegung der Anlage überraschende Ähnlichkeiten mit Machu Picchu aufweisen. Weitere Ausflugsziele sind die Ruinen von **Olleros** (ca. 20 km entfernt) und die sieben **Lagunas de Huamba** (ca. 32 km von Ayabaca), deren Wasser von Schamanen in Heilungszeremonien benutzt wird.

Übernachtung und Essen

In Ayabaca gibt es einfache **Unterkünfte**. Akzeptabel sind das **Hotel Samanga**, Salaverry 500, an der Plaza de Armas, ✆ 073-471049, ✉ hotelsamanga@hotmail.com, ❷ und das **Hotel Aipa Atiq**, Cáceres 284, ✆ 073-471282, ✉ hotelaipa_atiq@hotmail.com. ❷ Während der Fiesta des Señor de Cautivo am 12. und 13. Oktober ist eine Reservierung dringend anzuraten!

Essen bekommt man in einfachen Comedores. Nicht schlecht ist **La Casona** neben dem Hotel Aipa Atiq. Oberhalb des Hotels Samanga kann man im Restaurant und Bäckerei **Flor de Milagro** frühstücken.

Von Ayabaca nach Ecuador

Über den selten benutzten **Grenzübergang Espindola** und das ecuadorianische Jimbura gelangt man über Amaluza nach Loja. Bis nach Espindola sind es von Ayabaca aus zwar nur 65 km, doch für die schlechte Piste benötigen Sammeltaxis mindestens drei Stunden. Die Abfahrt in Ayabaca liegt zwischen 8 und 9 Uhr (von Espindola zurück nach Ayabaca gegen 5 Uhr morgens). Den Ausreisestempel erhält man in Espindola, um dann mit dem Taxi für rund US$10 ins 20 Minuten entfernte Jimbura auf ecuadorianischer Seite gebracht zu werden. Dort erhält man seinen Einreisestempel und nimmt eine *Ranchera* bis Amaluzaca (1 Std.). Von dort fahren regelmäßig Busse ins rund fünf Stunden entfernte Loja. In den Monaten Dez–März kann die Strecke unpassierbar sein!

Transport

PIURA (Transportes Vegas, El Poderos Cautivo) um 8.30 und 15 Uhr, 5 Std., 230 km, 25 S/. Fährt von der Plaza de Armas über PAIMAS (viele Ceibo-Bäume, dort beginnt der Asphalt), TAMBO GRANDE (Mangoanbau) und SULLANA. Außerdem stehen Sammeltaxis bereit.

Talara und Umgebung

Nördlich von Piura kann sich das wüstengetrübte Auge des Reisenden am satten **Grün des Chira-Tals** erholen. Entlang des gleichnamigen Flusses sind große Anbaugebiete von Reis, Baumwolle und tropischen Früchten, z. B. Mangos, entstanden. Einige der Felder sind von hochgewachsenen, schlanken Kokospalmen eingerahmt, was der lieblichen Landschaft einen weiteren optischen Reiz hinzufügt. Wenig später ist es mit der üppigen, subtropischen Pracht vorbei und die Wüste übernimmt wieder das Kommando.

Mit den ersten Ölpumpen am Straßenrand kündigt sich Talara, das **Erdölzentrum Perus**, an. Trotz der recht reichen Ölvorkommen mangelt es den Menschen an etwas Lebenswichtigem: Das Trinkwasser muss über Pipelines aus dem Chira-Tal herangeführt werden. Große Gebiete werden über Wassertanks versorgt, die auf Eselskarren gespannt werden. Von der Abzweigung der Panamericana bei KM 1094 sind es noch ca. 7 km bis in den wenig einladenden Ort, der nur aus viel Müll, Geiern und ärmlichen Strohmattenhütten am Ortseingang, einer Raffinerie und dicken Öltanks besteht – einen Abstecher kann man sich sparen, es sei denn, man ist Surfer (S. 496.).

Im 60 000 Einwohner zählenden Städtchen Talara findet man eine komplette Infrastruktur vor. Günstig übernachten kann man in der **Residencial Grau**, Av. Grau 77, unweit der Plaza, ✆ 073-382841, ❷. Es fahren regelmäßig Busse nach Piura (120 km, 2 Std.) und Tumbes (170 km, 3 Std.). Star Perú, Centro Cívico 338, ✆ 073-383348, 🖳 www.starperu.com, 🕓 Mo–Fr 9–19, Sa 9–13 Uhr, fliegt Di, Do Fr und So von Lima nach Talara.

Außerhalb von Talara liegen zahlreiche Sandstrände, die vor allem bei Surfern und Kitesurfern beliebt sind, darunter die **Playa Lobitos** (18 km nördlich von Talara, Zufahrt über Talara oder bei KM 1104 der Panamericana), aus der in absehbarer Zeit ein Naturschutzgebiet werden soll. Die Wassertemperaturen sind in der Regel niedriger als bei den weiter im Norden gelegenen Stränden. Bei **Punta Pariñas** wird der westlichste Punkt Südamerikas erreicht.

Rund 40 km weiter nordöstlich zweigt bei **El Alto** (KM 1136) eine staubige Piste zum rund 5 km entfernten kleinen Fischerdorf **Cabo Blanco** ab (regelmäßige Combis von El Alto aus). Schon von Weitem kann man Dutzende von Offshore-Ölplattformen erkennen, die nur wenige Hundert Meter vom Strand im Meer verankert sind. Verfallen ist das Gebäude des **Cabo Blanco Fishing Club**, dem unter anderem auch Ernest Hemingway angehörte. Von hier legen auch heute noch Boote der Sportfischer ab, die auf Rekordjagd sind. Zu überbieten bleibt der US-Amerikaner Glassel, der 1953 einen 710 kg schweren Speerfisch nur mit der Angel aufs Boot zog.

Das **Hotel El Merlin**, Av. La Rivera, ✆ 073-256188, 🖳 www.elmerlin.webs.com, bietet Unterkunft für Sportfischer und Wassersportler ❹. Ihr Motorboot (max. 4 Pers.) kostet US$210 (3 Std. in Küstennähe) und US$450 (6 Std. Hochseeangeln). Beste Fangzeit für Hochseefisch ist von April bis Juni.

11 HIGHLIGHT

Die Strände im Norden

Nördlich von Piura erstrecken sich bis Tumbes kilometerlange Sandstrände, aufgeteilt in zahlreiche Buchten. Hier befindet sich Perus **Bade- und Surfzentrum**, denn alle Strandorte nördlich von Cabo Blanco befinden sich bereits im Bereich der **warmen El-Niño-Strömung**, die Richtung Norden fließt und das ganze Jahr über warmes Meerwasser mitführt.

Rund um Los Organos

Bei KM 1150 wird der Fischerort und Badestrand **Los Organos** erreicht, der inzwischen über eine brauchbare Auswahl an Unterkünften und guten Fischrestaurants verfügt. Südlich des Orts erstreckt sich mit der **Punta Veleros**, einst ein Camp für Ölarbeiter, eine schöne, ruhige Bucht, an der sich einige schöne (familienfreundliche) Hotels befinden. An der Hafenmole kann man jeden Tag ein Großaufgebot an Möwen, Pelikanen und Fregattvögeln bewundern, die auf Fischabfälle warten.

Nach weiteren 6 km zweigt eine Straße zum neuen aufstrebenden Badeort **Vichayito** mit seinem exzellenten – aber oft windigen – kilometerlangen Sandstrand (keine Felsen im Wasser) ab, zu dem keine öffentlichen Verkehrsmittel fahren. Die dort angesiedelten Hotels und Ferienanlagen gehören preislich zur Oberklasse. Ein kompetenter Tourveranstalter mit Sitz in Los Organos ist **Pacifico Adventures**, ✆ 073-257686, 🖳 www.pacificoadventures.com, der neben Walbeobachtung (Aug–Okt) auch Angel-, Schnorchel- und Tauchtouren im Programm hat.

Noch wenig bekannt und dementsprechend leer ist der wunderschöne weiße Sandstrand **El Ñuro** etwa 7 km südlich von Los Organos.

Übernachtung und Essen

Einen guten Überblick über das ständig wachsende Hotelangebot bietet die Webseite 🖳 www.vivamancora.com/dondedor.htm.

Los Organos

Im Ort Los Organos gibt es einfache Unterkünfte, die deutlich billiger sind als die Strandhotels, s. 🖳 www.losorganos.com/hospedaje.htm. In den meisten Hotels bekommt man gutes, wenn auch oft überteuertes Essen.
Am Strand von Los Organos gibt es zahlreiche einfache, leckere und günstige Fischrestaurants, z. B. **Dinno's Beach**. Viele haben nur mittags geöffnet.

STRÄNDE NORDPERUS

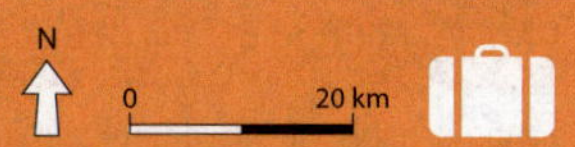

Punta Veleros

El Mirador de Punta Veleros, ✆ 073-257270, 💻 www.vivamancora.com/miradorpv. Einfache Zimmer am Meer mit Terrasse, Hängematten und Küche. Kleiner Pool. Frühstück inkl. ❸

Hostal La Perla, am südlichen Strandende, ✆ 073-257753, 💻 www.elaperla.com.pe. Sauber und freundlich mit Pool und Restaurant. ❸

Hotel Takaynamo, ✆ 073-257587, 💻 www.takaynamoperu.com. Hübsche Anlage mit viel Holz und Palmdächern. Helle, saubere Zimmer mit Balkon oder Terrasse. Pool und Restaurant. ❹–❺

Playa Vichayito

El Refugio de Vichayito, ✆ 073-671626, 💻 www.elrefugiodevichayito.com. Diese schöne Bungalowanlage liegt am Meer und bietet geräumige Zimmer mit Solarstrom, Terrasse, Pool und Restaurant. Frühstück inkl. ❺–❻

Playa El Ñuro

Das Hotelangebot der Playa El Ñuro beschränkt sich bislang auf nur wenige Unterkünfte (s. unter 💻 www.vivamancora.com/elnuro.htm).

Strandwanderung nach Los Organos

In rund drei bis vier Stunden kann man die etwa 11 km von Máncora aus entlang des Strandes über Las Pocitas und Vichayitos nach Los Organos laufen. Je weiter man sich von Máncora entfernt, desto ruhiger und schöner wird es. Ausreichend Wasser und Sonnenschutz mitnehmen! Nach einem Restaurantbesuch in Los Organos und einem erfrischenden Bad im Meer nimmt man einen Eppo-Bus für die Rückfahrt nach Máncora. Die Wanderung kann natürlich auch in umgekehrter Richtung durchgeführt werden.

Transport

In Los Organos halten Eppo-Busse aus der Richtung Piura oder Máncora. VICHAYITO lässt sich mit dem Mototaxi von Los Organos (ca. 15 S/.) über eine Abzweigung bei KM 1055 der Panamericana und über die Playa Pocitas erreichen. Die Unterkünfte an der PUNTA VELEROS sind in Gehweite, Mototaxi 3 S/.

Máncora

Bei KM 1165 liegt der Badeort Máncora, umgeben von endlosen Sandstränden (im Süden des Ortes teilweise etwas felsig). In den letzten Jahren hat sich das ehemalige Fischerdorf zu einem der beliebtesten Urlaubsziele für sonnenhungrige Touristen und Surfer im Norden Perus entwickelt. Hektik und Platznot kommen allerdings nur an den Ferienwochenenden zwischen Dezember und Ostern auf. Dann vervielfachen sich die Hotelpreise und das Wasser wird knapp.

Die übrige Zeit liegt Máncora träge unter einem strahlend blauen Himmel und es bleibt viel Zeit, in der Hängematte zu faulenzen, zu surfen und das ganzjährig warme Wasser zu genießen. Máncora zieht sich lang gestreckt an der Hauptstraße entlang, die im südlichen Bereich Avenida Piura und im nördlichen Teil Avenida Grau heißt. Hier finden sich Busagenturen, Restaurants, Bars, Geldautomaten, Polizei, Gesundheitsposten etc. Der südliche Teil der Stadt ist fest in Touristenhand, wobei es wenig romantisch ist, wenn einem beim Essen laute Busse und Lkw direkt an der Nasenspitze vorbeifahren. Richtung Norden verwandelt sich Máncora dann wieder nach und nach in ein durchschnittliches peruanisches Fischerstädtchen.

Doch das ehemals kleine Strandparadies ist bedroht. Der stetig und unkontrolliert anschwellende Touristenstrom hat wie andernorts auch seinen Preis: Dazu gehören Drogenkriminalität und illegale Landnahmen ebenso wie zunehmende **Umweltprobleme**. So wird das kleine Feuchtgebiet „El Humedal", das zwischen Ort und Strand liegt, zunehmend als Abladeplatz für Bauschutt und Müll genutzt. Der Strand Máncoras droht durch die viel zu dicht ans Meer gebaute Strandpromenade zu verschwinden. Und auch das Fehlen einer Kläranlage macht sich inzwischen schmerzlich bemerkbar. Die Abwässer zahlreicher Hotels gelangen ungeklärt ins Meer. Gefahr droht dem Ort und seinem vorgelagerten Riff auch aus Richtung Süden: Dort liegen Dutzende von Offshore-Bohrinseln, von denen immer die potenzielle Gefahr einer Ölpest ausgeht. Die Strömung würde einen Ölteppich geradewegs auf die Strände von Máncora zutreiben.

Die nahegelegene **Playa Pocitas** ist eine Mischung aus **Sandstrand** mit felsigen Abschnitten, in denen das Meerwasser bei Ebbe kleine Becken *(pocitas)* bildet. Der Strandabschnitt Pocitas ist ebenso wie die Hotels an der Playa Vichayito über eine Erdstraße am südlichen Ortseingang zu erreichen.

Übernachtung

Die günstigeren Hostales liegen meist im Ort direkt an der Panamericana und haben keinen eigenen Strandzugang. Die Unterkünfte am **südlichen Ortseingang** befinden sich teilweise am Meer und sind teurer als im Ortszentrum. Hier bewegt sich die Surfer-Szene. Auf der anderen Seite der Brücke über die Quebrada Cabo Blanco am südlichen Ortseingang zweigt eine Erdstraße zur **Playa Pocitas** und zu den dortigen teuren Hotels. Über diese Straße sind auch die Hotels an der Playa Vichayito (s. S. 496) zu erreichen. Am **nördlichen Strandabschnitt** sind einige neue Hotels und Bungalowanlagen gebaut worden.

Alle Hotels heben ihre Preise über Neujahr, Ostern und während der nationalen Feiertage zum Teil drastisch an. In den Sommermonaten kann es zu Wasserknappheit kommen. Einen guten Überblick über die Hotels Máncoras findet man auf der Webseite 💻 www.vivamancora.com/dondedor.htm.

Direkt im Ort Máncora

Hospedaje Sol de Máncora, Paita 172 (autofreie Parallelstraße zur Panamericana), ✆ 073-258261, 💻 www.soldemancora.com. Schnörkellose Unterkunft mit günstigen, ruhigen Zimmern (kein warmes Wasser, heller im 2. und 3. Stock), die mit TV und Ventilator ausgestattet sind. ❷

Hospedaje Balsa y Totora, Av. Piura 452, ✆ 073-258630. Sauber und für die Lage recht ruhig. Einfache, günstige Zimmer mit Ventilator und warmen Wasser. WLAN und Wäscherei. ❷

Nördlicher Strandabschnitt (Playa del Amor)

The Point Mancora Beach, ca. 20 Min. am Strand entlang in nördlicher Richtung, auch per Mototaxi erreichbar (2–3 S/.), ✆ 073-706320, 💻 www.thepointhostels.com. Der Ableger der Backpackerkette liegt schön am Strand. Neben den üblichen Mehrbettzimmern gefallen die einfachen zweistöckigen Strandbungalows. Es gibt auch einen Schlafsaal (je nach Größe 20–30 S/. p. P.). Pool, Restaurant, WLAN und Internet. Einfaches Frühstück inkl. ❷

Casa Mediterranea, nördl. Strand, ✆ 073-258528, 💻 www.casamedmancora.pe. Die symphatische zweistöckige Anlage gruppiert sich um einen Pool und bietet schöne Zimmer mit guter Ausstattung (WLAN, Minibar, Safe), ein teures Restaurant mit italienisch-peruanischen Gerichten, Yoga und Surfen. Die Preise variieren monatlich ❺–❻

Samana Chakra, nördl. Strandabschnitt (ca. 10 zu Fuß, auch auch per Mototaxi für 2–3 S/. erreichbar), ✆ 073-258604, 💻 www.samanachakra.com. Teure aber sehr schöne Anlage direkt am Strand, in der man total abschalten kann. Sie bieten Yoga und Massagen an. Kein TV oder WLAN auf den Zimmern! Einfaches Frühstück und Yogaklasse inkl., je nach Saison ❻–❼

Südlicher Strandabschnitt und Quebraba Cabo Blanco

Casa Palmero, in Strandnähe, ✆ 073-258537, 💻 www.vivamancora.com/casapalmero.

Máncora – Surfen, Sonnenbaden und am Nachmittag ein Ausritt am Meer

Kleine gepflegte Anlage mit Zimmern mit Bad und jeweils 3 Betten, WLAN und Innenhof mit kleiner Terrasse. Die gleichen Besitzer unterhalten die sehr ähnliche Anlage Chaparral in der Quebrada Cabo Blanco. Beide ❷–❸

Loki del Mar, Av. Piura 262, ✆ 073-258484, 💻 www.lokihostel.com. Professionelle Backpacker-Massenabfertigung und Partyhostel für überwiegend junge Leute. Es gibt DZ (im Voraus reservieren!) und einen Schlafsaal (je nach Größe 26–36 S/. p. P.). Große Anlage mit Pool, Strandzugang, Animationsprogramm und Bar. Internet, WLAN und Frühstück inkl. ❸

Kokopelli Beachpackers, Piura 209, ✆ 073-258091, 💻 www.hostelkokopelli.com. Beliebte Backpackerunterkunft mit Pool, Restaurant und Bar an der Hauptstraße direkt am Ortseingang nach der Brücke (rund 3 Gehminuten zum Strand). Der Schlafsaal kostet je nach Größe 30–36 S/. (Frauenschlafsaal 30 S/.). Kann laut sein! Frühstück inkl. ❸

Hostal Las Olas, Pasaje 8 de Noviembre, an der Cabo Blanco Brücke, ✆ 073-258099, 💻 www.lasolasmancora.com. Gemütliche Anlage direkt am Strand mit netten Zimmern (im 2. Stock mit Meerblick) und Preisnachlass bei längerem Aufenthalt. Frühstück inkl. ❸–❹

Playa Pocitas

Inzwischen tummeln sich hier mehr als 40 Hotels (einen Überblick gibt die Webseite 💻 www.vivamancora.com). Alle nachfolgend aufgeführten Unterkünfte liegen direkt am Strand und verfügen über Schwimmbad, eigenes Restaurant und Parkplatz.

Los Cocos, etwa 5 km südl. von Máncora, ✆ 073-672034, 💻 www.vivamancora.com/loscocos. Kleine, symphatische Anlage mit Pool und Restaurant. Geräumige, saubere Zimmer, kein Internet. Frühstück inkl. ❹

Sausalito Beach, ca. 1 km südlich von Máncora, ✆ 073-258706, 💻 www.sausalitobeachmancora.com. Anlage mit geräumigen Zimmern plus Balkon/Terrasse und WLAN. Tourangebot. ❺

Las Arenas de Máncora, ca. 4 km südlich von Máncora (Mototaxis für 7–10 S/. nehmen), ✆ 073-258240, 💻 www.lasarenasdemancora.com. Ausgedehnte Bungalow-Anlage mit komplett renovierten Zimmern, Grünflächen und Wassersportmöglichkeiten. Für alle, die es etwas ruhiger mögen. ❻–❼

Kimbas Bungalows

Sympathische Bungalowanlage am südlichen Ortseingang in der Quebrada Cabo Blanco mit schönem Garten und balinesischem Touch. Die palmdachgedeckten Hütten verfügen über Bad, Warmwasser, eine überdachte Terrasse plus Hängematte, und – bei den teureren Hütten – auch über Kühlschrank und Kabel-TV. Es gibt einen kleinen Pool und WLAN und das einfache Frühstück ist inkl. Vom Hotel ist man in 5 Min. zu Fuß am Strand und im Ort, ✆ 073-258373, 💻 www.kimbasbungalowsmancora.com. ❸–❺

Essen und Unterhaltung

Entlang der Hauptstraße von Máncora liegen jede Menge Meeresfrüchterestaurants und Sandwichläden. Die Restaurants am Strand haben keine eigene Wasserversorgung und die hygienischen Bedingungen sind dort nicht gerade optimal! Wer einen empfindlichen Magen hat, sollte dort besser nicht essen.

De Angela, Piura 396, bietet Frühstück, Vollkornbrot, ein vegetarisches Menü (auch abends), Kuchen und guten Kaffee. 🕓 tgl. 8–23 Uhr.

El Ají, neben Casa Palmero. Teures mexikanisches Essen. 🕓 nur abends.

Ein gutes Gourmet-Restaurant ist das **El Tuno**, Av. Piura 316. 🕓 tgl.

Gutes Frühstück ab 7 Uhr mit Meerblick vom 2. Stock bietet das **Green Eggs & Ham** im Centro Comercial Birdhouse (südlicher Ortseingang).

Im **La Bajadita** bekommt man Säfte, Sandwiches und Salate.

Beliebte Fischrestaurants sind **La Sirena**, Av. Piura 316 und das etwas versteckt liegende **Meche**, Lobitos 160, im Nordteil des Ortes. 🕓 nur mittags.

Die Gringo-**Bars** liegen schön aneinandergereiht entlang der Hauptstraße im südlichen Stadtteil.

Aktivitäten

Reiten

Am Strand warten Anbieter mit Pferden (15 S/. für 30 Min.).

Surfen und Kitesurfen

Am Strand beim Birdhouse kann man **Surfbretter** mieten (20 S/. pro Tag). Ein Anfängerkurs (1 Std.) plus Surfbrett für den ganzen Tag kostet 50 S/. **Kitesurfen** wird vorwiegend von Mai bis Oktober angeboten. Ein 3-tägiger Kurs (tgl. 2 1/2 Std.) kostet US$240.

Yoga

Kurse finden Mo–Fr um 17 Uhr und 3x wöchentl. um 9.30 Uhr im Hotel Samana Chakra statt (15 S/. pro Klasse).

Sonstiges

Geld

Geldautomaten liegen entlang an der Hauptstraße.

Informationen

Es gibt keine offizielle Touristeninformation. Viele Hotel- und Strandinfos zu Máncora und Umgebung findet man unter 💻 www.vivamancora.com. Dort stehen auch Infos zu den aktuellen Surfbedingungen unter 💻 www.vivamancora.com/english/surf.htm.

Polizei

Av. Piura, ✆ 073-258414.

Touren

Iguana's Trips, Av. Piura 233, ✆ 073-632762, 💻 www.iguanastrips.com. Vielfältiges Abenteuerprogramm inklusive Rafting, Canopy (s. 💻 www.ziplineperu.com), Reiten und Touren in die Nationalreservate der Umgebung.

Nahverkehr

Zur Playa Pocitas fahren von Máncora **Mototaxis** für 5 S/.

Transport

Busse und Colectivos

Die Abfahrtsorte der Busse liegen alle entlang der Panamericana im nördlichen Ortsteil.

Gesellschaften

Cruz del Sur, Grau 208
El Dorado, Grau 111, ✆ 073-258161
El Sol, Piura 628
Eppo, Piura 679
Etti, neben Tepsa, Grau 113
Oltursa, Piura 509, ✆ 073-258276
Ormeño, Piura 501, ✆ 073-258334

Verbindungen

GUAYAQUIL, Ecuador mehrmals tgl. (Cifa Internacional, Ormeño) und Mo, Do und Sa um 9 Uhr (Cruz del Sur), ca. 7 Std., 575 km, US$15 (Cifa Internacional) oder 98–124 S/. (Cruz del Sur).
LIMA um 17.15 Uhr (Cruz del Sur) und um 18 (So 16) Uhr (Oltursa), 15–18 Std., 1165 km, 100–160 S/. (Oltursa) oder 111–141 S/. (Cruz del Sur). Weitere Anbieter sind Civa, Ormeño, Tepsa und Flores.
LOS ORGANOS (Eppo) alle 30 Min., 20 Min., 13 km, 1,50 S/.
PIURA mehrmals tgl. von 9.30–21 Uhr (El Dorado) und alle 30 Min. von 4–19.15 Uhr (Eppo), ca. 3 Std., 185 km, 15–20 S/. Eppo stoppt in LOS ORGANOS und TALARA.
PUNTA SAL Colectivos warten vor dem Cruz del Sur-Büro ((1/2 Std., 23 km, 5 S/.). Ein Taxi kostet 25 S/. An der Abzweigung nach Punta Sal kann man ein Mototaxi nehmen oder 20–30 Min. zu Fuß laufen.
TRUJILLO (El Sol, El Dorado, Etti) mehrmals tgl., 6 Std., 660 km, 30–45 S/. Fährt über CHICLAYO.
TUMBES Colectivos fahren von der Piura 605 (stdl. von 9–18 Uhr, 1 1/2–2 Std., ca. 102 km, 15 S/., zum Flughafen 30 S/.). El-Dorado-Busse fahren direkt bis zur Grenze.

Flüge

Die nächstgelegenen Flughäfen sind Talara (82 km weiter südlich, s. S. 496), Piura (185 km südlich, s. S. 493) und Tumbes (102 km nördlich, s. S. 507)

Punta Sal

Rund 22 km nördlich von Máncora zweigt bei KM 1187 eine Straße Richtung Punta Sal ab, einem ruhigen und beschaulichen **Badeort**, dessen Hotels entlang der einzigen Straße liegen. Unterkunft und Verpflegung sind hier teurer als in Máncora. Die einfacheren Übernachtungsmöglichkeiten liegen entlang des vorderen Ortsteils, die besseren weiter hinten. Der zu Beginn breite Sandstrand wird nach einem felsigen Mittelstück bei den hinteren Hotels wieder sandig, gemischt mit etwas Kies.

Es gibt keinen regelmäßigen Busverkehr von Máncora nach Punta Sal. Ein Taxi Máncora–Punta Sal kostet rund 40 S/. Billiger ist es, einen beliebigen Bus, Combi oder ein Sammeltaxi von Máncora Richtung Norden zu nehmen (2–5 S/.) und an der Abweigung nach Punta Sal auszusteigen. Dort warten tagsüber Taxis oder Mototaxis (je nach Ziel 3–5 S/.), die einen schnell zu den gewünschten Unterkünften bringen (Entfernung 2–5 km).

Übernachtung und Essen

Hospedaje La Casa de Paquita, schräg gegenüber vom Hua Punta Sal an der Straße, ✆ 072-501200. Einfache, für Punta Sal günstige Zimmer mit Bad. Auf Wunsch werden Mahlzeiten zubereitet. ❸

Las Terrazas, schräg gegenüber vom Caballito del Mar, auf der anderen Straßenseite, ✆ 072-799960, 🖳 www.lasterrazasdepuntasal.com.pe. Kleines Hotel mit einfachen Zimmern mit und ohne Bad (Gemeinschaftsbad günstiger). Terrasse mit Hängematten, WLAN und Restaurant. ❷–❸

Hospedaje Hua Punta Sal, 1,5 km von der Panamericana, direkt am Strand, ✆ 072-540043, ✉ huapuntasal@hotmail.com. Ordentliche Zimmer mit Bad und Warmwasser. Restaurant und WLAN. ❸–❹

Hotel El Bucanero, ✆ 072-540118, ✉ elbucaneropuntasal@pspsac.com.pe. Schräg gegenüber von Hua Punta Sal. Nicht direkt am Meer, kleiner Pool, gute Zimmer auf 3 Etagen mit Bad und Warmwasser. Terrasse z. T. mit Ausblick aufs Meer, Restaurant und WLAN. Frühstück inkl. ❹

Hotel Smiling Crab, ca. 3,5 km von der Panamericana, ✆ 072-540002, 🖳 www.hotelsmilingcrab.com.pe. Bungalowanlage in mediterranem Stil, die sich den Berghang hochzieht. Zimmer mit Bad und Warmwasser (alle DZ haben nur ein großes Bett!), einige mit Meerblick und eigener Terrasse, Ventilator, TV, WLAN. VP möglich. Frühstück inkl. ❹–❺

Caballito del Mar, ca. 3 km von der Panamericana, ✆ 072-540058, 🖳 www.hotelcaballitodemar.com. Ferienanlage direkt am Strand mit Pool, (Sand und Felsen) und sehr sauberen, luftigen Bungalows für 2–6 Pers. mit Bad, Warmwasser, WLAN und kleiner Terrasse. Ausflugsangebot. VP möglich. Frühstück inkl. ❺–❼

Die meisten Hotels haben eigene **Restaurants**. Einfache Restaurants mit günstigen Mittagsmenüs liegen am Ortseingang bei der Schranke.

Von Punta Sal nach Tumbes

Im weiteren Verlauf der Panamericana Norte werden zahlreiche kleine und größere Fischerdörfer passiert, die alle über gute Sandstrände und zunehmend bessere Übernachtungsmöglichkeiten verfügen. Zunächst kommt man bei KM 1193 am kleinen Fischerdorf **Cancas** vorbei, das sich am Nordende des Strands von Punta Sal befindet. Nördlich von Punta Mero (KM 1204) erstrecken sich kilometerlange Garnelenzuchten. Bei KM 1233 wird in **Bocapán** die Abzweigung zum Nationalpark Amotape (Sektor Casitas) und zu den heißen Lehmquellen (Aguas Termomedicinales de Hervideros) passiert, bevor bei KM 1240 **Zorritos**, der größte Ort zwischen Máncora und Tumbes mit einem schönen langen Sandstrand, erreicht wird. Hinter **Caleta La Cruz** (KM 1250) macht die Straße einen kleinen Schlenker Richtung Inland, führt an Reisfeldern und Bananenplantagen vorbei, passiert bei KM 1258 die Abzweigung zum Badestrand **Playa Hermosa** und bei KM 1264 in Corrales die Abzweigung zum Nationalpark Amotape (Sektor Rica Playa), bevor 4 km weiter der breite Río Tumbes überquert und auf der anderen Seite der Brücke die gleichnamige Stadt erreicht wird.

Übernachtung

Die folgenden Unterkünfte sind gemäß ihrer Lage von Süd nach Nord sortiert. Weitere Unterkünfte findet man unter 🖳 www.vivamancora.com/english/dondedor.htm.

El Niño – das Jesuskind, das Wasser und Trockenheit bringt

Dürre in Indonesien, Tornados in den USA und starke Regenfälle in Kenia: Dies sind nur einige der Kapriolen eines Klimaphänomens, das wegen seines Auftretens um die Weihnachtszeit *El Niño*, „das Jesuskind", genannt wird. El Niño bringt weltweit das Klima durcheinander; mit am stärksten betroffen ist Peru, das dann von heftigen **Regenfällen und Überschwemmungen** heimgesucht wird. Beim letzten schweren El Niño 1997/98 kamen weltweit rund 2100 Menschen ums Leben, der wirtschaftliche Schaden belief sich auf mehrere Milliarden US-Dollar. Die schlecht ablaufenden Wassermassen wurden zu Brutstätten von Anopheles-Mücken, die allein in der Region Piura mit rund 1,5 Mio. Einwohnern rund 30 000 Malaria-Fälle verursachten.

All dies wiederholt sich in ziemlich regelmäßigen Abständen von drei bis sieben Jahren. Dann erwärmt sich der Pazifik vor der Küste Perus durch das bisher unerklärte **Ausbleiben der Passatwinde**. Diese treiben normalerweise das warme Oberflächenwasser Richtung Westen vor sich her. Dadurch kann kaltes nährstoffreiches Wasser aus den Tiefen der Ozeane hochsteigen. Riesige Fischschwärme profitieren davon und nicht zuletzt die große peruanische Fischfangflotte. Ohne die Winde erwärmt sich das Wasser immer mehr, die zunehmende Feuchtigkeit lässt sich in den oberen Luftschichten nieder und führt zu starken Regenfällen. Die steigenden Temperaturen und der abnehmende Salzgehalt des Wassers vertreiben die Meeresbewohner in kältere Gewässer im Süden. Der vermehrte Niederschlag, der in Peru fällt, bleibt in Ostasien und Australien aus, was in den dortigen Ländern zu Trockenheit und Dürre führt.

Obwohl man die genauen Ursachen für die Entstehung des Klimaphänomens nicht genau kennt, kann man heute mithilfe modernster Technik zumindest vorhersagen, wann es zu einem El Niño kommt und wie dieser sich auswirken wird. Hauptindikator zur Bestimmung eines El Niño sind Schwankungen in der Meerestemperatur des Pazifiks, die mit Hilfe von 70 Wettersonden regelmäßig überwacht wird. Die schwimmenden **Wetterstationen** messen die Wassertemperatur an der Wasseroberfläche und bis in Tiefen von 500 m, sowie Wind, Lufttemperatur und Feuchtigkeit. Die Daten werden über Satellit an ein Marineinstitut in Seattle, USA, übertragen und mit Hilfe von Supercomputern in Simulationsmodelle übersetzt. So können die Menschen in den betroffenen Gebieten rechtzeitig gewarnt werden und sich auf die Wetterschwankungen einstellen. Gut funktioniert hat dies zum ersten Mal im El-Niño-Jahr 1997/98, als Bauern und Fischer in Nordperu aufgrund der Vorhersagen das Beste aus den starken Regenfällen machten. Sie bauten Reis und Bohnen in den sonst viel zu trockenen Regionen an und züchteten Garnelen in den ansonsten zu kalten Gewässern.

Doch El Niño kommt nicht alleine. Als ob sich Mutter Natur selber wieder ins Gleichgewicht bringen möchte, schickt sie direkt nach dem Abklingen der El-Niño-Auswirkungen umgekehrte Wetterextreme hinterher – **La Niña** genannt. Das bedeutet Dürre, wo es vorher geregnet hatte, und harte Winter, wo vorher mildes Winterwetter herrschte. Für einige Regionen hat dies mehr Hurrikane als üblich zur Folge. La Niña folgte ihrem großen Bruder in den letzten 20 Jahren regelmäßig. Auch im Jahr 2002/03 wurde Peru von einem El Nino heimgesucht, allerdings von einer milden Variante. Dennoch starben mindestens 18 Menschen und rund 6000 Häuser wurden zerstört.

Punta Sal Resort, etwa 800 m von der Panamericana entfernt, Abzweigung bei KM 1192, ✆ 072-540088, 🖳 www.puntasal.com.pe. Die Bungalowanlage liegt an einem lang gezogenen Sandstrand und verfügt über ein Schwimmbad, Restaurant, Bar und WLAN sowie Zimmern mit AC. Optionales Ausflugsprogramm. Inkl. VP ❺–❻

Hospedaje Mamaqocha, Panamericana KM 1192,5, direkt am Meer, ✆ 97423200 (Mobil), 🖳 mamaqocha.webs.com/. Einfache Zimmer mit Bad. Restaurant, Frühstück inkl. ❸

Hotel Bali Hai, Panamericana KM 1196,5, ✆ 01-2641870 (Lima), 💻 www.balihaiperu.com. Rustikale Bungalowanlage direkt am Meer. Die Panamericana verläuft allerdings direkt hinter dem Hotel, das über Pool und Restaurant verfügt. Frühstück inkl., auf Wunsch VP. ❼

3 Puntas Eco Hostel, Panamericana KM 1235 (rund 5 km südlich von Zorritos), ✆ 072-794830, ✉ casagrillo@yahoo.es, Zimmer mit Bad (ohne billiger) und Bungalows in Strandnähe. Gutes Restaurant, WLAN, Camping möglich. ❷–❸

Casa Grillo Ecohostel, Los Pinos 563, Panamericana KM 1236,5 (rund 4 km südlich von Zorritos), ✆ 072-794830, ✉ casagrillo@yahoo.es. Die ältere Backpackervariante des 3 Puntas von den gleichen Besitzern. Relaxte und günstige Herberge aus Naturmaterialien mit Schlafsaal (10 S/. p. P.) oder Zimmern mit oder ohne (billiger) Gemeinschaftsbad. ❶–❷

Tumbes und Umgebung

Es sind weniger die urbanen Sehenswürdigkeiten, die einen Besuch von **Perus nördlichster Großstadt** rechtfertigen, als vielmehr ihre reizvolle Umgebung aus **Badestränden** und **Naturschutzgebieten**. Zudem lassen sich Ausflüge ins nahegelegene Ecuador unternehmen.

Tumbes

Lange vor der Ankunft der Spanier auf amerikanischem Boden lebte in der Region Tumbes das Volk der Tumpi, die als geschickte Seefahrer bekannt waren und von den Inkas unterworfen wurden. Kurze Zeit später landete Francisco Pizarro auf seiner zweiten Reise in Caleta Cruz, südlich von Tumbes. Bis 1941 gehörte die Stadt zu Ecuador, wurde Peru aber nach dem Sieg im Krieg 1941/42 zugesprochen.

Heute hat Tumbes rund 100 000 Einwohner und ein ganzjährig feucht-heißes Klima mit einer Durchschnittstemperatur von 24 °C. Die Hauptstadt des gleichnamigen, nördlichsten Departamentos ist Durchgangsort für den Grenzverkehr von und nach Ecuador.

Übernachtung

Hotel Amazonas, Tumbes 317, direkt bei einigen Busterminals, ✆ 072-525266. Sehr günstige, einfache Zimmer (zur Straße laut) mit kaltem Wasser und Deckenventilator. ❶

Hospedaje Jugdem, Bolivar 344, ✆ 072-523530. Ruhige Lage in Fußgängerzone. Sehr preiswerte, einfache Zimmer mit kaltem Wasser. ❶

Hotel Roma, Bolognesi, Ecke Grau, an der Plaza de Armas, ✆ 072-524137, ✉ hotelroma tumbes@hotmail.com. Saubere, etwas abgewohnte Zimmer (zur Straße laut) mit Bad, TV und Ventilator. WLAN. ❷

Hotel Feijoo, Bolognesi 272, ✆ 072-522126, 💻 www.hotelfeijoo.com. Geräumige Zimmer mit Warmwasser, Ventilator (mit AC teurer), TV und WLAN. ❷–❸

Rizzo Plaza Hotel, Bolognesi 216, ✆ 072-523741, 💻 www.rizzoplazahotel.com. Modernes Hotel mit guter Ausstattung und Zimmern mit AC (ohne billiger) und Minibar. WLAN, Cafetería und Parkplatz. ❸–❹

Hotel Costa del Sol, San Martín 275, an der Plaza Bolognesi, ✆ 072-523991, 💻 www.costadelsolperu.com. Bestes Hotel in Tumbes. Zimmer mit AC, TV, Minibar und WLAN. Kleines Schwimmbad, Restaurant, Bar, Kasino und Fitnessraum. Frühstücksbuffet inkl. ❻

Essen

Zu den Spezialitäten zählen *Ceviche de conchas negras* (Ceviche aus Miesmuscheln; Fangverbot Mitte Feb–Ende März), *Majarisco* (Kochbananenmus mit Meeresfrüchtesoße) und *Ají de langostinos* (Garnelen mit scharfen Paprikas). Die Auswahl an Restaurants hält sich in Grenzen.

Acuarelas Café-bar, Bolognesi 478, ist eines der besseren Restaurants der Stadt und serviert Frühstück und günstige Mittagsmenüs. 🕓 Mo–Sa 7.30–22 Uhr.

Classic (neben dem Tepsa-Terminal) bietet regionale Küche und günstige Mittagsmenüs. 🕓 So–Fr 9–17 Uhr.

Tumbes

Übernachtung:

1. Hotel Costa del Sol
2. Hospedaje Jugdem
3. Hotel Amazonas
4. Hotel Feijoo
5. Rizzo Plaza Hotel
6. Hotel Roma

1, 1, Hospital Central, Grenze, Ecuador, Puerto Pizarro

C. Abad Puel

Inrena

Plazuela Bolognesi

C. Navarette

C. Ramón Castilla

C. F. Feijou

C. Piura

C. Bolognesi

C. San Martín (Paseo de la Concordia)

MARKT

C. A. Ugarte

Kathedrale

Avenida Tacna

Avenida Tumbes

C. Grau

C. Huascar

C. Bodero

C. Bolívar

MUNICIPALIDAD

Plaza de Armas

C. Los Andes

Lima, Piura, Máncora

Malecón

Río Tumbes

C. 7 de Enero

I-Perú

Essen:

1. Acuarelas Café-bar
2. El Paraiso
3. Classic
4. Los Gustitos
5. Sí Señor

Sonstiges:

1. Sernanp
2. Wäscherei
3. Preference Tours
4. Konsulat Ecuador

Transport:

1. Terminals: Oltursa, Cifa Internacional, Flores, Ormeño, Civa
2. Combis→Grenze
3. Colectivos→Grenze
4. Emtrafesa
5. El Dorado
6. Flores-Büro
7. Cruz del Sur
8. Minivans→Piura, Máncora, Punta Sal (2x)
9. Lan Perú
10. Tepsa
11. Peruvian Airlines
12. Colectivos→Rica Playa

Der Leberwurstbaum

Den ursprünglich aus Afrika stammenden Baum (lat. *Kigelia pinnata*) mit seinen kuriosen Früchten, die einer Leberwurst ähneln, kann man auf der **Plaza de Armas von Tumbes** bewundern. Zu lange sollte man unter den bis zu 7 kg schweren, nicht essbaren Früchten allerdings nicht verweilen, denn der Baum heißt im Volksmund nicht ohne Grund *matacojudos* („Deppentöter").

Nordperu

Vegetarisches serviert **El Paraiso**, Bolognesi 315. ⏲ So–Fr 8–20 Uhr.
An der Westseite der Plaza liegen u. a. **Sí Señor** (gemischtes Speisenangebot) und **Los Gustitos** (Fisch, Meeresfrüchte). ⏲ beide tgl. ab 8 Uhr bis spät abends.

Sonstiges

Botschaften und Konsulate

Konsulat von Ecuador, Bolívar 129, Plaza de Armas, 3. Stock, ✆ 072-525949, ✉ consultum@speedy.com.pe.
⏲ Mo–Fr 8–14, Visaangelegenheiten 8–12 Uhr.

Feste

Vom 21.–27. Oktober findet die touristische Woche **Semana Turística de Tumbes** und von Anfang bis Mitte Dezember das Fest der peruanisch-ecuadorianischen Integration **Feria de Integración Peruano-Ecuatoriana** statt.

Geld

Geldautomaten liegen rund um die Plaza de Armas und in Block 2 der Bolognesi.
Der Kurs an der Grenze ist meist schlechter als in Tumbes.

Informationen

I-Perú, Malecón III Milenio, 3. Stock, ✆ 952268085 (Mobil), ✉ iperutumbes@promperu.gob.pe. ⏲ Mo–Sa 8.30–18, So 8.30–13 Uhr.
Ein weiteres Büro befindet sich an der Grenze Aguas Verdes. ⏲ Do–Sa 8.30–16 Uhr.

Informationen zu den Nationalparks hat **Sernanp**, Panamericana Norte, KM 1739, ✆ 072-526489, ✉ snmanglaresdetumbes@sernanp.gob.pe. Hier bekommt man auch die erforderliche Genehmigung zum Besuch der jeweiligen Naturschutzgebiete. Eine Alternative ist der Besuch der Nationalparks mit einem Tourveranstalter (s. u.).

Medizinische Hilfe

Hospital Central, Av. Tumbes, Cuadra 6, ✆ 072-524775.

Post

In der Fußgängerzone San Martín, zwischen Piura und Abad Pusil.

Touren

Preference Tours, Grau 427, ✆ 072-525518, ✉ turismomundial@hotmail.com.
Touren in die Nationalparks der Umgebung. Siehe auch Máncora/Touren (S. 501) ⏲ Mo–Sa 9–19.30, So 10–14 Uhr.

Wäschereien

Bolívar 337.

Transport

Busse und Colectivos

Fast alle Busse haben ihre Büros und Terminals entlang der Hauptstraße Av. Tumbes. Die lokalen Busse und Combis fahren vom Markt ab (eine etwas unsichere Gegend, aufpassen!). Wer keinen Bus Richtung Süden bekommt, kann auch ein Sammeltaxi (Colectivo) nach Piura nehmen und dann von dort aus weiterreisen.

Gesellschaften

Cifa Internacional, Av. Tumbes 958, ✆ 072-786050
Civa, Av. Tumbes 514, ✆ 072-525120
Cruz del Sur, Av. Tumbes 319, ✆ 072-526200
El Dorado, Tacna 351, ✆ 072-523480
Emtrafesa, Av. Tumbes 397, ✆ 072-525850
Flores, 24 de Julio, gegenüber dem Hospital Jamo, ✆ 072-522272

Oltursa, Av. Tumbes 948, ✆ 072-526739. Verkaufsbüro in der Av. Tumbes Norte 307.
Tepsa, Av. Tumbes 199, ✆ 072-522428

Verbindungen

AGUAS VERDES Combis und Colectivos fahren ab der Bolivar, Ecke Abad (ständig, 1/2–3/4 Std., 24 km, 1,50–3 S/.). Über ZARUMILLA geht es zur Grenze nach Ecuador. Taxis kosten 20 S/. Zur Weiterreise ab der Grenze s. S. 508.
CHICLAYO um 20 und 20.30 Uhr (Emtrafesa) und um 7.30, 21.30 und 22 Uhr (El Dorado), 8 Std., 550 km, 26 S/. Siehe auch Lima.
GUAYAQUIL, Ecuador (Cifa Internacional) mehrmals tgl. von 8–23 Uhr, ca. 6 Std., 468 km. Der Bus wartet an der Grenze, bis die Formalitäten erledigt sind und fährt dann über MACHALA.
LIMA um 13.30, 15.30, 16.30 Uhr (Civa), um 15.30 Uhr (Cruz del Sur), um 16 Uhr (Tepsa), um 18 Uhr (Oltursa) und mehrmals tgl. (Flores), 18–22 Std., 1267 km, 60–160 S/. (Civa), 111–141 S/. (Cruz del Sur), 100 S/. (Tepsa) und 100–160 S/. (Oltursa).
PIURA (El Dorado) mehrmals tgl., 4 1/2 Std., 298 km, 15–20 S/. Minivans fahren ab der Kreuzung Tumbes/Piura (mehrere Anbieter, von 5–19.30 Uhr 25 S/.), wann immer der Wagen voll ist, über MÁNCORA (25 S/.) und LOS ORGANOS.
TRUJILLO um 20 und 20.30 Uhr (Emtrafesa) und um 7.30, 21.30 und 22 Uhr (El Dorado), 11 Std., 770 km, 35–45 S/. Siehe auch Lima.
RICA PLAYA Colectivos fahren vom Boulevard de la Madre, ca. 3 Blocks südlich des Markts (mehrmals tgl. von 10–15 Uhr, ca. 2 Std., 32 km, 4 S/.).

Flüge

Der **Flughafen**, ✆ 072-525102, liegt nördlich der Stadt bei KM 1276. Ein Taxi kostet 20 S/.
Lan Perú, Bolognesi 250, ✆ 072-524481, 💻 www.lan.com, bietet tgl. Flüge nach LIMA. 🕒 Mo–Fr 9–19, Sa 9–13 Uhr.
Star Perú, San Martín 275 (im Hotel Costa del Sol), ✆ 072-508545, 💻 www.starperu.com, fliegt 4x wöchentl. nach LIMA. 🕒 Mo–Sa 9–13, 15–19 Uhr.

Naturschutzgebiete um Tumbes

Nicht weit von Tumbes entfernt lohnen mehrere einmalige Naturschutzgebiete einen Besuch. Unter dem Namen **Reserva de Biosferadel Noroeste** (Nordwestliches Biosphärenreservat) sind die folgenden vier Schutzzonen zusammengefasst: Zum einen die drei zusammenhängenden Gebiete **Reserva Nacional de Tumbes** (751 km²), **Parque Nacional Cerros de Amotape** (913 km²) und der bereits zum Departamento Piura gehörende **Coto de Caza El Angolo** (650 km²). Hinzu kommt das nur 30 km² große Mangrovenschutzgebiet **Santuario Nacional Los Manglares de Tumbes**.

Zum Besuch dieser Naturreservate ist die **Erlaubnis** der Naturschutzbehörde Sernanp notwendig, die kostenlos in deren Büro in Tumbes erteilt wird (s. „Informationen", S. 506). Zum Zeitpunkt der Recherche war ein Eintrittsgeld für die Parks geplant.

Parque Nacional Cerros de Amotape

Das 913 km² große Gebiet im Süden von Tumbes schützt den **tropischen Trockenwald** der Region mit seiner vielfältigen Flora und Fauna. Der 1975 gegründete Nationalpark befindet sich in einer klimatologischen Übergangszone vom trockenen peruanischen Wüstenklima zum tropisch-feuchten Küstenklima Südecuadors. **Fünf verschiedene Lebenszonen** erstrecken sich über Gebiete von 120 m bis 1538 m Höhe. Die Temperaturen schwanken je nach Höhenlage zwischen 15 und 32 °C, und die jährlichen Niederschläge erreichen 500–1000 mm.

Das Naturschutzgebiet ist ein **Paradies für Vogelbeobachter**, die sich an über 300 verschiedenen Arten (darunter Papageien und Kondore)

Inoffizielle Abkürzung

Wer auf gut Glück zum Eingang Rica Playa des Parque Nacional Cerros de Amotape fährt und sich unwissend stellt, bekommt in aller Regel vor Ort sofort eine Genehmigung ausgestellt und kann sich den Papierkram in Tumbes sparen.

Nordperu

erfreuen können. 63 Säugetierarten bevölkern das Gebiet, darunter Jaguare, Weißwedelhirsche, Ameisenbären, Wildschweine und Brüllaffen. Vom Aussterben bedroht sind Flussotter und das Tumbes-Krokodil. Pflanzenfreunde bekommen unter anderem Baumwoll- und Johannisbrotbäume, verschiedene Kakteenarten, Bromelien und Orchideen zu sehen.

Die lokale **Asociación Ecoturística** (Kontaktperson: Bernardo Ordinola, ✆ 072-811030) organisiert Unterkunft, Verpflegung und Ausflüge (zwei- oder vierstündige Wanderung oder Zweitagestour mit Zeltübernachtung für ca. 60 S/. p. P. inkl. Guide und Essen). ❶

Die beste Zeit für einen **Besuch des Parks** ist in der Trockenzeit zwischen Juni und Oktober/November. In der übrigen Zeit können die überwiegend schlechten Zufahrtsstraßen unpassierbar sein. Der einfachste (und als einziger mit öffentlichen Verkehrsmitteln von Tumbes erreichbare) Zugang liegt im Sektor **Rica Playa**, 32 km südlich von Tumbes (Abzweigung in **Corrales**, wenige Kilometer südlich von Tumbes). Eine weitere Zugangsmöglichkeit zum Nationalpark, für die allerdings ein eigenes Transportmittel benötigt wird, besteht über **Bocapán** (KM 1233 der Panamericana) nach **Casitas** und von dort zu Fuß weiter zur Parkstation Huásimo und Cabo Inga. Beim KM 1170, nördlich von Máncora, befindet sich ein weiterer Zugang.

Zona Reservada de Tumbes

Das Schutzgebiet schließt sich im Nordosten als Pufferzone an den Nationalpark Amotape an und ist vor allem für Vogelbeobachter interessant, da hier besonders viele endemische Arten vorkommen. Die Chancen, Brüllaffen und Flussotter zu sehen, sind in diesem schwer zugänglichen Gebiet ebenfalls am besten.

Der Zugang erfolgt mit einem Allradfahrzeug über **Pampas de Hospital** zur Parkstation **El Caucho** (Fahrzeit ca. 3 Std., 51 km), wo man auch unter einfachsten Bedingungen übernachten kann (alternativ kann man zelten; Mückenschutz, Trinkwasser-Entkeimungstabletten und Essen mitbringen!). Von El Caucho aus lassen sich verschiedene Wanderungen unternehmen (Infos bei Sernanp). Der Besuch auf eigene Faust ist nicht gestattet und in der Regel bekommt nur eine Besuchserlaubnis, wer wissenschaftliche Studien nachweisen kann.

Santuario Nacional Los Manglares de Tumbes

Nordöstlich von Tumbes liegt das **einzige Mangrovengebiet** des Landes, das 1988, gerade noch rechtzeitig vor seiner Zerstörung, zum Naturschutzgebiet erklärt wurde. Das immens artenreiche Ökosystem ist ringsum von Garnelenfarmen umgeben, und übrig geblieben sind nur noch magere 30 km².

Der Zugang erfolgt über den Ort **Zarumilla**, 22 km nordöstlich von Tumbes, kurz vor der Grenze (ständiger Bus- und Colectivo-Verkehr; erreichbar mit allen Fahrzeugen, die auch zur Grenze fahren). Eine Abzweigung führt nach 13 km zum Besucher- und Parkzentrum El Algarrobo (Anfahrt mit Mototaxi oder Taxi ab Zarumillas). Besucher können hier zelten oder im Parkgebäude übernachten (Isomatte und Schlafsack mitbringen; Essen kann vor Ort gekauft werden). Ortskundige Führer bieten Bootstouren (ohne Motor) in den Mangroven an. Der Eintritt ins Schutzgebiet beträgt je nach Route 10–20 S/.

Eine Alternative, die Außenbereiche der Mangroven sowie Bade- und Vogelinseln zu besuchen, ist ein Abstecher nach **Puerto Pizarro**, einem kleinen Fischerhafen 14 km nordöstlich von Tumbes (regelmäßiger Transport ab Markt, ca. 20 Min. Fahrzeit). Direkt am Wasser liegt die **Hospedaje Bayside**, ✆ 072-543045 mit kleinem Pool, Wassersportangebot und Zimmern mit Bad, kaltem Wasser, Ventilator und TV ❷. Von hier aus bietet das **Comité de Transporte Acuático** Ausflüge an, die je nach Dauer und Route unterschiedlich teuer sind (Preis pro Boot mit bis zu 8 Pers.). In Puerto Pizarro und der vorgelagerten **Isla de Amor** gibt es einfache Meeresfrüchterestaurants.

Weiterreise nach Ecuador

Rund 25 km nordöstlich von Tumbes liegt der peruanische Grenzort **Aguas Verdes**. Auf dem Weg dorthin (s. „Tumbes/Transport", S.) sieht man nicht mehr viel Aufregendes. Die mautpflichtige Straße führt am Flughafen (KM 1276), der

Abzweigung zum kleinen Hafen **Puerto Pizarro** (KM 1278) und an dem Ort **Zarumilla** kurz vor der Grenze vorbei. Das Gebäude der **peruanischen Migracíon** (24 Std. geöffnet) liegt rund 2 km vor der eigentlichen Grenze. Hier wird der Pass gestempelt und bei der Einreise nach Peru zusätzlich die Touristenkarte ausgefüllt.

Von hier nimmt man am besten ein Mototaxi und lässt sich so nahe wie möglich an die eigentliche Grenze beim Río Zarumilla bringen. Danach muss man sich ein paar Hundert Meter durch das völlige Chaos kämpfen. Händler, Geldwechsler, Mototaxis und viele Grenzgänger beherrschen die Szene – von Kontrolle weit und breit keine Spur. Auf peruanischer Seite stehen Hotels, Banken und einfache Unterkünfte zur Verfügung.

Der ecuadorianische Teil des belebten Grenzorts nennt sich **Huaquillas**. Die **Kontrollstelle** der ecuadorianischen Migracíon befindet sich einige Kilometer weiter nördlich. Bei der Einreise nach Ecuador sollte man auf eine Aufenthaltserlaubnis für 90 Tage bestehen, denn oft werden nur 30 oder 60 Tage (später verlängerbar) in den Pass eingetragen. Wer nicht ohnehin in einem der Langstreckenbusse sitzt, die bei der Passkontrolle auf ihre Passagiere warten (Cifa Internacional oder Ormeño) nimmt am einfachsten in Huaquillas einen Bus Richtung Norden nach MACHALA (ca. 2 Std., 96 km), GUAYAQUIL (ca. 5 Std., 276 km), CUENCA (ca. 5 Std., 265 km) oder QUITO (ca. 12 Std., 600 km). Diese Busse warten allerdings nicht bei der Einreise, bis die Pässe gestempelt sind!

Alternativ kann man auch ein Taxi nehmen und an der Migración seinen Pass stempeln lassen und danach in einen Bus Richtung Norden zusteigen (dieser kann dann aber schon voll sein). In Ecuador ist der US-Dollar Landeswährung. Wer Geld tauschen will, kann dies bei einem der zahlreichen Geldwechsler tun. Die Kurse sind nicht berauschend und im dichten Gewühl muss doppelt gut aufgepasst werden!

Sicherheit

Gut auf das Gepäck aufpassen und Vorsicht mit Leuten, die Hilfe anbieten! Die Grenzformalitäten sind immer kostenlos!

Cordillera Blanca

Nirgendwo in den Tropen breiten sich so gewaltige Gebirgszüge aus, und in keiner anderen Region Perus erreichen gletscherbedeckte Gipfel diese Höhen. Im Callejón de Huaylas, dem El Dorado der Wanderer, Bergsteiger, Abenteuersportler und Naturfreunde, schlägt das alpine Herz Perus. Eingeschlossen von der **Cordillera Blanca** im Osten und der **Cordillera Negra** im Westen, erstreckt sich das Tal des Callejón de Huaylas auf 160 km Länge und einer Breite von rund 40 km. An seinem Nordende wird er vom **Cañon del Pato** begrenzt, und im Süden schließen sich mit der **Cordillera Huayhuash** (S. 537) und der **Cordillera Raura** weitere Bergketten an. Im Osten liegt der parallel verlaufende **Callejón de Conchucos** mit der Ruinenstätte **Chavín de Huántar** (s. S. 533) und vielen Wandermöglichkeiten (s. **Huari** S. 535 und **Chacas** S. 536). Durch den Callejón de Huaylas fließt in Süd-Nord-Richtung der **Río Santa**, ein Abfluss der Laguna Aguashcocha, und mündet nach 315 km bei Chimbote in den Pazifik.

Während die etwas niedrigere Cordillera Negra (schwarze Kordillere) keine schneebedeckten Gipfel besitzt, ragen in der Cordillera Blanca 30 Bergspitzen über 6000 m in den Himmel, eingerahmt von mehr als 650 Gletschern. Darunter befindet sich der **Nevado Huascarán**, der mit 6768 m höchste Berg Perus. Inmitten des Callejón de Huaylas liegt **Huaraz**, die Hauptstadt des Departamentos Ancash, die Ausgangspunkt für Ausflüge in die Umgebung ist. Neben traumhaft schönen Wanderungen können hier auch die Überreste vergangener Hochkulturen, kleine traditionelle Andendörfer und Naturwunder wie die größte Bromelienart der Erde entdeckt werden. Für einen Besuch der Region eignen sich besonders die Monate April bis November; Wanderern sei die Zeit zwischen Mai und September empfohlen, wenn die Nächte kalt und klar sind, es aber kaum regnet. Ideale Zeit zum Bergsteigen sind die Monate Mai bis Juli.

Teilen müssen sich Naturfreunde die Bergwelt mit einer immer größer werdenden Anzahl

CORDILLERA BLANCA UND CALLEJÓN DE CONCHUCOS

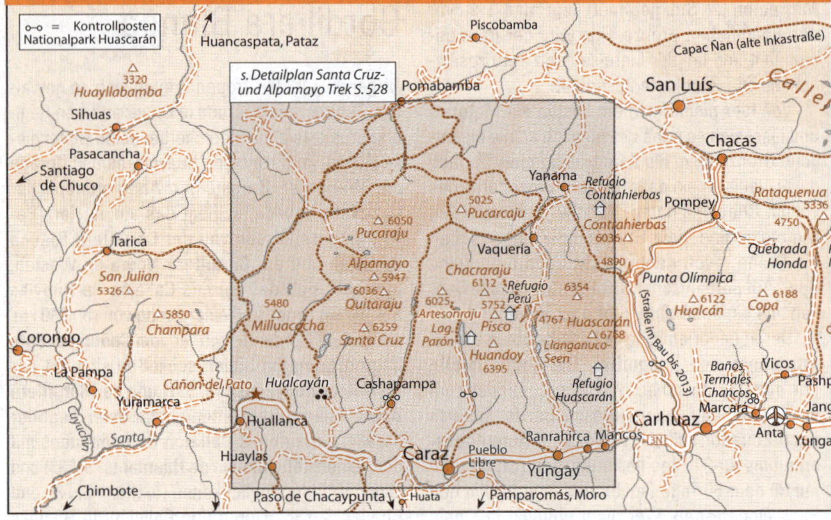

von **Bergbaugesellschaften**, die in der Cordillera Blanca und den umliegenden Gebirgszügen Gold, Silber, Kupfer, Zink und angeblich auch Uranium abbauen. In den vergangenen Jahren wurden zahlreiche Straßen gebaut, mit Zäunen gesicherte Arbeitersiedlungen aus dem Boden gestampft und Tausende von Jobs geschaffen, dies leider nicht immer umweltfreundlich und sozial verträglich. Aus Angst vor Aufständen und Protesten der Bauern gegen Landvertreibung und Umweltverschmutzung, wie sie in anderen Landesteilen immer mal wieder aufkamen, werden diese mit Geldgeschenken in Form von Entwicklungsprojekten und zum Teil auch in bar ruhig gehalten. Nachhaltige Entwicklung sieht anders aus.

Parque Nacional Huascarán

Das 340 000 km² große Naturschutzgebiet Parque Nacional Huascarán wurde 1975 eingerichtet, um die Fauna und Flora der Cordillera Blanca zu schützen. Dieses einmalige Ökosystem wurde 1977 von der Unesco zum **Biosphärenreservat** und 1985 zum **Naturerbe der Menschheit** erklärt. Es erstreckt sich auf Höhen von 2800–6768 m und ist zu rund 20 % von ewigem Eis bedeckt. Der Rest setzt sich aus Grasflächen, Gestrüpp, einigen niedrigen Wäldern und steinigen Bereichen ohne Vegetation zusammen.

Die abwechslungsreiche Berglandschaft hat eine vielfältige **Fauna und Flora** hervorgebracht. Zahlreiche Wildblumen, darunter acht Orchideenarten, Lupinen, Puya Raimondi und Enzian verwandeln die Wiesen nach der Regenzeit in Blütenmeere. 111 Vogelarten sind innerhalb der Parkgrenzen identifiziert worden. Neben dem Andenkondor bevölkern zahlreiche Kolibri- und Entenarten den Nationalpark. Die meisten der 13 Säugetierarten sind inzwischen vom Aussterben bedroht, darunter der Brillenbär, der Bergpuma, das Vicuña, das Vizcacha und der Grauhirsch.

Der Parque Nacional Huascarán schützt ein sehr sensibles Ökosystem, was durch entsprechendes Verhalten berücksichtigt werden sollte. Folgende **Grundregeln** sind zu beachten:

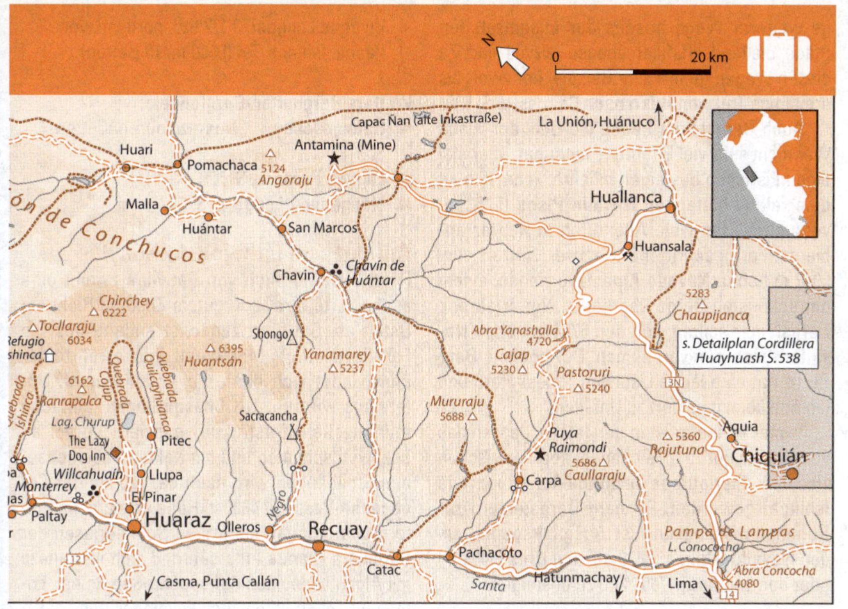

- Keine Blumen pflücken
- Keine offenen Feuer entzünden
- Jagen und Fischen (Mai–Sep) sind verboten
- Keine Abfälle im Park zurücklassen
- Auf den Wegen bleiben

Wandern und Bergsteigen in der Cordillera Blanca

In und um den Nationalpark Huascarán gibt es zahllose Wandermöglichkeiten, die von Tagestouren bis hin zur Umrundung der gesamten Cordillera Blanca in rund 30 Tagen reichen. Inzwischen sind einige brauchbare Wanderführer veröffentlicht worden (s. Literaturverzeichnis (S. 685). Als Übersichtskarte eignet sich die **Tourist Map Cordilleras Blanca & Huayhuash** von Felipe Díaz, die in Huaraz in vielen Geschäften, Hotels und Reiseagenturen erhältlich ist. Wer ohne einheimischen Guide wandert (s. Kasten „Neue Regeln für Wanderungen und Bergbesteigungen“, S. 513), benötigt auf jeden Fall Detailkarten, die beim **Instituto Geográfico Nacional** in Lima oder in der **Casa de Guías** an der Plaza Ginebra in Huaraz erhältlich sind.

Wer in der Cordillera Blanca wandern möchte, sollte sich darüber im Klaren sein, dass in Notfällen gar nicht oder nur schwer Hilfe zu erhalten ist. Obwohl in Caraz das **Departamento de Salvataje de Alta Montaña**, ein professioneller Bergrettungsdienst der Polizei, stationiert ist (Adresse im Serviceteil Caraz, S. 524), kann es sich in Bezug auf seine materielle und finanzielle Ausstattung nicht mit deutschen Standards messen. Daher sollten Wanderer und Bergsteiger ihre Touren sorgfältig planen, auf qualifizierte einheimische Guides zurückgreifen und sich für längere Touren im Hotel oder bei der Nationalparkbehörde abmelden. Wichtig ist eine entsprechende Ausrüstung, da die Nachttemperaturen über 4000 m während der Trockenzeit regelmäßig unter den Gefrierpunkt sinken und es in höheren Gebirgslagen auch im Hochsommer schneien kann.

Zu den beliebtesten Wanderungen zählen der drei- bis viertägige **Santa Cruz Trek** (S. 527), der dreitägige **Olleros–Chavín Trek** oder die neuntägige Umrundung des **Huayhuash-Massivs** (S. 539). Darüber hinaus gibt es jedoch jede Menge weiterer Wege abseits der ausgetretenen Pfade, die landschaftlich ebenso reizvoll sind. Zu diesen Wegen gehört zum Beispiel der zwei- bis dreitägige Trek von **Huari nach Chacas**, s. S. 535.

Auch Bergsteiger haben die Qual der Wahl. Wer nicht sehr viel Erfahrung mitbringt, aber mal einen Eisriesen besteigen möchte, kann sich an dem relativ einfachen **Nevado Pisco** (5752 m) versuchen, den viele Agenturen in Huaraz anbieten. Fortgeschrittene Kletterer wird es zum 5947 m hohen **Nevado Alpamayo** ziehen, einem der schönsten Berge überhaupt. Nur erfahrene Bergsteiger sollten sich den 6768 m hohen **Nevado Huascarán** vornehmen. Der höchste Berg Perus hat eine lange Liste von Todesopfern und jährlich kommt es dort zu Unfällen.

Immer beliebter ist in den letzten Jahren das von Huaraz gut zu erreichende, aber inzwischen ziemlich überlaufene **Inshinca-Tal** (Quebrada Ishinca) geworden. Es dient Bergsteigern zur Höhenanpassung und ist Ausgangspunkt, um den **Nevado Ishinca** (5630 m), den **Urus** (5495 m) oder den **Tocllaraju** (6034 m) zu besteigen.

Berghütten

Inzwischen gibt es in der Cordillera Blanca zahlreiche Berghütten, die den europäischen Vergleich nicht zu scheuen brauchen. Die meisten Hütten gehören der italienischen Organisation **Operación Mato Grosso**, Ancash s/n, Marcará, ✆ 043-443061, 💻 www.rifugi-omg.org, die mit den Einnahmen Hilfsprojekte in der Region finanziert. Ihre Hütten verfügen über Solarstrom, Heizung und Vollverpflegung (nur während der Hauptsaison und nicht im Biwak) und sind in aller Regel von Ende Mai bis September geöffnet. ❸ inkl. Halbpension, ❹ inkl. Vollpension; Biwak Longoni ❶

- **Refugio Perú-Pisco**, 2 Std. nordwestl. von Llanganuco (4765 m, 80 Betten, Vollpension)
- **Refugio Huascarán**, 4 Std. nördl. von Musho (4675 m, 60 Betten)
- **Refugio Ishinca**, 2 1/2 Std. nordöstl. von Paspa, Ishinca-Tal (4350 m, 60 Betten)
- **Refugio Contrahierba**, 1 Std. von der Straße Yanama-Chacas entfernt (4185 m, 104 Betten, Restaurant, wird nur nach Reservierung unter ✆ 043-443061 geöffnet)
- **Vivaque Longoni**, 3 1/2 Std. nordöstl. von Paspa, Ishinca-Tal (5000 m, 18 Betten)

Weitere Berghütten/Berglodges:
- **Hatunmachay**, s. „Huaraz/Touren/Klettern“, S. 518
- **Laguna Parón**, s. S. 526
- **Llanganuco-Lodge**, s. S. 512

Anfahrt zum Callejón de Huaylas

Rund 3 km nördlich von Pativilca zweigt eine asphaltierte Straße in gutem Zustand Richtung Osten ab. Sie führt zunächst entlang des Río Fortaleza durch Mais- und Zuckerrohrfelder und windet sich dann die Anden hinauf. Unterwegs wird der Ort **Chasquitambo** (einfache touristische Infrastruktur) passiert. Vorbei an Eukalyptusbäumen und mit Kakteen bewachsenen Steilhängen wird nach ca. 120 km der **Conococha-Pass** auf 4080 m Höhe erreicht. Im Hintergrund tauchen die ersten Schneeriesen der Cordillera Blanca auf, während sich im nahezu mit Algen bedeckten **Conococha-See** Reiher, Enten und gelegentlich auch Flamingos tummeln.

Oberhalb des Sees gabelt sich die Straße: Richtung Osten verlässt eine teilweise asphaltierte Straße die Hauptroute. Sie führt auf landschaftlich reizvoller Strecke nach **Chiquián** und in die **Cordillera Huayhuash** (s. S. 537) und weiter über La Unión nach **Huánuco** (S. 540). Die Hauptstrecke knickt nach Norden ab und folgt ständig dem Lauf des Río Santa, der dem Conococha-See entspringt. Dieser Weg bringt den Reisenden tiefer in den Callejón de Huaylas hinein.

Weitere Anfahrtsmöglichkeiten von der Pazifikküste nach Huaraz bestehen ab **Casma** über den 4225 m hohen Pass **Punta Callán** (7 Std., 148 km, teilweise asphaltiert) oder ab **Chimbote** über den **Cañon del Pato** im Norden des Callejón de Huaylas (270 km, 7 Std.; teilweise asphaltiert).

Vom Südrand des Callejón de Huaylas bis Huaraz

Nur rund 11 km nordwestlich der Laguna Conococha liegt linker Hand die Abzweigung zum Kletterparadies **Hatunmachay** (s. S. 526) in der Cordillera Negra.

Neue Regeln für Wanderungen und Bergbesteigungen

Seit 2012 können Wanderungen und Bergbesteigungen im Nationalpark Huascarán offiziell nicht mehr auf eigene Faust durchgeführt werden, sondern müssen ebenso wie Maultiertreiber und Packesel über eine Agentur gebucht werden, die einen geeigneten Guide zur Verfügung stellt. Wer bei einer Organisation regristriert ist, die dem Dachverband UIAA (International Mountaineering and Climbing Federation) angehört, der kann Wanderungen und Bergbesteigungen auch ohne eine Agentur bzw. Guide durchführen und Maultiertreiber direkt engagieren (Nachweis und Registrierung im Büro des Nationalparks in Huaraz, s. S. 519). Der Parkeintritt von 65 S/., der früher inoffiziell für einen Monat galt, ist nur noch 7 Tage gültig. Tagesbesucher zahlen weiterhin 5 S/. Ob und wie streng die neuen Regeln eingehalten werden, wird die Praxis zeigen. Für den Santa-Cruz-Trek (s. S. 527) gilt bereits eine Sonderregelung: Er darf bis auf Weiteres auch auf eigene Faust gewandert werden.

Bei Pachacoto zweigt eine Schotterpiste Richtung Osten ab, die zum Nationalpark Huascarán führt. Sie passiert die sehenswerten **Puya-Raimondi-Pflanzen** (S. Kasten S. 514), den 5240 m hohen **Nevado Pastoruri**, dessen Gletscher zu verschwinden droht, und führt über den Huarapasca-Pass (4780 m) nach Huallanca und La Unión.

Pastoruri-Gletscher und Puya Raimondi

Wegen der starken Eisschmelze (1,50 m pro Monat!), die mit dem Klimawandel in Zusammenhang stehen soll, besuchen nur noch wenige Touristen den Pastoruri-Gletscher. Mit dem Slogan **„La Ruta del Cambio Climático"** und dem dazugehörenden Ausflugsprogramm soll nun aus der Not eine Tugend werden. Veranstalter in Huaraz offerieren Touren mit ausgebildeten Führern, die den Touristen das Phänomen Klimawandel „am lebenden Objekt" näher bringen. Ein geplantes Besucherzentrum am Parkeingang bei Carpa, wo Tagesbesucher die Eintrittsgebühr von 5 S/. entrichten, soll weitere Informationen zum Thema präsentieren. Der Ausflug zum Nevado Pastoruri lohnt aber auch wegen der Riesenbromelien *Puya Raimondi* (s. S. 514), die kurz hinter Carpa auftauchen. Danach steigt die Straße bis zum Parkplatz unterhalb des Pastoruri-Gletschers auf 4800 m Höhe an.

Die größte Ananas der Welt – die *Puya Raimondi*

Eine richtige Ananas ist die *Puya Raimondi* zwar nicht, aber sie gehört wie die Ananas zur Familie der Bromelien. Die Pflanze ist nur noch an wenigen Stellen im peruanisch-bolivianischen Andenhochland auf Höhen zwischen 3700 und 4200 m anzutreffen, darunter entlang der Strecke zwischen Pachacoto und dem Pastoruri-Gletscher, innerhalb des Parque Nacional Huascarán. Dort halten alle Touristen, um ein obligatorisches Foto der bis zu 12 m hohen Riesenbromelien zu schießen. Nur wenige Besucher sehen die bis zu 100 Jahre alten Pflanzen blühen. Dies tun sie nur einmal in ihrem Leben für etwa drei Monate, danach sterben sie ab. Etwa alle drei bis vier Jahre beginnen Gruppen von Puyas gleichzeitig zu blühen – niemand weiß genau warum. Wer das Glück hat, bekommt über 10 000 gelblich-grüne Blüten zu sehen, die entlang eines 6–7 m langen Schafts wachsen, der aus der Pflanze herausragt. Für die Bestäubung sind die zahlreichen Kolibris der Region zuständig. Auch wenn die Pflanzen nicht blühen, lohnt ein Abstecher auf jeden Fall. Außer im Nationalpark findet man noch *Puya Raimondis* im Gebiet um Ayacucho (s. S. 207) und in der schwarzen Kordillere oberhalb von Caraz. Die dortigen Exemplare erreichen aber nur Größen von 2–3 m (s. „Die Umgebung von Caraz", S. 527).

Nordperu

Wenige Kilometer nördlich von Pachacoto passiert man beim kleinen Ort **Catac** die Abzweigung nach Nordosten zu den rund 75 km entfernten Ruinen von **Chavín de Huántar** (s. S. 533). Diese Straße führt weiter auf die wenig bekannte Ostseite der Cordillera Blanca, in den **Callejón de Conchucos**. Nach weiteren 20 km auf der Hauptstraße biegt rechter Hand eine unscheinbare Piste zum 2 km entfernten Ort **Olleros** ab. Von hier aus kann eine interessante dreitägige Trekkingtour zu den Ruinen von Chavín de Huántar unternommen werden. Noch einmal 20 km Richtung Norden sind es von Olleros nach **Huaraz**, der größten Stadt im Callejón de Huaylas.

Huaraz

Noch vor etwas mehr als einem Jahrhundert war Huaraz ein kleines, isoliertes Andenstädtchen, das stolz auf seine Traditionen und seine Unabhängigkeit war. Bester Beweis dafür war der **Aufstand des Jahres 1885**, als sich eine regionale Untergrundbewegung formierte. Unter ihrem indianischen Anführer Pedro Pablo Atusparia protestierten die Rebellen gegen Repressalien und Morden an Bauern, die von der Zentralregierung in Lima angeordnet worden waren. Der Gruppe von Bauern gelang es, Huaraz einzunehmen und Staatsfunktionäre und reiche Landbesitzer zu vertreiben, bevor eine Armeeeinheit eine Feier der Indígenas ausnutzte, um den Aufstand blutig zu unterdrücken.

Ein knappes Jahrhundert später suchte im Jahr 1970 ein verheerendes **Erdbeben** die Stadt heim, forderte das Leben von 19 000 Bewohnern und zerstörte fast alle Gebäude. Daher ist in der 115 000 Einwohner zählenden Stadt Huaraz (der Stadtname leitet sich möglicherweise von *Waras* ab, einem Volk, das einst im südlichen Teil des Callejón de Huaylas lebte) keinerlei koloniale Bausubstanz mehr erhalten. Beim Wiederaufbau standen praktische Überlegungen im Vordergrund, mit Ausnahme der **Jr. José Olaya** wenige Blocks nordöstlich der Iglesia Soledad, das letzte Stück Straße, das zeigt, wie es in Huaraz vor dem Erdbeben 1970 aussah. An Sonntagen kan man dort um die Mittagszeit lokale Spezialitäten probieren. Ansonsten präsentiert sich das Stadtbild heutzutage in einer Aneinanderreihung langweiliger Betonbauten ohne Sehenswürdigkeiten. Doch die eindrucksvolle Berglandschaft macht dieses Defizit mehr als wett.

In den letzten Jahren hat man sich zunehmend besser auf die steigenden Touristenzahlen eingestellt; die Stadt verfügt über ein sehr gutes Angebot an Hotels, Restaurants, Tourveranstaltern etc. Das kleine **Museo Arqueológico de Ancash** stellt Fundstücke der Recuay- und Huari-Kultur aus, Luzuriaga 762, an der Plaza de Armas. ⏲ tgl. Di–Sa 8.30–17.15, So 9–14 Uhr, 6 S/.

Im Südosten der Stadt, etwa eine Dreiviertelstunde zu Fuß, liegt der **Mirador Retaquena**. Von dem Aussichtspunkt bietet sich ein schöner Blick über die Stadt und die dahinter liegenden Berge. Da es zu Überfällen gekommen ist, sollte man früh morgens und in Begleitung gehen oder ein Taxi nehmen. Im Osten der Stadt, am Río Quilcay, befindet sich die Forellenfarm **Piscigranja de Truchas**, in der man den Wachstumsprozess der Fische verfolgen kann.

Die Umgebung von Huaraz bietet zahlreiche weitere Ausflugsmöglichkeiten, z. B. zu Thermalquellen, Bergseen und archäologischen Stätten. Wer von der Küste in dem 3090 m hohen Andenort ankommt, sollte es zunächst einmal ruhig angehen lassen und sich ein paar Tage an die Höhe gewöhnen, bevor längere Touren in Angriff genommen werden.

Übernachtung

Einfache Privatunterkünfte und Hostels mit Gemeinschaftsbad kosten selten mehr als 10–15 S/. p. P. Meist wird der Besucher bereits nach der Ankunft an den Busterminals von Privatpersonen umworben. In der Hauptsaison steigen die Preise an.

Casa María, Confraternidad 674, Plaza Bolívar, ✆ 043-424061, 💻 www.shelektrek.com. Einfache Familienherberge mit Zimmern mit Gemeinschaftsbad. Küchenbenutzung. Im Haus befindet sich der Veranstalter Shelektrek. ❶

Casa del Turista Warmi Juicio, Ramirez Luna 610, ✆ 043-422637, 💻 www.huaraz.info/warmi juicio. Gehört ebenfalls zu den sehr billigen Familienpensionen. WLAN, Küche, Fernsehraum, Cafeteria und Wäscherei. ❶

Guest House Miss Helen, Palacios 308, ✆ 043-424357. Einfache, etwas dunkle Zimmer mit Bad und TV, sehr günstig. ❶

Hostal Belenita, Damaso Antúnez 772/778, ✆ 043-421896, ✉ hostalbelenita@yahoo.es. Ordentliche, saubere Zimmer auf drei Stockwerken. Ruhige Lage, Terrasse mit Bergblick, WLAN und Internet. ❷

Alojamiento El Jacal, Sucre 1044, ✆ 043-424612, 💻 www.jacalhuaras.com. Familiäres Ambiente und sehr gutes Preis-Leistungs-Verhältnis. Gute Zimmer mit Bad. WLAN, Küchenbenutzung und Terrasse. ❷

Hostal Concorde, La Mar 624, ✆ 043-422720, 💻 www.hostalconcorde.com. Zentral gelegene, saubere Zimmer mit Privatbad, TV, WLAN und Teppichboden. ❷

La Casa de Zarela, Arguedas 1263, ✆ 043-421694, 💻 www.lacasadezarela.com. Familiär, ruhig und sauber. Zahlreiche Sitzecken, Terrasse. WLAN, Küche, Cafetería, Bar und Tourlogistik. ❸

Alojamiento Familiar Soledad, Figueroa 1267, ✆ 043-421196, 💻 www.lodgingsoledad.com. Familiäre Atmosphäre und ordentliche Zimmer mit Bad. Küchenbenutzung, Wäscheservice, Gepäckaufbewahrung, Tourangebot und WLAN. ❸

Albergue Churup, Figueroa 1257, ✆ 043-424200, 💻 www.churup.com. Sehr gemütliche Unterkunft mit Schlafsaal (28 S/. p. P.) und schönen Zimmern (mit Gemeinschaftsbad 20 S/. günstiger). Toller Aufenthaltsraum mit Kamin, kleiner Garten, Sauna, Fernsehzimmer, Internet und WLAN, Frühstück inkl. ❸

Olaza's, Arguedas 1242, ✆ 043-422529, 💻 www.olazas.com. Gute, etwas hellhörige Zimmer mit Bad und Warmwasser, die alle nach innen liegen. Dachterrasse, Büchertausch, Tourveranstalter im Haus und WLAN, Frühstück inkl. ❸

Hotel San Sebastian, Italia 1124, ✆ 043-426960, 💻 www.hotelhuaraz.com. Geräumige Zimmer in ruhiger Lage, wahlweise mit Balkon oder Terrasse. Restaurant, WLAN, Internet und Parkplatz. Frühstücksbuffet inkl. ❺

The Lazy Dog Inn, rund 8 km östlich von Huaraz, ✆ 943789330 (Mobil), 💻 www.thelazydoginn.com. Auf 3650 m Höhe gelegene Lodge unter kanadischer Leitung mit ökologischer und sozial verantwortlicher Ausrichtung, darunter Wasserrecycling, Komposttoiletten und soziale Projekte. Gute Lage, um zu Fuß in wenig besuchte Bergtäler zu gelangen. Großzügige, gemütliche Zimmer, die alle unterschiedlich sind, WLAN. Begleitete Reit- und Wanderausflüge. Man sollte die Anreise ab Huaraz (ca. 30–40 Min.) mit der Lodge koordinieren (Taxi 30–40 S/.). Inkl. Halbpension ❺–❻

Andino Club Hotel, Pedro Cocachin 357, ✆ 043-421662, 💻 www.hotelandino.com.

Nordperu

Huaraz

N
0 200 m
Übernachtung:
1 Hostal Concorde
2 The Lazy Dog Inn
3 Casa María
4 Casa del Turista Warmi Juicio
5 Hotel San Sebastian
6 Guest House Miss Helen
7 Alojamiento El Jacal
8 Alojamiento Familiar Soledad
9 Albergue Churup
10 La Casa de Zarela
11 Olaza's
12 Hostal Belenita
13 Andino Club Hotel
Essen:
1 Pizza BB
2 Café Andino
3 Rinconcito Minero
4 El Horno
5 Encuentro
6 Chilli Heaven
7 Mi Chef Kristof
8 Sabor Salud
9 Bistro de los Andes
10 Creperie Patrick
11 Samuel's
12 Fuente de Salud
13 Café Turmanyé
14 Salud y Vida
15 California Café
16 Chifa Jim Hua
Sonstiges:
1 Lavandería Liz
2 Pablo Tours
3 El Tambo
4 Supermarkt Nova Plaza (2x)
5 Mountain Bikes Adventures
6 Chavín Tours
7 Casa de Guías
8 Monttrek
9 Andean Kingdom
10 Tatoo Adventure Gear
11 Taberna Amadeus
12 Andes Camping
13 Feria Artesanal
14 Lavandería Dennys
15 Makondo's /13 Buhos
16 Shelektrek
17 Tejidos Turmanyé
18 Respons
19 Active Peru Travel
20 Oficina Parque Nacional Huascarán
Transport:
1 Cruz del Sur
2 Cial
3 Móvil Tours (Terminal)
4 Combis→Caraz, Yungay, Carhuaz
5 Colectivos→Willcahuaín
6 Transportes Alas Peruanas
7 Combis→Monterrey
8 Turismo Paraíso, Transportes Renzo
9 Colectivos Llupa / Churup
10 Yungay Express
11 Cavassa
12 Alas Peruanas
13 Móvil Tours (Ticketverkauf)
14 Línea
15 Transportes Veloz
16 Río Mosna
17 Turismo Chavín Imperial
18 Transportes Sandoval
19 El Rápido, Paraíso Natural
20 Busse→Olleros
21 Bruno
22 LC Perú
23 Busse→Catac
Jr. José de la Mar
Lucar y Torre
Jr. Julián de Morales
Av. Luzuriaga
Parque del Periodista
Parque Ginebra
Jr. Simón Bolívar
Jr. José de Sucre
Plaza de Armas
TOURISTENPOLIZEI
Museo Arqueológico de Ancash
Av. 28 de Julio
Clínica San Pablo, Aeropuerto Anta, Willcawaín, Caraz, Monterrey
Licas Pelliger
Zela
Victor Veles
Sebastian Alliste
Av. Centenario
Río Quilcay
Boulevard Pastorita Huarazina
Piscigranja
13 de Diciembre
Av. Internacional Oeste
Río Santa
Huandoy
Huascarán
Caraz
Hualcán
San Cristóbal
Comercio
Calamarca
Av. Las Americas
Av. Antonio Raymondi
Av. Confraternidad
Casma
MARKT
(Tarapacá)
Cruz Romero
Fitzcarrald
José de la Mar
Villarán
Ausschnitt Zentrum s. oben
Italia
Cáceres
Morales
Parque Ginebra
Alameda Grau
Palacios
Grid-lla
Noviembre
José
Martín
Bolívar
de
Laredo
Sucre
Plaza de Armas
Larreay
Amadeo
José Olaya
27 de
San
28
Eulogio del
Mendoza
Uribe
Av. Gamarra
Arguedas
Figueroa
Sta.
Ramon Mejía
Buenaventura
de
Río
Julio
Iglesia de la Soledad
Gadea
Av. Internacional Este
Mercedes
Damaso
Federico
Av. Luzuriaga
Bolívar
Guardia
Villanueva
Sal y
Barbaren
Soriano
Jr. Ramón Castilla
A. Maguiña
Pasaje
Guardia
Atusparia
Av. Confraternidad
Olivas
Rosas
Infante
Escudero
Av.
Pedro Cocachin
HOSPITAL REGIONAL
Av. Pedro Villón
Lima
Mirador Rataquena

Top-End in Huaraz. Gut ausgestattete Zimmer, wahlweise mit Balkon (Aussicht), gutes Restaurant. Frühstücksbuffet inkl. ❻, Suite ❼

Essen

Regionale Spezialitäten sind *El Charqui* (sonnengetrocknetes Rind- oder Schweinefleisch mit Kartoffeln), *Picante de cuy* (gegrilltes Meerschweinchen mit Kartoffeln und Soße), *Puchero* (Schweinefleisch mit Kohl, Kartoffeln und *Caracina*-Soße), *Cuchicanca* (gegrilltes Schweinefleisch) und *Ilunca cashqui* (Weizensuppe mit Fleischeinlage). In der Nebensaison (Nov–April) schließen viele Restaurants oder haben veränderte Öffnungszeiten.

Bistro de los Andes, Plaza de Armas, 2. Stock. Serviert neben Crêpes, Pasta und Salaten auch peruanische Küche und Orientalisches. ◷ tgl. 8.30–23 Uhr.

Café Andino, Lucar y Torre 503, 3. Stock. Eines der besten Cafés mit gemütlichem Ambiente mit Kaminfeuer auf zwei Stockwerken und WLAN. Neben leckerem Kuchen gibt es auch gute Salate, Sandwiches und eine große Frühstücksauswahl, Büchertausch und Leihbibliothek. ◷ tgl. 8–23 Uhr.

California Café, 28 de Julio 562. Reichhaltiges Frühstück ab 7.30 Uhr, guter Kaffee, Spiele, Kartenmaterial und Büchertausch.

Café Turmanyé, Morales 828. Mit den Einnahmen werden Hilfsprojekte der Asociación Arco Iris, 💻 www.turmanye.org finanziert. Es gibt Frühstück, Mittagsmenüs, Kaffee und Kuchen. ◷ Mo–Sa 9–22 Uhr.

Chifa Jim Hua, Luzuriaga 1014. Beliebter Chinese mit großen Portionen. ◷ Mo–Sa 11–24, So bis 22 Uhr.

Chilli Heaven, Parque Ginebra (neben der Casa de Guías). Teure indische und thailändische Currys (alle auch vegetarisch) sowie mexikanische Küche (günstiger). Neben einheimischen Biersorten fließt auch englischer und belgischer Gerstensaft. ◷ tgl. mittags–22 Uhr.

Creperie Patrick, Luzuriaga 422. Neben guter französischer Küche gibt es köstliche Crêpes. ◷ Mo–Sa 10–23, So 17–22.30 Uhr.

El Horno, Parque del Periodista. Gute und günstige Holzofenpizzas, Pasta, Salate und Vegetarisches. ◷ Mo–Sa 11–23 Uhr.

Encuentro, Morales 650. Modernes Ambiente und Fusionsküche mit vielen einheimischen Spezialitäten und vegetarischer Lasagne, WLAN und Frühstück. ◷ tgl. 6–23 Uhr.

Fuente de Salud, José de la Mar 562. Vegetarier. ◷ tgl. 12–23 Uhr.

Mi Chef Kristof, Parque del Periodista, 2. Stock. Restaurant des belgischen Chefs Kristof mit guten Fleischgerichten, selbstgemachter Pasta und guten Nachtischen. Gelegentlich Livemusik und Großleinwand für Kino und Sportübertragungen. ◷ Mo–Sa 12–23 Uhr.

Pizza BB, José de la Mar 674. Leckere Holzofenpizza, deren Belag man selbst zusammenstellen kann. Gemütliches, rustikales Ambiente. ◷ Mo–Sa 13–23, So 17–23 Uhr.

Rinconcito Minero, Morales 757. Frühstück, Mittagsmenüs und tagsüber Fisch/Meeresfrüchte. Abends internationale Küche. ◷ tgl. 7–23 Uhr.

Sabor Salud, Luzuriaga 672, 2. Stock. Bunte Mischung aus peruanischer und vegetarischer Küche plus Pizzas und Pasta. ◷ Mo–Sa 8–23, So 18–23 Uhr.

Salud y Vida, Leonisa Lescano 632. Vegetarisches Restaurant. ◷ tgl. 7.30–21.30 Uhr.

Samuel's, Luzuriaga 834, Ecke José de la Mar. Einheimische Küche, Mittagsmenüs und Hähnchen. ◷ tgl. 11–23 Uhr.

Unterhaltung und Kultur

Im Bereich La Mar, Ecke Cajamarca, befinden sich mehrere Discos und Bars, z. B. **Makondo's** und **13 Buhos** oder der Dauerbrenner **El Tambo**. Am Parque Ginebra trifft man sich in der **Taberna Amadeus**.

Einkaufen

Huaraz leistet sich weiterhin den Luxus einer ausgiebigen **Siesta**. Zwischen 13 und 16 Uhr bleiben viele Geschäfte, auch Tourveranstalter, geschlossen.

Kleidung aus **Alpakawolle** wird bei **Tejidos Turmanyé**, Sucre 883, verkauft. ◷ Mo–Sa 10–13, 15.30–20.30 Uhr.

Andean Expressions T-Shirts mit attraktiven Motiven bekommt man im Hotel Olaza`s (s. „Übernachtung") und im Souvenirladen unterhalb des Café Andino (s. „Essen").

Wollpullover, -mützen und -handschuhe bekommt man in der **Feria Artesanal** an der Ostseite der Plaza neben der Kirche und in den überdachten Nebenpassagen der Hauptstraße Luzuriaga.

Supermarkt Nova Plaza, Morales, Ecke Bolívar, und Luzuriaga Block 8.

Aktivitäten und Touren

Huaraz ist das Mekka der Wanderer und Bergsteiger und dient vielen als Basislager. Von hier aus startet man zu Tagesausflügen oder zu schweren, mehrtägigen Bergtouren (Tipps zur Ausrüstung stehen unter „Sonstiges"). Zudem werden angeboten: Fels- und Eisklettern, Rafting auf dem Río Santa, Reiten, Paragliding und Mountainbiken. Viele Veranstalter schließen in der Nebensaison.

Berg- und Trekkingtouren

Active Peru Travel, Figueroa 1244, ✆ 043-423339, 💻 www.activeperu.com. Renommierte Agentur unter peruanisch-belgischer Leitung, die neben Treks und Bergbesteigungen auch landesweit Touren, z. B. den Inkatrail, anbietet.

Andean Kingdom, Parque Ginebra 120, gegenüber der Casa de Guías, ✆ 043-425555, 💻 www.andeankingdom.com. Spezialisiert auf Klettertouren im Gebiet Hatunmachay (75 km südöstlich von Huaraz in der Cordillera Negra), wo sie auch eine einfache Lodge auf 4300 m Höhe unterhalten (Kochmöglichkeit, Wasser, Mehrbettzimmer, keine Dusche). Die Übernachtung kostet 30 S/. p. P. inkl. Eintritt den die Gemeinde Pampas Chico nimmt; Camping liegt bei 20 S/. inkl. Hüttenbenutzung. Im Steinwald bei der Lodge gibt es 184 Kletterrouten (Nutzung gratis) und Trekkingmöglichkeiten. Angeboten werden dreitägige Kletterkurse für US$150 (alles inklusive). Jeden morgen um 8 Uhr fährt ein Fahrzeug von Andean Kingdom zur Lodge (25–35 S/.).

Casa de Guías, Parque Ginebra 28-g, ✆ 043-421811, 💻 www.casadeguias.com.pe. Im Infotreff für Bergsteiger und Wanderer bekommt man neben nützlichen Infos rund um das Bergsteigen und Wandern in der Cordillera Blanca auch Bücher und Kartenmaterial. Hier werden seriöse Guides und Maultiertreiber vermittelt und an einem Schwarzen Brett kann man Mitwanderer suchen. Kein Verkauf von Touren! 🕓 Mo–Sa 9–13, 16–20 Uhr.

Monttrek, Luzuriaga 646, 2. Stock, ✆ 043-421124, 💻 www.monttrekperu.com. Veranstalter mit langjähriger Erfahrung, dessen breitgefächertes Angebot von Trekking, Klettern, Bergtouren bis zu Mountainbiking und Rafting reicht.

Schelektrek, Confraternidad 674, Plaza Bolívar, ✆ 043-424061, 💻 www.shelektrek.com. Sehr guter, aber nicht ganz billiger Anbieter von Trekking- und Bergtouren mit sehr guten Guides und exzellenter Ausrüstung. Sie bieten auch Kletterkurse (Eis und Fels) an und machen Canyoning sowie Puenting. Vermittlung von Bike- und Raftingtrips.

Mountainbiking

Mountain Bikes Adventures, Lucar y Torre 530, ✆ 043-424259, 💻 www.chakinaniperu.com. Veranstaltet seit vielen Jahren empfehlenswerte Mountainbike-Touren in der Cordillera Negra und Blanca. Auch Fahrradreparatur und Verkauf von Büchern und Kartenmaterial.

Sozial verantwortlicher Tourismus

RESPONSible Travel Peru, 28 de Julio 821, ✆ 043-427949, 💻 www.responsibletravelperu.com. Agentur, die einen fairen Tourismus propagiert und in zahlreichen Projekten landesweit umsetzt. In der Cordillera Blanca bieten sie Homestay-Programme in den Gemeinden Vicos und Humachucco sowie Trekking auf dem alten Inkaweg Capac Ñan an. Auch Freiwilligenarbeit ist möglich, 🕓 Mo–Sa 9–13, 15–19 Uhr.

Tagesausflüge in die Umgebung

Die Preise und das Angebot der nachfolgend aufgeführten Anbieter variieren nur wenig. Man hat auch als Einzelreisender gute Chancen, günstig an einer Tour (Preis jeweils 35 S/. p. P inkl. Transport und spanischsprachiger Guide) teilnehmen zu können, da oftmals die Teilnehmer verschiedener Agenturen zu einer Gruppe zusammengelegt werden. Beliebte Tagesausflüge sind: Callejón de Huaylas und Llanganuco-Seen, Pastoruri-Gletscher und Puya Raimondi und Chavín de Huántar.

Chavín Tours, Morales 602, ✆ 043-421419, ✉ sechintours@hotmail.com.
Pablo Tours, Luzuriaga 501, ✆ 043-741145, 💻 www.pablotours.com.

Sonstiges

Ausrüstung

Die meisten Anbieter von Berg- und Trekkingtouren (s. u.) verleihen auch Ausrüstung (Preise und Qualität unbedingt vergleichen!). Empfehlenswert sind:
Andes Camping, Parque Ginebra 20 G, ✆ 043-790427, ✉ andes_camping@hotmail.com. Verleih und Verkauf von gebrauchter und teilweise auch neuer Ausrüstung und Kleidung. Gute Auswahl.
Schelektrek, Confraternidad 674, Plaza Bolívar. ✆ 043-424676, 💻 www.shelektrek.com.
Tatoo Adventure Gear, Parque Ginebra, 💻 www.tatoo.ws, verkauft neue Trekkingausrüstung und -kleidung. 🕒 Mo–Sa.

Autovermietungen

Bruno, Luzuriaga 834, ✆ 043-425689, 💻 www.discoveryperu.com. Der Besitzer des Restaurants Bruno vermietet Allradfahrzeuge und Minivans mit Fahrer.

Bücher

Casa de Guías und **Mountain Bikes Adventures**, Lucar y Torre 538, haben Literatur und Kartenmaterial zur Cordillera Blanca. Letztere unterhalten auch einen kleinen Büchertausch.

Feste

In Huaraz feiert man **Karneval**, die **Osterwoche** und am 3. Mai die **Fiesta de Mayo** zu Ehren des Señor de la Soledad. Ende Juni findet die **Semana del Andinismo**, 💻 www.semanadelandinismo.com, mit kulturellen, ökologischen und sportlichen Veranstaltungen statt.

Freiwilligenarbeit

Kontakte sind **RESPONS** (s. „Touren") und **The Lazy Dog Inn** (s. „Übernachtung").

Geld

Alle bekannten Banken haben Niederlassungen mit **Geldautomaten** an der Plaza. Geldwechsler und **Wechselstuben** befinden sich im überdachten Teil der Av. Luzuriaga und gegenüber von Interbank.

Informationen

I-Perú, die offizielle Touristeninformation der Stadt Huaraz, liegt an der Westseite der Plaza (neben der Post) in einem unscheinbaren kleinen Büro in der Pasaje Atusparia, Of. 1, ✆ 043-428812, ✉ iperuhuaraz@promperu.gob.pe. 🕒 Mo–Sa 9–18, So 9–13 Uhr.
Oficina Parque Nacional Huascarán, Federico Sal y Rosas 555, ✆ 043-422086, 💻 www.sernanp.gob.pe. Offizielle Infostelle des Nationalparks Huascarán für Bergsteiger und Wanderer, Verkauf des Eintrittstickets. 🕒 Mo–Fr 8.30–13, 14.30–18, Sa–So 8.30–12.30 Uhr.

Medizinische Hilfe

Hospital Regional, Av. Luzuriaga s/n, südlich der Plaza de Armas, ✆ 043-424146.
Clínica San Pablo, Jr. Huaylas 172, ✆ 043-428811.

Polizei

Policía de Turismo, Luzuriaga 724, Plaza de Armas, ✆ 043-421351. 🕒 tgl. 8–20 Uhr.

Post

An der Westseite der Plaza de Armas.

Wäschereien

Lavandería Liz, José de la Mar 674, Ecke Lucar y Torre. Gut, günstig und zuverlässig.
Lavandería Dennys, José de la Mar 565.

Nahverkehr

Taxis kosten in der Stadt 3 S/., zu den Thermalquellen von Monterrey 6–7 S/. und zum Mirador Rataquenua 10–15 S/.

Transport

Busse und Colectivos

Gesellschaften
Alas Peruanas, Lucar y Torre 444, ✆ 043-422369
Cial, Morales 650, ✆ 043-429253

Cruz del Sur, La Mar, Ecke Bolívar, ✆ 043-428726
El Rápido, 28 de Julio, Cuadra 1, ✆ 043-422887
Línea, Bolívar 450, ✆ 043-426666
Móvil Tours, Tickets: Bolívar 452, Terminal: Av. Confraternidad Oeste 451, ✆ 043-422555
Paraiso Natural, 28 de Julio, Cuadra 1, ✆ 043-422887
Río Mosna, Cáceres 265, ✆ 043-429672
Transportes Los Andes, Lucar y Torre 446 (im Terminal von Cavassa)
Transportes Renzo, Raimondi 821, ✆ 043-425371
Transportes Sandoval, Cáceres 338, ✆ 043-428069
Transportes Veloz, Villarán 158, ✆ 043-22125
Turismo Chavín Imperial, Cáceres 262, ✆ 043-427946
Yungay Express, Raimondi 930, ✆ 043-424377

Nordperu

Verbindungen

CARAZ Minibusse fahren ständig ab der Brücke über den Río Quilcay (1 1/4 Std., 67 km, 6 S/.).
CHACAS um 6.30, So auch 14 Uhr (Transportes Renzo) und um 6.30 und 14 Uhr (Transportes Veloz), 6 Std., 122 km, 18–25 S/. Die Busse beider Unternehmen fahren weiter nach SAN LUIS (eine weitere Std.).
CHAVÍN DE HUÁNTAR 9x tgl. von 4–20.30 Uhr (Transportes Sandoval), um 7, 13 und 20 Uhr (Río Mosna) und mehrmals tgl. (Turismo Chavín Imperial), 3 Std., 115 km, 12 S/. Die Busse von Transportes Sandoval fahren weiter nach HUARI (s. u.).
CHIMBOTE (Línea, Yungay Express) um 21 Uhr, 7 Std., 260 km, 25–30 S/. Fährt über PATIVILCA.
CHIMBOTE (über CASMA) um 3.30, 13 und 20.30 Uhr (Alas Peruanas) und um 14 Uhr (Yungay Express), 7 Std., 260 km, 20–23 S/.
CHIMBOTE (über CAÑON DEL PATO, HUALLANCA) um 8.30 Uhr und um 11 Uhr (Alas Peruanas), 8 Std., 251 km, 25 S/.
CHIQUIAN (El Rápido) um 5 und 14 Uhr, 2 1/2 Std., 110 km, 10 S/.
HUALLANCA im Cañon del Pato (El Rápido, Paraiso Natural) um 6, 13 und 15 Uhr, 4 Std., 158 km, 12 S/. Siehe auch „Caraz/Transport".
HUARI (Transportes Sandoval) mehrmals tgl., 4 Std., 150 km, 15 S/. Siehe Chavín de Huántar.
LIMA um 9.30, 13, 22.30, 22.50, 23 Uhr (Móvil Tours), um 11 (nur April–Nov) und 22 Uhr (Cruz del Sur) und um 22.30 Uhr (Cial), 8 Std., 400 km, 64–81 S/. (Cruz del Sur), 40–60 S/. (Cial) und 30–95 S/. (Móvil Tours).
LLUPA (Laguna Churup) Kleinbus fährt, wenn voll von der Gamarra, Ecke Las Américas (ab ca. 7 Uhr, 19 km, 3 S/.).
MONTERREY (Thermalbäder) Combis Nr. 1 an der Tarapacá oder Raimondi nehmen, ständig, 7 km 1,50 S/.).
OLLEROS (Startpunkt Wanderung nach Chavín de Huántar) Kleinbusverkehr ab Tarapacá, Ecke Hinostroza (regelmäßig, 40 Min., 20 km, 2 S/.).
POMABAMBA um 6.45 und 19 Uhr (Transportes Renzo), um 6.30 und 18.45 Uhr (nur bis Piscobamba) (Transportes Los Andes) und um 6.45, 7.30 und 19 Uhr (Transportes Veloz), 7–8 Std., 179 km, 25 S/. Fährt über die LLANGANUCO-SEEN (ca. 3 Std.), VAQUERIA und PISCOBAMBA.
TRUJILLO um 21 und 21.15 Uhr (Línea) und um 20.30 und 21 Uhr (Móvil Tours), 9 Std., 315 km, 35–60 S/. Fährt über PATIVILCA, CASMA und CHIMBOTE.
VAQUERÍA (Ein- bzw. Ausstieg Santa Cruz-Trek) 4 1/2 Std., 126 km. Siehe Pomabamba.
WILCAHUAIN Kleinbusse fahren ab 13 de Diciembre, Ecke Cajamarca (ständig, 7 km, 1.50 S/.).

Flüge

Der **Aeropuerto Anta** liegt 18 km nördlich von Huaraz an der Straße nach Caraz. Ein Combi kostet 3 S/., ein Taxi 20 S/.

Toller Blick auf die Cordillera Blanca

Von der **Punta Callán**, einem Bergpass der Cordillera Negra auf 4225 m, genießt man einen fantastischen Panoramablick auf die Cordillera Blanca. Am Besten nimmt man einen Bus nach Casma (siehe Transport Chimbote via Casma) und geht von der Passhöhe Richtung Norden auf einen ca. 4600 m Hügel. Wer möchte, kann von dort nach Huaraz in vier bis fünf Stunden zurücklaufen.

LC Perú, Av. Luzuriaga 904, ✆ 043-424734, 💻 www.lcperu.com, fliegt 1x tgl. nach LIMA. ⏲ Mo–Sa 8.30–19, So 9–14 Uhr.

Die Umgebung von Huaraz

Gletscherlagune Churup

Dieses beliebte Ziel einer Tageswanderung liegt rund 14 km östlich von Huaraz. Mehrere Veranstalter bieten diesen Ausflug an, der sich sehr gut zur Höhenanpassung eignet. Wer auf eigene Faust losziehen möchte, kann ein Combi in das Andendorf Llupa auf 3650 m (s. „Huaraz/ Transport") nehmen und von dort auf einem Fußweg zum Dorf **Pitec** (3850 m) und weiter zur Laguna Churup auf 4485 m hinaufmarschieren (rund 3 Std., insgesamt rund 1000 Höhenmeter). Der Schlussanstieg ist sehr steil und führt über einige glatte Felspassagen, die zum Teil mit Halteseilen fixiert sind und bei Regen rutschig sein können. Wer sich das Stück von Llupa nach Pitec sparen möchte, kann ein Taxi von Huaraz für rund 60 S/. nehmen. Die letzten Kleinbusse von Llupa zurück nach Huaraz verlassen den Ort gegen 16 Uhr.

Monumento Nacional Willcahuaín

Eine sehr schöne Tour in der Nähe von Huaraz führt über die Ruinenstätte Willcahuaín zu den Thermalbädern von Monterrey. Der breite Weg beginnt rechter Hand am Nordende von Huaraz, einige Hundert Meter, nachdem man das Gran Hotel Huascarán passiert hat. Rund 7 km (ca. 2 Std.) sind auf dem ständig leicht ansteigenden Weg bis zum **Monumento Nacional Willcahuaín** (3400 m) zurückzulegen, oder man nimmt ein Combi (s. „Transport"). Das gut erhaltene, dreistöckige Gebäude wurde von der Huari-Kultur zwischen 700 und 1100 n. Chr. errichtet. Die wenigen freigelegten Räume besitzen ein aufwendiges Belüftungssystem und sind mit kunstvollen Steinmetzarbeiten verziert. ⏲ Di–So 9–17 Uhr, 5 S/.

Der Weg verläuft nun weitere eineinhalb Stunden in westlicher Richtung bergab zu den **Thermalquellen von Monterrey**. Hierfür kann man einen lokalen Guide nehmen, der Besucher für 15 S/. von den Ruinen nach Monterrey bringt.

Baños Termales de Monterrey

Die gut ausgebauten, schwefelhaltigen Thermalquellen liegen nur 6 km nördlich von Huaraz und eignen sich ausgezeichnet zur Erholung nach einer anstrengenden Trekkingtour. Zur Auswahl stehen zwei große Becken oder heißere Privatkabinen (ca. 40 °C). ⏲ tgl. 6–17 Uhr, Eintritt 3,50 S/.

Übernachten kann man direkt an den Thermalquellen im **Real Hotel Baños Monterrey**, ✆ 043-427690, ❸, einem alteingesessenen Haus mit 24-Std.-Direktzugang zu den Quellen für Gäste oder dem **El Patio de Monterrey** an der Abzweigung zu den Thermalquellen, ✆ 043-424965, 💻 www.elpatio.com.pe, ❺, einer schönen Anlage im Kolonialstil.

Von Huaraz bis Caraz

Die asphaltierte Straße folgt dem Lauf des Río Santa und passiert mehrere Orte, die mit ihrer verbesserten touristischen Infrastruktur Huaraz allmählich Konkurrenz machen. Nach den Thermalquellen von Monterrey wird zunächst der kleine Ort **Paltay** passiert. Hier bekommt man neben leckeren Avocados auch gute **Tonkeramik** in Werkstätten entlang der Straße.

Rechter Hand biegt bei Paltay eine Piste in das bei Bergsteigern zur Höhenanpassung beliebte und deswegen auch ziemlich überlaufene **Ishinca-Tal** ab. Von Paltay kann man ein Colectivo nach Pashpa nehmen. Von dort sind es rund vier Stunden bis zur Berghütte **Refugio Ishinca** auf 4350 m und zum Biwak Longoni auf 5000 m Höhe (s. „Berghütten", S. 512). Ein Trek führt von dort in südlicher Richtung über die **Quebrada Cojup** in drei Tagen zurück nach Huaraz. Dabei wird ein über 5000 m hoher Pass überschritten. Das Ishinca-Tal ist ebenfalls Ausgangspunkt für die elf bis zwölf Tage dauernde, anspruchsvolle **Trekking-Tour Alta Via Don Bosco**, die in nördlicher Richtung verläuft und beispielsweise vom Veranstalter Qoyllur Tours, 💻 www.qoyllurtours.com, angeboten wird.

Vorbei am **Flughafen Anta** gelangt man nach **Marcará**. Von dort ist ein Abstecher zu den rund 3 km östlich liegenden **Baños Termales Chancos**, ⏲ tgl. 4–20 Uhr, 1–5 S/. möglich, die mit Colectivos ab Marcará erreichbar sind (1 S/.).

In Marcará befindet sich das **Centro di Andinismo Renato Casarotto**, ✆ 043-443061, 🖳 www.donbosco6000.net (bislang nur auf italienisch!), Ausbildungszentrum für Don Bosco-Bergführer, Hotel und Sitz des Veranstalters Agencia de Viajes Don Bosco.

Wanderer gelangen über Marcará und Chancos in die **Quebrada Honda**, über die man nach **Chacas** (s. S. 521) auf der Ostseite der Cordillera Blanca wandern kann (s. S. 536).

Carhuaz

Der nächste wichtigere Ort entlang der Hauptstraße ist das ruhige, sympathische, rund 13 000 Einwohner zählende Andendorf Carhuaz auf 2638 m. Ein Besuch lohnt besonders sonntags, wenn sich in den Straßen um die Plaza ein **farbenprächtiger Markt** entfaltet. Von Carhuaz aus lassen sich zahlreiche Wanderungen (z. B. Tageswanderung zum Castillo Punta in der Cordillera Negra) und Mountainbike-Touren unternehmen, über die man sich im **Café El Abuelo** an der Plaza informieren kann (s. u.).

Die Übernachtungssituation ist bis 2013 schwierig, da so gut wie alle Hotels von Mitarbeitern des Unternehmens belegt sind, das die Straße von Carhuaz nach Chacas asphaltiert. Nur Touristen vorbehalten ist das **Hostal El Abuelo**, 9 de Diciembre 257, Carhuaz, ✆ 043-394456, 🖳 www.elabuelohostal.com. Bestes Hotel im Ort mit Restaurant, Parkplatz, Internet und Wäscheservice. Frühstück und WLAN inkl. ❹

Im **Café Heladería El Abuelo**, Av. La Merced 727, Carhuaz, an der Plaza, bekommt man neben echtem italienischen Espresso Landkarten, lokales Kunsthandwerk und Infos zu Ausflügen in der Region.

Combis und **Sammeltaxis** fahren ständig von der Hauptstraße in Richtung Caraz oder Huaraz. Über eine sehr schlechte Piste gelangt man mit dem Bus über die Punta Olímpica (4890 m) von Carhuaz nach Chacas. Die Straße wird während der bis 2013 andauernden Asphaltierung nur zu bestimmten Zeiten für den Verkehr geöffnet (vor Ort erkundigen).

Yungay

Nur rund 20 km nördlich von Carhuaz liegt zu Füßen des mächtigen Huascarán der Ort Yungay auf 2458 m. Die Lage wurde dem Ort im Jahr 1970 zum Verhängnis, als am Nachmittag des 31. Mai ein **Erdbeben** der Stärke 7,7 dazu führte, dass ein Teil der Nordwestflanke des Huascaráns abrutschte. In Minutenschnelle wälzte sich eine gewaltige Schlamm-, Eis- und Gerölllawine talwärts und begrub das komplette Städtchen unter einer 3–10 m dicken Schicht. Rund 18 000 Menschen starben, nur wenige Dorfbewohner konnten sich retten. Bereits im 19. Jh. war der Ort mehrfach durch Lawinen zerstört worden. Im Jahr 1962 traf es das benachbarte **Ranrahirca**, als eine Geröllawine 5000 Opfer forderte.

Nach dem Unglück von 1970 wurde der gesamte Ort zu einem riesigen Friedhof (Campo Santo) erklärt. Das **neue Yungay** wurde weiter nördlich wieder aufgebaut. Das kontinuierliche Abschmelzen der Gletscher und Ansteigen der Gletscherseen erhöht die Wahrscheinlichkeit, dass sich irgendwo im Santa-Tal nach einem Erdbeben eine ähnliche Katastrophe wiederholen könnte. Daher hat man begonnen, aus vielen Gletscherseen künstlich Wasser abzulassen. Yungay ist möglicher Ausgangspunkt für einen Besuch der **Llanganuco-Seen** sowie des **Santa Cruz Treks** mit Startpunkt in Vaquería (S. 527).

Das **Hostal Gledel**, Av. Arias Graciani s/n, ✆ 043-393048, ✉ hostalgledel@gmail.com, ist eine beliebte, sichere und weiterhin sehr günstige Unterkunft mit familiärer Atmosphäre und bietet Zimmer mit Gemeinschaftsbad (auf Wunsch VP), Gepäckaufbewahrung und Internet-Zugang für Gäste, ❶. Das **Hostal Yungay**, Santo Domingo 01, Plaza de Armas, ✆ 043-393053, vermietet einfache Zimmer mit Bad und TV, ❶. Die **Llanganuco Mountain Lodge**, östlich von Yungay an der Nationalparkgrenze, ✆ 943669580 (Mobil), 🖳 www.llanganucolodge.com, ist eine komfortable Berglodge in sehr schöner Lage. DZ oder Schlafsaal, wahlweise mit/ohne VP. Camping (15 S/. p. P.) möglich. Strom ist nur begrenzt vorhanden (kein Internet, kein TV). Inkl. VP ❸–❺, Schlafsaal ohne/mit VP ❷–❹.

Combis fahren zwischen 8 und 9 Uhr sowie zwischen 14 und 15 Uhr von Yungay (28 de Julio, Ecke Santo Domingo, einen Block von der Plaza entfernt) nach Yanama und halten unterwegs in Llanganuco und in Vaquería. Die Straße zu den Llanganuco-Seen soll asphaltiert werden.

Llanganuco-Seen

Von Yungay schraubt sich eine kurvenreiche Straße auf 26 km Länge über 1300 Höhenmeter in ein schmales Tal hoch, in dem zwei wunderschöne Bergseen liegen. Unterwegs wird der Eingang zum Nationalpark Huascarán passiert, wo Tagesbesucher 5 S/. und Wanderer 65 S/. Eintritt zahlen.

Der erste See nach der Kontrollstelle heißt **Chinancocha**. Hier befinden sich ein Picknickplatz, Essenstände und eine Ruderbootvermietung. Auf einem kurzen Lehrpfad an der Südostseite des Sees kann man windgebeugte Queñual-Bäume, Bromelien und eine wunderschöne Berglandschaft genießen. Der obere See nennt sich **Orconcocha**. Ein wenig oberhalb des Sees zweigt an der Quebrada Yanapaqcha in der „Curva Pisco" (Zeltplatz **Cebollapampa**, etwa 3900 m) ein Trail in nördlicher Richtung auf der rechten Flussseite zur 7 km entfernten **Laguna 69** ab, die rund 750 m höher liegt (Gehzeit hoch 3–4 Std., runter 2–3 Std; bei frühem Aufbruch in Yungay an einem Tag machbar). Von der Laguna gelangt man in zwei bis drei weiteren Stunden zum Basecamp des relativ einfach und ohne technische Schwierigkeiten besteigbaren **Nevado Pisco** (5752 m) und der dortigen Berghütte **Refugio Perú** (4765 m, s. „Berghütten", S. 512), die auch über eine alternative Route von der Abzweigung „Curva Pisco" erreichbar ist (s. „Yungay, Transport"). Der letzte Combi zurück nach Yungay passiert die Abzweigung gegen 16.30 Uhr.

Caraz

Nur noch 12 km sind es von Yungay nach Caraz. Der **zweitgrößte Ort im Santa-Tal** mit rund 22 000 Einwohnern war vom Beben 1970 nicht so stark betroffen wie seine Nachbarorte.

Die hohen Palmen geben der Plaza einen mediterranen Touch, bis man Richtung Cordillera Blanca schaut und die schneebedeckte Spitze des 6395 m hohen **Nevado Huandoy** entdeckt, an dessen Fuß Caraz liegt. Da sich der Ort nur auf rund 2256 m und damit ca. 800 m niedriger als Huaraz befindet, ist das Klima hier entsprechend milder; allerdings ist die Höhenanpassung nicht so effektiv wie in Huaraz.

Wer es ruhig mag, ist in Caraz gut aufgehoben, denn hier herrscht bestenfalls auf dem Markt hektische Betriebsamkeit. Daher entscheiden sich immer mehr Besucher für Caraz als Stützpunkt für Erkundungen der Region. Um den Ort werden Schnittblumen (Rosen, Lilien, Nelken) für den Export angebaut; einen guten Ruf genießen auch die Milchprodukte und der Honig der Region.

Das Museum **Exposición Museográfica „Un museo para Huaylas"**, kurz „Museo Huaylas", stellt Fundstücke aus Tumshucayco in der San Martín 1019 aus. ◷ Mo–Sa 8–13, 15–18 Uhr, gratis. Nordöstlich des Orts liegen die etwas heruntergekommenen **Ruinen von Tumshucayco**.

Von Caraz aus lassen sich zahlreiche interessante Wanderungen unternehmen. Zu den bekanntesten zählen der **Santa Cruz Trek** (s. S. 527) und die Umrundung des 5947 m hohen **Nevado Alpamayo** (s. S. 530). Kürzer sind die Ausflüge zur **Laguna Parón** (s. S. 527) und in die **Cordillera Negra** (s. S. 526). In Gehweite des Orts (2 km nördlich) liegt die Gemeinde **Shocsha**, deren Bewohner Touristen während eines etwa dreistündigen Ausflugs ihre bäuerliche Lebensweise, Sitten und Gebräuche näher bringen, ✆ 996832740 (Mobil), ✉ shokshavivencial@gmail.com.

Übernachtung

Hotel San Marco, San Martín 1133, ✆ 043-391558. Einfache, sehr günstige Zimmer mit/ohne (billiger) Bad (im Gemeinschaftsbad nur kaltes Wasser), TV und WLAN. ❶–❷

Chavín Hostal, San Martín 1135, an der Plaza de Armas, ✆ 043-391171, ✉ chavinhostal@hotmail.com. Einfach, sauber, zentrales Warmwasser 24-Std., Bar, Cafeteria und Tourservice. ❷

Hostal Perla de los Andes, Daniel Villar 179, an der Plaza de Armas, ✆ 043-392007, ✉ hostal_perladelosandes@hotmail.com. Ordentliche, aber etwas kleine Zimmer mit Bad und TV, zur Plaza hin laut. WLAN und Restaurant. ❷

Grand Hostal Caraz Dulzura, Saenz Peña 212, im Nordwestteil der Stadt, ✆ 043-391523, 💻 www.hostalcarazdulzura.com. Sehr schöne, ruhige Zimmer. Restaurant und Parkplatz. Frühstück inkl. ❷

Hostal La Alameda, Noe Bazán Peralta 262, ✆ 043-391177, ✉ jctorres_2009@hotmail.com. Ruhige Lage, mit netten Innenhöfen. Gute Zimmer mit Bad, TV, WLAN und orthopädischen Matratzen. Cafetería, Bar und Parkplatz. ❷

Hostal Chamanna, Av. Nueva Victoria 185, ca. 25 Gehminuten nördlich des Zentrums, ✆ 943595343 (Mobil), 💻 www.chamanna.com. Unter deutscher Leitung. Angenehme, große Zimmer mit und ohne (billiger) Bad. Sehr schöner, großer Garten, Frühstücksbuffet für US$6. ❷–❸

Camping

In der **Los Pinos Lodge**, Parque San 103, ✆ 043-391130, 💻 www.lospinoslodge.com, kann für 15 S/. p. P. auf Rasen gezeltet werden. Die Zimmer der Lodge sind überteuert. ❸

Essen und Unterhaltung

Bekannt ist Caraz für seine **Süßigkeiten** wie *Dulce de leche, Manjar blanco* (beides Süßspeisen aus eingedickter Milch und Zucker) oder *Dulce de higos* (süße Feigen). Ähnlich wie in Huaraz (s. dort) isst man hier auch *Picante de cuy*, *El Charqui* und *Puchero*. Dazu trinkt man *Chicha de jora* (fermentierte Mischung aus gekochtem Mais, Gerste und Quinoa) oder *Huarapú* (alkoholhaltiges Getränk aus Zuckerrohr und fermentiertem Mais).

Wer einen standhaften Magen hat, sollte auf dem Markt den Lupinensalat *(ceviche de chocho)* probieren.

Café de Rat, Sucre 1266, Plaza de Armas, 2. Stock. Gemütliches Café, in dem man Pizza, Pasta, Salate, Vegetarisches und Frühstück bekommt. 🕒 Mo–Sa 8–11, 18–21 Uhr.

Café El Turista, San Martín 1127, an der Plaza de Armas. Kleines, sympathisches Café. 🕒 tgl. 6.30–12.30, 17–20 Uhr.

Café La Terraza, Sucre 1107. Serviert soliden Kaffee, Mittagsmenüs und Pizzas.

Esmeralda, Ugarte 404. Unscheinbares Restaurant, in dem man günstige Mittagsmenüs bekommt. Abends gute Fleischgerichte á la carte. 🕒 tgl. 7–18, 19–22 Uhr.

Venezia, Noé Bazan Peralta 231. Gehobene peruanisch-italienische Küche (nur à la carte) in sehr angenehmem, sauberem Ambiente. 🕒 Mo–Sa 11–22 Uhr.

Die bekanntesten Discos/Bars sind **Huandy**, Mariscal Caceres 121, und **Taberna El Tabasco**, San Francisco de Asis.

Sonstiges

Bergrettungswacht

Departamento de Salvataje de Alta Montaña, (der Polizei unterstellte Bergrettungswacht), 1 de Mayo s/n, ✆ 043-391163.

Feste

20. Januar: Virgen de Chiquinquira. Feuerwerk, Messe und Prozession.

Mitte Juni findet alljährlich das **Festival de Deportes de Montaña** mit zahlreichen Abenteuersportarten statt.

Geld

Banco de Crédito, Daniel Villar 217, ein Block nordwestlich der Plaza und **Banco de la Nación**, Raimondi 1051, östlich der Plaza.

Informationen

Touristeninfo der Municipalidad, Westseite der Plaza de Armas, ✆ 043-391029, 💻 www.municaraz.gob.pe. 🕒 Mo–Fr 8–13, 14.30–17 Uhr. Bessere Infos bekommt man bei dem Tourveranstalter Pony's Expeditions (s. u.).

Karten

Diverses Kartenmaterial bzw. Kartenkopien sind beim Tourveranstalter Pony's Expeditions (s. u.) erhältlich.

Medizinische Hilfe

Hospital de Apoyo San Juan de Dios, Av. Circunvalación Norte, ✆ 043-391026.

Post

San Martín, Nähe La Mar.

Touren

Einen guten Ruf und langjährige Erfahrung hat **Pony's Expeditions**, Sucre 1266, ✆ 043-391642, 💻 www.ponyexpeditions.com. Sie bieten Trekking (sie können auch Maultiertreiber für

den Santa-Cruz-Trek organisieren), Klettern, Mountainbikes, Verleih von Camping-Ausrüstung und Landkarten der Umgebung.

Nahverkehr

Mototaxis kosten im Stadtbereich 1 S/., außerhalb 2 S/.

Transport

Busse und Colectivos

Gesellschaften

Alas Peruanas, Daniel Villar 224, ✆ 043-391236

Cavassa, Cordova 830, ✆ 043-392042

Móvil Tours, Pasaje Olaya 104, ✆ 043-391922

Turismo Rodríguez, Daniel Villar 411,
✆ 043-391184
Yungay Express, Daniel Villar 316,
✆ 043-391492

Verbindungen

CASHAPAMPA (Start- und Endpunkt des Santa Cruz Treks) Sammeltaxis fahren vom Paradero Santa Cruz, Ramón Castilla, zwischen Jorge Chávez und Santa Cruz (von 6–18 Uhr, 1 Std., 27 km, 6 S/.). Ein Expresstaxi (Platz für 5–6 Pers.) kostet 40 S/.

CHIMBOTE um 19 Uhr (Yungay Express) und um 19.40 Uhr (Móvil Tours), 10 Std., 270 km, 25–30 S/. Fährt über PATIVILCA und CASMA.

CHIMBOTE um 9 Uhr (Yungay Express) und um 13 Uhr (Alas Peruanas), 5–6 Std., 184 km, 25 S/. Fährt über CAÑÓN DEL PATO und HUALLANCA.

HUALCAYÁN (Ausgangspunkt für Bergtouren zum Alpamayo) keine regelmäßigen Abfahrten, beste Chancen hat man Mi und So vormittags um 9 und 10 Uhr vom Markt. Alternativ Sammeltaxi nach CASHAPAMPA nehmen und von dort in ca. 3 Std. bis Hualcayan laufen oder Taxi von dort (3/4 Std., 20–30 S/.) nehmen. Ein Taxi ab Caraz kostet ca. 80 S/.

HUALLANCA (Cañon del Pato) Micros fahren von der Cordoba, Ecke La Mar (mehrmals tgl. ab 6.15 Uhr, 3/4–1 Std., 38 km, 6 S/.). Keine regelmäßigen Abfahrtszeiten, am meisten Verkehr ist Mi und So.

HUARAZ alle Kleinbusse fahren vom Terminal Terrestre, Av. Circunvalación, Ecke Sucre ab (ständig von 4.30–21 Uhr, 1 1/2 Std., 68 km, 6 S/.).

LIMA um 7.30, 13 und 20.30 Uhr (Móvil Tours), um 20.30 Uhr (Turismo Rodríguez) und 2x tgl. (Cavassa), 10 Std., 468 km, 35–40 S/. (Móvil Tours), 40–50 S/. (Turismo Rodríguez).

PAMPAROMÁS (Cordillera Negra) zwischen 7 und 8 Uhr (Bus nach Pamparomás) bzw. zwischen 9 und 10 Uhr (Lastwagen nach PISHA), 4 Std., 80 km, 7–8 S/. Beide Transportmittel fahren vom Paradero Santa Cruz. Bis zum Winchus-Pass auf 4157 m Höhe sind es rund 45 km und 2 Std. Fahrzeit. Die Route führt in der Trockenzeit über Pueblo Libre und in der Regenzeit über Huata. Der Bus kommt gegen 13–14 Uhr aus Pamparomás am Pass vorbei und fährt zurück nach Caraz. Die Rückfahrt der Lastwagen aus Pisha muss man vor Ort erfragen.

PARÓN 1 Std., 19 km. Ein Sammeltaxi fährt um 4.30 Uhr von der Grau/Ecke Santa Cruz und um 7, 11, 13.20 Uhr vom Paradero Santa Cruz, jeweils 4–5 S/. Wer am selben Tag hin- und zurück möchte, muss um 4.30 Uhr los. Die Rückfahrt von Parón erfolgt um 6, 8.15, 13 und 14.20 Uhr.

TRUJILLO (Móvil Tours) um 19 Uhr, 12 Std., 400 km, 40 S/. Direktbusse nur über PATIVILCA.

YUNGAY 1/4 Std., 12 km. Siehe Huaraz.

Die Umgebung von Caraz

Cañón del Pato

Die „Entenschlucht" am Nordende des Callejón de Huaylas ist definitiv einen Ausflug wert. Die Straße führt von Caraz über Huallanca nach Chimbote und ist streckenweise asphaltiert. Das spektakulärste Stück liegt rund 20 km nördlich von Caraz. Bis zu 15 m rücken die **steil aufragenden Felswände** aneinander; mühselig hat man für die Straße einen Weg durch die Felsen gesprengt. 35 Tunnel werden auf diesem Teilstück passiert. Wer sich wundert, wo die wilden Wasser des Río Santa geblieben sind, erhält bald die Antwort: Ein gewaltiges Wasserkraftwerk leitet die Wassermassen durch die in Felsen gegrabenen Kanäle zu den Turbinen.

Am Ende des Canyons liegt der Ort **Huallanca** auf 1820 m, eine Siedlung für Arbeiter des Kraftwerks. Tagesausflügler können hier umdrehen. Die bisher gute Strecke wird ab Huallanca immer schlechter und gleicht stellenweise mehr einem trockenen Flussbett als einer Straße. Die staubige Piste folgt dem Río Santa bis zur Panamericana, auf die sie nach rund 168 km (ab Caraz) nördlich von Chimbote trifft.

Cordillera Negra

Ein schöner Halbtages- (mit eigenem Pkw) oder Ganztagesausflug (Mountainbike oder Bus) führt von Caraz über **Huata** zum **Paso de Chacaypunta** und wieder zurück über **Pueblo Libre** nach Caraz (insgesamt ca. 80 km). Nördlich von Caraz zweigt hinter der **Puente Choquechaca** linker Hand eine

Piste nach Huata ab und führt dann in endlosen Serpentinen stetig ansteigend vorbei an kleinen Weilern, in denen einfache Andenbauern leben. Mit jedem Höhenmeter werden die Ausblicke auf die Cordillera Blanca spektakulärer. Auf halber Strecke wird der Paso de Chacaypunta auf 4157 m erreicht. Geradeaus führt eine schlechte und selten befahrene Straße über **Pamparomás** und **Moro** an die Pazifikküste.

Wer mit dem Mountainbike unterwegs ist, hat vom Pass aus bis Caraz mehr als 40 km Abfahrt vor sich und passiert dabei eine Ansammlung der seltenen **Puya Raimondi**, die hier nicht die Höhen ihrer Artgenossen weiter südlich erreichen, da sie von den Einheimischen als Brennmaterial genutzt werden. Über **Pueblo Libre** gelangt man zur **Puente a Pueblo Libre** an der Hauptstraße, die 5 km südlich von Caraz liegt. Wer mit dem Bus unterwegs ist, steigt am Pass aus, läuft an der Straße entlang bis zu den Puya Raimondi und nimmt von dort den Bus zurück nach Caraz (s. „Transport Caraz/Pamparomás", S. 526). Die Tour kann wegen schlechter Straßenverhältnisse in der Regenzeit von Dezember bis März oftmals nicht durchgeführt werden.

Laguna Parón

Das auf 4140 m Höhe liegende Gewässer wird hufeisenförmig umrahmt von mehreren Fünf- und Sechstausendern und gilt vielen als der schönste Gletschersee der Cordillera Blanca. Auf den 32 km, die man von Caraz benötigt, um zur Lagune zu gelangen, werden mehr als 1800 Höhenmeter überwunden. Dabei steigt die Straße auf engen Haarnadelkurven an, an beiden Seiten von mehr als 1000 m hohen Steilwänden begrenzt. Die Anfahrt erfolgt über das Dorf Parón. Von dort sind es rund vier bis fünf Stunden zu Fuß bis zur Lagune (9 km, 1000 Höhenmeter; s. „Caraz/ Transport").

Wie bei anderen Gebirgsseen wurde auch der Pegel der Laguna Parón künstlich abgesenkt, da dieser durch die schmelzenden Gletscher bedrohlich gestiegen war. Die Berghütte an der Lagune, einst von der Elektrizitätsgesellschaft gebaut, ist offiziell geschlossen. Falls man den Wärter antrifft, kann man dort in dem nackten Gebäude gegen ein Trinkgeld (5 S/.) gratis übernachten oder ansonsten zelten. Unabhängig von der Aufenthaltsdauer zahlt man 5 S/. an die Gemeinde Parón. Eintritt in den Nationalpark Huascarán wird nicht erhoben.

Santa Cruz Trek

■ 4 Tage, 55 km, 2200 Höhenmeter
Karte S. 528
Diese Tour gehört nach dem Inkatrail zu den **beliebtesten Wanderungen Perus** – entsprechend viele Menschen sind vor allem in den Monaten Juni bis September unterwegs (pro Jahr etwa 7000–8000). Wie viele Personen auf dem Trek wandern, merkt man abends auf den Zeltplätzen, wo sich aber immer problemlos ein Plätzchen finden lässt. Zu beachten sind die neuen Regeln für Wanderungen, die im Nationalpark Huascarán seit 2012 gelten (s. S. 513).

Der Trek kann in beide Richtungen durchgeführt werden. Die Variante ab **Cashapampa** hat dabei den Vorteil, dass man sich ein wenig einlaufen kann, da der höchste Punkt, der Punta Unión Pass (4750 m), normalerweise erst am dritten Tag der Wanderung überschritten wird. Umgekehrt geschieht dies bereits am zweiten Tag. Beginnt man die Wanderung in **Vaquería**, spart man sich mehrere Hundert Höhenmeter, da Vaquería höher als der Zielort Cashapampa liegt. Die Ausgangs- und Endpunkte der Wanderung sind vor allem frühmorgens problemlos mit öffentlichen Verkehrsmitteln ab Caraz (nach Cashapampa) und ab Yungay (nach Vaquería) zu erreichen. Für die jeweilige Rückfahrt sollte man gegen 14 Uhr in Vaquería und bis 16 Uhr in Cashapampa ankommen, um noch sicher nach Yungay bzw. Caraz zu gelangen (mehr Informationen zur An- bzw. Abfahrt siehe Transport Caraz und Yungay).

Die Gebühr für den Besuch des Nationalparks (S. 528) sollte auf keinen Fall in Casha-

Rucksack immer im Zelt

Da es zu Diebstählen gekommen ist, empfiehlt es sich, bei Wanderungen den Rucksack samt Inhalt (auch die Schuhe!) immer im Zelt aufzubewahren.

SANTA CRUZ UND ALPAMAYO TREK

pampa, sondern nur an der offiziellen Kontrollstelle des Nationalparks *(Puesto de Control)*, rund 18 km östlich von Yungay entlang der Strecke zu den Llanganuco-Seen, entrichtet werden. Die Busse halten hier und warten, bis die Touristen ihre Formalitäten (wichtig: **Reisepass** oder Kopie mitnehmen!) erledigt haben. Besucher, die den Trek bewandern, zahlen hier 65 S/. Wer von Cashapampa aus startet, erreicht dieselbe Kontrollstelle erst nach Beendigung der Wanderung.

Wegbeschreibung ab Cashapampa

1. Tag: Cashapampa (2910 m) – Ichic Cocha (3820 m)

■ 5–6 Std., 12,5 km

Die Colectivos fahren in rund einer Stunde von Caraz nach Cashapampa und machen in der Regel – auf der Suche nach mehr Passagieren – einen Abstecher nach Santa Cruz. Der Fahrer hält direkt am Beginn des Trails am schluchtartigen Eingang der **Quebrada Santa Cruz**, wo man Maultiere mieten kann. Der Weg bleibt zunächst auf der rechten Seite des Tals und führt recht steil über Geröllfelder ostwärts. Auf dem gesamten unteren Streckenabschnitt wird man von Schwärmen schwarzer Stechfliegen verfolgt, die sogar das Rasten unangenehm machen. Allmählich weitet sich das Tal, und durch eine liebliche Flusslandschaft gelangt man bei **Llamaccorral** zum ersten offiziellen Zeltplatz. Ein kleiner Laden verkauft Kekse, Süßigkeiten und Softdrinks. Wer fit ist, kann noch rund dreieinhalb einfache Kilometer weiter laufen und am schönen **Ichic Cocha** (kleiner See) zelten.

2. Tag: Ichic Cocha (3820 m) – Taullipampa (4250 m)

■ 3–4 Std., 10,5 km

Nach kurzer Gehzeit wird bereits der türkisfarbene Jatuncocha, der große See, erreicht. Der Weg führt an der rechten Seite der Lagune vorbei und überquert den Fluss danach in einer großen Schwemmlandebene. Wenig später wird auf ca. 3900 m ein schöner **Rastplatz** in einem kleinen Wäldchen erreicht, wo ein Serpentinenpfad in die im Norden liegende Quebrada Arhuaycocha unterhalb des Nevado Alpamayo abzweigt. Ein kurzer, steiler Anstieg bringt einen nun zum Tagesziel **Taullipampa**. Der wohl schönste Zeltplatz der Wanderung liegt am Talende, zu Füßen des eindrucksvollen 5830 m hohen Nevado Taulliraju. Die Nächte hier oben können sehr kalt werden. Da einige der hier grasenden Jungbullen gern mit der Ausrüstung der Wanderer spielen, sollte man seine Sachen besser ins Zelt räumen.

3. Tag: Taullipampa (4250 m) – Quebrada Paria (3880 m)

■ 5–7 Std., 14,5 km

Der längste Tag der Tour ist wahrscheinlich auch der anstrengendste. Zunächst sind rund 500 steile Höhenmeter zu überwinden, um auf den höchsten Punkt der Wanderung, den 4750 m hohen Pass **Punta Unión**, zu gelangen. Von dort bieten sich in beide Richtungen tolle Ausblicke, aber das Wetter kann auch schnell umschlagen. Der nun folgende Abstieg ist nur im oberen Teil etwas schwierig, wenn er über glatte Felsabschnitte und einige steile Stücke in die **Quebrada Huaripampa** führt. Bei Nebel kann man sich an den dort aufgestellten Steinmännchen orientieren.

Auf rund 4030 m Höhe wechselt man nach dem Überqueren einer Brücke die Talseite und bleibt dort fast die gesamte restliche Wanderung. Endlich wird der Zeltplatz an der **Quebrada Paria** erreicht. Wer noch weitermarschieren möchte, kann die rund 3 km (ca. 1 Std.) bis zum Zeltplatz Huaripampa zurücklegen.

4. Tag: Quebrada Paria – Vaquería (3730 m)

■ 3–4 Std., 13 km

Durch das traumhaft schöne, saftig grüne Huaripampa-Tal führt der Weg gemächlich an vielen schönen Zeltplätzen vorbei Richtung Süden. Die ersten bettelnden Kinder kündigen die Nähe der Siedlung **Huaripampa** an, in deren Nähe sich auch ein Kontrollposten des Nationalparks befindet. Folgt man dem Weg auf der linken Talseite, gelangt man nach Colcabamba. Ansonsten wechselt man auf rund 3450 m Höhe die Talseite auf einer Brücke. Der Weg gabelt sich nun. Geradeaus und talabwärts gelangt man nach Yanama im Callejón de Conchucos (Unterkunftsmöglichkeiten im **Hostal El Pino** ❶ oder in der sehr guten **Andes Lodge**, 💻 www.andeslodgeperu.com, ❹.

Rechter Hand hat man jetzt noch den steilen Schlussanstieg nach Vaquería (ca. 250 Höhenmeter; Gehzeit ca. 1 Std.) vor sich. **Vaquería** besteht nur aus ein paar Häusern an der Straße nach Yungay. Hier gibt es Essen und Getränke. In regelmäßigen Abständen kommen Colectivos vorbei, die nach Yungay oder Yanama fahren.

Auf der Rückfahrt von Vaquería passiert man oberhalb der **Laguna Orconcocha** den Zeltplatz **Cebollapampa** (3900 m), wo sich manche Bergtouristen mit Reiseveranstaltern treffen, um gleich anschließend an das Trekking den **Nevado Pisco** (5752 m) zu besteigen oder einen Tagesausflug zur wunderschönen **Laguna 69** zu unternehmen (s. S. 523). Obwohl der Pisco zu den leichteren Gipfeln der Cordillera Blanca zählt, sollte man die Höhe (rund 1000 m höher als die Pässe auf dem Trek) nicht unterschätzen. Zudem ist ein Gletscher zu überqueren, was entsprechende Ausrüstung (Steigeisen, Seil, Helm und Eispickel) erforderlich macht.

Alpamayo-Umrundung

■ 9 Tage, ca. 50 Std. Gehzeit, 104 km, ca. 6150 Höhenmeter

Karte S. 528

1. Tag: Hualcayán (3140 m) – Wishcash (4200 m)

■ 4–5 Std., ca. 6 km, ca. 1000 Höhenmeter.

Die Anfahrt von Caraz (s. „Transport", S. 526) auf einer steilen Straße mit vielen Serpentinen bis nach Hualcayán (ca. 1 1/2 Std.) auf einem 3140 m hohen Hochplateau sollte bis spätestens 12 Uhr erfolgen.

Der Zeltplatz **Wishcash** liegt auf einem kleinen Hochplateau auf ca. 4200 m. Wer früh in Hualcayán losläuft, kann es auch am ersten Tag bis Osoruri schaffen. Der Anmarsch von Cashapampa (2910 m) dauert etwa zwei Stunden Laufzeit extra.

2. Tag: Wishcash (4200 m) – Osoruri (4400 m)

■ 4 Std., 4 km, 800 Höhenmeter.

Zunächst geht es zum Südende der schön gelegenen **Laguna Cullicocha** auf 4625 m, deren Wasser für das Wasserkraftwerk im Cañon del Pato verwendet wird (ca. 8 km, ca. 2 Std.). Von dort wartet ein etwa einstündiger Aufstieg zum Pass Osoruri auf 4860 m, von dem man einen schönen Blick auf das Santa-Cruz-Massiv hat. Nun erfolgt ein Abstieg (ca. 1 Std.) zum Campingplatz **Osoruri** auf ca. 4400 m, der zwar nur wenig Wasser, aber dafür einen schönen Blick ins Tal des Río Cedros hat.

3. Tag: Osoruri (4400 m) – Jancarurish (4200 m)

■ 5 Std., 5,5 km, ca. 500 Höhenmeter.

Ein kurzer, steiler Aufstieg führt auf den **Vientunan**-Pass (4770 m), ehe ein langer Abstieg ins Tal des Río Cedros folgt. Am Talboden angekommen, verläuft der Weg oberhalb des Flusses und ist leicht zu laufen, bis der Zeltplatz **Jancarurish** auf 4200 m erreicht wird. Von dort bieten sich spektakuläre Ausblicke auf den Alpamayo.

4. Tag: Jancarurish (4200 m) – Huillca (4050 m)

■ 7–8 Std., 22,5 km, 2000 Höhenmeter.

An diesem langen, anstrengenden Wandertag müssen zwei Pässe überwunden werden. Zunächst geht es in zwei bis drei Stunden bergauf zum **Gara-Gara**-Pass (4830 m). Nach einem kurzen Abstieg zieht sich der Weg entlang der von oben kommenden linken Talseite durch die Quebrada Moyobamba und sanft hinauf zum **Mesapata**-Pass auf 4460 m. Nun geht es ständig bergab ins Tal der Quebrada Tayapampa und auf einer zugewachsenen Straße zur Hochebene **Huillca**, wo es sehr viel Platz zum Zelten inmitten großer Lama- und Alpakaherden gibt. Nachts alle Sachen und Lebensmittel mit ins Zelt nehmen!

5. Tag: Huillca (4050 m) – Jancapampa (3600 m)

■ 6 Std., ca. 13 km, 600 Höhenmeter.

Dem steilen Aufstieg zum **Yanacon**-Pass (4610 m) folgt ein steiler Abstieg zur Laguna Sactaycocha, die rechter Hand passiert wird. Die Vegetation nimmt zu und weiter unten wird die Quebrada Laurel überquert. Die immer enger gelegene Schlucht öffnet sich zur fantastisch gelegenen Pampa **Jancapampa** auf nur noch ca. 3600 m. Der Zeltplatz liegt toll unterhalb der Gletscher des Pucajirca und des Nevado Taulliraju in der Nähe bewohnter Hütten. Nachts Diebstahlgefahr und herumstreunende Hunde! Alle Sachen mit ins Zelt nehmen.

Vorsicht Hunde!

In der Nähe von Gehöften, Lama-, Alpaka- oder Schafherden trifft man unweigerlich auf durchaus aggressive Hunde. Ein Wanderstock und ein gelegentlicher Steinwurf helfen, unbeschadet weiter zu kommen.

Kosten

Ein *Arriero* (Maultiertreiber) kostet etwa 30 S/., ein Reitpferd 30 S/. und ein Maultier rund 15 S/. pro Tag (Preise können saisonabhängig höher liegen). Da der Weg durch den Nationalpark Huascarán führt, muss die Parkgebühr von 65 S/. einkalkuliert werden. Da es auf dieser Route keine offizielle Kontrollstelle gibt, kann es allerdings vorkommen, dass kein Parkoffizieller das Geld einfordert. Wer den Trek mit einer Agentur macht, sollte pro Tag mit etwa US$40 rechnen (alles inklusive). Bei Dumpingangeboten, die diesen Wert deutlich unterschreiten, muss mit erheblichen Abstrichen bei Material, Qualität des Guides, Essen und unfair entlohntem Servicepersonal (Maultiertreiber, Köche etc.) gerechnet werden.

6. Tag: Jancapampa (3600 m) – Huecrococha (4000 m)

■ 6 Std., 18 km, ca. 850 Höhenmeter.

Zunächst wird die große Pampa überquert, dann geht es vorbei am Weiler Pisgopampa hinauf zur Quebrada Nañayoc. Nach etwa drei Stunden wird der Pass **Tupatupa** erreicht (4360 m). Nach einem Abstieg in die Quebrada Tingopampa erfolgt weiter unten eine Flussüberquerung ohne Brücke, bevor nach einem kurzen Anstieg die Laguna **Huecrococha** (4000 m) erreicht wird, an deren Ostseite gezeltet wird. Ein weiterer Zeltplatz für größere Gruppen liegt ca. 15 Minuten entfernt auf der anderen Seeseite.

7. Tag: Huecrococha (4000 m) – Morococha (4400 m)

■ 6–7 Std., 8 km, ca. 1000 Höhenmeter.

Der Weg führt am See entlang, bevor ein steiler Aufstieg durch die Quebrada Comunpasto mit mehr als 20 Serpentinen zum Pass **Alto de Pucaraju** (4650 m) erfolgt. Nach dem ebenso steilen Abstieg ins Huaripampa-Tal trifft der Weg auf den Santa Cruz Trek, ehe es hinauf zur Laguna **Morococha** (4400) geht, an deren Ufern gezeltet wird.

8. Tag: Morococha (4400 m) – Llamaccorral (3760 m)

■ 7 Std., 18 km, ca. 400 Höhenmeter.
Nach einem eineinhalbstündigen Aufstieg zur **Punta Union** auf 4760 m geht es ständig bergab durch das Santa-Cruz-Tal bis zum Zeltplatz **Llamaccorral** auf 3760 m.

9. Tag: Llamaccorral (3760 m) – Cashapampa (2910 m)

■ 3 Std., 9 km, ca. -800 Höhenmeter.
Etwa 800 einfache Höhenmeter führen bergab bis **Cashapampa**. Dort warten Taxis nach Caraz, und man schafft es auch problemlos am gleichen Tag bis Huaraz und meist auch zum Nachtbus nach Lima.

Nordperu

Östlich von Huaraz

Obwohl noch einige Besucher bis zur Ruinenstätte Chavín de Huántar kommen, finden nur wenige Touristen den Weg auf die relativ unbekannte Ostseite der Cordillera Blanca. Zu Unrecht, denn es gibt viele kleine Dörfer, in denen die Zeit stehen geblieben zu sein scheint, und herrliche, einsame Landschaften laden zum Wandern ein. Parallel zum Callejón de Huaylas zieht sich der isolierte **Callejón de Conchucos** entlang der gewaltigen Berge der weißen Kordillere. Inzwischen verbinden mehrere Straßen die beiden Täler über hohe Pässe der Cordillera Blanca, sind in der Regenzeit aber oft unpassierbar.

Auf der nachfolgend beschriebenen Rundtour, die in Huaraz beginnt und endet, werden die schönsten Stellen des Callejón de Conchucos besucht. Dabei können je nach Lust und Laune unterschiedliche Wanderungen eingebaut werden, von denen einige ebenfalls beschrieben werden. Die Route führt zunächst nach **Chavín**. Von dort geht es über **Huari**, **Chacas** und **Carhuaz** bzw. zu Fuß über Vicos zurück nach Huaraz. Wer diese Strecke mit dem Bus absolviert, sollte mit rund vier bis fünf Tagen rechnen. Kommen die dreitägige Wanderung Olleros–Chavín de Huántar (s. S. 533), die zwei- bis dreitägige Wanderung Huari–Chacas (s. S. 535) sowie die zwei- bis dreitägige Wanderung von Chacas nach Vicos (s. S. 336) hinzu, erhöht sich der Zeitbedarf auf 11–13 Tage.

Chavín

Bei Catac zweigt eine asphaltierte Straße ab, die vorbei an der Laguna Querococha (3980 m) durch den fast 500 m langen, stockdunklen Tunnel Kawish (4450 m) und schließlich in steilen Serpentinen nach Chavín auf 3140 m führt, einem sympathischen Ort mit weiß getünchten Hauswänden und roten Dachziegeln.

Wer die Ruinen von **Chavín de Huántar** an einem Tag von Huaraz aus ohne Übernachtung besichtigen möchte, sollte sich an eine der zahlreichen Agenturen wenden, die Touren für rund 35 S/. anbieten.

Übernachtung und Essen

Hotel Chavín, Tello, Ecke Inca Roca, ✆ 043-454008, ✉ hotelchavin@yahoo.com. Saubere, moderne Zimmer mit Bad und TV. ❷
Hostal La Casona, Wiracocha 130, Plaza de Armas, ✆ 043-454116, ✉ lacasonachavin@hotmail.com. Gepflegte Zimmer, warmes Wasser und netter Innenhof. ❷
Gran Hotel R'ickay, 17 de Enero 172, ✆ 043-454428, 💻 www.hotelrickay.com. Um zwei Innenhöfe angelegtes, modernes Hotel. Gute Zimmer mit Bad und Warmwasser. Restaurant, Bar, Sauna und Parkplatz. ❷–❸
Rund 2 km südlich von Chavín befinden sich die **Thermalquellen von Quercos**, 🕓 tgl. 5–18 Uhr, bei denen man **zelten** kann.
Ganz gut sind die Restaurants **Chavín Turístico**, 17 de Enero 439, und **La Portada**, 17 de Enero 311. Solides Frühstück bekommt man in der **Cafeteria Renato**, Huayna Capac 285, an der Plaza de Armas.

Sonstiges

Bergrettungswacht

Asociación de Servicios auxiliares de Alta Montaña – ASAM, Julio C. Tello 275, ✆ 043-454136.

Feste

14.–18. Juli: Virgen del Carmen. Patronatsfest mit Prozession.

Geld

Es gibt weder Bank noch Geldautomat, aber Hotels und Geschäfte wechseln US$ in kleinen Mengen.

Informationen

Plaza de Armas. ⏲ Mo–Fr 8–13, 14.30–17 Uhr.

Transport

Busse und Colectivos verkehren nach:
HUARAZ (Río Mosna, Chavin Express/Sandoval) mehrmals tgl. früh morgens und ab dem Nachmittag, 2 Std., 109 km, 10 S/. Ein Sitzplatz ist nicht garantiert! Gelegentlich verkehren Sammeltaxis.
HUARI tgl. mehrere Colectivos (2 Std., 40 km). Gegen Mittag passieren die Busse aus Huaraz den Ort Richtung Callejón de Conchucos (5 S/.).
LIMA Es fahren nur alte Busse (8–10 Std., 462 km). Bequemer und sicherer fährt man in einem Bus ab Huaraz.
SAN MARCOS regelmäßiger Combi-Verkehr (ca. 20 Min., 8 km, 1,50 S/.).

Chavín de Huántar

Zwischen 1000 und 200 v. Chr. breitete sich in Zentral- und Nordperu die Chavín-Kultur aus, deren Einflussbereich in der Blütezeit (700–300 v. Chr.) sogar bis zur Halbinsel Paracas an der pazifischen Südküste reichte. Der Chavín-Kult entstand aber nicht als Folge von Eroberungsfeldzügen und erreichte nie den Status eines Reichs, wie später das der Inkas. Vielmehr schaffte ein starkes religiöses Symbol, das unter anderem auf Textilien Verbreitung fand, Einheit unter verschiedenen Gruppen.

Der wichtigste Gebäudekomplex der Chavín-Kultur liegt an den südöstlichen Ausläufern der Cordillera Blanca auf 3177 m und war einst ein bekannter Pilgerort und das **wichtigste religiöse Zentrum der Chavín-Kultur**. Er wird Chavín de Huántar genannt und gehört zu den **ältesten Steinbauwerken** des Landes. Mit der Errichtung der Anlage wurde um 1000 v. Chr. begonnen, um 400 v. Chr. fand eine deutliche Erweiterung

Wanderung Olleros–Chavín de Huántar

Die dreitägige Wanderung (ca. 38 km) kann man auf eigene Faust oder mit einem Veranstalter von Huaraz (S. 518) aus durchführen. Die Tour ist relativ leicht und gut zur Höhenanpassung vor schwierigeren Touren geeignet:
Zunächst geht es mit dem Colectivo nach Olleros auf 3450 m Höhe (s. „Transport", S. 520). Dort kann man bei Bedarf Maultiere anmieten und ggf. im komfortablen **Hotel Altas Montañas**, Av. Puyhuan s/n, ✆ 043-422569 (beste Zeit gegen 20 Uhr), 💻 www.altasmontanas.com/index9.htm ❸, übernachten. Der Weg beginnt außerhalb des Ortes an einem Schild (3600 m), auf dem die Route beschrieben ist. Die Hauptroute folgt nun ca. 13 km der rechten Seite des Río Negro Richtung Osten bis zur Hochebene Sacracancha (4080 m), dem ersten Zeltplatz. Am nächsten Tag (ca. 14 km) folgt ein lang gezogener Anstieg (ca. 4–5 Std.) auf den Yanashallash-Pass auf 4700 m Höhe. Nach einem etwa zweistündigen Abstieg kann man auf dem Zeltplatz Shongo auf 4088 m übernachten. Vorbei an den Orten Jato und Lanchan führt der Weg entlang der rechten Talseite direkt nach Chavín (3140 m). Die letzten 6 km dieser 11 km langen Tagesetappe führen bergab auf einer Straße, die sich inzwischen von Chavín aus in die Berge vorgearbeitet hat.

und die eigentliche Definition des architektonischen Stils statt. Der gesamte Komplex wurde U-förmig in Ostrichtung angelegt, beeinflusst von ähnlichen Bauformen an der Pazifikküste. Die Archäologen sind sich einig, dass diese Art von Tempeln Berg- und Naturgottheiten geweiht waren. Götter, die meteorologische Phänomene kontrollierten, gewannen immer mehr an Bedeutung, da die Nahrungsgrundlagen der frühen Kulturen zunehmend von geregelten landwirtschaftlichen Aktivitäten und immer weniger vom Jagen und Sammeln bestimmt waren.

Überraschend sind die steinernen Verzierungen des Mauerwerks, die für eine rund 3000 Jahre alte Kultur erstaunlich kunstvoll und hochwertig gearbeitet sind. **Zoomorphe Darstellungen** dominieren die Flachreliefs, vor allem sind Schlangen, Kondore und Kaimane zu sehen – allesamt Tiere, die Kraft und Macht symbolisieren. Der Name Chavín stammt vom Quechua-Wort *Chaupin* ab, das sich mit „Zentrum" oder „Nabel" übersetzen lässt. Die genaue Bedeutung der in Chavín de Huántar gefundenen Stelen und Darstellungen ist den Wissenschaftlern bis heute verschlossen geblieben. 1919 führte der peruanische Archäologe **Julio C. Tello** erste systematische Untersuchungen in Chavín de Huántar durch. Im Laufe der darauffolgenden Jahre wurde die Anlage immer wieder von Naturkatastrophen heimgesucht; so beschädigten eine Schlammlawine (1945), ein Erdbeben (1970) und ein Hochwasser (1993) Teile der Tempel.

Die Ruinenanlage

Obwohl man auf einer Fläche von rund 50 ha steinerne Überreste gefunden hat, konzentriert sich die Kernzone auf einen rund 240 x 220 m großen Bereich, der sich in drei Hauptsegmente unterteilen lässt: Neben einem abgesenkten Platz sind dies der Neue und der Alte Tempel. Am Fuße des Neuen Tempels liegt der 250 m² große **versunkene Platz** *(Plaza hundida)*, der über ein wohldurchdachtes Kanalsystem zur Entwässerung verfügte und auf dem sich einst Tausende von Pilgern während der religiösen Feste versammelten. Einst stand hier ein 2,50 m hoher Obelisk, der nach seinem Entdecker benannt wurde und mit einem Jaguarkopf und zwei Kaimanen verziert war. Die Stele kann heute im Museo Nacional de Arqueología, Antropología e Historia in Lima bewundert werden.

Über monumentale Treppen und Plattformen steigt man von der Plaza zum **Neuen Tempel** hoch, einem dreistöckigen, 72 x 75 m großen, fensterlosen Palast, der bis zu 13 m hoch ist. Die leicht geneigten Seitenwände des Granitbauwerks dienten vermutlich als Erdbebenschutz. Die Mauern sind mit steinernen Köpfen *(Cabezas clavos)* verziert, die nach Aussage von Archäologen Menschenopfer oder gefangene Feinde repräsentieren könnten.

Durch zwei Steintore, die von Darstellungen einer männlichen und einer weiblichen Person flankiert werden, gelangt man in den **Alten Tempel**. Er besteht aus einem Labyrinth von Kammern, Korridoren, Nischenreihen, Kanälen, Treppen und Rampen, die durch unterirdische Gänge miteinander verbunden sind. Folgt man dem rechten Gang, gelangt man zu einem 4,50 m hohen weißlichen Granit-Steinblock, der wie eine in den Boden gerammte Lanze aussieht. Darauf erkennbar ist ein mythologisches Raubtiergesicht mit Fangzähnen und Schlangen als Haarschopf. Man nimmt an, dass diesem wahrscheinlich bedeutendsten Heiligtum der Chavín-Kultur Tier- und eventuell sogar Menschenopfer dargebracht wurden. Das Hauptmotiv verweist auf einen Jaguarkult, der Rückschlüsse auf die Herkunft der Chavín zulässt, die im Amazonasbecken zu suchen ist.

Der linke Eingang führt in das labyrinthartige Innere des Gebäudes, das unter dem Castillo über mehrere Ebenen verläuft. Obwohl der unterirdische Teil nur über den Haupteingang als Öffnung verfügt, sorgen Ventilationsschächte für Frischluftzufuhr. Auf dem Flachrelief einer weiteren, ca. 2 m hohen **Stele** ist eine Gestalt mit einer Raubtiermaske, Krallenhänden und einer Art Zepter zu sehen. Sie wurde nach dem italienischen Forschungsreisenden Antonio Raimondi benannt, der sie 1873 als Erster beschrieb. Die Gestalt trägt eine Art überdimensionale Maske, aus der auf jeder Seite acht Schlangenköpfe herausragen. Das Original befindet sich im Archäologischen Museum in Lima. Auf allen drei Steinmonumenten lassen sich Doppelabbildungen identifizieren, die das Prinzip der göttlichen Dualität wiedergeben – eine Symbolik, die sich in Sinnpaaren wie Norden-Süden, Sonne-Mond, Tag-Nacht oder männlich-weiblich erschließt und in vielen kultischen Religionen anzutreffen ist.

Besuch der Anlage: Die archäologische Stätte liegt nur wenige Meter vom Dorf Chavín entfernt. Um die unterirdischen Steinmetzarbeiten bewundern zu können, ist eine Taschenlampe sehr hilfreich, da die elektrische Beleuchtung gelegentlich ausfällt. An der Anlage warten in aller Regel lokale, meist nur Spanisch sprechende Guides, die ihre Dienste für 25 S/. (ca. 2 Std.) anbieten. ◷ tgl. 8–17 Uhr, Eintritt 11 S/., Studenten 50 % Ermäßigung. Im neuen **Museo Nacional de Chavín**, ◷ tgl. 9–17 Uhr, sind weitere Fundstücke der Chavín-Kultur zu bewundern.

Huari

Um von Chavín in das rund 40 km nördlich gelegene Huari zu gelangen, nimmt man entweder einen Direktbus oder ein Colectivo nach Pomachaca und steigt an der Kreuzung in ein Colectivo Richtung Huari um. Huari ist ein properes Dorf mit einer netten Plaza auf 3150 m Höhe, das zum Wandern einlädt. Abgesehen von Tagestouren entlang des Río Huari ist der Ort Ausgangspunkt für den zwei- bis dreitägigen Trek nach Chacas und die vier- bis sechstägige Tour auf dem Inkaweg nach Huánuco Viejo (s. u.).

Mit ein wenig Herumfragen, z. B. bei der Municipalidad, lässt sich ein Maultiertreiber mit Lasttieren organisieren. Die **Unterkünfte** und Restaurants in Huari sind einfach. Ganz annehmbar sind das **Tang Premium**, Guzmán Barron 325, ✆ 043-797779, ❷ und das bescheidenere **Hostal Paraíso**, Bolívar 263, ✆ 043 453029, ❶. Recht passables Essen (Menüs und á la carte) servieren die Restaurants **El Milagro**, San Martín 589, und **Luchito**, Bolivar 530, beide in Nähe der Plaza de Armas. ◷ beide ab 7 Uhr bis abends.

Wanderung von Huari nach Chacas

Die kurze, je nach Kondition zwei- bis dreitägige Wanderung eignet sich hervorragend als Einlaufstrecke für längere und anspruchsvollere Touren. Obendrein ist sie landschaftlich reizvoll und wird nur von wenigen Touristen begangen. Die Streckenlänge beträgt rund 33 km, wobei insgesamt etwa 1800 Höhenmeter zu überwinden sind. Der höchste Punkt ist der ca. 4500 m hohe San Bartolomé-Pass. Chacas liegt auf rund 3400 m Höhe.

Der erste Tag ist gleichzeitig der anstrengendste. Zunächst folgt man der Straße Richtung Norden bis zum Weiler Acopalca. Wenig später zweigt linker Hand eine Erdstraße zur **Laguna Purhuay** ab. Die Serpentinen lassen sich gelegentlich während des rund eineinhalbstündigen Anstiegs auf einem Fußpfad abkürzen. An dem wunderschönen See lohnt eine Rast, da der nun folgende Anstieg lang und steil ist. Der schmale Pfad verlässt den Bergsee in nordwestlicher Richtung. Nach rund 500 Höhenmetern ist das Schlimmste überstanden. Der Weg zieht sich ab hier nur noch mäßig ansteigend am Berghang entlang. Dabei eröffnen sich tolle Ausblicke ins Huari-Tal und auf die tief unten liegende Laguna Purhuay. Orchideen, Blaubeersträucher und andere Bergpflanzen säumen den Wegesrand, immer wieder bestehen sehr gute Zeltmöglichkeiten.

Am nächsten Morgen geht es stetig bergauf, bis der Weg in ein weiteres Tal führt. Einige Queñual-Wäldchen säumen die Strecke. Auf rund 4300 m wird ein rechter Hand liegender See passiert, bis nach einem Schlussanstieg der rund 4500 m hohe **San-Bartolomé**-Pass erreicht ist, von dem sich eine wunderschöne Fernsicht bietet. An einer kurz darauf folgenden Weggabelung hält man sich links (der rechte Pfad führt nach San Luís) und beginnt mit dem langen Abstieg Richtung Chacas, das sich bei frühem Start noch am gleichen Tag erreichen lässt. Wer es gemütlicher angehen lassen will, sollte sich auf rund 4000 m Höhe einen Zeltplatz suchen; darunter wird es schwieriger, etwas Adäquates zu finden.

Der weitere Abstieg Richtung Chacas zieht sich erstaunlich in die Länge, wovon die liebliche Berglandschaft aber schnell ablenkt. Nach einer Halbtagesetappe kommt Chacas am frühen Nachmittag in Sicht.

Die Wanderung kann von Chacas aus in nördlicher Richtung in zwei weiteren Tagen über die entlegenen Bergdörfer Acochaca und Sapcha sowie einen 4050 m hohen Pass bis Yanama weitergeführt werden. Dort besteht Anschluss an den Santa-Cruz-Wanderweg (s. S. 527)

Chacas

Das 3000-Seelen-Nest am Ostrand der Cordillera Blanca wäre wohl nur eines von vielen vergessenen Andendörfern, hätte es nicht vor rund 20 Jahren ein italienischer Salesianerpater erreicht. Er blieb und begann, den Ort auf 3366 m zu modernisieren. Er gründete die *Cooperativa Artesanal Don Bosco de Chacas*, in der Jugendliche aus der Region zu Holzschnitzern ausgebildet werden. Viele von ihnen bleiben in Chacas, machen sich selbstständig, und ihre Arbeiten sind an der großen Plaza zu bewundern, die von **wunderbar geschnitzten Holzbalkonen** umgeben ist.

Die Plaza ist auch Schauplatz des im August stattfindenden **Dorffestes** (Haupttag 15. August), bei dem sich die Plaza in eine Stierkampfarena verwandelt. Sehenswert ist der riesige, mit Blattgold überzogene **Holzaltar der Kirche**, der für den Ort ein wenig zu pompös wirkt. Das Original aus dem Jahr 1700 wurde 1993/1994 mit italienischer Hilfe restauriert. In Chacas haben sich inzwischen einige Dutzend Italiener niedergelassen, die im Rahmen von Freiwilligenprojekten helfen, den Lebensstandard der einheimischen Bevölkerung zu verbessern. Wie es scheint, hat man in Chacas das Weltliche und Religiöse zu aller Zufriedenheit verknüpft.

Übernachtung und Essen

Die Unterkünfte sind ebenso einfach wie das Essen.

Alameda, Lima s/n, ✆ 043-782838, ✉ hospedajealameda@yahoo.com. Zimmer mit Bad und warmen Wasser. ❷

Carina, Buenos Aires s/n, ✆ 043-782722, ✉ ramorchacasino@yahoo.com. Zimmer mit Bad und recht guten Betten, Frühstück möglich. ❷

Gute Forellen, Pastagerichte und ordentliches Frühstück mit tollem Blick serviert das **Restaurant El Mirador**, Barrio Alameda, 4 Blocks unterhalb der Plaza. ⏲ tgl. 9–21 Uhr.

Transport

HUARAZ (Transportes Renzo, Transportes Veloz) 2x tgl. morgens und gegen Mittag, 5 Std., 122 km, 25 S/. Fährt über die Punta Olímpica. Nichts für schwache Nerven, vor allem bei schlechtem Wetter! Die Strecke soll aber ausgebaut und asphaltiert werden.

HUARI mehrmals tgl., 3 Std., 54 km. Keine Direktbusse, umsteigen in San Luis.

LIMA Keine Direktbusse, umsteigen in Huaraz oder Huari.

SAN LUIS regelmäßig, 1 Std., 10 km.

Wanderung von Chacas nach Vicos

Für die ungefähr 40 km werden mindestens zwei Tage benötigt. Insgesamt sind rund 2400 Höhenmeter zu überwinden. Der höchste Punkt, der Passübergang Portachuela Honda, erreicht 4750 m Höhe. Von Chacas geht es zunächst bergauf in westlicher Richtung, bevor man südlich in das lang gezogene **Juitush-Tal** hineinläuft. Man sollte sich links vom Fluss halten, da die rechte Seite in einer sumpfigen Wiese und einem Geröllfeld endet. Inmitten des Tals liegt wunderschön die Vaquería Juitush, ein Gehöft, von dem aus Viehwirtschaft betrieben wird. Am Ende des Tals ragt der Gletscher des Nevado Rataquenua (5336 m) empor. Davor bieten sich auf der rechten Seite des Tals gute Zeltmöglichkeiten auf ca. 3900 m Höhe.

Ein deutlich sichtbarer Pfad steigt von dort auf der rechten Talseite hoch zur **Portachuela Honda** (4750 m), die an einigen schönen Wasserfällen vorbei in drei bis vier Stunden erreicht wird. Auf der anderen Seite wird das Gelände karger und trockener. Ein steiler und langer Abstieg (ca. 700 Höhenmeter) bringt den Wanderer in das Tal der Quebrada Honda bis zu einer Schotterpiste. Sie führt linker Hand zu einem kleinen See, an dem sich eine Mine befindet. Abseits der Straße, der man talabwärts folgt, bieten sich immer wieder Zeltmöglichkeiten. Mit etwas Glück wird man von gelegentlich verkehrenden Minenfahrzeugen mitgenommen, ansonsten muss man das lang gezogene Tal per pedes durchqueren.

Immer wieder trifft man auf Bauern und kleinere Siedlungen. Nach 18 langen Kilometern wird schließlich der Ort Vicos erreicht, von dem aus Busverbindungen nach Carhuaz und Huaraz bestehen.

In der Nähe von Vicos liegen die etwas heruntergekommenen Thermalquellen von Chancos, in denen man seinen müden Knochen ein wohlverdientes warmes Bad gönnen könnte. In Vicos selbst kann man bei Einheimischen übernachten und den Lebensalltag der Bauern aktiv kennenlernen. Organisiert werden die Touren von den Spezialisten für sozial verantwortlichen Tourismus **RESPONSible Travel Peru**, 28 de Julio 821, Huaraz, ✆ 043-427949, 💻 www.responsibletravelperu.org.

Pomabamba und Sihuas

Von Chacas aus gelangt man mit Kleinbussen über San Luis und Piscobamba nach Pomabamba am nördlichen Ende des Callejón de Conchucos. Der Ort eignet sich sehr gut als Start- oder Zielpunkt für diverse Treks in der Cordillera Blanca. Er verfügt über eine Bank, medizinische Versorgung und Thermalquellen in der Nähe. Es bestehen einfache Übernachtungsmöglichkeiten und Busverbindungen nach Huaraz über Yungay. Weiter Richtung Norden führt eine staubige Piste in vier Stunden über Palo Seco nach Sihuas auf 2730 m. Inzwischen ist es möglich, von Sihuas mit öffentlichen Verkehrsmitteln zur Pazifikküste zu gelangen (Chimbote und Trujillo) oder mehrmals wöchentlich weiter nördlich nach Huamachuco via Huancaspata, Tayabamba und Pataz, Ausgangspunkt der Wanderung zu den Ruinen von Abiseo (s. S. 478). Die Straße ist in schlechtem Zustand und sollte in der Regenzeit gemieden werden.

Übernachtung und Essen

In Pomabamba kann man im einfachen **Hostal Estrada Vidal**, Huaraz 209, ✆ 043-804615, nur kaltes Wasser ❶, und in Sihuas im **Hostal Lilian**, Ramón Castilla 125, ✆ 043-441247, mit oder ohne Privatbad und warmem Wasser, übernachten. ❶–❷

In beiden Orten gibt es einfache *comedores*.

Cordillera Huayhuash

Die Cordillera Huayhuash ist eine eigenständige Bergkette südlich der Cordillera Blanca, die zu einer der atemberaubendsten Trekkingregionen Perus zählt. Von der südlich von Huaraz gelegenen **Laguna Conococha**, erreicht man nach rund 13 km auf zunächst asphaltierter Straße am Mojón-Pass (4268 m) die Abzweigung nach Chiquián. Ab hier windet sich eine serpentinenreiche Asphaltstraße auf ca. 20 km hinab zur Hauptstadt der Provinz Bolognesi. Unterwegs eröffnen sich bereits schöne Ausblicke auf die Bergkette der Cordillera Huayhuash.

Chiquián

Der 5000 Seelen zählende Ort liegt oberhalb des Flusses Ainin auf rund 3400 m in einer beeindruckenden Berglandschaft. Mit seinen roten Ziegeldächern ist Chiquián ein sehr ruhiges und traditionelles Plätzchen, dessen Bewohner vorwiegend mit der Schaf- und Viehzucht sowie der Herstellung von Milchprodukten beschäftigt sind. Der einstmals blühende Trekking-Tourismus ist seit der Fertigstellung der Straße nach Llamac bzw. Matacancha stark rückläufig, denn viele Anbieter starten ihre Touren direkt von Huaraz aus. Dennoch lässt sich eine Huayhuash-Umrundung auch direkt in Chiquián buchen (s. „Übernachtung").

Übernachtung und Essen

Hotel Los Nogales de Chiquián, Comercio 1301, ✆ 043-447121, 💻 www.hotelnogaleschiquian.com. Geräumige Zimmer mit oder ohne (billiger) Bad in altem Kolonialgebäude. Schöner Garten, Cafetería, Internet, WLAN, Parkplatz und Tourservice. ❶–❷

Gran Hostal Huayhuash, 28 de Julio 400, ✆ 043-447049. Saubere, gute Zimmer mit oder ohne Bad und Warmwasser. Restaurant, Gepäckaufbewahrung, Tourservice, Wäscherei und Parkplatz. ❷

Viele kleine Restaurants mit günstigen Menüs liegen entlang der Comercio und der 2 de Mayo sowie in Plazanähe. Gute Mittagsmenüs bekommt man im **Gran Hostal Huayhuash**.

CORDILLERA HUAYHUASH UND CORDILLERA RAURA

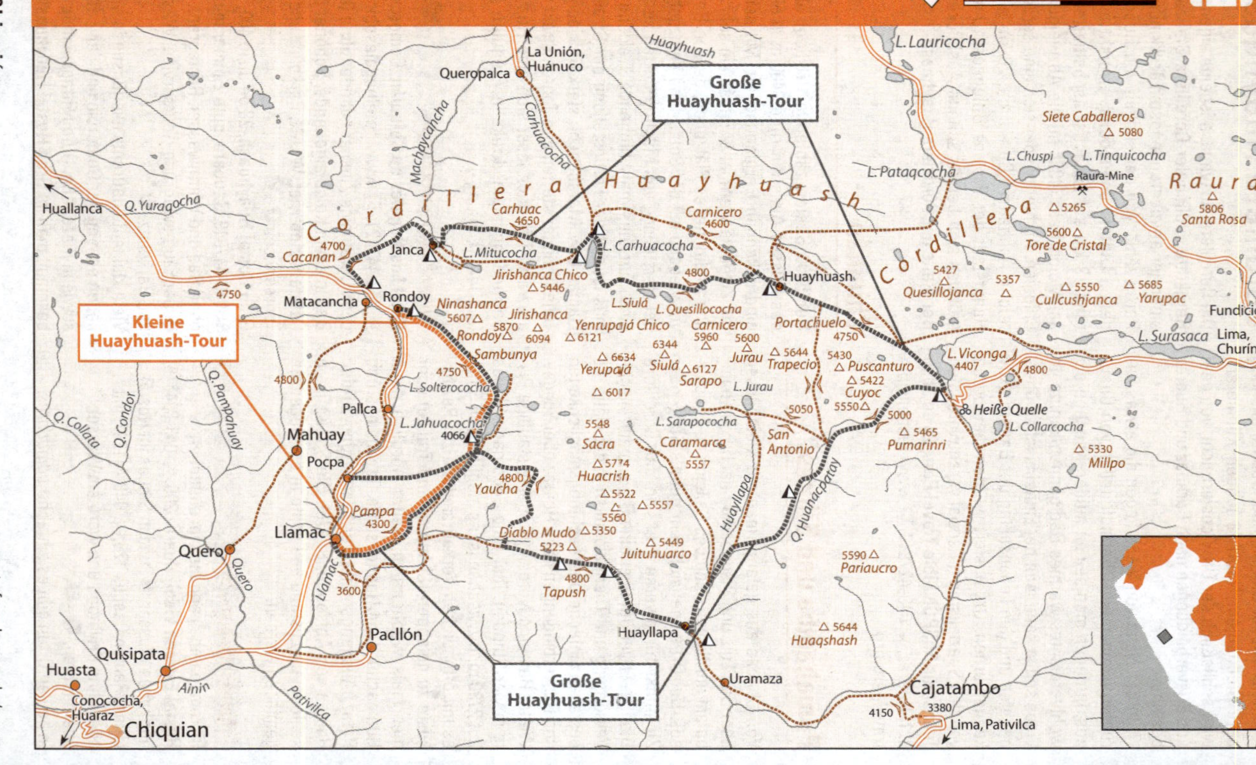

Sonstiges

Man sollte ausreichend Landeswährung mitbringen. **US-Dollar** in bar lassen sich in begrenztem Umfang in den besseren Hotels tauschen.
Die Hotels Los Nogales und Huayhuash organisieren **Trekkingtouren** in die Cordillera Huayhuash.

Transport

Busse und Micros
El Rápido, 28 de Julio 400, neben dem Gran Hostal Huayhuash, ✆ 043-447183
San Bartolomé, Dos de Mayo 291, ✆ 043-447109
Transportes Cavassa, Bolognesi 421, an der Plaza de Armas, ✆ 043-447036

Verbindungen
HUARAZ (El Rápido) um 4 und 14 Uhr, 3 Std., 110 km, 10 S/.
LA UNIÓN (Transportes Cavassa) um 17 Uhr, 4 Std., ca. 100 km, 15 S/. Fährt über HUALLANCA.
LIMA (Transportes Cavassa) um 9 Uhr, 8 Std., 366 km, 25 S/.
LLAMAC (San Bartolomé) um 9 und 17 Uhr, ca. 1 1/2 Std., 45 km, 7 S/. Der Bus fährt weiter bis POCPA (ca. 1/2 Std. mehr).
MATACANCHA (Ausgangspunkt für die große Huayhuash Umrundung), ca. 3 Std., 90 km. Es gibt nur Charterbusse (San Bartolomé nimmt rund 180 S/. für einen Combi mit etwa 8 Sitzplätzen).
PACLLÓN um 17 Uhr fährt ein Kleinbus.

Touren in der Cordillera Huayhuash

Wanderungen in der kleinen, aber feinen Gebirgskette mit ihren zahlreichen Sechstausendern gehören zu den spektakulärsten Trekking-Erlebnissen Perus.

Über **Chiquián** gelangt man mit öffentlichen Transportmitteln nach **Llamac**, einem möglichen Start- und Endpunkt vieler Huayhuash-Touren (ca. 1 1/2 Std. Fahrzeit), und weiter nach Pocpa, einer anderen Startmöglichkeit. Um nach Matacancha zu gelangen, dem üblichen Ausgangspunkt für die große Huayhuash-Umrundung, benötigt man ein Taxi ab Chiquián. Seltener als Ausgangspunkt für ein Huayhuash-Trekking werden die Orte **Pacllón** (südwestlich von Llamac), **Quero** (nördlich von Llamac), **Cajatambo** (am Westrand) oder **Queropalca** (am Ostrand von Huayhuash) genutzt.

Zwei- bis dreitägiges Trekking ab/bis Llamac zur Laguna Jahuacocha

Diese fantastische Trekkingroute ist denjenigen zu empfehlen, die keine Zeit für die große acht- bis zehntägige Huayhuash-Umrundung (s. u.) haben.

Llamac ist ein sehr rustikales Dorf mit äußerst einfachen Übernachtungsmöglichkeiten. Zelten kann man in aller Regel auf dem Fußballplatz, sollte aber um Erlaubnis fragen und vor dem Schlafengehen alle Sachen ins Zelt räumen. Die Grundstücke um den Ort sind alle in Privatbesitz. Wer dort zelten möchte, muss auf jeden Fall vorher den Besitzer kontaktieren. Maultiere und Treiber (ca. US$10 pro Tag für einen Maultiertreiber plus US$10 für ein Pferd oder US$5 für ein Maultier) bekommt man in Llamac problemlos. Der Großteil der Trekking-Verpflegung (der Maultiertreiber muss mitversorgt und ihm sollte ein eigenes Zelt gestellt werden) sollte von au-

Umständliches Bezahlen

Nachdem es in den vergangenen Jahren in Huayhuash zu einigen isolierten Zwischenfällen mit Überfällen auf Wanderer gekommen war, sind sich die dort lebenden Bauern inzwischen der Bedeutung des Trekking-Tourismus bewusst geworden. Sie bewachen die Strecke in Eigenregie und nehmen dafür gegen Quittung (gut aufheben!) Geld von den Wanderern, ebenso wie für das Benutzen der Zeltplätze. Die Gegenleistungen hierfür sind allerdings mehr als dürftig. Die „Schutzgebühr" beträgt je nach Gemeinde 10–35 S/. p. P., summiert sich für die große Runde auf rund 130–150 S/. und ist in der Regel nicht in den Komplettpreisen der Tourveranstalter enthalten!

ßerhalb mitgebracht werden, da das Angebot in Llamac und Chiquián beschränkt ist.

Zunächst fährt man mit dem Combi oder Taxi von Llamac vorbei an der Mine Pallca, die mit ihrer Zink- und Bleiförderung schon für ernste Umweltschäden gesorgt hat (S. 102) bis nach **Rondoy** (ca. 4150 m), wo man bei einem späten Start auch Zeltmöglichkeiten vorfindet. Von Rondoy steigt man in südöstlicher Richtung in das gleichnamige Tal auf, bis der rund 4750 m hohe **Sambunya-Pass** erreicht wird.

Für den nun folgenden Abstieg zur Laguna Solterococha sollte man sich Zeit nehmen – er ist sehr steil und stellenweise schwer zu gehen. Vom Gletschersee ist es dann nicht mehr weit zum etwas tiefer liegenden **Jahuacocha**, an dem in unglaublich schöner Lage gezeltet wird. Steil ragen am Talende die mächtigen Eisspitzen des Rondoy (5870 m), des Jirishanca (6094 m) und des mächtigen Yerupajá (6634 m), Perus zweithöchstem Berg, auf. In dem lieblichen Tal auf 4066 m Höhe weiden Schafe, und im kristallklaren Wasser der Laguna Jahuacocha tummeln sich zahlreiche Forellen. Insgesamt sind an diesem Tag rund 700 Höhenmeter zu überwinden, die Gehzeit liegt bei rund fünf bis sechs Stunden.

Am zweiten Tag (bei einem Ruhetag am Yahuacocha am dritten Tag) folgt man zunächst dem Tal, bevor rechter Hand ein Weg abzweigt, der sich malerisch durch kleine Queñalwälder zum 4300 m hohen **Punta Llamac-Pass** hoch windet. Wenig später kann man bereits tief unter sich das Dorf Llamac erkennen, das über einen langen, steilen, gestrüppreichen Abstieg erreicht wird. Die Gehzeit für diesen Abschnitt beträgt etwa vier bis fünf Stunden bei 250 Höhenmetern.

Große Huayhuash-Umrundung

Die Umrundung des gesamten Huayhuash-Gebirgsmassivs gehört zu den **spektakulärsten Trekkingtouren Perus**. Auf der je nach Streckenführung rund 140 km langen Strecke sind rund acht Pässe zwischen 4300–5000 m zu überqueren und insgesamt mehr als 6000 Höhenmeter zu überwinden. Daher sollten sich **nur geübte Wanderer**, die sich in einem guten gesundheitlichen Zustand befinden, an diese Tour heranwagen. Je nach Kondition kann die Strecke in acht bis zehn Tagen gelaufen werden.

Wer von La Unión kommt, kann über Queropalca in die Große Huayhuash-Runde einsteigen.

Wer die Trekkingtour in Cajatambo auf der Südseite der Cordillera Huayhuash beenden möchte, sollte daran denken, dass der Guide und gegebenenfalls auch die Maultiere bis Llamac bezahlt werden müssen.

Von der Laguna Viconga (3. oder 4. Wandertag) besteht die Möglichkeit, Richtung Osten in die Cordillera Raura hineinzuwandern. Eine wenig befahrene Straße führt nach Oyón. Von dort geht es über Churín (s. S. 456) zurück nach Lima.

Die große Huayhuash-Umrundung ist in den im Literaturteil (S. 686) aufgeführten Trekkingführern beschrieben und wird auch von verschiedenen Tourveranstaltern in Huaraz (S. 518) als organisierte Tour angeboten. Die Kosten liegen je nach Gruppenstärke bei US$350–1200 p. P. für acht bis neun Tage (alles inkl.). Bei darunter liegenden Angeboten muss man auf eine sehr große Gruppe, mäßige Verpflegung, defizitäre Ausrüstung und An-/Abreise in öffentlichen Verkehrsmitteln gefasst sein.

Von Chiquián nach Huánuco

Von Chiquián geht es zunächst Richtung Nordwesten zurück zur asphaltierten Hauptstraße. Diese verdankt ihre Existenz nur der gigantischen Kupfermine **Antamina**, die auf der Ostseite der Cordillera Blanca liegt. Auf dem Weg dorthin wird der 4720 m hohe **Abra Yanashalla** überquert, an dem sich eine Abzweigung Richtung Pastoruri-Gletscher und zu den Riesenbromelien *Puya Raimondi* (S. 514) befindet. Bei KM 72 zweigt die Straße rechter Hand ab und führt über die Mine Huansala zu dem auf 3450 m liegenden Ort **Huallanca**, der nach weiteren knapp 20 km erreicht wird. Am Ortseingang befindet sich eine große Stierkampfarena, am Ortsausgang ein Elektrizitätswerk. Dazwischen liegen dicht an dicht Lehmziegelhäuser, viele davon mit Ichu-Gras gedeckt. Von hier aus fahren regelmäßig Colectivos nach La Unión, wo man Richtung Huánuco umsteigen muss. Es besteht eine einfache touristische Infrastruktur.

Nach weiteren 20 km entlang des schönen Río Vizcarra auf schlechter Schotterpiste kommt **La Unión** in Sicht, der größte Ort zwischen Huaraz und Huánuco. Das geschäftige Städtchen auf 3250 m liegt rund 400 km nordöstlich von Lima, hat aber bis auf eine alte Kolonialbrücke keine weiteren Sehenswürdigkeiten.

War die Region vor La Unión durch karge Berglandschaften geprägt, so nimmt im weiteren Verlauf der Strecke Richtung Huánuco die Besiedlung zu. Kleine Dörfer und terrassierte Berghänge werden entlang der Straße passiert, die einen weiten Bogen Richtung Norden macht, bevor sie bei KM 108 nach der Abzweigung Richtung **Tantamayo** (s. „Die Umgebung von Huánuco") östlich über Chavinillo und einem 3900 m hohen Pass nach Huánuco führt, das nach 137 km erreicht wird. Sehr malerisch wirken die zu großen Bündeln zusammengeschnürten Maiskolben, die in den Sommermonaten in fast allen Dörfern zum Trocknen ins Freie gehängt werden.

Übernachtung und Essen

Gran Hostal Abilia Alvarado, Comercio 1196, La Unión, kein Telefon. Sehr abgewohnte Zimmer mit/ohne Bad. Restaurant, Parkplatz. ❶
Weitere einfache Hostales liegen entlang der Hauptstraße.
Einfache **Restaurants** finden sich im Marktbereich.

Transport

Alle Busse fahren vom **Terminal Terrestre** am Ortsausgang von La Unión, aus Huallanca kommend, ab. Einige Busunternehmen unterhalten Büros entlang der Comercio.

Busse und Colectivos verkehren nach:
CHIQUIÁN (Cavassa) 3 Std., ca. 100 km, 10 S/. Der 5-Uhr-Bus nach Lima fährt über Chiquián. Ansonsten muss man bis Huallanca fahren und dort den El-Rápido-Bus nach Huaraz nehmen (fragen, ob er über Chiquián fährt, sonst am Bypass Chiquián aussteigen und mit einem Combi weiter nach Chiquián).
HUALLANCA Combis fahren vom Busterminal, wenn sie voll sind (3/4 Std., 20 km, 3 S/.).
HUÁNUCO mehrmals tgl. (meist früh morgens), 7 Std., 137 km.

Wandern auf der alten Inkastraße

Von Huánuco Pampa (auch Huánuco Viejo, s. u.) kann man auf der alten **Inkastraße Capac Ñan**, die einst Cusco mit Quito verband und stellenweise sehr gut erhalten ist, in fünf bis sechs Tagen nach Huari (s. S. 535, Richtung Norden) und nach Yanahuanca (Richtung Süden, s. S. 420) wandern. Der Fair-Reisen-Veranstalter Respons mit Sitz in Huaraz (s. „Huaraz/Touren", S. 518) wandert mit seinen Gruppen ein dreitägiges Teilstück der Nordroute, Stichwort *Inka Naani.*

HUÁNUCO VIEJO Combis Richtung Baños fahren ab der Comercio (um 6 und 13 Uhr, für einen Sitzplatz früh da sein, ca. 1 Std.). Zurück passieren die Combis die Ruinen gegen 11 und 16 Uhr.
HUARAZ (El Rápido) um 4 Uhr (ab Huallanca um 5.30 und 13 Uhr), 4 1/2 Std., 211 km, 15 S/.
LIMA um 5 Uhr (Cavassa) und mehrmals tgl. am späten Nachmittag (mehrere Anbieter), 10 Std., 408 km, 25–30 S/.
TANTAMAYO tgl. mehrere Sammeltaxis und Busse (5–6 Std.) oder alternativ Bus Richtung Huánuco bis TINGO CHICO (ca. 1 Std.) und von dort weiter.

Huánuco Viejo

Nur rund 11 km südwestlich von La Unión liegen die interessanten Inkaruinen Huánuco Viejo, auch Huánuco Pampa genannt. 🕓 tgl., 4 S/. Auf einer Hochfläche befindet sich eines der am besten erhaltenen Verwaltungszentren der Inkas. Durch das Fehlen architektonischer Sachzwänge wie etwa in Machu Picchu konnte sich die Stadt über rund 14 km² in einer Ebene auf rund 3600 m Höhe ausbreiten. Von den rund 1000 klassifizierten Gebäudestrukturen sind heute noch mehrere gut erhalten und rund um einen zentralen Platz von 540 x 370 m angelegt. Dieser wird von der königlichen **Inkastraße** durchkreuzt, die im Süden Richtung Yanahuanca und im Norden Richtung Huari verläuft. Im Süden der Anlage liegen etwa 500 **Qolqas**, Lagerräume für Lebensmittel.

CAJAMARCA, CHACHAPOYAS UND TARAPOTO

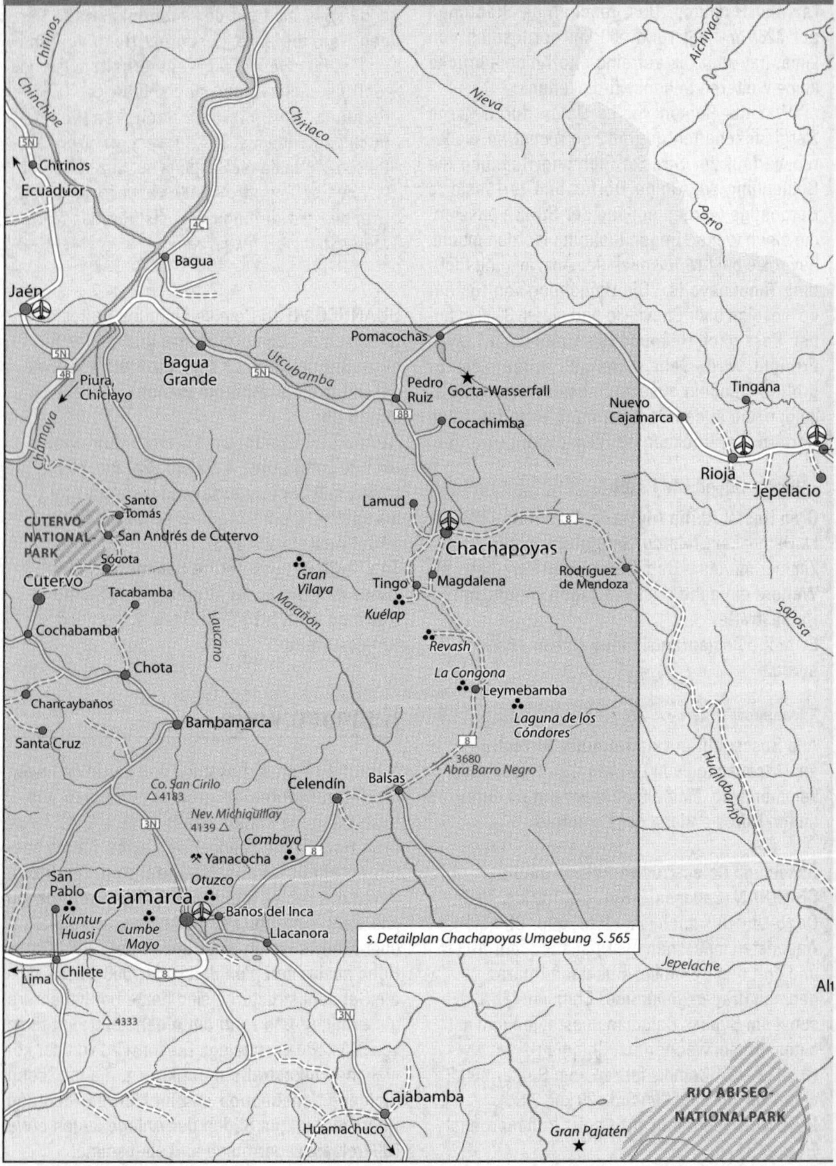

Chirinos
Chinchipe
Chiriaco
Nieva
Aichiyacu
Potro
5N
Chirinos
Ecuaduor
4C
Bagua
Jaén
5N
4B
Piura, Chiclayo
Bagua Grande
5N
Utcubamba
Pomacochas
Pedro Ruiz
Gocta-Wasserfall
8B
Cocachimba
Nuevo Cajamarca
Tingana
Rioja
Jepelacio
Chamaya
Santo Tomás
CUTERVO-NATIONAL-PARK
San Andrés de Cutervo
Sócota
Cutervo
Tacabamba
Cochabamba
Chota
Chancaybaños
Santa Cruz
Bambamarca
Laucano
Gran Vilaya
Marañon
Lamud
Chachapoyas
8
Tingo
Magdalena
Kuélap
Rodríguez de Mendoza
Saposa
Revash
La Congona
Leymebamba
Laguna de los Cóndores
8
3680
Abra Barro Negro
Huallabamba
Co. San Cirilo
△ 4183
Nev. Michiquillay
4139 △
Celendín
Balsas
3N
Combayo
Yanacocha
8
Otuzco
San Pablo
Kuntur Huasi
Cajamarca
Cumbe Mayo
Baños del Inca
Llacanora

s. Detailplan Chachapoyas Umgebung S. 565

Jepelache
Alt
Lima
Chilete
8
△ 4333
3N
Cajabamba
Huamachuco
RIO ABISEO-NATIONALPARK
Gran Pajatén

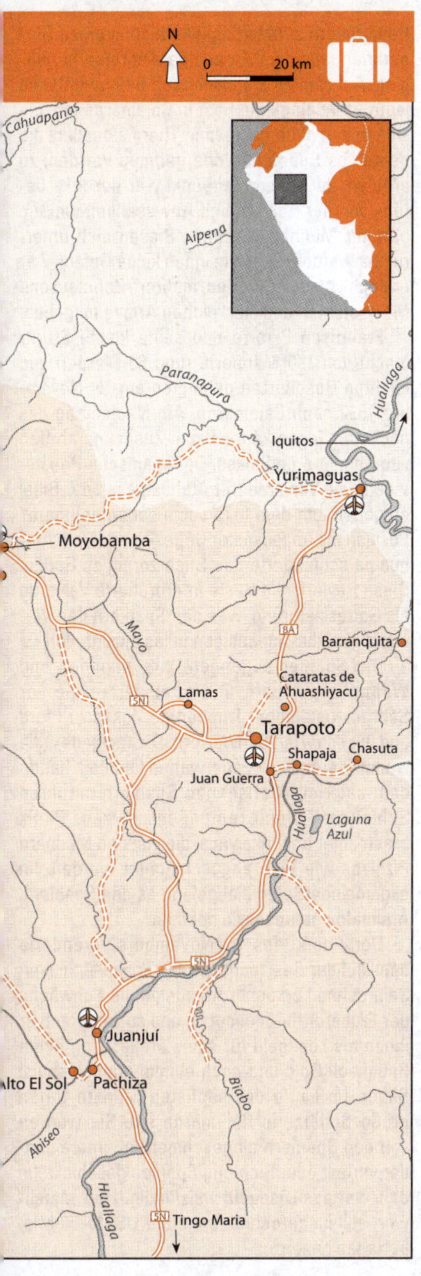

Im Zentrum der Anlage steht auf einer Plattform das **Ushnu**, der Inkathron, umrahmt von einer Mauer aus perfekt gearbeiteten Steinquadern. Drei Tore in Trapezform, eines mit Pumas verziert, künden ebenfalls von der Steinmetzkunst der Inkas. Gut erhalten ist ein **Palast**, den der Inka während seiner Reisen als Unterkunft benutzte.

Anfahrt: Hinter dem Markt von La Unión beginnt ein steiler Fußweg nach Huánuco Viejo, über den man die Anlage in rund zwei bis drei Stunden erreichen kann. Wer sich mit dem Taxi hochbringen lässt und zu Fuß zurückkehrt, zahlt 35 S/., Hin- und Rückfahrt inkl. Wartezeit kosten 50 S/. (Combis s. „La Unión/Transport"). Für passionierte Wanderer ist Huánuco Viejo bzw. La Unión der ideale Ausgangspunkt, um in menschenleerer Landschaft den Spuren des alten Inkawegs **Capac Ñan** (s. Kasten S. 541 und Yanahuanca S. 420) zu folgen.

Nordperu

Von Cajamarca nach Chachapoyas

Wer die notwendige Zeit und das Sitzfleisch mitbringt, sollte sich dieses spektakuläre Stückchen Peru nicht entgehen lassen. Vor allem das Teilstück zwischen Celendín und Leymebamba macht Reisende mehr als nur einmal sprachlos ob der gewagten Pistenführung und der eindrucksvollen Landschaft.

Cajamarca

20 km nördlich von Pacasmayo an der Pazifikküste zweigt die asphaltierte Hauptroute **RN 8** nach Cajamarca ab. Vorbei an ausgedehnten Reisfeldern beginnt der Anstieg in die Berge. Auf ca. 400 m Höhe liegt beim Ort Tembladera der große **Stausee Gallito Ciego**, auf dem man windsurfen kann. In Seenähe befindet sich ein einfacher Campingplatz. Im weiteren Verlauf passiert die Straße das Zuckerrohrgebiet um den Ort **Magdalena**; das Verkaufsangebot am Straßenrand spricht für sich.

Immer steiler und serpentinenreicher quält sich der Weg bergauf, passiert die Passhöhe **Abra de Gavilán** auf rund 3100 m und fällt schließlich in das Tal von Cajamarca ab, das nach 177 km erreicht wird.

Die **attraktive Kolonialstadt** liegt auf 2750 m Höhe und hat rund 200 000 Einwohner. Trotz der Höhe besitzt Cajamarca ein angenehmes Klima mit Temperaturen zwischen 6 und 23 °C. Ungeachtet seiner interessanten Geschichte (s. u.), seiner freundlichen Bewohner und den Sehenswürdigkeiten der Umgebung liegt der Ort abseits der Touristenpfade und wird außerhalb der Hauptsaison zwischen Juni und September nur von wenigen Reisenden aufgesucht. Für die Einheimischen hingegen ist Cajamarca ein wichtiger **Handelsplatz**, unschwer zu erkennen an den lebhaften Märkten und dem geschäftigen Treiben in den engen Straßen der Stadt.

Cajamarca boomt, denn westlich der Stadt befindet sich **Yanacocha**, Perus größte und die weltweit zweitgrößte Goldmine (s. Kasten, S. 548). Fast alles in Cajamarca dreht sich um die hochprofitable Mine, die ganze Berghänge im Tagebau abtragen lässt, um an das begehrte Edelmetall zu gelangen. Dies geschieht leider auf Kosten der Bauern der Umgebung und der Trinkwasserversorgung bzw. -qualität. Gold war, ist und bleibt der Fluch Cajamarcas.

Geschichte

Spuren erster sesshafter Kulturen im fruchtbaren Tal von Cajamarca gehen zurück bis rund 1500 v. Chr. Beeinflusst von der Chavín-Kultur, entwickelte sich die **Caxamarca-Kultur** zwischen 500–1000 n. Chr. Unter Pachacútec eroberten die Inkas die Region und integrierten sie in ihr riesiges Reich. Aus Cajamarca wurde ein wichtiger Standort zwischen Quito und Lima entlang des Inkawegs mit militärisch-strategischer und religiöser Bedeutung. Während dieser Zeit wurden eine Vielzahl von Tempeln und Palästen konstruiert, von denen außer dem berühmten Cuarto del Rescate (Lösegeld-Raum) nicht mehr allzu viel erhalten ist.

Nach dem Tod des Inkaherrschers Huayna Capac im Jahr 1525 wurde das Inkareich zwischen seinen beiden Söhnen **Atahualpa** und **Huascar** aufgeteilt. Ein Streit zwischen den Halbbrüdern stürzte das Inkareich in einen Bürgerkrieg, aus dem Atahualpa siegreich hervorging. Auf seinem Siegesmarsch Richtung Cusco legte Atahualpa eine Rast in Cajamarca ein, um sich in den nahe gelegenen Thermalquellen, die heute Los Baños del Inca genannt werden, zu erholen. Zu diesem Zeitpunkt war der Inka bereits von der Ankunft und Anwesenheit weißer, bärtiger Männer in seinem Riesenreich unterrichtet worden. Er sah in ihnen keine Gefahr, war er doch von einer großen, mehrere Zehntausend Mann starken und siegreichen Armee umgeben.

Francisco Pizarro und seine kleine Streitmacht von 160 Männern, rund 60 Pferden und leichten Geschützen gelangten am 15. November 1532 nach Cajamarca. Am Nachmittag des nächsten Tages kam es zum Zusammentreffen von Spaniern und Inkas. Der spanische Priester Vicente de Valverde trat Atahualpa mit der Bibel entgegen, um dem Inka seine „unanfechtbare" Position als Abgesandter Gottes zu erklären. Atahualpa schleuderte das Buch zornig zu Boden. Diese frevlerische Geste interpretierte Valverde als Gotteslästerung, was den Spaniern den Vorwand gab, die ungläubigen Inkas anzugreifen.

Die Spanier begannen, ihre Kanonen und Waffen abzufeuern und attackierten die vor Schreck gelähmten Truppen der Inkas zu Pferd und mit scharfen Schwertern. Die Indígenas, die weder Pferde noch Feuerwaffen kannten, hatten den materiell überlegenen Spaniern mit ihren Schleudern wenig entgegenzusetzen. Panik brach unter den Inkas aus, die von den Männern Pizarros wie Vieh abgeschlachtet wurden. Im allgemeinen Getümmel gelang es den Spaniern, **Atahualpa gefangen** zu nehmen.

Der Abend des 16. Novembers veränderte den Lauf der Geschichte Südamerikas für immer: Sehr schnell erkannte Atahualpa die Schwäche der Eroberer für Edelmetall, und so versprach er ihnen als Lösegeld für seine Freilassung einen Raum voll Gold und noch einmal doppelt soviel Silber. Im Laufe der nächsten Monate trafen große Schätze in Cajamarca ein. Sie wurden von den Spaniern eingeschmolzen, untereinander verteilt oder Richtung Spanien geschickt. Im Juni war das **Lösegeld** vollständig – der Metallwert soll umgerechnet ungefähr US$40–50 Mio. betragen haben.

Atahualpa begann zu vermuten, dass die Spanier ihn trotz der Zahlung nicht freilassen würden. Er schickte heimlich Nachrichten zu seinen Truppen mit der Aufforderung, ihn zu befreien. Die Spanier erfuhren von dem geplanten Befreiungsversuch und verurteilten den Inkaherrscher zum Tod auf dem Scheiterhaufen. Kurz vor seiner **Hinrichtung** ließ sich Atahualpa christianisieren, worauf er von Pizarro zum Tod durch Erdrosseln „begnadigt" wurde. Der Inka starb am 26. Juli 1533 durch die Garotte. Sofort nach seinem Tod ernannten die Spanier **Tupac Huallpa**, einen jüngeren Bruder Huascars, zum neuen Inkaherrscher. Doch dieser starb während des

Marsches Richtung Cusco. Bis zu ihrem Eintreffen in Cusco trafen die Spanier auf keinen nennenswerten Widerstand mehr.

Sehenswertes

Auf der weitläufigen Plaza de Armas, dem Zentrum der Stadt, treffen sich die Bürger abends gern zum Flanieren. Der achteckige, aus einem Felsstück gehauene Brunnen mit seiner fast 6 m hohen Säule stammt aus dem späten 17. Jh. Leider lassen profilierungssüchtige Politiker die Plaza in regelmäßigen Abständen umbauen, sodass die Bürger recht häufig vor einem hohen Zaun stehen. An der Westseite der Plaza steht die **Kathedrale**. Das aus Vulkangestein errichtete Bauwerk beeindruckt mit einer filigran gearbeiteten Barockfassade, wurde im 16. Jh. begonnen, erst 1960 vollendet und 2004 restauriert. Während der Kolonialzeit verzichtete man auf einen Glockenturm, um die Steuerzahlungen auf fertige Kirchen an die spanische Krone zu umgehen. Das Innere ist bis auf den churrigueresken Altar recht schlicht. Die harmonische Ansicht der Kathedrale wird allerdings durch ein direkt neben dem kolonialen Bauwerk errichtetes modernes Luxushotel empfindlich gestört.

Gegenüber der Kathedrale steht die **Iglesia San Francisco**, die aus dem späten 17. Jh. stammt und wegen ihrer Barockaltäre einen Blick lohnt. Nebenan befindet sich die **Capilla de la Dolorosa**, die Kapelle der Leidenden (Maria), eines der schönsten Beispiele indianischer Steinmetzkunst. In der außen und innen attraktiv gestalteten Kapelle ist ein kleines religiöses Museum untergebracht. ◷ Mo–Sa 10–12, 16–18 Uhr.

Nicht weit davon entfernt liegt in der Amalia Puga 750 das einzige Relikt der Inkazeit, das **Cuarto del Rescate**. Ob dieser Raum tatsächlich bis zur Höhe der ausgestreckten Hand Atahualpas mit Lösegeld gefüllt wurde oder schlicht als Gefängniszelle diente, ist weiter ungeklärt. Eine später angebrachte Linie zeigt die angebliche Höhe an. Zu sehen ist heutzutage außer den für die Architektur der Inkas typischen trapezoiden Nischen und Türrahmen nicht viel. ◷ Di–Sa 9–13, 15–18, So 9–13 Uhr, Eintritt 5 S/. (berechtigt ebenfalls zum Eintritt in die Belén-Kirche und die Museen des Conjunto Monumental Belén; keine Einzeleintritte möglich).

Im **Conjunto Monumental Belén**, dem sehenswerten Klosterkomplex des Bethlehemiter-Ordens, sind verschiedene Institutionen untergebracht, darunter die Touristeninformation und das Nationale Kulturinstitut INC. Der Klosterbereich beherbergte einst ein Krankenhaus. Einige Relikte aus dieser Zeit sind im kleinen **Museo Médico** zu sehen.

Oberhalb des Conjunto Monumental Belén liegt das **Museo Arqueológico y Etnográfico**. Dort erhält man einen guten Eindruck von der Volkskultur Cajamarcas. Ausgestellt sind unter anderem traditionelle Kleidung, Kunsthandwerk aus Holz, Leder, Knochen und Stein sowie Musikinstrumente.

◷ Alle Museen Di–So 9–13, 15–18 Uhr, 5 S/. Das Ticket bekommt man am Eingang zur Belén-Kirche im Inneren des Conjunto Monumental Belén. Es berechtigt ebenfalls zum Eintritt ins Cuarto del Rescate.

Einen Blick wert sind auch die zahlreichen Kolonialhäuser *(Casonas)* mit ihren schönen Innenhöfen und Portalen. Ein gutes Beispiel ist die frei zugängliche **Casa Conde de Uceda** an der Apurímac, Ecke Lima, die von der Banco de Crédito restauriert wurde.

Der steile Aufstieg über die konvex und konkav angelegten Stufen auf den **Cerro Santa Apolonia** lohnt die Mühe. Von dem kleinen Hügel hat man einen sehr schönen Blick auf die Stadt und das sie umgebende Tal. Eine kleine Kapelle ist der Virgen de Fatima gewidmet, und auf einer polierten Steinfläche, dem **Silla del Inca**, soll einst der Inkaherrscher Platz genommen haben. Von der Plaza aus führt die Avenida Dos de Mayo direkt auf den Aussichtshügel.

Interessant ist auch das **Museo Arqueológico Nacional Horacio H. Urteaga**, Batán 289, das von der Universidad Nacional de Cajamarca verwaltet wird und Fundstücke verschiedener prähispanischer Völker, darunter die Cajamarca-, Chimú- und Huari-Kulturen, präsentiert. Nach den erotischen Mochica-Keramiken müssen Besucher fragen. Sie werden, wie es sich für ein katholisches Land gehört, in einem Schrank verschlossen aufbewahrt. ◷ Mo–Fr 7.30–13.30 Uhr, gratis.

Auf dem großen **Mercado Central** in der Amazonas herrscht viel Betrieb, dort kann man günstig einkaufen. Lokale Produkte sind fein gearbeitete Strohhüte *(Sombreros de paja)*, Satteltaschen aus Wolle oder Baumwolle *(Alforjas)* oder Eukalyptushonig *(Miel de eucalipto)*.

Übernachtung

Hostal Maris, Apurimac 877, ✆ 076-364799. Kleines Hotel mit günstigen Zimmern mit Bad und TV. ❷

Hospedaje Belén, Belén 642, ✆ 076-312515, ✉ hrbelen@hotmail.com. Billige Übernachtungsmöglichkeit im Zentrum mit schlichten Zimmern mit ordentlichen Matratzen und Gemeinschaftsbad mit Elektrodusche. ❷

Hostal Samari, Av. Luis Rebaza Neyra 197, gegenüber von Cruz del Sur, ein Block entlang der Ancash, ✆ 076-367824, ✉ samarihostal@hotmail.com. Günstige Option für diejenigen, die bei den Busterminals übernachten wollen. Zimmer mit Bad, TV und WLAN ❷

Hostal Plaza, Amalia Puga 669, ✆ 076-362058. Altes Holzgebäude mit großen, günstigen Zimmer mit Bad und TV, wahlweise mit Balkon zur Plaza de Armas (laut!) oder günstigere Zimmer, die innen liegen. Außerdem Zimmer mit Toilette und Gemeinschaftsdusche oder -bad (ohne Bad billiger). ❶–❷

Posada Belén, del Comercio 1004, ✆ 076-340681, ✉ posadabelen@hotmail.com. Gute Lage an der Westseite der Plaza. Saubere, gemütliche Zimmer mit Bad, Telefon und TV. WLAN. ❸

Hostal Santa Apolonia, Amalia Puga 649, an der Plaza de Armas, ✆ 076-367207, ✉ hostalsantaapolonia@hotmail.com. Einige der sauberen Zimmer mit Blick zur Plaza, TV und heißem Wasser 24 Std. Internet. ❸

Hostal Portada del Sol, Pisagua 731, ✆ 076-363395, 💻 www.hostalportadadelsol.com. Ruhig gelegenes Haus im Kolonialstil. Geräumige Zimmer mit Parkettfußboden, Internet und Café im Innenhof. Frühstück inkl. ❹

Hotel Cajamarca, Dos de Mayo 311, ✆ 076-362532, ✉ hotelcajamarca@gmail.com. Im Kolonialstil mit Innenhof und angenehmen Zimmern mit Bad, Teppichboden und TV. Das Hotel verfügt über das ausgezeichnete **Restaurant Los Faroles**, Parkplatz, WLAN und Tourservice. Frühstück inkl. ❹

El Portal del Marqués, del Comercio 644, ✆ 076-368464, 💻 www.portaldelmarques.com. Kleines Hotel im Kolonialstil, dessen hübsche Zimmer um einen Innenhof gruppiert sind. WLAN und Restaurant. Frühstück inkl. ❹

Schlafen und helfen

Wer in der **Hospedaje Los Jazmines**, Amazonas 775, ✆ 076-361812, ✉ hospedajelosjazmines@yahoo.com, übernachtet, unterstützt auf diese Weise Behindertenprojekte in der Region. Diese werden vom Projekt Cajamarca 💻 www.projekt-cajamarca.de, gefördert, dessen Büro sich ebenfalls im Hotel befindet und Auskünfte über Praktikantenaufenthalte und Freiwilligenarbeit erteilt. Das Hotel besitzt einen schönen Innenhof, einfache Zimmer mit Holzfußboden, einige ohne Bad (billiger) und warmes Wasser 24 Std. Außerdem gibt es WLAN und die **Espresso Bar Los Jazmines** (s. S. 548). Im Café und im Hotel arbeiten Behinderte und alleinerziehende Mütter. ❷–❸

Essen

Die Gegend um Cajamarca ist für ihre **hochwertigen Milchprodukte** bekannt. Leckerer Käse, der zum Besten gehört, was Peru in diesem Bereich anbietet, wird ebenso wie Joghurt in vielen Läden verkauft. Zu weiteren **Spezialitäten** gehören: *Picante papas con cuy frito* (gebratenes Meerschweinchen mit Kartoffeln), *Chicharrón con mote* (Schweinefleisch mit gekochtem Mais), *Humitas* (gekochter süßer Mais, gefüllt mit Rosinen und Zimt, eingewickelt in Maisblätter) und *Chupe verde* (Kartoffel-/Spinatsuppe). Als Nachtisch wird gern *Quesillo con miel* (Frischkäse mit Honig) gegessen.

Café Oasis, Amalia Puga 828. Bei Einheimischen beliebtes Café und Familienrestaurant mit breitem Speisenangebot. Gute vegetarische Lasagne. 🕒 tgl. 7.30–23 Uhr.

Cascanuez, Amalia Puga 554, unterhalb der Kathedrale. Gemütliches Café mit nicht ganz billigen leckeren Kuchen und Süßspeisen. Das Frühstück ist eher dürftig. 🕒 tgl. 7.30–24 Uhr.

El Batán, El Batán 369. Gemütliches Restaurant mit reichhaltiger Auswahl und angeschlossener

Kunstgalerie, gelegentlich Livemusik. ⏲ 10–23, So 10–18 Uhr.
El Marenguito, Junin 1184. Leckere Holzofenpizzas. ⏲ tgl. 19–23 Uhr.
Espresso Bar Los Jazmines, in der gleichnamigen Hospedaje (s. Kasten S. 547), serviert hervorragenden Kaffee und leckeren Kuchen.
Helados Holanda, Amalia Puga 657, Plaza de Armas. Leckeres Eis aus lokalen Fruchtsorten. Das Unternehmen beschäftigt Behinderte und hat Filialen in Baños del Inca und im Centro Comercial El Quinde.
Las Tullpas, Dos de Mayo, Ecke Comercio, an der Plaza. Verschiedene Gerichte und Mo–Fr Mittagsmenüs. ⏲ tgl. 8–23 Uhr.
Nature's Center, Amalia Puga, Ecke Tarapacá. Billige vegetarische Menüs mittags und abends. ⏲ Mo–Do 8–14, 17–20, Fr und So 8–14 Uhr.

Goldmine Yanacocha – mehr Fluch als Segen?

1993 begann die US-amerikanische **Newmont Mining Corporation** – der weltweit größte Goldproduzent – mit dem Abbau von Gold rund 20 km nördlich der Stadt Cajamarca. Yanacocha ist heute die zweitgrößte Goldmine der Welt. Die internationale Finanzwelt feiert Yanacocha als Erfolgsstory, denn die profitable Mine produziert die Unze Gold zu US$200 und setzt sie auf dem Weltmarkt für bis zu als US$1700 ab.
Für viele Campesinos hingegen bedeutet der moderne Goldabbau die Zerstörung ihrer Lebensgrundlagen und Verarmung. Die Aktivitäten von Yanacocha konzentrieren sich in Höhenlagen zwischen 3500 und 4200 m, dem Einzugsgebiet vier wichtiger Flüsse. Zahlreiche Kleinbauern nutzen das Land in dieser Höhenlage für extensiven Ackerbau und Viehzucht.
Das Gold wird im Tagebau, unter Einsatz großer Mengen an Blausäure, aus dem zerkleinerten Gestein herausgewaschen. Dabei kommt es immer wieder zu **Verschmutzungen** des Bodens und des Wassers. Fischsterben in den Flüssen ist die Konsequenz. Die Campesinos klagen zudem über Viehsterben, Umweltverschmutzung und die Verringerung der verfügbaren Wassermenge für die Landwirtschaft.
Protestieren die Kleinbauern in Cajamarca gegen die Mine, werden sie oft von starken Polizeikontingenten empfangen. Nicht selten kommt es dabei zu Auseinandersetzungen zwischen brutal dreinschlagenden Polizisten und wehrlosen Campesinos. Die lokale Presse, die von Yanacocha monatlich Zahlungen empfängt, hüllt sich in Schweigen.
Für die ländliche und städtische Bevölkerung von Cajamarca bedeutet die Anwesenheit der Mine – neben Jobmöglichkeiten für wenige – vor allem eine Zunahme des Schwerlastverkehrs, starkes Bevölkerungswachstum, Zunahme der Kriminalität, der Prostitution und diverser Haut-, Augen- und Lungenkrankheiten. Yanacocha ist zum stärksten gesellschaftlichen und politischen Destabilisierungsfaktor der Region avanciert.
Dies zeigte sich einmal mehr im November 2011, als es zu wochenlangen **Protesten** mit Toten und Verletzten gegen das neue Minenprojekt Conga in der Provinz Cajamarca kam, das Präsident Humala sogar vorübergehend zwang, den Ausnahmezustand über die Region zu verhängen. Die Newmont Mining Corporation, Hauptteilhaber von Conga, sah sich schließlich gezwungen, das Projekt zunächst zu suspendieren. Bei Conga handelt es sich mit einem Volumen von 4,8 Mrd. US$ um das investionsträchtigste Bergbauvorhaben der kommenden Jahre. In den Distrikten Huasmín, Sorochuco und Cajamarca werden Reserven von rund 12 Mio. Feinunzen Gold und 3,1 Billionen Pfund Kupfer vermutet. Die einheimische Bevölkerung fürchtet hingegen um die Reinheit und Verfügbarkeit ihrer Wasserquellen.
Wer mehr über die Machenschaften von Yanacocha wissen möchte, dem sei der auf über 20 Filmfestspielen ausgezeichnete **Dokumentarfilm** *Operation Teufel* empfohlen (Info und Kauf unter 💻 www.guarango.org/diablo/menu-al.html).

Jonas Lambrigger und Frank Herrmann

Salas, Amalia Puga 637, an der Plaza de Armas. Im großen Saal werden lokale Spezialitäten aufgetischt. Das Lokal ist dank seiner reichlichen Portionen zu vernünftigen Preisen beliebt bei Einheimischen und hat eine neuere Zweigstelle in der Cruz de Piedra 639. ◷ tgl. 7–22 Uhr.

Unterhaltung und Kultur

Die kleine, sympathische **Peña Usha Usha**, Amalia Puga 142, ist mit ihrer Livemusik eine Institution in Cajamarca. ◷ Di–Sa ab 21 Uhr.
El Brujo, Apurímac 519, und **Gruta 100**, s. Santistevan 100, sind beliebte Bars und Discos.
Im **El Batán** (s. „Essen") ertönt gelegentlich Livemusik.

Einkaufen

Supermarkt, in der Amazonas 780, gegenüber von Hospedaje Los Jazmines.
El Quinde Shopping Plaza, Hoyos Rubio, Block 7, Richtung Flughafen, 💻 elquinde.com. Großes Einkaufszentrum mit Supermarkt, Banken und Fressmeile.

Touren

Rund um die Plaza liegen die Büros verschiedener Touranbieter, die sich in Preis und Angebot (Stadtrundgang Cajamarca, Cumbemayo, Ventanillas de Otuzco, Kuntur Wasi und Wanderungen, u. a. auf dem Inkaweg) sehr ähneln. Nicht alle haben englischsprachige Guides (vorher abklären).
Cumbe Mayo Tours, Amalia Puga 635, ✆ 076-362938, ✉ cmtours@hotmail.com.

Sonstiges

Feste

Februar/März: neben Puno der sehenswerteste **Karneval** in Peru. Tagelange ausgelassene Feiern mit Umzügen, Tänzen, Musikgruppen, Wahl des Karnevalskönigs *Rey Momo* und der Prinzessin. Touristen sollten damit rechnen, schon einen Monat vor der Karnevalswoche mit Wasser, Mehl oder sogar rohen Eiern beworfen zu werden! Nach der Verbrennung des *Rey Momo* tanzt die Bevölkerung ausgelassen um geschmückte Bäume *(Unshas)* herum, die schließlich gefällt werden.

Pachamanca

Seit vielen Jahrhunderten bereiten die Hochlandbewohner Perus ihre Speisen in **natürlichen Erdöfen** zu. Dazu wird eine kleine Grube ausgehoben und mit Steinen ausgelegt. Die Steine werden in einem Feuer erhitzt. Wenn das Feuer erloschen ist, beseitigt man die Asche, legt die rohen Lebensmittel in die heiße Vertiefung und versiegelt die Öffnung mit Stroh, Lehm und weiteren Steinen. Die Nahrung gart nun von alleine. Heute existieren noch rund 40 Zubereitungsvariationen von *Pachamanca* in Peru. Das Quechua-Wort bedeutet „Erdtopf". Die Pachamanca hat seit rund einhundert Jahren auch die peruanische Pazifikküste erobert und darf bei einem zünftigen Landausflug nicht fehlen. Eine typische *Pachamanca* enthält Hirsch-, Rind- oder Alpakafleisch, Zwiebeln, Paprika, Maniok, verschiedene Kartoffelsorten, Saubohnen, Essig und Salz.
In Tumbes, im Norden Perus, gibt es eine **Variante** der Pachamanca, die *Cópus* heißt. Das Essen wird ebenfalls in der Erde gegart, allerdings in einem Lehmofen. Zutaten sind unter anderem Schwein, Huhn, Schaf, Rind, Chicha, Aji, Kochbananen und Süßkartoffeln.

Schöne Festlichkeiten gibt es auch zur *Semana Santa* (**Osterwoche**) und *Corpus Cristi* (**Fronleichnam**).

Freiwilligenarbeit

Siehe Hospedaje Los Jazmines.

Geld

Scotiabank, Amazonas 750.
Banco de Crédito, Apurimac, Ecke Lima.
Interbank, Nordwestecke der Plaza.
Alle drei Banken haben Geldautomaten.
Ein weiterer Geldautomat befindet sich beim Busunternehmen Línea (s. „Transport").
Straßenwechsler stehen an der Plaza und vor den Banken.

Informationen

DIRCETUR, Belén Cuadra 6, im Conjunto Monumental Belén, ✆ 076-362903,

✉ cajamarca@mincetur.gob.pe.
◷ Mo–Fr 7.30–13, 14.30–17 Uhr.
An der Plaza ist ein kleines **Infohäuschen** neben Interbank an der Iglesia San Francisco. ◷ Mo–Fr 8.30–12.30, 15.30–17.30 Uhr.
Das Informationszentrum der Goldmine **Yanacocha**, in dem regelmäßig Kunstaustellungen stattfinden, liegt in der Del Comercio 251, 💻 www.yanacocha.com.pe. ◷ Mo–Fr 8–12.40, 14–18 Uhr.
Gute Infos enthält die deutschsprachige **Internetseite** 💻 www.reisefuehrer-cajamarca.de.

Nordperu

Medizinische Hilfe

Hospital Regional, Mario Urteaga 500, ☏ 076-362156.
Clínica Peruana, Mario Urteaga 441, ☏ 076-363131.

Polizei

Das Büro der Polizei sowie der **Touristenpolizei** *(Poltur)* befindet sich an der Plazuela Amalia Puga, ☏ 076-362832. Beamte von Poltur sind tagsüber an der Plaza de Armas bei den Kirchen anzutreffen.

Post

Serpost, Apurímac 626.

Wäschereien

Dandy, Amalia Puga 545. ◷ Mo–Sa.

Nahverkehr

Taxis in der Innenstadt und zu den Abfahrtsorten der Busse in der Av. Atahualpa kosten 3,50 S/., zum Cerro Santa Apolonia 4–5 S/. und zu den Baños del Inca 8 S/.

Transport

Busse

Die meisten **Busterminals** liegen ein wenig außerhalb des Stadtzentrums entlang der Avenida Atahualpa (Ausfallstraße nach Baños del Inca, Taxi 3.50 S/.).

Gesellschaften

Cial, Atahualpa 684, ☏ 076-368701
Cruz del Sur, Atahualpa 604, ☏ 076-362488
Línea, Atahualpa 318, ☏ 076-363956. Hat auch ein Ticketbüro an der Plaza de Armas, Amelia Puga 691.
Móvil Tours, Atahualpa 299, ☏ 076-363374
Transportes Atahualpa, Atahualpa 299, ☏ 076-363060
Transportes Horna, Atahualpa 311, ☏ 076-363218
Turismo Dias, Atahualpa 307 B, ☏ 076-368289
Virgen del Carmen, Atahualpa 333, ☏ 076-777746

Verbindungen

BAMBAMARCA (Transportes Atahualpa) um 10.30 und 11.30 Uhr, 3 Std., 120 km, 10 S/.
CAJABAMBA 5x tgl. (Turismo Dias) und um 12.30 und 14.30 Uhr (Transportes Horna), 4 Std., 75 km, 10 S/.
CELENDÍN (Transportes Atahualpa) um 7 und 13 Uhr, 3 Std., 108 km, 10 S/. Man kann auch mit Bussen nach CHACHAPOYAS fahren. Schneller geht es mit Sammeltaxis ab der Atahualpa 405 (20 S/.).
CHACHAPOYAS um 5.15 Uhr (Virgen del Carmen) und um 6 Uhr (Móvil Tours), 12 Std., 335 km, 50 S/. Mi und Sa fährt der frühere Bus weiter bis RIOJA (16 Std., 561 km, 65 S/.)
CHICLAYO um 10.45, 22.50, 23 Uhr (Línea) und um 10.30, 13.45, 21.45, 22.45 Uhr (Turismo Dias), 6 Std., 260 km, 20–50 S/. (Línea) und 20–30 S/. (Turismo Dias).
CHOTA (Transportes Atahualpa) um 12.30 Uhr, 4 Std., 150 km, 15 S/.
HUAMACHUCO (Transportes Horna) um 14.30 Uhr, 6 1/2 Std., 130 km. Mit Buswechsel in CAJABAMBA.
LIMA Mo–Do und Sa um 19, Fr um 18.30 und So um18 Uhr sowie tgl. um 17 Uhr (Cruz del Sur), um 18 und 18.30 Uhr (Línea) sowie Mo–Sa um 18 und So um 17 Uhr (Cial), 14–15 Std., 860 km, 96–126 S/. (Cruz del Sur), 110–130 S/. (Línea) und 60–100 S/. (Cial).
PIURA (Turismo Dias) um 22.30 Uhr, 9 Std., 530 km, 40 S/.
TRUJILLO um 10.30, 13, 22, 22.15 und 22.30 Uhr (Línea) und um 10, 13.15, 22 und 23 Uhr (Turismo Dias), 6 Std., 300 km, 22–50 S/. (Línea) und 20–35 S/. (Turismo Dias).

Flüge

Der **Flughafen** liegt rund 4 km nördlich der Stadt, ✆ 076-362523. Colectivos nach Otuzco fahren daran vorbei. Ein Taxi kostet rund 5–6 S/. Es werden nur Flüge nach LIMA angeboten, die US$90–125 kosten.

Lan Perú, del Comercio 832, ✆ 076-367441, 🖳 www.lan.com. 🕓 Mo–Fr 9–19, Sa 9–13 Uhr.

LC Perú, del Comercio 1024, ✆ 076-363115, 🖳 www.lcperu.com. 🕓 Mo–Sa 8.30–19, So 9–14 Uhr.

Star Perú, Junin 1300, ✆ 076-367243, 🕓 Mo–Fr 9–18, Sa 10–13 Uhr, hatte die Flüge von und nach Cajamarca zum Zeitpunkt der Recherche eingestellt. Die Airline **Taca**, 🖳 www.taca.com, beabsichtigte, Flüge nach Cajamarca anzubieten.

Die Umgebung von Cajamarca

Baños del Inca, Ventanillas de Otuzco und Combayo

Nur rund 6 km östlich von Cajamarca liegen die bekannten schwefelhaltigen **Thermalquellen**, in deren heilendem Wasser sich schon der Inkaherrscher Atahualpa erholt haben soll. Die großen Becken (3 S/.) werden Mo und Fr gereinigt, teurere Privatkabinen (5 und 6 S/.) sind die ganze Woche benutzbar (Handtuch mitbringen). Angeboten werden auch Sauna (10 S/.) und Massagen (20 S/.). 🕓 tgl. 5–20 Uhr. Micros mit der Aufschrift Baños del Inca fahren ständig entlang der Sabogal und der Huánuco zu den Thermalquellen (ca. 15 Min., 0,80 S/.).

Folgt man von den Baños dem Tal des Río Chonta, gelangt man nach ca. 6 km bzw. eineinhalb Stunden Fußmarsch zu den **Ventanillas de Otuzco**. Die präinkaische Begräbnisstätte liegt 7,5 km nordöstlich von Cajamarca direkt an der Straße auf 2850 m Höhe. Hier wurden die Anführer der Cajamarca-Kultur in geräumigen, teilweise metertiefen Felsnischen beigesetzt. Auf dem kurzen Weg zu den Fenstern erklären Tafeln auf Englisch und Spanisch Wissenswertes. 🕓 tgl., Eintritt 4 S/. Wer nicht wandern möchte, kann einen der regelmäßig verkehrenden Combis von und nach Otuzco nehmen. Zustiegsort ist die Ecke Los Gladiolos/Tayabamba. Größer und besser erhalten sind die **Ventanillas de Combayo**, rund 22 km nordöstlich von Cajamarca entlang derselben Strecke. 🕓 tgl., 5 S/.

Übernachtung

Baños del Inca

Hostal José Gálvez, Av. Manco Capac 552, Plaza de Armas, ✆ 076-348396, ✉ hostaljosegalvez@hotmail.com. Ordentliche Zimmer mit TV und WLAN. Von Mo–Fr sind im Hotel auch peruanische Studenten untergebracht. ❸

Complejo Turístico Baños del Inca, an den Thermalquellen, ✆ 076-348563, 🖳 www.ctbinca.com.pe. Gute Bungalows für 2 bzw 4 Pers. mit eigener Thermalwasserwanne, TV, WLAN, Kühlschrank und Parkplatz. ❹

Hotel & Spa Laguna Seca, Av. Manco Capac 1098, ✆ 076-584311, 🖳 www.lagunaseca.com.pe. Teure kinderfreundliche Anlage mit Spielplatz, Minizoo, Restaurant, Bar, Thermalpools, Reitmöglichkeiten, kostenlosem Flughafentransfer und WLAN. Jedes Zimmer ist mit geräumigem Bad und Thermalwasser aus dem Wasserhahn direkt in die Badewanne ausgestattet. DZ ab 422 S/., Frühstücksbuffet inkl. ❼

Cumbe Mayo

Über die Straße, die Cajamarcas Cerro Santa Apolonia passiert, gelangt man nach rund 20 km in die **bizarre Felslandschaft** von Cumbe Mayo. Der Quechua-Name, der übersetzt soviel wie „gut gebauter Kanal" bedeutet, verrät, was den Besucher hier oben auf rund 3570 m erwartet: Bis zu 2000 Jahre alt sollen die Felskanäle, heiligen Felsen und Höhlenzeichnungen sein, die sich auf rund 25 km² Fläche verteilen. Ein wahres hydraulisches Wunderwerk stellt der fast 9 km lange Kanal dar, der einst das Wasser Richtung Cajamarca leitete und auf einer Länge von rund 850 m sorgfältig und exakt in den Fels gehauen wurde. Rechtwinklig angebrachte Stufen verringerten die Fließgeschwindigkeit des Wassers.

In der Nähe steht ein großer Opferstein *(El Santuario)*; in die Felswände sind Petroglyphen eingeritzt. Nicht weit von hier kann man im steinernen Wald **Frailones** alle möglichen Felsformationen bewundern.

Hinter dem Cerro Santa Apolonia fahren tgl. früh morgens mehrere Kleinbusse vorbei an

Cumbe Mayo zum Dorf Chetilla (4 S/.). Ansonsten fließt der Verkehr spärlich. Am einfachsten ist es, an einer organisierten Tour (4–5 Std., ca. 40 S/. p. P.; mind. 2 Pers.) teilzunehmen, die von Veranstaltern in Cajamarca angeboten wird. Zu Fuß ist der Ort in vier bis fünf Stunden entlang der ehemaligen Inkastraße zu erreichen. Wer in Cumbe Mayo **übernachten** will, kann entweder zelten oder im gleichnamigen Ort im **Parador Turístico** *(*kein Telefon) absteigen. Es besteht eine Wandermöglichkeit zu den drei bis vier Tagesmärsche entfernten Ruinen von Kuntur Huasi (s. u.).

Kuntur Huasi

Die Steinmonolithen von Kuntur Huasi („Kondorhaus") liegen rund 50 km westlich von Cajamarca. Beim Ort **Chilete** auf 860 m (KM 90 der asphaltierten Straße zur Küste) zweigt eine Piste Richtung **San Pablo** ab, das nach rund 25 steilen, aber inzwischen asphaltierten Kilometern erreicht wird. Etwa 2 km vor Erreichen des Ortes zweigt rechter Hand eine Erdstraße ab, auf der man nach rund 500 m das **Museum** der Anlage erreicht. ◷ Di–So 10–17 Uhr, 10 S/. Von dort führt ein schmaler Fußweg in etwa 30–45 Minuten zu den Überresten des Zeremonialzentrums, das um das Jahr 700 auf einem älteren Komplex errichtet wurde. Unter der zentralen Plattform fanden Archäologen mehrere Gräber mit Goldschmuck, der im Ortsmuseum teils als Nachbildung, teils im Original ausgestellt ist. Interessant sind die **Stelen** von Kuntur Huasi, auf denen Wesen mit raubtierähnlichen Zügen abgebildet sind.

Wer Kuntur Huasi nicht im Rahmen einer organisierten Tour besuchen möchte, kann jeden beliebigen Bus Richtung Küste nehmen, in Chilete aussteigen und vor Ort einen etwa stündlich verkehrenden Kleinbus oder ein Sammeltaxi nach San Pablo nehmen. Gegenüber des Museums von Kuntur Huasi ist mithilfe japanischer Unterstützung eine nette **Herberge** (Kontakt über das Museum) mit schönem Talblick entstanden, ❷. In San Pedro bestehen ebenfalls einfache Übernachtungsmöglichkeiten.

Parque Nacional Cutervo

Der **älteste Nationalpark des Landes**, 1961 gegründet, liegt schwer zugänglich rund 260 km nördlich von Cajamarca in der Cordillera de Tarros. Das 8214 ha große Schutzgebiet umfasst Höhenlagen von 2200 bis 3500 m und dient dem Schutz der andinen Fauna und Flora, einschließlich bedrohter Säugetierarten wie Bergtapir, Brillenbär oder Jaguar. Bekannt ist der Park für seine Höhlen, in denen der seltene Fettschwalm (s. S. 426) anzutreffen ist. Die beste Zeit für einen Besuch sind die Monate Juli bis Oktober. Zu erreichen ist der Nationalpark Cutervo über **Chota** und den Ort **Cutervo** (Fahrtzeit ab Cajamarca ca. 7 Std., keine Direktverbindung). Von Cutervo fahren Sammeltaxis über Sócota nach **San Andrés de Cutervo** am östlichen Parkrand. Von dort erreicht man nach eineretwa viertelstündigen Taxifahrt und rund einstündigen Wanderung die **Gruta de los Guarachos**, in der die oben erwähnten Fettschwalme *(Guarachos)* zu Hause sind. Weitere Höhlen und Wasserfälle befinden sich in der Umgebung. In Cutervo befindet sich das Büro der **Nationalparkverwaltung Sernanp**, Bolívar 624, Cutervo, ✆ 076-437457, ✉ izarate@sernanp.gob.pe, das Auskünfte zur aktuellen Lage und der Verfügbarkeit von Guides erteilt.

Celendín

Die Route führt von Cajamarca vorbei an Baños del Inca auf fast durchgehend asphaltierter Straße ins rund 108 km nordöstlich gelegene Celendín. Die liebliche Landschaft entlang der Strecke dient vorwiegend der Viehwirtschaft. Die Milch wird zumeist in großen Kannen auf Eselsrücken in die zahlreichen Molkereien transportiert.

Im 2625 m hoch gelegenen Celendín, bekannt für seine Strohhüte, liegt zwar der sprichwörtliche Hund begraben, gerade deshalb kann man hier aber noch viel Authentisches erleben, wie z. B. den großen **Sonntagsmarkt** mit seinem guten Lederwarenangebot.

Übernachtung, Essen und Sonstiges

B&B Orange, ✆ 076-770590, 💻 www.celendinperu.com/ot_orange.htm. Die Unterkunft unter peruanisch-holländischer Leitung befand sich während der Recherche gerade im Umbau an neuer Stelle. Sehr gute Infoquelle, Freiwilligenarbeit, Spanisch-Sprachkurse, Cafetería,

Verkauf von Fairmail-Postkarten, 💻 www.fairmail.info. Rabatt für Radfahrer. Preise auf Anfrage. ❷

Hostal Celendín, Unión 305, Plaza de Armas, ✆ 076-555041. Akzeptable Zimmer, heißes Wasser, Restaurant, Parkplatz und schöner Innenhof mit Goldfischteich. ❷–❸

Ganz ordentlich isst man im **La Reserve**, Jr. Gálvez 313. Es gibt Menüs, Pasta und Chifa-Gerichte.

Obwohl es einen Multired-Bankautomaten bei der **Banco de la Nación** gibt, sollte man ausreichend Bargeld (Soles) mitbringen. Es gibt zahreiche Internetcafés und Telefonanbieter.

Die **Post** befindet sich in der Unión 415.

Transport

Móvil Tours liegt in der Augusto Gil s/n, ✆ 076-555039, **Transportes Virgen del Carmen**, in der Cáceres, Cuadra 112, ✆ 076-792918.

CAJAMARCA tgl. zahlreiche Busse und Colectivos, ca. 2 1/2–3 Std., 107 km, 10 S/.

CHACHAPOYAS um 9 Uhr (Transportes Virgen del Carmen) und um 9.30 Uhr (Móvil Tours), ca. 10 Std., 228 km, 30–40 S/. Fährt über BALSAS und LEYMEBAMBA. In der Regenzeit (Dez–April) kann die Verbindung von Celendín nach Leymebamba und Chachapoyas unterbrochen sein.

Leymebamba

Im weiteren Verlauf windet sich die Straße außerhalb von Celendín über einen 3085 m hohen Pass, um danach in endlosen Serpentinen in das Tal des Río Marañon abzufallen. Mit jeder Kurve wird es wärmer: Große Kakteen tauchen auf, der Boden wird staubig und trocken. Bei der Ankunft an der Puente Chacanto, die 60 km östlich von Celendín über den Río Marañon führt, zeigt der Höhenmesser nur noch 1000 m an. Im kleinen und heißen Ort **Balsas** kann man in einfachen Hotels übernachten.

Von Balsas windet sich eine schmale Straße eng an die Berghänge gepresst bergauf, bis auf 3680 m der **Abra Barro Negro** überwunden wird. Unterwegs bieten sich immer wieder fantastische Ausblicke auf die endlos erscheinenden Bergrücken der Cordillera Central. Steil geht es hinab nach Leymebamba, einem kleinen Ort auf 2280 m mit etwa 3000 Einwohnern. Seit in den letzten Jahren immer mehr archäologische Stätten in der Umgebung des Ortes gefunden wurden, entwickelt sich Leymebamba zu einer beliebten Anlaufstätte für Wissenschaftler und Abenteuertouristen.

Das Gebiet ist sehr niederschlagsreich (Regenzeit von Nov–März), und wer zu Wanderungen aufbricht, sollte auf Regen und Morast vorbereitet sein. Eine der interessantesten **Touren** führt zu den Sarkophagen der Laguna de los Cóndores, einer unberührten Begräbnisstätte der Chachapoya-Kultur, die 1997 in einer geschützten Steilwand oberhalb der Lagune entdeckt wurde. Die dort gefundenen 219 Mumienbündel und Grabbeigaben können in einem Museum außerhalb von Leymebamba besichtigt werden (s. S. 554). Weitere lohnende Ausflüge führen zu den Ruinen La Congona und Revash (s. S. 554).

Übernachtung und Essen

Hospedaje La Petaca, Amazonas 426, an der Plaza, ✆ 041-830105. Saubere Zimmer mit/ohne Bad, die teilweise etwas zu klein geraten sind. ❷

Hospedaje Laguna de los Cóndores, Amazonas 320, ✆ 041-630589, ✉ loscondoreshostal@hotmail.com. Rustikale, aber zum Teil etwas kleine Zimmer (ohne Bad deutlich billiger) mit Steinwand und Holzfußboden. Frühstück inkl. ❶–❸

La Casona de Leymebamba, Amazonas 223, ✆ 041-830106, 💻 www.casonadeleymebamba.com. Geräumige Zimmer mit Bad und Gasdusche, Cafetería, WLAN und Wäscherei, Frühstück inkl. ❸–❹

Beste Wahl zum Essen ist der **Comdor Cely**, La Verdad 530, der neben Pizza, Menüs und Forellen auch Frühstück serviert. 🕒 tgl. 7–21 Uhr.

Sonstiges

An der Plaza liegt ein **Internetcafé** mit Telefonkabinen und ein Laden der Weberinnenkooperative **Asociación de Mujeres Artesanales de Leymebamba** (A.M.A.L), ✆ 041-830105. Falls der Laden geschlossen ist, bekommt man

Nordperu

ihre Produkte auch im Café Fusiones in Chachapoyas. Es gibt **keinen Geldautomat** in Leymebamba.

Transport

Busse und Colectivos

An der Plaza liegen die Büros von **Virgen del Carmen** und **Móvil Tours**.
CAJAMARCA um 7.30 Uhr (Virgen del Carmen) und um 8.30 Uhr (Móvil Tours), rund 10 Std., 152 km, 35 S/. Fährt über CELENDIN.
CHACHAPOYAS Kleinbus (über TINGO) um 4 und 5 Uhr, 76 km, ca. 2 Std., Um 8 und 10 Uhr fährt jeweils ein Sammeltaxi (10 S/.).
Nachmittags passieren die Busse von Móvil Tours und Virgen del Carmen den Ort gegen 15–15.30 Uhr, 10 S/. Desweiteren fahren regelmäßig Sammeltaxis ins 20 km entfernte YERBABUENA. Dort bestehen Anschlussmöglichkeiten nach Chachapoyas.

Taxis

Ein Taxi zum Museum kostet 5–7 S/.,ein Mototaxi ist etwas günstiger. Ein Taxi nach Kuélap kostet etwa 180 S/.

Die Umgebung von Leymebamba

Museo Leymebamba

Das mit österreichischer Unterstützung gebaute und sehr sehenswerte Museum liegt 2,5 km südwestlich von Leymebamba an der Straße Richtung Celendín. In verschiedenen Sälen (zum Teil Beschriftung auf Deutsch, sonst auf Englisch) werden interessante Fundstücke der Chachapoyas- und der Inka-/Chachapoyas-Kultur präsentiert, darunter Textilien, Quipus und Keramiken. Zahlreiche Mumien (von der Laguna de los Cóndores), ein ethnografischer Saal und ein kleiner Garten runden die gelungene Ausstellung ab. ✆ 971104909 (Mobil), ◷ tgl. 10–16.30 Uhr, 10 S/.

Das Museum ist am schnellsten mit dem Taxi von Leymebamba aus zu erreichen. Zurück kann man alternativ einen Fußweg nehmen, der die Straße mehrmals kreuzt (Gehzeit ca. 45 Min.). Gegenüber vom Museum liegt das kleine **Restaurant Misqui**, in dem man sehr gutes Mittagessen bekommt. Gleich daneben lohnt ein Abstecher ins Café **Kentikafé** in einem wunderschönen Garten, in dem man rund 16 verschiedene **Kolibriarten** beobachten kann. Sie werden von mit Zuckerlösung gefüllten Gefäßen angelockt. Das Café vermietet zwei schöne, geräumige **Doppelzimmer** mit Bad inkl. Frühstück und Aussichtsterrasse für allerdings völlig überzogene 400 S/. (Nebensaison 300 S/.), Reservierung in Lima unter ✆ 01-474281. ❼

La Congona

Rund 700 Höhenmeter sind bis zur kleinen, aber feinen Ausgrabungsstätte La Congona zu Fuß oder mit einem Pferd zu überwinden (hin ca. 2 1/2–3 Std., zurück ca. 2 Std.) Die Anlage lohnt die Anstrengung nicht nur wegen der fantastischen Aussicht, sondern wegen der höchsten Konzentration an unterschiedlichen Friesen der gesamten Region. Um sich nicht zu verlaufen, empfiehlt es sich, für den Ganztagesausflug einen Guide (30 S/.) mitzunehmen. Alternativ könnte man auch ein Taxi nach Las Palmas nehmen und von dort in etwa eineinhalb Stunden nach La Congona und zurück nach Leymebamba gehen.

Laguna de los Cóndores

Um zur Laguna de los Cóndores (s. auch Kasten) zu gelangen, sollte man sich einen ortskundigen Führer (s. u.) und ein Pferd/Maultier mieten. Der Bergsee liegt rund 35 km südöstlich von Leymebamba und wird auf schlammigen Pfaden per Pferd und zu Fuß in einer Dreitagestour besucht. Davon wird je ein Tag für den Hin- und ein Tag für den Rückweg benötigt. Die Reit- bzw. Gehzeit liegt pro Tag bei mindestens acht bis neun Stunden (Aufbruch spätestens gegen 7 Uhr morgens empfehlenswert). Von Leymebamba ist ein langgezogener Anstieg von rund 1400 Höhenmetern auf einen Pass auf 3628 m zu überwinden. Danach geht es steil bergab, bevor vor Erreichen des Sees, der auf 2850 m liegt, erneut ein kurzer Anstieg zu bewältigen ist. Man kann an der Lagune in einer sehr einfachen Herberge (keine Dusche, nur kaltes Wasser) übernachten oder zelten. Die Tour sollte nur von konditionsstarken Wanderern unternommen werden. Die Hotels La Casona de Leymebamba und Laguna de los Cóndores vermitteln Touren, die für

2 Pers. alles inklusive etwa 350 S/. p. P. in einer Gruppe kosten. Gute **Guides** sind Sinecio Garro, ✆ 957471938 (Mobil), ✉ sineciogg@yahoo.es und Jabier Farje, ✆ 941856029 (Mobil), ✉ jabier farje@hotmail.com.

Revash

Die Mausoleen von Revash ähneln denen der Laguna de los Cóndores, befinden sich ebenfalls unter einem geschützten Felsvorsprung und sind grellrot bemalt. Da man sich der Stätte nicht allzu sehr nähern kann, sollte man ein Fernglas mitbringen. Von Kletterpartien an den dornenübersäten und rutschigen Steilhängen ist dringend abzuraten.

Anfahrt: Ein Taxi von Leymebamba nach Revash kostet ca. 80 S/. (inkl. 2 Std. Wartezeit). Alternativ kann man mit dem Bus nach Yerbabuena am Río Utcubamba fahren und dort ein Taxi nehmen. Frühmorgens fahren Colectivos Richtung Santo Tomás, die an der Abzweigung nach Revash vorbeifahren (dem Fahrer Bescheid sagen!). Die Mausoleen sind auch zu Fuß oder zu Pferd von Yerbabuena aus zu erreichen. In Yerbabuena findet jeden Sonntag ein großer Markt statt.

Tingo

Die Piste, die von Leymebamba durch das Tal des Río Utcubamba führt, passiert nach rund 20 km den Ort Yerbabuena und nach 28 km die Abzweigung nach La Jalca und zum Bergsee Laguna Mamacocha. Nach 46 km wird das kleine Örtchen Tingo erreicht, das auf 1880 m liegt. Von dem Ort, der von einer Überschwemmung weitestgehend zerstört und nur teilweise wieder aufgebaut wurde, zweigt der Wanderweg und die Straße zur Chachapoya-Festung Kuélap ab. Nuevo Tingo, das „neue" Tingo, wurde wenige Kilometer entlang der Straße nach Kuélap errichtet.

Übernachtung und Essen

Hospedaje Tingo, an der Hauptstraße, ✆ 952722736 (Mobil). Einfache Zimmer mit Bad und warmen Wasser (Elektrodusche). Restaurant. ❶

Hostal Estancia Chillo, KM 46 Carretera Chachapoyas–Leymebamba, ca. 5 km südlich von Tingo an der Straße nach Leymebamba, ✆ 01-2659158 (Lima), 💻 www.estanciachillo.

Mumienfund am Kondorsee

Die indianischen Bauern, die 1996 beim Roden des Nebelwaldes eine Grabstätte oberhalb der **Laguna de los Cóndores** entdeckt hatten, beabsichtigten, diese zu plündern. Genauso war es Dutzenden anderen Mausoleen der Chachapoya ergangen, die sich in der Umgebung befinden. Doch die Nachbarn machten ihnen einen Strich durch die Rechnung. Sie beanspruchten das Land am See und damit auch die Totenhäuser für sich. Der Streit eskalierte, man zeigte sich gegenseitig an.

Der Fall wurde bekannt und die Nachricht erreichte Peter Lerche, einen deutschen Archäologen, der seit vielen Jahren in der Provinz Chachapoyas lebt. In kürzester Zeit organisierte er eine kleine Expedition und kämpfte sich auf schlammigen Pfaden durch den dichten Nebelwald zur Laguna de los Cóndores vor, ca. 40 km südöstlich von Leymebamba. Was er dann an einem Steilhang, rund 120 m über dem See fand, übertraf seine kühnsten Erwartungen. Verborgen hinter einem Wasserschleier entdeckte er auf einem 40 m langen und 5 m breiten Felsplateau sechs doppelstöckige **Totenhäuser der Chachapoya**. Sie enthielten 185 Mumienbündel und die Gebeine von weiteren 150 Menschen. Die Mumien waren in Stoffbahnen gehüllt, auf die von außen Gesichter aufgestickt worden waren. Die Forscher fanden außerdem edle Textilien, Kronen aus Vogelfedern, verzierte Keramik- und Kürbisgefäße, Holzspeere, Quipus (s. S. 231) und Knochenflöten. All dies war in sehr gutem Zustand, denn die trockene Felsnische über dem See ist bei geringen Temperaturschwankungen und konstanten 40 % Luftfeuchtigkeit optimal temperiert.

Nach der Entdeckung wurden die Mumienbündel und alle Grabbeigaben nach Leymebamba gebracht, wo sie im Museum (s. links) eine Heimstätte gefunden haben.

com. Schöne Hotelanlage im Grünen mit großen, rustikalen Zimmern mit Restaurant. Nebenan liegt ein zum Hotel gehörender Pool mit Rutsche. Das Hotel ist mit allen Transportmitteln, die zwischen Tingo und Leymebamba verkehren, zu erreichen. Halbpension inkl. ❺

Casa Andina Classic Chachapoyas, KM 39 der Straße nach Pedro Ruíz, nahe der Abzweigung nach Leymebamba am Río Utcubamba, ✆ 01-2139739 (Lima), 💻 www.casa-andina.com. Rustikal-elegante Unterkunft in einer ehemaligen Hacienda aus Kolonialzeiten inmitten einer Chirimoya-Plantage. Geschmackvolle Zimmer mit WLAN. Pool und Restaurant. Frühstücksbuffet inkl. ❺

Transport

Zwischen 7 und 17 Uhr fahren regelmäßig Taxis und Kleinbusse Richtung CHACHAPOYAS (ca. 1 Std.) vorbei.
Kleinbusse Richtung LEYMEBAMBA fahren am frühen Nachmittag durch Tingo.
Ein Taxi nach KUÉLAP kostet rund 50 S/. (einfache Strecke)

13 HIGHLIGHT

Kuélap

Die Festung der Chachapoya gehört neben Machu Picchu zu den **spektakulärsten Ruinenanlagen Perus**, wird aber jährlich bislang nur von wenigen Zehntausend Touristen besucht, was nicht zuletzt – zusammen mit der üppigen Vegetation – auch den Reiz der Stätte ausmacht. Große Bäume, schwer beladen mit Tillandsien, Bromelien und Orchideen, verleihen der Anlage etwas Mystisches. Inzwischen kann man Kuélap problemlos an einem Tag von Chachapoyas aus mit einer organisierten Tour (S. 561) besuchen. Wer mehr Zeit mitbringt, kann von Tingo aus zu den Ruinen hochwandern (s. u.).

Kuélap war eine von mehreren **befestigten Siedlungen der Chachapoya** und wurde im 8.–9. Jh. n. Chr. erbaut. Die gewaltige Zitadelle liegt strategisch günstig auf einem 3000 m hohen Bergplateau, hoch über dem Utcabamba-Tal. Die Anlage wurde innerhalb von 900–1000 Jahren in fünf Etappen errichtet. Neueste Erkenntnisse lassen darauf schließen, dass es sich um ein **religiöses Zentrum** handelte, das von Bewohnern der ganzen Region aufgesucht wurde. Innerhalb der Mauern von Kuélap fand man einige (geplünderte) Grabstätten, in denen die Knochen von Menschen, die anderswo gestorben waren, bestattet wurden – vielleicht, um sie für alle Zeiten an einem geheiligten Ort geborgen zu wissen. Insgesamt weist Kuélap mehr als 420 Überreste von runden Häusern und fünf rechteckigen (Inka-Einfluss) Gebäuden auf.

Die Anlage besteht aus einer bis zu 20 m hohen Ringmauer, die ein 584 m langes und bis zu 110 m breites ovales Areal einschließt. Die knapp 1,5 km lange Wand besteht aus mehreren Kalksteinbrocken, die teilweise mehrere Hundert Kilo wiegen. Das Innere des ca. 6 ha großen Komplexes ist auf verschiedenen Plattformen angeordnet, die eine Unterteilung in Unter- und Oberstadt ermöglichen.

Die **Oberstadt** *(Pueblo Alto)* ist von einer bis zu 11,50 m hohen Stützmauer eingefasst und nur durch eine schmale Gasse zugänglich. Dort lebten vermutlich hohe Würdenträger und ihre Familien. Unter den über 80 hier gefundenen Gebäuderesten ragen zwei heraus: Das **Castillo**, eine dreistufige rechteckige Konstruktion, diente vermutlich zeremoniellen Zwecken. Beim **Torreón** handelt es sich um einen 7 m hohen runden Wachturm auf einer Felsspitze im Norden der Anlage. Von dort oben hat man einen weiten Rundumblick und bei gutem Wetter reicht die Sicht bis Chachapoyas. Von diesem Wachposten aus kontrollierten die Chachapoya die umliegenden Berghänge und konnten sich durch Signalsysteme mit den Festungen auf umliegenden Bergspitzen verständigen.

In der **Unterstadt** hat man die Überreste von 335 Rundbauten und zwei kleinen rechteckigen Strukturen gefunden. Nur sechs Mauerreste sind mit geometrischen Friesen versehen, z. B. mit dem für die Chachapoya typischen Zickzack-Band, einem Schlangensymbol.

Im Süden der Anlage steht ein ebenfalls runder, 5,50 m hoher Turm, der aufgrund seiner Form **Tintero** (Tintenfass) genannt, inzwischen aber in **Templo Mayor** umbenannt wurde. Im Inneren fand man in einer flaschenähnlichen Auswölbung Keramiken aus verschiedenen Epochen bzw. Kulturen, z. B. der Inkas, Moches, Chimú und Wari. Möglicherweise handelte es sich dabei um Opfergaben. Eventuell diente der Ort Schamanen als eine Art Orakel.

Kuélap ist von steilen Berghängen umgeben und besitzt nur drei Eingänge, zwei im Westen und einen im Osten. Die zunächst breiten Gassen, die in die Anlage führen, verengen sich immer mehr und lassen an ihrer schmalsten Stelle nur einen Menschen auf einmal passieren. Durch diese Konstruktion war die Anlage sehr leicht zu verteidigen.

Wann die Anlage verlassen wurde, ist nicht bekannt; die Spanier haben sie jedoch nie **entdeckt**. Erst im Jahr 1843 stieß der Richter Juan Crisóstomo Nieto eher zufällig auf die überwachsenen Ruinen. Aufgrund seiner stark aufgeblähten Berichterstattung kamen in der Folgezeit verschiedene Forscher nach Kuélap, darunter Antonio Raimondi (1860), Charles Wiener (1881) und Adolph Brandelier (1893). Das schweizerische Ehepaar Reichlen begann 1948 mit den ersten wissenschaftlichen Ausgrabungen. Diese Arbeit setzte der peruanische Archäologe Arturo Ruíz Estrada 1970 fort, gefolgt von einem multinationalen Ausgrabungsteam, das ab 1985 unter der Leitung von Alfredo Narváez in Kuélap arbeitete.

Anreise nach Kuélap

Die Anreise nach Kueláp kann auf verschiedene Weise erfolgen. Am anstrengendsten, aber auch am schönsten ist die drei- bis fünfstündige Wanderung von Tingo aus, bei der knapp 1200 Höhenmeter überwunden werden müssen (s. u.). Alternativ kann man in Tingo Pferde mieten und mit einem Guide nach Kuélap reiten. Für ein Taxi von Tingo zum 36 km entfernten Parkplatz bei der Ruinenstätte muss man mit ca. 50 S/. für die einfache Strecke rechnen (Preis für Hin- und Rückfahrt ist abhängig von der Besuchsdauer). Von dort sind es rund 20 Gehminuten bis zum Eingang. Die Strecke führt über die Dörfer Nuevo Tingo (KM 3,5), Choctamal (KM 17), Lónguita (KM 23) und María (KM 28). Kleinbusse fahren morgens früh ab Chachapoyas bis María und legen gegen einen Aufpreis auch die restlichen 8 km zum Parkplatz zurück. In María (einfache Familienunterkünfte, 10 S/. p. P.) und in Choctamal (s. „Gran Vilaya" weiter unten) kann man übernachten.

Ende 2008 beschloss das peruanische Parlament den Bau einer Seilbahn von Tingo zur Ruinenstätte. Konkrete Baumaßnahmen sind allerdings bislang ausgeblieben.

Am stressfreisten und bequemsten kommt man mit einem Tourveranstalter von Chachapoyas zu den Ruinen (ca. 65 S/.). Eine preisgünstige Variante bietet **Transportes Rollers** (s. „Chachapoyas/Transport", S. 562) an.

Ein Taxi von Chachapoyas nach Kuelap verlangt 100–120 S/. für die Hin- und Rückfahrt inkl. Wartezeit (insgesamt ein ganzer Tag).

Kuélap im Überblick

Das **Besucherzentrum** zeigt ein Modell der Stätte und informiert über Geografie, Fauna und Flora des Departamentos Amazonas. ◷ tgl. 8–17 Uhr.

Der **Eintritt** zu den Ruinen beträgt 12 S/. Am Besucherzentrum unterhalb der Anlage muss sich jeder Besucher **registrieren**.

Kuélap ist eine **gefährdete archäologische Stätte**, da Wind und Regen unbarmherzig an der Anlage nagen. Diese negativen Effekte sollten durch Touristen nicht verstärkt werden. Daher bittet das Nationale Kulturinstitut Besucher, die markierten Wege nicht zu verlassen, nicht auf den Steinformationen herumzuklettern, Mauern und Friese nicht zu bemalen sowie weder Lebensmittel noch Getränke mit in die Anlage zu nehmen.

Unterhalb der Südseite der Ruinen liegt das kleine **Dorf Kuélap**, wo auf einer zugewiesenen Grasfläche günstig gezeltet werden kann. Außerdem gibt es eine kleine, sehr einfache Herberge *(Albergue)* mit acht Betten in einem Schlafsaal (10 S/. p. P.).

Außerhalb serviert ein **Comedor** einfache Mahlzeiten und verkauft Softdrinks.

Wanderung nach Kuélap

Die interessante Wanderung, die aber bei Regen schnell zu einer rutschigen Schlammpartie wird, beginnt in Tingo und folgt zunächst dem Río Utcabamba flussaufwärts. Dann beginnt der steile Aufstieg in Serpentinen.

Bei schlechten Sichtverhältnissen sollte man vorsichtshalber einen Guide mitnehmen, ansonsten folgt man dem ausgetretenen Pfad bis zum Dorf Kuélap unterhalb der Stätte. Wer am gleichen Tag hoch- und wieder zurück nach Tingo wandern will, hat nur wenig Zeit in den Ruinen. Daher bietet sich eine Übernachtung unterhalb der Ruinen an. Dies hat zudem den Vorteil, die Ruinenstätte frühmorgens erkunden zu können, bevor es sich bewölkt oder andere Besucher eintreffen. Man sollte sich auf jeden Fall auf Regen und hohe Luftfeuchtigkeit sowie nachts auf Kälte einstellen! Von Chachapoyas oder Levanto kann man in zwei oder drei Tagen über Tingo nach Kuélap wandern (s. S. 567, Levanto, Umgebung von Chachapoyas).

Gran Vilaya

Immer beliebter wird die viertägige Wanderung zur Ruinenstätte Gran Vilaya, die erst 1985 entdeckt wurde. Die immense Stadt mit einer Ausdehnung von rund 180 km² wurde von den Chachapoya vor rund 1000 Jahren errichtet. Die Forscher fanden über 10 000 Steinstrukturen mit einer Länge von bis zu 35 m und meterhohen Steinwänden. Die Gebäude wurden auf Terrassen errichtet, die wie gigantische Treppenstufen am Berghang liegen. Die **Wanderung** nach Gran Vilaya kann von Karajía, Colcamar, Cohechán oder in umgekehrter Richtung in Choctamal (etwa auf halber Strecke an der Straße zwischen Tingo und Kuélap gelegen) begonnen werden. Dort lässt es sich gut in der angenehmen Choctamal Lodge, 💻 www.kuelap.org/our-lodes.html, übernachten. Die viertägige Wanderung, die in der Regel den Besuch der Ruinen von Kuélap mit einschließt, ist kein Spaziergang. Es geht oft steil bergauf oder bergab, und mit Matsch und Regen muss gerechnet werden. Ein Führer ist absolut empfehlenswert. Detaillierte Infos geben die Tourveranstalter in Chachapoyas (S. 561). Die Kosten betragen etwa 120 S/. pro Tag alles inklusive.

Chachapoyas

Nur noch rund 40 km sind es von Tingo nach Chachapoyas, der Hauptstadt des Departamentos Amazonas. Chachapoyas liegt 2336 m hoch auf einem Plateau, umgeben von zwei Canyons, und hat ca. 30 000 Einwohner. Der Ort befindet sich auf der feuchten Anden-Ostseite und kennt daher regelmäßige Niederschläge, die über das ganze Jahr verteilt fallen. Die trockensten Monate sind Juni bis August. Die Temperaturen liegen zwischen durchschnittlich 10 °C nachts und 24 °C tagsüber. Das noch wenig touristische Andenstädtchen mit seinen roten Ziegeldächern und Holzbalkonen ist **Ausgangspunkt für Wanderungen** und den Besuch archäologischer Stätten in der Region.

Im südlichen Gebiet des Departamentos Amazonas befand sich der Lebensraum der Chachapoya, die im 15. Jh. von den Inkas dominiert wurden. Um Brückenköpfe für die Conquista zu bilden und aufständische Indianer zu bekämpfen, schickte Francisco Pizarro den Capitán Alonso de Alvarado in die bergige Gegend. Er gründete im Jahr 1538 die Stadt San Juan de la Frontera de Chachapoyas, das heutige Levanto, das 1545 von einem Erdbeben zerstört und an den jetzigen Standort verlegt wurde.

Heute bereitet sich die Stadt auf eine neue Herausforderung vor: Der internationale Tourismus ist dabei, die Region zu entdecken und zu vermarkten. Mit der spektakulären Chachapoya-Festung Kuélap, dem 771 m hohen Wasserfall Gotca in der Nähe und vielen anderen attraktiven Orten mehr, lädt die Stadt zu Erkundungen in die touristisch noch jungfräuliche Umgebung ein. Die Infrastruktur der Region hat sich in den vergangenen Jahren deutlich verbessert und auch der Flugverkehr wurde 2012 wieder aufgenommen – diesmal hoffentlich dauerhaft.

Übernachtung

El Tambo, Ortiz Arrieta 448, ✆ 041-478978. Günstige, z. T. etwas dunkle Zimmer in Plazanähe mit Elektrodusche und TV. Auch gute Zimmer ohne Bad. Vegetarisches Restaurant. ❶–❷

La Posada de Tico, Jr. Ortiz Arrieta 724, ✆ 041-478973, ✉ laposadadeticoch@hotmail.com.

Mit einem kleinen Innenhof. Günstige Zimmer mit Bad (Elektrodusche), Frühstück 10 S/. ❷

Hotel Vista Hermosa, Puno 285, ✆ 041-477526. Etwas abseits gelegen, dafür sehr ruhig. Schnörkellose, geräumige Zimmer mit WLAN zu einem fairen Preis. ❷

Hostal Belén, Ortiz Arrieta 540, ✆ 041-477830, 💻 www.hostalbelen.com. Gute Lage an der Plaza. Zimmer (z. T. etwas dunkel) mit Teppichboden, orthopädischen Matratzen und TV. ❷

Hotel Puma Urco, Amazonas 833, ✆ 041-477871, 💻 www.hotelpumaurco.com. Ruhige Lage in der Fußgängerzone. Saubere Zimmer mit Telefon, TV, WLAN, aber kleinem Bad. Ein Café gibt's im gleichen Gebäude. Frühstück inkl. ❸

Hostal Revash, Grau 517, ✆ 041-477391, 💻 www.chachapoyaskuelap.com.pe. Zentral an der Plaza gelegenes Kolonialhaus mit grünem Innenhof. Rustikale Zimmer, TV, Warmwasser

24 Std., Internet und WLAN. Der Besitzer Carlos Burga ist eine gute Infoquelle (s. „Touren"). Die teureren Zimmer haben Plaza-Blick und orthopädische Matratzen. ❷–❸

Hospedaje Las Orquídeas, Ayacucho 1231, ✆ 041-478271, 💻 www.hostallasorquideas.com. Geräumige, aber etwas kalte Zimmer mit Bad (Gasduschen) und TV. Großer Garten, Tourservice und Parkplatz. Internet, WLAN, Frühstück inkl. ❸

La Casona Monsante, Amazonas 746, ✆ 041-477702, 💻 www.lacasonamonsante.com. Restauriertes Kolonialhaus aus Lehmziegeln und mit Holzbalken in der Fußgängerzone. Aufenthaltsraum mit Kamin und WLAN. Das Plus ist der Innenhof mit vielen Orchideen (Blütezeit Sep–Dez). Frühstück inkl. ❹

Hostal Casa Vieja, Chincha Alta 569, ✆ 041-477353, 💻 www.casaviejaperu.com. Gemütliche Zimmer mit TV, WLAN und Telefon. Schöner Innenhof und Aufenthaltsraum. Internet gratis, gutes Café, Parkplatz, Frühstück inkl. ❹–❺

Essen

Zu den **Spezialitäten** der Region gehören: *Purtumute* (frittierter Frisch oder gebratenes Schweinefleisch mit Bohnen und Mais), *Juanes de yuca* (gekochter Maniok, mit Reis und Hühnerfleisch vermischt, in einem grünen Bijao-Blatt eingewickelt und gekocht), *Tamales* (Maisfladen mit einer Füllung aus Rindfleisch, Erdnuss, Zwiebel, Rosinen und Oliven, eingewickelt in Bananenblätter) und

Chachapoya – die Wolkenmenschen

Im 9. Jh. n. Chr. besiedelten die Chachapoya *(Chacha* = Mensch, *poya* oder *puya* = Nebel, Wolke) das Gebiet zwischen Huallaga und Marañon im Norden Perus. Bis heute ist ihre genaue Herkunft unbekannt. Sie bildeten keinen Zentralstaat, sondern lebten aufgesplittert in mehrere Fürstentümer, die eine gemeinsame Religion, Kultur und Sprache besaßen. Der deutsche Archäologe Peter Lerche, der in der Region Chachapoyas lebt, schätzt ihre damalige Zahl auf 300 000–500 000 Menschen. Die Chachapoya lebten in **Rundhüttendörfern** mit durchschnittlich 30–500 Einheiten. Die kreisförmigen Wohngebäude wurden zum Schutz vor den hohen Niederschlagsmengen auf künstlich angelegten Plattformen in Höhen von rund 2800–3400 m angelegt. Da die Temperaturen in diesem Bereich empfindlich kühl sind, konnten Lebensmittel lange gelagert werden. Die Hütten hatten einen Durchmesser von rund 7–9 m; auf die mit Zickzack-Linien und Rhomben verzierten Steinwände wurde ein Strohdach aufgesetzt.

Die Inkas hatten schon lange ein Auge auf die fruchtbare Region geworfen, die reich an Nahrung, exotischen Vögeln (mit den begehrten Federn) und Heilpflanzen war. Nach langen, blutigen **Feldzügen** gelang es dem Inkaherrscher Tupac Inca Yupanqui erst 1470, die rebellischen Chachapoya zu besiegen. Ihre hochgewachsenen, relativ hellhäutigen Krieger verbreiteten mit ihren rot bemalten Gesichtern und kahl rasierten Schädeln Angst und Schrecken unter den Inka-Soldaten. Auch nach der Eroberung kam es zu Aufständen, und selbst mit Hilfe von Zwangsumsiedlungen und Strafexpeditionen konnten die Inkas die kriegerischen Chachapoya nie endgültig unterwerfen.

Der Kontakt mit den Spaniern, die im 16. Jh. in die Region vordrangen, läutete das Ende der Chachapoya-Kultur ein. Von Europäern eingeschleppte **Krankheiten** dezimierten die Anzahl der Indianer in den folgenden zwei Jahrhunderten um 90 %.

Die Sprache der Chachapoya ist völlig verschwunden, von ihren Häusern und Festungsanlagen sind nur noch Fundamente übrig. Den Rest – Textilien und Holzwerkzeuge – hat der feuchte Nebelwald zersetzt. Unser heutiges Wissen über die Chachapoya stammt überwiegend aus ihren grandiosen **Begräbnisstätten**, die sie oftmals an schwer zugänglichen Felshängen errichteten. Leider sind die meisten Mausoleen von Grabräubern zerstört und geplündert worden.

Inchik Uchu (gekochter Maniok mit Erdnusssoße, Aji-Paprika und Koriander). Beliebte **Getränke** aus fermentiertem Zuckerrohr sind *Mistela, Aloja* und *Guarapo*. Außerdem trinkt man *Licor de mora* (Brombeerlikör) und *Chuchuhuasi*, einen aus einer Wurzel zubereiteten Kräuterschnaps.

In der **Markthalle** an der Grau, Ecke Libertad, wird im 1. und 2. Stock frisches Obst, Käse und Gemüse verkauft. Im 1. Stock (in der mittleren Abteilung) gibt es auch frisches Brot an verschiedenen Ständen; außerdem tgl. von 10.30 bis ca. 12.30 Uhr preiswertes Ceviche und den ganzen Tag über frisch gemachte Obst- und Gemüsesäfte.

Guten Kaffee und leckeren Kuchen bekommt man im **Café** des **Hostals Casa Vieja**, Chincha Alta 569.

Café Gourmet Ciomara, Jr. Ayacucho, Plaza de Armas. Eine Art Künstlercafé auf 2 Etagen mit (zum Teil verkäuflichen) Kunstwerken an den Wänden. Neben Frühstück gibt's nachmittags kleine Gerichte wie Pizza, Burger, Anticuchos usw., außerdem Cocktails. ⏲ tgl. 7–23 Uhr.

Café San José, Ayacucho 816, eine Filiale gibt's in der Ayacucho 1013. Günstiges Frühstück, Kaffee und Kuchen. ⏲ tgl. 7–13, 14.30–22 Uhr.

Chacha, Grau, an der Plaza. Beliebtes Lokal mit großen Portionen und kleinen Preisen. Gute Auswahl an Fruchtsäften, Frühstück. ⏲ tgl. 7–23 Uhr.

El Eden, Grau, zwischen Ayacucho und Libertad. Serviert Vegetarisches. ⏲ So–Fr 7–22 Uhr, ebenso wie das **vegetarisches Restaurant** im Hotel **El Tambo**, Ortiz Arrieta 448. ⏲ Mo–Sa 7–21.30, So 8–21 Uhr (So keine Menüs).

La Tushpa, Jr. Ortiz Arrieta769. Zu den gewaltigen Fleischportionen, überwiegend vom Holzofengrill, wird sogar ein kleiner Salat serviert. ⏲ Mo–Sa 13–23 Uhr.

Unterhaltung und Kultur

Taberna Pizzas Bar BQ, Ortiz Arrieta 392. Eine nette Bar mit selbstgemachter Pizza und Livemusik (meist freitags). ⏲ Mo–Sa ab 19 Uhr.

Silvia´s Pub & Licorería, Ayacucho 828.

Fair und gut

Das **Café Fusiones**, Chincha Alta 445, ✆ 041-479170, ist eine gelungene Mischung aus Café, Treffpunkt, Fairtrade-Verkaufsstelle, Reiseagentur und Infostelle. Leckeres Essen (die Pfannkuchen probieren!), ungewöhnliche Kreationen (Linsenburger!) und gute Tees (hausgemachter Apfeltee) machen den Aufenthalt kurzweilig, wozu auch die sympathische und hilfsbereite Besitzerin Marilyn Velásquez Alvarado beiträgt. Wer möchte, kann hier eine Fairtrade-Postkarte, Biokaffee oder -schokolade sowie lokales Kunsthandwerk erwerben. Auch einen Büchertausch und gutes WLAN gibt es. Die Hälfte des Trinkgelds fließt in soziale Projekte. ⏲ Mo–So 7–13, 14–21.30 Uhr.

Einkaufen

Colibrí y los Nogales, Amazonas 371. Uriger Laden mit freundlichen Besitzern und einem interessanten Angebot. ⏲ tgl. 7–20 Uhr (falls geschl. klopfen).

Etni-k, Grau 649. Die gute Auswahl reicht von Schnitzarbeiten über Schmuck bis zu Webarbeiten. ⏲ Mo–Sa 9.30–13, 15.30–20.30 Uhr.

Rusti-k, Ortiz Arrieta 676. Solidaritätsladen der Caritas Chachapoyas, der neben Kunsthandwerk auch erstklassigen Joghurt und Käse verkauft. ⏲ Mo–Sa 8–13, 15–20, So 9–12 Uhr.

Touren

Mehrere Anbieter liegen an der Plaza de Armas, darunter **Andes Tour** im Hotel Revash (s. „Übernachtung") und **Turismo Explorer**, Grau 509, ✆ 041-478162, 💻 www.turismoexplorerperu.com, die alle Kuélap, Gocta, Karajía, Pueblo de los Muertos, Belén, Revash, Leymebamba und verschiedene Trekkings (u. a. nach Gran Vilaya oder zur Laguna de los Cóndores) anbieten.

Cloudforest Expeditions, Puno 368, ✆ 041-477610, 💻 www.kuelapnordperu.com. Der deutschsprachige Besitzer Oscar von Bischoffshausen veranstaltet und führt Touren zu allen bekannten Ausflugszielen der Region. Rechtzeitig reservieren!

Ungewöhnliche, mehrtägige Wandertouren u. a. in die wenig bekannte Region südlich von Leymebamba nach Wira Wira und Tajopampa, bietet der englischsprachige Touroperator **Vilaya Tours**, 💻 www.vilayatours.com, über das Internet an.

Sonstiges

Bücher

Bücher können im **Café Fusiones**, Chincha Alta 445 und **International Language Center**, Salamanca 1112, getauscht werden.

Feste

1. Juniwoche: Semana Turística de Chachapoyas. Folklorefeier mit Trachten, Essen und Tänzen aus der gesamten Region.
1.–15. August: Fiesta Patronal Virgen de Asunta. Patronatsfest der Stadt mit Prozessionen über Teppiche aus gefärbten Sägespänen.

Geld

Es gibt bislang nur zwei Geldautomaten, bei der **Banco de Crédito** Ortiz Arrieta, Plaza de Armas und bei der **Banco de la Nación**, Ayacucho, Ecke 2 de Mayo. Einige Geschäfte an der Plaza wechseln US-Dollar- und Euro-Noten. In der **Caja Paita**, Ayacucho 732, befindet sich eine Repräsentanz von Western Unión.

Informationen

I-Perú, Ortiz Arieta 590, Plaza de Armas, ✆ 041-477292, ✉ iperuchachapoyas@promperu.gob.pe. ⌚ Mo–Sa 9–18, So 9–13 Uhr.
DIRCETUR, Santa Ana 1162, ✆ 041-478355. ⌚ Mo–Fr 8–13, 14.30–17.30 Uhr.
Dirección Regional de Cultura, Ayacucho 904, an der Plaza de Armas, ✆ 041-477045. Auskünfte zu archäologischen Stätten und wie man zu ihnen gelangt. Hier kann man auch Eintrittskarten für Kuélap erwerben. Eine kleine Ausstellung im Foyer zeigt Keramikfundstücke der Region. ⌚ Mo–Fr 8.30–12.30, 13.45–17.30 Uhr. Die Ausstellung ist Mo geschl., Eintritt gratis.

Medizinische Hilfe

Hospital Regional, Pasaje Daniel Alcides Carrión 35, ✆ 041-477092.

Polizei

Comisaría Policía Nacional, Ayacucho 1040, ✆ 041-477116.

Post

Serpost, Ortiz Arrieta 632.

Wäschereien

Lavandería, Grau 653.

Transport

Busse und Colectivos

Ein **Busterminal** an der Triunfo, Ecke Sachapuyos, befindet sich im Bau. Bislang unterhalten die Busgesellschaften eigene Terminals:
Civa, Salamanca 279, ✆ 041-478048
GH Bus, Unión 330, ✆ 041-479200
El Expreso, Unión 332, ✆ 041-477037
Móvil Tours, Libertad 464, ✆ 041-478545
Transportes Rollers, Grau 300
Transportes Virgen del Carmen, Salamanca 956, ✆ 041-797707
Zelada, Ortiz Arrieta 310, ✆ 041-478066

Verbindungen
CAJAMARCA um 5 Uhr (Transportes Virgen del Carmen) und um 6 Uhr (Móvil Tours), 12 Std., 335 km, 45 S/. Fährt über LEYMEBAMBA, CELENDÍN
CHICLAYO um 18.30 Uhr (Civa), um 19 und 19.30 Uhr (GH Bus) und um 19.30 Uhr (Móvil Tours, El Expreso), 10 Std., 466 km, 30 S/. (Civa), 40 S/. (GH Bus), 30–50 S/. (El Expreso) und 45–60 S/. (Móvil Tours). Fährt über BAGUA.
COCACHIMBA (Wasserfall GOCTA) keine Direktverbindungen. Sammeltaxi (ca. 1 1/2 Std., ca. 35 km) bis zur Kreuzung Cocahuayco nehmen und ab dort 5 km zu Fuß gehen. Ein Taxi kostet inkl. Wartezeit etwa 80–100 S/.
HUANCAS Sammeltaxis und Combis (ständig, 20 Min., 3 S/.).
KUÉLAP (Transportes Rollers) um 4 Uhr, ca. 2 1/2–3 Std., 76 km, 15 S/. Fährt über MARIA und bei genügend Passagieren weiter zu den Ruinen. Rückfahrt direkt nach Ankunft in Maria bzw. Kuélap gegen 8 Uhr.
LAMUD Sammeltaxis fahren, wenn sie voll sind, ab Libertad 1084 (ca. 1 Std., 30 km, 6 S/.

In LUYA fahren Sammeltaxis für 6 S/. weiter nach COHECHÁN.
LEVANTO Abfahrt etwas außerhalb an der Av. Cuarto Centenario (um 4 Uhr, ca. 1 Std., 22 km, 7 S/.). Tagsüber herrscht kaum Verkehr. Ein Taxi kostet 30–40 S/.
LEYMEBAMBA um 5 Uhr (Virgen del Carmen) und um 6 Uhr (Móvil Tours). Combis fahren ab der Av. Grau, zwischen Libertad und Salamanca ((um 13 und 16 Uhr, 2–2 1/2 Std., 76 km, 10 S/.). Sammeltaxis fahren nur selten (20 S/.). Alternativ kann man den Combi um 8.30 Uhr nach YERBABUENA nehmen und von dort weiter mit Sammeltaxis nach Leymebamba reisen.
LIMA um 10.30 Uhr (GH Bus), um 11 Uhr (Móvil Tours) und um 13 Uhr (Civa), 22–23 Std., 1198 km, 115 S/. (Móvil Tours), 80 S/. (Civa) und 110 S/. (GH Bus). Alle Preise inkl. drei Mahlzeiten.
PEDRO RUÍZ Combis fahren ab der Ortiz Arrieta, zwischen Salamanca und Libertad (ständig, 1 Std., 56 km, 5 S/.), Sammeltaxis starten in der Grau 345 (regelmäßig, 10 S/.).
RODRÍGUEZ DE MENDOZA um 6.30 und 16 Uhr (Móvil Tours), um 6.30, 13 und 16.30 Uhr (GH Bus) und um 16 Uhr (Zelada), 3 Std., 86 km, 12–15 S/. Außerdem Combis und Sammeltaxis.
TARAPOTO 7–9 Std., 386 km. Keine Direktverbindungen. Mit Sammeltaxis muss man umsteigen in PEDRO RUÍZ, NUEVA CAJAMARCA und dann MOYOBAMBA. Die meisten Busunternehmen, die nach Tarapoto fahren, haben ein Büro in der Nähe der Abzweigung nach Chachapoyas. Die meisten Busse (u. a. Móvil Tours, Civa, GH Bus, Sol Peruano, Huamanga, Paredes Estrella) passieren die Kreuzung Pedro Ruíz zwischen 16 und 23 Uhr, haben aber nicht immer einen Platz frei.
TINGO mehrmals tgl., 1 Std., 40 km, 8 S/. Busse fahren weiter bis YERBABUENA (1 3/4 Std.). Siehe auch Leymebamba.
TRUJILLO (Móvil Tours) um 19.30 Uhr, 13 Std., 676 km, 60–75 S/.

Flüge

Zum Zeitpunkt der Recherche wurden keine Flüge nach Chachapoyas angeboten. **LC Perú**, 🖳 www.lcperu.com, beabsichtigte, ab etwa Mitte 2012 Flüge von Chiclayo oder Lima aus anzubieten.

Die Umgebung von Chachapoyas

Huancas

Huancas ist ein kleines Dorf wenige Kilometer nördlich von Chachapoyas. Rund 5 km westlich (eine Gehstunde) befindet sich ein toller Aussichtspunkt, der **Mirador Huancaurco**, auf den Canyon des Río Utcubamba (Sammeltaxi am Hochsicherheitsgefängnis, *Carcel,* verlassen und dem Weg geradeaus folgen). Ein weiterer **Aussichtspunkt** auf den Sonche-Canyon liegt rund 20 Gehminuten östlich des Dorfs. Ein Colectivo von Chachapoyas verlangt 3 S/.; ein Taxi nach Huancas kostet 15 S/. und von dort zum Mirador Huancaurco weitere 10–15 S/.

In Plazanähe verkauft die Kooperative **La Cusana** regionaltypische Tonkeramik. Von Huancas kann man auf einem prähispanischen Weg an einem Tag (ca. 6 Std., 18 km) durch den Sonche-Canyon nach **Cocachimba** laufen, einer von zwei Ausgangspunkten für einen Besuch des Gocta-Wasserfalls (s. u.). Dabei ist ein langer Abstieg von rund 1200 Höhenmetern hinab zum Canyonboden und ein darauffolgender Aufstieg von ca. 500 Höhenmetern zu bewältigen. Eine Brücke über den Río Sonche war zum Zeitpunkt der Recherche in Planung. Mehr Informationen zu dieser Wanderung bekommt man bei DIRCETUR (s. „Chachapoyas/Informationen", S. 562).

Wasserfall Gocta

Im März 2006 vermaß ein Team deutscher Entwicklungshelfer zum ersten Mal den Wasserfall, der nordöstlich von Chachapoyas liegt. Das unerwartete Ergebnis: stattliche 771 m. Ob Gocta damit, wie behauptet, zum weltweit dritthöchsten Wasserfall wird, angeblich nur noch übertroffen vom Salto de Ángel in Venezuela und den Tugela-Fällen in Südafrika, bleibt zweifelhaft. Nicht zuletzt, weil Gocta eigentlich aus zwei Fallstufen besteht (die obere misst 231 m, die untere 540 m), was man aber erst beim näheren Hinsehen bemerkt. Die World Waterfall Database, 🖳 www.world-waterfalls.com, listet Gocta an 16. Stelle. Die Einheimischen kennen Gocta natürlich schon lange, hatten den Fall aber aus Aberglauben nie vermessen oder touristisch erschließen lassen. Inzwischen pilgert eine immer größer werdende Touristenschar zum Megafall, der von Chachapoyas aus als Tagestour besichtigt werden kann.

Die Anfahrt erfolgt mit dem Kleinbus ab Chachapoyas (1 Std., ca. 35 km) oder Pedro Ruíz (1/2 Std., ca. 17 km) bis **Cocahuayco**. Dort zweigt jeweils ein mit Schildern gekennzeichnetes Sträßchen wahlweise zu den Dörfern **San Pablo** (1934 m) oder **Cocachimba** (1796 m) ab (Gehzeit zu den Dörfern rund 1 Std.). Von San Pablo erreicht man die Basis der ersten Fallstufe auf einem rund 6,3 km langen Weg, auf dem 590 Höhenmeter (bergab 95 m) zurückzulegen sind. Auf dem 5,5 km langen Weg von Cocachimba zur Basis des zweiten Falls sind es 356 Höhenmeter (bergab 372 m). Die Gehzeit beträgt in beiden Fällen etwa zweieinhalb Stunden für die einfache Wegstrecke. Der Weg von San Pablo aus ist einfacher und eignet sich daher eher für ältere Besucher oder Familien mit Kindern.

Der **Eintritt** kostet über Cocachimba von Juni bis August 15 S/., in der übrigen Zeit 10 S/. Über San Pablo sind bislang nur 5 bzw. 2,50 S/. fällig. Für den obligatorischen einheimischen **Guide** (bis zu 10 Pers.) und ein Pferd sind ab Cocachimba jeweils 30 S/. zu zahlen, ab San Pedro jeweils 20 S/. Reiseveranstalter nehmen rund 60 S/. für den Ausflug ab Chachapoyas, ein Taxi kostet hin und zurück etwa 100–120 S/. Wer auf eigene Faust unterwegs ist, muss sich auf dem Rückweg nach Chachapoyas auf Wartezeit gefasst machen, da die Sammeltaxis, die die Kreuzung Cocahuayco Richtung Chachapoyas passieren, meist voll sind. Besonders lohnenswert ist ein Ausflug zum Wasserfall in der Regenzeit. Im Juli und August hingegen wird aus Gocta schon mal ein kümmerliches Rinnsal. Das hat allerdings den Vorteil, dass man dann am Fuß des Falls baden kann.

In Cocachimba kann man einfach bei einheimischen Familien übernachten (20 S/. p. P.). Mahlzeiten sind für 10 S/. zu haben. Weitere Infos erteilt die **Asociación de Turismo de Cocachimba**, ✆ 041-630569, die auch eine einfache Übernachtungsmöglichkeit inkl. Verpflegung auf dem Weg zur Basis des zweiten Falls unterhält. ❶ Wer es luxuriöser mag, kann die Nacht in der **Gocta Lodge** in Cocachimba, ✆ 041-630552, 💻 www.goctalodge.com, ❺ verbringen. Alle der Zimmer haben Blick auf den Wasserfall. Zudem verfügt die Lodge über einen Pool und ein Restaurant. In San Pablo gibt es bislang nur sehr einfache Familienunterkünfte. Informationen gibt die **Asociación de Turismo de San Pablo**, ✆ 041-631163.

Im Rahmen eines „ländlichen Tourismus" bieten die Gemeinden Cocachimba und San Pablo außerdem Programme an, die unter anderem den Besuch einer Zuckerrohrmühle oder Geschichten am Lagerfeuer umfassen. Wer mehr über Gocta, die Dörfer San Pablo und Cocachimba sowie Fauna und Flora der Region wissen möchte, sollte sich den gut gemachten zweisprachigen (span./engl.) **Gocta-Führer** besorgen, der 2011 mit Geldern der Deutschen Gesellschaft für Internationale Zusammenarbeit (GIZ) erstellt wurde und in Chachapoyas im Café Fusiones (s. „Chachapoyas/Essen", S. 561) und bei DIRCETUR (s. „Chachapoyas/Informationen", S. 562) erhältlich ist.

Lamud, Karajía und Pueblo de los Muertos

Rund 34 km nordwestlich von Chachapoyas liegt der kleine Ort **Lamud**, Ausgangspunkt für Touren zu den archäologischen Stätten der Umgebung. Sehenswert sind die in Peru einmaligen **Felsgräber von Karajía** (Eintritt 3 S/., Guides 20 S/.) Die bis zu 2 m hohen Sarkophage in Form übergroßer menschenähnlicher Gestalten befinden sich in einer unzugänglichen Felswand. Die Figuren sind bemalt und mit menschlichen Gesichtern versehen. Im Inneren der Holzgerüste, die mit einer Mischung aus Lehm, Stroh und kleinen Steinen verkleidet sind, hockt in einem Hohlraum im Fuß der Statue die Mumie. Das Aussehen der antropomorphen Figuren erinnert an die Steinmonumente auf den Osterinseln.

Um nach Karajía zu gelangen, muss man per Auto über Luya und Cohechán nach Cruzpata fahren. Von dort braucht man noch eine gute halbe Stunde zu Fuß. Da der Ausflug mit öffentlichen Verkehrsmitteln an einem Tag von Chachapoyas aus nur mit einer sehr kurzen Aufenthaltsdauer in Karajía zu bewältigen ist, empfiehlt sich die Teilnahme an einer organisierten Tour. In Lamud und Luya sind einfache Übernachtungsmöglichkeiten vorhanden.

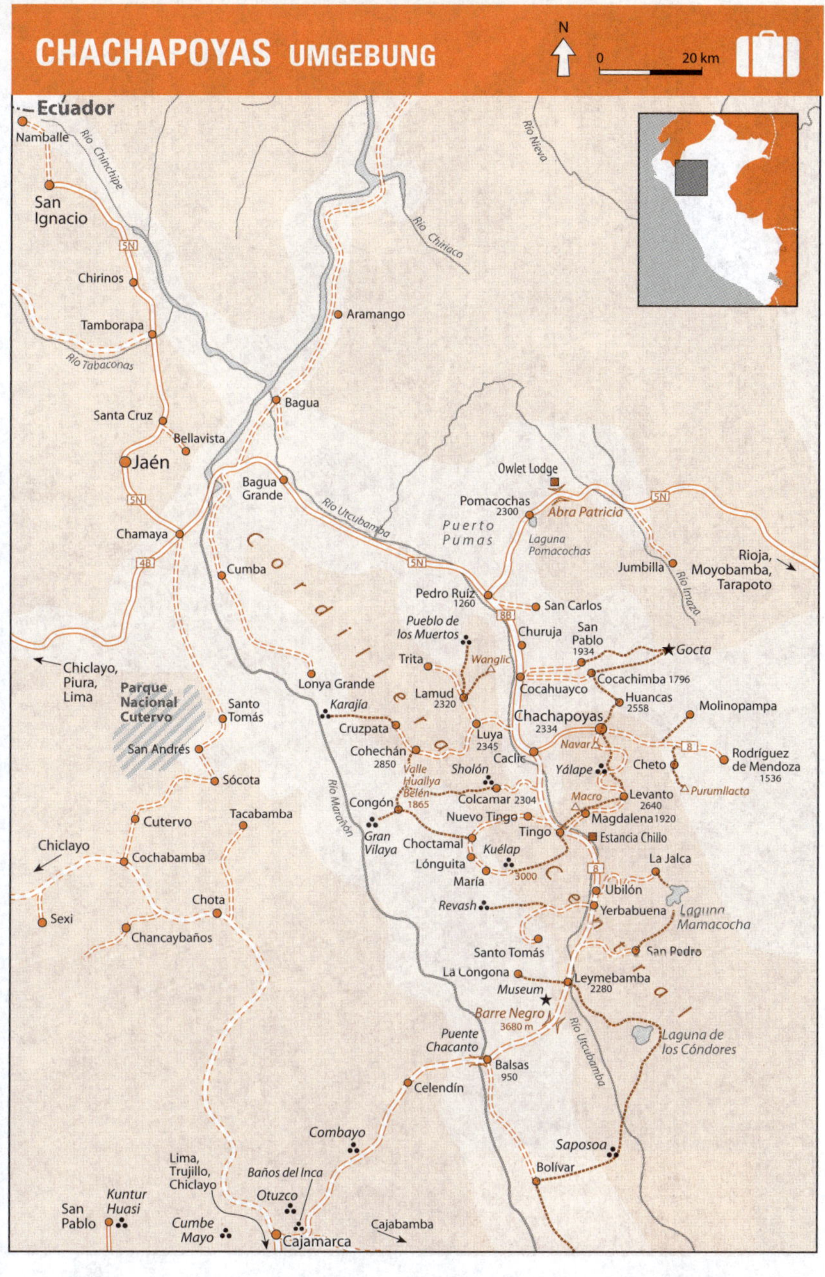
CHACHAPOYAS UMGEBUNG
N
0
20 km
Ecuador
Namballe
Río Chinchipe
San Ignacio
5N
Chirinos
Tamborapa
Río Tabaconas
Santa Cruz
Bellavista
Jaén
5N
Chamaya
4B
Aramango
Bagua
Bagua Grande
Río Nieva
Río Chiriaco
Río Utcubamba
Cumba
Cordillera Central
Owlet Lodge
Pomacochas
2300
Abra Patricia
5N
Puerto Pumas
Laguna Pomacochas
Jumbilla
Río Imaza
Rioja, Moyobamba, Tarapoto
5N
Pedro Ruíz
1260
San Carlos
8B
Pueblo de los Muertos
Churuja
San Pablo
1934
Gocta
Trita
Wanglic
Cocahuayco
Cocachimba 1796
Lonya Grande
Lamud
2320
Huancas
2558
Molinopampa
Chiclayo, Piura, Lima
Parque Nacional Cutervo
Santo Tomás
Karajía
Chachapoyas
2334
Cruzpata
Luya
2345
Navar
8
Rodríguez de Mendoza
1536
San Andrés
Cohechán
2850
Caclic
Yálape
Cheto
Purumllacta
Sócota
Valle Huallya Belén
1865
Sholón
Colcamar 2304
Macro
Levanto
2640
Cutervo
Tacabamba
Congón
Nuevo Tingo
Magdalena 1920
Río Marañón
Gran Vilaya
Tingo
Estancia Chillo
Chiclayo
Cochabamba
Choctamal
Kuélap
Lónguita
8
La Jalca
María
3000
Ubilón
Chota
Revash
Yerbabuena
Laguna Mamacocha
Sexi
Chancaybaños
Santo Tomás
San Pedro
La Congona
Leymebamba
2280
Museum
Barre Negro
3680 m
Río Utcubamba
Puente Chacanto
Laguna de los Cóndores
Balsas
950
Celendín
Combayo
Saposoa
Lima, Trujillo, Chiclayo
Baños del Inca
Bolívar
Kuntur Huasi
Otuzco
San Pablo
Cumbe Mayo
Cajamarca
Cajabamba

Auch in der Trockenzeit ist der Wasserfall Gocta ein lohnendes Ausflugsziel.

Die Grabstatuen von **Pueblo de los Muertos** befinden sich rund vier bis fünf Gehstunden von Lamud entfernt. In der gesamten Region bestehen zahlreiche Wandermöglichkeiten, über die man sich bei den angegebenen Tourveranstaltern informieren sollte. Es gibt in allen Dörfern einfache Übernachtungsmöglichkeiten.

Levanto und Wanderung nach Tingo

Levanto ist ein interessantes Dorf auf 2640 m, rund 22 km südlich von Chachapoyas, zu dem man in vier bis fünf Stunden durch wunderschöne Landschaft wandern kann. Zunächst folgt man der Calle Santo Domingo Richtung Süden bis zur Hauptstraße Richtung Pedro Ruíz (zwischen KM 48 und 49). Auf der anderen Straßenseite beginnt der teilweise gepflasterte Präinkaweg, dem man bis Levanto folgt. Der Ort ist auch mit Colectivos oder Taxis ab Chachapoyas (s. „Transport", S. 563) erreichbar. Außerhalb von Levanto befinden sich mehrere **Chachapoya-Ruinen**, darunter beispielsweise Yálape.

Durch die Stätten verläuft der Aishpachaca-Kanal, ein rund 20 km langer präkolumbischer Wasserkanal, der aus Steinplatten gebaut wurde. Etwas außerhalb der Ortschaft hat ein Kanadier in Collacruz einen typischen Rundbau der Chachapoya rekonstruiert. In Levanto kann man in der einfachen **Levanto Lodge**, 💻 www.kuelap.org/our-lodes.html, an der Plaza bei der Schule übernachten. Die Herberge ist ebenfalls als Rundbau angelegt.

Von Levanto führt ein Weg in vier bis fünf Stunden (reine Gehzeit) nach Magdalena und weiter bis Tingo. Der Einstieg zum präinkaischen Wanderweg erfolgt im kleinen Dorf **Collacruz**, das rund fünf Fahrminuten vor Levanto liegt und von Levanto über eine ca. 20–30-minütige Querverbindung zu Fuß zu erreichen ist. Der im oberen Teil gut erkennbare Pfad trifft nach einem steilen Abstieg mit viel Gestrüpp auf die Straße, die von Magdalena nach Tingo führt. Dieser folgt man nur ein kurzes Stück, bevor der Pfad links abbiegt.

Nun kommt der einzige Anstieg der Wanderung (etwa 30 Min.), bevor es erneut bergab nach Magdalena geht. Ab **Magdalena** folgt man sicherheitshalber der Straße bis nach Tingo (weitere 30 Min.). Wasser mitnehmen!

Rodríguez de Mendoza

Eine größtenteils ungeteerte Straße führt von Chachapoyas nach Mendoza. Während der vier- bis sechsstündigen Fahrt wird die Landschaft zunehmend tropischer. In der Umgebung von Mendoza auf 1536 m werden Kaffee, Zuckerrohr und Erdnüsse angebaut.

Lohnende Touristenziele der von ausländischen Reisenden selten besuchten Region sind beispielsweise das etwa drei Stunden Fußmarsch von Mendoza entfernte Naturschutzgebiet **Reserva Natural de Huamampata** mit einem großen See, der besonders in der Regenzeit zahlreiche Wasservögel anzieht. In dem üppig grünen Naturschutzgebiet leben unter anderem Brillenbären, aber die eigentliche Attraktion sind die vielen verschiedenen Orchideenarten. Einen Besuch lohnen auch die **Höhlen** von Longar (Cuevas Aranjuez) und Omia (Cueva Caldera) und die **Thermalquelle La Colpa** (Tocuya). Außerdem steht innerhalb der Gemeinde Tocuya der **Cerro Wimba**, der Überreste von steinernen Rundhütten, ähnlich denen in Kuélap, aufweist.

Günstig und gut übernachten lässt es sich in Mendoza im **Hotel Ibérico**, Toribio Rodríguez de Mendoza 511, ☎ 041-476012, ✉ h_iberico@hotmail.com, ❶, und im **Hotel San Antonio**, Jr. Victor Moria 100, ☎ 041-476145, ✉ h_sanantonio@hotmail.com, ❷. Empfehlenswertes regionaltypisches Essen servieren die Restaurants **Elenita**, Jr. Matiaza Rimachi 305, Ecke Jr. Blas Valera 305, und das **Tivoli**, Jr. Huambo 313. In Mendoza gibt es keinen Geldautomaten! Nach Chachapoyas fahren die Busunternehmen Móvil Tours, GH Bus und Zelada (3 Std., 15 S/.). Außerdem verkehren Sammeltaxis und Combis.

Von Chachapoyas nach Tarapoto

Auf der landschaftlich abwechslungsreichen Strecke erwarten den Besucher dichte Nebelwälder, die weiter unten in das satte Grün tropischer Waldlandschaften übergehen. In dieser Region kommen Vogelbeobachter und Orchideenliebhaber auf ihre Kosten, die Artenvielfalt ist beeindruckend. Der letzte Teil der Strecke folgt dem Lauf des Río Mayo, bevor die aufstrebende Dschungelstadt Tarapoto erreicht wird.

Von Chachapoyas nach Pedro Ruíz

Zunächst geht es bergab bis zur Kreuzung Caclic und durch den Canyon des Río Utcubamba entlang der Hauptstraße. An der Kreuzung liegt bei KM 295 der kleine Ort Pedro Ruíz mit dem ordentlichen **Hotel Casablanca**, ✆ 041-830135, direkt an der Kreuzung ❷. Die **Banco de la Nación** unterhält eine Filiale in Pedro Ruíz, und an der Kreuzung kann man telefonieren.

Nordperu

Transport

An der Kreuzung halten die Busse von und nach LIMA/CHICLAYO (nachmittags und abends) bzw. von und nach MOYOBAMBA/TARAPOTO (zwischen 13–19 Uhr, 4 Std. bzw. 7 Std.).
Die Busse Richtung CHACHAPOYAS passieren die Kreuzung am frühen Nachmittag. Sammeltaxis und Minivans fahren nach CHACHAPOYAS, BAGUA GRANDE und NUEVA CAJAMARCA.

Von Pedro Ruíz zum Pazifik

Die durchgehend asphaltierte Strecke folgt dem landschaftlich reizvollen Canyon des zunehmend wilderen Rió Utcubamba. Nach rund 15 km öffnet sich die Schlucht und verbreitert sich zu einem weiten Tal. Es wird merklich wärmer und Reisfelder säumen den Straßenrand. Im sehr heißen Ort **Bagua Grande** spielt sich alles Leben auf der Hauptstraße, der Avenida Chachapoyas, ab. Dort liegen auch Hotels und Restaurants. Mototaxis bringen Passagiere schnell zu den Terminals der Busse am Stadtrand (im Osten Richtung Tarapoto und Chachapoyas; im Westen Richtung Lima, Chiclayo und Piura).

Im weiteren Verlauf der Strecke wird die Umgebung trockener und die Reisfelder werden von Kakteen abgelöst. Nachdem die Brücke den mächtigen Río Marañón überquert, der die Grenze zwischen den Departamentos Cajamarca und Amazonas markiert, beginnt der lang gezogene Anstieg zur Westkordillere der Anden.

Auf der Straße Richtung Westen wird der **Abra Porculla** überquert, der mit nur 2145 m niedrigste Pass der peruanischen Anden. Wenig später erreicht man die Kreuzung mit der alten Panamericana, an der man wahlweise in das rund 100 km südlich liegende Chiclayo oder Richtung Norden in das ca. 180 km entfernte Piura abbiegen kann.

Von Pedro Ruíz über Jaén nach Ecuador

Rund 113 km westlich von Pedro Ruíz Richtung Pazifikküste wird die Abzweigung nach **Jaén** passiert. Das geschäftige Städtchen auf 740 m ist Zentrum eines Kaffeeanbaugebiets und außerdem für Fels- und Höhlenmalereien in der Umgebung bekannt.

Von Jaén führt eine überwiegend asphaltierte Straße auf 107 km nach **San Ignacio** auf 1300 m. Nach weiteren 49 km mit Sammeltaxis wird der kleine Ort **Namballe** (700 m) erreicht. Hier zweigt eine Piste in das selten besuchte Naturschutzgebiet **Santuario Nacional Tabaconas-Namballe** ab (Infos bei Sernanp und in San Ignacio). Ein Mototaxi bringt einen zur Grenze bei **Balsas**. Zu Fuß überquert man die breite Brücke über den Río Chinchipe, die erst 2003 gebaut wurde. Auf ecuadorianischer Seite fahren täglich zwei bis drei Rancheras von 12 bis ca. 19 Uhr in das rund eineinhalb Stunden entfernte **Zumba**. Von dort erreicht man **Vilcabamba** in weiteren fünf bis sechs Stunden Busfahrt. Auf der peruanischen Seite fahren regelmäßig Sammeltaxis von der Grenze nach Namballe und San Ignacio. Ein Taxi nach San Ignacio kostet ca. 70 S/.

Übernachtung

Jaén

Santa Elena, Sánchez Carrion 142, ✆ 076-803020. Einfache Zimmer mit Bad (kaltes Wasser) und Ventilator. ❶
Prim`s Hotel, Diego Palomino 1341, ✆ 076-431039, 💻 www.primshotel.com. Gutes Hotel mit geräumigen Zimmern. Außerdem kleiner Pool, Restaurant, Parkplatz, Internet, WLAN

und Aufzug als einziges Hotel der Stadt. Frühstück inkl. ❸

Hotelera El Bosque, Mesones Muro 632, ✆ 076-431184, ✉ hoteleraelbosque@speedy.com.pe. Schöne Bungalowanlage mit AC, TV, Pool, WLAN, Restaurant und Parkplatz. ❸

San Ignacio

La Posada, Porvenir 218, ✆ 076-8846180. Einfache Zimmer mit / ohne Bad. Restaurant. ❶

Gran Hotel San Ignacio, José Olaya 680, ✆ 076-356544, ✉ granhotel-sanignacio@hotmail.com. Bestes Haus am Ort mit guten Zimmern mit Bad, TV und Telefon. Zimmerservice, Internet, Bar, Restaurant, Parkplatz und Tourservice. Frühstück inkl. ❷

Namballe

Hotel El Sol de la Frontera, rund 1,5 km außerhalb des Orts Richtung Grenze, ✆ 976116781 (Mobil), in Lima ✆ 01-2478881, 💻 www.hotelsoldelafrontera.com. Von einer Britin geführtes Hotel mit geräumigen Zimmern. Sauber, ruhig und sicher. Frühstück inkl. ❷

Transport

Nach CHACHAPOYAS gibt es keine Direktbusse: Zunächst geht es mit dem Colectivo nach BAGUA GRANDE und von dort per Bus nach PEDRO RUÍZ und dann erneut mit einem Colectivo weiter.

CHICLAYO (Civa, Línea, Transcade, Móvil Tours) regelmäßig, rund 6 Std. (inkl. Essenspause unterwegs), 325 km.

LIMA (Civa) um 5 Uhr, ca. 24 Std. (inkl. Abendessen und Frühstück), 1095 km.

SAN IGNACIO regelmäßig Colectivos (3 Std., 109 km). Weiter nach NAMBALLE und BALSAS (Grenze Ecuador) geht es ebenfalls mit Colectivos in 1–1 1/2 Std.

Nach TARAPOTO muss man umsteigen in BAGUA GRANDE.

Von Pedro Ruíz nach Rioja

In langen Serpentinen windet sich die Straße von Pedro Ruíz rund 1000 Höhenmeter zum schön gelegenen **See Pomacochas** auf etwa

Übernachtungstipp für Vogelbeobachter

Einige Kilometer nordöstlich von Pomacochas liegt bei KM 364,5 am Patricia-Pass die Abzweigung zur **Owlet Lodge**, die von der Umweltschutzorganisation **Asociación Ecosistemas Andinos** (ECOAN) verwaltet wird und komplett auf die Bedürfnisse von Vogelbeobachtern ausgerichtet ist. Die Anlage besteht aus drei geräumigen Doppelbungalows mit Privatbad/Warmwasser sowie Heizung und Strom (abends). Mahlzeiten werden in einem eigenen Restaurant serviert. Dort gibt es Internet per Satellit. Die Lodge liegt innerhalb des vogelreichen privaten ECOAN-Schutzgebiets Reserva Privada Abra Patricia-Alto Mayo, das auch die Biologische Station **Lechucita Bigotona** beherbergt. Benannt sind Lodge und Station nach dem **Peruanerkauz** *(Xenoglaux loweryi)*, der weltweit kleinsten Eulenart (max. 14 cm), die hier vorkommt. Kontakt Lodge: ✆ 084-227988, 💻 www.ecoanperu.org. ❼

2300 m hoch. Danach wird die Landschaft immer grüner und waldreicher und es beginnt der beeindruckende Abstieg durch die **Nebelwälder der Ostandenabhänge**. Die Wolken hängen tief, und immer wieder gelangt man in Regenschauer. Viele kleine Ortschaften säumen die Straße, meist nur aus einfachen Bretterbuden mit Wellblechdächern bestehend. Bei KM 400 öffnet sich das Tal, und auf den nächsten rund 100 km verliert die jetzt schnurgerade Strecke nur noch 200 Höhenmeter. Dominierte in den höher gelegenen Gebieten der Kaffeeanbau, erstrecken sich nun endlose Reisfelder zu beiden Seiten der Straße.

Rioja

Rund 180 km östlich von Pedro Ruíz wird bei KM 469 der kleine Ort Rioja erreicht. Das Reisanbauzentrum auf 850 m Höhe gehört bereits zum Tiefland-Departamento San Martín. Die Region ist für ihre große **Orchideenvielfalt** und einen **lebhaften Karneval** bekannt. Außerdem werden hier Strohhüte gefertigt, die in verschiedenen

Kunsthandwerkläden, z. B. in der Santo Toribio 1237 und 1239, angeboten werden.

Zu den beliebtesten Ausflugszielen zählen neben den Quellen des **Río Tioyacu** und des **Río Negro** (wenige Kilometer außerhalb) und zahlreichen Wasserfällen (z. B. die **Cascada de Agua Blanca**, ca. 10 km vom Ort entfernt) Boots- und Kanutouren durch die Sumpfgebiete der **Reserva Río Romero** oder der **Reserva del Río Negro**, 5 bzw. 15 km von Rioja entfernt.

Übernachtung und Essen

Residencial Rocio, Grau 740, einen halben Block von der Plaza entfernt, ✆ 042-558854, ✉ richitar20@gmail.com. Saubere Zimmer, aber nur kaltes Wasser. Netter Innenhof. ❷

Gran Bombonaje, Faustino Maldonado 515, ✆ 042-558013, www.granbombonaje.com.pe. Gute, geräumige Zimmer mit Bad, TV, Ventilator, Kühlschrank und Telefon. Außerdem Bar, Restaurant und Parkplatz. ❸

Alternativ kann man im nur 25 km östlich gelegenen Moyobamba übernachten (s. u.), das in 20 Minuten mit ständig verkehrenden Colectivos erreichbar ist.

Gutes Essen bekommt man im **Restaurant Copacabana**, San Martín 865. ◷ Mo–Sa 7–22, So 7–16 Uhr.

Complejo Turístico Yacumama, Carretera Fernando Belaunde, KM 470, El Porvenir, ✆ 042-558619, 💻 www.yacumama.com.pe. Freizeitanlage rund 12 km westlich der Stadt mit Teichen, einem Strand, zahlreichen Vogelarten und Restaurant. ◷ tgl. 8–22 Uhr.

Moyobamba

Die Hauptstadt des Departamentos San Martín wurde 1540 als erste Niederlassung im Tiefland des Amazonas gegründet. Sie liegt wie Rioja auf etwa 850 m und erfreut sich eines angenehm warmen Klimas mit Durchschnittstemperaturen von 24 °C. Die Hauptregenmonate sind Januar, Februar und März.

Im Jirón Oscar R. Benavides 380 befindet sich das **Museo Regional de San Martín**, ✆ 042-562281, das eine bunte Mischung aus Fauna, Flora, Fossilien der Region, zeitgenössischer Keramik, religiösen Trachten und Fotos aus der Stadtgeschichte präsentiert.

Zu den Naturattraktionen zählen die **Cataratas del Gera**, die oberhalb eines Wasserkraftwerks, rund 21 km im Südosten von Moyobamba, liegen. Um dorthin zu gelangen, nimmt man ein Colectivo nach Jepelacio und von dort ein Mototaxi. Das letzte Stück (ca. 20–30 Min.) ist dann zu Fuß zurückzulegen.

In derselben Richtung liegen die **Baños Termales de San Mateo**, Thermalquellen, die rund 5 km von der Stadt entfernt sind und mit Colectivos, Mototaxis oder zu Fuß erreicht werden können. Die heißen und kalten Becken sind täglich geöffnet.

Auf dem Weg dorthin passiert man die Orchideenfarm **Ochideario Waqanki**, 2 S/. Weitere Möglichkeiten, Orchideen zu sehen, bieten der **Vivero Agro Oriente**, Guerra 900, 1 S/., und der **Jardín Botánico San Francisco**, San Francisco s/n, Barrio Lluyllucucha.

Ausgangspunkt für die Wanderung zum höchsten Aussichtspunkt über das Tal des Mayo (1500 m), dem **Morro de Calzada**, ist der Ort La Calzada, rund 10 Min. von Moyobamba entfernt und zu erreichen per Combi ab der Callao, zwei Blöcke von der Plaza de Armas entfernt.

Übernachtung und Essen

Hotel Marco Antonio, Pedro Canga 488, ✆ 042-562319, 💻 www.hotelmarcoantonio.com. Gute Zimmer mit TV und Duschen mit warmem Wasser. Gutes Restaurant, WLAN, Parkplatz und Tourservice. Frühstück inkl. ❹

Puerto Mirador, Sucre s/n, ✆ 042-562050, 💻 www.hotelpuertomirador.com. Große, am Stadtrand gelegene Hotelanlage mit Pool und schönem Blick auf den Río Mayo. Gute Zimmer mit Warmwasser und TV. Außerdem Internet und WLAN. HP inkl. ❺

La Olla de Barro, Pedro Canga 383. Serviert sehr gute regionale Spezialitäten und leckere Fruchtsäfte sowie Fisch- und vegetarische Gerichte. ◷ Mo–Sa 8–22, So 8–16 Uhr.

Transport

Die Busse nach LIMA und CHICLAYO fahren vom **Terminal Terrestre**, Grau 547, ab. Zu empfehlen sind Móvil Tours, Civa und Cial.

 Tingana

Im Nordwesten Moyobambas liegt das kommunale Schutzgebiet **Tingana** (3480 ha), das periodisch überschwemmt wird und Heim zahlreicher, Vogel-, Fisch- und Säugetierarten ist. Mit Hilfe der deutschen Entwicklungszusammenarbeit ist eine touristische Infrastruktur geschaffen worden, die den Besuch des Schutzgebiets ermöglicht und den dort lebenden Bauern neue Einkommensmöglichkeiten eröffnet.
Die Anreise (ca. 2 Std.) in das Gebiet erfolgt über eine Straße, die zunächst bis zum Río Mayo (Boca del Río Huascayacu) führt. Von dort geht es dann weiter im Boot den Río Avisado flussaufwärts.
In Tingana gibt es einfache **Übernachtungsmöglichkeiten** (Schlafsack und Moskitonetz mitbringen). Am einfachsten ist Tingana mit einem Tourveranstalter ab Moyobamba (z. B. **Tingana Magic**, Reyes Guerra 430, ✆ 042-563163, 💻 www.tinganaperu.com) zu erreichen. Informationen zum Schutzgebiet findet man unter 💻 www.tingana.org.

Preisgünstiger, aber unbequemer sind u. a. Paredes Estrella, Sol Peruano und Tarapoto Tours.
In die beiden Hauptrichtungen TARAPOTO (2 1/2 Std., 119 km) und PEDRO RUÍZ (3–4 Std., 205 km) bestehen regelmäßige Bus- und Sammeltaxiverbindungen. Sammeltaxis nach Tarapoto fahren von der Filomeno 290, Ecke Benavides.
Busse und Combis fahren regelmäßig vom **Terminal Transporte y Turismo Selva**, Callao 340, nach RIOJA (20 Min.), NUEVA CAJAMARCA (40 Min.), TARAPOTO (3 Std.) und YURIMAGUAS (7 Std.).

Tarapoto

Tarapoto, 1772 gegründet, ist mit mehr als 200 000 Einwohnern die größte Stadt des Departamentos San Martín und das schnell expandierende **landwirtschaftliche Zentrum** des nördlichen Tieflands. Neben Viehwirtschaft, Reis-, Obst- und Weinanbau haben die weitläufigen **Kokaplantagen** zum wirtschaftlichen Aufschwung der Stadt beigetragen, der Region zwischen Tarapoto und Tingo María aber auch eine hohe Kriminalitätsrate eingebracht. Seit in den vergangenen Jahren viele Kokaplantagen durch die Behörden zerstört worden sind, hat sich die Lage entspannt.

In den letzten Jahren wurden Anstrengungen unternommen, das touristische Potenzial der Region zu entwickeln. In der Stadt selbst finden sich keine Sehenswürdigkeiten, doch die Umgebung kann mit Wasserfällen, Seen und dem interessanten Indianerdorf Lamas aufwarten.

Das **Museo Regional de la Universidad Nacional de San Martín**, Maynas 177-179, nahe der Plaza de Armas, präsentiert ein buntes Gemisch von ausgestopften Tieren bis zu archäologischen Fundstücken. 🕓 Mo–Fr 8–20, Sa 8–18 Uhr, 2 S/.

Die „Stadt der Palmen", wie Tarapoto auch genannt wird, verfügt über eine gute Auswahl an Hotels und Restaurants. Der wichtige Verkehrsknotenpunkt ist gut per Bus und Flugzeug mit dem Rest des Landes verbunden.

Übernachtung

Die zur Straße hin gelegenen Hotelzimmer im Zentrum sind durchweg sehr laut.
Hostal Juan Alfonso, Pedro de Urzua 309, ✆ 042-526526. Einfach, günstig und sauber. Zimmer mit Bad (ohne nur 20 S/.), TV, Ventilator und kaltem Wasser. ❶
Hostal San Antonio, Jiménez Pimentel 126, ✆ 042-525563. Zentral in Plazanähe. Zimmer mit Bad, TV und warmem Wasser. Internet und WLAN. Kann laut werden, da die Zimmer nur Drahtgitter und keine Wand zum Innenhof haben. ❷
El Mirador, San Pablo de la Cruz 517, ✆ 042-522177, 💻 www.elmiradortarapoto.blogspot.com. Ruhig gelegen. Freundliche, familiäre Atmosphäre und saubere Zimmer mit Elektrodusche. Dachterrasse mit schönem Blick und WLAN. Das Frühstück kostet 10 S/. extra. ❷

La Patarashca, San Pablo de la Cruz 362, ✆ 042-527554, 💻 www.lapatarashca.com. Gemütlich mit viel Holz. Saubere, angenehme Zimmer mit Ventilator und WLAN. Schöner Garten mit Sitzecke und Hängematten. Dicht beim Hotel liegen einige Kneipen, an den Wochenenden ist es laut. Frühstück inkl. ❸

Hostal Sol de Selva, Pedro de Urzúa 161, ✆ 042-524817, 💻 www.soldeselva.com. Saubere Zimmer mit Warmwasser, Ventilator (AC gegen Aufpreis) und WLAN. Frühstück und Abholservice vom Flughafen inkl. ❸

Boca Raton, Grau 151, ✆ 042-531226, 💻 www.bocaratonhotel.com.pe. Modernes Hotel in Plazanähe mit geräumigen Zimmern, die über WLAN, AC und Minibar verfügen und teuren Suiten. Gute Ausstattung mit kleinem Pool in einem etwas tristen Innenhof und Parkplatz. Frühstück und Flughafentransfer inkl. ❹

Hotel Nilas, Moyobamba 173, ✆ 042-527331, 💻 www.hotelnilas.com. Gute Ausstattung mit AC, Plasma-TV, Minibar, Schwimmbad, Jacuzzi, Sportraum, Internet und WLAN. Frühstück und Flughafentransfer inkl. ❹

Hotel Río Shilcayo, Pasaje las Flores 224, Banda de Shilcayo, rund 10 Min. im Mototaxi südöstlich vom Zentrum, ✆ 042-522225, 🖳 www.rioshilcayo.com. Großzügige Anlage mit Pool, Grünflächen und Sportanlagen. Wahlweise Zimmer mit Bad oder etwas teurere Bungalows. Restaurant, Frühstücksbuffet und Flughafentransfers inkl. ❺–❻

Essen

Spezialitäten der Region sind *Timbuche* oder *Chilicano* (Fischsuppe), *Inchicapi* (sämige Hühnersuppe mit Erdnüssen, Maniok und Koriander) sowie verschiedene Gerichte, die alle gekocht und in Bijao-Blätter eingewickelt werden, u. a.: *Juane de arroz* (gekochter Reis mit Hähnchenfüllung), *Chunchulijuane* (Maniokmasse, gefüllt mit Hühnerinnereien), *Chontajuane* (Palmherzmasse mit Fisch gefüllt) und *Sarajuane* (Maismasse mit Erdnuss- und Schweinefleischfüllung). Zu den typischen **Alkoholika** gehört der *Uvachado* (Zuckerrohr-/Traubenschnaps) sowie der *Siete Raices*, der aus dem Saft verschiedener Wurzeln und Baumrinden hergestellt wird.

Café d'Mundo, Alegría Arias de Morey, Block 1. Hiern gibt's gute Pizzas, Pastas und Grillgerichte in stilvollem Ambiente. ◷ tgl. 18.30–24 Uhr.

Café Plaza, San Martin 109, Plaza de Armas. Beliebter Treffpunkt. Guter Kaffee und Kuchen, Säfte, Sandwiches und WLAN. ◷ Mo–Sa 7.30–13, 15.30–22, So 8–13, 18–22 Uhr.

Chifa Tai Pai, Rioja 252. Guter Chinese. ◷ tgl. 11–14, 17–24 Uhr.

Doña Zully, ◷ tgl. 8–24 Uhr, und **Real Grill**, ◷ tgl. 8.30–24 Uhr, beide Moyobamba, Plaza de Armas, bieten gute nationale und internationale Küche.

Helados Orgánicos, Maynas 234. Leckeres Eis ohne Farb- und Aromastoffe aus lokalen Früchten, zum Teil in Bio-Qualität. ◷ Mo–Sa 9–13, 16–22, So 16–22 Uhr.

La Patarashca, Lama 261. Gemütliches, aber teures Spezialitätenrestaurant. Am besten sitzt man im 2. Stock. ◷ tgl. 11–23 Uhr.

Restaurante Vegetariano El Edén, Rioja 166. Günstige Menüs, Obstsalate, Säfte und Frühstück. ◷ So–Fr 7.15–21 Uhr.

Unterhaltung und Kultur

In der Jr. Lamas zwischen der San Pablo und der Manco Capac liegen mit dem **Stonewasi**, **Montañita** und **Vingos Pub** dicht an dicht drei nette Kneipen (Tische im Freien), die auch über eine Tanzfläche verfügen. In der Arias de Morey, zwischen Grau und San Martín, liegen die Kneipen **El Musmuki** (gute Cocktails) und **Etnica Coffee Bar**.

Einkaufen

Centro Artesanal Turístico, Moyobamba, Ecke San Pablo de la Cruz, Plaza de Armas. Kunsthandwerk, Kaffee und einheimische Liköre. ◷ tgl 9–21 Uhr.

Neben dem Hotel Patarashca liegt der Laden **Bio Market Natural**, San Pablo de la Cruz 358, der Bioprodukte auch aus der Region anbietet. ◷ Mo–Sa 9–21 Uhr.

In der Compagñon zwischen San Martín und Leguia liegt ein **Supermarkt**.

Touren

Auf dem Río Mayo, der in der Nähe der Stadt in den Río Huallaga mündet, werden **Rafting**-Touren veranstaltet.

Fomentours, San Martín 148, ✆ 042-522257, ✉ fomentours@hotmail.com und **Nanci Tours**, San Pablo de la Cruz 359, ✆ 042-527404, 🖳 www.nancitours.com, offerieren Ausflüge zu den Cataratas de Ahuashiyacu, Lamas, Laguna Azul, Moyobamba/Rioja und Rafting.

Sonstiges

Feste

24. Juni: San Juan. Im gesamten Amazonasgebiet findet eine ausgelassene mehrtägige Feier mit Umzügen und traditionellen Gerichten statt.

20. August: Stadtgründung.

Geld

Banco Continental, befindet sich an der Plaza de Armas.

Banco de Crédito und **Banco de la Nación** liegen nebeneinander in der Maynas, zwischen der Plaza und der Manco Capac.

Scotiabank, Hurtado, Ecke Grau.

Interbank, Grau 119, Nähe Plaza.

Informationen

Oficina de Información Turística, Hurtado, Plaza de Armas, ✆ 042-526188. ⌚ Mo–Sa 8–12.30, 14–19, So 9–12.30 Uhr.

Medizinische Hilfe

Clínica San Martín, San Martín 274, ✆ 042-563680.

Polizei

Hurtado, Ecke Rioja, ✆ 042-522141.

Post

San Martín, Ecke Arevalo.

Wäschereien

Lavandería in der Maynas 248.

Transport

Busse und Colectivos

Gesellschaften

Civa, Salaverry 840, ✆ 042-522269
Móvil Tours, Salaverry 880, ✆ 042-528240
Sol Peruano, Salaverry 804
Transamazónico, Jr. Universitaria, Block 1, ✆ 042-791949
Transmar, Jr. Universitaria, Block 1, ✆ 042-532392
Transportes Cajamarca und **San Martín**, beide Block 14 der Alfonso Ugarte
Turismo Fernández, Jr. Universitaria, Block 1
Turismo Roja, Alfonso Ugarte, Block 10

Verbindungen

CHACHAPOYAS keine Direktbusse zum Zeitpunkt der Recherche (umsteigen in PEDRO RUÍZ).
CHICLAYO um 16 Uhr (Móvil Tours) und um 18.15 Uhr (Civa), 14 Std., 780 km, 65 S/. (Móvil Tours) und 60–80 S/. (Civa).
JAÉN um 7, 10, 14 und 16 Uhr (Turismo Fernández), 10 Std., 640 km, 40 S/. Fährt über BAGUA GRANDE.
JUANJUI Transportes Cajamarca und San Martín fahren mit Minivans und Sammeltaxis (2–2 1/2 Std., 150 km, 20 S/.).
LAMAS Colectivos fahren vom Block 11 der Alfonso Ugarte (von 3–20 Uhr, 1/2 Std., 23 km, 5 S/.).
LIMA um 7.30 und 13 Uhr (Móvil Tours) und um 12,45 Uhr (Civa), 28–30 Std., 1450 km, 130–160 S/. (Móvil Tours) und 110–150 S/. (Civa). Alle Busse fahren von den Terminals in Block 8 der Av. Salaverry, Morales, ab (ca. 10 Min. mit dem Mototaxi, 3 S/.). Die Preise beinhalten jeweils drei Mahlzeiten.
MOYOBAMBA Transportes Cajamarca, Transportes San Martín und Turismo Roja fahren mit Minivans und Sammeltaxis (2 Std., 119 km, 20 S/.), auch nach NUEVA NUEVA CAJAMARCA (2 3/4 Std., 167 km, 25 S/.) und RIOJA (2 1/2 Std., 98 km, 24 S/.). Combis fahren vom Terminal Terrestre Turismo Selva, Ugarte Block 11, wenn sie voll sind (10 S/.).
PEDRO RUÍZ Mitfahrt in Móvil Tours-Bussen nach Lima, wenn Platz ist (45 S/.), ansonsten alle Busgesellschaften, die nach Lima, Chiclayo, Piura oder Jaén fahren (7–8 Std., 324 km, 30–35 S/.).
PIURA (Sol Peruano) um 12 und 15 Uhr, 15 Std., 783 km, 60–70 S/.
PUCALLPA Mo, Mi und Fr um 8 Uhr (Transmar) sowie Di, Do und Sa um 8 Uhr (Transamazónico), 18–20 Std., 781 km, 90–100 S/. Fährt über TINGO MARIA (12 Std., 793 km, 80 S/.)
YURIMAGUAS Transportes Cajamarca und San Martín fahren mit Minivans und Sammeltaxis (2–2 1/2 Std., 129 km, 20 S/.). Combis fahren vom Terminal Terrestre Turismo Selva, Ugarte Block 11, wenn sie voll sind (10 S/.).

Flüge

Auskunft bekommt man im Flughafengebäude, ✆ 042-522278. Mototaxis bringen Passagiere für 5 S/. zum Flughafen., Fahrtzeit ca. 15 Min.
Lan Perú, Hurtado 183, Plaza de Armas, ✆ 042-529318, 💻 www.lan.com, fliegt 2–3x tgl. nach LIMA. ⌚ Mo–Fr 8.30–19, Sa 9–14 Uhr.
Star Perú, San Pablo de la Cruz 100, ✆ 042-528765, 💻 www.starperu.com, fliegt Mo und Fr nach CHICHLAYO, Mo, Mi und Fr nach PUCALLPA, sowie tgl. nach IQUITOS und LIMA. ⌚ Mo–Fr 8–13, 16–19, Sa 8–13, 16–18, So 9–12 Uhr.
Taca, San Pablo de la Cruz 182, Plaza de Armas, ✆ 042-523993, 💻 www.taca.com, fliegt 2x tgl. nach LIMA. ⌚ Mo–Fr 8.30–13.30, 15–19, Sa 9–13.30, 15.30–18 Uhr.

Die Umgebung von Tarapoto

Zahlreiche Seen und Wasserfälle laden zu Ausflügen ein und werden besonders an Wochenenden und Feiertagen auch von Einheimischen verstärkt aufgesucht.

Nur rund 14 km nördlich der Stadt liegen an der Straße nach Yurimaguas die **Cataratas de Ahuashiyacu**, ca. 50 m hohe Wasserfälle mit Bademöglichkeit und Restaurant. Sie sind mit Taxi von der Plaza de Armas (San Martín, Ecke Hurtado) oder im Rahmen einer organisierten Tour (s. S. 573) erreichbar.

Etwa 30 km südöstlich von Tarapoto liegt zwischen Shapaja und Chazuta direkt am Río Huallaga die rustikale **Puma Rinri Amazon Lodge**, Kontakt und Buchung über das Hotel Río Shilcayo in Tarapoto, ✆ 042-522225, 💻 www.pumarinri.com. Gemütliche Zimmer mit Terrasse und Flussblick. Restaurant, warmes Wasser und 24 Std. Strom. Diverse Ausflugsmöglichkeiten und Vogelbeobachtung. Frühstück inkl. ❺

Ca. 52 km und 2 Std. südöstlich von Tarapoto liegt die **Laguna de Sauce (Laguna Azul)**, ein ruhiger Urwaldsee, auf dem man rund zweistündige Bootstouren für 50 S/. unternehmen und nobel im **El Sauce Resort** übernachten kann. Kontakt in Lima: ✆ 01-4040405, 💻 www.elsauceresort.com. Frühst. inkl. ❺ Zur Laguna Sauce fahren Sammeltaxis ab der Carretera Marginal Sur 621, Banda de Shilcayo (12.50 S/.) und Combis ab Jr. Santa Rosa, Banda de Shilcayo (8 S/.). Ein Shuttle des El Sauce Resort fährt tgl. ab Tarapoto um 12 Uhr zur Laguna Azul (80 S/., Rückfahrt tgl. 10 Uhr).

Lamas

Nach 13 km entlang der Hauptstraße nach Moyobamba zweigt rechter Hand eine asphaltierte Straße zum 10 km entfernten Indígena-Dorf Lamas ab (Transport s. „Tarapoto"). Der kleine Ort mit seinen rund 15 000 Einwohnern liegt auf angenehmen 835 m Höhe. Die dort lebenden Chancas-Indianer stammen aus der Region Andahuaylas und flohen einst vor den siegreichen Inkas hierher. Ihre Nachfahren wohnen heute im Stadtteil Wayku. Der Ort hat viele Traditionen bewahrt, auch Trachten werden noch getragen.

Sehenswert ist der **Markt**, besonders am frühen Morgen. Einen Abstecher wert ist ebenfalls das **Museo Etnológico Los Chancas**, San Martín 1157, ✆ 042-543026. 🕓 tgl. 8.30–13, 14–18 Uhr, 2,50 S/. In der Stadt werden zwei verschiedene **Patronatsfeste** gefeiert: Das der Mestizen, Santa Cruz de los Motilones, findet am 17. Juli statt; die indianische Fiesta zu Ehren der Santa Rosa steigt am 30. August.

In der Umgebung von Lamas kann man Wanderungen zu Wasserfällen und indianischen Gemeinden unternehmen, die Kakao und Kaffee

Die „Ruta del Cacao"

Mitglieder der **Asociación de Desarollo Agroturístico Alto El Sol** zeigen interessierten Touristen, die ein wenig Spanisch verstehen, den Weg des (Bio)-Kakaos von der Baumschule bis zur fertigen Schokolade, die natürlich vor Ort probiert werden kann. Alto El Sol liegt südlich von Tarapoto einem ehemaligen Koka-Anbaugebiet, in dem der Kakaoanbau und ländlicher Tourismus als erfolgreiche Alternative betrieben werden.

Die abenteuerliche Anreise nach Alto El Sol erfolgt auf eigene Faust: zuerst nimmt man ein Sammeltaxi von Tarapoto nach Juanjuí (2 Std.) und von dort ein weiteres Sammeltaxi nach Pachiza (ca. 40 Min.), wo der Río Huayabamba überquert wird. Dann geht es weiter mit einem Motocar in 10 Min. nach Alto El Sol. Alternativ kann man in Juanjuí ein Boot bis Ricardo Palma (ca. 30 Min.) und von dort ein Motokar (ca. 10 Min.) nehmen. Die Kosten betragen für den gesamten Tagesausflug rund 50 S/. Mitbringen sollte man Wasser, feste Schuhe, Kopfbedeckung und Mückenschutz. Kontakt: Mardonio Quiñones Solano, ✆ 042-630512, ✉ rutaturisticacacao@hotmail.com. Bei Veranstaltern in Tarapoto nachfragen, ob sie die Tour anbieten!

anbauen. Im Ort bekommt man Guides, die pro Tag 50 S/. nehmen.

Übernachtung und Essen

Hospedaje El Abuelo Felipe, Jr. San Martin 1027, ✆ 042-543451. Sauberes und ruhiges Hotel. Günstige Zimmer mit Bad, TV und Ventilator. ❶

Casa Sangapilla, 16 de Octubre, Barrio Suchiche, ✆ 043-543004, 💻 www.casasangapilla.com. Einfache Zimmer ohne Bad und Bungalows mit Bad. Großer Garten und Hängematten. Das Haus ist Sitz des Centro Sachamama, 💻 www.centrosachamama.org, einer gemeinnützigen Hilfsorganisation. ❷

Hostal Los Girasoles, Los Chancas 502, ✆ 042-543439, ✉ stegmaiert@yahoo.de. Die von einem deutschen Besitzer geführte Unterkunft aus Holz und Bambus liegt beim Mirador (sehr schöner Blick) und lockt mit Hängematten, guten Pizzas, deutschem Bier und WLAN. Abholservice vom Flughafen in Tarapoto und Tourangebot. Frühstück inkl. ❷

Artesanía Café Bar El Duende Maldito, San Martín 1163. Das vielseitige Café bietet Kunsthandwerk, BioWassereis und abends Cocktails.

Strecke nach Tingo Maria

Sicherheitshinweise zu dieser Strecke findet man auf Seite 428. Eine Alternative sind die Flüge von Star Perú zwischen Tarapoto und Pucallpa.

Restaurante del Abuelo Felipe, San Martín, Ecke Ramón Castilla. Typische Gerichte, günstige Menüs und Frühstück. 🕒 tgl. 7–16 Uhr.

Transport

TARAPOTO Sammeltaxis verkehren ab der Ecke San Martín/Ramón Castilla 190 (von 5–21 Uhr, 1/2 Std., 23 km, 5 S/.).

Yurimaguas

Eine inzwischen durchgehend asphaltierte Straße führt nördlich von Tarapoto Richtung Norden zum 129 km entfernten Flusshafen Yurimaguas am Río Huallaga, rund 180 m über dem Meeresspiegel. Vor rund 100 Jahren profitierte die inzwischen 25 000 Einwohner zählende Stadt vom Kautschukboom, danach versank der Ort

Schrumpfköpfe

Im Grenzgebiet zwischen Peru und Ecuador leben die **Shuar** und **Achuar-Indianer**, auch Jíbaros genannt, die sich selbst aber *Aents* („wahre Menschen") nennen. Die als extrem kriegerisch geltende Volksgruppe, die sich lange erfolgreich gegen das Eindringen von *Apach* („Fremden") in ihr Territorium gewehrt hat und selbst den Inkas Respekt einflößte, pflegt auch heute noch einen grausamen Brauch – die Herstellung von Schrumpfköpfen. Die Trophäen, die heute aus Affenköpfen hergestellt werden, stammten einst von den Köpfen besiegter Feinde. Die Krieger zeigten ihre erbeuteten Schrumpfköpfe während der Feste der eigenen Gruppe, um ihren Status als wertvolle Kämpfer zu dokumentieren; sie glaubten, dass die Kraft des getöteten Feindes auf den Sieger übergehen würde. Die **Herstellung** eines sogenannten *Tsanta* dauert mehrere Tage. Zunächst werden die Augenlider und der Mund zugenäht, damit der Tote nicht sehen kann, was um ihn herum vorgeht und um den Rachegeistern des Toten das Austreten zu verwehren. Nach dem Entfernen der Schädelknochen wird die übrig gebliebene Kopfhaut mitsamt den Haaren in Wasser gekocht und mit Hilfe heißer Steine immer weiter geschrumpft. Danach wird sie mehrere Stunden über dem Feuer geräuchert, wobei sich die Kopfhaut weiter zusammenzieht und schwärzlich färbt – ein wichtiges Symbol, denn dadurch wird der getötete Feind in der ewigen Dunkelheit gehalten. Zum Schluss werden die Gesichtszüge nachmodelliert, was dem *Tsantsa* zusammen mit den Haaren in Originallänge sein typisches Aussehen verleiht.

in die Bedeutungslosigkeit. Yurimaguas ist Ausgangspunkt für die absolut lohnenswerte, rund zweitägige Bootsfahrt nach Iquitos (siehe Kasten, S. 578).

Übernachtung

Die billigeren Hotels verfügen nur über kaltes Wasser.

Hostal Akemi, Angamos 414, etwas außerhalb am Flughafen (ist nicht in Betrieb!), ✆ 065-351775, 💻 www.hostalakemi.galeon.com. Schöne, moderne Zimmer (einige mit AC gegen Aufpreis). Restaurant, Internet, WLAN und Parkplatz. ❷

Hostal El Naranjo, Arica 318, ✆ 065-352650, 💻 www.hostalelnaranjo.com.pe. Gute Lage in Marktnähe. Saubere Zimmer mit Bad, TV und Ventilator (AC gegen Aufpreis). Gutes Restaurant, Zimmerservice, Pool, Parkplatz und Internet. ❷–❸

Essen

Überall bekommt man solide Hausmannskost und entlang der Jauregui Fast Food.

Gute Mittagsmenüs serviert das Restaurant des Hostals **El Naranjo**.

Chifa Central, Mariscal Castilla 113. Recht ordentliche chinesische Gerichte.

Pizzería Trucho, Plaza de Armas 139. Gut, aber teuer. ⏲ abends.

Sonstiges

Geld

Banco Continental, Lores 132, in Plaza-Nähe und **Banco de Crédito**, Arana 143, verfügen beide über einen Geldautomaten.

Hängematten

Bekommt man auf dem Markt; sie sind aber angeblich zum gleichen Preis auf den Eduardo-Booten (s. S. 578) erhältlich.

Transport

Busse, Colectivos und Combis verkehren nach:

LIMA (Paredes Estrella, Mariscal Cáceres 220, ✆ 065-351307), ca. 28 Std., 1580 km.

TARAPOTO Sammeltaxis (regelmäßig, 2–2 1/2 Std., 129 km, 20 S/.) und Combis (10 S/.) fahren vom Ortsausgang, wenn sie voll sind.

Das Amazonasgebiet

Im Nordosten breitet sich im Departamento Loreto die **weitläufigste Tieflandebene Perus** aus. Wie gigantische Schlangen durchziehen sie die Ströme Napo, Tigre und Ucayali, die ihrerseits wieder den mächtigen Río Amazonas speisen. Perus größte Provinz (368 852 km², etwa so groß wie Deutschland) nimmt 28,7 % der Landesfläche ein und ist außerhalb von Iquitos nur sehr dünn besiedelt (nur rund 3 % der peruanischen Bevölkerung, etwa 2,4 Einwohner pro km²). In diesen abgelegenen Weiten, die zumeist nur auf Wasserwegen zu erreichen sind, lässt sich trotz immer größerer werdender Rodungsinseln noch gut in die Artenvielfalt des Regenwaldes eintauchen.

Iquitos

1000 km nordwestlich von Lima, 1700 km westlich von Manaus in Brasilien und nur per Boot oder Flugzeug erreichbar, liegt Iquitos wie eine Insel im größten Regenwald der Erde – dem Amazonasgebiet. Der bei Iquitos bis zu 2 km breite Río Amazonas, rund 4 km/h langsam und 10–30 m tief, fließt nicht mehr wie noch vor ein paar Jahrzehnten direkt an der Uferpromenade vorbei, sondern verläuft aufgrund von Sandbankverschiebungen ein paar Hundert Meter weiter östlich.

Die Hauptstadt der Provinz Loreto ist mit rund 500 000 Einwohnern die **größte Stadt des peruanischen Oriente** und die weltweit größte Stadt, die nicht auf dem Landweg erreichbar ist.

Klima

In Iquitos herrscht ganzjährig ein sehr feuchtschwüles Klima. Die durchschnittliche Luftfeuchtigkeit beträgt 84 %. Von Dezember bis Mai ist Regenzeit, der meiste Niederschlag fällt in den Monaten Dezember, Januar und April – der Wasserstand der Flüsse steigt dann um mehrere Meter an. Die jährliche Niederschlagsmenge liegt bei rund 3200 mm (Deutschland: 770 mm). Die Jahresdurchschnittstemperatur beträgt 26,4 °C (max. 31 °C, min. 15 °C). Tagestemperaturen können Spitzenwerte von 40 °C

14 HIGHLIGHT

Bootsfahrt von Yurimaguas nach Iquitos

Eine tolle und günstige Art, das Leben an den großen peruanischen Dschungelflüssen kennen zu lernen, ist die zwei- bis dreitägige Fahrt mit dem Handelsboot auf dem Río Huallaga und dem Río Marañon nach Iquitos. Gemächlich zieht die grüne Wand des Regenwalds vorüber, während man es sich in seiner Hängematte gemütlich macht. Unterbrochen wird die Fahrt von zahlreichen Stopps an kleinen, am Flussufer liegenden Dörfern. Dann stürmen Frauen und Kinder mit frisch zubereitetem Essen das Boot, Passagiere versuchen, es zu verlassen und gleichzeitig wird das Boot mit immer mehr Bananen, Rindern, Motorrädern oder Maschinenteilen beladen. Mittendrin ein paar Touristen, die versuchen, nicht im Weg zu stehen, während sie ihre Fotos schießen. An Bord läuft ständig irgendwo laute Musik, und aus den Mitreisenden wird schnell eine verschworene Gemeinschaft, die allerdings meist nur für die Dauer der Bootsfahrt hält.

erreichen. Die „kühlsten" Monate sind Juni und Juli, wenn das Thermometer nachts auch mal unter 20 °C fällt.

Geschichte

Um 1740 gründeten **Jesuiten** die ersten Siedlungen im Bereich der heutigen Provinz Loreto, um Indianer zu missionieren und zu christianisieren. 1757 errichtete der Jesuitenpater Manuel Uriarte die Mission und den Flusshafen **San Pablo de los Napeanos**, das spätere Iquitos (der Name leitet sich von einem Indianerstamm ab). In den folgenden Jahrzehnten wuchs und gedieh die kleine Gemeinde allen Widrigkeiten zum Trotz; Mitte des 19. Jhs. zählte sie rund 230 Einwohner.

Der **Vertrag über die freie Beschiffung des Amazonas** und seiner Nebenflüsse, den Peru 1851 mit Brasilien abschloss, kostete das Land als Gegenleistung 56 000 km² seiner Staatsfläche. Die Gründung des Flusshafens Iquitos fand offiziell am 5. Januar 1864 statt, auch heute noch feiert man jährlich an diesem Datum das Stadtfest. Die weltweit steigende Nachfrage nach **Kautschuk**produkten bescherte der jungen Stadt dann ab 1880 einen wahren Boom: Die Einwohnerzahl explodierte und Immigranten aus

Kaum ist man in Nauta oder Iquitos angekommen, geht jeder wieder seiner Wege …

Vor dem Zusammenfluss des Río Huallaga und des Río Marañon kann man im kleinen Ort **Lagunas** (Fahrpreis ca. 15–20 S/.) die Reise unterbrechen, um einen Abstecher in das Naturschutzgebiet **Reserva Nacional Pacaya Samiria** zu unternehmen (S. 591). Im Ort bieten Guides ihre Dienste an. Ihre Touren (mind. 3–4 Tage) sind auf jeden Fall billiger als von Iquitos aus. Ausreichend Verpflegung aus Yurimaguas ist mitzubringen.

Die Handelsboote von **Transportes Eduardo**, Pardo 114-116, ✆ 065-351270, nach **Iquitos** über **Lagunas**, **Maypuco**, **Saramuro** und **Nauta** fahren tgl. außer sonntags. Der **Fahrpreis** liegt bei 80 S/. p. P. für einen Hängemattenplatz (Hängematte ist nicht inkl., kann aber auf dem Boot gekauft werden!). Dabei sollte man sich auf dem etwas ruhigeren (theoretisch abgetrennten) Oberdeck niederlassen. Das Zwischendeck ist in der Regel überfüllt, stickig und es besteht eine latente Diebstahlgefahr. Ein Kabinenplatz (2 oder 4 Pers.) kostet ab 140 S/. p. P., eine Kabine mit Privatbad 500 S/. (beide auf dem Oberdeck). Diese Preise gelten auch für **Nauta**, wo die meisten Passagiere aussteigen. Von dort gelangt man in eineinhalb Stunden mit dem Sammeltaxi nach Iquitos, während das Boot für dieselbe Strecke etwa sechs Stunden benötigt. Im Oberdeck ist das sehr einfache Essen (viel Reis und Kochbananen) im Preis enthalten, im Zwischendeck nicht. Allerdings sollte man sein eigenes Essgeschirr und Besteck, Extraverpflegung und sauberes Trinkwasser mit an Bord nehmen.

Abfahrtsort ist der Hafen La Boca (Mototaxi 1 S/.). Die offizielle Abfahrtszeit – meist gegen Mittag – wird meist nicht eingehalten, Verspätungen von mehreren Stunden sind normal. Nach Ankunft in Yurimaguas sollte man zum Büro von Transportes Eduardo und danach zum Hafen La Boca gehen, um sich rechtzeitig einen Platz zu sichern. Wer ein bis zwei Stunden vor dem angegebenen Starttermin an Bord geht, kann sich noch einen guten Schlafplatz sichern, dies gilt vor allem für die Hängemattenplätze.

Die Fahrt kann zwischendurch monoton werden. Ein Buch, ein Kartenspiel und Angelzeug (in Yurimaguas auf dem Markt erhältlich) helfen, die Zeit zu vertreiben. An die hygienischen Verhältnisse an Bord darf man keine großen Ansprüche stellen. **Nicht vergessen** sollte man Moskitospray und eine leichte Decke (wenn es bedeckt und regnerisch ist, kann es nachts erstaunlich frisch werden). Die Bootsfahrt von Yurimaguas flussabwärts ist interessanter als die Rückfahrt von Iquitos aus, da öfter angelegt wird und mehr Waren ein- und ausgeladen werden.

aller Herren Länder versuchten, vom plötzlichen Geldsegen zu profitieren. Doch wohlhabend wurden nur wenige. Protzig stellten sie ihren neuen Reichtum mit pompösen Herrenhäusern, von denen einige noch zu sehen sind, entlang der Uferpromenade zur Schau. Sogar eine Straßenbahn – 1905 gebaut – konnte sich Iquitos damals leisten.

Die übergroße Mehrzahl der Bevölkerung, meist Indianer und Mestizen, musste sich hingegen mit Hungerlöhnen und ausbeuterischen Arbeitsbedingungen zufriedengeben – Menschenrechte interessierten damals niemanden.

Ebenso schnell wie der Boom begann, endete er auch wieder. 1912/1913 gelang es, Kautschuk-Samen nach Malaysia zu schmuggeln und dort großflächige Plantagen anzulegen, auf denen das „weiße Gold“ viel einfacher, ertragreicher und billiger als in den unzugänglichen Wäldern Amazoniens gezapft werden konnte. Hinzu kam die Erfindung synthetischen Kautschuks. In den folgenden Jahrzehnten trauerte Iquitos den glanzvollen alten Zeiten nach und erst zu Beginn der 70er-Jahre, als endlich mit der Förderung des bereits 1938 entdeckten **Erdöls** begonnen wurde, erlebte die Stadt einen neuen

Aufschwung. Kolonisierungsprogramme der Regierung ließen die Bevölkerungszahl auf rund 110 000 Einwohner (1971) hochschnellen.

Iquitos heute

Heute präsentiert sich Iquitos als **moderne, geschäftige Amazonas-Metropole**, die aber selten hektisch wirkt, wären da nicht rund 30 000 dreirädrige Mototaxis (heißen hier Motokars), das Hauptverkehrsmittel der Stadt. Sie lassen den Lärmpegel manchmal ins Unerträgliche steigen. Hinterwäldlerisch ist Iquitos heute keine Spur mehr, sondern ernährt als Sitz der Amazonas-Universität UNAP (Universidad Nacional de la Amazonia Peruana) und Hauptstadt des riesigen Departamentos Loreto jede Menge Verwaltungsbeamte.

An den Docks des **größten Flusshafens des Landes** werden unzählige Waren umgeschlagen – noch immer können Schiffe bis 3000 Bruttoregistertonnen den Hafen anlaufen. Iquitos ist das wichtigste Handelszentrum in einem Umkreis von mehreren Hundert Kilometern. Die Flüsse sind die Lebensadern der Region, und überall tuckern *Peque-peques*, offene Holzkanus mit knatterndem PS-schwachem Motor, *Pamacaris*, größere Boote mit Palmdach, oder die großen Handelsfähren stromauf- bzw. stromabwärts.

Sicherheit

Iquitos ist ein ziemlich sicheres Pflaster. Auch tagsüber kann man Touren in Belén mit dem Boot oder zu Fuß unternehmen, am besten zu zweit, ohne Kamera und Wertsachen. Nachts sollte diese Gegend allerdings gemieden werden, ebenso wie weit entfernt vom Zentrum liegende, schlecht beleuchtete Zonen der Stadt. Vorsicht ist bei günstigen Tourangeboten von der Straße geboten: Nur wenige der oft selbst ernannten Guides arbeiten zuverlässig, und Betrugsfälle hat es schon reichlich gegeben. Auf jeden Fall sollte man vorher die Touristeninformation an der Plaza konsultieren (s. dazu auch Tipps vor dem Buchen einer Dschungeltour, s. S. 594). Geld sollte nur in Banken, Hotels und Wechselstuben getauscht werden.

Im Departamento Loreto wird mehr als die Hälfte des peruanischen Erdöls gefördert und per Pipeline über die Anden an die Pazifikküste gepumpt. Außerdem ist die Region größter Maniok- und einer der ertragreichsten Bananenproduzenten des Landes. Andere Produkte können nur periodisch zwischen Mai und August angebaut werden (z. B. Reis, Mais, Bohnen und Erdnüsse), wenn der niedrige Wasserstand dies zulässt.

In den letzten Jahren ist auch der Tourismus zu einem wichtigen Wirtschaftsfaktor mit großem Wachstumspotenzial geworden. Doch die Arbeitslosenzahlen sind weiterhin hoch, und wöchentlich vergrößern Familien, die aus den Wäldern nach Iquitos ziehen, die **Elendsviertel** der Stadt. In der Pfahlbautenstadt Belén (s. S. 583), dem größten Slum der Stadt, leben inzwischen einige Zehntausend Menschen. Wie auch anderswo ist es in den vergangenen Jahren vermehrt zu **illegalen Landbesetzungen** gekommen. Der Bevölkerungsdruck auf die natürlichen Ressourcen steigt, der Wald wird weiterhin abgeholzt, die Fischbestände schwinden und die Wasserqualität nimmt beständig ab.

Sehenswertes

Große Sehenswürdigkeiten hat die Stadt nicht zu bieten, das Wichtigste konzentriert sich an und in der Nähe der Plaza de Armas, z. B. die **Casa de Fierro**. Das „Eisenhaus" wurde von Gustave Eiffel für die Pariser Weltausstellung konstruiert und gegen 1890 von einem zu Wohlstand gekommenen Gummisammler von Europa über den Río Amazonas nach Iquitos gebracht. Es wurde 1997 renoviert und beherbergt heute auf zwei Etagen Restaurants und die Büros von Tourveranstaltern. An der Raimondi, Ecke Napo, steht auch noch das einst aus Adobe-Ziegeln gefertigte Haus des berühmt-berüchtigten Kautschukbarons **Fitzcarraldo** (S. 591); von dem ursprünglichen Gebäude ist heute leider nicht mehr viel zu sehen.

Folgt man der Napo einen Straßenblock Richtung Osten, erreicht man die hübsche Uferpromenade, den **Malecón Maldonado** – an dieser Stelle eine Fußgängerzone. In besseren Zeiten legten an der Mole unzählige Frachtschiffe an. Heute kann man hier schöne Sonnen-

Iquitos
N
0
1000 m
Hospital Regional de Loreto
Übernachtung:
1 La Casa Fitzcarraldo
2 Hospedaje Golondrinas
3 La Casa de Samantha
4 Casa Morey
5 Hostal Baltazar
6 Hostal Ambassador
7 Hospedaje La Pascana
8 Hostal El Colibri
9 Hotel Marañon
10 Hostal La Casona
11 Hospedaje Verde Madero Backpacker
12 Hotel Acosta
Hotel Victoria Regia
Essen:
1 Restaurant Al Frío y al Fuego
2 Pollería Kikiriki
3 Chez Maggy
4 Huasaí
5 Karma Café
6 Ari´s Burger
7 Antica Pizzería
8 Heladería Muyuna (2x)
9 El Zorrito
10 Dawn on the Amazon Café
11 Fitzcarraldo
12 Amazon Bistro
13 Long Fung
14 Juguería Frutas de la Costa
15 Darshan
Sonstiges:
1 El Musmuki
2 Noa-Noa
3 La Parranda
4 Librería SBS
5 Nikoro
6 Deutsches Honorarkonsulat
7 Supermarkt Gaby, Autoservicios Gaby
8 Dormiruth Travel Service
9 Wäscherei Imperial
10 Mad Micks Bunk House & Trading Post
11 Asociación de Shamanes de Loreto
12 Konsulat Kolumbien
13 Mercado de Artesanía Anaconda
14 Konsulat Brasilien
15 El Pardo
16 Sernanp
17 Migración
18 Supermarkt Los Portales
19 Galerías Quispe
20 Adonis
21 Centro Comercial Sachachorro
22 Amazon Golf Course
23 Centro de Rescate Amazónico
24 Mercado de Artesanía San Juan
Transport:
1 Puerto Bellavista
2 Puerto Masusa, Puerto Henry, Puerto Pesquero
3 Transzel Continental
4 Embarcadero Turístico „El Huequito"
5 North American Float Plane
6 Alas de Oriente
7 Challenger, Transtur, Golfinho
8 Star Perú
9 Peruvian Airlines
10 Lan Perú
11 Grupo Aéreo 42
12 Sammeltaxis→Nauta
13 Busse→Nauta
s. Ausschnitt oben rechts
Plaza de Armas
Casa de Fierro
I-Perú
Jr. Putumayo
Jr. Napo
Jr. Fitzcarraldo
Jr. Raymondi
Jr. Prospero
Jr. Arica
Río Itaya
Diego de Almagro
Nauta
Unión
Lourdes
Ganso
Azul
Av San Antonio
Roger Walter
Clinica Stahl
Angel Brusco
Leoncio Prado
Celendin
Av de la Marina
MERCADO DE PRODUCTORES
Parque Zonal
Parque Castilla
Policia de Turismo
MERCADO CENTRAL
POLICIA NACIONAL
PREFECTURA (KULTUINSTITUT)
Plaza 28 de Julio
MERCADO BELÉN
Quistococha, Zungarococha, Reserva Nacional Allpahuayo Mishana, Nauta
Distrito de Belén
Hospital de Apoyo Iquitos
Nordperu

untergänge erleben oder besonders abends das quirlige Treiben in den vielen Cafés, Kneipen und Restaurants betrachten. Einige Querstraßen weiter südlich wird die Promenade schmaler und geht in den **Malecón Tarapacá** über. Unzählige Majolica-Kacheln an den Fassaden der Herrenhäuser lassen den Glanz vergangener Zeiten erahnen. Heute sind in den schönen Gebäuden das Militär und verschiedene städtische Institutionen untergebracht.

An der Ecke zur Morona wird die **Prefectura** erreicht, in der das **Kulturinstitut** (Dirección Regional de Cultura), Malecón Tarapacá 386, ✆ 065-231072, untergebracht ist. Im 2. Stock des Gebäudes sind Bronze- und Glasfiberskulpturen verschiedener Indianerstämme Perus, Brasiliens und Venezuelas sowie eine Fotogalerie mit Bildern des 20. Jhs. ausgestellt. ⌚ Mo–Fr 8–13, 15–17, Sa 9–13 Uhr, gratis.

Einen Häuserblock parallel zur Uferpromenade verläuft die **Próspero**, die Hauptgeschäftsstraße von Iquitos. Sie führt zum weiter südlich gelegenen **Mercado Belén**, auf dem besonders frühmorgens Betriebsamkeit herrscht. Der Markt bietet eine gute Gelegenheit, lokale Spezialitäten zu probieren.

Die Situation der peruanischen Amazonas-Indianer

Die ökologischen Veränderungen in ihrem traditionellen Lebensraum bekommen auch in zunehmenden Maße die Ureinwohner zu spüren, die in Dutzende von ethnischen Gruppierungen verstreut meist an den zahlreichen Flussläufen leben. Viele der Ureinwohner sind inzwischen **kulturell angepasst**, kleiden sich westlich, sprechen überwiegend Spanisch und führen ihre traditionelle Lebensweise oftmals nur noch den Touristen gegen bare Münze vor.

Im Departamento Loreto leben laut der letzten Volkszählung aus dem Jahr 2007 rund 105 900 Indianer (rund 12,3 % der Bevölkerung), verteilt auf 18 Ethnien. Ihre Situation ist prekär, die Kinder gehen oft nur unregelmäßig zur Schule, die gesundheitliche Versorgung ist aufgrund der riesigen Entfernungen ungenügend, und der latente Rassismus sowie die **Suche nach Identität** in einer Ladino-Gesellschaft hat viele in den Alkoholismus getrieben. Und nach wie vor sind Missionare in entlegenen Regionen unterwegs, um auch noch die letzten „Wilden" aufzutreiben und zu missionieren.

Die größten Indígena-Gruppierungen des Departamentos Loreto sind die **Chayahuita** in der Provinz Yurimaguas (ca. 21 000 Angehörige), die **Quichua** vom Río Napo (ca. 19 000), die **Cocama Comacilla**, die zwischen Iquitos und Nauta sowie im Naturreservat Pacaya-Samiria leben (ca. 11 000) und die **Achual**, die im Grenzbereich zu Ecuador leben (ca. 11 000). Zahlenmäßig kleinere Ethnien sind unter anderen die **Shipibo-Conibo** (ca. 7200), die **Ticuna** (ca. 7000), die **Aguaruna**, die sprachlich zu den Jíbaros gehören und am Río Marañon leben (ca. 6500), und die **Yaguas** östlich von Iquitos (ca. 6000).

Letztere und die **Bora** (ca. 750), die nordwestlich von Iquitos am Río Momón leben, sind bevorzugtes Ziel von Touristen, die bei einem Iquitos-Aufenthalt in der Regel auch Amazonas-Indianer sehen wollen. Die Besuche sind eine zwiespältige und meist wenig befriedigende Angelegenheit, bei denen die Einheimischen nach einer Tanzvorführung, dem Blasrohrschießen und dem Bemalen der Gäste recht schnell zum eigentlichen Sinn und Zweck der Veranstaltung überleiten: dem Verkauf ihrer kunsthandwerklichen Produkte – man fühlt sich dann fast verpflichtet, etwas zu kaufen.

Von Authentizität, von gegenseitigem Kennenlernen oder gar Verstehen besitzt das Spektakel nichts, es gleicht eher einem bunten Folklorezoo, der zwar einerseits den Einheimischen ein wenig Einkommen garantiert, andererseits aber sehr deutlich macht, was die westliche Welt diesen Menschen gebracht hat. Ein Besuch, der oft automatisch Teil einer gebuchten Tour ist, sollte daher gut überlegt sein. Wichtig ist es dabei, von einem erfahrenen Guide begleitet zu werden, der kulturelle Hintergründe sensibel vermitteln kann und so die riesige Kluft zwischen Besuchern und Besuchten ein wenig zu schließen vermag.

Belén, das „Venedig des Amazonas"

Diesen Namen hat das **Armenviertel** am Río Itaya im Süden der Stadt von seinen Bewohnern erhalten, aber genau betrachtet handelt es sich bei Belén um einen schwimmenden Slum, allerdings einen mit viel Charme und Atmosphäre.

Dies darf jedoch nicht über die prekären hygienischen Verhältnisse hinwegtäuschen, mit denen sich die Bewohner konfrontiert sehen. So wird die Wäsche im Fluss gewaschen, nur wenige Schritte von der eigenen Latrine entfernt, deren Inhalt sich ebenfalls in den Fluss ergießt.

Fast alle der einfachen Holzhäuser ruhen auf Baumstämmen oder wurden auf Pfählen errichtet. Besonders in den Monaten Februar bis Mai, wenn der Wasserstand um 8–12 m steigt, verwandelt sich Belén in eine interessante, bunte „schwimmende Stadt". In der übrigen Zeit teilt der – dann nur noch schmale Río Itaya – den Vorort in zwei Teile und man kann zu Fuß durch Belén gehen. Einen Besuch von Belén sollte man sich – egal zu welcher Jahreszeit – keinesfalls entgehen lassen. Er zeigt auf eindrucksvoll authentische Weise, wie Menschen heutzutage am Amazonas leben. Einheimische fahren Gäste auf Wunsch mit Holzkanus durch Belén (ca. 10 S/. pro Std.).

Übernachtung

Gerade die billigen Unterkünfte sind oftmals ausgebucht. Besonders für die erste Nacht empfiehlt sich eine Reservierung. In den Billigherbergen fließt nur kaltes Wasser.

Wer sparen muss, kann für 10 S/. p. P. im sehr einfachen Schlafsaal von **Mad Micks Bunk House &Trading Post** (s. auch „Einkaufen") übernachten, Putumayo 163, 2 Stock, ✉ michael collis@hotmail.com. ❶

Hospedaje Verde Madero Backpacker, Napo 138, ✆ 065-234394, ✉ lacasonaiquitos@yahoo.com. Hostel in sehr zentraler Lage, das von den Besitzern des Hostals La Casona gemanagt wird. Unterschiedlich große Schlafsäle, Gemeinschaftsbad (sehr kleine Toiletten), Küchenbenutzung und WLAN. ❶

Hospedaje Golondrinas, Putumayo 1024, ✆ 065-236428, ✉ hospedajegolondrinas@hotmail.com. Kleines und sehr günstiges Hostel, das als Highlight einen Pool, aber bislang kein Internet zu bieten hat. Wahlweise Zimmer mit Gemeinschaftsbad oder Schlafsaal (4 Betten, 15 S/. p. P.). Tourservice (s. S. 596). ❶

La Casa de Samantha, Nauta 787, ✆ 065-761021. Familiäre, günstige und bei Travellern beliebte Unterkunft in Privathaus. Einfache Zimmer mit oder ohne (billiger) Bad, Küchenbenutzung, Telefon, Internet/WLAN (geplant) und Tourservice. ❶–❷

Hosedaje La Pascana, Pevas 133, ✆ 065-233466, 🖳 www.pascana.com. Gute, ruhige Lage, sehr sicher. Etwas kleine, aber saubere Zimmer mit Ventilator und kaltem Wasser. Hübscher Innenhof, Cafeteria, Internet und günstige Touren nach Pacaya-Samiria. ❷

Hostal Baltazar, Condamine 265, ✆ 065-232240. Saubere Zimmer mit Bad (warmes Wasser), AC, TV, Telefon und WLAN. ❷

Hostal El Colibri, Raimondi 200, Ecke Nauta, ✆ 065-241737, ✉ hostalelcolibri@hotmail.com. Luftige, saubere Zimmer mit Bad und wahlweise Ventilator oder AC (teurer). ❷–❸

Hostal La Casona, Fitzcarrald 147, ✆ 065-234394, 🖳 www.hotellacasonaiquitos.com. Gute und ruhige Lage in Plazanähe. Hohe, kühle, große, aber etwas dunkle Zimmer mit Bad (warmes Wasser) und manche mit AC (teurer). WLAN und Küchenbenutzung. ❷–❸

Hotel Marañon, Nauta, Ecke Fitzcarrald, ✆ 065-242673, 🖳 www.hotelmaranon.com. Gut ausgestattetes Mittelklassehotel mit Pool, AC, Minibar, Telefon, Internet, WLAN, Restaurant und Bar. Flughafentransfer und Frühstück inkl. ❹

Hostal Ambassador, Pevas 260, ✆ 065-233110, ✉ hostal_ambassador@hotmail.com. Gute Zimmer mit AC, TV, Telefon und Bad mit Warmwasser. WLAN, Flughafentransfer und Frühstück inkl. ❹

Hotel Acosta, Araujo, Ecke Huallaga, ✆ 065-231761, 🖳 www.hotelacosta.com. Ordentliche Zimmer mit AC, TV und Bad mit Warmwasser. WLAN, Flughafentransfer und Frühstück inkl. ❹

Casa Morey, Loreto 200, ✆ 065-231913, 🖳 www.casamorey.com. Riesengroße Zimmer mit AC und Bad mit warmem Wasser in denkmalgeschützem Haus. Bibliothek, toller Frühstücksraum und mickriger Pool. WLAN und Frühstücksbuffet inkl. ❺

La Casa Fitzcarraldo, La Marina 2153, rund 10 Min. mit dem Motokar (2,50–3 S/.) vom Zentrum, ✆ 065-601138, 🖳 www.casafitzcarraldo.com. Kleines Paradies mit Tropengarten und Pool (Tagesgäste zahlen 5 S/.), das von Walter Saxer geführt wird, dem Produktionsleiter des Films *Fitzcarraldo*. Geräumige, aber sehr unterschiedliche, zum Teil überteuerte Zimmer mit Bad, Ventilator, WLAN, Minibar und TV. Außerdem zwei je rund 100 m² große Apartments auf zwei Stockwerken mit Platz für bis zu 6 Pers. Das Hotel verfügt über Hängematten, Restaurant und Baumhaus. Frühstück und Abholung vom Flughafen inkl. ❹–❻ Apartments ❼

Hotel Victoria Regia, Palma 252, ✆ 065-231983, 🖳 www.victoriaregiahotel.com. Gut ausgestattetes, großes Hotel. Zimmer mit Bad (Warmwasser), AC, TV, Telefon und Minibar. Außerdem kleines, überdachtes Schwimmbad und Restaurant. Internet, WLAN und Frühstück inkl. ❻

Essen

Die Auswahl an **Fischgerichten** ist sehr gut, besonders an *Ceviches* mit leckeren Amazonas-Fischsorten wie *Paiche, Doncella, Dorado* oder *Zungaro*. Hinzu kommen jede Menge typischer Gerichte und exotischer Fruchtsäfte.

Früchte und Säfte: Zu den einheimischen Obstsorten, die man unbedingt probieren sollte, gehören: *Aguaje* (Palmfrucht, der Saft heißt *Aguajina*), *Cocona* (Amazonastomate, sehr lecker als Saft und als Soße), *Pijuayo* (Palmfrucht), *Zapote* (Breiapfel), *Guayaba* (Guave) und die bekannteren Papaya, Mango und Ananas. Beliebte Getränke sind *Masato de yuca* (aus gesüßtem Maniok), *Chapo* (aus reifen Bananen) und *Shibe* (gerösteter und fermentierter Maniok). Aus Zuckerrohr und verschiedenen Baumrinden werden die alkoholischen Getränke *Siete Raices, Huitochado, Chuchuhuasi* und *Clavo Huasca* hergestellt. Fermentierter Zuckerrohrsaft nennt sich *Huarapo*.

Spezialitäten: *Cecina* (geräuchertes Schweinefleisch), *Inchicapi* (Hühnersuppe auf Erdnussbasis mit Maismehl und Gewürzen), *Juanes* (gekochter Reis mit Hähnchenfleisch gefüllt und in grünen Bijau-Blättern gekocht), *Patarashca* (in grünen Bijau-Blättern eingewickelter und gegrillter Fisch), *Tacacho* (Kochbananenkloß mit Schweinefleisch), *Timbuche* (Fischsuppe), *Ceviche* (marinierter, roher Amazonasfisch) und *Ensalada de Chonta* (Palmherzensalat).

Al Frío y al Fuego, Puerto El Huequito (die Treppe nach unten, von dort mit Boot des Restaurants zum Lokal auf dem Río Itaya). Leckere internationale Küche und ein sehr schönes Ambiente, aber teuer. ◷ Di–So 12–16, 19–23 Uhr.

Amazon Bistro, Malecón Tarapacá 268. Nettes Café, in dem es sich gut frühstücken lässt. Außerdem belegte Baguettes, Suppen, Hauptgerichte und WLAN. Der Kaffee könnte allerdings besser sein. ◷ Mo–Sa 6–24, Sa–So bis 3 Uhr morgens, So ab 8 Uhr.

Antica Pizzería, Napo 159. Pizza und Pasta in gemütlichem Ambiente, Bar im 2. Stock. Teuer. ◷ tgl. 8–24 Uhr.

Ari's Burger, Próspero, Ecke Napo. Schnellrestaurant und beliebter Treffpunkt. Gute Säfte, außerdem Snacks, Kuchen, Eis und Hamburger. Die hygienischen Verhältnisse lassen allerdings zu wünschen übrig. ◷ tgl. 7–1 Uhr.

Chez Maggy, Raimondi 177. Holzofenpizza. ◷ tgl. 18–1 Uhr.

Darshan, Dos de Mayo 469. Der Vegetarier tischt Frühstück und Mittagessen auf. ◷ Mo–Sa 7–16 Uhr.

Dawn on the Amazon Café, Boulevard Maldonado, Ecke Nauta. Breites Speisenangebot. Man kann auch draußen an der Promenade sitzen. ◷ tgl. 7.30–21 Uhr.

El Zorrito, Fanning 355. Einheimische Küche, günstige und leckere Grillgerichte, Fisch- und Fleischspieße. ◷ tgl. ab 18 Uhr.

Fitzcarraldo, Napo, Ecke Boulevard Maldonado. Nette Atmosphäre mit vielen Bildern aus dem Film *Fitzcarraldo* an der Wand. Sehr gute Speisenauswahl von Fisch- und Fleischgerichten

Beitrag zur Arterhaltung

Auf exotische Wildgerichte wie Schildkröte, Krokodil oder Hirsch sollte man aus Gründen der Arterhaltung lieber verzichten. Auch der *Paiche*, die größte lokal vorkommende Fischart, ist vom Aussterben bedroht.

über Salate bis zu Pasta und Pizza. Recht teuer. 🕓 tgl 10–24 Uhr.
Frutas de la Costa, Ecke Grau und Bermúdez, Plaza 28 de Julio. Fruchtsäfte in allen Varianten. 🕓 tgl. 8–24 Uhr.
Heladería Muyuna, Prospero, Block 6 und Napo Block 1. Eisdiele mit vielen exotischen Eissorten. 🕓 tgl.
Huasai, Fitzcarrald 151, in Plazanähe. Gute Mittagsmenüs. 🕓 tgl. 7–16.30 Uhr.
Karma Café, Napo 138. Nettes, aber recht teures Café mit gemischtem Speisenangebot (u. a. Thai-Currys), einer großer Auswahl an Salaten und Sandwiches sowie WLAN. 🕓 Di–So 13–1 Uhr.
Long Fung, San Martín 454. Chifa. 🕓 tgl. 11.45–14.30, 18.45–24 Uhr.
Pollería Kikiriki, Napo 400. Für Hähnchenfans. 🕓 tgl. 18–24 Uhr.

Unterhaltung und Kultur

Bars

Mehrere Kneipen und Pubs liegen im 1. Block der Putumayo und entlang des Boulevard Maldonado.
Nikoro, am Ufer des Río Itaya. Zugang über den Block 1 der Pevas. Rockmusik.
La Parranda, Pevas, Block 1. Rockkneipe mit Livemusik am Wochenende.
El Musmuki, Raimondi 382. Gute Stimmung, exotische Drinks. 🕓 ab 19 Uhr.

Discos

Noa-Noa, Fitzcarrald 298. Sehr trendy.
Salsa und Cumbia tanzt man zu Livemusik in der Tanzhalle **El Pardo**, Av. Cáceres (Motokar nehmen).
Adonis, Av. Del Ejercito 980 (Motokar nehmen). Schwulendisco.

Feste

4.–6. Januar: Aniversario de Iquitos. Stadtfest.
Februar/März: Carnaval Amazónico. Unter anderem mit dem fröhlichen Pandilla-Tanz, der um die Húmisha-Palme getanzt wird, bis diese umfällt.
17.–24. Juni: Semana Turística. Großes Fest mit Paraden, Tänzen und typischer Küche, das zu Ehren des Heiligen San Juan de Bautista (24. Juni) im ganzen Amazonasgebiet Perus gefeiert wird.
22.–27. September: Carrera Internacional de Balsas por el Río Amazonas. Mehrtägiges Floßrennen zwischen Nauta und Iquitos.

Einkaufen

Bücher

Librería SBS, Nauta 284. Internationale Literatur und Reiseführer. 🕓 Mo–Fr 8.30–12.30, 16–20, Sa 9–13 Uhr.

Hängematten und Campingausrüstung

Die billigsten Hängematten bekommt man bei den chinesischen Händlern im Bereich der 9 de Diciembre zwischen Próspero und Hurtado, Mercado Belén und auch in den **Galerías Quispe**, Próspero, Ecke Julio C. Arana.
Mad Micks Bunk House&Trading Post, Putumayo 163, 2. Stock, gegenüber der Casa de Fierro. Verleih von Gummistiefeln (bis Größe 44), Angelausrüstung und Ferngläsern sowie Verkauf/Verleih von Hängematten und Moskitonetzen.

Kunsthandwerk

Der **Mercado de Artesanía Anaconda** liegt an der Promenade am Ende der Napo (unterhalb der Treppe).
Der **Mercado de Artesanía San Juan** befindet sich bei KM 4,5 Richtung Flughafen. Außerdem verkaufen informelle Holzbuden Kunsthandwerk im Block 1 der Nauta.

Supermärkte

Los Portales, Morona, Ecke Próspero, und **Autoservicios Gaby**, Raimondi, Ecke Nauta.

Sonstiges

Ayahuasca-Zeremonien und Schamanismus

Bei der Touristeninformation I-Perú (s. u., „Informationen") bekommt man eine Liste vertrauenswürdiger und registrierter Schamanen bzw. Lodges. Eine gute Kontaktperson ist Rossana Nascimento, Próspero 213, Departamento 400, 📞 065-500182, die Präsidentin der **Asociación de Shamanes de Loreto**. Lodges, die mehrtägige Ayahuasca-Retreats anbieten sind **Blue Morpho**, 💻 www.bluemorphotours.com (s. S. 597) und **Refugio Altiplano**, 💻 www.refugioaltiplano.org (s. S. 597).

Botschaften und Konsulate

Brasilien, Sargento Lores 363, ✆ 065-235153. ⏲ Mo–Fr 8–14 Uhr.
Deutsches Honorarkonsulat, c/o Max 2, Calle Pevas 133-B (in der Hospedaje La Pascana), ✆ 942144600 (Mobil), ✉ iquitos@hk-diplo.de. ⏲ nach Vereinbarung.
Kolumbien, Calvo de Araujo 431, ✆ 065-231461. ⏲ Mo–Fr 9–12, 14–17 Uhr.

Nordperu

Freiwilligenarbeit

Bei **Sernanp** (s. „Naturschutzorganisationen") und im **Centro de Rescate Amázonico** (CRA), KM 4,5 Carretera a Nauta, ✆ 065-264191, ✉ luis@dwazoo.com, der verletzten Flusssäugern wie Seekühen *(Manatis)* und Flussdelphinen hilft. Am gleichen Ort funktioniert auch eine Zuchtstation für den Paiche-Fisch.

Geld

Money Exchange von Interbank, Lores, Ecke Próspero.
Scotiabank, Próspero 278.
Banco de Crédito, Próspero, Ecke Putumayo (an der Plaza de Armas).
Banco Continental, Lores, 1. Block.

Golf

Amazon Golf Course, Neun-Loch-Golfplatz auf dem Weg nach Zungarococha. Das Stadtbüro liegt am Malecón Maldonado 185, ✆ 065-799958, 💻 www.amazongolfcourse.com. Ausrüstung ist vor Ort erhältlich.

Informationen

I-Perú, Napo 161, Ecke Raimondi, ✆ 065-236144, ✉ iperuiquitos@promperu.gob.pe. ⏲ Mo–Sa 9–18, So 9–13 Uhr, und am Flughafen (Ankunftshalle), ✆ 065-260251, besetzt bei Flugverkehr.
Am Boulevard am Ende der Napo liegt ein Infokiosk der **Municipalidad Provincial de Maynas (MPM)**. ⏲ Mo–Fr 7–15 Uhr.

Medizinische Hilfe

Clínica Ana Stahl, Av. La Marina 285, ✆ 065-252518. Privatklinik mit guter 24-Std.-Betreuung.

Motorradverleih

Diverse Anbieter liegen im Block 3 der Nauta (Führerschein erforderlich, Mietpreis schließt keinen Helm mit ein).

Naturschutzorganisationen

Sernanp, Jorge Chávez 930-942, ✆ 065-223555. Hat auch eine Zweigstelle in Nauta. Staatliche Behörde, die über das Naturschutzgebiet Reserva Nacional Pacaya-Samiria informiert. Hier ist auch das Eintrittsticket für den Park erhältlich (Tagesbesuch 5 S/., 3 Tage 60 S/., 7 Tage 120 S/.). Sernanp gibt zudem Auskunft über Freiwilligenarbeit (z. B. Bäume pflanzen). ⏲ Mo–Fr 8–13, 15–17 Uhr.

Öffnungszeiten

Viele Geschäfte, auch einige Tourveranstalter, schließen wochentags zwischen 13–15 Uhr, in Einzelfällen auch bis 16 Uhr.

Polizei

Policia de Turismo, Lores 834, ✆ 065-242081. ⏲ 24 Std.
Policia Nacional, Morona 120, ✆ 065-231131.

Post

Serpost, Arica 402.

Reisebüros und Touren

In der Putumayo und der Próspero gibt es einige Reisebüros. Die Flugangebote unterscheiden sich preislich nur wenig voneinander. Vergleiche sind dennoch angebracht.
Infos zu Touren in der Umgebung von Iquitos stehen auf S. 589 und zu Dschungeltouren auf S. 594.
Domiruth Travel Service, Napo 272, an der Plaza, ✆ 065-243233, 💻 www.domiruth.com.

Telefon

Bei **Gaby.com** in der Napo 349, Próspero 932 und Morona 225.

Visaangelegenheiten

Die **Einwanderungsbehörde** (Migración) liegt in der Cáceres, 18. Block, ✆ 065-235371. ◷ Mo–Fr 8–16.15 Uhr. Den Ein- bzw. Ausreisestempel nach Brasilien oder Kolumbien erhält man direkt an der Grenze in Santa Rosa.

Wäschereien

Imperial, Putumayo 150. ◷ Mo–Sa.

Nahverkehr

Stadtbusse

Alle Linien verkehren in Nord/Süd-Richtung. **Buslinie 49** fährt Richtung Süden (Flughafen, Laguna Quistococha, Mercado Artesanal San Juan) entlang der Calle Arica und Richtung Norden (Bellavista, Río Nanay, Casa Fitzcarrald, Explorama, Puerto Masusa) entlang der Huallaga und Marina. Die Fahrtziele sind angeschrieben (0,80–1 S/.).

Taxis

Das Hauptverkehrsmittel sind die lauten dreirädrigen Motorradtaxis, die in Iquitos **Motocar** heißen. Eine Fahrt im Stadtbereich kostet 1,50 S/., zum Hafen Henry oder Masusa 2–2,50 S/., zum Hafen Bellavista rund 2,50–3,50 S/., zum Flughafen 7–10 S/., zur Laguna Quistococha etwa 10–15 S/.

Taxis finden sich an der Pevas 179 (Fonotaxi), ✆ 065-232014 und an der Elias Aguirre 705 (Taxi Aeropuerto), ✆ 065-241284, und kosten zum Flughafen 15 S/.

Transport

Busse und Colectivos

NAUTA Busse von Trans del Sur fahren von der Próspero Manzana S, Lote 14, Ecke Libertad (alle 20 Min. von 6–19 Uhr, 1 1/2–2 Std., 97 km, 8 S/.). Sammeltaxis fahren vom Centro Comercial Sachachorro an der Aguirre, Block 15 (15 S/.).

Boote

Allgemeine Infos zu Bootsfahrten auf den Dschungelflüssen Perus findet man auf S. 578. Die Touristeninfo I-Perú kontaktiert die Anbieter auf Wunsch von ihrem Büro aus bezüglich aktueller Preise und Abfahrtszeiten. In den jeweiligen Häfen bekommt man die Fahrscheine und kann die Boote in Augenschein nehmen. Für einen guten Hängemattenplatz sollte man mehrere Stunden vor Abfahrt an Bord sein und Kabinenplätze wenn möglich schon einen Tag

Tausende Motocars sorgen für einen beträchtlichen Lärmpegel in Iquitos.

vor Abfahrt kaufen. Wenn man in Nauta zusteigen kann, spart man sich rund 8 Std. Boots- bzw. 1 1/2 Std. Autofahrt.

Gesellschaften
Challenger, Raimondi 390, ✆ 065-231210
Eduardo, Puerto Masusa, Av. La Marina, ✆ 065-250440
Golfinho, Raimondi 378, ✆ 065-225118
Henry, Puerto Henry, Av. La Marina, Block 4, ✆ 065-263948
Transtur, Raimondi 384, ✆ 065-221356

Verbindungen
DREILÄNDERECK BRASILIEN/KOLUMBIEN/ PERU (Río Amazonas flussabwärts) zum peruanischen Grenzort SANTA ROSA fahren Mi und So (Challenger, Golfinho) oder Di, Do, Fr und Sa (Transtur) Schnellboote *(lanchas rápidas)* vom Puerto El Huequito, Av. La Marina (9–10 Std., 200 S/. inkl. Frühstück und Mittagessen). Deutlich billiger, aber erheblich langsamer sind Cargoboote *(motonave, lancha)*, die Mo–Sa um 12 Uhr vom Puerto Masusa oder Puerto Pesquero, beide Av. La Marina, ✆ 065-250440, ablegen (2 1/2–3 Tage, Hängemattenplatz 70 S/., Kabine 130 S/.). Sie halten unterwegs in PEVAS, CHIMBOTE und CABALLOCOCHA. Am schnellsten erreicht man Santa Rosa per Flug nach CABALLOCOCHA (s. u.) und von dort weiter mit Schnellbooten zur Grenze (ca. 1 1/2 Std., 25–45 S/., peruanische Schnellboote sind billiger als die kolumbianischen).
INDIANA (Río Amazonas flussabwärts) Schnellboote fahren vom Mercado de Productores (alle 60–90 Min. von 6–17.30 Uhr, 3/4 Std., 15 S/.). Fährt über TIMICURILLO/ MAZÁN. Siehe auch Kasten „Tagesausflug nach Mazán", S. 589).
PUCALLPA (Río Amazonas flussaufwärts, dann Río Ucayali) über NAUTA, REQUENA und CONTAMANA Mo, Mi und Fr meist um 17.30 Uhr (Henry), 4–5 1/2 Tage, 100 S/. (Hängematte) oder 180 S/. (Kabine mit Privatbad, Essen inkl.).
REQUENA (Nauta, Río Ucayali flussaufwärts) ab Iquitos geht es per Bus tgl. um 7 Uhr nach NAUTA und von dort per Boot um 8.30 Uhr weiter (3 Std., 80 S/. inkl. Bustransfer nach Nauta). Tickets gibt es in Iquitos bei Gaby.com (s. „Sonstiges/Telefon").
Die Boote von Henry nach Pucallpa (s. o.) halten in Requena.
SANTA CLOTILDE (Río Napo, Richtung Ecuador) Abfahrt von Mazán am Río Napo (s. Kasten „Tagesausflug nach Mazán", S. 589) mit Schnellbooten des Unternehmens Río Napo (tgl. außer Mi zwischen 8–10 Uhr, 3–4 Tage, ca. 70 S/.). Von Santa Clotilde fahren regelmäßig Boote zum Grenzort CABO PANTOJA. Nur 1–2x pro Monat fährt ein Boot in rund 7 Tagen von Iquitos (Puerto Pesquera) nach CABO PANTOJA (Info bei I-Perú oder unter ✆ 065-250440, Hängemattenplatz 80–100 S/.). Von Cabo Pantoja fahren regelmäßig Boote nach Nuevo Rocafuerte (Ecuador).
YURIMAGUAS (Río Amazonas flussaufwärts, Río Marañon und Río Huallaga), Mo–Sa (Eduardo), 2 1/2–3 Tage, 80 S/. (Hängematte) bzw. 140–500 S/. (Kabine je nach Größe und Ausstattung, Essen inkl.). Stopps in NAUTA, SARAMURO, MAYPUCO und LAGUNAS.

Flüge

Nationale und internationale Verbindungen
Der **Aeropuerto Francisco Secada Vigneta**, ✆ 065-228151, liegt 5 km südlich der Stadt und verfügt über eine Bank, einen Geldautomaten, Souvenirstände sowie die Infostelle von I-Perú (Ankunft). Die Fahrpreise vom/zum Flughafen stehen unter „Nahverkehr". Die Flugzeit von Iquitos nach Lima beträgt 1 1/2 Std.
Lan Perú, Próspero 232, ✆ 065-232421. Mehrmals tgl. direkt nach LIMA. ⏲ Mo–Fr 9–18.30, Sa 9–12 Uhr.
Peruvian Airlines, Próspero 215, ✆ 065-231074. Mehrmals tgl. direkt nach LIMA. ⏲ Mo–Fr 9–19, Sa 9–17, So 9–12 Uhr.
Star Perú, Napo 258-260, ✆ 065-236208. Fliegt tgl. nach LIMA, je 1x über TARAPOTO und 1x über PUCALLPA. Geplant waren zudem Flüge nach Leticia (Kolumbien). ⏲ Mo–Fr 8.30–18.30, Sa 8.30–17, So 9–12 Uhr.
Die Fluglinie **LC Perú**, 💻 www.lcperu.com, plant, bis Ende 2012 Verbindungen zwischen Iquitos und Pucallpa, Iquitos und Tarapoto sowie Iquitos und Leticia (Kolumbien) anzubieten.

Die Fluglinie **Copa** plant Flüge von Iquitos nach Panama-Stadt (Panama).

Regionalverbindungen

Propellermaschinen, die auch gechartert werden können, fliegen mehr oder weniger regelmäßig zu kleineren Orten im Regenwald, u. a. CABALLOCOCHA, ANGAMOS, REQUENA, TROMPETEROS, ESTRECHO, ORELLANA, ST. ROSA, YURIMAGUAS und SAN LORENZO. Die Maschinen starten nicht immer vom internationalen Flughafen, sondern u. U. von Moronacocha oder Padre Isla (vor Ort bei den Anbietern abchecken).

Transzel Continental, Av. La Marina 220, ✆ 065-253802.

FAP Grupo Aéreo 42, Sargento Lores 127, ✆ 065-234521, fliegt Mo, Mi und Fr ab Moronacocha nach Caballococha (210 S/.).

Alas de Oriente, Fitzcarrald 432, ✆ 065-236005.

North American Float Plane, Requena 349, Puerto de Productores, ✆ 065-221028.

Tagesausflüge von Iquitos

Schmetterlingsfarm Pilpintuwasi

Die unter österreichisch-peruanischer Leitung stehende Schmetterlingsfarm *(Mariposario)*, die auch als Schutzzentrum für Wildtiere fungiert, liegt am Río Nanay nordwestlich von Iquitos, ✆ 063-232665, 💻 www.amazonanimalorphanage.org. Zu erreichen ist die Anlage mit dem Bootstaxi ab Bellavista bis zum Dorf Padre Cocha (ab dort 15 Gehminuten) oder mit einem Charterboot (je nach Boot ca. 50–60 S/. inkl. Wartezeit; erst nach Rückfahrt zahlen!) direkt zur Farm. 🕓 Di–So 9–16 Uhr, 20 S/.

Parque Quistococha

Die schöne, 1 km² große und 8 m tiefe **Lagune** liegt – umgeben von dichtem Regenwald – etwa 10 km südlich von Iquitos an der Straße nach Nauta. Weniger schön ist der mickrige Zoo, in dem Tiere unter erbärmlichen Bedingungen gehalten werden.

Hinter dem Eingangstor führt ein Weg zum See hinab, vorbei an Urwaldbäumen voll lärmender Webervögel, die hier ihre Nester bauen. Gelegentlich durchstreift sogar eine Affenherde das Gebiet des 369 ha großen Parque Quistococha. Bevor man den Sandstrand am Seeufer erreicht, wird der erwähnte Zoo mit Fischzucht und einheimischen Tierarten passiert.

Anfahrt: Am günstigen erreicht man den Park mit Bussen der Linie 49, die entlang der Avenida Arica verkehren. Zurück geht es am schnellsten, indem man das kurze Stück zur Hauptstraße läuft und einen beliebigen Bus anhält. 🕓 tgl. 8.30–17.30 Uhr, Eintritt 3 S/.

Reserva Nacional Allpahuayo Mishana

Auf weißem Sandboden wächst ein einzigartiger, etwa 58 000 ha großer Wald, der eine artenreiche Flora und Fauna beherbergt. Das

Tagesausflug nach Mazán, Indiana und zur Affeninsel

Morgens geht es zunächst per Schnellboot vom Puerto de Productores (s. „Iquitos/Transport") nach Timicurillo (besser bekannt als Varadero Mazán). Auf der Höhe von Mazán liegen der Río Amazonas und der Río Napo nur rund 2,5 km auseinander, die man auf einer schmalen Betonpiste mit dem Motokar (10 Min.) oder zu Fuß (ca. 45 Min.) zurücklegen kann. **Mazán** am Río Napo ist ein sehr kommerziell ausgerichtetes Städtchen, von dem aus Boote den Río Napo rauffahren. Von Mazán nach **Indiana** am Río Amazonas gelangt man ebenfalls auf einem schmalen Betonband mit dem Motokar (15 Min.) oder zu Fuß (ca. 1 Std.). Nach einem Spaziergang durch den Ort nimmt man das Schnellboot zurück nach Iquitos. Wer früh dran ist, kann auch noch die im Río Amazonas gelegene, ca. 200 ha große **Isla de Monos** besuchen, auf der acht verschiedene Affenarten leben. 🕓 tgl. 8–16 Uhr, 10 S/. Infos zur An- und Abreise gibt es bei der Touristeninformation I-Perú in Iquitos (s. „Sonstiges/Informationen", S. 586).

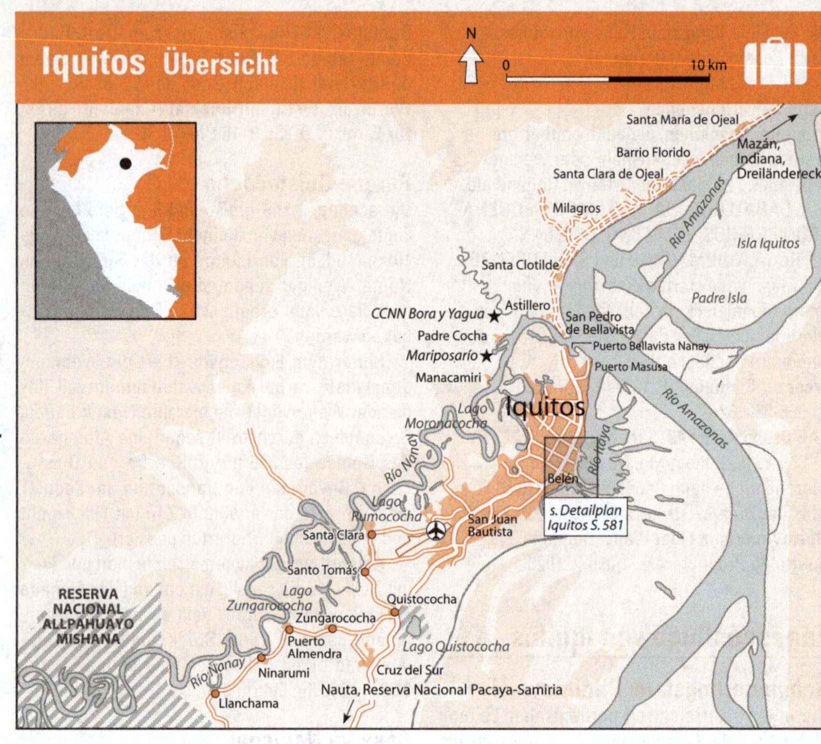

Schutzgebiet kann mit Bussen Richtung Nauta angefahren werden. Der Eingang und das **Centro de Interpretación** liegt bei KM 26,5 der Straße Iquitos–Nauta. ⌚ tgl. 7–15 Uhr, Eintritt 21,50 S/. inkl. mehrstündige geführte Wanderung auf Spanisch. Man kann im Schlafsaal einer Herberge des Reservats übernachten (32,30 S/. p. P., Essen und Bettzeug mitbringen; Strom, Wasser und Gas vorhanden, Anmeldung ✆ 065-267733, ✉ gdelaguila@ilap.org.pe).

Weitere Ausflugsziele

Von Iquitos gern angesteuerte Ausflugsziele mit Bademöglichkeiten am Río Nanay sind **Santo Tomás** (Nov–April) und **Santa Clara** (Juni–Okt), je rund 15 km südwestlich der Stadt.

Nach Santo Tomás nimmt man den Bus 49 Richtung Quistococha, steigt an der Abzweigung von der Hauptstraße (kurz hinter dem Flughafen) aus und fährt mit dem Mototaxi oder Colectivo weiter. Nach Santa Clara kann man den gleichen Bus nehmen, an der Abzweigung von der Hauptstraße (kurz vor dem Flughafen) aussteigen und mit dem Mototaxi oder Colectivo weiterfahren. In Santa Clara fahren Boote zu den Stränden.

Bekannt für malerische Sonnenuntergänge ist die **Laguna Moronacocha**. Sie liegt westlich von Iquitos an einem Nebenarm des Río Nanay und ist problemlos mit Bussen (entlang der Av. Ejercito) oder per Mototaxi zu erreichen.

Auch am **Lago Rumococha** (ca. 4 km südwestlich von Iquitos) und dem **Lago Zungarococha** (südlich von Iquitos, Abzweigung von der Hauptstraße kurz vor Parque Quistococha) kann gebadet werden. Man nimmt den Bus nach Quistococha, steigt an der Abzweigung nach Zungarococha aus und nimmt dort ein Mototaxi.

Das **Centro de Rescate Amázonico** (CRA) hilft verletzten Flusssäugern wie Seekühen *(Manatis)* und Flussdelphinen. Am gleichen Ort befindet sich auch eine Zuchtstation für den Paiche-Fisch (Adresse s. „Sonstiges/Freiwilligenarbeit"). ◷ tgl. 9–12.30, 14–17.30 Uhr, gratis.

Am Ende der rund 100 km langen Asphaltstraße, der einzigen, die Iquitos zu bieten hat, liegt das kleine **Nauta**, ein wichtiger Flusshafen und Ausgangspunkt für Touren nach Pacaya-Samiria. Außer einem Aussichtsturm in der Nähe, von dem aus man den Zusammenfluss des Río Ucayali und Río Marañon zum Río Amazonas sehen kann, hat der Ort wenig zu bieten. Von Nauta aus fahren Boote auf dem Río Marañon Richtung Yurimaguas und nach Pucallpa auf dem Río Ucayali. Gut und günstig übernachten lässt es sich in der Hospedaje Plaza Inn, Marañon 365, Plaza de Armas, ✆ 065-777924 ❷.

Reserva Natural Pacaya-Samiria

Perus größtes Naturreservat umfasst 2 080 000 ha (rund 1,6 % des nationalen Territoriums), liegt rund 100 km südöstlich von Iquitos und erstreckt sich über vier Provinzen. Im Osten wird es vom Zusammenfluss des Río Marañon und des Río Ucayali begrenzt. Unzählige Flüsse durchqueren das Gebiet, das noch fast komplett von tropischem Regenwald bedeckt ist, und überschwemmen es periodisch. Der Wasserreichtum hat eine beeindruckende **Artenvielfalt** hervorgebracht: Bisher wurden unter anderem 443 Vogel-, 250 Reptilien- und Amphibien-, 132 Säugetier- und 259 Fischarten gezählt. Die besten Monate für einen Besuch des Naturschutzgebietes sind Mai und September/Oktober, wenn es weniger Touristen und Mücken gibt.

Der Mythos Fitzcarraldo

In der Kneipe Fitzcarraldo in Iquitos hängen zahlreiche Bilder aus dem gleichnamigen Film, den Regisseur Werner Herzog in den Jahren 1977 bis 1981 mit Klaus Kinski und Claudia Cardinale in den Hauptrollen verfilmte. Obwohl sich Herzogs Film nicht immer an die historische Vorlage hält – sein Hauptdarsteller, der Caruso-Verehrer Brian Sweeney Fitzcarraldo möchte ein gewaltiges Opernhaus in Iquitos bauen – bleibt die Kernidee erhalten: Zum Ende des 19. Jhs., als der Kautschukboom Glücksritter aus aller Herren Länder anlockte, hatte **Carlos Fermin Fitzcarrald**, ein US-Amerikaner irischer Abstammung, eine mehr als verwegene Idee, die er entgegen aller Widerstände realisierte. Er erschloss eine bis dahin unzugängliche Dschungelregion voller Kautschukbäume, indem er ein Schiff von einheimischen Indianern mehrere Kilometer über einen Hügel schleppen ließ.

Um diese Szene im **Film** nachzustellen, bedurfte es nicht minder großer Anstrengungen. Das Filmteam musste historische Schiffe restaurieren bzw. nachbauen lassen, geeignete Standorte an Urwaldflüssen suchen und mehrere Hundert Indianer finden, die bereit waren, an den Filmaufnahmen teilzunehmen. Nach vielen Rückschlägen, Streiks, Umbesetzungen und einer chronisch leeren Produktionskasse konnte die Schlüsselszene des Films gedreht werden: Rund 600 Asháninka-Indianer zogen das ungefähr 250 t schwere Schiff *Molly Aida* an einem 300 m langen Stahlseil und über dicke Baumstämme Zentimeter für Zentimeter eine rund 40 %-ige Steigung hoch. Der Traktor, der dabei mithalf, ist natürlich im Film nicht zu sehen.

Das Schiff schaffte es (wie auch rund 80 Jahre zuvor das Original) auf die andere Seite. Damals war es Fitzcarrald gelungen, eine neue Route für den Kautschukexport zu entdecken. Das bedeutete mehr Deviseneinnahmen für Peru, pompöse Gebäude für Iquitos – allerdings nie ein Opernhaus – und sagenhaften Reichtum für einige wenige skrupellose Ausbeuter wie Fitzcarrald.

Noch heute liegt das Wrack der *Molly Aida* vor Iquitos und rostet munter vor sich hin. Die Überreste eines 1920 gebauten Bootes mit dem Namen *Fitzcarraldo* befinden sich rund 10 km flussabwärts von Puerto Maldonado in Südperu, ein paar Gehminuten vom Flussufer entfernt im Regenwald.

In Pacaya-Samiria leben mehrere Tausend **Cocama-Indianer**, die sprachlich zur Tupi-Guaraní-Familie gehören. Sie haben ihre traditionelle Lebensweise überwiegend abgelegt und sich mehrheitlich ladinisiert. Die Cocama sind aktiv in Programme eingebunden, die der Erhaltung der natürlichen Ressourcen dienen (Fischbestände etc.) und bieten seit Kurzem **naturverträglichen Tourismus** in Kleingruppen an (s. „Exkursionen").

Der **Eintritt ins Reservat** beträgt für Tagesbesucher 5 S/., für drei Tage 60 S/. und für eine Woche 120 S/. Genehmigungen holt der jeweilige Tourveranstalter (s. S. 594) ein oder erteilt die staatliche Naturschutzbehörde Sernanp, Jorge Chávez 930-942, ✆ 065-223555. ◷ Mo–Fr 8–13, 15–17 Uhr. Sie hat eine Zweigstelle in Nauta.

Nordperu

Exkursionen

Alle **Dschungellodges** (s. S. 594), die flussaufwärts von Iquitos liegen, bieten Ausflüge nach Pacaya-Samiria an. **Individuelle Touren** nach Pacaya-Samiria bieten unter anderem folgende indianische Gemeinden (oftmals in Kooperation mit lokalen oder internationalen Naturschutzorganisationen) an:

ASIENDES, Calle Távara 1258, San Martín de Tipishca, ✆ 065-861748, ✉ asiendesperu@hotmail.com, Kontaktperson: Manuel Ahuanari

UPC-Yarina, Pasaje Flor de Topa, Lote 13, Yarina, ✆ 065-635193, 💻 www.upc-yarina-tours.org, Kontaktperson: Tony Laichi. 2011 mit dem Cu Green Choice-Preis für nachhaltigen Tourismus ausgezeichnet, 💻 www.cuperu.com.

Yacu Tayta, Manco Cápac, ✆ 971876648 (Mobil), 💻 www.yacutayta.org, Kontaktperson: Fernando.

Die Programme können auch über **RESPONSible Travel Peru**, s. Huaraz/Touren S. 518, gebucht werden.

Mehrtägige Regenwald-Touren

Dschungeltouren werden immer beliebter und haben gerade in Iquitos in den letzten Jahren einen starken Zuwachs erfahren. Inzwischen kämpfen über 20 Lodges um die Gunst der Touristen. Hinzu kommen Spezialveranstalter und lokale Guides, die ebenfalls ein Stück vom Kuchen abhaben wollen. Mit anderen Worten: Die Lage wird langsam unübersichtlich, denn so breit gefächert wie die Motive der Besucher für einen solchen Dschungeltrip sind inzwischen auch die Programme der Veranstalter.

Um nicht enttäuscht aus der „grünen Hölle" zurückzukehren, empfiehlt es sich, genau zu überlegen, was man eigentlich sehen und erleben möchte, wo der Schwerpunkt eines Ausflugs liegen soll und was man dafür auszugeben bereit ist. Kriterien sind dabei die Art der Reise (s. u.), die Dauer der Tour (je länger und tiefer man sich im Wald aufhält, desto höher ist die Chance, Tiere zu sehen) und Ansprüche an den Komfort (z. B. teure Lodge oder einfaches Hängemattenlager). Wer seine Tour also noch nicht vorgebucht hat, sollte Zeit in Iquitos einplanen, um sich in aller Ruhe über das aktuelle Angebot zu informieren und eventuell Mitreisende zu finden.

Wichtig ist es, vorher mit einigen Vorurteilen aufzuräumen und die eigenen Erwartungen auf ein realistisches Maß herabzuschrauben:

- Im Umkreis von ca. 100 km um Iquitos gibt es keine größeren Flächen mit zusammenhängendem Primärwald mehr – mit Ausnahme kleinerer Privatreservate von einigen Lodges. Wer unberührten Regenwald kennen lernen möchte, braucht daher Zeit.
- Tiere im Regenwald zu beobachten, ist ein schwieriges Unterfangen. Besonders Säugetiere bekommt man bis auf Affen, Flussdelphine, Faultiere und Fledermäuse, selten zu Gesicht. Je mehr Zeit für die **Tierbeobachtung** aufgewendet wird, desto höher sind die Erfolgsaussichten. Kein Veranstalter kann eine Garantie dafür geben, dass während der Tour bestimmte Tierarten zu sehen sind. Wer allerdings – zum Teil in ihrer Existenz bedrohte – Tierarten verspeist, sollte sich nicht wundern, wenn er sie beim Dschungeltrip nicht mehr antrifft.
- Selbst noch so weit entfernt lebende Indianergruppen haben Kontakt mit der Zivilisation gehabt und Teile ihrer traditionellen Lebensweise abgelegt. Schließt eine Tour den Besuch einer **indianischen Ethnie** mit ein, handelt es sich überwiegend um ein

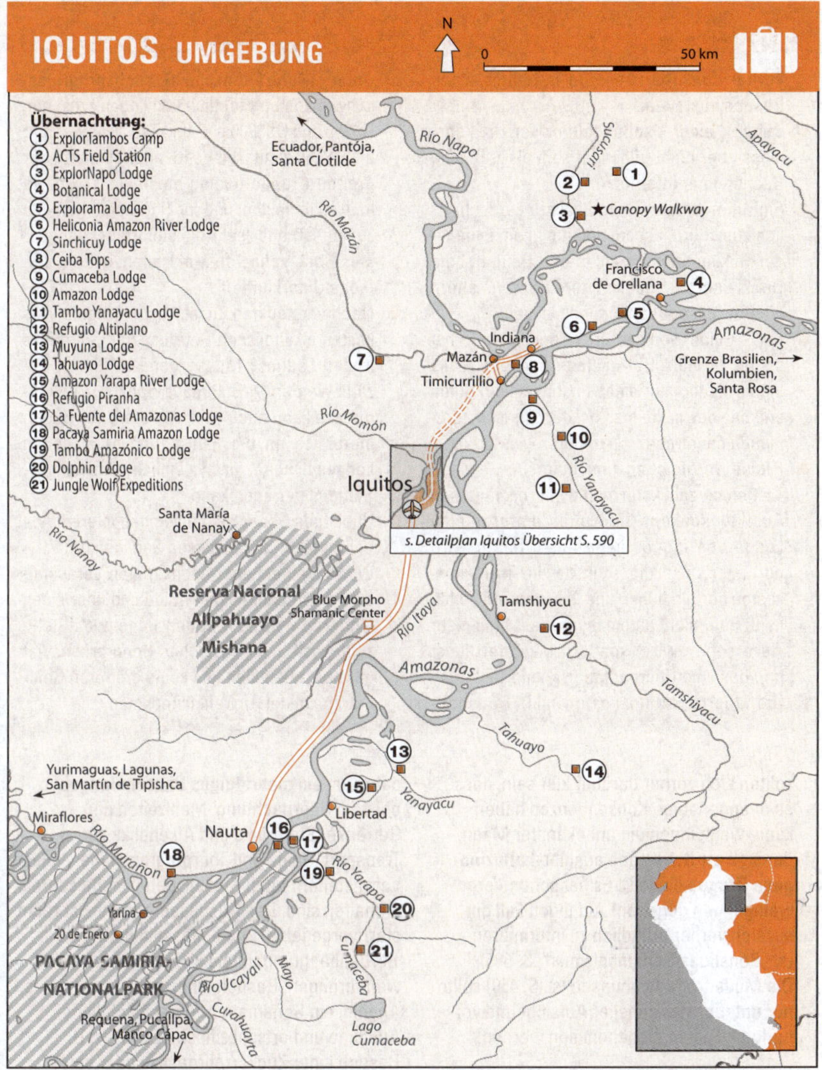

geplantes Spektakel, das als Hauptziel den Verkauf von Kunsthandwerk hat.

- Wer entgegen aller Warnungen zu Indianerstämmen vordringen möchte, die unserer „Zivilisation" gegenüber kritisch bis feindselig eingestellt sind, muss damit rechnen, von einem vergifteten Blasrohrpfeil erwischt zu werden!
- Eine besondere Warnung sei an alle diejenigen gerichtet, die mal eben mit der Regenwaldapotheke Drogenexperimente durchführen wollen. Insbesondere Frauen

Tipps vor dem Buchen einer Regenwaldtour

- Vorher dem Touristenbüro in Iquitos einen Besuch abstatten.
- Buchen einer Dschungeltour vor Ort kann, muss aber nicht günstiger sein als z. B. eine Buchung per Internet.
- Sich die versprochenen Leistungen schriftlich zusichern lassen, damit man im Falle einer Reklamation etwas in den Händen hält. Bei kleineren, unbekannteren Veranstaltern die Betriebserlaubnis zeigen lassen.
- Keine Guides von der Straße anheuern. Es hat schon zu viele Betrugsfälle gegeben. Falls man sich doch für einen unabhängigen Guide entscheidet, sollte man bei der Touristeninformation nachfragen, ob er dort registriert ist.
- Preise vergleichen und handeln. Je nach Teilnehmerzahl kann man den Preis für einen Ausflug senken. Je weiter entfernt eine Lodge von Iquitos liegt, desto teurer wird normalerweise die Tour, da die Transportkosten dorthin höher sind. Eine teurere Lodge heißt aber nicht automatisch, dass man mehr Tiere sehen wird, sondern bedeutet meist nur, dass die Übernachtung komfortabler ist. Die Übernachtungskosten inkl. Transport, Guide, Mahlzeiten und Besuchsprogramm schwanken beträchtlich und liegen zwischen US$50 und US$300 p. P. und Tag. Wer weniger als US$50 zahlt, reist entweder in einer sehr großen Gruppe (wenig empfehlenswert, da man zu unflexibel und für Tierbeobachtungen zu laut ist) oder sehr unkomfortabel (langsames Boot, schlichte Mahlzeiten, extrem einfache Unterkünfte).
- Nach versteckten Zusatzkosten fragen: Was kosten alkoholische Getränke und Softdrinks in den Lodges? Muss irgendwo Eintritt bezahlt werden (z. B. Pacaya-Samiria)? Von Interesse kann auch sein, wie stark der Bootsmotor ist, da die Fahrtdauer zu manchen Lodges einige – meist ziemlich langweilige – Stunden betragen kann.
- Unnötiges Gepäck in Iquitos deponieren. Alle Veranstalter bieten diesen Service an.
- Wer mit einem eher unbekannten Veranstalter oder unabhängigen Guide und über einen längeren Zeitraum in den Regenwald geht, sollte sich beim deutschen Honorarkonsulat an- bzw. abmelden und keine größeren Geldbeträge in den Urwald mitnehmen.

sollten sich vorher darüber klar sein, dass es unangenehme Konsequenzen haben kann, wenn ihnen ein unbekannter Mann, der sich als Schamane ausgibt, **halluzinogene Drogen** einflößt. Es hat schon Vergewaltigungen gegeben! Auf jeden Fall gilt es, sich vorher gründlich zu informieren (s. „Sonstiges/Schamanismus", S. 585). Die Modedroge Ayahuasca (s . S. 450) sollte nur unter professioneller Aufsicht und vorherigem Fasten eingenommen werden.

Übernachtung und Touren

Der Großteil der Besucher wählt für seinen Aufenthalt im Regenwald eine Lodge. Diese Variante empfiehlt sich für Reisende mit relativ wenig Zeit, Erstbesucher der Amazonasregion und Touristen mit einem bestimmten Anspruch an Komfort und Sicherheit. Es handelt sich dabei um ein **mehrtägiges Pauschalangebot**, bei dem Übernachtung, Mahlzeiten und Getränke (Softdrinks und Alkoholika extra), Transport, Guide und Tourprogramm (bei einigen Veranstaltern auch Gummistiefel) im Reisepreis enthalten sind. Das Ausflugsprogramm ist recht starr vorgegeben und umfasst in der Regel Tierbeobachtungen und kleinere Regenwaldwanderungen, Besuch eines Indianerstammes, Angeln, ein Schamanen-Ritual, nächtliche Ausflüge und ortsspezifische Extras (z. B. Besuch einer Zuckerrohrdestille oder eines Zoos mit einheimischer Fauna). Der Reiseablauf und Aufenthalt in der Lodge ist meist perfekt organisiert, größere Überraschungen bleiben in aller Regel aus, es handelt sich um das „**kontrollierte Abenteuer**". Obwohl selbst Tages- und Zweitagestouren in den Regenwald angeboten werden, sollte man für einen guten

ersten Eindruck und einen Mindesterfolg bei der Tierbeobachtung mindestens drei Tage und zwei Nächte einplanen.
Eine interessante Alternative ist eine Tour, bei der in verschiedenen Lodges übernachtet wird, wodurch man unterschiedliche Waldgebiete kennenlernt. Solche Programme offerieren beispielsweise Cumaceba, Explorama und Paseos Amazónicos Jungle Lodges.
Die nachfolgende alphabetische Aufstellung listet Lodges-Veranstalter mit positiven Teilnehmerbeurteilungen und langjähriger Erfahrung. Die meisten haben ein Büro in Iquitos. Die Adressen weiterer Lodges kann man bei der Touristeninfo in Iquitos (S. 586) bekommen. Alle Zimmer der Lodges sind entweder mit Moskitonetzen ausgerüstet oder komplett von außen mit Moskitodraht abgedichtet. Nur die sehr nahe bei Iquitos gelegenen Lodges verfügen über ständige Stromversorgung. Ansonsten wird ein Dieselgenerator verwendet, der meist nur abends eingeschaltet wird. Für die Beleuchtung sorgen in der Regel Kerosinlampen; auch Kühlschränke etc. werden mit Kerosin oder Gas betrieben. Einige der besseren Lodges (z. B. die Lodges von Explorama) verfügen inzwischen über WLAN.

Lodges mit organisierten Touren

A&E Tours, Av. La Marina 100, ✆ 065-242792, 💻 www.perujungle.com. Betreiber der **Tahuayo Lodge** am gleichnamigen Fluss rund 163 Bootskilometer flussaufwärts von Iquitos (Fahrtzeit zur Lodge 2 1/2 Std.). Touren mit 8 Übernachtungen kosten US$1295 p. P., jeder Extratag US$100, WLAN.
Corporación Hotelera y Turística del Amazonas, Ricardo Palma 252 (im Hotel Victoria Regia), ✆ 065-231959, 💻 www.amazonrex.com, betreibt neben den Hotels Victoria Regia und Acosta (s. „Iquitos/Übernachtung“, S. 583), die **Heliconia Amazon River Lodge**, die rund 80 km flussabwärts liegt (Fahrzeit im Schnellboot ca. 1 1/2 Std.). Die Lodge verfügt über einen Pool und Strom von 18–22 Uhr. Touren mit 3 Übernachtungen kosten US$384 p. P.
Cumaceba Amazonia Tours, Putumayo 188, im Eisenhaus, ✆ 065-232229, 💻 www.cumaceba.com. Das Unternehmen betreibt drei Lodges: Die **Cumaceba Lodge** liegt rund 35 km flussabwärts an einem Nebenarm (Fahrzeit ca. 1 Std.). Große Zimmer mit Moskitoschutz und Privatbad, Hängematten und moskitogeschütztem Essraum. Reichhaltiges und leckeres Buffet. Touren mit 3 Übernachtungen kosten US$220 p. P. Den Besitzern der Lodge gehört ebenfalls die an einem kleinen Primärwaldgebiet gelegene **Botanical Lodge**, rund 80 km flussabwärts (ca. 2 Std. Fahrt), 15 Holzbungalows mit Privatbad und Pool, 3 Übernachtungen für US$230 p. P., und das **Refugio Piranha**, am Zusammenfluss von Marañon und Ucayali (1 1/2 Std. per Bus und 1 Std. per Boot), Ausgangspunkt für Touren in das Reservat Pacaya-Samiria. 3 Übernachtungen kosten US$352 p. P.
Explorama Tours, Av. La Marina 340, ✆ 065-252530, 💻 www.explorama.com. Zum Unternehmen gehören Ceiba Tops, die Explorama Lodge und die ExplorNapo Lodge (alle drei mit WLAN), das ExplorTambos Camp, die Forschungsstation ACTS und der Canopy Walkway, ein 500 m langes und bis zu 36 m hohes Hängebrückensystem in den Baumkronen der Urwaldriesen. Die Trips von Explorama sind teuer, aber perfekt durchorganisiert und die Guides arbeiten sehr professionell. Dementsprechend sind die Ausflüge auf ein zahlungskräftiges, meist älteres Publikum zugeschnitten. Wer Geld sparen möchte, sollte ein gelegentliches Special buchen. Die Lodges sind fast beliebig kombinierbar. Explorama unterstützt mehrere Hilfsprojekte in der Region und steht für einen umweltverträglichen Tourismus.
Ceiba Tops, 40 km flussabwärts am Río Amazonas (etwa 1/2 Std. Fahrzeit). Moderne, große Lodge, die mit Pool und Wasserrutschen eher einem Freizeitpark ähnelt. Die Bungalows verfügen über AC und Strom sowie Privatbad mit Warmwasser. Touren mit 3 Übernachtungen kosten US$665 p. P. (inkl. Tagestour zum Canopy Walkway)
Explorama Lodge, 80 km flussabwärts, beim Seitenarm Yanamono (Fahrzeit rund 1 Std.). Die 1964 gebaut Lodge liegt bereits dicht am Regenwald. Die Anlage besteht aus palmgedeckten Zimmern mit Du/WC (kaltes Wasser).

Strom gibt es zu den Mahlzeiten. Touren mit 3 Übernachtungen kosten US$515 p. P.

ExplorNapo Lodge, 160 km flussabwärts, an einem kleinen Nebenfluss (Río Sucsari) des Río Napo gelegen, Fahrzeit ca. 2 Std. Einfaches, aber gemütliches Dschungelcamp, nach oben offene Zi. mit Moskitonetzen und Gemeinschaftsbad, Lage direkt in einem 113 000 ha großen privaten Schutzgebiet, Ausgangsort für Besuche des Canopy Walkways. 3 Übernachtungen kosten US$875 p. P. (eine Nacht davon in der Explorama Lodge).

ExplorTambos Camp, ca. 2 Gehstunden nordöstlich der ExplorNapo Lodge. Rustikales Camp für max. 16 Pers. Matratzenlager mit Moskitonetz, einfache sanitäre Einrichtungen, gemeinschaftlich genutzt. Sehr gute Möglichkeiten, Tiere zu beobachten. Touren mit 4 Übernachtungen kosten US$1005 p. P.

La Fuente del Amazonas Lodge, am Zusammenfluss von Marañon und Ucayali, Büro in Iquitos: Fitzcarrald 181, ✆ 065-223224, 💻 www.fuentedelamazonas.com. Die Lodge unter peruanisch-schweizerischer Leitung ist ab Nauta in kurzer Fahrtzeit mit dem Boot zu erreichen und verfügt über mehrere einfache Bungalows mit Privatbad. 3 Übernachtungen kosten ab US$260 p. P.

Muyuna Lodge & Expeditions, Putumayo 163, 1. Stock, ✆ 065-242858, 💻 www.muyuna.com. Die beliebte Lodge befindet sich 140 km flussaufwärts am Río Yanayacu (Fahrzeit ca. 3 Std.). Schöne, am Fluss gelegene Bungalows mit Privatbad und kleiner Terrasse mit Hängematte. Unterschiedliche Programmvarianten von 3–6 Tagen (3 Übernachtungen kosten ca. US$490 p. P.).

Paseos Amazónicos Jungle Lodges, Pevas 246, ✆ 065-231618, 💻 www.paseosamazonicos.com. Der Veranstalter betreibt drei verschiedene Urwaldherbergen und bietet auch Touren für Behinderte an. Der Preis pro Tag beträgt in allen Lodges ca. US$54 p. P.

Die **Sinchicuy Lodge**, 30 km flussabwärts (Fahrzeit 3/4 Std.) lohnt sich eher für Einsteiger.

Die **Tambo Yanayacu Lodge**, 60 km flussabwärts, am Nebenfluss Yanayacu (nicht mit dem flussaufwärts gelegenen Río Yanayacu zu verwechseln, Fahrzeit 1 1/2 Std.), wird meist in Verbindung mit der Sinchicuy Lodge angeboten.

Die **Tambo Amazónico Lodge** liegt 160 km flussaufwärts (2 Std. Bustransport nach Nauta und 2 Std. im Boot), am Nebenfluss Río Yarapa, unweit des Naturreservats Pacaya-Samiria. Preise auf Anfrage.

Pacaya Samiria Amazon Lodge, Raimondi 378, ✆ 065-234128, ! www.pacayasamiria.com.pe. Spezialist für Touren ins Naturreservat Pacaya-Samiria. Arbeitet überwiegend mit Tourgruppen, sodass ein Kontakt per E-Mail im Voraus sinnvoll ist. Veranstaltet 3–6-tägige Touren, z. T. mit Campübernachtung im Reservat. Touren mit 3 Übernachtungen kosten US$640 p. P. (alles inkl., auch Eintritt Pacaya-Samiria).

Individuelle Touren

Das ist die abenteuerlichste, aber oft auch erlebnisreichste Variante und eignet sich für Naturliebhaber, denen Komfort und gutes Essen nicht sonderlich wichtig sind. Lokale indianische Gemeinden organisieren Touren für kleine Gruppen bzw. Einzelpersonen in das Naturschutzgebiet Pacaya-Samiria (Anbieter stehen auf S. 592). Der Reiseverlauf ist nur grob festgelegt und orientiert sich komplett an den Wünschen der Reisenden. Organisationsgrad und Komfort sind niedrig, die Flexibilität dafür aber hoch. Mit gelegentlichen Pannen muss jedoch gerechnet werden.

Der Schwerpunkt dieser Touren liegt auf dem Naturerlebnis. Die Übernachtung findet meist nicht in Lodges, sondern in überdachten Hängematten- oder Matratzenlagern statt. Ein Moskitonetz wird in aller Regel gestellt. Die Mahlzeiten können sehr einfach und eintönig sein.

Ecological Jungle Trips, Putumayo 163, 2. Stock, ✆ 965783409 (Mobil), 💻 www.amazonexplorerperu.com. Langjähriger Anbieter von individuellen Dschungeltouren, wahlweise im Gebiet um die eigene Dolphin Lodge am Río Cumaceba (US$50 p. P. und Tag, Min. 2 Pers.) oder nach Pacaya-Samiria (7–10 Tage, US$100 p. P. und Tag, Min. 2 Pers).

Junglewolf Expeditions, Kontakt Hotel Golondrinas (s. „Iquitos/Übernachtung", S. 583), 💻 www.junglewolfexpeditions.com. Mehrtägige Touren im Gebiet des eigenen Camps am Río

Cumaceba rund 260 km südlich von Iquitos (US$43 p. P. und Tag, mit Privatbad US$50–57, Min. 2 Pers.) oder nach Pacaya-Samiria (US$80 p. P. und Tag.

Lodges mit Heil- und Fastenprogrammen
Nachfolgende Lodges bieten neben Heil- und Fastenprogrammen auch seriöse Ayahuasca-Retreats und Ausflüge in den Regenwald an:
Blue Morpho Tours, Av. Guardia Civil 515, ✆ 065-263454, 💻 www.bluemorphotours.com. Der Blue Morpho Shamanic Center liegt beim KM 52,5 der Straße Iquitos–Nauta. Das Unternehmen ist spezialisiert auf Ayahuasca-, Heil- und Fastenzeremonien mit einem Schamanen. Veranstaltet werden u. a. siebentägige Workshops, die 5 Ayahuasca-Zeremonien beinhalten. 6 Übernachtungen kosten ab US$2150 p. P.
Refugio Altiplano, Pevas 220, ✆ 065-222001, 💻 www.refugioaltiplano.org. Die Lodge liegt flussaufwärts am Río Tamshiyacu. Angeboten werden sechstägige (3x Ayahuasca) und zehntägige Retreats (5x Ayahuasca) sowie Fastenprogramme (US$160 p. P. und Tag alles inkl.).

Kreuzfahrten
Luxuriöse und dementsprechend teure Kreuzfahrten finden auf dem Río Amazonas sowie den Flüssen Ucayali und Marañon (Pacaya-Samiria) statt. Kürzere Kreuzfahrten beginnen in Nauta, längere in Iquitos. Unterwegs werden Dörfer besucht, Ausflüge mit Beibooten in kleinere Lagunen und Seitenarme unternommen und Regenwaldwanderungen durchgeführt. Meist sind es Chartergruppen aus den USA, die eine solche Kreuzfahrt für viel Geld kaufen. Kreuzfahrten können nur über das Internet oder bei Reiseagenturen gebucht werden.
Aqua Expeditions, Iquitos 1167, Punchana, ✆ 065-601053, 💻 www.aquaexpeditions.com. 3-, 4- und 7-tägige Kreuzfahrten kosten ab US$2550/3400/5950 (jeweils p. P., Min. 2 Pers.).
Delfin Amazon Cruises, Abelardo Quiñones, KM 5, ✆ 065-262721, 💻 www.delfinamazon cruises.com. 4- und 5-tägige Kreuzfahrten ab US$2600–3200 bzw. US$3000–3600 (jeweils p. P., Min. 2 Pers.).

Dreiländereck Peru–Brasilien–Kolumbien

Die Ausreise aus Peru erfolgt über das kleine Kaff **Santa Rosa**, eigentlich nur eine Militärbasis. Boote und auch Wasserflugzeuge halten hier wegen der Ausreiseformalitäten (Grenze rund um die Uhr geöffnet). Da in Santa Rosa nur einfachste Unterkunfts-, aber keine Geldwechselmöglichkeiten bestehen, bieten sich eher die größeren Orte Leticia (Kolumbien) und Tabatinga (Brasilien) im Dreiländereck (Tres Fronteras) zur Übernachtung an. Das Fährboot setzt über, sobald es voll ist (10 Min., ca. 6 S/.). Um Problemen an der Grenze vorzubeugen, empfiehlt es sich, die Migración in Iquitos aufzusuchen und sich nach den aktuellen Ein- bzw. Ausreisebestimmungen zu erkundigen. Zum Zeitpunkt der Recherche war keine Gelbfieberimpfung für die Einreise nach Brasilien oder Kolumbien erforderlich (aktuelle Lage in Iquitos abchecken!).

Tabatinga (Brasilien)
In Tabatinga (36 000 Einw.) lebt ein buntes Völkergemisch. Wer zunächst nicht weiterreist, kann sich auch ohne Grenzformalitäten zwischen Tabatinga und dem kolumbianischen Leticia (s. u.) bewegen. Ein kolumbianischer bzw. brasilianischer Einreisestempel genügt. Einfache Hotels finden sich in der Nähe der Büros der Bootsunternehmen, doch die besseren Unterkünfte bietet Leticia. Tabatinga verfügt über einen Flughafen, von dem aus man nach **Manaus** fliegen kann (Trip Linhas Aérea, ✆ 0055-97-34122528, 💻 www.voetrip.com.br). Die Bootsreise von Tabatinga (Porto Brass) nach Manaus dauert 3–4 Tage (Abfahrt Di–Sa u. a. mit den Schiffen von Manuel Monteiro, Itaporongo und Fénix, Hängemattenplatz US$110–220, Kabine US$500–640). Schnellboote fahren jeweils Do um 12 Uhr in ca. 36 Std., US$255, ✆ Porto Brass 0055-97-34122219). Richtung **Iquitos** fahren tgl. Schnellboote ab Santa Rosa (9–10 Std., 200 S/.) und Cargo-Boote (4–5 Tage). Den Aus- bzw. Einreisestempel bekommt man in Tabatinga bei der Policia Federal, ca. 2 km von der Bootsanlegestelle entfernt, sowie am Flughafen (nicht immer geöffnet!).

Nordperu

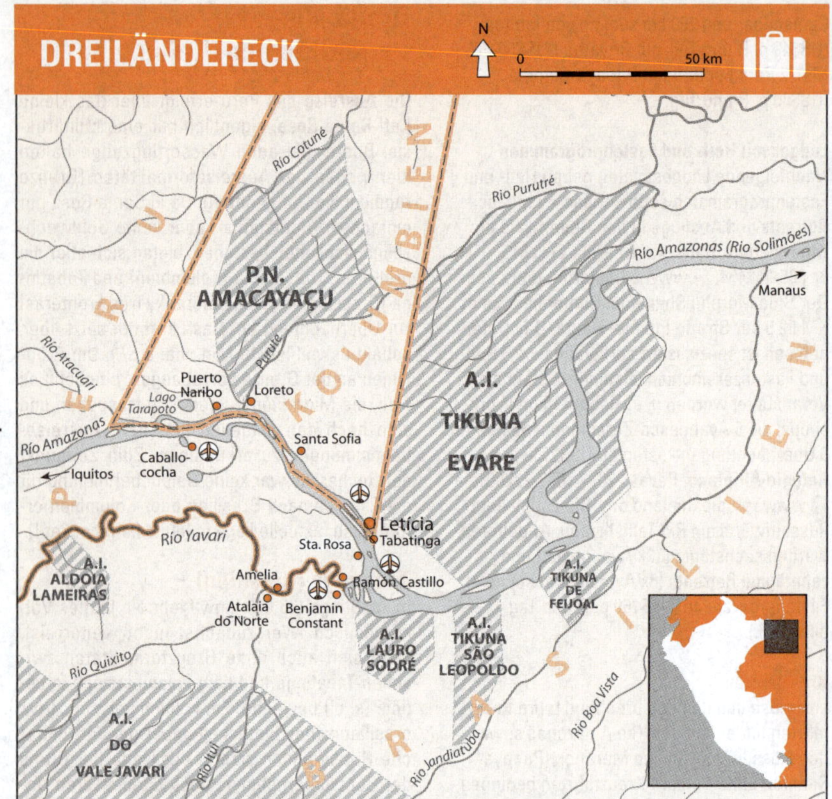

Letícia (Kolumbien)

Kolumbiens südlichste Stadt (ca. 33 000 Einw.) wächst langsam mit Tabatinga zusammen. Die Unterkünfte sind besser als in den benachbarten Grenzorten.

Letícia ist ein guter **Ausgangsspunkt für Regenwald-Touren**, die von zahlreichen Agenturen angeboten werden. Es gibt täglich Flüge nach Bogotá mit Aéro República ✆ 0057-85-927771, 💻 www.aerorepublica.com, Satena, ✆ 0057-85-925419, 💻 www.satena.com, oder Aires, ✆ 0057-85-92940300 (Bogotá), 💻 www.aires.aero.

Die **Touristeninformation** befindet sich in der Calle 8 No. 9-75, ✆ 0057-85-927569, ✉ direccion@dafecamazonas.gov.co.

Westbolivien

Stefan Loose Traveltipps

15 **Isla del Sol** Die mystische Sonneninsel im Titicaca-See entdecken. S. 607

16 **La Paz** Atemberaubend ist der Blick in den Talkessel, in dem die quirlige Großstadt La Paz liegt. S. 612

Tiwanaku Wer die bekannteste Ruinenstätte Boliviens besucht, unternimmt eine faszinierende Reise in die Vergangenheit. S. 636

Choro-Trail Auf einem prähispanischen Wanderweg geht es in die üppig-grünen Yungas. S. 642

17 **La Paz – Coroico** Die Abfahrt mit dem Mountainbike auf der Todesstraße ist nichts für schwache Nerven. S. 650

Parque Nacional Sajama und Lauca (Chile) Beide Naturschutzgebiete bieten fantastische Landschaften, die zum Wandern einladen. S. 663

N
0
50 km
Cordillera Apolobamba
Chaupi Orko 6044
L. Suches
Apolo
PARQUE NACIONAL MADIDI
Pelechuco
Area Natural de Manejo Integrado Nacional Apolobamba
Putina
Azángaro
Ulla Ulla
Akhamani 5700
Arapa
Lagunillas
Curva
L. Arapa
Huancané
Charazani
Santa Rosa
Mapiri
Mapiri
Cominaca
Sumán
Moho
Pusi
RESERVA NACIONAL TITICACA
Conima
Ninantaya
Guanay
Juliaca
Coata
Huata
ISLA SOTO
Puerto Acosta
Tipuani
Tipuani
ISLA AMANTANI
Sillustani
Ccotos
ISLA CAMPANARIO
Escoma
Quiabaya
Ingenio
Islas de los Uros
ISLA TAQUILE
Ancoma
PENINSULA CHUCASUYO
Titicaca-See
Sorata
Caranavi
Puno
Ancoraimes
Humacha
Lackathiya
Chucuito
s. Detailplan Copacabana Umgebung S. 609
Nev. 6368 Illampu
6427 Nev. Ancohuma
Cordillera
Zongo
Acora
ISLA DE LA LUNA
Achacachi
Zongo
Isla del Sol
Coroico
Ilave
Santiago de Huata
PENINSULA DE YAMPUPATA
PENINSULA DE HUATA
P.N. COTAPATA
Copacabana
Huatajata
Huarina
Nev. Huayna Potosi 6088
Cotapata
Coroico
Yunguyo
San Pablo
Nev. Condoriri 5648
Real
Tiquina
ISLA SURIQUI
Chacaltaya 5395
Unduavi
Yolosa
Juli
Pomata
4350
Aguas Calientes
Lago de Huiñaimarca
5648 Cerro Condoriri
La Paz
Chulumani
Ventilla
Altiplano
Palca
Desaguadero
Tiwanaku
Tiwanaku
Laja
PERU
Guaqui
Tambillo
s. Detailplan La Paz Übersicht S. 613
6439 Nev. Illimani
Viacha
Moquegua
Huenque
La Paz
L. Loriscota
L. Vilacota
Patacamaya
Oruro
Desaguadero
Nev. Barroso 5741
5988
CHILE
Pocollay
Tacna
P.N. SAJAMA
Co. Larancagua 5436
Vol. Sajama 6549
Putre
Parinacota
L. Chungará
6342 Vol. Parinacota
Sajama
Arica
P.N. LAUCA
Tambo Quemado
Lagunas
Pampa Colorada

Der in diesem Reiseführer als **Westbolivien** bezeichnete Teil umfasst folgendes Gebiet: die bolivianisch-peruanischen Grenzübergänge Desaguadero und Yunguyo, den bolivianischen Teil des Titicaca-Sees, darunter den Pilgerort Copacabana; die de facto Hauptstadt La Paz (die offizielle Hauptstadt des Landes ist Sucre) und ihre Umgebung, die Cordillera Real, die Cordillera Apolobamba, die Yungas sowie den Nationalpark Sajama und den daran angrenzenden Nationalpark Lauca, der bereits zu Chile gehört.

Bolivien

Interessantes und Wissenswertes zu Bolivien findet sich im Kapitel „Land und Leute", S. 110.

Am und um den Titicaca-See

Der südöstliche Teil des Titicaca-Sees gehört zu Bolivien. Neben dem prächtigen Naturambiente mit der Cordillera Real im Hintergrund findet man an seinen Ufern indigene Dörfer mit sehenswerten Festen, Kolonialkirchen und bedeutende prähispanische Stätten einer indianischen Hochkultur.

Copacabana

Das kleine Städtchen auf 3800 m Höhe liegt nur wenige Kilometer von der peruanisch-bolivianischen Grenze entfernt in einer schönen Bucht an den Ufern des smaragdgrünen Titicaca-Sees. Der blaue Himmel, das klare Wasser und der einladende Sandstrand täuschen: Die Wassertemperatur beträgt weniger als 10 °C und die Lufttemperaturen liegen (vor allem nachts) oft weit darunter. Hauptattraktion des Orts ist die berühmteste Wallfahrtskirche des Landes, in der eine Darstellung der **Virgen de Copacabana** alljährlich Tausende von Pilger anzieht (s. „Feste"). Während der Feierlichkeiten platzt die Stadt aus allen Nähten, die Hotels sind überfüllt, es wimmelt von Besuchern, Menschen in bunten Trachten, Musikgruppen – und Betrunkenen. Wer es lieber ruhig mag, sollte diese Tage meiden. So berühmt ist die Wallfahrtsstätte in der Region, dass sogar eine kleine Kapelle an einem berühmten Strand im brasilianischen Río de Janeiro danach benannt wurde.

Den spanischen Eroberern waren Dominikaner und Augustiner nach Bolivien gefolgt, die sich daran machten, die indianische Bevölkerung zu christianisieren. Der von den Inkas unterdrückte Teil der lokalen Aymara-Bevölkerung nahm den christlichen Glauben an. Wie in anderen Teilen Lateinamerikas begannen die Religionen miteinander zu verschmelzen. Nachdem die Bewohner der Region die Virgen de Copacabana als ihre Schutzpatronin auserkoren hatten, schnitzte der Inkanachfahre Tito Yupanqui 1583 eine Statue der Jungfrau aus dunklem Holz, die kurze Zeit darauf begann, Wunder zu wirken. Schnell verbreitete sich die Nachricht von den heilenden Kräften der Madonna im Land und der Pilgerstrom schwoll an.

1605 beschlossen die Augustiner, der Jungfrau eine gebührende Unterkunft zu bauen. Die gewaltige **Basilika**, deren Bau Anfang des 17. Jhs. begann und deren Querseite zur Plaza zeigt, wurde allerdings erst 1820 fertiggestellt. Schon von Weitem lassen sich die bunten Kacheln und zahlreichen Kuppeln bewundern. Im Inneren steht das Ziel aller Pilger, zu dem viele auf den Knien rutschen: die Statue der Jungfrau von Copacabana mit ihrer goldenen Krone *(Camarín de la Virgen)*. Aus der Überzeugung heraus, dass ein Entfernen der Jungfrau aus ihrer Nische Unglück über den Titicaca-See bringen würde, ließ man sie immer an ihrem angestammten Platz stehen. Die Statue wurde 1925 vom Vatikan heiliggesprochen. Nicht zu unterschätzen ist der wirtschaftliche Segen der Statue für den Ort: Der Verkauf von Souvenirs, Essen und Trinken sowie die steigende Anzahl an Hotelübernachtungen bescheren dem 3000 Einwohner zählenden Städtchen einen konstanten Geldregen.

Viele Touristen kommen auch, um die vorgelagerten Inseln **Isla del Sol** und **Isla de la Luna** zu besichtigen (S. 607 und 610, „Umgebung von Copacabana"). Wer die spezielle Atmosphäre des Titicaca-Sees genießen möchte, sollte auf den **Kalvarienberg** *(Cerro de Calvario)* oberhalb der Stadt steigen. Der steile, 45-minütige Anstieg vorbei an 14 Kreuzwegstationen wird mit einem tollen Blick auf Stadt und See belohnt. Der Calvario ist eine heilige Stätte, an der die Einheimischen an kleinen steinernen Altären Opfergaben darbringen. Vor allem zum Sonnenuntergang lohnt der Ausflug. Leider ist der Kalvarienberg inzwischen stellenweise zur Müllkippe mutiert.

Südlich der Stadt liegt der kleine Kalvarienberg *(Niño Calvario,* auch *Kesanani* genannt) mit dem sogenannten **Inka-Galgen** *(Horca del Inca).* Es handelt sich um einen von Menschenhand behauenen Felsen in Form eines Steintors, der nie als Hinrichtungsstätte diente. Hier hatten die Inkas vielmehr ein astronomisches Observatorium errichtet, mit dessen Hilfe sie die richtige Zeit für Aussaat und Ernte bestimmen konnten. Der Weg zum Inka-Galgen führt Richtung Süden über die Calle Murillo.

Hinter dem Niño Calvario ragt der **Cerro Sancollani** auf, an dessen terrassierten Hängen sich archäologische Überreste von Inkabauten entdecken lassen. Gegenüber dem Friedhof liegt das **Inka-Gericht** *(Tribunal del Inca* oder *Intikala),* eine Ansammlung großer, behauener Steine, Nischen, Stufen und Kanäle. An der religiösen Stätte sollen sich vor der Ankunft der Spanier zahlreiche Darstellungen von Göttern der Inkas befunden haben. Rund 200 m weiter entlang der Hauptstraße gelangt man zum **Thron des Inkas** *(Intikala)* mit mehreren abgeflachten Steinen, auf denen möglicherweise Inkamumien bei zeremoniellen Anlässen präsentiert wurden.

Übernachten bei Einheimischen

Die Gemeinden Cha`llapampa (Isla del Sol), Coati (Isla de Luna), Sahuiña und voraussichtlich auch Sampaya (Halbinsel Yampupata) haben sich zum Netzwerk **Red de Turismo Comunitario del Lago Titicaca (APTHAPI)** zusammengeschlossen. Gemeinsam bieten sie neben einfachen Übernachtungsmöglichkeiten (in Sahuiña noch nicht möglich, in Coati nur mit Gemeinschaftsbad) auch unterschiedliche Aktivitäten von Archäologie (Cha`llapampa) und Kunsthandwerk/Archäologie (Coati) bis zur Beobachtung von Flora und Fauna (Sahuiña) und Trekking, Ethnologie (Sampaya) an. Genauere Infos bekommt man im Infocenter von APTHAPI, siehe „Informationen".

Übernachtung

DZ ohne Bad sind ab 15 Bs. p. P. zu haben, allerdings darf man dann nicht Handtuch, Seife oder Toilettenpapier erwarten. Die meisten Hotels bieten Elektroduschen, die meist nur lauwarmes Wasser produzieren. Duschvorhänge sind überwiegend unbekannt. Während es selbst in der Hochsaison Juli/Aug nicht schwer ist, ein Zimmer zu bekommen, sollte man während der großen Fiestas (s. u.) reservieren. Die Hotelpreise steigen während der Festtage an.

Einfach und sauber sowie mit Elektrodusche und wahlweise mit/ohne Bad ausgestattet sind **Residencial Las Brisas II**, Jaúregui, Ecke Pando, ✆ 71926333 (Mobil), **Residencial Aransaya**, Av. 6 de Agosto 121, ✆ 02-862229 (eigenes Restaurant) und **Alojamiento Kotha Kahuaña**, Av. Busch 15, ✆ 02-8622022. Alle ❶

Hostal Colonial, 6 de Agosto, Ecke 16 de Julio, ✆ 02-8622270, 💻 www.titicacabolivia.com. Große Zimmer mit Bad und Seeblick, Sonnenterrasse, Restaurant mit Tischen im Freien, Frühstück inkl. ❶

Brisas del Titicaca, am Ende der Av. 6 de Agosto, am Seeufer, ✆ 02-8622178. Großes Hotel mit ordentlichen Zimmern, einige davon mit Seeblick. ❷

Hotel Utama, M. Pérez, Ecke San Antonnio, ✆ 02-8622013, 💻 www.utamahotel.com. Großes Haus mit Zimmern im EG und OG (oben geräumiger und etwas teurer), einige mit Seeblick, Internet, Tourservice, Discount für Studenten, sehr gutes Frühstück inkl. ❷

Hotel Mirador, Av. Bush s/n, ✆ 02-8622289, ✉ elmiradorhotel@hotmail.com. Alle Zimmer mit TV, Seeblick, Bad und Warmwasser. Restaurant, Frühstück inkl. ❷

Hostal La Cúpula, Michel Perez 1-3, ✆ 02-28622029, 💻 www.hotelcupula.com. Verwinkelt gebaute Anlage mit Seeblick. Saubere und geschmackvoll eingerichtete Zimmer, z. T. mit Gemeinschaftsbad. Nette Suiten mit großen

Fenstern und Seeblick etwas abseits des Hauptgebäudes. Gratis Küchenbenutzung und Waschmöglichkeiten, sehr gutes Restaurant. Reservierung sinnvoll. ❸, ohne Bad ❷

Hostal Las Olas, Pérez, neben La Cúpula, ✆ 02-8622112, 💻 www.hostallasolas.com. Vier geräumige und aus lokalen Materialien geschmackvoll gebaute zweistöckige Unterkünfte mit Bad und einer eigenen Küche für max. 4 Pers. Terrasse mit Seeblick, Hängematten, Jacuzzi unter freiem Himmel, Feuerstelle. Büchertausch und Tourservice. ❸

La Aldea de Inca, San Antonio 2, ✆ 02-86222452, 💻 www.aldeadelinca.com. Weitläufige Anlage im Inka-Stil mit geräumigen Zimmern (einige mit Seeblick) mit WLAN und DVD-Player. Auf Wunsch Heizgerät. Cafetería, Frühstück mit sehr gutem Kaffee inkl. ❸

Hotel Rosario, Av. Costanera, nahe am Seeufer, ✆ 02-8622141, 💻 www.hotelrosario.com/lago. Geschmackvoll eingerichtete Zimmer mit Seeblick, Restaurant, Internet, WLAN im Eingangsbereich, Frühstücksbuffet, Parkplatz. Eigener Tourveranstalter Turisbus. ❺

Essen

Die Spezialität Regenbogenforellen *(Truchas)* kommt in fast allen Restaurants in zahlreichen Varianten auf den Tisch. Forellen gehören nicht zu den endemischen Fischarten, sondern wurden 1939 künstlich eingesetzt, um die Bevölkerung mit mehr Protein zu versorgen. Aufgrund der starken Nachfrage sind die Fischbestände allerdings in den letzten Jahren stark gesunken. Vor allem die Inselbevölkerung um Copacabana klagt über immer geringere Fänge. Die meisten Forellen stammen mittlerweile aus Zuchtbetrieben.

Entlang der Avenida 6 de Agosto zwischen der Plaza 2 de Febrero und dem Seeufer befinden sich zahlreiche Restaurants, deren Angebot sich sehr ähnelt. Bei vielen kann man draußen sitzen, die meisten servieren auch Frühstück.

Exzellent ist das Restaurant im **Hostal La Cúpula** (reservieren!).

Sujma Wasi, Jauregui 127. Gemütliches Restaurant mit schönem Innenhof, guter Auswahl an Suppen, Salaten, vegetarischem Mittagessen, Forellengerichten und ordentlichem Frühstück. ⏲ tgl. 7–22 Uhr.

Pueblo Viejo, Av. 6 de Agosto 684. Man sitzt hier gemütlich. Guter Kaffee und gute Forellengerichte. ⏲ tgl. geöffnet .

Im schräg gegenüber liegenden **La Orilla** gibt es neben den üblichen Gerichten auch Mexikanisches. ⏲ tgl. ab 17 Uhr.

Restaurante Snack Sagitario, Avaroa s/n, an der Plaza 2 de Febrero. Günstige Menüs, leckere Sandwiches, Salate und gute Fischgerichte.

Coffee Shop Copacabana, Av. 6 de Agosto s/n. Guter Kaffee, aber auch Pizzas und Sandwiches. Tische im Freien. ⏲ tgl. 7–19 Uhr.

El Buho I, Av. 6 de Agosto, zwischen Bolívar und Oruro. Vegetarisches, Zweigstelle am Strand. ⏲ tgl. 7–22 Uhr.

Unterhaltung und Kultur

Die Szene ist sehr schnelllebig. Wer nachmittags vom Bootsausflug auf die Inseln zurückkehrt, bekommt jede Menge Reklamezettel von den angesagten Bars in die Hand gedrückt. Gutes Ambiente und gute Cocktails gibt es in der Bar **Wayki's**, Av. 16 de Julio, Ecke Busch.

Touren

Unmengen von Agenturen an der Plaza Sucre und entlang der Av. 6 de Agosto bieten dasselbe an: Bustickets nach La Paz, Puno und Cusco bzw. Fahrkarten zur Isla del Sol.

Titicaca Tours, Av. 6 de Agosto, Ecke 16 de Julio, und am Seeufer, ☏ 02-8622160, ✉ titicacabolivia@yahoo.com.ar, 💻 www.titicacabolivia.com. Bekanntester Veranstalter von Ausflügen zur Isla del Sol und Isla de la Luna, Details s. S. 606.

Sonstiges

Aktivitäten

Am Seeufer kann man Tretboote und Kajaks mieten.

Cha'lla – die bolivianische Autoversicherung

Fast täglich kann man mit Girlanden, Plastikblumen oder bunten Bändern geschmückte Kleinwagen, Laster und Busse an der Plaza 2 de Febrero vor der Basilika beobachten. Kommt man näher, glaubt man seinen Augen kaum zu trauen, sieht man doch einen katholischen Priester, der die Fahrzeuge mit Weihwasser segnet. Als ob dies nicht genügen würde, spritzen die Besitzer noch gewaltige Mengen Schnaps und Bier über ihre geliebten Vehikel, oft bei geöffneter Motorhaube, lassen Knallkörper explodieren und genehmigen sich selbst auch reichlich Alkohol. Mit dem Cha'lla genannten Ritual erhofft man sich, ein Jahr lang von Unfällen und Pannen verschont zu bleiben, obwohl viele der Fahrzeuge aussehen, als würden sie schon die Rückfahrt zum Herkunftsort nicht überstehen. Während der großen Fiestas bilden sich lange Warteschlangen, doch die Fahrzeugbesitzer warten geduldig, bis sie an der Reihe sind, und feiern inzwischen schon mal bei den anderen mit.

Einkaufen

Im Ort werden günstig Webarbeiten und Wollprodukte angeboten. An der Plaza 2 de Febrero liegen mehrere Läden nebeneinander.

Feste

Während der nachfolgend aufgeführten Feiern füllt sich die Stadt mit Tausenden von Besuchern, die Unterkünfte sind dann komplett ausgebucht:

2.–5. Februar: Virgen de la Candelaria. Prozessionen, typische Tänze der Aymara, Feuerwerk, Stierkampf und Cha'lla (Fahrzeugweihe).

Viernes Santo (Karfreitag). Unzählige Pilger, von denen viele zu Fuß anreisen, folgen dem Kreuzweg auf den Cerro Calvario, um Buße zu tun.

5./6. August: Virgen de Copacabana. Die Stadt verwandelt sich für zwei Tage in ein Tollhaus. Tag und Nacht finden Paraden, Tänze und Prozessionen statt, begleitet von viel Musik und unglaublich hohem Alkoholkonsum.

Geld

Der bislang einzige Geldautomat (nur Visa und Mastercard) liegt zwischen den Banken **Prodem** und **Ecofuturo** an der Av. 6 de Agosto. Die Geldversorgung ist allerdings unregelmäßig, daher unbedingt Bargeld mitbringen. Auf der Straße und in vielen Souvenirläden lassen sich Peruanische Sols, US-Dollar, Travellerschecks und Euro wechseln, allerdings nicht zu den besten Kursen. Wer von La Paz kommt, sollte bereits dort tauschen. Wer aus Peru kommt, sollte erst in Copacabana tauschen, da der Kurs an der Grenze schlechter ist.

Informationen

Centro de Información Turística, Av. 6 de Agosto, Ecke 16 de Julio, Plaza Sucre. ⏲ Mi–So 8–12 und 14–18 Uhr (wird aber nicht so genau genommen).

Centro de Promoción de la Red APTHAPI, Av. 6 de Agosto, Ecke 16 de Julio, Plaza Sucre, ✆ 02-77299088, ✉ rtiticaca@gmail.com, s. Kasten S. 602.

Infos zu Bussen, Inseltouren etc. bekommt man bei den zahlreichen Tourveranstaltern.

Internet

Relativ teuer, da über Satellit. Mehrere Anbieter entlang der Av. 6 de Agosto.

Markt

Der **Mercado Modelo** liegt an der Jaúregui, zwischen Pando und Avaroa.

Medizinische Versorgung

Das lokale Krankenhaus sollte besser gemieden werden. Der peruanische Notfalldienst **Medical+Home** aus Cusco plant, eine Filiale in Copacabana zu eröffnen (bei den Hotels nachfragen).

Post

An der Plaza 2 de Febrero neben der Polizei.

Sicherheit

Während der Fiestas besteht erhöhte Diebstahlgefahr.

Transport

Die Eröffnung eines **Busterminals** außerhalb von Copacabana ist für 2012 vorgesehen. Bis es soweit ist, fahren alle Busse weiterhin mitten im Ort an der Plaza Sucre ab.

Busse und Colectivos

CUSCO (keine Direktbusse, umsteigen in Puno, s. u.) 10 Std. (535 km)

HALBINSEL YAMPUPATA je nach Ort 30–60 Min. Morgens und mittags fährt ein Kleinbus von der Ostseite des Mercado Modelos ab. Die Fahrtzeiten sind unregelmäßig (vor Ort erkundigen)!

KASANI (Cooporativa de Transportes 6 de Junio) ständige Abfahrten von der Plaza Sucre ab 6 Uhr, 20 Min. (8 km, Grenze Peru), 3 Bs. Ein Taxi zur Grenze kostet 20 Bs.

LA PAZ um 13.30 Uhr (Touristenbusse) oder etwa stdl. von 6.15–18.30 Uhr, 3–3 1/2 Std. (160 km), 15–20 Bs. Es empfiehlt sich, Touristenbusse von Diana Tours, Tourperu oder Colectur zu nehmen, (alle an der Av. 6 de Agosto, Ecke 16 de Julio, Plaza Sucre) die ein wenig teurer, dafür aber komfortabler und sicherer sind. Der Bus von Diana Tours fährt direkt in die Calle Sagárnaga, dem Touristenzentrum von La Paz.

Ansonsten kann man einen der Busse von der Plaza Sucre nehmen.
PUNO Direktbusse von Colectur um 9.30 Uhr (35 Bs.), 13.30 Uhr (25 Bs.) und 18 Uhr (30 Bs.) oder von Tourperu um 13.30 Uhr (Abfahrt am Hotel Mirador), 3 Std. (141 km). Alternativ kann man ein Colectivo zum Grenzort Kasani nehmen (3 Bs.), mit dem Mototaxi nach Yunguyo fahren (3 Std.), und dort einen Minivan/Bus nach Puno besteigen (7 Std.).
SORATA (Sindicato de Transporte Unificada) 4x tgl., 5–6 Std. (153 km), 40 Bs.

Boote

Es gibt mehrere Veranstalter, darunter **Titicaca Tours**, deren Abfahrtsorte alle am Ende der Avenida 6 de Agosto liegen. Preise, Boote und Abfahrtszeiten sind nahezu identisch. Wer die Bewohner von Yumani auf der Isla de Sol unterstützen möchte, kann die Bootsfahrt an ihrem Ticketschalter **Turismo Comunitario Maleku Tours** am Strand buchen (gleiche Preise und Abfahrtszeiten wie bei der Konkurrenz).
Es kann zwischen einem Halbtages- (8.30–12.30 Uhr oder 13.30–17.30, jeweils 15 Bs.) oder Ganztagesausflug (8.30–17.30 Uhr, 20 Bs.) gewählt werden. Beim Halbtagesausflug wird nur der Südteil der Insel angesteuert (ca. 1 1/2 Std. Aufenthalt). Eine einfache Fahrt zum Nordteil der Insel kostet 15 Bs., zum Südteil 10 Bs. Die Rückfahrten vom Norden erfolgen um 13.30 Uhr, vom Süden um 11 und 16 Uhr. Siehe auch Kasten S. 610.
Charterboote kosten je nach Programm rund 400–500 Bs.

Wanderung von Copacabana nach Yampupata

Eine interessante, abwechslungsreiche Weise, die Isla del Sol zu erreichen, ist die recht leichte Wanderung von Copacabana zur Spitze der Halbinsel Yampupata, der Stelle des Festlands, die der Sonneninsel am nächsten liegt. Für die 17 km lange Strecke, die meist in der Nähe des Seeufers verläuft, sollten zwischen 4 und 5 Std. veranschlagt werden. Unterwegs hat man Gelegenheit die Flora und Fauna des Sees zu beobachten, selten besuchte Ruinen zu besichtigen und dem Landleben zuzuschauen.

Der Weg führt zunächst in nordöstlicher Richtung zur **Plaza de Toros**, der Stierkampfarena. Archäologisch Interessierte können einen kleinen Umweg von wenigen Hundert Metern

Eine Wanderung auf der Halbinsel Yampupata eröffnet neue Blickwinkel auf den Titicaca-See.

Westbolivien

über **Kusijata** machen. Hier befinden sich ein kleines Museum und ein präkolumbischer Tunnelgang, der zu einem unterirdischen Wasserspeicher führt. Bei dem Ort, der auch **Bad des Inka** *(Baño del Inca)* genannt wird, soll es sich um eine rituelle Badestelle gehandelt haben.

Hält man sich von Kusijata aus linker Hand Richtung Seeufer, gelangt man wieder auf den Weg nach Yampupata zurück. Vor dem Ort **Chani** wird der zur Linken gelegene, wunderschöne Sandstrand Playa Blanca (ca. 2 Std. Fußweg von Copacabana entfernt) passiert. Über Chani gelangt man zum Ort **Titicachi**, wo Erfrischungsgetränke zu überhöhten Preisen erhältlich sind. Nach dem Verlassen der hufeisenförmigen Bucht ist rund 30 Minuten später **Sicuani** erreicht, wo einfache Billigstunterkünfte zur Verfügung stehen. Wer hier Lust auf eine Fahrt mit einem typischen Schilfboot verspürt, sollte nach Hilario Paye fragen, der diesem Wunsch gut gelaunt und traditionell gekleidet gegen ein Trinkgeld (10–15 Bs., jede Menge Fotos inkl.) gern entspricht.

Von Sicuani dauert es nur noch rund eine Stunde bis **Yampupata**, von wo aus man mit einem Ruder- oder Motorboot nach **Pilkokaina** an der Südspitze der Sonneninsel gelangt.

Die gewieften Bewohner von Yampupata fordern zunächst horrende Preise für die Bootsfahrt über die **Estrecho de Yampupata**, gehen aber nach zähem Verhandeln auf ein erträgliches Niveau herunter. Die Fahrt mit dem Motorboot kostet etwa 80–100 Bs., abhängig von der Personenzahl. Segel- oder Ruderboote sind billiger, brauchen aber deutlich länger (mind. 1 Std.).

Wer am Strand von Yampupata dem kleinen Pfad rechter Hand 20–30 Min. lang folgt, wird mit einem schönen Blick auf die Mondinsel und die auf der anderen Seeseite auftauchenden Schneeberge der Königskordillere belohnt.

Es gibt nur unregelmäßige Transportmöglichkeiten auf die Halbinsel Yampupata. Der Verkehr ist spärlich und es ist nicht garantiert, dass man eine Mitfahrgelegenheit erwischt (der letzte Kleinbus fährt gegen Mittag). Daher kann es sinnvoller sein, morgens von Copacabana nach Yampupata zu fahren (s. Coapacabana/Transport) und von dort zurückzulaufen. Wer nachmittags nach Copacabana zurückkehren will, sollte sich von einem Taxi in Yampupata abholen lassen.

15 HIGHLIGHT

Isla del Sol

Würde man nicht die schneebedeckten Gipfel der Cordillera Real im Osten erblicken und wüsste nicht, wie kalt das Seewasser ist – die Sonneninsel könnte im Mittelmeer liegen. Die braune, karge Oberfläche des Eilands kontrastiert mit dem tiefblauen Wasser des Titicaca-Sees und den bunten Festtagstrachten der Bewohner. Und haben die Horden der Tagesbesucher die Insel erst einmal verlassen, kehrt eine wohltuende Ruhe ein, die sich schnell positiv auf den Gemützustand überträgt. Wer die Möglichkeit hat, sollte die Insel zu Fuß erkunden und/oder eine Nacht auf ihr verbringen – es lohnt sich.

Schon rund 1000 Jahre vor Ankunft der Inkas wurden auf der Sonneninsel unter dem Einflussbereich **Tiwanaku-Kultur** zeremonielle Gebäude errichtet. Die Inkas verwandelten die gesamte Insel in eine Pilgerstätte, die jährlich von Tausenden Besuchern aus dem gesamten Inkareich aufgesucht wurde. Der inkaischen Mythologie zufolge stieg nämlich einst der Schöpfergott **Viracocha** aus den Fluten des Titicaca-Sees auf und erschuf aus einem heiligen Felsen auf der Sonneninsel Sonne und Mond, ebenso wie die Gründer der Inkadynastie: **Manco Capac** und **Mama Ocllo**. Jene wanderten von der Insel nach Cusco und gründeten dort das inkaische Weltreich.

Diese Legende, die sie als Kinder der hoch verehrten Sonne auswies, nutzten die Inkas um ihre Herrschaft zu legitimieren. Die gesamte Insel wie auch das Gebiet um Copacabana, bereits damals ein Übernachtungsort für Pilger, wurde von den Inkas zur heiligen Sperrzone erklärt, zu der nur auserwählte Menschen Zugang hatten. Beliebtes Mitbringsel damaliger Zeiten waren Maiskörner. Aufgrund der Insellage und der daraus resultierenden höheren Temperaturen gedieh der Mais auf der Sonneninsel besonders gut. Von den Öko-Souvenirs versprach man sich in anderen Regionen des Inkareichs üppige Ernten.

Nach der Eroberung durch die Spanier bemächtigten sich Freibeuter der Insel, plünderten die Schätze und trugen Gestein für den Bau von Kirchen und Häusern auf dem Festland ab. Heute leben rund 5000 indianische Bauern auf dem rund 12 km langen und 5 km breiten Eiland vom Fischfang, von ihren Lamaherden und den landwirtschaftlichen Produkten, die sie auf terrassierten Hängen anbauen. Inzwischen haben sich einige der Inselbewohner mit der Bewirtung und Unterbringung von Touristen eine weitere Einnahmequelle erschlossen. Der überwiegende Teil der Bevölkerung verteilt sich auf eine der drei großen Siedlungen: **Yumani** im Süden, **Cha'lla** im Zentrum und **Cha'llapampa** im Norden.

Die Insel besitzt zwei **Bootsanlegestellen**: Escalera del Inca im Südosten und Cha'llapampa im Nordosten. Die gesamte Insel ist von einem dichten Wegenetz überzogen, Straßen und Autos sucht man hier vergebens.

Zwei Hauptrouten durchqueren die Insel in Nord-Südrichtung. Auf der östlichen Seite gelangt man vom dortigen Bootsanleger in 3–4 Std. über Yumani und Cha'lla nach Cha'llapampa. Von dort aus lässt sich der Nordteil der Insel erwandern. Zurück geht es entlang der dünn besiedelten Westseite auf einem neu angelegten und deutlich sichtbaren Weg unterhalb des 4067 m hohen **Cerro Chequesani** zum südlichen Bootsanleger. Für die Wanderung benötigt man ebenfalls 3–4 Std. Als Weggebühren werden im Nordteil 10 Bs. (enthält den Eintritt zum Museum und zur archäologischen Zone Chicana), in der Mitte 15 Bs. und im Süden 5 Bs. erhoben

Zwei besonders interessante archäologische Stätten befinden sich jeweils im Süd- bzw. Nordteil der Insel. Oberhalb des südlichen Bootsanlegers erhebt sich die **Inka-Treppe** *(Escalera del Inca)*, die am **Inka-Brunnen** *(Fuente del Inca)* endet. Einige Hundert Meter südlich davon stehen die Ruinen des **Palacio Pilkokaina** (Eintritt 5 Bs.), ein zweistöckiges Gebäude, das vom Inka Túpac Yupanqui erbaut wurde. Im Norden der Insel liegen die archäologisch bedeutsamsten Sehenswürdigkeiten der Insel.

Der **Chincana-Komplex** umfasst die Reste des **Sonnentempels** *(Incanotapa)*, des **heiligen Felsens** *(Titicala,* d. h. Stein der Wildkatze), und des **Inka-Palastes** *(Palacio del Inca)*.

Wenige Kilometer nördlich der Insel fanden Taucher 1979 in 8 m Tiefe die Überreste einer Inkafestung. Teile der geborgenen Fundstücke, darunter Goldarbeiten und Keramikgefäße, werden im kleinen **Museo Marka Pampa** (auch *Museo de Oro)* in Cha'llapampa ausgestellt.

Übernachtung

In allen Orten bestehen Übernachtungsmöglichkeiten. Über das größte Angebot verfügt **Yumani** (steiler Anstieg), gefolgt von **Cha'llapampa** (auf Seehöhe). Auch in **Cha'lla** kann man übernachten. Die Preise für einfache Zimmer liegen i. d. R. bei 15–30 Bs. p. P. ohne Bad und 25–30 Bs. mit Bad. In der Hauptsaison (v. a. Juli und Aug) sowie an bolivianischen Feiertagen empfiehlt sich eine Reservierung. Alle angegebenen Telefonnummern sind Mobiltelefone, da es auf der Insel keine Festnetzanschlüsse gibt.

Yumani

Im Süden der Insel, zu erreichen in einem steilen, rund 30-minütigen Anstieg.

Inti K'ala, auf dem Kamm gelegen, ✆ 71944013 (Mobil). Westblick, gute Zimmer, Restaurant, Bar. ❷, mit Gemeinschaftsbad ❶

Hostal Templo del Sol, ✆ 74005417 (Mobil). Oben auf dem Kamm gelegen. Toller Blick, aber Zimmer nicht im besten Zustand. Restaurant, Frühstück inkl. ❸, mit Gemeinschaftsbad und ohne Frühstück ❶

Imperio del Sol, ✆ 71961863 (Mobil). Schöne Anlage mit Ostblick, Zimmer wahlweise mit/ohne Bad, Frühstück inkl. ❷

Ecolodge La Estancia, nördlich von Yumani gelegen, Büro in La Paz: Capitán Ravelo 2101, ✆ 02-2442727, 💻 www.ecolodge-laketiticaca.com. Teure Ökolodge mit sehr schönem Seeblick, 11 Bungalows aus natürlichen Materialien, Heizung und Warmwasser per Solarenergie, Einbeziehung der Aymara-Gemeinschaft, eigenes Gewächshaus in Planung. ❼

Cha'llampa

Im Norden der Insel, auf Seehöhe am Strand gelegen, kleiner und ruhiger als Yumani.

Posada de Manco Capac, links vom Anlegesteg, ✆ 71288443 (Mobil). Zweistöckiges Gebäude mit guten Zimmern. Bad mit Elektrodusche. ❶

COPACABANA UMGEBUNG

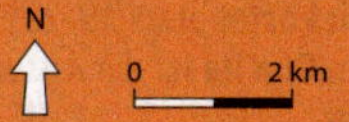

Marka Pampa
ISLA CHULLO
ISLA KENATA
ISLA LAVASANI
Cerro Tikani
3936
Chincana
ISLA JOCHIHUATA
Santiago Pampa
Cha'llapampa
Titicaca-See
Bahía de Qhanag'i
3990 Cerro Khea Kkolhu
Cha'lla
Pukara
4032 Cerro Sta. Bárbara
Cerro Chequesani 4076
Cerro Palla Khasa 4065
Bahía de Q'una
Yumani
Escalera
Japapi
4024
ISLA DEL SOL
Pilkokaina
ISLA CHELLECA
LEUCHTTURM
Estrecho de Yampupata
LEUCHTTURM
4014 Cerro Pukhara
Yampupata
HALBINSEL YAMPUPATA
ISLA DE LA LUNA
Iñak Uyo
3925
Sampaya
Sicuani
Titicaca-See
Titicachi
Santa Ana
4092
ISLA JISKHA HUATA
Hinchaca
Cerro Jankho Khaua
4342
Chani
Playa Blanca
Hueco
Marca Kosco
Kusijata
Cerro Calvario
Copacabana
Tiquina, La Paz
Yunguyo, Puno

Hostal Inca Uta, beim Bootsanleger, ✆ 71900272 (Mobil). Einfache Zimmer mit/ohne Bad, Gasdusche, Restaurant mit schönem Ausblick. ❶

Cha'lla

Im Zentrum der Insel gelegenes Dorf an einer lang gezogenen Bucht mit Sandstrand. Nur per Privatboot oder zu Fuß zu erreichen. Gehzeit ab Cha'llapampa ca. 1 Std., ab Yumani ca. 2 Std. Die **Posada del Inca** vermietet sehr einfache Zimmer. ❶

Essen

In **Yumani** gibt es jede Menge Restaurants, die von Forelle über Pizza bis zu Vegetarischem ein breites Speisenangebot aufweisen.

Eine Mahlzeit kostet etwa 15–20 Bs. In **Cha'llapampa** und in **Cha'lla** ist die Auswahl etwas bescheidener.

Transport

Siehe „Copacabana/Transport", S. 605

Isla de la Luna

Rund 8 km südöstlich der Sonneninsel liegt das knapp 3 km² große Eiland, das unter den Inkas ein bedeutender religiöser Ort war, den sie Insel der Königin *(Coati)* nannten. Der Mond war der weibliche Gegenpart der Sonne und als solcher eine wichtige eigenständige Gottheit. Viele Pilger suchten nach dem Besuch der Sonneninsel auch noch die Mondinsel auf. Heute leben hier nur wenige Familien. Wer es noch ruhiger als auf der Sonneninsel mag, ist hier bestens aufgehoben.

Im Nordosten der Insel steht eines der am besten erhaltenen Inkabauwerke ganz Boliviens, der **Tempel der Sonnenjungfrauen**, auch *Iñak Uyo* genannt. In den Palast, dessen hufeisenförmige Grundfläche 55 x 24 m beträgt, kamen die *Acllahuasi* zu bestimmten Jahreszeiten, um Maisbier *(Chicha)* zu brauen. Zwei kleinere Gebäude, die sich innerhalb des 35 Zimmer umfassenden Komplexes befinden, waren jeweils der Sonne und dem Mond geweiht.

Die Übernachtungsmöglichkeiten auf der Mondinsel sind begrenzt. Einige wenige **Unterkünfte** liegen auf der Westseite der Insel, zu denen man nur zu Fuß gelangt (siehe Kasten „Übernachten bei Einheimischen", S. 602). **Essen** ist normalerweise erhältlich, doch ist es ratsam, vorsichtshalber etwas Nahrung mitzunehmen.

Die Isla de la Luna wird meist nur in der Hauptsaison (Juli/August) im Rahmen einer **organisierten Tour** in Kombination mit der Isla del Sol (s. o.) oder mit einem teuren **Charterboot** angefahren. In der übrigen Zeit fahren die Linienboote die Insel nicht an (vorher klären).

Ganztagsausflug zur Isla del Sol

Offiziell starten die Boote in Copacabana um 8.30 Uhr (in der Regel aber später) und kommen in Cha'llapampa an der Nordseite der Insel um 10.30–11 Uhr an. Für die Besichtigung des Goldmuseums und der Ruinen sind 10 Bs., für die Benutzung der Wanderwege auf der Insel 5 Bs. zu entrichten. Der Fußweg zu den Ruinen an der Nordspitze dauert hin und zurück mindestens 1 Std.

Wer gern wandert, gelangt vom Nordteil der Insel in rund 3 Std. auf einem angelegten Weg zum südlichen Anleger bei der Escalera del Inca. Dieser Weg kann ziemlich voll sein, da ihn fast alle Besucher gehen.

Gegen gegen 15.30–16 Uhr steigt man ins Boot, das eine halbe Stunde später nach Copacabana zurückfährt und auf Wunsch noch beim Palacio Pilkokaina (5 Bs.) hält. Ankunft in Copacabana ist dann gegen 17.30–18 Uhr.

Wer den Touristenmassen entgehen möchte, sollte morgens an der Südseite der Insel aussteigen, den Weg entlang der Ostseite über Yumani, Pukara und Cha'lla nehmen und in Cha'llapampa übernachten. Am nächsten Morgen kann der Nordteil der Insel besucht werden. An allen Haltepunkten können Besucher, die auf den Inseln übernachten, aus- bzw. zusteigen.

Von Copacabana nach La Paz

Die landschaftlich reizvolle, rund 160 km lange Strecke führt nach einem Anstieg auf einem Bergrücken entlang, von dem aus sich tolle Ausblicke auf den Titicaca-See und die dahinter aufragenden Gipfel der Cordillera Real, der Königskordillere, bieten. Über steile Haarnadelkurven nähert sich der Bus der **Enge von Tiquina** *(Estrecho de Tiquina),* der schmalsten Stelle des Sees, die die Halbinsel Copacabana vom Rest Boliviens trennt. Obwohl das gegenüberliegende Ufer nur wenige Hundert Meter entfernt ist, hat man bislang keine Brücke gebaut, sondern setzt Bus und Passagiere getrennt in klapprigen Fähren an das jeweils andere Ufer über (1,50 Bs.).

Rund 26 km weiter östlich wird der noble Jachthafen **Huatajata** passiert, von dem aus Bootstouren zu den verstreut liegenden Inseln des südlichen Teils des Titicaca-Sees angeboten werden. Dieser Teil des Sees wird auch **Lago**

Ekeko, der Gott des Überflusses

Obwohl oder gerade weil Bolivien zu den ärmsten Ländern Südamerikas zählt, hält sich dort hartnäckig der Glaube an einen übernatürlichen Wohltäter, der über das Wohlergehen der Familien wacht sowie Wohlstand und Reichtum bringen soll. Die Rede ist von Ekeko, dem Aymara-Gott des Überflusses. Seine Figur mit buntem Hut, rosigem Teint und Schnurrbart, behangen mit Mini-Geldscheinen, kann man an den Ständen der **Feria de Alasitas** kaufen, die alljährlich um den 24. Januar in La Paz veranstaltet wird.

Verkauft werden aber nicht nur Abbilder des Wunderwirkers, sondern in Miniaturform auch alles, was sich seine Schutzbefohlenen von ihm erhoffen: Häuser, Autos, Elektrogeräte, ja sogar Universitätsdiplome. Gesegnet werden die Gegenstände direkt vor Ort von speziellen Priestern, die dafür sorgen, dass Ekeko auch mitbekommt, wem er was zu geben hat. Der Kult um den Glücksbringer stammt aus präkolumbischen Zeiten. Ekeko hieß damals Tunupa und irgendwie schaffte er es, die Ausrottung von Götzen durch die katholische Kirche zu überleben. Sein großes Revival kam 1781, als der damalige Gouverneur von La Paz, Sebastián Segurola, ihm zu Ehren die Fiesta de Alasitas ins Leben rief. Grund war die wundersame Rettung seiner Frau, die während der Belagerung der Stadt durch die Indianerarmee des Tupac Katari fast verhungert wäre. In Wirklichkeit war sie von einer Bediensteten versorgt worden, die einen Liebhaber in der Rebellenarmee hatte, der ihr heimlich Essen zusteckte. Als Segurola die Dienstmagd nach der Herkunft der Nahrung fragte, antwortete diese, dass sie von der Tunupa-Statue in ihrem Zimmer stamme. Seither fehlt der kleine, aber großzügige Glücksgott in kaum einem bolivianischen Haushalt. Zu verlockend sind seine Versprechen: die Erfüllung großer oder kleiner materieller Träume. Doch Ekeko will regelmäßig bedient werden. Wer etwas von ihm haben möchte, muss fleißig spenden. Der Gott steht auf Alkohol, Zigaretten und natürlich auf die Miniaturobjekte, die man ihm regelmäßig opfern sollte.

de Huiñaimarca oder **Lago Menor** genannt. In Huatajata kann man übernachten und leckere Forellen in einem der zahlreichen Restaurants probieren. Auf den vorgelagerten Inseln leben traditionelle Dorfgemeinschaften der Aymara, die auch heute noch mit Schilfbooten zum Fischen auf den See hinausfahren. Recht bekannt und touristisch ist die **Insel Suriqui**, rund 45 Bootsminuten entfernt.

Einige der dort beheimateten Fischer bauten in Nordafrika die *Ra II*, ein riesiges Binsenfloß, mit dem der norwegische Forscher Thor Heyerdahl 1970 den Atlantik von Marokko nach Barbados in 57 Tagen überquerte. Er wies damit nach, dass Menschen weitaus früher als bislang vermutet in der Lage waren, weite Ozeane zu bezwingen. Die Fischer von Suriqui hatten für den Bau der *Ra II* Binsenbündel auf dieselbe traditionelle Art verschnürt, mit der schon ihre Vorfahren Boote für das Fischen im Titicaca-See gebaut hatten. Ruhiger geht es auf den weniger besuchten Nachbarinseln Pariti und Kala Uta zu, die ebenfalls von Huatajata aus zu erreichen sind. Auf **Pariti** befindet sich das **Museo de Cerámica Tiwanakota de Pariti**, das Fundstücke der Tiwanaku-Kultur ausstellt. **Auf Kala Uta** finden sich zahlreiche prähispanische Ruinen und zwei- bis dreistöckige Begräbnistürme *(Chullpas)*.

Nur rund 10 km von Huatajata entfernt wird in **Huarina** eine Straßenkreuzung erreicht, die zunächst dem Nordwestufer des Titicaca-Sees folgt, und über Achacachi Richtung Sorata (S. 657) bzw. weiter nördlich in Escoma zur Cordillera Apolobamba (S. 660) führt. Wer direkt nach Sorata möchte, sollte an der Kreuzung auf einen der regelmäßig verkehrenden Busse warten, die allerdings sehr voll sein können. Wer in die Cordillera Apolobamba möchte, fährt besser nach La Paz und sichert sich dort für die lange Fahrt einen Sitzplatz.

Auf den restlichen 75 flachen Kilometern zwischen Huarina und La Paz passiert nicht mehr viel; bei schönem Wetter hat man linker Hand tolle Ausblicke auf die parallel zur Straße verlaufende Cordillera Real. Wenig später ist die größte Stadt Boliviens erreicht.

Übernachtung und Essen

Hostal Inti Karka, am Seeufer in Huatajata, ✆ 71978959 (Mobil), ✉ erikcatari@hotmail.com. Einfache Herberge, Zimmer wahlweise mit Bad, Restaurant, Ausflüge zu den Inseln im See. ❶

Hotel Inca Utama Hotel&Spa, am Seeufer in Huatajata. Nobelherberge des Veranstalters Crillon Tours, in La Paz Camacho 1223, ✆ 02-2337533, 💻 www.titicaca.com. Großer und luxuriöser Hotelkomplex, der wahlweise über Land oder mit unternehmenseigenen Tragflügelbooten angesteuert wird. ❻

Zum Hotel gehört das **Eco-Pueblo Raíces Andinas**, ein Modelldorf, in dem man traditionelles Kunsthandwerk, die Herstellung von Chicha, das Museo del Altiplano und Andenkamele bewundern kann. Wer nicht im Hotel übernachtet, kann das Modelldorf besichtigen, wenn er im Hotel zu Mittag isst (US$13).

Entlang der Hauptstraße von Huatajata finden sich zahlreiche Lokale.

Transport

Von La Paz aus einfach einen Bus Richtung Copacabana nehmen, s. „Copacabana/ Transport", S. 605.

16 HIGHLIGHT

La Paz

Wer die Stadt zum ersten Mal sieht, dem bleibt in der Regel der Atem weg. Dafür ist zum einen die dünne Luft verantwortlich – La Paz liegt auf 3650 m Höhe und gilt als höchstgelegene Großstadt der Erde – und zum anderen der tolle Blick, der sich vom Rand des Canyons bietet, in den die Stadt eingebettet ist. Vor allem nachts lohnt ein Blick von oben, wenn tief unten die Lichter der „Stadt des Friedens" glitzern.

La Paz liegt in einem tiefen, windgeschützten Talkessel zu Füßen der **Cordillera Real**, der Königskordillere mit dem 6439 m hohen Nevado Illimani als Hausberg.

Der erste Eindruck ist der eines undurchdringlichen Gewirrs aus modernen Wolkenkratzern und einfachen Wellblechhütten. Im Gegensatz zu wärmeren Gefilden wohnen die Armen der Stadt hier an den Hängen, zum Teil in extremer Steillage oder gleich in **El Alto**, der riesigen Siedlung auf dem kalten und windigen Altiplano – bis 1986 ein Stadtteil – oberhalb von La Paz in knapp über 4000 m Höhe (s. S. 619, Kasten). Da der Wohnraum im Talkessel weitestgehend ausgeschöpft ist, fängt El Alto zunächst alle Landflüchtlinge auf und entlässt sie nur tagsüber nach La Paz, wo sie ihre Waren auf Straßen und Märkten anbieten. Hält der Zustrom vom Land an, dann könnte die Einwohnerzahl von El Alto in ein paar Jahren mit der von La Paz gleichziehen und ebenfalls eine Million betragen.

Rund 1000 m tiefer liegen im Stadtteil **Calacoto** die Residenzen, Villen und Clubs der betuchten Paceños, wie sich die Bewohner von La Paz nennen. Dort unten ist es bis zu 10 °C wärmer, denn der eisige Wind des Altiplanos gelangt nicht bis hierher, und die geringere Höhe hat zur Folge, dass sich das Vorwärtskommen zu Fuß weniger beschwerlich gestaltet. Nicht nur der Höhenunterschied macht deutlich, dass La Paz eine Stadt der Kontraste ist: Indianische Straßenhändler sitzen vor ihren Waren, während Banker im modernen Business-Outfit zum nächsten Termin eilen. Indígena-Märkte gehen nahtlos in elegante Hochhäuser über und Garküchen existieren neben sterilen Fastfood-Restaurants.

Doch obwohl in La Paz alles in Bewegung zu sein scheint, fehlt es an Hektik. Vielleicht liegt das an den allgegenwärtigen *Cholas paceñas,* den indianischen **Marktfrauen,** die einst vom Lande kamen und inzwischen mit ihren mehrschichtigen Röcken *(Polleras)* und den schräg aufgesetzten Bowlerhüten fest zum Straßenbild der Stadt gehören – ihre stoische Ruhe trägt auf jeden Fall zur Drosselung des allgemeinen Tempos bei. Die Atmosphäre überträgt sich von allein auf die Besucher, die langsamen Schrittes die steilen Straßen der Stadt hochjapsen.

Große Teile der Stadt, die viele indianische Bewohner noch immer bei ihrem alten Namen *Chuquiago* bzw. *Chuqui Yapu* (Aymara für „Goldfeld") nennen, gleichen einem Markt, wo jeder jedem etwas zu verkaufen scheint. Allein das tägliche Marktgewusel von La Paz ist schon ei-

La Paz Übersicht

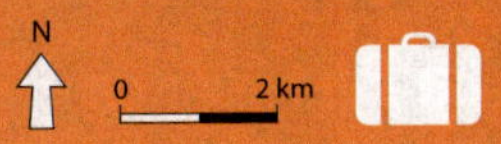

nen mehrtägigen Aufenthalt wert. Hinzu kommen eine sehenswerte **Altstadt** mit einem schönen kolonialen Kern und viele interessante Museen.

Orientierung

Es ist schwer, sich in La Paz zu verlaufen, da die Stadt nur eine wirkliche Hauptstraße besitzt, die sich durch den lang gezogenen Canyon vom Rand in El Alto bis in den Ortsteil Calacoto windet. Sie folgt dem Verlauf des Río Choqueyapu, der heute überwiegend unterirdisch fließt. Die meisten Besucher erreichen La Paz über die **Autopista El Alto** (Richtung Flughafen, Copacabana, Puno, Arica), eine 12 km lange gebührenpflichtige Autobahn, die den Verkehr von Nordwesten her direkt in das Zentrum von La Paz leitet. Sie geht über in eine mehrspurige Hauptstraße, die das ganze Zentrum durchquert, und die im oberen Verlauf Avenida Ismael Montes und Avenida Mariscal Santa Cruz und weiter südlich Avenida 16 de Julio (besser bekannt als **Paseo El Prado**) genannt wird. Zwischen April und Anfang Dezember verwandelt sich die Avenida 16 de Julio sonntags während der **Feria Dominical de El Prado** in eine Kulturmeile mit allerlei Aktivitäten.

La Paz Zentrum

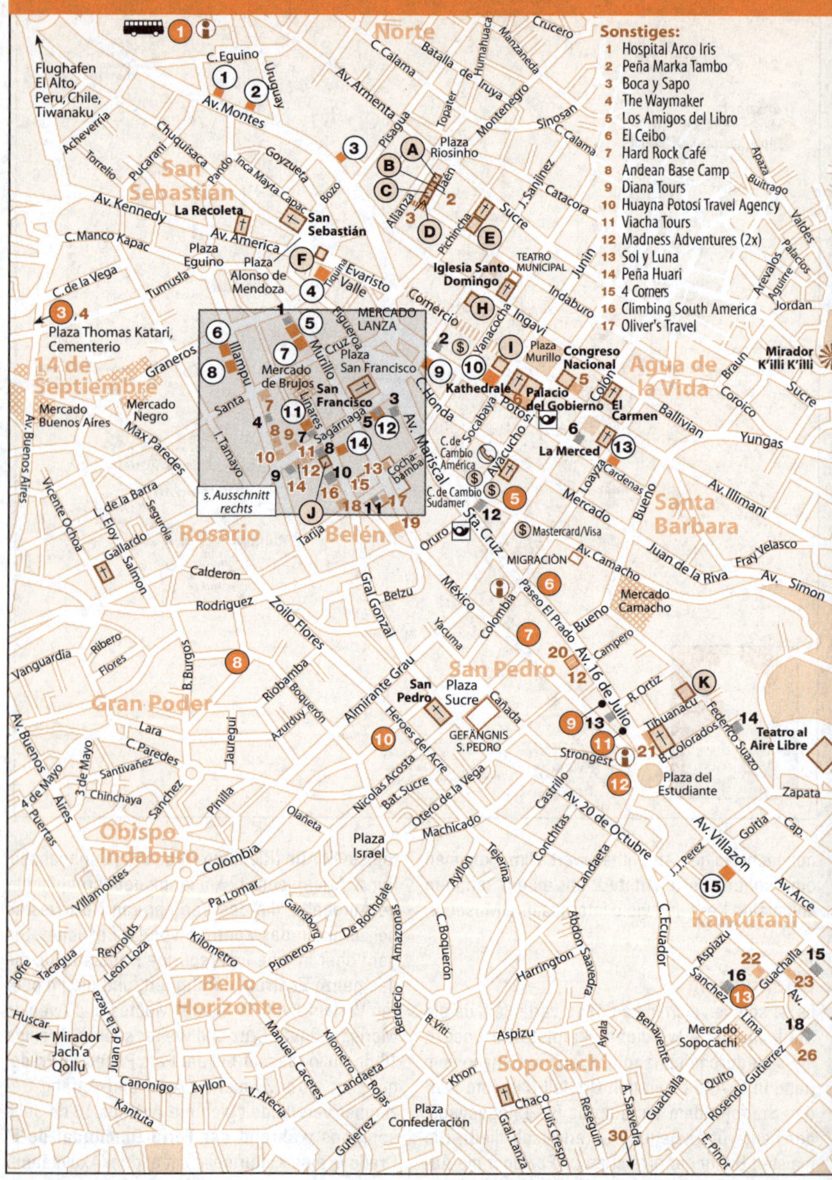

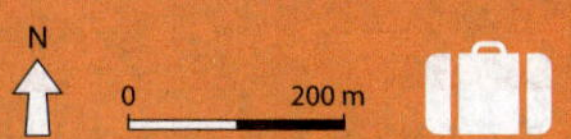

18 Comart Tukuypaj, Inca Pallay
19 Instituto Geográfico Militar
20 Gravity Assisted Mountain Biking
21 16 de Julio (Kino)
22 Jazzbar Thelonious
23 Alianza Francesa La Paz
24 Mongo's
25 La Paz City Tour
26 Supermarkt Hiper Maxi
27 Supermarkt Ketal
28 Multicines
29 Instituto Goethe
30 Ram Jam
31 Robert Rauch
32 Südamerika Tours
33 Club de Tenis La Paz

Übernachtung:

1 The Adventure Brew Hostel
2 The Adventure Brew B&B
3 Casa de Huespedes Arthy's
4 Hotel Tiquina Palace
5 Hostal Alsigal
6 Hotel Rosario
7 Alojamiento El Solario
8 Hostal Estrella Andina
9 Hotel Presidente
10 Hotel Torino
11 Hotel Fuentes
12 Hostal Naira
13 Loki Hostel
14 La Posada de la Abuela
15 Onkel.Inn
16 El Rey Palace Hotel
17 Hotel España
18 Hotel Oberland

Essen:

1 Nature Center
2 Manantial
3 La Casona
4 Pizzería Italia
5 Café Banaíz
6 La Gaita
7 Layq'a
8 Restaurant & Tea Room Le Pot Colonial
9 100% Natural
10 Angelo Colonial
11 Tierra Sana
12 Café Club de la Paz
13 Alexander Coffee Shop (3x)
14 Restaurant Vienna
15 Reineke Fuchs
16 Arco Iris
17 Restaurant Chocolate Caliente
18 Kuchenstube
19 Arábica Coffee Shop & Bistro
20 Café Fridolín
21 El Arriero
22 Restaurant Chalet La Suisse
23 Casa de los Paceños

Transport:

1 Terminal de Buses
2 Busse→Yungas, La Cumbre
3 Busse→Sorata, Desaguadero, Charazani, Copacabana
4 Aerocon
5 BoA
6 Tam
7 Busse Muela del Diablo
8 Busse→Palca
9 Lan Perú
10 Busse→Ventilla, Huni
11 Taca, Aerosur
12 Busse Valle de las Ánimas
13 Empresa Ferroviaria Andina
14 Haltestelle Flughafenbus
15 American Airlines

A Museo Costumbrista „Juan de Vargas"
B Museo Litoral
C Museo de Metales Preciosos
D Museo de Instrumentos Musicales
E Cinemateca Boliviano
F Museo Tambo Quirquincha
G Museo de Textiles
H Museo Nacional de Etnografia y Folklore
I Museo Nacional de Arte
J Museo de Coca
K Museo Nacional de Arquelogía Tiwanaku

Ruhig angehen lassen

La Paz lässt sich sehr gut zu Fuß entdecken. Allerdings darf man sich nicht wundern, wenn einem durch die Höhenlage an den ersten Tagen die Puste ausgeht und man schnell müde wird. Man sollte sich anfangs nicht zuviel zumuten, langsam gehen, auf Alkohol verzichten und stattdessen gelegentlich einen Kokatee trinken.

Am Paseo El Prado liegen edle Restaurants, nette Cafés und einige Kinos. Er endet am Kreisverkehr der **Plaza del Estudiante**, an dem sich auch die Touristeninformation befindet. Ab hier heißt die Hauptverkehrsader für ein kurzes Stück Villazón, bevor sie sich gabelt. Die **Avenida 6 de Agosto** bringt den Verkehr als Einbahnstraße in die südlichen Stadtteile, zurück gelangt man über die **Avenida Arce**.

Beide vereinigen sich weiter südlich zur **Avenida del Libertador**, der Hauptroute zu den modernen, rund 500 m tiefer als das Zentrum gelegenen Stadtteilen Calacoto, San Miguel, Cotacota, Obrajes und La Florida – zusammengefasst unter der Bezeichnung **Zona Sur**.

Ein guter Orientierungspunkt ist die **Plaza San Francisco**. Hier zweigt die **Calle Sagárnaga** ab, das touristische Zentrum der Stadt, an der sich Hotels, Tourveranstalter und Kunsthandwerksläden aneinanderreihen. Zwischen Sagárnaga oder der weiter nördlich parallel verlaufende Calle Santa Cruz und dem Zentralfriedhof *(Cementerio General)*, befinden sich eine Vielzahl von Märkten und Geschäften. Gegenüber der Avenida Mariscal liegt die **Altstadt** mit der Kathedrale und zahlreichen Regierungsgebäuden. Südlich davon gelangt man in den **Finanzdistrikt**, das wirtschaftliche Zentrum des Landes, der sich im Bereich um die Avenida Camacho ausbreitet. Südlich der Plaza del Estudiante erstreckt sich der Stadtteil Sopocachi, das **Vergnügungszentrum** der Stadt mit zahlreichen Kneipen, Bars und Discos.

Details zu den **Museen** der Stadt im Kasten auf S. 618.

Geschichte

Ganz so friedlich, wie es der Name suggeriert, war die Geschichte der Stadt leider nicht. Als *Nuestra Señora de la Paz* („Unsere Herrin des Friedens") am 20. Oktober 1548 vom spanischen

Aussichtspunkte

La Paz besitzt mehrere lohnenswerte *Miradores,* von denen sich ein guter Blick über die Stadt bietet. Leider ist es in der Vergangenheit immer wieder zu Überfällen gekommen, sodass man diese Orte nicht allein oder in der Dunkelheit aufsuchen sollte. Am sichersten ist der Besuch der Aussichtspunkte im Rahmen einer organisierten Stadtbesichtigung. Am stressfreiesten sind die meisten *Miradores* mit einem Taxi erreichbar.

Mirador Laikakota: Kleiner Park auf dem Cerro Santa Bárbara, inmitten des Zentrums gelegen. Recht problemlos über die Av. del Ejercito zu erreichen. Man hat allerdings von hier keine Vogelperspektive über die Stadt. Der Eintritt kostet 3,50 Bs.

Mirador K'illi K'illi: Auf diesem strategischen Aussichtshügel im Nordwesten der Stadt waren Teile der indianischen Truppen stationiert, die 1871 La Paz belagerten. Die Anfahrt erfolgt über die Av. Bandera, zwischen der Calle Loyaza und der Av. Sucre.

Mirador Jach'a Qollu: Eindrucksvoller Aussichtspunkt im Westen der Stadt mit Blick über den ganzen Kessel. Der Aymara-Name wird mit „großer Hügel" übersetzt. Noch heute praktizieren einige indianische Yatiri-Priester hier oben ihre geheimnisvollen Rituale. Der Mirador ist über die Av. Buenos Aires und Tacagua zu erreichen.

Mirador Templo Andino Jach'a Apacheta: Ein etwas weiter von der Stadt entfernter Aussichtspunkt, der auch einen schönen Blick auf die umliegende Bergwelt ermöglicht. . Der Mirador befindet sich bereits in El Alto, oberhalb des Talkessels. Anfahrt mit dem Micro bis zur Plaza Ballivián in El Alto und von dort weiter zum Aussichtspunkt, der auch unter dem Namen Cruz de Alto Munaypata bekannt ist, Fahrzeit ca. 1 Std.

Capitán Alonzo de Mendoza gegründet wurde, waren gerade zehn Jahre eines blutigen **Bürgerkriegs** unter den spanischen Eroberern um Macht und Pfründe im neuen Kolonialreich beendet worden. Eigentlich interessierte die Spanier nur eines: Edelmetall, am besten Gold, das sie zunächst auch an den Ufern des Río Choqueyapu von indianischen Zwangsarbeitern herauswaschen ließen.

Doch die Goldquellen versiegten bald. An ihre Stelle traten ab Mitte des 16. Jhs. Textilmanufakturen, sogenannte *Obrajes,* in denen Tausende von Indígenas überwiegend zwangsweise beschäftigt wurden. Gegen die teilweise miserable Behandlung der Indígenas durch die neuen Herren begann sich 1623 ernsthafter Protest zu regen, als die Aymara 30 Spanier töteten. Auch in den folgenden Jahrzehnten kam es wiederholt zu kleinen **Aufständen**, die aber immer wieder unterdrückt werden konnten. Trotz aller Widerstände begann La Paz während der Kolonialzeit zu prosperieren, begünstigt durch die strategische Lage am Kreuzungspunkt mehrerer **Handelsrouten**. Aus dem Süden kam das Silber aus Potosí, das weiter nach Peru zur Verschiffung gebracht wurde. Aus den Yungas im Osten der Stadt wurden Kokablätter nach La Paz gebracht. Und aus den Salzseen im Süden des Landes brachten schwer beladene Karawanen das weiße Gold nach La Paz.

Im 18. Jh. kam es zum schwersten Indianeraufstand. 1871 rebellierte eine Gruppe von 40 000 Aymara unter **Tupac Katari**, belagerte die Stadt mehr als drei Monate lang und zerstörte viele öffentliche Gebäude. Rund 10 000 Spanier fielen den Auseinandersetzungen zum Opfer oder verhungerten, bevor Tupac Katari von Truppen aus Buenos Aires durch Verrat gefangen genommen und öffentlich gevierteilt wurde. Aus dieser Zeit stammt das Gemälde *Vista de la Ciudad de La Paz durante el asedio de Tupac Katari,* das die Stadt während der Belagerung aus der Vogelperspektive zeigt. Das Bild des Künstlers Florentino Olivares hängt heute im Rathaus von La Paz.

Auch in den zwei Jahrhunderten nach der Unabhängigkeit, die 1825 zur Gründung des Staates Bolivien mit der Hauptstadt Sucre führte, sollte La Paz weiterhin Schauplatz für gewaltsame **Machtwechsel**, Politikermorde und Aufstände bleiben. Mehr als einmal pro Jahr ist es seit der Unabhängigkeit durchschnittlich zu einem Regierungswechsel in Bolivien gekommen. In der ersten Hälfte des 20. Jhs. wuchs die Bevölkerung der Stadt bereits auf 300 000 Menschen an. Politische Unruhen und wirtschaftlicher Verfall in den 50er- und 60er-Jahren führten zu einer massiven **Landflucht** – in wenigen Jahrzehnten vervierfachte sich die Bevölkerungszahl und machte aus der Stadt den umtriebigen **Schmelztiegel** unterschiedlicher Ethnien, der die Stadt so besonders macht. Heute leben in La Paz Indígenas, Weiße und Criollos mehr oder wenig friedlich nebeneinander. Ihrem Namen ist die Stadt allerdings immer noch nicht gerecht geworden.

Simón Bolívar

Der Namensgeber Boliviens kam am 24. Juli 1783 in Caracas, der Hauptstadt Venezuelas, zur Welt. Als Kind verlor er beide Eltern. Verwandte schickten ihn nach Europa, wo er vom liberalen Denken französischer Philosophen beeinflusst wurde. Bereits in Europa schwor er, Südamerika von der spanischen Kolonialherrschaft zu befreien. Nach seiner Rückkehr engagierte er sich aktiv im Unabhängigkeitskampf gegen Spanien und befreite Venezuela im Jahr 1813. Sein unaufhaltsamer Siegeszug führte ihn durch weitere südamerikanische Staaten. 1819 marschierte er in Bogotá ein und verkündete die Gründung der Republik Kolumbien, die fortan auch Venezuela, Panama und Ecuador umfasste. Bolívar wurde Präsident des Staatenbundes und befreite zusammen mit dem Heer des Generals Antonio José de Sucre auch Peru (1823) und Bolivien (1825). Im Jahr 1827 kehrte der *Libertador* („Befreier") nach Kolumbien zurück, um den dort ausgebrochenen Bürgerkrieg zu beenden. Doch neben Venezuela verließ auch Peru 1829 den bolivarischen Staatenbund und zerstörte somit den Traum Bolívars von einer südamerikanischen Nation. Verbittert legte der General 1830 alle Ämter nieder und zog sich in die Kleinstadt Santa Marta in Kolumbien zurück. Dort starb er einsam und verlassen am 17. Dezember 1830.

Koloniales Zentrum

Die meisten Besucher beginnen einen Rundgang durch die Altstadt an der pulsierenden **Plaza San Francisco**. Hier ist immer etwas los, seien es Demos oder Vorführungen von Clowns, Jongleuren oder Straßenmusikanten. Mit dem Bau der **Iglesia San Francisco** wurde gegen 1549 begonnen, als Zentrum der Franziskaner zur Christianisierung des damals Alto Peru genannten Boliviens. Große Schneemassen brachten sie zu Beginn des 17. Jhs. zum Einsturz. Der Wiederaufbau aus Stein zwischen 1743 und 1784 wurde mit den Spenden von Minenbesitzern finanziert. Die barocke Fassade zeigt Naturmotive wie Pinienzapfen, Früchte und Vögel.

Auf der anderen Seite der Avenida Mariscal Santa Cruz gelangt man über die steile Calle Socabaya zur **Plaza Pedro Domingo Murillo**, dem Zentrum der Altstadt. Obwohl sich an diesem Platz die politischen Geschicke des Landes entscheiden – hier liegt der Regierungspalast *(Palacio Presidencial)* und das Parlament *(Palacio Legislativo)* –, besitzt die schmucke Plaza Murillo einen eher provinziellen Charme. Die einstige Plaza de Armas wurde nach der Unabhängigkeit zu Ehren von Pedro Domingo Murillo umbenannt. Der Märtyrer der Unabhängigkeitsbewegung wurde hier 1810 gehängt, nachdem ein vom ihm angezettelter Aufstand durch die kolonialen Truppen beendet worden war. Eine Statue von Murillo steht inmitten der Plaza, die schon viel Blutvergießen erlebt hat.

Die wuchtige, zweitürmige **Kathedrale** an der Südseite der Plaza Murillo hat eine eher schlichte Fassade. Da das ab 1835 neu errichtete Kirchengebäude an einen steilen Hang gebaut wurde, liegt der Eingang an der Plaza Murillo rund 12 m höher als das Fundament an der Calle Potosí. Über einen Seiteneingang in der Calle Socabaya gelangt man in eine Krypta, die das **Museo de Arte Sacro de la Catedral** beherbergt (s. u.).

An der Südwestseite der Plaza steht eines der schönsten Bauwerke der Kolonialzeit, der **Palacio de Los Condes de Arana**, in dem das **Nationale Kunstmuseum** (Museo Nacional de Arte) untergebracht ist. Folgt man ab der Plaza Murillo der Calle Ingavi einen Block in westlicher Richtung, erreicht man die **Iglesia Santo Domingo**, die etwas oberhalb in der Calle Yanacocha liegt. Ihre reich verzierte Mestizenbarockfassade aus der zweiten Hälfte des 18. Jhs. ist

Museen in La Paz

Museo Nacional de Arqueología Tiwanaku, Calle Tiahuanaco 93, Ecke Federico Zuazo, ✆ 02-2311621. ⌚ Mo–Fr 9–12.30 und 15–19 Uhr, Sa 9–12 Uhr, 10 Bs.

Museo de Instrumentos Musicales de Bolivia, Jaén 711, ✆ 02-2408177, ⌚ tgl. 9.30–13 und 14.30–18.30 Uhr, 5 Bs.

Museo de Textiles Andinos Bolivianos, Plaza Benito Juárez 488, Miraflores, ✆ 02-2243601. ⌚ Mo–Sa 9.30–12 und 15–18.30, So 10.30–12.30 Uhr, 15 Bs.

Museo Nacional de Etnografía y Folklore, Ingavi 916, ✆ 02-2408640. ⌚ Mo–Fr 9–12 und 15–19, Sa 10–17.30, So 9–12.30 Uhr, 15 Bs.

Museo Nacional de Arte, Comercio, Ecke Socabaya 485, ✆ 02-2408542. ⌚ Di–Sa 9–12.30 und 15–19, So 10–12.30 Uhr, 10 Bs.

Museo Costumbrista „Juan de Vargas", Jaén s/n, ✆ 02-22280758, ⌚ Di–Fr 9.30–12.30 und 15–19, Sa und So 9–13 Uhr, 4 Bs. (inkl. Besuch des Museo Litoral Boliviano, Jaén 789; Museo de Metales Preciosos, Jaén 777, und Museo Casa de Murillo, Jaén 790).

Museo de Arte Contemporáneo Plaza, 16 de Julio 1698, ✆ 02-2335905. ⌚ tgl. 9–21 Uhr, 15 Bs.

Museo de Historia Natural, Calle 26, Cota Cota, ✆ 02-2795364. ⌚ Mo–Fr 8.30–16, Sa 9–12, 14–17 Uhr, 5 Bs.

Museo de Arte Sacro de la Catedral, Calle Socabaya 432. ⌚ Di–Fr 9.30–12.30, Sa und So 10–12.30 Uhr, 4 Bs.

Museo Tambo Quirquincho, Calle Evaristo Valle, ✆ 02-2390969. ⌚ Di–Fr 9.30–12.30 und 15–19 Uhr, Sa und So 9–13 Uhr, 1 Bs.

Museo de la Coca, Calle de las Brujas, Linares 906, ✆ 02-2311998, 🖳 www.cocamuseum.com. ⌚ tgl. 10–19 Uhr, 10 Bs.

ein schönes Beispiel für die Verschmelzung spanischer und indianischer Stilelemente.

Das nur einen Straßenblock entfernt an der Kreuzung Sanjinez und Ingavi befindliche **Ethnografie- und Folkloremuseum** (Museo de Etnografía y Folklore) wurde im schmucken **Palacio de Marqueses** de Villaverde untergebracht, einem Bürgerpalast aus dem 17. Jh. Zur Straßenseite hin sieht man einen ornamentreich geschnitzten Holzbalkon, den letzten seiner Art in La Paz. Neben den Ausstellungsstücken besitzt das Museum auch eine gut sortierte ethnografische Stadtbibliothek.

Vorbei am 1845 eingeweihten neoklassizistischen **Stadttheater** (Teatro Municipal) in der Sanjinez biegt man linker Hand in die Indaburo ab und gelangt in den ältesten Teil von La Paz. An der Indaburo, Ecke Pichincha, liegt die **Cinemateca Boliviana**, ein gutes Programmkino. Einen Straßenblock weiter wird die schönste Kolonialstraße der Stadt erreicht. Die enge **Calle Jaén** vermittelt mit ihrem Kopfsteinpflaster, den weiß getünchten Häusern mit den kleinen Balkonen und den roten Ziegeldächern einen gelungenen Eindruck des kolonialen Boliviens. Zudem fühlt man sich einen Moment lang in ein andalusisches Dorf versetzt. Das Sträßchen ist nach Apollinar Jaén benannt, wie Murillo ein Kämpfer für die Unabhängigkeit von Spanien. In und an der Gasse sind vier verschiedene Museen untergebracht.

Von unten nach oben folgen aufeinander: Das **Musikinstrumentenmuseum** (Museo de Instrumentos Musicales), das **Museum der Edelmetalle** (Museo de Metales Preciosos), das **Küstenmuseum** (Museo Litoral) und das **Museum der Traditionen** (Museo Costumbrista).

El Alto – Großstadt und Auffangbecken

Niemand weiß genau, wie viele Menschen inzwischen in El Alto, oberhalb von La Paz, leben – Schätzungen zufolge sind es mehr als 900 000. Und täglich kommen Hunderte hinzu. Noch vor 20 Jahren war El Alto ein Stadtteil von La Paz, aber seit 1986 besitzt die riesige Ansammlung von Backsteinbauten und Wellblechdächern eine eigene Stadtverwaltung – und eine stärker werdende Identität. Denn nach El Alto kommen überwiegend Aymara-Indianer aus ärmlichen Gegenden des Hochlands. Die Stadt saugt sie auf wie ein riesiger Schwamm, der aus El Alto eine der größten, ärmsten und am schnellsten wachsenden Städte des Landes gemacht hat. Doch viele der Zuzügler haben sich enge Kontakte mit ihren Heimatdörfern bewahrt. So kehren sie zu den Erntezeiten aufs Land zurück und bringen ihre Waren zum Verkauf nach La Paz. Trotz der harschen Lebensbedingungen auf über 4000 m und der miserablen Infrastruktur – Strom und fließendes Wasser sind für viele der Bewohner ein unbekannter Luxus – hat sich unter den Alteños die Erkenntnis durchgesetzt, dass ein Leben in der Großstadt möglich ist, ohne auf althergebrachte Traditionen, Sitten und Gebräuche verzichten zu müssen. Das neue Selbstbewusstsein und der wachsende Stolz auf die eigene Kultur geben den Bewohnern die Kraft, in einer der größten indianischen Städte des Kontinents zu überleben. El Alto sollte bevorzugt tagsüber und am besten zu zweit besucht werden.

Das Indígena-Viertel und seine Märkte

Wer der Calle Sagárnaga mit ihren Kunsthandwerksläden von der Plaza San Francisco aus ein Block bergauf folgt, erreicht die **Calle Murillo**, die linkerhand nach einem weiteren Block zu den **4 Corners** führt, einer nicht ganz gerade verlaufenden Kreuzung, an der sich Restaurants, Bars, Läden, ein Hostel und ein Reiseveranstalter angesiedelt haben, die sich unter 💻 www.4cornerslapaz.com, gemeinsam vermarkten. Weiter auf der Sagárnaga erreicht man nach einem weiteren Block die quer verlaufende **Calle Linares** und das linker Hand liegende **Koka-Museum** *(Museo de Coca)*. Hier kann man sich über alles informieren, was man über das heilige Blatt mit dem „teuflischen" Effekt schon immer wissen wollte (s. auch Kasten S. 654).

Nur ein kurzes Wegstück entfernt, entlang der Calle Linares in nördlicher Richtung, liegt der **Hexenmarkt** *(Mercado de Brujos* oder *Mer-*

In der Calle Jaén bekommt man ein Gefühl dafür, wie es früher in La Paz aussah.

cado de Hechichería). Wer allerdings ein großes Spektakel, in Trance erstarrte Schamanen oder aufgeschlitzte Meerschweinchenbäuche erwartet, wird enttäuscht sein. Alles in allem wirken die wenigen Stände, an denen überall das Gleiche verkauft wird – nämlich getrocknete Lamaföten, Kräuter und alle möglichen und unmöglichen Glücksbringer – ein wenig langweilig. Interessant ist allerdings ein Gespräch mit den Standbesitzern, am besten verbunden mit einem kleinen Kauf, um sich über die Bedeutung der verschiedenen Dinge zu informieren. Auf diese Weise lässt sich herausfinden, mit welchen Mitteln die indianischen Heiler *(Yatiris* oder *Kallawayas)* die Leiden ihrer Kunden mildern, oder welche Ingredienzien man für eine Opferzeremonie benötigt.

Wesentlich lebendiger als auf dem Hexenmarkt geht es in der **Calle Illampu** zu, in der sich im Abschnitt zwischen Sagárnaga und Santa Cruz neben Hotels und Restaurants inzwischen zahlreiche Anbieter von Trekkingkleidung niedergelassen haben. Richtig wuselig wird es im Gebiet oberhalb der Illampu, das über unzählige Straßenblocks aus einem undurchschaubaren und manchmal auch undurchdringlichen Wirrwarr aus Straßenständen besteht. Hier schlägt das Herz der Stadt, hier bekommt man alles, findet aber selten das, was man sucht. Am besten lässt man sich einfach durch das Chaos treiben, um die Bilder aufzusaugen: Da schneiden Friseure ihren Kunden die Haare auf der Straße, Träger schleppen schwere Lasten keuchend die Hänge hinauf, Kinder sitzen heulend am Straßenrand neben ihren Müttern, die stoisch ihre Waren anbieten. Dazwischen suchen einige wenige Hunde verzweifelt Schutz, während sich klapprige Busse mit lautem Gehupe und schwarzen Abgaswolken einen Weg durch die Menschenmassen bahnen. Alles nur erdenkliche Handwerk ist vertreten; schnell und billig werden Messer geschliffen, Schuhe geflickt und Uhren repariert. Überall schwirren Geruchsfetzen der zahlreichen Garküchen durch die Luft, ebenso wie das Gedudel der Stereoanlagen der Verkäufer von CD-Raubkopien.

Vor allem im Bereich um den **Mercado Lanza** (ein Lebensmittelmarkt) nördlich der Plaza San Francisco geht erst nachmittags so richtig die Post ab, wenn sich die Feierabendpendler unter das Volk mischen. Interessant ist auch der **Schwarzmarkt** *(Mercado negro)* im Bereich Graneros/Paredes. In der Paredes kaufen die Indígena-Frauen auch ihre „Uniform" – Bowlerhüte und Petticoats.

Folgt man der Paredes Richtung, gelangt man zum **Mercado Buenos Aires** an der gleichnamigen Straße. Dieser Distrikt ist auch unter seinem alten indianischen Namen Huyustus bekannt. Hier wird alles verkauft – von Kokablättern und Kartoffeln über Fisch vom Titicaca-See und tropischen Früchten bis hin zu Stereoanlagen und Fernsehern. Oberhalb der Avenida Buenos Aires befinden sich zahlreiche Werkstätten, in denen die aufwändig gefertigten Masken und Kostüme für die Tänzer der großen Paraden und Fiestas hergestellt werden.

Prado, Sopocachi und Miraflores

Südlich der Plaza San Francisco zieht sich die Hauptverkehrsader Avenida Mariscal Santa Cruz talwärts und nennt sich wenige Straßenblocks weiter Avenida 16 de Julio oder einfach nur El Prado. Die breite Straße besitzt in der Mitte einen Grünstreifen mit Fußgängerbereich. Vorbei am **Simón-Bolívar-Denkmal** erreicht man

Sicherheit

La Paz ist eine quirlige, lebhafte Stadt, in der es allerdings viel Armut gibt. Diebstähle sind daher an der Tagesordnung, bevorzugt im Gedränge der Märkte. Auf einigen Aussichtspunkten in der Stadt ist es zu Überfällen gekommen. Polizisten in Zivil sollte man nicht folgen und auf keinen Fall mit ihnen in ein Taxi steigen. Für Taxifahrten wählt man am besten offizielle Taxis. Auf keinen Fall zulassen, dass weitere Personen zusteigen! Wanderungen in und um La Paz sollten mindestens zu zweit gemacht werden. Nachts empfiehlt es sich, ein Taxi zu nehmen. Man sollte sich jederzeit ausweisen können, daher immer eine Passkopie mitnehmen.

die Plaza del Estudiante. Nur zwei Blocks westlich der Avenida 16 de Julio liegen an der **Plaza Sucre** die **Gefängnisstadt San Pedro** (s. u.) und die **Iglesia de San Pedro**. Das heutige Gebäude stammt aus dem späten 19. Jh., nachdem der Originalbau von Aufständischen während der Belagerung der Stadt im Jahr 1871 niedergebrannt worden war.

Folgt man von der Plaza del Estudiante aus der Calle Landaeta und biegt Richtung Süden in die Calle Ecuador ab, gelangt man zur **Casa Museo Marina Nuñez del Prado**, wo eine interessante Ausstellung abstrakter Steinskulpturen des berühmtesten bolivianischen Bildhauers Marina Nuñez del Prado zu sehen ist. Das Haus liegt bereits im Stadtteil **Sopocachi**, einem angenehmen Wohngebiet der Mittelklasse mit der größten Dichte an Restaurants, Bars und Nachtclubs. Die meisten Lokale finden sich zwischen der Avenida Arce und der Avenida 20 de Octubre. Der **Mercado Sopocachi** in der Calle Guachalla ist klein, aber fein und von guten Lebensmittelläden umgeben.

Einen Block östlich der Plaza del Estudiante liegt das **Museo Nacional de Arqueología** mit Ausstellungsstücken der Tiwanaku-, Chiripa-, Mollo- und Inkakulturen. Rund 1 km weiter östlich gelangt man in den Stadtteil **Miraflores**, in dem sich die runde **Plaza Arqueológica** befindet. In ihrer Mitte ist der **Templete Semi-Subterráneo** untergebracht, ein Freiluftmuseum, das halb unterirdisch angelegt ist. Das Gebäude ist einer Struktur der archäologischen Stätte Tiwanaku nachempfunden und enthält einige Steinstatuen von dort. Ein Besuch lohnt nur, wenn die Zeit für einen Besuch von Tiwanaku nicht ausreicht.

Hinter der Plaza, an der auch das Büro der Touristenpolizei liegt, erhebt sich das **Estadio Olímpico Hernado Siles**, das höchstgelegene Fußballstadion der Welt. Obwohl die bolivianische Fußballnationalmannschaft hier fast alle Heimspiele wegen der für die Gegner ungewöhnten Höhenlage gewinnt, hat die chronische Auswärtsschwäche bislang verhindert, dass Bolivien an einer Fußballweltmeisterschaft teilnehmen konnte. Östlich des Stadions liegt der Vorort **Villa Fátima**, in dem die Busgesellschaften Richtung Yungas und Amazonasgebiet ihren Sitz haben.

Zona Sur

Ganz im Süden der Stadt und beinahe 1000 m tiefer gelegen als El Alto befinden sich die wohlhabenden Stadtviertel **Calacoto, Cota Cota** und **San Miguel**, kurz Zona Sur genannt. Hier haben sich

Das San Pedro-Gefängnis

Einen Mikrokosmos der bolivianischen Gesellschaft beherbergt die Gefängnisstadt San Pedro an der Plaza Sucre. In dem rund einen Häuserblock großen Komplex leben korrupte Politiker, Drogenbosse und Kleinkriminelle auf engem Raum zusammen. Die Stadt in der Stadt verfügt über Geschäfte, Restaurants, Bars und eine Billardhalle. Doch nur wer Geld hat, führt auch ein relativ angenehmes Leben. Handys und Satellitenschüsseln sind bei betuchten Häftlingen ebenso normal wie der Kauf der besseren Zellen in den beliebteren Ecken des Gefängnisses. Das Gros der Sträflinge schläft aber in den Gängen, lebt von Gelegenheitsjobs und den mageren Essensrationen. Die Kontrollen sind eher lasch, Wachpersonal ist im Inneren des Gefängnisses kaum zu sehen, und die Gefangenen sind sich weitestgehend selber überlassen. Angehörige können auf freiwilliger Basis bei den Gefangenen leben, Marktfrauen bieten täglich frische Waren an und einige Besucher kommen nur, um günstig in einem der Restaurants zu essen.

Das San Pedro-Gefängnis kann leider nicht mehr von Touristen besucht werden, da es vorübergehend zu einem regen Kokainhandel zwischen ausländischen Besuchern und Insassen gekommen war. Wer mehr über das Gefängnis und sein bizarres Innenleben wissen möchte, dem sei das auf Englisch erschienene Buch *Marching Powder* empfohlen, in dem ein ehemaliger englischer Sträfling aus dem Nähkästchen plaudert.

reiche Bolivianer, Politiker, hochrangige Militärs und ein Großteil der ausländischen Botschaftsangehörigen niedergelassen. Wären nicht die kargen Berghänge im Hintergrund zu sehen, so könnten die Boutiquen, Restaurants und Villen auch in einem nordamerikanischen Vorstadtviertel stehen.

Obwohl die Zona Sur nur rund 5 km vom Zentrum der Stadt entfernt ist, scheint das Viertel nicht mehr in Bolivien zu liegen. Die meisten Besucher passieren es höchstens auf dem Weg zum Valle de la Luna oder der Muela del Diablo – zu sehen gibt es bis auf das **Museo de Historia Natural** in Cota Cota nicht allzu viel. Wem allerdings die Höhe Probleme bereitet, oder wer der Kälte ein wenig entfliehen möchte, findet in der Zona Sur einige Unterkunftsmöglichkeiten.

Übernachtung

In La Paz besteht ein großes Unterkunftsangebot in allen Preisklassen. Die meisten Billigunterkünfte liegen im Indioviertel oder in der Altstadt, wo es ein wenig laut ist. Teurere Hotels finden sich im moderneren Teil der Stadt weiter südlich entlang der Avenida Prado in Sopocachi. Noch weiter im Süden und bis zu 500 m tiefer als das Zentrum von La Paz liegen die Hotels des Stadtviertels Calacoto. Einige der Mittelklasse- und alle Luxusklassehotels verfügen über Zentralheizung oder elektrische Heizöfen auf den Zimmern. In den Billighotels kann es gelegentlich zu Problemen mit der Wasserversorgung kommen. Warmes Wasser bekommt man trotz anderslautender Angaben der Besitzer nicht immer rund um die Uhr. Die meisten Billighotels haben nur Elektroduschen. So gut wie alle Hotels bieten ihren Gästen die Möglichkeit, Gepäck zu deponieren und Touren zu buchen. Im Preis vieler Unterkünfte ist ein Frühstück enthalten, von dem man allerdings – Ausnahmen bestätigen die Regel – nicht allzu viel erwarten darf.

Budget

In diesem Segment gibt es noch jede Menge weitere Unterkünfte. Die während der Recherche besichtigten Hostels befanden sich jedoch alle in einem wenig empfehlenswerten Zustand. Ab etwa 100 Bs. (ca. 11–12 €) man bekommt was Gescheites.

Alojamiento El Solario, Murillo 776, ✆ 02-2367963, ✉ elsolariohotel@hotmail.com. Gute Lage im Indioviertel, saubere, einfache Zimmer mit Gemeinschaftsbad, alle nach innen gelegen, Elektrodusche. Bietet auch Touren an. ❶

Hostal Alsigal, Murillo 764 C, ✆ 02-369609, ✉ alsiigalhostal@gmail.com. Großes Hostel mit angenehmen Zimmern mit Elektrodusche und TV zu guten Preisen. Einige Zimmer haben allerdings keine Fenster. Internet gratis, WLAN, Restaurant mit günstigen Menüs, Frühstück kostet extra. ❷, ohne Bad ❶

Loki Hostel, Loayaza, ✆ 02-2119024, 💻 www.lokihostel.com. Partyhostel einer Kette mit dem Rundum-Sorglos-Paket (Bar, Tourveranstalter, Restaurant, Internet, WLAN) für junge Traveller in einem renovierten Kolonialhaus. 3 DZ mit Bad, sonst Schlafsäle unterschiedlicher Größe (40–55 Bs.). Reservierung sinnvoll. ❷

Casa de Huespedes Arthy's, Av. Montes 693, ✆ 02-2281439, 💻 arthyshouse.tripod.com. Ruhiges Hostal mit familiärer Atmosphäre und guten Zimmern mit Einzelbetten und sauberen Gemeinschaftsbädern. Aufenthaltsraum mit TV, gute Küche, Elektroduschen, Internet. ❷

The Adventure Brew B&B, Av. Montes 533, und das neue **The Adventure Brew Hostel**, Av. Montes, Ecke Batallón Illimani, beide ganz in der Nähe des Busterminals, ✆ 02-2461614, 💻 www.theadventurebrewhostel.com. Partyhostels mit dazugehörender Kleinbrauerei, gute Zimmer mit Bad oder Schlafsaal (60–70 Bs.), heißes Wasser per Solarenergie, Küchenbenutzung, abschließbare Gepäckboxen, DVD-Raum, Internet, Bar mit WLAN, Pfannkuchen-Frühstück inkl. Reservierung sinnvoll. Das neuere Hostel verfügt nur über sehr große Schlafsäle (46–49 Bs.). ❷

Hotel Tiquina Palace, Pasaje Tiquina 150, Ecke Evaristo Valle, ✆/📠 02-2457373, ✉ connyfrancisr@hotmail.com. Gute Zimmer mit Bad, Telefon und TV; empfehlenswert sind die hellen Eckzimmer. Frühstücksbuffet inkl. ❷

Hotel Fuentes, Linares 888, ✆ 02-2313966. Gute Lage im Touristenviertel, dennoch ruhig. Schöne Zimmer, z. T. mit Gemeinschaftsbad. WLAN in den Gemeinschaftsräumen, Sauna sowie tgl. 1 Std. Internet gratis, einfaches Frühstück inkl. ❷

Mittlere Preisklasse

Hostal Estrella Andina, Illampu 716, ✆ 02-2456421, 💻 www.estrellaandina.com. Recht modernes Hotel mit sauberen Zimmern und TV, einige der hinteren Zimmer besitzen aber kein Fenster. WLAN, Frühstücksbuffet inkl. ❸

Onkel.Inn, Colombia 257, ✆ 02-2490456, 💻 www.onkelinn.com. Angenehmes, sauberes Traveller-Hostel; Zimmer mit/ohne Bad bzw. Schlafsaal (ab 60 Bs.), alle mit Holzfußboden; Küchenbenutzung, Terrasse mit Jacuzzi, Internet. 10 % Preisnachlass mit ISIC-Karte und Hostelling International. ❸, ohne Bad ❷

La Posada de la Abuela, Linares 947, ✆ 02-233285, 💻 www.hostalposadaabuela.com. Geräumige Zimmer, die sich um einen etwas hellhörigen Innenhof gruppieren. Die Zimmer zur Straße sind schöner und heller, können aber lauter sein. Internet, einfaches Frühstück inkl. ❸

Hostal Naira, Sagárnaga 161, ✆ 02-2355645, 💻 www.hostalnaira.com. Gute Lage im Touristenzentrum. Die sauberen Zimmer mit hohen Decken, TV, Telefon liegen um einen Innenhof (etwas hellhörig). Sehr gutes Café. Außerdem Internet, WLAN, TV, Telefon und auf Wunsch Heizofen. ❸

Hotel España, Av. 6 de Agosto 2074, ✆ 02-2442643, 💻 www.hotel-espania.com. Ruhige Zimmer, die nach innen hin liegen, mit TV und Telefon. Internet, Restaurant und Parkplatz, einfaches Frühstück inkl. ❸

Hotel Oberland, Calle 2-3, Mallassa, ✆ 02-2745040, 💻 www.h-oberland.com. 12 km, d. h. 20–30 Min. südlich des Stadtzentrums in der Nähe des Mondtals und des Golfclubs, unter schweizerischer Leitung. Schöne, nett eingerichtete Zimmer mit Telefon und TV. Warmwasser teilweise aus Solarenergie. Internet, WLAN und Frühstückbuffet inkl. Pool, Sauna, Jacuzzi und Beachvolleyball-Feld. Wohnmobile willkommen (50 Bs. p. P. und Tag, Fahrzeug gratis). ❹, 2- und 3-Zimmer-Apartments US$110 bzw. US$150.

Gehobene Preisklasse

Hotel Rosario, Illampu 704, ✆ 02-2451658, 💻 www.hotelrosario.com. Beliebte Gruppenunterkunft mit genügend Kapazitäten für Einzelreisende. Die Anlage im Kolonialstil bietet gute Zimmer mit Bad, Heizofen, TV und Safe. Restaurant, Internetcafé (für Gäste gratis) und WLAN, leckeres Frühstücksbuffet, Fair-Trade-Laden mit Kunsthandwerksprodukten und eigener Tourveranstalter Tourisbus im Haus. ❺

El Rey Palace Hotel, Av. 20 de Octubre 1947, Nähe Plaza del Estudiante, ✆ 800-100013 (gratis), 💻 www.hotelreypalace.com. Gut ausgestattetes Luxushotel, u. a. Internet gratis, Zimmersafe, Minibar, Frühstücksbuffet, Heizung, Parkplatz. ❺

Hotel Presidente, Potosi 920, ✆ 02-2406666, 💻 www.hotelpresidente-bo.com. Gutes Hotel in zentraler Lage mit geräumigen Zimmern, kleinem Schwimmbad, Sauna und Frühstücksbuffet. ❻

Essen

Die bunte ethnische Mischung der Stadt spiegelt sich auch in dem vielfältigen Speisenangebot wider. Essen gehen in La Paz ist sehr günstig. Selbst in Gourmetrestaurants kostet ein Hauptgericht selten mehr als 100 Bs. **Günstige Mittagsmenüs** bekommt man überall für 10–25 Bs.

Cafés und Frühstück

Die meisten Cafés öffnen erst gegen 8–8.30 Uhr. Wer zeitiger frühstücken möchte, sollte das Frühstücksbuffet im **Hotel Rosario** oder im **Café Banais** probieren. **Salteñas**, die leckeren Teigtaschen, gefüllt mit Fleisch oder Huhn, Gemüse und Ei, bekommt man an vielen **Straßenständen**. Frittierte *Salteñas* heißen *Tucumanes*.

Alexander Coffee Shop, Av. 16 de Julio 1832, Potosí 1091, Av. 20 de Octubre (Plaza Avaroa), Potosí 1091 und im Flughafen El Alto. Frühstück, verschiedene Kaffeesorten, Kuchen und Snacks im Stil von Starbucks, WLAN. ◷ tgl. 7.30–22.30 Uhr.

Arábica Coffee Shop & Bistro, Av. 20 de Octubre 2355. Gute Kaffeeauswahl, Säfte, Frühstück, Salate, Kuchen. ◷ tgl. 8–23.30 Uhr.

Café Banaís, Sagárnaga, im Hostal Naira. Guter Kaffee, leckerer Kuchen, Frühstücksbuffet, exzellente Smoothies und gute Hauptgerichte. Ein netter Treffpunkt mit WLAN. ◷ tgl. 7–22 Uhr.
Café Club de la Paz, Av. Camacho, Ecke Av. Mariscal Sta. Cruz. Einst Treffpunkt alter Nazis, heute Café mit Flair, gutem Kaffee und Kuchen. ◷ Mo–Fr 8–24, Sa 8–16 Uhr.
Café Fridolín, Av. 6 de Agosto, zwischen Salinas und Salazar. Frühstück ab 8 Uhr, guter Kaffee, Salate, Eis, Kuchen. Mittagsmenüs tgl. außer Sa. WLAN. ◷ tgl. 8–22 Uhr.
Kuchenstube, Gutierrez 461, Sopocachi. Guter Kuchen, leckere Backwaren, eher älteres Publikum. ◷ tgl. 8–21 Uhr.

Restaurants

100% Natural, Sagárnaga 345. Leckeres Frühstück, Joghurt, Obst, Müsli, Säfte, ◷ tgl. ab 8.30 Uhr.
Angelo Colonial, Linares 922-924. Gemütliches dinieren bei Kerzenlicht, mittlere Preisklasse. Sehr gut besucht, daher früh kommen. ◷ tgl. 10–22 Uhr.
Arco Iris, Guachalla 554, Sopocachi. Deutsche Bäckerei und Delikatessenladen. ◷ Mo–Sa 8–20 Uhr.
Casa de los Paceños, Av. Florida 6203, Zona Sur. Leckere und günstige Mittagsmenüs, z. B. *Sajita* (würziger Hühnereintopf), oder *Chairo* (herzhafte Suppe). An Wochenenden Live-Klaviermusik. ◷ tgl. 10.30–22 Uhr.
El Arriero, Av. 6 de Agosto 2535. Gehobene Preisklasse. ◷ tgl. 12–23.30 Uhr.

Bolivien ist McDonald's-freie Zone!

Auch wenn es Geschmackssache ist, sollte man die Tatsache, dass es inzwischen in Bolivien keine McDonald's-Restaurants mehr gibt, doch als etwas Positives begreifen. McDonald's kam während seiner 14-jährigen Anwesenheit in Bolivien nie aus den roten Zahlen. Der Grund: Für Bolivianer braucht gutes Essen als Qualitätsmerkmal auch Zeit – bei Zubereitung und Verzehr. Diese Einstellung ist mit McDonald's Fastfood-Mentalität eben nicht kompatibel.

La Casona, Santa Cruz 938, im gleichnamigen Hotel. Gutes Mittagsmenü für 30 Bs., überwiegend bolivianische Küche.
La Gaita, Potosi 1365. Leckere Salteñas. Vor 13 Uhr kommen, sonst meist ausverkauft. ◷ Mo–Fr 8–21.30, Sa 8–20, So 8–13 Uhr.
Layq'a, Sagárnaga, Ecke Linares, 1. Stock. Hier kann man Hochlandspezialitäten wie Lamasteaks (78 Bs.) und *Crema de Chuño* (Suppe aus gefriergetrockneten Kartoffeln) und Forellen probieren, Mittagsmenü 50 Bs. ◷ tgl. 10–15, 18.30–22 Uhr.
Die meisten *Peñas* (s. S. 626) servieren typische Mahlzeiten.
Manatial, Potosí 909, im 1. Stock des Hotels Gloria. Mehr vegetarisches Essen bekommt man nirgendwo für sein Geld, hervorragende Mittagsmenüs im Kantinenstil für 25 Bs. ◷ Mo–Sa 12–14.30 Uhr.
Nature Center, Murillo 752. Bei Einheimischen beliebter Vegetarier, Frühstück und günstige Menüs. ◷ Mo–Do 8.15–20.30, Fr und So 8–14, Sa geschl.
Pizzería Italia, Illampu 809. Hat auch eine Filiale in der Illampu 840. ◷ tgl. 12–23 Uhr.
Reineke Fuchs, Jauréqui 2241. Deutsches Essen und deutsches Bier. ◷ Mo–Fr 12–14.30 und Mo–Sa ab 19 Uhr. Weiteres Restaurant in der Calle 18, Calacoto.
Restaurant Chalet La Suisse, Av. Muñoz Reyes 1710, Calacoto. Exzellente internationale und schweizer Küche, gute Fondues, nicht ganz billig. ◷ Mo–Fr 12–14.30, 19–24, Sa 19–24, So 12–15, 19–22.30 Uhr.
Restaurant Chocolate Caliente, Av. 20 de Octubre, Nähe Plaza Avaroa, bekommt man gute Menüs und Frühstück; auch vegetarische Optionen. ◷ tgl. 11–2 Uhr.
Restaurant & Tea Room Le Pot Colonial, Linares 906, 2. Stock. Auch abends günstige Menüs. ◷ tgl. 12–22.30 Uhr.
Restaurant Vienna, Federico Zuazo 1905. Große Auswahl an österreichischen, deutschen und bolivianischen Spezialitäten. Gediegenes Ambiente, aber gutes Preis-Leistungs-Verhältnis (Hauptgericht 50–60 Bs.). ◷ Mo–Fr 12–14, 18–22, So 12–14.30 Uhr.
Tierra Sana, Tarija 213, 4 Corners. Vegetarisches Restaurant mit Bar und WLAN. ◷ tgl. 9–23 Uhr.

Unterhaltung und Kultur

Kinos und Theater

16 de Julio, Av. 16 de Julio, Ecke Plaza del Estudiante, ✆ 02-2441099.

Cinemateca Boliviano, Prolongación Federico Suazo, Ecke Rosendo Gutierres, ✆ 02-2406444. Eine Art Programmkino, das schon bessere Zeiten gesehen hat. Zeigt auch bolivianische und internationale Filme.

Multicines, Av. Arce 2631, ✆ 02-2112463.

Teatro Municipal, Indaburo, Ecke Sanjinés, ✆ 02-2406133.

Kneipen und Discos

Die meisten Bars und Kneipen liegen im Stadtteil Sopocachi. Unter der Woche ist es eher ruhig.

Boca y Sapo, Jaén, Ecke Pichincha. Szenekneipe mit Galerie und gelegentlich Livemusik.

Hard Rock Café, Santa Cruz, Ecke Illampu. Große Burger und Rock`n Roll.

Mongo's, Hermanos Manchego 2444. Bar und Disco, gemischtes Publikum.

Oliver's Travel, Murillo, Ecke Tarija. Englischer Pub.

Ram Jam, Presbiterio Medina 24. Modern eingerichtete Kneipe mit Restaurant, in der zu später Stunde auch getanzt wird. Viele Einheimische, gutes Bier.

Livemusik

Café Bar Sol y Luna, Murillo 999. Kneipe, Café und Restaurant (Essen nicht berauschend) mit gelegentlicher Livemusik. Gringo-Treff, Büchertausch.

Jazzbar Thelonious, Av. 6 de Agosto 2172. Beste Jazzkneipe der Stadt, Livemusik Do–Sa.

In allen Peñas (s. u.) gibt es Livemusik.

Peñas

Restaurant Peña Huari, Sagárnaga 339. 🕓 tgl. ab 20 Uhr.

Restaurant Peña Marka Tambo, Jaén 710. 🕓 Do–Sa ab 22 Uhr.

Einkaufen

Bücher und Karten

Kopieren von Reiseführern gegen Hinterlegung des Reisepasses ist im Café Sol y Luna (s. o.) möglich.

Los Amigos del Libro, Calle Ballivián 1275, ✆ 02-2204321. Reise- und Trekkingführer, deutsche und englische Literatur in begrenzter Auswahl, *Newsweek* und *Time*, Wanderkarten der Cordillera Real (Illampu, Huayna Potosí, Condoriri) und Sajama. 🕓 Mo–Fr 9–12.30, 14.45–19 Uhr, Sa 9–12.30 Uhr.

Das **Instituto Geográfico Militar**, Juan XXIII 100, Final Rodriguez, ✆ 02-2370118, verkauft Landkarten. 🕓 Mo–Do 8.30–12 und 14–18, Fr 8.30–14 Uhr.

Karten bekommt man auch bei **The Waymaker**, Plaza Thomas Katari, Cementerio, 🕓 Mo–Fr 8–17, Sa 8–15 Uhr, und beim **Andean Base Camp**, siehe „Campingausrüstung".

Campingausrüstung und Trekkingkleidung

Am besten klappert man die Läden und Tourveranstalter (s. „Touren") im Block 7-9 der **Calle Illampu** und Umgebung ab.

Die komplette Bergausrüstung kann man im **Andean Base Camp**, Illampu 863, ✆ 02-2463782, ✉ andeanbasecamp@hotmail.com, ausleihen. Sie kaufen und verkaufen auch Reiseführer und Kartenmaterial. Deutschsprachige Beratung, wenn Besitzer Christian Menn im Laden ist.

Kunsthandwerk und Textilien

Im Gebiet der Calle Sagárnaga und Linares reihen sich zahlreiche **Kunsthandwerksläden** aneinander. Das Angebot reicht von Textilien über Leder bis zu Silberarbeiten. Einige **Schneidereien** in diesen Straßen haben sich auf die Anfertigung von maßgeschneiderten Fleece-Textilien spezialisiert, die sehr günstig zu haben sind. Man sollte allerdings auf die Verarbeitung achten.

Die Produktionsgenossenschaft Comunidad de Productores de Artesanías para Todos vertreibt in ihrem Laden **Comart Tukuypaj** in der Linares 958 schöne Webarbeiten. 🕓 Mo–Sa 10–19 Uhr. Im Stockwerk darüber befindet sich eine Textilausstellung der indianischen Organisation **Inca Pallay**, die ebenfalls Textilien verkaufen. 🕓 Mo–Sa 10.30–18.30 Uhr.

Fair gehandeltes Kunsthandwerk in guter Auswahl ist im Laden **Ayni Bolivia**, Av. Illampu 704 (Hotel Rosario), erhältlich.

Märkte

Das gesamte Zentrum scheint sich in einen einzigen Markt verwandelt zu haben.
Vor allem das Indioviertel oberhalb der Plaza San Francisco besteht aus endlosen Reihen einfacher Buden und Stände, die tagtäglich auf- und abgebaut werden. Kaufen kann man alles, aber die gezielte Suche nach etwas gestaltet sich oft schwierig. Obst und Gemüse bekommt man nördlich der Plaza San Francisco, Kunsthandwerk in der Calle Sagárnaga und Calle Linares, westliche Textilien oberhalb der Illampu, wo sich auch der **Schwarzmarkt** *(Mercado negro)* befindet (Graneros, Ecke Paredes). Dort erhält man raubkopierte CDs und allerlei Elektronikartikel.
Kräuter, Salben und abenteuerliche Tinkturen werden auf dem **Hexenmarkt** *(Mercado de Brujas* bzw. *Hechichería)* in der Calle Linares, zwischen Sagárnaga und Santa Cruz, angeboten. An der Kreuzung Camacho und Bueno liegt ein kleiner, aber gut sortierter **Lebensmittelmarkt**. Gut ist auch der *Mercado Sopocachi* im gleichnamigen Stadtteil, Guachalla, zwischen Ecuador und Sánchez Lima. Um den Markt herum haben sich mehrere gute Bäckereien, Fleischereien und Lebensmittelläden angesiedelt.

Sonstiges

Schokolade der erfolgreichen Kleinbauernvereinigung **El Ceibo**, 💻 www.elceibo.org, die ihre fair gehandelten Produkte auch in Deutschland verkauft, ist in Bioqualität in ihrem Laden in der Potosí, zwischen Socabaya und Ayacucho zu bekommen. 🕓 Mo–Fr 9–12.30, 13.30–18 Uhr.

Supermärkte

Ketal Super, Arce, Ecke Pinilla. Großer und gut sortierter Supermarkt. Akzeptiert auch US-Dollar.
Hiper Maxi, Rosendo Gutierrez 469.

Touren

Inzwischen sitzen die meisten Veranstalter in den Straßen Sagárnaga, Linares und Illampu. In vielen der größeren Hotels sind Reisebüros und/oder -Veranstalter untergebracht. Kleinere Herbergen vermitteln hingegen Kunden nur an größere Anbieter.
Climbing South America, Linares 940, 1. Stock, Büro A, 📞 02-2971543, 💻 www.climbingsouthamerica.com. Von einem Neuseeländer geleitete Agentur, die sich auf Klettertouren aller Art spezialisiert hat und auch Ausrüstung verleiht.
Diana Tours, Sagárnaga 326, 📞 02-2350252, 💻 www.diana-tours.com. Langjähriger und zuverlässiger Anbieter von Stadtrundfahrten, Bussen nach Copacabana (siehe „Transport"), Touren nach Tiwanaku und ins Valle de la Luna. Zweigstelle im Busterminal.
Gravity Assisted Mountain Biking, Av. 16 de Julio 1490, 📞 02-2313849, 💻 www.gravitybolivia.com. Anbieter von Mountainbike-Touren auf der Death Road nach Coroico (s. S. 650) mit sehr guten Rädern und erfahrenen, englischsprachigen Guides. Allerdings oft sehr große Gruppen. Tagestour alles inklusive 720 Bs.
Huayna Potosí Travel Agency, Sagárnaga 398, Ecke Illampu, 📞 02-2317324, 💻 www.huayna-potosi.com. Spezialisiert auf die Besteigung des Huayna Potosí, an dessen Fuß sie auch ein Refugio betreiben. Langjährige Erfahrung, gute Guides. Weitere Trekking-, Kletter- und Reittouren im Angebot.
La Paz City Tour, Plaza Isabela Católica, 📞 02-2791440, 💻 www.lapazcitytour.net. Veranstaltet tgl. verschiedene Stadtrundfahrten (auch auf Deutsch) in Doppeldeckerbussen.

Gut aufpassen auf Märkten!

Vor allem auf den Märkten oberhalb der Calle Illampu ist **höchste Vorsicht** geboten. Die Gassen sind eng, das Gewusel ist unglaublich und die Diebe arbeiten hier in Gruppen. Am besten lässt man alle Wertsachen und den Fotoapparat im Hotel (nur eine Passkopie mitnehmen), dann kann man die Märkte auch wirklich genießen.
Ein beliebter Trick ist das Verschütten von Flüssigkeit auf das erwählte Opfer. Sofort wird man von Menschen umringt, zahlreiche Hände beginnen den Körper nach Wertsachen abzutasten. Ein richtig kräftiger Schubs in alle Richtungen schreckt die Diebe allerdings meist ab.

Madness Adventures, Av. 16 de Julio 1490, ✆ 02-2312628 und Sagárnaga 339, ✆ 02-2391810, 💻 www.madness-bolivia.com. Erfahrener Veranstalter von Mountainbike-Touren auf der Death Road nach Coroico (s. S. 650). Gute Räder, gute Ausrüstung, Tagestour alles inkl. je nach Rad 400, 600, 820 Bs. Außerdem Abenteuertouren (Rafting, Canopy, Trekking) von der eigenen Lodge Las Cascadas auf halber Strecke zwischen Coroico und Caranavi.
Turisbus, Illampu 704, im Hotel Rosario, ✆ 02-2451341, 💻 www.turisbus.com. Stadtrundfahrten, Ausflüge in der Umgebung von La Paz, Transport nach Copacabana und ins restliche Bolivien.
Robert Rauch, Calle 14 de Obrajes, Nr. 12 B, ✆ 73568554 (Mobil), ✉ rauchrobert@hotmail.com. Deutscher Bergführer und Trekkingspezialist, der individuelle Touren in den Anden aber auch im Regenwald veranstaltet. Außerdem Sportkletterkurse in der Umgebung von La Paz.
Südamerika Tours, Calle 4, Nr. 608, Obrajes, ✆ 72528720 (Mobil), 💻 www.suedamerikatours.de. Das bolivianische Büro der Agentur von Thomas Wilken, der auch einen Wanderführer zu Bolivien geschrieben hat. Individuelle Touren im ganzen Land.
Viacha Tours, Sagárnaga 315, ✆ 02-2312967, 💻 www.viacha-tours.com. Unter deutsch-bolivianischer Leitung. Vermittlung von Touren aller Art, z. T. günstiger als beim Veranstalter.

Sonstiges

Autovermietungen

Wer keine größere Tour plant und sich bei Fahrten durch La Paz und Umgebung Stress sparen will, sollte ein paar Taxifahrer fragen, was sie pro Tag verlangen. Ihre Preise können sogar unter den Mietwagentarifen liegen.
American Rent a Car, Camacho 1574, ✆ 02-2202933, ✉ amerlapaz@hotmail.com.
AVIS Rent a Car, Av. Costanera Ecke Calle 20 de Calacoto 24, ✆ 02-2111870, 💻 www.avis.com.bo.
Kolla Motors Rent a Car, Rosendo Gutiérrez 502, ✆ 02-2419141, 💻 www.kollamotors.com.
Weitere Anbieter stehen auf der Webseite 💻 www.directorioboliviaweb.com unter „Rent a Car".

Botschaften und Konsulate

Argentinien: Aspiazu 497, Sopocachi, ✆ 02-24177377, 💻 www.bolivia.embajada-argentina.gov.ar.
Brasilien: Av. Arce, Edificio Multicentro, Torre B, Sopocachi, 3 02-2166400, 💻 www.brasil.org.bo/embajada.htm.
Chile (Konsulat): Calle 14 No. 8022, Calacoto, ✆ 02-2797331, 💻 chileabroad.gov.cl/la-paz/.
Deutschland: s. S. 39.
Österreich s. S. 39.
Peru: Fernando Guachalla 300, Sopocachi, ✆ 02-2421250, 💻 www.embaperubolivia.com.
Schweiz: s. S. 39.

Deutsche Organisationen

Eine Liste deutscher Organisationen findet sich auf den Seiten der deutschen Botschaft unter 💻 www.la-paz.diplo.de/Vertretung/la__paz/de/Deutsche__Institutionen__in__Gastland.html.

Feste

24. Januar: Alasitas. Festival des Überflusses, das dem Gott Ekeko (S. 611, Kasten) geweiht ist. Auf einem speziellen Markt kaufen die Einheimischen Miniaturobjekte, die sich – von einem Yatiri-Priester gesegnet – in echte Gegenstände verwandeln sollen.
Feb/März: Carnaval Anata. Karneval.
Mai/Juni: La Fiesta del Gran Poder. Eines der größten und schönsten Feste Boliviens mit Zehntausenden von Teilnehmern. Ein Festzug mit Tänzern und Musikgruppen zieht durch die Stadt.
21. Juni: Año Nuevo Aymara. Neujahr der Aymara.
23. Juni: Entrada de Danzas Autóctonas Andinas. Parade typischer Hochlandtänze.
16. Juli: Aniversario de la Paz. Geburtstag der Stadt.
Juli: Entrada Folklórica Universitaria. Folkloreparade der Universität.
20. Oktober: Fundación de la Paz. Feiern zur Stadtgründung.
1. November: Todos Santos. Allerheiligen. Infos bei der Touristeninformation.

Foto

Diverse Fotogeschäfte liegen in der Calle Sagárnaga und der Calle Illampú. In den meisten Internetcafés kann man Digitalbilder runterladen und auf CD speichern.

Geld

Die meisten Banken, Geldautomaten und Wechselstuben befinden sich im „Finanzdistrikt", der die Straßen Camacho und Colón umfasst. Straßenwechsler sollte man nach Möglichkeit meiden und nur für kleinere Geldbeträge bzw. das Umtauschen außerhalb der Bankzeiten nutzen. Reibungsloses, schnelles Tauschen auch von Reiseschecks ermöglichen die Wechselstuben.
Zu empfehlen sind **Sudamer**, Colón 256, und **América**, Ayacucho 224, beide haben tgl. außer So geöffnet, Sa nur bis mittags.

Informationen

Die Stadt La Paz unterhält Touristeninformationen (**Centro de Información Turística, InfoTur**), an der Santa Cruz, Ecke Colombia, ✆ 02-2651778, ⌚ Mo–Fr 8.30–19, Sa, So 9.30–13 Uhr, am Ende der Prado, Ecke Plaza del Estudiante ✆ 02-2371044, ⌚ Mo–Fr 8.30–12, 14.30-19 Uhr und im Busterminal, siehe „Transport", S. 630.
Im Internet informiert die Seite 💻 www.directorioboliviaweb.com.

Kulturzentren

Alianza Francesa La Paz, Fernando Guachalla, Ecke 20 de Octubre, ✆/📠 02-2425005, 💻 lapaz.alianzafrancesa.org.bo.
Instituto Goethe, Av. Arce 2708, Ecke Campos, ✆ 02-2431916, 💻 www.goethe.de/ins/bo/lap/deindex.htm. Ältere Ausgaben von Stern, Spiegel und der Zeit.

Medizinische Hilfe

Die deutsche Botschaft hält eine Liste mit **deutschsprachigen Ärzten** bereit. Vertrauensarzt der Botschaft ist der **Allgemeinmediziner** Dr. F. Arispe, erreichbar im **Hospital Arco Iris**, Av. 15 de Abril 40, Villa Fátima, ✆ 77291629 (Mobil).
Clinica Alemana, Av. 6 de Agosto 2821, ✆ 02-2432155.
Clinica IPPA, Saavedra 2302, ✆ 02-2245394, 💻 www.altitudeclinic.com. Eine Klinik, die sich auf die Diagnose von gesundheitlichen Problemen in Zusammenhang mit Aufenthalten in großen Höhen spezialisiert hat.

Naturschutzorganisationen

S. S. 106.

Polizei

Policia Turística, Plaza del Estadio, Edif. Olímpia 1354, ✆ kostenlose Nummer 800-140071. ⌚ tgl. 8–12, 14.30–22 Uhr.

Post

Correo Central, Santa Cruz, Ecke Oruro. Briefe und Postkarten nach Europa kosten bis 20 g 9 Bs., bis 1 kg 159 Bs., bis 5 kg 507,50 Bs. ⌚ Mo–Fr 8–20, Sa 8–18, So 9–12 Uhr.

Sport

Für Touristen mögliche Sportarten s. Tourveranstalter. Um Tennis oder Golf zu spielen, muss man einem exklusiven Club beitreten oder als Gast von einem Mitglied eingeladen werden.
Club de Tenis La Paz, Av. Arequipa 8450, La Florida, ✆ 02-2792590, 💻 www.ctlp.bo. Neben Tennis kann man dort auch andere Sportarten ausüben, s. Webseite.
La Paz Golf Club, Mallasa, ✆ 02-2745124, 💻 www.lapazgolfclub.com.

Sprachschulen

Die Touristeninformation an der Plaza del Estudiante hält eine Liste mit Adressen von Sprachlehrern und Schulen bereit. Unterrichtet wird teilweise auch Aymara und Quechua.
Pico Verde Spanich Lessons, 💻 www.pico-verde.com.
Ayni Spanish Institute, 💻 www.asi-spanish.com.

Telefon

Telefonieren ist leichter und billiger denn je. In der Calle Sagárnaga und den Nebenstraßen gibt es jede Menge Telefonkabinen.

Visaangelegenheiten

Die **Einwanderungsbehörde** befindet sich in der Camacho 1480, ✆ 02-2110960, ⌚ Mo–Fr 8.30–12.30, 14.30–18.30 Uhr. Da man bei der Einreise nach Bolivien meist nur 30 Tage Aufenthalts-

Westbolivien

genehmigung in den Pass gestempelt bekommt, kann man hier kostenfrei und größere Formalitäten auf 90 Tage verlängern (vorsichtshalber Passkopie und Kopie der Tarjeta de Migración Andina mit dem Einreisestempel mitbringen).

Wäschereien

In den meisten Hotels kann man Wäsche waschen lassen. Im Indígena-Viertel (Bereich Sagárnaga, Illampu) befinden sich mehrere Wäschereien.

Zeitungen

Wenig Brauchbares. *La Prensa* und *La Razón* haben zumindest noch einen internationalen Teil. Ca. 1–2 Wochen alte deutsche Zeitungen und Zeitschriften kann man im Goethe-Institut (s. „Kulturzentren") lesen.

Nahverkehr

Das Zentrum von La Paz kann man gut zu Fuß erkunden, doch wen die Höhe ermüdet, der kann auf ein reichhaltiges Angebot öffentlicher Verkehrsmittel zurückgreifen.
Da eine Orientierung anhand der Liniennummern schwierig ist, sollte man auf die Schilder mit dem Fahrtziel achten, die Busse, Micros und Trufis hinter der Windschutzscheibe platziert haben. Dort steht auch meist der Fahrpreis.

Busse

Am billigsten sind die großen, altersschwachen **Busse**, die auf festgelegten Routen operieren. Sie konkurrieren mit den Tausenden von Micros und Kleinbussen, die täglich auf den Hauptrouten für Dauerstau sorgen und nur geringfügig teurer sind als die Busse. Die **Micros** mit ihren engen Sitzplätzen können besonders während der Rushhour unerträglich voll werden.
Der Bus zum **Flughafen** steht unter „Transport", S. 632.

Taxis

Eine Besonderheit von La Paz sind die **Trufis**, Sammeltaxis, die überwiegend auf der Hauptroute zwischen der Plaza San Francisco und der Zona Sur operieren.
Obwohl Taxifahren sehr günstig ist, sollte man aus Sicherheitsgründen auf **Funktaxis** (Radio Taxi) zurückgreifen. Ansonsten Registriernummer und Farbe des Wagens merken. Niemals weitere Personen zusteigen lassen!

Ruftaxis:
Radio Taxi América, ✆ 02-2222233,
Radi Taxi Amarillo, ✆ 02-2914000.
Teurer als die Konkurrenz, dafür gute Fahrzeuge und GPS-kontrolliert.

Transport

Busse

Die Busse der internationalen Gesellschaften und die Langstreckenbusse fahren vom **Terminal de Buses La Paz**, Plaza Antofagasta (s. u.), ✆ 02-2285858, ab. Er ist problemlos mit Minibussen (Aufschrift: Terminal) in 5 Min. von der Plaza San Francisco aus zu erreichen und verfügt über eine Touristeninformation, Geldautomat, Internet, Apotheke, Telefon, Post, Kurierdienst, Polizei, Restaurant und Gepäckaufbewahrung. Die **Terminalgebühr** beträgt 2 Bs.
Die Haltestellen der Busse in die Yungas (Coroico, Caranavi, etc.) und weiter östlich gelegene Regionen (Rurrenabaque) befinden sich im östlichen Stadtviertel **Villa Fátima**.
Die Busgesellschaften Richtung Peru (Desaguadero), Sorata, Copacabana und in die Cordillera Apolobamba haben ihre Büros in der Nähe des **Friedhofs** *(Cementerio)*.
Touristenbusse nach Peru fahren von den Hotels in der Calle Sagárnaga und Illampu ab.
Während der Regenzeit kann sich die Fahrtzeit verlängern.
Alle nachfolgend aufgeführten Reiseziele werden mehrmals tgl. von unterschiedlichen Busgesellschaften mit Tag- und Nachtbussen angefahren. Die Fahrpreise variieren und sind i. d. R. an Wochenenden und während der Feiertage höher. Aus Sicherheits- und Komfortgründen empfehlen sich die teuersten Busse.

Achtung

Das gesamte Gepäck nicht aus den Augen lassen! Es wird viel gestohlen.

COCHABAMBA 7 Std. (390 km), 50–90 Bs.
ORURO 4 Std. (239 km), 20–25 Bs.
POTOSI 9–10 Std. (560 km), 50–110 Bs.
SANTA CRUZ 17 Std. (850 km), 70–170 Bs.
SUCRE 12 Std. (740 km), 60–135 Bs.
TUPIZA 15 Std. (811 km), 80–90 Bs.
UYUNI 11 Std. (555 km), 100–120 Bs.
VILLAZÓN 18 Std. (900 km), 100 Bs.

Yungas und weiter östlich
Die Busgesellschaften Richtung Yungas fahren im Stadtviertel Villa Fátima, im Osten von La Paz von der Avenida Las Américas (ehemalige Tankstelle, Ex-surtidor) ab, z. B. **Yungueña**, Av. Las Américas 344, ✆ 02-2210246, oder **Turbus Totai**, Av. Las Américas 411, ✆ 02-2260445. Minibusse mit der Aufschrift „Villa Fátima" ab der Kreuzung Santa Cruz/Oruro (bei der Post) oder Taxi (20 Bs.) nehmen.
COROICO stdl. 6–18 Uhr, 2 1/2–3 1/2 Std. (92 km). Busse kosten 15 Bs., Minibusse 20 Bs. Sammeltaxis von Coroico Tours fahren vom Ex-surtidor von 6.30–18.30 Uhr etwa jede Stunde los (25 Bs., Tickets bei Yungueña) und sind bis zu einer Stunde schneller.
CARANAVI (Turbus Totai) mehrmals tgl. von 6.30–18.30 Uhr, 6 Std. (175 km).
RURRENABAQUE (Turbus Totai) tgl. 11.30 Uhr, mind. 18 Std. (420 km), 65 Bs.

Desaguadero (Grenze Peru) / Copacabana / Sorata / Cordillera Apolobamba / Tiwanaku
Die Büros der Busgesellschaften liegen in der Umgebung des Friedhofs:
Sindicato Transportes Altiplano, Reyes Cardona 732, ✆ 02-2383010.
Flota Manco Kapac, Plaza Tomas Katari (gegenüber vom Haupteingang des Friedhofs), ✆ 02-2459045.
Transtur 2 de Febrero, Plaza Reyes Ortiz, ✆ 02-2453035.
Cooperativa de Transporte 8 de Diciembre, Reyes Cardona, Ecke Eizaguirre, ✆ 73012560 (Mobil).
Trans Franz Tamayo, Mercado Nueva Jerusalén, El Alto (zwischen der Straße nach Laja und der Ex-tranca Río Seco).
Sindicato de Transportes Unificada, Bustillos 683, Ecke Kollasuyo, ✆ 02-2381693.
Cooperativa Transportes Tours Tiwanaku, Plaza Thomas Katari (beim Friedhof), ✆ 02-2453273.
Alle Busse, Kombis und Micros mit der Aufschrift „Cementerio" ab der Plaza San Francisco (Av. Santa Cruz) fahren dorthin (zu Fuß sehr steiler Anstieg!). Ein Taxi von der Calle Sagárnaga und Umgebung nimmt 10 Bs.
CHARAZANI, CORDILLERA APOLOBAMBA (Sindicato Transportes Altiplano) tgl. um 6 Uhr, 7–8 Std. (210 km), 25 Bs.
Nach COPACABANA (3 Std. 158 km) fahren Transporte 6 de Junio (Terminal Terrestre) stdl. von 4 bis 18.30 Uhr, 20 Bs., Flota Manco Kapac mehrmals tgl. von 6.15–16 Uhr, 20 Bs. (Wochenende 25 Bs.) und Transtur 2 de Febrero tgl. von 8–16 Uhr, 15 Bs. Zudem bekommt man in so gut wie allen Hotels und Reiseagenturen Tickets für Touristenbusse (Abfahrt gegen 8 Uhr) nach Copacabana für 30 Bs., z. B. Diana Tours (Büro und Abfahrt Sagárnaga 326), Tour Perú, (Abfahrt Busterminal) oder Transportes Titicaca Bolivia (Büro Illampu 773). Der Bus von Turisbus (Büro und Abfahrt Hotel Rosario, Illampu 704), kostet 77 Bs., hat aber eine deutlich bessere Qualität als die anderen Fahrzeuge. Siehe auch „Umgebung La Paz", S. 633.
DESAGUADERO (Cooperativa de Transporte 8 de Diciembre) mehrmals tgl. von 4–21 Uhr, 2 1/2 Std. (105 km, peruanische Grenze), 25 Bs.
PELECHUCO, CORDILLERA APOLOBAMBA (Trans Franz Tamayo) tgl. 7 Uhr, 11 Std. (ca. 320 km), 45 Bs. (Tickets bereits am Vortag kaufen!)
SORATA (Sindicato de Transportes Unificada) stdl. von 5–16 Uhr, 3 1/2 Std. (150 km), 17 Bs.
TIWANAKU (Cooperativa Tran. Tours Tiwanaku) alle 30 Min. zwischen 4.30–16.30 Uhr, 1 1/2 Std. (72 km), 15 Bs.

Peru
In Peru wird die Uhr eine Stunde zurückgestellt!
Nach CUSCO (11–12 Std., ca. 700 km, über DESAGUADERO, PUNO und JULIACA) fahren die Gesellschaften Trans Internacional Litoral (✆ 02-2281920, tgl. 8 Uhr, 100 Bs.), Tour Perú (im Busterminal, Schalter 29-A, ✆ 02-287074,

Westbolivien

tgl. 17 Uhr, 180 Bs.) und Nuevo Continente (im Busterminal, ✆ 02-2285191, tgl. 8 Uhr, 180 Bs.). Über COPACABANA/KASANI ist Cusco auch an einem Tag zu erreichen, allerdings mit Umsteigen in Copacabana und Puno. Die Fahrtzeit beträgt ca. 14 Std.
LIMA (Ormeño, ✆ 02-2280834) tgl. um 14.30 Uhr, 22 Std. (1587 km), US$60. Der Direktbus fährt über PUNO (US$15) und AREQUIPA (US$35). Ansonsten muss man in Desaguadero, Puno, Juliaca oder Arequipa umsteigen.
Nach PUNO kann man über DESAGUADERO (2 1/2 Std., 105 km, siehe Cusco) oder über COPACABANA (ca. 5 1/2 Std., 348 km, siehe Copacabana und Cusco) fahren. Alle Busse, die von La Paz aus nach Peru fahren, halten in Puno.

Westbolivien

Argentinien
BUENOS AIRES (Ormeño im Busterminal, Büro 21, ✆ 02-2281141) Di und Do 20 Uhr, ca. 48 Std., 840 Bs. Quirquincho hat Busse, die ebenfalls vom Busterminal fahren, 850 Bs.

Chile
ARICA (u. a. Pullman Ayca International, Internacional Continente und Cali vom Busterminal) früh morgens und mittags, 9–10 Std. (410 km). Der Fahrpreis (80–120 Bs.) enthält i. d. R. ein Frühstück (nur bei frühen Abfahrten) und ein Mittagessen (manchmal sogar Getränke). Die Fahrzeit ist stark abhängig von der Dauer der Grenzformalitäten. Wichtig: Frisches Obst und Gemüse wird bei der Einreise nach Chile konfisziert! Abfahrtszeiten. Die meisten Busse fahren weiter nach IQUIQUE (ca. 15 Std.).

Eisenbahn

Der Bahnhof von La Paz, Av. Manco Capac, ist außer Betrieb. Vom **Bahnhof in El Alto** fahren Touristenzüge über TIWANAKU nach GUAQUI am Titicaca-See (s. u). Der nächste größere Bahnhof liegt 230 km südwestlich von La Paz in Oruro. Fahrkarten für die Strecken ORURO–UYUNI–ATOCHA–TUPIZA–VILLAZON sind online und in La Paz bei folgender Stelle erhältlich:
Empresa Ferroviaria Andina FCA, Fernando Guachalla 494, Ecke Sanchez Lima, Sopocachi, ✆ 02-2419763, 💻 www.fca.com.bo.

Tren Turístico a Guaqui (Titicaca-See)
EL ALTO (4061 m) – TIWANAKU (3844 m) – GUAQUI (3810 m)
Immer am zweiten Sonntag eines Monats fährt ein Zug morgens um 8 Uhr von El Alto, Calle 8 (drei Blocks von der Avenida 6 de Marzo, Zona Santiago I), zum Titicaca-See und zurück. Der Zug hält für zwei Stunden in Tiwanaku, um die Ruinen zu besichtigen und erreicht Guáqui am Titicaca-See gegen 13.20 Uhr. Zurück geht es von dort um 16 Uhr und Ankunft in El Alto ist gegen 18.20 Uhr. Aktuelle Preise (2 versch. Klassen: Ejecutivo und Popular), Abfahrtszeiten und Tickets bekommt man bei Empresa Ferroviaria Andina FCA.

Flüge

Der internationale Flughafen **El Alto**, ✆ 02-2157300, 💻 www.sabsa.aero/aeropuerto-el-alto/default.aspx, liegt rund 12 km südwestlich des Stadtzentrums im Stadtteil El Alto auf rund 4000 m. Aufgrund der Höhe und der dünnen Luft benötigen die Flugzeuge rund 5 km Strecke für Start und Landung. Die Piloten müssen eine besondere Ausbildung für diesen Flughafen absolvieren. Daher fliegen nur relativ wenige internationale Airlines La Paz an. Die Flughafensteuer beträgt US$25 für internationale Flüge und 15 Bs. für nationale Flüge. Der Flughafen verfügt über Telefonkabinen, eine Post, einen Geldautomaten sowie ein Restaurant (Anreise nach La Paz, s. S. 37, „Traveltipps von A–Z“).
Minibusse fahren ständig von 6.15 bis 21.15 Uhr ab der Plaza Isabela la Católica zum Flughafen (Aufschrift *Aeropuerto*), 3,80 Bs. Ein Taxi vom Zentrum zum Flughafen kostet etwa 60 Bs., von der Zona Sur sind es etwa 100 Bs.

Internationale Fluggesellschaften mit Direktflügen nach La Paz
American Airlines (USA), C. Ferecio/ Ecke Rene Moreno, Galería Tellería, Büro 203, San Miguel (Zona Sur), ✆ 800-100220, 💻 www.aa.com/español.
Lan (Chile und Peru), Av. 16 de Julio 1566, Edif. 16 de Julio, 1. Stock, ✆ 02-2358377, 💻 www.lan.com.

Taca (Mittelamerika), Av. 16 de Julio 1616, Edif. Petrolero, ✆ 02-2158204, 800-108222, 🖳 www.taca.com.

Weitere internationale Fluggesellschaften (Auswahl)
Aerolineas Argentinas, Av. 16 de Julio 1616, Edif. Petrolero, ✆ 02-2391316.
Iberia, Ayacucho 378, Edif. Credinform, 5. Stock, ✆ 02-2204012.
KLM/Air France, Av. Montenegro 778, Galería Futuro, 1. Stock, San Miguel, ✆ 02-2774215.
Lufthansa, Av. 6 de Agosto 2512, Ecke Pedro Salazar, Edif. Illimani II, ✆ 02-2431717.
TAM Airlines, Heriberto Gutiérrez 2323, ✆ 02-2443422.

Nationale Fluglinien
(Abflug vom Flughafen El Alto):
Aerocon, Av. Arce 2549 (gegenüber vom Supermarkt Ketal), ✆ 02-2150093, 🖳 www.aerocon.bo, Flüge in den Osten und Norden des Landes, u. a. SANTA CRUZ, RUURENABAQUE, RIBERALTA, TRINIDAD.
Aerosur, Av. 16 de Julio 1616, ✆ 02-2313233, 🖳 www.aerosur.com. Inlandflüge und jeweils ein Flug nach CUSCO und AREQUIPA in Peru.
BoA, Av. Camacho 1413, Ecke Loayaza, ✆ 02-211793, 🖳 www.boa.bo. Inlandflüge nach COCHABAMBA, TARIJA und SANTA CRUZ, aber auch nach BUENOS AIRES, SAO PAULO und LIMA.
Transporte Aéreo Militares TAM, Av. Montes 738, ✆ 02-2681111, 🖳 www.tam.bo. Günstige Flüge im ganzen Land.

Die Umgebung von La Paz

Valle de la Luna

Vom Vorort Calacoto in der Zona Sur folgt die Straße dem Lauf des Río Choqueyapu talabwärts. Nach rund 5 km durch eine trockene, wüstenartige Landschaft, vorbei an Kletterfelsen (z. B. **Peñon Aranjuez**), gelangt man zu den bizarren Felsformationen des Valle de la Luna. In vielen Jahrtausenden haben die Naturgewalten Säulen und Türme aus Stein entstehen lassen, die in der Tat einer Mondlandschaft ähneln. Mehrere Wege führen durch das Mondtal, das nicht allzu spektakulär ist. Aber wer ein wenig Wärme tanken und sich die Beine vertreten möchte, ist hier richtig. Da es zu gelegentlichen Überfällen gekommen ist, sollte man die Gegend vorsichtshalber im Rahmen einer organisierten Tour besuchen.

Der Ausflug lässt sich gut mit einem Abstecher nach **Mallasa** kombinieren, einem Vorort mit zahlreichen Restaurants und Imbissbuden, in dem sich auch der **Zoo** befindet. Obwohl die Lebensbedingungen der Tiere dort alles andere als optimal sind, gibt der Zoo einen guten Überblick über die einheimische Fauna. ◷ tgl. 10–18 Uhr, Eintritt 8 Bs.

Biegt man aus La Paz kommend vor dem Valle de la Luna rechter Hand ab, gelangt man zum La Paz Golf Club, dem weltweit höchstgelegenen Golfplatz.

Anfahrt: Zu erreichen ist das Valle de la Luna ab der zentralen Calle México mit den Minibussen 231 und 271 sowie dem Bus 45. Entlang der Av. Santa Cruz verkehren die Busse 11 und 43. Alternativ kann man ein beliebiges Transportmittel mit der Aufschrift „Calacoto" nehmen, an der Calle 8 von Calacoto aussteigen und dort ein beliebiges Fahrzeug mit der Aufschrift „Mallasa" nehmen.

Valle de las Ánimas

Landschaftlich eindrucksvoller als das Valle de la Luna ist das Tal der Seelen, das sich wenige Kilometer nordwestlich von Ovejuyo befindet. Am Ende eines ehemaligen Flusstals verengen sich die Felswände zu einem spektakulären Canyon, der unterwegs von einem Vorsprung aus einen schönen Blick auf La Paz freigibt. Der gesamte Weg bis zum kleinen Ort Huni dauert etwa 4–5 Stunden. Für Wanderungen in dem Gebiet sollte man genügend Trinkwasser und eine Kopfbedeckung mitnehmen. Die Anfahrt erfolgt mit Minibussen ab der Plaza del Estudiante (Aufschrift „Chasquipampa").

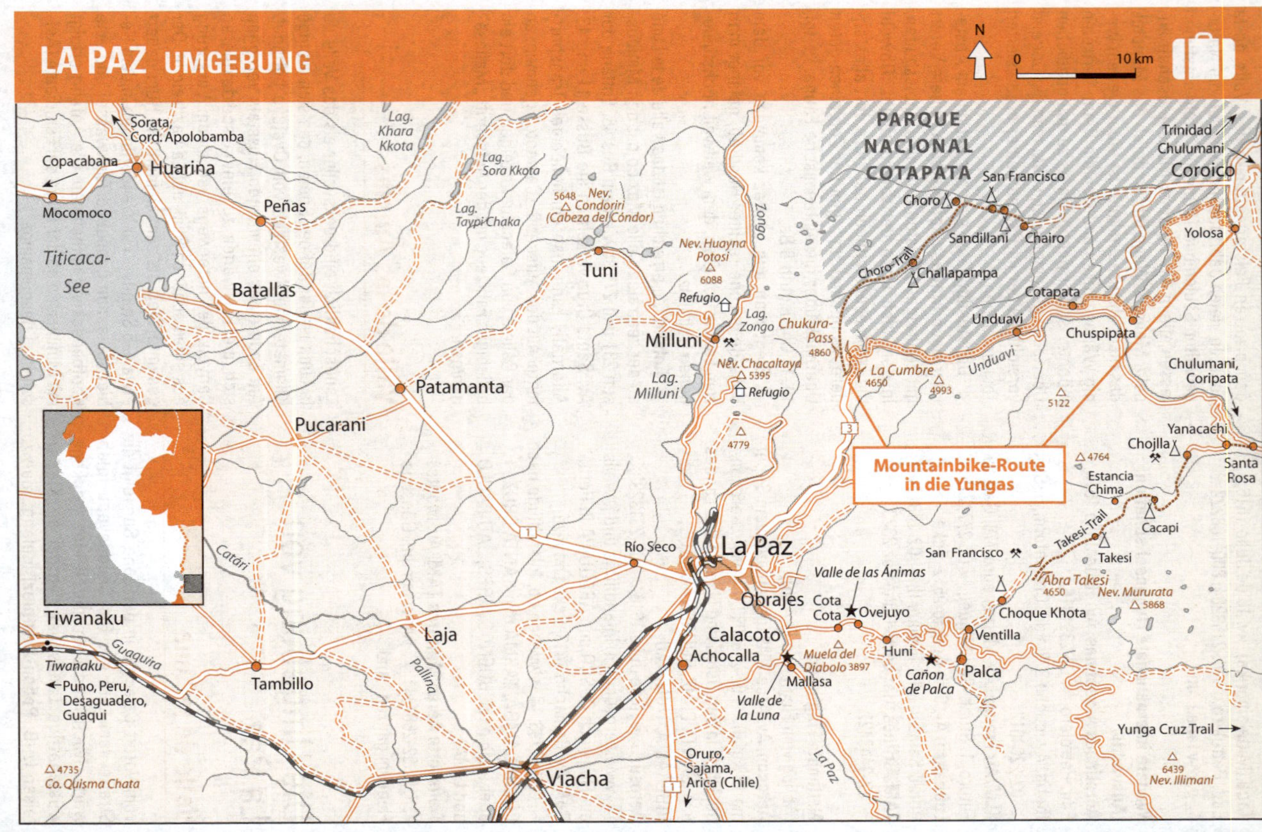

LA PAZ UMGEBUNG
N
0
10 km
Sorata, Cord. Apolobamba
Copacabana
Huarina
Mocomoco
Titicaca-See
Peñas
Batallas
Lag. Khara Kkota
Lag. Sora Kkota
Lag. Taypi Chaka
5648 Nev. Condoriri (Cabeza del Cóndor)
Tuni
Zongo
Nev. Huayna Potosi 6088
Refugio
Lag. Zongo
Milluni
Lag. Milluni
Nev. Chacaltaya 5395
Refugio
4779
Chukura-Pass 4860
La Cumbre 4650
4993
Unduavi
PARQUE NACIONAL COTAPATA
San Francisco
Choro
Sandillani
Chairo
Choro-Trail
Challapampa
Cotapata
Unduavi
Chuspipata
Trinidad
Chulumani
Coroico
Yolosa
Chulumani, Coripata
5122
Yanacachi
Chojlla
Santa Rosa
4764
Mountainbike-Route in die Yungas
Estancia Chima
Cacapi
Takesi-Trail
Takesi
San Francisco
Abra Takesi 4650
Nev. Mururata 5868
Patamanta
Pucarani
Tiwanaku
Catári
Río Seco
La Paz
Valle de las Ánimas
Obrajes
Cota Cota
Ovejuyo
Choque Khota
Ventilla
Calacoto
Achocalla
Muela del Diabolo 3897
Huni
Cañon de Palca
Palca
Mallasa
Valle de la Luna
Laja
Pallina
Tiwanaku
Guaquira
Puno, Peru, Desaguadero, Guaqui
Tambillo
Viacha
Oruro, Sajama, Arica (Chile)
La Paz
Yunga Cruz Trail
6439 Nev. Illimani
4735 Co. Quisma Chata

Muela del Diablo

Beim „Teufelszahn" handelt es sich um eine erodierte Steinformation (3897 m), die östlich von Calacoto weithin sichtbar aus der kargen Berglandschaft herausragt. Der rund einstündige, steile Pfad zum Fuß des Felsens beginnt hinter dem Friedhof des kleinen Ortes **Pedregals**. Mit entsprechender Kletterausrüstung kann die Felsspitze bestiegen werden. Vom „Teufelszahn" kann man in wenigen Kilometern nach Mallasa wandern (End- bzw. Startpunkt ist der Zoo).

Da es bereits zu Überfällen gekommen ist, sollten ein Guide angeheuert und die Wertsachen im Hotel gelassen werden. An genügend Trinkwasser und eine Kopfbedeckung denken!

Die **Anfahrt** erfolgt ab der Calle México, Ecke Otero de la Vega mit Microbus „R" oder mit Minibus 207, Fahrzeit ca. 1 Std.

Cañón de Palca

Östlich der Zona Sur erstreckt sich eine ausgedehnte, erodierte Berglandschaft, eine Art Mondtal, nur in größeren Dimensionen. Besonders eindrucksvoll ist die Route durch den Palca-Canyon, die sich als interessante Tagestour von La Paz aus machen lässt. Ausgangspunkt für Erkundigungen des Canyons sind die Orte **Huni** im Westen oder **Palca** im Südosten der Schlucht. Palca bietet einfache Übernachtungsmöglichkeiten. In einem Seitental versteckt, liegt der Spa-Resort **Allkamari**, ✆ 02-2791742, 💻 www.casalunaspa.com, der als spiritueller Retreat genutzt wird. Frühst. inkl. ❹

Ein Ausflug in den Canyon sollte niemals im Alleingang unternommen werden; die Mitnahme von ausreichend Wasser und Sonnenschutz versteht sich von selbst. Wer ohne Guide wandern möchte, sollte sich die entsprechende Detailkarte beim **Instituto Geográfico Militar** (s. „Bücher und Karten", S. 626) besorgen.

Anfahrt: Minibusse von Trans Río Abajo fahren tgl. um 8 Uhr ab der Calle Luis Lara, Ecke Boquerón (Stadtteil San Pedro) über Ovejuyo nach Huni (ca. 90 Min.) und weiter nach Ventilla. Der gelb-schwarze Minibus 42 fährt ebenfalls entlang der Prado und weiter bis nach Huni.

Chacaltaya und Nevado Mururata

Rund 35 km nördlich von La Paz liegt das einstmals höchste Skigebiet Boliviens, das mit seinen über 5000 m auch gleichzeitig das weltweit höchste war. Doch der Gletscher ist aufgrund der Klimaveränderung seit 2009 komplett verschwunden und an die alten Zeiten erinnern nur noch die Reste des Schlepplifts und eine Schutzhütte.

Beliebt ist das Gebiet vor allem bei Wanderern und Bergsteigern, die zur Höhenanpassung hierher kommen. Wer auf den Hügel hinter der Berghütte steigt (ca. 5320 m), wird mit tollen Ausblicken belohnt, die bei schönem Wetter bis zum Titicaca-See im Westen, dem Nevado Sajama im Südwesten, dem Nevado Illimani im Südosten und der Cordillera Real im Norden reichen.

Chacaltaya (Aymara-Wort für „kalte Brücke") ist am einfachsten mit dem Taxi oder im Rahmen einer organisierten Tour (s. „Touren", S. 627) zu erreichen. Es gibt keine öffentlichen Verkehrsmittel dorthin. Der Ausflug sollte aufgrund der Höhe nicht unbedingt an den ersten beiden Tagen eines La-Paz-Aufenthaltes unternommen werden. Übernachten kann man ganzjährig in der **Albergue Ecoturístico Pampalarama**, ✆ 02-2371044. ❸–❹

Ski- und Snowboardfans tummeln sich inzwischen am 5868 m hohen Nevado Mururata, östlich von La Paz auf dem Weg zum Takesi-Trek (s. S. 645). Der rund sieben Kilometer lange Gletscher des Mururata ist allerdings nur zu Fuß zu erklimmen. Der Aufstieg ist technisch einfach, aber eine vorherige Höhenanpassung ist dringend erforderlich. Die Anfahrt erfolgt über Ventilla. Vor Erreichen der ehemaligen Mine San Francisco zweigt eine Piste zum Basislager auf etwa 4730 m ab, die nur mit Allradfahrzeugen zu befahren ist.

Valle de Zongo

Wer mehr Zeit hat, kann den Ausflug nach Chacaltaya mit einem Abstecher in das rund 60 km nördlich von La Paz gelegene Zongotal verbinden. Der Weg führt vorbei an der Südwestflanke des Huayna Potosí über die Zinnmine Milluni, die besichtigt werden kann, und den **Zongo-Pass**. Steile Serpentinen führen hinab zur künstlich angelegten **Laguna Zongo** auf 4550 m. Von dort folgt die Straße dem Verlauf des Río Zongo und überwindet auf den folgenden 30 km einen Höhenunterschied von rund 3000 m. Dabei werden zahlreiche Vegetationsstufen durchfahren. Eine schlechte Piste, die aber mit Allradfahrzeugen befahrbar ist, führt weiter in die Yungas (vorher den Straßenzustand erfragen!). Vor allem im oberen Teil des Tals gibt es zahlreiche Wandermöglichkeiten.

Eine beliebte Route ist die Strecke vom **Nevado Condoriri** nach **Llaullini**, die über die Laguna Viscachani zum Choro-Trail verlängert werden kann. Mit etwas Glück ist eine Broschüre auf Spanisch bei der Touristeninformation erhältlich, die eine Karte und weitere Wanderrouten beinhaltet. Eine Übernachtungsmöglichkeit besteht im **Refugio Huayna Potosi** (s. S. 641), am Zongo-Pass oberhalb des Dammes.

Anfahrt: Mit öffentlichen Verkehrsmitteln ab Plaza Ballivian, El Alto, tgl. 5 und 6 Uhr morgens, Fahrzeit ca. 1 1/2 Std. Mit mehreren Leuten lohnt sich die Miete eines Taxis oder Allradfahrzeugs.

Tiwanaku

Die Ruinen von Tiwanaku – seit 2000 **Unesco-Kulturerbe** – sind stumme Zeugen einer hoch entwickelten, beinahe 3000 Jahre alten Kultur. Diese hatte u. a. das Verfahren zum Gefriertrocknen von Kartoffeln erfunden, aufwendige Bewässerungssysteme entwickelt und als einzige amerikanische Kultur Steinstrukturen mit Bronzeklammern verbunden. Die Bauwerke sind einfach, die Lage ist wenig spektakulär, doch Tiwanaku begeistert durch seine lange Geschichte, seine Details und seine Erfindungen, die andere Andenkulturen im weiten Umkreis entscheidend beeinflussten.

In den Jahrhunderten nach ihrer Aufgabe wurde die Stadt mehrfach geplündert und diente als Steinbruch für den Bau von Häusern, Kirchen oder Straßen. Was man heute zu sehen bekommt, entspricht daher nicht immer der historischen Realität, sondern zeigt vielmehr eine mit viel Fantasie und einigen Ungenauigkeiten rekonstruierte Vergangenheit. Noch immer gibt Tiwanaku viele Rätsel auf, und immer noch ist wenig bekannt über die Menschen, die hier jahrtausendelang lebten.

Es bedarf einiger Vorstellungskraft, um sich klar zu machen, dass zwischen 20 000 bis 50 000 Menschen hier am Titicaca-See lebten, dessen Ufer vor rund 1500 Jahren mehrere Kilometer weiter im Inland lag. Auf der heutzutage kargen und unfruchtbaren Hochlandebene breiteten sich vor Jahrtausenden weitläufige Äcker aus, auf denen landwirtschaftliche Erträge erzielt wurden, von denen die heutigen Bauern nur träumen können (S. 638, Kasten).

Auch wenn die Tiwanaku-Kultur mehrere Jahrhunderte vor der Ankunft der Europäer verschwand, ist die Stätte auch heute noch ein wichtiges Symbol kultureller Identität für die Aymara, die hier immer noch ihren Berggöttern Opfer bringen. Besonders eindrucksvoll kann man dies am 21. Juni zur Wintersonnenwende erleben, wenn Hunderte traditionelle Priester *(Yatiris)* das neue Jahr des Aymara-Kalenders in Tiwanaku feiern.

Lage

Von El Alto führt eine gut ausgebaute Asphaltstraße mit wenigen Kurven über den bolivianischen Altiplano zum 105 km entfernten Grenzort Desaguadero, über den man nach Peru gelangt. Nach rund 30 km passiert man das kleine Örtchen **Laja**, das 1548 vom Capitán Alonzo de Mendoza als erste spanische Siedlung des damals Alto Perú genannten Boliviens gegründet wurde. Aufgrund der besseren klimatischen Verhältnisse verlegte man den Standort kurze Zeit später in den Kessel von La Paz. Die schöne alte Kolonialkirche ist im Inneren mit kolonialen Kunstwerken, Holzschnitzereien sowie Gold- und Silberarbeiten verziert. Nach insgesamt rund 72 km wird schließlich der archäologische Komplex Tiwanaku erreicht, der sich nur wenige Hundert Meter entfernt an der Hauptstraße befindet.

Geschichte

In seinen frühen Anfängen vor über 3500 Jahren war Tiwanaku wenig mehr als eine einfache Siedlung, deren Bewohner vom Kartoffelanbau und der Lamazucht lebten. Bis kurz vor Beginn

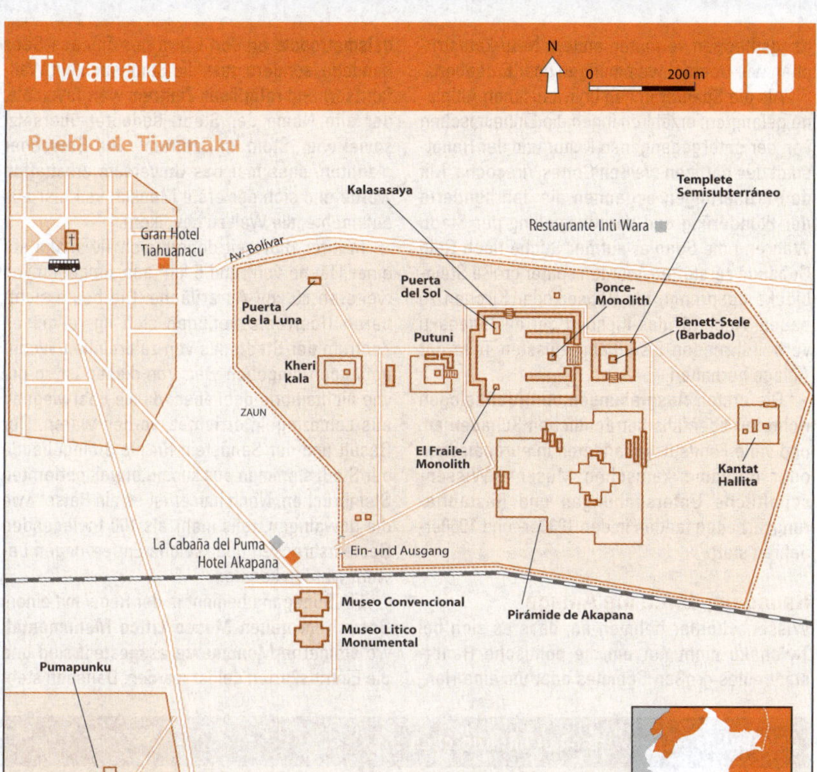

unserer Zeitrechnung hatte sich ein urbanes Zentrum herausgebildet, das ab etwa 400 n. Chr. die Region des Titicaca-Sees kontrollierte und dominierte. Bis ca. 700 n. Chr. gelang eine rasche **Ausdehnung** des Einflusses, der weite Teile Boliviens sowie Südperu, Nordostargentinien und Nordchile umfasste.

Von großer Bedeutung für die Ausweitung des Machtbereichs Tiwanakus war die stabile **Nahrungsmittelproduktion** mithilfe eines ausgeklügelten Feldbausystems (S. 638, Kasten). Der Lebensmittelüberschuss machte Kapazitäten frei zur Errichtung von Tempeln und Palästen, ermöglichte den Handel mit benachbarten Volksgruppen und ernährte die Soldaten während ihrer Feldzüge. Demzufolge entstanden auch die meisten Steingebäude zwischen 700 und 1200 n. Chr. Doch die Jahre der blühenden Zivilisation waren gezählt: Innerhalb von nur 50 Jahren wurde Tiwanaku von seinen Bewohnern aufgegeben. Wissenschaftler fanden anhand von Eisbohrungen in den Gletschern der Cordillera Real heraus, dass die Region von einer jahrzehntelangen **Dürreperiode** heimgesucht worden war, die zum Kollaps der landwirtschaftlichen Produktion führte. Die Befürworter konkurrierender Untergangstheorien vermuten andere Naturkatastrophen wie Überschwemmungen oder Erdbeben.

Als die **Spanier** in den bolivianischen Altiplano gelangten, erzählten ihnen die Einheimischen von der untergegangenen Kultur und der Hauptstadt des bärtigen weißen Gottes Viracocha. Mit den Eroberungen begannen die Jahrhunderte der Plünderung und Verstümmelung der Stadt. Während die Spanier auf der Suche nach Gold Gebäude zerstörten, wurden später große Steinblöcke gesprengt, um Häuser oder Kirchen zu bauen. Auch für das Kiesbett der an Tiwanaku vorbeiführenden Eisenbahn mussten Teile der Anlage herhalten.

Die ersten **Ausgrabungen** von Archäologen richteten ebenfalls beträchtlichen Schaden an, und viele Fundstücke landeten in europäischen oder nordamerikanischen Museen. Wissenschaftliche Untersuchungen und Restaurierungsarbeiten fanden in den 1930er- und 1960er-Jahren statt.

Rundgang durch die Anlage

Wissenschaftler nehmen an, dass es sich bei Tiwanaku nicht nur um die politische Hauptstadt eines großen Gebietes oder um eine Handelsmetropole an den Ufern des Titicaca-Sees handelte, sondern dass die Stadt auch ein Wallfahrtsort und **religiöses Zentrum** war. Taypicala, der alte Name der Stadt, bedeutet übersetzt soviel wie „Stein im Zentrum". Die Bewohner glaubten, dass hier das Universum erschaffen wurde und sich der erste Mensch von hier aus aufmachte, die Welt zu bevölkern.

In ihrer Blütezeit dehnte sich Tiwanaku auf einer Fläche von rund 5 km² aus, umgeben von weiteren 80 km² Agrarfläche. Die heute sichtbaren Überreste befinden sich im religiösen Zentrum der Stadt, das von zahlreichen Wohngebäuden umgeben war. Von diesen ist so gut wie nichts übrig geblieben, da sie überwiegend aus Lehmziegeln errichtet worden waren. Der Basalt und der Sandstein für die Steingebäude der Stadt stammen aus kilometerweit entfernten Steinbrüchen. Noch immer ist es ein Rätsel, wie die gewaltigen, teils mehr als 100 t wiegenden Gesteinsbrocken über solche Entfernungen bewegt werden konnten.

Ein Rundgang beginnt in der Regel mit einem Besuch im neuen **Museo Litico Monumental**, wo steinerne Monumente ausgestellt sind und die Eintrittskarten gelöst werden. Daneben steht

Sukakullos – Landwirtschaft mit Köpfchen

Nur mit der Einführung einer neuen landwirtschaftlichen Anbautechnik gelang es der Tiwanaku-Kultur, einen bedeutsamen Nahrungsmittelüberschuss zu erwirtschaften, der Freiraum für kulturelle Entwicklung schaffte. Mit Hilfe von **Sukakullos** – Hochfeldern – lösten die Bewohner des bolivianischen Altiplanos Probleme wie Trockenheit, Überschwemmung, Frost und Bodenerosion auf genial einfache Weise. Sie verwandelten eine für die Landwirtschaft wenig geeignete Region somit in einen blühenden Garten, der Millionen von Menschen ernährte. Noch heute kann man an den Ufern des Titicaca-Sees Überreste von 200 x 15 m großen Plattformen erkennen, die rund 1 m hoch aus dem Boden ragen. Auf einem Steinfundament wurde eine wasserundurchlässige Tonschicht aufgebracht, gefolgt von Kies, Sand und Muttererde. Mit Wasser gefüllte Gräben umgaben die Hochfelder. Sie speicherten die Tageswärme und gaben sie nachts langsam an die Umgebung ab. Somit verhinderten sie Bodenfrost und verlängerten die Anbauperioden beträchtlich. Fische und Enten ernährten sich von Algen, die in den Gräben wuchsen. Die Tiere waren nicht nur als zusätzliche Proteinquelle wertvoll, sondern reicherten auch den Boden mit Fischresten, Entenexkrementen und verfaulenden Algen an. Dieser organische Dünger wurde in regelmäßigen Abständen auf die Felder gebracht – die Folge waren äußerst ertragreiche Ernten. Während heutzutage Bauern rund 3 t Kartoffeln pro Hektar ernten, sollen mithilfe der Sukakullos Erträge von bis zu 20 t pro Hektar möglich gewesen sein. Offenbar hängt die Steigerung der Ernteerträge weniger von teurem Kunstdünger und Maschinen ab, als vielmehr von der Wiedereinführung längst bewährter Anbautechniken.

das **Museo Convencional**, in dem sich weitere Fundstücke Tiwanakus befinden. Das Eingangstor zu den Ruinen befindet sich nordöstlich der Museen. Ein kurzer Anstieg führt auf den höchsten Punkt der Anlage, der einen guten Überblick bietet. Beim 18 m hohen Akapana-Hügel, auch **Pirámide de Akapana** genannt, handelt es sich um eine Stufenpyramide mit sieben Plattformen und einer Grundfläche von 114 m². Sie stellt symbolisch den Kosmos der Tiwanaku-Kultur dar. Während die unteren Etagen die vier Elemente repräsentieren, stehen die oberen drei Etagen für die drei Weltebenen, die durch Tiere verkörpert werden. Der Kondor bedeutet Himmel und Sonne, der Puma Erde und Natur und die Schlange die Unterwelt.

Auf der obersten Plattform des größten Gebäudes Tiwanakus stand vermutlich einst ein Tempel. Noch immer ist ungeklärt, ob das von Erde bedeckte Bauwerk um einen natürlichen Hügel errichtet oder komplett von Menschenhand erschaffen wurde. Heute noch bringen Aymaras dort oben ihren Berggöttern Opfer dar.

Unterhalb des Akapana-Hügels liegt der offene Tempelkomplex **Kalasasaya**. Bei ihm handelte es sich vermutlich um das religiöse Zentrum der Stadt. Der rund 3 m erhöht liegende, ca. 120 x 130 m große Bereich wird von einer Steinmauer eingefasst, die aus bis zu 150 t schweren Monolithen und kleineren Felsblöcken gebaut wurde. Steinerne Entwässerungsgräben unterstreichen die rituelle Bedeutung des Wassers. Wie die gesamte Stadt wurde auch dieser Tempel genau in Ost-West-Richtung angelegt und diente vermutlich zur Verehrung der Sonne. Darauf deuten auch die elf Steinpfeiler hin, die sich einst an der Westseite der Wand befanden und die exakt auf die verschiedenen Sonnenpositionen ausgerichtet waren. Mit ihrer Hilfe konnten die Priester die Sommer- und Wintersonnenwende bestimmen. Der Name Kalasasaya bedeutet „stehende Steine" und bezieht sich auf die zahlreichen Stelen, die man hier fand. Leicht vertieft steht in einem rechteckigen Innenhof des Tempels der **Ponce-Monolith**, benannt nach dem bolivianischen Archäologen Carlos Ponce Sanginés, der den Felsblock 1957 entdeckte.

Die gut erhaltene, etwa 3 m hohe Figur aus vulkanischem Andesit ist mit zahlreichen Symbolen verziert, die denen des Sonnentores gleichen. Ob es sich bei der Darstellung auf dem Monolith, der früher wohl an einer anderen Stelle stand, um einen Herrscher oder eine Gottheit handelte, ist weiterhin ungeklärt. Um die Hüfte der Figur könnte ein Jaguarfell drapiert gewesen sein, was auf Handel mit den östlich gelegenen Amazonasvölkern schließen ließe.

Die Kulturepochen Tiwanakus

Das Tiwanaku-Reich existierte rund 2700 Jahre lang. Dabei werden folgende Perioden und Epochen unterschieden:

Frühe Periode (Periodo Aldeano) Epochen I und II	1500 v. Chr.– 45 n. Chr.
Klassische Periode (Periodo Urbano-Clásico) Epochen III und IV	45–700 n. Chr.
Späte Periode (Periodo Expansivo) Epoche V	700–1200 n. Chr.

In der Südwestecke der Kalasasaya steht eine weitere Steinfigur, die aufgrund ihrer Kopfbedeckung **El Fraile**, „der Mönch", genannt wird. Die nicht ganz so gut erhaltene Statue hält einen Zepter und einen rituellen Kelch *(Kero)* in den Händen. Im Hüftbereich sind Meereskrebse abgebildet, ein Symbol für die Verbindung Tiwanakus mit der Pazifikküste.

Von dem wichtigsten Kulturdenkmal der Tiwanaku-Kultur, der berühmten **Puerta del Sol** – dem Sonnentor – nimmt man an, dass es sich ursprünglich im südwestlichen Puma-Punku-Bereich befunden hat. Der in zwei Teile zerbrochene, ca. 44 t schwere Andesitblock wurde 1908 leicht erhöht in der Nordwestecke der Kalasasaya aufgestellt. Das Tor (3,80 m breit, 2,80 m hoch und ca. 60 cm dick) zeigt ein sehenswertes Flachrelief im Zentrum des Frieses. Es stellt die Figur des Schöpfergottes dar, den die Aymara Thunupa und die Inkas Viracocha nannten. Der Kopf ist von einem Strahlenkranz umgeben, der auch als Federschmuck oder einfach als stilisierte Abbildung für Kopfhaar interpretiert werden könnte. Die Bedeutung der Figur lässt sich ferner an den beiden Zeptern ablesen, die sie in den Händen hält: Deren Enden sind oben mit Kondorköpfen und unten mit Schlangen versehen, wichtige Symbole für Himmel und Unterwelt.

Auf beiden Seiten der Gottheit sind halb menschliche, halb tierische Mischwesen zu sehen. Die stilisierten Tränen, die aus den Augen Viracochas steigen, deuten auf seine Rolle als Regenbringer hin. Von seinen Armen hängen Menschenköpfe, wahrscheinlich Kriegstrophäen. Dass dies nicht nur symbolische Darstellungen sind, beweisen die 16 enthaupteten Körper, die in der Akapana-Pyramide gefunden wurden. Da die Rückseite des Sonnentores keinerlei Verzierungen aufweist, liegt der Verdacht nahe, dass man das Tor damals nicht mehr fertigstellte.

Westlich der Kalasasaya liegt ein weiterer, ca. 48 x 40 m großer Komplex, **Putuni** oder auch **Palast der Sarkophage** genannt. Diesen Namen verdankt der Hof der Tatsache, dass die ihn umgebende Steinmauer ungefähr der Höhe eines erwachsenen indianischen Menschen entspricht. Etwas weiter davon entfernt steht ein weiteres Tor. Die **Puerta de la Luna** – das Mondtor – wurde ebenfalls aus einem Steinblock gehauen, weist aber deutlich weniger Verzierungen auf als das Sonnentor.

Östlich der Kalasasaya befindet sich der **Templete Semisubterráneo**, ein halb unterirdisch angelegter Bereich, verziert mit 175 Steinköpfen mit menschlichen Gesichtern, die vollplastisch aus den rund 2 m hohen Wänden ragen und in ähnlicher Form auch im peruanischen Chavín de Huántar zu sehen sind. Die rechteckige, rund 750 m² große Plaza wurde 1903 von französischen Archäologen entdeckt, aber erst in den 60er-Jahren ausgegraben. Künstlich angelegte Kanäle entwässern den Platz über einen unterirdischen Abfluss.

Auf der Plaza stehen drei **Stelen**, von denen eine nach ihrem Entdecker, dem Archäologen Benett, benannt ist. Sie wird auch Monolito Barbado genannt, da auf dem rötlichen Sandsteinblock ein bärtiges Wesen mit zwei Raubkatzen zu erkennen ist. Die beinahe 7 m hohe **Stele Nummer 10** befindet sich nach einem langen Aufenthalt in La Paz inzwischen in einem eigens dafür angefertigten Raum im Museo Litico Monumental von Tiwanaku. Wenige Meter östlich des Templete liegt ein ungeordneter Haufen umgestürzter, aber behauener Steine, die den Archäologen Rätsel aufgeben. In diesem **Kantat Hallita** genannten Komplex befinden sich u. a. ein dekorierter Türsturz und die aus Stein gehauenen Modelle von weiteren Tempeln.

Südwestlich des Museums liegt auf der anderen Seite **Pumapunku**, das Pumator. Der terrassierte Tempel wurde zunächst aus gewaltigen, bis zu 130 t schweren Sandsteinmonolithen gebaut. In einer späteren Phase kamen Basaltblöcke hinzu, die mit Metallklammern verbunden waren. Puma Punku erreicht man über das Dorf Tiwanaku, wenige Hundert Meter südwestlich der Ausgrabungsstätte. Die Eintrittskarte ist auch hier gültig.

Übernachtung und Essen

Hotel Akapana, Av. Manco Kapac 20, ✆ 02-2462215, 💻 www.hotel-akapana.com. Bequeme Zimmer mit Bad, Warmwasser, aber etwas steriles Ambiente, Frühst. inkl. ❷

Gran Hotel Tiahuanacu, Av. Bolívar 903, etwa 500 m von der Ruinenstätte, ✆ 02-2137009, in La Paz ✆ 02-2410322. Gute Zimmer, Restaurant, Frühstück inkl. ❷

Restaurante La Cabaña del Puma, beim Hotel Akapana. Günstige Mittagsmenüs. 🕒 tgl. 8–20 Uhr.

Restaurante Inti-Wara, an der Nordseite der Anlage, Mittagessen mit mehreren Hauptgerichten und Salatbuffet.

Sonstiges

Eintritt

80 Bs.

Feste

Jedes Jahr feiern die Aymara am 21. Juni Neujahr am Sonnentor. Dann fahren bereits frühmorgens Busse aus La Paz nach Tiwanaku, um dort den Sonnenaufgang zu erleben.

Führungen

Die Führer warten am Eingang zur archäologischen Stätte und nehmen 80 Bs.

Museum

Das jüngere **Museo Litico Monumental** liegt direkt neben dem **Museo Convencional**. In dem neuen Bau sind die steinernen Zeugnisse der

Tiwanaku-Kultur zu bewundern. Neben Monolithen wie der Pachamama-Stele und zoomorphen Steinen sind auch Mauer- und Wandverzierungen zu sehen. Im Museo Convencional sind Kulturgegenstände der verschiedenen Epochen Tiwanakus ausgestellt, darunter Keramikgefäße, Bronzearbeiten, Steinwerkzeuge, Weihrauchgefäße etc.

Öffnungszeiten

🕓 tgl. 9–17 Uhr.

Touren

Zahlreiche Veranstalter aus La Paz bieten Tagestouren nach Tiwanaku ab US$20 p. P. an (inkl. Transport und Guide).

Transport

Siehe„La Paz, Transport" (Bus und Zug), S. 631 und S. 632.

Bergsteigen in der Cordillera Real

In unmittelbarer Nähe von La Paz liegen zahlreiche Fünf- und Sechstausender, die zur Königskordillere gehören und meist gut erreichbar sind. Die Stadt eignet sich schon aufgrund ihrer Höhenlage für Bergtouren. Inzwischen bieten zahlreiche Veranstalter organisierte Touren mit Führer und kompletter Ausrüstung an (s. „La Paz/Touren", S. 627). Obwohl La Paz bereits auf rund 3600 m liegt und ein mehrtägiger Aufenthalt eine erste Höhenakklimatisierung gewährleistet, sollte man vor dem Besteigen eines höheren Gipfels eine weitere Tour in Höhen über 4500 m unternehmen. Dazu eignet sich z. B. ein Ausflug ins Gletschergebiet Chacaltaya (S. 635), das auf rund 5000 m liegt.

Wer in Bolivien in Höhen über 5000 m bergsteigen geht, sollte sich darüber im Klaren sein, dass kein effizientes Rettungssystem existiert. Oft besteht auch kein Handyempfang, und Rettungshubschrauber können nur Höhen unterhalb von 5000 m anfliegen. Die Kosten einer eventuellen Rettungsaktion müssen direkt vor Ort bezahlt werden. Daher kann sich eine entsprechende Versicherung bezahlt machen.

Condoriri

Zur Vorbereitung der Besteigung eines höheren Berges eignet sich auch das Condoriri-Massiv nördlich von La Paz. Es besteht aus 25 Gipfeln mit Höhen zwischen 5100 und 5648 m. Von der Laguna Condoriri auf etwa 4700 m kann man mehrere schneefreie Gipfel in Höhen zwischen 5000 und 5300 m ohne Seil und Steigeisen erklettern. Der 5648 m hohe **Kondorkopf** *(Cabeza del Cóndor)* sollte hingegen nur von erfahrenen Bergsteigern begangen werden. Der Zugang zum Codoriri-Massiv erfolgt mit dem Allradfahrzeug über Patamanta (an der Straße 1 La Paz–Titicaca-See) zur **Estancia Tuni** unterhalb des gleichnamigen Stausees. In Tuni kann man Tragetiere mieten.

Huayna Potosí

Zu den beliebtesten Sechstausendern gehört der Huayna Potosí (6088 m), der nach einer guten Höhenanpassung in zwei Tagen auch von weniger erfahrenen Bergsteigern in Begleitung eines Bergführers bestiegen werden kann. Startpunkt ist das **Refugio Huayna Potosí** am Zongo-Pass, eine von inzwischen vier Berghütten. Kontakt in La Paz: **Huayna Potosí Travel**, Sagárnaga 398, Ecke Illampu, ✆ 02-2317324, 💻 www.huayna-potosi.com. Mehrbettzimmer, Schlafsack mitbringen, warmes Wasser vorhanden. In der Nebensaison vorher anmelden. ❶

So gut wie alle Abenteuerveranstalter in La Paz bieten günstige Touren zum Huayna Potosí an. Dabei sollte man nicht am falschen Ende sparen, auf eine kleine Größe der Seilschaft achten (max. 3 Pers. pro Bergführer) und sich genau nach Verpflegung, Ausrüstung, dem Guido und dem Transportmittel erkundigen. Wer auf eigene Faust zum Huayna Potosi fahren möchte (Fahrtzeit ca. 90 Min.), kann morgens um 6 Uhr einen Bus von der Plaza Ballivián in El Alto nehmen. Früh dort sein, um einen Sitzplatz zu ergattern!

Bergführer und Aspiranten

Die Namen offiziell zugelassener Bergführer, Fotos und ein kleiner Steckbrief finden sich unter 💻 agmtb.org/, siehe unter „Guias y Aspirantes".

Illimani

Für die Besteigung des 6439 m hohen Hausbergs von La Paz benötigt man rund vier Tage. Der Aufstieg ist wesentlich schwieriger als beim Huayna Potosí (unter anderem sind einige Gletscherfelder mit zahlreichen Spalten zu überwinden). Daher benötigt man unbedingt entsprechende Ausrüstung, Erfahrung und einen offiziellen Bergführer. Auch die Höhe und die damit verbundenen niedrigen Temperaturen sollten nicht unterschätzt werden. Am häufigsten wird die Normalroute gegangen, die auf den Südgipfel, den **Pico Sur** führt, den höchsten der fünf Gipfel des Illimani. Da die Anfahrt mit öffentlichen Verkehrsmitteln sehr umständlich und zeitaufwendig ist, sollte man ein Taxi chartern oder eine organisierte Tour buchen.

Ancohuma

Der höchste Gipfel der nördlichen Ausläufer der Cordillera Real soll 6427 m hoch sein. Etliche Messungen haben in den letzten Jahren aber Höhen von bis zu 7000 m ergeben. Würden sich die bislang nicht offiziell bestätigten Ergebnisse bewahrheiten, würde der Ancohuma dem Aconcagua in Argentinien den Titel als höchster Gipfel Amerikas abnehmen. Der Aufstieg ins Ancohuma-Massiv beginnt in Sorata (S. 657).

Trekking in der Cordillera Real

Für Wanderfreunde bietet die Königskordillere östlich von La Paz zahlreiche interessante, mehrtägige Treks. Ähnlich wie auch in Peru gehört die Trockenzeit zwischen Juni und September mit den Übergangsmonaten Mai und Oktober zur besten Wanderzeit. Die klaren Nächte bringen aber sehr tiefe Temperaturen mit sich, sodass in Höhen über 4000 m mit Nachtfrost gerechnet werden muss.

Zu den bekanntesten Wanderwegen von La Paz aus zählen der Choro (3–4 Tage) und der Takesi (2–3 Tage), auf denen besonders in den Monaten Juli und August viele Touristen unterwegs sind. Seltener begangen wird der Yunga Cruz Trail (3–4 Tage). Auf die Wandermöglichkeiten im nördlichen Teil der Cordillera Real wird im Kapitel Sorata (S. 657) näher eingegangen.

Choro-Trail (auch La Cumbre-Coroico-Trail)

Der Choro-Trail ist ein landschaftlich überaus reizvoller Wanderweg, der einer prähispanischen Fußverbindung von La Paz in die Yungas folgt. Einst als wichtigste Handelsroute zwischen dem Altiplano und dem Tiefland während der Tiwanaku-Kultur angelegt, wurde der Weg

Das Condoriri-Massiv ist bei Wanderern wie Bergsteigern gleichermaßen beliebt.

von den Inkas ausgebaut und verbessert. Seit dem Bau der Straße Richtung Yungas hat der Weg an Wichtigkeit verloren und wird außer von Wanderern nur noch von dort lebenden Campesinos benutzt. In seinem Verlauf durchquert der streckenweise gut erhaltene Trail das rund 400 km² große Naturschutzgebiet **Parque Nacional y Área Natural de Manejo Integrado Cotapata**, das auf Höhen zwischen 1000–6000 m eine erstaunliche Anzahl von Ökosystemen beinhaltet.

Der Großteil der Wegstrecke liegt auf der Anden-Ostseite und führt zunächst durch karge Berglandschaft, bevor die feuchte Nebelwaldregion erreicht wird, in der auch der Zielpunkt Coroico liegt. Der Choro-Trail führt überwiegend bergab und bietet außer einigen schmalen (frisch erneuerten) Holzbrücken, die auch mal weggespült sein können, keine größeren Schwierigkeiten. Dennoch sollte man den Trek nicht unterschätzen, da immer wieder kleinere Anstiege, unwegsames, dicht bewachsenes Gelände und glitschige Steinpartien bewältigt werden müssen.

Vom Start in **La Cumbre** (4650 m, höchster Punkt der Strecke etwa 4725 m) bis zum Ende des Trails in Chairo (ca. 1300 m) sind rund 52 km zurückzulegen, für die man 3–4 Tage einplanen sollte. Insgesamt werden auf dem Hauptstück zwischen La Cumbre und Chairo rund 1800 Höhenmeter und ca. 5000 Bergabmeter bewältigt.

1. Tag: La Cumbre – Challapampa

■ ca. 21 km, 6–7 Std.

Der Trek beginnt bei der Christusstatue auf der Passhöhe La Cumbre in 4650 m Höhe, rund 27 km nordöstlich von La Paz (Anfahrt s. u.). Je früher man hier oben ankommt, desto besser, da sich im Laufe des Tages fast immer dichte Wolken bilden und diese die Passhöhe am Nachmittag in dichten Nebel hüllen. Wer dort oben in Nebel gerät, wird ohne Führer kaum den Einstieg des Wanderwegs finden. In einem solchen Fall empfiehlt es sich, entweder an der Passhöhe zu zelten (kalt, windig und Schneefall möglich!) oder nach La Paz zurückzukehren und es am nächsten Morgen erneut zu probieren.

Die Einstiegsstelle liegt rund 3 km nordwestlich der Statue; von La Paz kommend hält man sich also zunächst linker Hand und folgt den Jeepspuren. Nachdem man eine kleine Lagune passiert hat (und eine weitere sehen kann), macht der Weg einen scharfen Knick nach rechts. Nun beginnt der kurze, aber steile Anstieg zum **Chukura-Pass**, mit 4860 m gleichzeitig der höchste Punkt des Trails. Auch wenn es hier oben während der Trockenzeit tagsüber angenehm warm sein kann, sollte man jederzeit auf Schnee eingestellt sein. Oben angelangt bietet sich ein toller Blick auf die umliegende Bergwelt und das Tal des Río Phajchiri, in das man nun über steile Steinstufen im Zickzack einsteigt.

Der breiter werdende Pfad folgt dem allmählich größer werdenden Flusslauf etwa 4 km bis zur **Estancia Samaña Pampa**, wo es einen kleinen Laden mit Getränken und einfachem Trekkingbedarf (Beutelsuppen, Konserven, etc.) gibt. Um die kleine Siedlung herum finden sich einige geeignete Zeltplätze, man sollte aber die Bewohner aus Höflichkeit stets um Erlaubnis fragen und die eventuell geforderte kleine Zeltgebühr zahlen.

Von Samaña Pampa sind es rund sechs einfache Kilometer nach **Chukura** (auch Achura genannt, ca. 3600 m), einem kleinen Bergdorf, in dem indianische Bauern leben. Auch hier sind in begrenztem Umfang Lebensmittel erhältlich. In Chukura befindet sich eine Kontrollstelle des Nationalparks Cotapata; man registriert sich und zahlt eine Gebühr von ca. 10 Bs. Schon weit außerhalb des Ortes werden Wanderer von bettelnden Kindern bestürmt, die aber bestenfalls etwas zu essen erhalten sollten. Bonbons und Kugelschreiber helfen den Kindern nicht weiter, sondern führen nur dazu, dass sie die Schule schwänzen und weiter betteln. Also hart bleiben!

Außerhalb von Chukura kann gezeltet werden, am besten sucht man sich ein Plätzchen, das außerhalb der Sichtweite des Ortes liegt. Unterhalb des Ortes tauchen im weiteren Verlauf des Weges auch noch einige gute Zeltplätze auf. Bis zur kleinen Siedlung Challapampa sind es noch 8 km, die ständig bergab und über teilweise sehr gut erhaltene Stücke der alten Inkastraße führen. In Challapampa, direkt am Río Phajchiri gelegen, kann man gegen eine kleine Gebühr übernachten.

2. Tag: Challapampa – Sandillani

■ ca. 26 km, ca. 8–9 Std.

Immer weiter geht es bergab, das Tal verengt sich, die Temperaturen steigen spürbar an, die Vegetation wird üppiger. Auf den teilweise recht glitschigen Pflastersteinen besteht Rutschgefahr. Nach rund 8 km wird der kleine Ort **Choro** (ca. 2400 m) erreicht, wo man den Fluss auf einer Behelfsbrücke (meist nur ein Baumstamm) überquert. Obwohl viele Bewohner Choros den Ort in den letzten Jahren verlassen haben, um nach La Paz zu ziehen, harren immer noch einige Bauern aus.

In Choro macht der bislang in nordöstlicher Richtung verlaufende Weg eine Biege und führt nun in östlicher Richtung weiter in ein neues Tal. Auf der anderen Flussseite erwartet den Wanderer ein längerer Anstieg. Der Pfad schlängelt sich nun durch dichte Vegetation an der rechten Talseite des Río Huarinilla entlang. Eine ganze Weile finden sich jetzt keine Zeltmöglichkeiten mehr. Der Weg führt im Wechsel bergauf und bergab in ausgedehnte Nebentäler, in denen man immer wieder kleinere Flüsse auf abenteuerlichen Brückenkonstruktionen zu überwinden hat.

An einigen exponierten Stellen liegen herrliche Zeltplätze mit Blick über das ganze Tal, sie verfügen aber leider nicht über Wasser. Rund 7 km von Choro entfernt, wird der Río Jucu Manini überquert und nach weiteren 5 km die morsche Holzhängebrücke des Río Coscapa. Unterwegs passiert man den **Kiosk Kussillonani**, an dem Kekse und Softdrinks erhältlich sind. Auf den letzten 6 km vor Erreichen des Etappenzieles Sandillani kommt man an weiteren Hütten mit Verkaufsständen vorbei, an denen man, wie in Bella Vista, auch zelten kann.

In **Sandillani** (ca. 2100 m) befindet sich um das Haus eines alten Japaners herum ein Zeltplatz mit Rasenfläche, Guavenbäumen und wunderschönem Talblick. Der in die Jahre gekommene Asiate lebt hier schon seit Jahrzehnten und führt seine eigene Statistik der vorbeikommenden Wanderer. Er besitzt einen gut ausgestatteten Laden, freut sich seinerseits aber auch über kleine Mitbringsel.

Der zweite Tag der Wanderung ist sicherlich der anstrengendste. Wer es ruhiger möchte, kann bereits unweit von **San Francisco** übernachten, etwa 3 1/2 Std. von El Choro. Rund 20 Gehminuten von San Francisco entfernt lässt es sich an einem kleinen Wasserfall gut zelten. Von dort sind es am dritten Tag rund 4 1/2–5 Std. bis zum Endpunkt des Trails in Chairo.

3. Tag: Sandillani – Chairo

■ 8 km, ca. 2–3 Std.

Zunächst durchquert der Weg ein kleines Waldstück und führt dann offen bergab in weiten Serpentinen in das rund 700 Höhenmeter tiefer unten gelegene **Chairo**, einen kleinen Ort, der normalerweise den Endpunkt des Choro-Trails markiert (Zeltmöglichkeit vor dem Überqueren der Brücke über den Río Chairo), weil die Transportmöglichkeiten in Richtung Coroico dünn gesät sind. Gelegentlich verlässt ein Lkw oder Pick-up den Ort, oder man chartert für rund US$20 einen Wagen. Ansonsten stehen zunächst rund 13 eher eintönige Kilometer (Gehzeit 3–4 Std.) entlang der Straße durch das Tal bevor, bis man auf die Hauptstraße Caranavi–La Paz trifft. Hier kommen regelmäßig Fahrzeuge vorbei, die Wanderer ins 4 km entfernte Dorf Yolosa mitnehmen können. Von dort sind es nur noch einige wenige, aber steile Kilometer nach Coroico auf 1760 m.

Sonstiges

Ausrüstung

Für den oberen Teil des Weges sowie die erste Zeltübernachtung sind warme Kleidung und ein guter Schlafsack erforderlich. Da einige schlüpfrige Streckenteile zu passieren sind und der Pfad vorwiegend bergab führt, leisten Trekkingstöcke gute Dienste. Im unteren Teil der Wanderung muss mit Mücken gerechnet werden.

Kartenmaterial

Auf der aktuellen Karte *Coroico Yungas* von Freddy Ortiz, die man unter anderem beim Andean Basecamp (s. „La Paz/Einkaufen", S. 626) bekommt, sind der Trek und auch die „Todesstraße" eingezeichnet.

Beim **Instituto Geográfico Militar** in La Paz sind die beiden für den Trek benötigten Detailkarten im Maßstab 1:50 000 erhältlich: *Milluni 5945 II* und *Unduavi 6045 III*.

Klima

Die beste Zeit für den Trek sind die Monate Juni–Sep. Da man sich überwiegend auf der feuchten Anden-Ostseite bewegt, ist das ganze Jahr über mit Regen zu rechnen. Während der Regenzeit (vor allem zwischen Dez und März) ist die Wanderung aufgrund der schwierigen Verhältnisse nicht zu empfehlen.

Sicherheit

In den 90er-Jahren ist es gelegentlich zu Diebstählen, Überfällen und 1999 sogar zu einem Mord an einem Wanderer gekommen. Obwohl die Lage momentan als ruhig einzuschätzen ist, sollte man sich vor der Wanderung bei neutralen Stellen (deutsche Botschaft, Touristeninformation) über die aktuelle Lage informieren. Nachts alle Sachen mit ins Zelt nehmen!

Transport

Nach **La Cumbre**, dem Ausgangspunkt des Choro-Trails, gelangt man mit allen Bussen und Colectivos, die in die Yungas fahren (ca. 27 km, Fahrzeit rund 1 Std.). Abfahrtsort in LA PAZ ist der Vorort Villa Fátima, den man mit Minibussen (Aufschrift „Villa Fátima") ab der Kreuzung Prado/Oruro (bei der Hauptpost) erreichen kann.

Takesi-Trail

Wie auch auf dem Choro-Trail, wurden auf dem Takesi-Trail, der sich östlich von La Paz befindet, Lasten von der Ostseite der Anden ins bolivianische Hochland gebracht. Mehr als ein Drittel des rund 40 km langen Weges besteht auch heute noch aus gut erhaltenen historischen Teilstücken. Das stellenweise mehrere Meter breite Straßenpflaster wird von Mauern gestützt. Der Takesi-Trail gehört zu den beliebtesten Wanderwegen Boliviens und kann v. a. an Wochenenden und in den Monaten Juli/August stark von ausländischen wie einheimischen Touristen frequentiert sein. Die Strecke wird von erfahrenen Wanderern durchaus an einem (sehr langen Tag) bewältigt, normal sind allerdings zwei bis drei Tage. Die Wanderung führt zunächst über einen 4650 m hohen Pass und danach vorwiegend bergab in die Yungas bis zum Endpunkt Yanacachi auf 2200 m.

Beschreibung

Wer mit dem Minibus aus La Paz kommt, beginnt die Wanderung in **Ventilla** auf ca. 3500 m, rund 36 km östlich von La Paz gelegen. Der erste Teil der Strecke führt von dort über eine leicht ansteigende Schotterpiste bis zum 5 km entfernten Andendorf **Choque Khota**. Hier können Maultiere zum Gepäcktransport bis zum Pass oder auch für die gesamte Strecke gemietet werden (ca. US$15 für Treiber plus Maultier pro Tag). Nach etwa fünf weiteren Kilometern und einer Flussüberquerung gelangt man zu einer umgestürzten Mauer, auf der die Route aufgemalt ist. Hier zweigt rechts ein deutlich sichtbarer Pfad von der Piste ab, die weiter zur stillgelegten Mine San Francisco führt. Bis zu dieser Abzweigung, dem eigentlichen Ausgangspunkt des Takesi-Trails, könnte man sich auch mit dem Taxi bringen lassen und so etwa drei Gehstunden bergauf sparen.

Nun beginnt der Anstieg zum Pass, dem 4650 m hoch gelegenen **Abra Takesi**, der im letzten Abschnitt über steile Serpentinen und zum Teil sehr gut erhaltenes Pflaster erfolgt. Auf der oft windigen, kalten Passhöhe angelangt, zeigt sich der 5868 m hohe Nevado Mururata im Osten in voller Pracht. Nach einem kurzen Abstieg erreicht man die von einer Grünfläche umgebene **Laguna Loro Keri** (4400 m), an der sich eine gute, wenn auch kalte Zeltmöglichkeit bietet.

Im nun folgenden Stück der Wanderung, das bald dem Verlauf des Río Takesi folgt, kommt man in den Genuss der schönsten Beispiele prähispanischer Straßenbaukunst in ganz Bolivien. Wie auch in Peru führten gut ausgebaute Straßen der Inkas durch das Hochland und hinab in die Ostanden-Abhänge. Unterwegs finden sich immer wieder gute Zeltplätze, bevor nach rund 5 km das Schäferdorf **Estancia Takesi** (3800 m) erreicht wird. In einigen der sehr einfachen Hütten kann man gegen eine geringe Gebühr auf dem Boden schlafen. Ein nicht immer besetzter Kiosk versorgt Wanderer mit dem Nötigsten.

Unterhalb von Takesi überquert der Weg den Fluss (weitere Übernachtungsmöglichkeit) und führt wenig später langsam steigend um einen steilen Berghang (Loma Palli Palli), hoch oberhalb des Flusses. In diesem Bereich findet sich für ein paar Kilometer kein Trinkwasser mehr. Die Temperaturen steigen spürbar an und mit ihnen nimmt die Vegetation zu. Im Ort **Estancia Cacapi** (ca. 3000 m), rund 6 km nordwestlich von Takesi, sind Getränke erhältlich und hier kann man auch zelten. Ein steiler Abstieg und ein kurzer Anstieg bringen den Wanderer nach **Chojllita**, einem kleinen, unscheinbaren Weiler, der auf einer Passhöhe in 2600 m Höhe liegt. Nach einem weiteren Abstieg wird erneut der nun deutlich breitere Río Takesi erreicht, der von einem Aquädukt begleitet wird. Ein letzter Anstieg führt zum erschreckend hässlichen Minenstädtchen **Chojlla** (auch Chuxlla genannt, 2300 m), einer heruntergekommenen Wohnsiedlung für die Arbeiter einer nahe gelegenen Schwefelmine. Obwohl man in dem wenig einladenden Ort unter primitiven Bedingungen übernachten kann, empfiehlt es sich, vier weitere Kilometer zurückzulegen, um mit **Yanacachi** (2200 m) den Endpunkt des Takesi-Trails zu erreichen. Dort gibt es einfache Übernachtungsmöglichkeiten und Restaurants. Am nächsten Morgen kann man ein Micro nach La Paz (bzw. mit Umsteigen nach Coroico) nehmen oder rund eine Stunde zu Fuß bergab nach Santa Rosa laufen, von wo aus Verbindungen nach Chulumani bestehen. Wer von Yanacachi nach La Paz fahren möchte, sollte sich das Busticket bereits abends besorgen.

Sonstiges

Ausrüstung

Neben einem Zelt sollten Schlafsack, Isomatte, Regenjacke und zumindest ein warmes Kleidungsstück im Gepäck nicht fehlen.

Kartenmaterial

Auf der aktuellen Karte *Yungas* von Freddy Ortiz, die man u. a. bei Andean Basecamp (s. „La Paz/Einkaufen") erhält, sind der Trek und auch andere Routen eingezeichnet. Das Detailkartenblatt *Chojlla 6044-IV* im Maßstab 1:50 000 vom **Instituto Geográfico Militar** in La Paz deckt die Wanderung komplett ab.

Klima

Die beste Wanderzeit sind die Monate Juni–Sep. Da man sich überwiegend auf der feuchten Anden-Ostseite bewegt, ist das ganze Jahr über mit Regen zu rechnen. Während der Regenzeit (vor allem zwischen Dez und März) ist die Wanderung aufgrund der schwierigen Verhältnisse nicht zu empfehlen.

Sicherheit

Außer ein paar Diebstählen und gelegentlichen Steinwürfen ist es auf der Wanderstrecke zu keinen nennenswerten Zwischenfällen gekommen. Wie immer sollte man sich vor der Wanderung bei neutralen Stellen (deutsche Botschaft, Touristeninformation) über die aktuelle Lage informieren. Nachts sollte man alle Sachen mit ins Zelt nehmen.

Transport

Trans Río Abajo (Calle General Luis Lara, Ecke Boquerón) fährt nach **Ventilla** tgl. um 8 Uhr, ca. 2 Std. (36 km), 15 Bs. Ein Taxi von LA PAZ berechnet ca. 200 Bs.

Wer den Takesi-Trail in umgekehrter Richtung wandern möchte (s. u.), muss einen Kleinbus Richtung La Paz nehmen und in Unduavi in einen Bus Richtung Chulumani umsteigen. Danach steigt man an der Abzweigung nach Yanacachi aus und geht zu Fuß zum Ort (ca. 6 km, 2 Std. Gehzeit). Mit etwas Glück erwischt man ein Fahrzeug. Leider verkehren auf der kürzeren Strecke von **Coroico** über Coripata nach Yanacachi, die durch die Koka-

Den Choro runter und den Takesi rauf

Wer gern wandert und von den Yungas zurück nach La Paz möchte, ohne den Bus zu nehmen, hat mehrere Optionen. Zunächst wandert man über den Choro-Trail nach Coroico. Von dort nimmt man ein Taxi, Sammeltaxi oder den zeitaufwendigeren Minibus und fährt zum unteren Ausgangspunkt des Takesi-Trails (Yanacachi), den man nun in rund drei Tagen zurück nach Ventilla gehen kann. Dabei hat man allerdings rund 3000 Höhenmeter vor sich. Alternativ besteht die Möglichkeit, eine Mountainbike-Tagestour von La Paz nach Coroico zu buchen und dann eine der beiden Wanderungen in umgekehrter Richtung zurück nach La Paz zu unternehmen (s. auch Transport Takesi).

Anbaugebiete der Süd-Yungas führt, keine öffentlichen Verkehrsmittel. Die Straße befindet sich auf weiten Strecken in einem sehr schlechten Zustand. Alternativ kann man ein Taxi nehmen, das einen für rund US$60 von Coroico nach Chojlla bringt.

Nachmittags kann der Transport von Ventilla (Endpunkt des Takesi-Trails in umgekehrter Richtung) nach La Paz problematisch werden, da nach 14 oder 15 Uhr kaum noch Fahrzeuge verkehren. Notfalls lässt sich ein Fahrzeug bis in die Außenbezirke der Stadt für rund 200 Bs. chartern oder einfachst in Ventilla übernachten. Den Rucksack sollte man auf diesem Teilstück auf jeden Fall mit ins Wageninnere nehmen, da manchmal Kinder auf die an vielen Stellen sehr langsam fahrenden Fahrzeuge aufspringen und die Außenfächer der Rucksäcke plündern.

Yunga Cruz-Trail

Dieser weitaus seltener begangene Wanderweg verbindet die Nordseite des **Nevado Illimani** mit **Chulumani** in den Süd-Yungas. Die Anfahrt zu den drei verschiedenen Ausgangspunkten des vier- bis fünftägigen Treks gestaltet sich schwierig und zeitintensiv, sodass es sich lohnt, mit mehreren Leuten ein Allradfahrzeug plus Fahrer zu chartern. Die Anfahrt erfolgt über Ventilla (s. Takesi-Trail) und weiter entweder nach Tres Ríos, Lambate oder Chuñavi.

Die Variante ab Tres Ríos, die entlang des Río Pasto Grande und über Estancia Totoral führt, trifft in Chuñavi auf den Hauptwanderweg. Dies ist die längste Strecke.

Lambate kann in rund drei Gehstunden von Estancia Totoral erreicht werden. Diese weiter südlich verlaufende Route ist landschaftlich abwechslungsreicher als die Variante ab **Chuñavi**, ist aber anstrengender und schwieriger zu finden. Südöstlich des Cerro Cuchilltauca vereinigen sich beide Wanderwege und führen in nordöstlicher Richtung nach Chulumani.

Für die Wanderung benötigt man die **Kartenblätter** *Palca-6044-I, Lambate-6044-II* und *Chulumani-6044-III* im Maßstab 1:50 000, die beim IGM in La Paz erhältlich sind. Von Chulumani bestehen regelmäßige Verkehrsverbindungen nach La Paz.

Die Yungas

Die spektakuläre Fahrt von La Paz in die feuchtheißen Yungas (Anden-Ostabhänge zwischen 1000–2000 m) ist nichts für schwache Nerven. Die Strecke nach Coroico ist ein faszinierendes **Naturerlebnis**, bei dem man auf einer Gefällstrecke von rund 3000 Höhenmetern in wenigen Stunden zahlreiche Vegetationsstufen und einen Temperaturunterschied von 25 °C und mehr erleben kann. Steil fallen die Anden Richtung Amazonas ab; vom Schnee der Anden bis in die Koka-Anbaugebiete der Yungas sind nur 100 km zurückzulegen.

Paraguayanische Strafgefangene aus dem Chaco-Krieg (s. S. 131) mussten die Straße in den 1930er-Jahren errichten, damit La Paz mit Agrarprodukten aus dem östlichen Andenvorland versorgt werden konnte. Doch die wichtige Lebensader gelangte recht bald zu trauriger Berühmtheit: Auf keiner **Andenstraße** verunglückten mehr Autofahrer – jährlich waren auf dem Teilstück La Cumbre–Coroico rund 300 Tote zu beklagen, das dürfte ein trauriger Weltrekord sein. Autofahrern verlangte die rutschige Lehmpiste ihr ganzes Fahrkönnen ab, wenn sie an den wenigen Ausweichstellen und immer nah am Abgrund um jeden Zentimeter Platz kämpfen mussten. Seitdem 2007 eine 120 Mio. US-Dollar teure asphaltierte **Umgehungsstraße** eingeweiht wurde, ist die Benutzung der „Todesstraße", für motorisierte Fahrzeuge offiziell verboten (was vor allem einige Bus- und Lastwagenfahrer wenig interessiert) und den Mountainbikern (Kasten, s. S. 650) überlassen.

Wem die Fahrt mit dem Bus zu stressig ist, der kann die Strecke nach Coroico entweder mit dem Mountainbike (s. S. 650/651) oder zu Fuß (s. S. 642) zurücklegen. Schon seit Jahrhunderten wurden über diese teilweise gut erhaltenen Fußwege Kokablätter aus den Yungas nach La Paz und weiter zu den Silberminen von Potosí gebracht, wo sie auch heute noch von den Minenarbeitern als Mittel gegen Hunger und Erschöpfung gekaut werden. Noch immer zählen die Yungas zu den **wichtigsten Koka-Anbaugebieten** des Landes. Das regenreiche Klima mit hohen Temperaturen ermöglicht jährlich vier Ernten. Mit den hohen Marktpreisen für Koka können jedoch die anderen dort angebauten Produkte wie Zitrusfrüchte, Kaffee und Bananen nicht konkurrieren. Der Versuch, die Anbauflächen mit Gewalt zu reduzieren, stieß auf den energischen Widerstand der Kleinbauern, die sich ihrer Lebensgrundlage beraubt sehen (s. auch Kasten S. 654/655).

Coroico

Um nach Coroico zu gelangen, muss man die oben beschriebene Straße nehmen, die zunächst vom Vorort Villa Fátima in La Paz aus in rund einer Stunde auf den 4650 m hohen **Abra La Cumbre** mit seiner Christusstatue führt. Ab dort beginnt die atemberaubende Abfahrt in die üppig grünen Yungas, die inzwischen immer mehr Touristen auf dem Mountainbike zurücklegen (s. Kasten S. 650/651). Die ersten 30 km der Abfahrt sind asphaltiert, dann zweigt linker Hand die Asphaltstraße nach Coroico ab. Im kleinen Ort **Unduavi** gabelt sich die Straße: Rechter Hand gelangt man nach Chulumani ins südliche Yunga-Gebiet, geradeaus weiter nach Coroico und ins Amazonas-Tiefland.

Coroico, einst ein Goldgräberkaff, zählt zu den schönsten Orten in den Yungas, wozu der **Talblick** beträchtlich beiträgt. Die attraktive Lage und relative Nähe zu La Paz hat zahlreiche Ausländer angezogen. Der Ort mit dem angenehm milden, aber sehr feuchten Klima auf rund 1760 m Höhe zieht vor allem an Wochenenden und während der Ferien Scharen von Paceños an, die der Kälte von La Paz für ein paar Tage entfliehen möchten.

Lohnend ist die reizvolle **Umgebung** mit ihren Hügeln (z. B. Cerro Uchumachi), Wasserfällen, Kokaplantagen, kleinen Kapellen (z. B. Iglesia Calvario) und alten Haciendas, die sich zu Fuß, per Mountainbike oder auf dem Pferderücken erkunden lassen. Richtig Betrieb herrscht am und um den 20. Oktober, wenn Coroíco seine alljährliche Fiesta mit traditionellen Tänzen, Prozessionen und viel Schnaps begeht.

Der „grüne Pfad"

Das **La Senda Verde Animal Refuge** liegt schön am Fluss einige Hundert Meter unterhalb von Yolosa an der Straße nach Caranavi (7 km von Coroico), ✆ 74722825 (Mobil), 💻 www.sendaverde.com. In der Tierpflegestation achtet man auf einen umweltverträglichen Tourismus. Die Anlage verfügt über einen großen Pool und ein gutes Restaurant. Übernachtet wird in unterschiedlichen Cabañas, Frühstück inkl. ❹
Senda Verde unterstützt ein lokales Tourismusprojekt im Goldenen Tal (Kori Huayku). Von Yolosa aus folgt man, begleitet von einem lokalen Guide, einem alten Inkapfad durch das üppig bewachsene Tal (Gehzeit ca. 5 Std.).

Übernachtung

In Coroico findet sich eine gute Auswahl an Unterkünften (s. auch „Essen" und „Spanischkurse") in fast allen Preisklassen. Am billigsten sind die Residenciales in Plazanähe (ab 25 Bs. p. P.) An Wochenenden und während der Hauptsaison kann es zu Engpässen kommen. An Feiertagen und langen Wochenenden steigen die Hotelpreise an.

El Cafetal, ca. 10 Min. südöstlich der Plaza, beim Krankenhaus, ✆ 71933979 (Mobil). Inmitten eines üppigen Tropengartens gelegen. Schöne Zimmer mit/ohne Bad und tollem Blick. Pool und ein exzellentes, französisches Restaurant. ❷

Hostal Cerro Verde, Ayacucho, ✆ 73233357 (Mobil). Saubere Zimmer, sehr ruhig, Talblick, Pool, Restaurant, Camping möglich. Frühstück inkl. ❷

Hostal Kory, Thomas Monje, unweit der Plaza, ✆ 71564050 (Mobil). Beliebter Travellertreff. Relativ kleine, aber saubere Zimmer, z. T. mit Gemeinschaftsbad, Terrasse, Pool und ein toller Blick ins Tal, Restaurant und Wäscherei. Frühstück inkl. ❸, mit Gemeinschaftsbad ❷

Hotel Esmeralda, ca. 400 m oberhalb der Plaza und unterhalb des Cerro Uchumachi, zu erreichen über die Zuazo Cuenca, ✆ 02-22136017, 💻 www.hotelesmeralda.com. Großes Hotel mit tollem Blick, den man aber nur von den Zimmern mit Bad oder den Suiten entsprechend genießen kann. Guter Pool, Sauna, Billard, Büchertausch, Restaurant und Shuttle-Service über die neue Straße nach La Paz. WLAN. Man spricht Deutsch. ❷–❸, Schlafsaal 75 Bs.

Ecolodge Sol y Luna, ca. 1 km östlich der Plaza, vorbei am Hotel Esmeralda, ✆ 02-2444884 (La Paz), 💻 www.solyluna-bolivia.com. Rustikale Bungalows inmitten eines üppigen Gartens, sehr ruhig, mit Feuerstellen, Hängematten und 2 Minipools. Camping möglich. Auf Wunsch Shiatsu-Massagen. ❸

Essen

Wer billig satt werden will, sollte an den Ständen im Markt essen.

Bamboo's Café in der Iturralde serviert italienisch-mexikanische Spezialitäten und vegetarische Gerichte.

Backstube, an der Plaza. Das von einem Deutschen geführte Lokal bietet ein gutes Frühstück, köstliche Kuchen und ausgezeichnetes Essen, u. a. Sauerbraten und Käsespätzle. Die Backstube vermietet auch eingerichtete Bungalows. 🕓 Mi–So 9–21 Uhr.

Villa Bonita, Heroes del Chaco, etwa 10 Min. von der Plaza entfernt, ✆ 71918298 (Mobil), ✉ villabonita05@yahoo.com. Ein nettes Gartencafé unter deutscher Leitung mit einer schattiger Terrasse. Leckeres, hausgemachtes Eis, vegetarisches Essen, Verkauf von Kaffee, Marmelade, Honig. Gratis Yoga-Stunden, Büchertausch. Sie haben auch günstige Zimmer mit oder ohne Bad und gutes Frühstück. 🕓 tgl. 10–18 Uhr.

Das **Hotel Esmeralda** offeriert alle 3 Mahlzeiten im Buffetstil.

Französische Küche gibt es im **El Cafetal** (s. „Übernachtung").

17 HIGHLIGHT

„Biken" auf der Todesstraße

Als sich 1995 einige wenige Verrückte auf Mountainbikes die Strecke zwischen La Cumbre auf 4650 m und Yolosa auf 1300 m hinabstürzten, ahnte niemand, dass dies wenig mehr als zehn Jahre später jährlich über 30 000 Touristen ebenfalls tun würden. Neben der Wanderung auf dem Inka Trail nach Machu Picchu und dem Flug über die Nazca-Linien hat sich die spektakuläre Radfahrt mit einem Höhenunterschied von 3345 m als fester Bestandteil einer ausgedehnten Südamerikareise etabliert. Der Nervenkitzel ist garantiert, wenn sich täglich Dutzende von Hobbybikern auf die 64 km lange Abfahrt in die Yungas machen. Rund 30 Agenturen wollen von dem warmen Goldregen profitieren: Die Tour kostet je nach Anbieter und Fahrrad zwischen US$40 und US$80 p. P. Die Größe der Gruppe sowie die Qualität der Räder und der Guides spielen dabei eine (über)lebenswichtige Rolle. Regelmäßig kommt es auf der „Todesstraße" zu **Unfällen** und auch zu Todesfällen unter den Radfahrern – laut Statistik stürzen jährlich ein bis zwei Radler in den Abgrund. Wer daher am falschen Ende spart, macht unter Umständen seine letzte Reise. Ein paar Dollar mehr und die Auswahl eines erfahrenen Anbieters (s. „La Paz/Touren", S. 627) minimieren das Risiko.

■ Die Touren beginnen gegen 7.30 Uhr mit der Auswahl der Ausrüstung (Fahrräder, Helme, Handschuhe, Regenkleidung). Danach bringt ein Fahrzeug die Teilnehmer zum La-Cumbre-Pass, wo nach einer kurzen Einweisung die Abfahrt beginnt. Es kann oben am Pass sehr kalt und windig sein oder sogar Schnee liegen! Der erste Teil der Abfahrt (ca. 30 km) findet auf Asphalt statt. Unterwegs werden Foto- und Verpflegungsstopps eingelegt. Gute Veranstalter schicken einen Guide voraus, der die Gruppe auf entgegenkommende Fahrzeuge aufmerksam macht. Sie weisen zudem die Teilnehmer vor dem gefährlicheren zweiten Teil der Abfahrt erneut ein und sorgen dafür, dass die Gruppe zusammenbleibt.

■ In Yolosa angekommen, werden die Gruppen je nach Veranstalter zu Hotels der Region gebracht, wo man duschen kann und ein Mittagessen bekommt. Am Nachmittag erfolgt

Westbolivien

Unterhaltung und Kultur

Carla's Garden Pub, Pasaje Adalid Linares. 12 verschieden Biersorten, Cocktails, einfache Gerichte, am Wochenende gelegentlich Livemusik. WLAN. ◷ Mo–Sa 14–24 Uhr.

In der **Disco Tropicana** am Ortsausgang geht es erst so richtig nach 23 Uhr ab.

Touren

Einige Veranstalter (s. „La Paz", S. 627) bieten Rafting-Touren auf dem Río Coroíco an. Die Touren sollten schon in La Paz gebucht werden.

YAT (Yungas adventure travel), Thomas Monje, neben Hostal Kory gelegen, ✆ 02-2316961, 💻 www.yatbolivia.com, bietet Trekking und Biketouren an.

Murcy Tours, Pasaje Adalid Linares, ✆ 74028524 (Mobil). Eher ungewöhnliche Touren, darunter, Fischen, Urwaldexpeditionen und eine Kakaoroute.

Sonstiges

Freiwilligenarbeit

Wer im **Eco Bambu Mandal**, etwa 7 km östlich von Coroico, Richtung Carmen Pampa, einem ökologisch ausgerichteten Ashram, mitarbeiten möchte, findet Informationen unter 💻 ecovolunteer.blogspot.com/2008/09/bolivia-coroico-eco-bambu-mandal.html. Die Kosten betragen US$ 7 p. P. und Tag, alle Mahlzeiten inklusive, Unterkunft in nach Geschlechtern getrennten Gemeinschaftsräumen. Dort wird allerdings nur vegetarisches

der Rücktransport nach La Paz; Ankunft gegen 18–20 Uhr. Wahlweise kann man auch in Coroico bleiben und mit einer am nächsten Tag ankommenden Gruppe kostenlos zurück nach La Paz fahren. Dies muss mit dem Veranstalter koordiniert werden.

■ Abfahrten mit dem Fahrrad auf der „Todesstraße" werden von einigen Veranstaltern das ganze Jahr über angeboten. In allen Monaten muss mit Nebel und Regen auf der Strecke gerechnet werden, besonders in der Regenzeit von Dezember bis April.

Essen serviert, Rauchen und Drogen sind verboten!

Geld

Schlechtere Kurse als in La Paz. Es gibt 2 Banken und einen Geldautomat an der Plaza. Bargeld mitbringen!

Informationen

Asociación de Guías de Turismo, Plaza Principal, ✆ 67108865 (Mobil). Bei der Vereinigung der Fremdenführer bekommt man Infos und kann Touren buchen.

Internet

An der Plaza befinden sich einige **Internetcafés**; die Preise hier sind höher und die Verbindungen langsamer als in La Paz. Das Hotel Esmeralda verfügt ebenfalls über Internet.

Medizinische Hilfe

Das **Krankenhaus** liegt etwa 15 Gehminuten südöstlich der Plaza, entlang der Pacheco, ✆ 02-2136002.

Spanischkurse

El Rincón Pichilemino, Calle Pacheco, rund 200 m nach dem Krankenhaus, ✆ 71907301 (Mobil), ✉ claudiaalvar@yahoo.com. Man spricht deutsch. Geboten werden neben Privatunterricht (US$7,25 pro Std.) auch eine Unterkunft mit Pool, Hängematte und großem Garten. ❷

Transport

Busse

LA PAZ (Turbus Totai) mehrmals tgl., 2 1/4–3 Std. (ca. 110 km), 15–20 Bs. Coroico Tours, fährt mehrmals tgl. mit schnelleren, aber teureren Sammeltaxis vom Busterminal, 25 Bs.
CARANAVI (Bus Yungeña und Minivan Agencia Gentileza) mehrmals tgl., 4 Std. (85 km), 40–45 Bs.
Nach CHULUMANI (6–7 Std., ca. 100 km) gibt es keinen öffentlichen Transport. Taxis kosten etwa 500 Bs.
RURRENABAQUE (Turbus-Totai) um 13 Uhr, ca. 15 Std. Zunächst geht es mit einem Minibus nach YOLOSA und von dort aus zwischen 14 und 15 Uhr weiter mit einem aus La Paz kommenden Bus (ca. 100 Bs., Ticket einen Tag im Voraus oder vor 10 Uhr morgens kaufen).
Busse nach YOLOSA (etwa 10 Min.) fahren mehrmals tgl.von der Calle Sagárnaga (unterhalb des Aussichtspunkts) ab.

Chulumani

Auch die Straße in die Südyungas, die in Unduavi rechter Hand abzweigt, hat einige spektakuläre Aussichten zu bieten, ist aber nicht annähernd so gefährlich wie die Verbindung von Unduavi nach Coroíco. Obwohl Chulumani sich auf 1640 m in einer ähnlich schönen Umgebung wie Coroico befindet, kommen weitaus weniger Bolivianer hierher. Daher geht es in dem **typischen Yungastädtchen** mit seinen gepflasterten Gassen und roten Ziegeldächern auch am Wochenende eher beschaulich zu.

In den 1950er-Jahren hielt sich der Nazi Klaus Barbie hier versteckt. Die Umgebung des Ortes ist voller Kaffee, Zitrus- und Kokaplantagen. Ein lohnenswerter Ausflug führt zum **Bosque Ecológico Apa Apa**, einem rund 5 km² großen, privaten Naturschutzgebiet, das sich rund 9 km südöstlich des Orts entlang der Straße nach Irupana befindet. Auf dem Gelände kann man in einer alte Hacienda nächtigen.

In Chulumani gibt es einfache Übernachtungsmöglichkeiten. Die 120 km nach La Paz legen regelmäßig von der Plaza Libertad fahrende Minibusse in rund 4 Std. zurück.

Nordwestlich von La Paz

Sorata

Das **Andendorf** am Fuß der nördlichen Ausläufer der Cordillera Real, rund 150 km nordwestlich von La Paz, zieht mit seinen schmalen, gepflasterten Gassen und einer palmenbestandenen Plaza zahlreiche Touristen in seinen Bann. Hinzu kommt, dass sich Sorata von einem Warenumschlagplatz zum wichtigsten Trekking- und Bergsteigerzentrum außerhalb von La Paz entwickelt hat. Neben schönen Tageswanderungen kann man anspruchsvolle mehrtägige Touren unternehmen oder die Eisriesen **Illampu** (6368 m) und **Ancohuma** (6427 m) besteigen.

Eingerahmt von steilen Felswänden, liegt Sorata in einem fruchtbaren Tal auf klimatisch angenehmen 2695 m. Die Nächte sind hier deutlich wärmer als in La Paz, während es tagsüber nicht zu heiß wird. Kaum verwunderlich, dass die spanischen Eroberer glaubten, nach dem Überqueren des harschen und lebensfeindlichen Altiplanos den Garten Eden erreicht zu haben. 1781 zerstörten die Truppen des rebellischen Inkanachfahren **Tupac Amaru** den Ort, indem sie einen Fluss oberhalb der Stadt anstauten und die Wassermassen Richtung Sorata leiteten.

Nach der **Unabhängigkeit** prosperierte das Städtchen stetig, besonders im späten 19. und frühen 20. Jh., als mit Kautschuk, Gold und Chinin beladene Maultierkarawanen aus den östlichen Landesteilen in Sorata Rast machten. Von dem **wirtschaftlichen Boom** profitierten viele deutschstämmige Händler, die sich in Sorata niedergelassen hatten. Nach dem Bau der Straße von La Paz in die Yungas versank der Ort für einige Jahrzehnte in der Bedeutungslosigkeit, doch der zunehmende **Tourismus** hat ihn bereits aus dem kurzen Dornröschenschlaf erweckt, und dieser wird durch die inzwischen komplett asphaltierte Zufahrtsstraße weiter angekurbelt.

Übernachtung

Reggae House, Muñecas, ✆ 73238327 (Mobil). Sehr günstige Backpackerabsteige. Zimmer mit Gemeinschaftsbad, vorwiegend junge Traveller.

Westbolivien

Bar, Küchenbenutzung, einfache Gerichte und Säfte, Tourservice (Trekking, Reiten). ❶

Residencial Sorata, an der Plaza General Enrique Peñaranda, ✆ 02-2136672. Etwas baufälliges Gebäude aus dem 19. Jh. mit armdicken Wänden und hohen Decken. Die ebenfalls nicht ganz taufrischen Zimmer mit/ohne Bad, liegen um einen schönen Garten. Restaurant, Parkplatz. Ein großes Plus sind die heißen Gasduschen. Reservierung sinnvoll. ❶

Hostal Paraiso, Villavivencio, Nähe Plaza, ✆ 72074489 (Mobil). Kleines, modernes Hotel mit ordentlichen Zimmern mit/ohne Bad, Dachterrasse. ❶

Hostal El Mirador, Muñecas 400, ✆ 02-28785078. Beliebte Budgetunterkunft mit Restaurant und Bar. Kleine, saubere Zimmer, einige mit Gemeinschaftsbad; fantastischer Talblick, Küchenbenutzung, Wäscheservice. ❶

Hostal Las Piedras, schräg gegenüber vom Fußballplatz, ca. 10 Gehminuten unterhalb der Plaza, ✆ 71916341 (Mobil), ✉ laspiedras2002@yahoo.de. Angenehme, sehr saubere Unterkunft unter deutscher Leitung. Zimmer mit Talblick, wahlweise mit/ohne Bad, sehr gutes Frühstück mit Vollkornbrot (auch gut als Verpflegung beim Trekken geeignet), Spiele und Musik im großen Aufenthaltsraum, Küchenbenutzung, Büchertausch. ❷

Altai Oasis, etwas außerhalb gelegenes Hostel mit Campingplatz (30 Bs. p. P.), ✆ 02-2133895, 💻 www.altaioasis.com. Gepflegte Anlage an einem kleinen Fluss, über die Straße nach San Pedro oder einen steilen Fußweg erreichbar.

Peru und Bolivien gehören nach Kolumbien zu den Ländern mit der weltweit höchsten Kokaproduktion. Wie in Bolivien hat der Kokakonsum auch in Peru traditionelle Wurzeln. Archäologische Funde bezeugen den Anbau des Kokastrauches sowie die **medizinische und rituelle Verwendung** der Blätter – u. a. als Grabbeigabe – seit rund 5000 Jahren. Bis heute hat sich der magisch-religiöse Gebrauch der Kokablätter in den andinen Gesellschaften kaum verändert. Er hat als Opfergaben bei Taufen, Hochzeiten und Begräbnissen eine große soziale Bedeutung. Beim traditionellen Kauen *(Chaccheo)* werden die Kokablätter im Mund mit Kalk oder Quinoa-Asche als Katalysator zu einer bitter schmeckenden Kugel *(Bola)* geformt und gekaut. Dieser traditionelle Konsum hat eine leicht anästhesierende Wirkung, dämpft Hungergefühle, steigert die Ausdauer und wirkt der Höhenkrankheit *(Soroche)* entgegen – laut Weltgesundheitsbehörde WHO ohne negative gesundheitliche Auswirkungen.

In der Kolonialzeit nutzten die Spanier die leistungssteigernde Wirkung der Koka ganz gezielt, um die zur Zwangsarbeit in den Silberminen verpflichteten Indianer noch stärker ausbeuten zu können. Koka ist in den Andenländern aber auch heute noch in fast allen Haushalten, Supermärkten und Restaurants als **Kokatee** *(Mate de coca)* zu finden; mit Teebeuteln oder losen Blättern aufgegossen ist er quer durch alle sozialen Schichten wegen seiner Wirkung gegen Kopf- und Magenschmerzen und die Höhenkrankheit beliebt.

Der Kokastrauch *(Erythroxylum coca)* ist vor allem wegen der derzeit hohen Preise eine ideale Anbaupflanze für die in Peru und Bolivien typische **Kleinbauernwirtschaft**, da Anbau und Ernte arbeitsintensiv und nur manuell möglich sind. Bei vier Ernten im Jahr erwirtschaften die *Campesinos* über das Jahr verteilte, regelmäßige Einkünfte. Die Anbaugebiete, die selten mehr als einen Hektar groß sind, befinden sich meist in schwer zugänglichen, unterentwickelten Regionen mit geringer Infrastruktur. Koka wird in Peru und Bolivien an den Ostabhängen der Anden auf einer Höhe von 500–2000 m angebaut. Während der Anbau von Koka in Peru im oberen Huallaga-Tal aufgrund einer größeren Ausrottungskampagne stark rückläufig ist, konnte die Region Apurímac-Ene stark zulegen. Sie entwickelte sich inzwischen zu Perus wichtigstem Anbaugebiet, aus dem mehr als ein Drittel der einheimischen Kokablätter stammen. Weitere **Anbaugebiete** mit starken Zuwachsraten sind die Regionen Palcazú-Pichis-Pachitea, Marañon, Putumayo und allgemein das Amazonasgebiet. In geringerem Umfang wird auch in den Gebieten Aguatiya und Inambari-Tambopata Koka angebaut. In Bolivien wächst der Strauch vor allem in den Yungas und Chapare. Die Produktionssfläche betrug 2009 landesweit rund 31 000 ha.

Das Problem ist Kokain – nicht Koka

Als sich Kokain in den 70er- und 80er-Jahren des 20. Jhs. in den USA und Europa zur Modedroge entwickelte, kam es zu einem regelrechten **Boom** und die Anbauflächen nahmen dramatisch zu, sodass Peru bis Mitte der 90er-Jahre zum weltgrößten Kokaproduzenten aufstieg. Aufgrund seiner kulturellen Bedeutung ist der Anbau von Koka in Peru legal, die Vermarktung für den traditionellen Konsum wird durch die staatliche Behörde ENACO geregelt. Die Anbaufläche in Peru ist laut World Drug Report 2011 des United Nations Office on Drugs and Crime (UNODC) von 46 700 ha im Jahr 2002 auf 61 200 ha im Jahr 2010 gestiegen – dies entspricht einem Zuwachs von rund 76 Prozent. Aus der dabei geernteten Menge von rund 70 000 t Kokablättern wurden etwa 215 t reines Kokain hergestellt. 90 % der Ernte gehen direkt in die illegale Weiterverarbeitung und in den **Drogenhandel** *(Narcotráfico)*. Für die Herstellung eines Kilos Kokain werden etwa 300 kg Kokablätter mit Chemikalien wie Kerosin und Schwefelsäure zu 2,5 kg braun-beiger Kokapaste *(Pasta básica)* weiterverarbeitet. Der letzte Schritt, die Verfeinerung zu Kokain, geschieht zwar zu einem Großteil außerhalb Perus (vor allem in Kolumbien), doch steigt die Anzahl von Drogenlabors in Peru an.

Mit dem Drogenanbau- und der Drogenverarbeitung gehen immense **Umweltschäden** einher. Für die Kokafelder werden beträchtliche Mengen Regenwald gerodet und die Chemikalien, die zur Herstellung von Kokain benötigt werden, verunreinigen zahlreiche Flüsse.

Die Präsenz der Drogenhändler und ihre Verbindung zu Terroristen- und Guerrillagruppen wie dem Leuchtenden Pfad (S. 202/203) führen zu einem permanenten Klima der **Gewalt und Unsicherheit** in den Koka-Anbaugebieten. Von den enormen Summen, die im Drogenhandel verdient werden, erhalten die Bauern nur einen Bruchteil. Der Kokaanbau bringt den Bauernfamilien zwar höhere Erträge und Einkommen als andere landwirtschaftliche Produkte (mit Koka erwirtschaften die Bauern pro Hektar etwa 30–50 % mehr als mit Kaffee, Kakao oder Palmöl), gleichzeitig aber auch ein Leben am Rande der Illegalität und den **Verfall der traditionellen sozialen Strukturen**. Einen nachhaltigen Entwicklungsprozess konnte der Kokaanbau bisher nicht einleiten, er hat ihn eher noch verhindert. Die Bauernfamilien sind auch nach rund 30 Jahren Kokaboom immer noch bitterarm.

In der Zeit des Fujimori-Regimes wurde einerseits rigoros gegen Drogenproduktion und Kokahandel mit Kontrollmaßnahmen und Militarisierung der Anbaugebiete vorgegangen. Andererseits war **Vladimiro Montesinos**, Präsidentenberater und rechte Hand Fujimoris, eng in den Drogenhandel verstrickt. Er ließ Drogenhändler von korrupten Polizeiangehörigen schützen, vorab über Polizeioperationen informieren und war an der Einrichtung von geheimen Fluglandepisten und Laboratorien zur Kokainherstellung beteiligt. Außerdem pflegte er enge Beziehungen zum Medellín-Kartell, das in jener Zeit den Drogenhandel in Peru dominierte.

Viel Geld, wenig Resultate

Seit Anfang der 90er-Jahre führte der Staat **Vernichtungsprogramme** zur Reduzierung des Kokaanbaus durch, hauptsächlich in Naturschutzgebieten, auf verlassenen Feldern oder in der Nähe von Koka-Weiterverarbeitungsstätten sowie in freiwilliger Form durch die Bauern. Pflanzengifte wie in Kolumbien wurden in Peru nie eingesetzt. Als Reaktion auf steigende Preise und intensivierten Kokaanbau finanziert die US-Regierung seit Ende 2002 ein Programm, bei dem die Bauernfamilien sich verpflichten, ihre Kokapflanzungen selbst zu vernichten. Dafür erhalten sie bis zu 12 Monate lang Kompensationsleistungen, die in etwa der Höhe der entgangenen Einnahmen entsprechen.

Doch die staatlich subventionierte Zerstörung von Kokafeldern ist selten sozialverträglich und hat bisher nicht zu einer dauerhaften Reduzierung des Kokaanbaus beigetragen. Solange die Kokabauern keine nachhaltigen alternativen Einkommensquellen haben, die ihnen ausreichende Einnahmen sichern, entzieht man ihnen die Lebensgrundlage. Immerhin sind die klassischen legalen **Alternativen** zur Koka wie Kaffee oder Kakao in den letzten Jahren aufgrund gestiegener Weltmarktpreise deutlich lukrativer geworden, haben es aber weiterhin schwer, der Koka Konkurrenz zu machen. Noch immer erschweren große Preisschwankungen, internationale Schutzzölle für Agrarprodukte und hohe Transportkosten wegen der schlechten Straßen die Vermarktung der Produkte.

Seit Mitte der 1980er-Jahre realisieren internationale Hilfsorganisationen **Entwicklungsprojekte** in den Koka-Anbaugebieten, mit deren Hilfe nachhaltige Alternativen zum Kokaanbau geschaffen werden sollen. Experten beraten Bauern, verbessern die Vermarktung von Agrarprodukten und fördern lokale Bauernorganisationen und Kooperativen. Auch wenn einige dieser Programme erfolgreich sind und die Lebensbedingungen der Bauernfamilien verbessern, konnten sie den Kokaanbau bisher nur regional begrenzen. Ein englischer Reporter, der 2011 die Drogenanbaugebiete Perus besuchte, brachte es auf folgenden Nenner: „Während die Regierung viel Geld ausgibt, die Drogenproduktion zu stoppen, wird der Kokaanbau ironischerweise lokal gefördert".

Natalie Bartelt und Frank Herrmann

Rustikale Cabañas für 3 Pers., z. T. komplett ausgestattet, die besseren verfügen über Gasdusche und gute Matratzen. Empfehlenswertes Restaurant, WLAN, Pool, Videoraum. ❷–❹

Camping

Café Illampu, ca. 20 Gehminuten entlang der Straße zur San-Pedro-Höhle, ✆ 73227761 (Mobil). Heiße Duschen, Feuerplatz, Hängematten und kleines Café (s. „Essen"). Januar–März geschlossen. ❶

Essen

Um die Plaza liegen zahlreiche, einander ähnliche Restaurants, die sich überwiegend als Pizzerias präsentieren. Das „Original" ist die **Pizzería Italia** an der Südostseite der Plaza. ⏲ tgl. 7–23 Uhr.
Eine preisgünstige Alternative sind einfache bolivianische Restaurants wie das **El Ceibo** in der Muñecas, ⏲ tgl. 6–21 Uhr, oder die Essenstände im Markt.
Im **Residencial Sorata** kann man gut frühstücken und zu Mittag essen.
Das etwas außerhalb gelegene **Café Illampu** (s. oben) verkauft leckeren, selbst gebackenen Kuchen und gutes Vollkornbrot. ⏲ Mi–Mo 9–18 Uhr.
Das hervorragende Restaurant **Altai Oasis** (s. „Übernachtung") nutzt teilweise Biogemüse aus dem eigenen Garten.

Touren

Die Wanderführer, Träger und Maultiertreiber von Sorata haben sich zusammengeschlossen. Ihr Büro der **Asociación de Guías Turísticas y Porteadores de Sorata**, Calle Sucre, gegenüber vom Residencial Sorata, ✆ 02-2136672 (Telefon des Hotels Residencial Sorata) ist die beste Anlaufstelle für Trekkingtouren. Hier trifft man sich mit anderen Wanderwilligen, um Gruppen zu bilden, und hier kann man die Konditionen für Wandertouren erfragen. Vermietet wird in begrenztem Umfang Campingausrüstung wie Zelte, Kocher, Schlafsäcke etc., aber um sicherzugehen, sollte man die komplette Ausrüstung aus La Paz mitbringen. Die Guides besitzen gute Ortskenntnisse, gelten aber nicht unbedingt als qualifizierte Bergführer (obwohl sie deren Preise nehmen, handeln!).
Beliebte **Touren** sind die Wanderung zur **Laguna Glacial**, (1–3 Tage, s. S. 657) und die **Illampu-Umrundung** (5–7 Tage, s. S. 657).
Angeboten werden auch der **Mapiri-Trail** von Sorata nach Mapiri (6–7 Tage), der **Camino del Oro** von Sorata nach Guanay (4–6 Tage) und der **Transkordilleren-Trek** von Sorata zum Huayna Potosí (12–13 Tage).

Sonstiges

Geld

Da es keine Geldautomaten und nur eine Bank in Sorata (tauscht keine Travellerschecks) gibt, sollte man in La Paz ausreichend Geld tauschen. Ansonsten kann man in einigen Hotels und Läden an der Plaza zu bescheidenen Kursen wechseln.
Bei **Prodem** an der Plaza gibt es einen Vorschuss auf Mastercard und Visa.
⏲ Mo geschlossen.

Informationen

Leider existiert keine offizielle Touristeninformation, aber Hotels, Restaurants und Tourveranstalter können weiterhelfen.

Internet

Die schlechten Telefonverbindungen machen das Internet langsam und relativ teuer.

Markt

In der Muñecas, westlich der Plaza.

Post

An der Plaza. Die Beförderung von La Paz aus ist deutlich schneller.

Telefon

An der Plaza liegt das Entel-Büro.

Transport

Von der Plaza nach LA PAZ (3–3 1/2 Std., 150 km) fährt Sindicato de Transportes Unificada (✆ 71283483 (Mobil)) stdl. von 3–19 Uhr (an Wochenenden auch noch später), 17 Bs., und Perla del Illampu (✆ 71943573 (Mobil)), stdl. von 5–19 Uhr, 17 Bs.

Sindicato de Transportes Unificada fährt mehrmals tgl. nach COPACABANA (3 1/2–4 Std., 40 Bs.) und nach TIWANAKU (3 Std., 27 Bs.)
SANTA ROSA mehrmals wöchentl., 10–12 Std., Abfahrten an der Plaza erfragen.
Ein Allradfahrzeug nach ANCOMA (Fahrtzeit ca. 3 Std., s. Illampu-Trekking und Camino del Oro) kostet etwa 500 Bs. An der Plaza fragen.

Die Umgebung von Sorata

Die Ausflugsmöglichkeiten reichen von Tageswanderungen bis zu anspruchsvollen einwöchigen Trekking- bzw. Bergtouren in der Cordillera Real oder hinab in die Nord-Yungas. Die beste Wanderzeit in den Bergen sind die Monate von April bis Oktober. Für Wege in die Yungas empfehlen sich die Monate Juni bis September.

Gruta de San Pedro

Die beliebte Tageswanderung führt zur San Pedro-Höhle, rund 12 km nordwestlich von Sorata (Gehzeit einfache Strecke 2 1/2–3 Std.). Um dorthin zu kommen, folgt man entweder der Avenida 9 de Abril, bis man nach 10–15 Min. auf das Hinweisschild zur Grotte trifft und links abbiegt. Oder man nimmt den Weg zum Campingplatz Altai und geht an diesem vorbei wieder hoch bis zur Hauptstraße, an der auch das Café Illampu liegt. Nach rund 11 km erreicht man den Ort San Pedro.

Die Höhle befindet sich oberhalb der Straße, etwa 1 km vom Ort entfernt. Sie besteht aus einem großen, langen und engen Raum voller **Fledermäuse**, den man rund 150 m tief begehen kann, bevor ein **unterirdischer See** das Weiterkommen unmöglich macht. Ein Wärter stellt die Beleuchtung der Höhle an, eine Taschenlampe leistet trotzdem gute Dienste. ◷ tgl. 8–17 Uhr, Eintritt 15 Bs.

Laguna Chillata und Laguna Glacial

Beide Bergseen liegen an den Westhängen des Illampu und können einzeln oder auch zusammen besucht werden. Wer wenig Zeit hat, kann die Wanderung zur Laguna Glacial und zurück nach Sorata an einem Tag machen, da man über eine neue Minenstraße inzwischen sehr nah an die Laguna Chillata heranfahren kann. Schöner ist natürlich eine Zeltübernachtung am See. Kombiniert mit der Laguna Glacial (5038 m) ergibt sich eine dreitägige Trekkingtour. Obwohl die Laguna Glacial nur 16 km von Sorata entfernt ist, beträgt der Höhenunterschied bis dorthin rund 2500 m. Es handelt sich also um eine mittelschwere **Hochgebirgstour**, für die man am besten einen Guide (Preis 1200 Bs. für 3 Tage) und ein Maultier mitnehmen sollte.

Rundwanderung um den Illampu

Auf der abwechslungsreichen, aber anstrengenden **Trekkingtour in großer Höhe** wird in sechs bis acht Tagen das ganze Illampu/Ancohuma-Massiv umrundet. Die Route verblüfft mit **landschaftlichen Kontrasten**. Wandert man auf der Ostseite des Illampu durch teilweise bewohntes Gebiet und sieht Hochlandweiden und Lamaherden, so verwandelt sich die Landschaft auf der Südseite in eine karge Hochlandwüste, die sich bizarr von den schneebedeckten Gipfeln im Hintergrund abhebt. Im letzten Teil der Wanderung hat man fantastische Ausblicke auf den tiefblau schimmernden Titicaca-See.

Insgesamt sind auf der Trekkingtour knapp 5500 Höhenmeter zu bewältigen und es werden vier Pässe zwischen 4500 und 5000 m Höhe überquert; die **Übernachtungshöhen** liegen während der ganzen Strecke oberhalb von 4000 m. Die Temperaturen sinken in diesen Höhenlagen während der Trockenzeit immer unter den Gefrierpunkt, manchmal auch in den zweistelligen Minusbereich. Eine entsprechende Ausrüstung ist zwingend erforderlich. Ein Guide mit Maultier ist für die Strecke dringend zu empfehlen. Die hier beschriebene Route kann mit leicht veränderter Streckenführung über die Laguna Kacha und alternativ gewählten Zeltplätzen (Ancoma am 2. Tag und Cocoyo am 3. Tag) in 7 Tagen gelaufen werden. Neue Minenstraße ermöglichen auch einen Start der Trekkingroute in Lackathiya oder Ancoma, was einen bzw. zwei Tage Gehzeit spart.

■ **1. Tag: Sorata – Abra de Illampu (5–6 Std.)**
Der Weg verlässt Sorata zunächst in westlicher Richtung und folgt dem Lauf des Río Lackathiya bis zum gleichnamigen Dorf auf rund 3950 m.

> **Vorsicht Diebstahl!**
>
> Die Lage an der Laguna San Francisco (siehe vierter Tag der Wanderung) hat sich deutlich entspannt und es gibt keine Überfälle auf Wanderer mehr. Um möglichen Diebstählen vorzubeugen, sollte man nachts allerdings sein gesamtes Gepäck inklusive Wanderschuhe mit ins Zelt nehmen!

In diesem traditionellen Weiler sieht man Hafer- und Lupinenfelder und wie die Bewohner die frisch geernteten Kartoffeln zum Gefriertrocknen auslegen. Zwischen dem Dorf und dem Pass liegen einige brauchbare Zeltplätze (auf ca. 4200–4300 m). Insgesamt sind an diesem Tag rund 1500 Höhenmeter zu bewältigen.

2. Tag: Abra de Illampu – Abra Corahuasi (6–7 Std.)

Zügig wird morgens der 4741 m hohe Illampu-Pass überquert, von dem aus sich eindrucksvolle Ausblicke auf das gleichnamige Gebirgsmassiv bieten. Im Tal auf der anderen Seite folgt die Route ein kurzes Stück weit der Schotterpiste nach Ancoma, bevor der Anstieg zum Abra Corahuasi (4479 m) beginnt, südwestlich der Straße gelegen. Rund 600 nicht zu schwierige Höhenmeter sind diesmal zu überwinden. Auf der anderen Seite unterhalb des Passes finden sich auf 4000–4200 m Höhe einige gute Zeltmöglichkeiten.

3. Tag: Abra Corahuasi – Río Chajolpaya (6 Std.)

Nach einem steilen Abstieg erreicht man ein wunderschönes Tal, in dem das kleine Andendorf Cocoyo liegt. Hier wechselt man auf die andere Seite des Río Sarani. Es kann passieren, dass hier Dorfbewohner um Geld betteln. Mehr als ein paar Lebensmittel sollte man ihnen nicht geben. Nun steht ein langer Anstieg (ca. 1000 Höhenmeter) zum Paso Sarani (4428 m) bevor. Entschädigt wird man für die Mühen mit dem Zeltplatz im nächsten Tal: Am Ende einer breiten Hochlandwiese liegt ein tosender Wasserfall, an dessen Fuß es sich herrlich zelten lässt (ca. 4200 m).

4. Tag: Río Chajolpaya – Laguna San Francisco (7 Std.)

Der längste und härteste Tag der Wanderung beginnt mit einem 3–4-stündigen Anstieg zum höchsten Punkt der Wanderung, dem rund 5000 m hohen Calzada-Pass, dramatisch zwischen zwei Gletschern gelegen. Der Gebirgskamm wirkt als Wetterscheide, und das Grün der Ostseite weicht einer gespenstisch anmutenden Wüstenlandschaft. Getröstet wird das Auge von den satten Türkistönen der Laguna Chojña Khota unterhalb des Passes. Hier zweigt eine Abkürzung in westlicher Richtung zur Laguna San Francisco ab (eine längere Variante führt um die südlicher liegende Laguna Kacha), oberhalb derer man auf rund 4700 m übernachtet. In dieser Höhe sinken die Temperaturen gelegentlich auf minus 15 °C!

5. Tag: Laguna San Francisco – Mina Susanna (6–7 Std.)

Durch weite Altiplanolandschaft mit schönen Blicken auf den Titicaca-See geht es entlang der Südseite des Illampu bergauf und bergab. Immer wieder passiert man kleinere Bergseen. Obwohl die Wegstrecke überwiegend bergab führt, sind auch heute 750 Höhenmeter zu bewältigen. An der stillgelegten Mine Susanna gibt es Zeltmöglichkeiten auf geradezu warmen ca. 4000 m Höhe.

6. Tag: Mina Susanna – Sorata (5–6 Std.)

Nach rund einer Gehstunde erreicht man im Ort Millipaya eine Schotterpiste, die nach Sorata führt. Die Chance, hier ein Transportmittel aufzutreiben, ist allerdings gering. Der Weg folgt dem Lauf des Río San Cristóbal Richtung Sorata. Immer wieder verlässt der Pfad die Straße und kürzt somit lange Stücke ab. Die Straße aus Millipaya mündet oberhalb von Sorata in die Hauptstraße, der man nur noch ein kleines Stück bis zur wohlverdienten Dusche zu folgen braucht.

Cordillera Apolobamba

Der entlegene Gebirgszug nördlich des Titicaca-Sees im äußersten Westen der Provinz La Paz an der Grenze zu Peru kann sich bezüglich spektakulärer Berglandschaften durchaus mit der populäreren Cordillera Real messen. Mit dem Unterschied, dass die unzähligen Gipfel, Täler und Hochebenen der Region Apolobamba erst ganz allmählich von Touristen entdeckt werden. Noch immer ist die touristische Infrastruktur völlig unterentwickelt, und um dorthin zu gelangen, muss man sich – je nach Ziel – mindestens 8–12 Std. in überfüllten Hochlandbussen durchschütteln lassen. Aber noch vor wenigen Jahren brauchten die Busse doppelt so lang – auch so lässt sich Fortschritt messen.

Jahrhundertelang wurden in den Bergen des Apolobamba-Gebiets Goldminen ausgebeutet, bis im Zuge der indianischen Rebellion von 1871 viele spanische Minenbesitzer die Region verlassen mussten. Der Bergbau fasste hier in den letzten Jahrzehnten wieder zunehmend Fuß. Außer kleineren Quechua- und Aymara-Gemeinden, die von Land- und Viehwirtschaft leben, existieren nur zwei größere Orte (Charazani und Pelechuco) auf einer Fläche von 40 x 80 km Größe. Die Cordillera Apolobamba ist auch Heimat einer der mysteriösesten indianischen Gruppen – der **Kallahuayas**. Sie sind im Andenraum als Kräuterdoktoren bekannt, die ihre wohlgehüteten Rezepte von Generation zu Generation weitergeben (s. S. 661, Kasten).

Im Jahr 2000 wurde die Cordillera Apolobamba zum Naturschutzgebiet erklärt. Die 4837 km² große **Area Natural de Manejo Integrado Nacional Apolobamba** entstand als Erweiterung des 1972 etablierten Ulla-Ulla-Reservats, das von der Unesco als Biosphärenreservat anerkannt ist. Das Schutzgebiet umfasst neben Gletschern und Hochlandtälern auch die Nebelwaldregionen der Anden-Ostseite. Über 800 Pflanzen- und mehr als 270 Tierarten sind inzwischen in der abwechslungsreichen Landschaft registriert worden. Erfreulich ist, dass sich die Vicuña-Population, einer der Gründe für die Schaffung des Schutzgebiets, inzwischen auf mehrere Tausend Exemplare erholen konnte.

Charazani und Curva

Von La Paz führt eine asphaltierte, aber mit Schlaglöchern übersäte Straße an der Nordostseite des Titicaca-Sees entlang. In Escoma endet der Katastrophenbelag, um einer nicht viel besseren Erdpiste Platz zu machen. Die Straße windet sich nun in nördlicher Richtung die Berge hinauf, bis nach rund 50 km eine Kreuzung auf über 4400 m erreicht wird. Links geht es weiter Richtung Ulla Ulla und Pelechuco (s. u.), während die rechts abzweigende Straße bergab nach Charazani führt.

Der kleine Ort auf 3300 m wurde von den Spaniern im 16. Jh. gegründet, aber die Täler um Charazani waren schon lange zuvor besiedelt, wie die terrassierten Berghänge belegen. Heute ist aus dem schmucklosen Städtchen in toller Lage ein wichtiges Markt- und Handelszentrum für die umliegenden Kallahuaya-Dörfer und der Ausgangs- bzw. Endpunkt des **Pelechuco-Charazani-Treks** geworden (auch unter den Namen **Lagunillas–Agua Blanca-Trek** oder **Apolobamba-Trek** bekannt). Das Leben spielt sich vornehmlich um die Plaza ab, wo auch die Busgesellschaften ihren Sitz haben. Nur wenige Hundert Meter nördlich des Ortes liegen die Aguas Termales – natürliche **Thermalquellen** – die tgl. von 7–21 Uhr geöffnet sind. Eine selten benutzte Straße führt in nördlicher Richtung an ihnen vorbei nach **Curva** auf 3780 m. Die Busse aus La Paz fahren nur gelegentlich dorthin, und auch nur dann, wenn sich genügend Dorfbewohner aus Curva an Bord befinden. Zu Fuß ist Curva in rund 4 Std. von Charazani aus zu erreichen. Der Fußweg dorthin entlang einer reizvollen Schlucht und mit einem steilen Schlussanstieg lohnt auch als langer Tagesausflug.

Von Curva aus bietet sich ein fantastischer Blick auf die umliegenden Berge, besonders auf den schneebedeckten 5700 m hohen **Akhamani**. Der Ort ist das Zentrum der Kallahuaya-Heiler, die eifersüchtig über ihre Traditionen wachen und Fremde argwöhnisch beäugen. Übernachten sollte man daher vorzugsweise im rund 15 Gehminuten entfernten Bergdorf **Lagunillas**, das an einem kleinen künstlichen, dicht mit Schilf bewachsenen See liegt, der als Wasserreservoir dient. Die **Wanderhütte**, die dort von der Entwicklungshilfeorganisation Cooperación Española zusammen mit einheimischen Organisationen gebaut worden war, ist leider nicht immer in Betrieb. Es bestehen aber Zeltmöglichkeiten an der Lagune. Neben der Schützhütte haben die

Bewohner ein kleines, aber sehenswertes **Museum** errichtet, das seine Pforten gegen eine kleine Spende öffnet. Es zeigt Alltagsutensilien und Trachten der hier lebenden Menschen.

Übernachtung und Essen

Alle Unterkünfte in Charazani sind einfach, schlicht und günstig ❶–❷. Zu den besseren Hotels gehört das **Akhamani**, einen Block südlich der Plaza. Weitere Optionen sind das **Hotel Charazani** und die **Residencial Inti Huasi**. Die Restaurants servieren solide Hausmannskost.

Transport

Das Büro der beiden Transportunternehmen Sindicato de Transportes Provinciales de Norte und Sindicato Transportes Altiplano liegt an der Plaza.

LA PAZ tgl. Nachtbusse gegen 18 Uhr, 7–8 Std. (ca. 240 km), 50 Bs. Die Nachtfahrten können unangenehm kalt werden, daher warme Sachen und/oder Schlafsack mit in den Bus nehmen.

Weiterfahrt von Charazani nach APOLO ist möglich. Hingegen war die Straße nach CURVA und LAGUNILLAS zum Zeitpunkt der Recherche nicht befahrbar.

Ulla Ulla und Pelechuco

Nimmt man an der Abzweigung nach Charazani den linken Weg, gelangt man kurze Zeit später auf ein windgeschütteltes, karges Hochplateau, das sich auf einer durchschnittlichen Höhe von 4300 m parallel zur Cordillera Apolobamba hinzieht. Es wird Ulla Ulla genannt, ebenso wie das seit 1972 bestehende Naturschutzgebiet **Reserva Nacional de Fauna** und der kleine Ort am Nordende der Hochebene. Das Schutzgebiet, das inzwischen Teil der Area Natural de Manejo Integrado Nacional Apolobamba ist (s. S. 659), dient als Schutzraum für die scheuen Vicuñas, Verwandte der Lamas, die einst vom Aussterben bedroht waren. Obwohl einige Einheimische immer noch verbotenerweise Jagd auf die grazilen Vierbeiner machen, hat sich ihre Zahl in den letzten Jahren stark erhöht. Daneben bekommt man auch mit etwas Glück Alpaka-Herden, Flamingos, Ibisse und Andengänse zu Gesicht.

Der kleine Ort **Ulla Ulla** besteht hauptsächlich aus einem Militärposten (Passkontrolle!) und ansonsten über keinerlei touristische Infrastruktur. Noch einmal quält sich der Bus auf der schlechter werdenden Straße über einen 4800 m hohen Pass, bevor es in Haarnadelkurven nach **Pelechuco** geht. Der Ort liegt auf rund 3500 m in einem engen Tal, das sich oft in Wolken hüllt. Noch bestehen viele der Häuser aus traditionellen Baumaterialien wie Lehmziegeln und gebrannten Dachziegeln, aber auch hier beginnen sich Wellblechdächer und Betonmauern durchzusetzen.

In Pelechuco erreicht der Bus seine Endstation und fährt nach einer Pause wieder zurück nach La Paz. Alle für Reisende notwendigen Einrichtungen (Hotels, Restaurants und Läden) liegen an der Plaza, ebenso die koloniale Kirche.

Pelechuco ist Ausgangsort für die schwierige Besteigung des 6044 m hohen **Nevado Chaupi Orko**, dem höchsten Berg der Region Apolobamba.

Übernachtung und Essen

Im Ort finden sich einige schlichte Herbergen, darunter das **Hotel Llajtaymanta**, an der Plaza, ✆ 71953252 (Mobil), das über warme Duschen verfügt, ❶. Hier bekommt man gute Trekking-Infos und Führer/Maultiere. Die einfachen Comedores an der Plaza servieren noch einfachere Mahlzeiten. Ob die rund 5 km westlich des Orts gelegene **Albergue Agua Blanca**, eine einfache Herberge und Teil eines Ökotourismus-Projektes der lokalen, indigenen Gemeinde, geöffnet hat, sollte man in Pelechuco erfragen.

Transport

LA PAZ (Trans Franz Tamayo) gegen 19 Uhr von der Plaza in Pelechuco, 10 Std. (320 km), ca. 45 Bs. (Tickets unbedingt bereits am Vortag kaufen!).

Wanderung Pelechuco–Lagunillas–Charazani

Die beliebteste und bekannteste Wanderung der Cordillera Apolobamba kann innerhalb von vier bis fünf Tagen in beide Richtungen zurückgelegt werden. „Beliebt" bedeutet nicht, dass größere Menschenkarawanen auf dem Trek un-

Kallahuayas, die mysteriösen Medizinmänner der Anden

In einigen Dutzend Dörfern im oberen Charazani-Tal lebt eine kleine ethnische Gruppe, die seit Jahrhunderten für ihre Erfahrung im Umgang mit Heilkräutern bekannt ist. Ihnen steht in der Cordillera Apolobamba mit ihren unterschiedlichen Klimazonen eine riesige Naturapotheke zur Verfügung, die sie meisterhaft beherrschen. So sollen die Kallahuayas zu den Ersten gezählt haben, die aus der Rinde des Chinchona-Baums Chinin extrahierten – bis heute der gebräuchlichste Wirkstoff im Kampf gegen die Malaria.

Obwohl sich einige Kallahuaya-Heiler als Nachfahren der Tiwanaku-Kultur betrachten, ist der genaue Ursprung ihrer Traditionen unbekannt. Ein Unikum und Garant für die Exklusivität ihrer Rituale ist der Gebrauch einer eigenen Sprache bei Heilzeremonien. Sie stammt aus der Quechua-Sprachfamilie und wird von einigen Forschern mit der Geheimsprache der Inka-Elite in Verbindung gebracht, könnte aber noch viel älter sein.

1970 entdeckten Archäologen ein Grab in der Region Charazani. Darin lag ein Skelett, das erkennbar mit typischen Ausrüstungsgegenständen der Kallahuaya bestückt war. Sein Alter wurde auf 800–1000 v. Chr. eingegrenzt.

Die besten Heiler können Hunderte von Heilpflanzen unterscheiden, aber sie bedienen sich auch der Magie. Mit Hilfe von Zaubersprüchen versuchen sie das aus dem Gleichgewicht geratene Seelenleben ihres Patienten – ihrer Überzeugung nach die Ursache der Krankheit – wieder ins Lot zu bekommen. Unter Zuhilfenahme von Kokablättern weissagen sie die Zukunft, und von ihnen durchgeführte rituelle Opferzeremonien helfen, die Berggötter zu besänftigen. Erkennungszeichen der Kallahuayas sind die geflochtenen Kopfbänder *(Huinchas)* der Frauen und die Medizinbeutel *(Alforjas)* der Männer. Besonders in der Region um Charazani tragen die Kallahuayas wunderschöne Trachten mit Naturmotiven. In früheren Zeiten waren die Heiler ständig unterwegs, auf der Suche nach seltenen Kräutern und Patienten. Heute sind sie weitaus bodenständiger und plagen sich mit Nachwuchssorgen. Traditionell wird ihr Wissen von Generation zu Generation weitergegeben. Doch immer mehr junge Leute wandern nach La Paz ab. Darauf haben einige der erfahrenen Kallahuayas reagiert: Sie sind ebenfalls in die größte Stadt des Landes gezogen, denn ihre natürlichen Heilkünste stehen bei den Bolivianern hoch im Kurs.

Westbolivien

terwegs sind. Im Gegenteil: Man kann froh sein, überhaupt jemanden zu treffen. In beiden Orten stehen Maultiertreiber und Tragetiere (auch in Curva und Lagunillas möglich) zur Verfügung. Wer mit einer Trekkingagentur (z. B. High Earth, 💻 www.highexpeditionsbolivia.com, Zig-Zag Bolivia, 💻 www.zigzagbolivia.com oder Topas Travel, 💻 www.topas.bo) reist, sollte sich nach den Arbeitsbedingungen und der Ausrüstung von Maultiertreibern, Trägern und Küchenpersonal erkundigen. Viele Veranstalter sparen hier gewaltig!

■ 1. Tag: Pelechuco – Palca (5–6 Std.)

Der Weg verlässt Pelechuco zunächst in südöstlicher Richtung und steigt mehrere Stunden kontinuierlich bis auf einen rund 4700 m hohen Pass an. Nach einem steilen Zickzackweg bergab wird das Gehöft Palca auf rund 4000 m erreicht. Hier kann man die erste Nacht verbringen. Wer sehr früh gestartet ist, kann auch noch bis zum kleinen Ort Hilo Hilo weiter laufen, der rund 30 Gehminuten von Palca liegt.

■ 2. Tag: Palca – Sunchuli (6 Std.)

Nach kurzer, flacher Wegstrecke wird der kleine Ort Hilo Hilo passiert, wo man Getränke und einfache Lebensmittel kaufen kann. Für eine Weile folgt die Route der Straße in südöstlicher Richtung zur Mine Sunchuli, in der Gold gefördert wird. Dort schinden sich Arbeiter 50 Std. wöchentlich für ein Netto-Monatsgehalt von rund US$50! Bei Piedra Grande zweigt linker Hand ein steiler Pfad zum Sunchuli-Pass ab, der gegenüber der in weiten Schleifen verlaufenden Straße einen enormen Zeitgewinn bedeutet. Mit dem rund 5000 m hohen Sunchuli-Pass ist gleichzeitig der höchste Punkt der Wanderung erreicht. Rund 500 m unterhalb des Passes befindet sich auf der rechten Talseite eine weite, leicht abschüssige Wiese, auf der man zelten kann. Die schönen Ausblicke entschädigen für die kalte Nacht auf rund 4500 m Höhe.

■ 3. Tag: Sunchuli – Incachani (4–5 Std.)
Der Weg folgt nun einem kleinen Bewässerungskanal am rechten Hang. Allmählich steigt der Pfad an und windet sich in östlicher Richtung über die Bergschulter, bevor es auf der anderen Seite steil bergab zur verlassenen Minensiedlung Viscachani geht. Wenig später wird ein kleiner See passiert und ein neuer Anstieg beginnt. Oberhalb des Sees sieht man den Akhamani (5700 m), den heiligen Berg der Kallahuayas. Nun steht ein steiler Abstieg von 700 Höhenmetern bevor, der seinem Namen Mil Curvas („1000 Kurven") alle Ehre macht. Der linke Pfad ist für Maultiere gedacht, verläuft in Serpentinen und ist nicht ganz so steil wie die rechte Variante. Unten angekommen, erreicht man ein traumhaft schönes, saftig grünes Tal an einem sauberen Fluss mit zahllosen Campingmöglichkeiten auf rund 3900–4000 m.

■ 4. Tag: Incachani – Lagunillas (5–6 Std.)
Der Tag beginnt mit einem etwa zweistündigen Anstieg auf der gegenüberliegenden Flussseite (keine Brücke!). Auf rund 4600 m werden ein erster und kurz darauf ein zweiter, etwas niedriger liegender Pass überschritten. Beide sind mit Steinmännchen markiert. Danach beginnt der lange Abstieg nach Lagunillas. In Jatunpampa, auf etwa 4200 m, kann man hervorragend zelten. Von hier aus sind es noch rund 2–3 Std. bis nach Lagunillas. Der Weg überquert den Fluss, steigt moderat am gegenüberliegenden Ufer an und führt in südlicher Richtung nach Curva.

Kurz zuvor zweigt rechter Hand ein Weg nach Lagunillas ab, dessen künstlicher See von oben bereits gut zu erkennen ist. An dem See (ca. 3700 m) kann man zelten oder in einer Wanderhütte der Gemeinde (nicht immer geöffnet!) übernachten.

■ 5. Tag: Lagunillas – Charazani (3–4 Std.)
Nach einem steilen Abstieg zum Fluss und einem Anstieg auf der anderen Seite folgt man dem Verlauf des Tals, bevor der Bergrücken überquert wird. Dort oben ist ein kleiner Friedhof, von dem aus bereits Charazani auf der anderen Talseite zu sehen ist. Das letzte Stück des Wegs folgt der Straße und erreicht nach dem Passieren von Thermalquellen den Endpunkt der Wanderung.

Vor der Wanderung bedenken!

Da es keine verlässlichen Karten der Region gibt (das IGM in La Paz besitzt keine Karten, da es sich um das militärisch sensible Grenzgebiet zu Peru handelt), sollte man auf die Dienste eines einheimischen Maultiertreibers *(Arriero)* zurückgreifen (ca. 330–350 Bs. pro Tag, inklusive Maultiere. Die Preise können je nach Saison und Goldpreis schwanken, da so mancher Maultiertreiber auch in den Minen arbeitet). Dieser sollte bereits vor dem Trekking kontaktiert werden (bei den Hotels in Pelechuco oder Charazani anrufen), um unnötige Wartezeiten vor Ort oder in Charazani zu vermeiden. Die Wanderstrecke führt an der Ostseite der Anden entlang und es muss das ganze Jahr über – vor allem nachmittags – mit Wolken und Nebel gerechnet werden.

Die beste Zeit für die Wanderung sind die Monate Mai–Sep. Auf der mittelschweren Wanderung sind mehrere Pässe (der höchste auf 5000 m) und insgesamt rund 4000 Höhenmeter zu überwinden. Die Zeltplätze liegen in Höhen zwischen 3700 und 4500 m. Eine gute Höhenanpassung, ein wasserdichtes Zelt und ein warmer Schlafsack sind ratsam.

Die Umweltsituation aufgrund von Bergbauaktivitäten hat sich in den letzten Jahren verschlechtert. Flüsse sind in Minennähe teilweise durch Quecksilber verseucht, der Verkehr hat zugenommen und im Einzugsgebiet des Treks ist es wiederholt zu Sprengungen gekommen. Auf jeden Fall am jeweiligen Startort über die aktuelle Lage informieren!

Südwestlich von La Paz

Auf einer sehr guten Asphaltstraße, die La Paz mit der chilenischen Pazifikstadt Arica verbindet, erreicht man in wenigen Stunden zwei spektakuläre Naturschutzgebiete, die nur durch die bolivianisch-chilenische Grenze voneinander getrennt sind.

Parque Nacional Sajama

Der 120 000 ha große **Parque Nacional Sajama** wurde bereits 1939 als erstes Naturschutzgebiet Boliviens gegründet, um die wegen ihrer begehrten Wolle vom Aussterben bedrohten **Vicuñas** zu schützen. Auch wenn sich aufgrund der Schutzmaßnahmen ihr Bestand zwischenzeitlich erholt hat, so bekommt man die Säugetierpopulation des Parks doch nur mit viel Glück zu sehen. Vom Aussterben ist auch der **Suri**, der Andenstrauß, bedroht. Er lebt in Gruppen von 2–8 Tieren und taucht in den Weidegebieten der Vicuñas auf.

Selten geworden sind zudem die kleinwüchsigen **Queñua-Bäume** *(Polylepis Tarapacana)*, die in Sajama bis auf Höhen von 5000 m anzutreffen sind und somit die höchstgelegenen Wälder der Welt darstellen. Eine wichtige Brennstoffquelle für die einheimische Bevölkerung stellt das verholzte Polstergewächs **Yareta** *(Azorella compacta)* dar. Unübersehbar erhebt sich der höchste Berg Boliviens, der 6549 m hohe **Vulkan Sajama**, inmitten des Schutzgebiets. Er ist bei Bergsteigern beliebt, da sein Gipfel ohne größere technische Schwierigkeiten zu erklettern ist. Bei starkem Wind ist eine Besteigung allerdings nahezu unmöglich.

Ausgangspunkt für Wanderungen und Bergtouren ist das verschlafene **Hochlanddorf Sajama**, rund 290 km von La Paz entfernt. Von der Abzweigung an der Hauptstraße zur chilenischen Grenze sind es nur noch 12 km bis zu diesem Ort, einer kleinen Oase inmitten einer lebensfeindlichen, rauen Landschaft. Hier findet man Unterkunft, Essen und Informationen. Alles in sehr schlichter Ausführung; übernachtet wird in einfachsten Zimmern auf Strohmatratzen und mit Außenklo – auf Höhen über 4000 m und mit entsprechender Kälte. In Sajama gefriert der Boden täglich; vor allem in der Trockenzeit wird es nachts sehr kalt. Außer der Besteigung des Vulkans Sajama kann man unterschiedliche lange Wanderungen unternehmen. Schilder weisen den Weg zum **Basecamp** des Vulkans (ca. 3–4 Std.) auf 4650 m oder dem kleinen **Queñua-Wäldchen**, das nur rund 30 Min. vom Dorf entfernt liegt. Interessant ist der rund zweistündige Weg zu einem **Geysir-Feld**, das aus mehr als 80 dampfenden und blubbernden heißen Quellen besteht. Wer eine heiße Quelle sucht, um seine müden Glieder auszuruhen, sollte zu den **Aguas Termales** wandern, die rund 4 km nördlich von Sajama liegen, Eintritt 30 Bs.

Für die schwierige **Besteigung des Vulkans**, die nur zwischen April und Oktober gestattet ist, werden mindestens 3–4 Tage benötigt. Die steinschlaggefährdete Westroute sollte unbedingt gemieden werden! Während sich am Basislager eine ganzjährige Quelle befindet, gibt es an den Hängen des Vulkans kein Wasser. Im Dorf kann man Guides (ca. 450 Bs. pro Tag), Träger und Maultiere mieten. Eine komplette Ausrüstung und Lebensmittel sollten allerdings mitgebracht werden. Wer nach Sajama kommt, muss sich zunächst bei der Parkverwaltung in Sajama registrieren und eine Eintrittsgebühr für die Dorfgemeinschaft von 30 Bs. entrichten.

Von Sajama aus lässt sich auch der **Vulkan Parinacota** (6342 m) im Grenzgebiet Bolivien/ Chile erreichen. An- und Abfahrt zum Basislager kosten mit dem Allradfahrzeug etwa 800 Bs. Der Berg kann ohne Seil und Gurt (von Okt–Dez, wenn kein Schnee mehr liegt, auch ohne Steigeisen und Pickel) über ein spaltenfreies Schneestück bestiegen werden. Dennoch sollte der Parinacota aufgrund der Höhe und der starken Winde nicht unterschätzt werden.

Übernachtung und Essen

Aufgrund der Kälte leistet ein warmer Schlafsack gute Dienste In Sajama gibt es einfache Unterkünfte mit warmen Wasser ❶–❷ und einfache Comedores. Auch bei den Aguas Termales kann man einfach in einer Herberge mit Kochgelegenheit übernachten.
Nördlich von Sajama liegt die **Albergue Turístico Tomarapi**, ✆ in La Paz 02-2414753 (Millenarian Tourism & Travel), 💻 www.

Westbolivien

boliviamilenaria.com, eine von den Dorfbewohnern verwaltete Unterkunft mit Warmwasser, Heizung, Restaurant mit Kamin, inkl. Halbpension. ❹

Transport

Es gibt keine Direktverbindungen zwischen Sajama und La Paz. Die einfachste Möglichkeit ist, einen der zahlreichen Busse (auf der rechten Seite sitzen, um den Sajama zu sehen!) zu nehmen, die von LA PAZ nach ARICA fahren, und im Dorf LAGAUNAS auszusteigen. Dort ist die Parkverwaltung und warten Allradtaxis, die Passagiere die rund 12 km nach Sajama bringen. Sie stehen auch für Fahrten zu den Thermalquellen und Ausflüge in die Umgebung zur Verfügung. Fahrzeit insgesamt ca. 4 Std. Eine zweite Möglichkeit nach Sajama zu gelangen ist, einen Bus vom Busterminal in La Paz Richtung ORURO zu nehmen (beim Zwischenstopp in El Alto Gepäck im Auge behalten!) und in PATACAMAYA (ca. 100 km, ca. 2 Std.) auszusteigen. Von dort fährt 1x tgl. gegen 13 Uhr ein Kleinbus nach Sajama. Auf der Rückfahrt, am nächsten Morgen gegen 6–7 Uhr (am Abend vorher fragen!), macht der Kleinbus einen Abstecher zur Grenze, bevor er nach Patacamaya zurückfährt. Sollte an der Grenze ein Langstreckenbus nach La Paz warten, unbedingt umsteigen und nicht erst bis Patacamaya fahren.

Chilenische Grenze

Nur rund 9 km westlich der Abzweigung nach Sajama erreicht der Bus die bolivianisch-chilenische Grenze. Der bolivianische Grenzort heißt **Tambo Quemado** und liegt etwa 300 km von La Paz entfernt (ca. vier Busstunden). Hier bekommen Reisende ihren Ausreisestempel. Der chilenische Grenzposten **Chungará** liegt rund 10 km weiter westlich am gleichnamigen See auf 4500 m. Die Einfuhr von offenen Lebensmitteln, Obst und Gemüse nach Chile und umgekehrt von Chile nach Bolivien ist streng verboten. Es wird vor allem auf chilenischer Seite gründlich kontrolliert (Röntgenapparat). Beide Grenzstationen sind tgl. 8–20 Uhr geöffnet. Keine Grenzgebühren.

Parque Nacional Lauca (Chile)

Wer bereits bis nach Sajama gekommen ist, sollte auf jeden Fall die wenigen noch fehlenden Kilometer zum spektakulären Parque Nacional Lauca zurücklegen. Das 137 000 ha große Naturschutzgebiet wurde 1970 eingerichtet, um die Ökosysteme der Anden zu schützen. Direkt an der Grenze wird man von zwei schneebedeckten **Sechstausendern** (Vulkan Parinacota, 6342 m und Vulkan Pomerata 6252 m) sowie dem smaragdfarbenen **Chungará-See** auf rund 4500 m begrüßt – ein eindrucksvoller Anblick. Eine abwechslungsreiche Fauna ist im Park beheimatet: über 140 Vogelarten, nicht zuletzt Wandervögel wie Flamingos, und verschiedene Säugetiere, darunter die Vertreter der Andenkamele sowie Pumas und Vizcachas (Anden-Murmeltiere).

Nur wenige Kilometer von der chilenischen Grenzstation (Achtung: keine Frischprodukte nach Chile einführen, Kontrolle!) entfernt liegt auf der linken Straßenseite eine **Rangerstation** der Nationalparkverwaltung Conaf, 🖳 www.conaf.cl/parques/ficha-parque_nacional_lauca-7.html. Die Schlafplätze können auch bei Conaf in Arica, Av. Vicuña Mackenna, ✆ 058-201211, reserviert werden. Der kleine Bau verfügt über vier Schlaf- und zehn Zeltplätze. Genial ist der warme Ofen, der abends die Kälte für ein paar Stunden vertreibt. Man sollte Verpflegung, eine Taschenlampe und einen warmen Schlafsack mitbringen. Von der Station aus kann man durch eine karge Mondlandschaft in 5–6 Std. (ca. 19 km) nach **Parinacota** (4400 m), einem kleinen Dorf abseits der Hauptstraße, wandern (genug Trinkwasser und Sonnenschutz mitnehmen!).

Parinacota besitzt eine urige Kirche aus dem 18. Jh. mit Fresken und den Totenschädeln ehemaliger Priester. Übernachten kann man u. a. im Hostal Uta Kala de Don Leo oder in einem weiteren Conaf-Refugio. Dort ist auch das Zelten gestattet. Um einiges wärmer ist es in **Putre** (3500 m), einem größeren Andendorf aus der Kolonialzeit, das vor dem Salpeterkrieg (1879-1883) zu Peru gehörte. Der Ort liegt am westlichen Rand des Lauca-Nationalparks, rund 176 km von Arica entfernt. Hier bestehen verschiedene Übernachtungs- und Einkaufsmöglichkeiten.

Anhang

Sprachführer

Sprachführer Spanisch

Aussprache

Aussprache der Vokale wie im Deutschen.

c	vor **e**, **i** mit stimmlosen „s“ wie in Bus: *Centro, cinco.* Vor **a**, **o**, **u** wie „K“ in Kind: *Cola, Casa.*
ch	stimmlos wie in Qua**tsch**: *Cheque, Cucaracha.*
g	vor **a**, **o**, **u**, wie deutsches „G“ in Gans: *Ganso, Golpe, Gusano.* Vor **e**, **i** wie deutsches „ch“ in Fach: *Genio, Gigante.*
gu	wie „g“, vor **a** wird das **u** ausgesprochen: *Guardia.*
h	ist immer stumm.
j	wie „ch“ in Fach: *Junta, Japón.*
ll	Einheitslaut von „l“ und „j“ wie in Familie: *Llamada, Pollo.*
n	am Wortende wie „ng“ in Hang: *Solución, Revolución.*
ñ	wird „nj“ gesprochen wie in Champa**gn**er: *Campaña, mañana.*
qu	vor den Vokalen **e** und **i** wird **qu** wie in **K**eil (ohne „u“) ausgesprochen: *quema, quien.* Ansonsten wie im Deutschen.
r	gerolltes Zungenspitzen-r: *Carril, Tigre, tragar.*
s	besonders zwischen den Vokalen scharf wie in „besser“: *Grasa.* Weiche Aussprache vor den Konsonanten **b**, **d**, **g**, **l**, **m**, **n**, **r** und **v**: *Asma, Ósmosis.*
ü	wird nach **g** wie u ausgesprochen: *Cigüeña.*
v	wie ein schwaches „b“: *vaya, Venado.*
x	vor Vokalen meist wie „gs“: *exacto.* Vor Konsonanten meist wie scharfes „s“: *Experto.*
y	am Wortende wie „i“: *hay.* Sonst wie „j“: *Coyote.*
z	stimmloses „s“ wie „ß“: *Plaza.*

Betonung

- Im Spanischen wird die vorletzte Silbe betont, wenn das Wort auf einen **Vokal** sowie auf **n** oder **s** endet: *Vaso, Farmacia, joven.*
- Alle anderen mehrsilbigen Wörter werden auf der letzten Silbe betont: *cantar, sondeo.*
- Ein Akzent kennzeichnet die zu betonende Silben aller Ausnahmen der beiden o. g. Regeln: *Día, Revolución.*
- Zur Unterscheidung von gleichen Wörtern werden einige Wörter mit Akzent geschrieben: *está (er, sie ist) – esta (diese), sí (ja) – si (wenn), tú (Du) – tu (Dein).*
- Fragewörter schreibt man mit Akzent: *quién? cuándo? cómo?*

Satzzeichen

Frage- und Ausrufesätze werden im Spanischen mit einem umgekehrten Frage- bzw. Ausrufezeichen begonnen: *¿dónde estás?*

Rechtschreibung

Im Spanischen werden grundsätzlich alle Wörter klein geschrieben. Ausnahmen:
Der Satzanfang, Eigennamen und Titel, Namen von öffentlichen Gebäuden, Plätzen etc. Außerdem Bezeichnungen für Gott und verwandte Begriffe sowie Haupt- und Eigenschaftswörter in Überschriften und Buchtiteln.

Besonderheiten

In Lateinamerika wird die 2. Person Plural – im spanischen Spanisch: *voz – (Ihr, Euch)* nicht verwendet. Stattdessen benutzt man die 3. Person Plural *(ustedes).*

Das Allerwichtigste

Ja, Nein	*Sí, No*
Bitte, Danke	*Por favor, Gracias*
Verzeihung	*Perdón*
Entschuldigen Sie bitte!	*Disculpe*
Darf ich?	*Con permiso?*
Tut mir leid	*Lo siento*
Willkommen	*Bienvenidos*
Hallo	*Hola*
Guten Tag (bis mittags)	*Buenos días*
Guten Tag (bis zur Dunkelheit)	*Buenas tardes*
Guten Abend	*Buenas noches*

Wie geht's?	*Qué tal? Como está?*
Gut, sehr gut, mäßig, schlecht	*Bien, muy bien, regular, mal*
Bis später, auf Wiedersehen	*Hasta luego*
Bis morgen	*Hasta mañana*
Ich spreche kein Spanisch	*No hablo español*
Ich heiße...	*Me llamo...*
Herr, Frau, Fräulein	*Señor, Señora, Señorita*
Ich bin Deutscher, Deutsche ...Österreicher/in ...Schweizer/in	*Soy alemán(a), ...austriaco/a, ...suizo/a*
mit, ohne	*con, sin*
wo, wann	*dónde, cuándo*
es gibt	*hay*

Orientierung und Transport

Wo ist der Busbahnhof?	*Dónde está la terminal de buses?*
In welcher Entfernung befindet sich das Hotel?	*A qué distancia se encuentra el hotel?*
Wie weit ist es bis zum Markt?	*Cuánto tarda hasta el mercado?*
links, rechts, geradeaus	*a la izquierda, a la derecha, de frente*
Es ist weit, nah	*Está lejos, cerca*
um die Ecke, zurück	*a la vuelta, atrás*
hier, dort	*aqui, allí*
Haltestelle	*Parada*
Ich möchte aussteigen	*Quiero bajar*
Stadtzentrum	*centro*
Stockwerk	*piso*
Gebäude	*edificio*
Keller	*sótano*
Ampel	*semáforo*
Kreuzung	*cruce*
geöffnet, geschlossen	*abierto, cerrado*
Straße	*calle*
(Pracht-)straße, Allee	*avenida*

Im Hotel

Haben Sie ein Zimmer frei?	*Hay cuartos, tiene habitaciónes?*
... mit Einzelbett	*... con cama sencilla*
... mit zwei Betten	*... con dos camas*
... mit einem breiten Bett für zwei Personen	*... con una cama matrimonial*
... mit Privatbad, Gemeinschaftsbad	*... con baño privado, general*
Alles belegt, alles voll	*Todo ocupado, todo lleno*
Ja, es gibt noch Platz	*Sí, hay espacio*
... für eine Nacht	*... para una noche*
Wie teuer ist die Übernachtung?	*Cuánto cuesta la noche?*
Kann ich das Zimmer sehen?	*Puedo ver el cuarto?*
Könnten Sie mir ein anderes Zimmer zeigen?	*Me podria enseñar otra habitación?*
Das Zimmer ist nicht gereinigt worden	*No arreglaron el cuarto*
Die Toilette, die Dusche funktioniert nicht	*El baño, la ducha no funciona*
Es gibt kein warmes Wasser	*No hay agua caliente*
Geben Sie mir bitte noch eine Decke	*Déme otro poncho (chamarra), por favor*

Im Restaurant

Die Speisekarte, bitte	*La carta, por favor*
Gibt es ein Tagesgericht?	*Hay un menu del día? Hay almuerzo?*
Einen Tisch für vier Personen, bitte	*Una mesa para cuatro personas, por favor*
Ich möchte ein Bier trinken	*Quiero tomar una cerveza*
Ich esse kein Fleisch/Huhn/Schwein/Fisch	*No como carne/pollo/cerdo/pescado*
Ich bin Vegetarier	*Soy vegetariano*
Ich vertrage keine Laktose	*Tengo intolerancia a la lactosa*
Nur eine Portion Reis, bitte	*Una orden de arroz solamente, por favor*
Ist das alles?	*Solamente, es todo?*

Noch einen Ananassaft ohne Eis, bitte	*Otro jugo de piña sin hielo, por favor*
Gibt es Nachtisch?	*Hay postre?*
Prost!	*Salud!*
Guten Appetit!	*Buen provecho!*
Die Rechnung bitte	*La cuenta, por favor*
Trinkgeld inbegriffen	*servicio incluido*
Messer	*cuchillo*
Gabel	*tenedor*
Löffel	*cuchara*
Wo ist die Toilette, bitte?	*Donde está el baño, por favor?*
Es gibt kein Toilettenpapier	*Se acabó el papel higiénico*
Es gibt keine Seife	*No hay jabón*

Beim Einkaufen

kaufen, verkaufen	*comprar, vender*
billig, teuer	*barato, caro*
Wie viel kostet ...?	*Cuanto vale ...*
Das ist zu teuer	*Es demasiado caro*
Handgemacht	*hecho a mano*
Preisnachlass	*Rebaja*
Qualität	*Calidad*
Menge	*Cantidad*
Kann ich dieses Hemd anprobieren?	*Puedo probar esta camisa?*
tauschen, wechseln	*cambiar*

Polizei, Bank, Post, Telefon und Behörden

Man hat mich überfallen	*Me asaltaron*
Man hat mir mein Geld und mein Gepäck gestohlen	*Me han robado mi dinero y mi equipaje*
Ich habe meinen Reisepass verloren	*Perdí mi pasaporte*
Ich brauche eine Bescheinigung für meine Versicherung	*Necesito una constancia para mi seguro*
Dieb	*ladrón*
Polizei	*policía*
Vergewaltigung	*violación*
Bank	*banco*

Wandern in den Bergen

Abra (auch: Paso)	*(Berg)pass*	**Estufa de bencina**	*Benzinkocher*
Aguas calientes	*heiße Quellen*	**Estufa de gas**	*Gaskocher*
Altiplano	*Hochebene, Hochland*	**Guía**	*Führer*
Arriero	*Maultiertreiber*	**Laguna, Lago**	*See*
Bolsa de dormir	*Schlafsack*	**Marca**	*Dorf, Ortschaft*
Bosque	*Wald*	**Montaña**	*Berg, Bergkette*
Botas	*Feste Schuhe, Gummistiefel*	**Mula**	*Maultier*
Burro	*Esel*	**Nevado**	*schneebedeckter Berg*
Caballo	*Pferd*	**Pampa**	*Ebene*
Camino	*Weg*	**Picchu**	*Gipfel*
Carpa	*Zelt*	**Portador**	*Träger*
Cartucho de Gas	*Gaspatrone*	**Propina**	*Trinkgeld*
Cascada, catarata	*Wasserfall*	**Quebrada**	*enge Schlucht*
Cerro	*Berg, Hügel*	**Río**	*Fluss*
Chacra	*Feld*	**Sierra**	*Gebirge*
Colchoneta	*Isomatte*	**Soroche**	*Höhenkrankheit*
Cueva	*Höhle*	**Valle**	*Tal*
Cumbre	*Gipfel*	**Volcán**	*Vulkan*

Geld	*dinero*
Bargeld	*dinero en efectivo*
Reisescheck	*cheque de viaje*
Wechselkurs	*tasa de cambio*
Konto	*cuenta*
Überweisung	*transferencia*
Schalter	*ventanilla*
Münze	*moneda*
Schein	*billete*
Post	*correos*
Brief, Postkarte	*carta, tarjeta postal*
Paket	*paquete*
Gewicht	*peso*
Briefmarke, Stempel	*sello*
Telefonanruf	*llamada telefónica*
R-Gespräch	*llamada por cobrar*
Wie viel kostet ein dreiminütiger Anruf in die Schweiz?	*Cuánto cuesta una llamada de tres minutos a Suiza?*
Büro	*oficina*
Dokument	*documento*
Visum	*visa*
Reisepass	*pasaporte*
Personalausweis in Peru	*documento Nacional de Identidad (DNI)*
Name, Nachname, Geburtsdatum	*nombre, apellido, fecha de nacimiento*
Unterschrift	*firma*
Botschaft	*embajada*

Beim Arzt

Ich fühle mich schlecht	*Me siento mal*
Ich hatte einen Unfall	*Tuve un accidente*
Hier tut es mir sehr weh	*Aquí me duele mucho*
Ich brauche ein Medikament	*Necesito un medicamento*
Ich brauche einen Arzt	*Necesito un médico (doctor)*
Wo ist das Krankenhaus?	*Dónde está el hospital (la clínica)?*
Gibt es hier eine Privatklinik?	*Hay una clínica privada por aquí?*
Wo gibt es eine Apotheke?	*Dónde hay una farmacia?*
Fieber	*fiebre, temperatura*
Durchfall	*diarrea*
Kopfschmerzen	*dolor de cabeza*
Bauchschmerzen	*dolor de estomago*
Infektion	*infección*
Schwangerschaft	*embarazo*
Erkältung, Schnupfen	*resfrio*
Husten	*tos*
sich übergeben	*vomitar*
Ich benötige eine ärztliche Bescheinigung für meine Versicherung	*Necesito un informe médico para mi seguro*

Zahlen

1	*uno, una*
2	*dos*
3	*tres*
4	*cuatro*
5	*cinco*
6	*seis*
7	*siete*
8	*ocho*
9	*nueve*
10	*diez*
11	*once*
12	*doce*
13	*trece*
14	*catorce*
15	*quince*
16	*dieciséis*
17	*diecisiete*
18	*dieciocho*
19	*diecinueve*
20	*veinte*
21	*veintiuno*
22	*veintidos*
30	*treinta*
31	*treintayuno*

40	*cuarenta*
50	*cincuenta*
60	*sesenta*
70	*setenta*
80	*ochenta*
90	*noventa*
100	*cien*
101	*cientouno*
200	*doscientos*
300	*trescientos*
400	*cuatrocientos*
500	*quinientos*
600	*seiscientos*
700	*setecientos*
800	*ochocientos*
900	*novecientos*
1000	*mil*
1001	*miluno*
2000	*dos mil*
10 000	*diez mil*

Ordnungszahlen

1. *primero*	**6.** *sexto*
2. *segundo*	**7.** *séptimo*
3. *tercero*	**8.** *octavo*
4. *cuarto*	**9.** *noveno*
5. *quinto*	**10.** *décimo*

Wochentage, Monate, Zeit, Datum

Montag	*lunes*
Dienstag	*martes*
Mittwoch	*miércoles*
Donnerstag	*jueves*
Freitag	*viernes*
Samstag	*sábado*
Sonntag	*domingo*
Januar	*enero*
Februar	*febrero*
März	*marzo*
April	*abril*
Mai	*mayo*
Juni	*junio*
Juli	*julio*
August	*agosto*
September	*septiembre*
Oktober	*octubre*
November	*noviembre*
Dezember	*diciembre*

Wie spät ist es?	*Que hora es?*
Es ist ein Uhr	*Es la una*
Es ist vier Uhr	*Son las cuatro*
Es ist viertel nach drei	*Son las tres y cuarto*
Es ist halb sechs	*Son las cinco y media*
Es ist viertel vor sechs	*Son las seis menos cuarto*
heute, morgen, übermorgen	*hoy, mañana, pasado mañana*
gestern, vorgestern	*ayer, anteayer*
jetzt, später	*ahora, más tarde*
früh, spät	*temprano, tarde*
sofort, gleich	*inmediato, ahorita*
Datum	*fecha*
Was für ein Datum haben wir heute?	*Qué fecha tenemos hoy?*

Kulinarisches Wörterbuch (Spanisch)

Allgemeines

Almuerzo	*Mittagessen*
Bodega	*Weingut*
Brostería	*Hähnchenbraterei*
Carnicería	*Fleischerei*
Cevichería	*Fisch- und Meeresfrüchterestaurant*
Cena	*Abendessen*
Chichería	*einfache Kneipe*
Chifa	*peruanisch-chinesisches Restaurant*

Comida	*Essen*
Comida vegetariana	*vegetarisches Essen*
Desayuno	*Frühstück*
Entrada	*Vorspeise*
Menú	*Speisekarte*
Mesero	*Bedienung, Ober*
Panadería	*Bäckerei*
Peña	*Folklorekneipe*
Picantería	*Spezialitätenrestaurant*
Plato fuerte	*Hauptgericht*
Postre	*Nachtisch*
Queso	*Käse*
Quinta	*familiäres Gasthaus, meist nur tagsüber geöffnet*
Restaurante campestre	*Landgasthaus*
Restaurante vegetariano	*vegetarisches Restaurant*

Eiergerichte

Huevos	*Eier*
Huevos con jamón	*Eier mit Schinken*
Huevos con tocino	*Eier mit Speck*
Huevos de codorniz	*Wachteleier*
Huevos duros	*hart gekochte Eier*
Huevos fritos/estrellados	*Spiegeleier*
Huevos revueltos	*Rühreier*
Huevo tibio	*weiches Ei*
Tortilla de huevo	*Omelett*

Fisch / Meeresfrüchte

Almejas	*Muscheln*
Anchovetas	*Sardellen*
Atún	*Thunfisch (in der Dose)*
Bacalao	*Dorsch*
Bonito	*Thunfisch*
Calamares	*Tintenfisch*
Camarones	*Garnelen*
Camarones del río	*Flussgarnelen*
Cangrejo	*Krebs*
Concha	*Venusmuschel*
Corvina	*Seebarsch*
Doncella	*Amazonas-Fischart*
Langosta	*Languste*
Mariscos	*Meeresfrüchte*
Mejillones	*Miesmuscheln*
Ostra	*Auster*
Paiche	*Amazonas-Fischart*
Parihuela	*Fischsuppe*
Pejerrey	*Königsfisch*
Pescado	*Fisch*
Pulpo	*Tintenfisch*
Róbalo	*Wolfsbarsch*
Salmón	*Lachs*
Tiburón	*Haifisch*
Trucha	*Forelle*

Fleischgerichte

Adobo	*geschmorter Schweinebraten*
Albóndiga	*Fleischkloß*
Asado	*Braten; gebraten*
Bistec	*Beefsteak*
Cabra	*Ziege*
Carne	*Fleisch*
Carne de res	*Rindfleisch*
Carne molida, picada	*Hackfleisch*
Carne seca	*Dörrfleisch*
Cerdo, chancho	*Schwein*
Chicharrón	*gebratene Fleischstücke*
Chorizo	*scharfe Wurst*
Chuleta	*Kassler*
Conejo	*Kaninchen*
Cordero	*Lammfleisch*
Costilla	*(Schweine)-Rippchen*
Embutidos	*Wurst*
Estofado	*Fleischeintopf*
Ganso	*Gans*
Guisado	*Eintopf*

Anhang

Hígado	*Leber*
Jamón	*Schinken*
Lechón	*Spanferkel*
Lengua	*Zunge*
Lomo, lomito	*Rindersteak*
Lomo milanesa	*Schnitzel*
Lomo saltado	*Geschnetzeltes*
Muslo	*Keule*
Parrillada	*gemischter Grillteller*
Pato	*Ente*
Pavo	*Truthahn*
Pechuga de pollo	*Hähnchenbrust*
Pichón	*Taube*
Pollo	*Hähnchen*
Pollo a la brasa	*Grillhähnchen*
Res	*Rindfleisch*
Riñon	*Niere*
Salchicha	*Würstchen*
Ternera	*Kalb*

Gemüse

Aceituna	*Olive*
Aji	*scharfe Paprika / Chilischote*
Aji amarillo	*gelber Chili*
Alcachofa	*Artischocke*
Apio	*Sellerie*
Arveja	*Erbse*
Betarraga	*Rote Beete*
Camote	*Süßkartoffel*
Cebada	*Gerste*
Cebolla	*Zwiebel*
Choclo	*gekochter Maiskolben*
Chonta	*Palmherzen*
Chuño	*gefriergetrocknete Kartoffeln*
Coliflor	*Blumenkohl*
Col/repollo	*Kohl*
Col de Bruselas	*Rosenkohl*
Elote	*Maiskolben*
Ensalada	*Salat*
Frijoles	*schwarze Bohnen*
Garbanzo	*Kichererbse*
Haba	*Saubohne*
Hongos	*Pilze*
Judías	*Bohnen*
Kiwicha	*Amarant*
Lechuga	*Kopfsalat*
Lentejas	*Linsen*
Maíz	*Mais*
Oca (oxalis tuberosa)	*kartoffelähnliche Knollenfrucht des Tieflands*
Palta	*Avocado*
Papa	*Kartoffel*
Papas fritas	*Pommes frites*
Papas sancochadas	*Salzkartoffeln*
Pepino	*Gurke*
Pimentón	*süße Paprika*
Plátano	*Koch- / Mehlbanane*
Quinoa	*Getreidehirse*
Rábano	*Radieschen*
Repollo	*Weißkohl*
Tomate	*Tomate*
Tomatillos	*Baumtomate*
Trigo	*Getreide*
Verduras	*Gemüse*
Yuca	*Maniok*
Zanahoria	*Möhre*

Getränke

Agua	*Wasser*
Agua mineral (con gas)	*Mineralwasser (mit Kohlensäure)*
Aguardiente	*Zuckerrohrschnaps*
Batido	*Milchshake mit Frucht*
Café con leche	*Milchkaffee*
Café negro	*schwarzer Kaffee*
Café pasado	*Kaffee aus Kaffee-Essenz*
Cerveza (del barril)	*Bier (vom Fass)*

Chicha	*lokal gebrauter Alkohol aus vergärten Früchten*
Chicha morada	*Erfrischungsgetränk aus violettem Mais*
Chocolate caliente	*heißer Kakao (meist mit Wasser zubereitet)*
Chopp	*Bier vom Fass*
Cremolada	*Fruchtgetränk mit Eis gemixt*
Cuba libre	*Coca Cola mit Schuss*
Gaseosa	*Softdrink*
Hielo	*Eis(würfel)*
Inca Kola	*bekannteste peruanische Limonade*
Jugo	*Fruchtsaft*
Leche	*Milch*
Leche de soya	*Sojamilch*
Masato	*Maniokbier*
Pisco	*Traubentrester, wie Grappa*
Pisco sour	*peruanischer Nationaldrink aus Pisco, Eischaum und Limettensaft (S. 388)*
Refresco	*dünnes Erfrischungsgetränk aus kaltem Früchtetee oder -sirup*
Ron	*Rum*
Té	*Tee*
Vino (tinto, blanco)	*Wein (rot, weiß)*

Gewürze, Kräuter, Essig, Öl

Aceite	*Öl*
Aji	*Chili (scharf)*
Ajo	*Knoblauch*
Albahaca	*Basilikum*
Canela	*Zimt*
Culantro	*Koriander*
Hierbabuena	*Pfefferminz*
Manzanilla	*Kamille*
Perejil	*Petersilie*
Pimienta	*Pfeffer*
Pimienta española	*Paprikagewürz*
Pimienta gorda	*Nelkenpfeffer*
Sal	*Salz*
Vinagre	*Essig*

Nachtisch / Süßigkeiten

Arroz con leche	*Milchreis*
Azúcar	*Zucker*
Churros	*frittierte Teigstäbe*
Ensalada de frutas	*Obstsalat*
Flan	*Pudding*
Helado	*Speiseeis*
Humitas	*süße Teilchen aus gekochtem Mais*
Galletas	*Kekse*
Manjar blanco	*Süßspeise aus eingedickter Milch*
Mantequilla	*Butter*
Mazamorra morada	*roter Maispudding*
Mermelada	*Marmelade*
Miel	*Honig*
Natilla	*Süßrahm*
Panqueque	*Pfannkuchen*
Pastel	*Kuchen*
Pie de manzana	*Apfelkuchen*
Quesillo con miel	*Frischkäse mit Honig*
Torta	*Torte*

Obst / Früchte

Aguaje	*Palmfrucht (Mauritia flexuosa)*
Banano	*Banane*
Cacao	*Kakao*
Carambola	*Sternfrucht*
Cereza	*Kirsche*
Chirimoya	*Annone, Ochsenherzfrucht*
Ciruela	*kleine Pflaumenart*
Coco	*Kokosnuss*
Cocona	*Urwaldfrucht (Solanum sessiliflorum)*
Durazno	*Pfirsich*

Fresa	*Erdbeere*
Granadilla	*Passionsfrucht*
Guanabana	*Riesen-Annone*
Guayaba	*Guave*
Higo	*Feige*
Limón	*Limette*
Mango	*Mango*
Manzana	*Apfel*
Melón	*Honigmelone*
Mora	*Brombeere*
Naranja	*Orange*
Papaya	*Papaya*
Pera	*Birne*
Piña	*Ananas*
Sandia	*Wassermelone*
Tuna	*Kaktusfrucht*
Uva	*Weintraube*

Spezialitäten

Anticuchos de corazón	*gegrillte Rinderherzen am Spieß*
Arroz chaufa	*gebackener Reis mit Ei und Huhn*
Carapulcra	*Schweinefleisch, Huhn, Erdnüsse, Ají und Chuño*
Ceviche/Cebiche	*roher Fisch und/oder Meeresfrüchte in einer Limonen-Zwiebel-Marinade (S. 42)*
Cecina	*geräucherte Schweinefleischscheiben*
Chile relleno	*mit Hackfleisch gefüllte Paprika*
Cuy chactado	*gegrilltes Meerschweinchen*
Empanadas	*gefüllte Teigtaschen (süß oder pikant)*
Escabeche de pollo	*kalter Salat aus mariniertem Hühnerfleisch mit Gemüse und Zwiebeln*
Masaco	*frittiertes Mus aus Trockenfleisch und Bananen*
Pachamanca	*Fleisch und Gemüse in einem Erdloch gegart (S. 42)*
Palta rellena	*mit Gemüse und Fleisch gefüllte Avocado*
Papa a la huancaina	*gekochte Kartoffel mit würziger Käsesoße*
Papa con ocopa	*Kartoffel mit scharfer Erdnusssoße*
Patarashca	*in Bananenblätter eingewickelter Fisch*
Rocoto relleno	*gefüllte Paprikaschote*
Salteñas (nur Bolivien)	*mit Hähnchen und Gemüse gefüllte Pastete*
Tacacho	*Kochbananenklöße mit Maniok*

Suppen

Caldo	*(Rind-)Fleischbrühe*
Caldo de carne	*klare Fleischbrühe*
Caldo de gallina	*Hühnerbrühe mit Nudeln*
Chairo	*Fleischsuppe mit chuño*
Cheruje	*Bananensuppe*
Chupe de camarones	*Garneleneintopf*
Chupe de pallares verdes	*Milchsuppe mit Meeresfrüchten und Reis*
Chupe de pescado	*Fischsuppe*
Consomé	*Hühnerbrühe*
Cremas	*Tütensuppen*
Inchicapi	*Erdnusssuppe*
Pampaku	*Fleischeintopf mit Gemüse*
Sancocho	*Fleischeintopf*
Shambar	*Suppe mit Bohnen, Schweineschwarte und Weizen*
Sopa a la criolla	*Fleisch-Nudel-Suppe aus Milch*
Sopa de arroz	*Reissuppe*
Sopa de fideos	*Nudelsuppe*
Sopa de lentejas	*Linsensuppe*

Sopa de tomate	*Tomatensuppe*
Sopa de verduras	*Gemüsesuppe*

Zubereitung

a la jardinera	*mit Gemüsefüllung*
a la reyna	*mit Hähnchenfüllung*
a lo macho	*mit Meeresfrüchtesoße*
al ajillo	*in Knoblauch gebraten*
al horno	*gebacken*
a la parrilla	*gegrillt*
a la plancha	*geröstet*
asado, frito	*gebraten*
bien cocido	*Fleisch: gut durch*
crudo	*roh*
empanizado	*paniert*
picante	*scharf*
rico, sabroso	*lecker, schmackhaft*
salado	*versalzen*
sancochado, cocido	*gekocht*
termino medio	*Fleisch: medium*

Sprachführer Quechua und Aymara

Neben **Spanisch** *(Castellano)* gehören auch die indianischen Idiome **Quechua** und **Aymara** zu den offiziellen Sprachen in Peru und Bolivien. Sprachforscher schätzen, dass in Peru 6–8 Mio. Menschen Quechua beherrschen, mit Schwerpunkt in Cusco sowie Ayacucho und Umgebung Für bis zu 2 Mio. von ihnen ist Quechua die einzige Sprache, in der sie sich verständigen. Unter den Inkas verbreitete sich das Quechua aus Cusco im ganzen Reich, um als offizielle Amtssprache die Integration im Vielvölkerstaat zu fördern. Auch heute noch werden unterschiedliche Dialekte des Quechua in den Andenregionen Südkolumbiens, Ecuadors, Boliviens, Nordchiles und dem Nordwesten Argentiniens gesprochen. Die Gesamtzahl der Quechua-Sprechenden wird auf bis zu 10 Mio. Personen geschätzt. Aymara sprechen heute bis zu 2 Mio. Menschen auf der Hochebene um den Titicaca-See, weiter südlich davon im bolivianischen Altiplano und in Nordchile. Nachfolgend stehen einige nützliche Quechua- und Aymara-Vokabeln. Sie werden in etwa ausgesprochen, wie sie geschrieben stehen.

Deutsch	Quechua	Aymara
Arzt	*Hampej*	*Kkulliri*
Bad	*Tuyuna*	*Hunttuña*
Baum	*Sacha*	*Khokga*
betrunken	*Machaskka*	*Umata*
Bett	*Puñuna*	*Iquiña*
billig	*Pisillapajg*	*Pistaqui*
Boden	*Pampa*	*Orakke*
Brot	*Ttantta*	*Ttantta*
Chef	*Mallku*	*Mallku*
Chicha	*Akjga*	*Kusa*
(Dorf-) gemeinschaft	*Ayllu*	*Ayllu*
Durchfall	*Kkechiria*	*Wila wichuchu*
Durst	*Chchaqui*	*Phara*
essen	*Mikhuna*	*Mankaña*
Feld	*Chajgra*	*Yapu*
Feuer	*Nina*	*Nina*
Fisch	*Chaulla*	*Chaulla*
Fluss	*Mayu*	*Hawira*
Frau	*Warmi*	*Warmi*
Freund	*Rejsisga*	*Wintata*
Geld	*Kgolkge*	*Kullkki*
Gipfel	*Apachita*	*Apachita*
Gott	*Pachamac*	*Apu*
gut	*Allin*	*Asqui*
Hilfe	*Kyuyapayana*	*Kyuyapayaña*
Hügel	*Urkku*	*Kullu*
Hunger	*Yarakgay*	*Autjhi*
Ja	*Ari*	*Hisa*
Kartoffel	*Amkha*	*Chchukki*
kaufen	*Rantina*	*Alaña*
Kondor	*Kondur*	*Kunturi*
krank	*Onkgoskga*	*Usuri*
Lagune, See	*Kgocha*	*Kkuta*

Anhang

Deutsch	Quechua	Aymara
lecker	*Misky*	*Mojgsa*
Mais	*Sara*	*Tunkku*
Mann	*Kgari*	*Chacha*
Markt	*Khatu*	*Khatu*
Medizin	*Hampina*	*Kkullana*
Mestize	*Mistti*	*Mistti*
Nahrung, Essen	*Mikuy*	*Mankka*
Name	*Suti*	*Suti*
Nein	*Mana*	*Haniwa*
sagen	*Ninna*	*Saña*
Salz	*Kachi*	*Hayu*
scharf, pikant	*Haya*	*Haru*
Schnee	*Ritti*	*Khuna*
schön	*Kachitu*	*Huwitaqui*
Sonne	*Inti*	*Llinti*
Stadt	*Jathun llajgta*	*Jacha marka*
Stein	*Rumi*	*Kkala*
trinken	*Ucyana*	*Umaña*
trocken	*Chchaki*	*Uaña*
Unterkunft	*Pascana*	*Kkurpa*
Volk	*Llajta*	*Marca*
Wasser	*Yaku*	*Uma*
Weg	*Ñann*	*Thaqui*
Welt	*Kaipacha*	*Acapacha*
Wind	*Huayra*	*Thaya*

Glossar

Abra (Berg)-Pass
Acllahuasi Haus der „Sonnenjungfrauen"
Adobe luftgetrocknete Lehmziegel, die zum Hausbau dienen, oft mit Stroh vermischt
Aguardiente starker Alkohol, der aus Zuckerrohr destilliert wird
Ají Chili-Schote
Alcalde Bürgermeister
Aldea kleine Siedlung, Dorf
Alpaka Vertreter der Andenkamele; Fleisch- und Wolllieferant
Andenes terrassierte Berghänge, die bereits von präinkaischen Völkern angelegt wurden, um Ackerland zu gewinnen
Apacheta mit einem Steinhaufen markierter Bergpass
Apu Berggottheit
Ayllu Vorläufer der heutigen indigenen Gemeindestruktur; bei den Inkas: auf Verwandtschaft beruhende Form der dörflichen Sozialstruktur
Azulejo glasierte Zierkachel
Balneario Bad, Badeort am Meer
Barranco Schlucht
Barrio Stadtviertel, Häuserblock
Brujo wörtlich: Hexer; Schamane
Cabildo Gemeinderat in der Kolonialzeit
Cacique Anführer, Stammeschef (auch Curaca genannt)
Campesino Kleinbauer
Capilla Kapelle
Capitanía Hafenamt
Caracol *Strombus giga*, Meeresschnecke, Blasinstrument, das auch zur Übermittlung von Nachrichten diente
Chacra Stück Land, Kleinparzelle
Charango mandolinenartiges Saiteninstrument, dessen Klangkörper traditionell aus dem Körper eines Gürteltiers besteht
Chasqui Laufbote der Inkas
Chicha leicht alkoholhaltiges, vergorenes Maisbier; wird auch als nichtalkoholisches, violettfarbenes Getränk gereicht
Chifa chinesische Restaurants in Peru
Cholo abwertende Bezeichnung für einen Mestizen, auch auf Andenhochland-Bewohner angewandt
Chullpa Grabturm
Chuños gefriergetrocknete Kartoffeln
Coca immergrüner Strauch, der auf der Andenostseite wächst und Kokain enthält
Cocalero Kokabauer
Colla Oberbegriff für die Indianer des Titicaca-Sees
Comedor einfaches Esslokal, meist ohne Speisekarte
Comunidad indianische Gemeinde
Conquista Eroberung Amerikas durch die Spanier
Corregidor eine Art Landvogt während der Kolonialzeit

Curandero (indianischer) Heiler
Departamento Provinz
Don, Doña intimere, respektvollere Anrede für: Herr bzw. Frau
Encomienda durch die spanische Krone an verdiente Eroberer erteiltes Recht, in einem festgelegten Gebiet frei über die indianische Arbeitskraft zu verfügen und von den Indígenas Tribute einfordern zu können. Im Gegenzug war der *Encomendero*, der Besitzer dieses Rechts, verpflichtet, die ihm zugeteilten Indígenas zu zivilisieren und christianisieren
Faena Gemeinschaftsarbeit indianischer Gemeinden
Finca großes Landgut
Gamonales Großgrundbesitzer
Garúa feuchter Nebel der peruanischen Pazifikküste
Gaseosas übergeordneter Begriff für alle Softdrinks (Coca-Cola, Pepsi, Sprite etc.)
Geoglyphen Erdmarkierungen, z. B. die Nazca-Linien
Gringo Allgemeinbezeichnung für weißhäutige Ausländer, die nur selten als Beleidigung gebraucht wird
Guano nährstoffreicher Vogeldung der peruanischen Pazifikküste
Hayno traditionelles Liedgut und Tanz des Andenhochlands
Huaca heiliger Ort in Form eines Grabes, einer Pyramide, aber auch auffällige Naturformen (z. B. Felsen, Berggipfel, Quellen, etc.)
Huaquero Grabräuber
Ichu robustes Hochlandgras, mit dem Häuser gedeckt werden
IGV Impuesto General a las Ventas, Mehrwertsteuer in Peru
Indígenas Bezeichnung für die Nachfahren der präkolumbischen Kulturen in Peru und Bolivien
Indio, Indito abwertende Bezeichnung für Indígenas
Inti Sonne, Sonnengott
IVA *Impuesto al Valor Agregado*, Mehrwertsteuer in Bolivien
Keru spezieller Ton- oder Holzkrug/-becher
Kiwicha präkolumbische Getreideart
Machete Buschmesser
Machismo, Macho übersteigertes Männlichkeitsgefühl, Mann mit diesem Gefühl
Marinera peruanischer Nationaltanz
Municipio Gemeindebezirk, Landkreis
Narcotraficante Drogendealer
Pachamama Mutter Erde
Patio Innenhof, Hof
Patrón Chef, Arbeitgeber, Aufseher eines Großgrundbesitzers
Peña Folkorelokal
Petroglyphen prähistorische Felszeichnungen
Plaza de Armas, Plaza Mayor das Zentrum in fast jedem Ort
Pollera Überrock indianischer Frauen
Puna Hochsteppe in den Anden Perus und Boliviens
Quinoa *Chenopodium quinoa*, Jahrtausendealte Kulturpflanze, deren Anbau unter spanischer Herrschaft verboten war
Quipus Knotenschnüre der Inkas, die ihnen als Zählsystem dienten
Reducción von den Spaniern eingeführtes System der Zwangszusammenlegung indianischer Dörfer zur besseren Kontrolle der Bevölkerung
Repartimiento von den Spaniern in der Kolonialzeit verwendetes Verteilungssystem von vorwiegend indianischen Arbeitskräften
Sendero Luminoso „Leuchtender Pfad“, peruanische Guerillagruppierung
Sierra das Andenhochland Perus und Boliviens
Soroche Höhenkrankheit
Stele meist länglicher, freistehender Stein, der an einer oder mehreren Seiten mit Darstellungen verziert ist
Synkretismus Verschmelzung zweier Religionen
Tambo Rasthaus entlang der Inkastraßen
Tawantinsuyu das inkaische Großreich, das nach den Himmelsrichtungen in vier Teilbereiche (Suyos) untergliedert war
Tejido Webarbeit
Terrateniente Landbesitzer
Tienda Laden, kleines Geschäft
Totora *Scirpus riparius*, Binsen- oder Schilfart, aus der Boote gebaut werden
Traje traditionelle Bekleidung, Tracht
Trepanation medizinische oder spirituelle Schädelöffnung
Tumi Zeremonialmesser prähispanischer Kulturen
Viracocha präinkaischer Schöpfergott

Reisemedizin zum Nachschlagen

Chagas-Krankheit

Die Chagas-Krankheit kommt sowohl in Peru als auch Bolivien vor und betrifft vorwiegend Land- und Slumbewohner. Da die Infektion meist in den ersten Lebensjahren erfolgt, sind Reisende nur extrem selten betroffen. Erreger ist der Einzeller *Trypanosoma cruzi*, der durch Raubwanzen von Wildtieren (z. B. Opossums) oder Haustieren auf den Menschen übertragen wird. Die Trypanosomen werden mit dem Kot der Wanzen ausgeschieden und gelangen durch Kratzwunden in die Haut. Eine Übertragung durch Bluttransfusionen sowie eine kongenitale Übertragung sind möglich.

Bei der **akuten** Chagas-Krankheit tritt im Bereich der Eintrittspforte ein Ödem auf, z. B. ein Lid-Ödem (Romaña-Zeichen). Es entwickelt sich für einige Wochen ein fieberhaftes Krankheitsbild mit einer generalisierten Lymphknotenschwellung und einer leichten Leber- und Milzvergrößerung, gelegentlich auch mit Muskelschmerzen, Übelkeit, Anorexie oder Diarrhoe.

Die Veränderungen bei der **chronischen** Chagas-Krankheit treten erst 10 bis 20 Jahre nach der akuten Phase auf. Eine Herzmuskelentzündung führt zu Herzvergrößerung und Herzschwäche. Die Diagnose erfolgt im akuten Stadium über direkten Parasiten-Nachweis im Blut. Eine Anreicherung ist möglich über Kulturverfahren oder über die Xenodiagnose (Nachweis von Trypanosomen in Raubwanzen, die am Patienten Blut gesaugt haben).

Cholera

Die Cholera wird vom Bakterium *Vibrio cholerae* verursacht und durch direkten Kontakt mit infizierten Personen, deren Ausscheidungen oder durch verunreinigte Nahrungsmittel übertragen. Die Symptome – wässrige Durchfälle und starkes Erbrechen – treten nach ein bis fünf Tagen auf und können schnell zur Dehydrierung mit Elektrolytverlust führen. Wer erkrankt, muss umgehend zum Arzt und die verlorene Flüssigkeit ersetzen.

Die Impfung gegen Cholera wird von der WHO nicht mehr empfohlen. Solange man auf eine saubere Umgebung und hygienische Nahrungsmittel achtet und nicht geschwächt ist, wird man kaum gefährdet sein.

Denguefieber

Diese Viruskrankheit ist in Peru und Bolivien wieder auf dem Vormarsch. Bei einzelnen Patienten kann sie zu ernsten Gesundheitsschäden führen. In beiden Ländern gibt es indes nur vereinzelte Fälle, die vor allem in tiefer gelegenen Gebieten während der Regenzeit auftreten.

Übertragen wird die Krankheit durch die *Aedes aegypti*-Mücke, die an ihren schwarz-weiß gebänderten Beinen zu erkennen ist. Sie sticht während des ganzen Tages. Nach der Inkubationszeit von bis zu einer Woche kommt es zu plötzlichen Fieberanfällen, Kopf- und Muskelschmerzen. Nach drei bis fünf Tagen kann sich ein Hautausschlag über den ganzen Körper verbreiten. Bei Stufe 1 klingen nach ein bis zwei Wochen die Krankheitssymptome ab.

Ein zweiter Anfall (Stufe 2) kann zu Komplikationen (inneren und äußeren Blutungen) führen. Wie bei der Malaria ist ein Moskitonetz und der Schutz vor Mückenstichen die beste Vorsorge. Wo viele Mücken auftreten, sollte man lange Hosen und langärmelige Hemden tragen und Insektenschutzmittel benutzen. Zudem sollte man sich dort am frühen Morgen und nach Regenfällen, wenn die Mücken am häufigsten auftreten, möglichst nicht im Freien aufhalten. Gegen Denguefieber gibt es keine Impfung oder spezielle Behandlung. Schmerztabletten, Fieber senkende Mittel und Wadenwickel lindern die Symptome. Keinesfalls sollten ASS, Aspirin oder ein anderes acetylsalicylsäurehaltiges Medikament genommen werden, da diese einen lebensgefährlichen hämorrhagischen Verlauf herausfordern. Ein einfacher Test kann Denguefieber bestätigen: Fünf Minuten den Oberarm abbinden, öffnen und in der Armbeuge nachsehen – falls rote Flecken erscheinen, ist es zu 90 % Denguefieber.

Durchfallerkrankungen

So gut wie niemand bleibt bei einem Südamerika-Aufenthalt von „Montezumas Rache" oder kurz *Turista*, wie der Reisedurchfall auch scherzhaft genannt wird, verschont.

Auch Peru/Bolivien-Reisende plagen manchmal Durchfälle (Diarrhoe), die durch Infektionen hervorgerufen werden. Verdorbene Lebensmittel, ungeschältes Obst, Salate, kalte Getränke oder Speiseeis sind häufig die Verursacher. Da auch Mikroorganismen im Wasser durchschlagende Wirkung zeigen können, sollte man unbedingt nur abgefülltes Wasser trinken. Wer ganz sicher gehen will, verzichtet zudem auf zerstoßenes Stangeneis.

Eine Elektrolyt-Lösung (Elotrans bzw. für Kinder Oralpädon), die verlorene Flüssigkeit und Salze ergänzt, reicht bei den meist harmlosen Durchfällen völlig aus. Man kann sich selbst eine Lösung herstellen (siehe Kasten). Zur Not, z. B. vor langen Fahrten, kann auf Imodium, das die Darmtätigkeit ruhig legt, zurückgegriffen werden (bei der Dosierung auf den Beipackzettel achten, da die Ausscheidung von Krankheitserregern verzögert wird!). Wer Durchfälle mit Fenchel, Kamille und anderen Kräutertees lindern möchte, sollte sich einen Vorrat mitnehmen. Zudem hilft eine Bananen- oder Reis-und-Tee-Diät und Cola in Maßen, denn es enthält Zucker, Spurenelemente, Elektrolyte und ersetzt das verloren gegangene Wasser. Generell sollte man viel trinken und die Zufuhr von Salz nicht vergessen. Bei länger anhaltenden Erkrankungen empfiehlt es sich, einen Arzt aufzusuchen – es könnte auch eine bakterielle oder eine Amöben-**Ruhr** (Dysenterie) sein. Bei Durchfällen gilt zu bedenken, dass die Wirksamkeit anderer Medikamente, darunter die Anti-Baby-Pille, beeinträchtigt werden kann.

Verstopfungen können durch eine große Portion geschälter Früchte, z. B. Ananas oder Papaya (mit Kernen essen), verhindert werden.

Erkältungen

Die Krankheit, die neben Durchfall zu den häufigsten Krankheiten in den Tropen zählt, wird meist durch plötzliche Temperaturwechsel, Klimaanlagen, Zugluft und durch starke Höhenunterschiede verursacht. Empfehlung: immer ein paar trockene und warme Kleidungsstücke zum Wechseln greifbar haben.

Elektrolyt-Lösung selbst mischen

Bevor man zu Mitteln aus der Apotheke (z. B. Elotrans) greift, kann man sich eine Elektrolyt-Lösung, die verlorene Flüssigkeit und Salze ergänzt, selbst herstellen. Man mische 1 l Wasser oder Fruchtsaft mit 4 Teelöffel Zucker und 1/2 Teelöffel Salz.

Fiebre Maculosa

Fiebre Maculosa ist eine fieberhafte Erkrankung, die durch kleine Bakterien, sog. Rickettsien verursacht wird. Diese werden von Zecken auf den Menschen übertragen. Das Krankheitsbild kann einem Denguefieber ähneln. Antibiotika (z. B. Doxycyclin) sind wirksam.

Gelbfieber

Gelbfieber ist eine tropische Viruserkrankung, die durch die Gelbfieber-Mücke übertragen wird. Sie tritt nur in Afrika und Lateinamerika auf. Nach einer Inkubationszeit von drei bis acht Tagen kommt es zunächst zu Symptomen wie Fieber, Schüttelfrost, Kopf- und Gliederschmerzen sowie Erbrechen (Phase 1). Diese Symptome klingen in den meisten Fällen nach einigen Tagen wieder ab, manchmal verläuft das Krankheitsbild sogar so leicht, dass es nicht einmal bemerkt wird. In etwa 20 % der Fälle tritt jedoch eine zweite Phase ein, in der das Fieber auf über 40 °C steigt und es zu Leberversagen sowie inneren und äußeren Blutungen kommt. Eine Therapie für diese Phase, die in der Hälfte aller Fälle tödlich verläuft, steht bisher nicht zur Verfügung.

Gelbfieber tritt im Amazonas-Tiefland Perus und Boliviens auf. Einen sicheren Schutz bietet die Gelbfieberimpfung, die dringend empfohlen wird, wenn man eine der genannten Regionen bereisen will. Bei Einreise aus Infektionsgebieten (Länder in West- und Zentralafrika sowie Lateinamerika) muss ein gültiger Gelbfieber-Impfschutz im internationalen Impfausweis dokumentiert sein. Die Gelbfieberimpfung darf nur von besonderen Impfstellen verabreicht werden, zu denen alle Tropeninstitute zählen.

Die Behörden in Peru und Bolivien können Touristen, die aus Gelbfiebergebieten einreisen (z. B. Brasilien) zwangsimpfen lassen, wenn sie keinen Impfschutz nachweisen können! Momentan benötigen Touristen, die von Peru oder Bolivien nach Brasilien auf dem Landweg einreisen, eine Gelbfieberimpfung (Adressen der Impfstellen in Lima S. 178).

Geschlechtskrankheiten

Gonorrhöe und die gefährlichere **Syphilis** sind in Peru und Bolivien weit verbreitete Infektionskrankheiten, vor allem bei Prostituierten. Bei den ersten Anzeichen einer Erkrankung (Ausfluss/ Geschwüre) muss man unbedingt ein Krankenhaus zum Anlegen einer Kultur und zur Blutentnahme aufsuchen.

Giardiasis (Lambliasis)

Giardiasis ist eine Infektion des Verdauungstraktes, ausgelöst von dem Parasiten *Giardia lamblia*, der über fäkal verunreinigtes Wasser oder Lebensmittel aufgenommen wird. Die Symptome treten ein bis zwei Wochen nach der Infektion auf: Durchfälle, Bauchkrämpfe, Blähungen, Müdigkeit, Gewichtsverlust und Erbrechen. Da sich bei ausbleibender Behandlung (Antibiotika) das Krankheitsbild verschlimmern kann, sollte unverzüglich ein Arzt aufgesucht werden.

Hauterkrankungen

Bereits vom Schwitzen kann man sich unangenehm juckende Hautpilze holen. Gegen zu starkes Schwitzen hilft Körperpuder, der angenehm kühlt und in Apotheken oder Supermärkten erhältlich ist. Für andere Erkrankungen sind häufig Kopf-, Kleider-, Filzläuse, Flöhe, Milben oder Wanzen verantwortlich. Die beste Vorbeugung ist eine ausreichende Hygiene. Nicht selten treten an Stellen, an denen die Kleidung eng aufliegt, Hitzepickel auf, die man mit Prickly Heat Powder, Zinkoxyd oder Titanoxyd behandeln kann. Gegen Kopfläuse hilft Organoderm, oder, falls man wieder in Deutschland ist, Nyda.

Hepatitis

Die schwere Lebererkrankung **Hepatitis B** wird vor allem durch sexuellen Körperkontakt und durch Blut (ungenügend sterilisierte Injektionsnadeln, Bluttransfusionen, Tätowierung, Piercen, Akupunktur) übertragen. Eine rechtzeitige vorbeugende Impfung, z. B. mit Gen H-B-Vax oder Engerix, ist sehr zu empfehlen. Die **Hepatitis A** wird durch infiziertes Wasser und Lebensmittel oral übertragen. Vor einer Ansteckung schützt der Impfstoff Havrix oder Vaqta (auch als Kombi-Impfung Twinrix für Hepatitis A und B erhältlich). Nur ein Drittel aller Europäer sind gegen Hepatitis A immun, ob die Impfung notwendig ist, zeigt ein Antikörpertest (empfehlenswert nur bei Reisenden über 50 Jahren). Hepatitis C und D werden auf demselben Weg übertragen wie Hepatitis B und können ebenfalls zu gefährlichen Langzeitschäden führen.

Höhenkrankheit

Viele Reisende unterschätzen die Konsequenzen einer unzureichenden Höhenanpassung. Aus Zeitmangel und Unwissenheit, oder überredet von unverantwortlichen Veranstaltern vor Ort, riskieren sie lebensgefährdende Situationen. Erste Anzeichen von Höhenbeschwerden können bereits ab 2000 m auftreten. Ab Höhen von 3000 m häufen sich die Symptome wie Kopfschmerzen, Schwindel, Atemnot, Übelkeit, Schlafstörungen, Orientierungslosigkeit etc. als Folge der Sauerstoffverarmung des Blutes. Bei anhaltenden Beschwerden ist der sofortige Abstieg auf eine niedrigere Höhe unumgänglich. Weitere Tipps: Viel Flüssigkeit zu sich nehmen, Alkohol vermeiden und eventuell leichte Schmerzmittel (z. B. Aspirin) nehmen.

Besonders wichtig ist eine ausreichende Akklimatisierung für die Teilnehmer von mehrtägigen Trekkingtouren. Es empfiehlt sich, vor Beginn der Trekkingtour mehrere Tage in Höhen über 3000 m zu verbringen (z. B. Huaraz, Cusco oder La Paz), die man als Ausgangspunkt für Tageswanderungen in größere Höhen nutzen sollte.

HIV / Aids

Die Übertragungswege von HIV (Human Immunodeficiency Virus) sind ungeschützter Geschlechtsverkehr, verschmutzte Injektionsnadeln bei Drogengebrauch oder Bluttransfusionen, kurz gesagt alle Wege, auf denen infiziertes Blut oder andere Körperflüssigkeiten in den eigenen Blutkreislauf gelangen können.

Die Immunschwächekrankheit hat auch vor den Toren der religiös-konservativen Gesellschaften Perus und Boliviens nicht Halt gemacht. Im Vergleich zu Afrika und Asien sind die Zahlen jedoch (noch) relativ niedrig.

Die meisten Infizierten werden in den Hauptstädten registriert, während ein Großteil der Landbevölkerung mit dem Begriff Aids (in Lateinamerika *SIDA* genannt) nicht allzu viel anzufangen weiß. Aber auch in Peru und Bolivien steigt die Zahl der Infizierten, denn Aufklärung und Prävention stecken noch in den Kinderschuhen. Ein Kondom zu benutzen wird als unmännlich betrachtet, und breite Bevölkerungsschichten können sich diese Art von „Luxus" ohnehin nicht leisten. Prostitution ist zwar offiziell verboten, wird aber geduldet und ist vor allem in den Hauptstädten beider Länder anzutreffen.

Insektenstiche und -bisse

Insekten und Fliegen sind allgegenwärtig und zu Beginn der Trockenzeit eine wahre Plage. Auch in der heißen Jahreszeit lassen sie sich in Scharen von Lichtquellen und Wärme anlocken, doch die meisten sind eher lästig als gefährlich. Vorsicht ist vor **Moskitos** geboten, da gewisse Arten Denguefieber und Malaria übertragen.

An einigen Sandstränden treten vor allem am späten Nachmittag und Abend **Sandfliegen** auf, deren Bisse sich erst einige Stunden später durch juckende, extreme Hautrötungen bemerkbar machen. Kratzen erhöht die Gefahr einer Entzündung, die oft erst nach einem Monat abklingt und hässliche Narben hinterlässt. Da sich die kleinen Plagegeister nur in begrenzten Bereichen aufhalten, sollte man sich von diesen Stränden fern halten. Es hilft Skin-So-Soft von Avon.

Flöhe und **Wanzen**, deren Bisse fürchterlich jucken, verstecken sich bevorzugt in schmutzigem Bettzeug. Wanzenbisse bilden eine säuberliche Linie. Nicht kratzen und ein Antihistaminikum (Salbe) gegen Entzündungen auftragen.

Auf dem Land sind viele Tiere mit **Zecken** infiziert, die sich in gesättigtem Zustand von ihrem Wirt fallen lassen und auf das nächste Opfer warten, dem sie ihre mit Haken besetzten Köpfe ins Fleisch bohren können, um Blut zu saugen. Es ist wichtig, sie vorsichtig zu entfernen, damit keine Haken stecken bleiben.

Blutegel sind vor allem zur Regenzeit im Dschungel eine Plage, besonders beim Durchqueren feuchter Stellen und von Wasser. Sobald sie sich mit Blut voll gesogen haben, fallen sie ab, doch schon vorher kann man sie mit brennenden Zigaretten oder Salz vertreiben. Ein wenig schützen langärmelige Hemden und in die Socken gesteckte lange Hosenbeine.

Kinderlähmung (Polio)

Der irreführende Name wiegt viele Erwachsene in einer trügerischen Sicherheit, denn auch als Erwachsener kann man sich mit Polio anstecken. Ähnlich wie bei Tetanus sollte die Immunisierung alle 10 Jahre per Schluckimpfung aufgefrischt werden. In Erprobung sind Injektionsimpfstoffe, die als Kombinationspräparate auch gegen Diphterie und Tetanus wirksam sind.

Malaria

Peru: Malariafälle haben in den letzten Jahren zugenommen. Besonders betroffen ist das Amazonastiefland im Osten, insbesondere die Urwaldgebiete im Departamento Loreto. Die Malaria hat sich aber auch in Küstenregionen ausgebreitet. **Frei von Malaria** sind Lima, Cuzco, Machu Picchu und das gesamte Anden-Hochland oberhalb von 2000 m.

Die Deutsche Gesellschaft für Tropenmedizin und Internationale Gesundheit (DTG) rät nur beim Besuch der **Grenzregionen** zu Ecuador, Kolumbien, Brasilien und Bolivien, vor allem in den Departamentos Loreto und Ucayali, zu regelmäßiger medikamentöser Prophylaxe (mit Lariam, Malarone oder Doxycyclin). Bei kürzeren Aufenthalten in den genannten Gebieten wird im Falle einer Infizierung eine **Stand-by-Therapie** empfohlen (mit Lariam, Malarone oder Riamet); das Medikament sollte vorsorglich mitgebracht werden. Die Auswahl und persönliche Anpassung des Prophylaxemittels sowie mögliche Nebenwirkungen oder Unverträglichkeiten mit anderen Medikamenten sollten unbedingt vor der Einnahme mit einem Tropen- bzw. Reisemediziner besprochen werden. Aktuelle Infos: 💻 www.dtg.org/suedamerika.html.

Bolivien: Ein geringes Malaria-Risiko besteht im ganzen Land unter 2500 m Höhe. Betroffen sind die Tieflandgebiete im Osten des Landes. In Westbolivien besteht nur in den Tieflagen des Departamentos La Paz ein geringes Malaria-Risiko.

Die beste **Vorbeugung** gegen Malaria besteht darin, möglichst gar nicht erst gestochen zu werden: Die *Anopheles*-Mücke, die den Malariaerreger *Plasmodium falciparum* übertragen kann, sticht während der Nacht, also zwischen Beginn der Dämmerung und Sonnenaufgang. Am Abend schützen helle Kleidung wie lange Hosen, langärmlige Hemden, engmaschige Socken und ein Mücken abweisendes Mittel auf der Basis von Deet, das auf die Haut aufgetragen wird und die Geschmacksnerven stechender Insekten lähmt. Einige Apotheken bieten sanftere Mittel an, die auf Zitronella- und Nelkenöl basieren, z. B. Zedan. Bewährt hat sich der Wirkstoff Permethrin, mit dem Kleidung und Moskitonetz eingesprüht werden. Er geht eine Verbindung mit dem Gewebe ein, ohne zu ölen, und bleibt wochenlang wirksam. In Deutschland ist er z. B. in den Handelsmarken NO BITE (100 ml für Kleidung, 20 €, 💻 www.nobite.com) und TYRA-X (500 ml für Moskitonetze, 13 €, 💻 www.tyrax.de) enthalten.

Ist der Schlafraum nicht mückensicher (lückenlose Mückengitter an Fenster und Türen), sollte man unter einem Moskitonetz schlafen. Am sichersten ist ein eigenes, mit Permethrin behandeltes Netz. Löcher verschließt man am besten mit Klebeband. Bei niedrigen Temperaturen in klimatisierten Räumen sind die Mücken zwar weniger aktiv, aber keineswegs ungefährlich. Notfalls verringern das Risiko auch Coils, grüne Räucherspiralen, die wie Räucherstäbchen abbrennen und für ca. 8 Stunden die Luft verpesten. Oft werden sie abends in offenen Restaurants unter die Tische gestellt, um die herumschwirrenden Moskitos zu vertreiben.

Mit der Zulassung von Malarone (Wirkstoff Atovaquon/Proguanil) steht seit Mai 2001 ein neues Mittel zur **Malariaprophylaxe** in den deutschen Apotheken. Der Hersteller wirbt mit der guten Verträglichkeit und dem wirksamen Schutz vor dem Erreger *Plasmodium falsiparum*. Da durch Malarone die Parasiten bereits in der Leber angegriffen werden, ist die Einnahmedauer relativ kurz: täglich eine Tablette ein bis zwei Tage vor, während und sieben Tage nach dem Aufenthalt im Malariagebiet. Mögliche Nebenwirkungen sind Übelkeit, Kopfschmerzen und Durchfall. Malarone wird vor allem bei Reisen in Gebiete mit hohem Malariarisiko empfohlen, allerdings sollte es nicht länger als vier Wochen eingenommen werden, da Langzeitstudien bislang fehlen. Risiken für Schwangere und Kinder können ebenfalls noch nicht eingeschätzt werden. Ein großer Nachteil von Malarone ist der Preis: Die Packung mit zwölf Tabletten kostet ca. 60 €.

Wer sich in einem Gebiet ohne ärztliche Versorgung infiziert hat, kann zur Überbrückung mit einer **Standby-Therapie** mit Mefloquin (Lariam), Atovaquon/Proguanil (Malarone) oder Artemether/Lamefantrin (Riamet) beginnen. Lariam kann in Einzelfällen zu neuropsychiatrischen Nebenwirkungen führen (z. B. Schlaflosigkeit, Depressionen, Koordinationsstörungen).

Wer aus Peru und Bolivien zurückkehrt und an einer nicht geklärten fieberhaften Erkrankung leidet, auch wenn es sich nur um leichtes Fieber und Kopfschmerzen handelt und erst Monate nach der Rückkehr auftritt, sollte dem Arzt unbedingt über den Tropenaufenthalt berichten. Die ersten Symptome einer Malaria können denen eines banalen grippalen Infektes ähneln und werden daher häufig verkannt.

Schlangenbiss oder Skorpionstich

Von den 186 peruanischen Schlangenarten sind rund 32 giftig genug, um Menschen gefährlich werden zu können. Die größte Artenzahl befindet sich im Amazonasbecken. Da Schlangen im Allgemeinen scheue Tiere sind, kommen Bisse selten vor. Meist beißen die Tiere in reiner Notwehr oder um ihren Nachwuchs zu verteidigen. Die gefährlichsten Schlangen Perus und Boliviens sind die Vipernvertreter Lanzenotter und Bushmaster sowie die Korallenschlange, die zur Familie der Kobras gehört.

Gefährlich ist die Zeit nach Sonnenuntergang zwischen 18 und 20 Uhr, vor allem bei Regen. Einige Schlangen töten durch ein Blutgift, in diesem Fall benötigt man sofort ein Serum, andere töten durch ein Nervengift, dann ist außerdem eine künstliche Beatmung wichtig. Das Provinzkrankenhaus, in das der Betroffene schnellstens gelangen sollte, muss zudem sofort informiert werden, damit ein Arzt und das Serum beim Eintreffen bereit stehen. Bei Touren im Regenwald, in hohem Schilfgras und Ruinenstätten sollte hohes, festes Schuhwerk getragen werden. Ein Stock kann hier nützliche Dienste leisten. Schuhe sollten vor dem Anziehen ausgeschüttelt und überprüft werden, da Schlangen gern in ihnen übernachten.

Ein **Skorpion**-Stich ist zwar äußerst schmerzhaft, aber nicht lebensbedrohlich. Vorsicht ist beim selten anzutreffenden weißen Skorpion geboten. Sein Biss kann zu Lähmungserscheinungen und bei kleinen Kindern sogar zum Tod führen. Wer gebissen wurde, sollte sich nicht bewegen, viel trinken und einen Arzt rufen. Vorsichtshalber sind Kleidung und Schuhwerk vor dem Anziehen zu überprüfen.

Sonnenbrand und Hitze

Wegen des steileren Strahleneinfalls und der geringeren atmosphärischen Filterung ist die Tropensonne viel intensiver als in unseren Breitengraden. Wichtig ist, sich langsam an die starke Sonne zu gewöhnen, sich wenn möglich im Schatten aufzuhalten und eine dem Hauttyp entsprechende Schutzcreme aufzutragen. Besonders stark ist die Strahlung im Hochland, am Wasser und während der Mittagsstunden.

Eine der Hauptursachen für Unwohlsein während einer Auslandsreise ist in den meisten Fällen Flüssigkeitsmangel. Durch die neuen Eindrücke abgelenkt, vergessen viele Reisende, genügend zu trinken. Hinzu kommt, dass man in tropischen Gegenden mehr schwitzt und daher mehr Flüssigkeit und Mineralien benötigt. Regelmäßiges Trinken plus Mineralienzufuhr ist deshalb unerlässlich.

Erschöpfungszustände bei Hitze äußern sich durch Kopfschmerzen, Übelkeit, Benommenheit und erhöhte Temperatur. Um die Symptome zu lindern, sollte man unbedingt Schatten aufsuchen und genügend Flüssigkeit zu sich nehmen. Erbrechen und Orientierungslosigkeit können auf einen Hitzschlag hinweisen, der potenziell lebensbedrohlich ist – deshalb muss man sich sofort in medizinische Behandlung begeben.

Thrombose

Bei längeren Flugreisen verringert sich durch den Bewegungsmangel der Blutfluss vor allem in den Beinen, wodurch es zur Bildung von Blutgerinnseln kommen kann, die, wenn sich sich von der Gefäßwand lösen und durch den Körper wandern, eine akute Gefahr darstellen (z. B. Lungenembolie). Gefährdet sind vor allem Personen mit Venenerkrankungen oder Übergewicht, aber auch Schwangere, Raucher oder Frauen, die die Pille nehmen. Das Risiko verhindern Bewegung, viel trinken (aber keinen Alkohol) und notfalls Kompressionsstrümpfe der Klasse 1–2.

Tollwut

Wer von einem der zahlreichen streunenden Hunde oder von einem wilden Tier (z. B. einer Vampirfledermaus) gebissen wird, sollte unverzüglich einen Arzt aufsuchen, um festzustellen, ob er sich mit Tollwut *(Rabia)* infiziert hat. Sollte dies der Fall sein, muss man sich sofort impfen lassen, da eine Infektion sonst tödlich endet. In den meisten Gegenden halten die Krankenhäuser Impfstoffe bereit. Eine vorbeugende Impfung ist sehr teuer und nur bei längerem Aufenthalt oder besonderer Exposition (intensiver Kontakt mit Tieren etc.) ratsam.

Typhus

Typhus ist eine Salmonellenerkrankung, die durch den Verzehr infizierter Lebensmittel oder Getränke (ungereinigtes Wasser) verursacht wird. Typische Symptome: über sieben Tage hohes Fieber einhergehend mit einem eher langsamen Puls und Benommenheit. Empfehlenswert ist die gut verträgliche Schluckimpfung mit Typhoral L für alle Reisenden. Drei Jahre lang schützt eine Injektion des neuen Typhus-Impfstoffs Typhim VI oder Typherix, ehe er wieder aufgefrischt werden muss.

Wurmerkrankungen

Winzige oder größere Exemplare, die überall lauern können, setzen sich an verschiedenen Körperstellen bzw. -organen fest und sind oft erst Wochen nach der Rückkehr festzustellen. Die meisten sind harmlos und durch eine einmalige Wurmkur zu vernichten, andere sind gefährlich, z. B. Hakenwürmer. Sie bahnen sich den Weg durch die Fußsohlen, weshalb man auf feuchten Böden unbedingt Sandalen tragen sollte. Nach einer Reise in abgelegene Gebiete ist es empfehlenswert, den Stuhl auf Würmer untersuchen zu lassen. Notwendig ist das, wenn man über längere Zeiträume auch nur leichte Durchfälle hat.

Wundinfektionen

Unter unhygienischen Bedingungen können sich schon aufgekratzte Moskitostiche zu beträchtlichen Infektionen auswachsen, wenn sie unbehandelt bleiben. Wichtig ist es, dass jede noch so kleine Wunde sauber gehalten, desinfiziert und evtl. mit Pflaster geschützt wird. In jeder Apotheke gibt es Antibiotika-Salben, die den Heilprozess unterstützen.

Wundstarrkrampf (Tetanus)

Wundstarrkrampf-Erreger finden sich überall auf der Erde. Verletzungen kann man nie ausschließen, und wer noch keine Tetanusimpfung hatte, sollte sich unbedingt zwei Impfungen im 4-Wochen-Abstand geben lassen, die nach einem Jahr aufgefrischt werden müssen. Danach genügt eine Impfung alle zehn Jahre. Am besten ist die Kombi-Impfung mit dem Polio-Tetanus-Diphtherie-(Td-)Impfstoff für Personen über fünf Jahren, mit der gleichzeitig ein Schutz vor Diphtherie und Polio einhergeht.

Bücher

Belletristik

Mario Vargas Llosa, *Der Traum des Kelten* (Suhrkamp 2011). Neuestes Werk des peruanischen Literaturnobelpreisträgers.
Mario Vargas Llosa, *Tod in den Anden* (Suhrkamp 2002). Ein Klassiker, den man in den peruanischen Anden lesen sollte.
Weitere lesenswerte Romane von Vargas Llosa (alle bei Suhrkamp erschienen) sind: *Der Hauptmann und sein Frauenbataillon*, *Tante Julia und der Kunstschreiber*, *Das grüne Haus*, in dessen Mittelpunkt die ansonsten selten literarisch behandelte Amazonasregion steht, *Die Stadt und die Hunde*, eine anschauliche Beschreibung der Verhältnisse in Lima zur Mitte des 20. Jhs., *Maytas Geschichte*, der Vierteiler *Der Krieg am Ende der Welt* und *Das Fest des Ziegenbocks*, eine Abrechnung mit der Diktatur des Präsidenten Leónidas Trujillo in der Dominikanischen Republik. In einem seiner jüngeren Werke, *Das Paradies ist anderswo*, beschreibt Vargas Llosa die Lebenswege des Malers Paul Gauguin und dessen Großmutter, der französisch-peruanischen Frauenrechtlerin und Sozialistin Flora Tristan.
Alfredo Bryce Echenique, *Eine Welt für Julius* (Suhrkamp 2003). Faszinierendes Portrait der bourgeoisen Familie, des Systems von Dienern und Herren und der rauhen Oberflächlichkeit in der peruanischen Hauptstadt Lima aus der Sicht des Knaben Julius.
Weitere interessante Romanciers s. S. 147, Literatur.

Kolonialzeit

Die Entdeckung von Peru. 1526–1712, Ernst Bartsch, Evamaria Grün (Hsg.) (Thienemann Verlag 1996). Drei Augenzeugen berichten von der Eroberung Perus. Das Buch enthält zeitgenössische Bilder und Landkarten.
Francisco Pizarro, der Eroberer von Peru, Arthur Schurig (tredition 2011). Die Geschichte des Konquistadoren, nacherzählt aus alten Quellen.
Kurz gefasster Bericht von der Verwüstung der Westindischen Länder, Bartolomé de Las Casas, Hans Magnus Enzensberger (Hsg.) (Insel Frankfurt 1981). In diesem Bericht von 1524 beschreibt der Dominikaner de las Casas das millionenfache Leid der unterdrückten Ureinwohner und klagt die Machenschaften ihrer spanischen Peiniger an.

Länder, Menschen, Abenteuer

Botschaften im Sand. Reise zu den rätselhaften Nazca-Linien, Carmen Rohrbach (Goldmann 1995). Die Autorin beschreibt nicht nur die mysteriösen Linien, sondern portraitiert auch Maria Reiche, die deutsche Erforscherin der Nazca-Linien.
Das weiße Gold der Zukunft: Bolivien und das Lithium, Benjamin Beutler (Rotbuch 2011). Überblick über den epochalen Wandel in Bolivien seit der Machtübernahme durch Präsident Evo Morales. Das Thema Lithium kommt allerdings etwas zu kurz.
Klassische & moderne Rezepte aus Peru, Heidi Schade (Kornmayer 2009). Über 200 Rezepte der vielseitigsten Küche Amerikas.
Peru und Bolivien, Rolf Seeler (Dumont Kunstreiseführer 2009). Guter kunsthistorischer Überblick mit vielen veranschaulichenden Grafiken und schönen Fotos.
Peru und Bolivien – Die neue Welt der Inka (Geo Special 5/10). Ungewöhnliche Geschichten aus zwei ungewöhnlichen Ländern.

Lateinamerika

Die offenen Adern Lateinamerikas, Eduardo Galeano (Hammer 1982). Klassiker, der die jüngere Geschichte Lateinamerikas kritisch beleuchtet.
Sympathiemagazin Bolivien, Ecuador, Peru (Studienkreis für Tourismus und Entwicklung e.V. 2005). Aus der bekannten Reihe mit vielen lesenswerten Artikeln und zu einem sehr günstigen Preis. Im Internet bestellbar unter 💻 www.sympathiemagazin.de.

Natur

Ayahuasca: Rituale, Zaubertränke und visionäre Kunst aus Amazonien, Christian Rätsch, Claudia Müller-Ebeling, Arno Adelaars (AT Verlag 2006). Alles Wissenswerte über das schamanische Heilmittel aus dem Regenwald.

Coca und Kokain. Ethnobotanik, Kunst und Chemie, Christian Rätsch, Jonathan Ott (AT Verlag 2003). Ausführliche Abhandlung, die viele unterschiedliche Aspekte des Themas Koka und Kokain beleuchtet.

Peru – Travellers Wildlife Guide, Les Beletsky (Arris Publishing Travel 2005). Englischsprachiger Führer, der die peruanische Fauna und Flora detailliert erklärt.

Photographic Guide to Birds of Peru, Clive Byers (New Holland Publishers 2011). Die wichtigsten peruanischen Vogelarten in Wort und Bild.

Tropenpflanzen. Zier- und Nutzpflanzen, Andreas Bärtels (Ulmer 2003). Der Autor stellt die wichtigsten Tropenpflanzen übersichtlich mit Foto und Kurzsteckbrief vor.

Prähispanische Kulturen

Die Inka, Catherine Julien (C. H. Beck 2001). Nicht ganz kompletter, aber recht umfassender Einstieg ins Inka-Thema mit Schwerpunkt Geschichte, Kultur und Religion.

Inkas – Das große Volk der Anden, Walter Alva, Maria Longhena (Karl Müller Verlag 2002). Dieses Buch mit vielen Fotos beschreibt nicht nur die Welt der Inkas, sondern auch die ihnen vorausgehenden Kulturen.

Kulturen und Bauwerke des Alten Peru: Geschichte im Rucksack, Doris Kurella (Kröner 2008). Das für Reisende wie Daheimgebliebene geeignete Buch stellt die Kulturen Perus mit ihren Sitten, Besonderheiten und Beziehungen untereinander vor.

Sozial verantwortlich Reisen

Fair Einkaufen – aber wie? Martina Hahn, Frank Herrmann (Brandes & Apsel 2012). Im Kapitel „Fairer Tourismus" des Ratgebers erfährt man, was für Auswirkungen der globale Tourismus hat und wie und wo man umweltschonend und sozial verantwortlich Urlaub machen kann.

Fair Reisen mit Herz und Verstand (Kostenlose Broschüre des Evangelischen Entwicklungsdienstes (EED), die man sich auch auf der Webseite 💻 www.eed.de über die „Mediathek" runterladen kann). Überarbeitete Neuauflage des praktischen Handbüchleins im Hosentaschenformat für's „Fair Reisen"

The Ethical Travel Guide, Polly Patullo, Orely Minelli, Paul Smith (Taylor & Francis 2009). Der Reiseführer der britischen Nichtregierungsorganisation Tourism Concern (💻 www.tourismconcern.org.uk) listet mehr als 400 faire Reiseangebote in über 70 Ländern auf, auch in Peru und Bolivien.

Trekking

Bolivien – Die schönsten Wanderungen und Trekkingtouren, Thomas Wilken (Bergverlag Rother 2009). Wanderführer mit 58 Routenvorschlägen, Höhenprofilen und Routenkarten.

Peru. Die schönsten Trekkingtouren, Matthias Wittber (Bruckmann 2004). Ausführlicher Wanderführer mit übersichtlichem Kartenmaterial. Schwerpunkte sind die Cordillera Blanca, die Cordillera Huayhuash und die Region um Cusco.

Peru – Die schönsten Wanderungen und Trekkingtouren, Oskar E. Busch (Bergverlag Rother 2012). Wanderführer mit 62 Routenvorschlägen, Höhenprofilen und Routenkarten.

Peru: Inka Trail und Region Cusco, Lars Schneider (Conrad Stein Verlag 2011). Für Reisende interessant, die den Inkatrail gehen und einige Zeit in der Region Cusco verbringen möchten.

Index

Anhang

Anhang

H

I

J

K

L

Anhang

M

N

Anhang

S

T

Anhang

Danksagung

Ich danke ganz herzlich Jonas Kliesow, Andreas Wickleder, Marianne Vasquez de Wickleder, Ulrike Maennig, Bettina Muhr, Christian Menn, Patrick Schlapbach, Silvia Vilchez, Thomas Stegmaier und Alexander von Ungern, die alle auf ihre Weise zum Gelingen dieser Auflage beigetragen haben.
Tausend Dank auch an die vielen Leser, die sich die Mühe gemacht haben, mit ihren Anregungen und Tipps zur Aktualisierung des Reiseführers beizutragen.

Bildnachweis

Umschlag

corbis images/Hugh Sitton: Titelfoto; Zwei Garn spinnende Frauen
mauritius images/age: Umschlagklappe vorn; Iglesia La Recoleta, Lima
mauritius images/Bridge: Umschlagklappe hinten; Urubamba-Tal bei Maras

Farbteil

mauritius images/Robert Harding: Seite 2 (oben links)
mauritius images/CuboImages: Seite 2 (oben rechts)
laif/Jonkmanns: Seite 2 (unten)
mauritius images/CuboImages: S. 3 (oben links)
LOOK-foto/TerraVista: S. 3 (oben rechts)
Frank Herrmann: S. 3 (unten)
LOOK-foto/age fotostock: S. 4 (oben)
LOOK-foto/Michael Boyny: S. 4 (unten)
LOOK-foto/age fotostock: S. 5 (oben)
mauritius images/age: S. 5 (unten)
PromPerú/Walter Wust: S. 6
LOOK-foto/age fotostock: S. 7 (oben)
laif/Raach: S. 7 (Mitte)
mauritius images/Danita Delimont: S. 7 (unten)
laif/Paul Spierenburg: S. 8
iStockphoto/Jjakob: S. 9 (oben)
iStockphoto/Maria Pavlova: S. 9 (Mitte)
mauritius images/Diversion: S. 9 (unten)
laif/Aurora: S. 10
mauritius images/age: S. 11
mauritius images/John Warburton-Lee: S. 12
laif/Raach: S. 13 (oben)
iStockphoto/Rob Broek: S. 13 (unten)
picture-alliance/dpa: S. 14
mauritius images/Steve Vidler: S. 15 (oben)
laif/Tophoven: S. 15 (unten)
picture-alliance/Rolf Philips: S. 16 (oben)
mauritius images/CuboImages: S. 16 (unten)

Schwarz-Weiß

alle **Frank Herrmann**, außer
Madness Adventures: S. 30, 65, 651
Promperú, Kommission für die Förderung von Peru (www.promperu.gob.pe): S. 35, 46, 89, 99, 142, 275, 513
Viceministerio de Turismo, Bolivien: S. 620, 642

Impressum

Peru, Westbolivien
Stefan Loose Travel Handbücher
4., vollständig überarbeitete Auflage **2013**

Die in diesem Buch enthaltenen Angaben wurden von den Autoren nach bestem Wissen erstellt und vom Lektorat im Verlag mit großer Sorgfalt auf ihre Richtigkeit überprüft. Trotzdem sind, wie der Verlag nach dem Produkthaftungsrecht betonen muss, inhaltliche und sachliche Fehler nicht vollständig auszuschließen.
Deshalb erfolgen alle Angaben ohne Garantie des Verlags oder der Autoren. Der Verlag und die Autoren übernehmen keinerlei Verantwortung und Haftung für inhaltliche und sachliche Fehler. Alle Landkarten und Stadtpläne in diesem Buch sind von den Autoren erstellt worden und werden ständig überarbeitet.

Gesamtredaktion und -herstellung
Bintang Buchservice GmbH
Zossener Str. 55/2, 10961Berlin
www.bintang-berlin.de
Redaktion: Dirk Krüger
Karten: Anja Krapat, Klaus Schindler
Grafisches Konzept: Groschwitz, Hamburg
Layout und Herstellung: Gritta Deutschmann, Anja Linda Dicke
Farbseitengestaltung: Anja Linda Dicke
Umschlaggestaltung: Anja Linda Dicke

Printed in China

Kartenverzeichnis

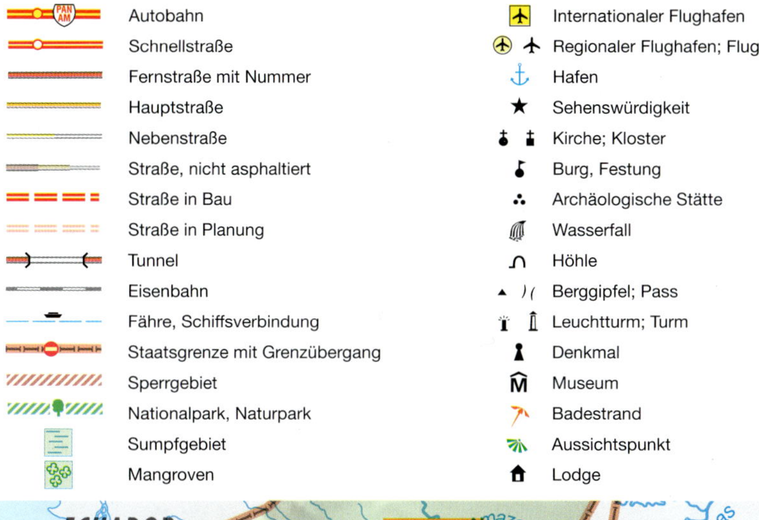

ECUADOR
Amazonas
Amazonas
Iquitos
Nauta
Ucayali
703
698 / 699
Tumbes
Talara
Sullana
Paita
Piura
Jaén
Marañón
Marañón
Huallaga
702
Tarapoto
BRASILIEN
700 / 701
Chiclayo
Cajamarca
Chachapoyas
Pacasmayo
Marañón
Tocache Nuevo
Trujillo
Pucallpa
Señal Huascarán 6768 m
Tingo María
Ucayali
Chimbote
Huaraz
Casma
Huánuco
Paramonga
Cerro de Pasco
704 / 705
Huacho
Iñapari
Urubamba
Ene
La Oroya
Puerto Maldonado
Lima
Huancayo
Callao
Machu Picchu
Shintuya
Ayacucho
706 / 707
Chincha Alta
Cusco
708 / 709
Pisco
Sicuani
BOLIVIEN
Ica
Pazifischer Ozean
Nazca
Juliaca
Lago Titicaca
Chala
Puno
710 / 711
712 / 713
La Paz
Arequipa
Camaná
Moquegua
Ilo
Tacna
CHILE
714 / 715
716

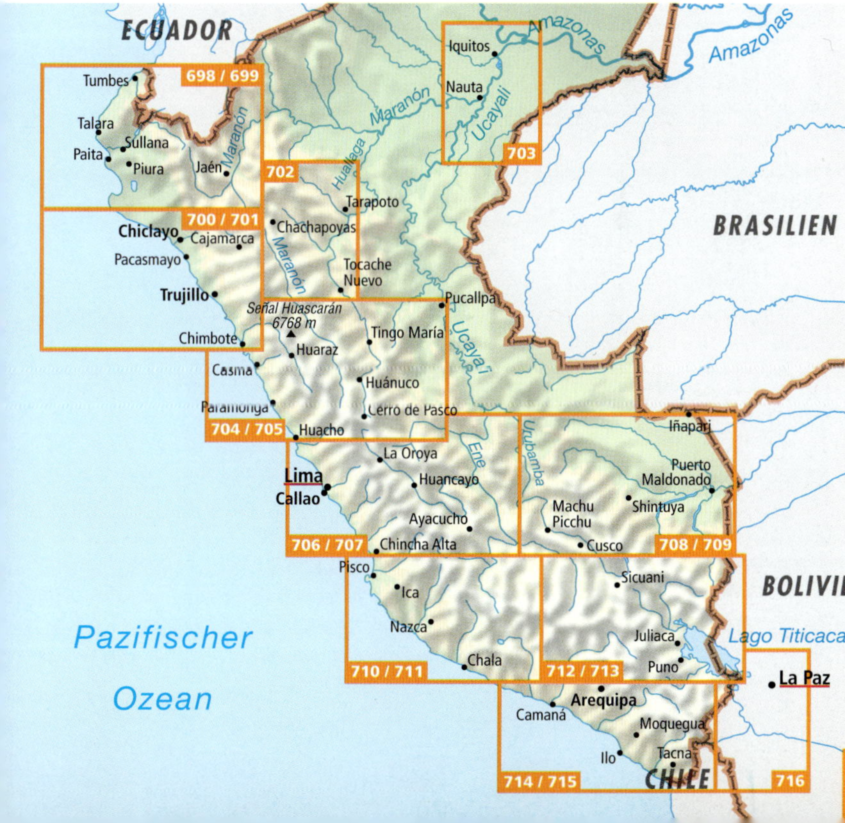

Océano Pacífico
Bahía de Tumbes
Malpelo
Zarumilla
Huaquillas
Puerto Pizarro
Tumbes
Corrales
Bellavista
Chacras
Arenillas
Torata
Paccha
Chilla
Papayal
Playa Hermosa
Caleta La Cruz
San Jacinto
Zorritos
Matapalo
Los Pinos
Bocapán
Pampas de Hospital
Aguas Termomedicinales de Hervideros
El Prado
Acapulco
Punta Pico
Trigal
Higuerón
Rica Playa
El Caucho
Parque
Nacional
Cerros de
Amotape
Zona Reservada de Tumbes
Cotrina
Punta Mero
Canoas
Pampa
El Torre
Cañaveral
Casitas
Huásimo
Cabo Inga
Cáp. Hoyle
Cazaderos
Punta Sal Grande
Punta Sal
Cancas
Carrizal
Mangaurcu
Máncora
Barrancos
Playa Pocitas
Playa Vichayito
Playa Veleros
Playa Ñuro
Los Órganos
El Ñuño
El Buitrel
537 m
Fernandez
Cerro Carrizal
3527 m
Coto de Caza El Angolo
Cerros de Amotape
El Alto
Tunal
Punta Restin
Cabo Blanco
Atascadero
Overal
Los Encuentros
Casas Negras
Punta Lobo
Lobitos
Buena Vista
Angola
Saucesito
Jahuay Negro
Los Hornos
Pazul
Embalse Poechos
Talara
La Tuna
1440 m
Huaypira
Lancones
Punta Pariñas
Negritos
Lagunitos
Cañas
La Noria
Poechos
La Brea
El Papayo
Somate
Chalacalá
La Peña
San Jacinto
Querecotillo
Miramar
SULLANA
San Felipe de Vichayal
Amotape
Bellavista
Chica
Tambo Grande
La Huaca
Sojo
Jibito
Hacienda Sojo
La Peñita
Río Piura
Bahía de Paita
Playa Colán
Iglesia San Lucas de Colán
Mina de Yeso
Punta Hereda
Paita
Punta Las Gaviotas
Yacila
Despoblado Congora
La Palma
Terela
Iglesia del Carmen
PIURA
Foca
Castilla
Iglesia del Carmen
Catacaos
Narihualá
La Tortuga
El Lobo
La Casita
Cucungará
La Arena
Chato Chico
La Unión
Vice
Bernal
Dos Pueblos
San Pedro
Catedral de Sechura
Sechura
La Ramón Grande
Mata Caballo
Bahía de Sechura
Punta Aguja
Parachique
Punta Shode
Bayóvar
Punta Mal Nombre
Peninsula de Illescas
Co. Illesca
517 m
Punta Negra
La Trampa
Reventazón
Pampa
Las Salinas
Pampa de Maringas
Pampa Loma Blanca
Pampa del Venado
Pampa de Monteverde
Pueblo Nuevo
Desierto de Sechura
Las Pozas
Salinas
Isla Lobos de Tierra
Cabo Verdo
Huaca Colorada
Huaca Laguna de Patos
Chulucanas
La Rita
Paccha
Cruz Pampa
La Encantada
El Veinte
Cruz de Caña
Batanes
Vicus
La Mantanza
Morropón
Buenos Aires
Malacasí
Bigote
Canchaque
Serrán
Hualcas
Co. Chiarnique
1391 m
Chignia
Morante
Las Animas
Naupe
Querpón
Santa Rosa
Insculas
Ficuar
Laucha
Cascajal
Olmos
Pampa de Olmos
Río Olmos
Co. Chalpón
1288 m
Motupe
Petroglifos Boliche y P
Huaca del Gallo
Apurlec
Salinas
Jayanca
Huaca Botijo
Pacora
Valle de las Pirámides
Illimo
Túcume
San Lorenzo
Batán
Magdalena
Santo Domingo
Chalaco
Paltashaco
Co. Mijal
3685 m
Yamango
Pacaipampa
Piscan
Frías
Abra Cruz Bl
3090 m
Abra de Porc
Limón
Sapillica
Co. Pillo
2649 m
Pampa Elera
San Lorenzo
Res. San Lorenzo
Paimas
Las Lomas
Repartidor
Cordillera de G
Río San Pedro
Arraypite
Olleros
Ayabaca
Montero
Aypate
Sicchez
Jililí
Suyo
Santa Ana de Quiroz
Vado Grande
Río Calvas
La Tina
Macará
Río Macará
Utuana
Sozoranga
Colaisaca
Larama
Río Tangula
El Empalme
Cruzpamba
Huasimal
Paletillas
Saucillo
Río Chira
Zapotillo
Limones
Pueblo Nuevo
Huasimal
Pindal
San Juan de Pozul
Celica
Mercadillo
Vicentino
Guachanamá
Catacocha
Alamor
El Limo
Bosque Petrificado Puyango
Puyango
La Victoria
Las Lajas
Palmales
Río Zarumilla
Río Puyango
Marcabelí
El Ingenio
Piedras
Saracay
Piñas
Museo de Banco Ce
Zaruma
Portovelo
Moromoro
Balsas
Museo Mineralógico
Orianga
Santa Rufina
Chaguarpamba
Lauro Guerrero
Olmedo
Changaimina
E C U

S. 700

Cordillera Cordoncillo
Saraguro
Yacuambi (24 de Mayo)
La Paz
Chapintza
Flor de los Andes
Chuchumbleza
El Panguí
Los Encuentros
Yantzaza
Guadalupe
La Victoria de Imbana
Río Zamora
La Saquea
Namírez
Cumbaratza
Nambija
Paquisha
Guayzimi
LOJA
Zamora
Timbara
Jumbué
Limón
Cajanuma
Bombuscara
Romerillos
Parque Nacional Podocarpus
Vilcabamba
2820 m
Miasi
Tangana
El Porvenir del Carmen
Valladolid
Santa Ana
Palanda
San Fransisco del Vergel
Río Mayo
Isimanchi
Zumba
La Chonta
Chito
Namballe
Reserva Nacional Tabaconas Namballe
Chingozales
San José de Lourdes
2450 m
Río Chirinos
Río Chinchipe
San Ignacio
Chirinos
Santa Rosa
Tamborapa
La Colpa
San José del Alto
Río Tabaconas
Cordillera del Condor
Río Nangaritza
Cerros Campanquiz
Jiménez Banda
Savientza
Río Cenepa
Río Comina
Teniente Nuñez
Soldado Silva
Chávez Valdivia
Pongo de Umarí
Río Numpatkay
Pongo de Dorpin
Pongo de Cumbinama
Orellana
Oracuzar
Tambo de Indios
Boca Cusu
Pongo de Escurrebraga
Indio Nashipa
Indio Nayami
Imazita
Atashay
Pongo Sasa
Mesones Muro
Chiriaco
Nazareth
Yupicuz
Río Chiriaco
Aramango
Río Marañón
Pongo de Rentema
La Peca
Bagua
Copallín
Zona Reservada Cordillera de Colan
Río Ayambis
Progreso
Chinganaza
Río Santiago
La Poza
Santiage-Comaina
Fortaleza
Isla Grande
San Juan
Teniente Pinglo
Borja
Pongo de Manserriche
Bolivar
Indio Zenobio
Ciro Alegría
Santa María de Nieva
Río Nieva
Saramerisa
Copales
Malos Pasc
Ayar Ma
Delfus
Alegr
Río Ap
B. P. Alto Mayo
Río Imaza
Yambrasbamba
Florida
Naranjos
Pardo de Miguel 1930 m
Laguna Pomacochas
Corosha
Pomacochas
Pedro Ruiz Gallo
Jumbilla
San Carlos
Churuja
San Pablo
Co. de Campanario 3730 m
Gocta
Olleros
Cocahuayco
Cocachimba
Granada
Paclas
Pueblo de los Muertos
Huancas
Lamud
Luya
Karajía
Chachapoyas
Molinopampa
Cheto
Yalape
Levanto
Magdalena
Monte Peruvia
Tingo
Nuevo Tingo
Choctamal
Cuélap
María
4297 m
Ubilón
La Jalca
Ollape
Laguna Mamacocha
Limabamba
Reserva Natural de Huamanpata
Mariscal Benavides
Mendo
Bagazán
Jaén
Santa Cruz
Bellavista
Chamaya
El Almendral Baños termales
Bagua Grande
Río Utcubamba
Jamalca
Guraran
Cumba
Choros
Río Chamaya
Pomahuaca
Colasay
Cañaris
Pucará
Río Chotano
Parque Nacional Cutervo
Callayuc
Santo Tomás
Pion
Yamón
Lonya Grande
Camporredondo
Ocalli
Cruzpata
Cohechan
Tactamal
Colcamar
Congon
Gran Vilaya
San Luis de Lucma
San Andrés de Cutervo
Santo Domingo
San Lorenzo
4061 m
Querocotillo
Sócota
Tacabamba
Cutervo
Querocoto
B. P. Pagaibamba
Huambos
Cochabamba
Conchan
Río Llaucano
Zona Reservada
Paccha
Felipe
Bravo
3N
4B
5N
Bagua
Río Nieva
amal de Callán
baconas
gunillas

S. 702
S. 701

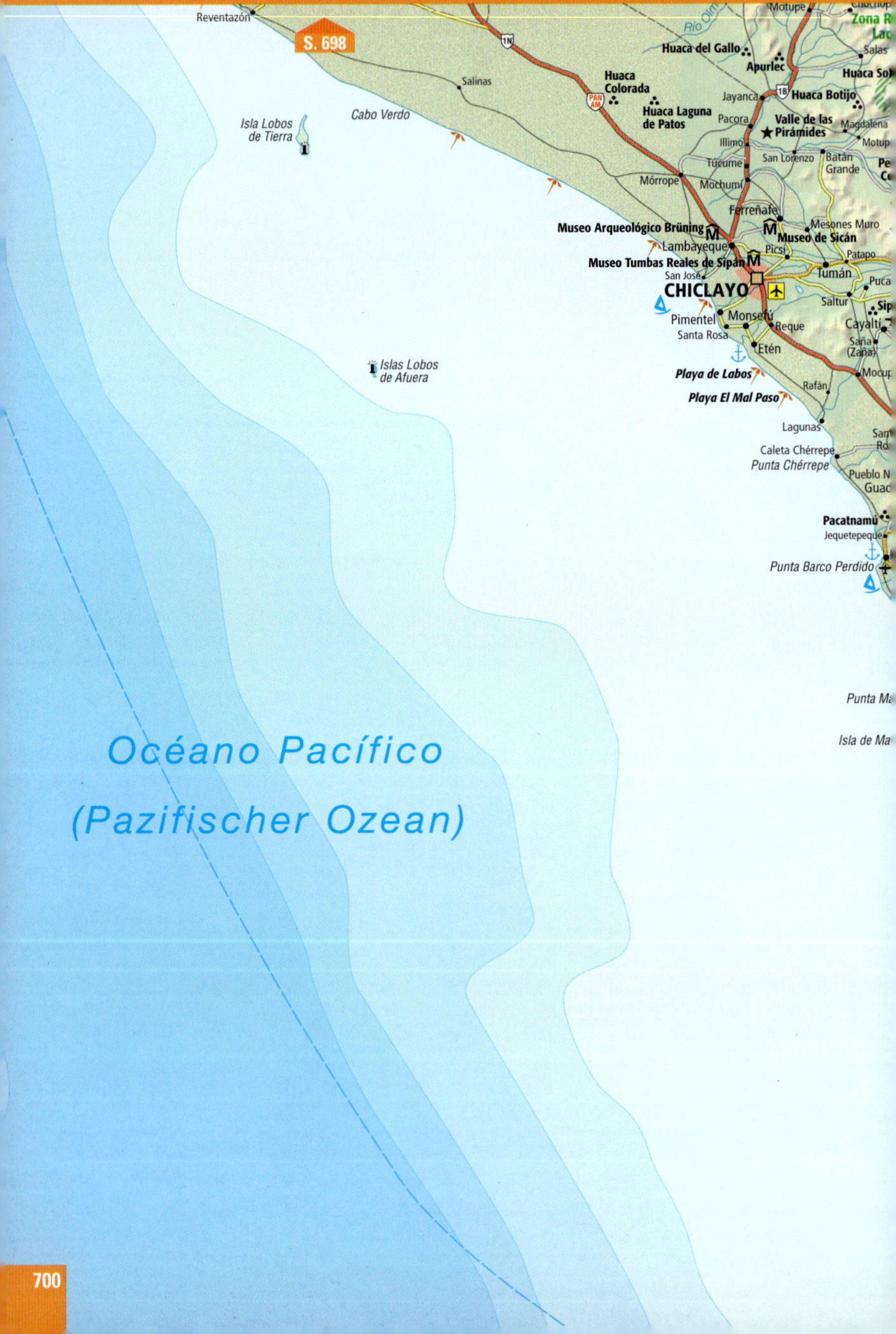

S. 698

Reventazón
Salinas
Cabo Verdo
Isla Lobos de Tierra
Motupe
Huaca del Gallo
Apurlec
Salas
Huaca Colorada
Huaca Laguna de Patos
Jayanca
Huaca Botijo
Pacora
Valle de las Pirámides
Magdalena
Illimo
San Lorenzo
Batán Grande
Túcume
Mórrope
Mochumí
Ferreñafe
Mesones Muro
Museo Arqueológico Brüning
Museo de Sicán
Lambayeque
Picsi
Patapo
Museo Tumbas Reales de Sipán
San José
Tumán
CHICLAYO
Saltur
Pimentel
Monsefú
Reque
Cayaltí
Santa Rosa
Etén
Saña (Zaña)
Islas Lobos de Afuera
Playa de Labos
Playa El Mal Paso
Rafán
Lagunas
Caleta Chérrepe
Punta Chérrepe
Pacatnamú
Jequetepeque
Punta Barco Perdido

Océano Pacífico
(Pazifischer Ozean)

S. 699
S. 702
S. 704
S. 704
Chachapoyas
Luya
Yalape
Molinopampa
Cheto
Monte Peruvia
Reserva Nat. de Huaman
Mariscal Benavides
Huambo
Levanto
Magdalena
Tingo
Cuélap
Ubilón
Maria
4297 m
La Jalca
Ollape
Lago Mamacocha
Limabamba
Chirimoto
Revash
Yerbabuena
Cerro Olán
Montevideo
Santo Tomás
Laguna de los Cóndores
La Congona
Leymebamba
Abra Barro Negro 3680 m
Balsas
Celendín
Huacapampa
Lucmapampa
Sucre
Abra El Indio 3200 m
Sendamal
Chuquibamba
Oxamarca
Longotea
Nochapio
Uchumarca
4697 m
4701 m
Bolívar
Uncuncha
Cordillera Central
Cerros de Calla-Calla
Río Marañón
Gran Vilaya
Tactamal
Congon
Cohech
Coicamar
Nuevo Tingo
Choctamal
San Luis de Lucma
Chadin
Paccha
Chumuch
Co. Alto 4021 m
Chalan
Huasmin
Río Llaucano
San Andrés de Cutervo
Santo Domingo
Sócota
Tacabamba
Querocotillo
Cutervo
Miracosta
Querocoto
B. P. Pagaibamba
Huambos
Cochabamba
Conchan
Zona Reservada Chancaybaños
Chancaybaños
Llama
Sexi
Chota
Lajas
Carrizal
Santa Cruz de Succhubamba
Chugur
Bambamarca
Catache
Yauyucán
Río Chancay
Hualgayoc
Pedernal
Cerro San Cirilo 4183 m
Oyotún
La Florida
Niepos
Nanchoc
San Miguel de Pallaques
Llapa
Granja Porcón
Porcón
Nevado Michiquillay 4139 m
Abra Gran Chimú 3620 m
San Gregorio
Cobro
Combayo
Livis
San Pablo
Otuzco
Encañada
Baños del Inca
Las Viejas
Kuntur Huasi
CAJAMARCA
Llacanora
San Bernardino
Chilete
Layzón
Namora
Cumbe Mayo
Jequetepeque
Tembladera
La Arenita
Yonán
Magdalena
Jesús
San Juan
Matará
Venecia
Asunción
Trinidad
Contumazá
San Marcos
Ichocan
Río Crisnejas
Reservada el El Moro
Guzmango
Co. Prieto 3072 m
San Benito
Chancay
Cospan
Cachachi
La Grama
Sitacocha
Co. Coan 4333 m
Cascas
Sonchubamba
Lluchubamba
Calemar
Bambamarca
Condormarca
4375 m
Río Chusgón
El Cruce
Simbron
Huancay
Sayapullo
Algamarca
Cajabamba
Río Huancay
Río Chicama
Mocán
Zapotal
Lucma
Huaranchal
Arequeda
Marcabal
Sartimbamba
Casa Grande
Ascope
Pampa de Jahuay
Sausal
Marmot
Huacamochal
Corral Pampa
Marcahuamachuco
Sausacocha
Los Alisos
Aricapampa
Pataz
Chocope
Hacienda Cartavio
Chiclín
Chicama
4288 m
Usquil
Wiracochapampa
Huamachuco
Chugay
Chagual
Plas
Sinsicap
Capachique
Curgos
El Brujo
Cartavio
La Cuesta
Otuzco
Ventanillas de Otuzco
Sarín
Mumalca
Parcoy
Huaca La Esmeralda
Huaca del Dragón
Simbal
Pedregal
Agallpampa
Quiruvilca
Salpo
Río Moche
Julcán
Shorey
Coñachugo
Sitabamba
Tamboras
Huanchaco
Laredo
Chan Chan
Catedral de Trujillo
Huaca La Esmeralda
Huacas de Moche
TRUJILLO
Moche
Carabamba
Cachicadán
Angasmarca
Santiago de Chuco
Pampas
Llacuabamba
Chillia
Buldibuyo
Chalán
Huaso
Mollepata
Nev. Pelegato 4937 m
Salaverry
Mayasgo
Río Virú
Pallasca
Conchucos
Punta La Ramada
Tomabal
Huacapongo
Calipuy
S. N. de Calipuy
Huandoval
Acobamba
Puerto Morín
Punta Guañape
Virú
Cabana
Quiches
El Carmelo
Chorobal
Reserva Nacional Calipuy
4083 m
Río Chuquicara
Tauca
Llapo
Cusca
Ragash
Huayllabamba
Sihuas
Buena Vista
Puente Chao
Quiroz
Corongo
Pasacancha
Islas Guañape
Chao
B. P. Puquio Santa Rosa
Bambas
Yánac
La Pampa
Nev. Champará 5749 m
Río Santa
Palo Seco
Cordillera Blanca
Punta Chao
Isla Chao
Tanguche
Tablones
Chuquicara
Macate
Yuramarca
Co. Macon 4301 m
Yungaypampa
Huallanca
Huaylas
Cañón del Pato
Nevado Alpamayo 5947 m
Yaino
Pomabamba
Huayllán
Cupsi
Lacramarca
Huaylas
Sucre
Huaripampa
Nev. Pisco 5752 m
Lucma
Santa
Tambo Real
CHIMBOTE
Gran Muralla
Isla Santa
Jimbe
Ancoraca
Huata
Tunshukaiko
Vaquería
Caraz
Paredones
Pamparomás
Nev. Huandoy 6395 m
Parque
Isla Blanca
San Jacinto
Moro
Pueblo Libre
Yungay
Nevado Huascarán

B. P. Alto Mayo
S. 699
Naranjos
Pardo de Miguel
1930 m
Laguna Pomacochas
Corosha
Pedro Ruiz Gallo
Jumbilla
San Pablo
Co. de Campanario
3730 m
Churuja
Gocta
Olleros
Cocachimba
Granada
Pueblo de los Muertos
Lamud
Luya
Karajía
Huancas
Chachapoyas
Molinopampa
Cheto
Yalape
Levanto
Magdalena
Monte Peruvia
Tingo
Cuélap
Ubilón
La Jalca
Ollape
Lago Mamacocha
4297 m
Revash
Yerbabuena
Santo Tomás
Cerro Olán
Montevideo
La Congona
Leymebamba
Laguna de los Cóndores
Abra Barro Negro
3680 m
Chuquibamba
Longotea
Nochapio
Uchumarca
4697 m
4701 m
Uncuncha
Bolívar
Venecia
Sitacocha
Calemar
Bambamarca
Condormarca
4375 m
Marcabal
Sartimbamba
Los Alisos
Sausacocha
Huamachuco
Chugay
Aricapampa
Pataz
Chagual
Plas
Sarin
Mumalca
Parcoy
Sitabamba
Tamboras
Llacuabamba
Chillia
Buldibuyo
Angasmarca
Pampas
Chalán
Mollepata
Nev. Pelegato
4937 m
Pallasca
Conchucos
Huandoval
Acobamba
Quiches
Cusca
Ragash
Huayllabamba
Sihuas
Corongo
S. 701
Cordillera
Cordillera Central
Cordillera Oriental
Reserva Natural de Huamanpata
Mariscal Benavides
Mendoza
Huambo
Omia
Limabamba
Chirimoto
Bagazán
Nuevo Cajamarca
Segunda Jerusalén
Rioja
Yorongos
Yumbite
Yuracyacu
Tingana
Yantalo
Calzada
Habana
Soritor
Jepelacio
Moyobamba
Pueblo de los Muertos
Baños termales
S. 699
San Miguel
Loma Linda
Nueva Alianza
Balsapuerto
Cachipuerto
Yur
Shanusi
Río Shanusi
San Cristóbal
Ahuashiyacu
Convento
San Antonio
Luhuarpia
Río Mayo
Naranjal
Tabalosos
Pinto Recodo
Roque
Museo de Etnología
San Miguel
Lamas
Morales
Tarapoto
La Banda
Juan Guerra
Shapaja
Chazu
Pongo de
Sauce
Laguna de Sauce
Buenos Aires
Pilluana
Tres Unidos
San Martín de Alao
Shatoja
Sisa
Agua Blanca
Santa Rosa
San Pablo
Pucacaca
Caspisana
Picota
Río Saposa
Saposoa
Piscoyacu
San Rafael
Puerto Rico
Shamboyac
Alfonso Ugarte
Bellavista
El Eslabón
Nuevo Lima
Shimbiluyco
Sacanche
Juanjuí
Pajarillo
Atahualpa
Río Huayabamba
Puerto Billinghurst
Río Huabayacu
Dos de Mayo
Santa Barbara
Pachiza
Cayena
Río Jepelache
Río Jelache
Río Cisneros
Cuzco
Huicungo
Huauna
Huinguillo
Río Biabo
Trujillo
Gran Pajaten
Pajatén
Río Chusgon
Shepte
Campanilla
Tambillos
Río Abiseo
El Valle
Shumanza
San José Olayo
Parque Nacional Río Abiseo
Pulcache
Sión
San Julián
Río Huallaga
Achiras
Balsayacu
El Gran Pajatén
Chiclayo
Tucusbamba
Polvora
Puerto Pizano
Zona Maderas
Palma
Piña
Río Mishollo
Huaylillas
Tocache Viejo
Tocache Nuevo
Río Tocache
Pellejo
Tayabamba
Lisboa
Urpay
Tambo de Paja
Maman
Huilacochán
Uchiza
Nuevo Progreso
Río Chuntayacu
San Antonio
Santa Isabel
Huancaspata
S. 704
S. 705
Río Biabo
Cordillera
Na

Iquitos
1 cm = 18,5 km
1 : 1.850.000
0
20
40
60 km
Negro Urco
ACTS Field Station
ExplorTambos Camp
Oro Blanco
ExplorNapo Lodge
Sucusari
San Jorge
Huanana
Yuracyacu
Francisco de Orellana
Botanical Lod
Concordia
Río Chambira
Explorama Lodge
Flautero
Río Napo
Heliconia Amazon River Lodge
Pucallpa
Mazán
Indiana
Manití
Sinchicuy Lodge
Isla Timicuro
Río Mazán
Timicuro
Ceiba Tops
Cumaceba Lodge
Esperanza
Río Momón
Santa Teresa
Amazon Lodge
Río Amazonas
Santa Cecilia
Puerto Grau
Astoria
Museo Amazónico
Atún Quebrada
IQUITOS
San Antonio
Shiriara
Tambo Yanayacu Lodge
Río Yanayacu
San Antonio
Nankin
Libertad
Reserva Nacional
Río Nanay
Parque Zoologico de Quistococha
Santa María de Nanay
Quistococha
Aucaya
Allpahuayo-Mishana
Isla Timarco
Santa Rosa
Isla Tarapoto
Bellavista
Tamshiyacu
Refugio Altiplano
Magdalena
Piura
Tres de Febrero
Luceropata
Puerto D
Varadero
Serafín Filomeno
Tapira
Río Tigre
Nuevo Esperanza
Río Tahuayo
Puerto Franco
Río Itaya
Avispa
Puritania
San Fernando
Nuevo Mundo
Muyuna Lodge
Tahuayo Lodge
Nueva York
Amazon Yarapa River Lodge
Río Tamshiyacu
Miguel Grau
Río Yanayacu
Puerto Bosmeridiano
Mariscal Castilla
Reserva Comunal Tamshiyacu Tahuayo
Miraflores
La Fuente del Amazonas Lodge
San Regis
Río Mirisillo
Nauta
Living Light Lodge
Parinari
Pacaya Samiria Amazon Lodge
Pucate
Refugio Piranha
Sarapanga
Tambo Amazónico Lodge
Shapajilla
Yarina
Isla Tibeplaya
Río Tahuayo
Dolphin Lodge
Tibeplaya
20 de Enero
Río Yanayacu
Jungle Wolf Expeditions
Yacumama Lodge
R. Mayo
Bagazán
Río Samina
Reserva Nacional Pacaya-Samiria
Lago Cumacebo
San Felipe
Genaro Herrera
Arcaden
Pucate
Eureka
Santa Teresa
Requena
Palmeiras do Javari
Yarina
Cocha El Dorado
Salvarri
Colonia Angamos
Elvirá
Bretaña
Puerto Loboyacu
Puerto Morla Concha
Huatape
Río Tapiche
Río Galvez
Esperanza
Flor de Punga
Boca Chobas
Pax Soldán
Desahaga
Acuracay
Sociedad
Iberia
República
Río Yavarí
BRASILIEN
Tamanco
Desengaño
Río Blanco
Río Tapiche
Santa Sofía
Despreció
Toledo
Nueva
703

Chimbote, Huaraz, Huacho, Pucallpa

S. 701

S. 702

S. 706

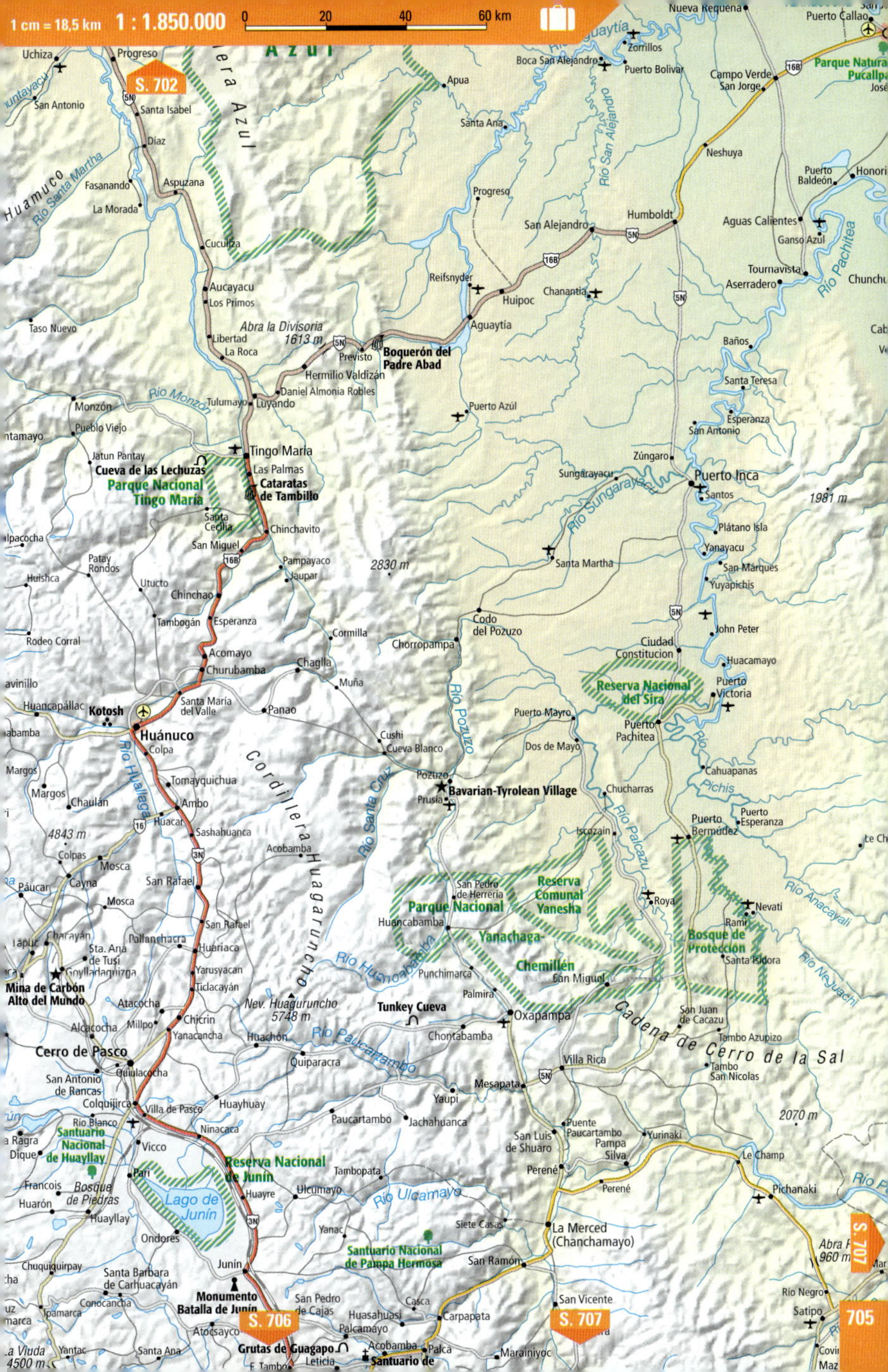

1 cm = 18,5 km
1 : 1.850.000
0
20
40
60 km
S. 702
S. 706
S. 707
S. 707
705
Uchiza
Progreso
Santa Isabel
San Antonio
Díaz
Huamuco
Río Santa Martha
Fasanando
Aspuzana
La Morada
Cordillera Azul
Cuculiza
Aucayacu
Los Primos
Taso Nuevo
Libertad
La Roca
Abra la Divisoria
1613 m
Previsto
Boquerón del Padre Abad
Hermilio Valdizán
Daniel Almonia Robles
Tulumayo
Luyando
Río Monzón
Monzón
Pueblo Viejo
Tingo María
Jatun Pantay
Cueva de las Lechuzas
Las Palmas
Parque Nacional Tingo María
Cataratas de Tambillo
Santa Cecilia
Chinchavito
San Miguel
Pampayaco
Jaupar
Patay Rondos
Huishca
Utucto
Chinchao
Tambogán
Esperanza
Rodeo Corral
Cormilla
Acomayo
Churubamba
Chaglla
Muña
Huancapállac
Kotosh
Santa María del Valle
Panao
Huánuco
Colpa
Río Huallaga
Margos
Tomayquichua
Ambo
Chaulán
Huácar
Sashahuasca
4843 m
Colpas
Mosca
Cayna
Páucar
San Rafael
Mosca
San Rafael
Pallanchacra
Huariaca
Sta. Ana de Tusi
Goyllarisquizga
Yarusyacan
Ticlacayán
Mina de Carbón Alto del Mundo
Atacocha
Alcacocha
Millpo
Chicrín
Yanacancha
Cerro de Pasco
Quiulacocha
San Antonio de Rancas
Colquijirca
Villa de Pasco
Huayhuay
Río Blanco
Santuario Nacional de Huayllay
Vicco
Ninacaca
Pari
Reserva Nacional de Junín
Lago de Junín
Francois
Bosque de Piedras
Huarón
Huayllay
Huayre
Ulcumayo
Ondores
Junín
Chuquiquirpay
Santa Barbara de Carhuacayán
Monumento Batalla de Junín
Conocancha
Atocsayco
Grutas de Guagapo
Yantac
Santa Ana
La Viuda 4500 m
Cordillera Huagaruncho
Nev. Huagaruncho 5748 m
Huachón
Quiparacra
Río Paucartambo
Paucartambo
Jachahuanca
Tambopata
Río Ulcamayo
Yanac
Santuario Nacional de Pampa Hermosa
Siete Casas
San Pedro de Cajas
Huasahuasi
Palcamayo
Acobamba
Palca
Santuario de
Carpapata
Casca
San Ramón
La Merced (Chanchamayo)
Perené
San Vicente
Marainiyoc
Nueva Requena
Puerto Callao
Río Aguaytía
Zorrillos
Boca San Alejandro
Puerto Bolivar
Apua
Santa Ana
Río San Alejandro
Campo Verde
San Jorge
Parque Natural Pucallpa
Neshuya
Progreso
San Alejandro
Humboldt
Puerto Baldeón
Aguas Calientes
Ganso Azul
Tournavista
Aserradero
Río Pachitea
Reifsnyder
Huipoc
Chanantia
Aguaytía
Baños
Santa Teresa
Puerto Azúl
Esperanza
San Antonio
Zúngaro
Sungarayacu
Puerto Inca
Santos
Río Sungarayacu
1981 m
Plátano Isla
Yanayacu
San Marques
Yuyapichis
Santa Martha
2830 m
Codo del Pozuzo
Chorropampa
John Peter
Ciudad Constitucion
Huacamayo
Reserva Nacional del Sira
Puerto Victoria
Puerto Mayro
Puerto Pachitea
Dos de Mayo
Río Pozuzo
Cushi
Cueva Blanco
Pozuzo
Bavarian-Tyrolean Village
Prusia
Cahuapanas
Río Pichis
Chucharras
Puerto Bermúdez
Puerto Esperanza
Río Santa Cruz
Acobamba
Iscozaín
Río Palcazu
San Pedro de Herrería
Reserva Comunal Yanesha
Parque Nacional Yanachaga-Chemillén
Huancabamba
Roya
Nevatí
Ramí
Bosque de Protección
Río Anacayali
Río Huancabamba
Santa Isidora
Punchimarca
San Miguel
Río Neguachi
Palmira
Tunkey Cueva
Oxapampa
Chontabamba
Cadena de Cerro de la Sal
San Juan de Cacazu
Tambo Azupizo
Tambo San Nicolas
Villa Rica
Mesapata
Yaupi
2070 m
Puente Paucartambo
San Luis de Shuaro
Pampa Silva
Yurinaki
Le Champ
Pichanaki
Abra 960 m
Río Negro
Satipo

S. 704
S. 705
S. 710

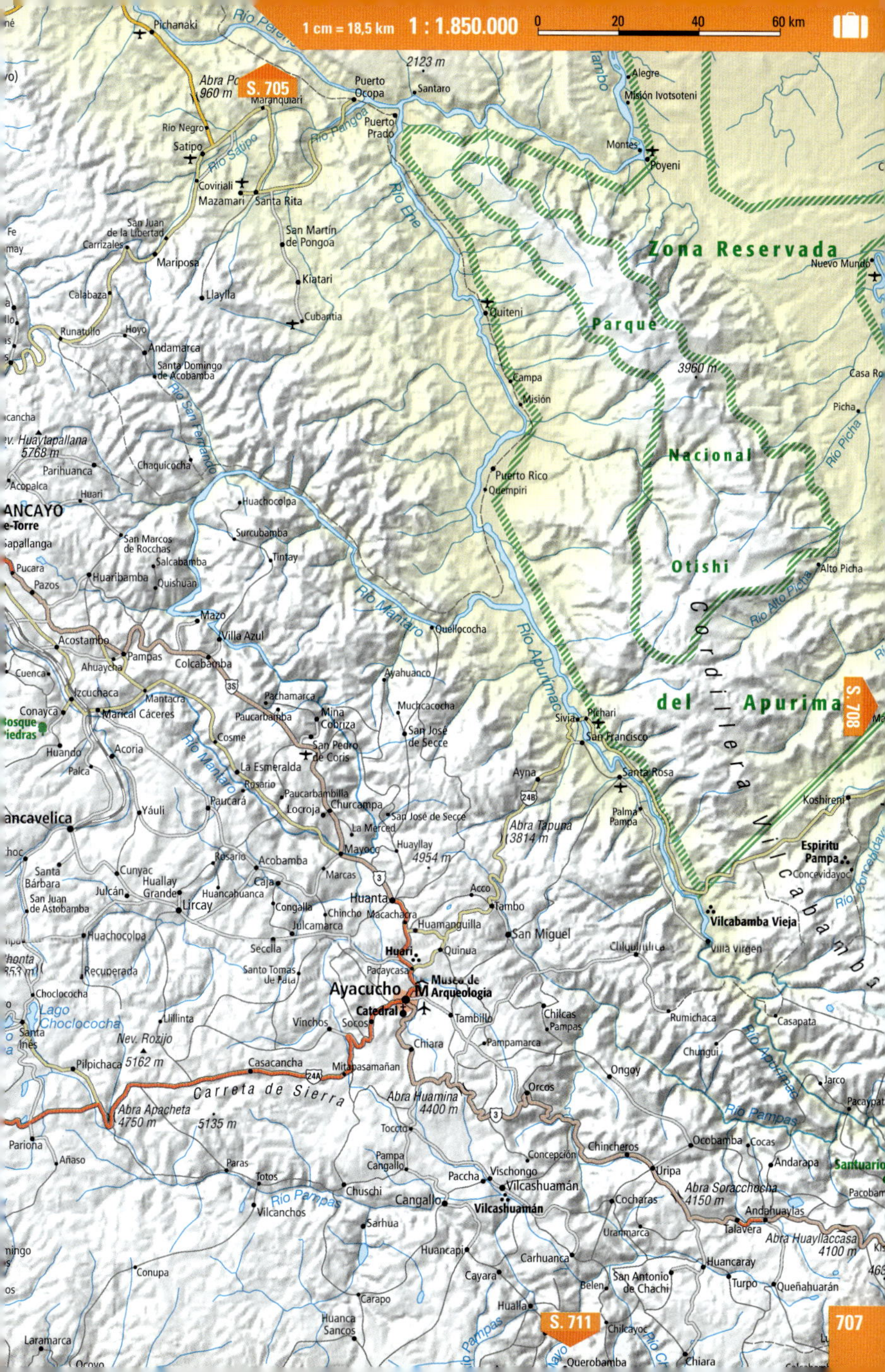
1 cm = 18,5 km
1 : 1.850.000
0
20
40
60 km
S. 705
S. 708
S. 711
Zona Reservada
Parque
Nacional
Otishi
Cordillera Vilcabamba
del Apurimac
Pichanaki
Abra Po
960 m
Maranquiari
Puerto Ocopa
Santaro
2123 m
Puerto Prado
Río Perené
Río Pangoa
Río Satipo
Río Ene
Río Negro
Satipo
Coviriali
Mazamari
Santa Rita
San Juan de la Libertad
Carrizales
Mariposa
San Martín de Pongoa
Kiatari
Llaylla
Cubantia
Calabaza
Runatullo
Hoyo
Andamarca
Santo Domingo de Acobamba
Río San Fernando
Nev. Huaytapallana
5768 m
Parihuanca
Chaquicocha
Acopalca
Huari
HUANCAYO
Huachocolpa
Surcubamba
Tintay
San Marcos de Rocchas
Salcabamba
Huaribamba
Quishuar
Pucara
Pazos
Mazo
Villa Azul
Acostambo
Pampas
Colcabamba
Ahuaycha
Cuenca
Izcuchaca
Mantacra
Conayca
Marical Cáceres
Huando
Palca
Acoria
Pachamarca
Paucarbamba
Mina Cobriza
Cosme
San Pedro de Coris
La Esmeralda
Rosario
Paucarbambilla
Churcampa
Paucará
Locroja
Río Mantaro
Huancavelica
Yáuli
La Merced
San José de Secce
Mayocc
Huayllay
4954 m
Quellococha
Ayahuanco
Muchcacocha
San José de Secce
Río Apurímac
Quiteni
Campa
Misión
Puerto Rico
Quempiri
Alegre
Misión Ivotsoteni
Montes
Poyeni
Nuevo Mundo
3960 m
Casa Ro
Picha
Río Picha
Alto Picha
Río Alto Picha
Sivia
Pichari
San Francisco
Ayna
Santa Rosa
Palma Pampa
Abra Tapuna
3814 m
Koshireni
Espíritu Pampa
Concevidayoc
Vilcabamba Vieja
Villa Virgen
Santa Bárbara
San Juan de Astobamba
Julcán
Cunyac
Huallay Grande
Lircay
Rosario
Acobamba
Caja
Huancahuanca
Congalla
Marcas
Huanta
Chincho
Macachacra
Acco
Tambo
Julcamarca
Huamanguilla
San Miguel
Huachocolpa
Secclla
Huari
Quinua
Chiquintirca
Recuperada
Santo Tomás de Pata
Pacaycasa
Museo de Arqueología
Ayacucho
Catedral
Tambillo
Chilcas
Pampas
Rumichaca
Casapata
Choclococha
Lago Choclococha
Santa Inés
Lillinta
Nev. Rozijo
5162 m
Vinchos
Socos
Chiara
Pampamarca
Chungui
Río Apurímac
Jarco
Pilpichaca
Casacancha
Mitapasamañan
Carreta de Sierra
Abra Huamina
4400 m
Ongoy
Orcos
Abra Apacheta
4750 m
5135 m
Tocto
Río Pampas
Pariona
Añaso
Paras
Totos
Pampa Cangallo
Concepción
Chincheros
Ocobamba
Cocas
Uripa
Andarapa
Vischongo
Vilcashuamán
Paccha
Chuschi
Cangallo
Vilcashuamán
Abra Soracchocha
4150 m
Cocharas
Andahuaylas
Talavera
Abra Huayllaccasa
4100 m
Vilcanchos
Sarhua
Uranmarca
Huancapi
Carhuanca
Huancaray
Cayara
Belén
San Antonio de Chachi
Turpo
Queñahuarán
Conupa
Carapo
Hualla
Huanca Sancos
Chilcayoc
Laramarca
Ocoyo
Querobamba
Chiara
Pacaypata
Santuario
Pacobamba

Alto Puru
Agua Negra
Río Sepahua
Boca Unión
Río Las Piedras
Sepahua
Mishagua
Chacra de Piro
Sancha
Cesna
Paquiria
Río Mishagua
Piedra Liza
Yamehua
vo Mundo
Cocha Cashu
Río Manu
Tayacome
Río Umerjali
Fitzcarrald
Cashpajali
Istmo de Fitzcarrald
Casa Romana
Camisea
Repartición
Picha
Sabeti
Puerto Peréz
Río Picha
Río Sotileja
Río Camisea
Parque Nacional
Manu
Pak
Río Providencia
Río Urubamba
Alto Picha
Campo Domingo
Lambarry
Pongo de Mainique
Puerto Mainiqui
Malaquiato
Río Mantalo
Ivochote
Marta
Malaquiato
Río Yavero
San Martín
Ocampo
Lacco
o Manguriari
Boyero
Chacanares
Chanchamayo
Pavayacu
Rosalinda
Quebrada Honda
Chacanares
Kiteni
Quellouno
San Lorenzo
Río Yanatili
Yuveri
Echarate
Versailles
Co. Atalaya
4382 m
Simón
Erika Lodge
Amazonia Lodge
Río Concepdayoe
Quillabamba
Ocobamba
Colca
Cordillera Urubamba
Avispal
Maranura
Ipal
Amaybamba
Chaullay
Umasbampa
Río Yavero
San Fernando
Lucma
Yupanca
Tocchualla
Tampo
Manto
Huancacalle
Vitcos
Santa Teresa
Aguas Calientes
Tres Cruces
Ñusta Hispana
Hidroelectrica
Abra Malaga
4350 m
Amparaes
3279 m
Machu Picchu
5682 m
Manu C
Forest L
Chilca
Tanjac
Challabamba
Unión
Miscabamba
Camino Inka
Ollantaytambo
Lares
Nev. Panta
6246 m
Parque Historico Machu Picchu
Ollantaytambo
Termas de Machacancha
Corihuayrachina
Huayllabamba
Río Urubamba
Yucay
Calca
Paucartambo
Urubamba
Nevado Salcantay
6271 m
5219 m
Moray
Lamay
Coya (Qoya)
Maras
Racchi
Chinchero
Pisac
Colquepata
Jarco
Pacaypata
Choquequirao
Huarocondo
Tambo Machay
Pisac
Mica
Sacsay-
(Pukapukara)
Izcuchaca
Puca Pucara
Huanipaca
Mollepata
Abra Huillique
4100 m
Antahuamán
Kenko (Quenqo)
Huancarani
Santuario Nacional de Ampay
Nev. Ampay
5225 m
Curahuasi
Limatambo
Tarahuasi
Pucyura
Poroy
San Jeronimo
San Salvador
Río Apurimac
Saywite
Chonta
CUSCO
San Sebastian
Huasao
Tipón
Pacobamba
Abra Soccellaccasa
3900 m
Corca
Saylla
Oropesa
Huambutio
Carhuayo
Huancarama
Tamburco
Chinchaypujio
Pikillakta
Catcca
Ocongate
Abancay
Antilla
Lucre
Yaurisque
Tinqui
llaccasa
4100 m
Kishuara
Lahuani
Andahuaylillas
Urcos
Paruro
Cordillera de V
Cord
4632 m
Cotabamba
Huanoquite
Nevado A
638
uarán
Río Pachachaca
Quiquijana
Purco
Marccune
Coyllurqui
Capi
Colcha
Cusipata
rhua
Circa
Lambrama
Licchivilca
Río Oropesa
Huaillati
Tambobamba
Acomayo
San Juan de Chacña
Río S
Pillpinto
Archa
Pitumarca

S. 707

S. 712

BOLIVIEN
Bélgica
Manaos
Aubi
Noaya
Buraco
Mukder
Ultimátum
Esperanza
Puerto Rioja
Puerto Tacna
Río Tahuamanú
Lag. Iberia
Nareuda
Puerto Chiclayo
Iberia
Tres Estrellas
Fortaleza
Extrema
San Lorenzo
Río Las Piedras
Río San Francisco
Río Lidia
Cusé
Puerto Mori
Río Muymanú
Firmeza
Alerta
La Novia
Izurrieta
Esperanza
Río Manuripe
Providencia
Puerto Fortaleza
Puerto Lidia
Purma
Venecia
Shiringayoc
Santa Ma de Fati
Mavila
Puerto Cusiyacu
Barcelona
Puerto Progreso
Soledad
Loreto
Santa Rosa
Alegría
Río de los Amigos
Río de las Piedras
Lucerna
Reducto
Faber
Planchón
Aguajal
Casa Matsiguenka
Manu Lodge
Cocha Salvador
Manu Wildlife Centre
Boca Manu
Madre de Dios
Macaw Lick Lodge
Río de los Amigos
San Ramón
Sudadero
Río Pariamanu
Puerto Pariamanu o Balta
Las Piedras
La Cachuela
Tambo Lodge
Cusco Amaz
Sandoval
Puerto Fitzcarrald
Isla Fitzcarrald
Río Madre de Dios
Las Palmeras
Puerto Tahuantinsuyo
Boca Colorado
Madre de Dios
Bellavista
Base Lagarto
Sangome
Puerto Maldonado
San Bernardo
Tambopata
Posada Co
Río Azul
Río Colorado o Arenas
Inambari
Laberinto
Posada Amazonas
Chonta
Libertador Tambopata Eco Lodge
Río Inambari
Huepetue
Las Hormigas
Vírgenes del Sol
Baltimore
La Encañada
Inotawa Lodge
Refugio Amazonas
Explorer's Inn
Santa Rosa
Wasai Tambopata Lodge
Punquiri
Alto Libertad
Tambopata-Candamo
Puerto Carlos
Mazuco
Zona Reservada
Puerto de 28 de Julio
Chapsi
Río Carama o Malinowski
Tambopata Research Center
Chitorongo
Collpa de Guacamayo
Quincemil
Puerto Leguía
Río Marcapata
Parque Nacional
Río Tambopata
Oroya
Sanire
Limapampa
El Pozo
Astillero (Puerto Markham)
San Andrés
Chitipampa
Yalu
Seco
Marcapata
Laniacuni Bajo
Río Inambari
Bahuaja-Sonene
Candamo
Río Guacamayo
Río Tambopata
La Unión
Progreso
Río San Gabán
Casahuiri
Marte
La Pampa
Chimboyo
Ollachea
Ayapata
Jachucacoc
Ituata
Corani
Acopampa
Tambillo
Oroya
Río Huari Huari
Phinaya
Nevado Alincápac
Antapata
Pacchani
Isilluma
Coasa
26B
30C

S. 713

S. 706
Cinco Cruces
Playa Juhuay
Pauna
Huatiana
Le Champ
Palca
Capillas
Cocas
Mollepampa
Lago Orcococha
Castrovirreyna
Santa Inés
Nev. Rozijo
5162 m
Pilpichaca
Abra Apacheta
4750 m
Jahuay
San Pedro
Hacienda San José
Río San Juan
Lunche
Pauranga
Ticrapo
Sunampe
Chincha Alta
Tambo de Mora
Tchincha Baja
Huachac
El Carmen
El Salitral
Santa Adela
Hoja Redonda
Huairani
Quito Arma
Pámpano
Huayacundo Arma
Huaytará
Incahuasi
Pariona
Añaso
Islas de Chincha
Tambo Colorado
Huáncano
Huauyanga
R. Nt. Islas Balletas
Islas Ballestas
San Clemente
Independencia
Río Pisco
Ayaví
Tambo
Pisco
Túpac Amaru
Humay
Bahía Paracas
San Andrés
Bernales
Santo Domingo de Capillas
Santiago de Chocorvos
Conupa
Puerto San Martín
El Candelabro
El Chaco
Ramadillasic
Isla Sagayán
Paracas
Museo Julio Tello
San José de los Molinos
Huamani
Península de Paracas
Lagunillas
Pozo Santo
Los Molinos
El Carmen
San Juan de Huirpacacha
Laramarca
La Catedral
Salinas de Otuma
Guadalupe
San Juan Bautista
Ocoyo
Subtanjalla
Museo Regional de Ica
Tingo
El Playon
Huacachina
ICA
Córdova
Santiago de Quirahuara
Reserva Nacional
Punta Gallinazos
Huacachina
Los Agujes
Pampahuasi
Tibillo
Laguna Grande
Tate de la Capilla
Pampa de Tate
Molletambo
Punta Sacasemita
Santiago
Huac Huas
Punta Carreta
Bahía Independencia
Carhua
Yuchcce
de Paracas
Hacienda Ocucaje
La Vente
Tingue
Isla Independencia
Punta Grande
Punta Grande
Ocucaje
Río Tibillo
Río Grande
Llauta
Laramate
Río Llauta
Río Laramate
Ocaña
Tablasa de Ica
Rancheria
Casa Vieja
La Isla
Molino
Punta de Asma
Petroglifos de Chichictara
Santa Cruz
Palpa
Toma Luz
Ciudad perdida de Hualluri
Llipata
Río Otoca
Río Portachuelo
Río Ica
Piedras Gordas
Faro del Infiernillo
Changuillo
El Ingenio
Río Ingenio
El Milagro
Líneas de Nazca
Caleta Lomitas
Coyungo
Museo Sitio de María Reiche
Ruinas Paradones
Cerro Blanco
2078 m
Río Grande
Nazca
Vista Alegre
Cantalloc
Mallo Chico
Boca del Río
Carrizal
Taruga
Copara
El Lindero
Puerto Caballas
Monte Grande
Tunga
Paroma
Santa Ana
Cerros de Huricangara
1725 m
Cementerio de Chauchilla
San Fernando
Oasis Yauca
Casa
Río Santa Lucía
Punta San Fernando
Bahía San Nicolás
Miramar
Marcona
Belvedere
San Nicolás
Bahía San Juan
Magdalena
Jaguay
Punta San Juan
Puerto San Juan
Bella Unión
Alto Grande
Puerto Lomas
Punta Lomas
Océano Pacífico
(Pazifischer Ozean)

1 cm = 18,5 km
1 : 1.850.000
0
20
40
60 km
S. 707
S. 708
S. 712
S. 714
711
Ayacucho
Arqueologia
Catedral
Socos
Tambillo
Chiara
Pampamarca
Mitapasamañan
Abra Huamina
4400 m
Orcos
Ongoy
Chungui
Río Apurimac
Jarco
Nev. Panta
6246 m
Corihuayrachina
Parque Histórico Machu Picchu
Inka
Nevado Salcantay
6271 m
Choquequirao
Pacaypata
Río Pampas
Toccto
Pampa Cangallo
Concepción
Chincheros
Ocobamba
Cocas
Huanipaca
Río Apurimac
Mollepata
Limatambo
Tarahuasi
Chonta
Andarapa
Santuario Nacional de Ampay
Nev. Ampay
5223 m
Curahuasi
Saywite
Abra Soccellaccasa
3900 m
Vischongo
Paccha
Vilcashuamán
Chuschi
Cangallo
Uripa
Abra Soracchocha
4150 m
Cocharas
Pacobamba
Huancarama
Tamburco
Abancay
Antilla
Sarhua
Uranmarca
Talavera
Andahuaylas
Abra Huayllaccasa
4100 m
Kishuara
4632 m
Lahuani
Huancapi
Carhuanca
Huancaray
Cotaba
Cayara
Belen
San Antonio de Chachi
Turpo
Queñahuarán
Río Pachachaca
Carapo
Hualla
Pichirhua
Marccune
Lambrama
Circa
Huanca Sancos
Canaria
Chilcayoc
Lucre
San Juan de Chacña
Licchivilca
Río Oropesa
Huailla
Río Pampas
Querobamba
Río Chicha
Chiara
Colcabamba
Ancobamba
Sacsamarca
Apongo
Paico
Umamarca
Toraya
Asquipata
Capaya
Tapairihua
Chuquibambilla
Ayrihuanca
El Pr
Río Jatun Mayo
Soras
Pomacocha
Putaccasa
Pampachiri
Sañayca
San Antonio
Mutca
San Juan de Virundo
Mamara
Santa Ana de Huaycahuacho
Yanaca
Pachaconas
Oropesa
Tingo
Chalhuanca
Río Antabamba
Sabaino
Río Oropesa
Aucará
Cabana
Chipao
5124 m
Matará
Antabamba
Andamarca
Llamllo
Caraybamba
Cascañé
Río Chalhuanca
Cotaruse
Mollebamba
Calcauso
Abra Huashuccasa
4300 m
Huamanripa
Vado
Lucanas
Lag. Yauriviri
Iscahuaca
Santa Rosa
Condorcenca
4390 m
San Juan
Maccoro
Puquio
Lag. Apiñaccocha
San Andrés
Kello
Cordillera de Huanzo
Reserva Nacional Pampa Galeras
Turca
Choque
Champini
Co. Chancahuana
5105 m
San Pedro
Aniso
Xexajaya
Surapata
San Pablo
Upahuacho
Saisa
Patari
Capilla
Chaviña
Río Calpamayo
Coracora
San Javier de Aplabamba
Puyca
Lalaja
Sancos
Pettcce
Chumpi
Chaucho
Pampamarca
Chically
Marcabamba
Colta
Río Oyolo
Oyolo
Alca
Tomepampa
Luicho
Paica
Pullo
Paraca
Lampa
Cotahuasi
Cañón de Cotahuasi
Río Yauca
Colloni
Incuyo
Quilcata
Corculla
Viscavisca
Bella Holanda
Tarco
Nev. Sara Sara
Pausa
Velinga
Toro
Quechualla
Laguna de Parinacochas
5506 m
Sayla
Río Cotahuasi
Cordillera Chila
Santa Rosa
Malco
Cañón de Cotahuasi
Nevado Solimana
6093 m
Pirca
Río Marán
Macacona
Aircca
Calhua
Jaqui
Yanamachay
Sondor
Cahuacho
Co. Los Loros
4286 m
Nevado Coropuna
6425 m
Yanamachay
Chichas
Salamanca
Huanhuanu
Chaucalla
Parcoy
Quicacha
Arirahua
Crucero
Tócata
Machaguay
Pampacolca
Chala Viejo
Cháparra
Caravelí
Tipán
Río Capara
Llauce
Yanaquihua
Puerto Inka
Ayparipa
Achanizo
Torrecilla
Cerro Rico
Andaray
Chala
Pampa Blanca
Cuculi
Chuquibamba
Iray
Valle de
San Juan
Pacaychacra
Perú
Iquipi
Río Atico
Urasqui
Llacas
Aplao
Cunocuno
Tocyanca
Pedernales
Río Caravelí
Oquisaca
Punta del Lobos
Pampas
Playa de Lobos
La Punta

S. 708
S. 711
S. 714

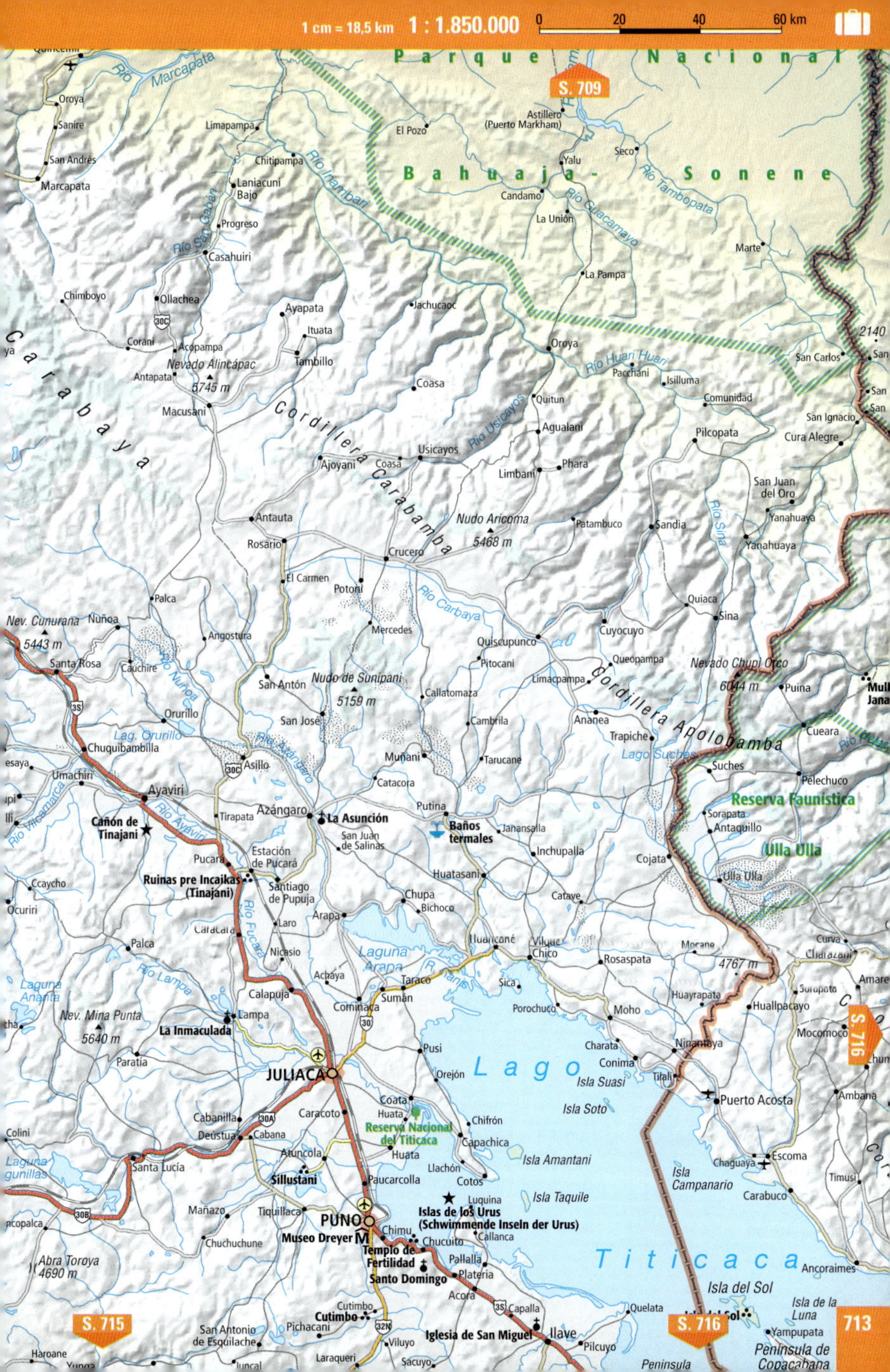
1 cm = 18,5 km
1 : 1.850.000
0 20 40 60 km
S. 709
Parque Nacional
Bahuaja-Sonene
Marcapata
Oroya
Sanire
San Andrés
Río Marcapata
Limapampa
Chitipampa
Laniacuni Bajo
Progreso
Casahuiri
Río San Gabán
Río Inambari
El Pozo
Astillero (Puerto Markham)
Yalu
Seco
Candamo
Río Guacamayo
Río Tambopata
La Unión
Marte
La Pampa
Chimboyo
Ollachea
Ayapata
Jachucaoc
Ituata
Tambillo
Corani
Acopampa
Nevado Alincápac
5745 m
Antapata
Macusani
Carabaya
Cordillera Carabamba
Coasa
Oroya
Río Huari Huari
Pacchani
Isilluma
San Carlos
2140
Quitun
Comunidad
Río Usicayos
Agualani
Pilcopata
San Ignacio
Cura Alegre
Usicayos
Ajoyani
Coasa
Limbani
Phara
San Juan del Oro
Yanahuaya
Antauta
Nudo Aricoma
5468 m
Patambuco
Sandia
Río Sina
Yanahuaya
Rosario
Crucero
El Carmen
Potoni
Río Carbaya
Quiaca
Sina
Palca
Nev. Cunurana
Nuñoa
5443 m
Mercedes
Cuyocuyo
Angostura
Quiscupunco
Queopampa
Santa Rosa
Cauchire
Río Nuñoa
Pitocani
Nevado Chupi Orco
6044 m
Puina
Nudo de Sunipani
5159 m
San Antón
Limacpampa
Callatomaza
Cordillera Apolobamba
San José
Orurillo
Cambrila
Ananea
Cueara
Lag. Orurillo
Chuquibambilla
Río Azángaro
Trapiche
Lago Suches
Asillo
Muñani
Tarucane
Suches
Umachiri
Pelechuco
Ayaviri
Catacora
Reserva Faunística
Río Vilcamarca
Río Ayaviri
Tirapata
Azángaro
La Asunción
Putina
Baños termales
Sorapata
Antaquillo
Cañón de Tinajani
San Juan de Salinas
Janansalla
Ulla Ulla
Inchupalla
Pucará
Estación de Pucará
Ulla Ulla
Cojata
Ruinas pre Incaikas (Tinajani)
Santiago de Pupuja
Huatasani
Ccaycho
Ocuriri
Chupa
Bichocco
Catave
Río Fucará
Laro
Arapa
Palca
Huancané
Vilque Chico
Mocane
Curva
Nicasio
Laguna Arapa
Rosaspata
4767 m
Río Lampa
Achaya
Taraco
Sica
Laguna Ananta
Calapuja
Sumán
Huayrapata
Hualipacayo
Amare
Cominaca
Porochuco
Moho
Nev. Mina Punta
5640 m
Lampa
La Inmaculada
Pusi
Charata
Ninantaya
Mocomoco
Conima
S. 716
Paratía
Lago
Isla Suasi
JULIACA
Orejón
Tilali
Puerto Acosta
Ambana
Coata
Isla Soto
Cabanilla
Caracoto
Huata
Chifrón
Colini
Deústua
Cabana
Reserva Nacional del Titicaca
Capachica
Laguna
Atuncolla
Huata
Isla Amantani
Chaguaya
Escoma
Santa Lucía
Sillustani
Llachón
Isla Campanario
Timusi
Paucarcolla
Cotos
Isla Taquile
Carabuco
Mañazo
Tiquillaca
Luquina
PUNO
Islas de los Urus (Schwimmende Inseln der Urus)
Chimu
Chucuito
Callanca
Museo Dreyer
Chuchuchune
Templo de Fertilidad
Titicaca
Abra Toroya
4690 m
Pallalla
Platería
Ancoraimes
Santo Domingo
Isla del Sol
Acora
Isla de la Luna
Capalla
Quelata
Cutimbo
S. 715
Cutimbo
San Antonio de Esquilache
Pichacani
Iglesia de San Miguel
Ilave
S. 716
Yampupata
Viluyo
Pilcuyo
Península de Copacabana
Haroane
Laraqueri
Sacuyo
Peninsula

S. 711
S. 712
Nevado Coropuna
6425 m
Co. Los Lor
4286 m
6093 m
Cañón de Colca
Mirador Cruz del Cóndor
Nev. Ampato
6310 m
Valle de los Volcanes
Cordillera de Ampato
Cerro Lucería
4257 m
Pampas de Majes
Pampa de Cortaderas
Petroglifos de Toro Muerto
Oasis Ocafina
Caravelí
Chuquibamba
Aplao
Camaná
La Punta
El Cardo
San Gregorio
Quilca
Punta Hornillos
Punta Islay
Islay
Matarani
Mollendo
Mejía
Lagunas de Mejía
Punta de Bombón
Ocoña
El Pedregal
Bahía de Chira
Atico
La Punta
Punta Tinaja
Cerro de Arena
Pescadores
La Planchada
Río Ocoña
Río Caravelí
Río Atico
Río Majes
Río Camaná
Río Siguas
Río Vítor
Río Colca
Laguna Mucurca
Tambillo
Santa Rita de Siguas
San Juan de Siguas
El Alto
La Joya
Huagri
Guerreros
Cachendo
Cocachacra
Repartición
Huachipa
Vítor
Océano Pacífico
(Pazifischer Ozean)

JULIACA
PUNO
Reserva Nacional del Titicaca
Sillustani
Museo Dreyer
Templo de Fertilidad
Santo Domingo
Islas de los Urus (Schwimmende Inseln der Urus)
Isla Amantani
Isla Taquile
Iglesia de San Miguel
Ilave
Reserva Nacional Salinas-Aguada Blanca
Sumbay
Mirador de los Volcanes
Vol. Misti 5822 m
Catedral de Arequipa
Monasterio de Santa Catalina
Volcán Ubinas 5670 m
Laguna Las Salinas
Lago Jucumarini
Abra Gallatini 4400 m
Abra Chocajinani 4450 m
Abra Loripongo 4350 m
Abra Toroya 4690 m
Laguna Loriscota
Laguna Suches
Volcán Tutupaca 5780 m
Laguna Vilacota
Cerro Baúl
Huari
Museo Contisuyu
Moquegua
Pampa Terrones
de la Clemesi
Toquepala
Tarata
Nevado Barroso
Ilo
Punta Coles
R. Nt. Punta Coles
Punta Huaca Luna
Punta Picata
Punta El Cura
Punta Colorada
Complejo Arqueológico Miculla
TACNA
Pampa de la Yarada
Pampa Colorada
Concordia
Santa Rosa
CHILE
Lago Blanco
Visviri
General Lagos
Putre
S. 713
S. 716

0 20 40 60 km
S. 713
S. 715
Lago Titicaca
Lago de Huiñaymarca
Isla Suasi
Isla Soto
Isla Amantani
Isla Taquile
Isla Campanario
Isla del Sol
Isla de la Luna
Península de Copacabana
Península Chocosuyo
Península de Huata
Isla Suriqui
Isla Kalahuta
Isla de Anapia
Cordillera Real
Cordillera Muñecas
Cordillera La Paz
Serranía de Sicasica
Serranía Sancari
Nev. Illampu 6368 m
Nev. Ancohuma 6427 m
Co. Condoriri 5589 m
Nevado Huayna Potosí 6088 m
Nev. Mururata 5869 m
Nevado Illimani 6439
Co. Ccapia 4810 m
4825 m
5213 m
5130 m
Nev. Condoriri 5762 m
Cerro Larancagua 5439 m
Volcán Sajama 6549 m
Vol. Parinacota 6342 m
Co. Asu Asuni 5088 m
Parque Nacional Cotapata
Zona Reservada Aymara-Lupaca
Parque Nacional Sajama
Parque Nacional Lauca
LA PAZ
EL ALTO
Valle de las Ánimas
Valle de la Luna
BOLIVIEN
CHILE
Río Desaguadero
Río Mauri
Río Callacame
Río Huenque
Río Achura
Río Pichaca
Río Tipuani
Río Zongo
Río Challana
Río Amanuaya
Lago Blanco
Lago Chungará
Nipantaya
Charata
Conima
Tilali
Mocomoco
Puerto Acosta
Chuma
Ambana
Inkanwaya
Ananea
Tacacoma
Escoma
Chaguaya
Carabuco
Timusi
Sorata
Guachalla
Humacha
Ancoraimes
Achacachi
Huarisata
Santiago de Huata
Estancia Jankho Amara
Huarina
Huatajata
Peñas
Puerto Pérez
Batallas
Aygachi
Pucarani
Lacaya
Patamama
Laja
Yani
Ancoma
Cocoyo
Lijuata
Makata
Le Champ
Challana
Casteria
Sarampuini
Candelaria
Guanay
Teoponte
Tipuani
Chusi
La Joya
Poroma
Tama Talotola
Pinopata
Zongo
Botijlaca
Suapi
Chacaltaya
Milluni
La Cumbre
Cotapata
Chojilla
Calacoto
Palca
Huni
Mecapaca
Kohoni
Tirata
Villa Remedios
Chanca
Vilaque
Sapahaqui
Calamarca
Caracato
Ayo Ayo
Patacamaya
Taypillanga
Cañaviri
Umala
Chilahuala
Puerto Japonés
Chacarilla
San Pedro de Catarilla
Mollebamba
Papel Pampa
Chuquichambi
Totora
Crucero
Curahuara de Carangas
Khellkhata
Huancanapi
Sora Sora
Culta
Wila Huruta
Choquecota
Azurita
Sejruyo
Turco
Huajriri
Vicoma
Huajorkho
Pumiri
Chacoma
Viacha
Tambillo
Tiwanaku
Tiahuanaco
Guaqui
Taraco
Santa Rosa
Tapena
Desaguadero
San Juan
Iscacircaya
Tacaca
Jesús de Machaca
Aguallamaya
Chama
Villa Anta
Nazarara
Chacoma
Collana
Colquencha
Comanche
Caquiaviri
Caquiviri
Villa Belén
Vichaya
General Ballivián
Corocoro
Topohoco
Caquingora
Calacotto
San Andrés de Machaca
Laquiñamaya
Santiago de Machaca
Macata
Pisacoma
Pallca
Antapalca
Calahuancane
Huancure
Ancomarca
Pichuma
Catacora
Kusima
Achiri
Rosapata
Berenguela
Chipa
Collpa
Chiluyo Grande
Llaytani
Inoca
Condor Iquiña
Rosario
General Campo
Chacoma
Mauri
Audiencia
Ulloma
Challapa
General Campero
Avarca
General Pérez
Jupanani
Charaña
Visviri
Chicachata
Mallcu Chusi
Caracollo
Sepulturas
Nazacara
Pujsi
Okoruro
Ojsani
Río Blanco
Cala Thia
Chinocave
Cosapilla
General Lagos
Villa Industrial
Tacora
Humapalca
Nasahuento
Colpitas
Colonel Alcérreca
Tomarapi
Caquena
Achacaltamba
Sajama
Parinacota
Chucuyo
Putre
Puquios
Pukara
Chungará
Tambo Quemado
Lagunas
Cosapa
Canta
Jakanka
Chivatambo
Paccarani
Mocomoconi
El Ayro
Chuapalca
Challapalca
Viluta
Conduriri
Pichupichuni
Huacullani
Tarqui
Kelluyo
Sombre Pata
Mauri
Aguallamaya
Zepita
Yunguyo
Copacabana
San Pablo de Tiquina
San Pedro de Tiquina
Unicachi
San Juan de Cuturapi
Calacoto
Copani
Olla
Pomata
Juli
Amarumuru
Ilave
Pilcuyo
Capalla
Quelata
Yampupata
Sorapa
Iruraya
Beringelane
Chifrón
Capachica
Luquina
Callanca